Marcel Boldorf (Hrsg.)
Deutsche Wirtschaft im Ersten Weltkrieg

Handbücher zur Wirtschaftsgeschichte

―――

Herausgegeben von
Marcel Boldorf und Christian Kleinschmidt

Deutsche Wirtschaft im Ersten Weltkrieg

Herausgegeben von
Marcel Boldorf

DE GRUYTER
OLDENBOURG

ISBN 978-3-11-099147-5
e-ISBN (PDF) 978-3-11-055614-8
e-ISBN (EPUB) 978-3-11-055386-4

Library of Congress Control Number: 2020936391

Bibliografische Information der Deutschen Nationalbibliothek
Die Deutsche Nationalbibliothek verzeichnet diese Publikation in der Deutschen Nationalbibliografie; detaillierte bibliografische Daten sind im Internet über http://dnb.dnb.de abrufbar.

© 2022 Walter de Gruyter GmbH, Berlin/Boston
Dieser Band ist text- und seitenidentisch mit der 2020 erschienenen gebundenen Ausgabe.
Umschlagabbildung: Siemens, Frauenarbeit, Einlegeböden von Granatzündern, 1916 (Siemens Historical Institute, A 1077_25_300, Nürnberg, Transformatorenwerk)
Satz: Meta Systems Publishing & Printservices GmbH, Wustermark
Druck und Bindung: CPI books GmbH, Leck

www.degruyter.com

Vorwort zur Gesamtreihe

Die neuen *Handbücher zur Wirtschaftsgeschichte* setzen bei aktuellen Forschungen auf dem Gebiet der Wirtschaftsgeschichte an und richten sich auf spezifische Themenfelder aus. Damit unterscheiden sie sich von den bisherigen Handbüchern zur Wirtschaftsgeschichte, die einen eher chronologischen oder auch regionalen bzw. länderspezifischen Ansatz verfolgten und deren Erscheinen einige Jahrzehnte zurückliegt. Das Fach hat sich inzwischen weiter ausdifferenziert und dabei auch neue Themen und Methoden in den Blick genommen. Im Ganzen soll die neue Handbuchreihe eine vertiefte, sachbezogene Auseinandersetzung mit Schwerpunkten des Fachs auf der Basis einer breiten Wahrnehmung der Forschung ermöglichen. Sie richtet sich in erster Linie an Fachhistorikerinnen und Fachhistoriker, aber auch an Studierende, Lehrerinnen und Lehrer sowie an ein breites, historisch interessiertes Publikum.

Während für den englischsprachigen Raum vergleichbare Handbuchkonzepte für unterschiedliche Fächer und Forschungsfelder schon seit längerem vorliegen (Oxford und Cambridge Handbooks), ist dies für das Fach Wirtschaftsgeschichte im deutschsprachigen Raum nicht der Fall. Die vorliegende Handbuchreihe richtet sich dementsprechend in erster Linie am deutschsprachigen Forschungsraum aus, nicht ohne die jeweiligen Inhalte auch in einen internationalen bzw. transnationalen Kontext zu stellen.

Das übergeordnete Thema „Wirtschaft" wird von uns in einem breiten Verständnis rezipiert und soll Anschlussmöglichkeiten an gesellschaftliche, politische, soziale und kulturelle Fragen bieten, ohne Vollständigkeit anstreben zu können. Die Beiträge der einzelnen Bände zeichnen sich durch eine inhaltliche und methodische Vielfalt aus, wobei die jeweilige Schwerpunktsetzung und Gestaltung in der Verantwortung der Herausgeber der Bände liegt.

Marcel Boldorf (Lyon)
Christian Kleinschmidt (Marburg)

Inhalt

Vorwort zur Gesamtreihe —— V

1 Einleitung

Marcel Boldorf
1.1 Forschungsfragen und Wissensstände —— 3

2 Grundlagen der Kriegswirtschaft

Marcel Boldorf
2.1 Ordnungspolitik und kriegswirtschaftliche Lenkung —— 23

Jonas Scherner
2.2 Metallbewirtschaftung —— 67

Gerd Hardach
2.3 Kriegsfinanzierung —— 89

Christopher Kopper
2.4 Transport und Verkehr —— 105

3 Wirtschaftssektoren und Industriebranchen

Eva-Maria Roelevink und Dieter Ziegler
3.1 Rohstoffwirtschaft: die bergbaulichen Rohstoffe —— 125

Christian Marx
3.2 Eisen- und Stahlindustrie —— 157

Werner Plumpe
3.3 Chemische Industrie —— 193

Martin Lutz
3.4 Elektroindustrie —— 227

Lutz Budrass
3.5 **Automobil-, Flugzeug- und Flugmotorenbau** —— 251

Stefanie van de Kerkhof
3.6 **Textilindustrie** —— 273

Roman Köster
3.7 **Konsumgüterindustrien** —— 295

Boris Gehlen
3.8 **Energiewirtschaft** —— 317

Uwe Müller
3.9 **Landwirtschaft und Agrarpolitik** —— 343

Carsten Burhop
3.10 **Bankensektor** —— 371

4 Arbeitsmarkt und Verteilungspolitik

Stephanie Tilly
4.1 **Industrieller Arbeitsmarkt** —— 397

Jens Thiel und Christian Westerhoff
4.2 **Zwangsarbeit** —— 425

André Steiner
4.3 **Einkommen und Lebenshaltungskosten** —— 449

5 Außen- und Besatzungswirtschaft

Marcel Boldorf
5.1 **Außenhandel und Blockade** —— 479

Roman Rossfeld
5.2 **Die Rolle der Neutralen – das Beispiel der Schweiz** —— 521

Jean-François Eck
5.3 **Besatzungswirtschaft in Nord- und Ostfrankreich** —— 549

Stephan Lehnstaedt
5.4 **Besatzungswirtschaft im Generalgouvernement Warschau und in Osteuropa** —— 575

6 **Ausblick**

Albrecht Ritschl
6.1 **Wirtschaftliche Folgen des Ersten Weltkriegs** —— 601

Autoren und Herausgeber —— 619

Personen- und Unternehmensregister —— 623

Ortsregister —— 627

Sachregister —— 631

1 Einleitung

Marcel Boldorf
1.1 Forschungsfragen und Wissensstände

Der Erste Weltkrieg als „Urkatastrophe des 20. Jahrhunderts"[1] wird meist im Hinblick auf seine Auswirkungen interpretiert, d. h. als welthistorisches Desaster mit weitreichenden Folgen für Wirtschaft und Politik der nachfolgenden Jahrzehnte. Die Versailler Friedensordnung konnte kaum als solche gelten, denn sie entwickelte eine gewaltige Sprengkraft für die internationale Politik und mündete in einen nachhaltigen Zerfall des europäischen Staatensystems. Unter den tiefgreifenden Umwälzungen, die der Krieg hervorbrachte, sind die Revolutionen hervorzuheben, als deren wichtigste die russische Oktoberrevolution 1917 gelten kann. Die Errichtung des Sowjetstaats führte zu einem Zerwürfnis mit dem kapitalistischen Rest der Welt und war für die Geschichte des 20. Jahrhunderts prägend. Aggressivität und Verrohung im Krieg begünstigten allgemein die politische Radikalisierung. Für den Aufstieg faschistischer Bewegungen wirkte der Krieg als Katalysator. Im deutschen Fall lässt sich ein ganzes Bündel von Faktoren anführen, die die nationalsozialistische Kriegsentfesselung zwei Jahrzehnte später mit dem Ersten Weltkrieg in Zusammenhang bringen.

Mit dem Ausbruch des Ersten Weltkriegs wurde die „Büchse der Pandora"[2] geöffnet: Ihr vergifteter Inhalt führte zu einer Kriegsführung mit bisher unbekannten Grausamkeiten – „Materialschlachten" mit Einsatz moderner Massenvernichtungswaffen wie Giftgas und Maschinengewehren sowie großflächigen Bombardements, von denen auch die Zivilbevölkerung betroffen war. Die Gewalt geriet außer Kontrolle, ihre Basis war die Steigerung der Rüstungsproduktion und die Verbesserung der Waffentechnologie. Den Krieg beherrschte ein Rüstungswettlauf, der nach einem immer größeren Einsatz materieller und menschlicher Ressourcen verlangte. Die Kriegsführung bewegte sich auf einer „neuen Grundlage", die auch eine neuartige Form des Wirtschaftskriegs hervorbrachte.[3] Die mannigfaltige Ressourcenmobilisierung stellte Herausforderungen an die Wirtschaftsorganisation, deren Ziel die Inanspruchnahme der gesamten Volkswirtschaft für den Krieg wurde.

Das neue Kriegssystem, das sich im konfliktarmen 19. Jahrhundert herausbildete, wurde als „Industrialisierung des Kriegs"[4] beschrieben. Der erste militärisch-industri-

---

[1] *Ernst Schulin*, Die Urkatastrophe des zwanzigsten Jahrhunderts, in: Wolfgang Michalka (Hrsg.), Der Erste Weltkrieg. Wirkung, Wahrnehmung, Analyse. München 1994, 3–27; *Wolfgang Mommsen*, Die Urkatastrophe Deutschlands. Der Erste Weltkrieg 1914–1918. München 2002.
[2] *Jörn Leonhard*, Die Büchse der Pandora. Die Geschichte des Ersten Weltkriegs. München 2014.
[3] *Jakob Tanner/Valentin Groebner/Sébastien Guex*, Einleitung: Kriegswirtschaft und Wirtschaftskriege. Forschungsperspektiven und Untersuchungsfelder, in: Jakob Tanner/Valentin Groebner/Sébastien Guex (Hrsg.), Kriegswirtschaft und Wirtschaftskriege. Économie de guerre et guerres économiques. (Schweizerisches Jahrbuch für Wirtschafts- und Sozialgeschichte, Bd. 23.) Zürich 2008, 10.
[4] *William H. McNeill*, The Industrialization of War, in: Review of International Studies 8, 1982, 203–213.

Abb. 1: Neuartige Rüstung: Siemens, Flugzeugproduktion in Nürnberg, 1916 (Siemens Historical Institute, A 1077_30_300).

elle Komplex der Moderne entstand im letzten Jahrhundertdrittel. Er führte zum Ausbau der Arsenale durch den Bau raffinierter und verheerender Waffen, die jedoch kaum erprobt wurden. Aber bereits in den Augen der Zeitgenossen schien die Frage über Sieg oder Niederlage in künftigen Konflikten entscheidend von der Mobilisierung der Kapazitäten der industriellen Kapazitäten abzuhängen. Die Massenproduktion der Stahl-, Metall- und Chemieindustrie war Voraussetzung für die Herstellung der enormen Mengen an Kampfstoffen und Waffen, ebenso wie für ein leistungsfähiges Transportsystem, insbesondere das Eisenbahnnetz, zur Versorgung der Front.[5] Im Ersten Weltkrieg zeigte sich dann, wie stark Umfang und Dauer des Krieges von der Existenz hoch entwickelter Industrien abhingen. Die Entwicklung und der Einsatz von chemischen Kampfstoffen und Maschinengewehren, die ersten Panzer sowie der Luftkrieg stehen sinnbildlich für die Industrialisierung der Kriegsführung.[6]

---

[5] Vgl. *Wolfgang Polt/Helmut Gassler*, Technisierung und Industrialisierung des Krieges. Der Erste Weltkrieg als erster „moderner" Maschinenkrieg, in: Soziale Technik 24, 2014/3, 5–7.
[6] *Volker Berghahn*, Modern Germany. Society, Economy and Politics in the Twentieth Century. 2. Aufl. Cambridge 1987, 102, schreibt von der „Industrialisation of warfare".

1.1.1 Industrialisierung und Krieg

Das Potential zur ungeahnten Hochrüstung des Ersten Weltkriegs gründete in der vorangehenden Industrialisierung der am Krieg beteiligten, weltweit führenden Nationalstaaten. Die industriellen Prinzipien des Maschineneinsatzes, der Rationalisierung und der Massenfertigung schlugen sich in der Rüstungswirtschaft nieder. In gewisser Weise kann der Krieg als eine von außen kommende Herausforderung für die Wirtschaft gedeutet werden, die nach einem erneuten Industrialisierungsschub verlangte. Die Umstellung auf die Kriegswirtschaft erforderte Veränderungen, wie sie insbesondere von der älteren Forschung der Industriellen Revolution im Allgemeinen zugeschrieben werden. Als solche Kennzeichen sind zu nennen: Output-Steigerung und Wachstum; sektorale Verlagerung der Produktion; massenhafter Einsatz von Energie, vor allem auf der Basis fossiler Brennstoffe; Wandel der Organisationsformen der Industrieproduktion; Ausschöpfung des Faktors Arbeitskraft; Verschiebung zwischen privatem Konsum und Staatsverbrauch.[7] All diese Effekte sind in den Kriegswirtschaften der kriegführenden Staaten zu beobachten.

In Bezug auf die trendmäßige langfristige Wachstumsentwicklung kann der Kriegsausbruch als tiefer Strukturbruch angesehen werden. Die Strukturbruchthese geht davon aus, dass ein Wirtschaftsmodell ein anderes wegen einschneidender Veränderungen der institutionellen Rahmenbedingungen ablöst. Sie setzt im politischen Bereich an: Der Staat nahm im Krieg eine neue Rolle an, und es fand ein abrupter Wandel der ökonomischen Leitideen statt. Dadurch änderten sich Wirtschaftsordnung und -politik in radikaler Weise. Außerdem unterlag das internationale Umfeld einem starken Wandel. Die grundlegende Veränderung des inneren und äußeren Rahmens für das Wirtschaften ließ das neue Modell der Kriegswirtschaft entstehen. Die Erfordernisse des bewaffneten Konfliktes verlangten nach einer umfassenden Wirtschaftsregulierung. Die von der staatlichen Wirtschaftspolitik nach Möglichkeit zu steuernden Umstellungen betrafen die Produktion, den privaten und öffentlichen Verbrauch, die Märkte sowie die Preise. Das Ziel des Wirtschaftens veränderte sich markant: Während in Friedenszeiten die optimale Bedarfsdeckung und ein facettenreicher Konsum im Zentrum des Wirtschaftens standen, versuchte der kriegführende Staat, sich ein Maximum an Rüstungsgütern zu beschaffen und dies mit militärischen Machtmitteln abzusichern.[8] Allgemein lag dem Staat wenig an Investitionen, außer in den rüstungsrelevanten Bereichen. Realwirtschaftlich manifestierte sich der Strukturbruch im Deutschen Reich durch die nach

---

[7] Vgl. z. B. *Phyllis Deane*, The First Industrial Revolution. 2. Aufl. Cambridge 1979; *Knut Borchardt*, Die Industrielle Revolution in Deutschland 1750–1914, in: Knut Borchardt/Carlo Cipolla (Hrsg.), Europäische Wirtschaftsgeschichte, Bd. 4: Die Entwicklung der industriellen Gesellschaften. Stuttgart/New York 1977, 135–202.
[8] Vgl. *Hans-Peter Ullmann*, Kriegswirtschaft, in: Gerhard Hirschfeld/Gerd Krumeich/Irina Renz (Hrsg.), Enzyklopädie Erster Weltkrieg. 2. Aufl. Paderborn 2014, 220.

Abb. 2: Granatenherstellung, Frauen an einer Maschine zum Stanzen von Granatendeckeln, 1914/18 (BArch, Bild 146-1976-001-49).

Kriegsausbruch rasch ansteigende Arbeitslosigkeit, den deutlichen Fall der Produktion, auch in kriegswichtigen Branchen, sowie den außenwirtschaftlichen Einbruch.[9]

---

[9] Von der Mannigfaltigkeit des Bruchs zeugen die Statistiken in verschiedenen Kapiteln dieses Bandes, vgl. beispielhaft die Kapitel 3.1, 3.9 und 5.1.

Der Strukturbruch-Ansatz stößt auf Schwierigkeiten, wenn man die Erklärung der langfristigen Wachstumsentwicklung als „Leitmotiv"[10] der Wirtschaftsgeschichte des 19. und 20. Jahrhunderts ansieht. Aus dieser Perspektive scheint eine Einschreibung der Weltkriegsphasen in die langfristigen Entwicklungslinien erforderlich. Gegen die Überbetonung des Strukturbruchs führte z. B. Knut Borchardt 1977 in einer Debatte über die langfristige Kontinuität der industriellen Wachstumsentwicklung an, dass trotz radikaler Brüche in den Weltkriegen eine Vielzahl von Faktoren unverändert blieb: die geographische und klimatische Lage, die Bodennutzung, der Kenntnisstand der Bevölkerung, die Mentalität, die „Masse des Anlagekapitals", die Kommunikationsnetze oder das Rechtssystem.[11]

Quantitative Ansätze betrachten oft andere Faktoren – insbesondere die Konjunktur, die Wirtschaftsstruktur, das Humankapital oder die wirtschaftliche Integration – als Schlüssel zum Verständnis der Wachstumsentwicklung. Nach Nikolai Kondratieff weisen säkulare Wachstumstrends „lange Wellen" einer trendmäßigen Beschleunigung und anschließend lang andauernde Verlangsamungsphasen auf.[12] Wie sind die Kriege hierin einzuordnen? Schon ältere Literaturtitel merkten an, dass beide Weltkriege sowohl positive als auch negative wirtschaftliche Auswirkungen hatten, auch wenn eindeutige Kriegseffekte kaum zu isolieren sind.[13] Manchmal wurde hervorgehoben, dass dem Ersten Weltkrieg eine Schrittmacherfunktion im Hinblick auf die technische Entwicklung, die Erprobung neuer Verfahren sowie die Rationalisierungsbewegung zufiel.[14] Die deutsche Wirtschaft befand sich in den Jahren nach 1910 in einer Aufschwungphase, die 1913 ein nochmaliges kleines Hoch erlebte, das als rüstungsinduziert interpretiert werden kann. Es herrschte bereits eine gestiegene Staatsnachfrage im Rüstungssektor, während die Beschränkungen für den privaten Konsum noch nicht eingetreten waren. Die Faktorproduktivität der deutschen Volkswirtschaft wuchs nach 1910; auch dies war ein Indiz für die anhaltende Dynamik von Wachstum und Produktivität.[15]

Kondratieffs Betrachtungen fokussieren auf die Häufung technischer Innovationen. Zur Untersuchung ihrer Rolle sowie allgemeiner zur Entstehung und Verbrei-

---

[10] *Knut Borchardt*, Wachstum, Krisen, Handlungsspielräume der Wirtschaftspolitik. Studien zur Wirtschaftsgeschichte des 19. und 20. Jahrhunderts (Kritische Studien zur Geschichtswissenschaft, Bd. 50.) Göttingen 1982, 100 f.
[11] *Borchardt*, Wachstum, Krisen, 114.
[12] Vgl. *Erik Händler* (Hrsg.), Die langen Wellen der Konjunktur. Nikolai Kondratieffs Aufsätze von 1926 und 1928. Moers 2013.
[13] *Stanislav Andreski*, Military Organisation and Society. 2. Aufl. London 1968; *Richard M. Titmuss*, Problems of Social Policy. London 1950.
[14] *Mark Spoerer/Jochen Streb*, Neue deutsche Wirtschaftsgeschichte des 20. Jahrhunderts. München 2013, 51. Vgl. exemplarisch: *Heidrun Homburg*, Rationalisierung und Industriearbeit. Arbeitsmarkt – Management – Arbeiterschaft im Siemens-Konzern Berlin 1900–1939. Berlin 1991, 256–273.
[15] *Rainer Metz*, Wirtschaftliches Wachstum, technischer Fortschritt und Innovationen in Deutschland: Eine Säkularbetrachtung, in: Dietrich Ebeling u. a. (Hrsg.), Landesgeschichte als multidisziplinäre Wissenschaft. Festgabe für Franz Irsigler zum 60. Geburtstag. Trier 2001, 682–684.

tung neuen technischen Wissens, d. h. der erfinderischen Tätigkeit, kann das Patentaufkommen empirisch erhoben werden. Patentanmeldungen liefern einen groben Maßstab für das inventorische Potential einer Volkswirtschaft.[16] Die Zahl der in Deutschland jährlich erteilten Patente stieg 1901 erstmals über 10 000, um 1913 die bis dahin höchste gemessene Zahl von 13 520 zu erreichen. Auch 1914 blieb sie noch auf einem hohen Niveau, fiel aber während des Krieges und erreichte dann in der Weimarer Republik neue Höchststände.[17] Somit lag der Beginn des Kriegs auch aus dieser Sicht inmitten eines konjunkturellen Aufschwungs. Nach Kondratieffs Lehre der „langen Wellen" war dieser getragen von der Elektrifizierung, dem Verbrennungsmotor und dem beginnenden Zeitalter des Automobils sowie von Erfindungen im Bereich der Chemie. Man durfte erwarten, dass die Inventionsdynamik trotz des Kriegsausbruchs anhalten werde. Wie in einzelnen Kapiteln dieses Bandes gezeigt, war der Krieg in den spitzentechnologischen Sektoren – Luftfahrt, Chemie oder Elektrotechnik[18] – tatsächlich eine Periode der Durchsetzung bahnbrechender Innovationen. Diese Entwicklung basierte auf einer sektoral auftretenden Kriegskonjunktur, die vom Anstieg staatlicher Aufträge an die Rüstungsindustrie profitierte. Teilweise ließen sich Innovationen auch in Substitutionsbereichen wie der Textilindustrie nachweisen.[19]

1.1.2 Erste wissenschaftliche Forschungen und erkenntnisleitende Fragen

Die Erforschung der Kriegswirtschaft begann schon im Krieg selbst. Verschiedene Funktionsträger hielten Vorträge zu rüstungs- und kriegswirtschaftlich relevanten Themen, beispielsweise Walther Rathenau im Dezember 1915 vor den Honoratioren der „Deutschen Gesellschaft 1914", eine Rede, die dann auch umgehend publiziert wurde.[20] Wichard von Moellendorf, der auf seinen verschiedenen Positionen praktisch in die wirtschaftliche Kriegsplanung eingriff, machte seine grundsätzlichen Überlegungen zur Restrukturierung der Wirtschaftsordnung ebenfalls publik.[21] An-

---

16 *Reinhard Spree*, Wachstum, in: Gerold Ambrosius/Dietmar Petzina/Werner Plumpe (Hrsg.), Moderne Wirtschaftsgeschichte. Eine Einführung für Historiker und Ökonomen. 2. Aufl. München 2006, 172. Zur Problematisierung: *Spoerer/Streb*, Neue deutsche Wirtschaftsgeschichte, 52 f.
17 *Rainer Metz*, Säkulare Trends der deutschen Wirtschaft, in: Michael North (Hrsg.), Deutsche Wirtschaftsgeschichte. Ein Jahrtausend im Überblick. 2. Aufl. München 2005, 473. Daten aus: GESIS Datenarchiv, Köln, ZA 8179. Online: https://histat.gesis.org/histat/de/project/details/8F59A7DAEB 172680D116B4816E6120F2 (abgerufen am 8. 1. 2020).
18 Vgl. die Kapitel 3.3, 3.4 und 3.5 in diesem Band.
19 Vgl. das Kapitel 3.6 in diesem Band.
20 *Walther Rathenau*, Deutschlands Rohstoffversorgung. Berlin 1916.
21 *Wichard von Moellendorff*, Deutsche Gemeinwirtschaft. Berlin 1916.

dere analysierende Schriften hatten kriegspraktischen Nutzen, wie etwa die mannigfaltigen Veröffentlichungen des „Verlags der Beiträge zur Kriegswirtschaft".[22] Für den internen Gebrauch entstanden Schriften innerhalb der Wissenschaftlichen Kommission der Kriegsrohstoffabteilung des preußischen Kriegsministeriums, die seit Herbst 1915 unter Leitung des Ökonomen Max Sering stand.[23] Sofern für opportun erachtet, wurden manche dieser Arbeiten veröffentlicht, z. B. die ökonomischen Überlegungen von Kurt Wiedenfeld zu Rohstoff- oder Preisfragen.[24]

Die erste Nachkriegssynthese stammte aus der Feder des Schmoller-Schülers Arthur Dix, eines wirtschaftsgeographisch und am „imperialistischen Gedanken"[25] interessierten Rechtsliberalen, der bereits vor dem Krieg zu Fragen der Wirtschaftsordnung publiziert hatte. Seine Gesamtschau spiegelte den Mainstream der ungebrochenen geistigen und mentalen Kontinuität nach dem Krieg wider.[26] Das Begriffspaar des Titels „Wirtschaftskrieg und Kriegswirtschaft" griffen auch spätere Forschungen wieder auf.[27] Während in der „Kriegswirtschaft" die Maßnahmen im Vordergrund stünden, die der wirtschaftlichen Behauptung in der jeweiligen Kriegssituationen dienten – nach Dix waren dies Arbeitsmarkt, Finanzwirtschaft, Landwirtschaft und Ernährung sowie Industrie, Handel und Verkehr –, beschreibe „Wirtschaftskrieg" die wirtschaftlichen Sanktionen gegen militärische Gegner zur Unterstützung der Kriegsziele. Der erste Begriff bezieht sich auf die Binnen-, der zweite vornehmlich auf die Außenwirtschaft: „Der Ausgang der Weltkriege des 20. Jahrhunderts als industrielle Produktionskriege hing massgeblich vom Zusammenspiel kriegswirtschaftlicher Organisation nach innen und Methoden der Wirtschaftskriegsführung nach aussen ab."[28] Auch Dix stellte fest, dass Deutschland eher unfreiwillig zum Akteur in einem „Weltwirtschaftskrieg" geworden sei und dessen Herausforderung im Vorfeld verkannt habe. Die von England dominierte

---

22 Einige Dutzend „Beiträge zur Kriegswirtschaft" (1916–1918) aus dem Verlag von Reimar Hobbing setzten sich vor allem mit Fragen der Ernährung, der Güterverteilung und der Preisbildung auseinander.
23 Ausführlich zur Editionsgeschichte: *Rainer Haus*, Die Ergebnisse der Wissenschaftlichen Kommission beim Preußischen Kriegsministerium im Spannungsfeld divergierender Interessen, in: Marcel Boldorf/Rainer Haus (Hrsg.), Die Ökonomie des Ersten Weltkriegs im Lichte der zeitgenössischen Kritik (Die deutsche Kriegswirtschaft im Bereich der Heeresverwaltung 1914–1918, Bd. 4.) Berlin/Boston 2016, 13–138.
24 *Kurt Wiedenfeld*, Rohstoffversorgung. Berlin 1917; *Kurt Wiedenfeld*, Handel und Preisbildung in der Kriegswirtschaft. Wien 1918.
25 Vgl. Einleitung von *Arthur Dix*, Deutscher Imperialismus. Leipzig 1912, 1–5. Zu weiteren kriegsvorbereitenden Forschungen vgl. Abschnitt 2.1.1 in diesem Band.
26 *Arthur Dix*, Wirtschaftskrieg und Kriegswirtschaft. Berlin 1920.
27 *Tanner/Guex/Groebner*, Kriegswirtschaft und Wirtschaftskriege; *Hugo Ott*, Kriegswirtschaft und Wirtschaftskrieg 1914–1918. Verdeutlicht an Beispielen aus dem badisch-elsässischen Raum, in: Erich Hassinger/Josef Heinz Müller/Hugo Ott (Hrsg.), Geschichte, Wirtschaft, Gesellschaft (Festschrift für Clemens Bauer). Berlin 1974, 333–357. *Carl Rothe*, Wirtschaftskrieg und Kriegswirtschaft. Die Rolle der Landesverteidigung in der Friedenswirtschaft. Bern u. a. 1936.
28 Klappentext von *Tanner/Guex/Groebner*, Kriegswirtschaft und Wirtschaftskriege.

Wirtschaftskriegführung ließ nach seiner Ansicht lediglich „deutsche Vergeltungsmaßnahmen" oder „Gegenoffensiven" zu und begründete die entscheidende Rolle der Neutralen im Handelskrieg. Nach Dix behandele sein Werk nicht nur „die so traurig abgeschlossene Vergangenheit", sondern sei auch eine „Aufmunterung für neues deutsches Streben in voller Kenntnis der uns umlauernden Gefahren".[29] Im Einklang z. B. mit General Ludendorff beklagte er die Mängel bei der Mobilisierung zum Krieg und reihte sich ein in dessen „litany of complaint about Germany's failures in total mobilization".[30]

Speziellere Arbeiten dieser Zeit wandten sich Problemlagen zu, die aus dem Krieg resultierten und über dessen Ende hinauswirkten, etwa auf dem Feld der Technikentwicklung, des Wertpapierhandels oder der Devisenpolitik.[31] Auch das universitäre Interesse erwachte schnell: Anknüpfend an die Mangelwirtschaft des Krieges, insbesondere hinsichtlich der Rohstoffversorgung, arbeiteten einige, meist staatswissenschaftliche Dissertationen die Lage Deutschlands auf. Es entstand eine Arbeit zur Lebensmittelversorgung (Liesel Harms), gleich zwei Untersuchungen zur Kupferversorgung (Otto Hornig, Paul Irrgang), sowie Untersuchungen zur Elektroindustrie (Heinrich Kühnemann), zur Aluminiumindustrie (Albrecht Czimatis), zur Textilindustrie (Friedrich Wolf), zur Außenhandelskontrolle (Lotte Frankfurther) und zur Kohlewirtschaft (Friedrich Moser).[32]

Die beim preußischen Kriegsministerium eingerichtete Wissenschaftliche Kommission, die bis 1918 auf 28 wissenschaftliche Mitglieder angewachsen war, führte ihre Arbeit nach dem Krieg unter der Leitung von Max Sering fort.[33] Diese Fachleute wollten keine Darstellung der Kriegswirtschaft im beschönigenden Stil einer offiziel-

---

29 *Dix*, Wirtschaftskrieg und Kriegswirtschaft, IV (Vorwort).
30 *Gerald D. Feldman*, The Economics of War and Economic Warfare, 1914–1945, in: *Tanner/Guex/ Groebner*, Kriegswirtschaft und Wirtschaftskriege, 91.
31 *Max Schwarte* (Hrsg.), Die Technik im Weltkriege. Berlin 1920. *Walter Klebba*, Börse und Effektenhandel im Kriege unter besonderer Berücksichtigung der Berliner Börse. Berlin 1920. *Heinrich Kleine-Natrop*, Devisenpolitik (Valutapolitik) in Deutschland vor dem Kriege und in der Kriegs- und Nachkriegszeit. Berlin 1922.
32 *Otto Hornig*, Die Kupferversorgung Deutschlands im Kriege unter besonderer Berücksichtigung der Kriegsmetallwirtschaft. Diss. Heidelberg 1921; *Heinrich Kühnemann*, Die wirtschaftliche Stellung der deutschen Elektroindustrie, ihre Lage während und nach dem Kriege, sowie die neuesten Zusammenschlüsse. Diss. Frankfurt am Main 1921; *Liesel Harms*, Untersuchungen über die Frage der öffentlichen Lebensmittelversorgung Deutschlands während des Weltkrieges 1914–1918. Eine systematische Analyse auf dem Gebiete der Kriegswirtschaft. Diss. Kiel 1925; *Lotte Frankfurther*, Die Deutsche Außenhandelskontrolle mit besonderer Berücksichtigung der Preiskontrolle. Diss. rer. pol. Freiburg im Breisgau 1926; *Friedrich Wolf*, Die deutsche Textilindustrie im Weltkrieg. Diss. Phil. Erlangen 1929; *Friedrich Moser*, Das Rheinisch-Westfälische Kohlen-Syndikat und das Kohlenwirtschaftsgesetz. Diss. Erlangen 1930; *Albrecht Czimatis*, Rohstoffprobleme der deutschen Aluminium-Industrie im Rahmen ihrer wirtschaftlichen Entwicklung. Diss. Dresden 1930; *Paul Irrgang*, Deutschlands Kupferversorgung seit 1914. Diss. Marburg 1931.
33 *Markus Pöhlmann*, Kriegsgeschichte und Geschichtspolitik. Der Erste Weltkrieg. Die amtliche deutsche Militärgeschichtsschreibung 1914–1956. Paderborn 2002, 353 f.; ausführlich *Haus*, Die Ergebnisse der Wissenschaftlichen Kommission, 13–138.

len Kriegsberichterstattung vorlegen, sondern strebten eine kritische Auseinandersetzung mit der Wirtschaftspolitik im Krieg an. Sie hatten sich schon während des Krieges mit der unerwartet aufgetretenen Aufgabe der umfassenden industriellen Mobilisierung auseinandergesetzt. Von den ursprünglich geplanten acht Bänden wurden nur drei zum Abschluss gebracht – Robert Weyrauch zur Rüstungsindustrie, Alfred Stellwaag zur Eisenwirtschaft und Otto Goebel zur Textilwirtschaft – und 1922 im Verlag De Gruyter publiziert. Das Reichswehrministerium erhob jedoch Einspruch gegen die Publikation. Vermutlich wollte es verhindern, dass der Interalliierten Militärkommission, die die Durchführung des Versailler Vertrages überwachte, Details über die deutsche Kriegswirtschaft zur Kenntnis kamen. Daher wurden die bereits gedruckten Bücher bis auf wenige Ausnahmen eingezogen und vernichtet. 2016 erfolgte ein Nachdruck der Bände in einer kommentierten Edition.[34]

Einer systematischen Erforschung ökonomiebezogener Fragen widmete sich die Carnegie-Stiftung für internationalen Frieden. Sie erhoffte sich die Lösung internationaler Konflikte durch Grundlagenstudien, mit deren Hilfe die divergierenden Lehrmeinungen zu aktuellen Zeitfragen versöhnt werden sollten. Die Abteilung für Volkswirtschaft und Geschichte gab unter der Leitung von James Thomson Shotwell mehrere Länderserien zur Sozial- und Wirtschaftsgeschichte des Weltkrieges heraus.[35] Rund 150 Bände erschienen in der Gesamtreihe, davon einige in der „Deutschen Serie zur Wirtschafts- und Sozialgeschichte des Weltkrieges".[36] Dem deutschen Herausgeberkreis gehörten unter anderem der Ökonom Max Sering, der Industrielle Carl Duisberg und der Völkerrechtler Albrecht Mendelssohn Bartholdy an. Aufgrund ihrer engen Bezüge zu den Forschungsgegenständen und auf Basis der Auswertung zeitgenössischer Berichte erstellten die Autoren und Autorinnen kriegsbezogene Studien zur landwirtschaftlichen Produktion (Aereboe), zur Kriegsernährungswirtschaft (Skalweit), zur Staatsfinanzwirtschaft (Lotz), zur Rohstoffwirtschaft (Goebel), zu den Eisenbahnen (Sarter), zu den Arbeitsverhältnissen (Umbreit/Lorenz) und zu den Einkommensverhältnissen der Arbeiterschaft (Zimmermann).[37] Die Forschungen der

---

34 Marcel Boldorf/Rainer Haus (Hrsg.), Die deutsche Kriegswirtschaft im Bereich der Heeresverwaltung 1914–1918. Drei Studien der Wissenschaftlichen Kommission des Preußischen Kriegsministeriums und ein Kommentarband, 4 Bde. Berlin/Boston 2016.
35 *James Thomson Shotwell*, Economic and Social History of the World War. Outline of Plan. Washington 1924.
36 Zu den Bänden der französischen Serie, vgl. Abschnitt 5.3.1 in diesem Band.
37 *Friedrich Aereboe*, Der Einfluss des Krieges auf die landwirtschaftliche Produktion in Deutschland. Stuttgart/Berlin/Leipzig 1927; *August Skalweit*, Die deutsche Kriegsernährungswirtschaft. Stuttgart u. a. 1927; *Walther Lotz*, Die deutsche Staatsfinanzwirtschaft im Kriege. Stuttgart u. a. 1927; *Paul Umbreit/Charlotte Lorenz*, Der Krieg und die Arbeitsverhältnisse. Teil 1: Die deutschen Gewerkschaften im Kriege, Teil 2: Die gewerbliche Frauenarbeit während des Krieges. Stuttgart u. a. 1928; *Otto Goebel*, Deutsche Rohstoffwirtschaft im Weltkrieg einschließlich des Hindenburgprogramms. Stuttgart u. a. 1930; *Adolph Sarter*, Die deutschen Eisenbahnen im Kriege. Stuttgart u. a. 1930; *Waldemar Zimmermann*, Die Einkommens- und Lebensverhältnisse der deutschen Arbeiter durch den Krieg. Stuttgart u. a. 1932.

Weimarer Jahre waren keine reine „Erinnerungsliteratur",[38] auch wenn einige der genannten Autoren im Weltkrieg wichtige Funktionen bekleidet hatten. Manche Autoren erhoben durchaus einen wissenschaftlichen Anspruch und versuchten, diesem auf Basis des verfügbaren Materials gerecht zu werden. Die Themenauswahl der Bände war oft durch in die Friedenszeit hineinwirkende Engpässe, insbesondere der Rohstoffversorgung, beeinflusst.

Mit der Machtübernahme der Nationalsozialisten änderte sich die Stoßrichtung der kriegsorientierten Forschung. Da ein erneuter Kriegsausbruch erwartet wurde, sollten detaillierte Studien mittels einer Analyse von Problemsektoren eine Vorbereitung leisten. In der Reihe „Schriften zur kriegswirtschaftlichen Forschung und Schulung", die ab 1935 mit Unterstützung amtlicher Stellen herausgegeben wurde, griffen alte Funktionsträger ihre früheren Arbeiten wieder auf, z. B. Kurt Wiedenfeld zur Rohstoffwirtschaft oder Hermann Pantlen zur Finanzwirtschaft.[39] Andere Studien widmeten sich spezialisierten Aspekten der Kriegswirtschaft, die für künftige Konflikte als relevant erachtet wurden;[40] manche Autoren wendeten ihre Fragestellungen zum selben Zweck stärker ins Allgemeine.[41] Außerhalb der genannten Reihe entstanden Darstellungen zur Behördenorganisation von Wilhelm Dieckmann, einem Oberregierungsrat an der „Forschungsanstalt für Kriegs- und Heeresgeschichte", sowie zur „Wehrwirtschaft" von Paul Wiel, der der NS-propagandistischen „Deutschen Gesellschaft für Wehrpolitik und Wehrwissenschaften" als aktives Mitglied angehörte.[42] Das letztgenannte Buch setzte sich mit der wirtschaftlichen Kriegsführung und „wehrwirtschaftlichen Fragen" auseinander, die von der Wirtschaftssteuerungspolitik bis zur wirtschaftlichen Vorbereitung auf den Krieg reichten. Die genannten Verfasser waren akademischer Herkunft und bekleideten in der Regel auch militärische Ränge.

---

38 *Werner Plumpe*, Die Logik des modernen Krieges und die Unternehmen: Überlegungen zum Ersten Weltkrieg, in: Jahrbuch für Wirtschaftsgeschichte, 2015/2, 334.
39 *Kurt Wiedenfeld*, Die Organisation der Kriegsrohstoffbewirtschaftung im Weltkriege. Hamburg 1936. *Hermann Pantlen*, Krieg und Finanzen. Hamburg 1935. Pantlen hatte bereits 1929 ein Manuskript zur finanziellen Mobilmachung erstellt, vgl. *Gerd Hardach*, Einleitung, in: Boldorf/Haus, Ökonomie des Ersten Weltkriegs, 3.
40 *Fritz-Adolf Schilling-Voß*, Die Sonderernährung der Rüstungsarbeiter im Rahmen der Kriegswirtschaft 1914–1918. Ein Beitrag zur deutschen Arbeiterfrage. Hamburg 1936; *Theodor Macht*, Die deutsche Fettwirtschaft in und nach dem Kriege. Hamburg 1936; *Johannes Mayer*, Preisbildung und Preisprüfung in der Kriegswirtschaft. Hamburg 1937; *Erwin Rauscher*, Die Umstellung von der Friedens- auf die Kriegsfertigung. Hamburg 1937.
41 *Charlotte Lorenz*, Die Statistik in der Kriegswirtschaft. Hamburg 1936; *Otto Kortes*, Grundsätze der Wehrwirtschaftslehre. Allgemeine Grundlagen der Wehrwirtschaft und Kriegswirtschaft. Hamburg 1936.
42 *Paul Wiel*, Krieg und Wirtschaft. Wirtschaftskrieg, Kriegswirtschaft, Wehrwirtschaft. Berlin 1938; *Wilhelm Dieckmann*, Die Behördenorganisation in der deutschen Kriegswirtschaft 1914–1918. Hamburg 1937; vgl. auch *Haus*, Ergebnisse der Wissenschaftlichen Kommission, 210 f.

1.1.3 Gang der Wissenschaft nach dem Zweiten Weltkrieg

Nach dem verheerenden Ende des Zweiten Weltkriegs rückte das Interesse für den Ersten Weltkrieg in den Hintergrund. Obgleich die Diskussion über Kriegsschuld und Kriegszielpolitik gegen Ende der fünfziger Jahre allmählich zum Thema der Forschung wurde, schenkte man sozialen und wirtschaftlichen Aspekten wenig Beachtung. Indessen betraf der Dornröschenschlaf nicht die gesamte deutschsprachige Forschung, denn die wirtschaftshistorische Literatur der DDR beschäftigte sich seit den frühen 1950er Jahren mit dem Ersten Weltkrieg. Die Arbeiten fußten in Lenins Lehre zum staatsmonopolitischen Kapitalismus. Sie warfen zum ersten Mal die Fragen nach dem Unternehmerhandeln im Krieg, nach der Kriegsführung und nach der Ausbeutung der Arbeitskräfte auf.[43] Auf die marxistischen Grundlagen fixiert, enthielten sie „zahlreiche Spekulationen und gewagte Interpretationen über die Rolle einzelner Unternehmer und einzelner Industrieller",[44] forderten aber die westdeutsche Forschung zu einer Reaktion heraus. Die ersten westdeutschen Arbeiten zur Wirtschaft im Ersten Weltkrieg wandten sich den von den DDR-Historikern aufgeworfenen Problemen zu.[45] Daneben entstand 1964 eine englischsprachige Studie zur Arbeitspflicht in Deutschland auf Basis publizierter Quellen unter Einbeziehung der Nachlässe von Wilhelm Groener und Gustav Stresemann.[46]

Ein entscheidender Impuls für die Forschung ging von dem US-amerikanischen Wirtschaftshistoriker Gerald D. Feldman aus, der 1966 eine Pionierstudie auf der breiten Aktenbasis wichtiger deutscher Archive vorlegte.[47]

Mit ihrem sozioökomischen Ansatz behandelte sie den bürokratischen Ausbau im Krieg sowie als Kernthema die Konflikte zwischen Armee, Unternehmern und organisierter Arbeiterschaft. Sie behandelte gesamtwirtschaftlich wirkende Umgestaltungen, die von der Mobilmachung über die Konzeption und das Scheitern des Hindenburg-Programms bis zu den Gründen für den ökonomischen Zusammenbruch

---

[43] *Alfred Müller*, Die Kriegsrohstoffbewirtschaftung 1914–1918 im Dienste des deutschen Monopolkapitals. Berlin (Ost) 1955; *Lothar Elsner*, Die ausländischen Arbeiter in der Landwirtschaft der östlichen und mittleren Gebiete des Deutschen Reiches während des Ersten Weltkrieges. Ein Beitrag zur Geschichte der preußisch-deutschen Politik. Diss. phil. Rostock 1961.
[44] *Plumpe*, Logik des modernen Krieges, 335; *Friedrich Zunkel*, Industrie und Staatssozialismus. Der Kampf um die Wirtschaftsordnung in Deutschland 1914–18. Düsseldorf 1974, 13.
[45] *Lothar Burchardt*, Walther Rathenau und die Anfänge der deutschen Rohstoffbewirtschaftung im Ersten Weltkrieg, in: Tradition. Zeitschrift für Firmengeschichte und Unternehmerbiographie 15, 1970, 169–196; *Friedrich Zunkel*, Die ausländischen Arbeiter in der deutschen Kriegswirtschaftspolitik des Ersten Weltkrieges, in: Gerhard A. Ritter (Hrsg.), Entstehung und Wandel der modernen Gesellschaft. Festschrift für Hans Rosenberg zum 65. Geburtstag. Berlin 1970, 280–311.
[46] *Robert B. Armeson*, Total Warfare and Compulsory Labor. A Study of the Military-industrial Complex in Germany during World War I. Den Haag 1964.
[47] *Gerald Feldman*, Army, Industry and Labor in Germany 1914–1916. Princeton 1966.

Abb. 3: Ein Meilenstein: Gerald D. Feldmans Dissertation, Erstausgabe 1966.

reichten. Hieran knüpften deutsche Arbeiten an, die sich mit dem bürokratischen Ausbau und der Wirtschaftsordnung beschäftigten,[48] oder im Sinne der Historischen Sozialwissenschaft die Klassenkonflikte in der deutschen Kriegsgesellschaft analysierten.[49] Im Rahmen einer mehrbändigen Geschichte der Weltwirtschaft im 20. Jahrhundert erschien Anfang der 1970er Jahre eine komparativ angelegte Gesamtdarstellung der Kriegswirtschaft, die – auch auf Grund der Übersetzung ins Englische – die deutsche wirtschaftshistorische Weltkriegsforschung an die internationale Historiographie heranrückte.[50]

Seit den 1980er Jahren wandte sich die deutsche Wirtschaftsgeschichtsschreibung zum Ersten Weltkrieg schwerpunktmäßig folgenden Themenfeldern zu: der Organisation von Staat und Wirtschaft mit Blick auf die Produktion und Verteilung von Gütern;[51] der finanziellen Mobilmachung inklusive ihrer Kehrseite, der Infla-

---

48 *Hans Gotthard Ehlert*, Die wirtschaftlichen Zentralbehörden des Deutschen Reiches 1914 bis 1919. Das Problem der „Gemeinwirtschaft" in Krieg und Frieden. (Beiträge zur Wirtschafts- und Sozialgeschichte, Bd. 19.) Wiesbaden 1982; *Zunkel*, Industrie und Staatssozialismus.
49 *Jürgen Kocka*, Klassengesellschaft im Krieg. Deutsche Sozialgeschichte 1914–1918. Göttingen 1973.
50 *Gerd Hardach*, Der Erste Weltkrieg. (Geschichte der Weltwirtschaft im 20. Jahrhundert, Bd. 2.) München 1973; engl.: *Gerd Hardach*, The First World War, 1914–1918. (History of the World Economy in the Twentieth Century, Bd. 2.) Berkeley/Los Angeles 1977.
51 *Wolfgang Michalka*, Kriegsrohstoffbewirtschaftung, Walther Rathenau und die „kommende Wirtschaft", in: Michalka, Der Erste Weltkrieg. 485–505; *Regina Roth*, Staat und Wirtschaft im Ers-

tion, die ein Resultat der staatlichen Verschuldung war;[52] der sozialen Lage und den Lebensverhältnissen der Arbeiterschaft.[53] Wirtschaftshistorische Gesamtübersichten wurden nicht verfasst; die wirtschaftlich interessierten Studien konzentrierten sich auf Aspekte der Wirtschaftspolitik. Die Fragestellungen richteten sich weniger auf den Krieg selbst, als vielmehr auf die Erklärung der Weimarer Verhältnisse sowie auf die Prägekraft des Ersten Weltkriegs für den von den Nationalsozialisten entfesselten Zweiten Weltkrieg.

Für längere Zeit bildeten die in den 1980er Jahren erschienen Werke den Grundstock für die Wirtschaftsgeschichte des Ersten Weltkrieges. Als fast 20 Jahre nach Feldmans Erstveröffentlichung eine deutsche Übersetzung seines Pionierwerks erschien, enthielt das Vorwort zwei bemerkenswerte Einschätzungen. Zum einen schrieb Feldman: „In der historischen Literatur kann eine umfassende politische Ökonomie des Ersten Weltkrieges noch kaum nachgewiesen werden [...]".[54] Diese Einschätzung musste zu diesem Zeitpunkt überraschen, zumal sich Feldman selbst kurz zuvor mit dem Thema beschäftigt hatte.[55] Er sprach hier eine besonders in Deutschland gepflegte Auseinandersetzung mit dem Krieg an, die ursprünglich auf Rudolf Hilferdings Schrift *Das Finanzkapital* von 1910 zurückging. Für diesen Sozialdemokraten war die monopolistische Struktur die höchste Stufe des Kapitalismus; sein Buch beschreibt die Entwicklung der Großbetriebe, der Trusts und Konzerne, der durch Schutzzölle ermöglichten Dumpingpraktiken der Exportindustrie bis hin zur Vorherrschaft der Banken, des Finanzkapitals: „Das Finanzkapital will nicht Freiheit, sondern Herrschaft; es hat keinen Sinn für die Selbständigkeit der Einzelkapitalisten, sondern verlangt seine Bindung; es verabscheut die Anarchie der Konkurrenz und will die Organisation, freilich nur, um auf immer höherer Stufenleiter die Konkurrenz aufnehmen zu können."[56]

Nach Hilferding führe die Konzentration in Form von Konzernbildung und Organisierung der Finanzmärkte zu einer zunehmenden Monopolisierung des Kapitals. Dadurch entstehe unter staatlichem Schutz eine Art geplanter Kapitalismus, der die freie Konkurrenz aufhebe. Die Wirtschaftsordnung entwickele sich zu einem

---

ten Weltkrieg. Kriegsgesellschaften als kriegswirtschaftliche Steuerungselemente. (Schriften zur Wirtschafts- und Sozialgeschichte, Bd. 51.) Berlin 1997.
52 *Carl-Ludwig Holtfrerich*, Die deutsche Inflation 1914–1923. Ursachen und Folgen in internationaler Perspektive. Berlin 1980.
53 *Gunther Mai* (Hrsg.), Arbeiterschaft 1914–1918 in Deutschland. Studien zu Arbeitskampf und Arbeitsmarkt im Ersten Weltkrieg. Düsseldorf 1985.
54 *Gerald D. Feldman*, Armee, Industrie und Arbeiterschaft in Deutschland 1914 bis 1918. Berlin/Bonn 1985, 16 (Einleitung).
55 *Gerald D. Feldman*, Der deutsche Organisierte Kapitalismus 1914–1923, in: Heinrich A. Winkler (Hrsg.), Organisierter Kapitalismus. Voraussetzungen und Anfänge. (Kritische Studien zur Geschichtswissenschaft, Bd. 9.) Göttingen 1974, 150–171.
56 *Rudolf Hilferding*, Das Finanzkapital. Eine Studie über die jüngste Entwicklung des Kapitalismus. Wien 1910, Neudruck Berlin 1947, 462f.

„organisierten Kapitalismus". Auf dieser Basis wurde speziell in den 1970er und 1980er Jahren die wechselseitige Abhängigkeit des wirtschaftlichen und politischen Systems im Ersten Weltkrieg gedeutet. Die historische Forschung konstatierte, dass der Weltkrieg die industrielle Konzentration gefördert habe, insbesondere durch Fortsetzung der Kartellbildung und die Annäherung der Großindustrien in Kriegsgesellschaften. Die Interessenverbände seien stark aufgewertet worden, und der Staat habe in einer zuvor nicht bekannten Weise auf Wirtschaft und Gesellschaft eingewirkt.[57] Viele der Werke dieser beiden Jahrzehnte befassten sich in längeren Abschnitten mit der Resonanz auf die Gemeinwirtschaftspolitik, einem im Krieg entwickelten Konzept Wichard von Moellendorffs, das auf Regulierung mittels eines korporativen Umbaus der Wirtschaft zielte.

Eine zweite Einschätzung Feldmans ließ ebenfalls aufhorchen: „Es wäre sicherlich übertrieben zu behaupten, die ökonomische Analyse in diesem Buch sei unzulänglich."[58] Zwar legte der Autor eine umfassende und zugleich kompakte Studie vor, doch konnte diese unmöglich alle Themenfelder der Wirtschafts- und Unternehmensgeschichte behandeln. Insofern wandten sich die Studien seit Mitte der 1980er Jahre zahlreichen wirtschaftshistorischen Interessenspunkten zu und griffen dabei auf die überlieferten und erschlossenen Archivalien zurück. Es entstanden Arbeiten zu Entwicklungs- und Wachstumsprozessen, zur Analyse einzelner Sektoren und Branchen und zur genaueren Untersuchung der Märkte, d. h. der Geld- und Kapitalmärkte sowie des Arbeitsmarktes, sowie zu einzelnen Unternehmen. Der vorliegende Band mit seiner gefächerten Gliederung nach einzelnen Branchen und Sektoren trägt der Ausweitung der Forschungen Rechnung. Auf die Präsentation der facettenreichen neueren Literatur muss an dieser Stelle verzichtet werden. In der Einleitung der jeweiligen Kapitel dieses Bandes werden die relevanten Titel von einer aktuellen Warte aus vorgestellt.

Nachdem kürzlich einige Wissenschaftler auf wirtschaftshistorische Desiderate hingewiesen haben,[59] vermag das vorliegende Handbuch manche Forschungslücke zu schließen. Es schenkt der Produktionssphäre, d. h. der Entwicklung einzelner Sektoren und Branchen, verstärkt Beachtung. In vielen Kapiteln gelingt die Verbindung neuerer Forschungen mit der älteren Fachliteratur, sodass breit konzipierte Überblicke vorgelegt werden, die eine gesicherte wissenschaftliche Zwischenbilanz enthalten. In Ermangelung neuerer Studien wurden für manche Kapitel auch Archivrecherchen vorgenommen. Dadurch komplettiert das vorliegende Handbuch das Wissen in Bereichen wie Kriegsfinanzierung, Metallbewirtschaftung oder Elek-

---

57 *Andreas Wirsching*, Vom Weltkrieg zum Bürgerkrieg? Politischer Extremismus in Deutschland und Frankreich 1918–1933/39. Berlin und Paris im Vergleich. München 1999, 84.
58 *Feldman*, Armee, Industrie und Arbeiterschaft, 16.
59 *Dieter Ziegler*, Die Kriegswirtschaft im Ersten Weltkrieg – Trends der Forschung, in: Jahrbuch für Wirtschaftsgeschichte 2015/2, 323; *Plumpe*, Logik des modernen Krieges, 335; *Hardach*, Einleitung, 4–12.

troindustrie – um nur einige bespielhaft zu nennen – in fundierter Weise. Die Palette der wirtschaftshistorischen Kernthemen rund um den Ersten Weltkrieg wird durch Betrachtungen zur Besatzungswirtschaft in Frankreich oder Polen und zur Zwangsarbeit erweitert. Es entsteht ein abgerundetes Bild einer Kriegswirtschaft, als deren Hauptmerkmale die mangelnde Planung auf weite Sicht, die beschleunigte Improvisation sowie die Häufung punktueller staatlicher Eingriffe und Maßnahmen zu nennen sind. Insgesamt führte der Krieg in vielerlei Hinsicht zu einer Umwälzung der gesellschaftlichen Verhältnisse.

1.1.4 Kriegswirtschaft als Verlustrechnung

Schließlich muss noch auf die verheerenden Auswirkungen der Kriegswirtschaft hingewiesen werden, die sich volkswirtschaftlich als große „Verlustrechnung" darboten.[60] Die Totalisierung des Krieges ist mit entsprechenden Daten zu belegen. Die Zahl der unter Waffen stehenden deutschen Soldaten erhöhte sich von rund zwei Millionen (1914) auf elf Millionen (1918), davon fielen über zwei Millionen den Kampfhandlungen zum Opfer. Damit hatte das Deutsche Reich in absoluten Zahlen die höchste Zahl an militärischen Kriegstoten, in relativen Zahlen lagen Serbien-Montenegro (5,7 %), die Türkei (3,7 %), Frankreich (3,4 %) und Rumänien (3,3 %) über dem deutschem Anteil von drei Prozent Toten an der Gesamtbevölkerung.[61]

Der militärische Konflikt schlug sich mit seinen Entbehrungen und dem Mangelleiden auch auf die Zivilbevölkerung nieder. Der kriegsbedingten Hungerkrise fielen rund 600 000 Menschen zum Opfer. Auch die Kriegsfolgekosten schlugen sich als erhebliche finanzielle Last nieder: Dauerhaft Schwer- und Leichtbeschädigte (rund 4,2 Millionen Personen) sowie Kriegshinterbliebene bildeten auf Jahre eine bedeutende Gruppe von Versorgungsfällen. Dazu kamen Hunderttausende mit psychischen Folgelasten (Traumata und Kriegsneurosen), für die zeitgenössisch kein ausgeprägtes Bewusstsein entwickelt wurde: Psychiatrische Behandlungsformen waren kaum entwickelt, und es wurden nur wenige Spezialkliniken gegründet.

Durch den Krieg ließen sich auch bedeutende Verluste an Sach- und Humankapital verzeichnen.[62] Auf deutschem Staatsterritorium entstanden nur relativ wenige Kriegsschäden im Gegensatz zu großen Teilen Nordfrankreichs und Flanderns, den Hauptkampfgebieten im Westen. Schätzungen gehen davon aus, dass dort rund 25 000 Quadratkilometer Boden und viele Gebäude zerstört waren; ferner gab es

---

60 Zum Folgenden: *Volker Berghahn*, Der Erste Weltkrieg. München 2003, 9–17.
61 *Stephen Broadberry/Mark Harrison*, The Economics of World War I: an Overview, in: Stephen Broadberry/Mark Harrison (Hrsg.), The Economics of World War I. Cambridge 2005, 27.
62 Vgl. die Berechnungen in *Broadberry/Mark Harrison*, Economics, 28.

große Verluste an Vieh. Für den europäischen Osten fehlen solche Gesamtschätzungen.[63]

Der Krieg änderte den Zweck des Wirtschaftens, denn Kriegswachstum mündete nicht in Wohlfahrtsgewinne. Ökonomisch gesprochen wurden die Input-Faktoren wie Kapital, Arbeitskraft und Rohstoffe in eine Güterproduktion investiert, die wieder verpuffte: Seit 1915 wurden rund zwei Fünftel des Sozialprodukts für militärische Zwecke verwendet, nach anderen Schätzungen sogar die Hälfte der Wertschöpfung.[64] Entsprechend sanken die Warenmengen, die für zivilen Verbrauch zur Verfügung standen. Die Produktion von Rüstungsgütern trug zur Vermehrung der Toten bei, was konträr zum normalen Zweck des Wirtschaftens, dem Wohlfahrtsgewinn, steht. Das hat Folgen für die Lebensstandardbetrachtung: In der Kriegssituation wird die Nützlichkeit des Konzepts „Sozialprodukt pro Kopf" als Wohlstandsindikator grundsätzlich in Frage gestellt.[65]

Zu den weiteren negativen materiellen Folgen zählten die Zerstörung der weltwirtschaftlichen Vernetzung und ihren Ersatz durch Protektionismus und Autarkiepolitik, die dauerhaften Verluste im globalen Finanzsystem, insbesondere durch die stark belastenden Reparationszahlungen, sowie die verlangsamte Wachstumsbewegung in den europäischen kriegführenden Ländern im Vergleich mit den Neutralen.[66]

Auswahlbibliographie

Armeson, Robert B., Total Warfare and Compulsory Labor. A Study of the Military-industrial Complex in Germany during World War I. Den Haag 1964.
Berghahn, Volker, Der Erste Weltkrieg. München 2003.
Boldorf, Marcel/Haus, Rainer (Hrsg.), Die deutsche Kriegswirtschaft im Bereich der Heeresverwaltung 1914–1918. Drei Studien der Wissenschaftlichen Kommission des Preußischen Kriegsministeriums und ein Kommentarband, 4 Bde. Berlin/Boston 2016.
Broadberry, Stephen/Harrison, Mark (Hrsg.), The Economics of World War I. Cambridge 2005.
Dieckmann, Wilhelm, Die Behördenorganisation in der deutschen Kriegswirtschaft 1914–1918. Hamburg 1937.
Dix, Arthur, Wirtschaftskrieg und Kriegswirtschaft. Berlin 1920.
Ehlert, Hans Gotthard, Die wirtschaftlichen Zentralbehörden des Deutschen Reiches 1914 bis 1919. Das Problem der „Gemeinwirtschaft" in Krieg und Frieden. (Beiträge zur Wirtschafts- und Sozialgeschichte, Bd. 19.) Wiesbaden 1982.
Feldman, Gerald D., Armee, Industrie und Arbeiterschaft in Deutschland 1914 bis 1918. Berlin/Bonn 1985.

---

63 *Berghahn*, Der Erste Weltkrieg, 14. Vgl. auch die Kapitel 5.3 und 5.4 in diesem Band.
64 Vgl. *Broadberry/Mark Harrison*, The Economics of World War I, 15; *Hardach*, Der Erste Weltkrieg, 164–166; *Carsten Burhop*, Wirtschaftsgeschichte des Kaiserreichs 1871–1918, Göttingen 2011, 194 f. Vgl. Kapitel 2.3 in diesem Band.
65 Vgl. Kapitel 4.3 in diesem Band.
66 Vgl. *Broadberry/Harrison*, Economics, 29–34.

Goebel, Otto, Deutsche Rohstoffwirtschaft im Weltkrieg einschließlich des Hindenburgprogramms. Stuttgart u. a. 1930.
Hardach, Gerd, Der Erste Weltkrieg. (Geschichte der Weltwirtschaft im 20. Jahrhundert, Bd. 2.) München 1973.
Holtfrerich, Carl-Ludwig, Die deutsche Inflation 1914–1923. Ursachen und Folgen in internationaler Perspektive. Berlin 1980.
Kocka, Jürgen, Klassengesellschaft im Krieg. Deutsche Sozialgeschichte 1914–1918, Göttingen 1973.
Mai, Gunther (Hrsg.), Arbeiterschaft 1914–1918 in Deutschland. Studien zu Arbeitskampf und Arbeitsmarkt im Ersten Weltkrieg. Düsseldorf 1985.
Moellendorff, Wichard von, Deutsche Gemeinwirtschaft. Berlin 1916.
Mommsen, Wolfgang, Die Urkatastrophe Deutschlands. Der Erste Weltkrieg 1914–1918. München 2002.
Müller, Alfred, Die Kriegsrohstoffbewirtschaftung 1914–1918 im Dienste des deutschen Monopolkapitals. Berlin (Ost) 1955.
Plumpe, Werner, Die Logik des modernen Krieges und die Unternehmen: Überlegungen zum Ersten Weltkrieg, in: Jahrbuch für Wirtschaftsgeschichte, 2015/2, 325–357.
Pöhlmann, Markus, Kriegsgeschichte und Geschichtspolitik. Der Erste Weltkrieg. Die amtliche deutsche Militärgeschichtsschreibung 1914–1956. Paderborn 2002.
Rathenau, Walther, Deutschlands Rohstoffversorgung. Berlin 1916.
Roth, Regina, Staat und Wirtschaft im Ersten Weltkrieg. Kriegsgesellschaften als kriegswirtschaftliche Steuerungselemente. (Schriften zur Wirtschafts- und Sozialgeschichte, Bd. 51.) Berlin 1997.
Shotwell, James Thomson, Economic and Social History of the World War. Outline of Plan. Washington 1924.
Tanner, Jakob/Guex, Sébastien/Groebner, Valentin (Hrsg.), Kriegswirtschaft und Wirtschaftskriege. Économie de guerre et guerres économiques. (Schweizerisches Jahrbuch für Wirtschafts- und Sozialgeschichte, Bd. 23.) Zürich 2008.
Ullmann, Hans-Peter, Kriegswirtschaft, in: Gerhard Hirschfeld/Gerd Krumeich/Irina Renz (Hrsg.), Enzyklopädie Erster Weltkrieg. 2. Aufl. Paderborn 2014, 220–232.
Ziegler, Dieter, Die Kriegswirtschaft im Ersten Weltkrieg – Trends der Forschung, in: Jahrbuch für Wirtschaftsgeschichte, 2015/2, 313–323.

2 Grundlagen der Kriegswirtschaft

Marcel Boldorf
2.1 Ordnungspolitik und kriegswirtschaftliche Lenkung

2.1.1 Einführung

Nach der ersten Marokkokrise (1904–1906) kam eine Fachliteratur auf, die sich mit der „Kriegswirtschaftslehre" beschäftigte. Mit Blick auf einen größeren europäischen Konflikt thematisierte sie die Gefahr einer Blockade, das Problem einer langen Kriegsdauer, die Frage der Kriegsfinanzierung sowie die Sicherung der Lebens- und Rohstoffversorgung. Hieraus erwuchsen Ideen zur wirtschaftlichen Kriegsführung, die auf die Notwendigkeit der Schaffung zentraler Strukturen hinwiesen.[1] Die Forderung nach einer „gesamtwirtschaftlichen Gefechtsbereitschaft" beantworteten verschiedene Autoren mit Plänen für einen „wirtschaftlichen Kriegsrat" oder einen „wirtschaftlichen Generalstab", der Heer, Marine und Wirtschaft vereinen sollte.[2] Seit Herbst 1911 beschäftigte sich der Staatssekretär des Inneren Clemens Delbrück mit dem Thema der wirtschaftlichen Mobilmachung. Die internen Diskussionen unter seiner Leitung liefen aber auf die Abwehr der Idee eines wirtschaftlichen Generalstabs hinaus.[3] Auch bei den Reichsbehörden fanden derartige Pläne wegen außen-, finanz- und verfassungspolitischer Bedenken kein Gehör. Selbst konkrete Projekte wie beispielsweise die Vorratslagerung von Getreide im Frühjahr 1914 misslangen. Die wirtschaftliche Mobilmachung orientierte sich einseitig auf die Bedürfnisse des Heeres und der Marine, nicht aber auf die Bedürfnisse der Gesamtwirtschaft.[4]

Der Verzicht auf wirtschaftsstrategische Kriegsvorbereitungen deckte sich mit den ökonomischen Grundüberzeugungen der Zeit. Führende Volkswirte betrachteten den Krieg als eine Störung der Volkswirtschaft, weil er den kriegführenden Staat zwinge, für die Umstellung der inländischen Produktion Sorge zu tragen. Hinter dieses Ziel müsse die Bedürfnisbefriedigung der Bevölkerung als eigentlicher Zweck

---

[1] *Friedrich Zunkel*, Industrie und Staatssozialismus. Der Kampf um die Wirtschaftsordnung in Deutschland 1914–18. Düsseldorf 1974, 33.
[2] *Henry Völcker*, Die deutsche Volkswirtschaft im Kriegsfall, Leipzig 1909; *Otto Neurath*, Die Kriegswirtschaft, Wien 1910; *Arthur Dix*, Deutschlands wirtschaftliche Zukunft in Krieg und Frieden, in: Jahrbücher für Nationalökonomie und Statistik 95, 1910, 433–482. Vgl. auch: *Lothar Burchardt*, Friedenswirtschaft und Kriegsvorsorge. Deutschlands wirtschaftliche Rüstungsbestrebungen vor 1914. Boppard 1968.
[3] *Stefan Fisch*, Wirtschaftliche Zentralstellen in Deutschland bis zur Gründung eines eigenständigen Reichswirtschaftsamtes 1917, in: Carl-Ludwig Holtfrerich (Hrsg.), Das Reichswirtschaftsministerium der Weimarer Republik und seine Vorläufer. Strukturen, Akteure, Handlungsfelder. (Wirtschaftspolitik in Deutschland 1917–1990, Bd. 1.) Berlin/Boston 2016, 61. *Gerhard A. Ritter*, Clemens von Delbrück, in: Neue Deutsche Biographie, Bd. 3. Berlin 1957, 575.
[4] *Zunkel*, Industrie und Staatssozialismus, 34.

des Wirtschaftens zurücktreten. Deshalb herrschte nicht nur in deutschen führenden militärischen Führungskreisen die Überzeugung vor, dass der moderne Industriestaat auf den ungebrochenen Fortgang von Handel und Industrie angewiesen und daher ein langwieriger Krieg ökonomisch nicht führbar sei.[5]

Weitere Argumente, die den Glauben an die Unmöglichkeit der langen Kriegsdauer bestärkten, waren die absehbare große finanzielle Last und die Erwartung, dass der „Zusammenprall von Massenheeren" angesichts der „Wirkungen der neuzeitlichen Kriegsmittel" notwendigerweise zu einer Verkürzung des Konflikts führe.[6] Die Gefahr eines drohenden langwierigen Stellungskriegs verkannte man völlig. Die ökonomischen Überzeugungen stimmten mit der militärischen Strategie überein. Die zivile und militärische Führung ging davon aus, dass ein rascher militärischer Sieg errungen werden müsse. Somit sei das Deutsche Reich „völlig blind für die gewaltigen Aufgaben der wirtschaftlichen Kriegführung in den Krieg hineingetreten."[7]

Indes machte der Kriegsbeginn ordnungspolitische Eingriffe in die Wirtschaft notwendig. In ökonomisch-theoretischer Perspektive lässt sich dies durch den Strukturbruch begründen, den die Umstellung auf die Kriegswirtschaft bedeutete. Die Hauptursache lag in der Verschiebung des Konsums. Der öffentliche Verbrauch stieg, d. h. die Staatsquote wuchs, wie in allen am Krieg beteiligten Volkswirtschaften zu sehen.[8] Der Grund war die gigantische Nachfrage des Militärs, die durch steigende Staatsausgaben zu finanzieren war.[9] Unter der Verschiebung der Produktion litt vor allem der private Verbrauch, zu dessen Befriedigung kaum Ressourcen und Güter mehr zur Verfügung standen. Als Nebeneffekt entstand im Krieg eine zusätzliche Kaufkraft, die wegen des Mangels an Konsumgütern kaum befriedigt werden konnte und inflationäre Tendenzen nach sich zog.[10]

Die allgemeine Verknappung der Ressourcen wurde durch die abrupte Veränderung der außenwirtschaftlichen Beziehungen verstärkt, denn die wichtigen industriellen Handelspartner entfielen, weil sie nun Kriegsgegner waren.[11] Um der Knappheit entgegenzutreten, förderte die Regierung Importsubstitutionen. Zur Kon-

---

5 *Hans-Peter Ullmann*, Kriegswirtschaft, in: Gerhard Hirschfeld/Gerd Krumeich/Irina Renz (Hrsg.), Enzyklopädie Erster Weltkrieg. 2. Aufl. Paderborn 2004, 220; *Gerald D. Feldman*, The Economics of War and Economic Warfare, 1914–1945, in: Valentin Groebner/Sébastien Guex/Jakob Tanner (Hrsg.), Kriegswirtschaft und Wirtschaftskriege. Économie de guerre et guerres économiques. Zürich 2008, 88.
6 *Robert Weyrauch*, Waffen- und Munitionswesen. (Die deutsche Wirtschaft im Bereich der Heeresverwaltung, Bd. 1.) [1922] Neudruck Berlin/Boston 2016, 40.
7 *Alfred Stellwaag*, Die deutsche Eisenwirtschaft während des Krieges. (Die deutsche Wirtschaft im Bereich der Heeresverwaltung, Bd. 2.) [1922] Neudruck Berlin/Boston 2016, 4.
8 *Stephen Broadberry/Mark Harrison*, The Economics of World War I: an Overview, in: Stephen Broadberry/Mark Harrison (Hrsg.), The Economics of World War I. Cambridge 2005, 14–16.
9 Zur Kriegsfinanzierung vgl. Kapitel 2.3 in diesem Band.
10 Zum Lebensstandard vgl. Kapitel 4.3 in diesem Band.
11 Zum Außenhandel vgl. Kapitel 5.1 in diesem Band.

zentration der Ressourcen in den kriegswichtigen Sektoren waren wirtschaftliche Eingriffe erforderlich. Die daraus resultierende Bewirtschaftung bezog sich auf die Erfassung knapper Ressourcen, die Zuteilung von Kontingenten und zum dirigistischen Eingreifen in das Marktgeschehen. Für die Märkte, die von direkten Eingriffen frei blieben, wurden Preisregulierungen verfügt. Dies wirft die Fragen auf, wie die wirtschaftliche Koordination hauptsächlich verlief, wieviel Markt erhalten blieb und wieviel Planung realisiert werden konnte. Ein weiteres Augenmerk des Kapitels liegt auf den Entscheidungsträgern: Blieben die Unternehmer Herr im Haus oder gab es eine militärische Aufsicht über wirtschaftliche Entscheidungen? Kann man wirklich von einer Lenkung durch die Staatsbürokratie sprechen, oder waren es einzelne militärische Anordnungen und Befehle, die punktuell auf die Wirtschaftsablaufpolitik Einfluss nahmen?

Informationen zur Wirtschaftsordnung finden sich in vielen älteren Werken, die teilweise schon während des Kriegs zur Orientierung über die wirtschaftliche Situation Auskunft gaben.[12] Für die folgenden Betrachtungen ist daher der Rückgriff auf die wirtschaftshistorische Standardliteratur hilfreich.[13] Jüngst wurden einige Überlegungen zur kriegswirtschaftlichen Ordnungspolitik angestellt.[14] Ferner rückte die Betrachtung der Organisationsformen, besonders der Kriegsgesellschaften, in den Vordergrund.[15] Zu einem detaillierten Verständnis der Veränderung bürokratischer Strukturen und einzelner Maßnahmen verhelfen vor allem die älteren Werke, die der retrospektiven Sicht wichtiger Akteure entstammen.[16] Eine an öko-

---

12 Vgl. beispielsweise die Drucke der Vorträge: *Walther Rathenau*, Deutschlands Rohstoffversorgung. Berlin 1916; *Kurt Wiedenfeld*, Rohstoffversorgung. Berlin 1917.
13 Zum Beispiel: *Gerald D. Feldman*, Army, Industry and Labor in Germany 1914–1916. Princeton 1966, Dt.: *Ders.*, Armee, Industrie und Arbeiterschaft in Deutschland 1914 bis 1918. Berlin/Bonn 1985; *Gerd Hardach*, Der Erste Weltkrieg. (Geschichte der Weltwirtschaft im 20. Jahrhundert, Bd. 2.) München 1973.
14 *Dieter Ziegler*, Die Kriegswirtschaft im Ersten Weltkrieg – Trends der Forschung, in: Jahrbuch für Wirtschaftsgeschichte, 2/2015, 313–324; *Gerd Hardach*, Einleitung, in: Marcel Boldorf/Rainer Haus (Hrsg.), Die Ökonomie des Ersten Weltkriegs im Lichte der zeitgenössischen Kritik. (Die deutsche Wirtschaft im Bereich der Heeresverwaltung, Bd. 4.) Berlin/Boston 2016, 1–12; *Marcel Boldorf*, Wirtschaftliche Organisation und Ordnungspolitik im Ersten Weltkrieg, in: Boldorf/Haus, Ökonomie, 139–173; *Albrecht Ritschl*, The Pity of Peace: Germany's Economy at War, 1914–1918 and Beyond, in: Broadberry/Harrison, Economics, 41–76.
15 *Harald Wixforth*, Die Gründung und Finanzierung von Kriegsgesellschaften während des Ersten Weltkriegs, in: Hartmut Berghoff/Jürgen Kocka/Dieter Ziegler (Hrsg.), Wirtschaft im Zeitalter der Extreme. Beiträge zur Unternehmensgeschichte Österreichs und Deutschlands. Im Gedenken an Gerald D. Feldman. München 2010; grundlegend ist *Regina Roth*, Staat und Wirtschaft im Ersten Weltkrieg. Kriegsgesellschaften als kriegswirtschaftliche Steuerungselemente. (Schriften zur Wirtschafts- und Sozialgeschichte, Bd. 51.) Berlin 1997.
16 *Arthur Dix*, Wirtschaftskrieg und Kriegswirtschaft. Zur Geschichte des deutschen Zusammenbruchs. Berlin 1920; *Otto Goebel*, Deutsche Rohstoffwirtschaft im Weltkrieg einschließlich des Hindenburg-Programms. Stuttgart/Leipzig/Berlin 1930; *Kurt Wiedenfeld*, Die Organisation der Kriegsrohstoffbewirtschaftung im Weltkriege. Hamburg 1936; *Wilhelm Dieckmann*, Die Behördenorganisation in der deutschen Kriegswirtschaft 1914–1918. Hamburg 1937.

nomisch-politischen Entwürfen interessierte Habilitationsschrift verfolgte vor allem die Kriegsdiskussion um die zu erwartende Übergangswirtschaft sowie die im Krieg angelegten, längerfristig wirksamen ordnungspolitischen Weichenstellungen.[17] Dies reiht sich in die ältere Debatte um die Funktionen der Kriegswirtschaft sowie die Rolle der „Planung" und des „Kriegssozialismus" ein, die in diesem Kapitel wieder aufzugreifen ist.[18]

Die folgenden Ausführungen wenden sich der Wirtschaftsordnung in ihrer Genese zu, d. h. sie nehmen die ordnungspolitische Problemlage bei Kriegseintritt als Ausgangspunkt. Zunächst wird untersucht, ob die in der Vorkriegszeit entworfenen Ordnungsvorstellungen im Krieg rasch umgesetzt wurden und auf welche Weise sich institutionelle Veränderungen in der Kriegswirtschaft vollzogen. Sodann wird die Frage gestellt, inwiefern überhaupt ein Wille zur Wirtschaftslenkung vorhanden war. Die Ausdehnung der Bürokratie bildete die Grundlage für die sich entwickelnden Praktiken der Wirtschaftsablaufpolitik, wobei im Spannungsfeld von Militär, Unternehmertum und Arbeiterschaft immer wieder unterschiedliche Interessen dominierten. Divergenzen in den Lenkungsvorstellungen führten zur Errichtung neuer Reichsstellen und neuer Führungspositionen wie etwa den Reichskommissaren. Jedoch blieb vieles improvisiert und ließ sich als Ad-hoc-Maßnahme, je nach Kriegspriorität, interpretieren. Im Fazit ist auf den Gesamtcharakter der Kriegswirtschaftsordnung zurückzukommen.

2.1.2 Bewirtschaftung in Selbstorganisation

Angesichts der föderalen Tradition des Kaiserreichs verfügte die Reichsregierung bei Kriegsbeginn nicht über geeignete zentrale Lenkungsinstitutionen. Eine Reihe hoheitlicher Aufgaben, darunter das Ressort der Kriegsführung, fiel unter die Kompetenz der Einzelstaaten. Die wirtschaftlichen Eingriffsmöglichkeiten der Regierung waren auf der Basis älterer gesetzlicher Regelungen sehr eingeschränkt und bezogen sich im Wesentlichen auf die Beschlagnahme im Feindesland.[19] Mit dem Beginn

---

17 *Zunkel*, Industrie und Staatssozialismus.
18 *Goetz Briefs*, Kriegswirtschaftslehre und Kriegswirtschaftspolitik, in: Handwörterbuch der Staatswissenschaften, Bd. 5. 4. Aufl. Jena 1923, 984–1022; *Willi A. Boelcke*, Rüstungswirtschaft: Kriegswirtschaft, in: Willi Albers u. a. (Hrsg.), Handwörterbuch der Wirtschaftswissenschaften, Bd. 6. Stuttgart u. a. 1981, 503–513; *Hugo Ott*, Kriegswirtschaft und Wirtschaftskrieg 1914–1918. Verdeutlicht an Beispielen aus dem badisch-elsässischen Raum, in: Erich Hassinger/J. Heinz Müller/Hugo Ott (Hrsg.), Geschichte, Wirtschaft, Gesellschaft (Festschrift für Clemens Bauer). Berlin 1974, 333–357.
19 Gesetz über die Kriegsleistungen, 13. Juni 1873, Reichsgesetzblatt (RGBl.) 1873, 129–137; vgl. *Otto Goebel*, Kriegsbewirtschaftung der Spinnstoffe. (Die deutsche Kriegswirtschaft im Bereich der Heeresverwaltung 1914–1918, Bd. 3.) [1922] Neudruck Berlin/Boston 2016, 11.

der Kampfhandlungen setzte man sich in Berlin mit der Umstellung auf die neue Situation auseinander. Am 4. August 1914 ermächtigte der Reichstag den Bundesrat, Anordnungen mit Gesetzeskraft zu treffen, „welche sich zur Abhilfe wirtschaftlicher Schädigungen als notwendig erweisen."[20] Dieses Gesetz wurde als weitreichende Ermächtigung des Bundesrates gedeutet, bot aber keine konkrete Grundlage zum Eingriff in die unternehmerische Sphäre.[21] Dasselbe galt für das am selben Tag erlassene Höchstpreisgesetz, das lediglich die Möglichkeit einräumte, Preisobergrenzen für „Gegenstände des täglichen Bedarfs, insbesondere für Nahrungs- und Futtermittel aller Art sowie für rohe Naturerzeugnisse, Heiz- und Leuchtstoffe"[22] festzusetzen. Die Zuständigkeit lag bei den Landeszentralbehörden, die bei Preisverstößen eine Beschlagnahme der Produkte verfügen konnten. Der Fokus beider Gesetze lag auf der Sicherstellung der Versorgung der Bevölkerung. Sie steckten einen Rahmen ab, erfuhren zunächst keine inhaltliche Konkretisierung und zeugten auch nicht von der Intention, die Wirtschaft zu lenken oder militärisch nutzbar zu machen.

Weitere Maßnahmen bezogen sich auf die Sicherstellung der Verfügbarkeit von Rohstoffen, denn mit Kriegsbeginn hatten die Kriegsgegner eine Seeblockade verhängt. Der Bundesrat machte sich seine neue Verordnungskompetenz zunutze und erließ am 24. August 1914 die „Bekanntmachung über Vorratserhebungen".[23] Diese Verordnung verpflichtete alle Unternehmen zur Auskunft über ihre Lagerhaltung gegenüber den Landesbehörden. Bei Androhung einer Gefängnis- oder Geldstrafe bis zu einer Höhe von 3000 Mark hatten alle Unternehmer, auch Landwirte und Handelsbetriebe, die vorhandenen Rohstoffmengen sowie Lieferungsansprüche und -verpflichtungen zu deklarieren.

Auffällig an den bislang geschilderten Maßnahmen war, dass sie nicht zentral-, sondern landesstaatlich durchgeführt wurden. Dies entsprach der Organisationsstruktur der kriegsrelevanten Behörden im Deutschen Reich. Zwar existierten in den ehemaligen Königreichen Sachsen, Württemberg und Bayern eigenständige Kriegsministerien, doch gab es kein Reichskriegsministerium, das als zentrale Steuerungsinstanz hätte dienen können. In Ermangelung einer Zentralbehörde zog das preußische Kriegsministerium die kriegswichtige Koordination an sich, und die Ministerien in Dresden, Stuttgart und München duldeten dies, indem sie sich unterordneten.[24]

Die Initiative zur Institutionalisierung der Rohstoffbewirtschaftung ging schließlich von der Privatwirtschaft aus. Walther Rathenau, Präsident der Allgemeinen Elek-

---

[20] Gesetz über die Ermächtigung des Bundesrats zu wirtschaftlichen Maßnahmen und über die Verlängerung der Fristen des Wechsel- und Schuldrechts im Falle kriegerischer Ereignisse, 4. August 1914, RGBl. 1914, 327 f.
[21] *Goebel*, Kriegsbewirtschaftung der Spinnstoffe, 11.
[22] Gesetz, betreffend Höchstpreise, RGBl. 1914, 339 f.
[23] RGBl. 1914, 382 f.
[24] *Dieckmann*, Behördenorganisation, 36.

tricitäts-Gesellschaft (AEG), sowie sein leitender Hauptreferent Wichard von Moellendorff gehörten zu den wenigen, die frühzeitig ein Verständnis für die prekäre Rohstofflage entwickelten. Ihre Überlegungen waren konkret von der Sorge um die AEG beeinflusst, denn von Moellendorff hatte in mehreren Briefen an Rathenau auf die Abhängigkeit des Unternehmens von Rohstoffimporten hingewiesen. Schon in einer Denkschrift vom 9. August 1914 hatte sich Rathenau mit dem Problem der Rohstoffsicherung auseinandergesetzt.[25] Seine Gedanken trugen dem Umstand Rechnung, dass Rohstoffe zwischen 1910 und 1913 rund 43 % der deutschen Importe ausmachten.[26]

Den traditionellen Ansatzpunkt zum Eingriff in die Wirtschaft boten die Requisitionen, d. h. die Beschlagnahme von Rohstoffen durch militärische Besetzungen. Rathenau brachte den Militärs sein Konzept für eine Kriegsrohstoffabteilung (KRA) zum Zwecke der Sicherstellung und Umverteilung der Beuterohstoffe vor. Er sprach in diesen Tagen zunächst bei Oberst Scheuch, dem Chef des Allgemeinen Kriegsdepartements, und dann am 9. August 1914 beim preußischen Kriegsminister Erich von Falkenhayn vor. Letzterer war von Rathenaus Vorschlägen leicht zu überzeugen und übertrug dem Petenten selbst die Aufgabe, indem er ihn an die Spitze einer zu errichtenden Abteilung des Kriegsministeriums stellte.[27] Im zeitgenössischen Kontext war es nicht nur eine „Merkwürdigkeit", dass eine Zivilperson in eine leitende militärische Position vorrückte, sondern auch, dass das Kriegsministerium sich zum Träger einer allgemeinen Wirtschaftsaufgabe aufschwang.[28] Dem „Zivilisten" ordneten die Militärs in dem traditionell straff geführten Ministerium einen älteren Offizier zur Seite. Der pensionierte Oberst Walter Oehme sollte die Verbindung zu den militärischen Stellen gewährleisten.[29] Rathenaus Motive zur Kontaktaufnahme mit dem Kriegsministerium erklären sich durch die eingangs beschriebene Abwehrhaltung im Reichsamt des Inneren. Im Kriegsministerium ließen sich wirtschaftliche Eingriffe offensichtlich besser verwirklichen: Wie im Heer war der Gedanke der Unterstellung des Einzelnen unter ein Gemeinschaftsziel stärker verankert, während das Ressort des Inneren „zu stark auf die individualistische Denkweise der Friedenswirtschaft eingestellt"[30] schien.

Die erste Sorge galt den vorhandenen Rohstoffmengen. Für eine Totalerfassung fehlten die personellen Kapazitäten, deshalb begnügte sich das Reichsamt des Inneren mit einer Stichprobe, indem es eine Umfrage bei 900 ausgesuchten Industrieunternehmen durchführte. Die Erhebung bestätigte die vorher bereits gehegte Annahme, dass die vorhandenen Vorräte zahlreicher Rohstoffe nur für einen abseh-

---

25 *Christian Schölzel*, Walther Rathenau. Eine Biographie. Paderborn 2006, 470.
26 *Hardach*, Der Erste Weltkrieg, 66. Vgl. ausführlich Abschnitt 5.1.2 in diesem Band.
27 *Fisch*, Wirtschaftliche Zentralstellen, 61.
28 *Wiedenfeld*, Organisation der Kriegsrohstoffbewirtschaftung, 36.
29 *Schölzel*, Rathenau, 176.
30 *Wiedenfeld*, Organisation der Kriegsrohstoffbewirtschaftung, 36.

Abb. 1: Walther Rathenau, 1921, am 24. Juni 1922 von Rechtsterroristen ermordet (BArch, Bild 183-L40010).

baren Zeitraum ausreichend seien. Das unterstützte Rathenaus Ansatz, dass es besonderer Organisationsformen zur Ressourcenmobilisierung bedürfe.

Den Praktiken der Beschlagnahme folgend, entstanden die ersten Lenkungsorgane für Rohstoffe in den besetzten Gebieten. Als die deutsche Armee das grenznahe belgische Textilrevier einnahm, stellte sie größere Mengen an Wolle sicher. Eine Kommission des Kriegsbekleidungsamtes Koblenz wurde nach Verviers abgeordnet, um die in der belgischen Textilstadt lagernden Vorräte unter Hinzuziehung von Sachverständigen aus Aachen und Köln zu erfassen. Binnen einer Woche gründete sich eine Kriegswollbedarf-Aktiengesellschaft, die für die Übernahme des Beuteguts zuständig wurde. Ein eingesetzter Kommissar beschlagnahmte in Verviers 1,2 Millionen Kilo Tuchwollen, was rund ein Zehntel der dortigen Bestände darstellte, und führte die „Beutewollen" den deutschen Heereslieferanten zu.[31]

Die Ad-hoc-Bildung einer Bewirtschaftungsorganisation im besetzten Belgien diente als Vorbild für die inländische Organisation der wirtschaftlichen Lenkung. Die Kriegswollbedarf AG kann als Prototyp einer „Kriegsrohstoffgesellschaft" bzw. „Kriegsgesellschaft" gelten.[32] Rathenau entwickelte weitergehende Vorstellungen, wie die Schaffung weiterer Kriegsgesellschaften die anstehenden Bewirtschaftungsaufgaben einer generellen Lösung zuführen könnte. Nach seinen Vorstellungen soll-

---

31 *Goebel*, Kriegsbewirtschaftung der Spinnstoffe, 11. *Dieckmann*, Behördenorganisation, 36.
32 *Goebel*, Kriegsbewirtschaftung der Spinnstoffe, 11. Somit ist zu korrigieren, dass die Kriegsmetall AG die erste Gründung einer Kriegsgesellschaft war, vgl. *Roth*, Staat und Wirtschaft, 103.

ten sie als Selbstverwaltungsorgane der Industrie entstehen, d. h. ihre Aufgaben in Eigenregie ohne staatliche Bevormundung durchführen. Er rechnete mit der Einsicht der Unternehmen, sich selbst zu beschränken und den Kriegsgesellschaften die Kompetenzen und Entscheidungen über wirtschaftliche Grundsatzfragen abzutreten.[33]

Als nächstes forderte die KRA die Sicherung der Produktion wichtiger Grundrohstoffe im Inland. Die darauf ausgerichteten Besprechungen mit führenden Industriellen der Metallverarbeitung und der Chemie begannen unter Rathenaus Leitung am 27. August 1914 in Berlin. Als Rathenau seine Pläne darlegte, stieß er im Kreis der Anwesenden auf Reserve, die vielfältig begründet war: Manche Unternehmer befürchteten die Dominanz weniger Großunternehmen in den geplanten Kriegsgesellschaften, andere sorgten sich um die Geheimhaltung unternehmerischen Know-hows. Viele Industrielle befürchteten Verluste aus risikobehafteten Einkäufen, sodass sie um staatliche Garantien zur Risikominderung baten. Diese wurden ihnen jedoch zu diesem Zeitpunkt nicht zugesagt. Überhaupt hielt sich die staatliche Bürokratie abseits, denn die Verhandlungen fanden ohne Beteiligung der preußischen Ministerien für Handel und Gewerbe sowie der Wirtschaftsabteilung des Reichsamts des Inneren statt.[34] Insofern war kein Dirigismus der staatlichen Bürokratie intendiert, und sogar die KRA war bestrebt, offiziell nicht in Erscheinung zu treten.

Beispielhaft kann die Bildung der Kriegsmetall AG betrachtet werden, die – wie ihre Gründungsgeschichte deutlich machte – als „Projekt Rathenaus" zu charakterisieren ist.[35] Die Einladungen zur Gesellschaftsbildung versandte Rathenau über die AEG. Es entstand eine Macht des Faktischen, denn unter der Leitung der AEG gelang es, ein gemeinsames Vorgehen der überwiegend in Berlin ansässigen Unternehmen zu erreichen.[36] Die Elektroindustrie im Raum Berlin drohte als bedeutender Metallverbraucher eine bevorzugte Position zu erlangen, was rheinländische und hessische Unternehmer – darunter die Erzeuger von Metalllegierungen oder Metallverkäufer – zum Eintritt in die Kriegsmetall AG bewog. Was in Friedenszeiten möglicherweise der weitere Versuch einer Syndikatsbildung geblieben wäre, entfaltete unter Kriegsbedingungen eine Sogwirkung: Die Mehrzahl der größeren Firmen strebte nach einer

---

33 *Roth*, Staat und Wirtschaft, 150.
34 *Roth*, Staat und Wirtschaft, 104 f.
35 *Roth*, Staat und Wirtschaft, 105.
36 Liste der Gründungmitglieder: AEG Berlin, Cassirer & Co Charlottenburg, Chemische Fabrik Hönningen am Rhein (Kreis Neuwied), Vormaliges Messingwerk Reinickendorf, R. Seidel AG Berlin, Aron Hirsch & Sohn Halberstadt, Hirsch Kupfer- und Messingwerke AG Berlin, N. Levy & Co. Berlin, Metallgesellschaft Frankfurt am Main, Siemens Schuckertwerke Berlin, Dürener Metallwerke, nach: *Peter J. Belli*, Das Lautawerk der Vereinigte Aluminium-Werke AG (VAW) von 1917 bis 1948. Ein Rüstungsbetrieb in regionalen, nationalen, internationalen und politischen Kontexten (zugleich ein Beitrag zur Industriegeschichte der Niederlausitz). Münster 2010, 40.

Beteiligung, um die Rohstoffverteilung beeinflussen zu können.[37] Allein die Fried. Krupp AG verzichtete als staatlich privilegierter Rüstungsbetrieb auf eine Mitwirkung. Nur einige weitere Unternehmer wahrten Distanz, weil sie von einer kurzen Kriegsdauer ausgingen. Der erste Vorsitzende der Kriegsmetall AG wurde AEG-Ingenieur Richard Tröger, der zugleich Leiter der entsprechenden KRA-Sektion war.

In den führenden kriegswirtschaftlich relevanten Sektoren setzte sich ein bestimmter Typus Kriegsgesellschaft durch: Dem Grundsatz nach waren sie als Aktiengesellschaften, die für Zwecke der Kriegswirtschaft gegründet wurden, völlig selbständig. Jedoch beteiligten sich das Reich und die Länder mit Kapitaleinlagen. In den Aufsichtsräten saßen auch Ministerialbeamte, sodass sich die Reichsbürokratie eine Kontrolle über die Geschäftspraktiken sicherte.[38] Die Vorstände der Kriegsgesellschaften stammten dagegen aus den Großunternehmen, die auch die wichtigeren Kapitalgeber waren. Obwohl die beitretenden Privatfirmen nicht selten gegen den Zusammenschluss eingestellt waren, beteiligten sie sich, weil sie befürchten mussten, dass eine Weigerung sie aus der Rohstoffzulieferung ausschließen könne.[39] Faktisch schlossen sich meist alle großen Unternehmen einer Branche der entsprechenden Kriegsgesellschaft an. Vielfach stellte sich die vorab befürchtete Dominanz der Großindustrie ein, während die staatliche Bürokratie von der Einmischung in die Tagesgeschäfte meist Abstand nahm.

Die Auswahl der zu bewirtschaftenden Rohstoffe bestimmte den Takt der Gründung von Kriegsgesellschaften. Nach Rathenaus Vorstellungen waren lediglich Stoffe zu bewirtschaften, „die der Landesverteidigung dienen und die nicht dauernd oder ausreichend im Inlande gewonnen werden können."[40] Zunächst erfasste dies eine relativ begrenzte Anzahl von Rohstoffen, wobei importierte Güter eine bedeutende Rolle spielten. Schon am 28. September 1914 erfolgte die Gründung der Kriegschemikalien AG, in deren Umfeld noch größere Widerstände als bei der Kriegsmetall AG zu überwinden waren.[41] Aus der Sorge um die Sicherstellung der Rohstoffe im Konsumgütersektor folgten die Bildung der Kammwoll AG, der Jute-Abrechnungsstelle sowie im November der Kriegsleder AG.[42] Über das Gründungsstadium hinaus gehörte die Intensivierung der Einfuhr von Rohstoffen aus dem Ausland, inklusive der besetzten Gebiete, zu den Aufgaben der Kriegsgesellschaften. Auch in den ersten Monaten des Jahres 1915 fanden Gründungen in weiteren kriegswichtigen Branchen statt. Neben der Importorganisation erstreckten sich ihre Aufgaben auf die Rohstoffbeschaffung durch Erschließung von Ressourcen im Inland sowie durch Recycling und Wiederverwertung.[43] Steinkohle und Roheisen waren als wichtigste Vorproduk-

---

37 *Carsten Burhop*, Wirtschaftsgeschichte des Kaiserreichs 1871–1918. Göttingen 2011, 198.
38 *Wixforth*, Gründung und Finanzierung, 91.
39 *Burhop*, Wirtschaftsgeschichte des Kaiserreichs, 198.
40 *Rathenau*, Deutschlands Rohstoffversorgung, 14.
41 *Roth*, Staat und Wirtschaft, 103–106.
42 *Goebel*, Kriegsbewirtschaftung der Spinnstoffe, 28.
43 *Wixforth*, Gründung und Finanzierung, 93; vgl. ausführlich den Abschnitt 2.2.3 in diesem Band.

te der Rüstungsindustrie zu diesem Zeitpunkt noch von der Bewirtschaftung ausgenommen. Sowohl in wirtschaftlichen als auch in militärischen Führungskreisen herrschte der Konsens vor, dass die beiden Basisrohstoffe so wesentlich für den wirtschaftlichen Gesamtablauf seien, dass man sie nicht der Verfügungsgewalt einer einzelnen Gesellschaft unterstellen könne. Bis Kriegsende entstand eine Vielzahl von Kriegsgesellschaften aller Art, die nicht nur in der industriellen Produktion, sondern auch in der Konsumgüter- und Lebensmittelversorgung und -verteilung angesiedelt waren.[44]

Die KRA des preußischen Kriegsministeriums wurde frühzeitig zur einer Lenkungsbehörde ausgebaut. Sie begann ihre Arbeit am 13. August 1914 mit lediglich vier Mitarbeitern.[45] Der weitere Aufbau erfolgte unter Einrichtung von Sektionen, die meist für eine industrielle Branche zuständig waren. Die Sektionsleiter waren Rathenau gegenüber verantwortlich. Die Eigenmächtigkeiten, die verschiedene Kriegsgesellschaften entwickelten, forderten immer mehr die Koordination und Kontrolle durch die KRA heraus. Dadurch wuchs das Personal rasch auf gut 100 Mitarbeiter Anfang 1915 sowie 350 im Sommer 1915 an.

Rathenau berichtete von anfänglichen Schwierigkeiten, Personal für die KRA zu finden; als Rekrutierungsbecken machte er „Fabriken und Banken" aus.[46] Die ersten bestellten Sektionsleiter stammten indessen aus einer kleinen Riege führender AEG-Ingenieure. Der AEG-Direktor Georg Klingenberg, der einige Großkraftwerke projektiert hatte, wurde nicht nur als Leiter der Elektrizitätswirtschaftsstelle eingesetzt, sondern war zugleich bis 1915 stellvertretender Leiter der KRA. Richard Tröger übernahm die Leitung der Sektion Metalle und von Moellendorff die der Sektion Chemie. Ein weiterer Vertrauter, der Elektrotechniker Mauritius, war für die Lederwirtschaft verantwortlich, obwohl er kaum als Experte auf dem Gebiet gelten konnte.[47] Die erste Personalrekrutierungswelle war durch die einflussreiche Position Rathenaus als Gründer und Leiter der KRA geprägt. Seine unternehmerischen Interessen waren als Bestellungskriterium ausschlaggebender als die notwendige Fachkompetenz. Auch im Textilsektor wurden viele Industrielle als Sektionsleiter eingesetzt. Vielfach übten sie eine Doppelfunktion aus, wenn sie zugleich als Kommissare der Kriegsgesellschaften fungierten.[48] Rathenau beschrieb seinen Mitarbeiterstab als eine „Freischar", die sich in die neuen Aufgaben eingefunden habe: „Wir alle wurden fiskalisch."[49]

Angesichts der anfangs dünnen Personaldecke war offenkundig, dass die KRA bei der Wahrnehmung ihrer kaufmännischen und technischen Aufgaben auf die

---

44 *Wixforth*, Gründung und Finanzierung, 94.
45 *Wiedenfeld*, Organisation der Kriegsrohstoffbewirtschaftung, 37; *Fisch*, Wirtschaftliche Zentralstellen, 63.
46 *Rathenau*, Deutschlands Rohstoffversorgung, 18 f.
47 *Wiedenfeld*, Organisation der Kriegsrohstoffbewirtschaftung, 38.
48 *Goebel*, Kriegsbewirtschaftung der Spinnstoffe, 288 f.
49 *Rathenau*, Deutschlands Rohstoffversorgung, 19.

Unterstützung des Handels und der Industrie angewiesen war. Im Verlauf des Kriegs traten immer wieder industrielle Führungskräfte in ihren Dienst. Dadurch stellte sich ein enges, vorher ungekanntes Verhältnis zwischen Wirtschaft und Politik ein. Dennoch kann man in Zweifel ziehen, ob die Mehrzahl der Unternehmer an der Kriegsführung interessiert war, denn in vielen Fällen wurde der Lauf ihrer Geschäfte empfindlich gestört.[50] Andererseits war die KRA keine allein agierende Kriegslenkungsbehörde. Daneben gab es die Regelungstätigkeit der Reichsregierung und der involvierten Ministerien, die aber wegen der Ausdehnung der KRA immer mehr auf den Bereich der sog. Zivilwirtschaft eingeschränkt wurden. Innerhalb des Kriegsministeriums trat vor allem das Militär dem vermeintlichen wirtschaftlichen Lobbyismus entgegen und drängte auf mehr Kontrolle zur Wahrung seiner Führungsrolle.

Schrittweise vollzog sich der Ausbau der KRA zu einer vielgliedrigen Behörde, die ihr Aufgabenspektrum entsprechend erweiterte.[51] Zu Beginn beschränkte sich die Zuständigkeit auf die Bewirtschaftung von Rohstoffen, von denen zu befürchten war, dass sie bald zur Neige gehen könnten. Die Bezeichnung als Fachsektionen erfolgte am 1. Januar 1915: Die wichtigsten entstanden im Bereich Textil, vor allem Wolle (W) und Baumwolle (BW), weitere für Metalle (M) und Chemikalien (Ch). Übergreifende Aufgaben hatten die Beschlagnahmestelle (BSt) und die Buchhaltung (Bu).[52] Für allgemeinere Entscheidungsfelder, zu denen rechtliche und volkswirtschaftliche Beratung gehörten, entstanden so genannte Chefsektionen, beispielsweise für Vorratserhebung und für volkswirtschaftliche Fragen. Der Ausbau der KRA in die Tiefe, d. h. die Erschließung neuer Zuständigkeiten in der Bewirtschaftungspraxis – die Erfassung der verfügbaren Rohstoffbestände, die Schätzung des Verbrauchs, die Festlegung des Bedarfs, die Zuweisung von Rohstoffen, die Überwachung der Verwendung der Rohstoffe – entwickelte sich im Laufe der Zeit mit der sich verstärkenden Rohstoffknappheit. Die Ausdehnung in die Breite, d. h. die Errichtung neuer Fachsektionen, erfolgte im Gleichschritt mit der Ausweitung der Zahl der bewirtschafteten Rohstoffe.

Noch wichtiger als die personellen Besetzungen innerhalb der KRA waren die institutionellen Weichenstellungen zur Durchsetzung der wirtschaftlichen Regulierung. Eine einschneidende Maßnahme war die Auskunfts- und Meldepflicht für Unternehmen, die durch die Bundesratsverordnung über Vorratserhebung vom 24. August 1914 begründet wurde. Sie zielte auf die Bereitung einer statistischen Basis für kriegsrelevante Lenkungsentscheidungen. Ihre Vorschriften wurden am 2. Februar 1915 ausgedehnt: Landwirtschaftliche und gewerbliche Unternehmen, Handelstreibende und Kommunen unterlagen der Pflicht, „jederzeit Auskunft" über Vorräte sowie ausstehende Lieferungen zu erteilen.[53] Die Behörden erhielten eine Durchsu-

---

[50] *Werner Plumpe*, Die Logik des modernen Krieges und die Unternehmen: Überlegungen zum Ersten Weltkrieg, in: Jahrbuch für Wirtschaftsgeschichte 2015/2, 327–333.
[51] *Ziegler*, Kriegswirtschaft im Ersten Weltkrieg, 315.
[52] *Goebel*, Kriegsbewirtschaftung der Spinnstoffe, 287; *Roth*, Staat und Wirtschaft, 54.
[53] RGBl. 1915, 54 f.

chungserlaubnis, die sich auf Räumlichkeiten und Geschäftsbücher erstreckte. Auf dieser Basis ordnete die KRA die Einzelbestandserhebung von Aluminium, Kupfer, Nickel und Weißblech an.[54]

Von der Vorratserhebung ausgehend, strebte das preußische Kriegsministerium nach der Kontrolle der Verfügungsrechte über die Rohstoffe. Beim frühen Versuch der KRA, gegen Ende August 1914 die Beschlagnahme einzelner Metalle per Bundesratsverordnung zu erwirken, stellten sich das Reichsamt des Inneren und das preußische Ministerium für Handel und Gewerbe dem Ansinnen erfolgreich entgegen.[55] Anfangs waren die Beschlagnahmestellen in die einzelnen Kriegsgesellschaften inkorporiert, sodass die Requisitionsmaßnahmen selten direkt von der KRA ausgingen. Dies war aber nicht nur rechtlich bedenklich, sondern eröffnete den Kriegsgesellschaften auch die Tür für eigenmächtige Entscheidungen. Die ersten obrigkeitlichen Interventionen fanden in der Textilbranche statt. Am 20. Oktober 1914 ordnete die KRA eine Einzelbeschlagnahme für Wolle, Kammzug, Vorgarn und gesponnene Garne bei 86 deutschen Firmen an. Diese Verfügung wurde für 25 Streichgarnspinnereien teilweise wieder aufgehoben, doch für die übrigen 61 durch weitere KRA-Anordnungen im November und Dezember 1914 bestätigt. Beispielsweise erging am 9. Dezember 1914 eine Bekanntmachung zur Beschlagnahme der württembergischen Schafschur, die – durch Einzel- und Ausführungsbestimmungen konkretisiert – ab Februar 1915 durchgeführt wurde.[56] Das Mittel allgemeiner Beschlagnahmeverfügungen ließ sich nicht auf alle Industriebranchen übertragen, weil sich sowohl die Kriegsgesellschaften als auch der Großhandel gegen solche Maßnahmen zur Wehr setzten.[57] Dennoch wurden weitere allgemeine Beschlagnahmen für Chemikalien (Januar 1915), Harthölzer (Februar 1915) sowie Öle und Fette (März 1915) angeordnet. Auch die Einzelbestandserhebung für Weißblech wurde mit einer Beschlagnahme verknüpft.[58] Die wirtschaftliche Regulierung bezog sich in dieser Phase im Wesentlichen auf die Zurückdrängung der Eigenmächtigkeiten der Kriegsgesellschaften, die Verbesserung der Rohstoffzuteilung sowie die flexible Reaktion auf Engpässe im Rüstungssektor.

Die im Inland praktizierte Beschlagnahme nahm allerdings nicht die Form einer Enteignung an.[59] Während Letzteres die Inbesitznahme implizierte, beschränkte die Beschlagnahme lediglich die Verfügungsrechte. Die Rohstoffe konnten in den Lagern der Produzenten verbleiben, während die Behörden Anweisungen über ihre

---

54 *Kriegsrohstoffabteilung im Kriegsamt des Kriegsministeriums* (Bearb.), Zusammenstellung von Gesetzen, Bekanntmachungen und Verfügungen betreffend Kriegsrohstoffe nebst deren Nachträgen, Ausführungsbestimmungen und Erläuterungen. Stand am 1. Januar 1918. [Berlin 1918], 4 f.
55 *Roth*, Staat und Wirtschaft, 176.
56 *Kriegsrohstoffabteilung*, Zusammenstellung, 10 f.; *Goebel*, Kriegsbewirtschaftung der Spinnstoffe, 214 f.
57 *Roth*, Staat und Wirtschaft, 181.
58 *Kriegsrohstoffabteilung*, Zusammenstellung, 5, 24, 28, 47.
59 Vgl. *Wiedenfeld*, Rohstoffversorgung, 11.

Verwendung erließen. Seit Juni 1915 war festgelegt, dass der Preis der beschlagnahmten Waren unter Berücksichtigung eines angemessenen Gewinnaufschlags festzusetzen war.[60] Das als endgültige Schlichtungsinstanz eingerichtete Reichsschiedsgericht für Kriegsbedarf blieb von den Militärbehörden unabhängig und stärkte – von seiner Zusammensetzung her – eher die zivile Seite.[61]

Wie im Prioritätsbereich Metallbeschaffung zu zeigen, versuchte die KRA, ihren Zugriff auf unternehmerische Verfügungsrechte institutionell abzusichern. Im Januar 1915 wurde innerhalb der Abteilung eine Metallmeldestelle gegründet, die die Vorratserhebung in diesem Produktionszweig zentralisierte.[62] Ergänzend erfolgte die Einrichtung einer Metallmobilmachungsstelle, in der seit Mai 1915 die Meldungen über Metallsammlungen aller Art, insbesondere Kupfer, zusammenliefen. Da eine zentrale Verteilungsstelle fehlte, gingen die mobilisierten Mengen anfangs an die Kriegsmetall AG über. Ab Juli 1915 unterhielt die Metallmeldestelle ein Zuweisungsamt, das über die Prioritäten der Metallverteilung entschied.[63] Hier stand der militärische Bedarf im Vordergrund. Doch selbst wenn man den Blick auf diese Priorität verengt, gestaltete sich die Verteilung schwierig: Konkurrierende Bedarfsmeldungen trafen nicht nur von der Feldzeugmeisterei ein, sondern von den Beschaffungsstellen der Marine, des Heeres, der Eisenbahn sowie von den Zulieferern der Rüstungsbetriebe.[64] Die Metallmeldestelle kontrollierte, ob die Anfragen der militärischen Beschaffungsstellen die zugestandenen Kontingente einhielten, und gab in der Praxis meist den Interessen der Feldzeugmeisterei den Vorrang. Über die Zuteilung der für zivile Zwecke freibleibenden Kontingente entschied wiederum ab August 1915 eine Metallfreigabestelle als Abteilung des Reichsamts des Inneren. Weitergehende Versuche institutioneller Betriebsbevormundung vermochten die industriellen Interessenverbände abzuwenden. Als die Behörden anregten, den Verbrauch über Metallberatungs- und Verteilungsstellen noch stärker zu lenken, leistete der Verein der Deutschen Eisenhüttenleute (VDE) erfolgreich Widerstand. Stattdessen sicherte sich der VDE selbst die Ausübung der für die Stellen vorgesehenen Funktionen.[65] Die komplexe Bürokratisierung zwecks Sicherung des militärischen Vorrangs führte allerdings zu erheblichen Verzögerungen im Ablauf des Metallhandels.

Rathenau resümierte zu dem unter seiner Regie eingeführten Lenkungssystem, dass „alle Rohstoffe des Landes [...] zwangsläufig werden [mussten], nichts durfte

---

60 Bekanntmachung über die Sicherstellung von Kriegsbedarf vom 24. Juni 1915, RGBl. 1915, 357. Der „Übernahmepreis" war „unter Berücksichtigung des Friedenspreises zuzüglich eines nach den Verhältnissen des Einzelfalls angemessenen Gewinns" festzulegen.
61 Vgl. *Roth*, Staat und Wirtschaft, 174–178.
62 Zur Funktionsweise der im Folgenden genannten Stellen ausführlich der Abschnitt 2.2.2 in diesem Band, zur Metallmeldestelle, vgl. den Bestand in Bundesarchiv (BArch), R 8752.
63 *Roth*, Staat und Wirtschaft, 233.
64 *Weyrauch*, Waffen- und Munitionswesen, 49.
65 *Roth*, Staat und Wirtschaft, 63, 94, 234.

eigenem Willen und Willkür folgen."⁶⁶ Von einem solchen Dirigismus war man im Frühjahr 1915, als Rathenau demissionierte, noch weit entfernt. Die Bewirtschaftungsmaßnahmen der KRA bezogen sich auf einzelne Rohstoffe, an denen Mangel herrschte. Es gab noch keine koordinierte Mobilisierung aller Ressourcen für die Kriegsführung und die Rüstungsindustrie, geschweige denn eine Lenkung der Gesamtwirtschaft. Auf der anderen Seite bekannte sich Rathenau zur wirtschaftlichen Liberalität: Es sei „eine Selbstverständlichkeit, daß Handel und Industrie ein wohlerworbenes Recht auf Verdienen und möglichst freie Bewegung"⁶⁷ hätten. Deshalb wurden kaum Beschränkungen der Eigentumsrechte der Unternehmer verordnet oder Zwangsmaßnahmen ergriffen. Die Militär- und Staatsbehörden mussten mit den Unternehmen in Verhandlung treten und ihnen das benötigte Kriegsgerät, Waffen und Munition abkaufen.⁶⁸ Differenzierte Institutionen zur ökonomischen Wirtschaftslenkung fehlten, z. B. für eine administrative Preisfestsetzung. Von ihrem Selbstverständnis her wollte die KRA die Mengen regeln, nicht die Preise.⁶⁹ Die Setzung von Höchstpreisen diente dem Schutz der Verbraucher vor der kriegsbedingten Inflation, zielte aber nicht auf eine Anreizsetzung für die Produzenten, ob in der Landwirtschaft oder in der Industrie. Stattdessen wurden, etwa in der Metallherstellung, hohe staatliche Subventionen geleistet, um die gestiegenen Einkaufspreise auszugleichen.⁷⁰

2.1.3 Verstärkung von Kontrolle und Dirigismus

Anfang April 1915 wurde Rathenau als Leiter der KRA durch Major Joseph Koeth abgelöst. Dieser behielt seine Funktion bis 1918 und stieg bis in den Rang eines Oberstleutnants auf.⁷¹ Rückblickend hieß es, der personelle Wechsel habe den militärischen Charakter stärker zur Geltung gebracht und den Stellenwert der KRA innerhalb des Kriegsministeriums erhöht.⁷² In der Zeit des Dritten Reichs bezeichnete ihn Otto Goebel, ein wichtiger Chronist der Nachkriegszeit, gar als „Meister der

---

66 Rathenau am 20. Dezember 1915 bei einem Vortrag zur Organisation der Rohstoffversorgung, vgl. *Rathenau*, Deutschlands Rohstoffversorgung, 14 f.
67 *Goebel*, Deutsche Rohstoffwirtschaft, 23. Auch zitiert in: *Hardach*, Der Erste Weltkrieg, 69.
68 *Plumpe*, Logik des modernen Krieges, 337.
69 *Wiedenfeld*, Rohstoffversorgung, 17; *Goebel*, Kriegsbewirtschaftung der Spinnstoffe, 142.
70 *Wiedenfeld*, Rohstoffversorgung, 18.
71 *Rainer Haus*, Die Ergebnisse der Wissenschaftlichen Kommission beim Preußischen Kriegsministerium im Spannungsfeld divergierender Interessen. Eine hundertjährige Editionsgeschichte, in: Boldorf/Haus, Ökonomie, 19; *Georg Meyer*, Joseph Koeth, in: Neue Deutsche Biographie, Bd. 12. Berlin 1979, 409 f.
72 Max von der Porten, Generaldirektor der Otavi-Gesellschaft und Leiter der Metallmeldestelle, im Jahr 1921, zit. nach: *Roth*, Staat und Wirtschaft, 58.

deutschen Kriegswirtschaft im Weltkriege",[73] während Kurt Wiedenfeld als weiterer ehemaliger Funktionsträger feststellte, die Bewirtschaftung sei

> [...] nach dem Wechsel der leitenden Persönlichkeit – straff auf eine ewige Dauer des Kriegs, auf dauerndes Gleichhalten also von Vorrat und Bedarf umgestellt und deshalb auf alle Faktoren ausgedehnt [worden], die irgendwie dieses Verhältnis berühren können.[74]

Zur Untersuchung der Frage, ob die von Koeth eingeleitete Wende tatsächlich so eindrucksvoll war, wie später interpretiert, betrachten wir die Veränderungen und die institutionellen Entwicklungen in der ersten Phase seiner Amtszeit genauer.

Das Prinzip der Chefsektionen war in der KRA seit Anfang 1915 bekannt, doch wurde nun zusätzlich eine Zentralsektion eingerichtet, die für „Gesamtpolitik und Initiative" der KRA zuständig war.[75] Im Konkreten war diese Sektion beauftragt, die Verhandlungen mit anderen Behörden und mit industriellen Gruppen führen. Ihre Aufgaben umfassten ferner die Bearbeitung neuer organisatorischer Maßnahmen und Verfügungen sowie die Vorbereitung der Vorsprachen beim Minister. Die Zentralsektion prüfte auch juristische Fragen, traf Personalentscheidungen und dokumentierte die Tätigkeit in Vierteljahresberichten. Insofern übernahm sie in vielem eine Kontrolle der übrigen Sektionen, doch ist fraglich, ob sie tatsächlich einen „Wirtschaftsplan" ausarbeitete.[76] Viel eher scheint die Charakterisierung zutreffend, dass sie wie ein militärischer Stab agierte.[77] Denn ihre Zugriffsmöglichkeiten waren a priori beschränkt, weil sie von der Durchsetzbarkeit ihrer Vorstellungen abhängig war. Die Zentralsektion bedurfte, wie die gesamte KRA, der behördlichen Zuarbeit sowie der Fachexpertise, was eine rein militärische Personalbesetzung von vornherein fragwürdig machte.

Das Militär versuchte zur Wahrung seiner Stellung das Aufsichtsprinzip zu verankern, um zu verhindern, dass das aus Unternehmerkreisen stammende KRA-Personal von Gleichgesinnten kontrolliert werde. Dennoch kam es unter Koeth nur vereinzelt zu militärisch motivierten Umbesetzungen, z. B. als Kriegsreferent Universitätsprofessor Bruck im August 1915 als Leiter der KRA-Baumwollsektion durch den Rittmeister der Reserve und Juristen Legationsrat Marckwald ersetzt wurde.[78] Ansonsten achtete man lediglich darauf, dass die ausgewählten Personen gewisse militärische Meriten vorzuweisen hatten. Weiterhin avancierten in der KRA oft führende Vertreter der Wirtschaft zu Sektionsleitern.[79] Allgemein überwog die Einsicht, dass die Lenkung der

---

[73] *Otto Goebel*, Koeth, der Meister der deutschen Kriegswirtschaft im Weltkriege, in: Jahrbuch für Wehrpolitik und Wehrwissenschaft 1937/1938, 111–124.
[74] *Wiedenfeld*, Organisation der Kriegsrohstoffbewirtschaftung, 28.
[75] *Rathenau*, Deutschlands Rohstoffversorgung, 39; *Roth*, Staat und Wirtschaft, 58 f.
[76] *Roth*, Staat und Wirtschaft, 58.
[77] *James Bews*, Bewirtschaftungsrecht. Rechtliche Bewältigung von Krisensituationen am Beispiel der Elektrizitätsversorgung. Tübingen 2017, 42.
[78] *Goebel*, Kriegsbewirtschaftung der Spinnstoffe, 288.
[79] *Roth*, Staat und Wirtschaft, 59.

Kriegswirtschaft bzw. das regulierende Eingreifen in den Wirtschaftsablauf des fundierten Fachwissens bedurfte. Die Initiative des Berliner Agrar- und Nationalökonomen Max Sering, eine Wissenschaftliche Kommission zu gründen, nahm der Kriegsminister im August 1915 daher dankbar auf.

Bei ihrer Gründung umfasste die Wissenschaftliche Kommission enge Vertraute Serings:[80] seinen akademischen Schüler Kurt Wiedenfeld, seit 1914 Professor für Staatswissenschaften in Halle an der Saale; Otto Goebel, der 1911 bei Sering promoviert hatte; Heinrich Voelcker, der zwar den militärischen Grad eines Hauptmanns innehatte, aber Privatdozent an der Berliner Technischen Universität und Vorstandsmitglied des Stahlwerk-Verbands war. Wie Sering waren sie ausgebildete Ökonomen, was den Vorrang der technischen Kompetenz in der von Rathenau geprägten ersten Phase des personellen Ausbaus zurückdrängte.[81] Alle Hinzuberufenen stiegen innerhalb der KRA zu Referenten auf: Goebel für Spinnstoffe, Voelcker für Leder und Wiedenfeld für Kohle und Stahl. Letzterer rückte mit dem Hindenburg-Programm stärker an die Praxis heran und nahm die Rolle eines „wirtschaftlichen Generalreferenten" der KRA ein.[82] Bis zur zweiten Jahreshälfte 1916 wuchs die Kommission auf 20 Wissenschaftler aus verschiedenen Fachrichtungen an; gleichzeitig nahm das KRA-Personal mit akademischer Herkunft insgesamt zu.[83] Die Intention bei Gründung der Wissenschaftlichen Kommission war, dass sie eine „Gesamtdarstellung der inländischen Wirtschaft" erarbeiten solle. Als Themenschwerpunkte standen die Rohstoffbewirtschaftung, die Sicherstellung des Heeresbedarfs, die Rohstoffversorgung der inländischen Industrie, die Organisation der Wirtschaftsverwaltung in den besetzten Gebieten sowie der Transport von erbeutetem Material in den inländischen Wirtschaftsraum auf der Agenda.[84] Ihr praktisches Tun innerhalb der KRA bezog sich auf die Sichtung des Schriftverkehrs der Sektionen sowie die fachliche Instruktion der Mitarbeiter durch Organisation von Vorträgen. Ziele dieser Arbeit waren die Erweiterung des bürokratischen Fachwissens und die Schaffung einer Basis für die kriegswirtschaftliche Dokumentation.

Für das Verständnis der Ablaufpolitik sowie der ordnungspolitischen Abläufe wird beispielhaft ein Blick auf die Regulierung des Chemiesektors geworfen.[85] Diese

---

80 *Roth*, Staat und Wirtschaft, 55; *Haus*, Ergebnisse der Wissenschaftlichen Kommission, 25.
81 *Wiedenfeld*, Organisation der Kriegsrohstoffbewirtschaftung, 38.
82 *Roth*, Staat und Wirtschaft, 55 f.; *Haus*, Ergebnisse der Wissenschaftlichen Kommission, 39 f.
83 *Haus*, Ergebnisse der Wissenschaftlichen Kommission, 25 f. Vgl. *Roth*, Staat und Wirtschaft, 55, die innerhalb der KRA einen Prozess der „Verwissenschaftlichung" identifiziert.
84 Vgl. zur Kommission ausführlich: *Haus*, Ergebnisse der Wissenschaftlichen Kommission, 5–38 sowie BArch-MA (Freiburg) RH 61/594, Denkschrift über die Tätigkeit der „Wissenschaftlichen Kommission" und über die Gesichtspunkte für die Abfassung der von den Departements und Abteilungen eingeforderten Tätigkeitsberichte.
85 BArch R 8729/1. Bericht zur Tätigkeit der Kriegschemikalien AG an die Wissenschaftliche Kommission des Kriegsministeriums [Verfasser unbekannt], 5. Januar 1920. Diese Nachbetrachtung stammte aus dem Kreis der Sering-Kommission.

volks- und kriegswirtschaftlich herausgehobene Industriebranche stand stellvertretend für andere Bereiche der Kriegswirtschaftslenkung, deren Probleme der Bürokratisierung und der Planung exemplarisch verdeutlicht werden.

Wie andere Kriegsgesellschaften war die Kriegschemikalien AG anfangs als Verteilungsstelle konzipiert, doch tendierte sie bald zu einer umfangreichen bürokratischen Ausdehnung. Ihre Geschäftsführung zerfiel in einen amtlichen Teil mit Behördenfunktionen sowie einen kaufmännischen Teil, wobei letzterer stärker in Eigenregie der Aktionäre der Kriegschemikalien AG stand. Im amtlichen Teil entwickelte sich ein wachsender Verwaltungsapparat, der eng mit der zuständigen KRA-Abteilung zusammenarbeitete. Die Aufgaben umfassten die drei großen Bereiche Beschlagnahme, Freigabe und Meldewesen. Als offizielle Amtshandlung lag die Beschlagnahme in den Händen der entsprechenden Abteilung der KRA. Die Kriegschemikalien AG durfte nur Anträge stellen und musste die zu ihrer Bearbeitung nötigen Unterlagen beschaffen. Die Freigabe als zweiter Bereich war komplex: Um die Zuteilungen an die Rohstoffverbraucher zu erleichtern, wurde – wie auch in anderen Kriegsgesellschaften üblich – zwischen militärischem und zivilem (privatem) Bedarf unterschieden. Die staatliche Reglementierung bezog sich fast ausschließlich auf den privaten Bedarf. Formal verantwortlich für die Verteilung war das preußische Ministerium für Handel und Gewerbe, das jedoch auf die geleisteten Vorarbeiten zurückgriff. Für die einzelnen Stoffgattungen der Chemikalienproduktion (Stickstoff, Glycerin, Chlor, Toluol, Schwefel, Japankampfer und Sprengstoffe) richtete die Kriegschemikalien AG Untergruppen mit eigenen Vertrauensmännern ein.[86] Die sieben Stoffgattungen verteilten sich auf insgesamt 52 Hauptgruppen, die größte Zahl wurde mit 24 für Sprengstoffe verzeichnet. Zum Beispiel vertrat die Handelsgesellschaft Deutscher Apotheken als typische Vertreterin des zivilen Bedarfs die rund 6000 deutschen Apotheken, die somit eine „Hauptgruppe" in den Stoffgattungen Glycerin und Japankampfer bildeten. Die jeweils wichtigste Hauptgruppe in den sieben Stoffgattungen trug die Bezeichnung „Industrie", zerfiel aber in zahlreiche Untergruppen. Teilweise erfolgte die Unterteilung nach geografischen Kriterien; zum Beispiel lag der hohen Zahl von 22 Untergruppen an Schwefelverbrauchern eine Aufteilung auf den Westen und Osten des Deutschen Reichs zugrunde. Im April 1916 verzeichnete allein der Chemiesektor neben 52 Haupt- auch 99 Untergruppenvertrauensmänner, darunter bekannte Industrielle wie der Geheimrat Franz Oppenheim für die stickstoffverbrauchende Industrie.

Alle Unternehmen, die chemische Stoffe verbrauchten, meldeten ihren Bedarf an den zuständigen Vertrauensmann. Dieser prüfte für die Haupt- bzw. Untergruppe die Anträge und setzte die Kriegschemikalien AG über die beantragte Menge in Kenntnis. Dort befasste sich die Schätzungs- und Verteilungskommission mit den

---

[86] BArch R 8729/1. Zusammenstellung der Vertrauensmänner, Haupt- und Untergruppen der Kriegschemikalien AG, Stand: 1. April 1916.

Anträgen und erstellte auf der Basis ihrer Gutachten Listen, die für die Antragsteller die Zuweisung bestimmter Rohstoffmengen vorsahen. Die gesammelten Vorschläge wurden über den Vorstand der Kriegsgesellschaft an das Ministerium für Handel und Gewerbe zur endgültigen Stellungnahme zugeleitet. Alsdann stellte die Kriegschemikalien AG für die Vertrauensmänner Sammelerlaubnisscheine aus, die auf Firmenebene durch Einzelerlaubnisscheine konkretisiert wurden. Diese Papiere enthielten Angaben über Stoffgattung, Stoffart, Vertrauensgruppe, Mengen und den Zeitraum, für welchen die Freigabe galt. Dieses an sich bereits recht aufwändige Verteilungsverfahren konnte nur reibungslos funktionieren, wenn die benötigten Stoffe in ausreichender Menge zur Verfügung standen, d. h. ein entsprechendes Angebot bereitstand. Dies galt in der Kriegswirtschaft für kaum einen Rohstoff, sodass der Freigabemodus sowie die Kontrolle des Zuteilungssystems zur entscheidenden Stellschraube für die Lenkung wurden.

Die Basisinformationen für die Freigabe lieferte der dritte Bereich, das Meldewesen. Die Vertrauensmänner waren verpflichtet, den tatsächlichen Verbrauch der Unternehmen nach Ende der Freigabeperiode festzustellen und hierüber einen Nachweisschein einzufordern. Für seinen Rohstoffbereich ermittelte der Vertrauensmann den Gesamtverbrauch und gab diese Angabe an die Kriegschemikalien AG weiter, die Kenntnis über das Verhältnis zwischen Verbrauch und Freigabe erhielt. Die Funktion der Vertrauensmänner und -kommissionen im Industriebereich Metall wurde in eigene Organisation überführt: Die staatlich und militärisch stärker überwachte Metallmeldestelle nahm die Verteilungsbefugnis wahr, das heißt, sie wurde der Kriegsmetall AG entzogen, weil diese zu stark die Interessen ihrer Hauptaktionäre verfolge.[87]

Wie geschildert, waren die Chemikalienproduzenten seit Kriegsbeginn aufgefordert, ihre kriegsrelevanten Rohstoffe zu melden. Das amtliche Meldewesen hatte den Anspruch, sich über die Angebotsseite einen Gesamtüberblick zu verschaffen. Anfangs gab es Vordrucke „in sehr einfacher Form", die rund zehn Stoffe (Salpetersäure, Schwefelkies und -säure, Toluol, Glycerin, Terpentinöl, Japancampher, Baumwolllinters und -abfälle zu Nitrierzwecken) erfassten. Als am 1. Januar 1915 eine erste Übersicht zu beschlagnahmten Chemikalien vorlag, wurde ein neuer Vordruck konzipiert, der die Produktion, die Importe und die Veräußerungen der Produzenten erfasste. Drei Monate später nahmen die Fragebögen an Ausführlichkeit zu, indem sie um Fragen zum Zugang und Abgang der Rohprodukte, zu ihrer Bestimmung usw. ergänzt wurden. Im Rückblick vermerkte der Bericht, dass es schwierig gewesen sei, die Meldepflichtigen an die genaue Beantwortung der Fragestellung zu gewöhnen. Zur Begründung wird über betriebliche Personalfluktuation, vor allem durch die andauernden Einberufungen zum Kriegsdienst, gemutmaßt. In Wirklichkeit dürfte es sich um eine Weigerungshaltung der Industrie

---

[87] Vgl. Abschnitt 2.2.2 in diesem Band.

gehandelt haben, genaue Informationen über Betriebsinterna an die Kriegsbürokratie weiterzugeben.

Das Meldewesen reagierte auf die Unzulänglichkeiten beim Ausbau des Kontroll- und Reklamationswesens, um „möglichst einwandfreie Zahlen" zu erhalten. Das gelang aber nicht, denn insbesondere die Bestände bzw. Zu- und Abgänge ließen sich in den Unternehmen meist nicht genau ermitteln. Angesichts der Misserfolge teilte man die Meldepflichtigen nach Betriebsgröße ein. Als im November 1915 ein neuer Fragebogen eingeführt wurde, beschränkte man sich bei kleinen Produzenten auf die Angabe der Bestände, während man bei größeren über die Einfuhr, die Erzeugung aus beschlagnahmten und nicht beschlagnahmten Stoffen, die unmittelbaren Heereslieferungen, die sonstigen Heeresaufträge, die Umwandlung in andere Stoffe, die Verkäufe auf Basis amtlicher Freigabescheine sowie über Verluste „auf das Genaueste unterrichtet sein" wollte. Hieran schlossen sich weiter unten zu schildernde Maßnahmen der Revision und Überprüfung an. Die Struktur des Meldewesens hatte indessen ihre endgültige Form erreicht. Die Fragebögen wurden im Juni 1917 noch einmal modifiziert und blieben ohne größere Änderung über das Kriegsende hinaus in Gebrauch.

Zur Koordination der Lenkung und zur Verbesserung der betrieblichen Erhebung diente der Aufbau einer statistischen Abteilung innerhalb der Kriegschemikalien AG. Diese erreichte bis Mitte des Kriegs einen Personalstand von 30 Mitarbeitern und umfasste neben dem Vorstand die Arbeitsbereiche Kontrolle und Buchhaltung, Korrespondenz, Registratur sowie eine Zählabteilung. Bei Eingang der Meldebögen wurden die Namen der Firmen in den Eingangsbüchern erfasst. Sodann wurde kontrolliert, ob alle Angaben vorlagen; verspätete Meldungen wurden angemahnt sowie säumige Meldepflichtige an die KRA weitergeleitet. Die Kontrollabteilung versah die Betriebe mit Nummern und ordnete sie nach dem Muster der Haupt- und Untergruppen der einzelnen Stoffgattungen. Die Registratur übertrug die betrieblichen Angaben auf Zählkarten. Die Zählabteilung fasste die Einzelinformationen zur Endaufstellung zusammen und leitete sie zur Verteilungsentscheidung an den Vorstand weiter. Allein im Bereich der Chemieindustrie wurden auf diese Art die Meldungen von 22 000 Firmen bearbeitet, darunter 12 000 Karbidproduzenten, 3000 Schwefel- und 2000 Sprengstoffhersteller sowie 1300 Kokereien und Gasanstalten. Die Statistiken wurden nach Orten in Mappen gesammelt, auf Zählkarten übertragen und mit den Originalmeldungen archiviert. Unmittelbar nach Kriegsende im Januar 1919 stampfte man das Gesamtmaterial ein.

Die Kriegsgesellschaften hatten die Aufgaben, die kriegswichtigen Rohstoffe nach rüstungsstrategischen Zielen zu verteilen und für ihren effizienten Einsatz zu sorgen. Sie bauten einen Apparat aus, um die erhaltenen Rohstoffe in Empfang zu nehmen, sie zu lagern und für Heereszwecke herzurichten, sie den Verarbeitern zuzustellen und mit den Lieferanten sowie den Abnehmern zu verrechnen.[88] Vertei-

---

88 *Otto Goebel*, Selbstverwaltung in Technik und Wirtschaft. Berlin/Heidelberg 1921, 81.

Abb. 2: Chemie – nicht allein Großbetriebe wie die BASF, hier das Werk Ludwigshafen mit Hemshofkolonie, 1914 (BASF, Bild 1030-alt).

lungskonflikte wurden häufig oft zu Gunsten der dominierenden Aktionäre gelöst. Wenn keine obrigkeitlichen Eingriffe erfolgten, blieben Lieferungen in den zivilen Bereich möglich. Die Ausprägung eines Bezugsscheinwesens, erstmals im Dezember 1914 für die Metallbewirtschaftung eingeführt, blieb rudimentär und beschränkte sich auf die wichtigsten Rohstoffe. Grundsätzlich hingen die Kriegsgesellschaften von den Entscheidungen der KRA ab, die ihnen auf Basis der Vorratserhebung die Verfügungsrechte über ein bestimmtes Kontingent an Rohstoffen erteilte und ihr operatives Geschäft immer mehr kontrollierte.[89] Was als System wirtschaftlicher Selbstverwaltung konzipiert war, erfuhr im Krieg sukzessive Einschränkungen. Neben der Beschlagnahme ergingen Fertigungsverbote für Güter, die auf Basis von Mangelrohstoffen hergestellt wurden, z. B. das Herstellungsverbot für Baumwollstoffe im Juni 1915 und das Spinnverbot für Baumwolle im August 1915.[90] Rückblickend glaubten Interpretatoren sogar eine Entwicklung der Kriegsgesellschaften von Selbstverwaltungskörperschaften „zu abhängigen, lediglich die Weisungen der Behörde ausführenden Organe der staatlichen Bewirtschaftung"[91] zu erkennen.

---

[89] *Wixforth*, Gründung und Finanzierung, 91–95.
[90] *Kriegsrohstoffabteilung*, Zusammenstellung, 12 f. Vgl. auch Kapitel 3.6 in diesem Band.
[91] *Wiedenfeld*, Organisation der Kriegsrohstoffbewirtschaftung, 47.

2.1.4 Errichtung von „Reichsstellen neuen Typs"

Im Laufe des Kriegs büßten viele Kriegsgesellschaften ihre Selbstständigkeit ein, weil sie immer stärker von den amtlichen Weisungen der KRA und ihr nach- und nebengeordneter Stellen abhängig wurden. Durchsetzbar war die Beschneidung der Verfügungsrechte meist dadurch, dass die Heeresverwaltung auf Basis der Verordnung zur Sicherung des Kriegsbedarfs vom 24. Juni 1915 immer häufiger vom Mittel der Beschlagnahme Gebrauch machte und die Hand über die Rohstoffe hielt.[92] Viele Kompetenzen der Kriegsgesellschaften wurden auf neu geschaffene Organisationen übertragen, die teils amtlichen, teils halbamtlichen Charakter hatten. Aus verfassungsgeschichtlicher Sicht wurden diese summarisch als „Reichsstellen neuen Typs" beschrieben.[93]

Die ersten derartigen Reichsstellen entstanden im Ernährungsbereich und übernahmen die Verteilung knapper Lebensmittel, um die Versorgung der Bevölkerung zu sichern. Zu den ersten Kriegsorganisationen dieser Art gehörte die Reichsverteilungsstelle für Kartoffelversorgung ab April 1915, die 1916 in Reichskartoffelstelle umbenannt wurde. Es folgten unter anderem die Einrichtung der Reichsgetreidestelle im Juni 1915, der Reichsstelle für Obst und Gemüse im Mai 1916 und der Reichsstelle für Speisefette im Juli 1916.[94] Sie standen unter der Aufsicht des Reichsernährungsamtes und regulierten die Bewirtschaftung der Waren, häufig mittels Beschlagnahme. Durchführende Organe waren die Kommunalverbände, die die Produkte über Verteilungsstellen unter Berücksichtigung der Höchstpreise abgaben. Entsprechende Stellen entstanden ab 1916 für Waren des privaten Bedarfs, z. B. die Reichsstelle für Schuhversorgung, oder für Investitionsgüter, etwa die Reichsstelle für Druckpapier im August 1916 oder für Papierholz im November 1916.[95]

Den Reichsstellen für Konsumgüterverteilung und -kontingentierung entsprachen die Zentralstellen für die Bewirtschaftung von Rohstoffen. Das erste zwangsbewirtschaftete Gut war Petroleum. Auf die Preisregulierung im Dezember 1914 folgte die Einrichtung der Zentralstelle für Petroleum in Berlin, deren operatives Geschäft allerdings eher in den Seehäfen wie Bremen angesiedelt war.[96] Unter hohem bürokratischem Aufwand monopolisierte sie die inländische Verteilung des importierten Petroleums. Als sich das Bewusstsein für den Mangel gewisser strategischer Rohstoffe verstärkte, kamen weitere Gründungen hinzu, so im Mai 1916 die Zentralstelle

---

92 *Dieckmann*, Behördenorganisation, 41. Vgl. RGBl. 1915, 357.
93 *Ernst Rudolf Huber*, Deutsche Verfassungsgeschichte seit 1789, Bd. 5: Weltkrieg, Revolution und Reichserneuerung 1914–1919. Stuttgart 1992, 83. Vgl. zur Übersicht: *Dieckmann*, Behördenorganisation, 44.
94 RGBl. 1915, 217, 363; RGBl. 1916, 391, 407, 755–762. Vgl. die Kapitel 3.7 und 3.9 in diesem Band.
95 BArch, R 8765; RGBl. 1916, 863 f., 1305.
96 *Rainer Karlsch/Raymond Stokes*, „Faktor Öl". Die Mineralölwirtschaft in Deutschland 1859–1974. München 2003, 98. Vgl. BArch, R 8786. Bestand der Zentralstelle für Petroleumbewirtschaftung (1915–1920).

für Sodaverteilung.[97] Unter der Aufsicht des Reichsamts des Inneren übernahm sie die Aufgaben der Schätzungs- und Verteilungskommission der Kriegschemikalien AG. Wie in anderen Kriegsgesellschaften, z. B. Metall, legte sie Kontingente für Abnehmer fest, wobei der betriebliche Eigenverbrauch selbst hergestellter Rohstoffe unberücksichtigt blieb. Die Badische Anilin- und Sodafabrik in Ludwigshafen und die Farbwerke in Höchst schlossen sich der zuständigen Zentralstelle an, nicht aber die Farbenfabriken Bayer, die ihre gesamte Sodaproduktion selbst verbrauchten. In Bereichen wie der Eisenwirtschaft hielt man die Errichtung einer Zentralstelle bis Ende 1915 für überflüssig.[98] Gerade in der Großindustrie, die sich in vielerlei Hinsicht gegenüber der staatlichen Regulierung zu behaupten wusste, blieben Reste von Handlungsfreiheit erhalten.

Während bei den bislang beschriebenen Kriegswirtschaftsorganisationen der Schwerpunkt auf der Verteilung lag, entstanden ab 1915 andere Stellen mit der Priorität auf der Beschaffung von Rohstoffen. Da es für Betriebe häufig schwierig war, die richtige Beschaffungsstelle ausfindig zu machen, die zudem oft ihren Sitz in Berlin hatte, wurde im Frühjahr 1915 eine Liste dieser Stellen erstellt.[99] Die erwähnte Metallmeldestelle war die erste zentral gründete Organisation zur Erfassung knapper Güter. In diesem Sektor entwickelte sich die Bewirtschaftung am frühesten und suchte nach Wegen zur Erweiterung der Rohstoffgewinnung. Der Metallbeschaffung war ein differenziertes Verteilungssystem nachgeordnet.[100] 1916 entstanden die Leder-, Holz- und Kautschukmeldestellen, die weniger zur Taxierung des Verbrauchs der Unternehmen oder zur Durchsetzung ihrer Meldepflicht dienten, als vielmehr zur Erhebung knapper Stoffe.[101] Auf der Basis von Landesgesetzen zur Rohstoffmobilisierung warben sie, z. B. durch öffentliche Anzeigen, um die Abgabe von Rohstoffen, die sie einer kriegswichtigen Verwendung zuführten. Die Kautschukmeldestelle erfasste vor allem Gummiabfälle, die nicht mehr in Gebrauch waren oder sich nicht für den Gebrauch eigneten, und führte sie als Altgummi einer Verwertung zu.[102]

---

97 *Roth*, Staat und Wirtschaft, 235–240.
98 *Stellwaag*, Deutsche Eisenwirtschaft, 23.
99 *Hermann Schäfer*, Regionale Wirtschaftspolitik in der Kriegswirtschaft. Staat, Industrie und Verbände während des Ersten Weltkrieges in Baden. Stuttgart 1983, 98 f.
100 Vgl. das Kapitel 2.2 in diesem Band. Für den kriegswichtigen Bereich existierte das Metallzuweisungsamt und für den zivilen Bereich die Metallfreigabestelle (Bestand BArch R 8751) unter Aufsicht des Reichsamts des Inneren. Die Riemenfreigabestelle (BArch R 8770) war hingegen stark in der Beschaffung aktiv, auch in den besetzten Gebieten mit örtlichen Stellen in Charleroi, Brüssel, Warschau und Bukarest. Unter anderem besorgte sie Triebriemenersatzstoffe, z. B. aus gesponnenem Tierhaar. Bei Kriegsende beschäftigte sie 450 Personen, vgl. *Goebel*, Kriegsbewirtschaftung der Spinnstoffe, 96, 342 f.
101 *Dieckmann*, Behördenorganisation, 44.
102 Vgl. Regierungsblatt für Mecklenburg-Schwerin 1916, 307 (vom 10. April 1916); Annonce im Niederbarnimer Kreisblatt, Sonntag, 23. April 1916.

Als Ausgleichsstellen wurden Unterbehörden bezeichnet, die unter dem Dach der KRA angesiedelt waren.[103] Sie ermittelten den Rohstoffbedarf, vornehmlich des Heeres, legten Kontingente fest und sorgten für die Aktivierung der entsprechenden Produktion. Die Holzausgleichsstelle machte beispielsweise eine Aufstellung der holzbeschaffenden Stellen des Heeres, des Staates und der privaten Industrie sowie der für diese in Frage kommenden Lieferanten. Zu diesem Zweck führte sie Erhebungen über den Bedarf der holzverarbeitenden Industrien und über die Kapazitäten und Leistungsfähigkeit der Sägewerke durch. Die Zementausgleichstelle kontrollierte die von der verantwortlichen KRA-Sektion monatlich vorgelegten Verteilungspläne, kontrollierte den Zementverbrauch, sicherte die Zementversorgung der Beschaffungsstellen des Heeres und teilte der Zementindustrie nach Möglichkeit Arbeitskräfte, Kohlen und Transportmittel zu. Zum gleichen Zweck wurde im Zuge des Hindenburg-Programms im Herbst 1916 die Rohstahlausgleichsstelle innerhalb der neu geschaffenen Eisenzentrale gegründet.[104] Wie die für manche Güter eingerichteten Zuweisungsämter – z. B. für Leder und Metalle – oder die Bedarfsprüfungsstellen – z. B. für Papiergarn – beendeten die Ausgleichsstellen den freien Produktabsatz und beschnitten die Verteilungskompetenz der Kriegsrohstoffgesellschaften.[105]

Die gesammelten Informationen der vielzähligen Reichstellen und Organisationen gelangten zu den technischen Sektionen der KRA. Im Beschaffungswesen war die frühzeitig eingerichtete Beschlagnahmesektion am wichtigsten. Sie erließ schon seit Herbst 1914 reichsweit oder regional geltende Beschlagnahmeverordnungen und überwachte deren Durchführung. Zu diesem Zweck erstellte sie Statistiken auf der Basis der verfügbaren Bestandsmeldungen der Unternehmen.[106] Ihr unterstanden vier Revisoren, die den Kontakt zu den zentralen Meldestellen herstellten. Deren Kontrolltätigkeit war auf zentraler Ebene angesiedelt und konnte kaum auf die Überwachung einzelner Unternehmen ausgedehnt werden.[107] Seit Juni 1915 setzten die stellvertretenen Generalkommandos, d. h. die örtlich gebundenen Militärbehörden, auf lokaler Ebene Revisoren ein. Diese waren befugt, wenn auch nur „in dringenden Fällen", die betrieblichen Geschäfts- und Lagerbücher einzusehen, um den Einsatz der Rohstoffe für Rüstungszwecke zu überwachen. Die meisten Unternehmen gewährten die gewünschte Einsichtnahme nur zögerlich und entwickelten Techniken der Verschleierung, sodass der KRA nur Kenntnis über kleinere Vergehen gegen die Meldebestimmungen erhielt. Die vom Kriegsministerium eingesetzten

---

103 Zum folgenden Absatz vgl. *Dieckmann*, Behördenorganisation; 44 f.; *Fisch*, Wirtschaftliche Zentralstellen, 62.
104 Vgl. zur Eisenzentrale Abschnitt 4.2 in diesem Kapitel.
105 *Wiedenfeld*, Organisation der Kriegsrohstoffbewirtschaftung, 46.
106 *Dieckmann*, Behördenorganisation, 36, 45.
107 *Roth*, Staat und Wirtschaft, 341.

Kontrollinstrumente erwiesen sich als wenig tauglich, um das Tagesgeschäft der Unternehmen zu kontrollieren.

Die Kriegsgesellschaften, zu Kriegsbeginn als Kernstück der kriegswirtschaftlichen Lenkung konzipiert, hatten einen schweren Stand, zumal sie nicht von einem breiten Konsens getragen waren. Die Großindustriellen freundeten sich erst allmählich mit ihrer Existenz an und betrachteten sie strikt als kriegsbedingtes Provisorium. Andere Wortführer der öffentlichen Debatte wie von Moellendorff verbanden die Gründungsidee mit längerfristigen Projekten und sahen in ihnen einen Beitrag zu einer gemeinwirtschaftlichen Ordnung.[108] Zu beiden Ansätzen passte die Beschränkung der Geschäftstätigkeit der Kriegsgesellschaften, wie sie die staatliche Rahmengesetzgebung vorsah. Ihre Gewinnerzielung war beschränkt, weil ihnen für die Rohstofftransaktionen keine Ausschüttung in Form von Dividenden oder Kapitalrenten erlaubt war. Sie konnten selbst kaum eigenständig unternehmerisch aktiv werden, weil die zentralen Geschäftskompetenzen bei den Aktionären, d. h. den einzelnen Unternehmen, verblieben. Innerhalb der Kriegsgesellschaften konnten die Aktionäre kaum Gewinn-, sondern lediglich Verteilungsinteressen wahrnehmen. Umgekehrt erwiesen sich die Kriegsgesellschaften kaum als tauglich, auf die Unternehmen Einfluss zu nehmen. Die führenden Unternehmen der kriegswichtigen Industriezweige ließen sich kaum zügeln, behielten ihre eigenen Interessen im Blick und setzten diese nach Kräften durch.

Die Unternehmer handelten nach Gewinninteresse, das völlig anders als die staatlichen Intentionen gelagert sein konnte. Die Kartelle und Syndikate versuchten, ihre Monopole abzusichern und alternative Anbieter auszuschalten. Insbesondere im Bereich der Rüstungsproduktion herrschte die Tendenz einer Monopolbildung einiger führender Unternehmen vor. Kleinere Firmen wurden bei Zugestehung von Preisnachlässen als Subunternehmer beschäftigt. Gerade die Unternehmer der Grundstoffindustrien pochten auf ihre Handlungsfreiheit und nahmen auch keine Einschränkung ihrer Exporttätigkeit hin. Zur Wahrung ihres Vorteils stemmten sie sich zuweilen gegen die inländische, auch die militärische Nachfrage.[109]

Obgleich die Kriegsgesellschaften kaum unternehmerisch agierten, einte ihre Aktionäre doch das Interesse einer Maximierung der Ressourcenausstattung im eigenen Industriesektor. Dies führte für die Wirtschaftslenker in der KRA zu einer Schwierigkeit, die in der Ökonomie als Principal-Agent-Problem bezeichnet wird. Hinsichtlich der Informationen über die verfügbaren Rohstoffe nahmen die Kriegsgesellschaften die entscheidende Position ein. Um die Verteilung der Rohstoffe zu organisieren, war die KRA – sofern sie keine eigenen Erhebungen durchführte oder

---

[108] *Wixforth*, Gründung und Finanzierung, 96–99.
[109] Zum Handeln der Stahlindustriellen, vgl. *Gerald D. Feldman*, Die sozialen und politischen Grundlagen der wirtschaftlichen Mobilmachung Deutschlands 1914–1916, in: Gerald D. Feldman (Hrsg.), Vom Weltkrieg zur Weltwirtschaftskrise. Studien zur deutschen Wirtschafts- und Sozialgeschichte 1914–1932. Göttingen 1984, 21.

entsprechende Stellen errichtete – auf die von den Kriegsgesellschaften gemeldeten Informationen angewiesen. Diese führten nicht nur die Statistik der in ihren Industriezweig vorhandenen Bestände, sondern ermittelten den Bedarf ihrer Aktionäre. Damit gaben sie (als Agent) das Wissen, das zur Bestimmung der Kontingenthöhe notwendig war, an die KRA (den Prinzipal) weiter. Diesen Informationsvorteil vermochten die in den KRG dominierenden Unternehmen zu ihren Gunsten bei der Rohstoffzuweisung auszunutzen. Die herrschende Informationsasymmetrie erklärt das fortwährende Bestreben des Kriegsministeriums, den Kontrollapparat auszudehnen.[110]

2.1.5 Bürokratisch-militärischer Umbau: vom Kriegsamt zum Reichswirtschaftsamt

Der Bruch in der Wahrnehmung des Kriegsverlaufs stand unter dem Eindruck des Stellungskriegs an der Somme, der im Sommer 1916 große Verluste an Menschen und Material brachte. Trotz des militärisch unentschiedenen Ausgangs führte diese Schlacht die materielle Überlegenheit der Alliierten deutlich vor Augen.[111] Erneut befand sich das Deutsche Reich in einer Munitionskrise. Ohne eine beträchtliche Steigerung der Rüstungsproduktion schien der Krieg nicht weiter führbar zu sein. Wie die folgende Tabelle zeigt, lässt sich die wahrgenommene prekäre Lage im Index der Industrieproduktion allerdings nur teilweise erkennen.

Tab. 1: Produktionsindices ausgewählter Industriesektoren 1914–1918 (1913 = 100).

	1914	1915	1916	1917	1918
Eisen & Stahl	78	68	81	83	53
Bergbau	84	78	86	90	83
NE-Metalle	89	72	113	155	234
Baustoffe	88	69	59	58	35
Textilien	87	65	27	22	17

Quellen: *Wolfram Fischer*, Bergbau, Industrie und Handwerk 1914–1970, in: Hermann Aubin/ Wolfgang Zorn (Hrsg.), Handbuch der deutschen Wirtschafts- und Sozialgeschichte, Bd. 2: Das 19. und 20. Jahrhundert. Stuttgart 1976, 798; *Friedrich-Wilhelm Henning*, Handbuch der Wirtschafts- und Sozialgeschichte Deutschlands. Bd. 3,1: Deutsche Wirtschafts- und Sozialgeschichte im Ersten Weltkrieg und in der Weimarer Republik 1914 bis 1932. Paderborn 2003, 75; *Kocka*, Klassengesellschaft, 21; *Van de Kerkhof*, Friedens- zur Kriegswirtschaft, 244, alle bezugnehmend auf *Rolf Wagenführ*, Die Industriewirtschaft. Berlin 1933, 22 ff.

---

110 Vgl. *Roth*, Staat und Wirtschaft, 388 f.
111 *Feldman*, Armee, Industrie und Arbeiterschaft, 135.

Deutet man den Rückgang der industriellen Jahresproduktion von 1914 gegenüber 1913 als Effekt der Wirtschaftskrise nach Kriegsbeginn im August, kann man festhalten, dass der Jahreswert 1915, auf Monatsdurchschnitte umgerechnet, wohl schon wieder leicht über demjenigen der ersten Kriegsmonate lag. Der Erholungsprozess setzte sich in den prioritären Sektoren wie Eisen und Stahl, Bergbau und nichteiserne (NE-) Metalle 1916 fort, während nichtprioritäre Bereiche wie Baustoffe und Textilien weiter zurückfielen. Die Produktionsergebnisse des Jahres 1916 spiegelten wohl auch schon Effekte der Ressourcenumlenkung in kriegswichtige Industriezweige wider. Die Erkenntnis, dass weitere tiefe Eingriffe ins Wirtschaftssystem notwendig seien, trug im August dieses Jahres nämlich zur Neubildung der Obersten Heeresleitung (OHL) unter Paul von Hindenburg und Erich Ludendorff bei. Für die neue OHL war unzweifelhaft, dass die erzielten Ergebnisse in den rüstungsrelevanten Industriesektoren nicht ausreichten, um weiterhin auf eine erfolgreiche Kriegsführung zu hoffen. Hinzu traten Engpässe in der „Menschenökonomie",[112] d. h. der Arbeitskräftemangel, von dem auch die industriellen Kernsektoren betroffen waren.

Mit der Einsetzung der dritten OHL begann die Umgestaltung zur Militärdiktatur, in der sich die beiden Generäle beim Kaiser und der Reichsregierung weitreichende Kompetenzen im Hinblick auf die politische, wirtschaftliche und gesamtgesellschaftliche Kriegsführung zusichern ließen. Die neue militärische Führung begriff sich als wirtschaftlicher Generalstab, der über Rohstoffe und Rüstungsfabrikate ebenso wie über Nahrungsmittel entscheiden wollte.[113] Das militärisch inspirierte Ziel war, die wirtschaftlichen Verteilungs- und Machtkämpfe zu beenden und mittels einer hierarchischen Befehlsstruktur für eine straffe Organisation der Wirtschaft zu sorgen.

Großen Einfluss hatte eine Denkschrift führender Eisen- und Stahlindustrieller vom 23. August 1916 an Karl Helfferich, den Vizekanzler und Staatssekretär im Reichsamt des Inneren.[114] Angesichts von Fabrikationsschwierigkeiten, die mit dem „bureaukratischen Verfahren der Behörden" in Zusammenhang gebracht wurden, kritisierten die Industriellen, dass das preußische Kriegsministerium über kein geeignetes Programm zur Produktionssteigerung verfüge. Sie regten die Schaffung einer allein verantwortlichen Instanz an, mit der Verhandlungen über Preise, Liefermengen und Kapazitätsausbau leichter zu führen seien. Ferner verlangten die Unternehmer eine Änderung der Bewirtschaftungspraxis, eine stärkere Konzentration der Beschaffungsstellen, die Stellung von Arbeitskräften sowie ein Munitionsprogramm, das den Anforderungen an der Front genüge. Sie brachten die Vorschläge als Nachweis ihrer patriotischen Gesinnung vor, verfolgten aber zugleich das Eigen-

---

[112] Siehe Abschnitt 4.1.5 in diesem Band.
[113] *Roth*, Staat und Wirtschaft, 68; *Hardach*, Der Erste Weltkrieg, 73 f.; *Feldman*, Armee, Industrie und Arbeiterschaft, 138 f., 156.
[114] *Stellwaag*, Deutsche Eisenwirtschaft, 53–55.

Abb. 3: Westfront, Frankreich, Somme. Soldaten im Schützengraben mit Sauerstoffapparat, Signalpistole, Gasmasken und Handgranaten, 1914/15 (BArch Bild 201-21-02-12-032).

interesse, behördliche Reglementierungen abzuwenden, die ihre Gewinne beschränken könnten.[115]

Ohne Absprache mit dem Kriegsministerium und der KRA setzte die neu eingesetzte OHL das so genannte Hindenburg-Programm auf.[116] Es leitete eine Rüstungsoffensive ein, die auf eine Mobilisierung aller verfügbaren Ressourcen zielte. Ohne Rücksicht auf die Kosten forderte Generalfeldmarschall Hindenburg eine Verdopp-

---

115 *Feldman*, Armee, Industrie und Arbeiterschaft, 138; *Hardach*, Der Erste Weltkrieg, 73; *Gottfried Plumpe*, Chemische Industrie und Hilfsdienstgesetz am Beispiel der Farbenwerke, vorm. Bayer & Co., in: Gunter Mai (Hrsg.), Arbeiterschaft 1914–1918 in Deutschland. Studien zu Arbeitskampf und Arbeitsmarkt im Ersten Weltkrieg. Düsseldorf 1985, 184.
116 *Haus*, Ergebnisse der Wissenschaftlichen Kommission, 38 f.

lung der Munitionsproduktion sowie eine Verdreifachung der Artillerie und der Maschinengewehre, eine Erhöhung der Kohleförderung um eine Million Tonnen sowie der Erzförderung um 800 000 Tonnen bis Frühjahr 1917.[117] Mehr „Maschinen" sollten die zahlenmäßige Überlegenheit der feindlichen Truppen ausgleichen, wie Hindenburg selbst im November 1916 kommentierte:

> Im Verlauf des Krieges ist der Einfluß der Maschine immer mehr in den Vordergrund gerückt; die Bedeutung der lebenden Kräfte hat sich dagegen verringert; entscheidend ist nicht mehr allein der höhere Wert der Truppe, der nie hoch genug gestellt werden kann, sondern in steigendem Maße die Überlegenheit an Kanonen, Munition und Maschinengewehren.[118]

Das Hindenburg-Programm lässt sich als Kritik an der bisherigen Planungsfähigkeit der KRA lesen.[119] Jedoch ließ die OHL die wirtschaftliche Machbarkeit im Vorfeld kaum überprüfen, sodass die formulierten Zielsetzungen allein auf militärischen Erwägungen beruhten.[120]

Unter Rückgriff auf Reorganisationspläne, die KRA-Leiter Koeth seit Sommer 1915 entwickelt hatte, beschloss die OHL die Einrichtung eines Kriegsamts. Diese Behörde sollte eine zentrale Dienststelle für die „Leitung aller mit der Gesamtkriegsführung zusammenhängenden Angelegenheiten der Beschaffung, Verwendung und Ernährung der Arbeiter, sowie der Beschaffung von Rohstoffen, Waffen und Munition" sein, wie es schließlich in der Kabinettsorder vom 1. November 1916 hieß.[121] Unter der Leitung von Generalleutnant Wilhelm Groener beaufsichtigte das neue Kriegsamt nicht nur die KRA, sondern richtete auch Abteilungen für Ein- und Ausfuhr, für Volksernährung und für Kleiderbeschaffung sowie ein Kriegsersatz- und Arbeitsdepartement ein. Zur Koordination der Nachfrage inkorporierte es das bereits einen Monat zuvor gegründete Waffen- und Munitions-Beschaffungsamt (Wumba). Dieses Amt versuchte seit Ende September 1916, die Beschaffung des Militärs zentral zu organisieren. Es vereinigte zu diesem Zweck die Feldzeugmeisterei, das Munitions-Beschaffungsamt sowie die Fabrikenabteilung des Kriegsministeriums. Das Ziel einer Überwindung der bisherigen Zersplitterung der militärischen Einkaufsstellen wurde aber nur teilweise erreicht, weil Heer, Marine und Luftwaffe ihre eigenen Beschaffungsstellen nicht aufgeben wollten.[122]

---

117 *Wolfgang Mommsen*, Die Urkatastrophe Deutschlands. Der Erste Weltkrieg 1914–1918. Stuttgart 2002, 89.
118 Denkschrift von Hindenburgs am 2. November 1916 an den Reichskanzler. Erstabdruck in: *Erich Ludendorff* (Hrsg.), Urkunden der Obersten Heeresleitung über ihre Tätigkeit 1916/18. Berlin 1920, 83 f., zitiert in: *Rüdiger vom Bruch/Björn Hofmeister* (Hrsg.), Deutsche Geschichte in Quellen und Darstellung, Bd. 8: Kaiserreich und Erster Weltkrieg 1871–1918. Stuttgart 2000, 402.
119 *Roth*, Staat und Wirtschaft, 68.
120 *Feldman*, Armee, Industrie und Arbeiterschaft, 136.
121 Vgl. *Zunkel*, Industrie und Staatssozialismus, 37 f.; *Markus Pöhlmann*, Waffen- und Munitionswesen. Eine kritische Einleitung in das Werk von Robert Weyrauch, in: Boldorf/Haus, Ökonomie, 188.
122 *Hardach*, Der Erste Weltkrieg, 74; *Wixforth*, Gründung und Finanzierung, 88.

Das Kriegsamt wurde ins preußische Kriegsministerium eingegliedert, um dem Verdacht der Errichtung einer militärischen Wirtschaftsdiktatur vorzubeugen. Wie bei der vorher federführenden KRA litt die Effizienz des Kriegsamtes an seiner Doppelstruktur: Einerseits war es über personelle Besetzungen in die militärische Hierarchie eingegliedert, andererseits entsprach ein großer Teil seiner Aufgaben denjenigen einer zivilen Verwaltungsbehörde.[123] Obgleich das Kriegsamt die Zentralität stärkte, konnte es die Konflikte mit anderen kriegswichtigen Instanzen, z. B. mit dem Reichsamt des Inneren oder dem preußischen Ministerium für Handel und Gewerbe, nicht entscheidend entschärfen.

Der Montansektor und die Schwerindustrie, die zu Kriegsbeginn außerhalb des Bewirtschaftungssystems standen, rückten in der zweiten Kriegsphase in seinen Mittelpunkt. Nach dem tiefen Einbruch der Eisen- und Stahlproduktion zu Kriegsbeginn gelang es, wieder annähernd den Vorkriegsstand zu erreichen.[124] Dem stand ein ständig wachsender Kriegsbedarf gegenüber, denn nicht nur die Rüstungsunternehmen, sondern auch eine Vielzahl von Produzenten der „allgemeinen Eisenwirtschaft" zählten zu den Abnehmern der verfügbaren Produktion. Wie von den Eisen- und Stahlindustriellen gefordert, strebten die OHL und die Reichsregierung nach der Schaffung einer zentralisierten Organisation. Von ihr erhoffte man sich nicht nur die Reorganisation des Beschaffungs- und Lieferwesens, sondern auch die Lösung von Verteilungsfragen, insbesondere hinsichtlich der Förderung von Produktionsschwerpunkten.

Als einschneidende Maßnahme zur Bewirtschaftung im Eisen- und Stahlsektor wirkte die Bildung der Eisenzentrale im Oktober 1916.[125] Die komplex gegliederte Organisation knüpfte an die im Juni gegründete KRA-Sektion Eisen an, deren kurzzeitig von der Thyssen AG delegierter Leiter Alfons Horten wieder demissionierte.[126] Die neue Organisation versuchte mit ihrem Aufbau, der Vielfalt der Lieferbeziehungen innerhalb des Sektors Rechnung zu tragen. Ihre Arbeit erfasste ein weites Tätigkeitsfeld und ragte in die Kompetenzen vieler existierender Kriegsgesellschaften und anderer Reichsstellen hinein. Die Eisenzentrale war eine GmbH mit einem Kapital, das zu drei Vierteln vom Staat und zu einem Viertel vom Roheisenverband, dem Kartell der Produzenten, aufgebracht wurde.[127] Die Eisenbewirtschaftung fiel nicht mehr allein in die Kompetenz der weiterhin bestehenden Eisensektion der KRA, sondern es intervenierten die beiden Kommissare der Eisenzentrale und der Manganerzgesellschaft, die neu geschaffene Rohstahlausgleichsstelle sowie die Interessenvertreter des „Deutschen Stahlbundes".[128] Durch Schaffung eines regional und nach

---

123 *Feldman*, Armee, Industrie und Arbeiterschaft, 166.
124 *Stellwaag*, Deutsche Eisenwirtschaft, 287–289.
125 *Stellwaag*, Deutsche Eisenwirtschaft, 201, 208 f.
126 *Roth*, Staat und Wirtschaft, 59, 312; *Feldman*, Armee, Industrie und Arbeiterschaft, 140 f.
127 *Kim Christian Priemel*, Flick. Eine Konzerngeschichte vom Kaiserreich bis zur Bundesrepublik. 2. Aufl. Göttingen 2008, 65.
128 *Stellwaag*, Deutsche Eisenwirtschaft, 59, 284 f.

Branchen aufgeteilten Unterbaus bildete sich ein eigenständiger Bürokratiezweig zur Eisen- und Stahlbewirtschaftung unter dem Dach der Eisenzentrale heraus.

Angesichts der „ungeheuren Mengen", die produziert wurden, hatte die Eisenzentrale bedeutende Probleme im Hinblick auf Umfang und Komplexität der zu bearbeitenden Lenkungsfragen. Wegen Personal- und Datenmangels waren ihr in der Praxis deutliche Grenzen gesetzt. Die Übermittlungsbereitschaft der Unternehmen, die ihre Betriebsdaten hüteten, war ebenso gering wie in anderen Branchen. Selbst die genaue Erfassung der Nachfrage bereitete wegen der Zersplitterung der Beschaffungsstellen des Heeres Schwierigkeiten. Deshalb konnte die Eisenzentrale ihren ursprünglichen Geschäftszweck kaum erfüllen. Ihre praktische Tätigkeit beschränkte sich auf die Zufuhr von Stahlspänen und den Aufkauf von Schrott im Ausland, weil von solchen Sammelaktionen alle Unternehmen profitierten.[129] Wo sie wenig Widerstand ausgesetzt war, z. B. in den besetzten Gebieten, baute die Eisenzentrale so genannte Verwertungsgesellschaften zur Beschaffung von Rohstoffen auf, namentlich in Metz, Brüssel, Warschau und Bukarest.[130]

Die Kohlewirtschaft war eine weitere Grundstoffindustrie, die zu Kriegsbeginn von der Steuerung ausgenommen worden war. Bereits 1915 wurde die Kriegskohlengesellschaft gegründet, deren Wirkungsbereich räumlich eingeschränkt war. Laut Gründungsurkunde sollte „die Beschaffung, Verfrachtung, Verteilung und Verwertung von Brennstoffen [...] für die Provinz Ostpreußen und die im Ausland besetzten Gebiete" erfasst werden.[131] Diese Gebietsumgrenzung erklärt, warum die inländische Macht des Rheinisch-Westfälischen Kohle-Syndikats (RWKS) durch die Installierung der Kriegskohlengesellschaft mit Sitz in Berlin kaum beschnitten wurde. Insbesondere gelang es dem RWKS, die Regulierungstätigkeit des preußischen Staates von den kartellierten Kohlemärkten des Ruhrgebiets fernzuhalten.[132] 1917 nahm der Leiter der Reichskohlegesellschaft Ernst Stutz das Amt des Reichskommissars für die Kohlenverteilung an. Manche seiner Aktionen zeugten von einer Kompetenzausweitung, z. B. als er am 15. August 1917 eine Verminderung des Koksverbrauchs der Kokereien um sechs Prozent und der Hochofenwerke um zehn Prozent anordnete.[133] Diese punktuelle Maßnahme fand offensichtlich weitgehend Beachtung, obwohl sie vielen Unternehmen erst verspätet bekannt gegeben wurde.

Die für die Kohle- und die Eisenwirtschaft ernannten Reichskommissare waren für die Beschaffung und Verteilung der Basisprodukte der Grundstoffindustrien zuständig. Zu den „neuen Grundlagen", auf denen ihre Tätigkeit basierte, gehörte die

---

129 *Priemel*, Flick, 65.
130 *Stefanie van de Kerkhof*, Von der Friedens- zur Kriegswirtschaft. Unternehmensstrategien der deutschen Eisen- und Stahlindustrie vom Kaiserreich bis zum Ende des Ersten Weltkrieges. Essen 2006, 224. Zur Aktivität im besetzten Frankreich vgl. Kapitel 5.3 in diesem Band.
131 Gesellschaftsvertrag. Kriegs-Kohlen-Gesellschaft AG (Sitz in Berlin), Berlin [1915].
132 Vgl. *Christian Böse/Dieter Ziegler*, Die Ruhrkohle in der kriegswirtschaftlichen Regulierung, in: Jahrbuch für Wirtschaftsgeschichte, 2015/2, 422 f.
133 *Stellwaag*, Deutsche Eisenwirtschaft, 130 f.

Beschleunigung von Entscheidungen.[134] Sie sollten gegenüber der Behörde, die sie ernannt hatte, unabhängig und nicht direkt weisungsgebunden sein. Weitere Intentionen bei ihrer Ernennung waren, dass sie bei Ressortstreitigkeiten vermitteln, das Meldewesen befördern und die Produktion aktivieren sollten.[135] Einen ersten Reichskommissar mit diesem umfangreichen Kompetenzbereich setzte das Reichsamt des Inneren zur Ein- und Ausfuhrbewilligung im Februar 1916 ein.[136] Die Regierung versprach sich davon eine direktere Lenkung und einen Effizienzgewinn, doch bereitete die Ausgestaltung der Funktion erhebliche Schwierigkeiten, was erneut am Beispiel der Chemieindustrie nachvollzogen werden kann.

Im April 1916 ernannte das Kriegsministerium von Moellendorff, der zuvor Sektionsleiter Chemie der KRA und kurzzeitig Vorstandsmitglied der Kriegschemikalien AG war, zum Kommissar für die Reichsstickstoffwerke. Im Juli 2016 wurde die Funktion in Reichskommissar für Kalkstickstoff umbenannt.[137] Mit Sondervollmachten ausgestattet, sollte von Moellendorff die neugegründeten Werke Piesteritz und Chorzów schnellstmöglich zu Höchstleistungen in der Stickstoffherstellung bringen. Seine Funktion als Reichskommissar passte sich in die militärische Befehlsstruktur ein, die mittels Ad-hoc-Anweisungen auf bestehende Engpässe, insbesondere in der Ressourcenallokation, einzuwirken suchte. Die Neuordnung der Stickstoffwirtschaft im Dezember 1916 schränkte seinen Zuständigkeitsbereich ein. Das Wumba avancierte zur Zentralstelle für alle Stickstofffragen, und mit Julius Bueb wurde einer seiner Referenten zum Reichskommissar für diesen Bereich ernannt.[138] Von Moellendorff gehörte wie die Fachleute Emil Fischer, Fritz Haber und Nikodem Caro sowie die Vertreter verschiedener Ministerien einem Beirat an. Diese Hinzuziehung von Sachverständigen belegt eine wachsende Wertschätzung für Fachlichkeit durch Einbeziehung wissenschaftlicher Expertise und Know-how. Der Reichskommissar war in der Lage, vor allem im Sinne militärischer Präferenzen auf die Schlichtung von Ressortstreitigkeiten hinzuwirken. Jedoch fehlten seiner Stelle nach wie vor die Mittel, um die Ressourcenallokation mit Hilfe von Anreizsetzungen zu steuern.

Trotz der Installation von Reichskommissaren ließen sich Fälle von Kompetenzüberschneidungen nicht vermeiden: Auf Grund der Engpässe in der Energieversorgung setzte die Reichsregierung im August 1917 einen Reichskommissar für Elektrizität und Gas ein.[139] Das Amt bekleidete Wilhelm Kübler, Professor für Elektrotechnik an der Technischen Hochschule Dresden, der bereits im März desselben Jahres die Leitung der Sektion Elektrizität der KRA angetreten hatte. Ihm wurde die Befugnis

---

134 *Goebel*, Kriegsbewirtschaftung der Spinnstoffe, 120.
135 *Roth*, Staat und Wirtschaft, 353–355.
136 *Roth*, Staat und Wirtschaft, 354; *Goebel*, Kriegsbewirtschaftung der Spinnstoffe, 338; vgl. auch Abschnitt 5.1.5 in diesem Band.
137 *Margit Szöllösi-Janze*, Fritz Haber 1868–1934. Eine Biographie. München 1998, 298.
138 *Roth*, Staat und Wirtschaft, 354.
139 Bekanntmachung über die Bestellung eines Reichskommissars für Elektrizität und Gas, 30. August 1917, RGBl. 1917, 743.

zur Kontrolle der Erzeugung, des Transports und des Verbrauchs der beiden wichtigen Energieträger inklusive Dampfkraft, Druckluft sowie Heiz- und Leitungswasser übertragen. Binnen kürzester Zeit erwies sich, dass diese Aufsichtsfunktionen nicht unabhängig von der Kohleverteilung zu lösen waren. Bereits am 3. Oktober 1917 unterstellte eine weitere Verordnung den für Energiefragen eingesetzten Reichskommissar dem Reichskohlekommissar. Das in der Berliner Kurfürstenstraße gelegene Kohlekommissariat wurde um entsprechende Abteilungen erweitert. Nach Möglichkeit sollten fortan die örtlichen Kohlewirtschaftsstellen auch die Aufgabe der Elektrizitätsbewirtschaftung wahrnehmen.[140]

Die Funktion des Reichskommissars, oder allgemeiner ausgedrückt des Kommissars, wurde in der zweiten Kriegshälfte häufig genutzt, um Aufgaben der Überwachung, Koordination und Gewerbeförderung punktuell wahrzunehmen. Reichskommissare hatten ihren Sitz in den Büroräumen der Kriegsgesellschaften und verfügten dort über ein Vetorecht.[141] Doppelzuständigkeiten schufen mitunter die Möglichkeit, die Arbeit im Krieg geschaffener Sonderstellen – zum Beispiel der Lumpenverwertungs- und der Reißereizentrale – stärker zu verzahnen. Manchmal wurden die Sektionsleiter der KRA zu Kommissaren ernannt, um ihnen eine größere Autorität gegenüber den ihrer Sektion unterstellten Kriegsgesellschaften zu verschaffen. Beispielsweise diente ein Major Wolfshügel, Leiter der Unterabteilung Webstoffe, als Kommissar in einer Reihe von Kriegsrohstoffgesellschaften. Er koordinierte die zahlreichen Gesellschaften und Stellen des Textilsektors, die sich im Laufe des Kriegs ausdifferenziert hatten.[142] Zudem erhöhte sich die Zahl der Kommissare fortwährend, weil sie immer enger umsteckte Aufgabenfelder übernahmen, z. B. als Leiter der Reichsbekleidungsstelle oder der Reichssackstelle, sowie zur Aktivierung spezifischer Versorgungszweige, z. B. als Reichskommissar für die Fischversorgung.[143] Ihr Agieren führte nicht immer zu Dysfunktionalitäten, sondern verbesserte das Wirtschaften mancher Produktionszweige, beispielsweise durch Koordination der Unternehmen hinsichtlich ihrer Lieferbeziehungen, ihrer Einbindung in den Außenhandel oder der Förderung ihrer Produktion.

Das Kommissarwesen bildete das Rückgrat der Kommandowirtschaft der letzten beiden Kriegsjahre. Die direkten Befehle und Anweisungen zur Verteilung von Input-Faktoren verursachten allerdings neue Engpässe, die meist zulasten der Zivilwirtschaft gingen. Allein das Wachstum im Rüstungssektor lässt sich durch die Existenz einer Kommandowirtschaft erklären. Das Agieren der Reichskommissare lag somit weitab von einer geregelten Wirtschaftslenkung. Letztlich blieben sie eine Instanz wie viele andere, die in der Wirtschaft intervenierten. Das Problem der unzureichen-

---

140 *Bews*, Bewirtschaftungsrecht, 52 f. Zum Reichskohlekommissar vgl. auch Abschnitt 3.1.2 in diesem Band.
141 *Wiedenfeld*, Organisation der Kriegsrohstoffbewirtschaftung, 46.
142 Vgl. *Goebel*, Kriegsbewirtschaftung der Spinnstoffe, 287–290.
143 *Goebel*, Kriegsbewirtschaftung der Spinnstoffe, 325, 339–342.

den Anreizsetzung für Unternehmen – wie oben mit Bezug auf den Principal-Agent-Problem geschildert – vermochte mit der Funktion der Reichskommissare nicht zu gelöst zu werden.

Die Engpässe, die zulasten der zivilen Wirtschaft und des privaten Verbrauchs gingen, forderten eine bürokratische Reaktion heraus. Nach der kaiserlichen Osterbotschaft, die im April 1917 auf die ökonomische Krise sowie auf Parlamentarisierungsforderungen reagierte, stellte die Reichsregierung innere Reformen in Aussicht. Hierzu gehörte, wie aus Wirtschaftskreisen gefordert, auch die Neuordnung des Reichsamts des Inneren, dessen Überlastung durch die Heraustrennung des Wirtschaftsamtes behoben werden sollte. Dessen eigenständige Entwicklung lässt sich wiederum nur verstehen, wenn man die Installierung eines Reichskommissars für die Übergangswirtschaft im Vorjahr einbezieht. Dieses Reichskommissariat wurde seit 25. Juli 1916 vom Hamburger Senator Friedrich Sthamer geleitet und stellte eine erste Reaktion auf die Konzentration der Wirtschaft auf den Heeresbedarf dar. Seine Planungen bezogen sich auf die Friedenszeit sowie eine Übergangsphase, wobei es nicht allein den Wiederaufbau, sondern auch die Wiederherstellung der Wettbewerbsfähigkeit sowie Deutschlands Reintegration in die Weltwirtschaft vorbereitete. Unter Einbeziehung von Fachleuten wurden Abteilungen gebildet, die nach Warengruppen unterteilt waren. Die Grundsatzabteilung leitete von Moellendorff, der hier seine Pläne zur Gemeinwirtschaft zu einer Denkschrift weiterentwickelte, die im Juli 1917 eine alternative Organisation der deutschen Wirtschaft in Form eines Selbstverwaltungskörpers mit einem obersten, leitenden Ausschuss vorsah.[144]

Als das Reichswirtschaftsamt am 23. Oktober 1917 gegründet wurde, integrierte es das Reichskommissariat für die Übergangswirtschaft und nahm dessen Aufgaben auf.[145] Die neue Zentralbehörde des Reichs war als ziviles Gegenstück zum Kriegsamt gedacht. Die ihr zugestandenen Kompetenzen fielen schmal aus, und ihre praktischen Aufgaben glichen einem „Torso".[146] Das Reichswirtschaftsamt setzte den Rahmen für künftig abzuschließende Handelsverträge; es besaß das Recht, die Änderung von Zollsätzen vorzubereiten; es bewirtschaftete Waren, die nicht den von der KRA erfassten Warengruppen angehörten, z. B. Papier, Tabak oder Petroleum (für den zivilen Bedarf). Mit Blick auf künftige ordnungspolitische Aufgaben sollte sich das Reichswirtschaftsamt nicht „beamtenmäßig aufbauen", sondern Praktiker aus der Wirtschaft einbeziehen. Sein tatsächlicher Einfluss auf die Kriegswirtschaft blieb ausgesprochen begrenzt. Gegen Kriegsende bereitete es die Gewaltenteilung vor, etwa durch die Konzipierung eines Reichswirtschaftsrates, der die Macht des Reichstags einschränken sollte.[147] In der Weimarer Republik ging es schließlich im Reichswirtschaftsministerium auf.

---

144 *Fisch*, Wirtschaftliche Zentralstellen, 71–77, 84–92; *Hans Jaeger*, Geschichte der Wirtschaftsordnung in Deutschland. Frankfurt am Main 1988, 140 f.
145 *Zunkel*, Industrie und Staatssozialismus, 142 f.
146 *Fisch*, Wirtschaftliche Zentralstellen, 97.
147 *Zunkel*, Industrie und Staatssozialismus, 115.

2.1.6 Maßnahmenpolitik in der überhitzten Kriegswirtschaft

Isoliert man das vom Militär getragene Rüstungsinteresse von der allgemeinen wirtschaftlichen Performance im Krieg, kann man zumindest für die ersten beiden Kriegsjahre eine große Steigerung in allen Kategorien der Rüstungsproduktion erkennen. (Tab. 2)

Die hohen Wachstumsraten bei den Rüstungsgütern der Spalten 1 bis 4 der Tabelle 2 konnten nach Einsetzen des Hindenburg-Programms allein in der Pulverproduktion noch einmal entscheidend gesteigert werden. Die Sprengstoffproduktion wuchs indessen nur noch wenig. In der Gewehr- und Patronenproduktion ist hinge-

Tab. 2: Monatsleistungen der Rüstungsproduktion im Ersten Weltkrieg: Produktionsmengen und Stückzahlen in ausgewählten Monaten (*Index: März 1916 = 100*).

	1 Pulver [Tonnen] *Index*	2 Sprengstoff [Tonnen] *Index*	3 Patronen [Mio. Stück] *Index*	4 Gewehre [Stück] *Index*	5 MG [Stück] *Index*
1914 Oktober	1112 *19*	1000 *10*	150 *70*	44 039 *21*	216 *18*
1915 März	2615 *44*	2484 *24*	172 *80*	82 130 *39*	543 *45*
1915 Oktober	4812 *80*	4797 *47*	202 *94*	144 617 *69*	776 *64*
1916 März	5997 *100*	10 262 *100*	214 *100*	209 806 *100*	1208 *100*
1916 Oktober	6624 *110*	10 380 *101*	194 *91*	234 000 *112*	2200 *182*
1917 März	7335 *122*	12 246 *119*	258 *121*	217 292 *104*	6163 *510*
1917 Oktober	10 519 *175*	12 924 *126*	172 *80*	155 000 *74*	14 819 *1227*
1918 März	11 780 *196*	12 076 *118*	173 *81*	111 052 *53*	12 524 *1037*
1918 Oktober	13 933 *232*	10 723 *104*	232 *108*	61 476 *29*	17 652 *1461*

Quelle: *Robert Weyrauch*, Waffen- und Munitionswesen. (Die deutsche Wirtschaft im Bereich der Heeresverwaltung, Bd. 1.) [1922] Neudruck Berlin/Boston 2016, 251–255. In der Tabelle wird die Monatsleistung des März 1916 gleich 100 gesetzt, um die Effekte des Hindenburg-Programms hervortreten zu lassen.

gen keine Steigerung mehr, sondern ein Rückgang nach dem Frühjahr 1917 erkennbar. Lediglich die Produktion der modernen Maschinengewehre (MG) ragte heraus: Nachdem diese Waffengattung zu Kriegsbeginn noch unbedeutend war, boomte ihre Produktion ab Oktober 1916 bis zum Kriegsende. Die Verzehnfachung des Outputs entsprach der vom Kaiser verkündeten Produktion von „Maschinen" und erfüllte die im Hindenburg-Programm gesteckten Ziele. Jedoch ließ sich eine solche Steigerung allein in den neuen technologieintensiven Sektoren, nicht aber in der konventionellen Rüstungsproduktion verzeichnen.[148] Die Basis für die Hochrüstungspolitik schuf der kontinuierliche Anstieg der Rüstungsausgaben. Machten die Staatsausgaben für Kriegszwecke 1914 rund 15 % des Volkseinkommens aus, stieg ihr Anteil 1915/16 auf 35 bis 37 %. Der Rüstungsschub des Hindenburg-Programms ließ 1917 den Anteil der Kriegskosten am Volkseinkommen auf 53 bis 57 % zunehmen.[149] Damit war das Maximum der volkswirtschaftlichen Tragfähigkeit erreicht.

Die staatliche Sorge um die Förderung des Rüstungssektors konzentrierte sich auf die Bereitstellung der Rohstoffe, an denen Mangel herrschte, und den Ausbau der Rüstungsendfertigung. Die Metallpolitik zeigt, wie die Maßnahmen zur Produktionsförderung konkret umgesetzt wurden.[150] Sie betrafen die Bewirtschaftung von Kupfer und Aluminium sowie von seltenen Metallen wie Wolfram, Ferrosilicium und Molybdän, die bei der Stahlherstellung verbraucht wurden. Staatliche Subventionen in beträchtlicher Höhe flossen in den Bau von Neuanlagen und die Erweiterung bestehender Gewinnungsstätten. In der Aluminiumherstellung wurden zwischen Dezember 1915 und April 1916 die Fabriken in Berlin-Rummelsburg, Horrem (bei Köln) und Bitterfeld in Betrieb genommen.[151] Vergleichbare Subventionsprogramme kamen anderen Industriesektoren zugute – wie der Stickstoffindustrie durch Aufbau des Leunawerkes.[152]

Das Ziel war der Ausbau der Rohstoffgewinnung bzw. die Beschaffung von Ersatzstoffen. Dementsprechend beteiligten sich sowohl die infrage kommenden Kriegsgesellschaften als auch die KRA bzw. ab 1916 das Kriegsamt an den Projekten. In der zweiten Kriegshälfte wurden vorrangig die eigens zur Rüstungsförderung gegründeten Organisationen wie die Eisenzentrale einbezogen. Ihre Eigenkapitalausstattung stammte ja zu großen Teilen aus staatlichen Mitteln. Die beauftragten staatlichen Behörden suchten nach anreizkompatiblen Wegen der Industriefinanzierung.[153] Hierfür entwickelten sie das Konzept der öffentlich-privaten Partnerschaften.[154]

---

148 Vergleichbar war Produktionssteigerung noch im Automobil-, Flugzeug- und Flugmotorenbau, vgl. Kapitel 3.5 in diesem Band.
149 *Gerd Hardach*, Die finanzielle Mobilmachung in Deutschland 1914–1918, in: Jahrbuch für Wirtschaftsgeschichte 2015/2, 375; vgl. Kapitel 2.3 in diesem Band.
150 Vgl. Kapitel 2.2 in diesem Band.
151 *Roth*, Staat und Wirtschaft, 194; vgl. Abschnitt 3.8.3 in diesem Band.
152 *Wiedenfeld*, Organisation der Kriegsrohstoffbewirtschaftung, 25.
153 *Hardach*, Der Erste Weltkrieg, 80.
154 Vgl. *Stefanie van de Kerkhof*, Public-Private Partnership im Ersten Weltkrieg? In: Berghoff/Kocka/Ziegler, Wirtschaft im Zeitalter der Extreme, 106–133.

Eine frühe öffentlich-private Gemeinschaftsunternehmung war ab Mai 1916 der Bau einer Geschützfabrik, ein Projekt unter der Federführung des Bayerischen Kriegsministeriums.[155] Das preußische Kriegsministerium fand an dem Modell Gefallen und konzipierte ähnliche Projekte. Mit der Errichtung der Eisenzentrale wurde ab September 1916 die Mitfinanzierung des Ausbaus der Erzgrube Ilsede-Peine zur Verbesserung der deutschen Erzversorgung projektiert.[156] Die Realisierung unterlag größeren Verzögerungen, weil die Reichsregierung keine Garantie für die Brennstoffversorgung des Kernbetriebes, der Ilseder Hütte, abgab und umfangreiche Infrastrukturarbeiten zur Verbesserung der Transporte auf Wasserwegen zu dem Werk voranzubringen waren.

In Zusammenarbeit mit der Manganversorgungsstelle finanzierte die Eisenzentrale die Ausbauten zur Substituierung des importierten Ferrosiliziums, auf das vor allem die Gießereien angewiesen waren. Im Rahmen öffentlich-privater Partnerschaften bildete sie mit Unternehmern Finanzierungskonsortien. Derartige Projekte waren in Knappsack bei Köln (mit den Rheinisch-Westfälischen Elektrizitätswerken als Partner), in Mückenberg an der Schwarzen Elster (mit der Friedländer-Fuldschen Zentralverwaltung und Beer, Sontheimer u. Co.) sowie im sauerländischen Elverlingsen nahe Altena angesiedelt.[157] Die Umsetzung der Vorhaben verzögerte sich, weil die Bewirtschaftung von hochwertigem Ferrosilizium schließlich ungünstiger als die der ursprünglich gefährdeten Manganversorgung war. Der Anlagenausbau litt unter dem Frost des Winters 1916/17, und der anlaufende Betrieb geriet wegen der Engpässe in der Braunkohle- und Stromversorgung ins Stocken. Die Unterfangen verliefen fast nie zur vollständigen Zufriedenheit ihrer Planer, zu vielfältig waren die Engpässe und Zulieferungsschwierigkeiten, die gleichzeitig zu einer zögerlichen Haltung der beteiligten Privatunternehmen beitrugen. Wie in anderen industriellen Sektoren stellten die Unternehmer Forderungen nach Absatzgarantien oder Investitionsabsicherungen, um die angebotenen Geschäfte durchzuführen.[158]

Selbst in den Branchen, die finanzielle Kriegsgewinnler waren, unterstützte der Staat die großen Ausbauprogramme durch fiskalpolitische Maßnahmen. Darauf beruhte 1916 ein Programm im Chemiesektor, im Zuge dessen z. B. die Farbenfabrik F. Bayer Investitionen in Höhe von zwei Dritteln ihres Anlagevermögens von 1913 verplante.[159] Auch Deutschlands größter Rüstungskonzern, die Fried. Krupp AG, verfolgte ein Expansionsprogramm in Millionenhöhe und profitierte dabei immer wieder von den zugestandenen großzügigen Abschreibungsmöglichkeiten.[160] Die Forderung nach fiskalischen Vergünstigungen begründeten die Industriellen mit

---

155 *Van de Kerkhof*, Friedens- zur Kriegswirtschaft, 251–255.
156 *Stellwaag*, Deutsche Eisenwirtschaft, 83.
157 *Stellwaag*, Deutsche Eisenwirtschaft, 254–256; zur Aktivität der RWE vgl. Abschnitt 3.8.3.
158 *Wiedenfeld*, Organisation der Kriegsrohstoffbewirtschaftung, 25.
159 *Gottfried Plumpe*, Chemische Industrie, 188.
160 Vgl. Abschnitt 3.2.4 in diesem Band.

der Risikolage, die sich im Krieg völlig anders darbiete.[161] Des Weiteren wiesen sie darauf hin, dass viele Anlagen zur Fertigung von Rüstungsgütern sich unter Friedensbedingungen als Fehlinvestitionen darstellen würden. Die hohen Abschreibungssätze waren ihrer Meinung nach nötig, um stille Reserven zu bilden, die den Übergang in die Friedenswirtschaft ermöglichten. Insgesamt bleibt festzuhalten, dass viele Industrielle nur zur Kapazitätsausweitung bereit waren, wenn der Staat ihnen dafür finanzielle Vorteile bot.

Weitere bedeutende staatliche Projekte betrafen den infrastrukturellen Ausbau, zum Beispiel die Erweiterung des Streckennetzes der Eisenbahn und anderer Verkehrsträger oder den Bau neuer Rheinbrücken.[162] Manche dieser Baumaßnahmen wurden nicht mehr kriegsrelevant, weil sich ihre Fertigstellung zu lange hinzog. Dies galt beispielsweise für den Bau einer 325 Meter langen zweigleisigen Eisenbahnbrücke bei Remagen, die erst am 15. August 1918 eingeweiht werden konnte.[163]

Die starke Lenkung von Inputs in den Rüstungssektor führte zu Engpässen in der sog. Zivilwirtschaft. Der „Ständige Ausschuss für die Zusammenlegung von Betrieben" (SAZ) entstand im Dezember 1916, um vermeintlich kriegsunwichtigen Betrieben die Ressourcen zu entziehen. Dies folgte der Vorstellung, dass sich ein solcher Bereich von den unmittelbar und mittelbar kriegswichtigen Sektoren abgrenzen ließ. In der Elektroindustrie standen die Maßnahmen unter der Ägide der führenden Berliner Betriebe wie die AEG, Siemens-Schuckert und Borsig. Ein Schwerpunkt der Schließungen betraf den Konsumgütersektor, beispielsweise die Schuhfabrikation oder die Seifenherstellung.[164] Im Textilsektor arbeiteten die Verbände Listen aus, die die Behörden als Grundlage für ihre Maßnahmen übernahmen. Otto Goebel, Mitglied der Sering-Kommission und volkswirtschaftlicher Berater des SAZ, glaubte, eine „Beseitigung rückständiger Unternehmen" erkennen zu können.[165]

Mit der Gründung des Ausschusses rückte die Ordnungspolitik von dem bis dahin geltenden Grundsatz ab, möglichst alle Unternehmen weiterarbeiten zu lassen, zwar mit Einschränkung ihrer bisherigen Produktionsvielfalt, doch ohne Einschränkung der unternehmerischen Verfügungsrechte. Die Praxis konzentrierte sich auf die Stilllegung wenig leistungsfähiger Kleinbetriebe, um ihre Arbeitskräfte, Rohstoffe und Maschinen für die Rüstungsindustrie zu gewinnen.[166] Der SAZ gab seine Arbeit, die stark von internen Richtungskämpfen, aber auch von Widerständen aus der Industrie geprägt war, nach einem knappen Jahr wieder auf.[167] Die Hoffnung der

---

161 *Weyrauch*, Waffen- und Munitionswesen, 163f.
162 *Hardach*, Der Erste Weltkrieg, 78.
163 *Willi Bratge/Manfred Michler*, So war es wirklich im Brückenkopf Remagen. [Köln 1946], 11f.
164 Vgl. auch Abschnitt 3.7.4 in diesem Band.
165 *Zunkel*, Industrie und Staatssozialismus, 95. Ausführlich zu den Stilllegungen im Textilsektor: *Goebel*, Kriegsbewirtschaftung der Spinnstoffe, 118–137.
166 *Hardach*, Der Esrte Weltkrieg, 76.
167 *Goebel*, Deutsche Rohstoffwirtschaft, 89f.

Fürsprecher einer „stärkeren Berücksichtigung volkswirtschaftlicher Bedürfnisse", unter anderem durch Zwangssyndizierung, ruhten fortan auf dem neu gegründeten Reichswirtschaftsamt.[168]

Ein weiterer wirtschaftlicher Sektor, der im Krieg stark zurückfiel, waren die mittelständischen Unternehmen. Handwerker und andere Mittelständler waren durch die zunehmende Vormacht der Großindustrien in den Kriegsgesellschaften benachteiligt, die sich negativ auf ihre Möglichkeiten hinsichtlich der Rohstoffzuteilung auswirkte. Außerdem hingen kleine und mittlere Unternehmen meist von einem einzelnen Handwerksmeister oder Geschäftsleiter ab, dessen Einberufung zum Kriegsdienst oft die Schließung oder Stilllegung des Geschäfts nach sich ziehen konnte. Wenn ihre konsumorientierte Produktion kriegswirtschaftlich weniger relevant war, gingen ihre Absatzmöglichkeiten auf Grund der Verbrauchsbeschränkungen zurück. Gegen Ende des Jahres 1916 wies eine statistische Aufstellung eine Zahl von rund 250 000 stillstehenden Betrieben im Kleingewerbe aus.[169] Die mittelständischen Schichten beklagten ihren sozioökonomischen Abstieg und waren enttäuscht über das fehlende Eingreifen des Staates.[170]

Ursächlich für die Winterkrise 1916/17, die als Wendepunkt zu einer Verschlechterung der ökonomischen Gesamtlage gelten muss, war die „Überhitzung der Wirtschaft" durch das Hindenburg-Programm.[171] Als Auslöser wird die zeitgenössisch als „Verkehrsnot" bezeichnete Krise des Transportsystems angesehen. Wegen der Überbeanspruchung durch das Militär verstärkte sich seit Herbst 1916 der Waggonmangel der Eisenbahn und die Überbeanspruchung des vorhandenen Wagenparks. Das Transportvolumen stieg, und die Transportbedürfnisse änderten sich während des Kriegs. Militärische Material- und Personentransporte gingen in Richtung der Front, die sich außerhalb des deutschen Bahnnetzes befand und durch den Beginn des Kriegs gegen Rumänien 1916 noch einmal in den Südosten Europas verschob. Die Bahnen hatten weite Strecken zurückzulegen und am Ziel angekommen, fehlte es meist an Gütern für den Rücktransport, sodass die Waggons zeitweise dort stehen blieben.[172]

In Bezug auf die Kohleversorgung wirkte sich der Wegfall der Einfuhren über die deutschen Nordseehäfen negativ aus.[173] Der kriegsbedingt angestiegene Bedarf

---

168 *Zunkel*, Industrie und Staatssozialismus, 96 f.
169 *Karl Korthaus*, Die Förderung der Erwerbstätigkeit der in die Heimat zurückgekehrten Kriegsteilnehmer aus dem gewerblichen Mittelstande. Berlin 1916, 16. Schätzung in ähnlicher Größenordnung bei: *Hans-Ulrich Wehler*, Deutsche Gesellschaftsgeschichte, Bd. 4: Vom Beginn des Ersten Weltkriegs bis zur Gründung beider deutscher Staaten 1914–1949. München 2003, 80.
170 *Jürgen Kocka*, Klassengesellschaft im Krieg. Deutsche Sozialgeschichte 1914–1918. 2. Aufl. Göttingen 1978, 70, 89.
171 *Mommsen*, Urkatastrophe, 90. Zur Transport- und Kohlenkrise und zum Scheitern des Hindenburgprogramms vgl. *Feldman*, Armee, Industrie und Arbeiterschaft, 209–223.
172 *Hardach*, Der Erste Weltkrieg, 79; *Stellwaag*, Deutsche Eisenwirtschaft, 92. Vgl. zur Eisenbahn in der Transportkrise Abschnitt 2.4.3 in diesem Band.
173 Vgl. *Böse/Ziegler*, Ruhrkohle, 424–433.

musste fast ausschließlich über die inländischen Reviere, vor allem das Ruhrgebiet, gedeckt werden. Dies zog eine ungewollte regionale Nachfrage nach Waggons nach sich. Die Transportkrise mündete deshalb in eine Kohlekrise, die mit den Schwierigkeiten der Verteilung dieses für die Kriegswirtschaft unentbehrlichen Basisrohstoffs begann. Im Winter 1916/17 verschärfte sich die Krisenlage, weil die zugefrorenen Binnenwasserstraßen über Monate für den Transport ausfielen. Zudem ging die Kohleförderung wegen kältebedingter Produktionsschwierigkeiten und der anhaltenden Verringerung der Belegschaften stark zurück.

Der Transportengpass machte sich auch in der Personenbeförderung bemerkbar, sodass sich die Ziele der überbezirklichen Arbeitskräftevermittlung kaum verwirklichen ließen. Außerdem beeinträchtigte die Transportkrise die inländische Verteilung von Lebensmitteln, sodass sich die Versorgungsnot zuspitzte und die kalte Jahreszeit 1916/17 als Steckrübenwinter ins kollektive Gedächtnis einging.[174] Zum Problemfeld der Überbeanspruchung gehörte auch die sinkende physische und psychische Leistungsfähigkeit der arbeitenden Bevölkerung.[175] Sie hing ursächlich mit der Ernährungskrise zusammen, denn die Mangelernährung war ein wesentlicher Punkt zur Erklärung der sinkenden Arbeitsproduktivität.

Die Usurpation der Zuständigkeit in der Kriegswirtschaft durch die OHL[176] führte zu Konflikten mit dem Kriegsamt und seinen Abteilungen. Erst geriet der KRA-Leiter Koeth in die Kritik, dann wurde Groener im August 1917 – kurze Zeit nach dem Sturz Bethmann Hollwegs – als Leiter des Kriegsamtes entlassen, obwohl er ein knappes Jahr zuvor noch als enger Vertrauter Ludendorffs gegolten hatte.[177] Wieder einmal war es von Moellendorff, der schon im Januar 1917 auf die Mängel des Hindenburg-Programms hingewiesen hatte. Er warf der praktizierten Wirtschaftspolitik vor, eine kurzsichtige „Planmacherei" statt einer weitsichtigen „Planmäßigkeit" zu entwickeln.[178] Mit anderen Kritikern bemerkte er, dass zu viel Arbeit und Material in den Neubau von Anlagen floss, die dann aufgrund des Rohstoffmangels nicht produzieren konnten. Daraufhin wurde das Hindenburg-Programm korrigiert, die Investitionen zurückgefahren und die Mittel verstärkt in den schnellen Ausstoß von Waffen und Munition geleitet. Wie in Tabelle 2 gesehen, blieben die Erfolge dieser Strategie begrenzt. Die Basisprodukte Kohle und Eisen blieben knapp, obwohl sie in immer größeren Mengen nachgefragt wurden.[179] Zur Kompensation von Arbeitsausfällen in der Produktion zog die Heeresleitung Soldaten von der Front ab.[180] Der über das Jahr 1917 anwachsende Output der Rüstungsbranchen belegt, wie stark

---

174 Vgl. Kapitel 3.9 in diesem Band.
175 *Hardach*, Der Erste Weltkrieg, 79, 196 f.; *Kocka*, Klassengesellschaft, 22.
176 *Pöhlmann*, Waffen- und Munitionswesen, 187.
177 Seine Nachfolge trat am 16. August 1917 Generalmajor Scheüch an, der wiederum am 9. Oktober 1918 von Generalmajor Hoffmann abgelöst wurde.
178 *Feldman*, Armee, Industrie und Arbeiterschaft, 219.
179 *Hardach*, Der Erste Weltkrieg, 81.
180 *Feldman*, Die sozialen und politischen Grundlagen, 28.

die Volkswirtschaft trotz allgemein sinkender Produktion auf die Kriegsindustrien konzentriert war. Das gesamtwirtschaftliche Gleichgewicht ging immer mehr verloren und damit die Fähigkeit, das Land durch den Krieg zu bringen.

2.1.7 Fazit

Aufgrund mangelnder Vorbereitungen begann die kriegswirtschaftliche Lenkung der Reichsregierung weitgehend als Improvisation. Rathenau und seine Mitarbeiter waren sich als erste der Notwendigkeit einer Kontingentierung der Rohstoffe und der Reglementierung ihrer Verteilung bewusst. Trotz Installation einer bürokratischen Aufsicht im preußischen Kriegsministerium vertrauten sie auf die „Selbstverwaltungskräfte" der Industrie, die für eine Kriegsorientierung der Produktion sorgen sollte. Allerdings standen strategisches Denken und Gewinninteresse der Industriellen nicht selten den staatlich-militärischen Lenkungsabsichten entgegen, sodass fortwährend Zielkonflikte auftraten. Die als Selbstverwaltungsorgane gedachten Kriegsgesellschaften wurden immer stärker reglementiert und staatlichen Sonderbürokratien unterstellt.[181] Die Lenkungskonflikte spielten sich im Spannungsfeld zwischen wirtschaftlichen und militärischen Interessen ab.

Beim bürokratischen Ausbau gewannen die militärisch dominierten Instanzen immer mehr die Oberhand. Verschiedene Ämter und Stellen sorgten für eine Überwachung der Kontingentierung, des Ressourcenaufkommens und der -verteilung. Trotz gegenteiliger Einschätzungen war das sukzessive aufgebaute Lenkungssystem mitnichten eine Planwirtschaft.[182] Weder waren die Sektoren der Volkswirtschaft aufeinander abgestimmt noch Mechanismen zur intersektoralen Verteilung entwickelt, geschweige denn das Unternehmerhandeln in die Ad-hoc-Strategien eingebunden. Das bürokratische Routinehandeln blieb militärisch geprägt, obwohl wirtschaftliche Fachleute in die Kriegswirtschaftsverwaltung einbezogen waren.[183]

Selbst der militärische Einkauf blieb während des Kriegs zersplittert, denn Marine, Luftwaffe und Heer gaben ihre eigenen Beschaffungsstellen nicht auf. Staatlicherseits wurde die Beschaffung durch die Bildung von Kriegsausschüssen unterstützt, z. B. durch den Kriegsausschuss der deutschen Baumwollindustrie. Diese Fachverbände des jeweiligen Industriezweigs, denen führende Unternehmer und Behördenvertreter angehörten, dienten den Beschaffungsstellen als Ansprechpart-

---

181 *Wiedenfeld*, Organisation der Kriegsrohstoffbewirtschaftung, 47.
182 Zur Begriffswahl vgl. *Briefs*, Kriegswirtschaftslehre und Kriegswirtschaftspolitik, 1012f.; *Zunkel*, Industrie und Staatssozialismus, 21, 145 – dort sogar die Bezeichnung als „staatliche Zentralverwaltungswirtschaft. Auch *Ott*, Kriegswirtschaft, 337, bringt die „Planwirtschaft" mit „Kriegssozialismus" in Verbindung; vgl. dagegen die zutreffende Charakterisierung in *Roth*, Staat und Wirtschaft, 19.
183 Vgl. die Hinweise bei *Pöhlmann*, Waffen- und Munitionswesen, 182, 188.

ner und verteilten die Aufträge unter ihren Mitgliedern.[184] Nicht immer konnte eine reibungslose Koordination mit den für die Rohstoffstellung verantwortlichen Kriegsgesellschaften hergestellt werden. Auch weitere Zentralisierungsbestrebungen – z. B. der Kriegsausschuss der deutschen Industrie[185] – vermochten keine reibungslose Rohstoffverteilung und Auftragsabwicklung zu gewährleisten. Schließlich nahm die Kriegswirtschaft unter der 3. OHL immer mehr Züge einer Kommandowirtschaft an, wozu die Installierung mit spezifischen Aufgabenfeldern betrauter Reichskommissare gut passte. Diese „Macher" sollten für einen abgesteckten Bereich zuständig sein, dem zuweilen noch eine zusätzliche Stelle, wie die Reichsstelle für Soda, beigeordnet war.[186] Indes blieb das Lenkungswesen zersplittert und ohne echte zentrale Koordinationsstelle.

Für die Mängel der kriegswirtschaftlichen Planung können mehrere Gründe angeführt werden. Zunächst sind die mangelnden Erfassungskapazitäten der Zentralbehörden zu nennen, woran auch der Einsatz moderner Methoden – der Hollerith-Lochkartenzählmaschinen zur Erfassung der Rohstoffe[187] – nichts änderte. Trotz des erheblichen bürokratischen Ausbaus gelang der Zugriff auf die Unternehmensdaten zu Vorräten und Kapazitäten nur partiell. Die Unternehmen hatten nur ein bedingtes Interesse, ihre wahren Kapazitäten offenzulegen und die Betriebsdaten zur Verfügung zu stellen. Wenn sie Angaben weiterleiteten, interessierte sie die Sicherung der Rohstoffzuteilung, je nach ihrem Bedarf, aber stets mit Blick auf ihre strategischen Interessen und Gewinnaussichten. Die unternehmerischen Ziele stimmten oft nicht mit dem staatlichen Interesse zum maximalen Ausbau der Kapazitäten überein; dies galt im Besonderen für die Kriegsindustrien. Die lenkungswilligen Behörden hätten über Gewinnanreize, Festabnahmepreise oder Subventionen eingreifen können. Wie gesehen, wurden diese Mittel zwar punktuell angewandt, ließen sich aber nicht auf die Gesamtwirtschaft übertragen. Der entsprechende Einsatz preispolitischer Maßnahmen blieb rudimentär. Im Gegenteil zeichnete die vorherrschende Höchstpreispolitik für unzureichende Anreize verantwortlich und hemmte die private Investitionstätigkeit.

Schließlich traten in der deutschen Kriegswirtschaft noch die Probleme einer jeden Engpass- oder Mangelökonomie auf. Durch Lenkung der Ressourcen in gewisse Sektoren blieben andere Sektoren unterversorgt. Die steigende Rüstungsproduktion erzeugte somit eine zurückgehende Ressourcenausstattung in anderen Bereichen. Die Verschiebung der Ressourcen in vermeintlich kriegswichtige Sektoren verursachte Engpässe. Dies führte zu Betriebsschließungen, die wiederum Belieferungslücken an anderer, mitunter unerwarteter Stelle verursachten. Zwangsläufig

---

184 *Goebel*, Selbstverwaltung, 81.
185 *Zunkel*, Industrie und Staatssozialismus, 23.
186 *Roth*, Staat und Wirtschaft, 236.
187 *Jan-Hendrik Passoth*, Technik und Gesellschaft. Sozialwissenschaftliche Techniktheorien und die Transformation der Moderne. Wiesbaden 2008, 118.

wurde der gesamte Bereich der zivilen Produktion und damit die Versorgung der Bevölkerung vernachlässigt. Als die kriegsbedingten Allokationsschwierigkeiten in der Transportkrise kulminierten, brach die Kriegswirtschaft an vielen Stellen zusammen. Engpässe traten nicht nur bei der Kohle, sondern bei zahlreichen anderen Produkten auf. Der Mangel wurde den politisch Verantwortlichen zur Last gelegt und führte an vielen Orten zu sozialen Protesten. Nicht nur wegen des überlegenen alliierten Wirtschaftspotenzials, sondern auch wegen der Folgen der Deformation der Wirtschaftsstruktur war die deutsche Wirtschaft seit 1916/17 nicht mehr in der Lage, die Basis für eine Fortführung der Kampfhandlungen zu bieten.

Auswahlbibliographie

Boelcke, Willi A., Rüstungswirtschaft: Kriegswirtschaft, in: Willi Albers u. a. (Hrsg.), Handwörterbuch der Wirtschaftswissenschaft, Bd. 6. Stuttgart u. a., 503–513.
Boldorf, Marcel/Haus, Rainer (Hrsg.), Die Ökonomie des Ersten Weltkriegs im Lichte der zeitgenössischen Kritik. (Die deutsche Wirtschaft im Bereich der Heeresverwaltung, Bd. 4.) Berlin/Boston 2016.
Briefs, Goetz, Kriegswirtschaftslehre und Kriegswirtschaftspolitik, in: Ludwig Elster (Hrsg.), Handwörterbuch der Staatswissenschaften. Bd. 5, 4. Aufl. Jena 1923, 984–1022.
Broadberry, Stephen/Harrison, Mark (Hrsg.), The Economics of World War I. Cambridge 2005.
Burchardt, Lothar, Friedenswirtschaft und Kriegsvorsorge. Deutschlands wirtschaftliche Rüstungsbestrebungen vor 1914. Boppard 1968.
Dieckmann, Wilhelm, Die Behördenorganisation in der deutschen Kriegswirtschaft 1914–1918. Hamburg 1937.
Feldman, Gerald D., Armee, Industrie und Arbeiterschaft in Deutschland 1914 bis 1918. Berlin/Bonn 1985.
Goebel, Otto, Kriegsbewirtschaftung der Spinnstoffe. (Die deutsche Wirtschaft im Bereich der Heeresverwaltung, Bd. 3.) [1922] Neudruck Berlin/Boston 2016.
Goebel, Otto, Deutsche Rohstoffwirtschaft im Weltkrieg einschließlich des Hindenburg-Programms. Stuttgart/Leipzig/Berlin 1930.
Groebner, Valentin/Guex, Sébastien/Tanner, Jakob (Hrsg.), Kriegswirtschaft und Wirtschaftskriege. Économie de guerre et guerres économiques. Zürich 2008.
Hardach, Gerd, Der Erste Weltkrieg. (Geschichte der Weltwirtschaft im 20. Jahrhundert, Bd. 2.) München 1973.
Holtfrerich, Carl-Ludwig (Hrsg.), Das Reichswirtschaftsministerium der Weimarer Republik und seine Vorläufer. Strukturen, Akteure, Handlungsfelder. (Wirtschaftspolitik in Deutschland 1917–1990, Bd. 1.) Berlin/Boston 2016.
Jaeger, Hans, Geschichte der Wirtschaftsordnung in Deutschland. Frankfurt am Main 1988.
Plumpe, Werner, Die Logik des modernen Krieges und die Unternehmen: Überlegungen zum Ersten Weltkrieg, in: Jahrbuch für Wirtschaftsgeschichte 2/2015, 325–358.
Rathenau, Walther, Deutschlands Rohstoffversorgung. Berlin 1916.
Roth, Regina, Staat und Wirtschaft im Ersten Weltkrieg. Kriegsgesellschaften als kriegswirtschaftliche Steuerungselemente. (Schriften zur Wirtschafts- und Sozialgeschichte, Bd. 51.) Berlin 1997.
Stellwaag, Alfred, Die deutsche Eisenwirtschaft während des Krieges. (Die deutsche Wirtschaft im Bereich der Heeresverwaltung, Bd. 2.) [1922] Neudruck Berlin/Boston 2016.

Ullmann, Hans-Peter, Kriegswirtschaft, in: Gerhard Hirschfeld/Gerd Krumeich/Irina Renz (Hrsg.), Enzyklopädie Erster Weltkrieg. 2. Aufl. Paderborn 2004, 220–232.
Weyrauch, Robert, Waffen- und Munitionswesen. (Die deutsche Wirtschaft im Bereich der Heeresverwaltung, Bd. 1.) [1922] Neudruck Berlin/Boston 2016.
Wiedenfeld, Kurt, Die Organisation der Kriegsrohstoffbewirtschaftung im Weltkriege. Hamburg 1936.
Wixforth, Harald, Die Gründung und Finanzierung von Kriegsgesellschaften während des Ersten Weltkriegs, in: Hartmut Berghoff/Jürgen Kocka/Dieter Ziegler (Hrsg.), Wirtschaft im Zeitalter der Extreme. Beiträge zur Unternehmensgeschichte Österreichs und Deutschlands. Im Gedenken an Gerald D. Feldman. München 2010, 81–105.
Ziegler, Dieter, Die Kriegswirtschaft im Ersten Weltkrieg – Trends der Forschung, in: Jahrbuch für Wirtschaftsgeschichte, 2/2015, 313–324.
Zunkel, Friedrich, Industrie und Staatssozialismus. Der Kampf um die Wirtschaftsordnung in Deutschland 1914–18. Düsseldorf 1974.

Jonas Scherner
2.2 Metallbewirtschaftung

2.2.1 Einleitung

Eine Konkretisierung der im Krieg entwickelten Ordnungspolitik wird im Folgenden für die Metallbewirtschaftung geleistet. Nichteisenmetalle spielten eine zentrale Rolle für die Kriegsführung. Kupfer wurde etwa bei der Munitionsfertigung für Führungsringe und Hülsen verwendet, während Bronze, eine Kupfer-Zinn-Legierung, für Zünder und Torpedorohre benötigt wurde.[1] Geschosskerne bestanden aus Blei, und Legierungsmetalle wie Nickel und Wolfram waren für die Herstellung von Stählen wichtig. Vor dem Ersten Weltkrieg war Deutschland der größte Kupferverbraucher Europas mit 26 % der jährlichen weltweiten Produktion und wurde allein von den USA übertroffen.[2] Ähnlich sah es bei anderen Bunt- sowie Legierungsmetallen aus.[3] Deutschland war bei den meisten Nichteisenmetallen weitgehend importabhängig. So wurde bei Kupfer gerade einmal etwa ein Zehntel des deutschen Vorkriegsverbrauchs durch Verhüttung deutscher Erze gedeckt.[4] Fast die gesamte deutsche Rohkupfernettoeinfuhr im Jahr 1913 kamen aus Übersee oder den späteren Kriegsgegnern.[5] Der Selbstversorgungsgrad aus heimischen Erzen bei Nickel und Zinn ging sogar gegen Null.[6] Ebenso musste sowohl der deutsche Wolfram- als auch Aluminiumbedarf fast vollständig importiert werden.[7] Lediglich bei Zink, bei dem dank reicher deutscher Erzvorkommen Deutschland 1913 weltweit der zweitgrößte Produzent war, konnte der deutsche Verbrauch aus einheimischen Quellen gedeckt werden.[8]

Im Zuge der Errichtung der Seeblockade deklarierten die Alliierten sämtliche Metalle als Konterbande.[9] Als Folge kam es rasch zu einer massiven Reduktion der

---

1 *Paul Irrgang*, Deutschlands Kupferversorgung seit 1914. Diss. Marburg 1931, 12; *Chad B. Denton*, Metal to Munitions: Requisition and Resentment in Wartime France. Diss. University of California, Berkeley 2009, 42.
2 *Irrgang*, Kupferversorgung, 7.
3 *Arno Boss*, Die deutsche Hüttenindustrie der Metallegierungen. Entwicklung und volkswirtschaftliche Bedeutung der Industrie der Aufbereitung von Altmetallen und Rückständen von Kupfer, Zinn, Zink, Blei und deren Legierungen. Diss. phil. Berlin 1931, 16.
4 Vgl. *Richard Tröger*, Technik in der Metallwirtschaft, in: Max Schwarte (Hrsg.), Die Technik im Weltkriege, Berlin 1920, 514; Statistisches Jahrbuch für das Deutsche Reich 1924, 310.
5 *Irrgang*, Kupferversorgung, 6 ff.
6 Vgl. *Tröger*, Metallwirtschaft, 514.
7 *Tröger*, Metallwirtschaft, 514; *Alfred Müller*, Die Kriegsrohstoffbewirtschaftung 1914–1918 im Dienste des deutschen Monopolkapitals. Berlin (Ost) 1955, 59; *Manfred Knauer*, Hundert Jahre Aluminiumindustrie in Deutschland (1886–1986). Die Geschichte einer dynamischen Branche. München 2014, 29.
8 *Otto Hornig*, Die Kupferversorgung Deutschlands im Kriege unter besonderer Berücksichtigung der Kriegsmetallwirtschaft wie des Kriegsbergbaus. Diss. Heidelberg 1921, 17 ff.
9 *Hornig*, Kupferversorgung, 15; *Alan Kramer*, Blockade and Economic Warfare, in: Jay Winter (Hrsg.), The Cambridge History of the First World War, Bd. 2: The State. Cambridge 2014, 467.

deutschen Einfuhren vor allem bei solchen Metallen, bei denen man von überseeischen Bezugsquellen abhängig war. Trotz des Umstandes, dass im Vorfeld des Krieges Deutschland keine systematische Vorratswirtschaft betrieben hatte,[10] und trotz der Blockade, die sich nach dem Kriegseintritt der USA verschärfte, war Deutschland in der Lage, vier Jahre Krieg zu führen. Wie es gelang, in dieser Zeit die Rüstungsproduktion zu vervielfachen, konnte bisher noch nicht genauer gezeigt werden. Obwohl Nichteisenmetalle von zentraler Bedeutung für die Kriegswirtschaft waren, tauchen sie – jenseits von organisatorischen Fragen – in der stark begrenzten Literatur zur deutschen Kriegswirtschaft im Ersten Weltkrieg und zur Rohstoffbewirtschaftung nur am Rande oder gar nicht auf.[11] Daher sollen im Folgenden die verschiedenen Maßnahmen der Metallbewirtschaftung, d. h. die Erfassung der Metalle, ihre Erzeugung, die Regulierung ihrer Verwendung und schließlich ihre Substitution, im Vordergrund stehen.[12]

2.2.2 Erste organisatorische Schritte und Maßnahmen zur Metallbewirtschaftung

Als Reaktion auf die Errichtung der Seeblockade und Erklärung sämtlicher Metalle als Konterbande wurde am 13. August 1914 im preußischen Kriegsministerium die Kriegsrohstoffabteilung (KRA) errichtet, die sogenannte Kriegsrohstoffe – für die Kriegsführung wichtige und knappe Rohstoffe – bewirtschaften sollte.[13] Zwischen

---

10 Das heißt aber nicht, dass es keine wirtschaftlichen Kriegsvorbereitungen gegeben hätte, vgl. *Lothar Burchardt*, Friedenswirtschaft und Kriegsvorsorge. Boppard 1968; *Stefanie van de Kerkhof*, Von der Friedens- zur Kriegswirtschaft. Erträge und Desiderate einer Wirtschafts- und Sozialgeschichte des Ersten Weltkriegs, in: Herrebout, Els (Red.), Annalen / Internationale Archivsymposien in Ede (NL) (2010) und Lüttich (B) (2011). Brüssel 2012, 227–247.
11 Die größte Beachtung findet die Bewirtschaftung in: *Müller*, Kriegsrohstoffbewirtschaftung; *Hew Strachan*, The First World War, Bd. 1: To Arms. Oxford 2001, 1018 ff. Für einen knappen Überblick, vgl. *Reinhold Zilch*, Rohstoffbewirtschaftung, in: Gerhard Hirschfeld/Gerd Krumeich/Irina Renz (Hrsg.), Enzyklopädie Erster Weltkrieg. Paderborn 2009, 797–801. Fast gar nicht eingegangen wird auf Nichteisenmetalle in der unlängst erschienenen Überblicksdarstellung: *Pierre Chancerel*, Raw Materials, in: Ute Daniel/Peter Gatrell/Oliver Janz/Heather Jones/Jennifer Keene/Alan Kramer/Bill Nasson (Hrsg.), 1914–1918-online. International Encyclopedia of the First World War, Freie Universität Berlin. Berlin 2015. DOI: 10.15463/ie1418.10686.
12 Zur zeitgenössischen Definition des Begriffs Bewirtschaftung, vgl. *Robert Weyrauch*, Waffen- und Munitionswesen. (Die Deutsche Kriegswirtschaft im Bereich der Heeresverwaltung 1914–1918, Bd. 1.), Boston/Berlin 2016, 12.
13 Vgl. etwa *Wolfgang Michalka*, Kriegsrohstoffbewirtschaftung, Walther Rathenau und die „kommende Wirtschaft", in: Wolfgang Michalka (Hrsg.), Der Erste Weltkrieg. Wirkung, Wahrnehmung. Analyse. München 1994, 485–505; *Harald Wixforth*, Die Gründung und Finanzierung von Kriegsgesellschaften während des Ersten Weltkriegs, in: Hartmut Berghoff/Jürgen Kocka/Dieter Ziegler (Hrsg.), Wirtschaft im Zeitalter der Extreme. München 2010, 86; *Helmut Maier*, Forschung als Waffe. Rüstungs-

1914 und 1918 stieg die Anzahl der von der KRA bewirtschafteten Rohstoffe von zunächst 12 auf mehr als 100 an.[14] Vorrang hatten von Anfang an die sogenannten Sparmetalle, insbesondere Kupfer und Nickel, die – wie auch andere Metalle – bereits seit dem 31. Juli 1914 einem Ausfuhrverbot unterlagen.[15] Zur Bewirtschaftung der Metalle wurde innerhalb der KRA die Sektion M gegründet und zu ihrem Leiter der AEG-Ingenieur Richard Tröger ernannt, der bereits vor dem Krieg auf das Problem der Metallversorgung in einem zukünftigen Konflikt hingewiesen hatte.[16] Die Sektion M teilte sich zunächst in drei Untersektionen auf, nämlich Ma (zuständig für Auslandsangelegenheiten einschließlich besetzter Gebiete), Mb (zuständig für bergbauliche Angelegenheiten) und schließlich Mc (zuständig für Beschlagnahmungen, Bestandserhebungen, Bedarf, Sparmaßnahmen, Freigaben, Zuweisungen, Preisregelung und Statistik).[17] Im September 1914 wurde als erste der sogenannten Kriegsgesellschaften die Kriegsmetall AG gegründet, deren Aktionäre große Metallverbraucher waren.[18] Damit wollte man die Expertise der Industrie in die Metallbewirtschaftung einbinden. Wichtigste Aufgabe der Kriegsmetall AG war die Schaffung von Vorräten für die Kriegswirtschaft, ferner sorgte ihre „Schätzungs- und Verteilungskommission" für die Aufteilung der Metalle und die Herstellung eines Ausgleichs zwischen Kriegs- und Friedensindustrien.

Das erste zu lösende Problem betraf die Erfassung der Bestände.[19] Da hierzu keine Statistiken vorlagen und eine vollständige Erhebung zu lange gedauert hätte, erfasste man kurz nach Kriegsausbruch die Vorräte von 900 großen Unternehmen, um auf dieser Grundlage auf den Gesamtbestand zu schließen.[20] Die Hochrechnung ergab ein besorgniserregendes Bild: Gemessen am erwarteten Kriegsbedarf erlaubten die „mobilen Bestände", wie zeitgenössisch auch Vorräte bezeichnet wurden, bei den dringlichsten Metallen eine Deckung für kaum ein Jahr, in vielen Fällen sogar wesentlich weniger.

---

forschung in der Kaiser-Wilhelm-Gesellschaft und das Kaiser-Wilhelm-Institut für Metallforschung 1900 bis 1945/48. Göttingen 2007, 154; *Strachan*, The First World War, 1021. Unter Kriegsrohstoffe fielen allerdings nicht Nahrungsmittel oder flüssige Brennstoffe, vgl. *Irrgang*, Kupferversorgung, 16.
14 *Müller*, Kriegsrohstoffbewirtschaftung, 14.
15 *Regina Roth*, Staat und Wirtschaft im Ersten Weltkrieg. Kriegsgesellschaften als kriegswirtschaftliche Steuerungselemente. (Schriften zur Wirtschafts- und Sozialgeschichte, Bd. 51.), Berlin 1997, 37, 258, 262. Allerdings kam es bei zu Ausnahmen von diesem Ausfuhrverbot, etwa bei Zink, um die Einfuhr von knappen Rohstoffen zu ermöglichen.
16 *Kurt Wiedenfeld*, Zwischen Wirtschaft und Staat. Berlin 1960, 51f.
17 *Otto Goebel*, Deutsche Rohstoffwirtschaft im Weltkrieg einschließlich des Hindenburgprogramms. Stuttgart/Berlin/Leipzig 1930, 41f.
18 Für das Folgende *Roth*, Staat und Wirtschaft, 31, 129; *Wixforth*, Gründung, 90 f.
19 *Joseph Koeth*, Rohstoffbewirtschaftung, in: Gerhard Anschütz u. a. (Hrsg.), Handbuch der Politik, Bd. 2: Der Weltkrieg. 3. Aufl. Berlin/Leipzig 1920, 225 f.
20 *Marcel Boldorf*, Wirtschaftliche Organisation und Ordnungspolitik im Ersten Weltkrieg, in: Marcel Boldorf/Rainer Haus (Hrsg.), Die Ökonomie des Ersten Weltkriegs im Lichte der zeitgenössischen Kritik. (Die deutsche Kriegswirtschaft im Bereich der Heeresverwaltung 1914–1918, Bd. 4.) Berlin/Boston 2016, 146.

Nach dieser Anfangsphase, in der eine Bewirtschaftungsorganisation geschaffen und ein erster Überblick über die Versorgungslage gewonnen worden war, ist die Periode ab Anfang 1915 durch einen für die Metallbewirtschaftung geänderten Erwartungshorizont und gleichzeitiger Einführung neuer Institutionen sowie eine damit verbundene Kompetenzverschiebungen gekennzeichnet. Anders als noch in den ersten Kriegsmonaten ging die KRA nun davon aus, dass das Kriegsende nicht in absehbarer Zeit zu erwarten sei. Daher wurde eine regelmäßige Erfassung von Zugang, Abgang, Bestand und Deckungsdauer zum Dreh- und Angelpunkt der Metallpolitik der folgenden Jahre.[21] Dazu bediente man sich der nach ihrem Schöpfer, dem Leiter der Sektion M, benannten Trögerschen Deckungsformel:

D (Deckungsdauer in Monaten) = M (Mengen in mobilen Beständen)/(V (monatlicher Verbrauch) – Z (monatlicher Zuwachs))[22]

Vor der Anwendung dieser Formel musste die KRA etliche Informationsprobleme lösen. Ein erstes Problem bestand in der Bestimmung des Verbrauchs. Welche Rohstoffmengen wurden für den zivilen Bedarf, und welche für Kriegszwecke benötigt?[23] Und wieviel vom Kriegsbedarf wurde jeweils für die eigentliche Fertigung von Rüstungsgütern und die sogenannte mittelbare Rüstungsgüterproduktion, also etwa Werkzeugmaschinen, benötigt?[24] Diese Fragen waren nicht ohne weiteres zu beantworten, weil das militärische Beschaffungswesen zersplittert war. So gab es allein für das Heer mit der Feldzeugmeisterei in Preußen, den Beschaffungsämtern in Bayern, Sachsen und Württemberg sowie dem Ingenieur-Komitee, das nur für Nahkampfwaffen, Pioniergerät und Stellungsbaumaterialien zuständig war, fünf Beschaffungsstellen, zu denen sich noch als Beschaffungsstellen für die Flotte das Reichsmarineamt und für den Transport das Eisenbahnzentralamt gesellten.[25] Hinzu kam das Problem der Informationsasymmetrien: Die Metallzuweisungen waren ganz erheblich höher als die Mengen, die in Rüstungsgütern nachweisbar waren, so dass aus erfolgten Zuteilungen nicht eindeutig auf den benötigten Rohstoffeinsatz für die Produktion einer bestimmte Menge einer Waffe geschlossen werden konnte.[26] Die Anwendung

---

21 BArch RH 61/1125, Die Kriegsbewirtschaftung der Metalle, 1. August 1914 bis 31. August 1916.
22 *Koeth*, Rohstoffbewirtschaftung, 227.
23 *Goebel*, Rohstoffwirtschaft, 42.
24 Zur zeitgenössischen Definition von mittelbaren und unmittelbaren Kriegsbedarf, vgl. *Alfred Stellwaag*, Die deutsche Eisenwirtschaft während des Krieges. (Die Deutsche Kriegswirtschaft im Bereich der Heeresverwaltung, Bd. 2.) Berlin/Boston 2016, 101.
25 *Roth*, Staat und Wirtschaft, 61. Das wurde auch nicht vollkommen durch die 1916 erfolgte Gründung des Waffen- und Munitionsbeschaffungsamts behoben, weil etwa die Beschaffungsstellen der Kriegsmarine und der Eisenbahnen selbständig blieben, vgl. *Boldorf*, Wirtschaftliche Organisation, 162 f.
26 *Goebel*, Rohstoffwirtschaft, 46. Vgl. auch zur missbräuchlichen Verwendung von Metallen, die zeitintensive Kontrollen nach sich zogen, *Roth*, Staat und Wirtschaft, 341.

der Trögerschen Deckungsformel erforderte weiterhin eine genaue Aufnahme der vorrätigen Bestände. Im Unterschied zu der groben Schätzung vom Herbst 1914 mussten daher etwa 30 000 Unternehmen ihre Metallbestände in Form von Rohmaterial, Metall und Legierungen einer Anfang 1915 geschaffenen, der KRA untergeordneten, vom Generaldirektor der Otavi Minen- und Eisenbahn-Gesellschaft Max von der Porten geleiteten Metallmeldestelle mitteilen.[27] Auf der Grundlage dieser Bestandsmeldungen wurden Bestände beschlagnahmt, d. h. einer Verwendungsbeschränkung unterworfen, und dann gegebenenfalls – falls das Unternehmen diese nicht für kriegswichtige Zwecke einsetzen konnte – gegen Entschädigung enteignet.[28] Die erste auf diese Weise durchgeführte Vollerhebung ergab, dass Mitte Mai 1915 Vorräte an Kupfer von 90 000 Tonnen (die, bezogen auf den Verbrauch der ersten Kriegsmonate, gerade einmal zur Deckung von sechs Monaten gereicht hätten), an Aluminium von 4000 Tonnen (vier Monate), an Nickel von 3000 Tonnen (sechs Monate), und an Zinn von 4500 Tonnen (elf Monate) vorhanden waren.[29] Von nun an mussten diese 30 000 Firmen wiederholt der Metallmeldestelle ihre Bestände mitteilen, welche alle zwei Monate Übersichten über die aktuellen Bestände für die Sektion M erstellte.[30]

Außerdem wurden regelmäßig auf Grundlage der Bestandsmeldungen und mithilfe von Informationen über Zugänge, etwa aus Erzen, sowie dem Verbrauch langfristige Bewirtschaftungspläne aufgestellt. Bei den Zugängen rechnete man einen hohen Sicherheitskoeffizienten ein, ging also von pessimistischen Schätzungen aus.[31] Die so berechnete Deckungsdauer lieferte Hinweise, in welchem Maß etwa Ersatzstoffe zur Verbrauchsreduzierung eingeführt oder Zugänge (wenn möglich) erhöht werden müssten, damit Deutschland noch in der Lage sei, drei weitere Jahre Krieg zu führen. In der zweiten Kriegshälfte wurde der Zeithorizont, welcher der Rohstoffbewirtschaftung und der Metallpolitik unterlag, von drei auf fünf Jahren ausgedehnt. Anfragen der KRA, ob dies überhaupt sinnvoll sei i. d. S., ob es nicht limitierende Faktoren gäbe, die einer Streckung der Versorgung auf fünf Jahre entgegenstanden, und etwa die damit verbundenen Kosten zum Aufbau von Werken zur Herstellung von Substituten unnötig machten, wurden von der Reichsleitung als nicht beantwortbar zurückgewiesen.

---

27 *Goebel*, Rohstoffwirtschaft, 43 ff.; *Denton*, Metal, 51 f.; *Irrgang*, Kupferversorgung, 17; BArch RH 61/1125, Die Kriegsbewirtschaftung der Metalle, 1. August 1914 bis 31. August 1916; *Roth*, Staat und Wirtschaft, 58.
28 *Müller*, Kriegsrohstoffbewirtschaftung, 18; *Roth*, Staat und Wirtschaft, 151. Zur Frage der Entschädigung, vgl. *Roth*, Staat und Wirtschaft, 189–191.
29 Für die Metallbestände, vgl. *Boss*, Hüttenindustrie, 23; *Goebel*, Rohstoffwirtschaft, 48; für den Verbrauch vgl. *Tröger*, Metallwirtschaft, 514.
30 *Goebel*, Rohstoffwirtschaft, 43 ff.; BArch RH 61/1125, Die Kriegsbewirtschaftung der Metalle, 1. August 1914 bis 31. August 1916; *Irrgang*, Kupferversorgung, 17. Zur Rechtsgrundlage für die Auskunftspflicht *Roth*, Staat und Wirtschaft, 67.
31 Für das Folgende: *Koeth*, Rohstoffbewirtschaftung, 228, 232.

Die Verteilung wurde zunächst durch die Schätzungs- und Verteilungskommission der Kriegsmetall AG durchgeführt. In der Folgezeit wurde diese Kommission entmachtet, vermutlich weil sie zu sehr die Interessen ihrer Aktionäre – Großbetriebe der metallverarbeitenden Industrie – im Auge hatte:[32] Zunächst gingen ihre Kompetenzen auf die Ende 1914 bei der Kriegsmetall AG geschaffene Vertrauenskommission über, in der Vertreter der KRA dominierten. Im Sommer 1915 übernahm ihre Aufgabe für die so genannte Kriegsindustrie ein neu geschaffenes, der Metallmeldestelle unterstelltes Zuweisungsamt, das die Kriegsmetall AG mit entsprechenden Lieferungen beauftragte.[33] Die Zuteilungsmengen wurden halbjährlich auf der Grundlage der Bedarfsanmeldungen der Beschaffungsstellen und der insgesamt unter Berücksichtigung der langfristigen Planungen der KRA verfügbaren Metallmengen festgelegt.[34] Dementsprechend wurden den Beschaffungsstellen Metallbezugsscheine ausgestellt. Für die Verteilung an mittelbare Kriegslieferanten und an Betriebe, die für den zivilen Bedarf produzierten, war die Metallfreigabestelle zuständig, die nicht dem Kriegsministerium, sondern dem Reichsamt des Inneren unterstand.[35] Neben der KRA besaßen die militärischen Beschaffungsstellen ein gewichtiges Mitspracherecht, weil sie beim Umfang der insgesamt für die Friedensindustrie freizugebenden Mengen mitentschieden.[36]

2.2.3 Inländische Metallzugänge und ihre Quellen

Außer der relativ bescheidenen Vorratshaltung gab es noch weitere Quellen zur Metallversorgung, insbesondere den in Deutschland ansässigen Bergbau. Seit 1915 existierte eine finanzielle staatliche Förderung für Explorationen und Aufschließungen neuer Minen, die oftmals auf die Initiative von Unternehmen zurückgingen.[37] Neben dem Aufschluss neuer Gruben kam es auch zur Verwertung alter Halden.[38] Die KRA hatte zunächst wenig Interesse am Bergbau gezeigt. Erst im Mai 1916 wurde sie auch für die Territorien der Mittelmächte inklusive der besetzten Gebiete zuständig. Zu diesem Zweck bildete sich eine Bergbaukommission, die sich aus Vertretern der KRA, des Ministeriums für Handel und Gewerbe, der Preußischen Geologischen Landesanstalt und der Kriegsmetall AG zusammensetzte.[39] Zahlreiche Explorationen wurden durchgeführt, von denen aber nur eine Minderzahl erfolgreich war.

---

32 *Roth*, Staat und Wirtschaft, 151, 240.
33 *Roth*, Staat und Wirtschaft, 32, 58, 151, 233; *Irrgang*, Kupferversorgung, 17.
34 *Tröger*, Metallwirtschaft, 517.
35 *Irrgang*, Kupferversorgung, 17.
36 *Roth*, Staat und Wirtschaft, 242 ff.
37 *Irrgang*, Kupferversorgung, 22; BArch RH 61/1125, Die Kriegsbewirtschaftung der Metalle, 1. August 1914 bis 31. August 1916.
38 *Tröger*, Metallwirtschaft, 521.
39 *Irrgang*, Kupferversorgung, 21.

Insbesondere bei Kupfer erwiesen sich die meisten Aufschlüsse als Fehlschläge, und nur ein Teil der neuen Bergwerke konnte bis Kriegsende den Betrieb aufnehmen.[40] Dennoch wurden teils spektakuläre Erfolge erzielt. Allein bis 1916 wurden immerhin 40 neue Metallerzgruben in Betrieb genommen.[41] Bei manchen Metallen wie Nickel, Zinn und Wolfram konnte die Erzförderung gegenüber der Vorkriegszeit erheblich gesteigert werden.[42] Die jährliche Nickelgewinnung war dadurch, wenn auch von einem niedrigen Niveau ausgehend, zwischen 1915 bis 1918 zwanzigmal höher als in den letzten vier Vorkriegsjahren und die Wolframgewinnung verdoppelte sich immerhin.[43] Wenn man die Verwertung alter Halden mitberücksichtigt, lässt sich sogar eine Verzehnfachung der deutschen Wolframgewinnung im Laufe des Krieges feststellen.[44]

Diese Erfolge wurden allerdings oftmals mit einer sinkenden Arbeitsproduktivität erkauft, was unter anderem dran lag, dass auch ärmere Erze mit einem geringeren Metallgehalt gefördert und verhüttet wurden. Im Wolframerzbergbau etwa, wo sich die Zahl der Gruben von drei auf acht erhöhte, stand der Verdoppelung des gewonnenen Wolframinhaltes eine Vervierfachung der Zahl der Beschäftigten und eine Versiebenfachung der geförderte Erzmenge gegenüber.[45] Das für die Kupfererzförderung mit Abstand wichtigste deutsche Bergwerk Mansfeld konnte bei der Kupferförderung immerhin im Jahresdurchschnitt das Vorkriegsniveau in etwa halten, obwohl es zu Problemen mit der Bereitstellung erfahrener Bergarbeiter gekommen war und die Arbeitsproduktivität seit Ende 1916 infolge von Unterernährung sank.[46] Insgesamt lag die jährliche durchschnittliche Kupfergewinnung aus deutschen Erzen zwischen 1915 und 1918 um 25 % höher als in den letzten vier Vorkriegsjahren. Damit war der prozentuale Anstieg bei diesem für die Kriegswirtschaft so wichtigen Metall aber wesentlich geringer als bei den oben genannten Stahlveredlern. Die Zinnförderung (gemessen am Zinninhalt) stieg in den jeweiligen Jahren immerhin – allerdings ausgehend von einem am Verbrauch gemessenen sehr niedrigen Ausgangsniveau – um 75 %.[47]

Sowohl bei Zinn als auch Kupfer war allerdings der heimische Erzbergbau für die deutsche Versorgung weniger wichtig als die durch Recycling gewonnenen Mengen. Bereits vor dem Krieg hatte die Altmetallverwertung eine bedeutende Rolle gespielt. Bei Kupfer deckte sie etwa 15 bis 20 % des Verbrauchs.[48] Dieser Anteil stieg im Krieg beträchtlich, sodass die Wiederverwertung zur Hauptquelle der deutschen

---

40 Tröger, Metallwirtschaft, 519; Müller, Kriegsrohstoffbewirtschaftung, 68.
41 BArch RH 61/1125, Die Kriegsbewirtschaftung der Metalle, 1. August 1914 bis 31. August 1916.
42 Statistisches Jahrbuch für das Deutsche Reich 1920, 72 f.
43 Eigene Berechnung mit Daten aus https://www.clio-infra.eu.
44 Tröger, Metallwirtschaft, 521.
45 Statistisches Jahrbuch für das Deutsche Reich 1920, 72 f.
46 Irrgang, Kupferversorgung, 25, 28 f.
47 Eigene Berechnung mit Daten aus https://www.clio-infra.eu.
48 Irrgang, Kupferversorgung, 51.

Abb. 1: Metallsammlung in Berlin, Schüler verladen altes Küchengeschirr, 1915 (BArch, Bild 183-R36124).

Kupferversorgung wurde. Auch bei Zinn kam es zu einer umfangreichen Altmetallverwertung.[49] Insgesamt mussten die Recycling-Kapazitäten massiv erweitert werden, was der Staat auch finanziell unterstützte.[50] Allein in der ersten Kriegshälfte wurden 30 neue Metallerzeugungsanlagen errichtet und 25 bestehende erweitert, was auch darauf zurückzuführen war, dass mit dem Anstieg der heimischen Erzerzeugung auch entsprechende Hüttenkapazitäten geschaffen werden mussten. Zudem kam es zur Entwicklung neuer Raffinierungsmethoden.

Insgesamt lässt sich die Altmetallverwertung im Krieg nach drei Quellen unterscheiden. Die erste ist das Recycling von Metallschrott und von bei der Produktion anfallenden Metallabfällen.[51] Diese Quelle rückte zu Beginn des Krieges in den Blickpunkt der Behörden, die die Unternehmen bereits am 18. August 1914 aufforderten,

---

49 *Ludwig Wurtzbacher*, Die Versorgung des Heeres mit Waffen und Munition, in: Max Schwarte (Hrsg.), Der große Krieg 1914–18. Erster Teil. Die für den Kampf unmittelbar arbeitenden Organisationen. Leipzig 1921, 69–146, 120.
50 Für das folgende *Tröger*, Metallwirtschaft, 519 f.; BArch RH 61/1125, Die Kriegsbewirtschaftung der Metalle, 1. August 1914 bis 31. August 1916; *Boss*, Hüttenindustrie, 29; *Müller*, Kriegsrohstoffbewirtschaftung, 55.
51 Für das Folgende BArch RH 61/1125, Die Kriegsbewirtschaftung der Metalle, 1. August 1914 bis 31. August 1916.

Altmetall zu sammeln und wiederverwerten zu lassen. Eine weitere Recyclingquelle bestand in den sogenannten Rücklieferungen, worunter man die Verwertung des Kriegsschrotts verstand, der auf den Schlachtfeldern anfiel. Um einen Anreiz zur Bergung dieses Schrotts zu schaffen, erhielten die Soldaten einen Finderlohn in Abhängigkeit der Metallmenge bzw. des Metallwertes. Von erheblicher Bedeutung als Zugangsquelle für die Altmetallverwertung war vor allem die sogenannte „Metallmobilmachung", worunter man die Erfassung, Beschlagnahmung und Verwertung von Gebrauchsgegenständen, die Kupfer, Zinn und Nickel enthielten, verstand.[52] Bereits vor dem Krieg hatten deutsche Metallhändler auf das große Mobilisierungspotential bei sich in der Wirtschaft befindlichen, „gebundenen" Nichteisenmetallen hingewiesen. Am 1. Mai 1915 wurde eine der KRA unterstellte Metallmobilmachungsstelle gegründet.[53] Ihr Leiter wurde Emil Josse, Professor für Maschinenbau der Königlichen Technischen Hochschule zu Berlin-Charlottenburg. Die neue Stelle sollte die in Gebrauch befindlichen Metallgegenstände erfassen und, soweit nötig, gegen Entschädigung oder Ersatzgestellung, abnehmen bzw. selbst den Ausbau leisten. Neben der Ausarbeitung entsprechender Verordnungen, Durchführung der Bestandsaufnahmen, Festsetzung von Entschädigungszahlungen und Ersatzgestellung sollte sie mit 4600 Gemeindeverbänden zusammenarbeiten, die die mobilisierten Gegenstände übernehmen und an die Kriegsmetall AG lieferten, der die geschäftliche Abwicklung oblag.

Im Fall von Kupfer etwa schätzte die Metallmobilmachungsstelle in einem ersten Schritt auf der Grundlage des inländischen Kupferverbrauchs der letzten zehn Vorkriegsjahre, dass noch etwa 1,5 Millionen Tonnen Kupfer in der deutschen Wirtschaft vorhanden sein mussten.[54] Daraus ergab sich, wie der ehemalige KRA-Mitarbeiter Otto Goebel nach dem Krieg ausführte, dass „die Metall-Mobilisierung auf lange Zeit in der Lage sein musste, jeden denkbaren Bedarf für das Heer freizumachen. Die Schwierigkeiten lagen also weniger in dem Nichtvorhandensein entsprechender Mengen als in der technisch-organisatorischen Durchführung der Rückgewinnung". Auf der Grundlage von 28 000 Meldungen galten schließlich von der theoretisch vorhanden Menge 270 000 Tonnen Kupfer als mobilisierbar, von denen im Laufe des Krieges etwa auch ein Drittel erfasst wurden.[55]

Die Metallmobilmachungsstelle führte nicht nur gebrauchte Produkte der Rückgewinnung zu, sondern auch solche, die noch nicht in den Verbrauch gelangt wa-

---

52 *Denton*, Metal, 37 ff.
53 Für das Folgende, vgl. BArch RH 61/1125, Die Kriegsbewirtschaftung der Metalle, 1. August 1914 bis 31. August 1916, 7 f., 11–14; *Irrgang*, Kupferversorgung, 17; *Roth*, Staat und Wirtschaft, 152; *Stefanie van de Kerkhof*, Public-Private Partnership im Ersten Weltkrieg? Kriegsgesellschaften in der schwerindustriellen Kriegswirtschaft des Deutschen Reiches, in: Berghoff/Kocka/Ziegler, Wirtschaft im Zeitalter der Extreme, 127.
54 *Goebel*, Rohstoffwirtschaft, 48f; *Müller*, Kriegsrohstoffbewirtschaftung, 48.
55 Im Falle unzutreffender Meldungen drohte eine massive Geldstrafe (10 000 Mark) oder sechs Monate Gefängnis, *Denton*, Metal, 55.

Abb. 2: Berlin, Osthafen, Metallsammelstelle, 1915 (BArch, Bild 183-R24136).

ren.⁵⁶ Sie erfasste sowohl Produktions- und Verkehrsmittel als auch Gebrauchs- und Luxusgegenstände. Die Mobilisierung erfolgte auf verschiedenen Wegen: durch freiwillige Abgabe, Aufkauf, Eintausch gegen Ersatzeinrichtungen oder durch Beschlagnahmung und Enteignung. Wichtigste Industriequellen waren elektrische Anlagen, Brennereien, Brauereien und Zuckerfabriken. Auch kupferne Feuerbuchsen von Lokomotiven wurden ausgebaut. Zudem wurden bei der öffentlichen Hand (etwa in Schulen), in Gastwirtschaften, Kirchen, Klöster und Haushalten Metalle mobilisiert – etwa kupferne Pfannen, Teppichstangen, Ofentüren, Klavierleuchter (soweit aus Messing oder Bronze), Türgriffe aus Messing, Kirchenglocken, Bronzedenkmäler, kupferne Hausdächer, Orgelpfeifen und Bierkrugdeckel. Diese Gegenstände wurden zunächst beschlagnahmt und dann enteignet, wobei eine Entschädigung vorgesehen war, die auch die Kosten einer Ersatzbeschaffung abdecken sollte.

---

56 Für das Folgende und weitere Details vgl. *Goebel*, Rohstoffwirtschaft, 49 ff.; *Müller*, Kriegsrohstoffbewirtschaftung, 49; BArch R 3101/20590, Der Reichskanzler an die Senatskommission für Reichs- und auswärtige Angelegenheiten am 22. Mai 1918; Der Reichskanzler an den Magistrat zu Treuenbrietzen am 17. April 1918; *Denton*, Metal, 54–66; *Irrgang*, Kupferversorgung, 18.

Die Abfolge der jeweiligen Sammlungsaktion wurden zum Teil durch die Metallbedürfnisse bestimmt. Die drohende Zinnknappheit führte beispielsweise im Winter 1915/16 dazu, dass Gegenstände, die Zinn und ihre Legierungen enthielten, wie Bierkrugdeckel, mobilisiert wurden.[57] Aufgabe der Metallmobilmachungsstelle war es vor allem die Fortnahmen stufenweise so zu organisieren, dass ein Ausgleich in der Belastung der einzelnen Bevölkerungsgruppen herbeigeführt und die Weiterführung eines kriegswichtigen Betriebes nicht gefährdet wurde.[58] Ein Anhaltspunkt für die Reihenfolge mobilisierter Gegenstände ergab sich auch aus der Frage, ob Ersatzstellung notwendig war oder nicht; dieses Prinzip konnte aber missachtet werden, je nachdem „welche Mengen in raschster Zeit und leicht erfassbar waren".[59] Die Bedeutung der Metallmobilmachung auf deutschem Boden war erheblich, denn das auf diese Weise gewonnene Kupfer deckte etwa ein Viertel bis ein Drittel des deutschen Kriegsverbrauchs.[60]

Die Metallmobilmachung verlief allerdings nicht immer reibungslos. In manchen Fällen konnte die Vorgabe, die Weiterführung kriegswichtiger Betriebe zu gewährleisten, nicht eingehalten werden.[61] Oft wurde die Ablieferung durch einen Mangel an Ausbaupersonal verzögert und nur unzureichend für den versprochenen Ersatz gesorgt. Zudem war der quantitative Erfolg durch erhebliche Kosten, etwa für Ersatzbeschaffungen und Entschädigungen in Höhe von etwa 100 Mio. Mark pro Jahr erkauft.[62] Hinzu traten schließlich politische Kosten. Die Unzulänglichkeiten der Metallmobilmachung führten zu einer zunehmenden Unzufriedenheit in der Bevölkerung.[63] So wurden neben der vermeintlichen Schonung der besetzten Gebiete vor allem die Abfolge der einzelnen Maßnahmen, die unzureichenden Ersatzstellungen und die nur langsam erfolgende Verwertung der mobilisierten Mengen bemängelt, denn trotz Kapazitätserweiterungen reichten die Schmelzkapazitäten nicht aus.[64] Das war dafür mitverantwortlich, dass zwar 67 500 Glocken aus den Kirchen

---

57 *Denton*, Metal, 60.
58 *Goebel*, Rohstoffwirtschaft, 49.
59 *Koeth*, Rohstoffbewirtschaftung, 230.
60 Die Untergrenze ergibt sich aus *Irrgang*, Kupferversorgung, 13 zum durchschnittlichen jährlichen Kupferverbrauch (100 000 Tonnen) und der Angabe von *Denton*, Metal, 58 zu den mobilisierten Mengen (90 000 Tonnen). Die Obergrenze beruht auf der Angabe von *Tröger*, Metallwirtschaft, 522.
61 *Goebel*, Rohstoffwirtschaft, 49–51; vgl. auch *Zilch*, Rohstoffbewirtschaftung, 797 ff.
62 BArch RH 61/1118, KRA, Denkschrift über die Bedeutung der Kupferversorgung und die Möglichkeiten des allgemeinen Ersatzes von Kupfer durch andere Metalle, insbesondere durch Aluminium, März 1916.
63 *Kurt Wiedenfeld*, Die Organisation der Kriegsrohstoffbewirtschaftung im Weltkriege. Hamburg 1936, 26.
64 *Wiedenfeld*, Organisation, 26; BArch R 3101/4098, „Die belgischen Kirchenglocken noch immer geschont", Deutscher Tagesanzeiger, 13. August 1918, Bl. 82; BArch R 3101/4093, Leipziger Neuste Nachrichten, 28. April 1918, Bl. 17 f.; Leipziger Neuste Nachrichten, 9. Mai 1918, Bl. 37; Niederschrift über eine Besprechung im Kriegsministerium, 4. Juni 1918, Bl. 119; Schreiben der Hausbesitzer an RWA, 3. Juni 1918, Bl. 123; Morgenblatt 1. Juli 1918, Bl. 186; BArch R 3101/4099, Kölnische Volkszei-

entfernt, aber nur ein Teil auch verwertet wurde.⁶⁵ Bereits die Anfang 1917 getroffenen Entscheidung, eine Glockenabnahme durchzuführen, war bei den Kirchen teilweise auf Schwierigkeiten gestoßen und hatte zur Missstimmung bei der Bevölkerung geführt. Zwar zeigte sich die katholische Kirche kooperativ und entweihte die Glocken, so dass sie eingeschmolzen werden konnten.⁶⁶ Bei der protestantische Kirche hingegen, die über keine Zentralinstanz verfügte, stieß die Mobilmachungsstelle anfänglich in sehr vielen Fällen auf Proteste, was aber nicht mit kirchlich-religiösen Bedenken begründet wurde, sondern dem Umstand, dass nach Meinung der Kirchenvertreter zunächst einmal die Glocken in den besetzten Gebieten, vor allem in Belgien, beschlagnahmt werden sollten. Dennoch wurden die Glocken abgenommen; nur in Einzelfällen kam es bei protestantischen Gemeinden zu ernstem Widerstand.

Die Unzufriedenheit mit diesen Maßnahmen endete damit aber nicht. Die Akademien für bildende Kunst in Karlsruhe und Stuttgart bemängelten, wie eine Zeitung berichtete, dass der Passus, künstlerisch wertvolle Glocken zu verschonen, lokalgeschichtlichen Bedürfnissen nicht entspreche.⁶⁷ Auch monierte man, dass Kirchenglocken, nicht aber alle Denkmäler eingezogen wurden. Die in der Presse geübte Kritik flaute auch im Folgenden nicht ab, insbesondere weil doch viele Denkmäler „scheußlich" seien und obwohl doch „die patriotischen Reiter und Standfiguren [...] als die Ersten die Pflicht dazu" hätten, eingeschmolzen zu werden. In diesem Zusammenhang wurde auch die Frage gestellt, ob der Grund dafür sei, dass durch ein Einschmelzen solcher Denkmäler dynastische Gefühle verletzt werden würden.⁶⁸ Bereits im Vorfeld der Denkmalaktion hatten manche Zeitungen vermutet, dass „Häupter regierender Häuser, Generäle und Diplomaten" als künstlerisch wertvoll angesehen würden, nicht aber solche von „Gelehrten, Erfindern und ähnlichen zivilen Gestalten".⁶⁹ Als etwa das Einschmelzen eines Adolph-Kolping-Denkmals in Köln

---

tung, 9. August 1918, 29; Kölnische Volkszeitung, 13. August 1918, Bl. 36. Allerdings wurden aus Oberitalien bereits im Sommer 1918 Glocken ins Reich gebracht, wobei auch in diesem Fall die künstlerisch wertvollen geschont werden sollten. BArch R 8717/1033, Kriegsmetall AG, interner Schriftwechsel, 3. Juni 1918, Bl. 10. Zur Metallerfassung in den besetzten Gebieten, vgl. *Denton*, Metal, 66–71.

65 BArch R 3101/4098, Bl. 212, Zur Frage der Wiederherstellung der Kirchenglocken, 20. August 1919; *Wiedenfeld*, Organisation, 26. Ausgenommen von der Glockenabnahme waren künstlerisch wertvolle Glocken, solche unter 20 kg, und schließlich solche für Signalzwecke (etwa auf Schiffen). Vgl. *Irrgang*, Kupferversorgung, 18.

66 Für das Folgende *Wiedenfeld*, Wirtschaft, 62 ff.

67 Frankfurter Zeitung und Handelsblatt, 2. Juni 1917, Bl. 1, Einschmelzung der Glocken.

68 BArch R 3101/4099, Augsburger Post-Zeitung, Anfang 1918, Bl. 4. Allerdings hatten die Behörden die Erfassung der Denkmäler schon vor 1918 angeordnet, wobei es allerdings zu Verzögerungen kam. Außerdem war das erwartete Aufkommen aus Bronzedenkmälern gering. BArch R 3101/4099, Kriegsministerium an RWA, 24. Februar 1918, Bl. 7.

69 BArch R 3101/4099, Kölnische Volkszeitung, 9. August 1918, 29; Kölnische Volkszeitung, 13. August 1918, Bl. 36.

angeordnet wurde, kam es zu empörten Leserzuschriften an die Kölnische Volkszeitung, die zum Ausdruck brachten, dass gegen das „Volksempfinden" verstoße werde, und zugleich forderten, erst alles Metall aus den besetzten Gebieten herauszuziehen.

Massive öffentliche Kritik wurde insbesondere im Zusammenhang mit der am 26. März 1918 erlassenen Verfügung laut, nach der Haushalte alle Einrichtungsgegenstände aus Nichteisenmetallen, wie Fenstergriffe, Türklinken und Geländer, abzuliefern hatten.[70] Man argwöhnte, dass Finanzkreise, „Industrieritter" und „Wucherer" die eigentlichen „Anstifter" für diesen Beschluss waren. Da im Vorfeld amtlicherseits von einer großen Metallbeute während der deutschen Offensive 1918 berichtet worden war, stellten einige Kommunalverbände sogar die Durchführung dieser Sammlungsaktion ein. Weiterhin monierten die Presse und Reichstagsabgeordnete, dass die Maßnahmen durchgeführt würden, ohne zuvor umfassend Metallbestände im Eigentum der öffentlichen Hand, etwa in Straßenbahnen, Denkmälern und öffentlichen Gebäuden, sowie in besetzten Gebieten zu mobilisieren.[71] Probleme entstanden bei der Durchführung dieser Maßnahme auch dadurch, dass die Preise für Ersatzgegenstände nach der Bekanntmachung der Verfügung stark anstiegen und die zugestandenen Entschädigungsbeträge für die jeweiligen Gegenstände überschritten.[72] In der Folge wurde die Entschädigungsbeträge heraufgesetzt, und versuchten die Behörden durch Pressenotizen, die Bevölkerung besser aufzuklären.

2.2.4 Ausländische Metallzugänge und ihre Quellen

Die Blockade begrenzte Deutschlands Möglichkeiten für Metallimporte aus dem Ausland.[73] Bis zum Kriegseintritt der USA war die Blockade noch ziemlich durchlässig, weil Großbritannien gegenüber den Neutralen keine allzu harte Position einnehmen konnte.[74] Das bedeutete, dass während der ersten Kriegsjahre manche Metalle noch in beträchtlichen Mengen importiert werden konnten.[75] Allein das 1915

---

70 Für das Folgende BArch R 3101/4093, Leipziger Neueste Nachrichten, 28. April 1918, Bl. 17 f.; *Petzold u. a.*, Deutschland, 243 f.; *Müller*, Kriegsrohstoffbewirtschaftung, 49; *Irrgang*, Kupferversorgung, 55.
71 BArch R 3101/4093, Leipziger Neueste Nachrichten, 28. April 1918, Bl. 17 f. Verhandlungen des Deutschen Reichstags, 13. Legislatur-Periode, II. Session 1914/18, Drucksache 1626–1631, Antrag 1626, Bl. 144.
72 *Irrgang*, Kupferversorgung, 55 ff. BArch R 3101/4093, Kriegsministerium an verschiedene Stellen, 5. Juli 1918, Bl. 252; BArch R 3101/4091, Metallübersicht, Bericht von Porten, 16. Juli 1918, Bl. 143.
73 *Roth*, Staat und Wirtschaft, 162.
74 *Eric W. Osborne*, Britain's Economic Blockade of Germany, 1914–1919. London 2004, 193.
75 *Strachan*, The First World War, 1020.

aus Schweden eingeführte Zinn deckte, gemessen am Verbrauch der ersten Kriegsmonate, fast den Bedarf für ein ganzes Jahr.[76] Im gleichen Jahr wurden etwa 1200 Tonnen Nickel aus Norwegen importiert, was fast dem Verbrauch für drei Monate entsprach.[77] Gerade im Handel mit den Neutralen ist zu beobachten, dass insbesondere in den ersten Kriegsjahren die Metalleinfuhren aus diesen Ländern manchmal erheblich größer als vor dem Krieg waren, und damit den Verlust überseeischer Bezugsquellen zum Teil kompensierten.[78] Hinzu kam der Einsatz von Blockadebrechern (U-Boote), was gerade bei den Metallen, bei denen die absolute Verbrauchsmenge relativ klein war, wie bei Legierungsmetallen, ins Gewicht fiel.[79] So konnte auf diesem Weg sogar Nickel aus den USA importiert werden.[80] Schließlich erfolgten auch Metalleinfuhren durch Schmuggel, wie alleine 40 Tonnen Zinn im Mai 1917 aus der Schweiz zeigten.[81] Bei Kupfer hingegen, dessen mengenmäßiger Verbrauch erheblich größer als der an Zinn und Nickel war, sanken bereits in den ersten Kriegsjahren die Einfuhren beträchtlich und machten nur einen Bruchteil von 1913 aus.[82]

Neben Zufuhren aus neutralen Ländern trugen auch Erzeinfuhren und die Importe von Metall und Altmetall aus besetzten Gebieten zur Deutschlands Versorgung mit Nichteisenmetallen bei. Die Einfuhren von Metall und Altmetall beruhten auf Kriegsbeute an der Front und sonstiger Beute sowie Aufkauf, Requisition von Vorräten und der völkerrechtswidrigen Mobilmachung bei Haushalten (etwa Türklinken – wobei allerdings auch für Ersatz gesorgt wurde), Kirchen und Industriebetrieben (etwa Kupferkessel bei Brauereien).[83] Auch Denkmäler wurden in den besetzten Gebieten abgebaut. Zuweilen kam es dort zu einer Art passiven Widerstands bei der Metallmobilmachung in Haushalten, wie etwa in Belgien. Um herauszufinden, wo die Bevölkerung Metallgegenstände versteckte, griff das deutsche Militär auf das drastische Mittel der Hausdurchsuchungen zurück. Trotz derartiger Maßnahmen lag der Ertrag pro Kopf bei der Haushaltsmobilmachung in Belgien niedriger als in

---

76 Zur Einfuhr vgl. *Montagu W. W. P. Consett*, The Triumph of the Unarmed Forces (1914–1918). An Account of the Transactions by which Germany during the Great War was able to obtain Supplies prior to her Collapse under the Pressure of Economic Forces. London 1923, 326; zum Verbrauch vgl. *Tröger*, Metallwirtschaft, 514.
77 *Müller*, Kriegsrohstoffbewirtschaftung, 51.
78 *Consett*, Triumph of the Unarmed Forces, 325 f., 333.
79 *Müller*, Kriegsrohstoffbewirtschaftung, 51; BArch RH 61/1125, Die Kriegsbewirtschaftung der Metalle, 1. August 1914 bis 31. August 1916, 38–44.
80 *Louis Guichard*, The Naval Blockade. London 1930, 273.
81 *Müller*, Kriegsrohstoffbewirtschaftung, 51.
82 Nach *Guichard*, The Naval Blockade, 267 importierte Deutschland 1915 15 000 Tonnen Kupfer und 80 000 Tonnen Kupfererze. 1913 hatten die deutschen Einfuhren hingegen, gemessen am Kupferinhalt, etwa 220 000 Tonnen betragen, vgl. *Hornig*, Kupferversorgung, 18.
83 Für das Folgende *Irrgang*, Kupferversorgung, 46 f.; *Denton*, Metal, 71–96; *Maier*, Forschung, 153. In Belgien lehnten der Erzbischof, aber auch die deutschen Behörden wegen Rücksichtnahme auf den Vatikan eine Glockenmobilisierung ab, *Wiedenfeld*, Wirtschaft, 63 ff.

Deutschland.[84] Generell wichtiger hinsichtlich des gesamten Metallaufkommens für die deutsche Kriegswirtschaft waren die wohlhabenderen besetzten Gebiete im Westen als jene im Osten. Erze hatten mit Ausnahme serbischen Chroms weniger Bedeutung als Metall und Altmetall. Bei Kupfer etwa war die Bedeutung der Einfuhr von Kupfererzen aus besetzten Gebieten relativ gering. Der Kupferinhalt der abtransportierten serbischen Erze betrug gerade einmal 23 000 Tonnen.[85] Eine wesentlich größere Bedeutung für die deutsche Kupferversorgung hatte die Erfassung von Kupferbeständen und Altmetall im weiteren Sinn in den besetzten Gebieten, die etwa 120 000 Tonnen ausmachte, was dem deutschen Verbrauch in knapp 15 Monate entsprach.[86]

2.2.5 Einschränkung des Verbrauchs und Verwendung von Ersatzstoffen

Der KRA war schon früh klar, dass Einsparmaßnahmen und die Verwendung von Ersatzstoffen von zentraler Bedeutung waren, um angesichts der beschränkten Zugangsquellen an Sparmetallen, insbesondere von Kupfer, die kriegswirtschaftliche Nachfrage befriedigen zu können.[87] Dementsprechend wurden kurz nach Kriegsbeginn erste Verwendungsverbote eingeführt. Zudem forcierte die KRA im Zuge der Munitionskrise vom Herbst 1914 die Suche nach Ersatzstoffen und führte einen ersten Metallersatz bei militärischen Ausrüstungsgegenständen ein. In der zweiten Kriegshälfte wurden die Substitutionsanstrengungen verstärkt. Die Ersatzstoffforschung, bei der Technische Hochschulen und militärischen Stellen eng zusammenarbeiteten, wurde forciert und es kam im großen Stil zu einer Umstellung der Munitionsproduktion von Messing auf Eisen.[88] In der zivilen Produktion wiederum wurde die Verwendung von Ersatzstoffen und die Einführung von Verbrauchseinsparungen durch die Metallfreigabestelle durchgeführt, die der Professor für Maschinenbau Otto Kammerer von der Königlichen Technischen Hochschule zu Berlin-Charlottenburg

---

84 Für die entsprechenden Daten, vgl. *Irrgang*, Kupferversorgung, 50.
85 *Irrgang*, Kupferversorgung, 34–38.
86 Eigene Berechnung auf der Grundlage der Angaben von *Müller*, Kriegsrohstoffbewirtschaftung, 54, zur Menge von Kupfer und Kupferlegierungen, die in den besetzten Gebieten erbeutet wurden, und den Verbrauchsdaten *Irrgang*, Kupferversorgung, 13. Angesichts der Metallzusammensetzung bei geläufigen Legierungen (Messing, Bronze, Tombak, Rotguss) wurde unterstellt, dass der durchschnittliche Kupferanteil bei den erbeuteten Kupferlegierungen 80 % ausmachte.
87 BArch RH 61/1125, Die Kriegsbewirtschaftung der Metalle, 1. August 1914 bis 31. August 1916.
88 Vgl. etwa *Weyrauch*, Waffen- und Munitionswesen, Anlage 3, Monatsleistungen bei der Munitionsproduktion; *Erich Schoen*, Geschichte des Deutschen Feuerwerkswesens der Armee und Marine mit Einschluß des Zeugwesens. Berlin 1936, 1055 ff. Zur Ersatzstoffforschung, vgl. *Maier*, Forschung, 135 ff.

Tab. 1: Wichtige Substitutionsmaßnahmen in der deutschen Kriegsmetallversorgung.

Produkte bzw. Arbeitsschritte	Vor Substitution	Nach Substitution
Stahlhelm, Schutzschild	Nickelzusatz	Chromzusatz
Kartusch- und Infanteriepatronenhülsen	Kupfer, Feinzink	Eisen
Schrapnell- und Infanterie-Munitionskerne	Weichblei und Antimon	Stahl
Führungsbänder	Kupfer	Zink, Eisen
Zünder	Messing	Aluminium, Zink, Eisen
Freileitungen	Kupfer	Aluminium
Löten	Zinn	Kadmium
Vernickelung	Nickel	Kobalt
Stahlhärtung	Wolfram	Weitgehend durch Molybdän plus Vanadium
Weißblech	Zinn	Lack

Quellen: *Hornig*, Kupferversorgung, 23; *Weyrauch*, Waffen- und Munitionswesen, 54 f., 81, 92; *Tröger*, Metallwirtschaft, 523.

leitete. Hierin wurde sie von Metallberatungs- und -verteilungsstellen unterstützt, die von den industriellen Fachverbänden gegründet wurden und deren Anzahl bis Kriegsende auf 81 stieg. Die Metallfreigabestelle prüfte unter anderem neue Metalle und Lagermetalle auf ihre Eignung und ließ Maschinenteile auf die Kombination von Sparmetallen und heimischen Rohstoffen umkonstruieren.[89]

Eine zentrale Rolle als Ersatzstoffe für die sogenannten Sparmetalle spielten Eisen, Stahl, Zink und Aluminium. So wurde etwa Aluminium, Zink, und Eisen anstelle von Messing bei der Zünderproduktion, Stahl anstelle von Blei bei Munitionskernen, Eisen statt Kupfer bei Kartusch- und Infanteriepatronenhülsen, Zink und Eisen anstelle von Kupfer bei Führungsbändern, und Aluminium statt Kupfer in der Elektroindustrie eingesetzt.[90] Aluminium wurde zudem als Ersatz für in der Industrie ausgebaute Kupferbestände, etwa Rohre, Maschinenteile und kupferne und messinge Gussstücke genutzt.[91] Zinn war weitgehend durch neue Legierungen substituierbar, mit denen Lötzinn oder Zinn für Lagermetall eingespart werden konnte.[92] Vanadium,

---

[89] *Hans Christoph Graf von Seherr-Thoß*, Otto Kammerer, in: Neue Deutsche Biographie, Bd. 11. Berlin 1977, 85 f.
[90] *Hornig*, Kupferversorgung, 23.
[91] *Albrecht Czimatis*, Rohstoffprobleme der deutschen Aluminium-Industrie im Rahmen ihrer wirtschaftlichen Entwicklung. Diss. Dresden 1930, 67 f.
[92] *Boss*, Hüttenindustrie, 27 f., 31 f.

das aus Thomasmehl, also Rückständen bei der Stahlproduktion, gewonnen werden konnte und Molybdän, welches sich aus den Rückständen der Verhüttung Mansfelder Kupfererz, den Ofensauen, herstellen ließ, ersetzten zunehmend Wolfram als Stahlhärtungsmetall.[93] Chrom, das im besetzten Serbien gefördert wurde, ließ sich als Substitut für Nickel verwenden.[94]

Substitution bedeutete aber nicht, dass die Verwendung bestimmter knapper Metalle uneingeschränkt zu reduzieren war.[95] Vielmehr richtete sich die Substitution nach Dringlichkeitslisten. Das bedeutete, dass etwa das knappe Kupfer als Ersatzstoff für ein vergleichsweise noch knapperes Metall eingesetzt werden konnte. Aber natürlich war erwünscht, dass Konstruktionen gefunden wurden, die besonders reichhaltig zur Verfügung stehende Ersatzstoffe verwendeten, vorzugsweise Eisen und Stahl, die ganz unten auf der Liste stand. Außerdem konnten sich die natürlich die Knappheitsrelationen während des Kriegs verändern. So war Zink am Anfang des Kriegs ein Substitut für Aluminium, verlor aber diese Bedeutung durch den fortschreitenden Ausbau der Aluminiumproduktion.[96]

Den Ersatzstoffen gemeinsam war, dass sie mehr oder weniger brauchbare Substitute waren, und dass sie relativ reichlich vorhanden waren. Deutschland war nämlich bei Eisen, Stahl und Zink „blockadefrei". 1913 überschritt die deutsche Zinkproduktion, dank reicher deutscher Minen, deutlich den Inlandsverbrauch.[97] Vor dem Krieg wurde der deutsche Aluminiumverbrauch fast ganz ausschließlich durch Importe gedeckt, davon zur Hälfte etwa durch die in der Schweiz ansässige Aluminium Industrie Aktiengesellschaft (AIAG).[98] Ihre Aluminiumproduktion sowie die der sie beliefernden, auch in Deutschland ansässigen Tonerdewerke beruhte auf französischen Bauxit, dessen Import nach Kriegsbeginn stoppte. Der drohende Versorgungsengpass konnte aber durch teilweise bereits vor dem Krieg aufgefundene, ergiebige Bauxitvorkommen in Österreich-Ungarn – nämlich in Dalmatien, Istrien und Ungarn – abgewendet werden, deren Ausbeutung bereits mit der Jahreswende 1914/15 einsetzte. Da die AIAG auf die Bauxitlieferungen der Mittelmächte angewiesen war, musste sie sich verpflichten, ihnen wenigstens 80 % der Produktion zu liefern. Trotz einer beträchtlichen Kapazitätserweiterung der AIAG im Laufe des Kriegs reichten den deutschen Behörden die Importe aus der Schweiz nicht aus, seit Aluminium im Frühjahr 1915 und vor allem mit dem Hindenburg-Programm als Substitut in den Blickpunkt der KRA rückte.[99] Daher wurden mithilfe staatlicher Subventionen – den zweithöchsten für einen industriellen Sektor nach der Stickstoffindustrie – in den

---

93 *Hornig*, Kupferversorgung, 23, BArch R 8737/659, Gesellschaft für Elektrometallurgie an Kriegsmetall-Aktiengesellschaft, 27. April 1917, Bl. 13.
94 *Tröger*, Metallwirtschaft, 521.
95 Für das Folgende, vgl. *Tröger*, Metallwirtschaft, 523.
96 *Wurtzbacher*, Versorgung des Heeres, 120.
97 *Hornig*, Kupferversorgung, 17 ff.
98 Für das Folgende *Knauer*, Aluminiumindustrie, 28, 61 ff.
99 *Knauer*, Aluminiumindustrie, 63, 70–81; *Roth*, Staat und Wirtschaft, 194.

folgenden Jahren große Aluminiumkapazitäten erreicht und zugleich die Tonerdekapazitäten erheblich erweitert.[100] Etwa zwei Drittel des deutschen Aluminiumverbrauchs konnte 1918 durch deutsche Werke gedeckt werden.

Die Verwendung dieser Ersatzstoffe und Konstruktionsänderungen war von zentraler Bedeutung für Deutschlands Beharrungskraft im Ersten Weltkrieg.[101] Insgesamt konnten nämlich große Substitutionserfolge erzielt werden. Bei den wichtigsten landwirtschaftlichen Maschinen reduzierte sich der Verbrauch sogenannter Sparmetalle von 58 kg pro Maschine im Jahr 1915 auf 20 kg im folgenden Jahr.[102] In der „Friedensproduktion" kam es im Laufe des Kriegs bei knappen Nichteisenmetallen wie Kupfer, Zinn und Nickel zu einer Verbrauchsminderung von mehr als 90 %. Ohne Qualitätseinbußen konnte im Laufe des Krieges eine weitgehende Reduzierung des Nickelgehalts bei Geschützrohren von vier bis acht Prozent auf ein bis drei Prozent erzielt werden. Auch bei Hochleistungsstählen konnte der Wolframgehalt um mehr als die Hälfte reduziert werden. Insbesondere bei Kupfer und Nickel waren quantitativ betrachtet die Verbrauchsreduzierungen wichtiger als die Bemühungen um eine Erhöhung der Zugänge. In der Rüstungsproduktion verminderte sich der Kupferverbrauch pro Outputeinheit im Laufe des Krieges um fast 90 %.[103] Obwohl die Rüstungsproduktion 1917 um ein Vielfaches höher als in den ersten Kriegsmonaten lag, wurde weniger als die Hälfte des Kupfers wie am Anfang des Kriegs benötigt.[104] Kupfer rückte daher auf einen der hinteren Plätze der Liste der Sparmetalle.[105] Alleine durch die Verwendung von Aluminium – importiert aus der Schweiz und produziert in den neuen deutschen Anlagen – dürften im Krieg in etwa ein durchschnittlicher Jahresverbrauch an Kupfer eingespart worden sein.[106] Auch hatte Zink einen gewissen Anteil, ging man doch davon aus, dass 15 bis 20 % des ur-

---

100 *Peter Josef Belli*, Das Lautawerk der Vereinigte Aluminium-Werke AG (VAW) von 1917 bis 1948. Ein Rüstungsbetrieb in regionalen, nationalen, internationalen und politischen Kontexten (zugleich ein Beitrag zur Industriegeschichte der Niederlausitz). Berlin 2012, 41–46, 62 f.; *Knauer*, Aluminiumindustrie, 61–64, 66 f.; *Roth*, Staat und Wirtschaft, 195 f., 214; *Czimatis*, Rohstoffprobleme, 38, 50–64. Für einen Überblick zu Verwendungsmöglichkeiten von Aluminium im Ersten Weltkrieg, vgl. *Czimatis*, Rohstoffprobleme, 67 f.; BArch R 3112/150, Eberhard Neukirch, Die Entwicklung des Leichtmetallausbaues im Vierjahresplan mit besonderer Berücksichtigung des grossdeutschen Freiheitskampfes ab 1939 (Buchmanuskript), Bl. 13.
101 *Maier*, Forschung, 139.
102 Für das Folgende *Tröger*, Metallwirtschaft, 523 f.; BArch RH 61/1125, Die Kriegsbewirtschaftung der Metalle, 1. August 1914 bis 31. August 1916.
103 *Strachan*, The First World War, 1028.
104 Zum Verbrauchsrückgang vgl. *Goebel*, Rohstoffwirtschaft, 59; zur Ausdehnung der Rüstungsproduktion vgl. Tabelle 2 im Kapitel 2.1 in diesem Band.
105 BArch RH 61/1125, Die Kriegsbewirtschaftung der Metalle, 1. August 1914 bis 31. August 1916.
106 Eigene Berechnung unter der Annahme, dass die gesamte Menge des verbrauchten Aluminiums als Kupfersubstitut verwendet wurde. Für die Verbrauchsmenge, vgl. *Belli*, Lautawerk, 97; für das Austauschverhältnis zwischen Kupfer und Aluminium, vgl. BArch RH 61/1118, KRA, Denkschrift über die Bedeutung der Kupferversorgung und die Möglichkeiten des allgemeinen Ersatzes von Kupfer durch andere Metalle, insbesondere durch Aluminium, März 1916.

sprünglichen Kupferverbrauchs prinzipiell durch Zink ersetzbar sei.[107] Vermutlich die größte Rolle als Substitut für Kupfer spielten aber Eisen und Stahl, die zunehmend anstelle von Messing in der sich im Laufe des Krieges stark ausweitenden Munitionsproduktion – des mit Abstand wichtigsten Rüstungsguts – eingesetzt wurde.[108]

Insbesondere diese Substitutionserfolge und sonstigen Einsparmaßnahmen trugen aus der Perspektive des Jahres 1917 zu einem erheblichen Verbrauchrückgang von „Sparmetallen" nicht nur gegenüber der Vorkriegszeit, sondern auch gegenüber den ersten Kriegsmonaten trotz massiv ansteigender Rüstungsproduktion bei: Der Kupferverbrauch reduzierte sich um gegenüber 1913 um 64 % und gegenüber den ersten Kriegsmonaten um 54 %.[109] Bei Blei kam es zwischen 1913 und 1917 mit 54 % ebenfalls zu einem erheblichen Verbrauchsrückgang. Gleichzeitig verdoppelte sich der Verbrauch des Kupfersubstituts Aluminium fast.[110] Der massive Bedarfsrückgang bei Sparmetallen bedeutete zugleich, dass die steigende Produktion aus deutschen Erzen einen immer größeren Anteil am Verbrauch decken konnte, etwa 1917 bei Kupfer 45 % gegenüber einem Zehntel im Jahr 1913.[111] Dementsprechend hätte Deutschland nach Berechnungen der Behörden 1918 den Krieg, was die Nichteisenmetallversorgung anbelangt, noch über das Jahr 1919 hinaus fortsetzen können.[112]

2.2.6 Schlussbemerkungen

Die unstrittigen Erfolge der deutschen Metallpolitik im Ersten Weltkrieg ließen die Erwartungen der Presse der Entente-Mächte im Jahr 1915, dass der Kupfermangel zur baldigen Niederlage der Mittelmächte führe,[113] nicht in Erfüllung gehen. Dies sollte jedoch nicht über die erheblichen Probleme hinwegtäuschen. Erstens führte die Metallpolitik in Reaktion auf die Blockade zu – allerdings noch einer genauen Bestimmung harrenden – ökonomischen Kosten und im Zuge der Metallmobilmachung zu öffentlicher Unzufriedenheit. Zweitens resultierte die unbekannte Dauer des Krieges in Kombination mit der Blockade in einer restriktiven Metallzuteilung.

---

107 BArch R 3112/150, Eberhard Neukirch, Die Entwicklung des Leichtmetallausbaues im Vierjahresplan mit besonderer Berücksichtigung des grossdeutschen Freiheitskampfes ab 1939 (Buchmanuskript), Bl. 13.
108 Die Pulverproduktion, die ein guter Indikator für die Munitionsproduktion ist, verachtfachte sich im Laufe des Krieges, *Strachan*, The First World War, 1036.
109 Zum Verbrauch 1913 und 1917, vgl. Statistisches Jahrbuch 1924, 310; zu den Verbrauchszahlen in den ersten Kriegsmonaten *Tröger*, Metallwirtschaft, 514.
110 Zum deutschen Vorkriegsverbrauch *Guichard*, The Naval Blockade, 272; zum Verbrauch gegen Kriegsende *Knauer*, Aluminiumindustrie, 67 f.
111 Eigene Berechnung mit Daten aus https://www.clio-infra.eu.
112 *Tröger*, Metallwirtschaft, 524.
113 *Irrgang*, Kupferversorgung, 14 f.

Selbst wenn die erzielte Rüstungsproduktion nicht wegen Metallknappheit verzögert wurde,[114] führte die restriktive Zuteilung doch dazu, dass bestimmte Rüstungsprogramme erst gar nicht aufgestellt wurden.[115] Darüber hinaus behinderte die restriktive Zuteilung eine verstärkte Mechanisierung und Elektrifizierung, derer es zur Bekämpfung des letztendlich zentralen Mangels der deutschen Kriegswirtschaft, nämlich denjenigen an Arbeitskräften, bedurft hätte.

Auswahlbibliographie

Peter Josef Belli, Das Lautawerk der Vereinigte Aluminium-Werke AG (VAW) von 1917 bis 1948. Ein Rüstungsbetrieb in regionalen, nationalen, internationalen und politischen Kontexten (zugleich ein Beitrag zur Industriegeschichte der Niederlausitz). Berlin 2012.

Albrecht Czimatis, Rohstoffprobleme der deutschen Aluminium-Industrie im Rahmen ihrer wirtschaftlichen Entwicklung. Diss. Dresden 1930.

Chad B. Denton, Metal to Munitions: Requisition and Resentment in Wartime France. Diss. University of California, Berkeley 2009.

Otto Goebel, Deutsche Rohstoffwirtschaft im Weltkrieg einschließlich des Hindenburgprogramms. Stuttgart/Berlin/Leipzig 1930.

Otto Hornig, Die Kupferversorgung Deutschlands im Kriege unter besonderer Berücksichtigung der Kriegsmetallwirtschaft wie des Kriegsbergbaus. Diss. Heidelberg 1921.

Paul Irrgang, Deutschlands Kupferversorgung seit 1914. Diss. Marburg 1931.

Manfred Knauer, Hundert Jahre Aluminiumindustrie in Deutschland (1886–1986). Die Geschichte einer dynamischen Branche. München 2014.

Joseph Koeth, Rohstoffbewirtschaftung, in: Gerhard Anschütz u. a. (Hrsg.), Handbuch der Politik, Bd. 2: Der Weltkrieg. 3. Aufl. Berlin/Leipzig 1920, 224–235.

Helmut Maier, Forschung als Waffe. Rüstungsforschung in der Kaiser-Wilhelm-Gesellschaft und das Kaiser-Wilhelm-Institut für Metallforschung 1900 bis 1945/48. Göttingen 2007.

Wolfgang Michalka, Kriegsrohstoffbewirtschaftung, Walther Rathenau und die „kommende Wirtschaft", in: Ders. (Hrsg.), Der Erste Weltkrieg. Wirkung, Wahrnehmung. Analyse. München 1994, 485–505.

Alfred Müller, Die Kriegsrohstoffbewirtschaftung 1914–1918 im Dienste des deutschen Monopolkapitals. Berlin (Ost) 1955.

Regina Roth, Staat und Wirtschaft im Ersten Weltkrieg. Kriegsgesellschaften als kriegswirtschaftliche Steuerungselemente. (Schriften zur Wirtschafts- und Sozialgeschichte, Bd. 51.), Berlin 1997.

Hew Strachan, The First World War, Bd. 1: To Arms. Oxford 2001.

Richard Tröger, Technik in der Metallwirtschaft, in: Max Schwarte (Hrsg.), Die Technik im Weltkriege. Berlin 1920, 514–525.

Kurt Wiedenfeld, Die Organisation der Kriegsrohstoffbewirtschaftung im Weltkriege. Hamburg 1936.

---

114 *Strachan*, The First World War, 1029.
115 So verzichtete etwa Tirpitz auf einen weiteren Ausbau der Kriegsmarine, um dem Heer Nickel zugute zu kommen zu lassen, vgl. BArch RH 61/1125, Die Kriegsbewirtschaftung der Metalle, 1. August 1914 bis 31. August 1916.

Harald Wixforth, Die Gründung und Finanzierung von Kriegsgesellschaften während des Ersten Weltkriegs, in: Hartmut Berghoff/Jürgen Kocka/Dieter Ziegler (Hrsg.): Wirtschaft im Zeitalter der Extreme. München 2010, 81–105.

Reinhold Zilch, Rohstoffbewirtschaftung, in: Gerhard Hirschfeld/Gerd Krumeich/Irina Renz (Hrsg.), Enzyklopädie Erster Weltkrieg. Paderborn 2009, 797–801.

Gerd Hardach
2.3 Kriegsfinanzierung

2.3.1 Grundzüge der Kriegsfinanzierung

Der Erste Weltkrieg war nicht nur ein militärischer Konflikt, sondern auch ein Wirtschaftskrieg. Je länger der Krieg dauerte, umso intensiver wurden auf beiden Seiten alle verfügbaren Ressourcen genutzt, um Millionen von Soldaten zu mobilisieren und auszurüsten. Der Unterhalt der Streitkräfte und die Ausrüstung mit Waffen, Munition und anderem Kriegsmaterial führten zu einem enormen Anstieg der Staatsausgaben. Die Grundzüge der Kriegsfinanzierung waren in allen kriegführenden Ländern ähnlich. Nur ein kleiner Teil der Staatsausgaben wurde durch Steuern aufgebracht. Der weitaus größte Teil wurde durch staatliche Kreditaufnahme finanziert. Die Regierungen erhielten unbegrenzte kurzfristige Kredite der Notenbanken, die von Zeit zu Zeit durch langfristige öffentliche Anleihen konsolidiert wurden. Um die Kreditfinanzierung der Staatsausgaben zu ermöglichen, musste die Währungsordnung geändert und der Goldstandard suspendiert werden. Zur Kriegsfinanzierung gehörten daher sowohl finanz- als auch währungspolitische Maßnahmen.[1]

Zur Kriegsfinanzierung in Deutschland liegen mehrere, zum Teil schon ältere Veröffentlichungen vor. Sie zeigen die quantitativen Dimensionen der Kriegsfinanzierung, den Anstieg der Staatsausgaben, das Verhältnis von Kreditfinanzierung und Steuern, und die zunehmenden Schulden von Reich, Ländern und Kommunen. Auch die politischen Entscheidungsprozesse, vor allem von Reichregierung und Reichsbank, lassen sich nachvollziehen.[2] Außer der Kriegsfinanzierung im engeren Sinne ist vor allem auch der Zusammenhang zwischen der Finanz- und Währungspolitik im Kriege und der Inflation der Nachkriegsjahre dargestellt worden.[3] Die

---
1 *Theo Balderston*, Industrial Mobilization and War Economies, in: John Horne (Hrsg.), A Companion to World War I. Chichester 2012, 223 f.; *Gerd Hardach*, Der Erste Weltkrieg. (Geschichte der Weltwirtschaft im 20. Jahrhundert, Bd. 2.) München 1973, 151–186; *Georges-Henri Soutou*, Comment a été financée la guerre, in: Paul-Marie de La Gorce (Hrsg.), La Première Guerre mondiale, Bd. 1. Paris 1991, 281–297.
2 *Theo Balderston*, War Finance and Inflation in Britain and Germany, 1914–1918, in: Economic History Review 42, 1989, 222–244; *Stephen Gross*, Confidence and Gold: German War Finance 1914–1918, in: Central European History 42, 2009, 223–252; *Gerd Hardach*, Die finanzielle Mobilmachung in Deutschland 1914–1918, in: Jahrbuch für Wirtschaftsgeschichte 2015/2, 359–387; *Walther Lotz*, Die deutsche Staatsfinanzwirtschaft im Kriege. Stuttgart/Berlin/Leipzig 1927; *Konrad Roesler*, Die Finanzpolitik des Deutschen Reiches im Ersten Weltkrieg. Berlin 1967; *Manfred Zeidler*, Die deutsche Kriegsfinanzierung 1914 bis 1918 und ihre Folgen, in: Wolfgang Michalka (Hrsg.), Der Erste Weltkrieg. Wirkungen, Wahrnehmung, Analyse. München 1994, 415–433.
3 *Gerald D. Feldman*, The Great Disorder. Politics, Economics and Society in the German Inflation, 1914–1924. Oxford/New York 1993; *Carl-Ludwig Holtfrerich*, Die deutsche Inflation 1914–1923. Ursachen und Folgen in internationaler Perspektive. Berlin 1980.

Kriegsfinanzierung wurde aber nicht annähernd so intensiv untersucht wie der militärische Verlauf des Krieges oder wie die industrielle Mobilmachung.

2.3.2 Pläne für die Kriegsfinanzierung

Schon seit dem Ende des neunzehnten Jahrhunderts wurde im Deutschen Reich geplant, dass die Kosten eines künftigen Krieges durch Kredite finanziert werden sollte. Als die Rüstungskosten stiegen und damit auch die Schätzungen für die möglichen Kriegsausgaben heraufgesetzt wurden, verständigten die Reichsregierung, die Regierungen der Länder und die Reichsbank sich 1891 über die Grundzüge einer Kriegsfinanzierung auf dem Kreditwege. Die Reichsbank sollte der Reichsregierung kurzfristige Kredite in unbegrenzter Höhe gewähren, die später durch eine oder mehrere Anleihen zu konsolidieren waren. Nur die Zinsen für die Staatsschuld waren aus dem ordentlichen Haushalt aufzubringen. Damit die Reichsbank sich auf die Finanzierung der Reichsausgaben konzentrieren konnte, sollten Darlehnskassen gegründet werden, mit der Aufgabe, der Wirtschaft, den Bundesstaaten und den Kommunen Kredit zu gewähren. Die Darlehnskassen sollten ein eigenes Geld ausgeben, die Darlehnskassenscheine.

Wenn die Reichsbank die Finanzagentur des Reiches werden sollte, musste der Goldstandard vorübergehend suspendiert werden. Die Deckungsvorschriften für die Notenausgabe sollten gelockert werden, und die Goldeinlösung der Mark sollte für die Dauer eines Krieges eingestellt werden. Die Fassade des Goldstandards sollte aber so weit wie möglich erhalten bleiben, um beim inländischen Publikum und im Ausland das Vertrauen in die Währung zu stärken.

Nach dem Deutsch-Französischen Krieg von 1870–71 hatte die Reichsregierung einen „Reichskriegsschatz" von 120 Millionen Mark angelegt. Der Reichskriegsschatz bestand aus deutschen Goldmünzen, die im „Juliusturm" der Zitadelle Spandau eingelagert waren. Es war vorgesehen, mit diesem Geld in einem künftigen Krieg die Barausgaben der ersten Kriegstage zu bezahlen. Wenn die Kriegsausgaben durch Kredite finanziert werden sollten, wurde der „Reichskriegsschatz" überflüssig. Er sollte im Kriegsfall zur offiziellen Parität an die Reichsbank verkauft werden, um die Währungsreserven zu stärken.

Nach den Beratungen wurden noch im gleichen Jahr Gesetzentwürfe ausgearbeitet, die der Reichstag im Mobilmachungsfall beschließen sollte. Vorsorglich wurden große Mengen an Reichsbanknoten und Darlehnskassenscheinen gedruckt, die bei einer finanziellen Mobilmachung in Umlauf gebracht werden konnten. Im Einvernehmen mit der Reichsbank wurde beschlossen, im Kriegsfall die kurzfristigen Schatzanweisungen des Reiches als „Reichsschatzwechsel" zu deklarieren. Der Begriff sollte eine Ähnlichkeit mit den Handelswechseln suggerieren, damit die Papiere leichter auf dem Geldmarkt platziert werden konnten.[4]

---

4 *Hardach*, Finanzielle Mobilmachung, 360–365.

2.3.3 Die finanzielle Mobilmachung 1914

Mit Beginn des Krieges verabschiedete der Reichstag am 4. August 1914 in rascher Folge eine Reihe von Gesetzen, mit denen die Kriegsfinanzierung eingeleitet wurde. Die seit langer Zeit vorbereiteten Gesetzentwürfe zur Änderung der Finanzverfassung des Reiches und der Währungsordnung waren einen Tag zuvor mit Vertretern der Reichstagsfraktionen besprochen worden. Der „Reichskriegsschatz" im Spandauer Juliusturm war bereits am 2. August an die Reichsbank verkauft worden, damit sie ihre Währungsreserven stärken konnte.

Das Reich wurde ermächtigt, Kredite von bis zu fünf Milliarden Mark zur Finanzierung des Krieges aufzunehmen. Möglich waren sowohl kurzfristige Reichsbankkredite, als auch Anleihen. Wenn es erforderlich wurde, konnte die Summe erhöht werden.[5] Die Einlösung der Reichsbanknoten in Gold war von der Reichsbank schon am 31. Juli eingestellt worden; sie wurde nunmehr förmlich aufgehoben. Die Dritteldeckung der Reichsbanknoten durch Währungsreserven blieb bestehen, aber neben Gold und einem begrenzten Kontingent an Reichskassenscheinen konnte das Papiergeld der neu geschaffenen Darlehnskassen als Notendeckung verwendet werden. Als Sekundärdeckung der Reichsbanknoten wurden neben Handelswechseln auch Reichsschatzwechsel ausgewiesen. Damit erhielt die Reichsbank eine unbegrenzte Kreditexpansion. Zu ihrer Entlastung wurden die geplanten Darlehnskassen errichtet.[6] Da diese zwar staatliche Institute waren, aber in Verbindung mit den Reichsbankstellen verwaltet wurden, konnten schon am 5. August über 100 Darlehnskassen in allen Regionen Deutschlands den Betrieb aufnehmen.[7]

Regierung und Militär versprachen im August 1914 einen schnellen Sieg. Die Kriegskosten und damit auch die Verschuldung des Reiches sollten daher nicht allzu hoch werden. Die Ausgaben für den Krieg stiegen jedoch von Anfang an schneller als erwartet. Die Staatsausgaben wurden, wie geplant, durch die massive Diskontierung von Reichsschatzwechseln finanziert. Ende August 1914 war das Reich bereits mit 1,9 Milliarden Mark bei der Reichsbank verschuldet.[8] Steuern wurden, wie in der Vorkriegsplanung vorgesehen war, nur für zivile Ausgaben und für die Verzinsung der Staatsschulden verwendet. Der ordentliche Haushalt wurde bei Kriegsbeginn sogar entlastet, denn die Militärausgaben wurden vollständig in den außerordentlichen Haushalt übernommen. Im letzten Rechnungsjahr vor dem Krieg

---

5 Gesetz, betreffend die Feststellung eines Nachtrags zu Reichshaushalt für das Rechnungsjahr 1914 vom 4. August 1914, Reichsgesetzblatt (RGBl.) 1914, 345–346; Gesetz, betreffend die Reichsschuldenordnung vom 4. August 1914, RGBl. 1914, 325 f.
6 Darlehenskassengesetz vom 4. August 1914, RGBl. 1914, 340–345.
7 *Hardach*, Finanzielle Mobilmachung, 365–367.
8 Deutschlands Wirtschaft, Währung und Finanzen. Im Auftrage der Reichsregierung den von der Reparationskommission eingesetzten Sachverständigenkommissionen eingesetzten Sachverständigenausschüssen übergeben. Berlin 1924, 62.

von April 1913 bis März 1914 hatte das Reich im ordentlichen und außerordentlichen Haushalt zusammen drei Milliarden Mark ausgegeben; im Fiskaljahr 1914/15 stiegen die Ausgaben auf neun Milliarden Mark.[9]

Am 19. September 1914 legte das Reich eine Kriegsanleihe auf, um die kurzfristigen Schulden zu konsolidieren. Die Anleihe bestand aus zwei Tranchen, einer langfristigen Anleihe im engeren Sinne mit einer Laufzeit von mindestens zehn Jahren und einem kleinen Kontingent an mittelfristigen Reichsschatzanweisungen mit einer Laufzeit von fünf Jahren. Die langfristige Reichsanleihe war vor allem für Privatanleger gedacht, sowie für Sparkassen, gemeinnützige Stiftungen und ähnliche Institutionen, die ihre Mittel langfristig anlegen wollten. Das Angebot der Reichsschatzanweisungen richtete sich an Geschäftsbanken, Industrieunternehmen und andere Investoren, die ihre liquiden Mittel nicht langfristig binden wollten. Die Verzinsung betrug 5 % bei einem Ausgabekurs von 97,5 %; sie lag damit bewusst über dem Vorkriegszins der Reichsanleihen.[10]

Börsenhandel und -notierungen waren bei Kriegsausbruch eingestellt worden; der langfristige Kapitalmarkt sollte für die Emission von Kriegsanleihen reserviert sein. Es gab nur einen begrenzten Freiverkehr.[11] Anders als in der Vorkriegszeit, als nur die Geschäftsbanken an der Emission von Reichsanleihen beteiligt waren, wurden zur Platzierung der Kriegsanleihen auch die Sparkassen herangezogen. Sie erwarben erhebliche Beträge der Kriegsanleihe sowohl für ihre Kundschaft, als auch für eigene Rechnung.[12] Die Darlehnskassen gewährten Kredite, bei denen Kriegsanleihe als Sicherheit hinterlegt werden konnte. Das widersprach zwar der Intention, mit der Ausgabe der Kriegsanleihe Liquidität abzuschöpfen, aber ein möglichst großer Zeichnungserfolg stand als politisches Ziel im Vordergrund.[13]

Eine intensive Propagandakampagne sollte den Absatz der Kriegsanleihe fördern. In der Werbekampagne betonten Presseberichte, dass die Anleihe eine gute Kapitalanlage war; die Verzinsung war attraktiv, die Rückzahlung war sicher. Wer sich nicht mit der Zeichnung beeilte, könnte dies später bereuen. Der Sieg schien nahe, und eine weitere Kriegsanleihe würde es vielleicht nicht mehr geben.[14]

Die Kriegsanleihe galt als großer Erfolg. Es gab 1,2 Millionen Zeichnungen, die dem Reich 4,5 Milliarden Mark einbrachten.[15] In der Öffentlichkeit wurde das Bild verbreitet, dass die finanzielle Mobilmachung perfekt geplant und durchgeführt worden sei. Reichsbankpräsident von Havenstein wurde in der Presse als „General-

---

9 *Roesler*, Finanzpolitik, 195–200.
10 Verwaltungsbericht der Reichsbank 1914, 5.
11 *A. Moser*, Der Krieg und die Börse, in: Bank-Archiv, 15. September 1914, 405.
12 *Friedrich A. Winkler*, Die deutschen Sparkassen und die Kriegsanleihe, in: Heinrich Höpker (Hrsg.), Die deutschen Sparkassen, ihre Entwicklung und Bedeutung. Berlin 1924, 105–110.
13 Die Darlehnskassen des Reichs im Jahr 1914, 3 f.
14 Bundesarchiv (BArch) R 2501/539. Reichsbank, Statistische Abteilung, Kriegsanleihen.
15 Verwaltungsbericht der Reichsbank für das Jahr 1918, 11.

Geldmarschall" gelobt, der mit seiner von der Öffentlichkeit kaum bemerkten Tätigkeit wesentlich zu Deutschlands militärischer Stärke beigetragen habe.[16]

2.3.4 Geld für den „totalen Krieg"

Als die Kriegsanleihe begeben wurde, war die Illusion des kurzen Krieges bereits gescheitert. Die Kämpfe gingen im Westen wie im Osten in einen langwierigen Stellungskrieg über. Ende September 1914 erläuterte Reichsbankpräsident von Havenstein im Reichsbankkuratorium die währungspolitische und finanzpolitische Situation. Die finanzielle Mobilmachung war seiner Ansicht nach bisher erfolgreich gewesen. Das Reich hatte stets die erforderlichen Mittel für die Kriegsführung erhalten. Die Kriegsanleihe war ein großer Erfolg, die Einnahmen waren größer als die kurzfristige Verschuldung des Reiches. Zu der künftigen Währungs- und Finanzpolitik bemerkte Havenstein, dass die Strategie des kurzen Krieges gescheitert sei; man müsse sich auf einen länger andauernden Krieg einstellen. Die bisher erfolgreiche Methode der finanziellen Mobilmachung auf dem Kreditwege sei aber auch für einen langen Krieg geeignet.[17]

Nachdem die Illusion des schnellen Sieges gescheitert war, trat eine Eskalation der Gewalt ein, die im Rückblick als Weg in den „totalen Krieg" beschrieben wird.[18] Die Ausgaben für den Krieg stiegen erheblich an, und damit nahmen auch die gesamten Reichsausgaben zu. Die Ausgaben des Reiches stiegen im Rechnungsjahr 1915/16 auf 26 Milliarden Mark, im Rechnungsjahr 1916/17 auf 28 Milliarden Mark und 1917/18 auf 52 Milliarden Mark. Erst im Rechnungsjahr 1918/19 gingen die Ausgaben als Folge des Waffenstillstands vom November 1918 auf 44 Milliarden Mark zurück.[19]

Im Juli 1915 lud der Staatssekretär des Reichsschatzamtes Karl Helfferich die Finanzminister der Bundesstaaten zu einer Besprechung über die finanzielle Mobilmachung ein. Helfferich zeigte sich optimistisch, dass der Krieg bald mit einem Sieg der Mittelmächte enden werde. Wahrscheinlich werde der Krieg schon vor dem Jahresende gewonnen sein; eventuell könnte noch ein „Winterfeldzug" 1915–16 erforderlich werden. Der Krieg sollte weiterhin durch kurzfristige Kredite und Anleihen finanziert werden; Steuererhöhungen seien während des Krieges nicht vorgesehen. Ungeklärt war nach Helfferichs Ansicht die Rückzahlung der Reichsschuld, weil die Kriegskosten über alle Voraussagen hinaus gestiegen seien. Bis Kriegsende würde

---

16 BArch N 2108/6, Nachlass Havenstein. Deutsche Warte, 27. Oktober 1914; Kleine Presse, 21. September 1917.
17 BArch R 43/2398. Rede von Reichsbankpräsident von Havenstein in der Sitzung des Reichsbankkuratoriums am 25. 9. 1914.
18 *Oliver Janz*, 14 – Der große Krieg. Frankfurt am Main 2013, 10.
19 *Roesler*, Finanzpolitik, 195–200.

ein gewaltiger Schuldenberg akkumuliert werden, möglicherweise 60 bis 70 Milliarden Mark. Deutschland könne nicht erwarten, von den besiegten Gegnern Reparationen in diesem Umfang zu erhalten. Es müsse daher eine Möglichkeit gefunden werden, die Schulden aus eigenen Mitteln zu tilgen. Helfferich räumte ein, dass er keinen Plan für die Schuldentilgung habe. Die Finanzminister der Bundesstaaten wollten auf ihr Einkommenssteuerprivileg nicht verzichten. Der Krieg hatte bereits dazu geführt, dass das Reich viele Kompetenzen an sich gezogen hatte. Die Bundesstaaten befürchteten, dass mit einem Zugriff des Reiches auf die direkten Steuern die Zentralisierung der Macht auf Dauer verstärkt würde. Helfferich schlug vor, dass die Bundesstaaten sich an der Tilgung der Reichsschulden beteiligen sollten, weil sie über die ergiebigen direkten Steuern verfügten. Die Finanzminister der Bundesstaaten sagten zu, dass ein Kompromiss gefunden werde. Es wurde vereinbart, das Problem der Tilgung der Staatsschulden unbedingt vertraulich zu behandeln.[20]

In der Öffentlichkeit verbreitete die Regierung nach wie vor Optimismus. Staatssekretär Helfferich erklärte im August 1915 bei der Vorstellung eines Nachtragshaushalts für 1915/16, dass die bisherige Kreditfinanzierung der Kriegskosten sich bewährt habe und fortgesetzt werde. Während des Krieges sollten keine neuen Steuern eingeführt werden. Nach dem Krieg war eine Kriegsgewinnsteuer zu erheben, um dem Reich zusätzliche Einnahmen zu verschaffen. Die Tilgung der Reichsschuld sei durch die Reparationszahlungen der besiegten Gegner gewährleistet. „Das Bleigewicht der Milliarden haben die Anstifter dieses Krieges verdient; sie mögen es durch die Jahrzehnte schleppen, nicht wir."[21]

Zur Konsolidierung der kurzfristigen Schulden wurden jedes Jahr zwei Kriegsanleihen aufgelegt, im Februar-März 1915, im September 1915, im März 1916, im September-Oktober 1916, im März-April 1917, im September-Oktober 1917, im März-April 1918 und zuletzt im September 1918. Die Verzinsung der Anleihen blieb bei fünf Prozent. Seit der vierten Kriegsanleihe vom März 1916 wurden die mittelfristigen Reichsschatzanweisungen allerdings etwas niedriger mit 4,5 % verzinst. Bei der Platzierung wurden seit der zweiten Anleihe außer den Geschäftsbanken und Sparkassen auch die Genossenschaftsbanken beteiligt.[22]

Auch kleinste Beträge sollten für die Zeichnung der Kriegsanleihen mobilisiert werden. Im März 1917 wurden beim Feldheer „Kriegsanleihe-Sparkarten" eingeführt. Die Soldaten konnten von ihrem Wehrsold Sparmarken im Wert von 1 Mark bis 5 Mark erwerben. Die Heeresverwaltung überwies die Beträge an die gewünschte Sparkasse in der Heimat, die dann für jeweils 100 Mark Kriegsanleihestücke erwer-

---

20 BArch R 2/41231. Aufzeichnung über die vom Staatssekretär des Reichsschatzamtes veranlasste Besprechung von Finanzfragen des Reichs mit den einzelstaatlichen Finanzministern vom 14. 7. 1915.
21 Helfferich, Rede zum Nachtrag zum Haushalt für 1915/16, 14. August 1915. Verhandlungen des Reichstags. 13. Legislaturperiode, 2. Session. Bd. 306. Stenographische Berichte, 223 f.
22 Die Kreditgenossenschaften und die neue Kriegsanleihe, in: Blätter für Genossenschaftswesen, 20. Februar 1915, 97–99.

ben sollte.²³ Das Projekt der Kriegs-Sparkarten war aber ein Fehlschlag. Offenbar hatten die Soldaten andere Sorgen.²⁴

Für jede Kriegsanleihe gab es, wie schon im September 1914, eine massive Propagandakampagne. Das Reichsschatzamt betonte im Februar 1916 bei der Vorbereitung der vierten Kriegsanleihe in einem Rundschreiben an die Regierungen der Bundesstaaten, es sei „mit allen Mitteln eine Propagandatätigkeit zu entfalten", um den Erfolg der Anleihe zu sichern.²⁵ In den Zeitungen und sogar in Schulen und in Kirchen wurde für die Kriegsanleihen geworben. Der Fokus der Propaganda änderte sich. Die Anleihen wurden nicht mehr, wie noch im September 1914, als günstige Kapitalanlage empfohlen. Staatssekretär Helfferich betonte im August 1915 im Reichstag, es sei patriotische Pflicht, Kriegsanleihen zu zeichnen.²⁶ Nicht nur aus wirtschaftlichen Gründen, sondern auch aus politischen Gründen sei ein Erfolg der Kriegsanleihe anzustreben, erklärte das Reichsschatzamt im August 1916. Der Gegner müsse durch die Finanzkraft Deutschlands beeindruckt werden.²⁷ Für die sechste Kriegsanleihe von März-April 1917 warb ein weit verbreitetes martialisches Plakat, auf dem ein Frontsoldat, mit Stahlhelm, Gasmaske und Handgranaten ausgerüstet, zur Zeichnung von Kriegsanleihen aufforderte: „Helft uns siegen!"²⁸

Die Sicherheit der Kriegsanleihen wurde in der Öffentlichkeit nicht mehr mit den erwarteten Reparationen begründet, sondern mit der deutschen Wirtschaftskraft. Helfferich erklärte im März 1916 im Reichstag: „Das deutsche Volk mit seiner Tüchtigkeit und Arbeitskraft, der deutsche Boden mit seinem ganzen Reichtum steht hinter unseren Anleihen und ist für die Kriegsanleihen gut."²⁹ Die Reichsbank betonte in einer Propagandabroschüre für die sechste Kriegsanleihe vom März 1917, dass Deutschlands Volkseinkommen und Volkswohlstand die Sicherheit der Kriegsanleihen garantierten. Reparationen würden für die Tilgung der Staatsschulden nicht benötigt.³⁰ Diese Argumentation wurde bis zum Ende des Krieges beibehalten. Reichsregierung und Reichstag veröffentlichten am 1. November 1918 in der Zeitschrift des Deutschen Sparkassen-Verbandes eine gemeinsame Erklärung zur Sicherheit der Kriegsanleihen. „Die Anleihen sind gesichert, formell durch das Ver-

---

23 Vereinbarung mit der Heeresverwaltung über Kriegsanleihe-Sparkarten, in: Die Sparkasse. Amtliches Fachblatt des Deutschen Sparkassen-Verbandes, 15. Februar 1917, 45–48; Einführung von Kriegsanleihe-Sparkarten beim Feldheer, in: Die Sparkasse, 15. März 1917.
24 *Winkler*, Die deutschen Sparkassen, 106.
25 Geheimes Staatsarchiv Berlin-Dahlem (GStA), I. Hauptabteilung (HA), Repositur (Rep.) 151, HB 989. Reichsschatzamt an die Bundesregierungen, 22. 2. 1916. Zur quantitativen Entwicklung der Kriegsanleihen vgl. Abschnitt 3.10.3 in diesem Band.
26 Helfferich, Rede zum Nachtrag zum Haushalt für 1915/16, 225 f.
27 GStA, I. HA, Rep. 151, HB 989. Reichsschatzamt an die Bundesregierungen, 3. 8. 1916.
28 *Hans Ottomeyer/Hans-Jürgen Czech* (Hrsg.), Deutsche Geschichte in Bildern und Zeugnissen. Deutsches Historisches Museum. Berlin 2009, 203.
29 Reichstagssitzung vom 16. März 1916. Verhandlungen des Reichstags. 13. Legislaturperiode, 2. Session, Bd. 306, 775.
30 BArch R 2501/397. Reichsbank, Material zum Werbevortrag für die sechste Kriegsanleihe.

Abb. 1: Plakat „Helft uns siegen!" als Werbung für die sechste Kriegsanleihe, Frühjahr 1917.

sprechen von Regierung und Reichstag, materiell durch das, was hinter ihnen steht, die Arbeits- und Steuerkraft des ganzen deutschen Volkes."[31] Konkrete Pläne, die

---

[31] Die Sparkasse, 1. November 1918, 253.

Steuerkraft des deutschen Volkes für die Rückzahlung der Kriegsanleihen zu mobilisieren, gab es jedoch nicht.

Die massiven Propagandakampagnen, die es zu jeder Anleihe gab, aber auch der Mangel an alternativen Anlagemöglichkeiten hatten zur Folge, dass die Bevölkerung sich in großem Umfang an den Kriegsanleihen beteiligte. Bei der sechsten Kriegsanleihe vom März 1917 gab es 7,1 Millionen Zeichnungen. Im Vergleich zu den 14 Millionen Haushalten, die es 1910 in Deutschland gab, war das eine sehr weite Verbreitung.[32] Viele Haushalte, die wahrscheinlich nie zuvor Wertpapiere erworben hatten, legten ihr Geld in Kriegsanleihe an. Danach ging die Verbreitung der Kriegsanleihen zurück. Für die neunte Anleihe vom September 1918 gab es nur noch 2,7 Millionen Zeichnungen.[33]

Die Erlöse aus den Kriegsanleihen nahmen, mit geringen Schwankungen, im Trend stetig zu. Auch die Darlehnskassen trugen zum Absatz der Anleihen bei; Ende 1916 betrugen ihre Kriegsanleihedarlehen 1,1 Milliarden Mark.[34] Die achte Kriegsanleihe vom März 1918 brachte 15,0 Milliarden Mark ein. Erst bei der Anleihe vom September 1918 gingen angesichts der unausweichlichen Niederlage die Erlöse auf 10,4 Milliarden Mark zurück.[35]

Trotz der weiten Verbreitung der Kriegsanleihen kamen die Gelder vor allem von institutionellen Anlegern oder reichen Privatanlegern, die große Beträge investierten. Wenn man die Gesamtheit der Zeichnungen für die neun Kriegsanleihen in drei Klassen einteilt, so entfielen auf die untere Klasse bis 1000 Mark 81 % aller Zeichnungen, aber nur 10 % der Gesamtsumme, auf eine mittlere Klasse von 1100 bis 100 000 Mark 19 % der Zeichnungen und 46 % der Gesamtsumme, und auf die oberste Klasse ab 100 100 Mark 0,2 % der Zeichnungen, aber 44 % der Gesamtsumme.[36]

Die unbestimmten Tilgungsaussichten haben das Vertrauen der Anleger in die Kriegsanleihen offenbar nicht erschüttert. Die Kurse der Anleihen im Freiverkehr, den es nach der Schließung der Börsen noch gab, waren stabil. 1915 und 1916 betrug der Kurs der fünfprozentigen Kriegsanleihe im Jahresdurchschnitt jeweils 99 %, 1917 und 1918 war er mit 98 % nur unwesentlich niedriger.[37]

Die Kriegsanleihen reichten trotz der erheblichen Platzierungserfolge nicht aus, um alle kurzfristigen Schulden des Reiches zu konsolidieren. Die „schwebende Schuld" in Form von Reichsschatzwechseln nahm beträchtlich zu. Die Reichsbank

---

32 *Statistisches Bundesamt* (Hrsg.), Bevölkerung und Wirtschaft 1872–1972. Stuttgart/Mainz 1972, 98.
33 Verwaltungsbericht der Reichsbank 1918, 11.
34 Die Darlehnskassen des Reichs im Jahre 1916. Bearbeitet im Bureau der Hauptverwaltung der Darlehnskassen. Berlin 1917, 7.
35 Verwaltungsbericht der Reichsbank 1918, 11.
36 Verwaltungsbericht der Reichsbank 1918, 11.
37 Statistisches Jahrbuch für das Deutsche Reich 1920, 116.

konnte einen Teil der Schatzwechsel auf dem Geldmarkt unterbringen, ein erheblicher Rest blieb aber in ihrem Portefeuille.[38]

Eine Grenze erreichte die politisch bequeme Kreditfinanzierung der Kriegskosten, als die Steuereinnahmen nicht mehr genügten, um die Zinsen der explodierenden Staatsschulden zu bezahlen. Reichskanzler von Bethmann Hollweg warnte im Januar 1916 in einem geheimen Memorandum, dass die Budgetsituation sich rapide verschlechterte. Steuereinnahmen seien unvermeidlich, wenn die ordentlichen Einnahmen zur Zahlung der Zinsen auf die Reichsschuld genügen sollten. Die Alternative, die Aufnahme von Krediten zur Finanzierung der Zinszahlungen, würde den etablierten finanzpolitischen Grundsätzen widersprechen.[39] Seit dem Sommer 1916 wurden daraufhin bestehende Steuern erhöht und neue Steuern eingeführt. Im Juni 1916 beschloss der Reichstag eine Kriegsgewinnsteuer als Einkommens- und Vermögensabgabe für Firmen und Private. Sie sollte eine einmalige Abgabe sein, aber als der Krieg länger dauerte, wurde sie 1917 und 1918 erneuert.[40] Eine wichtige indirekte Steuer war die ebenfalls im Juni 1916 eingeführte Umsatzsteuer. Der zunächst sehr niedrige Tarif wurde 1918 erhöht. Die Umsatzsteuer ist seitdem ein festes Instrument der deutschen Finanzpolitik geworden. Die Zölle auf Tee und Kaffee wurden heraufgesetzt, obwohl das bei den stark reduzierten Importen nicht viel einbrachte, die Brausteuer wurde erhöht, und neue Steuern wurden auf Wein, Sekt und Mineralwasser eingeführt; außerdem gab es besondere Steuern auf die Kohle und auf Verkehrsleistungen. Manche der neuen indirekten Steuern verschoben lediglich das Budgetproblem vom ordentlichen Haushalt auf den kreditfinanzierten außerordentlichen Haushalt, da sie von den Rüstungsbetrieben auf die Preise für staatliche Aufträge aufgeschlagen wurden.[41] Durch die Kriegssteuern gelang es, zumindest formal das finanzpolitische Minimalziel zu erreichen, den Ausgleich des ordentlichen Haushalts, in dem die steigenden Zinsen für die Staatsschulden enthalten waren. Insgesamt beliefen sich die Ausgaben des Reiches von April 1914 bis März 1919 auf 159 Milliarden Mark. Die Ausgaben wurden zu 86 % durch Kredite finanziert und nur zu 14 % durch Steuern.[42]

Auch die Haushalte der Bundesstaaten und der Kommunen wiesen während des Krieges erhebliche Defizite auf. Beide Gebietskörperschaften sollten keine Anleihen begeben, damit der langfristige Kapitalmarkt für die Kriegsanleihen des Reiches reserviert blieb. Der Kreditbedarf von Bundesstaaten und Kommunen war durch die Darlehnskassen zu decken. Nach den ursprünglichen Plänen hatten die Darlehnskassen vor allem den Kreditbedarf der Wirtschaft zu befriedigen; die Finanzierung der Haushalte von Bundesstaaten und Kommunen war nachrangig. Die Unterneh-

---

38 Verwaltungsbericht der Reichsbank 1918, 3 f.
39 BArch R 2/41232. Reichskanzler, Memorandum vom 31. 1. 1916.
40 *Roesler*, Finanzpolitik, 189–191.
41 *Roesler*, Finanzpolitik, 187–194.
42 *Roesler*, Finanzpolitik, 195–200.

men nahmen die Darlehnskassen jedoch nur in geringem Umfang in Anspruch. Die Rüstungsindustrie erhielt durch die Gewinne aus den Staatsaufträgen in erheblichem Umfang Gelegenheit zur Selbstfinanzierung.[43] Außerdem gewährten die Geschäftsbanken den Unternehmen Kredit.[44] 1918 bestand das Kreditvolumen der Darlehnskassen zu 85 % aus Krediten an die Bundesstaaten und die Kommunen.[45]

2.3.5 Die Kriegsinflation

Die enormen Defizite in den Haushalten von Reich, Ländern und Gemeinden führten zu einer Kriegsinflation, die sich am Anstieg der Preise und an einer Entwertung der Mark gegenüber neutralen Währungen zeigte. Allerdings wurden der Preisanstieg und der Kursverfall der Mark durch staatliche Kontrollen gebremst, so dass zum Teil eine zurückgestaute Inflation vorlag.

Der Kern des Inflationsprozesses war die starke monetäre Expansion. Die großzügige Diskontierung von Reichsschatzanweisungen durch die Reichsbank schlug sich in einer Zunahme des Geldangebotes nieder. Die gesamte Geldmenge wurde für Ende 1913 auf 17 Milliarden Mark geschätzt. Der Bargeldumlauf bestand aus Münzen, Reichsbanknoten, dem Papiergeld der kleinen regionalen Notenbanken und einem begrenzten Kontingent an Reichskassenscheinen. Giralgeld wurde von der Reichsbank und den Geschäftsbanken angeboten, in geringerem Umfang auch von den Genossenschaften, von den Sparkassen, die seit 1908 am bargeldlosen Zahlungsverkehr teilnehmen konnten, und von dem 1909 eingerichteten Postschecksystem. Während des Krieges wurden die Darlehnskassenscheine in den Bargeldumlauf gedrückt, während die Goldmünzen aus dem Zahlungsverkehr verschwanden. Die gesamte Geldmenge stieg bis Ende 1914 auf 21 Milliarden Mark, Ende 1915 auf 25 Milliarden Mark, Ende 1916 auf 33 Milliarden Mark, Ende 1917 auf 51 Milliarden Mark und Ende 1918 auf 78 Milliarden Mark. Insgesamt nahm die Geldmenge von Ende 1913 bis Ende 1918 im Durchschnitt um 36 % im Jahr zu.[46]

Obwohl die Wirtschaft mit Liquidität geflutet wurde, versuchten Reichsregierung und Reichsbank, das Vertrauen in die Währung zu erhalten. Die Öffentlichkeit im Inland und im Ausland sollte überzeugt werden, dass der Goldstandard nur vorübergehend suspendiert war und dass Deutschland nach dem Krieg unverzüglich zur Goldwährung zurückkehren würde. Die Goldreserven der Reichsbank sollten daher gestärkt werden, obwohl sie keinen Einfluss mehr auf das Geldangebot hatten.

---

43 GStA, I. HA, Rep. 151, HB/984. Reichsschatzamt an den Preußischen Finanzminister, 21. 12. 1914.
44 *Detlef Krause*, Die Commerz- und Disconto-Bank 1870–1920/23. Bankgeschichte als Systemgeschichte. Stuttgart 2004, 241–249.
45 Die Darlehnskassen des Reichs im Jahre 1918. Bearbeitet im Bureau der Hauptverwaltung der Darlehnskassen. Berlin 1919, 3.
46 *Holtfrerich*, Inflation, 48 f.

Um die Goldreserven zu vergrößern, wurde die Bevölkerung in einer großen Propagandakampagne dazu aufgerufen, Goldmünzen in Papiergeld zu wechseln. Neben patriotischen Appellen gab es schlichte Darstellungen, um die Bedeutung der Goldreserven zu zeigen. Eine Werbebroschüre schilderte, wie Schüler, die im patriotischen Unterricht aufgepasst hatten, den alten Getreidehändler Lehmann überzeugten, sein Gold zur Reichsbank zu bringen.[47]

Die Reichsbank verwendete einen Teil ihres Goldes, um Importe zu finanzieren und um die Verbündeten zu unterstützen. Trotzdem konnte sie ihre Goldreserven durch die „Entgoldung" des Zahlungsverkehrs erhöhen; sie stiegen von Ende Juli 1914 bis Ende Dezember 1915 von 1,3 Milliarden Mark auf 2,4 Milliarden Mark. 1916 war der Zufluss aus der Goldzirkulation weitgehend erschöpft, und die Bevölkerung wurde nunmehr aufgerufen, Goldschmuck und andere Objekte aus Gold zur Stärkung der Währungsreserven an die Reichsbank zu verkaufen.[48] Mit diesem Goldzufluss aus der Bevölkerung konnte der Goldbestand trotz weiterer Goldabgaben an das neutrale Ausland und an die Verbündeten gehalten werden. Die Goldreserven stiegen bis Ende Dezember 1916 auf 2,5 Milliarden Mark, gingen bis Ende Dezember 1917 wieder leicht zurück auf 2.4 Milliarden Mark, erreichten aber am 7. November 1918, kurz vor dem Waffenstillstand, einen Höchststand von 2,6 Milliarden Mark.[49]

Staatliche Eingriffe in den Markt, die nach bescheidenen Anfängen ständig ausgedehnt wurden, mit Preisobergrenzen und Rationierung, sollten den Einfluss der Inflation auf das Preisniveau der Mark dämpfen. 1915 war die Preispolitik noch wenig effektiv, die Großhandelspreise stiegen um 35 %. Danach wurden die Preiskontrollen wirksamer. Die Regierung akzeptierte jedoch weiterhin Preiserhöhungen, um materielle Anreize für die Ausdehnung der Produktion zu bieten. 1916 stiegen die Großhandelspreise um 7 %, 1917 um 18 % und 1918 um 21 %. Insgesamt stieg der Index der Großhandelspreise bis 1918 auf 217 % des Vorkriegsniveaus von 1913.[50] Hinter dieser an den kontrollierten Preisen gemessenen offenen Inflation verbarg sich eine erhebliche zurückgestaute Inflation. Die tatsächliche Geldentwertung wurde deutlich an den hohen Preisen für Lebensmittel und andere wichtige Konsumgüter, die auf dem Schwarzen Markt gezahlt wurden.[51]

Die Kriegsinflation war eine Folge der staatlichen Defizite, andererseits hat die Inflation aber die Kreditfinanzierung der Kriegskosten unterstützt. Zwar gingen die Realeinkommen während des Krieges zurück, aber durch die Inflation kam es zu einem erheblichen Anstieg der Nominaleinkommen. Da die Investitionen der Unter-

---

47 BArch N 2108/7, Nachlass Havenstein. Gerhard Borghorst, Die Goldsucher bei der Arbeit. Berlin 1915.
48 Verwaltungsbericht der Reichsbank für das Jahr 1916, 7–13. Zur Metallmobilisierung allgemein vgl. Kapitel 2.2 in diesem Band.
49 Verwaltungsbericht der Reichsbank 1918, 34 f.
50 *Statistisches Reichsamt*, Zahlen zur Geldentwertung in Deutschland 1914 bis 1923. (Wirtschaft und Statistik, 5. Jg., Sonderheft 1.) Berlin 1925, 16.
51 *Hardach*, Der Erste Weltkrieg, 123–132; *Holtfrerich*, Inflation, 76–92.

nehmen und der Konsum der Haushalte stark eingeschränkt wurden, und da es wenig andere Anlagemöglichkeiten gab, flossen die liquiden Mittel zu einem großen Teil in Kriegsanleihen und Reichsschatzanweisungen.[52] Erst gegen Ende des Krieges nahm nach der Beobachtung der Reichsbank das Horten von Papiergeld zu, „zur Verheimlichung oder zur Ermöglichung des Schleichhandels und zur Rüstung für die erwartete Friedenszeit, zu einem nicht geringen Teil aber auch die Thesaurierung aus Furcht vor stärkerer steuerlicher Heranziehung."[53]

Im Juni 1918 legte die Reichsbank ein umfangreiches Memorandum zur Finanz- und Währungspolitik der Nachkriegszeit vor. Die Haushaltsdefizite müssten ausgeglichen werden. Deshalb wären eine Reduzierung der Ausgaben und eine Steigerung der Steuereinnahmen notwendig. Die kurzfristigen Staatsschulden sollten aus eigenen Mitteln abgebaut werden; hohe Reparationszahlungen zur Schuldentilgung seien nicht zu erwarten. Nach der Stabilisierung der öffentlichen Haushalte könnte die monetäre Expansion durch die Reichsbank und die Darlehnskassen eingestellt und damit auch die Inflation beendet werden.[54] Das Memorandum hatte aber keine Folgen. Die Reichsregierung hatte bis zum Ende des Krieges keine Pläne die die Stabilisierung der Finanzen und der Währung.

2.3.6 Finanzierung der Einfuhr

Vor dem Krieg hatte der Goldstandard die Stabilität des Wechselkurses der Mark gegenüber anderen Währungen gewährleistet. Nach dem Kriegsbeginn wurden eine staatliche Außenhandelslenkung und Devisenkontrollen eingeführt und ständig ausgebaut.

Die Alliierten verhängten eine Blockade über die Mittelmächte, die anfangs noch große Lücken aufwies, mit der Zeit aber wirksamer wurde. Die deutsche Regierung versuchte, die Blockade zu umgehen, indem sie den Handel mit benachbarten neutralen Ländern ausdehnte und den Überseehandel über neutrale Häfen leitete. Das Ziel war, eine möglichst hohe Einfuhr an kriegswichtigen Rohstoffen, Lebensmitteln und Fertigwaren zu sichern. Die Ausfuhr sollte dagegen möglichst geringgehalten werden, da die deutsche Industrie sich auf die Rüstungsproduktion konzentrieren sollte.

Trotz der Blockade blieb ein begrenzter Außenhandel möglich. Durch die Priorität der Einfuhr und die Begrenzung der Ausfuhr ergaben sich beträchtliche Importüberschüsse.[55] Die Reichsbank warnte bereits im November 1914, dass es schwierig

---

52 Verwaltungsbericht der Reichsbank 1918, 3.
53 Verwaltungsbericht der Reichsbank 1918, 4.
54 BArch R 2/1894. Reichsbank-Direktorium an den Reichskanzler, 29. 7. 1918.
55 *Hardach*, Der Erste Weltkrieg, 19–43; *Nicholas A. Lambert*, Planning Armageddon. British Economic Warfare and the First World War. Cambridge (Mass.)/London 2012. Vgl. zum Folgenden auch Kapitel 5.1 in diesem Band.

wurde, die Importüberschüsse zu finanzieren. Es fehlte an Devisen; aber wenn deutsche Importeure in Mark bezahlten, wurde der Wechselkurs der Mark in neutralen Ländern gedrückt. Daher stellte die Reichsbank einen Teil ihrer sorgsam gehüteten Goldreserve für die Importfinanzierung zur Verfügung.[56] Im November 1915 wurden private Goldexporte verboten, und der Goldtransfer wurde bei der Reichsbank konzentriert.[57] Das Vertrauen in die deutsche Währung war noch erstaunlich groß, so dass das Reich Kredite im neutralen Ausland aufnehmen konnte. Als Sicherheit akzeptierten die Kreditgeber Anleihen des Reiches und der Bundesstaaten aus der Vorkriegszeit.[58]

Seit 1916 wurde die Devisensituation kritischer. Die Exporterlöse gingen zurück, der Absatz deutscher Wertpapiere im Ausland wurde schwierig, und der Kurs der Mark auf neutralen Devisenmärkten gab nach. Der Mangel an Devisen machte eine scharfe Rationierung der Importe notwendig. 1916 beschlagnahmte die Reichsregierung private deutsche Auslandsforderungen gegen eine Entschädigung in Mark, um sie im neutralen Ausland zu verwerten. Außerdem verkaufte die Reichsbank nunmehr einen größeren Teil ihrer Goldreserve im Ausland.[59]

Belastet wurde die Zahlungsbilanz auch durch Kriegskredite, die das Deutsche Reich seinen Verbündeten gewährte. Bulgarien, Österreich-Ungarn und die Türkei bezahlten mit der Kredithilfe nicht nur Einkäufe in Deutschland, sondern nutzten sie auch zur Finanzierung von Importen aus neutralen Ländern und drückten damit den Wechselkurs der Mark. Die Türkei erhielt auch einige Goldtransfers aus den Währungsreserven der Reichsbank.[60]

Insgesamt erzielte die deutsche Wirtschaft während des Krieges erhebliche Importüberschüsse, die zur Stärkung der Rüstung beitrugen. Die Importe betrugen in der Zeit von August 1914 bis Dezember 1918 insgesamt 32 Milliarden Mark, die Exporte 17 Milliarden Mark.[61] Zu dem Importüberschuss von 15 Milliarden Mark kamen Kriegskredite an die Verbündeten in Höhe von 5 Milliarden Mark. Das Gesamtdefizit von 20 Milliarden Mark wurde durch die Kreditaufnahme im Ausland, durch den Verkauf deutscher Auslandsforderungen und durch Goldtransfers ausgeglichen.[62]

Außerhalb der Zahlungsbilanz blieben die Zwangslieferungen aus den besetzten Gebieten. Die deutsche Regierung forderte von den okkupierten Territorien in Belgien, Frankreich, Russland und später Rumänien erhebliche Kontributionsleis-

---

56 GStA, Rep. 151, HB 984. Reichsbank an den Staatssekretär des Reichsschatzamtes, 10. 11. 1914.
57 Verwaltungsbericht der Reichsbank für das Jahr 1915, 7.
58 BArch R 2/41671. Reichsbank-Direktorium an den Staatssekretär des Reichsschatzamtes, 15. 6. 1916.
59 *Hardach*, Finanzielle Mobilmachung, 380 f.
60 *Hardach*, Finanzielle Mobilmachung, 382.
61 *Hardach*, Der Erste Weltkrieg, 42.
62 BArch R 2/41674. Reichsbank-Direktorium, Die deutsche Zahlungsbilanz und der Auslandskredit. Memorandum vom 2. 1. 1919.

tungen. Das Preußische Kriegsministerium bezifferte im Oktober 1918 den Gesamtbetrag der Kontributionen aus den besetzten Gebieten auf 3,5 Milliarden Mark.[63]

Trotz des massiven Ungleichgewichts in der Leistungsbilanz wurde der Zwangskurs der Mark gegenüber dem Dollar bis November 1918 nur auf 177 % des Niveaus von 1913 festgesetzt.[64] Wie bei den kontrollierten Inlandspreisen stand hinter dem administrierten Wechselkurs der Mark eine erhebliche zurückgestaute Inflation.

2.3.7 Das finanzielle Erbe des Krieges

Die Finanzierung der Kriegskosten durch Kredite hinterließ einen riesigen Schuldenberg. Ende Dezember 1918 betrugen die Schulden des Reiches 135 Milliarden Mark. Davon entfielen 80 Milliarden Mark auf Kriegsanleihen oder mittelfristige Schatzanweisungen und 55 Milliarden Mark auf kurzfristige Schulden. Die Reichsbank konnte Schatzwechsel im Volumen von 28 Milliarden Mark auf dem Geldmarkt unterbringen, während sie 27 Milliarden Mark im Portefeuille behielt.[65] Zu den Reichsschulden kamen erhebliche Schulden der Bundesstaaten und der Kommunen.[66]

Im historischen Rückblick wird die Kriegsinflation von 1914–1918 oft mit der folgenden Nachkriegsinflation von 1918–1923 verbunden. Es gab aber keine alternativlose Kontinuität. Während der Revolution und zu Beginn der Weimarer Republik wurden verschiedene währungs- und finanzpolitische Optionen zwischen Inflation und Deflation diskutiert. Der Weg in die unkontrollierte Inflation war nur einer von mehreren denkbaren Entwicklungspfaden.[67]

Bei der Währungsstabilisierung von 1923/24 wurde eine Billion Mark auf eine Reichsmark umgestellt. Alle Geldforderungen waren entsprechend entwertet. Später wurden bescheidene Aufwertungen der Geldforderungen beschlossen. Für private Schulden reichten die Aufwertungssätze von 12,5 % für Sparguthaben bis 15 % für Hypotheken. Für Staatsanleihen, einschließlich der Kriegsanleihen, wurde mit Rücksicht auf die schwierige Finanzlage des Reiches nur ein sehr geringer Aufwertungssatz von 2,5 % zugestanden.[68] Der Schuldenberg, der durch die inflationäre Kriegsfinanzierung entstanden war, wurde ebenso wie die noch weit höheren Nachkriegsschulden durch die Inflation getilgt.

---

63 BArch R 704/25. Preußisches Kriegsministerium, Memorandum vom 16. 10. 1918.
64 *Statistisches Reichsamt*, Zahlen zur Geldentwertung, 5.
65 BArch R 2/1895. Stand der fundierten Reichsschuld vom 31. 12. 1918; Deutschlands Wirtschaft, Währung und Finanzen, 62.
66 *Deutsche Bundesbank*, Deutsches Geld- und Bankwesen in Zahlen 1876–1975. Frankfurt 1976, 313.
67 *Holtfrerich*, Inflation, 115–135.
68 *Holtfrerich*, Inflation, 315–327.

Auswahlbibliographie

Balderston, Theo, Industrial Mobilization and War Economies, in: John Horne (Hrsg.), A Companion to World War I. Chichester 2012, 217–233.
Balderston, Theo, War Finance and Inflation in Britain and Germany, 1914–1918, in: Economic History Review 42, 1989, 222–244.
Descamps, Florence/Laure Quennouëlle-Corre (Hrsg.), La mobilisation financière pendant la Grande Guerre. Le front financier, un troisième front. Paris 2015.
Deutsche Bundesbank, Deutsches Geld- und Bankwesen in Zahlen 1876–1975. Frankfurt 1976.
Deutschlands Wirtschaft, Währung und Finanzen. Im Auftrage der Reichsregierung den von der Reparationskommission eingesetzten Sachverständigenkommissionen eingesetzten Sachverständigenausschüssen übergeben. Berlin 1924.
Feldman, Gerald D., The Great Disorder. Politics, Economics and Society in the German Inflation, 1914–1924. Oxford/New York 1993.
Gross, Stephen, Confidence and Gold: German War Finance 1914–1918, in: Central European History 42, 2009, 223–252.
Hardach, Gerd, Der Erste Weltkrieg. (Geschichte der Weltwirtschaft im 20. Jahrhundert, Bd. 2.) München 1973.
Hardach, Gerd, Die finanzielle Mobilmachung in Deutschland 1914–1918, in: Jahrbuch für Wirtschaftsgeschichte, 2015/2, 359–387.
Hoffmann, Walther G./Franz Grumbach/Helmut Hesse, Das Wachstum der deutschen Wirtschaft seit der Mitte des 19. Jahrhunderts. Berlin 1965.
Holtfrerich, Carl-Ludwig, Die deutsche Inflation 1914–1923. Ursachen und Folgen in internationaler Perspektive. Berlin 1980.
Krause, Detlef, Die Commerz- und Disconto-Bank 1870–1920/23. Bankgeschichte als Systemgeschichte. Stuttgart 2004.
Lambert, Nicholas A., Planning Armageddon. British Economic Warfare and the First World War. Cambridge (Mass.)/London 2012.
Lotz, Walther, Die deutsche Staatsfinanzwirtschaft im Kriege. Stuttgart/Berlin/Leipzig 1927.
Ottomeyer, Hans/Hans-Jürgen Czech (Hrsg.), Deutsche Geschichte in Bildern und Zeugnissen. Deutsches Historisches Museum. Berlin 2009.
Ritschl, Albrecht, The Pity of Peace. Germany's Economy at War, 1914–1918 and Beyond, in: Stephen Broadberry/Mark Harrison (Hrsg.), The Economics of World War I. Cambridge 2005, 41–76.
Roesler, Konrad, Die Finanzpolitik des Deutschen Reiches im Ersten Weltkrieg. Berlin 1967.
Soutou, Georges-Henri, Comment a été financée la guerre, in: Paul-Marie de la Gorce (Hrsg.), La Première Guerre mondiale, Bd. 1. Paris 1991, 281–297.
Statistisches Bundesamt, Bevölkerung und Wirtschaft 1872–1972. Stuttgart 1972.
Statistisches Reichsamt, Zahlen zur Geldentwertung in Deutschland 1914–1923. Berlin 1925.
Winkler, Friedrich A., Die deutschen Sparkassen und die Kriegsanleihe, in: Heinrich Höpker (Hrsg.), Die deutschen Sparkassen, ihre Entwicklung und Bedeutung. Berlin 1924, 105–110.
Zeidler, Manfred, Die deutsche Kriegsfinanzierung 1914 bis 1918 und ihre Folgen, in: Wolfgang Michalka (Hrsg.), Der Erste Weltkrieg. Wirkungen, Wahrnehmung, Analyse. München 1994, 415–433.

Christopher Kopper
2.4 Transport und Verkehr

2.4.1 Einleitung

Die Eisenbahn und das gesamte Verkehrswesen haben in der Historiographie des Ersten Weltkriegs bislang nur wenig Aufmerksamkeit gefunden. Das erhebliche Forschungsgefälle zwischen der Verkehrsgeschichte des Ersten und des Zweiten Weltkriegs ist zunächst der Tatsache geschuldet, dass neben den Akten des Preußischen Kriegsministeriums auch die zentrale Aktenüberlieferung der Königlich Preußischen Eisenbahnverwaltung (KPEV) während des Zweiten Weltkriegs vernichtet wurde.[1] Die wirtschaftshistorische Forschung unterschätzte die volkswirtschaftliche Bedeutung des Gütertransports, der gegenüber der Organisation und den Ergebnissen der Kriegsgüterproduktion allenfalls als zweitrangig wahrgenommen wurde. Weil die Westfront seit der Marneschlacht im September 1914 weitgehend statisch war und das deutsche Heer im Osten bis zum Herbst 1917 nur relativ langsam vorrückte, muteten der militärhistorischen Forschung die verkehrslogistischen Fragen als vernachlässigbar an.

Neben den maßgeblichen eisenbahnhistorischen Darstellungen gingen auch die offiziellen und offiziösen Jubiläumsdarstellungen der Deutschen Reichsbahn-Gesellschaft, der Deutschen Bundesbahn und der Deutschen Reichsbahn zu den hundertjährigen und hundertfünfzigjährigen Jubiläen der deutschen Eisenbahn mit wenigen Sätzen über die vier Jahre des Ersten Weltkriegs hinweg.[2] Das ungewöhnlich geringe Interesse der überwiegend technik-, wirtschafts- und verwaltungsgeschichtlich orientierten Eisenbahnforschung lässt sich mit der Tatsache erklären, dass der Erste Weltkrieg keine technologischen und organisatorischen Innovationsschübe im Eisenbahnwesen induzierte und die nachhaltigen wirtschaftlichen Folgen des Krieges von der Hyperinflation der Nachkriegszeit überlagert wurden. Auch die verkehrshistorische Forschung vermittelte bis in die 1990er Jahre den Eindruck, dass die föderale Struktur des Eisenbahnwesens mit der quantitativ dominierenden

---

1 Im Geheimen Staatsarchiv Preußischer Kulturbesitz in Berlin sind nur die Akten der Eisenbahnabteilung des Preußischen Ministeriums für öffentliche Arbeiten erhalten geblieben. Die Akten der Betriebsverwaltung der KPEV wurden zerstört (https://www.gsta.spk-berlin.de/kategorie_detail.php?detail=347&PAGE_ID=952, aufgerufen am 4. 12. 2019). Das Betriebsgebiet der KPEV erstreckte sich über Preußen und das Großherzogtum Hessen.
2 *Ralf Roth*, Das Jahrhundert der Eisenbahn. Die Herrschaft über Raum und Zeit 1800–1914. Ostfildern 2005; *Lothar Gall*, Eisenbahnen in Deutschland. Von den Anfängen bis zum Ersten Weltkrieg, in: Lothar Gall/Manfred Pohl (Hrsg.), Die Eisenbahn in Deutschland. München 1999, 13–70; *Hauptverwaltung der Deutschen Reichsbahn* (Hrsg.), Hundert Jahre deutsche Eisenbahnen. Berlin 1935; *Toni Liebl* u. a., Offizieller Jubiläumsband der Deutschen Bundesbahn. 150 Jahre Deutsche Eisenbahnen. München 1985; *Elfriede Rehbein* u. a., Deutsche Eisenbahnen 1835–1985. Berlin 1985.

Abb. 1: „Ausflug nach Paris", Zugabfahrt an die Front, Sommer 1914.

KPEV, den Länderbahnen von Bayern, Sachsen, Württemberg, Baden und Oldenburg und der reichseigenen Bahngesellschaft für das Elsass und Lothringen keine relevante Bedeutung für die Leistungsfähigkeit der Eisenbahn während des Krieges hatte. Zu dieser Fehleinschätzung trug auch die Organisation der Länderbahnen als wirtschaftlich unselbstständige Regieverwaltungen innerhalb der staatlichen Leistungsverwaltung bei, die im Unterschied zu Frankreich und Großbritannien einen Interessenkonflikt zwischen den eigenwirtschaftlichen Interessen der Bahnverwaltungen und ihrem Gemeinwohlauftrag strukturell ausschloss. Die Überführung der Länderbahnen in Reichseigentum im Jahr 1920 wurde lange Zeit als originäre Unifizierungspolitik der Weimarer Republik und nicht als eine fast zwangsläufige wirtschaftliche Konsequenz aus den Erfahrungen und den wirtschaftlichen Folgen des Krieges gesehen.

Das geringe Interesse an der militärlogistischen und an der kriegswirtschaftlichen Bedeutung der Eisenbahn steht in einem offenkundigen Widerspruch zur Vielzahl der materiellen Überreste, die noch heute von der strategischen Bedeutung der Eisenbahn im Ersten Weltkrieg zeugen können. Während die Brückenköpfe an der Mainzer Rheinbrücke die Bedeutung der Rheinübergänge für die Kriegsvorbereitungen gegen Frankreich verkünden, vermitteln die gefilmten Bilder der deutschen Mobilmachung auf den Bahnhöfen Anfang August 1914 den trügerischen Eindruck eines fröhlichen Abschieds an die Front. Die Bilder der mit Kreide beschriebenen Abteiltüren „Ausflug nach Paris" besitzen noch heute eine zentrale Bedeutung für die Ikonographie des Ersten Weltkriegs.

Für die Konzentration auf die Eisenbahn spricht ihre damalige herausgehobene Stellung als Verkehrsträger im Güterverkehr und im Personenverkehr. Nur im Entfernungsbereich bis 30 km spielte der damals noch größtenteils mit Pferden betriebene Güterverkehr auf der Straße eine nennenswerte Rolle als Zubringer zur Bahn. Wegen des noch nicht vollendeten Ausbaus des westdeutschen und mitteldeutschen Kanalnetzes beschränkte sich die Konkurrenz der Binnenschifffahrt auf die großen Ströme Rhein, Weser, Elbe und Oder. Nachdem Bismarcks Initiative zur Überführung der Länderbahnen in Reichseigentum gescheitert war,[3] hatte die Reichsregierung keine Initiative für eine einheitliche Betriebsführung der Bahn mehr unternommen. Eine zentrale verkehrspolitische Steuerungsinstanz in Gestalt eines Reichsverkehrsministeriums wurde wegen des Beharrens der Bundesstaaten auf ihre eisenbahnpolitische und ihre binnenschifffahrtspolitische Autonomie erst 1919 eingeführt.

2.4.2 Die militärische Relevanz der Eisenbahn

Schon lange vor der Abfassung des Schlieffen-Plans (1905) für einen Angriffskrieg gegen Frankreich war den Offizieren des Preußischen Generalstabs die zentrale logistische Bedeutung der Eisenbahn bewusst. Bereits im deutsch-französischen Krieg von 1870/71 spielten die Eisenbahnen als Transportmittel für das Heer eine essentielle Rolle. Selbst in diesem noch vollständig unmotorisierten Krieg übten die Geschwindigkeit und die Zahl der Mobilisierungstransporte einen wichtigen Einfluss auf die Schnelligkeit und die Schlagkraft von Angriffsoperationen aus. Ohne die Eisenbahn wäre die Verlegung von mehreren hunderttausend Soldaten von den Garnisonen im Zentrum und im Osten Preußens an die Westgrenze nicht möglich gewesen.[4]

Der Erste Weltkrieg war nicht der erste, aber der bis dahin mit Abstand größte Eisenbahnkrieg. Die Truppentransporte mit der Bahn erreichten im August 1914 das Fünfundzwanzigfache des Frankreichfeldzugs von 1870. Während 1870 1300 Züge für den Aufmarsch genügten, fuhren allein in den ersten beiden Wochen des August 1914 32 000 Züge an die Westfront und an die Ostfront. Für die enorme Vergrößerung des Transportvolumens waren weniger die Vergrößerung des stehenden Heeres und des Ersatzheeres als die Technisierung der Kriegsführung verantwortlich. Die deutlich höhere Zahl der Artilleriegeschütze und die vergrößerten Kaliber standen in einer proportionalen Beziehung zur Transportmenge. Als das Maschinengewehr nach der Jahrhundertwende eingeführt wurde, stieg der Transportbedarf für die zahlenmäßig dominierende Truppengattung der Infanterie sogar exponentiell.

---

[3] *Christian Henrich-Franke*, Gescheiterte Integration im Vergleich: Der Verkehr – ein Problemsektor gemeinsamer Rechtsetzung im Deutschen Reich (1871–1879) und der Europäischen Wirtschaftsgemeinschaft (1958–1972). Stuttgart 2012.
[4] *Klaus-Jürgen Bremm*, Von der Chaussee zur Schiene. Militärstrategie und Eisenbahnen in Preußen von 1833 bis zum Feldzug von 1866. München 2005.

Mit den Pionieren trat eine neue und transportintensive Truppengattung auf dem Kriegsschauplatz in Erscheinung. Sie führten erstmals vorgefertigte Brückenelemente mit, die den Bau von Hilfsbrücken deutlich beschleunigten und den Transportbedarf erheblich steigerten. Da der Bewegungskrieg im Westen nach der Marneschlacht im September 1914 in einen Stellungskrieg überging, benötigte die Front für den Stellungsbau umfangreiche Lieferungen von Baumaterial und Holz, das nicht im waldarmen Hinterland der Westfront verfügbar war.[5]

Ohne eine im wahrsten Sinne des Wortes generalstabsmäßige Vorbereitung hätten die deutschen Länderbahnen in den ersten drei Augustwochen nicht 1500 Militärzüge pro Tag bewältigen können. Der reibungslose Aufmarsch basierte auf den jahrelangen Planungen des Großen Generalstabs. Als rechtlicher Rahmen diente die 1899 erlassene Militär-Eisenbahnordnung, die in zehnjähriger gemeinsamer Arbeit des Generalstabs und des Reichseisenbahnamts entstanden war.[6] In Zusammenarbeit mit den militärischen Linienkommandanten bei den Eisenbahndirektionen und den zivilen Bahnbeamten stellte die Eisenbahnabteilung des Generalstabs minutiöse Fahrpläne für den Fall der Generalmobilmachung auf. In den Panzerschränken der Linienstäbe und der Eisenbahndirektionen lagen die Fahrpläne für Mobilisierung und Aufmarsch, die im Frühjahr und im Herbst jeden Jahres präzise an die aktuellen Aufmarschplanungen des Generalstabs angepasst wurden.[7]

Seit der Jahrhundertwende bereiteten sich beide Seiten in gemeinsamen Stabsübungen mit der Betriebsleitung der KPEV und bei der Durchführung der Truppentransporte vor und nach großen Manövern für die Organisation der Transportbewegungen im Kriegsfall vor. Die Eisenbahnabteilungen der Linienstäbe und die Eisenbahndirektionen hatten sogar geheime Anweisungen für die Erweiterung der Gleisanlagen und Laderampen und für den Umbau der Güterwagen zu Truppentransportern erarbeitet.[8] Gemeinsame Berufserfahrungen und das Verständnis für die professionellen Anforderungen der Gegenseite erleichterten die Zusammenarbeit zwischen dem Korps der höheren Bahnbeamten und den Stabsoffizieren des Heeres. Während viele höhere Bahnbeamte als aktive Soldaten und Reservisten in den Eisenbahnabteilungen des Heeres dienten, wechselten Offiziere der Eisenbahnabteilungen gelegentlich in den Dienst der KPEV und der übrigen Länderbahnen.

Das Preußische Ministerium für öffentliche Arbeiten leitete die KPEV als Regiebetrieb und stimmte seine Infrastrukturplanungen mit der Eisenbahnabteilung des

---

5 *Adolph Sarter*, Die deutschen Eisenbahnen im Kriege. Stuttgart 1930, 95 f. Sarter war während des Kriegs ein höherer Beamter der KPEV.
6 *Wilhelm Groener*, Die deutschen Eisenbahnen im Weltkriege, in: Wilhelm Hoff/Max Kumbier/Richard Anger (Hrsg.), Das deutsche Eisenbahnwesen der Gegenwart. Berlin 1923, 22.
7 *Wilhelm Groener*, Lebenserinnerungen. Jugend-Generalstab-Weltkrieg, hrsg. von Friedrich Freiherr Hiller von Gaertringen. Göttingen 1957, 132 f.; vgl. *Groener*, Eisenbahnen im Weltkriege, 22. Der damalige Oberstleutnant Groener (1867–1939) war seit 1912 Chef der Eisenbahnabteilung im Großen Generalstab.
8 *Sarter*, Eisenbahnen im Kriege, 42 ff.

Großen Generalstabs ab. Dank der bei guter Konjunktur reichlich fließenden Gewinne konnte die KPEV die infrastrukturellen Wünsche des Generalstabs nach leistungsfähigen Schienenverbindungen zur deutschen Westgrenze bereitwillig erfüllen. Seit 1890 baute die KPEV die Kapazität einiger Strecken erheblich über den Bedarf in Friedenszeiten aus. Die hohen Überschüsse der KPEV erlaubten dem Preußischen Kriegsministerium, seine Wünsche nach einer leistungsfähigen militärischen Transportinfrastruktur ohne die Inanspruchnahme des Heeresetats zu verwirklichen und den Reichstag und das Preußische Abgeordnetenhaus bei ihrer Finanzierung zu umgehen. Ökonomisch gesehen waren diese Mehraufwendungen eine Steuer ohne Gesetz. Die KPEV hätte einen Teil ihrer Überschüsse an die Wirtschaft und die Verbraucher in Form einer Tarifsenkung weitergeben und damit zusätzliche Wohlfahrtseffekte induzieren können.

Zu diesen allgemein als „Kanonenbahnen" bezeichneten Streckenausbauten im Interesse des Kriegsministeriums gehörten beispielsweise eine zweigleisige Bahnstrecke von der damaligen Provinz Sachsen über Thüringen, Nordhessen und Limburg nach Koblenz und eine zusätzliche Rheinbrücke bei Bingen. In einer 1906 verfassten Denkschrift strebte die Eisenbahnabteilung des Generalstabs sogar den Bau einer zusätzlichen Ost-West-Strecke im Bereich jedes Armeekorps an. Es war ironischerweise der Beginn des Krieges und der Mangel an Baukapazitäten, der dieses Projekt vor seiner Vollendung stoppen sollte.[9] Zu Beginn des Krieges gab es dennoch keine logistischen Flaschenhälse. Für die Transporte an die Westgrenze standen insgesamt 18 Rheinbrücken zur Verfügung, über welche die Mobilisierungstransporte reibungslos rollten.[10]

Bei Deutschlands Kriegsgegnern Frankreich und Großbritannien erwies sich das private Eigentum an den *grandes lignes* als ein institutioneller Nachteil beim Aufbau einer militärisch nutzbaren Verkehrsinfrastruktur. Da die Unternehmensvorstände in erster Linie den wirtschaftlichen Interessen ihrer Aktionäre verpflichtet waren, hätten sie rein militärisch bedingte Mehraufwendungen nur schwer begründen und durchsetzen können. Wegen der teilweise uneinheitlichen technischen Standards bei Bremsen und Lichtraumprofilen war der freizügige Einsatz von Lokomotiven und Waggons bei der konzentrierten Nachschubversorgung der Truppe erschwert.[11] Die ostfranzösische Compagnie des Chemins de Fer de l'Est respektierte jedoch das Veto des französischen Generalstabs und verzichtete in mehr als einem Fall auf Streckenprojekte, die im Kriegsfall den Vormarsch deutscher Truppen beschleunigt hätten. Dennoch bestanden strukturelle Ähnlichkeiten bei der planerischen Kriegsvorbereitung durch die Generalstäbe. Auch in Frankreich erhielten die Eisenbahngesellschaf-

---

9 *Sarter*, Eisenbahnen im Kriege, 39 ff.; *Groener*, Lebenserinnerungen, 131 f.
10 *Sarter*, Eisenbahnen im Kriege, 80 ff.
11 *Allan Mitchell*, The Great Train Race. Railways and the Franco-German Rivalry. New York/Oxford 2000, 204–212.

Abb. 2: Nachschub von Pferdefutter an die Front, 1914 (BArch, Bild 183-R39610).

ten versiegelte Anweisungen für den Mobilisierungsfall mit detaillierten Vorschriften für die Betriebsführung.

An den ersten beiden Tagen der Generalmobilmachung am 2. und 3. August 1914 dienten die deutschen Eisenbahnen den Vorbereitungen für den militärischen Aufmarsch nach Westen, der am 6. August massiert einsetzte. Nachdem an diesen Tagen die einberufenen Reservisten zu ihren Garnisonen befördert wurde, stellten die Eisenbahnen vom 4. bis zum 20. August einen großen Teil des zivilen Güter- und Personenverkehrs zugunsten der Militärzüge ein. Während der Julikrise hatte die militärische Führung ganz nach der Ratio des Angriffskrieges auf eine schnelle Entscheidung zur Generalmobilmachung gedrängt, die eine keinesfalls unmögliche diplomatische Konfliktbeilegung in letzter Minute verhinderte. Ein zeitlicher Vorsprung bei der Mobilisierung vermittelte dem deutschen Heer aus der Sicht des Generalstabs einen großen strategischen Vorteil, den man auf keinen Fall aufzugeben gedachte. Der Primat des militärischen vor dem politischen Denken war auch das Ergebnis logistischer Planspiele, der die politische *rational choice* für eine Konfliktbeilegung geopfert wurde.

In militärhistorischer Sicht gab es dennoch keine zwingenden transporttechnischen Gründe, weshalb die geplante Angriffsoperation gegen Frankreich und Belgien nicht noch am 1. und 2. August 1914 zu stoppen gewesen wäre. Wenn man den postum veröffentlichten Erinnerungen des damaligen Chefs der Eisenbahnabteilung im Generalstab, Oberstleutnant Wilhelm Groener folgt, hätte der Generalstab die Aufmarschrichtung noch ändern und den Großteil des Heeres nach Ostpreußen und in die Provinz Posen anstatt an die Westgrenze transportieren können. Auch wenn sich die Planspiele des Generalstabs kaum mit einem Hauptangriff gegen Russland beschäftigt hatten und es keine fahrplantechnischen Vorbereitungen für eine massierte Angriffsoperation im Osten gab, hätten die politische und die militärische Führung den Aufmarsch im Westen nach einer politischen Grundsatzentscheidung gegen einen Angriffskrieg gegen Belgien und Frankreich noch in letzter Minute stoppen können. Eine diplomatische Lösung der Krise und die Vermeidung eines Krieges gegen Frankreich, Belgien und zwangsläufig auch England wäre nicht zwingend an der Starrheit der Transportplanung und am Automatismus der Aufmarschorganisation gescheitert. Fritz Fischer hat den selbstgeschaffenen militärischen Sachzwang für einen Präventivkrieg gegen Frankreich überzeugend herausgearbeitet.[12]

Nach der 1930 erschienenen offiziösen Darstellung des Reichsbahn-Direktionspräsidenten Adolph Sarter „Die deutschen Eisenbahnen im Kriege" verlief der Aufmarsch mit Ausnahme von einigen geringfügigen Störungen glatt. Der absolute Vorrang der Truppenbewegungen wurde jedoch mit der Vernachlässigung des zivilen Güterverkehrs erkauft. Bis zum 20. August 1914 wurden selbst auf den Hauptstrecken nur zwei Zugpaare für den zivilen Verkehr eingesetzt.[13] Auch nach dem Ende des Aufmarschs normalisierte sich der Güterverkehr nur mit Verzögerung. Der Güterverkehr, der im September 1914 nur 42 und im Oktober 72% des Friedensvolumens erreichte, sollte sich erst im November 1914 normalisieren.[14] Der erhebliche Produktionsrückgang der Industrie in den ersten Monaten des Krieges war nicht allein eine Folge der planlosen Einberufungen von Arbeitern zum Kriegsdienst, sondern zu einem geringeren Teil auch das Ergebnis von Transportengpässen. Obwohl der Chef der Eisenbahnabteilung im Generalstab im Herbst 1913 Beratungen der Industrie, des Handels und der Landwirtschaft mit den Linienkommandanturen über eine vorbeugende Bevorratung mit Kohle veranlasst hatte,[15] war die Wirtschaft auf einen längeren Krieg weder in der Produktionsplanung noch in der Arbeitskräfteplanung vorbereitet.

Es sollte sich bald zeigen, dass die personellen und materiellen Ressourcen der deutschen Eisenbahnen auf Dauer nicht zur Deckung des Transportbedarfs im Reich und in den besetzten Gebieten des Westens und des Ostens ausreichten. Nach dem Rückschlag an der Marne und dem Erstarren der Frontlinie musste sich die militärische Führung von ihrer optimistischen Erwartung Abstand verabschieden, das Defizit an Lokomotiven durch eine größere Zahl französischer Beutelokomotiven zu decken. Schneller und gründlicher als erwartet zogen die französischen Eisenbahnen

---

12 *Fritz Fischer*, Griff nach der Weltmacht, 4. Aufl. Düsseldorf 1971. Die diplomatiegeschichtlich überzeugende Darstellung von *Christopher Clark*, The Sleepwalkers. How Europe went to War in 1914. London 2012, geht auf die Bedeutung des vom Deutschen Reich beschleunigten Rüstungswettlaufs für die Entscheidung zu einem Präventivkrieg nicht ein.
13 *Groener*, Eisenbahnen im Weltkriege, 26.
14 *Sarter*, Eisenbahnen im Kriege, 105; *Groener*, Eisenbahnen im Weltkriege, 26.
15 *Groener*, Eisenbahnen im Weltkriege, 44.

ihre Schienenfahrzeuge vor dem Vormarsch des deutschen Heeres zurück. In Belgien und im besetzten Teil Frankreichs reichten die erbeuteten Lokomotiven nur für die Hälfte des militärischen und des zivilen Transportbedarfs aus, und bei den Güterwaggons und Personenwagen war der Zuschussbedarf aus dem Reichsgebiet noch höher. Fast 80 % aller Wagen im besetzten Westen stammten von den deutschen Länderbahnen.

2.4.3 Die Eisenbahn in der Transportkrise

Ungeachtet ihrer guten Kapitalausstattung waren die deutschen Eisenbahnen auf einen schnellen Aufmarsch, aber nicht für einen längeren Verschleißkrieg an zwei Fronten vorbereitet. Der Mangel an Lokomotiven und an gedeckten Waggons führte während der Schlacht von Verdun im Sommer 1916 und noch gravierender während des Winters 1916/17 zu erheblichen Transportausfällen und Transportschäden an der Heimatfront. Ein besonders feuchter Herbst war dafür verantwortlich, dass ein großer Teil der Kartoffeln nass geerntet wurde und daher fäulnisgefährdet war. Der Ernteausfall wurde durch die verspätete Gestellung gedeckter Waggons für die Abfuhr der Kartoffelernte und durch überlange Transportzeiten wegen Lokomotivmangels noch verschärft.[16] Während ein Teil der Kartoffeln unter normalen Umständen noch vor dem Verderb zur industriellen Weiterverarbeitung oder an die Endverbraucher gelangt wäre, fielen ca. 50 % der Kartoffelernte der Fäule zum Opfer. Eingemietete Kartoffeln erfroren während des schweren Kälteeinbruchs Ende November 1916 und im Januar/Februar 1917 beim Transport in die Städte.[17] Infolge des teilweisen Ausfalls der Kartoffellieferungen sahen sich die kommunalen Ernährungsämter gezwungen, für die Kartoffelkarten Steckrüben (auch Kohlrüben genannt) auszugeben, die wegen ihres niedrigeren Nährwerts den Ausfall der Kartoffeln nicht ersetzen konnten. Aufgrund der schweren Hungererfahrung ging der Winter 1916/17 als „Kohlrübenwinter" in das kommunikative Gedächtnis der Deutschen ein. Dieser Begriff stand als Symbol für die Not- und Entbehrungserfahrungen durch den Mangel an Grundnahrungsmitteln wie Kartoffeln und Brot. Der Hunger der städtischen Bevölkerung zehrte an den körperlichen Widerstandskräften und schlug sich in einer zunehmend schlechteren Stimmung nieder. In der Forschung blieb der Zusammenhang mit der Transportkrise bislang unbeachtet.[18]

---

16 *August Skalweit*, Die deutsche Kriegsernährungswirtschaft (Wirtschafts- und Sozialgeschichte des Weltkrieges, Deutsche Serie.) Stuttgart u. a. 1927, 190 ff.; *Groener*, Eisenbahn im Weltkriege, 27. Vgl. zur Krise auch Abschnitt 2.1.6 in diesem Band.
17 *Groener*, Eisenbahn im Weltkriege, 31.
18 *Arnulf Huegel*, Kriegsernährungswirtschaft Deutschlands während des Ersten und Zweiten Weltkriegs im Vergleich. Konstanz 2003; *Belinda Davis*, Home Fires Burning. Food, Politics, and Everyday Life in World War I. Berlin/Chapel Hill 2000.

Die Transportkrise im Inland hatte auch unmittelbare Auswirkungen auf die Stimmung an den Fronten. Im Januar 1917 sah sich die Oberste Heeresleitung gezwungen, wegen der Transportprobleme eine vollständige Urlaubssperre vom 23. Januar bis zum 19. Februar zu verhängen. Der Urlauberverkehr von der Front in die Heimat wurde wegen der eingeschränkten Transportkapazitäten im Personenverkehr auch nach der Aufhebung der vollständigen Urlaubssperre um die Hälfte reduziert.[19] Die negativen Auswirkungen der Urlaubsbeschränkung auf die Stimmung unter den Soldaten und in der Heimat waren evident. Die Einschränkung des Heimaturlaubs senkte die Moral unter den Soldaten und ihren Angehörigen und erhöhte den körperlichen und den psychischen Verschleiß in der kämpfenden Truppe. Die zunehmende Kriegsmüdigkeit der Soldaten und der Zivilbevölkerung war auch das Ergebnis gravierender Transportprobleme. Während die Verweigerung des Heimaturlaubs den Durchhaltewillen der Truppe beeinträchtigte, verschärfte der Mangel an Transportraum den Rückgang der Nahrungsmittelerzeugung.

Organisatorische Eingriffe in den Personenverkehr hätten die Transportschwierigkeiten für Soldaten auf Heimaturlaub nicht verhindern, aber doch verringern können. Trotz der Ausdünnung des Schnellzugverkehrs lehnten es die Länderbahnen bis zum Ende des Krieges ab, die Benutzung der wichtigsten Schnellzüge in West-Ost-Richtung durch Zulassungskarten für zivile Benutzer zu regulieren und Prioritäten für Fronturlauber zu schaffen. Trotz des zunehmenden Bedarfs hatte beispielsweise die Bayerische Staatsbahn die Zahl der Schnellzüge schon im Winter 1914/15 um die Hälfte vermindert.[20] Die im Oktober 1917 erfolgte Verdoppelung der Fahrpreise für D-Züge und Eilzüge sollte die zivile Nachfrage nach Fernzügen mit preispolitischen Mitteln vermindern. Mindestens 50 % der zivilen Schnellzugpassagiere wurden durch die hohen Fahrpreise vom Schnellzugverkehr ausgeschlossen und wanderten notgedrungen auf die Personenzüge ab, die während des Winters 1916/17 ebenfalls erheblich ausgedünnt wurden. Trotz der starken Nachfrage des Militärverkehrs mussten die Länderbahnen die Zahl der Personenzüge 1917 auf zwei Drittel des Vorkriegsstands reduzieren.[21] Der preisliche Lenkungseffekt manifestierte sich in der immer stärkeren Überfüllung der Personenzüge und erzeugte zunehmenden Unmut in den unteren und mittleren Einkommensschichten. In weiten Kreisen der Gesellschaft verstärkte sich der Eindruck einer sozial ungleichen Verteilung der Kriegslasten, bei der die Großverdiener, die Besitzer kriegswichtiger Produktionsmittel und Spekulanten („Kriegsgewinnler") von den materiellen Entbehrungen des Krieges verschont wurden.[22]

Mit der zunehmenden Dauer des Krieges wuchsen die Betriebsschwierigkeiten der deutschen Eisenbahnen. Allein im Reichsgebiet stieg die Verkehrsleistung vom

---

19 Sarter, Eisenbahnen im Kriege, 98 f., 128 f.
20 Sarter, Eisenbahnen im Kriege, 104.
21 Groener, Eisenbahn im Weltkriege, 31.
22 Sarter, Eisenbahnen im Kriege, 128, 194 f.

Boomjahr 1913 (59,6 Milliarden Tonnenkilometer) bis 1917 (68,5 Mrd. tkm) um 15 %.[23] Eine solche Verkehrssteigerung wäre auch in normalen Zeiten nicht ohne höhere Neuinvestitionen zu bewältigen gewesen. Dem steigenden Bedarf an rollendem Material im Binnenverkehr stand jedoch kein Zuwachs an Lokomotiven und Waggons gegenüber. Bis 1917 mussten die Länderbahnen 5000 Lokomotiven, fast 20 % ihres Vorkriegsbestands, für den Verkehr in den besetzen Gebieten im Westen und im Osten abgeben.[24] Durch die steigenden Transportbedürfnisse innerhalb und außerhalb der Reichsgrenzen erhöhte sich der Bedarf an Waggons und Lokomotiven erheblich. Während die Neubeschaffung von Lokomotiven wenigstens das Vorkriegsniveau erreichte, fiel diejenige von Personenwagen um 40 % und von Güterwaggons sogar um die Hälfte.[25] Ein Vorstoß der Heeresleitung für eine schrittweise Vereinheitlichung des Lokomotivparks war daher zum Scheitern verurteilt. Die Heeresleitung erkannte die Vorteile einer technischen Standardisierung für die Ersatzteilhaltung, die Instandhaltung und damit für die Einsatzbereitschaft des Lokomotivparks und regte die Länderbahnen zur Entwicklung einer einheitlichen Güterzuglokomotive an. Da die Nachfrage des Heeres nach Waffen die Kapazitäten der Maschinenbauindustrie weitgehend in Anspruch nahm, blieb diese Idee auch ohne den Eigensinn der Ländereisenbahnen und ihre traditionelle Bevorzugung der Lokomotivhersteller im eigenen Land schon in der Planungsphase stecken.[26]

Die Gründe für die unzureichenden Investitionen in das rollende Material waren vielfältig. Bis 1917 spielten finanzielle Engpässe keine Rolle, da die Länderbahnen bis dahin noch Überschüsse erwirtschafteten. Sie wären durchaus in der Lage gewesen, zusätzliche Investitionen aus dem Betriebsgewinn zu finanzieren. Die Eisenbahngesellschaften und die Zulieferer der Eisenbahn wurden auch nach dem Beginn des Hindenburg-Programms im Jahr 1916 nur nachrangig mit Stahl- und Kupferlieferungen berücksichtigt, obwohl sich die Oberste Heeresleitung (OHL) der Kriegswichtigkeit eines funktionierenden Eisenbahnwesens bewusst war. Da die Tarife im Güterverkehr und im Personenverkehr bis 1917 stabil blieben und sich die Gewinne der Länderbahnen bei steigenden Kosten verringerten, konnten sie im Preiswettbewerb um die Zulieferer nicht mit dem Heer konkurrieren.

Das Hindenburg-Programm der OHL und des Preußischen Kriegsministeriums brachte für die Lage der Länderbahnen keine Verbesserung. Die OHL hatte den preußischen Minister für öffentliche Arbeiten und Eisenbahnen Paul Breitenbach bei der Erstellung des Hindenburg-Programms nicht konsultiert. Auch die Berufung des Generals und bisherigen Chefs der Eisenbahnabteilung im Generalstab Wilhelm Groener zum Leiter des militärischen Beschaffungswesens konnte die kriegswirtschaftliche Prioritätenordnung nicht zum Vorteil des Verkehrssektors verbessern.

---

23 *Sarter*, Eisenbahnen im Kriege, 118.
24 *Sarter*, Eisenbahnen im Kriege, 287.
25 *Sarter*, Eisenbahnen im Kriege, 113, 118 f., 287.
26 *Groener*, Eisenbahnen im Weltkriege, 29.

Die Zulieferer der Eisenbahnen zeigten wenig Interesse, sich die Eisenbahngesellschaften als Kunden zu erhalten. Hohe Gewinnspannen für Rüstungsgüter als Folge unzureichender Preiskontrollen ermutigten die Eisenbahnzulieferer in der Metallindustrie sogar, sich um Heeresaufträge zu bemühen, die Produktion von Eisenbahnmaterial zu reduzieren und ihre wichtigsten Stammkunden zu verprellen. Breitenbach beschwerte sich im Januar 1918 bei der OHL energisch, aber vergeblich über die exzessiven Preisforderungen der Waggonfabrikanten. Innerhalb von sechs Monaten hatten die Waggonhersteller ihre Preise um 35 % erhöht. Mit Rücksicht auf die vermeintlich dringlicheren Lieferungen von Munition und Waffen ignorierte die OHL die Investitionswünsche der Länderbahnen, ohne die langfristigen Folgen von Transportengpässen zu berücksichtigen.[27] Obwohl ihr die militärische Bedeutung eines funktionierenden Transportwesens für die Versorgung der Truppe und für die Leistungsfähigkeit der Kriegswirtschaft bekannt war, erkannte die OHL Lokomotiven und Güterwaggons nicht als kriegswichtige Güter an. Ihrem Leitbild des „totalen Krieges" an der Front und an der Heimatfront zum Trotz erhielt das Verkehrswesen in der kriegswirtschaftlichen Planung und Lenkung keinen angemessenen Stellenwert.

Seit 1916 beeinträchtigten die unzureichenden Neubeschaffungen von Lokomotiven die Leistungsfähigkeit der Eisenbahnen erheblich. Die durchschnittliche Transportweite im Gütertransport verlängerte sich von 1913 bis 1915 von 119 auf 163 km, eine Folge des vergrößerten Wirtschaftsgebiets im Westen wie im Osten, der Verlagerung der Erzeinfuhren von den Nordsee- auf die Ostseehäfen und des kriegsbedingten Ausfalls der Nahrungsmittelimporte aus Russland und Übersee, was den Bedarf an Lokomotiven und Waggons entsprechend erhöhte.[28] Für den Bahnbetrieb im Reichsgebiet standen trotz steigender Verkehrsleistungen weniger Lokomotiven als vor dem Krieg zur Verfügung. Der Mangel an Lokomotiven führte dazu, dass Güterzüge deutlich länger auf die Lokomotivbespannung warten mussten. Dadurch verlängerte sich die durchschnittliche Umlaufdauer eines Güterwaggons von 3,10 Tagen (1913) auf 5,06 Tage (1917). Da der Waggonpark im gleichen Zeitraum nur um 20 % wuchs, verringerte sich der verfügbare Laderaum erheblich.

Der Mangel an Lokomotiven war maßgeblich, aber nicht allein für die zunehmenden Transportengpässe entscheidend. Wegen des Arbeitskräftemangels stockte die Be- und Entladung der Güterzüge an den Start- und Zielbahnhöfen. Die zu geringe Zahl von Rangierern war für Verzögerungen bei der Zusammenstellung und Auflösung von Güterzügen an den Rangierknoten des Eisenbahnnetzes verantwortlich.[29] Angesichts des Mangels an Investitionen und Personal versuchten die Direktionen der Länderbahnen, den Verkehr durch organisatorische Innovationen zu ver-

---

[27] *Gerald D. Feldman*, The Great Disorder. Politics, Economics, and Society in the German Inflation 1914–1924. Oxford/New York 1993, 72 f.
[28] *Sarter*, Eisenbahnen im Kriege, 110 f., 278.
[29] *Sarter*, Eisenbahnen im Kriege, 121 f.

bessern. An stark belasteten Knotenpunkten setzten sie Zugleitungen ein, die bei Bedarf unmittelbar in den Betriebsablauf eingreifen konnten. Im Herbst 1916 richtete die KPEV zwei Generalbetriebsleitungen für den Westen und den Osten Preußens ein. Diese sollten den Zugverkehr überwachen, den Betriebsablauf zwischen den regionalen Direktionsbezirken koordinieren und bei Betriebsstörungen wie Zugstaus auf einzelnen Strecken regulierend eingreifen.[30] Diese beiden administrativ-organisatorischen Innovationen bewährten sich. Während die Zugleitungen nach dem Übergang zur Friedenswirtschaft beibehalten wurden, richtete die Reichsbahn die Generalbetriebsleitungen erst zum Beginn des Zweiten Weltkriegs wieder ein.

Für die nachlassende Leistungsfähigkeit der Eisenbahn war auch die unzureichende Personalausstattung verantwortlich. Infolge der Einberufungen zum Kriegsdienst ging die Zahl der Eisenbahnbediensteten im Reichsgebiet von 774 000 (1913) auf 657 000 (1915) zurück und stieg trotz Neueinstellungen bis 1917 nur auf 709 000 Personen an.[31] Aus diesem Grund war es den Länderbahnen nicht möglich, verschlissenes Material durch ein arbeitsintensives Rekonstruktionsprogramm zu ersetzen und fehlendes Kapital durch Arbeit zu substituieren. Obwohl die KPEV erhebliche Anstrengungen zur Verbesserung des Instandhaltungszustands unternahm, seit Anfang 1917 Werkstattpersonal vom Heer zurückforderte und die Zahl der Werkstattarbeiter von 102 000 (1916) bis auf 131 000 (1917) steigerte,[32] konnten die Neueinstellungen das Instandhaltungsproblem nicht lösen. Viele der neu eingestellten Arbeiter und Arbeiterinnen waren un- und angelernte Kräfte, Jugendliche und Teilinvalide, die den Mangel an ausgebildeten Metallarbeitern und Tischlern nicht ausgleichen konnten. Auch die überwiegend handwerkliche und unrationelle Produktionsweise der Ausbesserungswerke war für den Instandhaltungsrückstand mitverantwortlich.[33] Weibliche Beschäftigte schlossen einen erheblichen Teil der Personallücke, die ohne sie deutlich größer gewesen wäre. Während bei der KPEV 1913 nur 9000 der insgesamt 560 000 Beschäftigten Frauen waren, beschäftigte sie 1917 89 000 weibliche Bedienstete.[34]

Es gab noch weitere Mängel in der kriegswirtschaftlichen Planung und Lenkung des Verkehrswesens. Das Kriegswirtschaftsamt und das Preußische Ministerium für öffentliche Arbeiten unternahmen keinen Versuch, die überlastete Eisenbahn durch Transportverlagerungen auf die Binnenschifffahrt zu entlasten. Da es keine Angaben über das Verkehrsvolumen der Binnenschifffahrt in Tonnenkilometern gibt, lässt sich das Schrumpfen der Schifffahrt nur an der transportierten Gütermenge messen. Von 1913 bis 1917 ging die Gütermenge der Binnenschifffahrt um 60 % zu-

---

30 *Sarter*, Eisenbahnen im Kriege, 125 f.
31 *Sarter*, Eisenbahnen im Kriege, 142, 283.
32 *Sarter*, Eisenbahnen im Kriege, 285. Auch 1913 waren 102 000 Werkstättenarbeiter bei den Länderbahnen beschäftigt.
33 *Sarter*, Eisenbahnen im Kriege, 164.
34 *Sarter*, Eisenbahnen im Kriege, 146.

Abb. 3: Bahnkraftwerk Altona, 1914/18 (Siemens Historical Institute, A 999_11_300).

rück,[35] so dass der ohnehin überwiegende Anteil des Güterverkehrs auf der Schiene von 80 auf 90 % stieg.

Das Ministerium für öffentliche Arbeiten und das Kriegswirtschaftsamt setzten weder preisliche Hebel wie eine Tariferhöhung für Massengüter noch dirigistische Mittel wie Transportgebote für Massengüter auf schifffahrtsgeeigneten Transportrelationen ein, obwohl eine systematische Verlagerung von Massenguttransporten auf zahlreichen Transportrelationen entlang der schiffbaren Flüsse und der größeren Kanäle – beispielsweise zwischen dem Ruhrgebiet bzw. dem Niederrhein und dem Mittel- und Oberrhein – möglich war. Obgleich Transportkapazitäten im Binnenschiffverkehr brach lagen, wurde die Bahn überlastet.[36] Es rächte sich, dass die ostelbische Agrarlobby zu Beginn des 20. Jahrhunderts den Weiterbau des Mittellandkanals von Hannover nach Magdeburg und den daran anschließenden Elbe-Havel-Kanal verhindert hatte. Der vor allem für den Erztransport gebaute Dortmund-Ems-Kanal zwischen dem Nordseehafen Emden und dem Ruhrgebiet erwies sich während des Krieges als

---

35 *Sarter*, Eisenbahnen im Kriege, 276.
36 *Sarter*, Eisenbahnen im Kriege, 133 f.

bedeutungslos, da die Erzeinfuhren auf die Ostseehäfen verlagert wurden. Da die nichtpreußischen Länderbahnen keine Weisungskompetenzen des Generalverkehrsamtes im Preußischen Ministerium für öffentliche Arbeiten akzeptieren wollten und das Reichsverkehrsministerium erst 1919 aus den Erfahrungen des Krieges gegründet wurde, kamen eine gemeinsame Generalbetriebsleitung der Länderbahnen und eine wirksame Koordinierung des Schienenverkehrs nicht zustande.[37] Der Föderalismus des Kaiserreichs schuf im Verkehrssektor erhebliche Kommunikations- und Abstimmungsprobleme, welche die Effizienz des Verkehrswesens nicht unerheblich reduzierten.

Eine Rationalisierung des Transportwesens zur Vermeidung unnötig langer Transporte fand nur in Ansätzen statt.[38] Eine bessere Koordinierung der Kohlentransporte zwischen dem Reichskohlekommissar, den Kohlesyndikaten der Bergbaureviere und den Eisenbahnverwaltungen wäre in der Lage gewesen, gegenläufige Kohletransporte zu verhindern und überlange Transportwege zu vermeiden. Ein dirigistischer Eingriff des Reichskohlekommissars in die Lieferverträge zwischen den Kohlesyndikaten und den Großabnehmern unterblieb.

Die Eisenbahnen wurden nicht in die kriegswirtschaftlichen Planungen des Hindenburg-Programms einbezogen und erhielten wegen der ausschließlichen Fokussierung der Planer auf die Rüstungsproduktion nicht den Status kriegswichtiger Betriebe.[39] Die durchaus vermeidbaren Transportengpässe wirkten sich zuerst in der Versorgung der Bevölkerung aus, während die Nachschubversorgung der Front bis zur Frühjahrsoffensive 1918 weitgehend funktionierte. Auf dem Höhepunkt der Frühjahrsoffensive benötigte das Heer an der Westfront in Frankreich täglich 430 Züge für Truppenverstärkungen, Munition, Verpflegung und sonstigen Nachschub, aber nur 340 Züge wurden gestellt. Obwohl das Heer weiterhin vorrangig mit Lebensmitteln versorgt wurde, führten die Transportengpässe zu einem zunehmenden Nahrungsmittelmangel an der Front. Die Transportkrise war unter anderem dafür verantwortlich, dass die vorrückenden deutschen Soldaten während der Frühjahrsoffensive in den eingenommenen feindlichen Schützengräben zuerst nach Nahrungsmitteln suchten.

Der Verschleiß- und Zermürbungskrieg hatte auch langfristige Auswirkungen auf die technische Leistungsfähigkeit der Eisenbahnen. Der Mangel an Stahl und Kupfer, an Ersatzteilen und Werkstattarbeitern führte zu einem wachsenden Instandhaltungsrückstand und damit zu einer sinkenden Zahl von fahrbereiten Lokomotiven und Waggons. Während im Jahresdurchschnitt von 1913 nur 19 % aller Lokomotiven wegen Wartungsarbeiten und Reparaturen nicht einsatzfähig waren, stieg die Schad- und Reparaturquote bis 1918 auf 34 %.[40] Der signifikante Anstieg

---

37 *Sarter*, Eisenbahnen im Kriege, 51 f.
38 *Sarter*, Eisenbahnen im Kriege, 135 f.
39 *Sarter*, Eisenbahnen im Kriege, 115 ff.
40 Alfred C. Mierzejewski, The Most Valuable Asset of the Reich. A History of the German National Railways, Bd. 1: 1920–1932. Chapel Hill 1999, 4.

der Reparaturquote reduzierte die Zahl der verfügbaren Lokomotiven im Betrieb um ein Siebtel. Wegen des Mangels an Schienen und Schwellen und der um ein Viertel geschrumpften Zahl der Bahnunterhaltungsarbeiter mussten die Länderbahnen die Instandhaltung der Gleise, Weichen und Signale deutlich reduzieren. Ab 1918 häuften sich die Betriebsstörungen durch Schienenbrüche, Weichendefekte und Signalstörungen, was die Leistungsfähigkeit der Eisenbahnen zusätzlich reduzierte. Während in normalen Jahren und auch 1914 und 1915 fünf Prozent des Gleisnetzes erneuert wurden, fiel die Erneuerungsrate 1916 auf 3,8 und 1917 sogar auf 2,5 %.[41] Der kumulierte Instandhaltungsrückstau des Gleisnetzes in den Jahren 1916 bis 1919 zwang die neu gegründete Reichsbahn ab 1920 zu einem längerfristigen Investitions- und Reparaturprogramm, das wegen des chronischen Defizits der Reichsbahn durch Kredite des Reiches bei der Reichsbank und damit durch eine inflationstreibende Geldschöpfung finanziert werden musste.

Im Unterschied zu den von Deutschland besetzen Gebieten in Belgien, Frankreich und Polen hatten die deutschen Eisenbahnen keine Schäden durch Kriegshandlungen zu verzeichnen. Die verhältnismäßig geringen Kriegsschäden während des russischen Einmarschs in Ostpreußen und der Schlacht an den Masurischen Seen im Sommer und Herbst 1914 können wegen ihrer geringen Bedeutung vernachlässigt werden.[42] Neben erheblichen Kriegszerstörungen hinterließ das deutsche Heer dem besetzten Belgien jedoch eine neue Hauptbahnstrecke zwischen Aachen und der flämischen Stadt Tongeren, welche die Verbindung zwischen Aachen und Lüttich entlasten sollte. Jedoch war der Bau dieser technisch aufwändigen Bahn unter der Aufsicht deutscher Militäreisenbahner nur eine unzureichende Kompensation für die Kriegsschäden am belgischen Eisenbahnnetz, die im Zuge des deutschen Vormarschs entstanden waren.[43]

Die Auswirkungen des Krieges auf das Eisenbahnnetz der 1918 wieder gegründeten Republik Polen waren unterschiedlich. Einerseits hatte der Krieg an der Ostfront zu zahlreichen Brückensprengungen an Weichsel, Narew und Bug geführt, die bis zum Ende des Krieges meist nur als provisorische Hilfsbrücken wiederhergestellt wurden.[44] Andererseits bauten deutsche Eisenbahnpioniere im Osten Polens einige Schmalspur- und Normalspurstrecken, um das weitmaschige Bahnnetz im Westen des Russischen Reiches zu ergänzen und Nachschublieferungen an die Front zu erleichtern. Hierzu gehörte unter anderem eine 124 km lange normalspurige Strecke von Laugszargen (*Lauksargiai*) im Memelland nach Schaulen (*Siauliai*), die 1915/16 unter der Leitung der Militäreisenbahndirektion überwiegend von litauischen Arbeitskräften erbaut wurde. In der 1918 gegründeten Republik Litauen erschloss diese Strecke den Südwesten des Landes, der bislang keine Bahnverbindung besessen

---

41 *Sarter*, Eisenbahnen im Kriege, 183 f.
42 *Sarter*, Eisenbahnen im Kriege, 84.
43 *Andreas Knipping*, Eisenbahnen im Ersten Weltkrieg. Freiburg 2004, 244 ff.
44 *Sarter*, Eisenbahnen im Kriege, 85.

hatte.⁴⁵ Bereits 1916 entstand eine 92 km lange vollspurige Bahn zwischen dem litauischen Siauliai und dem kurländischen Mitau, d. h. der heutigen lettischen Stadt *Jelgava*. Mit dieser Linie wurde die Lücke zwischen der litauischen Hauptstadt Kaunas und der lettischen Hauptstadt Riga geschlossen. Ohne diese Verbindung hätte der Verkehr zwischen den beiden baltischen Hauptstädten nach dem Kriegsende einen längeren Umweg über das polnische Wilna nehmen müssen, was die Verkehrsverbindung zwischen Litauen und Lettland erheblich erschwert hätte. Die logistischen Anforderungen des modernen Kriegs beschleunigten eine infrastrukturelle Entwicklung, die ohne den Krieg erst mit Verzögerung stattgefunden hätte.

Der zunehmende Verschleiß des rollenden Materials und der Gleise hatte längerfristige Folgen für die Organisation der deutschen Eisenbahnen. Während des Kriegs hatte das föderalistisch organisierte deutsche Eisenbahnwesen eine effiziente Zusammenarbeit bei der Beschaffung von Lokomotiven und Waggons und bei der Instandhaltung des Materials durch administrative Reibungsverluste erschwert. Da die Länderbahnen ab 1918 zunehmende finanzielle Verluste und einen steigenden Verschleiß ihres mobilen und immobilen Sachkapitals verzeichnen mussten, verloren sie ihre Rolle als zusätzliche Finanzierungsquellen der Länder. Ihre Übertragung in den Besitz des Reiches gegen eine finanzielle Entschädigung war aus der Sicht der Länder haushaltspolitisch opportun und erschien aus der Sicht der Betriebsleitungen als ein unabdingbarer Schritt zur Rationalisierung des Eisenbahnwesens. Ohne die schwere Betriebs- und Finanzkrise im letzten Kriegsjahr und im ersten Friedensjahr wäre die schnelle Entscheidung der Nationalversammlung, die Länderbahnen bis 1921 in Reichseigentum zu überführen, kaum erfolgt. Die wachsenden unitaristischen Tendenzen in der Politik reichen zur Erklärung des institutionellen Wandels in der Eisenbahnpolitik nicht aus. Die 1919 weiter steigenden Defizite der Länderbahnen waren maßgeblich dafür verantwortlich, dass die Länder die Verstaatlichung der Eisenbahn bereits 1920 vollzogen, ein Jahr vor dem ursprünglich avisierten Termin.⁴⁶

2.4.4 Ausblick

Nach dem Ersten Weltkrieg entwickelte sich die Eisenbahn auch zu einem Instrument der Reparationspolitik. Die alliierten Siegermächte erkannten, dass die Länderbahnen als deutsche Privatunternehmen mehr wertvolle mobile Kapitalgüter besaßen und daher besonders als Objekte der Reparationspolitik geeignet waren. In den Waffenstillstandsverhandlungen im Winter 1918/19 setzten die Alliierten die

---

45 *Knipping*, Eisenbahnen; Groener, Lebenserinnerungen, 270.
46 *Manfred Pohl/Susanne Kill*, Von den Staatsbahnen zur Reichsbahn 1918–1924, in: Lothar Gall/Manfred Pohl (Hrsg.), Die Eisenbahn in Deutschland. Von den Anfängen bis zur Gegenwart. München 1999, 79 f.

Ablieferung von 4500 Lokomotiven, 7600 Passagierwagen und 117 000 Güterwagen durch. Die erzwungene Ablieferung jeder siebten Lokomotive und jedes sechsten Güterwagens traf den ohnehin verschlissenen und nur noch zu zwei Dritteln betriebsfähigen Lokomotivpark der Länderbahnen besonders hart, weil sie ihre leistungsfähigsten Fahrzeuge abgeben mussten. Die neu gegründete Reichsbahn glich diese schweren Verluste mit einem großen Beschaffungsprogramm aus, das diese durch Unterinvestitionen und Reparationen entstandenen Lücken bis 1925 schließen sollte. Doch erst in den „goldenen Jahren der Reichsbahn" von 1924 bis 1930 konnte sie den großen kumulierten Instandhaltungsrückstand des Gleisnetzes aufholen.[47] 1928, zehn Jahre nach Kriegsende, war die Deutsche Reichsbahn-Gesellschaft technisch und betriebsorganisatorisch deutlich moderner als die deutschen Länderbahnen. Sie überwand die kurz- und mittelfristigen Kriegsfolgeschäden verhältnismäßig schnell. Dank ihres umfassenden, bereits 1920 begonnenen Modernisierungsprogramms gehörte die Deutsche Reichsbahn-Gesellschaft auf längere Sicht sogar zu den Nutznießern des Krieges und der alliierten Reparationspolitik. Im Vergleich mit den Siegermächten Großbritannien und Frankreich hatte die Deutsche Reichsbahn-Gesellschaft ihren Vorsprung in technologischer Modernität, Wirtschaftlichkeit und Leistungsfähigkeit wiedergewinnen können. Infolge des Krieges vollzogen die deutschen Länderbahnen den Rationalisierungsschritt zu einer Einheitsgesellschaft 18 Jahre früher als Frankreich (1938) und sogar 28 Jahre früher als Großbritannien (1948).

Wegen ihres Status als wertvollstes und potentiell ertragreichstes Anlagevermögen des Deutschen Reiches war es verständlich, dass die Alliierten die Reichsbahn in der 1924 vollzogenen Neuregelung der Reparationen zur wichtigsten Quelle der deutschen Reparationsleistungen erhoben. Von 1925 bis 1930 leistete die Deutsche Reichsbahn-Gesellschaft mit einer jährlichen Reparationsabgabe von 660 Mio. Reichsmark den wichtigsten Einzelbeitrag, um Deutschlands Reparationszahlungen an Belgien und Frankreich zu begleichen.[48]

Literatur

Bremm, Klaus-Jürgen, Von der Chaussee zur Schiene. Militärstrategie und Eisenbahnen in Preußen von 1833 bis zum Feldzug von 1866. München 2005.
Feldman, Gerald D., The Great Disorder. Politics, Economics, and Society in the German Inflation 1914–1924. Oxford/New York 1993.
Groener, Wilhelm, Die deutschen Eisenbahnen im Weltkriege, in: Wilhelm Hoff/Max Kumbier/ Richard Anger (Hrsg.), Das deutsche Eisenbahnwesen der Gegenwart. Berlin 1923, 21–34.
Groener, Wilhelm, Lebenserinnerungen. Jugend-Generalstab-Weltkrieg, hrsg. von Friedrich Freiherr Hiller von Gaertringen. Göttingen 1957.

---

47 *Mierzejewski*, Most Valuable Asset of the Reich, 195–237.
48 *Mierzejewski*, Most Valuable Asset of the Reich, 3–18.

Henrich-Franke, Christian, Gescheiterte Integration im Vergleich: Der Verkehr – ein Problemsektor gemeinsamer Rechtsetzung im Deutschen Reich (1871–1879) und der Europäischen Wirtschaftsgemeinschaft (1958–1972). Stuttgart 2012.
Huegel, Arnulf, Kriegsernährungswirtschaft Deutschlands während des Ersten und Zweiten Weltkriegs im Vergleich. Konstanz 2003.
Knipping, Andreas, Eisenbahnen im Ersten Weltkrieg. Freiburg 2004.
Mierzejewski, Alfred C., The Most Valuable Asset of the Reich. A History of the German National Railways, Bd. 1: 1920–1932. Chapel Hill 1999.
Mitchell, Allan, The Great Train Race. Railways and the Franco-German Rivalry. New York/Oxford 2000.
Pohl, Manfred/Kill, Susanne, Von der Staatsbahn zur Reichsbahn 1918–1924, in: Lothar Gall/Manfred Pohl (Hrsg.), Die Eisenbahn in Deutschland. Von den Anfängen bis zur Gegenwart. München 1999, 71–107.
Sarter, Adolph, Die deutschen Eisenbahnen im Kriege. Stuttgart 1930.
Skalweit, August, Die deutsche Kriegsernährungswirtschaft. Stuttgart 1927.

3 Wirtschaftssektoren und Industriebranchen

Eva-Maria Roelevink und Dieter Ziegler
3.1 Rohstoffwirtschaft: die bergbaulichen Rohstoffe

3.1.1 Einleitung

Während des Ersten Weltkrieges galt „die ungeheure Rohstoffabhängigkeit"[1] als eines der zentralen Probleme der deutschen Kriegswirtschaftspolitik. Erstaunlicherweise hat sich im Krieg ein akuter Rohstoffmangel, trotz der Seeblockade der britischen Marine, aber nicht eingestellt. Dabei hatte – anders als vor dem Zweiten Weltkrieg – es keine systematische und politisch verordnete Kriegsvorbereitung oder -organisation im Bereich der bergbaulichen Rohstoffe gegeben.[2] Zu Kriegsbeginn herrschte im Kriegsministerium vielmehr Unklarheit im Hinblick auf etwaige Anpassungs-, Regulierungs-, Steuerungs-, Rationierungs- und auch Beschlagnahmungsmaßnahmen. Überhaupt wurden Maßnahmen zur Rohstoffbewirtschaftung nur sukzessive und in höchst unterschiedlicher Weise, mitunter erst seit 1916, entwickelt und angewendet.[3] Über die Ursachen ist bisher nur wenig bekannt, und insbesondere zur bergbaulichen Rohstoffwirtschaft während des Ersten Weltkrieges ist bisher nicht weiter geforscht worden.[4]

Im Folgenden werden mit Steinkohle, Braunkohle, Eisen- und Kupfererz sowie Kali einige der für die deutsche Kriegswirtschaft des Ersten Weltkrieges zentralen bergbauliche Rohstoffe herausgegriffen. Auf die rohstoffpolitischen Maßnahmen wird nicht näher eingegangen.[5] Im Vordergrund stehen vielmehr die Förderentwicklung, die Auswirkungen der Einberufungen auf Größe und Zusammensetzung der Belegschaften und die Veränderung in der Organisation der Rohstoffproduktion vor dem Hintergrund der sich durch den Krieg drastisch verändernden Bedingungen.[6]

---

1 *Otto Goebel*, Deutsche Rohstoffwirtschaft im Weltkrieg. Einschließlich des Hindenburg-Programms, Stuttgart/Berlin/Leipzig 1930, 10.
2 *Jonas Scherner*, Lernen und Lernversagen. Die „Metallmobilisierung" im Deutschen Reich 1939 bis 1945, in: Vierteljahrschrift für Zeitgeschichte 66, 2018, 233–266.
3 *Gerd Hardach*, Einleitung, in: Marcel Boldorf/Rainer Haus (Hrsg.), Die Ökonomie des Ersten Weltkrieges im Lichte der zeitgenössischen Kritik. (Die deutsche Kriegswirtschaft im Bereich der Heeresverwaltung 1914–1918, Bd. 4.) Berlin/Boston 2016, 4; vgl. dazu auch *Regina Roth*, Staat und Wirtschaft im Ersten Weltkrieg. Kriegsgesellschaften als kriegswirtschaftliche Steuerungselemente. Berlin 1997, 18 f.
4 *Hardach*, Einleitung, 1–3, 11 f.
5 Vgl. dazu grundlegend *Gerald D. Feldman*, Armee, Industrie und Arbeiterschaft in Deutschland 1914 bis 1918. Berlin/Bonn 1985.
6 Dazu auch: *Eva-Maria Roelevink*, Deutschland und die bergbaulichen Rohstoffmärkte für Steinkohle, Eisenerz, Kupfer und Kali von der Mitte des 19. Jahrhunderts bis 1930, in: Klaus Tenfelde/Toni Pierenkemper (Hrsg.), Motor der Industrialisierung. Deutsche Bergbaugeschichte im 19. und frühen 20. Jahrhundert. (Geschichte des Deutschen Bergbaus, Bd. 3.) Münster 2016, 17–43.

https://doi.org/10.1515/9783110556148-006

3.1.2 Steinkohle

1913 wurden in Deutschland 190 Millionen (Mio.) Tonnen Steinkohle gefördert. Rund 180 Mio. Tonnen stammten dabei aus den preußischen Steinkohlenrevieren (Ruhr, Oberschlesien, Saar, Niederschlesien, Aachen).[7] Die verbleibenden rund 10 Mio. Tonnen wurden in Sachsen, Elsass-Lothringen und Bayern gefördert. Das Gros der deutschen Kohle wurde im Ruhrgebiet abgebaut.[8] Seine rasante Wachstumsphase hatte der deutsche Steinkohlenbergbau zu diesem Zeitpunkt allerdings bereits hinter sich. Er galt als eine „alte Industrie".[9]

Tab. 1: Deutsche Steinkohlenförderung nach Oberbergamtsbezirken 1913–1921.

Jahr	Fördermenge (in 1000 t)	davon im Oberbergamtsbezirk			Beschäftigte
		Dortmund	*Breslau*	*Bonn*	
1913	190 109	*110 765*	*48 963*	*19 399*	686 341
1914	161 392	*94 851*	*41 842*	*15 618*	639 879
1915	146 868	*83 794*	*42 567*	*13 103*	479 076
1916	159 170	*91 087*	*46 311*	*14 368*	502 952
1917	167 747	*95 312*	*47 359*	*16 249*	568 040
1918	158 254	*91 952*	*44 307*	*15 966*	566 677
1919	116 707	*67 943*	*29 789*	*13 842*	661 581
1920	131 356	*84 993*	*35 937*	*5 604*	713 278
1921	136 251	*91 006*	*34 311*	*5 634*	812 931

Anmerkung: Der Oberbergamtsbezirk Dortmund erfasst im Wesentlichen das Ruhrgebiet, der Oberbergamtsbezirk Bonn das Aachener und das Saarrevier und der Oberbergamtsbezirk Breslau die Reviere in Ober- und in Niederschlesien.
Quellen: *Wolfram Fischer* (Hrsg.), Statistik der Bergbauproduktion Deutschlands 1850–1914, bearb. von Philipp Fehrenbach. St. Katharinen 1989 (Tab. 1–59); *Wolfram Fischer* (Hrsg.), Statistik der Montanproduktion Deutschlands 1915–1985, bearb. von Philipp Fehrenbach. St. Katharinen 1995 (Tab. 1–47).

---

[7] Förderung 1913 (in 1000 t): gesamt: 190 109, davon nach Revieren: Ruhr: 114 183, Oberschlesien: 33 435; Saar: 13 216; Niederschlesien: 5528; Sachsen: 5415; Lothringen: 3796; Aachen: 3265, Bayern 6; nach: *Ferdinand Friedensburg*, Die Bergwirtschaft der Erde. Bodenschätze, Bergbau und Mineralienversorgung der einzelnen Länder. 4. Aufl. Stuttgart 1948, 199.

[8] Vgl. Tab. 1 u. *Dieter Ziegler*, Kriegswirtschaft, Kriegsfolgenbewältigung, Kriegsvorbereitung. Der deutsche Bergbau im dauernden Ausnahmezustand (1914–1945), in: Dieter Ziegler (Hrsg.), Rohstoffgewinnung im Strukturwandel. Der deutsche Bergbau im 20. Jahrhundert. (Geschichte des Deutschen Bergbaus, Bd. 4.) Münster 2013, 15.

[9] *Walther G. Hoffmann*, Das Wachstum der deutschen Wirtschaft seit der Mitte des 19. Jahrhunderts. Berlin u. a. 1965, 59; dazu auch: *Rolf Wagenführ*, Die Industriewirtschaft. Entwicklungstendenzen der deutschen und internationalen Industrieproduktion 1860 bis 1932. (Sonderheft der Vierteljahreshefte zur Konjunkturforschung.) Berlin 1933.

Die internationalen Brennstoffmärkte waren vor dem Ersten Weltkrieg hart umkämpft. Die größte Kohlenförderung der Welt realisierten 1913 die USA mit 517 Mio. metrischen Tonnen. Mehr als 42 % der Weltkohle wurde damit in den USA zu Tage gefördert. Mit 292 Mio. metrischen Tonnen oder mit knapp 24 % der Weltförderung rangierte Großbritannien als Kohlenproduzent auf dem zweiten Platz. Das Deutsche Kaiserreich nahm mit 190 Mio. Tonnen oder gut 15 % der Weltkohlenförderung den dritten Platz ein.[10] Auf den europäischen Brennstoffmärkten war der Wettbewerb zwischen der britischen und der deutschen Kohle heftig. US-amerikanische Kohle spielte hier praktisch keine Rolle: 1913 brachte es Großbritannien auf eine Steinkohlenexportquote von 34,1 %, das Kaiserreich auf 23,9 %.[11] Bis zum Ersten Weltkrieg hatte die deutsche Kohle dabei erfolgreich auf dem skandinavischen Markt, der traditionell vorwiegend mit britischer Kohle beliefert wurde, Fuß fassen können. Und auch in den direkt benachbarten westeuropäischen Staaten (vor allem die Niederlande, Frankreich, Belgien und die Schweiz) hatte die deutsche Kohle nach heftigen Konkurrenzkämpfen eine stärkere Position erstritten. Allerdings blieb die britische Kohle präsent, was für niedrige Kohlenpreise sorgte. Der Mittelmeerraum war traditionell ein von der britischen Kohle dominierter Markt. Daneben tat sich die deutsche Kohle vor 1914 schwer, mit den Briten auf dem wichtigen Bunkerkohlenmarkt, wo die Dampfschiffe ihren Kohlennachschub besorgten und dessen Marktorganisation zahlreiche Lager- und Bunkerstationen voraussetzte, ernsthaft in Konkurrenz zu treten.[12]

Der Erste Weltkrieg verschob die Absatzgebiete aller westeuropäischen Kohlenproduzenten nachhaltig und dauerhaft. Die Krise des deutschen Steinkohlenbergbaus der Zwischenkriegszeit[13] resultierte aus dem zunehmenden Wettbewerb zwischen Steinkohle und Braunkohle – das aber nur auf dem inländischen Brennstoffmarkt. Außenwirtschaftlich war sie das Ergebnis einer Intensivierung des internationalen Konkurrenzkampfes. Neben dem britischen Steinkohlenbergbau, der nach dem Krieg ebenfalls in eine exportinduzierte Strukturkrise rutschte, lag das vor allem an neuen Kohlenproduzenten, der polnischen Kohle, aber auch der niederländischen Kohle, die nach dem Krieg stark auf die angestammten britischen und deutschen Exportmärkte drückten.

---

10 *Jahrbuch für den Oberbergamtsbezirk Dortmund*, Vierzehnter bis einundzwanzigster Jahrgang (1913–1921). Essen 1923, 817.
11 *Rolf Regul*, Die Wettbewerbslage der Steinkohle. Berlin 1933, 68.
12 *Regul*, Wettbewerbslage, 69, 71 f. Obgleich insbesondere die Ruhrkohle durch das Deutsche Kohlendepot hier eine steigende Beteiligung im wichtigen Bunkerkohlenmarkt erstreiten konnte; vgl. dazu *Eva-Maria Roelevink*, „Wir müssen uns auch einen Platz an der Sonne sichern." Das Rheinisch-Westfälische Kohlen-Syndikat und das Deutsche Kohlendepot, 1905 bis 1947, in: Der Anschnitt 68, 2016, 170, 172.
13 Vgl. zur Braunkohle den Abschnitt 3.1.3 in diesem Kapitel.

Tab. 2: Die deutsche Steinkohlenversorgung 1913–1920 [in 1000 Tonnen].

Jahr	Förderung	Gegenüber Vorjahr (%)	Einfuhr	g. V. %	Summe	g. V. %	Ausfuhr	g. V. %	Ausfuhr-überschuss	g. V. %	Verbrauch im Inland	g. V. %
1913	190 109	+ 8,71	11 360	+ 1,56	201 469	+ 8,28	45 478	+ 12,04	34 118	+ 16,02	155 991	+ 7,23
1914	161 385	− 15,11	6976	− 38,59	168 361	− 16,43	34 310	− 24,56	27 334	− 19,88	134 051	− 14,06
1915	146 868	− 9,00	2669	− 61,74	149 537	− 11,18	23 018	− 32,91	20 349	− 25,55	126 509	− 5,63
1916	159 170	+ 8,38	1518	− 43,13	160 688	+ 7,46	26 280	+ 14,17	24 762	+ 21,69	134 408	+ 6,24
1917	167 747	+ 5,39	651	− 57,11	168 398	+ 4,80	20 031	− 23,78	19 380	− 21,73	148 367	+ 10,39
1918	158 254	− 5,66	233	− 64,21	158 487	− 5,89	16 787	− 16,19	16 554	− 14,58	141 700	− 4,49
1919	116 707	− 26,25	48	− 79,40	116 755	− 26,33	6632	− 60,49	6584	− 60,23	110 123	− 22,28
1920	131 356	+ 12,55	356	+ 641,67	131 712	+ 12,81	23 048	+ 247,53	22 692	+ 244,65	108 664	− 1,32

Anmerkung: Förderung ab 1918 ohne Lothringen, ab 1920 ohne Saargebiet.
Quelle: Bericht des Rheinisch-Westfälischen Kohlen-Syndikats, Geschäftsjahr 1933/34, 19.

Während des Krieges blieb das Kaiserreich kohlenwirtschaftlicher Nettoerzeuger; von der 1914 erreichten Förderung von 161 Mio. Tonnen wurden rund 134 Mio. Tonnen im Inland verbraucht. Die Einfuhr brach mit dem Kriegsausbruch ein und das Förderaufkommen reduzierte sich bis 1916 stark; 1917 rutschte die Kohleneinfuhr dann unter die 1 Mio. Tonnen Grenze (s. Tab. 2). Inklusive der Einfuhr erreichte die Produktion der deutschen Steinkohlenwirtschaft mit knapp 150 Mio. Tonnen bereits 1915 ihren niedrigsten Stand. 1916 und 1917 konnte die zur Verfügung stehende Kohle auf 160 Mio. bzw. 168 Mio. Tonnen gesteigert werden. Trotz des Mangels wurde deutsche Steinkohle während der gesamten Kriegsdauer, und zwar ohne Unterbrechung, exportiert. 1914 waren es gut 34 Mio. Tonnen und selbst 1918 immerhin noch knapp 17 Mio. Tonnen. Anders als die Förderentwicklung, die sich infolge des Arbeitskräftemangels unstet entwickelte, reduzierten sich die Kohlenausfuhrziffern dabei kontinuierlich. Sie brachen aber nicht so abrupt ein wie die Förderung. Das lag an der zentralen Absatzorganisation, insbesondere der Ruhrkohle, und daran, dass die Kohlenausfuhr in die Niederlande und die Schweiz mit Kreditlinien verrechnet wurde, mit denen Lebensmittel- und Rohstoffimporte finanziert werden konnten, die das kriegsführende Kaiserreich dringend benötigte. Die Exportsperre, die das Reich direkt nach dem Kriegsbeginn verhängt hatte, traf die Kohlenwirtschaft deshalb nur bedingt.[14]

Die Struktur der deutschen Kohlenwirtschaft war seit den 1890er Jahren durch eine umfassende Kartellierung der Bergbauunternehmen geprägt.[15] Die Ruhrzechen waren im Rheinisch-Westfälischen Kohlen-Syndikat vereinigt, in Oberschlesien wirkte die Oberschlesische Kohlenkonvention. Die Saarkohle hatte sich immerhin zumindest zeitweise vertraglich mit dem Ruhrsyndikat verbunden. Ein Kartell hätte dort allerdings auch keinen Sinn gemacht, da sich die Gruben an der Saar fast ausschließlich in staatlich-preußischem Besitz befanden. Wegen der überragenden Bedeutung der Ruhrkohle war das Ruhrsyndikat der Taktgeber der deutschen Kohlenwirtschaft.

Der Krieg änderte nichts an der Bedeutung der Kartellorganisation für die deutsche Kohlenwirtschaft. Es ist ganz im Gegenteil eines der markanten Kennzeichen der deutschen Kohlenwirtschaft, dass sie nur in abgeschwächter Form staatlicher

---

[14] Vgl. *Marc Frey*, Der Erste Weltkrieg und die Niederlande. Ein neutrales Land im politischen und wirtschaftlichen Kalkül der Kriegsgegner. Berlin 1998, 222 f.
[15] 1913 zählte die deutsche Kohlenwirtschaft insgesamt 294 Werke, nur 168 davon förderten im Ruhrrevier. Im Ruhrrevier steigerte sich die Anzahl bis 1918 auf lediglich 172 Werke, im Kaiserreich insgesamt auf 379. Und während 1915 die Kartellmitglieder des Ruhrsyndikats gut die Hälfte der gesamten deutschen Steinkohle förderten, waren es 1918 mehr als 60 %; vgl. *Wolfram Fischer* (Hrsg.), Statistik der Bergbauproduktion Deutschlands 1850–1914, bearb. v. Philipp Fehrenbach. St. Katharinen 1989, (Tab. 1–59); *Wolfram Fischer* (Hrsg.), Statistik der Montanproduktion Deutschlands 1915–1985. St. Katharinen 1995 (Tab. 1–47) und *Helmut Lüthgen*, Das Rheinisch-Westfälische Kohlensyndikat in der Vorkriegs-, Kriegs- und Nachkriegszeit und seine Hauptprobleme. Leipzig/Erlangen 1926, 2.

Abb. 1: Dortmund, Zeche Zollern II, Maschinenhalle (Siemens Historical Institute, FS I 135_1_300).

Kontrolle unterworfen war. Zu keinem Zeitpunkt wurde der Steinkohlenbergbau während des Ersten Weltkrieges staatlich gelenkt. Vielmehr wurde auf die ausdifferenzierte Organisationsstruktur des Ruhrkohlensyndikats zurückgegriffen.[16] Bei Kriegsausbruch arbeitete das Syndikat auf der vertragsrechtlichen Grundlage des 1903 geschlossenen und durch ein Zusatzabkommen von 1909 ergänzten Syndikatsvertrages: Hier waren die Mengen- und Förderregulierung, die Preisstellung und die Absatzorganisation (und auf die kam es im Krieg besonders an) festgeschrieben. Die Förderregulierung wurde mit Kriegsausbruch aufgehoben, die Preispolitik weiterhin im Syndikat vorgenommen, allerdings spätestens seit 1915 in enger Abstimmung mit der Regierung. Die syndizierte Absatzorganisation wurde nicht nur beibehalten, sondern das Syndikat konnte einzelne Versuche staatlicher und militärischer Einflussnahmen erfolgreich abwehren.[17]

Allerdings machte sich mit Kriegsbeginn eine unter Zeitgenossen als Syndikatsmüdigkeit bekannte Erscheinung breit. Eine ganze Reihe von Syndikatsmitgliedern zeigte zunehmend weniger Interesse, sich an den anlaufenden Erneuerungsver-

---

16 *Friedrich Moser*, Das Rheinisch-Westfälische Kohlen-Syndikat und das Kohlenwirtschaftsgesetz. Diss. Erlangen 1930, 15.
17 *Christian Böse/Dieter Ziegler*, Die Ruhrkohle in der kriegswirtschaftlichen Regulierung, in: Jahrbuch für Wirtschaftsgeschichte 2015/2, 421–450; *Eva-Maria Roelevink*, Staatliche Intervention und kartellierte Logik. Die Absatzgewinne des deutsch-niederländischen Kohlenhandels während des Ersten Weltkrieges, in: Jahrbuch für Wirtschaftsgeschichte 2015/2, 451–477.

handlungen des Syndikats zu beteiligen. Statt das Syndikat zu verlängern, wollten sie den kriegsbedingten „Kohlenhunger" für ihre eigene Zechengesellschaft ausnutzen. Ohne Syndikat hätten sie die Kohlenpreise selbst bestimmen, ihre Verkaufsverträge selbstständig abschließen und auch über die Absatz- und Transportkoordination selbst entscheiden können. Als der Widerstand gegen die Schaffung einer neuen Vertragsgrundlage im Syndikat zu stark wurde, griff die Reichsregierung ein, indem sie eine Bundesratsverordnung[18] erließ, die zwar einer freiwilligen Syndikatserneuerung den Vorzug gab, aber gleichzeitig unmissverständlich festlegte, dass die Regierung die Zechengesellschaften eines Reviers zwangsweise in einem Syndikat zusammenschließen würde, sollten diese sich nicht zu einer Verlängerung oder dem Abschluss eines erneuerten Syndikatsvertrages entschließen können. Unter diesem Druck fanden sich die Zechen an der Ruhr zu einer Syndikatserneuerung bereit. In der Konsequenz wurden die Binnenmarktpreise faktisch zementiert, wobei die Zechen eine aus ihrer Sicht wichtige Kompensation erhielten. So durfte das Syndikat die Kohlenexporte fortsetzen und unterlag dabei keinerlei Regulierung, was die Höhe der Preise betraf. Besonders die Niederlande und die Schweiz waren dringend auf die Kohlenlieferungen aus dem Reich angewiesen und waren bereit, deutlich höher als die deutschen Inlandspreise zu akzeptieren.[19] Und auch die Exporte nach Schweden wurden in Absprache mit den staatlichen Ausfuhrstellen weitergeführt.[20] Im Sommer 1916 wurde die Regelung eingefrorener Binnenmarktpreise und unbeschränkter Auslandspreise zu Gunsten der Bergbauunternehmen institutionalisiert. Der zuständige Ausschuss des Ruhrkohlensyndikats entschied, dass das Syndikat auf die Erhöhung der Kohlenpreise nur „unter der Voraussetzung, dass die Ausfuhr nicht weiter angezapft oder behindert wird", verzichten würde.[21]

Wegen ihrer großen strategischen Bedeutung für die Energieversorgung von Militär, Eisenbahn und Kriegswirtschaft erlangten die Syndikate, aber insbesondere

---

18 Bekanntmachung über die Errichtung von Betriebsgesellschaften für den Steinkohlen- und Braunkohlenbergbau, vom 12. Juli 1915, in: Reichsgesetzblatt 1915, 427–430. § 9 der Verordnung legte fest, dass das erneuerte Syndikat „mehr als 97 vom Hundert der Gesamtförderung" des Ruhrreviers einschließen müsse. Das implizierte den Beitritt der fiskalischen Zechen, die deutlich über drei Prozent der Gesamtförderung im Revier realisierten.
19 Zur Durchführung auch: Bergbauarchiv im Montanhistorischen Dokumentationszentrum/Bergbau-Archiv beim Deutschen Bergbau-Museum Bochum (BBA) 16 [= Bestand Verein für die bergbaulichen Interessen]/8058, Bericht über die gemeinschaftliche Sitzung der Ausschüsse des Bundes der Industriellen und des Centralverbandes am 21. September 1915.
20 BBA 33 [= Bestand Rheinisch-Westfälisches Kohlen-Syndikat]/77, Bl. 11–19, Sitzung des Ausschusses f gemäß § 3 Ziffer 1 des Vertrages am 24. November 1915. Zu den gewinnbringenden Verkäufen in die Niederlande ausführlich: *Eva-Maria Roelevink*, Organisierte Intransparenz. Das Kohlensyndikat und der niederländische Markt, 1915–1932. München 2015.
21 BBA 33/78, Bl. 2, Sitzung des Ausschusses zur Prüfung der Rechnungslegung und Überwachung der Verkaufseinrichtungen am 8. Juni 1916. Am 14. Oktober 1916 wurde der Übergangsvertrag erneuert und bis 1922 verlängert. Die reinen Exportgewinne waren in der Tat extrem profitabel: Vorsichtig kalkuliert wurden allein für 1917 rd. 151 Mio. bzw. 1,53 pro Tonne Gesamtförderung [!] veranschlagt; BBA 33/81, Bl. 1, Sitzung des Geschäftsausschusses, 30. Januar 1918.

Abb. 2: Dortmund, Zeche Zollern II, Siemens Elektromotor (Siemens Historical Institute, GP IV 160_300).

das Ruhrkohlensyndikat während des Krieges eine derart mächtige Position, dass es seine Handelsorganisation erstmals auf alle Brennstoffmärkte ausweiten konnte. Denn der Krieg bedeutende für die Kohlennachfrage eine starke Konzentration: Im Ergebnis bezogen die Verbraucher, vor allem die kriegswichtigen im Inland vom Syndikat und zwar unmittelbar,[22] wohingegen die Verbraucher vor dem Krieg ihre Kohle mehrheitlich über die Syndikatshandelsgesellschaften bezogen hatten. Das Syndikat nutzte diese Nachfragekonzentration und baute seine Absatzorganisation weiter aus.[23] Dabei half, dass die Bundesratsverordnung ein strukturelles Außenseiterproblem verhinderte, sodass das Syndikat im Krieg die wohl umfassendste Marktmacht seiner Geschichte auf dem deutschen Inlandsmarkt durchsetzen konnte.

Die Kohle spielte jedoch nicht nur als Brennstoff eine zentrale Rolle für die deutsche Kriegswirtschaft. Auch die chemisch veredelte Steinkohle konnte ihre gesamtwirtschaftliche Bedeutung während des Krieges deutlich steigern. Dabei spielten die

---

22 BBA 33/946, Janus an Vogelstein am 31. Januar 1919.
23 *Christian Böse*, Kartellpolitik im Kaiserreich. Das Kohlensyndikat und die Absatzorganisation im Ruhrbergbau 1893–1919. Berlin/Boston 2018.

Kokereien, die keineswegs nur für die Koksversorgung der Hüttenwerke, sondern auch für die Versorgung mit Mineralölprodukten relevant waren, eine entscheidende Rolle. Da die Mineralölförderung aus deutschen Quellen nicht annähernd in der Lage war, den Bedarf zu decken und nach Kriegsausbruch die meisten Mineralölimporte ausfielen, wurden verschiedene Kommissionen gebildet, die die Verwertung von Kokereinebenprodukten forcieren sollten. Denn die technischen Voraussetzungen waren bereits zu Kriegsbeginn gegeben, nachdem es gelungen war, einen Teer zu entwickeln, aus dem sich leicht Schmierstoffe und Benzine gewinnen ließen. Obwohl die kohlenbasierten Ersatzstoffe nicht in allen Fällen unter freien Weltmarktbedingungen zu konkurrenzfähigen Bedingungen hergestellt werden konnten, waren bis zum Ende des Krieges fast alle Kokereien in Deutschland mit Nebenproduktanlagen ausgestattet.[24]

Nach einer zeitgenössischen Studie dürften Ersatzstoffe während der Kriegsjahre mit mehr als einer Million Tonnen an der Mineralölversorgung des Reiches beteiligt gewesen sein, wobei das Kokereinebenprodukt Benzol den Löwenanteil ausmachte. Damit kam der Ersatzstoffproduktion eine weitaus größere Bedeutung zu als der inländischen Mineralölförderung und deckte etwa ein Fünftel des Verbrauchs. Das reichte aber bei weitem nicht aus. Einen Engpass bildete in der zweiten Kriegshälfte besonders die Schmierölversorgung, auf die Eisenbahnen, Schiffe und U-Boote, Flugzeuge und Maschinen aller Art dringend angewiesen waren. Zeitgenössische Schätzungen gingen davon aus, dass der Schmierstoffbedarf nur zu bestenfalls zwei Dritteln gedeckt werden konnte. Daran änderte auch die Anfang 1917 gegründete, mit weitgehenden Bewirtschaftungsbefugnissen ausgestattete und die Ersatzstoffforschung noch einmal forcierende Kriegs-Schmieröl-Gesellschaft nicht viel.[25]

Auch den Brennstoffmangel bekamen Behörden und Syndikate während des gesamten Krieges nicht in den Griff. Der Förderrückgang der Zechen resultierte dabei zunächst aus dem Aderlass an erfahrenen Bergleuten, die 1914 in Erwartung eines nur wenige Monate dauernden Feldzuges eingezogen worden waren. Später wurden zwar einige erfahrene Bergleute wieder von der Front zurückgeholt, aber das reichte bei weitem nicht aus, um die Förderung wieder auf das Niveau der letzten Vorkriegsjahre zu heben. Ausgleichsmaßnahmen, namentlich die stärkere Beschäftigung von Frauen und Jugendlichen hatten nur mäßigen Erfolg.[26] Ähnliches galt auch für die 1916 aus Belgien und dem besetzten Russland zwangsdeportierten

---

24 *Manfred Rasch*, Nebenproduktanlagen der Kokereien und Entwicklung der Kohlechemie im rheinisch-westfälischen Industriegebiet bis zum Ende des Zweiten Weltkriegs. Ein historischer Überblick mit Bemerkungen zur denkmalpflegerisch-musealen Behandlung des Themas, in: Walter Buschmann (Hrsg.), Koks – Gas – Kohlechemie. Historische Bedeutung der Kohleverarbeitung und Chancen ihrer denkmalpflegerischen Überlieferung. Essen 1993, 51 ff.; *Manfred Rasch/Gerald D. Feldman*, August Thyssen und Hugo Stinnes. Ein Briefwechsel 1898–1922. München 2003, 71 f.
25 *Ferdinand Friedensburg*, Das Erdöl im Weltkrieg. Stuttgart 1939, 73; *Rainer Karlsch/Raymond Stokes*, Faktor Öl. Die Mineralölwirtschaft in Deutschland 1859–1974. München 2003, 100.
26 Siehe Abschnitt 4.1.4 in diesem Band.

Arbeitskräfte. Denn der deutsche Steinkohlenbergbau war noch nicht umfassend mechanisiert, so dass nur bedingt ungelernte Arbeitskräfte eingesetzt werden konnten.[27]

Ein weiteres, zu keiner Zeit tatsächlich gelöstes Problem der Kohlenversorgung war die Überlastung des Transportsystems, so dass die Kohlen oftmals nicht an ihren Bestimmungsort geliefert werden konnten. Die große Kohlenknappheit zu Jahresbeginn 1917 war im Kern eine Folge der Transportkrise. Denn im Zuge des Hindenburg-Programms, das eine massive Steigerung der Kriegsproduktion vorsah, waren die Eisenbahnkapazitäten zu wenig berücksichtigt worden. Die 1916 eingerichtete Kohlenausgleichsstelle, die eine effizientere, konsequent nach kriegswirtschaftlichen Notwendigkeiten ausgerichtete Verteilung der Steinkohle sicherstellen sollte und die sich aus Vertretern der Syndikate, des Handelsministeriums und des Kriegsamtes zusammensetzte, konnte hier kaum Abhilfe schaffen.[28] Im Ruhrkohlensyndikat war man ohnehin der Ansicht, dass die Verhandlungen mit den „unverantwortlichen Stellen" der Bahn hoffnungslos waren.[29] Auch in diesem Fall nutzte die Syndikatsleitung die Gunst der Stunde, stärkte die eigene Absatzorganisation und steigerte den Absatz über die syndikatsabhängige Rheintransportgesellschaft, das Kohlenkontor.

Das Versagen der Ausgleichsstelle führte im Februar 1917 zur Ernennung eines Reichskommissars für die Kohlenverteilung („Reichskohlenkommissar"). Der Aufgabenbereich des Reichskohlenkommissars war wesentlich weiter gesteckt als der des Kohlenausgleichs. Denn er war für die gesamte Kohlenverteilung für Heeres-, Marine und Zivilbedarf zuständig, was die Aufsicht über die gesamte Förderung des Kohlenbergbaus voraussetzte. Er war dem Reichskanzler direkt unterstellt und besaß das Recht zur Kohlebeschlagnahme. Wegen der dezentralen Struktur seiner Behörde arbeitete der Reichskohlenkommissar vergleichsweise effektiv. So waren der Zentrale in Berlin elf amtliche Verteilungsstellen unterstellt, die jeweils in einer der elf Kohlenreviere angesiedelt waren. Ihre Aufgabe bestand in der Kontrolle der Kohlenförderung, ihrer Verteilung und der Einhaltung der im Rahmen der Bewirtschaftung erlassenen Verordnungen. Zur Durchsetzung der Bewirtschaftung wurden den Verteilungsstellen weitgehende Befugnisse eingeräumt.[30] Was auf dem Papier aber wie eine weitgehende Einschränkung der Dominanz der Syndikate erschienen sein

---

27 *Ziegler*, Kriegswirtschaft, 30 ff. Vgl. dazu auch den Abschnitt 4.2.4 in diesem Band.
28 *Feldman*, Armee, Industrie und Arbeiterschaft, 210 f.
29 BBA 33/80, Bl. 2, Bericht Grassmann, in: Sitzung des Ausschusses zur Prüfung der Rechnungslegung und Überwachung der Verkaufseinrichtungen am 12. April 1917; BBA 33/80, Bl. 20 f., Bericht Janus, in: Sitzung des engeren Ausschusses des Aufsichtsrats und Geschäftsausschusses, 20. Juli 1917.
30 *Ernst Storm*, Geschichte der deutschen Kohlenwirtschaft von 1913–1926. Berlin 1926, 70 f.; *Dieter Wilhelm*, Das Rheinisch-Westfälische Kohlensyndikat und die Oberschlesische Kohlenkonvention bis zum Jahr 1933. Diss. Erlangen-Nürnberg 1966, 135 ff.; *Feldman*, Armee, Industrie und Arbeiterschaft, 214 f. Vgl. auch Abschnitt 2.1.5 in diesem Band.

Abb. 3: Oberhausen, Kriegsgefangene auf der Zeche Hugo (Haniel), 1914/18 (Montanhistorisches Dokumentationszentrum beim Deutschen Bergbau-Museum Bochum/Bergbau-Archiv, 30/949).

mag, erwies sich in der Praxis als nur wenig konfrontativ. Zur Erfüllung seiner Aufgaben war der Reichskohlenkommissar weiterhin auf die Kooperation der Syndikate angewiesen. Durchgreifende staatliche Eingriffe in die Organisation der Steinkohlenwirtschaft brachte erst die unmittelbare Nachkriegszeit, als sogar die Sozialisierung des Steinkohlenbergbaus drohte.

3.1.3 Braunkohle

Im Jahr 1913 hatte die Braunkohlenproduktion für die deutsche Energieversorgung noch eine untergeordnete Bedeutung. Die Förderung betrug zwar bereits etwa 40 % der Steinkohlenförderung, aber der Heizwert von Braunkohle lag deutlich unter dem der Steinkohle, so dass ihre Bedeutung für die deutsche Energieversorgung sehr viel geringer war, als es ein Vergleich der Fördermengen vermuten ließe. Dabei ist allerdings zu berücksichtigen, dass die Braunkohle überhaupt erst im letzten Viertel des 19. Jahrhunderts zu einem relevanten Faktor auf dem deutschen Energiemarkt aufgestiegen war. Deshalb beunruhigte der Bedeutungszuwachs der Braunkohle die Steinkohlensyndikate bereits vor dem Krieg.

Während des Krieges beschleunigte sich dieser Prozess dann noch einmal. Denn im Gegensatz zum Steinkohlen- hatte der Braunkohlenbergbau seine Förderung während des Krieges steigern können. Selbst im Jahr 1915, als der Einbruch der Steinkohlenförderung besonders dramatisch war, übertraf der Braunkohlenbergbau

Tab. 3: Braunkohlenförderung im Deutschen Reich 1913–1919.

Jahr	Jahresförderung in t	davon Niederlausitz	davon Mitteldeutschland	davon Rheinland	Beschäftigte
1913	87 233 337	18 964 024	34 256 870	20 256 203	77 539
1914	83 731 276	17 970 460	33 651 270	19 480 892	71 601
1915	87 948 303	19 052 311	35 527 687	20 879 115	39 524
1916	94 180 462	18 744 198	38 692 543	23 879 295	40 319
1917	95 542 922	17 631 130	40 916 135	24 180 494	53 583
1918	100 599 318	17 953 927	41 204 906	26 406 846	53 734
1919	93 648 264	15 551 997	37 431 754	24 918 202	103 614

Quellen: Jahrbuch für den Oberbergamtsbezirk Dortmund. Ein Führer durch die rheinisch-westfälische Berg- und Hüttenwerke und die mit ihnen in Verbindung stehenden Grossbanken, sowie Salinen in wirtschaftlicher und finanzieller Beziehung, mit einer Darstellung aller in Betracht kommenden Behörden und Organisationen, 14–21. Jgg. 1913–1921. Essen 1923, 815; *Wolfram Fischer* (Hrsg.), Statistik der Bergbauproduktion Deutschlands 1850–1914, 49 (Tab. 60); *Wolfram Fischer* (Hrsg.), Statistik der Montanproduktion Deutschlands 1915–1985, 39 (Tab. 48).

seine letzte Friedensförderung etwas. Bis 1918 erreichte die Förderung dann aufgrund einer langsamen, aber stetigen Steigerung immerhin 117 % des Wertes von 1913 (Tabelle 3). Die Hauptgründe für diese bemerkenswerte Entwicklung waren zum einen die Mechanisierung der Förderung in den Großtagebauen und die Konzentration der Beschäftigten durch die Schließung der stärker arbeitsintensiven Tiefbauzechen sowie zum anderen die Möglichkeit im Tagebau den zur Front eingezogenen Teil der Belegschaften leichter als im Steinkohlenbergbau durch ungelernte Kräfte zu ersetzen. So erreichte die Zahl der Beschäftigten im Braunkohlenbergbau des Reiches in den Jahren 1915 und 1916 zwar ebenfalls einen Tiefpunkt mit etwa 40 000 Personen (gegenüber 59 000 Arbeitskräften 1913), aber die Förderung konnte dennoch gesteigert werden. Erst in der zweiten Kriegshälfte stieg die Beschäftigtenzahl dann wieder an, indem verstärkt Frauen, Jugendliche und Kriegsgefangene die durch die Einberufungen gerissenen Lücken auffüllten. Im Jahr 1918 betrug der Anteil der weiblichen Arbeitskräfte im mitteldeutschen Braunkohlenbergbau schließlich 13,4 % (gegenüber knapp 2 % im Jahr 1914).[31]

Bereits seit der Jahrhundertwende hatte ein Mechanisierungsschub im Braunkohlenbergbau den beschleunigten Übergang vom Tiefbau zum Tagebau eingeleitet. Dieser Trend setzte sich während des Krieges noch dynamischer fort. So verschwand nicht nur die Handgewinnung im Braunkohlentagebau vollständig, sondern auch die Bagger wurden immer leistungsfähiger. Insbesondere der auf oder am Fuße der Grubenböschung platzierte Eimerkettenbagger setzte sich während des Krieges bei

---

31 *Deutscher Braunkohlen-Industrie-Verein*, Deutscher Braunkohlen-Industrie-Verein 1885–1985. Düsseldorf 1985, 148; *Hans Otto Gericke*, Braunkohle – einstiger Reichtum Sachsen-Anhalts. Halle 2002, 132 f.

der Abraumgewinnung in allen Revieren endgültig durch. In der Regel war der Eimerkettenbagger mit einer Feldbahnanlage verbunden, wodurch der Abraum schnell und effizient zur Halde abtransportiert werden konnte. Menschliche Arbeitskraft wurde bei diesem System der Abraumgewinnung zum einen für den Betrieb und die Wartung der Bagger sowie zum anderen für den Betrieb der Feldbahn benötigt. Neben hoch qualifizierten Arbeitern wie dem Baggerführer und den Wartungstechnikern in den Werkstätten konnten im Braunkohlentagebau sehr gut ungelernte Arbeitskräfte eingesetzt werden – etwa für den Abraumtransport und die Verlegung der Feldbahngleise. Damit eignete sich der Braunkohlenbergbau stärker als der Steinkohlenbergbau für den Einsatz von Kriegsgefangenen. Auf seinem Höhepunkt kurz vor dem Ende des Krieges war der Anteil der Kriegsgefangenen an den Gesamtbelegschaften im deutschen Braunkohlenbergbau mit gut 22 000 Personen auf über ein Drittel gestiegen.[32]

Die Produktionssteigerung betraf in erster Linie die Rohbraunkohle und ging vornehmlich auf neu geschaffene Kraftwerkskapazitäten und damit mittelbar auf die energieintensiven Industrien zurück, die auf der Braunkohle errichtet worden waren. Hatte die Braunkohle 1913 noch einen Anteil von 23 % an der deutschen Elektrizitätserzeugung, stieg ihr Anteil 1922 auf 41 %. Sie lag damit zu diesem Zeitpunkt fast gleichauf mit der Steinkohle (48 %). Von diesem Aufholprozess profitierten insbesondere das rheinische Revier und die mitteldeutschen Reviere.

Im rheinischen Revier vervierfachte sich der Absatz von Rohbraunkohle während des Krieges, der Absatz von Briketts wurde aber nur um knapp 40 % gesteigert,[33] was nicht anders zu interpretieren ist, als dass der Elektrizitätsversorgung ein deutlich höherer Stellenwert eingeräumt wurde als dem Hausbrand. Bereits kurz vor dem Krieg hatte das Rheinisch-Westfälische Elektrizitätswerk (RWE) im rheinischen Braunkohlenrevier ein Großkraftwerk errichtet, das unter dem Namen Goldenberg-Werk 1914 mit 60 Megawatt Maschinenleistung den Betrieb aufnahm und noch vor Kriegsende um weitere 30 Megawatt Maschinenleistung erweitert wurde. Dank der dadurch gewährleisteten Verfügbarkeit billiger elektrischer Energie entstanden für die Energieverbraucher ganz neue Perspektiven. So wurde ein bereits 1906 in Knapsack errichtetes Kalkstickstoffwerk während des Krieges wesentlich erweitert, das wegen des Goldenbergwerks und in dessen unmittelbarer Nähe errichtet worden war. Daneben entstanden zwei Aluminiumwerke, wobei sich das 1913 von der Aluminium Industrie AG in der Nähe eines weiteren Braunkohlekraftwerks, des Fortuna-Kraftwerks, errichtete Martinswerk in Bergheim zu einem der größten deutschen Produzenten von Aluminiumoxid entwickelte, einem Vorprodukt das in

---

32 *Wolfgang Mühlfriedel*, Der technische Fortschritt in der deutschen Braunkohlenindustrie in der ersten Hälfte des 20. Jahrhunderts, in: Eberhard Wächtler (Hrsg.), 3. Montanhistorisches Kolloquium. Zur Geschichte des Braunkohlenbergbaus in Deutschland und Tschechien: Braunkohlebergbau – Tradition und Zukunft. Borken 1999, 321–329; *Gericke*, Braunkohle, 134.
33 *Adolf Ludovici*, Ruhrkohle und rheinische Braunkohle 1914–1926. Diss. Berlin 1927, 22 (Tab. 8).

Abb. 4: Dessau-Bitterfeld, elektrifizierte Strecke mit Lokomotive, 1911 (Siemens Historical Institute, A 1005_26_300).

den Hütten des Konzerns zu Aluminium weiterverarbeitet wurde.[34] Die etwas kleinere, 1916 errichtete Aluminiumfabrik der Erftwerk AG in Grevenbroich deckte ihren Energiebedarf ebenfalls durch das erweiterte Goldenbergwerk.

Etwas anders lagen die Verhältnisse in Mitteldeutschland. Zum einen erfolgte der Ausbau der Kraftwerkskapazitäten etwa im Gleichschritt mit dem rheinischen Revier, indem zunächst in Muldenstein ein Kraftwerk zur Versorgung der Eisenbahn errichtet wurde, das nicht nur den Versuchsbetrieb auf der ersten in Deutschland elektrifizierten Strecke von Dessau nach Bitterfeld im Jahr 1911 (vgl. Abb. 4) ermöglichte, sondern auch den Strom für den weiteren Ausbau elektrifizierter Bahnstrecken nach dem Krieg bereitstellte. Ferner wurde in Zschornewitz ein Großkraftwerk errichtet, das mit 126 Megawatt Maximalleistung (1915) in seinen Dimensionen dem Goldenbergwerk durchaus vergleichbar war und über eine 110 Kilovolt Hochspannungsleitung Strom bis nach Berlin lieferte.[35] Auch für die Ansiedlung eines Alumi-

---

34 *Arno Kleinebeckel*, Unternehmen Braunkohle. Geschichte eines Rohstoffs, eines Reviers, einer Industrie im Rheinland. Köln 1986, 147; *Boris Gehlen*, Paul Silverberg (1876–1959). Ein Unternehmer. Stuttgart 2007, 102.
35 *Otfried Wagenbreth*, Die Braunkohlenindustrie in Mitteldeutschland. Markkleeberg 2011, 135, 141.

niumwerks in Bitterfeld spielte die Verfügbarkeit billiger elektrischer Energie durch das Kraftwerk Zschornewitz ein wichtiges Motiv. Sehr viel stärker als im Rheinland sorgte in Mitteldeutschland zum anderen aber auch die Chemieindustrie während des Krieges für eine anhaltend hohe Nachfrage nach Braunkohle. Besonders erwähnenswert sind in diesem Zusammenhang die 1915 errichteten Reichsstickstoffwerke in Piesteritz bei Wittenberg und die 1916 eröffneten Leunawerke zur Herstellung von Ammoniak bei Merseburg.[36]

Neben Elektrizitätswirtschaft und Chemieindustrie konnte der Braunkohlenbergbau während des Krieges aber auch in die wichtigste Domäne des Steinkohlenbergbaus vordringen, die Stahlindustrie. So errichtete der Siegen-Solinger Gussstahl-Aktienverein 1917 ein Elektrostahlwerk in Großkayna im mitteldeutschen Geiseltal. Ansonsten waren die Möglichkeiten, neue Anwendungsgebiete für die Rohbraunkohle zu erschließen, jedoch begrenzt. Die knappe Steinkohle ließ sich bei anderen Anwendungsbereichen zunächst nicht so leicht substituieren wie beim Hausbrand und der Elektrizitätserzeugung. So scheiterten beispielsweise die Versuche der Leuchtgasgewinnung. Das so genannte Wassergas konnte nur in geringen Mengen dem Steinkohlengas zugesetzt werden und damit die in den Gaswerken hergestellten Steinkohlegasmengen etwas vergrößern.

Auch im Braunkohlenbergbau bediente sich das Reich der Marktübersicht der Syndikate und verzichtete auf die Errichtung einer Kriegsgesellschaft zur Verteilung der Braunkohle. Allerdings hatte die Kartellierung des Braunkohlenbergbaus, die zu Beginn des 20. Jahrhundert zunächst dem Vorbild der Steinkohle gefolgt war und sich revierweise zusammengeschlossen hatte, unmittelbar vor Kriegsausbruch einen aus der Sicht der Behörden schweren Rückschlag erlitten. Lediglich das rheinischen Revier, wo allerdings nur noch zwei Unternehmen den größten Teil der Förderung des Reviers kontrollierten, wies mit dem Rheinischen Braunkohlensyndikat eine stabile Syndikatsstruktur auf.[37] Im Lausitzer Revier war dagegen der bedeutendste ansässige Braunkohlenproduzent, die Ilse Bergbau AG, kurz vor Kriegsausbruch aus dem Niederlausitzer Brikettverkaufsverein ausgetreten, weil er sich nicht der durch den Verkaufsverein verfügten Einschränkung der Förderung unterwerfen wollte. In Mitteldeutschland hatte sich das Braunkohlensyndikat kurz vor Kriegsausbruch sogar ganz aufgelöst. Die Interessenlagen der Mitglieder waren dort einfach zu unterschiedlich. Denn das mitteldeutsche Braunkohlenrevier war räumlich viel größer und disparater als die Reviere am Rhein und in der Lausitz. Anstatt aus einem bestand das mitteldeutsche Revier aus neun Teilrevieren: Borna, Meuselwitz-Rositz, Luckenau, Merseburg, Halle, Oberröblingen, Bitterfeld-Anhalt, Helmstedt-Magdeburg und Kassel.

---

36 *Gericke*, Braunkohle, 139.
37 Vgl. hierzu ausführlich *Diane Dammers*, Die Kartellbildung in der rheinischen Braunkohlenindustrie (1871–1914), Diplomarbeit Universität Köln 2003.

Insofern zielte die bereits oben erwähnte Bundesratsverordnung aus dem Jahr 1915[38] zwar in erster Linie, aber keineswegs ausschließlich auf den Ruhrbergbau. Auch im Braunkohlenbergbau setzten die Behörden widerstrebende Unternehmen unter Druck, um die privatwirtschaftliche Regulierung des Braunkohlenbergbaus revierweise wieder zu errichten. So trat die Ilse Bergbau AG unter dem Druck der angedrohten Zwangssyndizierung dem Niederlausitzer Brikettverkaufsverein wieder bei. In Mitteldeutschland wurde, um einer Zwangssyndizierung zuvorzukommen, nach dem Erlass der Bundesratsverordnung der Preisverband mitteldeutscher Braunkohlenwerke gegründet, der jedoch kein Ersatz für das Braunkohlensyndikat der Vorkriegszeit darstellte, weil die vom Verband festgesetzten Preise keine für alle Werke bindende Wirkung besaßen. Der Preisverband diente wohl eher dazu, die mitteldeutsche Braunkohle gegenüber den Berliner Behörden zu vertreten. Erstaunlicherweise gaben sich die Behörden mit diesem lockeren Zusammenschluss zufrieden und verzichteten während des Krieges auf Zwangsmaßnahmen.[39]

3.1.4 Eisenerz

1913 wurden in Deutschland knapp 36 Mio. Tonnen Eisenerz gefördert. Den weitaus größten Anteil daran besaß die lothringische Minette, von der 1913 etwa 21 Mio. Tonnen im deutschen Teil Lothringens gefördert wurden. Mit weitem Abstand folgten dann die Reviere an Lahn, Dill und Sieg mit zusammen knapp vier Mio. Tonnen. Der Anteil der Minette an der deutschen Eisenerzförderung war seit den 1890er Jahren deutlich angestiegen, weil sich dieses Erz besonders für die im Thomasverfahren produzierten Massenstähle gut eignete. Die Förderung in den meisten anderen deutschen Revieren stagnierte zu dieser Zeit bereits. Das galt auch und gerade für die Reviere an Lahn, Dill und Sieg.

Von einer autarken Eisenerzversorgung war das Reich trotz der Minette am Vorabend des Ersten Weltkriegs jedoch weit entfernt. Der Bedarf der deutschen Roheisenindustrie ging erheblich über die inländische Förderung hinaus. Von den Zeitgenossen wurde mit großer Sorge gesehen, dass die Roheisenerzeugung in Deutschland sehr viel schneller als die Förderung von Eisenerz wuchs, so dass immer mehr Eisenerz eingeführt werden musste. Inwieweit der Eisenerzimport im Kriegsfall aufrechterhalten werden konnten, schätzte man als unsicher ein. Als alarmierend wurde darüber hinaus der im Vergleich zu Frankreich und Großbritannien geringe Umfang der Reserven in den bekannten Lagerstätten beurteilt. Die Eisenerzvorkommen in den großen Montanrevieren wie dem Ruhrgebiet oder auch Oberschlesien waren

---

38 Bekanntmachung über die Errichtung von Betriebsgesellschaften für den Steinkohlen- und Braunkohlenbergbau, vom 12. Juli 1915, in: Reichsgesetzblatt 1915, 427–430.
39 *Horst Schleuning*, Die Entwicklung des deutschen Kohlenhandels von der freizügigen zur gebundenen Marktversorgung. Berlin 1936, 123 f.

entweder bereits erschöpft oder dies war in absehbarer Zeit zu erwarten, während die Standorte des vorindustriellen Eisenerzbergbaus mit Ausnahme der Reviere an Lahn, Dill und Sieg ohnehin erst sehr spät den Sprung in das Industriezeitalter – wenn überhaupt – geschafft hatten. Im Harz, der Oberpfalz oder in Thüringen wurde zwar noch Eisenerz abgebaut und in kleinen Hüttenwerken verarbeitet, aber quantitativ spielten diese Standorte für die deutsche Eisen- und Stahlindustrie keine Rolle.

Viele Eisen- und Stahlindustrielle gingen schon vor dem Ersten Weltkrieg davon aus, dass die Vorräte auch in den wichtigen Eisenerzrevieren spätestens in der zweiten Jahrhunderthälfte erschöpft sein würden. Die Erschließung neuer Vorkommen wurde deshalb zu einem zentralen politischen Anliegen. Das Hauptaugenmerk richtete sich dabei auf die außerhalb des Reichsgebietes liegenden Minettevorkommen.[40] Die Förderung dieses Erzes im französischen Teil Lothringens wuchs seit der Jahrhundertwende noch schneller als im deutschen Teil und hatte bis zum Krieg mit rund 19,5 Mio. Tonnen (1913) fast mit der Förderung im deutschen Teil gleichgezogen. Daneben wurden auch in Luxemburg gut sieben Mio. Tonnen gefördert.

Etwas mehr als die Hälfte des deutsch-lothringischen Eisenerzes wurde seit der Jahrhundertwende in Lothringen direkt verhüttet. Jeweils etwa 13 % wurden im Ruhrgebiet, an der Saar und in Luxemburg abgesetzt. Im Gegenzug versorgte das Ruhrgebiet die Hütten in Lothringen mit Koks. Im Jahr 1913 wurden etwas mehr als drei Mio. Tonnen Ruhrkoks dorthin geliefert. Ähnlich war die Situation bei der luxemburgischen Minette, die ebenfalls zu gut 50 Prozent in Luxemburg verhüttet wurde. Der zweitwichtigste Abnehmer war hier aber deutlich vor dem Ruhrgebiet die belgische Eisen- und Stahlindustrie mit knapp 30 %. Das Ruhrgebiet rangierte als Absatzgebiet luxemburgischer Minette mit rund 8 % nur knapp vor der Saar und Frankreich.[41] Die luxemburgischen Hütten bezogen zwar auch Ruhrkoks, aber hier spielte die nähergelegene Aachener Steinkohle eine prominente Rolle. Wirtschaftlich waren die schwerindustriell geprägten Regionen Westeuropas demzufolge auch schon zu Beginn des 20. Jahrhunderts aufeinander angewiesen: Belgien, das Aachener, das Ruhr- sowie das Saarrevier verfügten über Kohle, Lothringen und Luxemburg verfügten über Eisenerz.

Wie bei keinem anderen bergbaulichen Rohstoff hing die Eisenerzversorgung Frankreichs und Deutschlands vom Kriegsverlauf ab. Denn die gemeinsame Grenze verlief mitten durch das Erzfeld, das für die beiden Seiten in der Vorkriegszeit jeweils das bedeutendste überhaupt gewesen war. Das bedeutete, dass andauernde Kriegshandlungen die Eisenerzversorgung beider Seiten in erheblicher Weise beein-

---

40 Zu den Expansionsbestrebungen deutscher Unternehmer im Nordwesten Lothringens vgl. Abschnitt 3.2.5 diesem Band.
41 *Stefanie van de Kerkhof*, Die Industrialisierung der lothringisch-luxemburgischen Minette-Region, in: Toni Pierenkemper (Hrsg.), Die Industrialisierung europäischer Montanregionen. Stuttgart 2002, 269 ff.

trächtigen konnten. Andererseits ließ sich die jeweilige Versorgung durch Geländegewinne und eine weitere Verschiebung der Front weg von den Erzfeldern deutlich verbessern. Mit den ersten militärischen Erfolgen an der Westfront schien es zunächst so, als könne sich das Reich in Hinblick auf die Eisenerzversorgung einen entscheidenden Vorteil verschaffen. Mit dem Fall der Festung Longwy waren die Erzfelder jenseits der Reichsgrenze in Lothringen in den deutschen Herrschaftsbereich geraten. Ende August 1914 wurde eine „Schutzverwaltung der französischen Bergwerke und Hütten" gegründet und der Zivilverwaltung in Metz unterstellt. Die Aufgabe dieser Schutzverwaltung bestand vordergründig in der Beaufsichtigung der Hütten und dem Schutz der Grubenanlagen. Denn die Belegschaften waren größtenteils geflohen und die Gruben drohten zu ersaufen. Wegen dieses dringenden Handlungsbedarfs hatten die in der Region über Grubenbesitz verfügenden deutschen Industriellen wahrscheinlich Einfluss auf die Gründung der Schutzverwaltung genommen. Dafür spricht auch, dass ihr ein „industrieller Beirat" angegliedert wurde, dem Vertreter aller in Longwy-Briey engagierten deutschen Unternehmen angehörten.[42]

Die deutsche Erzversorgung schien damit einstweilen gesichert, obwohl die sich im französischen Privatbesitz befindlichen Gruben die Förderung zunächst nicht wieder aufnahmen, wie es das Völkerrecht vorsah. Außerdem war davon auszugehen, dass die französische Artillerie die Gruben solange nicht beschießen würde, wie sich ein Großteil von ihnen in französischem Besitz befand. Dieser Schwebezustand geteilter Eigentums- und Verfügungsrechte konnte nicht auf Dauer beibehalten werden. In Anbetracht der Bedeutung Lothringens für die deutsche Erzversorgung wundert es nicht, dass die Annexion des 1871 Frankreich verbliebenen Teils Lothringens nach den Vorstellungen der deutschen Schwerindustriellen und der sogenannten Annexionisten unter den deutschen Politikern eine zentrale Forderung gegenüber Frankreich bei möglichen Friedensverhandlungen darstellen sollte.[43]

Das war aber die mittel- oder langfristige Perspektive. Kurzfristig war die Situation für die Reichsleitung weit weniger erfreulich. Denn die Kriegshandlungen in Lothringen führten auf beiden Seiten der Front zunächst zu einem deutlichen Rückgang der Erzförderung. Für Frankreich waren die Folgen wegen des Verlustes des Erzfeldes von Briey zwar deutlich gravierender – während des Krieges ging dort die inländische Erzförderung um etwa 90 % zurück –, aber auch auf deutscher Seite kam die Förderung im Sommer 1914 zum Erliegen und im Jahresdurchschnitt lag sie um etwa 30 % unter dem Wert von 1913. Aber die deutsche Eisen- und Stahlindustrie konnte den vorübergehenden Ausfall der lothringischen Erze durch den Abbau von Lagerbeständen ausgleichen, wozu nach einigen Wochen völkerrechtswidrig auch die Lagerbestände der französischen Hütten in Lothringen herangezogen wurden. Im Jahr 1915 erholte sich die Förderung zwar wieder etwas, lag aber noch einmal

---

[42] *Alfred Stellwaag*, Die deutsche Eisenwirtschaft während des Krieges. Berlin 1922, 16 f. Zur Besatzungswirtschaft in Nord- und Ostfrankreich vgl. die Abschnitte 5.3.2 und 5.3.3 in diesem Band.
[43] *Gerhard Seibold*, Röchling. Kontinuität im Wandel. Stuttgart 2001, 170.

um etwa ein Drittel unter dem Durchschnitt des Jahres 1914. Erst 1916 machte sich die Erholung dann wirklich bemerkbar, als wieder knapp der Monatsdurchschnitt von 1914 erreicht wurde. Damit lag die Eisenerzförderung Deutsch-Lothringens aber immer noch ein gutes Drittel unter der Förderung des letzten Friedensjahres 1913.[44]

Die Wiederaufnahme der Förderung im französischen Teil Lothringens kompensierte die schleppende Aufwärtsentwicklung in Deutsch-Lothringen weitgehend. Eine Bundesratsverordnung vom November 1914 stellte die Gruben im privaten französischen Besitz Anfang 1915 unter Zwangsverwaltung, was die Wiederaufnahme der Förderung einschloss. Nach ebenfalls schleppendem Beginn war die Eisenerzförderung aus dem Bereich der Schutzverwaltung bis Mitte des Jahres 1916 aber auf 450 000 Monatstonnen angestiegen. Das entsprach – auf das Jahr gerechnet – knapp der Hälfte der aktuellen Förderung in Deutsch-Lothringen, so dass die Förderung beider Teile Lothringens zusammen fast wieder das Niveau der deutsch-lothringischen Förderung im letzten Friedensjahr erreichte. Mit der vollständigen Einbeziehung der Erzfelder von Longwy-Briey in die deutsche Kriegswirtschaft wurde die Camouflage der Schutzverwaltung überflüssig. Zu Beginn des Jahres 1917 wurde sie deshalb zugunsten zweier Kriegsgesellschaften aufgelöst, wobei die Bergverwaltung Homécourt GmbH den Betrieb der Erzgruben übertragen bekam. Damit war aber auch die Rücksichtnahme des französischen Militärs auf französisches Eigentum obsolet geworden. Gegen Ende des Krieges gelang es den Alliierten, den Betriebsablauf der unweit der Front gelegenen Gruben durch wiederholte Luftangriffe nicht unwesentlich zu stören.[45]

Trotz der Erholung der Minetteförderung in Deutsch-Lothringen und der Wiederaufnahme der Förderung in Französisch-Lothringen unter Einbeziehung der Gruben in französischem Eigentum blieb die Eisenerzversorgung in Deutschland kritisch. Der Höhepunkt der Förderung wurde während des Krieges im August 1917 erreicht, als im Inland Eisenerz mit einem Gehalt reinen Eisens von 920 000 Tonnen gefördert wurden. 623 000 Tonnen (oder etwa zwei Drittel) der Gesamtförderung entfiel auf lothringische und luxemburgische Minette. Davon wurde wiederum etwa ein Fünftel durch die unter Zwangsverwaltung stehenden Gruben beigesteuert.

Da eine geringfügige Verschiebung des Frontverlaufs zu einer drastischen Verringerung der Erzförderung in Lothringen führen konnte, nahm die von der Kriegsrohstoffabteilung des Kriegsamtes gegründete Eisenzentrale GmbH Ende 1916 Verhandlungen mit der Ilseder Hütte auf, um durch den Ausbau der Förderkapazitäten im weit entfernt von der Front gelegenen Eisenerzgebiet bei Peine jederzeit auf einen möglichen Ausfall von Minetteerzen reagieren zu können. Die Forderung der Eisenzentrale belief sich zunächst auf zehn bis zwölf Mio. Tonnen jährlich und wur-

---

[44] *Markus Nievelstein*, Der Zug der Minette. Deutsche Unternehmen in Lothringen 1871–1918. Handlungsspielräume und Strategien im Spannungsfeld des deutsch-französischen Grenzgebietes. Bochum 1993, 66.
[45] *Stellwaag*, Eisenwirtschaft, 176.

Tab. 4: Eisenerzförderung im Deutschen Reich 1913–1919.

Jahr	Jahresförderung [t]	davon in Lothringen	davon an Lahn, Dill, Sieg[a]	davon Harz und Harzvorland[b]	Beschäftigte
1913	35 734 142	21 136 265	4 746 405	1 237 447	47 468
1914	25 226 438	14 021 276	4 001 201	1 195 502	38 713
1915	17 709 580	10 755 525	4 564 256	1 326 397	27 822
1916	21 333 664	13 305 597	5 155 086	1 746 651	30 613
1917	22 464 780	13 618 707	5 292 794	2 350 381	36 660
1918	7 914 897	0	4 840 218	2 158 574	25 819
1919	6 153 834	0	3 758 867	1 544 506	28 058

[a] Daten umfassen die preußischen Regierungsbezirke, Koblenz, Wiesbaden und Arnsberg sowie das Großherzogtum Hessen.
[b] Daten für die preußische Provinz Hannover und das Herzogtum Braunschweig.
Quellen: *Wolfram Fischer (Hrsg.)*, Statistik der Bergbauproduktion Deutschlands 1850–1914, 121 (Tab. 162), 135 (Tab. 181), 142 (Tab. 190), 146 (Tab. 195), 148 (Tab. 197), 169 (Tab. 231), 177 (Tab. 242), 180 (Tab. 246). *Wolfram Fischer* (Hrsg.), Statistik der Montanproduktion Deutschlands 1915–1985, 190 (Tab. 239), 207 (Tab. 263), 209 (Tab. 266), 210 (Tab. 268), 221 (Tab. 284).

de später auf acht bis zehn Mio. Tonnen korrigiert.[46] In Anbetracht einer Vorkriegsförderung von gut einer Mio. Tonnen waren diese Forderungen zwar völlig unrealistisch, im Ergebnis hatte sich die Roherzförderung der Ilseder Hütte in den Jahren 1917 und 1918 aber immerhin gegenüber dem Vorkriegsstand mehr als verdoppelt auf jeweils gut zwei Mio. Tonnen.[47] Eine solche Steigerung war allerdings nur möglich, weil die Ilseder Hütte bereits vor dem Krieg damit begonnen hatte, die Tagebauförderung durch Tiefbauschächte zu ergänzen, in denen dann während des Krieges die Förderung aufgenommen werden konnte. Die dafür benötigten zusätzlichen Arbeitskräfte wurden durch die Bereitstellung von mehreren Tausend Kriegsgefangenen sichergestellt.[48]

Auch die Erzreviere an Lahn, Dill und Sieg erlebten während des Ersten Weltkrieges noch einmal eine Blütezeit, allerdings eine Scheinblüte. Vor dem Ersten Weltkrieg waren in der nach wie vor sehr ländlich strukturierten Region etwa 12 000 Bergleute auf 94 Gruben an der Sieg und etwa 6500 Bergleute in knapp 60 Gruben an Lahn und Dill sowie in Oberhessen beschäftigt gewesen. Mit dem Weltkrieg stieg die Förderung an Lahn, Dill und Sieg nach einem anfänglichen Rückgang wieder merklich an (s. Tab. 4). An der Sieg konnte die zwischenzeitlich erreichte Höhe der Förderung gegen Ende des Krieges zwar nicht mehr gehalten werden, aber nennenswert

---

46 *Stellwaag*, Eisenwirtschaft, 114; *Wilhelm Treue*, Die Geschichte der Ilseder Hütte. München 1960, 449.
47 Da in Tab. 4 die Eisenerzförderung im Harz und im Vorharzgebiet (Peine) zusammengefasst sind, wird die Wachstumsdynamik im Vorharzgebiet dadurch etwas verzerrt, als der Eisenerzbergbau im Harz in einer gegenläufigen Bewegung während des Krieges deutlich zurückging.
48 *Treue*, Geschichte, 444 f.

unter die Förderung des letzten Friedensjahres fiel die Siegerländer Eisenerzförderung bis 1918 nicht.[49] An Lahn und Dill war die Situation sogar noch günstiger. Dort wurde der Vorkriegswert mit Ausnahme des Jahres 1914 immer überschritten. Der Höchstwert der Förderung wurde 1917 erreicht, als fast 2,1 Mio. Tonnen und damit gut 30 Prozent mehr als im letzten Friedensjahr gefördert wurden. In allen Revieren waren zwar bis zu einem Drittel der Bergleute einberufen worden, aber die Lücken wurden offenbar mit Kriegsgefangenen geschlossen, wodurch zumindest im Falle der Reviere an Lahn und Dill wegen der einsetzenden Mechanisierung der Förderung unter Tage offenbar keine nennenswerten Verluste der Arbeitsproduktivität zu verzeichnen waren. Denn während an der Sieg schon vor dem Krieg zahlreiche Grubenbetriebe zum Tiefbau übergegangen waren und dabei Teufen von bis zu 1000 Metern erreicht wurden, war an Lahn und Dill noch der Tage- oder Stollenbau vorherrschend. Immer mehr Betriebe gingen nun aber auch hier wegen der kriegsbedingt steigenden Nachfrage zum Tiefbaubetrieb über, wodurch der Kraftbedarf stieg, der unter Tage fast ausschließlich und über Tage zunehmend durch elektrische Energie bereitgestellt wurde. Rentabel war der Tiefbau deshalb nur dann, wenn die Förderung je Grubenbetrieb deutlich erhöht wurde.

Rückständig waren die Reviere an Lahn und Dill gegenüber dem Siegerland aber nicht nur technisch, sondern auch in der Marktorganisation, was auch die Zeitgenossen erkannten. Während das Siegerland seit etwa der Jahrhundertwende mit dem Siegerländer Eisensteinverein über ein funktionsfähiges Kartell verfügte, waren alle Versuche, auch an Lahn und Dill einen solchen Verkaufsverein zu etablieren, erfolglos geblieben. Während des Krieges glaubten die Behörden aber die Verteilung kriegswichtiger Rohstoffe wie Eisenerz nicht dem Markt überlassen zu können und drängten auf eine stärkere Regulierung des Erzmarktes. Im Jahr 1916 erzwang deshalb die Kriegsrohstoffabteilung die Bildung einer Preiskommission des Berg- und Hüttenmännischen Vereins in Wetzlar, deren Aufgabe darin bestand, von Zeit zu Zeit die Preise für bestimmte Erzsorten festzusetzen, die dann als verbindliche Verkaufspreise von Grubenverwaltungen und Händlern einzuhalten waren.[50]

3.1.5 Kupfer

Der kometenhafte Aufstieg der Elektroindustrie löste eine sprunghaft steigende Nachfrage nach Kupfer aus.[51] Zwischen den 1880er Jahren und 1930 verzehnfachte sich die Weltkupferproduktion. Am Vorabend des Ersten Weltkrieges (1913) stand

---

49 *Horst G. Koch*, Bevor die Lichter verloschen. Der Kampf um das Erz. Von Bergleuten und Gruben, vom Glanz und Elend des Siegerländer Bergbaus, 5. Aufl. Siegen 1987, 77.
50 *Gustav Einecke*, Der Bergbau und Hüttenbetrieb im Lahn- und Dillgebiet und in Oberhessen. Wetzlar 1932, 211 f.
51 Vgl. zum Aufstieg der Elektroindustrie Abschnitt 3.4.2 in diesem Band.

Tab. 5: Deutsche Rohkupferein- und -ausfuhr 1913 [in metrischen Tonnen].

Herkunft	Einfuhr	Bestimmung	Ausfuhr
USA	197 333	Österreich	4671
Australien	13 342	Frankreich	309
Belgien	5523	Schweden	768
Großbritannien	1682	Großbritannien	296
Spanien	1240	Russland	227
Schweden	1030	Niederlande	126
Österreich	390	Italien	89
Belgisch-Kongo	76	Übrige	722
Chile	72		
Gesamt	223 392	Gesamt	7208

Quelle: *Paul Irrgang*, Die Kupferversorgung Deutschlands seit 1914. Diss. Marburg 1931, 6.

das Kaiserreich mit einem Verbrauch von 239 700 metrischen Tonnen auf Platz zwei der größten Kupferverbraucher weltweit.[52]

An diesem Aufstieg hatte der europäische Kupfererzbergbau praktisch keinen Anteil. Die größte deutsche Lagerstätte befand sich in Mitteldeutschland, in der Mulde „Mansfeld", wo sich der Kupferschieferbergbau vor dem durch den Aufstieg der Elektroindustrie verursachten Boom stabil entwickeln konnte.[53] Mit der sprunghaften Steigerung der Nachfrage seit Ende des 19. Jahrhunderts konnte die heimische Kupfererzförderung allerdings nicht mehr mithalten. Da die Kupferpreise auf dem Weltmarkt trotz der weltweit steigenden Nachfrage vor 1914 stark gesunken waren, ließ sich der zunehmende Bedarf immer weniger aus der heimischen Kupfererzförderung bewältigen.[54] Die Gruben des einzigen größeren Kupfererzbergbauunternehmens, der Mansfeldschen Kupferschiefer bauenden Gewerkschaft, waren am Vorabend des Ersten Weltkrieges technisch auf der Höhe der Zeit. Die Förderung von Kupfererz konnte während des Krieges deshalb gehalten werden. Eine wesentliche Steigerung der Förderung wäre aber auch unter Einsatz erheblicher Investitionsmittel nicht möglich gewesen.[55]

Die Rüstungsproduktion des Ersten Weltkrieges war auf Kupfer und Kupferlegierungen angewiesen. Zeitgenössische Schätzungen bezifferten den jährlichen

---

[52] *Margit H. Hess*, Kupfer in der Weltwirtschaft mit besonderer Berücksichtigung der USA. Berlin 1955, 28.
[53] *Friedrich Breidenbroich*, Die Strukturwandlungen in der internationalen Kupferwirtschaft und die deutsche Kupferwirtschaft. Diss. Frankfurt am Main 1938, 63 ff.; *Alf Zachäus*, Chancen und Grenzen wirtschaftlicher Entwicklung im Prozess der Globalisierung. Die Kupfermontanregionen Coquimbo (Chile) und Mansfeld (Preußen/Deutschland) im Vergleich 1830–1900. Frankfurt am Main u. a. 2012, 151.
[54] *Breidenbroich*, Strukturwandlungen, 65; vgl. Tab. 5.
[55] Vgl. Tab. 6.

Tab. 6: Kupferschieferbergbau und Hüttenbetriebe der Mansfeldschen Gewerkschaft 1910–1922.

Jahr	Schacht-anlagen	Mineralförderung (v. a. Kupfer- und Silbererze) [t]	Hütten-anlagen	Erzeugung Raffinatkupfer [t]	Erzeugung Silber [kg]
1910	9	840 673	9	20 193	109 314
1912	6	879 696	9	20 303	112 631
1914	6	802 044	9	19 684	103 374
1916	7	1 180 200	9	20 999	114 461
1918	7	915 800	9	15 978	84 921
1920	6	527 000	9	11 763	60 267
1922	7	674 690	9	14 032	64 708

Anmerkung: Raffinatkupfer wurde in Mansfeld aus Mansfeld-Erzen, zu einem geringeren Teil auch aus dem Umschmelzen von Altkupfer, Elektrolytkupfer und Betriebsabfällen erzeugt.
Quelle: *Irrgang*, Kupferversorgung, 10.

Gesamtbedarf während des Krieges auf etwa 100 000 bzw. 120 000 Tonnen.[56] Diese Schätzungen erscheinen erstaunlich niedrig. Denn danach hätte der Kupferbedarf während des Krieges nur einem Drittel des Kupferverbrauchs des letzten Vorkriegsjahres entsprochen. Wie dem auch sei, Zünder, Geschossführungsringe, Patronen- und Geschosshülsen waren zu einem erheblichen Teil aus Kupfer gefertigt, und auch die Marine und natürlich auch weiterhin die Elektroindustrie waren darauf angewiesen.[57] Im Krieg wurde die Versorgung zu einem Problem, insbesondere da Großbritannien Kupfer direkt zu Kriegsbeginn zur Bannware erklärte und Überseelieferungen von Kupfer – auch aus neutralen Staaten – mit dem Ziel deutscher Nordseehäfen beschlagnahmte. 1915 sollen aber immerhin noch rund 23 000 Tonnen Kupfer aus neutralen Staaten importiert worden sein.[58] Dabei blieb die Beschaffung des Rohstoffes den Kupfer verbrauchenden Unternehmen weithin selbst überlassen. Von staatlicher Seite waren zunächst lediglich die Preise festgesetzt und von der Kriegsrohstoffabteilung eine Verfügungsbeschränkung sowie eine Meldepflicht eingeführt worden. Eine Metallmobilmachungsstelle erhielt zusätzlich die Aufgabe Kupfer zu beschaffen und zu bewirtschaften, aber auch Ersatzstoffe zu identifizieren. Erst seit 1916 wurden die Kriegsgesellschaften wichtiger und in die Beschaffung und Verteilung einbezogen.[59] Insbesondere die Aktionäre der Kriegsmetall AG hatten es seither leichter, an Kupfer zu kommen.[60] Metallmobilisierung bedeutete auch

---

56 *Paul Irrgang*, Die Kupferversorgung Deutschlands seit 1914. Diss. Marburg 1931, 13 (Schätzung 100 000 t); ferner *Georg Berg/Ferdinand Friedensburg*, Kupfer. Stuttgart 1941, 46 (Schätzung 120 000 t).
57 *Helmut Maier*, Unbequeme Newcomer? Legierungen der Nichteisenmetalle (Al, Cu, Zn) vom Ersten Weltkrieg bis in die 1970er Jahre, in: Elisabeth Vaupel (Hrsg.), Ersatzstoffe im und nach dem Ersten Weltkrieg. Rohstoffmangel als Impulsgeber für Innovation? (im Erscheinen).
58 *Berg/Friedensburg*, Kupfer, 46.
59 *Roth*, Staat und Wirtschaft, 158.
60 *Roth*, Staat und Wirtschaft, 246 f.

die Beschlagnahmung von Kupferreserven, die zum Teil enteignet wurden. Da Importe immer weniger möglich waren, wurde die Mobilisierung von bereits verarbeitetem Kupfer eine wesentliche Quelle für die Versorgung der Kriegswirtschaft. Bis zum 1. Januar 1918 sollen auf diese Weise 107 000 Tonnen beschafft worden sein.[61]

Während des Ersten Weltkrieges erlebte die Ersatzstoffwirtschaft in der Metallindustrie ihre erste Blüte. Als Kupferersatz kamen Eisen, Zink und auch Aluminium in Frage. Insbesondere die Produktion des Ersatzstoffes Aluminium wurde subventioniert. Nicht zuletzt aufgrund der Hinzuziehung von Ersatzstoffen, der Mobilisierung von Altbeständigen und der Ausbeutung der besetzten Länder, unterlag die Kupferversorgung während des Ersten Weltkrieges massiven Veränderungen.[62]

3.1.6 Kalisalze

Der deutsche Kalibergbau besaß zu Beginn des 20. Jahrhunderts de facto ein Weltmarktmonopol. Die ersten Gruben wurden im Magdeburg-Halberstädter Steinsalzbecken um das preußische, unmittelbar an der Grenze zum Herzogtum Anhalt gelegene Städtchen Staßfurt errichtet. Viele der dortigen Kalivorkommen waren zwar schon lange bekannt, aber die Kalisalze wurden als „Abraumsalze" bei der Steinsalzgewinnung nicht genutzt, weil der Wert von Mineraldünger wie Kaliumchlorid für die Landwirtschaft erst in den 1860er Jahren entdeckt wurde. Etwas später wanderte der Kalibergbau nach Westen in die preußische Provinz Hannover (Revier Hannover-Braunschweig) und nach Süden in den thüringischen Raum (Südharzrevier und Werra-Fulda-Revier). Nach der Jahrhundertwende wurde schließlich noch ein Kalivorkommen im Elsass entdeckt. Bis zum Ausbruch des Ersten Weltkriegs sollte ihm aber mit etwa drei Prozent der deutschen Kaliproduktion keine quantitativ bedeutende Rolle mehr zukommen. Außerhalb Deutschlands waren zu diesem Zeitpunkt nur kleinere Lagerstätten in Galizien, Chile, dem Iran und Ostasien bekannt. Quantitativ spielten diese Vorkommen auf dem Weltmarkt für Mineraldünger keine Rolle.[63]

Vor dem Ersten Weltkrieg war die Landwirtschaft mit etwa 85 % der Gesamtförderung (1905) der wichtigste Abnehmer von Kalisalzen. Während anfangs, als die Bedeutung der Kalidüngung für bestimmte Kulturpflanzen wie Kartoffeln, Rüben oder auch Baumwolle erkannt worden war, überwiegend Rohsalze auf die Böden aufgebracht worden waren, begann der Kalibergbau bereits vor dem Krieg damit, die Salzkonzentration durch einen Verarbeitungsschritt zu erhöhen, um die Fracht-

---

61 *Irrgang*, Kupferversorgung, 18.
62 Vgl. ausführlich zur Metallmobilmachung und -bewirtschaftung das Kapitel 2.2 in diesem Band.
63 *Harry R. Tosdal*, The Kartell Movement in the German Potash Industry, in: The Quarterly Journal of Economics 28, 1913, 140 f.; *K+S-Aktiengesellschaft* (Hrsg.), Wachstum erleben. Die Geschichte der K+S Gruppe 1856 bis 2006. Kassel 2006, 46 ff.

kosten zu senken. Die Verwendung von Kali für industrielle Zwecke, etwa in der Glasindustrie, trat dagegen deutlich zurück. Obwohl der inländische Verbrauch ein sehr hohes Wachstum aufwies, wurde schon am Ende des 19. Jahrhunderts ein Großteil der Förderung für den Export verarbeitet. Die USA waren für den deutschen Kalibergbau der wichtigste Exportmarkt. Denn im Jahr 1893 waren dort die Importzölle für schwefelsaures Kali aufgehoben worden, wenn dieses für die landwirtschaftliche Nutzung bestimmt war. Kalisalze wurden dort sowohl auf den Baumwoll- als auch auf den Tabakplantagen des Südens und an der Atlantikküste als Dünger eingesetzt.[64]

Bereits in den 1880er Jahren war ein Kalikartell mit einer gemeinsamen Vertriebsorganisation seiner Mitglieder gegründet worden. Es legte die Absatzmengen und die Preise für die Rohsalze und das in den bergwerkseigenen Fabriken erzeugte Kaliumchlorid, Kieserit und Kaliumsulfat fest. Wegen der Beteiligung staatlicher Gruben beanspruchte der preußische Handelsminister allerdings für sein Land, in dem die meisten Kaligruben lagen, ein Einspruchsrecht bei der Preissetzung für Rohsalze.[65]

Je größer jedoch der Exporterfolg von Kalisalzen und Düngemitteln wurde, desto geringer wurde das Interesse der großen Grubengesellschaften, sich dem Preis- und Mengendiktat des Kartells zu unterwerfen. Gleichzeitig waren die Gewinne so hoch, dass es für Unternehmer außerordentlich lukrativ erschien, weitere Kaligruben zu errichten. Wenn das Kalisyndikat die neuen Gruben nicht als Mitglieder aufnahm, drohte ein Preiskrieg, und wenn es sie aufnahm, drohten Produktionseinschränkungen, die manche der größeren Mitglieder nicht akzeptieren würden. Das Ende des Kalisyndikats schien insofern im Jahr 1909 nur noch eine Frage der Zeit zu sein. Da Kartellverträge immer nur eine begrenzte Laufzeit besaßen, einigten sich mehrere private Bergwerksunternehmer Mitte 1909 mit großen Kaliimporteuren aus den USA über die Aufnahme von Direktlieferungen, sobald der gültige Kartellvertrag abgelaufen war. Die dabei vereinbarten Preise lagen zwar deutlich unter den alten Kartellpreisen, aber durch die Vereinbarungen mit diesen Großkunden war eine längerfristig hohe Auslastung der Kapazitäten dieser Werke sichergestellt. Die übrigen Mitglieder des Kartells, einschließlich der fiskalischen Bergwerke, einigten sich zwar auf einen neuen Kartellvertrag. Aber in Anbetracht der zwar wenigen,

---

64 *Harm G. Schroeter*, Die internationale Kaliwirtschaft 1918 bis 1939. Zum Verhältnis von industrieller Kartellpolitik und Staatsinterventionismus. Kassel 1985, 5; *André Ohndorf*, Kalisalz – Förderung und Absatz in Deutschland und der Markt in den USA. Die Epochen 1865–1914, 1919–1940 und 1975–1995. Lohmar 2000, 91.
65 *Johannes Westphal*, Geschichte des Königlichen Salzwerks zu Staßfurt unter Berücksichtigung der allgemeinen Entwicklung der Kaliindustrie. Berlin 1901, 62; *Helga Nussbaum*, Die Investitionsstrategie staatlicher und privater Unternehmen unter den Bedingungen eines gesetzlichen Zwangssyndikats. Deutsche Kaliindustrie bis 1914, in: Lotte Zumpe (Hrsg.), Wirtschaft und Staat im Imperialismus. Berlin (Ost) 1976, 55; *Jakob Vogel*, Ein schillerndes Kristall. Eine Wissensgeschichte des Salzes zwischen Früher Neuzeit und Moderne. Köln 2008, 381 f.

aber starken Außenseiter und ihrer Preisbildung sowie wegen des Verlusts mehrerer Großkunden in den USA war diese „Neue Kalisyndikat GmbH" nicht lebensfähig.[66]

In dieser Situation sah sich der preußische Staat zum Handeln gezwungen. Ein Zwangskartell, das die Gründung neuer Bergwerke verhindert hätte, war allerdings im Bundesrat nicht durchzusetzen. Das im Mai 1910 verabschiedete Reichskaligesetz beschränkte sich deshalb auf die Kontingentierung des Absatzes und die Festsetzung der Preise. Die dafür zuständige „Verteilungsstelle" wurde maßgeblich von amtlich bestellten Personen bestimmt, so dass der Einfluss des preußischen Staates gewahrt blieb. Die Verteilungsstelle schätzte den Weltmarktbedarf und verteilte die daraus sich ergebende Jahresförderung auf die deutschen Kaliproduzenten. Das hatte zur Konsequenz, dass die Außenseiter hohe Abgaben zu entrichten hatten, weil sie ihren durch die Verteilungsstelle verbindlich festgelegten Anteil bei den Verkäufen in die USA überschritten hatten. Die Lieferungen in die USA zu Dumpingpreisen fanden dadurch ein schnelles Ende.[67] Damit war der Status Quo Ante weitgehend wiederhergestellt.

Kein anderer bergbaulicher Rohstoff aus Deutschland war vor dem Ersten Weltkrieg so erfolgreich auf dem Weltmarkt wie Kalisalze. Deshalb traf der Krieg die Branche anfangs auch stärker als die anderen hier behandelten bergbaulichen Rohstoffe (s. Tab. 7). Da ein Großteil der Exporte nach Übersee verschifft oder an spätere Kriegsgegner geliefert worden war, brach die Kaliausfuhr und in der Folge auch die Förderung nach Kriegsausbruch ein. Denn von dem Exportverbot war auch der US-Markt betroffen, obwohl die USA zunächst nicht in den Krieg eingetreten waren. Allerdings betrachtete die Reichsregierung ein Kali-Exportverbot als eine angemessene Reaktion auf die Waffenlieferungen der USA an die Kriegsgegner. Ferner waren die Exporte in das übrige neutrale Ausland insofern sehr erschwert worden, als jeweils der Nachweis geführt werden musste, dass die Kali-Importe nicht für militärische Zwecke verwendet wurden.[68]

Im Ergebnis war der Kaliexport im Jahr 1917 gegenüber dem letzten Friedensjahr um 75 % zurückgegangen. Für den Kalibergbau wirkte sich die neue Abhängigkeit vom deutschen Markt verheerend aus. Denn die Reichsregierung nutzte die Möglichkeiten des Reichskaligesetzes und hielt die Preise trotz der verdeckten Inflation niedrig, so dass die hohen Renditen der Vorkriegszeit nicht mehr erreicht wurden. Außerdem verhängte die Regierung im Jahr 1916 ein Abteufverbot für neue Schächte, um den weiteren Kapazitätsausbau zu beenden. Denn in Anbetracht des Arbeitskräftemangels machte ein weiterer Ausbau der Förderkapazitäten aus kriegswirtschaftlicher Perspektive keinen Sinn.

---

66 *K+S-Aktiengesellschaft*, Wachstum erleben, 69 f.; *Matthias Maetschke*, Ursprünge der Zwangskartellgesetzgebung. Baden-Baden 2008, 199.
67 *Kurt Wiedenfeld*, Die Kaliindustrie und das Reichskaligesetz, in: Schmollers Jahrbuch 35, 1911, 427 f.; *Maetschke*, Ursprünge, 255.
68 *Herbert Siegel*, Die Entwicklung des deutschen Kalisyndikates, unter besonderer Berücksichtigung der staatlichen Einflussnahme. Borna 1941, 68; *Ohndorf*, Kalisalz, 189 f.

Tab. 7: Förderung von Kalisalzen in Deutschland 1913–1920.

Jahr	Fördermenge [t]	davon in Preußen	davon in Thüringen	davon in Anhalt
1913	11 956 528	8 084 163	2 138 385	780 991
1914	8 226 868	5 446 074	1 289 486	745 285
1915	6 964 772	4 631 985	1 294 394	572 056
1916	8 725 322	5 956 690	1 550 314	684 737
1917	8 953 110	6 202 212	1 478 838	680 585
1918	9 283 184	6 610 842	1 576 900	787 334
1919	7 888 152	5 400 128	1 462 684	701 646
1920	11 390 166	7 670 483	2 313 514	917 823

Anmerkung: Die Salzstöcke führten in der Regel nicht eine einzige Salzart, sondern verschiedene Sorten, die in den zeitgenössischen Statistiken unterschiedlich zusammengefasst wurden. Unter Kalisalzen werden an dieser Stelle Kainit, Sylvinit, Hartsalz und carnallitische Salze subsummiert.
Quellen: *Wolfram Fischer* (Hrsg.), Statistik der Bergbauproduktion Deutschlands 1850–1914, 453 (Tab. 696), 454 (Tab. 697), 462 (Tab. 713,), 465 (Tab. 717); 466 (Tab. 719); 467 (Tab. 720), 474 (Tab. 733), 477 (Tab. 739). *Ders.* (Hrsg.), Statistik der Montanproduktion Deutschlands 1915–1985, 124 (Tab. 155), 125 (Tab. 156), 134 (Tab. 169), 137 (Tab. 173), 139 (Tab. 175), 140 (Tab. 176), 150 (Tab. 189), 152 (Tab. 192).

Tab. 8: Arbeitskräfte der deutschen Kaliindustrie im Ersten Weltkrieg.

	Gesamt	Deutsche Arbeitskräfte (männlich)		Deutsche Arbeitskräfte (weiblich)		Kriegsgefangene	
	absolut	absolut	in %	absolut	in %	absolut	in %
1.7.1914	34 516	34 442	100	74	0	0	
1.10.1914	13 785	13 712	100	73	0	0	
1.1.1915	17 253	17 152	100	83	0	18	0
1.1.1916	23 205	16 198	70	815	4	6192	27
1.7.1916	28 283	18 564	66	1354	5	8365	30
1.1.1917	31 273	18 238	58	1765	6	11 270	36
1.1.1918	31 816	18 031	57	2326	7	11 459	36
1.7.1918	34 303	18 698	55	2315	7	13 290	38
1.1.1919	29 373	27 922	95	1143	4	308	1

Quelle: *Dieter Ziegler*, Kriegswirtschaft, Kriegsfolgenbewältigung, Kriegsvorbereitung. Der deutsche Bergbau im dauernden Ausnahmezustand (1914–1945), in: Dieter Ziegler (Hrsg.), Rohstoffgewinnung im Strukturwandel. Der deutsche Bergbau im 20. Jahrhundert. (Geschichte des Deutschen Bergbaus, Bd. 4.) Münster 2013, 41 (Tab. 1).

Der Kalibergbau war zunächst nicht als kriegswichtig eingestuft worden und entsprechend war auch der Abzug der Bergleute für den Kriegsdienst deutlich höher als im Kohlen- und Erzbergbau. Von den gut 34 000 Kalibergleuten des Sommers 1914 waren bis zum 1. Oktober 1914 mehr als 20 000 einberufen worden (siehe Tab. 8). Außerdem hatte der hohe Exportpreis vor dem Krieg den deutlich niedrigeren Inlandspreis gestützt. Da die Exporterlöse entfielen, verschob sich nun das gesamte Preisgefüge zu Lasten der Unternehmen, die nach dem Reichskaligesetz Preiserhöhungen nur mit Zustimmung des Reichstages durchsetzen konnten. Obwohl der Rückgang der Förderung durch die vorübergehende Stilllegung wenig rentabler Schächte erreicht wurde, verzeichneten viele Unternehmen des deutschen Kalibergbaus 1915 erstmals in ihrer Geschichte Verluste.

Die Verschlechterung der Nahrungsmittelversorgung der Bevölkerung und die Verwendung von Chlorkalium für die Herstellung von (Chlorat-)Sprengstoffen brachte mit dem Hindenburg-Programm im Jahr 1916 dann aber doch noch die Anerkennung des Kalibergbaus als kriegswichtig. Die Kalipreise wurden fortan erhöht und auch die Belegschaftszahlen wuchsen wieder. Allerdings war dafür weniger die Rückführung deutscher Kalibergleute von der Front verantwortlich als vielmehr der verstärkte Einsatz von Kriegsgefangenen, Jugendlichen und Frauen. Bis zum Frühjahr 1917 stieg die Zahl der Beschäftigten im deutschen Kalibergbau wieder auf gut 31 000, davon waren aber mehr als ein Drittel Kriegsgefangene, die mehrheitlich unter Tage und gut 10 % Frauen und Jugendliche, die vermutlich überwiegend in den Tagesanlagen beschäftigt wurden. Mitte des Jahres 1918 erreichte der Einsatz von Kriegsgefangenen im deutschen Kalibergbau mit knapp 40 % aller Beschäftigten seinen Höhepunkt.[69] Zu dieser Zeit förderte der Kalibergbau auch fast wieder auf Vorkriegsniveau. Da sich in der Zwischenzeit das Verhältnis zwischen Export und Inlandsverbrauch deutlich zugunsten des Inlandsverbrauchs verschoben hatte, kann wohl vermutet werden, dass die Kalidüngung in der deutschen Landwirtschaft nach dem Hungerwinter 1916/17 einen vorläufigen Höhepunkt erreichte.[70] Denn nach dem Krieg ging die Förderung zunächst erst wieder zurück. Das mag zwar auch an dem Wegfall der Nachfrage seitens der Sprengstoffindustrie gelegen haben. Aber vermutlich konnte auch der Rückgang der Zahl der Arbeitskräfte durch die Befreiung der Kriegsgefangenen nicht sofort vollständig kompensiert werden. Erst im Laufe des Jahres 1919 stieg die Zahl der Arbeitskräfte wieder auf das im Krieg erreichte Niveau und im Folgejahr sollte sie es sogar deutlich übertreffen, so dass auch die Kaliförderung den letzten Vorkriegswert wieder annähernd erreichte (s. Tab. 7).

3.1.7 Fazit

Wenn man die Versorgung mit den wichtigsten bergbaulichen Rohstoffen während des Ersten Weltkrieges im Deutschen Reich beurteilen will, stellt sich zunächst die Frage nach den Kriterien oder dem Vergleichsmaßstab. Selbstverständlich ver-

---

69 *Erwin Brühling*, Die Entwicklung der hannoverschen Kaliindustrie u.b.B. des Eigentümerbergbaus. Diss. Rostock 1925, 50.
70 *Günther Duchrow*, Sondershausen in der deutschen Kaligeschichte. Sondershausen 2000, 33 f.

schlechterte sich die Versorgungslage während des Krieges deutlich gegenüber den letzten Friedensjahren. Das war auch in den anderen Krieg führenden europäischen Staaten nicht anders. Andererseits waren der Mangel an Kohlen und Eisenerz nicht ursächlich für die Niederlage. Auch im Vergleich zur Nahrungsmittelversorgung war die Versorgung mit kriegswirtschaftlichen Rohstoffen, wozu man auch die hier am Rande behandelten Rohstoffe Stickstoff, Aluminium und Mineralöl bzw. den Mineralölersatzstoff Benzol rechnen kann, weitaus weniger prekär. Dabei ist allerdings zu berücksichtigen, dass die Bevölkerung auch bei den bergbaulichen Rohstoffen weitaus schlechter gestellt war als das Militär und die kriegswichtigen Industrien. Denn dort, wo die Bedarfe konkurrierten wie bei der Kohle (Hausbrand), stand die breite Bevölkerung zweifellos am Ende der Versorgungskette. Aus der Sicht der privaten Haushalte war die Kohlenversorgung deutlich schlechter als aus der Sicht von Militär, Eisenbahn oder der kriegswichtigen Industrie.

In der Frage der Regulierung erwies sich die Reichsleitung als pragmatisch, was sich vermutlich positiv auf die Versorgung ausgewirkt hatte. Im Falle der Kohle blieb es trotz der Bundesratsverordnung über die Bildung von Zwangssyndikaten und der Einsetzung eines Reichskohlenkommissars im Grundsatz bei der privatwirtschaftlichen Regulierung. Sogar Kohlenexporte waren trotz Verbots weiterhin möglich und zwar an den staatlichen Stellen und Kriegsgesellschaften vorbei und von diesen toleriert, um die Auswirkungen der staatlich verordneten Preisgestaltung auf die Ertragslage der Zechengesellschaften abzufedern und um noch knappere Güter als Kohlen aus den Nachbarstaaten einführen zu können.

Ähnlich war die Situation beim Kalibergbau, auch wenn die Auswirkungen der Exportbeschränkungen hier weitaus stärker auf die Ertragslage der Unternehmen durchschlugen als bei der Kohle. Alles in allem blieb es bei der privatwirtschaftlichen Regulierung, wobei allerdings das für die Kalipreise wichtige Außenseiterproblem durch die Möglichkeit zur Bildung eines Zwangssyndikats gelöst wurde, indem das Reichskaligesetz von 1910 während des Krieges in dieser Hinsicht verschärft wurde, was vor dem Krieg durch die Bundesstaaten noch blockiert worden war.

Obwohl bei Kupfer und Eisenerz der staatliche Zugriff stärker war als bei Kohle und Kali, zeigte sich auch hier eine grundsätzlich ähnliche pragmatische Haltung seitens der Behörden und des Gesetzgebers. So setzte beim Kupfer die staatliche Regulierung durch die Kriegsmetall AG erst spät ein und diese besaß auch nicht die durchgreifende Funktion, die man ihr von außen betrachtet unterstellten könnte. Denn der Eingriff in die Versorgung der Kupfer verbrauchenden Industrien beschränkte sich auf die Verteilung von Kupferschrott. Beschlagnahmungen von inländischen Lagerbeständen kamen so gut wie nie vor, sondern die wichtigsten Kupfer verbrauchenden Unternehmen waren im Rahmen der Kriegsmetall AG in der Lage, sich die maßgeblichen Zugriffsrechte zu sichern. Ähnlich schwach ausgebildet blieb auch die staatliche Regulierung beim Eisenerz. Das Kommissariat der Eisenzentrale bei der Kriegsrohstoff-Abteilung und die 1916 errichtete Eisenzentrale

GmbH kümmerten sich in erster Linie um die Verteilung von Eisenschrott, Beuteerz und Zusatzstoffen für die Panzerstahlherstellung wie Wolfram und Mangan, letzteres in Verbindung mit der Manganerz GmbH.[71] Die Versorgung der Hüttenwerke mit Eisenerz blieb dagegen weitgehend den Unternehmen belassen. Die Steigerung der Förderung von Eisenerz im weit von allen Fronten gelegenen Vorharzgebiet durch die Ilseder Hütte ging zwar vordergründig auf eine behördliche Initiative zurück. Tatsächlich hatte die Ilseder Hütte aber schon vorher mit dem Ausbau seiner Erzförderanlagen begonnen, so dass auch hier von behördlichem Zwang keine Rede sein kann.

Auswahlbibliographie

Böse, Christian/Ziegler, Dieter, Die Ruhrkohle in der kriegswirtschaftlichen Regulierung, in: Jahrbuch für Wirtschaftsgeschichte 2015/2, 421–450.
Breidenbroich, Friedrich, Die Strukturwandlungen in der internationalen Kupferwirtschaft und die deutsche Kupferwirtschaft. Diss. Frankfurt am Main 1938.
Fischer, Wolfram (Hrsg.), Statistik der Bergbauproduktion Deutschlands 1850–1914. St. Katharinen 1989.
Fischer, Wolfram (Hrsg.), Statistik der Montanproduktion Deutschlands 1915–1985. St. Katharinen 1995.
Friedensburg, Ferdinand, Die Bergwirtschaft der Erde. Bodenschätze, Bergbau und Mineralienversorgung der einzelnen Länder. 4. Aufl. Stuttgart 1948.
Gericke, Hans Otto, Braunkohle – einstiger Reichtum Sachsen-Anhalts. Halle 2002.
Goebel, Otto, Deutsche Rohstoffwirtschaft im Weltkrieg. Einschließlich des Hindenburg-Programms. Stuttgart/Berlin/Leipzig 1930.
Irrgang, Paul, Die Kupferversorgung Deutschlands seit 1914. Diss. Marburg 1931.
Karlsch, Rainer/Stokes, Raymond, Faktor Öl. Die Mineralölwirtschaft in Deutschland 1859–1974. München 2003.
Kleinebeckel, Arno, Unternehmen Braunkohle. Geschichte eines Rohstoffs, eines Reviers, einer Industrie im Rheinland. Köln 1986.
Ludovici, Adolf, Ruhrkohle und rheinische Braunkohle 1914–1926. Diss. Berlin 1927.
Mühlfriedel, Wolfgang, Der technische Fortschritt in der deutschen Braunkohlenindustrie in der ersten Hälfte des 20. Jahrhunderts, in: Eberhard Wächtler (Hrsg.), 3. Montanhistorisches Kolloquium. Zur Geschichte des Braunkohlenbergbaus in Deutschland und Tschechien: Braunkohlebergbau – Tradition und Zukunft. Borken 1999, 321–329.
Nievelstein, Markus, Der Zug der Minette. Deutsche Unternehmen in Lothringen 1871–1918. Handlungsspielräume und Strategien im Spannungsfeld des deutsch-französischen Grenzgebietes. Bochum 1993.

---

[71] *Ferdinand Friedensburg*, Kohle und Eisen im Weltkriege und in den Friedensschlüssen. München 1934, 137; *Stefanie van de Kerkhof*, Public-Private-Partnership im Ersten Weltkrieg? Kriegsgesellschaften in der schwerindustriellen Kriegswirtschaft des Deutschen Reiches, in: Hartmut Berghoff/Jürgen Kocka/Dieter Ziegler (Hrsg.), Wirtschaft im Zeitalter der Extreme. Beiträge zur Unternehmensgeschichte Österreichs und Deutschlands. Im Gedenken an Gerald D. Feldman. München 2010, 122 f.

Nussbaum, Helga, Die Investitionsstrategie staatlicher und privater Unternehmen unter
   den Bedingungen eines gesetzlichen Zwangssyndikats. Deutsche Kaliindustrie bis 1914, in:
   Lotte Zumpe (Hrsg.), Wirtschaft und Staat im Imperialismus. Berlin (Ost) 1976, 51–75.
Ohndorf, André, Kalisalz – Förderung und Absatz in Deutschland und der Markt in den USA.
   Die Epochen 1865–1914, 1919–1940 und 1975–1995. Lohmar 2000.
Regul, Rolf, Die Wettbewerbslage der Steinkohle. Berlin 1933.
Roelevink, Eva-Maria, Organisierte Intransparenz. Das Kohlensyndikat und der niederländische
   Markt, 1915–1932. München 2015.
Roelevink, Eva-Maria, Staatliche Intervention und kartellierte Logik. Die Absatzgewinne
   des deutsch-niederländischen Kohlenhandels während des Ersten Weltkrieges, in: Jahrbuch
   für Wirtschaftsgeschichte 2015/2, 451–477.
Roelevink, Eva-Maria, Deutschland und die bergbaulichen Rohstoffmärkte für Steinkohle,
   Eisenerz, Kupfer und Kali von der Mitte des 19. Jahrhunderts bis 1930, in: Klaus Tenfelde/
   Toni Pierenkemper (Hrsg.), Motor der Industrialisierung. Deutsche Bergbaugeschichte
   im 19. und frühen 20. Jahrhundert. (Geschichte des Deutschen Bergbaus, Bd. 3.) Münster
   2016, 17–43.
Schleuning, Horst, Die Entwicklung des deutschen Kohlenhandels von der freizügigen
   zur gebundenen Marktversorgung. Berlin 1936.
Schroeter, Harm G., Die internationale Kaliwirtschaft 1918 bis 1939. Zum Verhältnis von
   industrieller Kartellpolitik und Staatsinterventionismus. Kassel 1985.
Siegel, Herbert, Die Entwicklung des deutschen Kalisyndikates, unter besonderer
   Berücksichtigung der staatlichen Einflussnahme. Borna 1941.
Storm, Ernst, Geschichte der deutschen Kohlenwirtschaft von 1913–1926. Berlin 1926.
Wagenbreth, Otfried, Die Braunkohlenindustrie in Mitteldeutschland. Markkleeberg 2011.
Ziegler, Dieter, Kriegswirtschaft, Kriegsfolgenbewältigung, Kriegsvorbereitung. Der deutsche
   Bergbau im dauernden Ausnahmezustand (1914–1945), in: Dieter Ziegler (Hrsg.),
   Rohstoffgewinnung im Strukturwandel. Der deutsche Bergbau im 20. Jahrhundert.
   (Geschichte des Deutschen Bergbaus, Bd. 4.) Münster 2013, 15–182.

Christian Marx
3.2 Eisen- und Stahlindustrie

3.2.1 Einführung

Als am 11. November 1918 im Wald von Compiègne nordöstlich von Paris das Waffenstillstandsabkommen zwischen Deutschland und den Alliierten unterzeichnet wurde, ging nicht nur der Erste Weltkrieg zu Ende, es bedeutete für die deutsche Eisen- und Stahlindustrie auch die endgültige Aufgabe möglicher Expansionspläne in Richtung Belgien und Frankreich, den Verlust zahlreicher Patente und ausländischer Zweigniederlassungen sowie eine damit einhergehende Schwächung auf vielen Auslandsmärkten. Die industrielle Produktion des Deutschen Reiches war 1918 auf 55 bis 60 % das Jahres 1913 abgesunken.[1] Hinzu kamen zahllose innenpolitische Unwägbarkeiten, die eine langfristige Unternehmensplanung nahezu unmöglich machten. Sie reichten von den Risiken infolge politischer Umsturzversuche über die Umstellung der Kriegs- auf Friedensproduktion und die Wiedereingliederung zurückkehrender Soldaten bis zu der an Fahrt gewinnenden Inflation. So hatten sich die deutschen Eisen- und Stahlindustriellen den Ausgang des Krieges beileibe nicht vorgestellt. Als im Juli 1914 der Krieg ausgebrochen war, hatten viele den Zeitpunkt kommen gesehen, den Einflussbereich des Deutschen Reiches, aber auch speziell der deutschen Eisen- und Stahlindustrie in Europa weiter auszudehnen. Dieses Überlegenheitsgefühl resultierte nicht zuletzt aus der Tatsache, dass die deutsche Wirtschaft ihre Position gegenüber dem Industriepionier Großbritannien im letzten Drittel des 19. Jahrhunderts erkennbar ausbauen und die deutsche Eisen- und Stahlindustrie ihre Produktivität infolge neuer Produktionsverfahren enorm steigern hatte können. Im Ergebnis hatte die Industrieproduktion des Deutschen Reichs diejenige Großbritanniens 1913 überrundet.[2]

Die deutsche Eisen- und Stahlindustrie war nicht nur eine Schlüsselindustrie der Industrialisierung, die von der steigenden Nachfrage des expandierenden Eisenbahnsektors profitierte und mit dem industriellen Führungssektorkomplex Kohle-Eisen-Stahl-Maschinenbau die wirtschaftliche Entwicklung und das Tempo des industriellen Take-offs in Deutschland im 19. Jahrhundert bestimmte. Sie schuf auch in zunehmenden Maße die Voraussetzungen für einen modernen, industrialisierten Krieg.[3] Die

---
[1] *Rolf Wagenführ*, Die Industriewirtschaft. Entwicklungstendenzen der deutschen und internationalen Industrieproduktion 1860 bis 1932. (Vierteljahreshefte zur Konjunkturforschung. Sonderheft, Bd. 31.) Berlin 1933, 22.
[2] *Carsten Burhop*, Wirtschaftsgeschichte des Kaiserreichs 1871–1918. Stuttgart 2011, 49–61; *Hans-Ulrich Wehler*, Deutsche Gesellschaftsgeschichte, Bd. 3: Von der „Deutschen Doppelrevolution" bis zum Ende des Ersten Weltkrieges 1849–1914. München 2008, 610–612.
[3] *Dieter Ziegler*, Das Zeitalter der Industrialisierung (1815–1914), in: Michael North (Hrsg.), Deutsche Wirtschaftsgeschichte. Ein Jahrtausend im Überblick. München 2000, 228 f.

Materialschlachten des Ersten Weltkriegs wären ohne die Rüstungsproduktion der Eisen- und Stahlindustrie nicht möglich gewesen, umgekehrt kann aus den rüstungswirtschaftlichen Potenzialen der Branche noch nicht auf eine durch sie erfolgte Präjudizierung des Krieges geschlossen werden. Den Aufbau einer schlagkräftigen deutschen Hochseeflotte beispielsweise mochten viele konservative Industrielle begrüßen und zweifellos erforderte der Bau von Kreuzern und Panzerschiffen Stahl und Eisen, die Entscheidung hierfür wurde aber auf politischer Ebene getroffen. An dieser Stelle ist – mit Blick auf den Ersten Weltkrieg und die wiederkehrende Debatte der Kriegsschuldfrage – daher erstens danach zu fragen, welche politische Position die Eisen- und Stahlindustriellen am Ende des Kaiserreichs vertraten und inwiefern sie ihre machtpolitischen Mittel einsetzten, um ihren Forderungen in Berlin Gehör zu verschaffen. Welchen Anteil hatten sie an der Verschärfung des internationalen Konflikts, und inwiefern überschnitten sich ihre Vorstellungen mit denjenigen der militärischen und politischen Führung? Mit Ausbruch des Krieges galt es als dringlich geboten, die Armee mit den erforderlichen Rüstungsgütern auszustatten. Für die am langfristigen Gewinn interessierten Unternehmen stellte sich in dieser Situation die Frage, ob sie ihre Unternehmensstrategie den aktuellen Erfordernissen anpassen sollten. Schließlich stellte die Umstellung der Produktion ein nicht unerhebliches unternehmerisches Risiko dar, sollte die Nachfrage in kurzer Zeit wieder einbrechen. Eine zweite Leitfrage erkundet daher die Bereitschaft und das Tempo, mit dem die Eisen- und Stahlunternehmen ihre Produktion auf die Kriegswirtschaft umstellten und auf den anhaltenden Stellungskrieg reagierten. Neben Transport- und Beschaffungsproblemen war die Arbeitskräftefrage eines der drängendsten Probleme der deutschen Kriegswirtschaft. Folglich ist – drittens – zu klären, wie sich die soziale Struktur der Belegschaften während des Krieges veränderte, wie die Unternehmen auf den Wegfall zahlreicher Arbeitskräfte infolge der militärischen Mobilisierung reagierten und welche Bedeutung die Beschäftigung von Kriegsgefangenen und Zwangsarbeitern hatte. Branchenübergreifend kritisierten Industrievertreter im Laufe des Krieges immer wieder die Ineffizienz der staatlich-militärischen Verwaltung, zugleich waren viele Unternehmer aber Mitglied in den neu geschaffenen, halbstaatlichen Gremien. Viertens soll daher aufgezeigt werden, inwieweit die Eisen- und Stahlindustriellen aktiv an der Organisation des Krieges beteiligt waren und wie sie diese Rolle ausfüllten. Ein letzter Fragenkomplex richtet sein Augenmerk auf die öffentlich breit diskutierte Debatte über Kriegsgewinne. Diese fünf Leitfragen durchziehen den folgenden Text und bilden in Teilen gleichzeitig seine Struktur ab, wobei einige Aspekte auch über unterschiedliche Unterkapitel hinweg aufgegriffen werden.

Das Angebot an Gesamtdarstellungen und Detailerzählungen über den Ersten Weltkrieg hat sich in den vergangenen Jahren enorm ausgeweitet, gleichwohl finden sich in den neuesten Überblicksdarstellungen kaum Hinweise auf die Bedeutung der Eisen- und Stahlindustrie für die Kriegswirtschaft. Ökonomischen Zusammenhängen wird hier im Allgemeinen zugunsten von politischen und militärischen

Entwicklungen nur wenig Platz eingeräumt.[4] Dies ist zunächst einmal überraschend, denn spätestens seit der Fischer-Kontroverse stehen die Eisen- und Stahlindustriellen stärker als ihre Kollegen aus den exportstarken Industriezweigen Chemie oder Elektrotechnik unter Verdacht, die expansiven Pläne der Reichsregierung unterstützt zu haben.

Unabhängig davon, welcher Interpretation man hinsichtlich des Kriegsausbruchs folgt, besteht doch weitgehend Einigkeit darüber, dass die Situation im Juli 1914 alles andere als voraussetzungslos war. Vor diesem Hintergrund erscheint es sinnvoll, auch auf Literatur über die Eisen- und Stahlindustrie in der Zeit des Kaiserreichs zu verweisen, um deren Rolle während des Ersten Weltkrieges zu verstehen.[5] Von besonderem Erkenntnisinteresse ist in diesem Zusammenhang die Dissertation von Stefanie van de Kerkhof über Unternehmensstrategien deutscher Eisen- und Stahlunternehmen im Kaiserreich, die bis zum Ende des Ersten Weltkriegs reicht und zu dem Ergebnis kommt, dass die Organisationen und Strategien der Eisen- und Stahlunternehmen vom Kriegsbeginn nur marginal betroffen gewesen seien.[6] Ferner ist an dieser Stelle die zeitgenössische Untersuchung von Alfred Stellwaag zu nennen.[7]

Da neuere große Überblickswerke zum Ersten Weltkrieg ökonomische Sachverhalte nur randläufig behandeln, ist es nach wie vor erforderlich, zusätzlich einige ältere Darstellungen heranzuziehen.[8] In der politisch orientierten Pionierstudie von

---

4 Vgl. exemplarisch *Christopher Clark*, Die Schlafwandler. Wie Europa in den Ersten Weltkrieg zog. München 2015; *Jörn Leonhard*, Die Büchse der Pandora. Geschichte des Ersten Weltkrieges. München 2014.
5 *Ulrich Wengenroth*, Unternehmensstrategien und technischer Fortschritt. Die deutsche und die britische Stahlindustrie 1865–1895. (Veröffentlichungen des Deutschen Historischen Instituts London, Bd. 17.) Göttingen 1986; *Wilfried Feldenkirchen*, Die Eisen- und Stahlindustrie des Ruhrgebiets, 1879–1914. Wachstum, Finanzierung und Struktur ihrer Großunternehmen. Wiesbaden 1982.
6 *Stefanie van de Kerkhof*, Von der Friedens- zur Kriegswirtschaft. Unternehmensstrategien der deutschen Eisen- und Stahlindustrie vom Kaiserreich bis zum Ende des Ersten Weltkrieges. (Bochumer Schriften zur Unternehmens- und Industriegeschichte, Bd. 15.) Essen 2006.
7 *Alfred Stellwaag*, Die deutsche Eisenwirtschaft während des Krieges. Berlin/Leipzig 1922; Neudruck: *Alfred Stellwaag*, Die deutsche Eisenwirtschaft während des Krieges. (Die Deutsche Kriegswirtschaft im Bereich der Heeresverwaltung 1914–1918, Bd. 2.) Berlin 2016. Vgl. hierzu auch: *Rainer Haus*, „Die deutsche Eisenwirtschaft während des Krieges" von Alfred Stellwaag. Ein Standardwerk zur Eisen- und Stahlindustrie des Ersten Weltkrieges, in: Marcel Boldorf/Rainer Haus (Hrsg.), Die Ökonomie des Ersten Weltkriegs im Lichte der zeitgenössischen Kritik. (Die deutsche Kriegswirtschaft im Bereich der Heeresverwaltung 1914–1918, Bd. 4.) Berlin 2016, 193–221.
8 Vgl. v. a. *Gerd Hardach*, Der Erste Weltkrieg 1914–1918. (Geschichte der Weltwirtschaft im 20. Jahrhundert, Bd. 2.) München 1973. Vgl. als Überblicke ferner: *Gerold Ambrosius*, Von Kriegswirtschaft zu Kriegswirtschaft (1914–1945), in: Michael North (Hrsg.), Deutsche Wirtschaftsgeschichte. Ein Jahrtausend im Überblick. München 2000, 293–299; *Burhop*, Wirtschaftsgeschichte, 191–213; *Albrecht Ritschl*, The Pity of Peace. Germany's Economy at War, 1914–1918 and beyond, in: Stephen Broadberry/Mark Harrison (Hrsg.), The Economics of World War I. Cambridge 2005, 41–76; *Regina Roth*, Staat und Wirtschaft im Ersten Weltkrieg. Kriegsgesellschaften als kriegswirtschaftliche Steuerungsinstrumente. (Schriften zur Wirtschafts- und Sozialgeschichte, Bd. 51.) Berlin 1997.

Gerald Feldman zur Sozial- und Wirtschaftsgeschichte des Ersten Weltkriegs, welche die Beziehungen zwischen Industrie, Arbeiterschaft und militärischen Stellen und ihre jeweiligen Interessen untersucht, tritt die Schwerindustrie besonders stark hervor.[9] Darüber hinaus ist hier die politikhistorische Längsschnittanalyse von George Hallgarten und Joachim Radkau über das Verhältnis von Industrie und Politik anzuführen.[10] Daneben gibt es noch einige stärker regional ausgerichtete Arbeiten, die sich mit der Eisen- und Stahlindustrie in der Saarregion oder der Eisenerzpolitik deutscher Unternehmen mit Blick auf Lothringen beschäftigen.[11]

Neben jener Literatur zur deutschen Eisen- und Stahlindustrie im Kaiserreich sowie (wirtschafts-) historischen Überblickswerken umfasst ein zweiter Komplex Studien zu einzelnen deutschen Eisen- und Stahlunternehmen. Im Fall der eng mit der Politik verbundenen Fried. Krupp AG, die zum Synonym der Rüstungsindustrie im Kaiserreich wurde, erschienen gleich mehrere hervorzuhebende Darstellungen.[12] Ferner liegt eine Reihe von Einzelstudien zu anderen Eisen- und Stahlunternehmen (Gutehoffnungshütte (GHH), Hoesch, Mannesmann, Röchling, Rheinmetall, Thyssen) vor.[13] Diese unternehmenshistorischen Untersuchungen stehen in einem engen Zu-

---

[9] *Gerald D. Feldman*, Army, Industry and Labor in Germany 1914–1918. Princeton 1966; *Gerald D. Feldman*, Armee, Industrie und Arbeiterschaft in Deutschland 1914–1918. Berlin 1985.

[10] *George W. F. Hallgarten/Joachim Radkau*, Deutsche Industrie und Politik von Bismarck bis heute. Frankfurt am Main/Köln 1974.

[11] *Rainer Haus*, Lothringen und Salzgitter in der Eisenerzpolitik der deutschen Schwerindustrie von 1871–1940. (Salzgitter-Forschungen, Bd. 1.) Salzgitter 1991; *Rolf E. Latz*, Die saarländische Schwerindustrie und ihre Nachbarreviere (1878–1938). Technische Entwicklung, wirtschaftliche und soziale Bedeutung. Saarbrücken 1985; *Markus Nievelstein*, Der Zug nach der Minette. Deutsche Unternehmen in Lothringen 1871–1918. Handlungsspielräume und Strategien im Spannungsfeld des deutsch-französischen Grenzgebietes. (Bochumer Historische Studien, Neuere Geschichte, Bd. 13.) Bochum 1993. Vgl. ferner, wenn auch nur bis 1914: *Ralf Banken*, Die Industrialisierung der Saarregion 1815–1914, Bd. 2: Take-Off-Phase und Hochindustrialisierung 1850–1914. (Regionale Industrialisierung, Bd. 4.) Stuttgart 2003; *Toni Pierenkemper* (Hrsg.), Die Industrialisierung europäischer Montanregionen im 19. Jahrhundert. Stuttgart 2002.

[12] *Lothar Burchardt*, Zwischen Kriegsgewinnen und Kriegskosten. Krupp im Ersten Weltkrieg, in: Zeitschrift für Unternehmensgeschichte 32, 1987, 71–123; *Michael Epkenhans*, Zwischen Patriotismus und Geschäftsinteresse. F. A. Krupp und die Anfänge des deutschen Schlachtflottenbaus 1897–1902, in: Geschichte und Gesellschaft 15, 1989, 196–226; *Lothar Gall*, Krupp. Der Aufstieg eines Industrieimperiums. Berlin 2000; *Harold James*, Krupp. Deutsche Legende und globales Unternehmen. München 2011; *Klaus Tenfelde*, Krupp in Krieg und Krisen. Unternehmensgeschichte der Fried. Krupp AG 1914 bis 1924/25, in: Lothar Gall (Hrsg.), Krupp im 20. Jahrhundert. Die Geschichte des Unternehmens vom Ersten Weltkrieg bis zur Gründung der Stiftung. Berlin 2002, 15–165. Ferner: *Willi A. Boelcke* (Hrsg.), Krupp und die Hohenzollern in Dokumenten. Krupp-Korrespondenz mit Kaisern, Kabinettschefs und Ministern 1850–1918. Frankfurt am Main 1970, 222–266.

[13] *Ralf Banken*, Die Gutehoffnungshütte. Vom Eisenwerk zum Konzern (1758–1920), in: Johannes Bähr/Ralf Banken/Thomas Flemming (Hrsg.), Die MAN. Eine deutsche Industriegeschichte. München 2008, 15–129; *Karl-Peter Ellerbrock*, Was ist eigentlich Hoesch: Umrisse zur einer Konzerngeschichte von den Anfängen bis zur Verschmelzung zur Fried. Krupp AG Hoesch-Krupp, in: Karl-Peter Ellerbrock (Hrsg.), Stahlzeit in Dortmund. Begleitbuch zur Daueraustellung des Hoesch-Museums. Forum

sammenhang und überlagern sich teilweise mit dem dritten Forschungsbereich der Unternehmerpersönlichkeiten. Eines der umfangreichsten und lesenswertesten Werke ist nach wie vor die Biographie von Gerald D. Feldman über Hugo Stinnes.[14] Neben den kürzeren Darstellungen in den Rheinisch-Westfälischen Wirtschaftsbiographien sowie einigen prosopographischen Untersuchungen[15] sind besonders die neueren Studien über Friedrich Flick, August Thyssen, Heinrich Wilhelm Beukenberg, Paul Reusch und Hermann Röchling hervorzuheben.[16]

Ein viertes Feld stellen schließlich Untersuchungen zu Verbänden und Interessenorganisationen dar. Während die Geschichte der Wirtschaftsverbände im Kaiserreich bis 1914 in politikhistorischer Perspektive als recht gut erforscht gelten kann, gilt dies nicht in gleicher Weise für deren Binnenstruktur und verbandsinterne Aushandlungsprozesse und ebenso wenig für die Zeit des Ersten Weltkriegs. Mit Aus-

---

zur Geschichte von Eisen und Stahl und zum Strukturwandel in Dortmund. Münster 2005, 31–63; *Jeffrey R. Fear*, Organizing Control. August Thyssen and the Construction of German Corporate Management. Cambridge/London 2005; *Christian Leitzbach*, Rheinmetall. Vom Reiz, im Rheinland ein großes Werk zu errichten. 2 Bände. Köln 2014; *Christian Marx*, Paul Reusch und die Gutehoffnungshütte. Leitung eines deutschen Großunternehmens. (Moderne Zeit. Neue Forschungen zur Gesellschafts- und Kulturgeschichte des 19. und 20. Jahrhunderts, Bd. 25.) Göttingen 2013; *Horst Mönnich*, Aufbruch ins Revier, Aufbruch nach Europa. Hoesch 1871–1971. München 1971; *Gerhard Seibold*, Röchling. Kontinuität im Wandel. Stuttgart 2001; *Horst A. Wessel*, Kontinuität im Wandel. 100 Jahre Mannesmann 1890–1990. Gütersloh 1990.

14 *Gerald D. Feldman*, Hugo Stinnes. Biographie eines Industriellen 1870–1924. München 1998; *Brigitte Hatke*, Hugo Stinnes und die drei deutsch-belgischen Gesellschaften von 1916. Der Versuch der wirtschaftlichen Durchdringung Belgiens im Ersten Weltkrieg durch die Industrie-, Boden- und Verkehrsgesellschaft 1916 m.b.H. (Zeitschrift für Unternehmensgeschichte Beiheft, Bd. 56.) Stuttgart 1990; *Peter Wulf*, Hugo Stinnes. Wirtschaft und Politik 1918–1924. (Kieler Historische Studien, Bd. 28.) Stuttgart 1979.

15 *Helmuth Croon*, Die wirtschaftlichen Führungsschichten des Ruhrgebiets in der Zeit von 1890 bis 1933, in: Blätter für deutsche Landesgeschichte 108, 1972, 144–159; *Achim Hopbach*, Unternehmer im Ersten Weltkrieg. Einstellungen und Verhalten württembergischer Industrieller im „Großen Krieg". (Schriften zur südwestdeutschen Landeskunde, Bd. 22.) Tübingen 1998; *Hans Jaeger*, Unternehmer in der deutschen Politik (1890–1918). (Bonner Historische Forschungen, Bd. 30.) Bonn 1967; *Toni Pierenkemper*, Die westfälischen Schwerindustriellen 1852–1913. Göttingen 1979.

16 *Norbert Frei/Ralf Ahrens/Jörg Osterloh/Tim Schanetzky*, Flick. Der Konzern, die Familie, die Macht. München 2009; *Wolfgang von Hippel*, Hermann Röchling 1872–1955. Ein deutscher Großindustrieller zwischen Wirtschaft und Politik. Facetten eines Lebens in bewegter Zeit. Göttingen 2018; *Jörg Lesczenski*, August Thyssen 1842–1926. Lebenswelt eines Wirtschaftsbürgers. (Düsseldorfer Schriften zur Neueren Landesgeschichte und zur Geschichte Nordrhein-Westfalens, Bd. 81.) Essen 2008; *Peter Langer*, Paul Reusch. Der Ruhrbaron. Essen 2012; *Marx*, Leitung; *Klaus-Dieter Walter Pomiluek*, Heinrich Wilhelm Beukenberg. Ein Montanindustrieller seiner Zeit. Düsseldorf 2002; *Kim C. Priemel*, Flick. Eine Konzerngeschichte vom Kaiserreich bis zur Bundesrepublik. (Moderne Zeit. Neue Forschungen zur Gesellschafts- und Kulturgeschichte des 19. und 20. Jahrhunderts, Bd. 17.) Göttingen 2007; *Manfred Rasch*, August Thyssen: Der katholische Großindustrielle der Wilhelminischen Epoche, in: Manfred Rasch/Gerald D. Feldman (Hrsg.), August Thyssen und Hugo Stinnes. Ein Briefwechsel 1898–1922. (Schriftenreihe zur Zeitschrift für Unternehmensgeschichte, Bd. 10.) München 2003, 13–107.

nahme zweier Studien enden die meisten älteren Arbeiten mit dem Kriegsausbruch 1914.[17] Lediglich zur Wirtschaftsvereinigung Stahl liegt eine neuere Überblicksdarstellung vor, welche die Bedeutung der Branchenverbände in der Kriegswirtschaft aber nicht umfassend beleuchtet.[18]

3.2.2 Aufstieg der Eisen- und Stahlindustrie und ihre Bedeutung für die Rüstung

Im Vergleich zu Pionierländern der Industrialisierung vollzog sich der Aufschwung der deutschen Eisen- und Stahlindustrie im 19. Jahrhundert zwar relativ spät, doch bis 1914 konnte Deutschland seine ökonomische Rückständigkeit gegenüber Großbritannien oder Belgien in allen Sektoren durch einen rasanten Aufholprozess beseitigen. Am Ende des 19. Jahrhunderts war der wirtschaftliche Vorsprung Großbritanniens damit nicht nur ausgeglichen, vielmehr überholte die deutsche Industrie den britischen Konkurrenten sogar.[19] Zwar gab es auch während des Kaiserreichs in der deutschen Eisen- und Stahlindustrie krisenhafte Einbrüche, insgesamt aber ist das Produktionswachstum von Eisen, Stahl und Halbfabrikaten in jener Zeit als außergewöhnlich zu bezeichnen. Besonders ab Mitte der 1890er Jahre stieg die Roheisenproduktion im Deutschen Reich enorm an und verdoppelte sich in den folgenden zehn Jahren, so dass sie 1910 nicht nur die Roheisenproduktion weniger stark

---

17 *Jaeger*, Unternehmer; *Hartmut Kaelble*, Industrielle Interessenpolitik in der wilhelminischen Gesellschaft: Centralverband deutscher Industrieller 1895–1914. (Veröffentlichungen der Historischen Kommission zu Berlin beim Friedrich-Meinecke-Institut der FU Berlin, Bd. 27.) Berlin 1967; *Dirk Stegmann*, Die Erben Bismarcks. Parteien und Verbände in der Spätphase des Wilhelminischen Deutschland. Sammlungspolitik 1897–1918. Köln/Berlin 1970; *Dirk Stegmann*, Hugenberg contra Stresemann. Die Politik der Industrieverbände am Ende des Kaiserreichs, in: Vierteljahrshefte für Zeitgeschichte 24, 1976, 329–378; *Hans-Peter Ullmann*, Der Bund der Industriellen. Organisation, Einfluss und Politik klein- und mittelbetrieblicher Industrieller im Deutschen Kaiserreich 1895–1914. (Kritische Studien zur Geschichtswissenschaft, Bd. 21.) Göttingen 1976. Vgl. jüngst *Johannes Bähr/ Christopher Kopper*, Industrie, Politik, Gesellschaft. Der BDI und seine Vorgänger 1919–1990. Göttingen 2019.
18 *Helmut Uebbing*, Stahl schreibt Geschichte: 125 Jahre Wirtschaftsvereinigung Stahl. Düsseldorf 1999. Vgl. zum Bergbau-Verein und dem Zechenverband als angrenzende Interessenorganisationen der Eisen- und Stahlindustrie: *Stefan Przigoda*, Unternehmensverbände im Ruhrbergbau. Zur Geschichte von Bergbau-Verein und Zechenverband 1858–1933. (Veröffentlichungen aus dem Deutschen Bergbau-Museum Bochum, Bd. 102.) Bochum 2002; *Stefan Przigoda*, Bergbauindustrie und Politik 1850–1918, in: Toni Pierenkemper/Klaus Tenfelde (Hrsg.), Motor der Industrialisierung. (Geschichte des deutschen Bergbaus, Bd. 3.) Münster 2016, 423–493.
19 *Knut Borchardt*, Die Industrielle Revolution in Deutschland, 1750–1914, in: Carlo M. Cipolla/ Knut Borchardt (Hrsg.), Europäische Wirtschaftsgeschichte, Bd. 4: Die Entwicklung der industriellen Gesellschaften. Stuttgart/New York 1985, 135–202.

Tab. 1: Roheisenerzeugung ausgewählter Länder 1870–1918 [Mio. Tonnen].

	Deutsches Reich	Österreich-Ungarn	Frankreich	England	USA	Weltproduktion
1870	1,40	0,40	1,18	6,06	1,69	12,01
1875	2,03	0,46	1,42	6,47	2,06	14,10
1880	2,73	0,46	1,73	7,88	3,89	18,30
1885	3,69	0,71	1,63	7,37	4,11	19,70
1890	4,56	0,96	1,96	8,03	9,35	27,50
1895	5,46	1,07	2,01	8,02	9,60	29,40
1900	8,52	1,31	2,72	9,00	14,01	40,20
1905	10,99	1,37	3,08	9,75	23,36	54,10
1910	14,79	2,01	4,04	10,38	27,74	66,35
1913	19,31	2,38	5,31	10,42	31,46	80,00
1914	14,39			9,07	23,71	57,07
1915	11,79			8,93	30,39	59,13
1916	13,29		1,44	9,19	40,07	
1917	13,10		1,68	9,47	39,24	
1918	11,86		1,30	9,23	39,68	

Quellen: *Müssig*, Eisen- und Kohlenkonjunkturen, 220 f. Deutsches Reich: Werte für 1918 ohne die November- und Dezemberproduktion der Werke in Lothringen und Luxemburg. Vgl. für eine detaillierte Auflistung der deutschen Metallproduktion: *Hoffmann*, Wachstum, 352–354.

industrialisierter Länder wie Österreich-Ungarn überragte, sondern auch die englischen und französischen Produktionszahlen hinter sich ließ (vgl. Tabelle 1).[20]

In der Stahlherstellung zeigte sich das deutsche Übergewicht in Europa noch deutlicher. Bereits in den 1880er Jahren überstieg die deutsche Stahlproduktion diejenige Frankreichs, Russlands oder Italiens bei weitem, ab Mitte der 1890er Jahre überrundete sie auch die englische Erzeugung. Im Zeitraum 1910 bis 1913 lag die deutsche Jahresproduktion höher als die Summe der der späteren Kriegsgegner Frankreich, England und Russland. Deutlich übertroffen wurde die deutsche Roheisen- und Rohstahlproduktion nur von den USA, die ihren Anteil an der Weltproduktion ab 1890 enorm ausweiten konnten. Zwischen 1870 und 1910 war der deutsche Anteil an der Weltroheisenproduktion von 11,5 % auf 22,5 % gestiegen, derjenige der USA aber von 14,0 % auf 42,2 % angewachsen, wohingegen der englische Anteil im selben Zeitraum von 50,1 % auf 15,8 % gefallen war. Ähnlich sah dies in der Rohstahlerzeugung aus. Während der deutsche Anteil hier vor dem Ersten Weltkrieg bei etwa einem Fünftel lag, produzierte die USA ungefähr doppelt so viel. Zusammengenommen vereinigten die drei größten Produzenten – USA, das Deutsche Reich und Großbritannien – zu jener Zeit etwa drei Viertel der weltweiten Roheisen- und Roh-

---

20 *Kerkhof*, Friedens- zur Kriegswirtschaft, 71–74; *Emil Müssig*, Eisen- und Kohlenkonjunkturen seit 1870. Preisentwicklung in der Montanindustrie unter Einwirkung von Technik, Wirtschaft und Politik. 2. Aufl. Augsburg 1919, 206–209.

Tab. 2: Rohstahlerzeugung ausgewählter Länder 1870–1918 [Mio. Tonnen].

	Deutsches Reich	Österreich-Ungarn	Frankreich	England	USA	Weltproduktion
1870	0,17	0,03	0,09	0,29	0,07	0,68
1875	0,35	0,08	0,26	0,74	0,40	1,93
1880	0,62	0,13	0,39	1,32	1,27	4,27
1885	0,89	0,28	0,55	2,02	1,73	6,27
1890	1,61	0,50	0,58	3,64	4,35	12,45
1895	2,83	0,75	0,90	3,31	6,21	16,66
1900	6,65	1,15	1,56	5,13	10,38	28,34
1905	10,07	1,44	2,11	5,98	20,35	44,30
1910	13,70	2,19	3,39	6,11	26,51	60,20
1913	18,93	2,68	4,42	7,79	31,80	76,97
1914	14,97			7,96	23,89	57,07
1915	13,26			8,69		
1916	16,18		1,95	9,14	32,66	65,28
1917	16,59	1,76	2,23	9,87	43,00	
1918	14,87	2,92	1,91	9,69	45,00	

Quelle: *Müssig*, Eisen- und Kohlenkonjunkturen, 220 f. Deutsches Reich: Werte für 1918 ohne die November- und Dezemberproduktion der Werke in Lothringen und Luxemburg; Werte für USA 1917 und 1918 geschätzt.

stahlproduktion auf sich.[21] Die Bedeutung der Branche für die deutsche Wirtschaft zeigte sich nicht zuletzt eindrucksvoll darin, dass die Eisen- und Stahlindustrie 1907 nahezu ein Drittel der 100 größten deutschen Unternehmen stellte.[22] Nur vor dem Hintergrund jener Produktionszahlen und ihres gesamtwirtschaftlichen Gewichts ist auch das Selbstverständnis vieler deutscher Eisen- und Stahlunternehmer am Vorabend des Ersten Weltkrieges zu verstehen (vgl. Tabelle 2).

---

21 *Kerkhof*, Friedens- zur Kriegswirtschaft, 74–76; *Hubert Kiesewetter*, Industrielle Revolution in Deutschland, 1815–1914. Frankfurt am Main 1989, 187–203; *Müssig*, Eisen- und Kohlenkonjunkturen, 222–225; *Toni Pierenkemper*, Die schwerindustriellen Regionen Deutschlands in der Expansion. Oberschlesien, die Saar und das Ruhrgebiet im 19. Jahrhundert, in: Jahrbuch für Wirtschaftsgeschichte 1992/1, 37–56.
22 *Martin Fiedler*, Die 100 größten Unternehmen in Deutschland – nach Zahl ihrer Beschäftigten – 1907, 1938, 1973 und 1995, in: Zeitschrift für Unternehmensgeschichte 44, 1999, 32–66; *Martin Fiedler*, Die 100 größten Unternehmen von 1938 – ein Nachtrag, in: Zeitschrift für Unternehmensgeschichte 44, 1999, 235–242; *Kerkhof*, Friedens- zur Kriegswirtschaft, 78 f.; *Jürgen Kocka/Hannes Siegrist*, Die hundert größten deutschen Industrieunternehmen im späten 19. und frühen 20. Jahrhundert. Expansion, Diversifikation und Integration im internationalen Vergleich, in: Norbert Horn/Jürgen Kocka (Hrsg.), Recht und Entwicklung der Großunternehmen im 19. und frühen 20. Jahrhundert. Wirtschafts-, sozial- und rechtshistorische Untersuchungen zur Industrialisierung in Deutschland, Frankreich, England und den USA. (Kritische Studien zur Geschichtswissenschaft, Bd. 40.) Göttingen 1979, 55–122.

Während sich die deutsche Schwerindustrie in der Frühindustrialisierung an verschiedenen Standorten unterschiedlich stark entwickelt hatte, stachen ab Mitte der 19. Jahrhunderts die Industriegebiete in Rheinland-Westfalen, in Oberschlesien und an der Saar eindeutig heraus, wobei die rheinisch-westfälischen Eisen- und Stahlunternehmen seit den 1880er Jahren aufgrund von Standortvorteilen eine herausgehobene Stellung einnahmen. Der regionale Konzentrationsprozess an der Ruhr gipfelte darin, dass der Anteil der dortigen Unternehmen an der deutschen Roheisen- bzw. Rohstahlproduktion bis 1913 auf 42,5 % bzw. 53,6 % anstieg, während die Anteile Schlesiens und der Saarregion stagnierten oder zurückgingen. Bis 1913 verlor die Saarregion in der Eisen- und Stahlproduktion sowohl gegenüber der Ruhr als auch gegenüber der lothringischen Minetteregion an Bedeutung, gegenüber Oberschlesien mit seiner schlechten Verkehrsanbindung konnte sie ihre Stellung hingegen ausbauen. Die grundsätzliche räumliche Produktionsstruktur der deutschen Eisen- und Stahlindustrie hatte sich etwa um 1880 herausgebildet. Bis zum Ersten Weltkrieg verlor lediglich Schlesien größere Marktanteile bei Stahl und Eisen, wohingegen das Minetterevier seine Position verbessern konnte.[23] Diese räumliche Verteilung der deutschen Eisen- und Stahlindustrie ist nicht zuletzt aus geostrategischer Perspektive von Relevanz, denn während die Werke im Rheinland, in Westfalen und in Schlesien fernab der Frontlinie lagen und 1917 wieder drei Viertel ihrer Vorkriegsproduktion in der Roheisenerzeugung erreicht hatten, befanden sich die Gruben und Werke in Lothringen in unmittelbarer Nähe zur Kriegsfront. Besonders eindrücklich zeigte sich der Einbruch in den ersten beiden Kriegsmonaten. Im August 1914 fiel die Roheisenerzeugung in Lothringen auf neun Prozent, in Luxemburg und an der Saar auf etwa ein Fünftel des Vormonats, während die übrigen Regionen einen leichteren Rückgang auf 43 % bis 57 % des Monats Juli zu verzeichnen hatten. Bei der Rohstahlerzeugung fiel der Rückgang deutlich geringer aus: Die Produktion der schlesischen, sächsischen und süddeutschen Werke überstieg 1917 sogar den Vorkriegswert (vgl. Tabelle 3).[24]

Der Bedeutungsgewinn des Minettereviers als Ort der deutschen Eisen- und Stahlproduktion am Ende des 19. Jahrhunderts ist nur durch neue technologische Verfahren und die damit geschaffene Möglichkeit zur Ausbeutung der dort lagernden Minetteerze zu erklären. Zahlreiche deutsche schwerindustrielle Unternehmen eigneten sich vor dem Ersten Weltkrieg Erzfelder in Lothringen an, fusionierten mit lothringischen Unternehmen und bauten eigene Werke in der Region auf. Im Jahr 1914 kontrollierte die Stumm-Gruppe 22 %, Thyssen 21 %, GHH/Phoenix etwa 17 %, die Gelsenkirchener Bergwerks-AG 7 % und Röchling 6 % des Felderbesitzes im deutschen Teil Lothringens. Thyssen hatte damit zwar den größten Anteil unter den Ruhrunternehmen, seine Felder hatten jedoch eine geringe Qualität. Insgesamt kontrollierten die rheinisch-westfälischen Unternehmen etwa 65 % und die Werke

---

23 *Banken*, Hochindustrialisierung, 492–494; *Kerkhof*, Friedens- zur Kriegswirtschaft, 80–85.
24 *Müssig*, Eisen- und Kohlenkonjunkturen, 209–211; *Stellwaag*, Eisenwirtschaft, 8 f., 289–291.

Tab. 3: Roheisenerzeugung im Deutschen Zollgebiet nach Regionen 1913–1918 [Tonnen].

	1913	1914	1915	1916	1917	1918
Rheinland und Westfalen	8 209 157	6 610 119	5 165 618	5 749 806	5 932 914	5 819 087
Schlesien	994 604	853 957	777 625	784 052	751 805	693 447
Siegerland und Hessen-Nassau	994 927	702 741	789 650	868 544	967 800	926 519
Nord-, Ost u. Mitteldeutschland	1 001 321	734 659	602 826	663 666	860 878	773 123
Süddeutschland	320 456	266 065	234 669	255 325	168 627	168 322
Saargebiet u. bayr. Rheinpfalz	1 370 980	954 738	801 597	944 730	898 350	804 234
Deutsch-Lothringen	3 869 866	2 358 186	1 817 965	2 061 115	2 020 125	1 494 872
Luxemburg	2 547 861	1 909 387	1 599 981	1 957 500	1 541 748	1 183 918
Deutsches Zollgebiet	19 309 172	14 389 852	11 789 931	13 284 738	13 142 247	11 863 522

Quelle: *Müssig*, Eisen- und Kohlenkonjunkturen, 219.

Tab. 4: Rohstahlerzeugung im Deutschen Zollgebiet nach Regionen 1913–1918 [Tonnen].

	1913	1914	1915	1916	1917	1918
Rheinland und Westfalen	10 112 042	8 420 706	7 642 122	9 165 033	9 363 006	8 681 307
Schlesien	1 407 304	1 173 066	1 170 263	1 402 809	1 459 526	1 344 612
Siegerland und Hessen-Nassau	388 297	306 399	296 439	339 505	323 937	270 682
Nord-, Ost u. Mitteldeutschland	740 859	604 793	543 454	694 522	917 248	892 188
Königreich Sachsen	331 125	259 695	263 580	342 899	419 212	394 535
Süddeutschland	253 020	144 126	134 732	152 363	208 364	202 730
Saargebiet u. bayr. Rheinpfalz	2 079 825	1 390 248	1 050 475	1 319 847	1 267 293	1 113 614
Elsass-Lothringen	2 286 354	1 510 692	1 178 230	1 456 113	1 547 107	1 223 103
Luxemburg	1 336 263	1 136 487	978 759	1 309 429	1 081 667	856 734
Deutsches Zollgebiet	18 935 089	14 946 212	13 258 054	16 182 520	16 587 360	14 979 505

Quelle: Müssig, Eisen- und Kohlenkonjunkturen, 231.

aus der Saarregion etwa 30 % der dortigen Felder, wobei letztere besonders ergiebig und qualitativ hochwertig waren. Damit waren 1913 im deutschen und französischen Teil Lothringens zusammengenommen 70 % der Minetteförderung in deutschen Händen, wohingegen nur 22 % auf französische Unternehmen entfielen.[25] Folglich stieg zwischen 1899 und 1913 der Anteil des Minettereviers an der deutschen Stahlproduktion von 7,9 % auf 22,6 %, bei Thomasroheisen überstieg die Produktion in Lothringen und dem angrenzenden Süden Luxemburgs sogar diejenige von Rheinland-Westfalen.[26]

Insgesamt nahmen die rheinisch-westfälischen Unternehmen bis 1913 aufgrund der günstigen Rohstoffsituation, der vorhandenen Absatzmärkte, der verfügbaren Arbeitskräfte, den guten Transportmöglichkeiten und den Eigentumsstrukturen eine unangefochtene Spitzenstellung in der deutschen Roheisen-, Rohstahl- und Walzwerkproduktion ein. Während Oberschlesien in Pfadabhängigkeit an vormodernen Produktionsformen festhielt, gliederten sich viele Ruhrunternehmen vor- und nachgelagerte Produktionsstufen an und nutzten damit die Vorteile einer vertikalen Integration, die durch die zahlreichen Kartelle – wie das Roheisensyndikat (1896) oder den Stahlwerkverband (1904) – noch befördert wurde. Vor diesem Hintergrund nahm die Konzentration in der deutschen Eisen- und Stahlindustrie im Kaiserreich zu. Die Dominanz der Großunternehmen zeigte sich darin, dass die elf größten Ruhrunternehmen 1913/14 fast 40 % der deutschen Roheisenproduktion auf sich vereinigten. Hierbei handelte es sich meist um gemischte Konzerne, wie Thyssen, Krupp, GHH oder Hoesch, die über eigene Maschinenbauabteilungen und damit auch über die Möglichkeit verfügten, unmittelbar in die Rüstungsproduktion einzusteigen.[27]

Dabei nutzten die Unternehmen jene Chance in unterschiedlicher Intensität. Während sich der Thyssen-Konzern und die GHH vor dem Ersten Weltkrieg kaum an der Rüstungswirtschaft des Deutschen Reichs beteiligten, strebte Friedrich Alfred Krupp mit seiner expansiven Unternehmensstrategie seit Ende der 1880er Jahre eine marktbeherrschende Stellung in der Rüstungsindustrie an.[28] Das Unternehmen ent-

---

25 *Banken*, Hochindustrialisierung, 359 f.; *Feldenkirchen*, Eisen- und Stahlindustrie, 84–89, 137–139; *Haus*, Standardwerk, 206–208; *Kerkhof*, Friedens- zur Kriegswirtschaft, 140 f.; *Nievelstein*, Minette, 215–221.
26 *Banken*, Hochindustrialisierung, 299–302, 408 f.; *Feldenkirchen*, Eisen- und Stahlindustrie, 88. Zur Bedeutung des Minettereviers für die deutsche Erzförderung vgl. auch Abschnitt 3.1.4 in diesem Band.
27 *Feldenkirchen*, Eisen- und Stahlindustrie, 128–149, 267 f.; *Kerkhof*, Friedens- zur Kriegswirtschaft, 87–90, 169–186; *Alfred Reckendrees*, Das „Stahltrust"-Projekt. Die Gründung der Vereinigte Stahlwerke AG und ihre Unternehmensentwicklung 1926–1933/34. (Schriftenreihe zur Zeitschrift für Unternehmensgeschichte, Bd. 5.) München 2000, 64–66.
28 *Gerald D. Feldman*, Paul Reusch and the Politics of German Heavy Industry, in: Gene Brucker (Hrsg.), People and Communities in the Western World. Volume II. Homewood / Georgetown 1979, 306; *Lesczenski*, Thyssen, 113 f.

wickelte Stahllegierungen für Kanonenrohre und Panzerplatten und erwarb 1893 das konkurrierende Grusonwerk in Magdeburg, welches Geschütze, Granaten und Panzertürme herstellte. Vor dem Hintergrund des Schlachtflottenbaus, den Friedrich Alfred Krupp persönlich unterstützte, erhöhte es die Bindung an Reich und Kaiser, indem es 1902 die Germaniawerft in Kiel erwarb. Die zunehmende Ausrichtung auf Rüstungsgüter fiel in eine Zeit eines sich intensivierenden Rüstungswettlaufs. Seit dem Geschäftsjahr 1908/09 bis zum Ersten Weltkrieg lag der Anteil der Lieferungen der Gussstahlfabrik Krupp an das Reichsmarineamt (bzw. an das Kriegsministerium) am Gesamtumsatz zwischen 43 % und 63 % (bzw. 7 % und 14 %). Ab den 1890er Jahren entfiel somit ein Großteil des Kruppschen Umsatzes auf die Rüstungsproduktion, während der Auslandsanteil am Gesamtumsatz tendenziell abnahm.[29]

Mit Blick auf die Interessenlage der deutschen Eisen- und Stahlindustriellen am Vorabend des Ersten Weltkriegs erscheint es zudem notwendig, sich die Weltmarktverflechtung ihrer Unternehmen anzuschauen. Der engen Bindung an das Deutsche Reich standen stets Exportinteressen gegenüber.[30] Im Jahr 1913 lag der deutsche Export von Eisen, Eisenwaren und Maschinen zehn Mal höher als der Import. Der wichtigste Handelspartner war Großbritannien, der etwa 15 % der deutschen Exporte abnahm und zugleich Hauptexporteur in das Deutsche Reich war. Besonders ab der Jahrhundertwende stieg die Ausfuhr von Roheisen und Eisenwaren sprunghaft an, wobei der Großteil hiervon (ca. 70 %) auf Eisenfabrikate entfiel, deren Ausfuhranteil bei 20 % bis 30 % lag. Die weitaus höchste Exportquote von etwa 50 % erreichten Drahterzeugnisse. Die Exportquote im Roheisenbereich lag ab Mitte der 1880er Jahre hingegen unter der Sechs-Prozent-Marke, d. h. die Roheisenerzeuger waren weit weniger vom Exportgeschäft abhängig als nachgelagerte Produktionsstufen wie der Maschinenbau oder andere Industriezweige wie die Chemieindustrie.[31]

3.2.3 Reorganisation im Krieg

Die meisten Eisen- und Stahlunternehmen waren bei Kriegsbeginn nicht auf die Herstellung von Rüstungsgütern ausgerichtet, auch wenn sie seit 1913 für verschiedene staatliche Behörden Berichte über ihre Lage im Fall einer Mobilmachung zu erstellen hatten. Da nahezu alle politischen, militärischen und wirtschaftlichen Entscheidungsträger zudem von einer kurzen Kriegsdauer ausgingen, waren die Vorbereitungen für einen über Jahre anhaltenden Kriegszustand völlig unzureichend. Die

---

29 *Feldenkirchen*, Eisen- und Stahlindustrie, 221–233, Anhang (Tabelle 63, 70, 73); *James*, Krupp, 57–71, 104–111, 116–123; *Kerkhof*, Friedens- zur Kriegswirtschaft, 106–114.
30 *James*, Krupp, 116.
31 *Feldenkirchen*, Eisen- und Stahlindustrie, Anhang (Tabelle 64–68); *Kerkhof*, Friedens- zur Kriegswirtschaft, 91 f.

zuständigen Reichsbehörden hatten im Grunde nur für eine leicht erhöhte Lagerhaltung kriegswichtiger Rohstoffe und notwendiger Lebensmittel gesorgt. Eine intensive Vorkriegsdiskussion zwischen Industrie und Behörden über langfristige Maßnahmen im Kriegsfall hatte nicht stattgefunden. Da der Charakter eines zukünftigen industrialisierten Krieges vollends verkannt wurde, entstanden schon bald Engpässe bei der Beschaffung von Rohstoffen, vor allem bei solchen, über die das Deutsche Reich nicht hinreichend verfügte und die bis dahin importiert worden waren (wie Manganerz). Etwa ein Drittel des in Deutschland benötigten Eisenerzes war vor dem Krieg importiert worden. Auf Anregung von Wichard von Moellendorff und Walther Rathenau systematisierte die im August 1914 gegründete Kriegsrohstoffabteilung daraufhin ab Herbst 1914 ihre Kontingentierungspolitik über die Kriegsrohstoffgesellschaften.[32]

Vor allem der Zugang zu Rohstoffen im Zusammenhang mit der von den Alliierten verhängten Wirtschaftsblockade, der Ausfall von Arbeitskraft infolge der Mobilisierung zahlreicher Industriearbeiter sowie Transportprobleme aufgrund von Streckensperrungen und Truppentransporten behinderten eine reibungslose Umstellung von Friedens- auf Kriegswirtschaft. Das Deutsche Reich improvisierte bald höchst wirkungsvoll, indem es das bisherige System der Rüstungsbeschaffung, welches insbesondere auf der dominanten Stellung Krupps bei zahlreichen Rüstungsgütern beruhte, in einen zentralisierten Planungsapparat mit Beiräten umwandelte. Aufgrund der exponierten Stellung der Montanunternehmen für die Versorgung mit Kohle und Rüstungsgütern wurden zahlreiche Eisen- und Stahlindustrielle Mitglied im Beirat des Deutschen Rohstoffamtes sowie ab 1916 des Waffen- und Munitionsbeschaffungsamtes (Wumba).[33] Die zahlreichen Mitgliedschaften von Eisen- und Stahlindustriellen in den Beiräten verweisen auf ihre Nähe zur Politik und zeigen, dass es ihnen gelang, ihre ökonomische Macht in politischen Einfluss umzuwandeln. Damit waren sie erfolgreicher als viele Großbankiers, denen im Kaiserreich oftmals der Vorwurf „nationaler Unzuverlässigkeit" gemacht wurde. Gleichwohl lehnten einige Industrielle und Bankiers die wachsende Bedeutung der Kriegsgesellschaften ab, weil sie deren Effizienz bezweifelten und zugleich eine dauerhafte Umwandlung privater Firmen in „gemischtwirtschaftliche" Unternehmen unter staatlicher Kontrolle befürchteten.[34] Insgesamt aber setzten sich die Industriellen mit ihrer Grundhaltung einer gemäßigten Konkurrenz zwischen den Großunternehmen, einer

---

32 *Lothar Burchardt*, Walther Rathenau und die Anfänge der deutschen Rohstoffbewirtschaftung im Ersten Weltkrieg, in: Tradition. Zeitschrift für Firmengeschichte und Unternehmerbiographie 15, 1970, 169–196; *Hallgarten/Radkau*, Industrie, 109–114; *Kerkhof*, Friedens- zur Kriegswirtschaft, 207–214; *Hans-Ulrich Wehler*, Deutsche Gesellschaftsgeschichte, Bd. 4: Vom Beginn des Ersten Weltkriegs bis zur Gründung der beiden deutschen Staaten 1914–1949. 3. Aufl. München 2008, 48–51.
33 *Feldman*, Armee, 52–68; *Kerkhof*, Friedens- zur Kriegswirtschaft, 214 f.; *Stellwaag*, Eisenwirtschaft, 19–23.
34 *Kerkhof*, Friedens- zur Kriegswirtschaft, 231–234; *Morten Reitmayer*, Bankiers im Kaiserreich. Sozialprofil und Habitus der deutschen Hochfinanz. Göttingen 1999, 350 f.

Abb. 1: Arbeiter beim Metallgießen, August 1915 (BArch, Bild 104-00247).

Externalisierung der Entwicklungskosten und einer staatlichen Prämie für risikoreiche Investitionen weitgehend durch. Die Militärbehörden übernahmen in vielen Fällen die Beschaffung der Rohstoffe und der Arbeitskräfte, gleichzeitig wurden die Produktionserweiterungen mit öffentlichen Geldern finanziert.[35]

Während die vorhandenen Produktionsstätten und die relativ leichte Einrichtung neuer Gießereianlagen dazu genutzt wurden, die Kapazitäten für die Herstellung von Granaten zu erhöhen, blieb das Problem, die Fertigungsstätten hinreichend mit Rohmaterial zu versorgen. Die Feldzeugmeisterei setzte daraufhin Anfang 1915 eine Verteilungskommission für Geschossroheisen ein und vereinbarte mit dem Roheisenverband die Lieferung von monatlich 50 000 Tonnen Roheisen, doch verstummten die Beschwerden nicht, da die Nachfrage jene ausgehandelte Menge weit übertraf. Selbst die Heranziehung beschlagnahmter Bestände aus Frankreich und die Werksvorräte konnten den Bedarf nicht decken. Zudem war die Roheisenverteilungsstelle nur für die Granatherstellung zuständig, wohingegen sich die übrigen Rüstungshersteller ungeordnet an den Roheisenverband wenden mussten. Die Kriegsrohstoffabteilung setzte daher im April 1915 einen Beauftragten des Kriegsministeriums beim Roheisenverband ein, der die Dringlichkeitsreihenfolge der Roheisenzuweisung bestimmte. An erster Stelle standen fortan Roheisenlieferungen für die Geschossfabrikation und die

---

35 *Wehler*, Gesellschaftsgeschichte, Bd. 4, 52.

Marine, gefolgt von Roheisen für andere Heereslieferungen und Roheisen zur Errichtung kriegswichtiger Anlagen; erst an vierter Position folgte der Versand zur Friedensproduktion.[36] Auch in der Versorgung mit hochwertigen Manganerzen, die bis Kriegsausbruch primär aus Indien und dem Kaukasus eingeführt worden waren, bot sich aufgrund der monopolartigen Form des Marktes die Möglichkeit, wirtschaftspolitische Maßnahmen über freiwillige Vereinbarungen durchzusetzen. So handelte die unter der Leitung der GHH agierende Ferromangangemeinschaft Ende 1914 mit der Schutzverwaltung eine Reduzierung der Bedarfsmengen und der Manganerzqualität aus, um die vorhandenen Vorräte auf 14 Monate bis September 1916 zu strecken. Trotz dieser Einzelmaßnahmen unterblieb vorerst eine einheitliche Bewirtschaftungspolitik in der Eisen- und Stahlindustrie.[37]

Da die Produktion der deutschen Kriegswirtschaft den Materialschlachten des Jahres 1916 jedoch nicht gewachsen war, verlangte die Rüstungsproduktion nach einer noch effizienteren Organisation. Die Vorratspolitik, welche auf eine Beschränkung des Verbrauchs und die Verteilung der vorhandenen Mengen setzte, stieß an ihre Grenzen. Die Ernennung von Paul von Hindenburg zum Generalstabschef und Erich Ludendorff zu dessen Stabschef wirkten als Katalysator für die kriegswirtschaftliche Reorganisation. Zwar konnten viele der formulierten Ziele des überdimensionierten Hindenburg-Programms nicht in die Realität umgesetzt werden, Teile mussten sogar zurückgenommen werden, doch konnte die Eisen- und Stahlindustrie mit den damit verbundenen Maßnahmen tatsächlich einige ihrer Forderungen durchsetzen.[38] Im Rahmen einer Neuorganisation des preußischen Kriegsministeriums wurden die kriegswichtigen Abteilungen nun im neu geschaffenen preußischen Kriegsamt zusammengefasst, das fortan für die Bereitstellung von Kriegsmaterial und der dazu notwendigen Rohstoffe zuständig war und die Entwicklung von Ersatzstoffen vorantrieb. Gleichzeitig entstanden durch diese Umgestaltung neue staatliche, teils gemischtwirtschaftliche Organisationen. Das neu gegründete „Kommissariat der Eisenzentrale" sollte die Leitung und Kontrolle der Eisen- und Stahlindustrie übernehmen und war fortan für die Verteilung von Rohstoffen und Halbfertigfabrikaten wie Manganerze oder Schrott zuständig. Sowohl die Eisenrückführung

---

36 *Stellwaag*, Eisenwirtschaft, 24–26.
37 *Priemel*, Flick, 60–71; *Stellwaag*, Eisenwirtschaft, 28–36.
38 *Volker R. Berghahn*, Der Erste Weltkrieg. 3. Aufl. München 2006; *Gerald D. Feldman/Heidrun Homburg*, Industrie und Inflation. Studien und Dokumente zur Politik der deutschen Unternehmer 1916–1923. Hamburg 1977, 49–58; *Feldman*, Armee, 133–168, 218–223; *Wolfgang J. Mommsen*, Die Urkatastrophe Deutschlands. Der Erste Weltkrieg 1914–1918. (Gebhardt. Handbuch der deutschen Geschichte, Bd. 17.) 10. Aufl. Stuttgart 2002, 88–90; *Tenfelde*, Krupp in Krieg und Krisen, 49–55; *Harald Wixforth*, Die Gründung und Finanzierung von Kriegsgesellschaften während des Ersten Weltkriegs, in: Hartmut Berghoff/Jürgen Kocka/Dieter Ziegler (Hrsg.), Wirtschaft im Zeitalter der Extreme. Beiträge zur Unternehmensgeschichte Deutschlands und Österreichs. Im Gedenken an Gerald D. Feldman. (Schriftenreihe zur Zeitschrift für Unternehmensgeschichte, Bd. 20.) München 2010, 87 f.

aus den besetzten Gebieten als auch die Beschaffung ausländischer Erze gehörten zu den wichtigsten Aufgaben der Eisenzentrale, deren Unterabteilungen insbesondere für den Abtransport von Maschinen und Rohstoffen aus französischen Unternehmen der Minetteregion zuständig waren. Zum System der Kriegsgesellschaften gehörten im Bereich der Eisen- und Stahlindustrie neben der Eisenzentrale GmbH und der Manganerz GmbH auch die Kriegsmetall AG und die Rohstahlausgleichsstelle. Da großindustrielle Unternehmen in diesen Organisationen bevorzugt wurden, gewannen sie Einfluss auf die Verteilung knapper Ressourcen. Dadurch ging das Bewirtschaftungssystem – insbesondere in der großindustriell geprägten Eisen- und Stahlindustrie – zu Lasten mittelständischer Firmen und schränkte die Konkurrenz weiter ein. Die privatwirtschaftlichen Unternehmen konnten auf diese Weise ihre ökonomische Macht ausdehnen, umgekehrt mussten sie die Einschränkung von Entscheidungsspielräumen infolge staatlicher Kontrollen hinnehmen. Gleichwohl entwickelten sich die Kriegsgesellschaften nicht zu eigenständigen Vermittlern, auch entstand hieraus kein Beschaffungsmonopol, da die Unternehmen – vor allem die vertikal integrierten, gemischten Konzerne – ihren Rohstoffbezug weiterhin selbstständig regeln konnten und externen Eingriffsmöglichkeiten dadurch Grenzen gesetzt waren. In jedem Fall entfaltete sich hier jedoch eine neue Form der Kooperation zwischen Staat und Wirtschaft, die die freie marktwirtschaftlich-kapitalistische Form des Wirtschaftens mit einer staatlich-bürokratischen Wirtschaftslenkung verband.[39]

3.2.4 Eisen-, Stahl- und Rüstungsproduktion unter Kriegsbedingungen

Mit Kriegsbeginn im August 1914 sank die Eisen- und Stahlproduktion dramatisch. Vor allem die zum Kriegsdienst eingezogenen Arbeiter hinterließen Lücken in der Belegschaft, die kurzfristig nicht geschlossen werden konnten. Die Roheisenproduktion im deutschen Zollgebiet ging infolgedessen von 1 561 900 Tonnen im Juli um mehr als 60 % auf 586 700 Tonnen im August zurück. Die Stahlerzeugung brach sogar um mehr als 65 % ein.[40] Dabei zeichneten sich durchaus regionale Unterschiede ab. Während die Roheisenproduktion von Juli zu August 1914 in Lothringen

---

39 *Feldman*, Armee, 148–168; *Ulrich Herbert*, Geschichte Deutschlands im 20. Jahrhundert. München 2014, 135–137; *Kerkhof*, Friedens- zur Kriegswirtschaft, 217–236; *Stefanie van de Kerkhof*, Public-Private Partnership im Ersten Weltkrieg? Kriegsgesellschaften in der schwerindustriellen Kriegswirtschaft des Deutschen Reiches, in: Berghoff/Kocka/Ziegler, Wirtschaft im Zeitalter der Extreme, 106–133; *Mommsen*, Urkatastrophe, 81 f.; *Roth*, Kriegsgesellschaften; *Stellwaag*, Eisenwirtschaft, 47–125; *Wixforth*, Kriegsgesellschaften.
40 *Kerkhof*, Friedens- zur Kriegswirtschaft, 237; *Stellwaag*, Eisenwirtschaft, 8. Vgl. auch *Hoffmann*, Wachstum, 354.

um 91 % und in Luxemburg und an der Saar um 80 % sank, fiel sie in Rheinland-Westfalen nur um 46 % und in Schlesien um 43 %. Ähnlich sah die Entwicklung bei Flussstahl aus: Auch hier brach die Erzeugung in Lothringen und an der Saar vollkommen ein, in Rheinland-Westfalen hingegen nur um ungefähr die Hälfte, in Schlesien um 55 %. Die Mobilmachung, der Abzug ausländischer Arbeiter und der Beginn der militärischen Operationen trafen die Werke an der Saar und in Lothringen besonders stark. Hier befanden sich das rheinisch-westfälische und das schlesische Revier in einer geostrategisch günstigeren Lage.[41] Die Eisen- und Stahlerzeugung stellte sich besonders für jene Unternehmen als schwierig dar, die wie die Dillinger Hütte, Stumm, Röchling, Klöckner oder Thyssen in Deutsch-Lothringen bzw. wie Gelsenkirchener Bergwerks-AG oder Deutsch-Lux/Stinnes in Luxemburg über Hochofen- oder Hüttenwerke verfügten. Sie waren nicht nur unmittelbar von den Kriegsereignissen an der Front betroffen, sondern mussten teilweise auch noch ihre Muttergesellschaften mit ihren knappen Erzvorräten versorgen. August Thyssen hatte beispielsweise 1907 mit dem Bau eines Hüttenwerks in Hagendingen (*Hagondange*) begonnen, welches bei seiner Fertigstellung 1912 mit sechs Hochöfen, einem Thomasstahlwerk mit fünf Konvertern und entsprechenden Walzwerken als das modernste kombinierte europäische Hüttenwerk seiner Zeit galt.[42]

Bereits im Herbst 1914 zeichnete sich die Munitionskrise im Deutschen Reich ab. Aufgrund der stark steigenden Munitions- und Materialanforderungen des Militärs waren die Vorräte im Oktober 1914 so weit aufgebraucht, dass die Armee fortan auf die laufende Industrieproduktion angewiesen war.[43] Langsam gelang es den Eisenerzeugern, ihre Produktion wieder zu steigern. Die Hochofenwerke in Lothringen glichen den Produktionsverlust der ersten Kriegsmonate am schnellsten wieder aus – besonders nachdem die Frontlinie nach Westen rückte. Dies hatte zur Folge, dass die jährliche Produktion in Lothringen zwischen 1913 und 1915 um nicht mehr als die Hälfte, in Rheinland-Westfalen um etwa 40 % fiel. Im Jahr 1916 erholte sich die Eisenproduktion in beiden Regionen, dennoch blieben die Unternehmen weit hinter den Vorkriegswerten zurück, so dass sich der Abstand zu den kleineren Produktionsregionen bis Kriegsende verringerte. Insgesamt wuchs die Leistung der deutschen Werke bis 1916 wieder auf etwa 75 % der Vorkriegsmengen an und verblieb in den folgenden Kriegsjahren auf diesem Niveau.[44]

Das Kriegsgeschehen inmitten des lothringischen Erzreviers und die veränderte Rohstofflage wirkten sich unmittelbar auf die Produktion der verschiedenen Eisensorten aus. Besonders die Erzeugung von Thomasroheisen, das mit Abstand den größten Anteil unter den deutschen Roheisensorten hatte, ging in den ersten beiden Kriegsjahren rapide zurück, da die Werke vor Ort nicht produzieren konnten oder

---

41 *Stellwaag*, Eisenwirtschaft, 8.
42 *Nievelstein*, Minette, 71–84, 250; *Fear*, Organizing Control, 288–292.
43 *Stellwaag*, Eisenwirtschaft, 13 f.; *Wehler*, Gesellschaftsgeschichte, Bd. 4, 48.
44 *Kerkhof*, Friedens- zur Kriegswirtschaft, 237 f.; *Stellwaag*, Eisenwirtschaft, 8 f.

Minettelieferungen an die Ruhr nicht möglich waren. Da die Mengen an Bessemer-, Puddel- oder Gießereiroheisen ebenfalls stagnierten oder gar zurückgingen, konnte der Ausfall bei Thomasroheisen mengenmäßig nicht aufgefangen werden.[45] Vor diesem Hintergrund erscheint es notwendig, sich der Erzversorgung der Eisen- und Stahlindustrie zuzuwenden. Mit Kriegsausbruch brachen die Erzlieferungen aus der Normandie sowie aus Chile, Brasilien und Russland abrupt ab, wohingegen schwedisches und teilweise auch spanisches Erz weiterhin importiert werden konnte. Viele Eisen- und Stahlunternehmen wie die GHH versuchten deshalb verstärkt, ihre Felder in Lothringen und Luxemburg zu nutzen.[46] Allerdings war die lothringische Minetteförderung in den ersten drei Kriegsmonaten ebenfalls erheblich beeinträchtigt. Der Schlachterfolg von Longwy in der letzten Augustwoche 1914 brachte das wertvolle Erzbecken von Longwy und Briey unter deutsche Kontrolle, worauf beim Chef der Zivilverwaltung des Gouvernements Metz die Schutzverwaltung der französischen Bergwerke und Hütten gegründet wurde. Seit Februar 1915 wurden in geringem Umfang auch Erze aus den französischen Gruben gefördert, doch erst ab 1916 nahm die Schutzverwaltung vermehrt stillgelegte französische Zechen in Betrieb.[47]

Bei einer Sitzung des industriellen Beirats in Metz im Oktober 1916 machte der Gouverneur der Festung Metz deutlich, dass er zur Steigerung der Minetteförderung in erster Linie die Privatindustrie in Deutsch-Lothringen in der Pflicht sah und die Produktion dort mindestens das Vorkriegsniveau erreichen müsse. Seiner Meinung nach kam erst danach eine Unterstützung der Schutzverwaltung und Inanspruchnahme französischer Gruben in Betracht. Vor dem Krieg lag die Produktion in Deutsch-Lothringen pro Quartal bei fünf Millionen Tonnen, im Herbst 1916 betrug sie rund drei Millionen Tonnen, also lediglich etwa 60 % der Friedensproduktion. Bergassessor Alfons Horten von der Kriegsrohstoffabteilung, ein ehemaliger Thyssen-Mann, machte deutlich, dass der gesamte Mehrbedarf – insbesondere mit Blick auf die Vorgaben des Hindenburg-Programms – kaum in Deutsch-Lothringen zu erzeugen seien, vielmehr müssten hierfür auch die französischen Gruben im besetzten Gebiet genutzt werden. Tatsächlich nahmen die Minettelieferungen der Gutehoffnungshütte aus Französisch-Lothringen ab 1916 stark zu und auch die Produktion von Thomasroheisen im deutschen Zollgebiet stieg in jenem Jahr wieder leicht an.[48]

Die Veränderungen in der Struktur der Roheisenerzeugung schlugen sich auch in der Stahlproduktion nieder. In den ersten beiden Kriegsjahren nahm vor allem die Erzeugung von Thomasstahl ab. Zwei Entwicklungen sind für die Folgezeit hervorzuheben: Erstens stieg die Produktion von Thomas- und Siemens-Martin-Stahl

---

45 *Kerkhof*, Friedens- zur Kriegswirtschaft, 238 f.
46 *Banken*, Gutehoffnungshütte, 127; *Fritz Büchner*, 125 Jahre Geschichte der Gutehoffnungshütte. Oberhausen 1935, 47 f.
47 *Nievelstein*, Minette, 239–248; *Stellwaag*, Eisenwirtschaft, 11–13, 28–30, 38–40.
48 *Feldman*, Stinnes, 468; *Kerkhof*, Friedens- zur Kriegswirtschaft, 239, 299–305; *Christian Marx*, La Lorraine comme ressource et lieu de production de l'industrie de la Ruhr, in: Guerres Mondiales et Conflits Contemporains 267, 2017, 73–85.

1916 wieder leicht an, zweitens wurde seit der Kriegsmitte nahezu gleich viel Thomas- und Siemens-Martin-Stahl hergestellt. Letztere Entwicklung war auf Veränderungen auf den Rohstoffmärkten zurückzuführen. Der Mangel an Eisenerz führte dazu, dass die deutschen Eisen- und Stahlunternehmen vermehrt dazu übergingen, Schrott aus dem Inland und dem besetzten Ausland, u. a. aus Serbien und Rumänien, im Hüttenprozess im Siemens-Martin-Verfahren einzusetzen. Besonders deutlich war dies in Oberschlesien zu beobachten. Hier wurde die Tendenz zum Schrotteinsatz aufgrund des für den Hochofenprozess minderwertigen oberschlesischen Koks durch den Ersten Weltkrieg weiter verstärkt.[49]

Der Kriegsausbruch verschob aber nicht nur die Gewichtungen zwischen den deutschen Regionen und den unterschiedlichen Eisen- und Stahlsorten, er veränderte auch das Verhältnis der Eisen- und Stahlproduzenten auf nationaler Ebene. Mit der Besetzung französischer und belgischer Gebiete verloren diese beiden Länder ihre Bedeutung auf dem Weltmarkt, denn rund 80 % der französischen Eisenproduktion wurden ab November 1914 von den Mittelmächten kontrolliert.[50] Umgekehrt ging der deutsche Vorsprung gegenüber der englischen Produktion trotz der Ausbeutung der besetzten Gebiete zurück, auch wenn diese die deutsche Roheisenerzeugung im Ersten Weltkrieg nicht übertraf. Entscheidend aber war der Mengenzuwachs in den USA zwischen 1914 und 1916. Die US-Unternehmen spielten nun ihre Größenvorteile wie auch ihren Zugang zu Rohstoffen voll aus und erhöhten ihre Produktion in diesem Zeitraum von etwa 24 auf 40 Millionen Tonnen. Damit bauten sie einen zunächst unerreichbaren Vorsprung zu den übrigen industrialisierten Ländern auf und schufen gleichzeitig die Voraussetzung für den Kriegseintritt der USA im Jahr 1917.[51]

Der harte Winter 1916/17 schränkte die Transportmöglichkeiten für Truppen und Rohstoffe erheblich ein. Während die Einfuhr von Schwedenerzen im Jahr 1917 noch gesteigert werden konnte, behinderte der Krieg die Erzförderung in Lothringen, auch wenn der Sachschaden durch alliierte Luftangriffe nur gering war. Unter den gegebenen Umständen des Arbeitskräfte-, Rohstoff- und Brennstoffmangels sowie der Transportprobleme stieß die deutsche Roheisenproduktion 1917 an ihre Leistungsgrenze, obgleich die Kapazitäten nicht völlig ausgeschöpft waren. Viele stillgelegte Hütten blieben infolge der Versorgungsprobleme ungenutzt, ihre Wiederinbetriebnahme hätte angesichts der bestehenden Einschränkungen kaum zu einer Leistungssteigerung geführt.[52] Nachdem die Roheisen- und Rohstahlproduktion im Sommer 1917 einen Kriegshöchststand erreichte, fiel sie im Januar und Februar 1918 dramatisch auf das Niveau des Frühjahrs 1915 zurück. Erneut kam es 1917/18 durch

---

49 *Kerkhof*, Friedens- zur Kriegswirtschaft, 239 f., 309–320.
50 *Stellwaag*, Eisenwirtschaft, 16. Vgl. zum Kontext das Kapitel 5.3 in diesem Band.
51 *Kerkhof*, Friedens- zur Kriegswirtschaft, 245 f.; *Müssig*, Eisen- und Kohlenkonjunkturen, 221.
52 *Stellwaag*, Eisenwirtschaft, 127–129.

einen kalten Winter zu beträchtlichen Einschränkungen des Transports und einer Verknappung von Brennstoffen.[53]

Auf Unternehmensebene lassen sich jene Entwicklungen noch klarer nachzeichnen, vor allem wird deutlich, welche zentrale Rolle die Eisen- und Stahlunternehmen für die Rüstungsproduktion hatten, indem sie nicht nur Roheisen und Rohstahl erzeugten, sondern auch in die Rüstungsendfertigung einstiegen. Bei der GHH sank die Kohlenförderung im ersten Kriegsjahr um 23,5 %, die Roheisen- und Rohstahlerzeugung um mehr als 35 %. Den Tiefpunkt erreichte ihre Roheisenerzeugung im Februar 1915. Daraufhin wurden einige heruntergefahrene Hochöfen wieder angeblasen und der Produktionsanteil von Martinstahl, der vor Kriegsausbruch nur etwa ein Drittel der GHH-Stahlerzeugung umfasste, stark erhöht. Die Umstellung auf Rüstungsproduktion versprach auf der einen Seite ein lohnendes Geschäft, auf der anderen Seite barg sie aber auch erhebliche Risiken. Da alle Entscheidungsträger von einer kurzen Kriegsdauer ausgingen, war es fraglich, ob die entsprechenden Investitionen überhaupt wieder erwirtschaftet werden konnten. Nicht alle Unternehmen stürzten sich deshalb wie Krupp in die Rüstungsproduktion, doch bei allen nahm der Anteil der Rüstungsgüter sukzessive zu. Im Fall der GHH wurden vor allem die weiterverarbeitenden Betriebe auf die Bedürfnisse der Kriegswirtschaft ausgerichtet. Ende 1914 bearbeitete man im GHH-Maschinenbau Geschossrohlinge und produzierte in den GHH-Walzwerken Granatstahl. Auch die anderen Abteilungen machten sich die Wünsche des Militärs zu eigen. Während sich der Brückenbau Instandsetzungsaufträge im Kriegsgebiet sicherte und Schwimmdocks für die Kriegsmarine konstruierte, stellte der Maschinenbau neben Geschossen auch Minenwerfer und Geschütze her. Darüber hinaus vergrößerte die GHH ihre Produktionskapazitäten in der Stacheldrahterzeugung und lieferte schließlich zehn Prozent des deutschen Militärbedarfs.[54]

Ähnlich wie in der GHH bestimmten zivile Güter vor 1914 auch das Produktionsprogramm von Thyssen, und auch hier rückten die mechanischen Werkstätten ins Zentrum der Kriegsproduktion. Granaten und Torpedos gehörten zum Kriegsgeräteprogramm, das Oberbilker Stahlwerk lieferte Material an die Marine, die Gewerkschaft Deutscher Kaiser produzierte Stacheldraht, und im Rahmen des Hindenburg-Programms eröffnete Thyssen eine weitere Munitionsfabrik. Die weiterverarbeitenden Betriebe und der Maschinenbau bei Thyssen entwickelten sich auf diese Weise zu einem Zentrum der Rüstungsproduktion an der Ruhr.[55] Obschon die Eisen- und Stahlindustrie an der Saar stark von den kriegsbedingten Versorgungsproblemen betroffen war, entstand hier ein weiteres Rüstungszentrum. Die Völklinger Hütte produzierte Geschützrohre, Artilleriegeschosse unterschiedlicher Kaliber und einen Großteil der deutschen Stahlhelme, während die Dillinger Hütte sich

---

53 *Stellwaag*, Eisenwirtschaft, 223.
54 *Banken*, Gutehoffnungshütte, 124–127; *Marx*, Leitung, 87–94.
55 *Fear*, Organizing Control, 432 f.

Abb. 2: Produktionshalle der Kruppschen Munitionswerkstätten, 1914/18 (BArch, Bild 183-R42179).

traditionell auf die Fertigung von Panzerplatten für die Marine und Schutzbleche für das Heer spezialisierte.[56]

Im Fall der Rüstungsschmiede Krupp konnte die Erweiterung der eigenen Fertigungsanlagen unmittelbar an die Vorkriegspolitik anknüpfen, gleichwohl zeigte sich auch, dass die Vorkriegsplanungen für einen lang anhaltenden Krieg unzureichend waren. Im Fall der Mobilmachung sollte Krupp 200 Geschütze und fahrbare Artilleriewaffen liefern, tatsächlich belief sich die Zahl der Lieferungen bis Ende des Krieges auf über 10 000 komplette Artilleriegeschütze und über 9000 Geschützrohre. Zwar war auch Krupp von Beschaffungsproblemen im Rohstoffbereich betroffen, dennoch machten die angedachten Produktionssteigerungen bald zahlreiche Aus- und Neubauten erforderlich. Neben der Erweiterung der Geschossproduktion floss der größte Teil der Investitionen zunächst in die Vergrößerung der Artilleriewerkstätten, für die 1915 die Rekordsumme von 24 Millionen Mark bewilligt wurde. Im Mai 1916 folgten weitere Neubauten: Neben einer neuen Geschosspressanlage erweiterte Krupp die Kanonen- und Lafettenwerkstätten. Das Unternehmen nutzte die Gelegenheit hoher Abschreibungsmöglichkeiten für einen außergewöhnlichen Expansionsschub, der eine spätere Verwendung der Anlagen teilweise vollkommen

---

56 *Antje Fuchs/Nicole Munninger/Josef Schu*, Kaiser, Krieg, Kapitulation: Vom Jubel in den Jammer (1871–1918), in: AG der Dillinger Hüttenwerke (Hrsg.), 325 Jahre Dillinger Hütte, 1685–2010, Bd. 1: Chronik. Dillingen 2010, 58–71; *Hippel*, Röchling, 124–130; *Seibold*, Röchling, 168–170.

unberücksichtigt ließ. Bei der Geschützproduktion – dem Stolz der Kruppschen Kriegsgeräteproduktion – entwickelten die Ingenieure die Rohrrücklauftechnik weiter, vergrößerten die Reichweite und Mobilität schwerer Geschütze und begannen mit der Herstellung genormter Geschützteile. Die Germaniawerft ging zunehmend zum Bau von U-Booten über. Ende 1915 entschloss sich die Firmenleitung ferner das Angebot zur Übernahme der Bayerischen Geschützwerke in München anzunehmen, allerdings hatte das Werk einige Anlaufschwierigkeiten und konnte erst im Januar 1918 mit der Lieferung von Geschützen beginnen. Spätestens mit dem Hindenburg-Programm stiegen die geplanten und bewilligten Mittel in utopische Höhen. Eine neue Geschossfabrik in Dessau, der Ausbau des Magdeburger Grusonwerks, neue Maschinen für die Geschützproduktion und ein erneuter Ausbau der Artillerie-, Geschoss- und Lafettenwerkstätten sollten endlich die militärische Nachfrage befriedigen, gleichwohl konnte Krupp ebenso wenig wie die GHH oder andere Unternehmen alle Lieferverträge komplett erfüllen. Insgesamt übertrafen die deutschen Kanonenhersteller die englische und französische Produktion während des Krieges um jeweils das Zwei- bis Dreifache. Von den etwa 152 000 im Kriegsverlauf produzierten Kanonen entfielen etwa 64 000 auf das Deutsche Reich. Ergebnis der enormen Unternehmensexpansion war zum einen eine umfangreiche Ausweitung der Kruppschen Werkstätten in Essen, zum anderen eine Vervierfachung des Vorkriegsumsatzes. Dabei stieg der Umsatzanteil an Kriegsmaterial und Panzerplatten der Gussstahlfabrik von 65 % 1913/14 auf knapp 90 % während des Krieges. Bemerkenswert dabei ist, dass die Stahlproduktion bei Krupp nicht parallel zur nationalen Entwicklung verlief. Zwar ging auch hier die Stahlerzeugung mit Kriegsausbruch zurück, doch übertraf sie schon im Geschäftsjahr 1915/16 wieder das Vorkriegsniveau und auch die Belegschaft verdoppelte sich während des Krieges von ca. 80 000 auf 160 000 Beschäftigte.[57] Das auf Gewehr- und Artilleriegeschütze spezialisierte sowie für seine Geschützrohrentwicklung bekannte Düsseldorfer Rüstungsunternehmen Rheinmetall, an dem die Fried. Krupp AG seit 1909 verdeckt die Aktienmehrheit hielt, steigerte seine Kriegsproduktion ab 1914 ebenfalls enorm und weitete seine Belegschaft von etwa 15 000 auf 43 000 Beschäftigte aus. Neben Munition stellte Rheinmetall mehrere Tausend Minenwerfer sowie Flak-, U-Boot- und Marinegeschütze her und erweiterte im Rahmen des Hindenburg-Programms sein Derendorfer Werk um das Sechsfache.[58]

Der Beitrag zur deutschen Rüstungsproduktion und der unternehmensinterne Rüstungsanteil variierten zwischen den einzelnen Eisen- und Stahlunternehmen vor 1914 erheblich. Während Krupp schon vor dem Ersten Weltkrieg als nationale Institution in der Rüstungsproduktion galt, waren andere Unternehmen zurückhaltender. Doch bis 1918 stieg der Rüstungsanteil aller deutschen Eisen- und Stahlunter-

---

57 *Burchardt*, Kriegsgewinnen, 74–80, 105 f.; *Kerkhof*, Friedens- zur Kriegswirtschaft, 248–276; *James*, Krupp, 143–153; *Tenfelde*, Krupp in Krieg und Krisen, 32–55.
58 *Leitzbach*, Rheinmetall, 66–72.

nehmen erheblich an. Wie sehr das Militär in der ersten Hälfte des 20. Jahrhunderts auf die Produktion von Kriegsgerät angewiesen war, zeigte sich besonders in den verheerenden Materialschlachten. Im Zusammenspiel mit Versorgungsproblemen infolge von Handelsbeschränkungen und Mobilisierung führte dies zu einer neuen, kriegswirtschaftlichen Organisation der gesamten industriellen Produktion.

3.2.5 Expansionsstrategien und Kriegszieldebatte

Zwar finden sich in den Archiven kaum Belege aus der Zeit vor dem August 1914, in denen deutsche Unternehmer einen Krieg herbeisehnten, doch die schnellen Eingaben unmittelbar nach Kriegsausbruch zeigen, dass viele Industrielle auf diese Situation vorbereitet waren und im Fall eines Krieges durchaus hofften, bestimmte wirtschafts- und außenpolitische Ziele durchsetzen zu können. Vor diesem Hintergrund stellt sich die Frage nach dem Versagen der wirtschaftlichen Elite bei der Entschärfung des Konflikts sowie nach ihren außenpolitischen Zielen vor und während des Krieges. Zu einer der ersten Eingaben gehört eine Denkschrift von August Thyssen aus dem August 1914, in der er eine Neuordnung der europäischen Wirtschaft und eine Sicherung der deutschen Vormachtstellung über Annexionen anstrebte. Gebietserweiterungen in Russland, Belgien und Nordfrankreich – insbesondere die Inbesitznahme der französischen Minetteregion – sollten den Rohstoffbedarf der deutschen Unternehmen dauerhaft garantieren. Eine ablehnende Haltung der Bevölkerung wie in Elsass-Lothringen nach dem Friedensschluss von 1871 sollte vermieden werden, indem das Departement Meurthe-et-Moselle tiefgreifend germanisiert würde. Nur über jene territoriale Expansion erlange das Deutsche Reich die notwendige Unabhängigkeit vom Ausland und die führende Stellung auf dem Kontinent. Diese angedachten Maßnahmen sollten dazu dienen, mit Großbritannien gleichzuziehen, dessen Stellung in der Welt primär auf seinen rohstoffreichen und aufnahmefähigen Kolonien sowie einer mächtigen Flotte beruhte. Thyssens annexionistisches Programm enthielt sowohl Ideen zur Schaffung einer mitteleuropäischen Zollunion unter Einschluss der Niederlande, Frankreichs, Dänemarks, Österreich-Ungarns, der Schweiz und der Balkanstaaten als auch alldeutsch-nationalistisches Gedankengut zur Expansion auf dem Kontinent. Allerdings waren seine Forderungen weniger von national- und sicherheitspolitischen Motiven als von (persönlichen) ökonomischen Interessen geleitet, da hierdurch insbesondere die französischen und belgischen Besitzungen wie auch der Absatz des Thyssen-Konzerns gesichert worden wäre.[59]

In Bezug auf den GHH-Besitz in Frankreich vertrat Reusch eine ähnliche Linie wie Thyssen und forderte eine Sicherung der dort erworbenen Erzfelder, ebenso eine Annexion des französischen Elsass-Lothringens und der belgischen Industrie-

---

[59] *Kerkhof*, Friedens- zur Kriegswirtschaft, 349–356.

bezirke um Lüttich und Charleroi. Gebietserweiterungen im Osten erschienen ihm hingegen wenig zweckmäßig.⁶⁰ Bereits im August 1914, also unmittelbar nach Kriegsausbruch, hatte er Gelegenheit Innenminister Clemens von Delbrück, dem zweiten Mann hinter Reichskanzler Theobald von Bethmann Hollweg in der Reichsregierung, seine Ansichten persönlich vorzutragen. Er stellte nachdrücklich die Bedeutung des lothringischen Erzgebietes als Rohstofflagerstätte und als Produktionsstandort heraus.⁶¹ Die Eisenerzförderung in Deutsch-Lothringen und Luxemburg betrug demnach 1912 26,6 Millionen Tonnen gegenüber 33,7 Millionen Tonnen im gesamten deutschen Zollgebiet; umgekehrt stammte fast die komplette französische Eisenerzförderung (1913: 21,5 Mio. t) aus dem Hochplateau von Briey sowie den Bezirken Longwy und Nancy. Zudem wurden in Französisch-Lothringen etwa zwei Drittel des französischen Roheisens hergestellt.⁶² Reuschs Forderung zur Einverleibung jener Industrieregion war darauf ausgerichtet, der deutschen Eisen- und Stahlindustrie eine unanfechtbare Vormachtstellung auf dem europäischen Kontinent zu verschaffen, und sie zielte letztlich darauf, das Ergebnis des Frankfurter Friedens von 1871 zu korrigieren. Reusch stellte explizit fest, dass die deutschen Eisen- und Stahlindustriellen der Grenzziehung nach dem Deutsch-Französischen Krieg nur zugestimmt hätten, weil man davon ausging, sich das gesamte Eisenerzvorkommen gesichert zu haben. Erst nach Friedensschluss habe man festgestellt, dass sich das Erzvorkommen nach Westen hinweg über die Grenze nach Frankreich erstreckte. Damit machte er deutlich, dass dieses spezifische Ziel der deutschen Eisen- und Stahlbranche seit langem ein Anliegen der Schwerindustriellen war, welches sich nicht erst im Zuge der anschwellenden Welle von Annexionswünschen nach Kriegsausbruch herauskristallisiert hatte.⁶³ Auch Hermann Röchling forderte im August 1914, die Westgrenze zu verschieben, um die französischen Erzgebiete für das Deutsche Reich zu sichern, da man auf diese Weise in den Besitz des größten Erzvorkommens Europas gelange und die französische Eisenindustrie vollständig von deutschen Lieferungen abhängig werde.⁶⁴ Ihre Positionen in der Frage Lothringens waren somit nicht neu und sie lassen sich wohl am ehesten mit nationalkonservativen Macht-, Profit- und Eroberungsmotiven erklären.

Ähnlich zu Thyssen beurteilte Reusch die durch die Annexionen zu erwartenden Probleme und plädierte deshalb ebenfalls für eine Germanisierung Elsass-Lothringens.

---

60 *Christian Marx*, Paul Reusch – ein politischer Unternehmer im Zeitalter der Systembrüche. Vom Kaiserreich zur Bundesrepublik, in: Vierteljahrschrift für Sozial- und Wirtschaftsgeschichte 101, 2014, 276–278.
61 *Langer*, Ruhrbaron, 80–83.
62 *Nievelstein*, Minette, 399; Rheinisch-Westfälisches Wirtschaftsarchiv zu Köln (RWWA) 130–300193006/34 Reusch: Eisenerzvorkommen in Deutsch-Lothringen, 31. 8. 1914.
63 *Langer*, Ruhrbaron, 83 f. Vgl. auch *Haus*, Standardwerk, 199; *Stellwaag*, Eisenwirtschaft, 12.
64 *Kerkhof*, Friedens- zur Kriegswirtschaft, 359; *Langer*, Ruhrbaron, 81; *Seibold*, Röchling, 169.

> Die Erfahrung hat gelehrt, dass alle nationalen Unternehmungen, welche im Jahre 1871 in französischen Händen geblieben sind, bis zum heutigen Tage, also 43 Jahre nach der Einverleibung Elsass-Lothringen's, ausnahmslos in französischem Sinne verwaltet werden und alle Angestellten und Arbeiter vom Besitzer oder Leiter bis zum letzten Mann französisch gesinnt bleiben. Eine Germanisierung des eroberten Gebietes ist m. E. nur möglich, wenn die gesamte Gross-Industrie und die Erzkonzessionen, welche in dem einzuverleibenden Gebiet gelegen sind, enteignet werden. [...] Ich halte die Einverleibung des Erzbeckens von Französisch-Lothringen in das Deutsche Reich geradezu für eine Lebensfrage der deutschen Eisenindustrie.[65]

Dieser Gedankengang war kein emotionaler Ruf im nationalen Jubelgeschrei des Kriegsausbruchs, sondern eine kühl durchdachte, rationale Überlegung, die von ökonomischen Motiven geleitet wurde.

Kontrovers wird nach wie vor der Einfluss jener Denkschriften auf die politische Führung des Deutschen Reichs beurteilt. Während marxistische Historiker davon ausgehen, dass sich die deutsche Regierung die Kriegsziele des Alldeutschen Verbands und des „Monopol- und Agrarkapitals" zu eigen machte, bestreiten andere Autoren jegliche Einwirkung. Tatsächlich wünschte Reichskanzler Bethmann Hollweg über die Interessen deutscher Unternehmer informiert zu werden und empfing Industrielle und Manager aus verschiedenen Branchen, u. a. auch Emil Kirdorf und Thyssen, so dass sein Septemberprogramm 1914, welches die Kriegsziele der deutschen Regierung zu Beginn des Ersten Weltkrieges zusammenfasste, als Essenz unterschiedlicher Meinungen betrachtet werden kann. Die deutschen Eisen- und Stahlindustriellen legten mit ihren Eingaben nicht alleine die Kriegsziele der Reichsregierung fest, sie wirkten bei deren Formulierung aber durchaus mit.[66]

Während weltmarktorientierte Unternehmer wie Robert Bosch aus rationalem Geschäftsgeist alles andere als kriegsbegeistert waren, gehörten weder Thyssen noch Reusch zu den mäßigenden Kräften. Insgesamt lässt sich unter den deutschen Eisen- und Stahlindustriellen kaum ein besonnenes Pendant finden. Dies deutet auf eine branchenspezifische Interessenlage hin, die sich bereits in der Forderung zur Annexion des lothringischen Erzreviers gezeigt hat. Darüber hinaus gab es im Lager der Schwerindustriellen eine Gruppe, die einen noch aggressiveren, alldeutsch geprägten Annexionismus vertrat. Hugo Stinnes, Emil Kirdorf und Krupp-Direktor Alfred Hugenberg waren nicht nur an der Gründung des Alldeutschen Verbands beteiligt, sie waren auch an der Formulierung alldeutscher Kriegszielforderungen beteiligt und vertraten nationalistische Ideen, die kaum mehr an wirtschaftspolitische Ziele gekoppelt waren. Hierzu gehörten die Annexion ganz Belgiens, die möglichst weite Verschiebung der französischen Grenze nach Westen und die Abtretung Marokkos, aber auch umfangreiche Gebietserweiterungen in Osteuropa. Stinnes ging sogar so weit, die Annexion der kompletten Nordseeküste und der Normandie zu fordern.[67] Als Gemeinsamkeit im Unternehmerlager ist allenfalls eine antienglische

---
65 RWWA 130–300193006/34 Eisenerzvorkommen, 31. 8. 1914. Vgl. auch *Nievelstein*, Minette, 399.
66 *Kerkhof*, Friedens- zur Kriegswirtschaft, 356–360.
67 *Kerkhof*, Friedens- zur Kriegswirtschaft, 360–366.

Stimmung zu bezeichnen, die als Konkurrenzkampf der führenden Weltmächte verstanden wurde und von den nationalkonservativen, rheinisch-westfälischen Schwerindustriellen bis in die liberalen Kreise der württembergischen Unternehmerschaft reichte.[68]

> Ich für meine Person stehe auf dem Standpunkt der Bismarck'schen Politik und halte es im Interesse der Zukunft des Deutschen Reiches für unbedingt notwendig, mit demjenigen Staat auf freundschaftlichen Fuss zu kommen, mit dem Preussen durch Jahrzehnte hindurch gute Beziehungen gehabt hat, und das ist Russland! [...] Ob wir Belgien nehmen oder nicht nehmen, ob wir Frankreich das Hochplateau von Briey entreissen oder nicht, bleibt für die Volksstimmung in England und Frankreich ganz gleichgiltig! Sie werden uns so oder so hassen! Unser weltfremder Herr Reichskanzler sieht das allerdings nicht ein. Wenn wir Weltpolitik treiben wollen, müssen wir England die Faust auf die Nase setzen, und unser Gebiet nach dem Westen erweitern.[69]

Obschon zu Beginn des Jahres 1915 bereits deutlich wurde, dass mit einem schnellen Sieg nicht zu rechnen war, setzten die Industriellen ihre Eingaben fort und meldeten vielfältige Ansprüche für etwaige Friedensverhandlungen an. Einige Unternehmer rückten nach den Materialschlachten an Marne und Somme 1916 zwar von ihren Maximalforderungen ab und sprachen sich für eine Verständigung mit Russland aus, an der Einverleibung des nordfranzösischen Erzreviers hielten sie aber fest. Hugenberg entwickelte hingegen umfangreiche Annexionspläne für Osteuropa und forderte eine Umsiedlung der „rassisch minderwertigen" Bevölkerung. Indem er eine öffentliche Diskussion über die deutschen Kriegsziele zu erreichen suchte, verstieß er insbesondere gegen die Burgfriedentaktik Bethmann Hollwegs, woraufhin sich Gustav Krupp von Bohlen und Halbach offiziell von den Äußerungen seines Direktors distanzierte – auch um die guten Beziehungen zur Reichsregierung zu wahren –, obschon das weitreichende, von alldeutsch-rassistischen Gedanken geprägte Annexionsprogramm Krupps im Grunde ähnliche Kriegsziele beinhaltete.[70]

Noch im Juli 1918 bekräftigte Reusch seine Forderung, das Erzvorkommen von Briey und Longwy an das Deutsche Reich anzugliedern. Hier wartete er allerdings zugleich mit einer neuen Idee auf: dem sogenannten Gebietsgürtel. Auf beiden Seiten der deutsch-französischen Grenze sollte ein ca. 150 km breiter Streifen definiert werden, in dem auf deutscher Seite kein französischer und auf französischer Seite kein deutscher Besitz erworben und kein Bergbau betrieben werden dürfe. Auf deutscher Seite wäre auf diese Weise Elsass-Lothringen, der Kölner und Aachener Raum sowie der Ruhrbezirk für die Franzosen gesperrt.[71] Die Einverleibung der Eisenerzlagerstätten in der Minetteregion, die Aneignung der belgischen Kohlenlager und

---

[68] *Peter Theiner*, Robert Bosch. Unternehmer im Zeitalter der Extreme. Eine Biographie. München 2017, 99 f.
[69] RWWA 130–3001933/10 Reusch an Wilhelm Hirsch, 8. 8. 1916. [Hervorhebung im Original]
[70] *Kerkhof*, Friedens- zur Kriegswirtschaft, 366–377.
[71] *Marx*, Lorraine.

der Zugriff auf gut ausgebildete, belgische Arbeitskräfte blieben damit für die rheinisch-westfälischen Schwerindustriellen bis Kriegsende zentrale Ziele. Doch sowohl der Gebietsgürtel als auch das lothringische Erzbecken und andere Weltmachtträume versanken schließlich in den Schützengräben. Anfang Oktober 1918 rechnete auch Reusch mit einem baldigen Waffenstillstand und dem Verlust Elsass-Lothringens, da er in Berlin erfahren hatte, dass die deutsche Regierung einer Räumung Belgiens und Frankreichs zustimmen würde und sie damit eine wesentliche Forderung von US-Präsident Woodrow Wilson erfüllt hatte.[72]

3.2.6 Belegschaften und Zwangsarbeit

Für die Eisen- und Stahlproduktion stellte sich die Einberufung weiter Teile der Arbeiterschaft als besonders problematisch dar.[73] Bereits im Herbst 1914 machte sich in der Eisen- und Stahlindustrie der Mangel an fachlich qualifizierten Kräften bemerkbar, schon bald wurde der Ruf nach zusätzlichen in- wie ausländischen Arbeitern laut.[74] Die Belegschaftsentwicklung vieler Eisen- und Stahlunternehmen während des Ersten Weltkriegs stand somit im Spannungsverhältnis von zunehmender Beschäftigungszahl aufgrund steigender Nachfrage nach Kriegsgerät und andauerndem Arbeitermangel wegen umfangreicher Einberufungen. Während der Einzug der Arbeiter in den ersten Kriegstagen oftmals noch durch lokale und regionale Arbeitsmärkte kompensiert werden konnte – aufgrund des tiefen Einbruchs der Friedens- und Exportwirtschaft stellte sich zunächst eine hohe Arbeitslosigkeit ein –, wurden schon bald Frauen zu Tätigkeiten in Büros und mechanischen Werkstätten herangezogen. Ab 1916 verstärkte sich dieser Trend. Während das Militär möglichst viele Soldaten rekrutieren wollte, bemühten sich die Unternehmen ihren Facharbeiterstamm zu erhalten. In der Munitionskrise im Herbst 1914 wurde der Konflikt erstmals akut. Mit Unterstützung ihres neu gegründeten Dachverbands, dem Kriegsausschuss der deutschen Industrie, insistierten die Industriellen erfolgreich auf eine Freistellung eingezogener Industriearbeiter. Doch war damit kein dauerhafter Kompromiss erzielt. Zahlreiche Verhandlungen und Kompromisse zwi-

---

72 *Marx*, Leitung, 99 f.
73 *Banken*, Gutehoffnungshütte, 124; *Kerkhof*, Friedens- zur Kriegswirtschaft, 211–213. Walther Hoffmann zufolge waren 1913 etwa 443 000 Personen in der Metallerzeugung und knapp 1,9 Mio. Personen in der Metallverarbeitung (d. h. 4 % bzw. 17 % aller in Industrie und Handwerk tätigen Personen) beschäftigt. Vgl. *Hoffmann*, Wachstum, 68, 198. Weder Hoffmann noch das Statistische Jahrbuch für das Deutsche Reich oder die Verbandszeitschrift „Stahl und Eisen" weisen für die Kriegsjahre die Anzahl der Beschäftigten in der Eisen- und Stahlindustrie aus.
74 *Ulrich Herbert*, Zwangsarbeit als Lernprozess. Zur Beschäftigung ausländischer Arbeiter in der westdeutschen Industrie im Ersten Weltkrieg, in: Archiv für Sozialgeschichte 24, 1984, 285–304, 289.

schen Kriegsministerium, zivilen Behörden und Unternehmen im Verlauf des Krieges waren die Folge.[75]

Im branchenübergreifenden Vergleich zeigt sich, dass bei der Umverteilung der Beschäftigten während des Krieges neben der Chemieindustrie vor allem die der Eisen- und Stahlindustrie nachgelagerten, teils mit ihr direkt verbundenen und in der Rüstungsendfertigung tätigen Unternehmen des Maschinenbaus und der Metallverarbeitung von der Kriegskonjunktur profitierten. Bei jenen Kriegsindustrien stieg die Anzahl der Beschäftigten zwischen 1913 und 1918 um mehr als 40%, während sie bei den Friedensindustrien entsprechend zurückging.[76]

Bei Krupp waren im Hauptwerk bis Anfang 1916 fast ausnahmslos männliche deutsche Arbeiter beschäftigt. Erst danach, als die regionalen Arbeitsmärkte erschöpft waren, ging man verstärkt dazu über, Frauen einzustellen. Dies hatte zur Konsequenz, dass in der Gussstahlfabrik von Krupp schließlich ca. 25 000 Frauen arbeiteten und der Frauenanteil bis 1918 auf etwa ein Viertel der Belegschaft anstieg. Im Fall der Angestellten, seinerzeit als „Beamte" bezeichnet, lag dieser Anteil noch etwas höher.[77] Neben Frauen griff Krupp auch auf das große Reservoir der Jugendlichen zurück, deren Beschäftigungsanteil in Essen bis 1918 auf etwa 18% der Werksbelegschaft anstieg.[78] Bei der Gutehoffnungshütte führte die Mobilmachung 1914 zu einem Rückgang der Belegschaft um etwa ein Drittel. Anfang 1915 wurde auch hier die Einstellung von „Ersatzarbeitskräften" beschlossen. Während die harte körperliche Arbeit im Bergbau, auf den Hochöfen und in den Walzwerken kaum den Einsatz weiblicher Beschäftigter zuließ, wurden sie vermehrt in der Maschinenbauabteilung – insbesondere bei der Bearbeitung und Herstellung von Geschossen – eingesetzt. Fast 3000 Mädchen und Frauen waren schließlich bei der GHH beschäftigt.[79] Angesichts der stark steigenden Arbeitskräftefluktuation begrüßten die Eisen- und Stahlindustriellen die Stabilisierung des Arbeitskräftepotenzials durch das Gesetz über den vaterländischen Hilfsdienst im Rahmen des Hindenburg-Programms.[80] Dennoch hatten sie auch nach Erlass des Gesetzes Probleme, die notwendige Anzahl fachkundiger Präzisionsarbeiter einzustellen, weshalb die Beleg-

---

75 *Herbert*, Geschichte Deutschlands, 137 f.; *Wehler*, Gesellschaftsgeschichte, Bd. 4, 48. Vgl. zum Kriegsausschuss der deutschen Industrie: *Kerkhof*, Friedens- zur Kriegswirtschaft, 389–394.
76 *Jürgen Kocka*, Klassengesellschaft im Krieg. Deutsche Sozialgeschichte 1914–1918. (Kritische Studien zur Geschichtswissenschaft, Bd. 8.) 2. Aufl. Göttingen 1978, 13, 29; *Wolfram Fischer*, Bergbau, Industrie und Handwerk 1914–1970, in: Hermann Aubin/Wolfgang Zorn (Hrsg.), Handbuch der deutschen Wirtschafts- und Sozialgeschichte, Bd. 2: Das 19. und 20. Jahrhundert. Stuttgart 1976, 799–802.
77 *Burchardt*, Kriegsgewinnen, 80–83; *Tenfelde*, Krupp in Krieg und Krisen, 56–62.
78 *Tenfelde*, Krupp in Krieg und Krisen, 62 f. Vgl. zum Kontext das Kapitel 4.1 in diesem Band.
79 *Banken*, Gutehoffnungshütte, 128; *Büchner*, Gutehoffnungshütte, 61; *Feldman*, Armee, 68–76.
80 *Feldman*, Armee, 169–206, 243–258; *Werner Plumpe*, Betriebliche Mitbestimmung in der Weimarer Republik. Fallstudien zum Ruhrbergbau und zur Chemischen Industrie. (Quellen und Darstellungen zur Zeitgeschichte, Bd. 45.) München 1999, 37–39.

schaften schließlich um drei weitere Gruppen ergänzt wurden: zivile ausländische Arbeiter, Zwangsarbeiter aus den besetzten Gebieten und Kriegsgefangene.[81]

Den Industriellen kamen bei der Ausbeutung zwangsrekrutierter Arbeitskräfte keine moralischen Bedenken. Da sowohl Italien als auch Österreich-Ungarn als klassische Anwerbeländer ausfielen, konzentrierten sich die deutschen Bemühungen um Arbeitskräfte auf Belgien und Polen. In diesen Ländern standen nicht nur zahlreiche Arbeitslose und erfahrene Berg- und Hüttenarbeiter zur Verfügung, die deutsche Militärverwaltung war auch in der Lage durch entsprechenden Druck Anwerbungen durchzusetzen. Nachdem die Unternehmer der Nordwestlichen Gruppe des Vereins Deutscher Eisen- und Stahlindustrieller im Mai 1915 beschlossen hatten bei der zukünftigen Anwerbung belgischer Facharbeiter gemeinsam vorzugehen, entwickelte sich das Deutsche Industriebüro, juristisch eine privatrechtliche Gründung der Nordwestlichen Gruppe, mit seinem Netz von Haupt- und Nebenstellen zur zentralen Koordinationsstelle zur Rekrutierung belgischer Arbeitskräfte. Das Industriebüro exekutierte in gewisser Weise die annexionistischen Strömungen der deutschen Schwerindustrie.[82]

Ab Juli 1915 wurden die ersten zivilen Fremdarbeiter von der Nordwestlichen Gruppe des Vereins Deutscher Eisen- und Stahlindustrieller (VDESI) von Brüssel nach Deutschland transportiert. Das Industriebüro im belgischen Generalgouvernement konnte bis zum Beginn der Zwangsabschiebung am 26. Oktober 1916 etwa 30 000 Arbeiter für die deutsche Kriegsproduktion rekrutieren. Während anfangs rechtsverbindliche Arbeitsverträge abgeschlossen und die Arbeiter für drei bis vier Monate nach Deutschland verpflichtet wurden, gewann die Zwangsarbeit aufgrund des steigenden Arbeitskräftemangels in Deutschland zunehmend an Bedeutung.[83] Alle großen deutschen Eisen- und Stahlunternehmen arbeiteten eng mit den militärischen und zivilen Verwaltungsämtern der Kriegswirtschaft zusammen.[84] Das enge

---

81 *Tenfelde*, Krupp in Krieg und Krisen, 63f. Vgl. ausführlich das Kapitel 4.2 in diesem Band.
82 *Herbert*, Zwangsarbeit als Lernprozess, 289; *Pomiluek*, Beukenberg, 207–211; *Kai Rawe*, Kriegsgefangene, Freiwillige und Deportierte. Ausländerbeschäftigung im Ruhrbergbau während des Ersten Weltkrieges, in: Klaus Tenfelde/Hans-Christoph Seidel (Hrsg.), Zwangsarbeit im Bergwerk. Der Arbeitseinsatz im Kohlenbergbau des Deutschen Reiches und der besetzten Gebiete im Ersten und Zweiten Weltkrieg, Bd. 1: Forschungen. (Veröffentlichungen des Instituts für soziale Bewegungen. Schriftenreihe C: Arbeitseinsatz und Zwangsarbeit im Bergbau, Bd. 1.) Essen 2005, 49–51; *Jens Thiel*, „Menschenbassin Belgien". Anwerbung, Deportation und Zwangsarbeit im Ersten Weltkrieg. (Schriften der Bibliothek für Zeitgeschichte, Bd. 20.) Essen 2007, 70 f.
83 *Hallgarten/Radkau*, Industrie, 116; *Herbert*, Zwangsarbeit als Lernprozess, 289 f.; *Kerkhof*, Friedens- zur Kriegswirtschaft, 284 f.; *Pomiluek*, Beukenberg, 207–211; *Manfred Rasch*, Granaten, Geschütze und Gefangene. Zur Rüstungsfertigung der Henrichshütte in Hattingen während des Ersten und Zweiten Weltkrieges. Dortmund 2003, 13 f.; *Rawe*, Kriegsgefangene, 53–57; *Thiel*, Menschenbassin, 72–147, 166.
84 *Kerkhof*, Friedens- zur Kriegswirtschaft, 378–389; *Lesczenski*, Thyssen, 114 f.; *Thiel*, Menschenbassin, 12, 44 f., 69.

Beziehungsgeflecht zwischen Industrie, Militär und Zivilverwaltung ermöglichte es den Unternehmern, die staatlich geschaffenen Stellen für ihre Zwecke zu gebrauchen und ihre seit langem gehegten Machtinteressen in Belgien durchzusetzen. Dies führte im Oktober 1916 schließlich zur Gründung von drei deutsch-belgischen Gesellschaften durch führende Unternehmen der deutschen Schwer- und Elektroindustrie, deren Ziel in der dauerhaften Einbeziehung Belgiens in die wirtschaftliche Interessenssphäre Deutschlands lag.[85]

3.2.7 Finanzierung und Kriegsgewinne

Während sich die soziale Lage der Arbeiterschaft während des Krieges verschlechterte und sich auch weite Teile der Mittelschichten sozial deklassiert sahen, ermöglichten steigende Unternehmergewinne dem Wirtschaftsbürgertum vielfach eine großzügige Lebensführung.[86] Da die Eisen- und Stahlindustrie der Motor der industrialisierten Rüstungsproduktion war, standen die skandalumwitternden Gewinne jener Branche unter besonderer öffentlicher Beobachtung. Tatsächlich erwirtschafteten viele Eisen- und Stahlunternehmen während des Ersten Weltkriegs erhebliche Gewinne, die ihnen angesichts der weit verbreiteten Perzeption zunehmender ungleicher Lebenschancen den Vorwurf der Profitmacherei eintrugen. Dabei müssen jene Gewinne vor dem Hintergrund einer ansteigenden Inflation relativiert werden.[87] Da der materialintensive Stellungskrieg bald eine erhebliche Nachfrage nach Rüstungsgütern erzeugte, stiegen die Preise für Eisen, Stahl und daraus gefertigte Kriegsgüter deutlich an.[88] Um skrupellosen Geschäftemachern und anderen Missbräuchen bei der Beschaffung entgegenzuwirken, richtete die Feldzeugmeisterei Anfang 1915 eine Preisprüfungsstelle ein. Doch blieben alle staatlichen Versuche einer effektiven Kontrolle der unternehmensinternen Kostenkalkulation und Preisfestsetzung letztlich erfolglos.[89] Eine gewisse Risikoprämie der Unternehmen war durchaus verständlich, schließlich erforderten die Umstellung der Produktion und

---

85 *Feldman*, Stinnes, 463–466; *Hatke*, Stinnes, 63, 82–87, 106–110, 115–125, 154 f.; *Jaeger*, Unternehmer, 214–219; *Kerkhof*, Friedens- zur Kriegswirtschaft, 378–389.
86 *Kocka*, Klassengesellschaft, 7–32; *Mommsen*, Urkatastrophe, 100–109; *Wehler*, Gesellschaftsgeschichte, Bd. 4, 52–54, 70–93.
87 *Carl-Ludwig Holtfrerich*, Die deutsche Inflation 1914–1923. Ursachen und Folgen in internationaler Perspektive. Berlin 1980. Vgl. hierzu den Abschnitt 2.3.5 in diesem Band.
88 *Hallgarten/Radkau*, Industrie, 116–119; *Stellwaag*, Eisenwirtschaft, 296 f.
89 *Feldman*, Armee, 63–65; *Wehler*, Gesellschaftsgeschichte, Bd. 4, 52–54. Mit der Beschaffung seitens der Militärs war nicht nur die Frage nach dem Preis, sondern auch nach der Qualität der Produkte verbunden. So beschuldigte beispielsweise das Waffen- und Munitionsbeschaffungsamt die GHH, sie habe minderwertige Geschosse an die Armee geliefert. Vgl. RWWA 130–300193000/4 Reusch an August Haniel am 18. 6. 1917.

der Aufbau neuer Fertigungsanlagen erhebliche Mittel, welche nach Kriegsende teilweise nicht mehr genutzt werden konnten. Zu größeren Investitionen waren viele Eisen- und Stahlindustriellen nur bereit, wenn ihnen der Staat für ihre Produkte Preise zugestand, die bereits während des Krieges eine Abschreibung der neuen Anlagen erlaubten.[90]

Die Unternehmensleitungen besaßen bei den veröffentlichten Bilanzen im Rahmen des Handelsrechts über unterschiedliche Bewertungs- und Abschreibungspraktiken oder Gewinn- und Verlustvorträge enorme Handlungsspielräume.[91] Es steht jedoch fest, dass sowohl die Abschreibungen als auch der Brutto- und Nettogewinn der deutschen Eisenwerke zwischen den Geschäftsjahren 1913/14 und 1915/16 erheblich zunahmen. Dividenden und Boni stiegen in jenem Zeitraum branchenweit von 8,5% auf 16,2%. Da die Unternehmensgewinne sprudelten und der Staat neue Quellen zur Finanzierung des Krieges erschließen musste, wurde im Dezember 1915 eine Kriegsgewinnsteuer angekündigt, welche im Juni des Folgejahres in Kraft trat und dazu führte, dass die Unternehmen ihre Gewinne noch stärker als zuvor verschleierten.[92] Viele Eisen- und Stahlunternehmen, wie die Charlottenhütte unter Friedrich Flick oder Krupp, nutzten jene Bilanzierungsmöglichkeiten in den Kriegsjahren geschickt, um stille Reserven zu bilden und sich auf diese Weise der zunehmenden Kritik der Öffentlichkeit zu entziehen. Teilweise waren die hohen Abschreibungen angesichts der enormen Auslastung sicherlich gerechtfertigt, allerdings diente diese Praxis in Verbindung mit einer niedrigen Dividendenpolitik oftmals auch dazu, das Vermögen der Eigentümer zu mehren und eine übermäßige Vermögensbesteuerung zu begrenzen.[93] Zugleich nutzten die Eisen- und Stahlerzeuger die Gelegenheit, um ihr Eigenkapital zu erhöhen und sich fremde Werke und nachgelagerte Produktionsstrukturen anzueignen. Auf diese Weise verstärkte der Krieg den Prozess der wirtschaftlichen Konzentration. Die Rentabilität des einzelnen Unternehmens war auch weiterhin an seine langfristige Wettbewerbsfähigkeit, die Qualität seiner Produkte und die Gestaltung seiner Selbstkosten gebunden, doch grundsätzlich bescherte der Rüstungsboom allen Eisen- und Stahlunternehmen erhebliche Gewinnmöglichkeiten.[94]

Obgleich einzelne Industriezweige auch schon vor 1913 profitabler als andere gewesen waren, profitierten kriegswichtige Industrien – wie Eisen- und Stahlprodu-

---

90 *Marcel Boldorf*, Wirtschaftliche Organisation und Ordnungspolitik im Ersten Weltkrieg, in: Marcel Boldorf/Rainer Haus (Hrsg.), Die Ökonomie des Ersten Weltkriegs im Lichte der zeitgenössischen Kritik. (Die Deutsche Kriegswirtschaft im Bereich der Heeresverwaltung 1914–1918, Bd. 4.) Berlin 2016, 159 f.
91 *Kerkhof*, Friedens- zur Kriegswirtschaft, 272–274; *Mark Spoerer*, Von Scheingewinnen zum Rüstungsboom. Die Eigenkapitalrentabilität der deutschen Industriegesellschaften 1925–1941. (Vierteljahrschrift für Wirtschafts- und Sozialgeschichte, Beihefte, Bd. 123.) Stuttgart 1996, 168.
92 *Boldorf*, Organisation, 153; *Kocka*, Klassengesellschaft, 25–27.
93 *Burchardt*, Kriegsgewinnen, 92–101; *Kerkhof*, Friedens- zur Kriegswirtschaft, 270–274; *Priemel*, Flick, 71–74.
94 *Burchardt*, Kriegsgewinnen, 101–104; *Kerkhof*, Friedens- zur Kriegswirtschaft, 277–289; *Stellwaag*, Eisenwirtschaft, 193–195.

Tab. 5: Dividenden ausgewählter Berg- und Hüttenunternehmen 1912/13–1917/18 [in %].

	1912/13	1913/14	1914/15	1915/16	1916/17	1917/18
Bismarckhütte AG	9	9	15	25	30	30
AG Charlottenhütte	16	10	8	16	20	.
Deutsch-Lux. AG	10	0	0	7	10	10
Gelsenkirchener Bergwerks-AG	10	11	6	8	12	12
Gutehoffnungshütte AG	20	10	15	20	20	20
Harpener Bergbau AG	11	8	6	12	12	12
Kattowitzer Bergbau AG	15	1	8	12	12	12
Fried. Krupp AG	14	12	12	12	10	0
Ver. Königs- u. Laurahütte AG	8	4	4	10	12	12
Mannesmannröhrenwerke AG	13,5	7,5	10	15	15+3	.
Phönix AG für Bergbau u. Hüttenbetrieb	18	10	12	20	20	20
Rheinische Stahlwerke AG	10	10	6	10	12	12,5
Röchling	5	5	5	5	7,5	7,5
Rombacher Hüttenwerke AG	10	5	5	8	12,5	15
Van der Zypen/Wissen AG	12	8	12	25	25	25

Quellen: *Müssig*, Eisen- und Kohlenkonjunkturen, 351; *Priemel*, Flick, 72 f.; *Stellwaag*, Eisenwirtschaft, 194.

zenten oder chemische Werke – doch wesentlich stärker von den Kriegsereignissen als andere Branchen. So lagen die Dividenden der chemischen und der Großeisenindustrie ab 1915/16 etwa doppelt so hoch wie diejenigen der Gesamtindustrie. Im Geschäftsjahr 1916/17 lagen die Dividende der Gesamtindustrie durchschnittlich bei 6,5 %, diejenige der Großeisenindustrie bei 14,6 % und diejenige der chemischen Industrie bei 11,8 % (vgl. Tabelle 5).[95] Auch wenn nahezu alle Eisen- und Stahlunternehmen 1918/19 infolge der Umstellung von Kriegs- auf Friedensproduktion, der Rückkehr ihrer Belegschaften, der Einforderung ausstehender staatlicher Zahlungen, der Enteignung ausländischer Vermögen sowie der revolutionären Ereignisse im Inland vor nahezu unüberschaubaren Herausforderungen standen, so blieb die Gruppe der Montanindustriellen – nicht zuletzt dank ihrer gefestigten Stellung aufgrund von Kriegsgewinnen – eine der politisch wie wirtschaftlich einflussreichsten Interessengruppen in der Weimarer Republik und im Nationalsozialismus.[96]

---

95 *Kocka*, Klassengesellschaft, 30; *Mommsen*, Urkatastrophe, 98 f.
96 *Fischer*, Bergbau, 799.

3.2.8 Fazit

Kein anderer Industriezweig hatte für die Kriegsführung in der ersten Hälfte des 20. Jahrhunderts größere Bedeutung als die Eisen- und Stahlindustrie, auch wenn die Rüstungsendfertigung in der Hand von oftmals mit der Montanindustrie verbundenen Metallverarbeitungs- und Maschinenbauunternehmen lag und die Aufrechterhaltung der Munitions- und Düngemittelproduktion ohne neu entwickelte Verfahren der chemischen Industrie kaum möglich gewesen wäre. Nur vor dem Hintergrund des enormen Aufholprozesses der deutschen Eisen- und Stahlproduktion im Vergleich zum Industriepionier Großbritannien seit dem letzten Drittel des 19. Jahrhunderts konnte sich das Deutsche Reich überhaupt auf das Wagnis eines großen Krieges einlassen. Regional hatten sich hierbei die Industriegebiete in Rheinland-Westfalen, in Oberschlesien und an der Saar als Produktionszentren herausgebildet. Diese räumliche Verteilung der deutschen Eisen- und Stahlindustrie war nicht zuletzt aus geostrategischer Perspektive von Relevanz, denn im Unterschied zu Frankreich, dessen Eisen- und Stahlschwerpunkt im Nordosten bald unmittelbar von den Kriegseinwirkungen betroffen war, blieb die deutsche Eisen- und Stahlproduktion – mit Ausnahme des Saar- und Minettereviers – vom Frontverlauf weitgehend unbehelligt. Schwerer wogen hingegen die Mobilisierung großer Belegschaftsteile und die Verknappung von Ressourcen, zumal nur ein Teil der deutschen Eisen- und Stahlproduzenten vor 1914 in der Rüstungsproduktion tätig gewesen war und ihre Produktion erst auf die Herstellung von Kriegsgütern umgestellt werden musste.

Obschon zahlreiche Montanindustrielle vehement und frühzeitig (ab August 1914) an der Formulierung deutscher Kriegsziele beteiligt waren, in denen sich ihre Macht- und Eroberungsziele widerspiegelten, zögerten viele unter ihnen, die Produktionsstruktur ihrer Unternehmen vollständig den Bedürfnissen des industrialisierten Krieges anzupassen. Individuell wichen die Forderungen der Eisen- und Stahlindustriellen voneinander ab – insbesondere in Bezug auf den Umfang von Gebietserweiterungen und das Verhältnis zu Russland –, doch herrschte unter ihnen grundsätzlich Übereinstimmung, dass sich das Deutsche Reich die französische Minetteregion einverleiben müsse, um der deutschen Eisen- und Stahlindustrie eine unangefochtene Stellung auf dem europäischen Kontinent zu sichern. Darin unterschieden sie sich deutlich von anderen, stärker exportorientierteren Industriezweigen. Nachdem die Hoffnungen auf einen schnellen Sieg verflogen waren, stieg der Druck seitens der politisch-militärischen Behörden, die Rüstungsproduktion auszuweiten. Viele Unternehmer hielten an den Prinzipien einer langfristigen Unternehmensplanung fest und waren daher nur bereit größere Investitionen vorzunehmen, wenn der Staat das unternehmerische Risiko minimierte und für eine entsprechende Versorgung mit Ressourcen und Arbeitskräften sorgte, ohne die unternehmerische Autonomie der Montanindustriellen anzutasten. Der Herr-im-Hause-Standpunkt wurde auch in der Kriegswirtschaft nicht aufgegeben. Die Eisen- und Stahlindustriellen hatten ebenso wenig wie andere Wirtschaftsgruppen direkt auf einen Krieg hingearbeitet, sahen ihn im Grunde aber als willkommene Gelegenheit die seit dem späten 19. Jahrhundert verschobenen Machtverhältnisse in der europäischen Montanindustrie zu ihren Gunsten zu zementieren.

Besonders die Dritte Oberste Heeresleitung sorgte ab August 1916 für eine kriegswirtschaftliche Reorganisation, in deren Rahmen ein dichtes Netz kooperierender und konkurrierender Kriegsgesellschaften und -ausschüsse entstand. Dies galt auch für die Eisen- und Stahlindustrie. Das Hindenburg-Programm stellte enorme, teils nicht zu erfüllende Anforderungen an die Unternehmen, umgekehrt kam die Umorganisation der Kriegswirtschaft – insbesondere im Hinblick auf die Transport-, Versorgungs- und Arbeitskräfteproblematik – aber den Interessen der Eisen- und Stahlindustriellen durchaus entgegen. Angesichts der zahlreichen militärischen Einberufungen einerseits und der wachsenden Nachfrage nach Kriegsgerät andererseits blieb den Unternehmensleitungen kaum eine andere Wahl, als ihre Belegschaften um neue Gruppen zu ergänzen. Zwar bemühten sie sich ihre Stammbelegschaft zu erhalten, doch schon bald wurden die männlichen Facharbeiter durch Frauen und Jugendliche ergänzt oder ersetzt. Da auf diese Weise der Arbeitskräftebedarf nicht gedeckt werden konnte, wurden die Belegschaften bald um drei weitere Gruppen – zivile ausländische Arbeiter, Zwangsarbeiter und Kriegsgefangene – erweitert, deren Unterbringung und Versorgung diejenige der deutschen Beschäftigten deutlich unterschritt. Dabei waren die Eisen- und Stahlindustriellen besonders an der Rekrutierung belgischer Arbeiter interessiert, weil es sich vielfach um erfahrene Berg- und Hüttenarbeiter handelte. Ohne den Rückgriff auf diese Gruppen wäre die Aufrechterhaltung der Rüstungsproduktion in jenem Maße kaum vorstellbar gewesen, auch wenn die Arbeitsproduktivität der deutschen Stammbelegschaft höher gewesen war. Gleichwohl gelang es der deutschen Eisen- und Stahlindustrie weder in der Roheisen- noch in der Rohstahlerzeugung, das Niveau von 1913 zu erreichen. Dadurch vergrößerte sich insbesondere der Abstand zu den USA, die 1917 in den Krieg eintraten und ihre rüstungswirtschaftliche Überlegenheit ausspielten. Allerdings erholte sich die deutsche Eisen- und Stahlindustrie vom tiefen Einbruch im Sommer 1914, steigerte ihre Produktion in den folgenden Kriegsjahren kontinuierlich und konnte auf diese Weise den Ausstoß an Rüstungsgütern erheblich ausweiten. Mit der Munitionskrise im Herbst 1914 zeichnete sich bereits ab, dass es hierfür auf absehbare Zeit eine nahezu unbegrenzte Nachfrage gab. Infolgedessen konnten die Rüstungshersteller ihre Preise deutlich anheben und exorbitante Gewinne erzielen. Zwar müssen jene Überschüsse vor dem Hintergrund anwachsender Rohstoffpreise und einer ansteigenden Inflation relativiert werden, bei einer gleichzeitigen mangelhaften Lebensmittelversorgung breiter Bevölkerungsteile verschärften sie jedoch in jedem Fall die sozialen Gegensätze und erschwerten damit den Übergang zu demokratischen Prinzipien wie sie in der Weimarer Verfassung vorgesehen waren.

Auswahlbibliographie

Banken, Ralf, Die Gutehoffnungshütte. Vom Eisenwerk zum Konzern (1758–1920), in: Johannes Bähr/Ralf Banken/Thomas Flemming (Hrsg.), Die MAN. Eine deutsche Industriegeschichte. München 2008, 15–129.
Burchardt, Lothar, Zwischen Kriegsgewinnen und Kriegskosten. Krupp im Ersten Weltkrieg, in: Zeitschrift für Unternehmensgeschichte 32, 1987, 71–123.
Fear, Jeffrey R., Organizing Control. August Thyssen and the Construction of German Corporate Management. Cambridge/London 2005.
Feldenkirchen, Wilfried, Die Eisen- und Stahlindustrie des Ruhrgebiets, 1879–1914. Wachstum, Finanzierung und Struktur ihrer Großunternehmen. Wiesbaden 1982.
Feldman, Gerald D., Armee, Industrie und Arbeiterschaft in Deutschland 1914–1918. Berlin 1985.
Feldman, Gerald D., Hugo Stinnes. Biographie eines Industriellen 1870–1924. München 1998.
Hallgarten, George W. F./Radkau, Joachim, Deutsche Industrie und Politik von Bismarck bis heute. Frankfurt am Main/Köln 1974.
Haus, Rainer, Lothringen und Salzgitter in der Eisenerzpolitik der deutschen Schwerindustrie von 1871–1940. Salzgitter 1991.
James, Harold, Krupp. Deutsche Legende und globales Unternehmen. München 2011.
Kerkhof, Stefanie van de, Von der Friedens- zur Kriegswirtschaft. Unternehmensstrategien der deutschen Eisen- und Stahlindustrie vom Kaiserreich bis zum Ende des Ersten Weltkrieges. Essen 2006.
Langer, Peter, Paul Reusch. Der Ruhrbaron. Essen 2012.
Latz, Rolf E., Die saarländische Schwerindustrie und ihre Nachbarreviere (1878–1938). Technische Entwicklung, wirtschaftliche und soziale Bedeutung. Saarbrücken 1985.
Leitzbach, Christian, Rheinmetall. Vom Reiz, im Rheinland ein großes Werk zu errichten. 2 Bde. Köln 2014.
Lesczenski, Jörg, August Thyssen 1842–1926. Lebenswelt eines Wirtschaftsbürgers. Essen 2008.
Marx, Christian, Paul Reusch und die Gutehoffnungshütte. Leitung eines deutschen Großunternehmens. Göttingen 2013.
Marx, Christian, La Lorraine comme ressource et lieu de production de l'industrie de la Ruhr, in: Guerres Mondiales et Conflits Contemporains 267, 2017, 73–85.
Müssig, Emil, Eisen- und Kohlenkonjunkturen seit 1870. Preisentwicklung in der Montanindustrie unter Einwirkung von Technik, Wirtschaft und Politik. 2. Aufl. Augsburg 1919.
Nievelstein, Markus, Der Zug nach der Minette. Deutsche Unternehmen in Lothringen 1871–1918. Handlungsspielräume und Strategien im Spannungsfeld des deutsch-französischen Grenzgebietes. Bochum 1993.
Priemel, Kim C., Flick. Eine Konzerngeschichte vom Kaiserreich bis zur Bundesrepublik. Göttingen 2007.
Rasch, Manfred, Granaten, Geschütze und Gefangene. Zur Rüstungsfertigung der Henrichshütte in Hattingen während des Ersten und Zweiten Weltkrieges. Dortmund 2003.
Rasch, Manfred/Feldman, Gerald D. (Hrsg.), August Thyssen und Hugo Stinnes. Ein Briefwechsel 1898–1922. (Schriftenreihe zur Zeitschrift für Unternehmensgeschichte, Bd. 10.) München 2003.
Roth, Regina, Staat und Wirtschaft im Ersten Weltkrieg. Kriegsgesellschaften als kriegswirtschaftliche Steuerungsinstrumente. (Schriften zur Wirtschafts- und Sozialgeschichte, Bd. 51.) Berlin 1997.
Seibold, Gerhard, Röchling. Kontinuität im Wandel. Stuttgart 2001.
Stellwaag, Alfred, Die deutsche Eisenwirtschaft während des Krieges. Berlin 1922.
Tenfelde, Klaus, Krupp in Krieg und Krisen. Unternehmensgeschichte der Fried. Krupp AG 1914 bis 1924/25, in: Lothar Gall (Hrsg.), Krupp im 20. Jahrhundert. Die Geschichte des Unternehmens vom Ersten Weltkrieg bis zur Gründung der Stiftung. Berlin 2002, 15–165.

Werner Plumpe
3.3 Chemische Industrie

3.3.1 Historische Grundlagen

Die Chemische Industrie war eine der jungen Industrien der Jahre vor dem Ersten Weltkrieg und trug durch die Übertragung bzw. Nutzung wissenschaftlicher Erkenntnisse in die industrielle Produktion maßgeblich zu dem tiefen ökonomischen Strukturwandel bei, der gewöhnlich als wissenschaftlich-technische oder zweite industrielle Revolution bezeichnet wird.[1] Im Rahmen der jüngeren Wirtschafts- und Unternehmensgeschichtsschreibung hat die Chemische Industrie deshalb sowohl als Branche wie in ihren einzelnen Teilen sowie schließlich bezüglich der Entwicklung und Bedeutung einzelner Unternehmen eine vergleichsweise prominente Rolle gespielt.[2] Die großtechnische Nutzung neuer wissenschaftlicher Erkenntnisse war dabei keineswegs auf die Chemische Industrie beschränkt. Sie erfolgte auch in der Elektrotechnik, der Feinmechanik und Optik, dem Maschinenbau und der Pharmazeutik, um nur die herausragenden Beispiele zu nennen.[3] Hierdurch wurde die ältere industrielle Tradition erschüttert; in vielen Fällen wurden herkömmliche Produktionsverfahren nach und nach durch neue ersetzt, vor allem aber traten gänzlich neue oder auf andere Weise gewonnene Stoffe an die Stelle der herkömmlichen Produkte. Da dieser Strukturwandel eng an die industrielle Nutzung wissenschaftlicher Erkenntnisse gebunden war, hat sich auch die Wissenschaftsgeschichtsschreibung intensiv mit dieser „Verwissenschaftlichung" der Industrie und deren Auswirkungen auf die Praxis wissenschaftlicher Forschung auseinandergesetzt.[4] Denn es galt eben nicht nur wissenschaftliche Forschungsergebnisse aufzugreifen und in neue Produktionsverfahren bzw. Produktgebiete umzusetzen. Die junge chemische Großindustrie wurde selber zu einem wichtigen Akteur der Forschung; in ihren Laboren und Forschungsstätten fand seit dieser Zeit ebenso wissenschaftliche For-

---

1 Für das 19. Jahrhundert grundlegend *Ludwig F. Haber*, The Chemical Industry during the 19th Century. A Study of the Economic Aspect of Applied Chemistry in Europe and North America. Oxford 1958. *Ernst Homburg/Anthony S. Travis/Harm G. Schröter* (Hrsg.), The Chemical Industry in Europe, 1850–1914. Industrial Growth, Pollution and Professionalization. Dordrecht 1998.
2 Vgl. die Bibliographie bei *Werner Plumpe*, Unternehmensgeschichte im 19. und 20. Jahrhundert. (Enzyklopädie deutscher Geschichte, Bd. 94.) Boston/Berlin 2018, 154–157. Ferner *Ludwig F. Haber*, The Chemical Industry 1900–1930. International Growth and Technological Change. Oxford 1971. Für die Unternehmen *Walter Teltschik*, Geschichte der deutschen Großchemie. Entwicklung und Einfluss in Staat und Gesellschaft. Weinheim 1992.
3 *Hans-Heinrich Müller* (Red.), Produktivkräfte in Deutschland 1870 bis 1917/18. (Geschichte der Produktivkräfte in Deutschland von 1800 bis 1945, Bd. 1.) Berlin 1985.
4 *Jost Weyer*, Geschichte der Chemie, Bd. 2: Geschichte der Chemie im 19. und 20. Jahrhundert. Berlin 2018.

schung statt wie in den herausragenden Universitäts- und Forschungsinstituten, die überdies häufig eng mit der Industrie kooperierten.[5] Die großen chemischen Unternehmen verkörperten schließlich fast mustergültig diese Art der Kombination von industrieller Produktion und wissenschaftlicher Forschung, allen voran die mit eigenen Forschungskapazitäten versehenen großen Unternehmen wie die BASF, Bayer oder Hoechst.[6] Wenn auch ihr volkswirtschaftliches Gewicht vor 1914 durchaus überschaubar war, die Branche umfasste in etwa drei Prozent der gewerblich beschäftigten Personen und trug etwa sechs Prozent zum Inlandsprodukt bei, war sie doch eine der Zukunftsindustrien der Zeit. Das erklärt nicht nur die Tatsache ihrer vergleichsweise guten Erforschung, sondern bedingt auch, dass sie in der historischen Erinnerung bedeutender erscheint, als sie es vom Volumen her war. Der Forschungsstand ist auch nicht gleichmäßig gut. Als besonders gut erforscht können die großen Unternehmen der organischen Chemischen Industrie gelten, die ihren Sitz fast durchweg in Deutschland hatten. Der sehr viel größere Bereich der anorganischen Produktion, namentlich die Herstellung der Basissäuren, Salze, Laugen und Alkaloide, ist von der wissenschaftlichen Seite und einzelnen großen Unternehmen, wie etwa der belgischen Solvay her gut bekannt, aber nicht vergleichbar gut erforscht wie etwa der Komplex von Unternehmen, die schließlich die I. G. Farbenindustrie AG bildeten.[7] Im Rahmen der Erforschung der Geschichte des Ersten Weltkrieges haben wirtschaftshistorische Betrachtungen nicht wirklich im Vordergrund gestanden, auch wenn die Wirtschaft in den politik- und sozialhistorischen Studien stets ein wichtiges Thema war. Prominent waren hier vor allem einzelne Themen, namentlich die Gaswaffenherstellung und – im deutschen Fall – der Ausbau der Stickstoffsynthese, worauf später noch genauer eingegangen wird.

Auch wenn die Untersuchungen zur Geschichte der Chemischen Industrie zu Recht erst mit den großen Änderungen in der zweiten Hälfte des 19. Jahrhunderts einsetzen, ist die Geschichte dieses Gewerbezweiges indes deutlich älter, weil fast alle älteren Gewerbezweige in der einen oder anderen Form auf chemische Hilfsmittel angewiesen waren, die sie zumeist selbst gar nicht herstellten. Säuren und Lau-

---

5 *Carsten Reinhardt*, Forschung in der chemischen Industrie. Die Entwicklung synthetischer Farbstoffe bei BASF und Hoechst, 1863–1914. Freiberg 1997. *Jeffrey A. Johnson*, The Kaiser's Chemists. Science and Modernization in Imperial Germany. Chapel Hill 1990.
6 *Gottfried Plumpe*, Die I. G. Farbenindustrie AG. Wirtschaft, Technik und Politik 1904–1945. Berlin 1990. *Werner Abelshauser u. a.* (Hrsg.), Die BASF. Von 1865 bis zur Gegenwart. Eine Unternehmensgeschichte. München 2002. Generell *Johann Peter Murmann*, Knowledge and Competitive Advantage. The Coevolution of Firms, Technology and National Institutions. Cambridge 2003.
7 Gründe für die gute Erforschung der deutschen Chemischen Industrie wegen ihrer Rolle im 20. Jahrhundert bei *John E. Lesch* (Hrsg.), The German Chemical Industry in the Twentieth Century. Dordrecht 2000. Zu Solvay *Kenneth Bertrams, Nicolas Coupain, Ernst Homburg*, Solvay: History of a Multinational Family Firm. Cambridge/Mass. 2013. Zu US-Firmen vgl. die Hinweise in: *Rosanne Welch, Peg A. Lamphier* (Hrsg.), Technical Innovation in American History. An Encyclopedia of Science and Technology, 3 Bde. Santa Barbara 2019. Siehe im Übrigen die zahlreichen Hinweise bei *Haber*, Chemical Industry during the 19th Century.

gen spielten in vielen Produktionsverfahren und für viele Produktgruppen eine große Rolle. So fragte das Textilgewerbe nicht nur große Mengen an Farbstoffen nach, sondern ebenso Bleichmittel und Ätzchemikalien zur Vorbereitung der Textilien für die Färbung. Ähnliches gilt für die Glasherstellung, die ohne Alaun unvorstellbar war, die Ledergerbung, -verarbeitung und -färbung oder die Herstellung von Seifen und Waschmitteln. Besondere Bedeutung kam zwei Produktgruppen zu, nämlich einerseits der Herstellung von Sprengmitteln und Schießpulver, die nicht nur chemische Kenntnisse voraussetzte, sondern auch die Verfügbarkeit von chemischen Rohstoffen wie Salpeter und Schwefel. Vor allem aber benötigte der Metallerzbergbau sogenannte Scheidewasser, also Säuren und Lösungsmittel, um die in unreiner Mischung vorkommenden Erze zu trennen und für die Weiterverarbeitung aufzubereiten.

Basis des chemischen Gewerbes war mithin die Herstellung von Säuren, Ätz- und Bleichmitteln durch Aufbereitung und Bearbeitung natürlicher Rohstoffe wie Salze, Phosphor und Schwefel. Durch Erfahrungswissen und den Transfer arabischer Kenntnisse breitete sich seit dem Hochmittelalter die Kenntnis der hilfreichen Wirkung bestimmter Säuren (Schwefel-, Salz- und Salpetersäure) sowie basischer Verbindungen (Soda, Alkaloide) für alle Formen der Stoffumwandlung vom Textilgewerbe bis zum Bergbau aus.[8] Deren Herstellung bildete den Kern des älteren chemischen Gewerbes und war auch die Basis für die Produktion von Farben, Gerbstoffen, Bleichmitteln und Seifen. Das, was der deutsche Chemieindustrielle Carl Duisberg anlässlich der Jahrhundertwende 1900 als Aufgabe der Chemischen Industrie bezeichnete, nämlich die Umwandlung von unedlen in edle Stoffe,[9] war in der älteren Welt hingegen noch kaum möglich, da hierfür die wissenschaftlichen Grundlagen fast vollständig fehlten. Das Bedürfnis hierzu, das vor allem in der europaweit verbreiteten und überaus populären Alchemie zum Ausdruck kam, war gleichwohl ausgeprägt. Auch wenn deren zwecklose Versuche, aus billigen Rohstoffen Gold zu schaffen, heute fast lächerlich wirken, so war die Alchemie doch alles andere als bedeutungslos. Sie war vielmehr der Beginn des experimentellen Forschens in der Chemie, das dann im 19. Jahrhundert zum Ausgangspunkt der modernen Chemischen Industrie wurde.

Die zentrale Bedeutung der Säuren und Basen bedingte frühzeitig eine starke Nachfrage nach diesen Produkten, die mit dem gewerblichen Aufschwung seit der zweiten Hälfte des 18. Jahrhunderts, insbesondere der Entstehung einer modernen Textilindustrie stark zunahm. Jetzt gelangen auch erste Schritte hin zur Verbesserung der Produktion dieser Hilfsstoffe, wodurch die Grundlagen für den ganzen

---

8 Hierzu grundsätzlich *Jost Weyer*, Geschichte der Chemie, Bd. 1: Altertum, Mittelalter, 16.–18. Jahrhundert. Berlin 2018.
9 *Carl Duisberg*, Aussprüche über die deutsche Industrie von deutschen Industriellen, Technikern und Gelehrten, Deutsche Industrie-Zeitung vom 28. 12. 1899, abgedruckt in: *Carl Duisberg*, Abhandlungen, Vorträge und Reden aus den Jahren 1882–1921. Leipzig 1923, 258.

Komplex der anorganischen Chemischen Industrie gelegt wurden, und zwar die Herstellung von Schwefelsäure nach dem Bleikammerverfahren und später die Sodaproduktion nach dem LeBlanc-Verfahren. Beide Verfahren ermöglichten deutlich höhere Produktionsmengen und damit den Aufstieg und den Erfolg vor allem der Textilindustrie.[10]

Hier liegt mithin der Nukleus der modernen Chemischen Industrie, deren Geburtsort naheliegenderweise in Großbritannien, Frankreich und anderen frühindustrialisierten Gebieten wie Belgien mit hoher Nachfrage nach deren Substanzen lag.[11] Vor allem Großbritanniens Produktion von Säuren, Alkali und Bleichprodukten nahm in dieser Zeit stark zu, ebenso der Export dieser Güter, die über die holländischen Häfen große Teile Kontinentaleuropas versorgten. In Deutschland entwickelten sich erste Ansätze einer anorganischen Industrie vor allem in den westlichen, frühindustrialisierten Regionen wie etwa dem Aachener Raum mit der dortigen Textil- und Schwerindustrie. Die deutschen Unternehmen hatten es aber schwer, sich gegen die überlegene britische Konkurrenz zu behaupten. Erst durch Konventionen gelang es überhaupt, auf dem deutschen Markt im Bereich Färberei, Seife und Glas Fuß zu fassen. In wichtigen Regionen, etwa dem Wuppertal, kamen die entsprechenden Vorprodukte der Farbstoff- und Bleichmittelherstellung weiterhin aus dem Ausland.[12] Mitte des 19. Jahrhunderts war daher Großbritannien mit weitem Abstand vor Frankreich der größte Hersteller chemischer Substanzen, während die deutschen Staaten bis in die 1850er Jahre insbesondere beim Soda noch weitgehend importabhängig waren. Diese britische Vormachtstellung kommt auch in den Ziffern wichtiger Rohstoffimporte zum Ausdruck. Noch Mitte der 1870 Jahre bezog Großbritannien mehr als die Hälfte des nach Europa verschifften Chilesalpeters, während es Frankreich und Deutschland nur auf gut ein Sechstel brachten.[13] Ihre frühen Erfolge sollten sich freilich gegen Ende des Jahrhunderts sukzessive gegen die große Chemische Industrie in England wenden. Als mit dem Solvay-Verfahren eine Alternative zum Leblanc-Verfahren bei der Sodaherstellung entwickelte wurde und das Kontaktverfahren der BASF die Schwefelsäureherstellung auf eine ganz andere Stufe verglichen zum Bleikammerverfahren hob, litten die englischen Unternehmen unter ihrer Pfadabhängigkeit, die es ihnen schwer machte, die neuen und ökonomisch effizienteren Verfahren mit der Leichtigkeit zu übernehmen, mit der das insbesondere die amerikanischen und deutschen Hersteller taten.

Die organische Chemische Industrie, im weiteren Sinne die Kohlenstoffchemie, erfuhr ihre „Industrialisierung" erst deutlich später, obwohl die Voraussetzungen hierfür seit dem Beginn der Gasbeleuchtung und der sukzessiven Durchsetzung des Kokshochofens in der Eisenherstellung günstig waren. Bei der Vergasung bzw. Ver-

---

10 Hierzu grundsätzlich *Weyer*, Geschichte der Chemie, Bd. 1.
11 *Haber*, Chemical Industry during the 19th Century, 39–43, 55–62.
12 *Haber*, Chemical Industry during the 19th Century, 43–48.
13 *Haber*, Chemical Industry during the 19thCentury, 47, 55 ff.

kokung von Steinkohle fielen große Mengen von Teer an, die aber zunächst mangels besseren Wissens als Abfall angesehen und entsprechend behandelt wurden. Farbstoffe wurden weiterhin in mehr oder weniger aufwendigen Verfahren aus Pflanzenrohstoffen (Krapp, Waid, Indigo) oder aus tierischen Produkten (Cochenille) gewonnen. Erst in den 1830er Jahren begannen Forschungen am Steinkohlenteer, die mit der Isolierung des Anilins die Grundlagen für eine hierauf basierende Farbenherstellung legten, deren erstmalige Darstellung 1856 dem Engländer William Henry Perkin mit dem Mauvein gelang. Weitere Farbstoffdarstellungen, etwa das Fuchsin in Frankreich, schlossen sich an, sodass Teerfarbstoffe, obwohl ihre chemische Struktur noch ungeklärt war, schließlich populär wurden. Ihre Nutzung in Großbritannien und Frankreich wurde frühzeitig durch Patent geschützt, während es in den verschiedenen deutschen Staaten mangels einer entsprechenden Gesetzgebung keinen flächendeckenden wirksamen Schutz für einzelne Hersteller gab. Dieses Fehlen trug neben anderen Ursachen maßgeblich dazu bei, dass sich die Chemie der organischen Stoffe mit Schwerpunkten in verschiedenen deutschen Regionen entwickelte. Das hatte eine Vielzahl von Ursachen, von denen keine zwingend eine derartige Regionalisierung der organischen Chemischen Industrie erzwang, die in ihrer Kombination aber doch dazu führten, dass vor 1914 die organische Chemische Industrie fast zu einer deutschen Domäne geworden war. Ihren Ursprung hatte sie einerseits in der Nutzung der Kohle insbesondere bei der Gasherstellung und der Produktion von Koks, sodass ein kohlereiches Land wie Deutschland, neben England übrigens, hier durchaus privilegiert war, zumal ein großer Teil der deutschen Kohlevorkommen sich gut weiterverarbeiten ließ. Ein zweiter wesentlicher Grund war der Aufschwung der chemischen Forschung seit den 1830er Jahren, der eng mit dem Übergang zur experimentellen Laborforschung unter Justus von Liebig zusammenhing, die sich in Deutschland rasch ausbreitete.[14] Ursache dieses Aufschwungs war freilich nicht die Industrie selbst, sondern die Ernährungskrisen der 1830er und 1840er Jahre, die zahlreiche Obrigkeiten veranlassten, ihre Bemühungen um eine Erhöhung der landwirtschaftlichen Produktivität, unter anderem durch die Verbesserung der Düngeverfahren, deutlich zu intensivieren – ein Weg hierzu war eben die Verbesserung der einschlägigen Forschung an Universitäten und neu entstehenden Polytechnischen Schulen, den späteren Technischen Hochschulen.[15] Zur Aufklärung der chemischen Prozesse im Boden favorisierte Liebig eine experimentelle Analyse des Bodens und eine entsprechend angelegte Düngung, die die dem Boden im Wachstum entzogenen Stoffe gezielt ersetzen sollte. Der Erfolg gab Liebig, der sein methodisches Vorgehen im Einzelnen genau beschrieb, recht; sehr schnell entstanden ähnliche Einrichtungen in verschiedenen Teilen Deutschlands. Die Anzahl der akademisch gebildeten

---

14 *Haber*, Chemical Industry during the 19th Century, 63–68.
15 *Peter Borscheid*, Naturwissenschaft, Staat und Industrie in Baden 1848–1914. Stuttgart 1976, 16–27. Vgl. auch *Joseph F. Fruton*, Contrasts in Scientific Style. Research Groups in the Chemical and Biochemical Sciences. Philadelphia 1990, 64–67.

Abb. 1: BASF Ludwigshafen, Alizarinbetriebe, 1910 (BASF, 1339-alt).

Chemiker erhöhte sich in der Folgezeit im Vergleich zum Ausland dramatisch.[16] Als sich in den 1850er und 1860er Jahren, die zunächst in England entwickelte und dann auch in Frankreich erfolgreiche Teerfarbenherstellung ebenfalls in Deutschland ausbreitete, standen jedenfalls relativ viele akademisch gebildete Chemiker zur Verfügung, um nicht nur den Wandel der Farbenherstellung vom handwerklichen auf ein wissenschaftlich-industrielles Niveau zu begleiten. Die organische Chemie wurde vielmehr zu einem bevorzugten Forschungsgegenstand an den Universitäten und Hochschulen, wodurch nicht nur rasch die chemische Aufklärung der Teerfarbstoffe gelang, sondern der Boden für eine rasante Weiterentwicklung der Farbenchemie bereitet wurde. An die Anilin-Farben schloss sich die Alizarin-Synthese an, später kamen die Azo-Farbstoffe hinzu, bis schließlich in langwierigen Verfahren auch die Indigo-Synthese gelang.[17]

Die rasche Erhöhung der Innovationen verschärfte zugleich die Konkurrenz unter den jetzt sprunghaft entstehenden Unternehmen, die sich nur durch den Aufbau eigener Forschung, und das heißt durch die Beschäftigung akademisch gebildeter Che-

---

16 *Haber*, Chemical Industry during the 19th Century, 63–79.
17 *Alexander Engel*, Farben der Globalisierung. Die Entstehung moderner Märkte für Farbstoffe 1500–1900. Frankfurt am Main 2009.

miker und die Einrichtung entsprechender Labore, behaupten konnten. Sich in wettbewerbsgeschützte Nischen zurückziehen zu können, war jedenfalls nicht möglich. Gab es zunächst überhaupt keinen wirksamen Patentschutz wie in Frankreich oder England, so brachte auch das 1877 schließlich erlassene Reichspatentgesetz keine Entlastung, denn das Gesetz band den Patentschutz an enge Auflagen, weil Patente nur nach Auslage und genauer Prüfung auf ihren Neuigkeitsgehalt erteilt wurden.[18] Die Konkurrenz ging nach dem Gesetz nicht zurück, sondern nahm nur weiter zu. Behaupten konnten sich schließlich nur die Unternehmen, die eine eigene große Forschung aufbauten, um nicht nur laufend Produktinnovationen vorlegen zu können, sondern auch die eigenen Produkte patentfähig und die Patentanträge der Konkurrenz kritisch prüfen zu können.[19] Als Nebenprodukt dieser wissenschaftlichen Erweiterung der Industrie entstand zusätzlich zur Teerfarbstoffherstellung auch die Industrie der chemotherapeutischen Medikamente, die auf der entsprechenden Nutzung von Zwischenprodukten und Abfällen der Teerfarbenherstellung beruhte ebenso wie die Fortschreibung der organischen Chemie überhaupt. Die großen Industrielabore, einmal eingerichtet, wurden nach der Ausschöpfung des Innovationspotentials der Teerfarben gezielt eingesetzt, um neue Produkte zu entwickeln, was schließlich dazu führte, dass es eine breit diversifizierte Struktur von Produktionsverfahren und Produkten gab, die zumindest in dieser Konstellation einmalig war.

Diese lange Vorgeschichte, so überflüssig sie auf den ersten Blick erscheinen mag, ist freilich zum Verständnis der Entwicklung der Chemischen Industrie im Weltkrieg unverzichtbar. Ohne die technologischen Entwicklungspfade zu kennen, wäre das, was nach 1914 passierte, kaum erklärbar. Es hing daher nicht nur an der technologischen Prägung; auch die damit zusammenhängende wirtschaftliche Dimension der Märkte der Chemischen Industrie spielte eine große, ja entscheidende Rolle, da die Ausdifferenzierung der Strukturen der Branche je nach den vorherrschenden Bedingungen dem jeweiligen nationalen Standort sein Gepräge gab.

3.3.2 Struktur der Industrie vor 1914

Die bis heute aussagefähigste Übersicht über die Struktur der Chemischen Industrie vor 1914 findet sich in der Darstellung von Ludwig Fritz Haber über die Chemische

---

18 *Kees Gispen*, Hintergrund, Bedeutung und Entwicklung der Patentgesetzgebung in Deutschland 1877 bis heute, in: Rudolf Boch (Hrsg.), Patentschutz und Innovation in Geschichte und Gegenwart. Frankfurt am Main 1999, 7 ff.; *Margrit Seckelmann*, Industrialisierung, Internationalisierung und Patentrecht im Deutschen Reich 1871–1914. (Recht in der Industriellen Revolution, Bd. 2.) Frankfurt am Main 2006.
19 *Georg Meyer-Thurow*, The Industrialization of Invention. A Case Study from the German Chemical Industry, in: Isis 73, 1982, 363–381. Auch *Murmann*, Knowledge and Competitive Advantage.

Industrie im ersten Drittel des 20. Jahrhunderts.[20] Ihre Befunde sind eindeutig, auch wenn die Definition dessen, was zur Chemischen Industrie zu zählen ist, keineswegs klar ist. In Anlehnung an die traditionelle englische Klassifizierung gab es drei größere Gruppen, und zwar die „große chemische Industrie", die vor allem Alkalien und Säuren produzierte; hierunter fiel aber auch die Herstellung von Dünger, Sprengstoff, Kalziumkarbid und Cyanid. Als „kleine chemische Industrie" wurde hingegen der Bereich der Farben, Textilhilfsmittel, Photochemikalien und der Feinchemikalien überhaupt angesehen, während schließlich in der dritten Gruppe unter anderem Drogen, Pharmazeutika, Parfum- und Duftstoffherstellung erfasst wurden, Klassifizierungen, die nebenher in Europa und den USA nicht einheitlich gehandhabt wurden. Vom Volumen her am bedeutendsten war vor 1914 die „große chemische Industrie", namentlich die Produktion von Schwefelsäure, Soda, Chlor, und hierauf aufbauend die Herstellung von Düngemitteln und Sprengstoffen. Farbstoffherstellung, die Pharmazie, die Erzeugung von Feinchemikalien waren im Volumen deutlich kleiner, aber immer noch größer als der Bereich Seifen, Duftstoffe etc. Diese Industriezweige verbrauchten durchweg große Mengen an Rohstoffen sowie Vor- und Zwischenprodukten, die ihrerseits nur zum Teil auf der Basis einheimischer Rohstoffe hergestellt werden konnten, sondern wesentlich auf die Einfuhr von Rohstoffen wie Nitrat, Phosphor und Schwefel (Pyrit) angewiesen waren, die über die Weltmärkte bezogen werden mussten. Unter Selbstversorgungsgesichtspunkten standen allein die USA günstig da, alle anderen Industriestaaten waren hingegen zumindest in bestimmten Bereichen von strategischen Importen abhängig. Deutschland etwa war nur mit Kalisalzen reichlich versorgt, hingegen auf den Import von Nitraten aus Chile, Schwefelkiesen (Pyriten) aus Italien, Österreich-Ungarn und anderen Teilen der Welt und Phosphor aus Afrika (Marokko, Südafrika) angewiesen. Der aus den Pyriten gewonnen Schwefelsäure kam für die Chemische Industrie zentrale Bedeutung zu, da sie in ihren unterschiedlichen Ausprägungen das entscheidende Zwischenprodukt in fast allen chemischen Produktionslinien war. Sie war auch Hilfsmittel bei der Herstellung von Chlor, Soda und Stickstoffdünger, wobei hier neben Chilesalpeter, in zunehmendem Maße auch Thomasmehl, Ammoniak und vor allem Kali als Ausgangsstoffe verwendet wurden. Insofern war die Chemische Industrie bereits vor 1914 auch deshalb eine globale Veranstaltung, weil eine autarke Produktion faktisch unmöglich war.

Vom Volumen her war die „große chemische Industrie" vor 1914 zweifellos der größte Einzelbereich der Chemischen Industrie. Hier waren die britischen Anbieter lange dominant gewesen, doch seit den 1890er Jahren verschob sich das Bild aus den zuvor genannten Gründen. Die britische Industrie litt unter der Vorherrschaft der älteren Produktionsverfahren. Die neuen Herstellungsverfahren (Solvay, Kontaktverfahren) setzten sich zunächst andernorts durch und führten dort zu einem starken Produktionsaufschwung. Während in Deutschland 1904 1,3 Millionen Ton-

---

20 *Haber*, Chemical Industry 1900–1930, 9–33.

nen Schwefelsäure hergestellt wurden, waren es in Großbritannien nur 0,8 Millionen Tonnen. Größter Hersteller waren längst die amerikanischen Fabriken.[21] Vor allem litt die lange Zeit beherrschende Weltmarktposition der britischen Sodahersteller. Ihr Export schrumpfte nach 1895 deutlich, in die USA brach er faktisch zusammen, während er sich in Europa nur auf deutlich niedrigerem Niveau behaupten konnte.[22] Zu Ende des Jahrhunderts war Großbritannien immer noch die größte Exportnation im Bereich der Chemie, stagnierte jedoch bereits seit längerer Zeit, während die USA bereits dicht auf den Fersen waren und auch der Aufschwung der deutschen Exporte den Abstand deutlich verringert hatte,[23] während andererseits Deutschland nach der Jahrhundertwende keine nennenswerte Importe von Sodaprodukten mehr hatte.[24]

Die Gewichte in der globalen Chemischen Industrie verschoben sich aber nicht nur aufgrund des Wandels der „großen chemischen Industrie", auch der Aufschwung der Kohlenstoffchemie, also der „kleinen chemischen Industrie" trug hierzu maßgeblich bei. Hier lagen die Schwerpunkte seit den 1880er Jahren bei den großen deutschen Farbstoffherstellern, namentlich der BASF, den Farbwerken Hoechst, den Farbenfabriken Bayer, der Agfa und einigen kleineren Anbietern, die gezielt in den Bereich der Vor- und Zwischenprodukte expandierten und schließlich die komplette Wertschöpfungskette von den anorganischen Vor- und Zwischenprodukten bis hin zu den organischen Endprodukten abdeckten. Den Weltmarkt für Farbstoffe beherrschten sie schließlich zu mehr als 80 %. Selbst im Bereich der Basischemikalien (Säuren, Soda etc.) konnte die deutsche Chemische Industrie mittlerweile erhebliche Exporterfolge erzielen. Auf Importe war die Farbstoffindustrie vor allem bei Rohstoffen bzw. bei bestimmten Kohlenteerprodukten angewiesen, die weiterhin aus England bezogen wurden.[25]

Von der Farbstoffchemie ging auch die moderne Chemotherapie in der Medizin aus, die seit den 1880er Jahren an die Seite der traditionellen Arzneimittelgewinnung aus Naturstoffen trat. Als man mehr oder weniger zufällig die Entdeckung machte, dass bestimmte Chemikalien für den menschlichen Stoffwechsel zugänglich gemacht werden konnten und dort erhebliche therapeutische Wirkung entfalteten, wuchs dieser Teil der Pharmazie als eigenständiger Produktionszweig aus der Chemischen Industrie hervor, der er eng verbunden blieb. Bekannte Arzneimittel wie Pyramidon, Phenacetin oder – am bekanntesten sicher – Aspirin waren Nebenprodukte der Farbenherstellung. Deren Erfolg löste dann den Aufbau entsprechender systematischer Forschungen in den Unternehmen und eine enge Zusammenarbeit mit den entsprechenden universitären Forschungsinstituten aus. Berühmte

---

21 *Haber*, Chemical Industry during the 19th Century, 122, 142 f., 153.
22 *Haber*, Chemical Industry during the 19th Century, 214 f.
23 *Haber*, Chemical Industry during the 19th Century, 211.
24 *Haber*, Chemical Industry during the 19th Century, 218.
25 Die Import- und Exportbilanz bei *Haber*, Chemical Industry during the 19th Century, 218 f.

Universitätschemiker wie Emil Fischer, Paul Ehrlich, Emil Behring, Richard Willstätter oder Ludwig Knoll sind ohne die Entstehung dieses „pharmazeutisch-industriellen Komplexes" kaum erklärbar, der wiederum in entscheidender Weise von der engen Kooperation der Unternehmen mit den entsprechenden Universitätsinstituten profitierte.[26]

Im globalen Rahmen besaß daher das Deutsche Reich so etwas wie eine komplette Infrastruktur der Chemischen Industrie, die alle deren Einzelbereiche mehr oder weniger vollständig umfasste, während die Chemischen Industrien der USA, Großbritanniens und Frankreichs hiermit verglichen einseitiger strukturiert waren und die Unternehmen anderer Staaten wie Russland, Österreich-Ungarn oder Italien nur ausnahmsweise ins Gewicht fielen. Eine Ausnahme machte hier nur die Schweiz, deren bei Basel konzentrierte Chemische Industrie eng mit der deutschen Industrie verflochten war und sich eine durchaus eigenständige Position erarbeiten konnte. Diese Ungleichgewichte wurden vor 1914 aber nicht unbedingt als nachteilig empfunden. Die deutsche Stärke im Bereich der Farbenherstellung ermöglichte es anderen Ländern, unter den Bedingungen der vergleichsweise liberalen Weltwirtschaft auf den kostspieligen Aufbau einer eigenen Farbenindustrie zu verzichten, sondern stattdessen die benötigten Farbstoffe in guter Qualität und zu vergleichsweise günstigen Preisen von den deutschen Herstellern zu beziehen. Großbritannien war schließlich weitgehend von deutschen Importen abhängig, die USA, die nur über eine Selbstversorgungsquote von 13 % verfügten, ebenfalls, die übrigen Länder in geringerem Ausmaß, was freilich auch daran lag, dass deren gesetzliche Vorschriften die deutschen Hersteller zwangen, dort Produktionsstätten zu errichten (Frankreich, Russland).[27] Dies bedeutete nicht, dass es in Großbritannien und den USA keine großen Unternehmen gab; sie waren eben nur anders strukturiert. Viele ausländische Chemieunternehmen, namentlich die amerikanische Dupont, aber auch die britische Brunner & Mond waren verglichen mit den einzelnen Unternehmen der I.G.-Gruppe (BASF, Bayer, Hoechst) deutlich größer als diese, die zumindest vor dem Ersten Weltkrieg nur gemeinsam auf eine größere Kapitalausstattung kamen als ihre ausländische Konkurrenz.[28]

Diese globale Struktur der Chemischen Industrie signalisierte vor 1914 daher vor allem eines, eine einigermaßen funktionierende internationale Arbeitsteilung, in der sich die Stärken und Schwächen der jeweiligen nationalen Industrien sinnvoll ergänzten bzw. ausglichen. Ihre weltwirtschaftliche Bedeutung selbst war hingegen noch relativ gering. Zwischen 1900 und 1913 wuchs die Produktionsleistung etwa der deutschen Chemischen Industrie zwar um fast das Zweieinhalbfache an

---

26 *Wolfgang Wimmer*, „Wir haben fast immer was Neues". Gesundheitswesen und Innovationen der Pharmaindustrie in Deutschland 1880–1935. Berlin 1994; beispielhaft *Carsten Burhop u.a.*, Merck 1668–2018. Von der Apotheke zum Weltkonzern. München 2018, insbesondere 149–218.
27 *Gottfried Plumpe*, I.G. Farbenindustrie AG, 114.
28 *Gottfried Plumpe*, I.G. Farbenindustrie AG, 106.

und stand damit hinter der Elektroindustrie/Infrastrukturentwicklung und der Metallerzeugung auf Platz drei der Wachstumsrangfolge.[29] Ihr gesamtwirtschaftliches Gewicht war hingegen mit etwa sechs Prozent Anteil am Inlandsprodukt weiterhin begrenzt, wodurch sie im Übrigen international weder nach oben noch nach unten aus dem Rahmen fiel.[30] Die meisten anderen Industriezweige waren weitaus größer, von der Textilindustrie angefangen über den Bergbau und die Metallgewinnung bis hin zu Elektrotechnik und Maschinenbau. Der Beschäftigungsanteil der Branche lag 1907 mit etwa 2,5 % Anteil an der Gesamtbeschäftigung sogar noch unter dem Wertschöpfungsanteil, was aber immerhin einen Hinweis auf die relativ hohe Produktivität der zumeist neuen Fabrikanlagen, etwa der „Musterstadt" der Chemie in Leverkusen, die erst nach der Jahrhundertwende fertiggestellt worden war, darstellte.[31] Diese überschaubare wirtschaftliche Bedeutung war in den Jahren vor dem Ersten Weltkrieg in einer wichtigen Hinsicht sogar ein großer Vorteil. Denn angesichts der relativ geringen Größe der Branche spielte sie in den handels- und zollpolitischen Debatten der Zeit nur eine unbedeutende Rolle. Insbesondere die spezifische Arbeitsteilung mit dem faktischen Farbstoffmonopol der deutschen Unternehmen wurde in den anderen Staaten nicht als Problem, sondern eher als Vorteil betrachtet, sodass Farbstoffe in den Zollauseinandersetzungen keine bedeutende Rolle spielten. Da es in den meisten anderen Staaten eine vergleichbare Farbstoffherstellung gar nicht gab, wäre ein Ausschluss deutscher Farbstofflieferungen auch kaum im Interesse des Textil- und Bekleidungsgewerbes gewesen. Bei den großen Produktgruppen, also etwa dem Soda, war das hingegen anders, doch trafen die entsprechenden Zollmaßnahmen etwa der USA oder der europäischen Staaten vor allem die britische Industrie, die sich daher auch sehr um deren Abbau bemühte. In der Tat gingen die Zolltarife hier auch, zumindest im deutschen Fall, deutlich zurück; die USA und Russland blieben hingegen hinter relativ hohen Schutzzollmauern.[32]

Für die deutsche Chemische Industrie waren denn auch die Zollsätze nicht das wesentliche Problem. Was hier befürchtet wurde, waren vor allem Retorsionsmaßnahmen bei eskalierenden Handelskonflikten. Sie drang daher von sich aus gegenüber der Berliner Regierung, nur niedrige Zollsätze zu verlangen, vor allem aber handelsvertragslose Zeiten oder gar offene Handelskriege zu vermeiden.[33] Derartige Konflikte konnten vor 1914 zum Glück vermieden werden, sodass die deutsche Chemische Industrie vollumfänglich in die globalen Strukturen einbezogen blieb, sei

---

29 *Dieter Baudis/Helga Nussbaum*, Wirtschaft und Staat in Deutschland vom Ende des 19. Jahrhunderts bis 1918/19. Berlin 1978, 58.
30 *Gottfried Plumpe*, I. G. Farbenindustrie AG, 54.
31 Zu den Zahlen *Gerd Hohorst/Jürgen Kocka/Gerhard A. Ritter*, Sozialgeschichtliches Arbeitsbuch II. Materialien zur Statistik des Kaiserreichs 1870–1914. München 1978, 76.
32 *Haber*, Chemical Industry during the 19th Century, 220.
33 Beispielhaft *Werner Plumpe*, Carl Duisberg 1861–1935. Anatomie eines Industriellen. München 2016, 340 f.

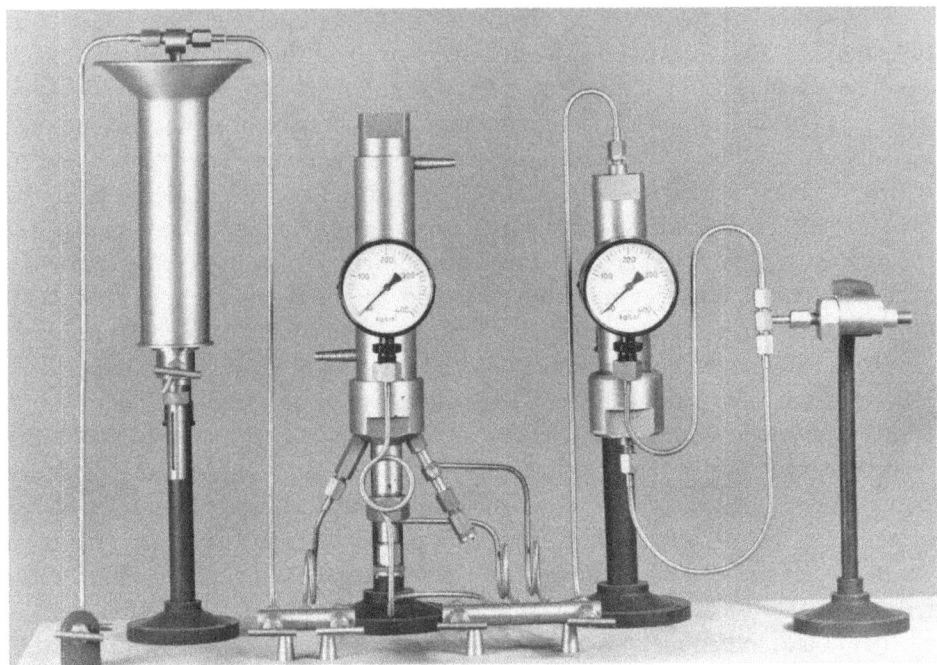

Abb. 2: Nachbau Versuchsapparat Haber, 1975 (BASF, Bild 87342).

es, was den Bezug wichtiger Rohstoffe und Vorprodukte (Chlorkalk, Schwefel, Kautschuk und Stickstoff oder Zwischenprodukte wie etwa Karbolsäure aus Großbritannien oder Holzgeist aus Skandinavien) betraf, sei es, soweit die Absatzmärkte in Frage standen. Die Importabhängigkeiten suchte man in der Branche zu mildern, namentlich durch den Aufbau eigener Produktionen etwa bei der Karbolsäure oder, in unserem Zusammenhang entscheidend, durch die chemische Synthese bisher auf dem Weltmarkt bezogener Rohstoffe, freilich weniger aus nationalistischen oder Autarkiegründen als aus der Überlegung heraus, hier könnten attraktive Geschäftsfelder erschlossen werden. Der BASF war dies bereits um 1900 mit der Darstellung eines ökonomisch effizienten Weges zur Herstellung von synthetischem Indigo gelungen.

1911 folgte die Ammoniaksynthese, also die Stickstoffherstellung aus der Luft, und gleichzeitig verkündete Bayer, freilich ein wenig vorschnell, einen ökonomisch sinnvollen Weg zur Kautschuksynthese gefunden zu haben. Eine Aufkündigung der weltwirtschaftlichen Arbeitsteilung war damit nicht verbunden, zumal in vielen anderen Bereichen die deutsche Chemische Industrie importabhängig blieb und die Erfolge der Großsynthese beim Stickstoff und beim Kautschuk noch ganz am Anfang waren. Es zeichnete sich freilich ein tiefgreifender Wandel des Chemieweltmarktes ab, bei dem diejenigen Unternehmen, die sich auf die Gewinnung und den Verkauf bestimmter Rohstoffe spezialisiert hatten, zu den Verlierern zählen würden, ganz ähnlich wie nach der Jahrhundertwende der gewaltige indische Indigo-Anbau und der damit verbundene Farbstoffhandel schnell zusammengebrochen waren.[34]

3.3.3 Herausforderungen durch den totalen Krieg und ihre Bewältigung

Der Kriegsausbruch im Sommer 1914 zerstörte faktisch schlagartig die weltwirtschaftliche Arbeitsteilung in der Chemischen Industrie. Die Folgen der unmittelbar mit dem Kriegsbeginn verhängten Ausfuhrverbote und Seeblockaden waren für die deutsche Chemische Industrie erheblich schwerer als für ihre internationale Konkurrenz, deren Zugang zu den wichtigsten Rohstoffen intakt blieb, ja die wahrscheinlich froh war, auf vielen wichtigen Märkten die überlegene deutsche Konkurrenz zumindest für eine Zeit los zu sein. Hart traf es bestimmte Industriezweige und die Verbraucher, die nun keine deutschen Farbstoffe und Arzneimittel mehr erhielten. Aber das ließ sich aushalten, zumal sich bei Fortdauer des Krieges abzeichnete, dass nennenswerte Importsubstitutionalisierungsmaßnahmen die Versorgungslücken teilweise ausgleichen würden, wobei die Nutzung beschlagnahmten deutschen Eigentums (Unternehmen, Vorratslager, Patente und Warenzeichen) nicht selten überaus hilfreich war. In Deutschland selbst stellte sich die Situation sehr viel dramatischer dar. Zwar hatte sich die Industrie mittlerweile von der Einfuhr von Vor- und Zwischenprodukten durch den Aufbau eigener Produktionslinien etwa bei den Säuren, Soda und Chlor weitgehend unabhängig gemacht, war jedoch auf die Einfuhr erheblicher Rohstoffmengen existenziell angewiesen (bestimmte Kohlenteerderivate, Nitrate, Phosphor, Schwefelkiese etc.). Zudem brach im Bereich der Farbstoffindustrie und der Pharmazie faktisch der gesamte Markt weg, da ihre Hauptkunden in den Feindstaaten Großbritannien, Russland und Frankreich, wegen der Blockade aber auch in den USA kaum mehr zu erreichen waren. Die deutsche Chemische Industrie sah sich im Sommer 1914 ohne Absatzmärkte und ausreichende Rohstoffversorgung daher in einer fast ausweglosen Lage. Die Hoffnung, der Krieg möge rasch (und aus deutscher Sicht natürlich erfolgreich) zu Ende gehen, war daher in den Führungsetagen der Unternehmer weit verbreitet, ohne dass man sich dort Illusionen über die Zukunft machte: „Aber selbst wenn wir England besiegen und auf der ganzen Linie Erfolg haben, wird die Bilanz dieses schrecklichen Krieges immer noch nicht mit einem Kredit-, sondern mit einem Debetsaldo Deutschlands in wirtschaftlicher Beziehung enden", schrieb der Chef von Bayer Leverkusen, Carl Duisberg, am 19. August 1914: „Leider kann ich mich nicht zu der Ansicht bekennen, daß, wenn wir uns glänzend durchhauen,

---

34 *Engel*, Farben der Globalisierung. *Georg Müller-Fürstenberger*, Kuppelproduktion. Eine theoretische und empirische Analyse am Beispiel der chemischen Industrie. Heidelberg 1995, 239.

wir dann einer großen Zukunft entgegensehen. Gewiss, wir werden innerlich politisch und ethisch gestärkt und gekräftigt werden, aber wir werden Feinde ringsum bekommen und wirtschaftlich viele Jahre brauchen, bis wir wieder die Höhe erreicht haben, auf der wir uns befanden."[35]

Aber die Sicht der Unternehmen war zu diesem Zeitpunkt nicht maßgeblich, deren Pessimismus dürfte man in Berlin kaum ernst genommen haben, brachte doch die militärische Entwicklung eine völlig neue Dimension in das dortige Handeln. Ein kurzer Krieg war rasch Illusion, stattdessen explodierte mit der Verfestigung der Fronten der Munitions- und Materialverbrauch. Noch im August und September 1914 entstand in allen kriegführenden Staaten eine entsprechende bürokratische Verbrauchslenkung, um die vorhandenen Ressourcen zu erfassen und der Rüstungsindustrie zuzuleiten. Im deutschen Fall war das die Kriegsrohstoffabteilung im Preußischen Kriegsministerium und unter deren Dach die neugebildete Kriegschemikalien AG, die die Rohstoffe erfasste, aufkaufte und an die rüstungswichtige Industrie weitergab.[36] Die Munitionskrise im Oktober 1914 machte schnell klar, dass ohne eine massive Ausweitung der Herstellung von Sprengmitteln der Krieg kaum länger zu führen war, doch genau hier zeigte sich ein entscheidender Engpass, den die britische Fernblockade ausgelöst hatte. Zur Sprengmittelherstellung benötigte die Sprengstoffindustrie aufbereitete Nitrate, für die die Industrie den Salpeter bislang im Wesentlichen aus Chile bezogen hatte. Die Verwendung der vorhandenen Reserven reichte nicht allzu lange aus, zumal die ausschließliche Verwendung des Stickstoffs im Bereich der Sprengmittelherstellung der Düngemittelherstellung und damit der Landwirtschaft vollständig den Boden unter den Füßen fortgezogen hätte. Hier erwuchs der Chemischen Industrie eine gewaltige Herausforderung, auf die sie nicht ganz unvorbereitet war. Einerseits gab es den norwegischen Stickstoff, andererseits konnte die Stickstoffgewinnung aus Chlorkalk bzw. über das Zechenammoniak ausgeweitet werden. All das war aber bei weitem nicht genug. Die BASF aber hatte 1911 mit ihrer Anlage in Oppau die erste Stickstoffsynthese im katalytischen Prozess (Hochdrucksynthese) bewältigt und verfügte damit über ein zugleich technisch gutes wie wirtschaftlich realistisches Verfahren.

Nur verlangte eine ausreichende Ammoniakproduktion als Basis für die sich anschließende Weiterverarbeitung des Stickstoffs zu Sprengmitteln eine gewaltige Ausdehnung der Kapazitäten, was freilich auf den ersten Blick reichlich utopisch erschien. Nach langen Verhandlungen gab die BASF schließlich das Versprechen ab, von 1917 an mit hierzu neu errichteten Anlagen im mitteldeutschen Leuna bei Merseburg Deutschland von Stickstoffimporten unabhängig zu machen und der Rüstungs-

---

[35] Bayer Archiv Leverkusen, Autographen Sammlung, Carl Duisberg an Emil Fraas am 19. 8. 1914.
[36] *Regina Roth*, Staat und Wirtschaft im Ersten Weltkrieg. Kriegsgesellschaften als kriegswirtschaftliche Steuerungsinstrumente. Berlin 1997; *Dieter Baudis*, Der staatsmonopolistische Kapitalismus im Ersten Weltkrieg (1914–1917/18), in: Baudis/Nussbaum, Wirtschaft und Staat, 261–271.

Abb. 3: BASF, Werk Oppau, 1914 (BASF, 62342-alt).

produktion eine ausreichende Grundlage zu schaffen.[37] Für die BASF war das unter den gegebenen Umständen eine vielversprechende Perspektive, konnte man angesichts des weltweiten Bedarfs an Düngemitteln doch sicher davon ausgehen, dass die neu errichten Anlagen auch unter Friedensbedingungen ausreichend ausgelastet werden würden. Überdies ging man in Ludwigshafen davon aus, dass im Gebiet der Hochdrucksynthese ohnehin eine vielversprechende Zukunft lag, hier würde man wesentliche technische Erfahrungen sammeln können. Die Erwartungen an das zukünftige Geschäft waren derart groß, dass die BASF den Ausbau der Anlagen allein tragen wollte, vom Staat nur eine Garantie kostendeckender Preise verlangte und ansonsten jeden äußeren Einfluss ablehnte. Sie weigerte sich zunächst auch, die Stickstoffsynthese in die 1916 entstehende I. G. Farbenindustrie AG, also den Zusammenschluss der großen deutschen Chemiefirmen, einzubringen, sondern betrieb sie lieber als eigenständige GmbH autonom. Zwar musste man einen Reichsstickstoffkommissar akzeptieren, doch blieb die unternehmerische Verantwortung bei der BASF, die im Übrigen ihr Versprechen hielt. Von 1917 an lieferte Leuna ausreichend Ammoniak, das in den Fabriken der Chemischen Industrie dann zu Salpetersäure weiterverarbeitet wurde, die wiederum als Ausgangsmaterial der Sprengmittelherstellung diente. Bei Kriegsende lieferte die BASF jährlich etwa 85 000 Tonnen Stickstoff, was in etwa die Hälfte der deutschen Produktion ausmachte, nachdem im letzten Jahr vor dem Krieg kaum 4000 Tonnen hergestellt worden waren.[38]

Die Bedürfnisse der Sprengmittelherstellung konnten auf diese Weise gedeckt werden, doch trugen die chemischen Fabriken auch auf andere Weise zur Munitionsfertigung bei, unter anderem durch die starke Ausdehnung der Toluol-Produk-

---

[37] *Margit Szöllösi-Janze*, Fritz Haber 1868–1934. Eine Biographie. München 1998, 270–315; *Jeffrey A. Johnson*, Die Macht der Synthese (1900–1925), in: *Abelshauser u. a.*, Die BASF, 158–187.
[38] *Gottfried Plumpe*, I. G. Farbenindustrie AG, S.203–213.

tion oder mit der Herstellung von Pikrin-Säure. Während die Farbenherstellung sukzessive an Bedeutung verlor, nahmen die Sprengmittel einen wachsenden Anteil an der Produktion der chemischen Fabriken ein. Bayer Leverkusen wurde schließlich mit einem Anteil von über 30% an der Gesamtproduktion der größte deutsche Sprengmittelhersteller, dicht gefolgt von den anderen Großen der Branche. Die Branche wandelte durch den Schwenk, den sie im Herbst 1914 vollzog, als fast alle technisch hierzu fähigen Unternehmen die Herstellung von Sprengmitteln aufnahmen, während sie zuvor meist nur Zulieferer von einschlägigen Sprengmittelfirmen gewesen waren, ihren Charakter. Güter des zivilen Bedarfs wurden noch hergestellt, aber ihr Anteil ging mehr und mehr zurück, während kriegswichtige Produktionen eine immer größere Bedeutung bekamen. Dies betraf vor allem den Sprengstoff, umfasste aber in zunehmendem Maße auch die Herstellung von Ersatzstoffen für Güter, die nicht mehr aus dem Ausland bezogen werden konnten, oder für knappe Ressourcen. Neben dem Versuch durch geänderte Produktionsverfahren Schwefelsäure einzusparen, erprobte man mit Erfolg auch Verfahren, Schwefel aus Gips zu gewinnen, was freilich nach 1918 wegen mangelnder Rentabilität rasch wieder aufgegeben wurde. Carl Duisberg legte bereits 1915 eine umfassende Leistungsbilanz unter dem Titel „Die Leistungen der chemischen Industrie im Kriege" vor und ließ von Leverkusener Technikern eine entsprechende Ausstellung bauen, mit der er zunächst vor dem Deutschen Museum, dann aber auch ganz allgemein renommieren wollte. Das gelang ihm derart eindrucksvoll, dass er mit einem entsprechenden Vortrag quasi zur Truppenbetreuung nach Belgien eingeladen wurde, um dort seine Ausführungen in mehreren Armeehauptquartieren zu wiederholen. Duisberg wollte aber auch in Deutschland Eindruck machen: „Es wäre nun sehr gut, wenn diese Leistungen der Chemie während des Krieges auch an anderen maßgebenden Stellen weiter und mehr bekannt gemacht würden. Deshalb habe ich das ganze große Material, das ich eigentlich für das Deutsche Museum gesammelt und diesem bereits als Geschenk überreicht hatte, wieder eingepackt und mit nach hier genommen, damit ich gelegentlich den Vortrag noch einmal zu halten im Stande bin. Ich tue dies hauptsächlich im Interesse der Chemie selbst, um den Jüngern dieser Wissenschaft und Technik das ihnen an manchen Stellen immer noch fehlende Ansehen zu verschaffen. Sollten Sie es deshalb für nützlich und möglich halten, daß ich den Vortrag einmal in Jena oder Weimar in Gegenwart des Großherzogs und seiner Minister wiederhole, so bin ich nicht abgeneigt, dies zu tun. Selbstverständlich kann es sich dabei nur um einen kleinen Kreis vertrauenswerter Herren handeln."[39]

Zu dieser Leistungsschau der Chemie gehörten nun nicht allein die Rohstoffsubstitution, die anderen Ersatzproduktionen und die starke Ausdehnung der Herstellung von Sprengmitteln und Granatenfüllungen, sondern auch – und zwar be-

---

[39] Bayer Archiv Leverkusen, Autographen Sammlung, Carl Duisberg an Ludwig Knorr am 20. 5. 1916.

sonders geheim – die Herstellung von Gaswaffen.[40] Ihren Ursprung hatte diese Art der Waffennutzung bereits vor dem Krieg, doch waren Gaswaffen bis dahin technisch nicht ausgereift. Der Munitionsmangel und die Zwänge des Stellungskrieges, die den Munitionsaufwand bei nur geringen Erfolgsaussichten gewaltig erhöhten, brachten im Herbst 1914 manchen Militärs den Gedanken nahe, die gegnerischen Gräben durch den Einsatz giftiger (und zugleich preiswerter) Gase sturmreif zu machen. Auf deutscher Seite setzte die zweite OHL unter Erich von Falkenhayn noch im November 1914 eine kleine Kommission aus dem Chemiker Walter Nernst und dem Industriellen Carl Duisberg ein, die gemeinsam mit einem Artilleriefachmann die Möglichkeiten einer Nutzung von Gasen in artilleristischen Geschossen ausprobieren sollten. Das war freilich sehr viel leichter gesagt als getan, denn trotz erheblicher Anstrengungen war im Februar 1915, als die Kommission ihren Bericht vorlegte, offenkundig, dass eine wirksame Möglichkeit, Gaswaffen artilleristisch einzusetzen, nicht gefunden war: Die durch artilleristischen Beschuss erreichbare Wirkstoffkonzentration war wegen des Zerstäubungseffekts bei der Detonation der Granaten viel zu gering; ein großer Teil der ins Auge gefassten Stoffe wurde zudem durch die Detonation zerstört. Der schließlich vorgestellte T-Stoff reizte vor allem die Augen, war aber in seiner Wirkung stark temperaturabhängig.[41]

Die offenkundige Erfolglosigkeit der Nernst/Duisbergschen Anstrengungen hatte frühzeitig das Kaiser-Wilhelm-Institut für Elektrochemie unter dem späteren Nobelpreisträger Fritz Haber ins Spiel gebracht, dessen Institut in den folgenden Jahren allerdings in enger Kooperation mit den großen Chemieherstellern die Entwicklung von Gaskampfstoffen durchführte und koordinierte.[42] Auf Habers Vorschlag hin trat zunächst eine andere Form des Gaskrieges in den Vordergrund, nämlich das Abblasen von Chlor aus Gasflaschen, die in Frontnähe geöffnet wurden. Dadurch konnten, freilich wind- und wetterabhängig, große, nah am Boden schwebende Chlorwolken erzeugt werden, vor denen sich die deutsche Seite deshalb in Sicherheit wog, weil man davon ausging, dass die feindlichen Mächte die dafür nötigen stählernen Gasflaschen nicht besaßen und auch nicht schnell würden produzieren können. Das „Experiment" gelang, der erste Chlorangriff in Flandern im April 1915 war ein Erfolg, der aber selbst die deutsche Seite überraschte. Letztlich erwies sich diese Form des Gaskrieges aber zumindest an der Westfront wegen der vorwiegend westlichen Windrichtung als wenig erfolgversprechend. Zwar hielt das Militär an Chlorgasangriffen fest, doch erfolgten diese in der folgenden Zeit fast durchweg im Osten und Südosten. Das Chlor war insgesamt der am häufigsten ver-

---

40 Hierzu *Olaf Groehler*, Der lautlose Tod. Berlin 1978. *Dieter Martinetz*, Der Gaskrieg 1914–1918. Entwicklung, Einsatz und Herstellung chemischer Kampfstoffe. Das Zusammenwirken von militärischer Führung, Wissenschaft und Industrie. Bonn 1996. Siehe auch *Ludwig F. Haber*, The Poisonous Cloud. Chemical Warfare in the First World War. Oxford 1986. Zur Rüstungsproduktion allgemein vgl. Abschnitt 2.1.6 in diesem Band.
41 *Werner Plumpe*, Duisberg, 468–470.
42 Ausführlich *Szöllösi-Janze*, Fritz Haber, 316–364.

wendete Giftstoff, von den Alliierten an der Westfront, von deutscher Seite vor allem im Osten und Südosten.

Derweilen gingen die artilleristischen Versuche, die insbesondere Bayer Leverkusen in enger Kooperation mit dem Haber-Institut durchführte, weiter, und im Sommer 1915 schien mit den Phosgenverbindungen auch ein wirksamer Kampfstoff gefunden, doch dauerte es noch – zur großen Verärgerung der Industrie, die die Produktentwicklung auf eigene Rechnung durchgeführt hatte und auf zumindest kostendeckenden Absatz beim Militär hoffte – bis in das Frühjahr 1916, bis sich das Phosgen als Kampfstoff beim skeptischen Militär durchgesetzt hatte und die Industrie entsprechende Lieferaufträge bekam.[43] Da gleichzeitig die alliierte Seite chemische Kampfstoffe erprobte und einsetzte (später v. a. Diphosgen), entstand zudem ein erheblicher Bedarf an Gasmasken, für die Bayer in Kooperation mit dem Chemiker Rudolf Willstätter einen aktiven Filter entwickelte und in großer Zahl produzierte. Zugleich wurden sog. Maskenbrecher eingeführt, also Kampfstoffe, die die Soldaten zwangen, die Masken abzusetzen, wodurch sie wiederum den eigentlichen Giftstoffen ausgesetzt waren. Schließlich wurde in Kooperation von Bayer und Habers Kaiser Wilhelm-Institut 1917 ein neuer Wirkstoff entwickelt, der nach den beteiligten Chemikern Lommel und Steinkopf den Namen LOST erhielt. Dabei handelt es sich um ein Kontaktgift, das über die Haut aufgenommen wird und zu schweren Vergiftungen, u. a. zeitweiliger Blindheit, führen kann. Damit standen schließlich insgesamt fünf große Kampfstoffgruppen zur Verfügung, die auf deutscher Seite durch farbige Kreuze auf den Granaten gekennzeichnet wurden; neben Chlor waren das Weißkreuz (Xylylbromide mit Wirkung auf die Augen), Grünkreuz (Phosgen mit Wirkung auf Lunge, Atemwege), Blaukreuz (Clark, Maskenbrecher) und Gelbkreuz (LOST, auch Senfgas genannt, Kontaktgift), wobei LOST anfänglich allein von deutscher Seite produziert und entsprechend eingesetzt werden konnte. In den großen kriegführenden Staaten wurden während des Krieges insgesamt etwa 176 000 Tonnen Wirkstoffe hergestellt, wovon der größte Teil auf Chlor entfiel (93 800 t), es folgten Phosgen mit 36 600 t, Diphosgen mit 11 600 t und LOST mit 11 000 t sowie Chlorpikrin und Blausäure, wobei letztere nur auf alliierter Seite zum Einsatz kam.[44] Von den etwa 176 000 t Kampfstoff produzierte allein die deutsche Chemische Industrie gut 107 000 t, hatte also den mit Abstand größten Anteil an einer Produktion, an der sich im Übrigen mit unterschiedlichen Schwerpunkten alle großen Firmen beteiligten. Nach Ludwig Haber war Griesheim-Elektron der größte Chlorhersteller, Bayer beteiligt bei Phosgen und alleiniger Hersteller von LOST, die BASF der größte Phosgenlieferant, Hoechst bei Clark und Diphosgen beteiligt.[45] Von der Neuentwicklung LOST abgesehen, beruhten alle Kampfstoffe auf bekannten Herstellungsverfahren der Farbstoffproduktion; es waren in der Regel

---

43 Hierzu ausführlich *Werner Plumpe*, Duisberg, 466–480.
44 *Martinetz*, Gaskrieg, 120.
45 *Martinetz*, Gaskrieg, 122.

Zwischenprodukte der Farbenherstellung, deren Giftigkeit bekannt war. Die technologische „Leistung" bestand darin, diese Wirkstoffe waffenfähig zu machen und in entsprechende Granaten zu füllen. Deren militärische Wirkung war allerdings gemessen an ihrer symbolischen Bedeutung und der Angst, den diese Wirkstoffe auslösten, gering. Von knapp 1,5 Milliarden Geschossen, die im Ersten Weltkrieg verfeuert wurden, entfielen weniger als fünf Prozent (4,6%) auf Gasgeschosse.[46] Die Zahl der Gasvergifteten und Gastoten schwankt je nach Schätzung. Unter Einbezug der russischen Opferzahlen liegen die Schätzungen bei etwa 1 Million bis 1,3 Millionen Gasvergifteten und 78 000 bis 91 000 Toten, wobei Russland wegen der schlechten Ausrüstung der Soldaten mit Gasmasken die mit Abstand höchsten Verlustziffern aufwies, während die Zahl der Gastoten auf deutscher Seite sehr niedrig blieb. Verglichen mit den etwa 9,7 Millionen toten Soldaten auf beiden Seiten ist das eine unbedeutende Ziffer, und auch die militärische Bedeutung des Gaseinsatzes sollte nicht überschätzt werden, wurde doch dessen eigentliches Ziel, wieder Bewegung in die erstarrten Fronten des Stellungskrieges zu bringen, zumindest an der entscheidenden Frontlinie im Westen nicht erreicht. Für die Chemische Industrie war der Gaskrieg keine technologische Herausforderung; es wurden fast ausschließlich bekannte Stoffe und Produktionsverfahren jetzt eben für militärische Zwecke genutzt. Im Rahmen der Rüstungsproduktion, die im Fall der I.G. Farbengruppe 1917 etwa 50 Prozent des Gesamtumsatzes erfasst hatte, war der Gasanteil vergleichsweise niedrig.[47] Die Chemische Industrie in allen kriegsbeteiligten Staaten hat an der Herstellung von Gaskampfstoffen daher kaum aus wirtschaftlicher Gewinnabsicht, sondern wohl eher aus „vaterländischer Pflicht" teilgenommen, diese aber sollte zumindest kostendeckend erfüllbar sein. Das ethische Problem war wegen der Heimtücke der Gaswaffe offenkundig, doch setzten sich die verantwortlichen Industriellen und Militärs darüber hinweg.

3.3.4 Wandel der Unternehmen

Der Krieg löste nicht nur eine teilweise drastische Änderung des Produktionsprogramms der Chemischen Industrie aus. Der technologische Wandel und die steigende Kapitalintensität zwangen nicht zuletzt durch Größenwachstum zugleich zu veränderten Unternehmensstrukturen. Größere Unternehmen konnten nicht nur die finanziellen Herausforderungen leichter bewältigen. Sie schienen auch besser in der Lage, sich auf den hart umkämpften Nachkriegsmärkten, und davon gingen alle beteiligten Unternehmen geradezu selbstverständlich aus, erfolgreich zu behaupten. Hierfür, aber auch für die Finanzierung der Rückkehr zur Friedenswirtschaft

---

46 *Martinetz*, Gaskrieg, 121.
47 *Gottfried Plumpe*, I.G. Farbenindustrie AG, 84 ff.

nach dem erwarteten Ende des Krieges legten alle großen Unternehmen aus den in der Rüstungsproduktion erzielten Gewinnen große Reserven an, die dann in der Tat der Branche einen vergleichsweise reibungslosen Übergang in die Nachkriegszeit ermöglichten. Dass auf deutscher Seite entsprechende Maßnahmen frühzeitig ergriffen wurden, überrascht angesichts der Situation des Landes und der erwarteten Schwierigkeiten der Rückkehr auf die Weltmärkte nicht sonderlich. Bereits 1903/4 hatte es erste Anläufe zur Bildung eines umfassenden Farbentrustes gegeben, die jedoch am Widerstand verschiedener Unternehmen gescheitert waren. Anstatt eines Trusts kam es nur zur Bildung von zwei losen Verbünden, dem Dreibund aus Bayer, BASF und der Agfa, sowie dem Dreiverband aus Hoechst, Kalle und Cassella, die einen Teil ihres Geschäftes und ihrer Finanzstrukturen zusammenlegten, ansonsten aber unternehmerisch unabhängig blieben.[48] Unter den Bedingungen des Krieges und angesichts der Erwartung schwieriger Konkurrenzbedingungen auf den Weltmärkten der Nachkriegszeit griff Carl Duisberg auf Anregung von Carl von Weinberg, einem Miteigentümer der Cassella, 1915 seine Überlegungen zur Bildung eines Farbentrusts erneut auf und war damit unter den veränderten Bedingungen erfolgreich. 1916 entstand die sogenannte „Große I.G.", in der sich sieben große deutsche Chemiefirmen (Agfa, Bayer, BASF, Griesheim-Elektron, Cassella, Farbwerke Hoechst/Kalle und Weiler-ter-Mer) zum mit Abstand größten deutschen Chemieunternehmen zusammenschlossen, allerdings noch unter Wahrung ihrer organisatorischen Selbständigkeit und bei Beschränkung auf das Farbengeschäft und die vorgelagerten Stufen der chemischen Vor- und Zwischenprodukte. Weder wurde die Pharma-Sparte einbezogen, noch brachte die BASF das neue Stickstoffgeschäft in die Kooperation ein; ein wirklicher Zusammenschluss war damit noch nicht erreicht.[49] Zu diesem kam es erst 1925/26 mit der endgültigen Gründung des I.G.-Farbenkonzerns, nachdem allerdings bereits 1919/20 die gemeinsame Finanzierung des endgültigen Ausbaus der Stickstoffsynthese in Leuna beschlossen worden war.

Damit war ein gewaltiger Komplex entstanden, dessen Gewicht man freilich heute leicht überschätzt. In Deutschland war die I.G. der mit Abstand größte Chemiekonzern, der etwas mehr als ein Drittel des Umsatzes der Branche auf sich zog; die nächsten größeren Unternehmen wie die Deutsche Solvay, die Bayerischen Stickstoffwerke, die DEGUSSA, Schering-Kahlbaum oder die Darmstädter Merck & Co. waren deutlich kleiner.[50] Die I.G. zeichnete sich zusätzlich durch ihre überaus diversifizierte Struktur aus, die von der Herstellung der Basischemikalien und Zwischenprodukte, über die Produktion von Farbstoffen, Medikamenten und Spezialchemikalien bis hin zur synthetischen Herstellung von Stickstoff, Kautschuk, später Methanol und Benzin reichte, um nur die maßgeblichen Produktgruppen zu nen-

---

48 *Gottfried Plumpe*, I.G. Farbenindustrie AG, 45–49.
49 *Werner Plumpe*, Duisberg, 681–683.
50 Zahlen zu Umsatz, Beschäftigung und Vermögenswerten bei *Haber*, Chemical Industry 1900–1930, 290 f.

Abb. 4: Stickstoffwerk Piesteritz in Brandenburg, erbaut 1915 (Siemens Historical Institute, FS I 388_8_300).

nen. In ihrer Diversität war die I.G. ziemlich einmalig, doch war sie weder der weltgrößte Chemiekonzern noch war sie das profitabelste Unternehmen.

Der Zusammenschluss in Deutschland war, obwohl er vor der Öffentlichkeit so gut wie möglich abgeschirmt worden war, nicht unbemerkt geblieben. Für die eigene Chemische Industrie in zahlreichen Staaten hieß das, dass man von einer scharfen deutschen Konkurrenz auszugehen hatte, und das auch gerade dort, wo während des Krieges überhaupt erst eigene Produktionskapazitäten entstanden waren, namentlich bei der Farben- und der Pharmaproduktion. Dass es zu Gegenreaktionen kommen würde, war auch den I.G.-Gründern bewusst, doch nahm man das als das vermeintlich kleinere Übel in Kauf. Es waren nicht nur die Unternehmen, die aktiv wurden. Unter anderem wegen des Zusammenschlusses in Deutschland, drangen in den USA, Frankreich und Großbritannien auch die Regierungen auf eine Neuorganisation der Branche, um sie vor der als übermächtig erwarteten deutschen Konkurrenz nach dem Krieg zu schützen. Während die Änderung der Unternehmensstrukturen in den USA privatwirtschaftlich erfolgte, leistete der Staat in Großbritannien und Frankreich auch direkt maßgebliche Hilfe beim Neuzuschnitt der Unternehmensstrukturen. In den USA gab es schließlich zu Beginn der 1920er Jahre drei große Konzerne, und zwar die Firma DuPont, die im Weltkrieg erhebliche Gewinne mit der gewaltigen Ausdehnung ihrer Sprengstoffproduktion erzielt und das

Unternehmen gezielt erweitert hatte, ferner einen sich nach und nach durch Fusionen herausbildenden Farbstoffkonzern, die Allied Chemical & Dye (ACD), von der Kapitaldecke her 1920 der größte Chemiekonzern der Welt, sowie schließlich die Union Carbide und Carbon Corporation, die ebenfalls während des Krieges entstanden war, der I.G. allerdings nicht auf dem Farbstoffgebiet, sondern im Bereich der Elektrochemie ein großer Konkurrent war. Parallel zum unter anderem von den hohen Gewinnen der Kriegszeit getriebenen Konzentrationsprozess änderten sich auch in Frankreich und Großbritannien die Unternehmensstrukturen, wobei die Regierung wichtige Schützenhilfe leistete, damit leistungs- und konkurrenzfähige Unternehmen entstehen konnten, die es zuvor nicht gegeben hatte.[51] Das führte in Großbritannien schließlich 1926 mit den Imperial Chemical Industries (I.C.I.) zur Bildung eines überragenden Konzerns,[52] während in Frankreich mehrere größere Unternehmen entstanden, deren Bedeutung aber nicht an das britische oder deutsche Niveau heranreichte, von den amerikanischen Konzernen zu schweigen.[53]

Die Weltchemiewirtschaft war mithin nach dem Krieg sehr viel stärker durch große Unternehmen geprägt, als das vor dem Krieg der Fall gewesen war, wo es kaum große, marktbeherrschende Strukturen gegeben hatte. Nun existierte eine Art Oberliga von Unternehmen, in denen vor allem die großen amerikanischen Konzerne den Ton angaben, an deren Bedeutung und Kapazität noch am ehesten die deutsche I. G. Farbenindustrie AG heranreichte, die zudem in wichtigen Bereichen weiterhin eine Art technologische Führung für sich beanspruchen konnte. Von der Kapitalausstattung her hatten etwa 1920 ACD und Dupont in den USA mehr als 200 Millionen Dollar, während es die I.G. 1918 auf gut 80 Millionen und der damals größte britische Anbieter, Brunner & Mond auf gut 50 Millionen Dollar brachte. Die übrigen europäischen Unternehmen waren deutlich kleiner.[54] Diese oligopolistische Struktur hatte viel mit der erwarteten Konkurrenzsituation der Nachkriegszeit zu tun und sollte eigentlich erheblich zur Konkurrenzverschärfung beitragen, erleichterte ironischerweise aber auch die in den 1920er Jahren fast überall zu findenden Kooperationsformen, die Marktaufteilungen und Lizenzabkommen, mit denen die großen Unternehmen die intensive Konkurrenz zu bändigen versuchten.

Der Krieg hatte schließlich die Handlungsbedingungen der Branche noch in einer weiteren Hinsicht verändert. Die Chemische Industrie hatte sich in bestimmten Gebieten als kriegsentscheidender Industriezweig erwiesen. Die Nutzung dieser Schlüsselstellung hatte freilich die Branche auch „politisiert", die sich auf politischen Märkten, und das waren die Rüstungsmärkte durchweg, ja einigermaßen sicher bewegen musste. All diese Herausforderungen bedingten auch eine Art Pro-

---

51 Detailliert hierzu *Gottfried Plumpe*, I. G. Farbenindustrie AG, 103–106.
52 *Haber*, Chemical Industry 1900–1930, 291–302.
53 *Haber*, Chemical Industry 1900–1930, 303–305.
54 *Gottfried Plumpe*, I. G. Farbenindustrie AG, 106.

fessionalisierung der vor dem Krieg bestenfalls provisorischen Organisationsstrukturen einer Branche, in der lange eher eine Art Einzelkämpfertum oder Gentlemen's Agreement vorherrschte. Die deutsche Chemie etwa hatte aus Angst, von größeren Branchen dominiert zu werden, die Zusammenarbeit in industriellen Zentralverbänden lange verweigert und sich lieber auf sich selbst verlassen. Immerhin gab es hier bereits einen Branchenverband, den Reichsverband zur Wahrung der Interessen der Chemischen Industrie, der bei Kriegsende vor allem professionalisiert werden musste. Dem 1919 neu gegründeten Reichsverband der Deutschen Industrie schloss man sich jetzt ebenfalls, wenn auch mit erheblichen Vorbehalten, an. In den anderen Ländern trug der Krieg wesentlich zur Entstehung einer vergleichbaren organisatorischen Infrastruktur bei, die Ludwig Haber detailliert beschrieben hat.[55] In den zwanziger Jahren gab es mithin ein dichtes Netz von Interessenorganisationen, die überdies eng mit den chemischen Fachgesellschaften, den Interessenverbänden der Chemiker, öffentlichen Stellen, wissenschaftlichen Einrichtungen und Forschungsinstituten kooperierten.

3.3.5 Die Chemische Industrie bei Kriegsende und im Kontext der Friedensverträge und Reparationsregelungen

Der Weltkrieg änderte also die globalen Strukturen der Chemischen Industrie ebenso wie ihr technisches und organisatorisches Profil. Das war zunächst eine Folge der Unterbrechung der globalen Lieferketten, wodurch viele Kunden der deutschen Chemischen Industrie zum Aufbau eigener Kapazitäten bei Farben, Feinchemikalien und Pharmazeutika gezwungen waren. Dieser Kapazitätsaufbau hatte zudem zur Folge, dass in diesen Ländern nun eine erhebliche Furcht vor der Rückkehr der deutschen Konkurrenz entstand, der man sich nicht oder zumindest noch nicht gewachsen fühlte. Die Wiederherstellung eines globalen Marktes für Produkte der Chemischen Industrie wurde hierdurch faktisch erheblich erschwert, sollte sie überhaupt politisch gewollt sein. Schon die noch während des Krieges vorgenommenen zollpolitischen Maßnahmen in den USA, Großbritannien und Frankreich, um die entstehende eigene Farbstoffindustrie zukünftig zu schützen, machten das wenig wahrscheinlich.[56] Zugleich war die Chemische Industrie technisch nicht mehr das, was sie vor 1914 gewesen war. Der technologische Wandel hatte sich zwar längst abgezeichnet, die chemischen Wissenschaften hatten frühzeitig einen Wandel hin zur technischen und physikalischen Chemie signalisiert.[57] Der Krieg beschleunigte

---

55 *Haber*, Chemical Industry 1900–1930, 247–278.
56 *Gottfried Plumpe*, I. G. Farbenindustrie AG, 112–114.
57 *Haber*, Chemical Industry 1900–1930, 76–107.

die Veränderungen namentlich im Bereich der Hochdrucksynthese stark. Nach dem Krieg bestimmte nicht mehr nur das Labor, was produziert werden sollte; Anlagenbau und Verfahrenstechnik erlangten eine ganz neue Bedeutung. Damit nahm zugleich die Kapitalintensität zu, denn die Hochdruckanlagen verschlangen gewaltige Investitionssummen.[58] Auch wenn in bestimmten Bereichen die technologischen Abstände zwischen den deutschen und den internationalen Chemiefirmen während des Krieges geringer geworden waren,[59] blieb doch gerade in diesen neuen Bereichen der Abstand weiterhin sehr groß, ja hatte sich durch den Krieg noch vergrößert. Allein deshalb musste die Neugestaltung der globalen Nachkriegsmärkte im Bereich der Chemischen Industrie zu einem erheblichen Problem werden, das sich fast unlöslich mit der Reparationsfrage verband.

Schon im Waffenstillstandsvertrag vom November 1918 zeichnete sich ab, dass auf Deutschland erhebliche Reparationsforderungen zukommen würden, begleitet von weitgehenden Schritten zum Abbau und zur zukünftigen Begrenzung seiner militärisch wichtigen Industrien. Die deutsche Chemische Industrie stand mithin vor großen Herausforderungen, einerseits Teile ihrer Produktion (Farben, Pharmazeutika) an die Reparationsgläubiger liefern zu müssen, andererseits aber erhebliche Einschnitte in ihre Anlagen und in ihr Produktionsprogramm hinnehmen zu müssen. Das war überall dort nicht von großer Bedeutung, wo während des Krieges zusätzliche oder neue Anlagen errichtet worden waren, die nach Kriegsende nicht lukrativ betrieben werden konnten, etwa bei den zusätzlichen Kapazitäten der Salpetersäureherstellung oder bei den Anlagen zur Gewinnung von Schwefel aus Gips. Auch die an verschiedenen Standorten errichteten Granatfüllungsbetriebe fielen hierunter. Das betraf insgesamt aber bestenfalls einen kleinen Teil der Anlagen; der größte Anteil der Anlagen waren sog. Dual-Use-Bereiche, in denen Güter hergestellt wurden, die sowohl für die zivile wie für die militärische Nutzung einsetzbar waren, worunter fast der gesamte Bereich der Produktionskapazitäten im Vor- und Zwischenproduktbereich fiel, aber auch zahlreiche Fertigungsbetriebe etwa der Farbenherstellung gehörten hierher. Hier waren umfangreiche Inspektionen durch alliierte Militärkommissionen vorgesehen, die die Bedeutung der Anlagen erfassen, klassifizieren und Empfehlungen zu deren weiterer Behandlung (Abbau, Verkleinerung etc.) machen sollten. Diese Inspektionen etwa setzten in Leverkusen und in Ludwigshafen, die beide im besetzten linksrheinischen Gebiet bzw. in den rechtsrheinischen Brückenköpfen lagen, schon frühzeitig ein und wurden schließlich auch auf die mittelrheinischen Unternehmen rund um Frankfurt am Main ausgedehnt. Die Unternehmensleitungen vermuteten in diesen Inspektionen nicht ganz ohne Grund eine mehr oder weniger organisierte Industriespionage. Carl Duisberg meinte in den Uniformen britischer Offiziere englische Chemiker und Angehörige chemischer Un-

---

58 Hierzu im einzelnen *Gottfried Plumpe*, I. G. Farbenindustrie AG, Teil III.
59 Vgl. *Haber*, Chemical Industry 1900–1930, 135–183.

ternehmen erkennen zu können.⁶⁰ Für die deutsche Chemische Industrie stellte das eine existentielle Bedrohung dar, ging man doch davon aus, auf den globalen Märkten ohnehin benachteiligt zu werden und war daher fest überzeugt, nur durch technisch überlegene Produkte überhaupt eine Chance zur erfolgreichen Rückkehr auf relevante Weltmärkte zu haben. Die große Bereitschaft namentlich von Carl Duisberg, der in dieser Zeit zugleich der Vorsitzende des Verbandes zur Wahrung der Interessen der Chemischen Industrie war und diesen auch im Präsidium des Anfang 1919 neu gegründeten Reichsverbandes der Deutschen Industrie vertrat, sich massiv (und nebenher überaus erfolgreich) in die Förderung der Naturwissenschaften einzuschalten und dabei zugleich sicherzustellen, dass das industrielle Engagement vor allem strategischen Forschungsgebieten zugutekam, hat hier seinen Grund.⁶¹

Während die Zwangslieferungen von Farbstoffen, die bereits im Frühjahr 1919 aufgenommen wurden, den Unternehmern sogar zugutekamen, da hierdurch ein Zugang zu den eigentlich verschlossenen Märkten der Siegerstaaten aufrechterhalten werden konnte, zumal die Lieferungen entweder direkt bezahlt oder die Kosten vom Reich erstattet wurden, und die Bedrohung durch Industriespionage und den Zwang zum Abbau kriegsrelevanter Anlagen überschaubar blieb, drohten im Zuge der Versailler Verhandlungen und der Formulierung der konkreten Reparationsauflagen ganz andere Gefahren, deren man sich an der Spitze der großen Chemieunternehmen frühzeitig bewusst war. Dies betraf zum einem die handelspolitische Behandlung Deutschlands generell. Rasch war klar, dass sich Deutschland weder effektiv schützen konnte (Pflicht zur fünfjährigen Meistbegünstigung der ehemaligen Feindstaaten) noch freien Zugang zu den ausländischen Märkten erlangen oder zumindest Gleichbehandlung verlangen konnte. Darüber hinaus drohte eine existentielle Gefahr: Denn neben umfangreichen Lieferverpflichtungen (im Versailler Vertrag wurde die Abgabe der Hälfte aller Farbenvorräte, die im Sommer 1919 vorhanden waren, ebenso vorgeschrieben wie die Pflicht, ein Viertel der Farbenproduktion den Alliierten bis 1925 zu von ihnen fixierten Preisen anzubieten⁶²) konnte es passieren, dass der gesamte Bereich der Großsynthese mit der Stickstoffsynthese im Kern als kriegsrelevant eingestuft und generell verboten werden würde, wie sich das in anderen Industriezweigen (Flugzeug- und Schiffbau, Panzer, schwere Transportfahrzeuge etc.) längst abzeichnete. Angesichts der Verschiebung der Produktionsstrukturen in der Chemischen Industrie wäre ein Verbot der Stickstoffsynthese, die mittlerweile den größten Beitrag zum Umsatz der Branche lieferte, einer Katastrophe gleichgekommen, die es unter allen Umständen zu verhindern galt. Schon in den vorbereitenden Gesprächen über die deutsche Verhandlungsführung in den Friedensverhandlungen, an denen aus der Chemischen Industrie u. a. Carl Duisberg (Bayer), Carl Bosch (BASF) und Carl von Weinberg (Cassella) beteiligt waren, zeich-

---

60 *Werner Plumpe*, Duisberg, 552.
61 Hierzu ausführlich *Werner Plumpe*, Duisberg, Kap. 28.
62 *Haber*, Chemical Industry 1900–1930, 248 f.

nete sich eine große Bereitschaft zu relativ weitem Entgegenkommen gegenüber französischen Forderungen ab.[63] So war man wohl auch bereit, französische Kapitalbeteiligungen an den einschlägigen deutschen Unternehmen zu akzeptieren, und signalisierte überdies, in Frankreich an einem geeigneten Standort eine Anlage zur Stickstoffsynthese aufzubauen, was später bei Toulouse auch geschah. Wirklich optimistisch waren die Industriellen bezüglich der Verhandlungen nicht, hatten doch schon die ersten Verhandlungen über Farbstofflieferungen in einer frostigen, demütigenden Atmosphäre gestanden, etwas, was sich dann in den kommenden Monaten in Versailles wiederholen sollte. Die Erwartungen an die staatlichen Verhandlungen waren schließlich derart schlecht, dass sich die Spitze der I.G. zu einem Alleingang entschloss. Unter abenteuerlichen Bedingungen verließ Carl Bosch das eigentlich isolierte deutsche Verhandlungshotel und traf sich mit Vertretern der französischen chemischen Industrie,[64] namentlich mit den Leitern der größten Farbstoff-Firma, Matières Colorantes, um über zweiseitige Abkommen die Existenz der deutschen großen Chemiebetriebe gleichsam privatwirtschaftlich abzusichern. Das auf dieser Basis zustandekommende Frossard-Abkommen, das schließlich 1924 wieder aufgelöst wurde, war zwar kein wirklicher Erfolg, zumal es in der französischen Öffentlichkeit nicht auf Gegenliebe stieß und seine Regelungen von Seiten der französischen Firma faktisch nicht angewandt wurden,[65] aber allein seine Existenz signalisierte eine grundsätzliche Verständigungsbereitschaft, worauf es für die deutsche Seite jetzt allein ankam. War ihre Existenz gesichert und der Bestand ihrer Anlagen im Wesentlichen ungefährdet, dann, so kalkulierten Bosch, Duisberg und andere, würde ihre Innovationskraft erhalten bleiben und eine Chance zur erfolgreichen Rückkehr auf die Weltmärkte zumindest grundsätzlich bestehen bleiben.

So kam es schließlich auch. Die Stickstoffsynthese wurde nicht verboten; stattdessen wurde die deutsche Industrie zu umfangreichen Lieferungen von Ammoniumsulfat verpflichtet, konnte aber den Ausbau der Großsynthese weiterbetreiben.[66] Der Besatzungsalltag in Ludwigshafen war zwar von erheblichen Auseinandersetzungen gekennzeichnet, die das bei Köln unter britischer Besatzung stehende Leverkusener Werk nicht kannte. 1923 etwa musste Carl Bosch Ludwigshafen fluchtartig verlassen, um sich einer Verhaftung durch das französische Militär zu entziehen,[67] während das englische Militär in Leverkusen nach den geschilderten anfänglichen Irritationen (Industriespionage) in Leverkusen sogar als Ordnungsagent auftrat und die bürgerkriegsähnlichen Zustände verhinderte,[68] die etwa nach dem Kapp-Putsch in Berlin oder dem Ruhrgebiet existierten. Aber die unmittelbaren Eingriffe in die

---

63 *Peter Krüger*, Deutschland und die Reparationen 1918/19. Die Genesis des Reparationsproblems in Deutschland zwischen Waffenstillstand und Versailler Friedensschluss. Stuttgart 1973.
64 *Karl Holdermann*, Carl Bosch: Im Banne der Chemie. Leben und Werk. Düsseldorf 1953, 163–175.
65 *Gottfried Plumpe*, I.G. Farbenindustrie AG, 121–123.
66 Zu den Lieferungen *Haber*, Chemical Industry 1900–1930, 249.
67 *Holdermann*, Bosch, 187 f.
68 *Werner Plumpe*, Duisberg, 558.

Substanz der Chemischen Industrie blieben begrenzt, die als Gegenleistung für diese Schonung allerdings einen erheblichen Teil ihrer technologischen Kompetenzen aufdecken musste. Angesichts der schieren Größe des Düngemittelmarktes, den die Stickstoffsynthese nach dem Krieg vor allem belieferte, war das verkraftbar. Das Stickstoffgeschäft wurde nach einer kurzen schwierigen Phase auch, wie man das erwartet hatte, zu einem wichtigen Standbein der Nachkriegsproduktion. In der generellen Reparationspolitik war die Chemische Industrie daher auch sehr viel konzilianter als große Teile der Schwerindustrie, die auf eine harte Konfrontation mit Frankreich setzten und die seit 1920 von der Reichsregierung betriebene sog. Erfüllungspolitik ablehnten.[69] Zwar ließen auch Duisberg und Bosch, um nur diese zwei Namen zu nennen, kein gutes Haar an den Reparationsforderungen der Alliierten und der Art und Weise, wie sie mit Ultimaten und militärischen Sanktionen durchgesetzt wurden, doch waren sie stets auf der Seite der Regierung und versuchten deren Erfüllungspolitik, zum Teil sogar aktiv, wie in der Frage der Kreditaufnahme durch die Industrie Ende 1921, zu unterstützen. Auch wenn er mit dem Munde sich gelegentlich radikal gab, war Duisberg nach der Ruhrbesetzung im Januar 1923 froh, dass das Bayerwerk im britischen Brückenkopf lag und eine Beteiligung am passiven Widerstand daher nicht in Frage kam. Er suchte jeden Verdacht zu zerstreuen, Bayer sei irgendwie beteiligt, während er nach außen gegenüber dem von der französischen Armee verhafteten Gustav Krupp seine demonstrative Solidarität aussprach.[70]

Auch wenn man nach der Konsolidierung der Situation und der Verabschiedung des Dawes-Plans unter anderem unter der Industrieumlage, mit der ein Teil des Reparationsaufkommens auf die gewerbliche Wirtschaft verlagert wurde, litt und sich wiederholt beschwerte, für die Chemische Industrie war die Verständigung mit den ehemaligen Kriegsgegnern – und das hieß eben auch die Kooperation mit den wirtschaftlich lukrativen Westeuropas und Nordamerikas – stets von ausschlaggebender Bedeutung.[71] Das hatte sicher auch mit der Tatsache zu tun, dass die Chemische Industrie in den 1920er Jahren im Gegensatz zur Eisen- und Stahlindustrie und zum Kohlenbergbau wirtschaftlich erneut prosperierte und insofern erheblich größere Handlungsspielräume besaß. Eine autarkiepolitische Wende kam für die Chemische Industrie auf keinen Fall in Frage. Angesichts der rasch wieder erreichten Exporterfolge wäre das wirtschaftlich völlig unvernünftig gewesen; so etwas hätte aber auch den subjektiven Überzeugungen ihres leitenden Personals widersprochen, deren Eintreten für möglichst offene Weltmärkte auch den strategischen Überlegungen zugrunde lag, mit denen Carl Duisberg zwischen 1925 und 1931

---

[69] Hierzu ausführlich *Gerald D. Feldman*, Hugo Stinnes. Biographie eines Industriellen 1870–1924. München 1998, 687 ff.
[70] *Werner Plumpe*, Duisberg, Kap. 27.
[71] Details bei *Gottfried Plumpe*, I. G. Farbenindustrie AG, 114–130.

den Reichsverband der Deutschen Industrie führte.[72] Der Ausgleich mit Frankreich lag Carl Duisberg, der Gustav Stresemann insofern bedingungslos unterstützte, ebenso am Herzen wie eine enge Zusammenarbeit mit den britischen Unternehmen oder eine möglichst enge Kooperation mit amerikanischen Chemiefirmen. Das war freilich eine Haltung, die eng mit der starken Marktposition der deutschen Chemischen Industrie zusammenhing, die diese nach den Erschütterungen der ersten Nachkriegszeit rasch wieder erlangt hatte.

In anderen Ländern war die Einstellung zu offenen Märkten mit ihrer starken Konkurrenz daher auch sehr viel differenzierter; hier fühlten sich viele in ihren schon während des Krieges geäußerten Befürchtungen bestätigt und zweifelten an der Überlebensfähigkeit ihrer jungen Industrien, sollten die liberalen Verhältnisse der Vorkriegszeit wiederkehren. Der endgültige Zusammenschluss zahlreicher deutscher Firmen zur I. G. Farbenindustrie AG 1925, mit denen die vorher noch teilautonom bestehenden Firmen endgültig in dem neuen Trust aufgingen, der nun seine volle Stärke auf den Konkurrenzmärkten entfalten konnte, verstärkte derartige Befürchtungen, die in der Tat berechtigt waren, denn der I.G. gelang es trotz aller Restriktionen und trotz des Verlustes von Anlagen, Patenten, Warenzeichen und Produktionswissen an die alten Erfolge der deutschen Chemischen Industrie anzuschließen. Zwar war sie auf dem Farbstoffmarkt nicht mehr vergleichbar dominant, aber immerhin noch der mit Abstand größte Anbieter. Vom freien Zugang zu bestimmten Märkten ausgeschlossen, intensivierte sich die Konkurrenz dort, wo der Marktzugang offen war. Hier konnte sich die I.G. allerdings zumeist durchsetzen; namentlich die Farbstoffmärkte wurden in China, Japan, aber auch in Britisch-Indien wieder vorrangig von der I.G. beliefert, in heftiger Konkurrenz nun allerdings mit amerikanischen Firmen.[73] In Europa kam es hingegen zu Verständigungen etwa in Großbritannien und Frankreich, da die dortigen Farbstoffindustrien nicht groß genug waren, um die Heimatmärkte ausreichend und vor allem in guter Qualität versorgen zu können. Auch den großen amerikanischen Unternehmen war klar, dass eine Kooperation dort, wo die jeweils andere Seite über große ökonomische und technologische Potentiale verfügte wie etwa im Bereich der Hochdrucksynthese, erhebliche Vorteile bot, und so kam es, letztlich auch zur Umgehung der politischen Handelshemmnisse, zu Absprachen, Kooperationen und Marktaufteilungen, mit denen die Handelshemmnisse freilich jeweils zu Lasten des freien Wettbewerbs entschärft wurden.[74]

Insgesamt verschob sich mit dem Krieg und durch die Restriktionen der Nachkriegszeit die Regionalstruktur des deutschen Außenhandels, bei dem die Produkte

---

72 *Werner Plumpe*, Duisberg, Kap. 33. *Johannes Bähr/Christopher Kopper*, Industrie, Politik, Gesellschaft. Der BDI und seine Vorgänger 1919–1990. Göttingen 2019, 73–101 (erster Teil 1919–1950).
73 *Gottfried Plumpe*, I. G. Farbenindustrie AG, 117 ff.
74 Zur Kooperation Standard Oil/I. G. Farben im Bereich Öl/Benzin vgl. etwa *Gregory P. Nowell*, Mercantile States and the World Oil Cartel, 1900–1939. Ithaka 1994. Generell *Gottfried Plumpe*, I. G. Farbenindustrie AG, 124–130.

der Chemischen Industrie eine erhebliche Rolle spielten, deutlich. Während Großbritannien und Russland, vor dem Krieg der zweit- und der drittgrößte Auslandsmarkt der Chemischen Industrie an Gewicht verloren, wurden die Märkte vor allem in Südost- und Nordeuropa wichtiger.[75] In China konnte der Außenhandel seit entsprechenden Abkommen von Anfang der 1920er Jahre erneut Fuß fassen und vervierfachte sich in den 1920er Jahren, wobei Produkte der Chemischen Industrie eine hervorragende Rolle spielten. Das waren zwar durchweg positive Zeichen, doch die Dynamik, die die Weltchemie vor 1914 gekannt hatte, gewann sie nicht zurück.

3.3.6 Die Bedeutung des Krieges für den Strukturwandel der Chemischen Industrie

Der Sozialhistoriker Michael Geyer hat bereits vor längerer Zeit darauf hingewiesen,[76] dass sich spätestens mit dem Ersten Weltkrieg die industrielle Dynamik der Kriegsführung deutlich geändert habe. Dachte man bei Kriegsbeginn noch ganz herkömmlich in Kategorien der Waffenherstellung und setzte auf die Bedeutung von „Waffenschmieden", für die im deutschen Fall die Essener Firma Krupp nachgerade emblematisch herhalten musste, so zeigte sich im Krieg ein deutlich anderes Bild. Die Waffenherstellung war weiterhin wichtig, doch veränderten allein Dauer und Ausmaße der Rüstungsprozesse den industriellen Einsatz maßgeblich. Ganze Volkswirtschaften wurden nun mobilisiert, deren Leistungsfähigkeit aber durch die Unterbindung der internationalen Arbeitsteilung im Krieg erheblich beeinträchtigt wurde. Gerade diese Tatsache war für den Bedeutungsgewinn der Chemischen Industrie ausschlaggebend. Ohne die Leistungen der Chemie wäre der Krieg nach wenigen Monaten vorüber gewesen, die in kriegswichtigen Bereichen jene Stoffe substituieren musste, die zuvor über die Weltmärkte bezogen worden waren. Aber auch in anderer Hinsicht war der Beitrag unüberschätzbar. Ohne die Chemische Industrie wäre die gewaltige Steigerung des Waffeneinsatzes ausgeschlossen gewesen, lieferte sie doch die hierzu notwendigen Sprengstoffe. Sie mauserte sich nach und nach zu einer Art Schlüsselindustrie der Rüstung, da ohne ihre Produkte nur wenige Waffensysteme vollständig nutzbar waren. Insofern war der Krieg für die Branche eine große Herausforderung und ein gewaltiges Risiko, nicht zuletzt deshalb, weil ja völlig unklar war, welche der

---

[75] *Dietmar Petzina*, Die deutsche Wirtschaft in der Zwischenkriegszeit. Wiesbaden 1977, 188. Zum Chinahandel *Andreas Steen*, Deutsch-chinesische Beziehungen 1911–1927. Vom Kolonialismus zur „Gleichberechtigung". Eine Quellensammlung. Berlin 2006, 336–339. Ferner *Peter Merker*, Die Absatzorganisation der deutschen Wirtschaft in China an der Wende von den 20er zu den 30er Jahren, in: Mechthild Leutner (Hrsg.), Politik, Wirtschaft, Kultur. Studien zu den deutsch-chinesischen Beziehungen. Münster 1996, 271–296.
[76] *Michael Geyer*, Deutsche Rüstungspolitik 1860–1980. Frankfurt am Main 1984.

neuen oder erweiterten Produktionsbereiche nach dem Ende der Kampfhandlungen unter Friedensbedingungen produktiv nutzbar sein würden. Der sich bereits vor dem Krieg abzeichnende Strukturwandel weg von der zumindest im Bereich der organischen Chemie dominanten Farbstoffherstellung hin zu einer Vielzahl anderer Produkte wurde jedenfalls durch den Krieg beschleunigt, deren Hauptnutznießer dabei zweifellos der Bereich der Hochdrucksynthese war. Deren Expansion setzte sich nach dem Ende des Krieges weiter fort. Zwar brach der Stickstoffmarkt mit dem Ende der Munitionsproduktion 1918/19 kurzfristig zusammen und verschaffte der BASF erhebliche Probleme, den endgültigen Ausbau von Leuna programmgemäß zu finanzieren, doch sprangen hier die anderen Firmen, mit denen die BASF in der I.G. Farbenindustrie verbunden war, ein und halfen, das Projekt zum gewünschten Abschluss zu bringen. Später eroberte sich die Hochdrucksynthese weitere Bereiche, zunächst das Methanol, danach das aus durch Kohlehydrierung gewonnene Benzin und schließlich den synthetischen Kautschuk.

Nimmt man allein die Umsätze der I.G. als Maßstab, zeigt sich hieran der Strukturwandel der Chemischen Industrie in und durch den Krieg am deutlichsten: Bestritten Farbstoffe 1913 63% des Umsatzes der I.G.-Gruppe, so waren es nach dem Ende der Inflation noch knappe 40%, während Düngemittel, die vor 1914 zumindest in der I.G. keine große Rolle gespielt hatten, nunmehr ein Drittel des Umsatzes ausmachten.[77] Im Bereich der Weltfarbstoffindustrie war Deutschland Mitte der 1920er Jahre zwar immer noch der größte Anbieter, der mehr als die Hälfte der weltweiten Kapazitäten auf sich vereinigte, jedoch hinderten die Marktrestriktionen und die aufgekommene neue Konkurrenz in anderen Ländern, deren Farbstoffherstellung vor 1914 unbedeutend gewesen war, daran, diese Kapazitäten auszunutzen. Während der Anlagennutzungsgrad in den meisten Ländern zwischen 60 und 80 Prozent lag, erreichte er in Deutschland gerade 39,4%.[78] Der deutsche Anteil am Weltfarbstoffexport sank entsprechend von 88% im Jahr 1913 auf durchschnittlich 50 bis 60% in der Zwischenkriegszeit ab.[79]

Dass die Farbstoffindustrie als Kern der Chemischen Industrie zumindest in Deutschland ihren Zenit überschritten hatte, war schon kurz nach der Jahrhundertwende offensichtlich geworden, als die Indigosynthese und die Herstellung von Indanthrenfarben das Innovationspotential dieses Bereiches weitgehend erschöpft erscheinen ließen. Während die BASF seither und im Rahmen ihrer technologischen Tradition naheliegend auf die synthetische Herstellung zentraler Produktgruppen setzte, orientierten sich die anderen Hersteller am sog. Tausendfüßlerprinzip, d. h. suchten durch eine weitgehende Diversifizierung ihrer Produktpaletten möglichen Engpässen der Farbstoffmärkte auszuweichen. Der Krieg kam der Strategie, die Hochdrucksynthese auszubauen, maßgeblich zu Hilfe, wäre sie doch ohne die Be-

---

[77] *Gottfried Plumpe*, I.G. Farbenindustrie AG, 131.
[78] *Gottfried Plumpe*, I.G. Farbenindustrie AG, 116.
[79] *Gottfried Plumpe*, I.G. Farbenindustrie AG, 129.

dürfnisse der Sprengstoffherstellung nie und nimmer zu dieser raschen Erfolgsgeschichte geworden, die sie schließlich Anfang der 1920er Jahre war. In der Auseinandersetzung um die zukünftige Strategie der I. G. Farbenindustrie hatte Carl Bosch, der Vorstandsvorsitzende der BASF, daher auch das technologische Momentum in der Auseinandersetzung mit dem Bayer-Chef Carl Duisberg, der ein möglichst breites Produktspektrum favorisierte auf seiner Seite, als er den zügigen Ausbau der Hochdrucksynthese zum strategischen Ziel des neuen Unternehmens erklären konnte, das seine Investitionen entsprechend verteilte.[80]

Zumindest in Deutschland änderte der Weltkrieg daher den Charakter der Branche bzw. beschleunigte einen Wandel, der sich zuvor bereits abgezeichnet hatte. Zwar sollte die Bedeutung der I. G. Farbenindustrie nicht überschätzt werden, die bei aller Größe doch nur etwa die Hälfte der Chemischen Industrie zusammenfasste, hier lag aber zweifellos das Innovationszentrum der Branche, und das nicht nur in Deutschland. Zwar verblassten die Vorsprünge, die die deutsche organische Chemie vor dem Ersten Weltkrieg vor ihrer internationalen Konkurrenz gehabt hatte, auch ließen ältere Festlegungen auf den Bereich der Chemotherapie die hiesigen Forschungen etwa zu neuen Medikamentenklassen (Penicilline) nicht recht hochkommen,[81] doch war es vor allem das Volumen der Investitionen in die Großsynthese, das seither den Gang der Chemischen Industrie bestimmte und alternative Entwicklungspfade beschränkte. Technologisch war das nicht unbedingt falsch, aber nicht jede Hoffnung erfüllte sich. Während die großtechnische Darstellung von Stickstoff und Methanol sich bewährten, ging die Großinvestition in die Benzinsynthese aufgrund der Auffindung großer Erdöllager weitgehend am Markt vorbei. Diese Fehlinvestition wiederum machte gerade diesen Zweig der Chemie anfällig für staatliche Subventionen und bot der NS-Autarkiepolitik, die nebenher keineswegs im Interesse der Chemischen Industrie lag, handfeste Angriffspunkte, die sie schließlich auch nutzte, um mit den Möglichkeiten der Großsynthese Deutschland im Bereich strategischer Rohstoffe von deren internationalen Lieferanten unabhängig zu machen.[82] Die Verschiebung der Strukturen der Chemischen Industrie hätte zweifellos auch ohne den Ersten Weltkrieg stattgefunden, da der wirtschaftliche Bedarf für synthetisch hergestellte Grundstoffe in vielen Bereichen gewaltig war, eine entsprechende Geschäftsentwicklung also gut begründet werden konnte, während das traditionelle Farbstoffgeschäft deutlich an Attraktivität eingebüßt hatte. Der Krieg beschleunigte diese Transformation nicht nur, er und seine Folgen versetzten der weltwirtschaftlichen Arbeitsteilung auch einen Schlag, von dem sie sich in den Weimarer Jahren

---

80 *Raymond G. Stokes*, Von der I. G. Farbenindustrie AG bis zur Neugründung der BASF, in: *Abelshauser u. a.*, Die BASF, 221–260.
81 *Wilhelm Bartmann*, Zwischen Tradition und Fortschritt. Aus der Geschichte der Pharmabereiche von Bayer, Hoechst und Schering 1935–1975. Stuttgart 2003.
82 *Dietmar Petzina*, Autarkiepolitik im Dritten Reich. Der nationalsozialistische Vierjahresplan. Stuttgart 1968.

kaum erholt hatte, als die Weltwirtschaftskrise bereits das nächste Desaster einleitete. Die Vorstellung, sich von der Weltwirtschaft unabhängig zu machen, gewann jedenfalls sehr an Popularität und gab den entsprechenden Projekten einen weiteren Schub, auch wenn die Führung der I. G. Farbenindustrie keineswegs auf Autarkie aus war. Unter den Bedingungen der NS-Rüstungswirtschaft aber wurde das immer wahrscheinlicher, und so ist es kein Zufall, dass die Chemische Industrie schließlich zum Herzstück der Autarkiepolitik des Dritten Reiches wurde.

Auswahlbibliographie

Abelshauser, Werner u. a. (Hrsg.), Die BASF. Eine Unternehmensgeschichte. München 2002.
Bähr, Johannes/Kopper, Christopher, Industrie, Politik, Gesellschaft. Der BDI und seine Vorgänger 1919–1990. Göttingen 2019.
Bartmann, Wilhelm, Zwischen Tradition und Fortschritt. Aus der Geschichte der Pharmabereiche von Bayer, Hoechst und Schering 1935–1975. Stuttgart 2003.
Bertrams, Kenneth/Coupain, Nicolas/Homburg, Ernst, Solvay: History of a Multinational Family Firm. Cambridge/Mass. 2013.
Burhop, Carsten/Kißener, Michael/Schäfer, Hermann/Scholtyseck, Joachim, Merck 1668–2018. Von der Apotheke zum Weltkonzern. München 2018.
Fruton, Joseph F., Contrasts in Scientific Style. Research Groups in the Chemical and Biochemical Sciences. Philadelphia 1990.
Haber, Ludwig F., The Chemical Industry during the 19th Century: A Study of the Economic Aspect of Applied Chemistry in Europe and North America. Oxford 1958.
Haber, Ludwig F., The Chemical Industry, 1900–1930. International Growth and Technological Change. London 1971.
Haber, Ludwig F., The Poisonous Cloud. Chemical Warfare in the First World War. Oxford 1986.
Holdermann, Karl, Im Banne der Chemie. Carl Bosch: Leben und Werk. Düsseldorf 1953.
Homburg, Ernst/Travis, Anthony S./Schroeter, Harm G. (Hrsg.), The Chemical Industry in Europe, 1850–1914. Industrial Growth, Pollution, and Professionalization. Dordrecht 1998.
Johnson, Jeffrey A., The Kaiser's Chemists. Science and Modernization in Imperial Germany. Chapel Hill 1990.
Lesch, John E. (Hrsg.), The German Chemical Industry in the Twentieth Century: Chemists and Chemistry. Dordrecht 2000.
Martinetz, Dieter, Der Gaskrieg 1914–1918. Entwicklung, Einsatz und Herstellung chemischer Kampfstoffe. Das Zusammenwirken von militärischer Führung, Wissenschaft und Industrie. Bonn 1996.
Meyer-Thurow, Georg, The Industrialization of Invention. A Case Study from the German Chemical Industry, in: Isis 73, 1982, 363–381.
Murmann, Johann Peter, Knowledge and Competitive Advantage. The Coevolution of Firms, Technology and National Institutions. Cambridge 2003.
Nowell, Gregory P., Mercantile States and the World Oil Cartel, 1900–1939. Ithaka 1994.
Plumpe, Gottfried, Die I. G. Farbenindustrie AG. Wirtschaft, Technik, Politik 1904–1945. Berlin 1990.
Plumpe, Werner, Carl Duisberg 1861–1935. Anatomie eines Industriellen. München 2016.
Reinhardt, Carsten, Forschung in der chemischen Industrie. Die Entwicklung synthetischer Farbstoffe bei BASF und Hoechst, 1863–1914. Freiburg 1997.

Roth, Regina, Staat und Wirtschaft im Ersten Weltkrieg. Kriegsgesellschaften als kriegswirtschaftliche Steuerungsinstrumente. Berlin 1997.
Szöllösi-Janze, Margit, Fritz Haber 1868–1934. Eine Biographie. München 1998.
Teltschik, Walter, Entwicklung der deutschen Großchemie. Entwicklung und Einfluss in Staat und Gesellschaft. Weinheim 1992.
Weyer, Jost, Geschichte der Chemie, Bd. 1: Altertum, Mittelalter, 16.–18. Jahrhundert, Bd. 2: Geschichte der Chemie im 19. und 20. Jahrhundert. Berlin 2018.

Martin Lutz
3.4 Elektroindustrie

3.4.1 Einleitung

Bei Beginn des Ersten Weltkriegs war die Elektroindustrie längst ein Leitsektor der deutschen Wirtschaft. Neben der chemischen Industrie nahm sie in der zweiten Industrialisierungswelle des Deutschen Reichs seit den 1880er Jahren einen rasanten Aufschwung und bildete mehrere regionale Schwerpunkte wie insbesondere Berlin und Nürnberg. Ihre Bedeutung zeigt sich sowohl quantitativ, wie beispielsweise bei Beschäftigungs- und Umsatzzahlen, als auch qualitativ in Form von spezialisierter Hochtechnologie bei Kommunikation, Bahnverkehr, Industrieproduktion und nicht zuletzt Militärtechnik. Letzteres sollte in der Kriegswirtschaft besonders bedeutsam werden: Über Sieg und Niederlage entschieden nicht nur Stahl und Schießpulver, sondern auch elektrische Kommunikationstechnologie, Beleuchtung, elektrische Zünder sowie die elektrotechnische Bahninfrastruktur wie Weichen und Signale für Soldaten- und Warentransporte. Diese unmittelbare Bedeutung der Elektroindustrie für den Krieg wurde ergänzt durch ihren ebenso wichtigen Beitrag für den allgemeinen Bahnverkehr, elektrifizierte Fabriken und das Telegrafen- und Telefonnetz im Deutschen Reich.

Angesichts dieser zentralen Bedeutung überrascht der bislang allenfalls kursorische Blick der Forschung auf die Branchengeschichte und ihre zentralen Akteure im Ersten Weltkrieg. Zwar ist die Geschichte der deutschen Elektroindustrie, vor allem die der sie dominierenden Unternehmen AEG und Siemens[1] bis 1914 recht gut untersucht, beispielsweise in den – teils älteren – Arbeiten Wilfried Feldenkirchens und Jürgen Kockas.[2] Forschungsschwerpunkte bilden vor allem die Bedeutung der Globalisierung, an der die deutschen Elektrounternehmen in hohem Umfang partizipierten, sowie technikhistorische Studien. Ebenso liegen Biographien zu zentralen Unternehmerpersönlichkeiten wie Werner von Siemens, Carl von Siemens und Emil Rathenau vor.[3] Doch eine umfassende Geschichte der deutschen Elektroindustrie in

---

[1] Der Gesamtkonzern Siemens gliederte sich in die beiden Stammgesellschaften Siemens & Halske (Schwachstromtechnik) und Siemens-Schuckertwerke (Starkstromtechnik) sowie eine Vielzahl von Tochtergesellschaften und Beteiligungen. Ich verwende in diesem Beitrag die Bezeichnung Siemens für den Gesamtkonzern, sofern nicht ein Konzernteil konkret behandelt wird.
[2] Vgl. *Wilfried Feldenkirchen*, Siemens 1918–1945. München 1995; *Jürgen Kocka*, Siemens und der aufhaltsame Aufstieg der AEG, in: Tradition 17, 1972, 125–142; *Jürgen Kocka*, Unternehmensverwaltung und Angestelltenschaft am Beispiel Siemens 1847–1914: Zum Verhältnis von Kapitalismus und Bürokratie in der deutschen Industrialisierung. (Industrielle Welt, Bd. 11.) Stuttgart 1969; *Klaus Schulz-Hanßen*, Die Stellung der Elektroindustrie im Industrialisierungsprozess. Berlin 1970.
[3] Vgl. *Johannes Bähr*, Werner von Siemens: 1816–1892. München 2016; *Martin Lutz*, Carl von Siemens: Ein Leben zwischen Familie und Weltfirma. München 2013; *Manfred Pohl*, Emil Rathenau und die AEG. Mainz 1988.

https://doi.org/10.1515/9783110556148-009

der Kriegswirtschaft des Ersten Weltkriegs existiert nicht, mit Ausnahme einer 1921 entstandenen stark tendenziösen und heutigen wissenschaftlichen Kriterien nicht genügenden Dissertation.[4] Auch unternehmenshistorische Arbeiten insbesondere zu Siemens behandeln die Kriegsjahre nur kursorisch, sei es als Endpunkt einer erfolgreichen Globalisierungsphase vor 1914, sei es als Vorgeschichte zur wirtschaftlichen Entwicklung in der Weimarer Republik. Dazu zählen eine bemerkenswert analytische, aber knappe und bereits Anfang der 1930er Jahre im Auftrag des Unternehmens verfasste Firmenchronik der AEG sowie die Arbeiten Wilfried Feldenkirchens zu Siemens aus den 1980er und 1990er Jahren.[5] Hinzu kommen Arbeiten zu einzelnen Themengebieten, wie beispielsweise zur Industrieforschung, zur Entwicklung des internationalen Geschäfts oder mit einem regionalen Schwerpunkt, die aber den Ersten Weltkrieg nicht als eigenständigen Schwerpunkt untersuchen.[6]

Studien zu kleineren Unternehmen wie der Bergmann-Elektricitäts-Werke AG fehlen hingegen. Auch biographische Studien zu zentralen Personen wie Carl Friedrich von Siemens und Wilhelm von Siemens, Felix Deutsch und Hermann Bücher (beide AEG) oder Hans von Raumer (Direktor des Bundes der Elektrizitätsversorgungs-Unternehmungen Deutschlands, 1918 erster Vorstand des Zentralverbands der Deutschen Elektrotechnischen Industrie) sind ein Desiderat der Forschung.[7] Eine große Ausnahme bildet Walther Rathenau. Doch auch für Rathenau ist zu konstatieren, dass sich die Forschung in weitaus größerem Maße auf die politische und kulturelle Persönlichkeit und den „Organisator der Kriegswirtschaft",[8] und weniger auf seine Rolle als Präsident der AEG und als Interessenvertreter der Elektroindustrie konzentriert hat. Für die Fachverbände der Elektroindustrie hingegen liegt eine neuere Studie vor, die auch die Jahre 1914 bis 1918 eingehend untersucht.[9]

---

4 Vgl. *Heinrich Kühnemann*, Die wirtschaftliche Stellung der deutschen Elektroindustrie, ihre Lage während und nach dem Kriege, sowie die neuesten Zusammenschlüsse. Frankfurt am Main 1921.
5 Vgl. *Allgemeine Elektrizitäts-Gesellschaft* (Hrsg.), 50 Jahre AEG. Berlin 1956.
6 Vgl. *Paul Erker*, Die Verwissenschaftlichung der Industrie: Zur Geschichte der Industrieforschung in den europäischen und amerikanischen Elektrokonzernen 1890–1930, in: Zeitschrift für Unternehmensgeschichte 35, 1990, 73–94; *Ulrich Kreutzer*, Von den Anfängen zum Milliardengeschäft: Die Unternehmensentwicklung von Siemens in den USA zwischen 1845 und 2001. (Beiträge zur Unternehmensgeschichte, Bd. 33.) Stuttgart 2013; *Peter Czada*, Die Berliner Elektroindustrie in der Weimarer Zeit. Eine regionalstatistisch-wirtschaftshistorische Untersuchung. (Einzelveröffentlichungen der Historischen Kommission zu Berlin beim Friedrich-Meinecke-Institut der Freien Universität Berlin, Bd. 4.) Berlin 1969.
7 Eine 1986 veröffentlichte Festschrift über Wilhelm und Carl Friedrich von Siemens bietet allenfalls biographische Skizzen ohne analytische Tiefe und wissenschaftlichen Anmerkungsapparat: *Herbert Goetzeler/Lothar Schoen*, Wilhelm und Carl Friedrich von Siemens: Die zweite Unternehmergeneration. Stuttgart 1986. Georg Siemens' Biographie kommt ohne Quellenverweise aus und ist tendenziös: *Georg Siemens*, Carl Friedrich von Siemens: Ein grosser Unternehmer. Freiburg/München 1960.
8 *Lothar Gall*, Walther Rathenau: Portrait einer Epoche. München 2009; *Christian Schölzel*, Walther Rathenau: Eine Biographie. Paderborn 2006; *Shulamit Volkov*, Walther Rathenau: Weimar's Fallen Statesman. New Haven/London 2012.
9 Vgl. *Hans D. Heilige*, Strukturwandel im Verbändesystem der deutschen Elektrowirtschaft von den Anfängen bis zum Beginn der Weimarer Republik, in: artec-paper 211, 2017. Die Studie von

Damit lassen sich skizzenhaft einige Perspektiven für eine weitergehende Forschung benennen. Einige Grundlagen sind in Form zumeist älterer Literatur vorhanden. Auch die Quellenlage dürfte beispielsweise mit der guten Überlieferung im Siemens-Archiv, den Kriegsgesellschaften im Bundesarchiv sowie dem Bestand des Kriegsausschusses der deutschen Elektroindustrie, ebenfalls im Bundesarchiv, ergiebig sein. So bildet die deutsche Elektroindustrie im Ersten Weltkrieg ein noch weithin unbearbeitetes und potentiell sehr lohnendes Forschungsfeld.

Von diesem eher dürftigen Forschungsstand ausgehend behandelt der folgende Beitrag eine Branche, die für die deutsche Wirtschaft, die Rüstungsproduktion und ihre nachgelagerten Wirtschaftsbereiche sowie für Verkehrs- und Kommunikationsinfrastruktur sehr wichtig war. Ausgangspunkt des Beitrags ist die weitgehende Integration der deutschen Elektroindustrie in weltwirtschaftliche Zusammenhänge vor Kriegsbeginn. Deutsche Elektrounternehmen hatten in großem Umfang ausländische Direktinvestitionen getätigt, sie hatten eine im Vergleich mit anderen Sektoren auffallend hohe Exportquote, und waren in ihrer Produktion vom Import essentieller Rohstoffe abhängig. Der Kriegsausbruch beeinträchtigte die Branche daher nicht nur aufgrund von Einberufungen und der Umstellung von Friedens- auf Kriegsproduktion. Die Elektrounternehmen waren unmittelbar mit Kriegsbeginn mit einer alarmierenden Rohstoffknappheit konfrontiert, sie mussten über die gesamte Kriegsdauer wegbrechende kommunaler Aufträge kompensieren und den weitgehenden Verlust internationaler Absatzmärkte inklusive wertvoller Patentrechte sowie die Enteignung ausländischer Niederlassungen verkraften.

Auf Basis der vorliegenden, zumeist älteren Literatur, nimmt der Beitrag daher erstens allgemeine Entwicklungen der deutschen Elektroindustrie unter den Bedingungen der Kriegswirtschaft in den Blick. Dies betrifft sowohl die quantitative Entwicklung der Produktion und deren Verteilung auf bestimmte Geschäftsfelder, die Zahl der Beschäftigten und deren Zusammensetzung sowie strukturelle Veränderungen innerhalb der Branche. Der Fokus liegt dabei auf den im engeren Sinn produzierenden Unternehmen, insbesondere die beiden großen Universalfirmen AEG und die Siemens-Firmen. Andere Bereiche, wie beispielsweise die kommunalen Elektrizitätswerke, werden nicht berücksichtigt.[10] Zweitens wird mit den Auslandsbeziehungen deutscher Elektrounternehmen während der Kriegszeit schlaglichtartig ein Bereich vorgestellt, der die besondere Rolle der Elektroindustrie als weitgehend globalisierte Branche über den Krieg hinweg aufzeigt. Damit werden außenwirtschaftliche Kontinuitäten deutlich, die auf weitergehende Forschungsperspektiven verweisen.

Johannes Bähr zum 1918 gegründeten Zentralverband der Deutschen Elektrotechnischen Industrie behandelt die Kriegszeit im Rahmen dessen Gründungsprozesses: *Johannes Bähr*, Verbandspolitik in Demokratie und Diktatur. Der Spitzenverband der elektrotechnischen Industrie 1918–1950. Frankfurt am Main 2019.
10 Siehe dazu weitergehend beispielsweise: *Johannes Bähr/Paul Erker*, NetzWerke: Die Geschichte der Stadtwerke München. München/Berlin/Zürich 2017.

3.4.2 Ursprung und Entwicklung der Elektroindustrie bis 1914

In der wirtschaftshistorischen Forschung wird die Elektroindustrie als Leitsektor der zweiten Industrialisierungswelle bzw. Hochindustrialisierung seit den 1880er Jahren bezeichnet.[11] Ihre Ursprünge lagen allerdings einige Jahrzehnte zuvor. Ausgangspunkt bildeten wissenschaftliche Entwicklungen und technische Innovationen in den ersten Jahrzehnten des 19. Jahrhunderts. Auf Basis dieser Innovationen bildeten sich in den folgenden Jahren zunächst in Großbritannien die ersten Telegrafenunternehmen, die insbesondere am boomenden Eisenbahnbau und den damit zusammenhängenden Investitionen in eine telegrafische Infrastruktur partizipierten. Etwas später traten in den 1840er Jahren die deutschen Staaten ins elektrische Zeitalter ein, zunächst in Form elektrischer Nachrichtenübermittlung.

Weitere Entwicklungen in den 1860er und 1870er Jahren wie das dynamo-elektrische Prinzip und die elektrische Glühbirne erweiterten das Betätigungsgebiet der Elektrounternehmen deutlich. Die sogenannte Starkstromtechnik umfasste die Stromerzeugung und -leitung sowie deren Nutzung in Form von Wärme, Licht und mechanischer Energie. Später etablierte sich die elektro-magnetische Medizintechnik als eigenständiges Gebiet.[12] Die 1847 in Berlin gegründete Firma Siemens & Halske blieb nahezu in allen elektrotechnischen Bereichen bis in die 1880er Jahre das führende Elektrounternehmen im Deutschen Reich.

Die dynamische Wirtschaftsentwicklung der Gründerzeit, der Ausbau einer Verkehrs- und Kommunikationsinfrastruktur sowie die rapide Urbanisierung mit Investitionen in städtische Beleuchtung und öffentlichen Nahverkehr brachten der Branche in den 1870er Jahren einen enormen Wachstumsschub. Nun entstand auch eine Vielzahl neuer, teils sehr spezialisierter Unternehmen, die die bisherige Dominanz von Siemens brachen. Besonders die „institutionelle Revolution"[13] des Aktienrechts eröffnete neue Möglichkeiten, das kapitalintensive Geschäft mit Infrastrukturprojekten stark auszuweiten. Hier nahm die 1887 von Emil Rathenau gegründete Allgemeine Elektricitäts-Gesellschaft (AEG) eine Vorreiterrolle ein. Innerhalb kürzester Zeit schloss die AEG zu Siemens auf.

Die Gründerkrise seit Mitte der 1870er Jahre überstand die Branche relativ gut, doch die Konjunkturkrise um die Wende zum 20. Jahrhundert führte zu einschnei-

---

11 Vgl. *Hans-Werner Hahn*, Die industrielle Revolution in Deutschland. (Enzyklopädie deutscher Geschichte, Bd. 49.) München 2011; *Hermann Kellenbenz*, Deutsche Wirtschaftsgeschichte, Bd. 2: Vom Ausgang des 18. Jahrhunderts bis zum Ende des Zweiten Weltkriegs. München 1981.
12 Vgl. *Feldenkirchen*, Siemens 1918–1945, 441.
13 *Clemens Wischermann/Anne Nieberding*, Die institutionelle Revolution. Eine Einführung in die deutsche Wirtschaftsgeschichte des 19. und frühen 20. Jahrhunderts. (Grundzüge der modernen Wirtschaftsgeschichte, Bd. 5.) Stuttgart 2004.

denden Veränderungen in der deutschen Elektroindustrie. Kleinere Unternehmen gingen in den Konkurs, fusionierten oder wurden übernommen. Am Ende dieses Konzentrationsprozesses standen einerseits die Universalfirmen Siemens mit der Tochtergesellschaft Siemens-Schuckertwerke[14] und AEG, die über Tochtergesellschaften und Beteiligungen nahezu alle Arbeitsgebiete der Branche mit bis zu 75% Marktanteil dominierten. Diesem Duopol standen einige kleinere Spezialfirmen gegenüber, die ihre zumindest partielle Eigenständigkeit bewahrt hatten.

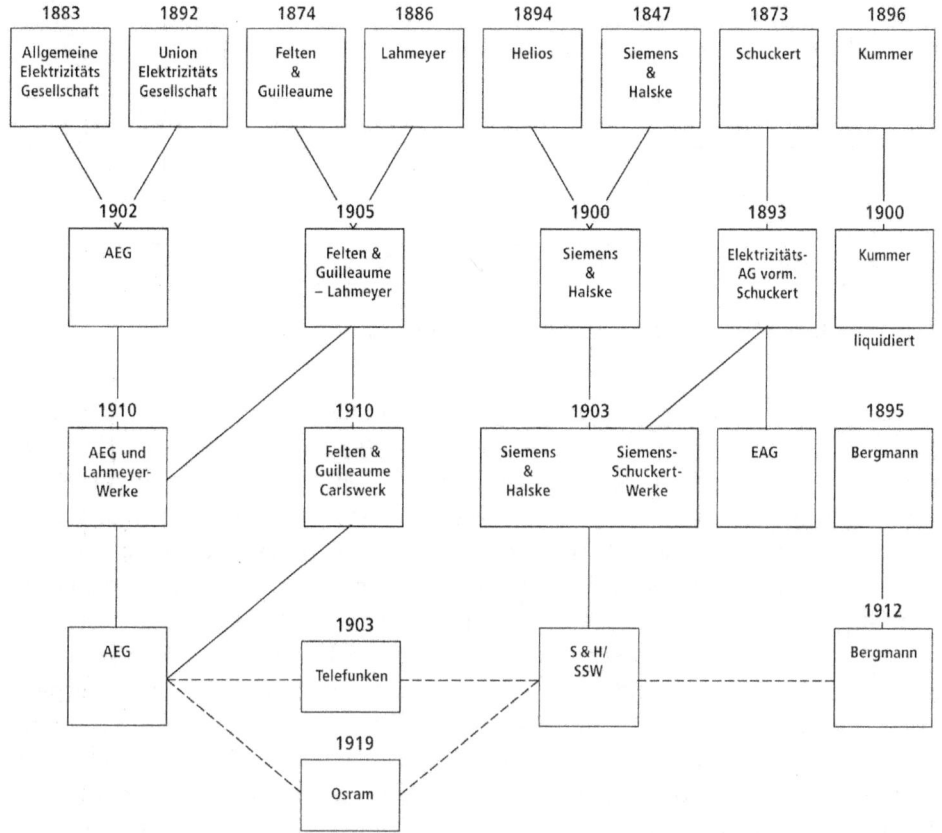

Abb. 1: Unternehmenskonzentration in der deutschen Elektroindustrie.[15]

---

14 1903 übernahm die Siemens & Halske AG das Nürnberger Unternehmen Elektrizitäts-Aktiengesellschaft, vormals Schuckert & Co., einen der größten Produzenten im Bereich Starkstromtechnik des Deutschen Reichs. Das Geschäft wurde infolgedessen gegliedert in Schwachstromtechnik bei Siemens & Halske und Starkstromtechnik in den Siemens-Schuckertwerken, die mehrheitlich im Besitz der Siemens & Halske AG waren.
15 *Feldenkirchen*, Siemens 1918–1945, 43.

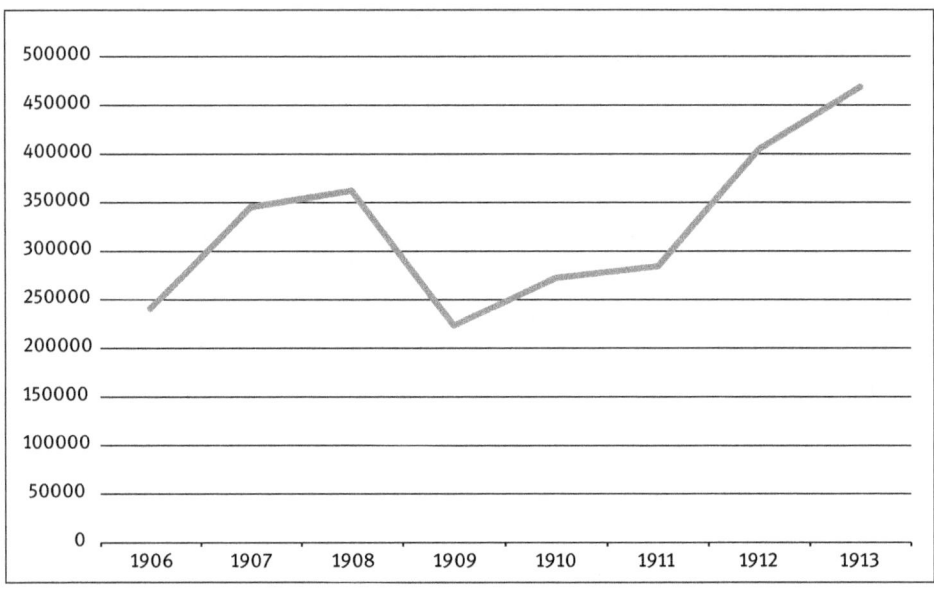

Abb. 2: Deutscher Elektroexport 1906–1913 in 1 000 Reichsmark.[16]

In den Jahren vor Kriegsausbruch war die Elektroindustrie nicht nur eine horizontal konzentrierte, sondern auch durch vielfältige Kartelle und Syndikate verflochtene Branche. So bildete die Verkaufsstelle Vereinigter Glühlampen-Fabrikanten ein effektives Instrument, um den beteiligten Firmen feste Absatzquoten zu garantieren und neuen Anbietern den Marktzutritt zu verschließen. Die Elektroindustrie war außerdem in hohem Maße wissensbasiert, ihre Firmen verfügte über starke eigene Forschungs- und Entwicklungsabteilungen und kooperierten auch eng mit Universitäten, Hochschulen und Forschungseinrichtungen. Rüstungsaufträge hatten im Gesamtgeschäft der Elektroindustrie nur eine untergeordnete Bedeutung. Beispielsweise gründete Siemens 1906 eine Kriegs- und schiffbautechnische Abteilung, deren Umsätze bis 1914 kontinuierlich stiegen. Lieferungen an das Militär bildeten aber nur fünf Prozent des Gesamtumsatzes von Siemens & Halske sowie neun Prozent bei den Siemens-Schuckertwerken. Auch das andere Universalunternehmen, die AEG, hatte schon 1914 eine rüstungsrelevante Fabrikation von Flugzeugen und Scheinwerfern aufgenommen.

Außerdem war die deutsche Elektroindustrie, insbesondere ihre Großunternehmen AEG und Siemens, vor dem Ersten Weltkrieg eng in die Weltwirtschaft eingebunden. Knapp 35 Prozent der weltweiten Elektroproduktion und fast die Hälfte

---

16 *Wolf-Fabian Hungerland/Nikolaus Wolf*: An Anatomy of Germany's Foreign Trade, 1880–1913: New Data, New Insights, mimeo, Institute of Economic History, School of Business and Economics, Humboldt-Universität zu Berlin, 2018. Die Werte sind in Reichsmark von 1913.

aller Elektroexporte entfielen auf deutsche Firmen.[17] Bei Siemens & Halske betrug der Exportanteil im Geschäftsjahr 1913/14 35 Prozent, bei den Siemens-Schuckertwerken sogar 36,2 Prozent.[18] Bei der AEG wurden im selben Geschäftsjahr über 20 Prozent des Gesamtumsatzes im späteren feindlichen Ausland erwirtschaftet.[19] Hinzu kam ein engmaschiges Netz ausländischer Niederlassungen und Beteiligungen in Europa, Asien, Süd- und Nordamerika. Gleichzeitig waren die Unternehmen in hohem Maß auf den Import spezieller Rohstoffe angewiesen, wie beispielsweise Kautschuk und Kupfer für die Kabelproduktion.

Mobilisierung und Kriegsausbruch trafen die deutsche Elektroindustrie schwer, vielleicht schwerer als andere Branchen durch das abrupte Ende der Rohstoffeinfuhr und die zunächst unklare Zukunft der ausländischen Gesellschaften besonders in den Feindstaaten. Ausreichend vorbereitet auf den Kriegsausbruch waren die Elektrounternehmen ebenso wenig wie andere Unternehmen.[20]

3.4.3 Die Elektroindustrie in der Kriegswirtschaft

Wie auch andere Wirtschaftszweige war die Elektroindustrie durch den Kriegsausbruch zunächst mit Einberufungen und drastischem Rückgang an staatlichen und privaten Aufträgen konfrontiert. In einigen Geschäftsfeldern wie dem Eisenbahnwesen entfielen Neuaufträge nahezu völlig.[21] Über die Einberufungen zum Militärdienst hinaus kam es daher anfangs sogar zu Arbeitszeitverkürzungen und Entlassungen. Unsicherheit über die Länge, den Ausgang und die Art der Kriegsführung prägte die unternehmensstrategischen Entscheidungen. Der Bericht der Siemens & Halske AG vom Dezember 1914 für das Geschäftsjahr 1913/14 verwies entsprechend auf „die inzwischen eingetretenen Begleiterscheinungen des Krieges und die unbekannten Entwickelungen [sic] der Zukunft"[22] und bereitete die Aktionäre auf sinkende Dividenden vor.

---

17 Vgl. *Feldenkirchen*, Siemens 1918–1945, 118; *Peter Hertner*, German Multinational Enterprise before 1914. Some Case Studies, in: Geoffrey Jones (Hrsg.), Transnational Corporations: A Historical Perspective. (The United Nations Library on Transnational Corporations. Bd. 2.) London/New York 1993; *William J. Hausman/Peter Hertner/Mira Wilkins*, Global Electrification: Multinational Enterprise and International Finance in the History of Light and Power, 1878–2007. Cambridge 2008; *Harm G. Schröter*, Continuity and Change: German AEG Multinationals since 1850, in: Geoffrey Jones/ Harm G. Schröter (Hrsg.), The Rise of Multinationals in Continental Europe. Aldershot 1993.
18 Vgl. Siemens-Archiv-Akte (SAA) 9521, Welt-Elektro-Ausfuhr 1913–1939.
19 Vgl. *Allgemeine Elektrizitäts-Gesellschaft*, 50 Jahre AEG, 190.
20 Vgl. *Allgemeine Elektrizitäts-Gesellschaft*, 50 Jahre AEG, 190; *Feldenkirchen*, Siemens 1918–1945, 47.
21 Vgl. *Allgemeine Elektrizitäts-Gesellschaft*, 50 Jahre AEG, 193.
22 *Siemens & Halske AG*, Achtzehnter Geschäftsbericht für das Geschäftsjahr vom 1. August 1913 bis 31. Juli 1914, 1914, GB S&H 1913/1914, 3.

Tab. 1: Bestelleingang der Kriegs- und Schiffbautechnischen Abteilung der Siemens-Schuckertwerke 1912–1918.

1912–1913	17 918
1913–1914	12 586
1914–1915	86 200
1915–1916	89 200
1916–1917	218 000
1917–1918	213 000

Quelle: SAA Jahresberichte der Siemens-Schuckertwerke, 1912/1913–1917/1918.

Doch bereits 1915 setzte ein kriegsbedingter Aufschwung ein. Bei der AEG stieg die Kriegsproduktion gar „ins Riesenhafte".[23] Im zweiten Kriegsjahr arbeitete bereits rund die Hälfte der AEG-Belegschaft in der Rüstungsproduktion. Ungefähr zwei Drittel der Gesamtlieferungen im Geschäftsjahr 1915/1916 entfielen auf Rüstungsprodukte.[24] Damit einher ging auch ein Strukturwandel der Elektroindustrie.[25] Es war nun offensichtlich, dass der Krieg lange und materialintensiv geführt werden würde. Für die Elektrounternehmen wie auch für andere Branchen hatte dies einschneidende Folgen, die zunächst in der zentralen Rohstoffbewirtschaftung durch die Kriegsrohstoffabteilung wirksam wurden. Unter Führung Rathenaus etablierte sich in den folgenden Kriegsjahren ein Wirtschaftssystem, in dem privatwirtschaftliche Strukturen zunehmend von staatlicher Regulierung und Bewirtschaftung abgelöst wurden.

Im Rahmen des Hindenburg-Programms wurde die AEG 1916 hinter Krupp zweitgrößter Militärlieferant im Deutschen Reich. Der Gesamtumsatz stieg im Geschäftsjahr 1916/17 auf 534 Millionen Mark. Davon wurden 245 Millionen Mark, also nahezu die Hälfte, mit Kriegsmaterial erwirtschaftet. Bei Siemens war die Bedeutung der Kriegsproduktion weniger stark ausgeprägt. Doch auch hier stiegen die Umsätze, wie beispielsweise in der kriegs- und schiffbautechnischen Abteilung der Siemens-Schuckertwerke, deutlich an.[26] Verstärkt seit 1916 investierten die Unternehmen in Erweiterungen bestehender Werke, bauten neue Anlagen oder kauften Unternehmen auf. Allein bei der AEG erhöhte sich dadurch der Flächenraum der Betriebe bis 1917 um ein Drittel im Vergleich mit 1914.[27] Bei der Umstellung auf Kriegsproduktion war für die Elektrounternehmen von Vorteil, dass ein großer Teil des Produktportfolios ohne oder nur mit geringen Anpassungen von zivilem auf militärischen Bedarf geändert werden konnte. Daher waren beispielsweise für die AEG die Bedingungen für eine „Umstellung auf die Kriegswirtschaft [...] günstig".[28]

---

23 *Allgemeine Elektrizitäts-Gesellschaft*, 50 Jahre AEG, 202.
24 Vgl. *Feldenkirchen*, Siemens 1918–1945, 50.
25 Vgl. *Allgemeine Elektrizitäts-Gesellschaft*, 50 Jahre AEG, 196.
26 Vgl. *Siemens-Archiv*, Siemens-Schuckertwerke Jahresberichte 1914–1918.
27 *Siemens-Archiv*, Siemens-Schuckertwerke Jahresberichte, 206.
28 *Siemens-Archiv*, Siemens-Schuckertwerke Jahresberichte, 192.

Auch die Bedeutung der Elektroindustrie als Zulieferer für andere rüstungsrelevante Bereiche nahm stark zu. Insbesondere die AEG engagierte sich in diesen neuen Geschäftsfeldern wie der Elektrochemie. Sie gründete mit der Elektro-Nitrium AG eine Tochtergesellschaft in Zschornewitz, Kreis Bitterfeld, und errichtete ein neues Werk für die energieintensive, für Sprengstoff und Dünger wichtige Salpeter- und Stickstoffproduktion. Von der Bayerischen Stickstoff-Werke AG erhielt die AEG einen Großauftrag zur Errichtung eines Kraftwerks für die Energieversorgung ebenfalls in Zschornewitz. Bei seiner Fertigstellung 1915 war es das weltweit größte Dampfkraftwerk, das Strom vor allem für die Kalkstickstoffproduktion lieferte.[29] Beide Universalfirmen profitierten in hohem Maß an der Kriegskonjunktur. Aus der AEG-Firmenchronik lässt sich dabei eine Dreiteilung der kriegsrelevanten Fabrikationsbereiche entnehmen, die in dieser Form sicherlich auch auf Siemens übertragen werden kann: Fabrikation für unmittelbare Kriegszwecke, indirekte Kriegslieferungen für die Kriegsindustrie und die neu aufgenommene Herstellung von Kriegsbedarf.[30] Auch die kleineren Spezialfirmen partizipierten in hohem Maß an rüstungsrelevanten Aufträgen. Zu den stark nachgefragten Produkten zählten Batterien, Taschenlampen, Glühlampen und Akkumulatoren. Für die Führung eines modernen Kriegs waren diese Produkte von zentraler Bedeutung. Die ansteigenden Rüstungsaufträge sowie das Geschäft mit rüstungsrelevanten Betrieben kompensierten den drastischen Rückgang in anderen Geschäftsbereichen.

Allerdings hatten die beiden großen Universalfirmen den weitgehenden Verlust ihrer ausländischen Märkte zu verkraften. Neben dem Wegfall der internationalen Märkte war die gesamte Elektroindustrie durch die Einfuhrblockade der Entente und die daraus resultierende eklatante Knappheit relevanter Rohstoffe betroffen. Ausreichende Lagerbestände für eine längere Kriegsdauer hatten die Firmen nicht und so wirkte sich die Knappheit schnell auf Produktion und auch Rohstoffpreise aus. Allein in den ersten drei Monaten erhöhten sich die für die Branche so wichtigen Preise für Kupfer und Zinn um über 50 Prozent, für Aluminium sogar um 150 Prozent.[31]

Auf diese eklatante Mangellage und die daraus resultierende Konkurrenz um knappe Rohstoffe – sowohl innerhalb der Elektroindustrie als auch gegenüber anderen Branchen – reagierten die beiden Universalfirmen mit zwei Maßnahmen. Erstens nahm die bereits vor 1914 hohe Konzentration der deutschen Elektroindustrie in den Kriegsjahren weiter zu, nun verstärkt in vertikaler Ausprägung. AEG und Siemens sicherten sich durch Zukäufe den unmittelbaren Zugriff auf die Gummi-, Kabel-, Kupfer- und Aluminiumproduzenten.[32] Die Universalfirmen erschlossen sich

---

29 Vgl. *Kühnemann*, Die wirtschaftliche Stellung, 53; *Gerhard Dehne*, Deutschlands Großkraftversorgung. Berlin/Heidelberg 1925, 52.
30 Vgl. *Allgemeine Elektrizitäts-Gesellschaft*, 50 Jahre AEG, 192.
31 Vgl. *Allgemeine Elektrizitäts-Gesellschaft*, 50 Jahre AEG, 199.
32 Vgl. *Feldenkirchen*, Siemens 1918–1945, 49.

Abb. 3: Vertikale Integration: Siemens, Papierfabrik Wolfswinkel, erworben 1917 (Siemens Historical Institute, FS II 30_11_300).

damit völlig neue Produktionsbereiche oder erweiterten eine bestehende kleine Fabrikation. So investierte die AEG beim Kauf der Ago-Flugzeugwerke GmbH in Johannisthal bei Berlin in die Flugzeugproduktion.[33] Der Gegensatz zwischen den beiden Universalfirmen und den kleineren Spezialunternehmen verschärfte sich damit weiter.

Zweitens versuchten die führenden Persönlichkeiten der Branche, allen voran Walther Rathenau und Carl Friedrich von Siemens, die Interessen der Elektroindustrie zu bündeln. Bei Kriegsausbruch war die Verbandsstruktur der deutschen Elektroindustrie noch stark zersplittert. Zwischen 1902 und 1910 wurden insgesamt sechs Interessenvereinigungen gegründet: die Vereinigung der Elektrizitätswerke, der Verband Deutscher Elektrotechniker, der Verband der Installationsfirmen, der Verein zur Wahrung gemeinsamer Wirtschaftsinteressen der deutschen Elektrotechnik, die Vereinigung deutscher Elektrizitätsfirmen und die Vereinigung elektrischer Specialfirmen.[34] Diese Zersplitterung verhinderte eine zentrale Interessenvertretung der Elektroindustrie gegenüber anderen, teils deutlicher besser organisierten Branchen wie der Schwerindustrie, der chemischen Industrie und dem Maschinenbau. Mit Kriegsbeginn verschärfte sich dieses Problem einer gemeinsamen Interessenpolitik

---

33 Vgl. *Allgemeine Elektrizitäts-Gesellschaft*, 50 Jahre AEG, 205.
34 Vgl. *Bähr*, Verbandspolitik in Demokratie und Diktatur, 3.

deutlich. Schließlich waren im Centralverband deutscher Industrieller die Interessenvertreter der Schwerindustrie tonangebend.[35]

Die Elektroindustrie verfügte aber mit Walther Rathenau, seit 1912 Aufsichtsratsvorsitzender der AEG, über eine politisch bestens vernetzte Persönlichkeit, die im Rahmen der begrenzten Möglichkeiten die knappen Ressourcen für die Industrie zu mobilisieren versuchte. Rathenau wurde Vorsitzender der am 13. August 1914 auf seine Initiative hin gegründeten Kriegsrohstoffabteilung.[36] In dieser Funktion etablierte er sich als zentrale Autorität bei der Umstellung der deutschen Kriegswirtschaft hin zu einer zunehmend regulierten Wirtschaftsordnung. Die für die Kriegsproduktion notwendigen Rohstoffe wurden einer Zwangsbewirtschaftung unterstellt, die in den folgenden Jahren zunahm. Diese zentrale und staatlich autorisierte Rohstoffbewirtschaftung bildete den Ausgangspunkt einer intensiven Verknüpfung von Interessen zwischen staatlicher Verwaltung, Militär, Unternehmen und Branchenverbänden. Neben der Kriegsrohstoffabteilung war der 1916 gegründete Kriegsausschuss der deutschen elektrotechnischen Industrie von Bedeutung. Neben seinem Vorsitzenden Carl Friedrich von Siemens spielte der Vorstandsvorsitzende der AEG Felix Deutsch eine maßgebliche Rolle.[37]

Walther Rathenaus Führungsrolle in der kriegswirtschaftlichen Organisation des Deutschen Reichs war für die Elektroindustrie sehr vorteilhaft, da damit branchenspezifische Interessen unmittelbar in Aushandlungsprozesse zwischen Unternehmen, Militär, Staat und den verschiedenen Wirtschaftszweigen eingebracht werden konnten. Um die AEG nicht einseitig in diesen Prozessen zu bevorzugen wurde auch ein Mitarbeiter von Siemens in eine leitende Position der Kriegsrohstoffabteilung berufen. Aber auch die kleineren Unternehmen organisierten sich. Angesichts der Rohstoffknappheit schlossen sich beispielsweise die Taschenlampenhersteller zum Verband der Fabrikanten von Taschenlampen zusammen, um durch eine gemeinsame Einkaufspolitik den Zugriff auf dringend benötigte Rohmaterialien wie Braunstein und Graphit zu verbessern.[38]

Umsatzzahlen und Verschiebungen der Produktion hin zu Rüstungsgütern vermitteln nur ein eingeschränktes Bild des fundamentalen Umbruchs innerhalb der Elektroindustrie. Auch die Lage der Beschäftigten änderte sich von Grund auf. Ihre Zusammensetzung wurde erstens durch die hohe Zahl von Einberufungen stark verändert. Bei AEG und Siemens wurden allein in den ersten Kriegsmonaten rund 20 % der Gesamtbelegschaft zum Militärdienst eingezogen.[39] Diese Zahlen dürften auch

---

35 Vgl. *Heilige*, Strukturwandel im Verbändesystem, 33; *Hartmut Kaelble*, Industrielle Interessenpolitik in der Wilhelminischen Gesellschaft: Centralverband Deutscher Industrieller 1895 bis 1914. (Veröffentlichungen der Historischen Kommission zu Berlin, Bd. 27.) Berlin/Boston 1967.
36 Vgl. *Schölzel*, Walther Rathenau, 174. Vgl. Abschnitt 2.1.2 in diesem Band.
37 Vgl. SAA 4 Lf 637, 2. Bericht über die Gründungsveranstaltung des „Kriegsausschusses der deutschen elektrotechnischen Industrie" am 21. Februar 1916 zu Berlin.
38 Vgl. *Kühnemann*, Die wirtschaftliche Stellung, 54.
39 Vgl. *Allgemeine Elektrizitäts-Gesellschaft*, 50 Jahre AEG, 190.

für die kleineren Unternehmen zutreffen, für die es bislang keine aussagekräftigen Studien gibt.

Trotz der Einberufungen stieg die Gesamtzahl der Beschäftigten in der deutschen Elektroindustrie aber bis 1918 deutlich an. Diese Entwicklung verweist zweitens auf eine grundlegende Änderung in der Personalzusammensetzung. Die Arbeit von Frauen nahm während der Kriegszeit rapide zu. Allein in den im Großraum Berlin ansässigen Elektrounternehmen erhöhte sich die Zahl weiblicher Beschäftigter von 20,3 % im Jahr 1907 auf über 65 % im Jahr 1917.[40] Drittens führte der Mangel an Arbeitskräften zu signifikanten Lohnsteigerungen in der Branche. Diese nominellen Zugewinne für die Beschäftigten wurden freilich durch die allgemeine Preissteigerung aufgewogen und zunehmend übertroffen, so dass sich die materielle Lage insbesondere der Arbeiterinnen und Arbeiter mit zunehmender Kriegsdauer verschlechterte. Viertens wurden besonders in den letzten beiden Kriegsjahren auch Kriegsgefangene herangezogen. Das Kabelwerk der AEG beschäftigte überdies „eine größere Gruppe junger türkischer Handwerker".[41] Zu dieser Form der Beschäftigung ausländischer Arbeiter in der Elektroindustrie gibt es bislang keine Studien. Auch die Beschäftigung von Kriegsgefangenen und zivilen Zwangsarbeitern in der Elektroindustrie bildet für den Ersten Weltkrieg noch weitgehend ein Desiderat der Forschung.[42]

Auf den Arbeitskräftemangel und die zunehmend schwierige soziale Lage der Beschäftigten reagierten die Unternehmen bereits kurz nach Kriegsbeginn durch einen starken Ausbau der betrieblichen Sozialfürsorge.[43] Dazu wurden verschiedene Programme aufgelegt und betriebliche Einrichtungen geschaffen beziehungsweise bestehende erweitert. Dies beinhaltete finanzielle Leistungen an die Familien von Einberufenen, die beispielsweise Siemens allen betroffenen Beschäftigten – Arbeitern und Angestellten – gewährte.[44] Darüber hinaus wurden Kantinen für Beschäftigte errichtet, die angesichts der zunehmenden Knappheit an Grundnahrungsmitteln eine wichtige Bedeutung hatten.

Eine weitere Kriegsfolge bestand in der Standardisierung und Rationalisierung von Produktionsprozessen.[45] Eine Rationalisierung im Sinne von Effizienzsteige-

---

40 Vgl. *Czada*, Berliner Elektroindustrie, 102. Czada nennt keine Zahlen für den Zeitraum zwischen 1914 und 1917. Siehe auch: *Ute Daniel*, Arbeiterfrauen in der Kriegsgesellschaft. Beruf, Familie und Politik im Ersten Weltkrieg. (Kritische Studien zur Geschichtswissenschaft, Bd. 84.) Göttingen 1989, 47.
41 *Allgemeine Elektrizitäts-Gesellschaft*, 50 Jahre AEG, 203.
42 *Jens Thiel*, „Menschenbassin Belgien". Anwerbung, Deportation und Zwangsarbeit im Ersten Weltkrieg. Essen 2007, 17. Vgl. das Kapitel 4.2 in diesem Band.
43 Vgl. *Kühnemann*, Die wirtschaftliche Stellung, 78. Vgl. auch die Abschnitte 2.1.2 und 4.1.3 in diesem Band.
44 Vgl. SAA 4 Lf/492, Die Tätigkeit des Siemens-Konzerns während des Krieges, in: Wirtschaftliche Mitteilungen aus dem Siemens-Konzern 2, 1919, 7.
45 Vgl. *Feldenkirchen*, Siemens 1918–1945, 224.

rung wurde allein deshalb nötig, weil die zahlreichen Einberufungen besonders des qualifizierten Personals massiv in etablierte Produktionsabläufe eingriffen. Vor Kriegsbeginn war die deutsche Elektroindustrie im Vergleich mit US-amerikanischen Firmen wie General Electric und Westinghouse relativ wenig standardisiert. Industrielle Massenfertigung war zwar seit dem 19. Jahrhundert verbreitet. Doch die Branche blieb in hohem Maß auf qualifiziertes und erfahrenes Fachpersonal angewiesen, das aufgrund der zahlreichen Einberufungen nun fehlte. Der zunehmende Einsatz ungelernter Arbeitskräfte, zumeist Frauen und auch Kriegsgefangene, erforderte daher eine Neustrukturierung von Produktionsabläufen unter den verschärften Bedingungen der Kriegskonjunktur unter hohem Zeitdruck.

Laut Firmenchronik spielte die AEG bei der Rationalisierung eine Vorreiterrolle. Demnach wurde in den Werken versucht, „immer neue Arbeitsfunktionen durch betriebsorganisatorische Maßnahmen, insbesondere zur Herabsetzung der körperlichen Ansprüche, für Frauen geeignet zu machen. Dieses aus der Not der Zeit geborene Streben hat zur Entwicklung einer Fülle von neuen Arbeitsgeräten geführt, die von der Heeresverwaltung der übrigen Industrie als mustergültig empfohlen wurden."[46] Neben der Implementierung eigener effizienzsteigernder Maßnahmen profitierten die Elektrounternehmen als Zulieferbetriebe von den gleichzeitig auch in anderen Wirtschaftsbereichen durchgeführten Rationalisierungsanstrengungen. So wurde in Bergbau und Schwerindustrie während des Kriegs zunehmend auf elektrische Fördermittel umgestellt, um dadurch manuelle Arbeit zu ersetzen. Parallel zur Rationalisierung der Produktion gab es in der Elektroindustrie Anstrengungen, Produkte zu standardisieren. Den Hintergrund bildeten die immer größeren Rüstungslieferungen und das Ziel des Militärs, einheitliche Produktkategorien zu etablieren. Diese Anstrengungen wurden im Normenausschuss der elektrotechnischen Industrie als Teil des Normenausschusses der deutschen Industrie gebündelt.[47]

Neben effizienzsteigernden Maßnahmen verstärkten die Unternehmen auch die systematische betriebsinterne Forschung und Entwicklung. Bereits vor 1914 war die Elektroindustrie in vieler Hinsicht eine stark wissensbasierte Industrie. Besonders die beiden Universalfirmen verfügten über eigene Forschungs- und Entwicklungsabteilungen und kooperierten eng mit wissenschaftlichen Institutionen und Forschern. Wissenschaftliche Grundlagenforschung und Innovationen gewannen während der Kriegszeit weiter an Bedeutung. Der Erste Weltkrieg wird daher von Paul Erker auch als „deutliche[r] Wendepunkt" hin zu einer stärker institutionalisierten Industrieforschung bezeichnet.[48] Ausgangspunkt war die seit 1914 herrschende Knappheit an wichtigen Rohstoffen und die resultierende Suche nach geeigneten Ersatzstoffen. Wegen des Mangels an Kupfer und Kautschuk experimentierten die Unternehmen bereits früh mit anderen Materialien und forcierten die Rückgewin-

---

46 *Allgemeine Elektrizitäts-Gesellschaft*, 50 Jahre AEG, 203.
47 Vgl. *Kühnemann*, Die wirtschaftliche Stellung, 103; *Feldenkirchen*, Siemens 1918–1945, 50.
48 *Erker*, Verwissenschaftlichung der Industrie, 78.

nung von Rohstoffen aus Altmaterial. Dabei wurden besonders von der AEG umfangreiche Investitionen getätigt, beispielsweise zur Herstellung von synthetischem Kautschuk oder den Ersatz von Baumwolle durch Papier.[49] Neben der Suche nach Ersatzstoffen engagierte sich die Elektroindustrie in der Entwicklung neuer, in verschiedenen Rüstungsbereichen relevanter Hochtechnologien. Dazu gehörten der Bau von Unterseebooten, der Flugzeugbau, Granaten- und Zündertechnik. Durch Zukäufe und Ausbau bestehender Entwicklungsabteilungen investierten insbesondere die AEG und Siemens erhebliche Mittel.

Mit zunehmender Kriegsdauer wurden die immensen Probleme bei der Beschaffung von Rohstoffen und Halbfertigprodukten, der Rekrutierung von Arbeitskräften und die organisatorischen Probleme der Kriegswirtschaft auf betrieblicher Ebene immer drängender. Hinzu kam der erhebliche Verschleiß von Produktionsmitteln, da die Wartung von Maschinen und Werksanlagen völlig vernachlässigt wurde. Auch die immer ungünstigeren Aussichten auf ein für das Deutsche Reich vorteilhaftes Kriegsende beeinflussten unternehmerische Planungen. Die AEG begann laut Firmenchronik daher 1917 mit einer „grundlegenden Umstellung ihrer Geschäftspolitik".[50] Sie stoppte Neuinvestitionen in eine reine Kriegsfabrikation und beschränkte sich auf die Produktion innerhalb der vorhandenen Kapazitäten. Nach der gescheiterten Frühjahrsoffensive von 1918 und der absehbaren Niederlage stand das letzte Kriegsjahr für die Elektroindustrie schließlich unter dem Vorzeichen, sich auf die ungewissen wirtschaftlichen Bedingungen der Nachkriegszeit vorzubereiten.

Eine konkrete Anforderung an die Elektroindustrie, kriegszielpolitische Interessen für die Branche zu formulieren, ergab sich aus den deutsch-sowjetischen Friedensverhandlungen von Brest-Litowsk Anfang des Jahres 1918. Die Bolschewiki hatten nach der Oktoberrevolution größtes Interesse an einem Frieden mit den Mittelmächten, um alle Kräfte auf die Stabilisierung des neuen Regimes im Innern konzentrieren zu können. Unter diesen für die Mittelmächte günstigen Bedingungen entwickelte sich auf deutscher Seite nahezu ein Wettlauf, um den größtmöglichen ökonomischen Nutzen aus der Lage zu ziehen. Insbesondere die Schwerindustrie wirkte 1918 aktiv auf die deutsche Außenwirtschaftspolitik in Osteuropa ein.[51] Vor diesem Hintergrund intensivierten sich die laufenden Verhandlungen zur Gründung eines zentralen Interessenverbandes der deutschen Elektroindustrie. Sowohl der Kriegsausschuss der deutschen Elektroindustrie als auch Zentralverband der Deutschen Elektrotechnischen Industrie nahmen in den folgenden Monaten Anteil an den deutsch-sowjetischen Beziehungen. Beispielsweise wurde im Frühjahr 1918 versucht, auf die Ausgestaltung des bilateralen Wirtschaftsabkommens konkret Ein-

---

49 Vgl. *Allgemeine Elektrizitäts-Gesellschaft*, 50 Jahre AEG, 204.
50 *Allgemeine Elektrizitäts-Gesellschaft*, 50 Jahre AEG, 204.
51 Vgl. *Winfried Baumgart*, Deutsche Ostpolitik 1918. Von Brest-Litowsk bis zum Ende des Ersten Weltkrieges. München 1966, 262.

fluss zu nehmen.[52] Die deutsche Kriegsniederlage machte alle diese Bemühungen zunichte. Jedoch konnten einige Jahre später an die deutsch-sowjetischen Beziehungen angeknüpft werden. Die Interessen der deutschen Elektroindustrie ließen sich in der Weimarer Republik erfolgreich in die deutsche Außenwirtschaftspolitik einbringen.

Auf Basis der Literatur lässt sich so ein grobes Bild allgemeiner Entwicklungslinien der deutschen Elektroindustrie zwischen 1914 und 1918 zeichnen. Die insgesamt sehr dürftige Forschungslage ist jedoch unbefriedigend. Insbesondere ist die Forschung überwiegend alt, tendenziös und nicht heutigen Forschungsstandards entsprechend. Es gibt viele blinde Flecken, die insbesondere den Stellenwert der Elektroindustrie im Vergleich mit anderen Branchen betreffen. Einer davon, die außenwirtschaftliche Verflechtung der deutschen Elektrounternehmen über den Krieg hinweg, wird im Folgenden angerissen.

3.4.4 Transnational im Krieg: Das Auslandsgeschäft der Elektroindustrie

Vor 1914 war die deutsche Elektroindustrie, vor allem die beiden führenden Universalunternehmen, in hohem Maße international ausgerichtet. Siemens und AEG erwirtschafteten jeweils rund ein Drittel der Umsätze außerhalb Deutschlands. Der Krieg brachte das florierende internationale Geschäft weitgehend zum Erliegen. Die Handelsblockade der Entente blockierte den Export und in zahlreichen Ländern wurden die Niederlassungen enteignet. So gingen den Universalfirmen wichtige Märkte und der Zugriff auf Direktinvestitionen wie in Großbritannien, Frankreich und Russland verloren. Die Forschung hat die generellen Auswirkungen des Ersten Weltkriegs auf weltwirtschaftliche Verflechtung als Beginn einer mehrere Jahrzehnte andauernden Ära der Deglobalisierung mit erheblichen Auswirkungen auf multinationale Unternehmen interpretiert.[53] Erst nach dem Zweiten Weltkrieg und verstärkt seit den 1970er Jahren konnte die Weltwirtschaft in der sogenannten zweiten Globalisierungswelle wieder an den Verflechtungsgrad vor 1914 anknüpfen. Auch für die deutsche Elektroindustrie liegen Studien vor, die den Ersten Weltkrieg als „tiefen Einschnitt"[54] bezeichnen.

---

52 Vgl. SAA 4 Lf 815, Rundschreiben des Kriegsausschusses der deutschen elektrotechnischen Industrie mit Eingabe an den Reichskanzler von Hertling, 30. 1. 1918.
53 Dazu exemplarisch: *Geoffrey Jones*, Multinationals and Global Capitalism: From the Nineteenth to the Twenty-First Century. Oxford 2005. Vgl. zur Entwicklung der Exporte im Krieg das Kapitel 5.1 in diesem Band.
54 Vgl. *Peter Hertner*, Vom Wandel einer Unternehmensstrategie. Die deutsche Elektroindustrie in Italien vor dem Ersten Weltkrieg und in der Zwischenkriegszeit, in: Harm G. Schröter/Clemens A. Wurm (Hrsg.), Politik, Wirtschaft und Internationale Beziehungen. Studien zu ihrem Verhältnis in der Zeit zwischen den Weltkriegen (Veröffentlichungen des Instituts für europäische Geschichte

Diese Interpretation ist mit Blick auf verlorene Direktinvestitionen und den stark gesunkenen Anteil des deutschen Exportanteils deutscher Elektrounternehmen durchaus plausibel. Sie verdeckt aber mögliche Erklärungen für die erstaunlich schnelle und auch quantitativ signifikante Rückkehr von Siemens und AEG auf den Weltmarkt nach 1918: Bereits im Geschäftsjahr 1925 machte der Auslandsumsatz beispielsweise bei den Siemens-Schuckertwerken wieder ein Drittel am Gesamtumsatz aus.[55] Nach der von Gustav Stresemann ausgegebenen Devise, die Außenwirtschaft „als Schwungrad zu nutzen, um außenpolitische Erfolge" in der deutschen Revisionspolitik der Weimarer Republik anzustreben, spielte die Elektroindustrie an den Außenwirtschaftsstrategien verschiedener Reichsregierungen eine zentrale Rolle.[56] Auch versperrt der Blick auf Handelsdaten und Direktinvestitionen mögliche außenwirtschaftliche Kontinuitäten der deutschen Elektroindustrie. Diese werden im Folgenden kurz am Beispiel der transnationalen Verflechtung von Siemens angerissen. Transnationalität wird dabei als Konzept verstanden, das grenzüberschreitende Unternehmensbeziehungen in ihrer Gesamtheit betrachtet.[57] Die Diskussion um ökonomische Globalisierung und multinationale Unternehmen hat sich allzu oft auf die quantitative Messung von ausländischen Direktinvestitionen und Außenhandelsdaten beschränkt. Transnational hingegen können beispielsweise auch Kommunikationsbeziehungen sein, die sich zunächst einmal nicht in Geschäftszahlen fassen lassen. Eine transnationale Perspektive eröffnet damit den Zugang auf mögliche außenwirtschaftliche Kontinuitäten der deutschen Elektroindustrie, die ihre schnelle Rückkehr auf den Weltmarkt nach Kriegsende erklären können.

Zunächst einmal ist zu konstatieren, dass die außenwirtschaftliche Verflechtung der Siemens-Firmen zwar mit Kriegsbeginn stark einbrach, aber nicht völlig endete. In den verbündeten Staaten wie besonders Österreich-Ungarn oder auch dem Osmanischen Reich wuchs das Geschäft während der Kriegszeit sogar. Hinzu kam das Geschäft in den besetzten Gebieten, das für die Elektroindustrie bislang völlig unerforscht ist. Darüber hinaus konnte das Unternehmen auch das Geschäft mit neutralen Staaten wie besonders den skandinavischen Ländern teils deutlich ausbauen. Maßgeblich war hierbei natürlich die Zugänglichkeit dieser Märkte trotz der Entente-Blockade.

Mainz, Beiheft 33.) Mainz 1991, 139–148; *Feldenkirchen*, Siemens 1918–1945, 86 f.; *Harm G. Schröter*, The German Question, the Unification of Europe, and the European Market. Strategies of Germany's Chemical and Electrical Industries, 1900–1992, in: *Business History Review* 67, 1993, 380.

55 Vgl. *Feldenkirchen*, Siemens 1918–1945, 122.

56 Vgl. *Klaus Hildebrand*, Das Deutsche Reich und die Sowjetunion im internationalen System 1918–1932: Legitimität oder Revolution? (Frankfurter Historische Vorträge, Bd. 4.) Wiesbaden 1977, 18; *Martin Walsdorff*, Westorientierung und Ostpolitik. Stresemanns Rußlandpolitik in der Locarno-Ära. Bremen 1971.

57 Dazu exemplarisch: *Geoffrey Jones* (Hrsg.), Transnational Corporations: A Historical Perspective. (The United Nations Library on Transnational Corporations, Bd. 2.) London/New York 1993; *John H. Dunning/Alexander Nützenadel*, Globalisierung und transnationale Geschichte, in: H-Soz-Kult, 15. 8. 2006, http://hsozkult.geschichte.hu-berlin.de/forum/2005-02-004.

Tab. 2: Länderanteile am Auftragsbestand von Siemens 1916.

Deutschland	73,6 %
Schweden	13 %
Norwegen	10 %
Schweiz, Österreich-Ungarn	3,4 %

Quelle: SAA 4 Lb 862, Auftragsbestand Gebrüder Siemens & Co., 25.10.1916.

Diese Zahlen allein erklären jedoch nicht den erstaunlich raschen Ausbau des Auslandsumsatzes nach Kriegsende. Vielmehr zeigt ein Blick auf den Umgang von Siemens mit den – nunmehr zumeist enteigneten – ausländischen Niederlassungen Kontinuitäten auf, die nach 1918 eine Anknüpfung an das Vorkriegsgeschäft vereinfachten und beschleunigten. Zwei Beispiele dafür werden im Folgenden kurz skizziert: die USA und Russland.

In den USA gründete Siemens & Halske 1892 mit der Siemens & Halske Electric Co. of America in Chicago eine erste Niederlassung, die allerdings nur bis 1904 existierte.[58] Eine bedeutende Rolle im Gesamtgeschäft spielten die USA vor dem Ersten Weltkrieg nicht. Das Unternehmen behielt jedoch eine ständige Präsenz durch ein 1908 gegründetes Vertretungsbüro unter Leitung des deutschen Physikers Karl Georg Frank in New York. Zu dessen Aufgaben gehörte insbesondere die Wahrung von Kontakten zu General Electric und Westinghouse, den beiden großen und auch auf dem Weltmarkt präsenten US-amerikanischen Elektrounternehmen. Der Vertreter von Siemens baute in den folgenden Jahren ein umfangreiches Netzwerk auf. Das Vertretungsbüro blieb durch den Kriegsausbruch 1914 zunächst unbehelligt und wurde erst im Januar 1918 nach Kriegseintritt der USA geschlossen. Bereits im März 1917 hatte Frank aber mit der American Precision Works eine eigene Firma gegründet, über die er im Mai 1919 eine formale Kooperation mit Siemens anbahnte. Diese Verbindung in die USA und das auch über den Ersten Weltkrieg hinaus bewahrte Kontaktnetzwerk Franks erwies sich für Siemens & Halske schnell als nutzbringend. 1921 beteiligte sich Siemens an der Gründung der Adlanco Industrial Products Corporation mit Sitz in New York, die die Generalvertretung für die USA unter der Leitung von Karl Georg Frank übernahm. 1924 mündeten mehrjährige Verhandlungen mit Westinghouse in einem Abkommen zum Technologietransfer und Absprachen über die internationale Marktaufteilung. Für die Rückkehr auf den Weltmarkt nach dem Ersten Weltkrieg waren die US-amerikanischen Beziehungen also sehr wichtig. Auch die Osram GmbH, eine gemeinsame Tochter von AEG und Siemens, regelte in einem Kartellabkommen mit General Electric vom Oktober 1921 eine Marktaufteilung im Glühlampengeschäft. Für das US-Geschäft ist daher zu konstatieren, dass „der Erste Weltkrieg für das Siemens-Geschäft in den USA sicherlich eine Zäsur, nicht aber einen Bruch von Kontinuitäten bedeutete".[59]

---

58 Vgl. *Kreutzer*, Von den Anfängen zum Milliardengeschäft, 80.
59 *Kreutzer*, Von den Anfängen zum Milliardengeschäft, 99.

Auch für Russland sind Kontinuitäten über den Ersten Weltkrieg nachweisbar, die nach Kriegsende eine schnelle Wiederaufnahme geschäftlicher Beziehungen ermöglichten. Das Zarenreich war für Siemens seit den 1850er Jahren ein wichtiger, zeitweise sogar der wichtigste Markt. Carl von Siemens, ein jüngerer Bruder des Unternehmensgründers Werner, prägte dort über mehrere Jahrzehnte die geschäftliche Entwicklung.[60] 1914 war das Unternehmen mit den beiden St. Petersburger Niederlassungen Russische Elektrotechnische Werke Siemens & Halske AG und Russische Siemens-Schuckertwerke AG neben der AEG führender Anbieter. Angesichts des drohenden Kriegsausbruchs wurden die Anteile der beiden russischen Gesellschaften auf zwei Töchter Carls übertragen. Da beide russische Staatsbürgerinnen waren, wurden die beiden Siemens-Gesellschaften nach Kriegsausbruch nicht als Feindunternehmen enteignet, wie es beispielsweise bei der russischen AEG-Niederlassung, der größten Auslandsbeteiligung des Unternehmens, der Fall war.[61] Über die Kriegszeit wurde mit Leonid Krasin ein russischer Geschäftsführer bestellt. Krasin war studierter Elektroingenieur und erstaunlicherweise Sozialist.[62] Er hatte als Kampfgenosse Lenins an der illegalen Parteiarbeit der Bolschewiki mitgewirkt und deshalb 1908 fluchtartig das Land verlassen müssen. Dennoch fand er bei Siemens in Berlin eine Anstellung, wurde schnell befördert und 1911 als Leiter des Moskauer Büros zurück nach Russland entsandt.

Während der Kriegsjahre konnte Krasin das Siemens-Geschäft im Zarenreich stark und weitgehend unbehelligt von staatlicher Konfiskationspolitik ausbauen. Das Ende der unabhängigen Siemens-Niederlassungen in Russland brachte erst das Nationalisierungsdekret der Bolschewiki vom Juni 1918. Aber auch danach konnte das Unternehmen auf Krasin, der bald als sowjetischer Volkskommissar für Außenhandel zum wichtigen außenwirtschaftspolitischen Berater Lenins aufstieg, zurückgreifen. Krasin nahm als Vertreter einer sowjetischen Delegation im Frühjahr 1918 mehrfach an Besprechungen in Siemensstadt teil und wahrte auch nach Kriegsende den Kontakt zu seinem früheren Arbeitgeber. Schon Ende 1920 gingen erste sowjetische Bestellungen bei Siemens ein. Das Exportvolumen wuchs in den folgenden Jahren stetig. Während der Weltwirtschaftskrise wurde die Sowjetunion schließlich zu einem der wichtigsten Auftraggeber für die Siemensfirmen.[63]

Auch für die AEG sind langfristige, den Ersten Weltkrieg überdauernde Kontinuitäten nachweisbar. Zunächst einmal wurde das AEG-Auslandsgeschäft durch den Kriegsausbruch laut Firmenchronik kaum betroffen. Bestehende technische Kooperationen wie ein Patentaustausch mit General Electric blieben erhalten und ebenso

---

60 Vgl. *Lutz*, Carl von Siemens, 77.
61 Vgl. *Allgemeine Elektrizitäts-Gesellschaft*, 50 Jahre AEG, 218.
62 Vgl. *Martin Lutz*, L. B. Krasin und Siemens: Deutsch-sowjetische Wirtschaftsbeziehungen im institutionenökonomischen Paradigma, in: Vierteljahrschrift für Sozial- und Wirtschaftsgeschichte 95, 2008, 391–409.
63 Vgl. *Martin Lutz*, Siemens im Sowjetgeschäft: Eine Institutionengeschichte der deutsch-sowjetischen Beziehungen 1917–1933. (Perspektiven der Wirtschaftsgeschichte, Bd. 1.) Stuttgart 2011.

Abb. 4: Russland, Leonid Krasin und Mitarbeiter 1908/09 (Siemens Historical Institute, Bildsammlung).

„konnte die AEG einen, wenn auch losen Verkehr mit ihren Tochtergesellschaften im Ausland aufrechterhalten".[64] Verhältnismäßig leicht war dies in den Ländern, in denen die AEG an den Landesgesellschaften nicht alleiniger Inhaber war. So bildeten die Société Française AEG und die AEG-Thomson-Houston in Mailand gemeinschaftliche Beteiligungen mit General Electric respektive Thomson-Houston und einer lokalen Bank. Erst als nach der Marneschlacht ein langjähriger Krieg absehbar wurde kam es zu „einer dauernden Beeinträchtigungen der Auslandsinteressen der AEG",[65] die sich beispielsweise in Sonderabschreibungen auswirkten. Nach Kriegsende knüpfte die AEG wie auch die Siemens-Firmen schnell an ihre Kontakte in den USA an. 1923 schloss sie ein Abkommen über eine Marktaufteilung mit General Electric.

Eine transnationale Perspektive auf das Auslandsgeschäft der deutschen Elektroindustrie stellt das Paradigma der ökonomischen Deglobalisierung nach 1914 nicht grundsätzlich in Frage. Selbstverständlich hatte der Erste Weltkrieg große Auswirkungen auf die weltwirtschaftliche Verflechtung, die den exportorientierten

---

64 *Allgemeine Elektrizitäts-Gesellschaft*, 50 Jahre AEG, 191.
65 *Allgemeine Elektrizitäts-Gesellschaft*, 50 Jahre AEG, 191.

und in hohem Maß auf Importe angewiesenen Elektrounternehmen sehr schadeten. Der transnationale Blick ermöglicht es aber, neue Fragen zu stellen und Antworten auf Fragen zu finden, die beispielsweise Kontinuitäten außenwirtschaftlicher Verflechtung der deutschen Elektroindustrie betreffen.

3.4.5 Schluss

Der Erste Weltkrieg brachte für die deutsche Elektroindustrie mehrere strukturelle Umbrüche. Erstens änderte sich die Beschäftigtenstruktur signifikant, insbesondere durch den steigenden Anteil weiblicher Beschäftigter. Zweitens stellten die Unternehmen ihre Produktion auf Rüstungsgüter um. Insbesondere die beiden marktführenden Universalfirmen diversifizierten dabei ihr Geschäft in erheblichem Umfang. Es wurden Produktionszweige neu aufgenommen oder bestehende stark erweitert, wie beispielsweise Schiffbau, Automobilproduktion oder Flugzeugbau. Produkte der Elektroindustrie in Unterseebooten, Flugzeugen, oder Feldtelefonleitungen prägten das Bild des Ersten Weltkriegs als ein moderner, in hohem Maß auf technischen Innovationen beruhender, und nicht zuletzt an Menschenleben und Material verlustreich geführter Krieg. In der Produktion kam es drittens zu ersten Maßnahmen einer Rationalisierung nach Effizienzkriterien und Produktstandardisierung, die aber erst während der Weimarer Republik eine weitergehende Wirkung entfalteten. Viertens wurden der Einfluss von Verbänden in der Elektroindustrie gestärkt und mit dem Zentralverband der Deutschen Elektrotechnischen Industrie 1918 eine Spitzenorganisation geschaffen, um die Brancheninteressen wirksam nach außen, insbesondere gegenüber Staat und anderen Wirtschaftsverbänden, zu vertreten. Fünftens stellte die Importblockade der Entente die Elektrounternehmen vor große Probleme bei der Rohmaterialbeschaffung. Dies führte zu einer intensivierten Forschung und Entwicklung von Ersatzstoffen, die die bereits bestehende Tendenz einer Verwissenschaftlichung der Elektroindustrie verstärkten. Sechstens bedeutete der Kriegsbeginn einen tiefen Einschnitt für die Präsenz der Elektrounternehmen auf dem Weltmarkt. Der Export sank infolge der Handelsblockade stark ab. Darüber hinaus wurden insbesondere die beiden Universalfirmen durch die Enteignung ausländischer Direktinvestitionen und den Verlust von Patentrechten empfindlich getroffen.

Diese Umbrüche sollen freilich nicht darüber hinwegtäuschen, dass die strukturellen Veränderungen meist nur temporärer Art waren. Beispielsweise blieb der hohe Anteil weiblicher Beschäftigter auf die Kriegszeit beschränkt. Auch der hohe Anteil der Rüstungsproduktion fiel nach Kriegsende natürlich wieder stark ab. Der Krieg verstärkte die bestehende Dominanz der beiden Universalfirmen Siemens und AEG, unter anderem durch deren zunehmende vertikale Konzentration. Zwar brachte die Gründung des Zentralverbandes der Deutschen Elektrotechnischen Industrie eine Bündelung der Interessen, die kleinere Unternehmen einschloss. Doch AEG und die Siemens-Firmen spielten in dem Verband die Führungsrolle. Besonders auffallend ist die schnelle Rückkehr der Elektrounternehmen auf den Weltmarkt bereits zu Beginn der 1920er Jahre. Die vormalige Dominanz der deutschen Elektroindustrie auf vielen Märkten konnte zwar nicht mehr erreicht werden. Doch der hohe Anteil des Auslandsgeschäfts bei AEG und Siemens, der bereits Mitte der 1920er Jahre bei rund einem Viertel des Gesamtumsatzes lag, ist erstaunlich. Dies deutet auf Kontinuitäten hin, die die Kriegszeit überdauerten und beispielsweise durch eine weiter bestehende transnationale Verflechtung der Unternehmen zwischen 1914 und 1918 erklärt werden können.

Weitere Desiderata der Forschung betreffen die Effizienz und Effektivität der Kriegswirtschaft und ihre langfristigen Auswirkungen auf die Unternehmen. So lassen sich bislang kaum Aussagen darüber treffen, ob die teils hohen Investitionen in die Rüstungsproduktion aus betriebswirtschaftlichen Gesichtspunkten effizient waren. Auch ist zu prüfen, in welchem Umfang die Elektroindustrie den militärpolitischen Anforderungen des Reichs nachkam und nachkommen konnte. Beispielsweise fehlen Untersuchungen dazu, inwieweit die Zielvorgaben des Hindenburg-Programms in der Branche umgesetzt wurden. Auch die stark intensivierte Kooperation zwischen staatlichen, unternehmerischen, verbandlichen und militärischen Interessenvertretern im Kriegsausschuss der deutschen Elektroindustrie ist nahezu unerforscht. Der AEG-Firmenchronik ist zu entnehmen, dass „die sich dauernd verschärfende Verschiedenheit der Interessen zwischen den Instanzen der Kriegs-Rohstoff-Abteilung und des Reichsernährungs-Ministeriums sowie der Kriegsgesellschaften [...] schließlich zu einer Zerrüttung des Verwaltungsapparates"[66] führten. Eine Prüfung dieser Behauptung unter Zuzug staatlicher Aktenüberlieferung steht noch aus.

Eine weitere offene Frage betrifft die der kriegswirtschaftlichen Entwicklung der deutschen Elektroindustrie im Vergleich mit anderen Branchen. Tendenzen wie zunehmende Frauenarbeit und Umstellung auf Rüstungsproduktion dürften wohl auf die meisten anderen Wirtschaftsbereiche während der Kriegszeit zutreffen. Aber es mag auch Besonderheiten geben, die spezifisch für die Elektroindustrie galten und möglicherweise Spezifika ihrer Interessenpolitik erklären. Dazu gehört der Gegensatz zwischen Elektro- und Schwerindustrie bei den deutsch-sowjetischen Friedensverhandlungen von Brest-Litowsk Anfang 1918. Auch könnten vergleichende Studien Besonderheiten der Elektroindustrie in einer diachronen Perspektive aufzeigen. Beispielsweise hatten Exportinteressen und außenwirtschaftliche Verflechtung bei den Elektrounternehmen eine hohe Priorität. Hier könnten Fragen gestellt werden nach der strategischen Positionierung der Elektroindustrie innerhalb der deutschen wirtschaftspolitischen Diskussion zwischen den Polen „Mitteleuropa" und „Weltmarkt" von 1914 bis 1945.[67] Schließlich könnte ein Vergleich die Anpassungsleis-

---

66 *Allgemeine Elektrizitäts-Gesellschaft*, 50 Jahre AEG, 204.
67 Vgl. *Dirk Stegmann*, „Mitteleuropa" 1925–1934. Zum Problem der Kontinuität deutscher Außenhandelspolitik von Stresemann bis Hitler, in: Dirk Stegmann/Bernd J. Wendt/Peter-Christian Witt

tung der Elektroindustrie an die Friedenswirtschaft nach 1918 einschätzen helfen. Beispielsweise waren laut Firmenchronik der AEG die „Aussichten für die Friedenswirtschaft [..] denkbar günstig",[68] unter anderem aufgrund der hohen Investitionen in Zukunftstechnologien während der Kriegszeit. Eine Bewertung dessen seitens der Forschung ist noch zu leisten.

Auswahlbibliographie

Allgemeine Elektrizitäts-Gesellschaft (Hrsg.), 50 Jahre AEG. Berlin 1956.
Bähr, Johannes, Werner von Siemens 1816–1892. München 2016.
Bähr, Johannes, Verbandspolitik in Demokratie und Diktatur. Der Spitzenverband der elektrotechnischen Industrie 1918–1950. Frankfurt am Main 2019.
Czada, Peter, Die Berliner Elektroindustrie in der Weimarer Zeit. Eine regionalstatistisch-wirtschaftshistorische Untersuchung. (Einzelveröffentlichungen der Historischen Kommission zu Berlin beim Friedrich-Meinecke-Institut der Freien Universität Berlin, Bd. 4.) Berlin 1969.
Daniel, Ute, Arbeiterfrauen in der Kriegsgesellschaft. Beruf, Familie und Politik im Ersten Weltkrieg. (Kritische Studien zur Geschichtswissenschaft, Bd. 84.) Göttingen 1989.
Erker, Paul, Die Verwissenschaftlichung der Industrie. Zur Geschichte der Industrieforschung in den europäischen und amerikanischen Elektrokonzernen 1890–1930, in: Zeitschrift für Unternehmensgeschichte 35, 1990, 73–94.
Feldenkirchen, Wilfried, Siemens 1918–1945. München 1995.
Goetzeler, Herbert/Schoen, Lothar, Wilhelm/Siemens, Carl Friedrich von, Die zweite Unternehmergeneration. Festschrift für Peter von Siemens. Stuttgart 1986.
Hausman, William J./Hertner, Peter/Wilkins, Mira, Global Electrification. Multinational Enterprise and International Finance in the History of Light and Power, 1878–2007. Cambridge 2008.
Heilige, Hans Dieter, Strukturwandel im Verbändesystem der deutschen Elektrowirtschaft von den Anfängen bis zum Beginn der Weimarer Republik, in: artec-paper 211, 2017, 1–48.
Hertner, Peter, German Multinational Enterprise before 1914: Some Case Studies, in: Geoffrey Jones (Hrsg.), Transnational Corporations: A Historical Perspective. (The United Nations Library on Transnational Corporations.) London/New York 1993, 109–129.
Kocka, Jürgen, Unternehmensverwaltung und Angestelltenschaft am Beispiel Siemens 1847–1914. Zum Verhältnis von Kapitalismus und Bürokratie in der deutschen Industrialisierung. (Industrielle Welt, Bd. 11.) Stuttgart 1969.
Kocka, Jürgen, Siemens und der aufhaltsame Aufstieg der AEG, in: Tradition 17, 1972, 125–142.
Kreutzer, Ulrich, Von den Anfängen zum Milliardengeschäft. Die Unternehmensentwicklung von Siemens in den USA zwischen 1845 und 2001. (Beiträge zur Unternehmensgeschichte Bd. 33.) Stuttgart 2013.
Lutz, Martin, Siemens im Sowjetgeschäft: Eine Institutionengeschichte der deutsch-sowjetischen Beziehungen 1917–1933. (Perspektiven der Wirtschaftsgeschichte, Bd. 1.) Stuttgart 2011.
Lutz, Martin, Carl von Siemens: Ein Leben zwischen Familie und Weltfirma. München 2013.
Pohl, Manfred, Emil Rathenau und die AEG. Mainz 1988.

(Hrsg.), Industrielle Gesellschaft und politisches System. Festschrift für Fritz Fischer zum 70. Geburtstag. Bonn 1978; *Feldenkirchen*, Siemens 1918–1945, 203–221.
68 *Allgemeine Elektrizitäts-Gesellschaft*, 50 Jahre AEG, 109.

Schröter, Harm G., Continuity and Change: German Multinationals since 1850, in: Geoffrey Jones/ Harm G. Schröter (Hrsg.), The Rise of Multinationals in Continental Europe. Aldershot 1993, 28–48.

Schulz-Hanßen, Klaus, Die Stellung der Elektroindustrie im Industrialisierungsprozess. Berlin 1970.

Weiher, Sigfrid von, Berlins Weg zur Elektropolis: Technik- und Industriegeschichte an der Spree. 2. Aufl. Göttingen/Zürich 1987.

Wischermann, Clemens/Anne Nieberding, Die institutionelle Revolution: Eine Einführung in die deutsche Wirtschaftsgeschichte des 19. und frühen 20. Jahrhunderts. (Grundzüge der modernen Wirtschaftsgeschichte, Bd. 5.) Stuttgart 2004.

Lutz Budrass
3.5 Automobil-, Flugzeug- und Flugmotorenbau

3.5.1 Einleitung

Ein Zeuge des Aufmarsches der deutschen Heere im Sommer 1870 hätte sich im Sommer 1914 kaum an ein anderes Bild gewöhnen müssen. Soldaten marschierten, Offiziere ritten. Kurze Entfernungen für Lasten wurden mit Pferdefuhrwerken, große mit Eisenbahnen bewältigt und Eisenbahnen transportierten auch Waffen, Ausrüstung und Munition. Das sollte bis zum Ende des Ersten Weltkriegs so bleiben. Automobile spielten bei der Beförderung von Personen und Lasten im deutschen Heer nur eine kleine Rolle, und am Kriegsende war ein deutlicher Modernisierungsrückstand sichtbar. Für die 13,25 Mio. insgesamt mobilisierten deutschen Soldaten wurden während des Krieges etwa 70 000 Automobile aller Art produziert. Die Quote von fünf Automobilen pro 1000 Soldaten lag zwar deutlich über dem Motorisierungsgrad des Deutschen Reiches 1914, der bei 1,5 Automobilen pro 1000 Einwohner gelegen hatte. Sie lag aber nur knapp über dem Wert für Frankreich, der 1914 bereits 4,6 Automobile pro 1000 Einwohner betragen hatte. 1918 verfügte das deutsche Heer an der Westfront nur über ein Fünftel des Automobilbestandes seiner Gegner.[1]

Erst recht unterlegen war das deutsche Heer bei allen Arten von Kampfwagen. Dass in Deutschland kaum zwanzig produziert wurden, während Hunderte britische und französische Panzer seit 1916 in die deutschen Stellungen einbrachen, galt schon zeitgenössisch als zentrales Versäumnis der deutschen Rüstungspolitik.[2] Es gab auf deutscher Seite während des Ersten Weltkriegs keine nennenswerten Erfolge, den Explosionsmotor auf Räder zu setzen: Technisch und industriell war der Rückstand der deutschen Automobilindustrie zu den alliierten Gegnern geradezu ein Signum der deutschen Rüstung. Der Ausstoß wurde nicht durch die Intensivierung der Arbeit sondern durch die Ausweitung der Fabriken erhöht, während einfachste Normierungsprogramme – etwa die Vereinheitlichung von Schraubengewin-

---

[1] *Reiner Flik*, Von Ford Lernen? Automobilbau und Motorisierung in Deutschland bis 1933. Köln u. a. 2001, 125; *Peter Kirchberg*, Die Motorisierung des Straßenverkehrs in Deutschland von den Anfängen bis zum Zweiten Weltkrieg, in: Harry Niemann/Armin Hermann (Hrsg.), Die Entwicklung der Motorisierung im Deutschen Reich und den Nachfolgestaaten. Stuttgarter Tage zur Automobil- und Unternehmensgeschichte. Stuttgart 1995, 17; siehe auch *Christoph Maria Merki*, Der holprige Siegeszug des Automobils 1895–1930. Zur Motorisierung des Straßenverkehrs in Frankreich, Deutschland und der Schweiz. Wien u. a. 2002, 78.
[2] *Hptm. Fries*, Kampffahrzeuge, in: Max Schwarte (Hrsg.), Die Technik im Weltkriege. Berlin 1920, 208–210.

den – trotz aller Bekenntnisse zur nationalen Kraftanstrengung auch in dieser Industrie am Widerstand der Unternehmer scheiterten.[3] Die wichtigste Erkenntnis der insgesamt desolaten Bilanz des deutschen Automobilbaus im Ersten Weltkrieg ist daher, dass die Entwicklung in den zwanziger Jahren umso dynamischer verlief. Das Automobil als Sehnsuchtsobjekt des deutschen Maschinenbaus ist ein Resultat der Debatte, die in den 1920er Jahren über den Rückstand geführt wurde, der sich im Land der Daimler und Otto und Diesel und Benz und Büssing und Opel während des Ersten Weltkriegs eingestellt hatte. Das spiegelt sich bis heute in der Literatur. Es gibt, abgesehen von der Arbeit von Birgit Buschmann über Daimler, keine wissenschaftlichen Maßstäben genügende Darstellung, die sich auf die Unternehmensgeschichte des deutschen Automobilbaus im Ersten Weltkrieg konzentriert.[4] Das erweckt fast den Eindruck, als ob das schmachvolle Kapitel in der Geschichte dieser führenden deutschen Branche verschwiegen werden soll.[5]

Die Schwierigkeiten mit der Geschichte der Automobilindustrie erklären sich allerdings durch eine deutsche Eigenheit bei der Verwendung des Explosionsmotors. Denn der mangelnde Erfolg, aber auch die mangelnden Anstrengungen, ihn auf Räder zu setzen, gingen mit einer höchst bemerkenswerten Aufholjagd einher, ihm Flügel zu verleihen. Zwar kann auch beim Flugzeug- und Flugmotorenbau zur Zeit des Waffenstillstands eine quantitative Unterlegenheit der deutschen Streitkräfte festgestellt werden. Sie fiel aber deutlich kleiner aus. Noch 1918 wurden in Deutschland monatlich knapp 2200 Flugzeuge produziert, während französische und britische Hersteller zusammengenommen auf 2800 bis 3000 kamen, und dies bei einer deutlich geringeren Produktivität. Zur Zeit des Waffenstillstands beschäftigte die britische Luftfahrtindustrie 347 000 Menschen, die französische 180 000 – die deutsche hingegen maximal 140 000.[6] Während die deutschen Kraftfahrtruppen zur Zeit des Waffenstillstands nur 25 000 Lastkraftwagen im Vergleich zu 180 000 der Alliierten besaßen,[7] waren die deutsche Fliegerkräfte an der Westfront den französischen und britischen Streitkräften ebenbürtig. Wilhelm Siegert, der Chef der Inspektion der Fliegertruppen (IdFlieg), behauptete sogar 1920, dass sie als einzige

---

[3] *Flik*, Ford, 125–128; Archiv des VDI, Düsseldorf, *L. Klopfer*, Kraftfahrwesen, in: Verein Deutscher Ingenieure (Hrsg.), Technische Erfahrungen für die Kriegswirtschaft, Bd. 2. Berlin/Leipzig 1923, 892.
[4] *Birgit Buschmann*, Unternehmenspolitik in der Kriegswirtschaft und in der Inflation. Die Daimler-Motoren-Gesellschaft 1914–1923. Stuttgart 1998.
[5] In der bis heute verwendeten historischen Dokumentation der Automobiltypen von Seherr-Thoss fehlt entsprechend ein Kapitel zum Ersten Weltkrieg. *Hans Christoph von Seherr-Thoss*, Die deutsche Automobilindustrie. Eine Dokumentation von 1886 bis 1979. Stuttgart 1979.
[6] *John H. Morrow*, German Air Power in World War I. Lincoln/Neb. 1982, 190 f.; *Hans Tetens*, Geschichte der deutschen Flugzeug-Industrie, in: Jahrbuch für Luftfahrt 1928, 6, geht im deutschen Fall von 125 000 aus.
[7] *Heinz Guderian*, Kraftfahrzeug, in: Handbuch der neuzeitlichen Wehrwissenschaften, Bd. 1: Wehrpolitik und Kriegführung. Berlin/Leipzig 1936, 163.

nicht geschlagen worden seien: „Noch der November 1918 fand die Flieger als einzige Truppe – wie es im Wesen der Waffe liegt – im Angriff!"[8]

Da die Automobilfirmen den Flugmotor als den wertvollsten Teil des Flugzeugs herstellten, hatten sie allerdings den größten Anteil daran. Von den rund 44 000 zwischen 1914 und 1918 produzierten Flugmotoren stammten knapp 45 % aus der Daimler-Motoren-Gesellschaft, weitere 25 % von Benz & Cie., während die Firma Opel, die erst 1918 durch die Lizenzproduktion eines Motors von BMW zum Flugmotorenhersteller aufstieg, es noch auf eine Gesamtproduktion von 2260 brachte.[9]

Die Eigenheit der deutschen Automobilindustrie, dass sie während des Ersten Weltkriegs zu einem großen Teil Luftfahrtindustrie war, wird in den einschlägigen Branchengeschichten nicht abgebildet. Aber auch in Unternehmensstudien werden die Ausläufer vom Automobilbau zum Flugmotorenbau und Flugzeugbau eher als regellose Sonderentwicklungen statt als Normalfall betrachtet. Offenbar zeichnete sich aber gerade die deutsche Entwicklung dadurch aus, dass es bei der wirtschaftlichen Verwendung des Explosionsmotors eine Wahlverwandtschaft von Automobil- und Flugzeugbau gab. Kurt Möser hat in mehreren Veröffentlichungen den „nutzerische(n) crossover zwischen den Fahrzeugtechniken" mit einer kulturgeschichtlichen Perspektive auf die Verwendung der „Mobilitätsmaschinen" betont.[10] Die mit diesem etwas sperrigen Begriff verbundene Überlegung erlaubt aber auch die Frage nach den Interessen und Hoffnungen ihrer Hersteller zu stellen und einen genaueren Blick auf den besonderen Zusammenhang zwischen Automobil- und Flugzeugbau im deutschen Fall zu werfen, bei dem nicht vorschnell die jeweiligen Branchengeschichten in den Vordergrund treten, sondern die Wahlfreiheit von Herstellern wie Daimler, Benz und anderen zwischen Flugzeug-, Flugmotoren- und Automobilbau betont wird. Eine solche Betrachtung der verbundenen Geschichte von Flugzeug-, Flugmotoren- und Automobilindustrie bietet mindestens die Chance, eine Ex-Post-Perspektive zu verlassen, bei der die deutschen Streitkräfte seit 1916 – angesichts des Fehlens von Tanks und einer nur marginalen Nutzung von Lkw – als rückständig erscheinen und suggeriert wird, dass die Logik der wirtschaftlichen Entwicklung seit 1918 darin bestand, industriell und unternehmerisch auf den Weg der siegreichen Alliierten einzuschwenken.

---

8 *Wilhelm Siegert*, Rückblick auf die Gesamtentwicklung des Heeresflugwesens im Kriege, in: Georg Paul Neumann (Hrsg.), Die deutschen Luftstreitkräfte im Weltkriege. Berlin 1920, 118.
9 Buschmann, Unternehmenspolitik, S. 415; *Jakob Latussek*, Die deutsche Flugzeugindustrie, Diss. Erlangen 1922, S. 126. *Christian Pierer*, Die Bayerischen Motoren Werke bis 1933. Eine Unternehmensgründung in Krieg, Inflation und Weltwirtschaftskrise, München 2011, 51.
10 *Kurt Möser*, Amphibien, Landschiffe, Flugautos. Utopische Fahrzeuge der Jahrhundertwende und die Durchsetzung des Benzinautomobils, in: Jahrbuch für Wirtschaftsgeschichte 1999/2, 64 f.; *Kurt Möser*, Fahren und Fliegen in Frieden und Krieg. Kulturen individueller Mobilitätsmaschinen, 1880–1930. Heidelberg u. a. 2009; *Kurt Möser*, Geschichte des Autos. Frankfurt am Main/New York 2002, 142–153.

3.5.2 Der Stand von Automobil- und Flugzeugindustrie vor dem Krieg

Eine verbundene Wahrnehmung von Automobil- und Flugzeugbau in Deutschland wurde in den Jahren vor dem Ersten Weltkrieg vor allem von der Hohenzollern-Dynastie vorbereitet. Die Strategie Wilhelms II., die Offenheit der Monarchie zur modernen Industrie zu demonstrieren, konzentrierte sich zwar auf die Marine, nutzte aber auch die neuen Motorgefährte.[11] Während Wilhelm II. seit etwa 1905 das Auto repräsentativ nutzte, spielte der jüngere Bruder des Kaisers, Heinrich von Preußen, die entscheidende Rolle dabei, die Hohenzollern als Förderer der neuen Technologie zu etablieren. Prinz Heinrich, ohnehin Kommandant der Hochseeflotte und Großadmiral, übernahm 1905 die Führung des Deutschen Freiwilligen Automobilkorps, dessen Mitglieder sich mit ihren Fahrzeugen für Manöver zur Verfügung stellten. Als Ausgleich wurden sie zu Reserveoffizieren ernannt. Im Deutschen Freiwilligen Automobilkorps bildete sich auf diese Weise die ständische Hierarchie des Wilhelminischen Deutschland ab – und gleichzeitig wurde damit die Perspektive vorgegeben, dass der Pkw im Frieden ein Gefährt für die Oberschicht des Kaiserreichs, im Krieg ein Fahrzeug für höhere Stäbe sein würde; damit war also für die Hersteller auch eine Erwartung über die technische Ausstattung der Fahrzeuge und mögliche Verkaufszahlen formuliert.[12]

Als Prinz Heinrich im November 1910 den deutschen „Flugzeugführerschein" Nr. 38 erwarb, war auch der Flugzeugbau symbolisch in die konservative Gesellschaft des Kaiserreichs aufgenommen. Die von ihm im gleichen Jahr aufgelegte und vom früheren Staatssekretär im Reichsamt des Innern, von Posadowsky-Wehner, geleitete Nationalflugspende sammelte bis 1913 sieben Mio. Mark ein, die hauptsächlich für die notleidenden deutschen Flugpioniere ausgegeben wurde: als Prämien für Rekordflüge und Leibrenten für Konstrukteure von neuen Flugmaschinen. Noch bedeutender war der 1912 erstmals ausgeschriebene Kaiserpreis für den besten Flugmotor, bei dem Wilhelm II., abermals auf Initiative seines Bruders Heinrich, 50 000 Mark aus seiner Privatschatulle als Preis für den besten Flugmotor auslobte. Die Summe wurde von verschiedenen Behörden aufgestockt, so dass auch 2. bis 5. Plätze prämiert werden konnten. Überwacht wurde der Wettbewerb von der im gleichen Jahr als Verein gegründeten Deutschen Versuchsanstalt für Luftfahrt (DVL).[13]

Der Kaiserpreis sorgte für einen Innovationsschub in der deutschen Flugtechnik, mit dem sie zu den bis dahin führenden französischen Herstellern aufschließen

---

[11] *Wolfgang König*, Wilhelm II. und die Moderne. Der Kaiser und die technisch-industrielle Welt, Paderborn u. a. 2007, 205–216.
[12] Möser, Geschichte, 125.
[13] *Paul Béjeuhr*, Kaiserpreis-Wettbewerb für deutsche Flugzeugmotoren, in: Polytechnisches Journal 328, 1913, 113–116.

konnte.¹⁴ Die prämierten Motoren waren die konstruktiven Vorläufer der Muster, mit denen die deutschen Fliegerkräfte im Ersten Weltkrieg vorwiegend ausgerüstet wurden. Gleichzeitig unterstrich der nur einmal abgeschlossene Wettbewerb die Verschränkung zwischen Automobil- und Flugmotorenbau: Als Sieger wurde ein Motor der Benz & Cie., Rheinische Automobil- und Motorenfabrik AG, Mannheim, prämiert, die auch der größte Lkw-Hersteller war. Der 2. und 4. Preis ging an Aggregate der Daimler Motoren-Gesellschaft, zweitgrößter deutscher Motorfahrzeughersteller, deren Mercedes D III-Motor der meistgebaute deutsche Flugmotor des Ersten Weltkriegs werden sollte. Den 5. Preis errang die Argus Motoren Gesellschaft, ursprünglich ebenfalls eine Automobilfirma, während der 3. Preis an die Nationale Automobil-Gesellschaft AG ging, die noch Emil Rathenau an die AEG angegliedert hatte, um dort den Lkw-Bau aufzunehmen.

Die monarchisch-konservative Politisierung von Automobil- und Flugzeugbau durch das Engagement der kaiserlichen Familie bildete gleichzeitig einen Kontrapunkt zu Ferdinand Graf Zeppelin, dessen Starrluftschiff ein deutscher Sonderweg in der Luftfahrt war, allerdings – trotz der adeligen Herkunft Zeppelins – mit einer deutlichen bürgerlichen Note.¹⁵ Seit der „Katastrophe von Echterdingen", dem Absturz eines seiner ersten Luftschiffe stand Ferdinand Graf von Zeppelin im Zentrum der Aufmerksamkeit für das Flugwesen. Die Spendenkampagne, die ins Leben gerufen wurde, um Zeppelin die Fortsetzung seiner Arbeit zu erlauben, galt als eine wichtige Manifestation des bürgerlichen Nationalismus in Süddeutschland. Der deutsche Rückstand beim Bau der „Flugzeuge schwerer als Luft" ging auf die bürgerliche Begeisterung für Zeppelins Starrluftschiff zurück; die kaiserliche Förderung der Flugzeuge durch die Nationalflugspende und den Kaiserpreis wog das technisch, aber auch politisch und gesellschaftlich auf.¹⁶ Seit der 1. Internationalen Luftfahrtausstellung (ILA) 1911 galt das „Flugzeug schwerer als Luft" als technisch aussichtsreicher als der Zeppelin. Das Wettrüsten und die militärischen Spannungen in der Marokkokrise und den Balkankriegen, bei denen sich Flugzeuge als Aufklärer bewährten, verschoben die Prioritäten der Förderung entsprechend, nachdem sich das deutsche Militär zunächst ganz auf den Zeppelin konzentriert hatte.

Die Bilanz der deutschen Wendung zum Flugzeugbau war insgesamt beachtlich. Die militärischen Ausgaben in diesem Zweig stiegen von 36 000 Mark (1909) auf knapp 26 Mio. Mark (1914). Kurz vor dem Ersten Weltkrieg gab es auch im eigentlichen Flugzeugbau bereits Großunternehmen. Die 1908 gegründete Firma von Edmund Rumpler – gleichermaßen „Pionier" im Flugzeug – wie auch Automobil-

---

[14] *Roy A. H. Fedden*, Aircraft Power Plant – Past and Future, in: The Journal of the Royal Aeronautical Society 48, 1944, 346; *Schwager*, Flugmotoren, in: Schwarte, Technik im Weltkriege, 190.
[15] *Peter Fritzsche*, A Nation of Fliers. German Aviation and the Popular Imagination, Cambridge, Mass. u. a. 1992, 9–18; *Helmuth Trischler*, Luft- und Raumfahrtforschung in Deutschland 1900–1970. Politische Geschichte einer Wissenschaft, Frankfurt am Main, New York 1992, 47.
[16] Zur „symbiotischen" Beziehung von Zeppelins Popularität und Wilhelms Repräsentationsbedürfnis *König*, Wilhelm, 76.

bau – beschäftigte 1914 bei einem Buchwert der Anlagen von 1,4 Mio. Mark 400 Menschen. Die überwiegend zur Abwicklung des Rüstungsgeschäfts gegründete und zunächst mit Kopien französischer Modelle beschäftigte Firma Albatros hatte 1914 745 Beschäftigte.[17] Die kaiserliche Popularisierung des Flugzeugbaus hatte ohnehin dazu geführt, dass Siemens und AEG seit 1911 Flugzeugbauabteilungen unterhielten.

Der Aufschwung im Flugzeugbau wurde jedoch in den Jahren vor Kriegsbeginn durch die Expansion des Automobilbaus weit in den Schatten gestellt. Die entscheidende Wachstumsperiode der motorisierten Wagen sowohl bei der Personen- als auch bei der Güterbeförderung setzte um 1909 ein. Im Straßenverkehr in Sachsen wurden 1914 mehr Automobile als Pferdefuhrwerke bei der Personenbeförderung gezählt, und obwohl die Pferdefuhrwerke dann noch den überwiegenden Teil der Güter transportierten, nahm auch die Zahl der Lkw spürbar zu: Zwischen 1907 und 1914 verzehnfachte sich der Lkw-Bestand in Deutschland auf annähernd 10 000.[18] 1913 baute die deutsche Kraftfahrzeugindustrie rund 17 000 Pkw und 2800 Lkw.[19] Allein das Werk der Daimler-Motoren-Gesellschaft in Marienfelde stellte 1914 350 Nutzfahrzeuge her. Das Werk in Untertürkheim baute in den letzten Vorkriegsjahren jährlich 1500 bis 1800 Pkw und im Jahr 1913 376 Flugmotoren.[20]

Der Produktionsumfang in den großen Automobilfabriken von Daimler und Benz ließ es eigentlich erwarten, dass das Automobil und namentlich der Lkw in einem zukünftigen Krieg eine entsprechende Rolle spielen würde. Die Firmen begannen um 1905, sich auch technisch dem Rüstungsmarkt anzupassen, was vor allem auf dem Experimentierfeld der technischen Moderne, den Kolonien, sichtbar wurde. Paul Daimler konstruierte 1904 ein erstes gepanzertes Automobil für Austro-Daimler, während für die Reise des Staatssekretärs im Reichskolonialamt, Bernhard Dernburg, nach Südwestafrika 1908 das erste allradgetriebene Automobil entstand. Schon bei der Niederschlagung des Aufstands der Herero wurde 1905 ein Armeelastzug der Daimler-Motoren-Gesellschaft eingesetzt, dessen Aufbau ebenfalls den rauen Straßenverhältnissen in der afrikanischen Kolonie Rechnung trug.[21] Im Fall eines kurzen Krieges, bei dem die deutschen Streitkräfte ihre Gegner im Westen und Osten in wenigen Wochen überflügelten, war das Automobil als Transportmittel durchaus Teil der militärischen Strategie. Die Anschaffung von kriegstauglichen

---

17 Archiv Deutsches Technikmuseum, Berlin, NL Peter M. Grosz I.4.146–1033, Inspektion der Fliegertruppen (IdFlieg), Geschichte der deutschen Flugzeug-Industrie, Bd. 1, 1918.
18 *Kirchberg*, Motorisierung, 11 f.
19 *Flik*, Ford, 125.
20 *Buschmann*, Unternehmenspolitik, 62.
21 *Karl-Heinz Roth*, Der Weg zum guten Stern des „Dritten Reichs". Schlaglichter auf die Geschichte der Daimler-Benz AG und ihrer Vorläufer (1890–1945), in: Hamburger Stiftung für Sozialgeschichte des 20. Jahrhunderts (Hrsg.), Das Daimler-Benz-Buch. Ein Rüstungskonzern im „Tausendjährigen Reich". Nördlingen 1987, 42–45; *Georg Rau*, Deutsch-Süd-West-Afrika. Bilder aus den Kriegen gegen die Hereros und Hottentotten. Berlin 1907, 10.

Lkw wurde seit 1908 mit Kaufhilfen und Betriebsprämien subventioniert. Um 1910 gab es 600, 1914 903 so genannte Subventions-Lastzüge in Deutschland. Ohnehin wurden die in der Vorkriegszeit zugelassenen Fahrzeuge überwiegend eingezogen. Das Militär kaufte bis 1918 86 % der Anfang 1914 in Deutschland zugelassenen Lkw.[22]

3.5.3 Automobilproduktion im Krieg: Rohstoffknappheit, technische Rückentwicklung und der militärische Markt

Der Krieg in Frankreich, der den weit überwiegenden Teil der militärischen Ressourcen band, wurde trotz der Vorbereitungen auf deutscher Seite kein Automobilkrieg. Das lässt sich zu einem großen Teil durch die geographischen Vorteile des deutschen Heeres begründen. Mit dem Vormarsch 1914 eroberten die deutschen Armeen in Belgien das zu diesem Zeitpunkt dichteste Eisenbahnnetz der Welt. Und als die Front im Herbst zum Stehen kam, waren auch die Knotenpunkte der französischen Nordbahn in deutschem Besitz.[23] Der Transport von und zu der Front war für das deutsche Heer in den kommenden Jahren weniger schwierig als für Alliierten, die auf das sternförmig auf Paris ausgerichtete Eisenbahnsystem angewiesen waren. Hingegen gab es im deutschen Hinterland ein Netzwerk aus Eisenbahnlinien, von denen aus sich jeder Punkt der Front mit einem System aus Schmalspurbahnen erschließen ließ. Der Schub für die Lkw-Verwendung und Produktion, der im französischen Fall durch die Überlastung und Zerstörung der verbliebenen Eisenbahnen entstand, stellte sich im deutschen Fall nicht ein, weil sich der Stellungskrieg im Westen zwar nicht störungsfrei, aber zuverlässig mit der Bahn versorgen ließ.[24]

Das entscheidende Hindernis für eine intensivere Verwendung von Lkw und anderen Automobilen im deutschen Heer bildete jedoch der gravierende Gummimangel. Da das Deutsche Reich keine Lieferungen von Naturkautschuk erhielt, und die auf den Verbrauch in vier Monaten aufgestockten Bestände trotz Verfahren zur Kautschukregenerierung und Kunstgummientwicklungen immer mehr abnahmen, mussten verschiedene gummilose Ersatzbereifungen, überwiegend mit Stahlfedern,

---

22 *Flik*, Ford, 124; *Merki*, Siegeszug, 84 f.; *Peter Borscheid*, Lkw kontra Bahn. Die Modernisierung des Transports durch den Lastkraftwagen in Deutschland bis 1939, in: Harry Niemann/Armin Hermann (Hrsg.), Die Entwicklung der Motorisierung im Deutschen Reich und den Nachfolgestaaten. Stuttgarter Tage zur Automobil- und Unternehmensgeschichte. Stuttgart 1995, 24.
23 *Victor von Röll*, Enzyklopädie des Eisenbahnwesens, Bd. 2. 2. Aufl. Berlin/Wien 1912, 176–190. Vgl. ausführlicher zu Transport und Verkehr das Kapitel 2.4 in diesem Band.
24 *Wegener*, Eisenbahnen und Wasserstraßen, in: Schwarte, Technik im Weltkriege, 224–235; *Merki*, Siegeszug, 83.

entwickelt werden.[25] Deren Herstellung war nicht nur aufwändig, sondern setzte der Verwendung des Lkw enge Grenzen. Da Stöße und Erschütterungen von diesen Ersatzbereifungen nur schlecht aufgefangen wurden, stieg die Reparaturanfälligkeit der Lkw, obwohl sie wegen der mangelhaften Bereifung ohnehin kaum schneller als 12 km/h fahren konnten – schon in der Vorkriegszeit hatte sich hingegen eine Durchschnittsgeschwindigkeit von 25 bis 30 km/h eingebürgert.[26] Der große Verschleiß, mit dem bei Automobilen mit Ersatzbereifung gerechnet werden musste, stellte deren Anwendung angesichts der allgemeinen Ressourcenknappheit auf der deutschen Seite erst recht in Frage.

Die Ersatzbereifung führte aber vor allem zu einer Rückwärtsentwicklung der Automobiltechnik. Da die Kardanwelle zu stoßanfällig war, setzte sich immer mehr der archaische Kettenantrieb beim Lkw-Bau durch, während das Sperrdifferential, das verhinderte, dass Räder bei der Kurvenfahrt durchdrehten, von Büssing und Daimler vor dem Krieg eingeführt, aus dem Automobilbau verschwand. Gleichzeitig war klar, dass die Einschränkungen durch die Ersatzbereifungen nach Kriegsende – angesichts der enormen Ausweitung der Weltkautschukproduktion – aufgehoben würden. Investitionen in die Automobiltechnik lohnten während des Krieges nur mit einer langfristigen Perspektive, die vom Normalfall der Gummibereifung ausging. MAN kaufte 1915 vor allem deshalb eine Lizenz für die Produktion eines schweizerischen Lkw, um dessen Nürnberger Werk eine Perspektive für die Friedensfertigung zu eröffnen. Die Werbung, bei der die Firma die Zuverlässigkeit der insgesamt 656 produzierten MAN-Saurer „Kriegswagen" herausstellte, war auch für den Friedensmarkt gedacht.[27]

Angesichts der wenig dringenden militärischen Nachfrage, der Verschleißträchtigkeit durch die Ersatzbereifung und der technischen Rückentwicklung war das Automobil an sich kein lohnendes Objekt für industrielle Investitionen. Während der Bau von Pkw bei der Daimler-Motoren-Gesellschaft und bei Benz & Cie. bis 1917 auf ein Viertel der Vorkriegsproduktion zurückging, stagnierte die Lkw-Produktion etwa auf dem Niveau, die sie 1914 erreicht hatte.[28] Ein großer Teil der Lkw wurde jedoch nicht an der Front verwendet, sondern in Deutschland, wo seit 1916 ein Netz von stationären Kraftwagenkolonnen aufgebaut wurde, um Verkehrsstockungen zu beseitigen. 1917 gab es 115 solcher Kolonnen.[29] An der Front erhielten Lkw erst während der Offensive im Frühjahr 1918 eine spezifische militärische Funktion, da mit ihnen Sturmtruppen überraschender als mit der Eisenbahn verlegt werden konnten.

---

25 Archiv des VDI, Düsseldorf, N.N., Kautschuk, in: Verein Deutscher Ingenieure (Hrsg.), Technische Erfahrungen für die Kriegswirtschaft, Bd. 1. Berlin/Leipzig 1923, 149–155.
26 *Merki*, Siegeszug, 76; *Hptm. Fries*, Kraftfahrwesen, in: Schwarte, Technik im Weltkriege, 238, 242.
27 *Johannes Bähr/Ralf Banken/Thomas Flemming*, Die MAN. Eine deutsche Industriegeschichte. München 2008, 224.
28 *Buschmann*, Unternehmenspolitik, 410.
29 *Borscheid*, Lkw, 24.

Infanterie und Artillerie in den Straßen von St. Quentin bei Beginn der „Großen Schlacht in Frankreich".

Abb. 1: Noch bei der „Großen Schlacht in Frankreich" war die Motorisierung spärlich, Saint-Quentin, Frühjahr 1918.

Noch in der grundlegenden Vorschrift für den „Angriff im Stellungskriege" vom 1. Januar 1918 wurde die Kraftfahrtruppe jedoch mit keinem Wort erwähnt.[30] Hingegen wurden bei den Alliierten bereits seit 1917 ganze Armeen mit Lkw verlegt.[31]

Letztlich lässt sich auch die Zurückhaltung des deutschen Heeres beim Bau von Panzerwagen auf eine Kalkulation von Kosten und Nutzen zurückführen, die angesichts der allgemeinen Ressourcenknappheit auf der deutschen Seite ein anderes Aussehen hatte als auf der der Alliierten. Der enorme Kraftstoffverbrauch der „Tanks", ihre Reparaturanfälligkeit und Verschleißträchtigkeit waren die eine Seite. Auf der deutschen gab es vor allem die Erfahrung, dass ein einzelner Panzer nicht schwierig auszuschalten war: „Die jetzigen Tanks werden durch Angriff von hinten oder von oben, durch Begleitgeschütze, Minenwerfer, Maschinengewehre, günstigenfalls auch durch einzelne unter die gespannte Triebkette geworfene Hand-

---

30 *Möser*, Geschichte, 128; Erich Ludendorff (Hrsg.), Urkunden der Obersten Heeresleitung über ihre Tätigkeit 1916/18. Berlin 1920, 641–671.
31 *Guderian*, Kraftfahrzeug, 164.

granaten, möglichst in Bündeln, leicht erledigt,"[32] hieß es in einem Resümee von Angriffserfahrungen, das noch im April 1918 herausgegeben wurde. Erst der Masseneinsatz von Panzern wie am 8. August 1918, dem „schwarzen Tag des deutschen Heeres", als 540 Panzer zusammen mit 2600 Geschützen und 500 Flugzeugen die deutschen Stellungen bei Amiens durchbrachen, garantierte einen militärischen Erfolg.[33] Ein solcher Einsatz, bei dem ein hoher Verschleiß und große Materialverluste von Beginn einkalkuliert waren, lag jedoch weit jenseits der Möglichkeiten der deutschen Rüstungswirtschaft.

3.5.4 Der technische Spurt des deutschen Flugzeug- und Flugmotorenbaus

Wie sehr sich das Gewicht zwischen Automobil- und Luftfahrtproduktion während des Krieges verschob, lässt sich am Umsatz des Werkes Untertürkheim der Daimler-Motoren-Gesellschaft verfolgen: Während dort mit der Automobilproduktion 1915 29% des Umsatzes erwirtschaftet wurden, stand die Flugmotorenproduktion bereits bei 58%. 1916 erreichte die Flugmotorenproduktion 80%, während die Automobilproduktion auf 8% zurückging und 1917 auf 1% marginalisiert wurde. Sowohl bei der Daimler-Motoren-Gesellschaft als auch bei Benz & Cie. wurden allerdings 1917 annähernd sechsmal so viele Flugmotoren wie 1914 produziert.[34]

Der Flugmotorenbau blieb bis 1918 eine Domäne der etablierten Automobilhersteller. Wegen des Mangels an den im Krieg intensiv nachgefragten Metallarbeitern und der notwendigen dichten Maschinenausstattung gab es eine hohe Schwelle für Neugründungen. Eine Ausnahme bildete eines der erfolgreichsten deutschen Unternehmen im Flugmotorenbau, die Motorenfabrik Oberursel, die sich vor dem Ersten Weltkrieg auf die Herstellung von Standmotoren und Lokomotiven für den Bergbau konzentrierte, 1913 jedoch die Lizenz für einen Flugmotor der französischen Firma Gnome et Rhône erwarb. Für den nicht verliehenen Kaiserpreis 1914 vorgemerkt, trieb der Umlaufmotor von Oberursel bis 1918 einen großen Teil der Jagdflugzeuge der deutschen Fliegerkräfte an. Trotz des Erfolgs blieb die Motorenfabrik Oberursel auch nach 1918 bei ihrer angestammten Produktpalette.[35] Gemeinhin wird es als eines der größten Versäumnisse der deutschen Rüstungswirtschaft betrachtet, dass die Luftfahrzeug-Motorenbau GmbH von Wilhelm Maybach, die als Teil des Zeppelin-

---

[32] Der Chef des Generalstabs des Feldheeres, Angriffserfahrungen, 17. April 1918, in: Ludendorff, Urkunden, 676.
[33] *Guderian*, Kraftfahrzeug, 167.
[34] *Buschmann*, Unternehmenspolitik, 65, 410.
[35] *Roman Köster*, „Schauspielhaus Oberursel". Die Geschichte der Motorenfabrik Oberursel in den Jahren 1918 bis 1956, in: Zeitschrift für Unternehmensgeschichte 49, 2004, 69 f.

Konzerns die Motoren für die Starrluftschiffe geliefert hatte, aus undurchsichtigen Gründen erst seit 1916 zur Flugmotorenproduktion zugelassen wurde.[36] Die Profite aus der Rüstungsproduktion erlaubten aber auch Außenseitern in der Metallverarbeitung wie der Sauerländer Firma Basse & Selve den Einstieg in den Flugmotorenbau, der der Firma in den 1920er Jahren wiederum den Sprung in den Automobilbau ebnete.[37]

Während die Zahl der Flugmotorenhersteller überschaubar blieb, gab es eine ganze Reihe von Neugründungen im Flugzeugbau. Wichtige Firmen entstanden vor allem aus dem Kreis der Waggonbauhersteller (Gothaer Waggon, Hannoversche Waggon), die über zwei entscheidende Ressourcen für die Aufnahme des Flugzeugbaus verfügten: große Mengen trockenes Holz und eine eingearbeitete Arbeiterschaft aus Tischlern und Zimmerleuten. Zwar blieb auch im Flugzeugbau die 1914 existierende Hierarchie der Firmen im Wesentlichen erhalten. Vor allem Albatros (2000 Arbeiter 1916), die Luft-Verkehrs-Gesellschaft (LVG), die Firma des niederländischen Pioniers Anthony Fokker, aber auch die Flugzeugbauabteilungen von Siemens und AEG bildeten die Spitze dieses Zweigs der Luftfahrtindustrie und sie dominierten auch bei Kriegsende. Albatros hatte 1918 5600 Beschäftigte, die LVG 2200, Rumpler 2300, Fokker 1850; die jeweilige Abteilung bei AEG und Siemens-Schuckert 3200 bzw. 750. Das besondere Merkmal des deutschen Flugzeugbaus blieb aber, dass ihnen die Waggonbaufirmen wie die Hannoversche Waggonfabrik AG (1940 Beschäftigte 1918) und Gothaer Waggonfabrik AG an die Seite traten und mit ihren Parks von Holzbearbeitungsmaschinen und einer Belegschaft aus qualifizierten Holzhandwerkern, die in anderen Teilen der Rüstung nicht intensiv nachgefragt werden, einen beträchtlichen Teil der Flugzeugproduktion trugen.[38]

Die günstige Lage für Holzverarbeiter im deutschen Flugzeugbau ging darauf zurück, dass in diesem Sektor der deutschen Wirtschaft ausnahmsweise kein Rohstoffmangel herrschte. Während bei Kriegsbeginn allenthalben die ursprünglich in Frankreich entwickelte Bauform verwendet wurde, bei der Rumpf und Tragflächen von Holzholmen getragen, mit Leinwand bespannt und von zahlreichen Spanndrähten befestigt wurden, setzten sich in Deutschland der so genannte Gemischtbau, bei dem ein bespannter Stahlrohrrumpf mit Holzflügeln kombiniert wurde, sowie der reine Holzbau durch. Die Spanndrähte zur Erhöhung der Festigkeit der Flugzeugzelle verschwanden fast vollständig.[39]

---

[36] *Alfred Colsmann/Karl Maybach*, Zeppeline, Maybachmotoren und Persius. Erwiderung auf Persius „Tirpitz, der Totengräber der deutschen Flotte". Berlin 1919, 2 f.
[37] *Tetens*, Geschichte, 7; Archiv Deutsches Technikmuseum, Berlin, Kriegstagebuch Wilhelm Siegert, Inspektion der Fliegertruppen, betr. Weitere Ausgestaltung und technische Entwicklung unserer Flugzeuge und Motoren sowie des übrigen hiermit in Zusammenhang stehenden Geräts, 10. August 1918.
[38] *Morrow*, Air Power, 202.
[39] *Georg Madelung*, Technische und konstruktive Grundlinien der Entwicklung des Flugzeugbaues während des Krieges, in: Neumann, Die deutschen Luftstreitkräfte, 143 f. Danach auch das Folgende.

Beim Holzbau gingen die Firmen überwiegend zur Verwendung von verleimten Kiefernhölzern für Holme über, während die großen Vorräte und Produktionskapazitäten für Birkensperrholz der Ansatz dafür waren, die Beplanung der Tragflächen und den Bau der Rümpfe insgesamt auf Sperrholz umzustellen. Ein Patent von Albatros für den so genannten Wickelrumpf, bei dem Sperrholzstreifen kreuzförmig miteinander verleimt wurden, sorgte für einen beträchtlichen Innovationsvorsprung des deutschen Flugzeugbaus. Deutsche Flugzeuge waren nicht nur stabiler, sondern auch schneller herzustellen. Der erwähnte Produktivitätsvorsprung der deutschen Flugzeugindustrie hing überwiegend mit der besseren Holzverarbeitung zusammen.

Die intensive Einführung der Holzverarbeitung im deutschen Flugzeugbau ging allerdings grundsätzlich auf einen Innovationsschub aus der Aerodynamik zurück. Die Forschungen zur Verbesserung der Form des Zeppelinluftschiffs, die Ludwig Prandtl seit 1907 in der späteren Aerodynamischen Versuchsanstalt in Göttingen vorantrieb, wurden bald darauf auf die Untersuchung des Tragflächenauftriebs bei Flugzeugen schwerer als Luft ausgedehnt. Seit 1912 wurden auch in der Deutschen Versuchsanstalt für Luftfahrt und bei dem Dessauer Unternehmen von Hugo Junkers ‚Familien' von Tragflächenprofilen entsprechend ausgemessen. Sie bestätigten eine ganz neue Vorstellung über die Natur des Fluges, die seit 1904 theoretisch ermittelt worden war. Sie hatte wenige Prämissen: Der Auftrieb wird weniger durch Größe der Tragfläche als durch Form des Tragflächenquerschnitts, des Profils bestimmt; ein „dickes" Profil kann einen gleich großen Auftrieb erzeugen wie ein „dünnes" Profil; der Auftrieb verbessert sich bei gestreckten Tragflächen. Diese neue Vorstellung über die Natur des Fluges wurde 1917 in der Tragflügeltheorie von Prandtl, Betz und Munk zusammengefasst,[40] bestimmte aber durch die Verbreitung der Messergebnisse der DVL die Entwicklung der deutschen Luftfahrtindustrie bereits seit Kriegsbeginn. Der deutsche Vorsprung in der Aerodynamik wurde von den alliierten Staaten erst nach Kriegsende eingeholt.[41]

Der Innovationsschub in der Aerodynamik zog unterdessen einen zweiten in der Statik des Flugzeugs nach sich. Beide zusammen leiteten einen technologischen Spurt des deutschen Flugzeugbaus ein,[42] der zugleich dafür sorgte, dass die Kosten-Nutzen-Kalkulation beim Einsatz des geflügelten Explosionsmotors wesentlich günstiger ausfiel als beim beräderten:

> Der große Fortschritt kam erst mit einer neuen Erkenntnis, die aus der Vereinigung von Erfahrungen der Aerodynamik und Statik entstand. Sie lautete:
> 1. Der Luftwiderstand wird nicht größer, wenn die Flügel ein dickes Profil aufweisen;

---

40 *Michael Eckert*, Ludwig Prandtl – Strömungsforscher und Wissenschaftsmanager. Ein unverstellter Blick auf sein Leben. Berlin/Heidelberg 2017, 113–119.
41 *John D. Anderson*, A History of Aerodynamics and its Impact on Flying Machines. Cambridge/Mass. 1997, 261, 309 f.
42 *Lutz Budrass*, Flugzeugindustrie und Luftrüstung in Deutschland, 1918–1945. Düsseldorf 1998, 21–66.

2. Durch Verwendung dicker Profile ist es möglich, den Flügeln bei wenig Verspannung genügende Festigkeit zu geben;
3. Durch Ersparnis der Verspannung wird wiederum der Widerstand verringert, also werden die Flugleistungen verbessert.[43]

„Dicke" Profile erlaubten den Bau größerer Flugzeuge, die wiederum die militärische Nutzanwendung des Flugzeugs als Bombenträger erweiterten. Die großen Bombenflugzeuge, die seit 1917 Paris und London bombardierten, machten in mancher Hinsicht eine Spezialität des deutschen Flugzeugbaus im Ersten Weltkrieg aus. Die Konzentration auf die „deutschen Riesen" lässt allerdings leicht übersehen, dass sie bloß Sonderentwicklung in einer wesentlich breiteren Bewegung waren, bei der die Flugzeuge auf deutscher Seite – deutlich früher als bei den Alliierten – systematisch in Angriffs- und Abwehroperationen an der Front eingebunden wurden. Die deutschen Flugzeuge differenzierten sich bis Kriegsende in zahlreiche Gattungen, die jeweils eine möglichst passgenaue Verwendung als Aufklärer, Infanterieflugzeug, Jagdflugzeug sicherstellten. Als wichtigste Gattung schälte sich seit 1916 das Schlachtflugzeug heraus, das mit Maschinenwaffen und Bomben überraschend in den Erdkampf eingriff und die Infanterie bei Durchbruchsoperationen unterstützte. Der Bekämpfung von Erdzielen durch Schlachtflieger wurde eine prominente Rolle in der Vorschrift für den Angriff im Stellungskrieg eingeräumt, während die populäreren einsitzigen Jagdflugzeuge, aus denen sich allmählich auch bei den Alliierten Spezialflugzeuge für den Erdkampf entwickelten, im deutschen Fall nur eine taktisch begrenzte Rolle einnahmen.[44] Das als leichtes Schlachtflugzeug eingesetzte zweisitzige so genannte CL-Flugzeug stand für den überwiegenden Teil aller in Deutschland hergestellten Flugzeuge, und auf dessen Einsatz richtete sich auch die Flugmotorenindustrie in erster Linie aus.

Für ein Flugzeug, das nur annähernd so schnell sein musste wie die feindlichen Jagdflieger, reichten die zunächst zwischen 160 und 200 PS, später 250 bis 300 PS starken sechszylindrigen Flugmotoren der Daimler-Motoren-Gesellschaft und der Benz & Cie., die aus den im Kaiserpreis prämierten Mustern hervorgegangen waren, so lange aus, bis in alliierte Jagdflugzeuge wesentlich stärkere Motoren (bis 400 PS) in kompakterer Bauform eingebaut wurden.[45] Die häufig zu findende Wertung, die mangelnde Leistungsfähigkeit der deutschen Flugmotorenindustrie des Ersten Weltkriegs habe sich in dem Unvermögen gezeigt, diesem Leistungszuwachs bei den Flugmotoren französischer und britischer Bauart zu folgen, ist dennoch unbegrün-

---

43 *Madelung*, Grundlinien, 142.
44 *Herrmann*, Schlachtflugzeuge, in: Neumann, Die deutschen Luftstreitkräfte, 92 f.; Der Angriff im Stellungskriege, 1. Januar 1918, in: Ludendorff, Urkunden, 663; *Kurt Möser*, Schlachtflieger 1918. Ein technisches Waffensystem im Kontext, in: Technikgeschichte 77, 2010, 229 f.
45 *Schwager*, Flugmotoren, 190 f.; *Fedden*, Aircraft Power Plant, 346 f.; *Fritz Huth*, Luftfahrzeugmotoren, in: Neumann, Die deutschen Luftstreitkräfte, 153.

det.⁴⁶ In der Erkenntnis, dass nicht allein die Motorenleistung ein „key factor in better aircraft performance" (Morrow) war, versuchten die deutschen Flugmotorenhersteller zunächst den Wirkungsgrad des Propellers und das Leistungsgewicht durch so genannte schnelllaufende Motoren zu verbessern, konzentrierten sich dann aber – angepasst an das wichtigste Einsatzfeld der Flugzeuge, die Schlachtfliegerei – auf überverdichtete Motoren. Bei dieser Bauform mit überbemessenen Zylindern ergab sich eine deutlich bessere Steigleistung und eine größere Leistung in höheren Luftschichten. Der von Maybach 1916 vorgestellte erste überverdichtete und überbemessene Flugmotor galt als „neue Stufe in der Entwicklung des Motorenbaus".⁴⁷ Ein deutsches Flugzeug, das beim Schlachteinsatz in Bodennähe von deutlich schnelleren alliierten Jagdflugzeugen angegriffen wurde, konnte mit solchen Motoren leicht in höhere Luftschichten entkommen. Die „Anpassung" der deutschen Flugmotoren an die „Betriebsbedingungen" war der Schlüssel für den Erfolg der deutschen Fliegerkräfte bis in den November 1918 hinein: Statt die nominelle Leistung in Bodennähe zu erhöhen, konzentrierte sich die Entwicklung auf „Schnellläufer" und „Höhenmotoren".⁴⁸

Die konzentrierte und anwendungsbezogene Entwicklung des deutschen Flugzeug- und Flugmotorenbaus in den letzten Kriegsjahren war auch ein Resultat der Professionalisierung der Rüstungspolitik. Nach der chaotischen Erweiterung des Flugzeugbaus bei Kriegsbeginn griff die IdFlieg in der zweiten Kriegshälfte immer entschiedener in die Unternehmen ein. 1914 unter dem Kommando von Wilhelm Siegert gegründet, wurde sie seit 1916 zur zentralen militärischen Exekutivbehörde für die deutsche Luftfahrt ausgebaut. Hatte sie zunächst nur Abteilungen für Versuch, Abnahme und Ersatz, enthielt sie im Juli 1918 13 Ämter für alle Aufgaben der Luftrüstung, darunter auch ab 1915 standardisierte Bauaufsichten bei den Unternehmen. Seit Ende 1916 gab es zudem eine auf Beschaffungs- und Entwicklungsfragen spezialisierte „Flugzeugmeisterei" unter Felix Wagenführ in der IdFlieg. Ihre Aufgabe waren neben Rohstoffbewirtschaftung und Personalrekrutierung die Entwicklung von Richtlinien für den Bau und die Abnahme von Flugzeugen. Außerdem drängte sie auf eine Standardisierung von Werkstätten und Konstruktionen und auf einen Konzentrationsprozess in der Industrie. Die Gründung des „Kriegsverbands der Luftfahrtindustrie" mit Zwangsmitgliedschaft aller im Staatsauftrag arbeitenden Unternehmen war Ende 1916 im Wesentlichen ein Werk von Flugzeugmeisterei und IdFlieg.⁴⁹

---

46 Vgl. *Morrow*, Air Power, 189; Das ist auch der wichtige Fehler in der Darstellung von *Niklas Napp*, Die deutschen Luftstreitkräfte im Ersten Weltkrieg. Paderborn 2017, 333, der die vermeintliche „Stagnation" der deutschen „Triebwerktechnologie" einem einzigen Ingenieur anlastet, der die „Entwicklung höherklassiger Motoren" verhindert habe.
47 *Schwager*, Flugmotoren, 191 f. Danach auch das Folgende.
48 Archiv Deutsches Technikmuseum, Berlin, Kriegstagebuch Wilhelm Siegert, IdFlieg, betr. Weitere Ausgestaltung und technische Entwicklung unserer Flugzeuge und Motoren sowie des übrigen hiermit in Zusammenhang stehenden Geräts, 10. August 1918.
49 *Buschmann*, Unternehmenspolitik, 209 f.; *Budrass*, Flugzeugindustrie, 31.

Auf die Flugzeugmeisterei ging auch der bedeutendste Aufstieg eines Unternehmens im Krieg zurück: Die Münchener Rapp-Motorenwerke, die seit Kriegsbeginn wegen der Unzuverlässigkeit ihrer Konstruktionen von den deutschen Beschaffungsbehörden ignoriert worden waren, drohten im Sommer 1917 zu einem bloßen Lizenzproduzenten abzusteigen. Das Unternehmen bot der Flugzeugmeisterei daraufhin das Konzept eines Höhenmotors an, das so aussichtsreich war, dass die IdFlieg bereits im Juli 1917 600 Exemplare bestellte. In den folgenden Monaten beseitigte die IdFlieg auch die Schwierigkeiten bei Baumaßnahmen, der Rekrutierung von Personal und Vorlieferanten sowie der Beschaffung von Werkzeugmaschinen, mit denen sich das mittlerweile zu Bayerische Motoren Werke GmbH (BMW) umfirmierte Unternehmen konfrontiert sah.[50] Die Produktionsziele wurden zwar nicht ganz erreicht, weshalb Opel im Januar 1918 mit einer Lizenzproduktion des BMW III a beauftragt wurde. Der überbemessene Motor von BMW erwies sich jedoch als ähnlich großer Erfolg wie der Motor von Maybach. Er war für die Verwendung in Jagdflugzeugen ausgelegt und bedingte zusätzlich zu den aerodynamischen und statischen Fortschritten einen weiteren Leistungssprung bei dieser Gattung. Ihr Bau wurde seit 1917 von der Firma von Anthony Fokker dominiert und die publizitätsträchtigen Erfolge der deutschen Jagdflieger – darunter nicht zuletzt Hermann Göring – gingen damit hauptsächlich darauf zurück, dass die Fokker-Flugzeuge 1918 alle drei Innovationen enthielten, die der deutsche Flugzeug- und Flugmotorenbau hervorgebracht hatte.

Am weitesten wurde die Anpassung der technischen Innovationen an die spezifischen Bedürfnisse des deutschen Rüstungsmarktes aber von Hugo Junkers vorangetrieben.[51] Hugo Junkers, zeitweise Professor an der Technischen Hochschule in Aachen, war als Badeofenhersteller ins Dessau vermögend geworden. Er verstand sich dennoch nicht als Unternehmer, sondern als Forscher und unterhielt eine eigene, großzügig ausgestattete Forschungsanstalt, eine Art professionalisierte Version der Erfinderbüros des 19. Jahrhunderts. Deshalb besaß Junkers nach eigenen aerodynamischen Untersuchungen in Aachen und Dessau seit 1912 das grundlegende Patent auf den Flugzeugbau mit „dicken" Profilen. Junkers lenkte seine Forschungsanstalt zu Beginn des Krieges auf den Flugmotorenbau, schwenkte aber 1915 auf den Bau von Flugzeugen um, die allerdings wegen der zahlreichen Metallarbeiter in seinem Unternehmen aus Duralaluminium entstehen sollten, einer erst wenige Jahre zuvor entdeckten aushärtbaren Aluminiumlegierung. In zahlreichen Denkschriften an die IdFlieg pries Junkers die „Unverbrennlichkeit" seiner Flugzeuge, aber vor allem die radikale Orientierung an den neuen aerodynamischen Lehren an, die zu völlig freitragenden Tragflächen ohne jede äußere Verspannung geführt hätten. Ende 1916 bekam er den Auftrag für ein schweres Schlachtflugzeug, in dem Motor

---

50 *Pierer*, BMW, 20–22, 44–50.
51 Zu Junkers: *Budrass*, Flugzeugindustrie, 39–47; *Richard Byers*, An Unhappy Marriage. The Junkers-Fokker Merger, in: Journal of Historical Biography 3, 2008, 1–30; *Stefan Ittner*, Dieselmotoren für die Luftfahrt. Innovation und Tradition in Junkers-Flugmotorenbau bis 1933. Oberhaching 1996.

Abb. 2: Der deutsche fliegende Panzer: Zweisitziges schweres Schlachtflugzeug Junkers J-I, gebaut 1917.

und Besatzung von einer Wanne aus legiertem Stahl geschützt waren. Die in über 200 Exemplaren hergestellte „unbrennbare" Junkers J-I entsprach, mehr als die gepanzerten, aber in Holz ausgeführten Flugzeuge von Albatros und AEG, am ehesten dem Ideal des Schlachtflugzeugs, wie es Siegert 1918 definierte: eine Maschine, die mit „tankartiger Panzerung und Armierung" in die „Kampfhandlungen unserer fechtenden Truppe" eingriff und so die „Entscheidung an Großkampftagen herbeiführte".[52] Als eine Art fliegender Panzer war das erste in Serie gebaute Flugzeug von Junkers damit quasi das deutsche Gegenstück zu den aus der automobilen Grundgedanken hervorgegangen und im Ressourcenüberfluss entstandenen Tanks der Alliierten.[53] Die charakteristische Verschiebung des industriellen Schwergewichts vom Automobil- zum Flugzeugbau in Deutschland lässt sich kaum deutlicher zeigen.

---

[52] Archiv Deutsches Technikmuseum, Berlin, Kriegstagebuch Wilhelm Siegert, IdFlieg, betr. Weitere Ausgestaltung und technische Entwicklung unserer Flugzeuge und Motoren sowie des übrigen hiermit in Zusammenhang stehenden Geräts, 10. August 1918.
[53] Wenngleich sie eigentlich Lokomotiven mit einem selbstlegenden Gleis waren, *Möser*, Amphibien, 80.

3.5.5 Technische Innovationen und Unternehmenskonzepte am Ende des Krieges

Als Hugo Junkers mit der Flugzeugmeisterei über den Auftrag für den fliegenden Panzer verhandelte, erklärte ihm ein Vertreter der Behörde, August Joly, worum es in diesem Krieg für die industrielle Entwicklung ging: Die „besonders günstigen Verhältnisse im Kriege" ließen eine „schnelle und gründliche Ausprobierung und Vervollkommnung" von technischen Innovationen zu. Er müsse so schnell wie möglich mit so vielen Konstruktionen wie möglich an die Front kommen, und es ausnutzen, dass der „Militärverwaltung Gelder in unbeschränktem Masse zur Verfügung" stünden: „Wenn der Krieg erst vorüber sei, sei es zu spät".[54]

Die Kriegsrüstung vermittelte Firmen, die zuvor – sowohl im Automobil- aber erst recht im Flugzeugbau – kaum mittelständisches Maß überschritten hatten, die Erfahrung mit großindustriellen Strukturen, aber auch mit neuen Gruppen von Ar-

Abb. 3: Nürnberg, Transformatorenwerk Siemens, Flugzeugproduktion, 1916 (Siemens Historical Institute, A 1077_30_300).

---

54 Deutsches Museum München, Archive, Sondersammlungen, Dokumentation, Junkers-Archiv 0201/6/14, Besprechung mit Hauptmann Joly von der IdFlieg, 28. Februar 1917.

beitern, Frauen und vermehrt auch Kriegsgefangenen. Vor allem erhielten sie die Gelegenheit, den Einsatz von Explosionsmotoren zu verschiedensten Zwecken fast ohne finanzielles Risiko auszuprobieren: So verdoppelte sich die Zahl der Beschäftigten bei MAN zwischen 1914 und 1918 annähernd – gleichzeitig bekam die Firma, die vorher hauptsächlich Druckmaschinen produziert und eher nebenbei das Projekt eines Dieselmotors verfolgt hatte, nacheinander die Gelegenheit, in den Bau von U-Bootmotoren, Flugmotoren, Flugzeugen und schließlich in den Lastkraftwagenbau vorzudringen.

Teils lockte die Kriegskonjunktur wegen der höchst günstigen finanziellen Bedingungen auch unseriöse Unternehmer an. Kalkulation und Preisgestaltung für Flugzeuge bleiben ebenso wie Versicherungsfragen bis 1918 ein Herd für Auseinandersetzungen, die bis in den Reichstag hinein debattiert wurden. Die Daimler-Motoren-Gesellschaft stand im Zentrum einer Diskussion, wie überhöhte Kriegsgewinne aus der Flugmotorenproduktion abgeschöpft werden konnten.[55] Die Kriegsgewinne wurden aber mindestens zum Teil in die Weiterentwicklung und Sicherung der technischen Innovationen der Kriegszeit investiert. Patentdebatten, mit denen sich die etablierten Hersteller schützen wollten, nahmen schon während des Krieges an Schärfe zu. Patentpools, die zur Erleichterung der Lizenzabgeltung gedacht waren, ließen sich nur mühsam verwirklichen.

Flugzeug-, Flugmotoren- und Automobilindustrie als verbundene Branchen wurden durch die Akkumulation von technischen Innovationen zu potenziellen Partnern für die etablierte Großindustrie. In den letzten Jahren des Ersten Weltkriegs gab es etliche Konzepte zur vertikalen Verflechtung zwischen Flugzeug-, Flugmotoren- und Automobilindustrie auf der einen und der Stahlindustrie auf der anderen Seite, deren Vorprodukte nach allgemeiner Auffassung ganz wesentlich zum Erfolg der Flugmotoren beigetragen hatten: „Nicht zuletzt muss auch das Verdienst der deutschen Hüttenindustrie hervorgehoben werden, ohne die es nicht möglich gewesen wäre, alles das zu erreichen, was erreicht worden ist."[56]

Es gab etliche Anstrengungen, kapitalstarke ältere Unternehmen mit den neuen Automobil- und Flugmotorenherstellern zusammenzuschließen: So verhandelte Daimler 1917/18 mit Krupp über die Gründung einer Interessensgemeinschaft zur Herstellung von Kraftfahrzeugen mit Allradantrieb. Diese Verhandlungen sollten Daimler gerade vor den wirtschaftlichen Schwierigkeiten bewahren, die im Flugmotorenbau erwartet wurden und den technischen Vorsprung auf den Automobilbau überleiten. Durch die Alliierten wurde gerade belegt, dass langfristig mit einer umfassenden Motorisierung des Militärs zu rechnen sei, und Daimler rechnete sich darin größere Chancen aus als im Flugmotorengeschäft. Auch generell wurde der im Krieg vernachlässigte Automobilbau als geeignetes Feld für weitere Innovationsinvestitionen angesehen. Der Bericht über den Kraftfahrzeugbau während des Krie-

---

55 *Buschmann*, Unternehmenspolitik, 100 ff.; *Roth*, Daimler-Benz AG, 48 f.
56 *Schwager*, Flugmotoren, 193.

ges, der in der nicht veröffentlichten zweibändigen Studie des Vereins Deutscher Ingenieure über *Technische Kriegserfahrungen für die Friedenswirtschaft* erschien, liest sich wie ein Programm für die zukünftige technische Forschung im Automobilbau.[57]

Die weiteste Perspektive für eine Fusion des Flugzeug-, Flugmotoren- und Automobilbaus entwickelte Hugo Stinnes. Auf Initiative des erwähnten Offiziers in der Flugzeugmeisterei, August Joly, bemühte er sich seit 1916 darum, einen Konzern aus verschiedenen Flugzeug-, Automobil- und Flugmotorenherstellern zusammenzustellen, der nach dem Ende des Krieges – mit einer starken Beteiligung des Reiches – zu „Reichsflugzeugwerken" ausgebaut werden sollte. Der als „Krupp der Lüfte" apostrophierte Konzern, dessen tragende Säule die Deutsch-Luxemburgische Bergwerks- und Hütten-AG sein sollte, war ebenfalls ein Resultat von Erwartungen über die Friedenswirtschaft. Auch in diesem Fall sollte ein potentes Unternehmen aus der Eisen- und Stahlindustrie den Rückhalt für die technische Entwicklung im Flugzeugbau bilden und sie funktional mit anderen Unternehmen des Stinnes-Konzerns verbinden. Allerdings ging Stinnes – im Unterschied zu der geplanten Verbindung zwischen Krupp und Daimler – gerade davon aus, dass der Flugzeug- und Flugmotorenbau wesentlich größere Aussichten für die Friedenswirtschaft bieten würde als der Automobilbau. Die gedankliche Grundlage für die Reichsflugzeugwerke war das Bündel von Innovationen, die sich in der zweiten Kriegshälfte im Flugzeugbau eingestellt hatte. Namentlich Junkers wollte Stinnes zum Kern der Krupps der Lüfte machen, aber er scheiterte mit seinem Plan, weil Junkers sich nach der Auflösung einer von der Flugzeugmeisterei moderierten Zwangsfusion mit Fokker systematisch allen weiteren Kooperationen entzog, um die Unabhängigkeit seiner Forschung nicht zu gefährden.[58] Das Projekt der Reichsflugzeugwerke zeigte aber dennoch, dass der Wandel zu einem Konzern der verarbeitenden Industrie nach dem Krieg einem Stahlindustriellen nicht so fern lag, wie häufig unterstellt wird.[59]

In jedem Fall trennten sich nach dem Ende des Ersten Weltkriegs die Pfade von Flugmotorenbau und Automobilbau noch nicht. Die Bayerischen Motorenwerke, die 1918 zur Aktiengesellschaft umgegründet wurden, um die Firma auf eine breitere Kapitalbasis zu stellen, waren zwar ein reines Flugmotorenunternehmen, wurden aber erst recht nach der Gründung der AG von dem österreichisch-italienischen Bankier Camillo Castiglioni dominiert, dessen Interesse darin bestand, dem zwar durch die Rüstung gewachsenen, aber nach wie vor kapitalschwachen Unternehmen die Möglichkeit zu bieten, die technischen Chancen langfristig zu nutzen, die sich im Flugzeug- und Flugmotorenbau während des Krieges gezeigt hatten. Die Flugmotoren von BMW sollten zum Kern eines Flugzeug- und Automobilkonzerns

---

57 *Klopfer*, Kraftfahrwesen.
58 *Gerald D. Feldman*, Hugo Stinnes. Biographie eines Industriellen, 1870–1924. München 1998, 436–439; *Budrass*, Flugzeugindustrie, 92–94.
59 Vgl. *Bähr u. a.*, MAN, 232.

aufgewertet werden, den Castiglioni aus österreichischen und deutschen Unternehmen zusammenstellen wollte. Dabei wurde zeitweise auch über eine Verbindung mit den Reichsflugzeugwerken von Stinnes verhandelt.[60] Eine gleichsam kleine Variante dieser Idee – allerdings mit einer stärkeren Betonung der Flugmotorenseite waren die schon während des Krieges beginnenden Verhandlungen über eine Fusion von Daimler und Benz, die 1926 realisiert wurde. Ursprünglich sollte dazu auch Opel als überaus erfolgreicher Lizenzproduzent der Flugmotoren von BMW hinzugezogen werden.[61]

Die Überhöhung des relativen Erfolgs der deutschen Luftstreitkräfte und die Innovationen der Kriegszeit, die bald nach Kriegsende in Verkehrsflugzeuge eingebracht wurden, führten jedoch dazu, dass sich bei den wichtigsten Flugzeugherstellern die Überzeugung breit machte, dass keine Verbindung zu kapitalkräftigen Unternehmen notwendig war, um den wirtschaftlichen Erfolg zu sichern. Daran zerbrach bald nach dem Ende des Krieges der einzige Luftfahrtkonzern, der sich um die Starrluftschiffe des Zeppelin-Konzerns gebildet hatte. Zum Zeppelin-Konzern gehörten sowohl Maybach als auch zwei Flugzeugkonstrukteure, Claude Dornier und Adolf Rohrbach, die beide begonnen hatten, ähnlich wie Junkers, in Duraluminium zu bauen. Sie setzten alles daran, sich aus der Verbindung zum Bau der Starrluftschiffe zu lösen – Maybach als Automobilhersteller, Dornier und Rohrbach als Flugzeugproduzenten. Die Idee, das Selbstgefühl der geschlagenen Deutschen durch die „Luftgeltung" zu heben, trug jedoch nicht weit genug. Die Hoffnung, dass dem deutschen Flugzeugbau mit den Innovationen der Kriegszeit eine grandiose Zukunft bevorstehe, trog und führte Dornier und Rohrbach recht bald wieder zurück zum allerdings deutlich geschrumpften Rüstungsmarkt.

Der Erste Weltkrieg hatte für die Automobil-, Flugmotoren- und Flugzeugindustrie auch dadurch eine Bedeutung, dass Erfahrungen über den Bau und die Verwendung von Fahrzeugen mit Explosionsmotor zu Lande, zu Wasser und in der Luft gewonnen wurden. Der Ressourcenmangel verbot es, die Chancen zu nutzen, die sich durch den Einsatz von Last- und Kampfwagen geboten hätten. Der Krieg weckte allerdings – auch durch das Vorbild der Alliierten – auf der deutschen Seite Erwartungen über die Zukunft dieser Industrien. Der Erfolg der deutschen Flugzeuge sorgte unterdessen dafür, dass sich allmählich ein Schwerpunkt bei der Idee bildete, dass der deutsche Flugzeugbau die größten Chancen haben würde, nach dem Ende des Krieges zu bestehen. Es war diese, alsbald nationalistisch aufgeladene Vorstellung, die die Geschichte dieser Industrie in den 1920er Jahren prägen sollte.

---

60 *Pierer*, BMW, 52–59; *Reinhard Schlüter*, Der Haifisch. Aufstieg und Fall des Camillo Castiglioni. Wien 2015, 101 f.
61 *Buschmann*, Unternehmenspolitik, 186–197.

Auswahlbibliographie

Anderson, John D., A History of Aerodynamics and its Impact on Flying Machines. Cambridge/Mass. 1997.
Bähr, Johannes/Banken, Ralf/Flemming, Thomas, Die MAN. Eine deutsche Industriegeschichte. München 2008.
Budrass, Lutz, Flugzeugindustrie und Luftrüstung in Deutschland, 1918–1945. Düsseldorf 1998.
Buschmann, Birgit, Unternehmenspolitik in der Kriegswirtschaft und in der Inflation. Die Daimler-Motoren-Gesellschaft 1914–1923. Stuttgart 1998.
Byers, Richard, An Unhappy Marriage: The Junkers-Fokker Merger, in: Journal of Historical Biography 3, 2008, 1–30.
Colsmann, Alfred/Maybach, Karl, Zeppeline, Maybachmotoren und Persius. Erwiderung auf Persius „Tirpitz, der Totengräber der deutschen Flotte". Berlin 1919.
Fedden, Roy A.H., Aircraft Power Plant – Past and Future, in: The Journal of the Royal Aeronautical Society 48, 1944, 338–389, 397–459.
Flik, Reiner, Von Ford Lernen? Automobilbau und Motorisierung in Deutschland bis 1933. Köln u. a. 2001.
Fritzsche, Peter, A Nation of Fliers. German Aviation and the Popular Imagination. Cambridge, Mass. u. a. 1992.
Guderian, Heinz, Kraftfahrzeug, in: Handbuch der neuzeitlichen Wehrwissenschaften, Bd. 1: Wehrpolitik und Kriegführung. Berlin/Leipzig 1936, 63–170.
Ittner, Stefan, Dieselmotoren für die Luftfahrt. Innovation und Tradition in Junkers-Flugmotorenbau bis 1933. Oberhaching 1996.
König, Wolfgang, Wilhelm II. und die Moderne. Der Kaiser und die technisch-industrielle Welt. Paderborn u. a. 2007.
Köster, Roman, „Schauspielhaus Oberursel". Die Geschichte der Motorenfabrik Oberursel in den Jahren 1918 bis 1956, in: Zeitschrift für Unternehmensgeschichte 49, 2004, 67–92.
Latussek, Jakob, Die deutsche Flugzeugindustrie. Diss. Erlangen 1922.
Merki, Christoph Maria, Der holprige Siegeszug des Automobils 1895–1930. Zur Motorisierung des Straßenverkehrs in Frankreich, Deutschland und der Schweiz. Wien u. a. 2002.
Morrow, John H., German Air Power in World War I. Lincoln/Neb. 1982.
Möser, Kurt, Amphibien, Landschiffe, Flugautos. Utopische Fahrzeuge der Jahrhundertwende und die Durchsetzung des Benzinautomobils, in: Jahrbuch für Wirtschaftsgeschichte 1999/2, 63–83.
Möser, Kurt, Geschichte des Autos. Frankfurt/New York 2002.
Neumann, Georg Paul (Hrsg.), Die deutschen Luftstreitkräfte im Weltkriege. Berlin 1920.
Niemann, Harry/Hermann, Armin (Hrsg.), Die Entwicklung der Motorisierung im Deutschen Reich und den Nachfolgestaaten. Stuttgarter Tage zur Automobil- und Unternehmensgeschichte. Stuttgart 1995.
Pierer, Christian, Die Bayerischen Motoren Werke bis 1933. Eine Unternehmensgründung in Krieg, Inflation und Weltwirtschaftskrise. München 2011.
Schwarte, Max (Hrsg.), Die Technik im Weltkriege. Berlin 1920.
Tetens, Hans, Geschichte der deutschen Flugzeug-Industrie, in: Jahrbuch für Luftfahrt 1928, 1–11.
Trischler, Helmuth, Luft- und Raumfahrtforschung in Deutschland 1900–1970. Politische Geschichte einer Wissenschaft. Frankfurt am Main/New York 1992.

Stefanie van de Kerkhof
3.6 Textilindustrie
3.6.1 Einleitung

Die Textilindustrie gilt allgemein nicht als Rüstungsindustrie im engeren Sinne, obschon textile Produkte wie Uniformen und Zelte einen wesentlichen Bestandteil der soldatischen Ausrüstung darstellten. In der ökonomischen und historischen Literatur nahm sie keine zentrale Stellung ein, wenn die Kriegsproduktion untersucht wurde.[1] Wie bei anderen konsumnahen Bereichen der Produktion nahmen ökonomische Analysen hier häufig das dualistische „butter or guns"-Prinzip der Kriegswirtschaft als gegeben an, dem zufolge die Konsumgüterproduktion im Krieg durch die Dominanz der Waffenfertigung verdrängt werde.[2] Doch haben regional ausgerichtete Studien gezeigt, dass diese Annahme differenzierter betrachtet werden muss.[3]

Die deutsche Textilindustrie war am Vorabend des Weltkrieges mit einer Million Arbeitskräften, d.h. über zehn Prozent aller industriell Beschäftigten, nach der Schwer- und der Montanindustrie die bedeutendste Branche. Zu den Textilprodukten, die in der Kriegswirtschaft benötigt wurden, zählten nicht nur Uniformen, Zelte und Ausrüstungsgegenstände, sondern auch Stoffe und Garne für Abnehmer in Industrie und Landwirtschaft (Garne, Riemen, Säcke, Decken etc.). Mit ihrer hohen Bedeutung für die Ausstattung von Heer und Marine, später auch der Luftwaffe, kam der Textilindustrie eine Schlüsselfunktion in der kriegswirtschaftlichen und militärischen Produktion zu.[4]

Die Branche hatte eine stabilisierende Aufgabe für den allgemeinen Konsum und die Moral der Bevölkerung an der so genannten Heimatfront. Die Klagen der

---

1 *Karlheinz Wiegmann*, Die Bewirtschaftung in der Textilindustrie im Ersten Weltkrieg am Beispiel Mönchengladbachs und der westfälischen Unternehmen, in: Rheinische Vierteljahrsblätter 82, 2018, 131 f.; *Stefanie van de Kerkhof*, Kriegswirtschaft – Der Erste Weltkrieg und seine Folgen für Unternehmen und Konsum, in: Universität Heidelberg (Hrsg.), Ringvorlesung Der Erste Weltkrieg. Heidelberg 2016, 107–137; *Stefanie van de Kerkhof*, Rüstungsindustrie und Kriegswirtschaft, in: Thomas Kühne/Benjamin Ziemann (Hrsg.), Was ist Militärgeschichte? Paderborn 2000, 175–194; *Dieter Ziegler*, Die Kriegswirtschaft im Ersten Weltkrieg – Trends der Forschung, in: Jahrbuch für Wirtschaftsgeschichte, 2015/2, 313–324.
2 *Werner Abelshauser*, Germany: Guns, Butter and Economic Miracles, in: Mark Harrison (Hrsg.), The Economics of World War II: Six Great Powers in International Comparison. Cambridge 1998, 122–176; *Mark Spoerer/Jochen Streb*, Guns and Butter but no Margarine. The Impact of Nazi Economic Policies on German Food Consumption, 1933–1938, in: Jahrbuch für Wirtschaftsgeschichte, 2013/1, 75–88.
3 *Karlheinz Wiegmann*, Textilindustrie und Staat in Westfalen 1914–1933. (VSWG Beihefte, Bd. 107.) Stuttgart 1993; *Achim Hopbach*, Unternehmer im Ersten Weltkrieg. Einstellungen und Verhalten württembergischer Unternehmer im „Großen Krieg". Leinfelden-Echterdingen 1998.
4 Betriebszählung 1907, siehe *Wiegmann*, Textilindustrie, 26–28; *Wiegmann*, Bewirtschaftung, 131 f.

Konsumenten über die schlechte Produktqualität am Kriegsende und in der Weimarer Zeit führten schon in den 1920er Jahren aber zu wissenschaftlichen Studien, z. B. des Reichsarchivs. Teilweise standen diese bereits im Zeichen einer erneuten Aufrüstung.[5]

Als Parameter für einen Vergleich mit anderen Industriezweigen bieten sich die Struktur der Branche, die Ressourcenausstattung vor dem Krieg, die Abhängigkeit von der Rohstoffeinfuhr, der Umgang mit dem Rohstoffmangel, die Entwicklung von Ersatzstoffen und die Kooperation mit Forschungsinstitutionen an. Beispielsweise ist zu fragen, ob sich während des Krieges ähnliche Strukturveränderungen wie in der Schwerindustrie und anderen zentralen kriegswichtigen Branchen herausbildeten.[6] Denn der Textilsektor war vor dem Krieg durch äußerst heterogene Größendimensionen der Unternehmen gekennzeichnet. Er verfügte über viele mittlere und kleine Unternehmen, war aber auch regional und sektoral stark segmentiert: Schwerpunkte der Baumwoll- und Leinenproduktion lagen z. B. in Westfalen und Württemberg, der Woll- und Seidenproduktion im Rheinland und in Baden, während die Bekleidungsindustrie sich bevorzugt im Berliner Raum und im Rheinland angesiedelt hatte. Zudem wurden vor dem Ersten Weltkrieg in vielen Betrieben mehrere Produktionsstufen integriert (Spinnerei, Weberei, Ausrüstung, d. h. Färberei und Veredlung).[7] Die Textilindustrie lässt sich in verschiedene Segmente unterteilen, die durch unterschiedliche Rohstoff- und Absatzmärkte, Organisationsformen und technische Entwicklungen gekennzeichnet sind. Im Einzelnen sind die Woll- und Tuchindustrie, die Baumwollindustrie, die Leinen- und Halbleinenindustrie, die Seiden- und Samtindustrie, die Ersatzstoff- und die Kunstfaserproduktion zu unterscheiden, wobei die Grenzen fließend waren. Beispielsweise bestand Samt zunächst aus Seide und Baumwolle, später aber weitgehend aus Kunstfaser. Zur Textilwirtschaft zählte auch die Bekleidungsindustrie, die hier jedoch ausgeklammert bleibt.[8] Zudem kann keine eingehende Betrachtung aller Segmente vorgenommen werden, sondern es werden wesentliche Entwicklungen einzelner Branchensparten von der Kriegsvorbereitung bis zur Demobilmachung dargestellt.

---

5 *Otto Goebel*, Deutsche Rohstoffwirtschaft im Weltkrieg. Stuttgart u. a. 1930; *Günther Haberland*, Elf Jahre staatliche Regelung der Ein- und Ausfuhr. Eine systematische Darstellung der deutschen Außenhandelsregelung in den Jahren 1914–1925. Diss. Staatswiss. Erlangen 1927; vgl. *Markus Pöhlmann*, Kriegsgeschichte und Geschichtspolitik: Der Erste Weltkrieg. Die amtliche deutsche Militärgeschichtsschreibung, 1914–1956. Paderborn 2002; *Frank Reichherzer*, „Alles ist Front!" Wehrwissenschaften und die Bellifizierung der Gesellschaft im Zeitalter der Weltkriege. Paderborn 2012.
6 Vgl. allgemein zu den Parametern: *Stefanie van de Kerkhof*, Von der Friedens- zur Kriegswirtschaft. Unternehmensstrategien der deutschen Eisen- und Stahlindustrie vom Kaiserreich bis zum Ende des Ersten Weltkrieges. (Bochumer Schriften zur Unternehmens- und Industriegeschichte, Bd. 15.) Essen 2006.
7 *Wiegmann*, Textilindustrie, 26–28; *Hopbach*, Unternehmer, 15.
8 Vgl. dazu ausführlich *Mark Spoerer*, C&A. Ein Familienunternehmen in Deutschland, den Niederlanden und Großbritannien. München 2016.

3.6.2 Kriegsvorbereitung, Planung und Mobilmachung

Zu der Vorbereitung des Krieges und den konkreten Planungen in der Textilindustrie seit den Heeresverstärkungen der 1890er Jahre existiert – im Gegensatz zur Schwerindustrie – nur eine schmale Forschungsbasis.[9] Hinzugezogen werden müssen daher auch ältere Werke, vornehmlich Dissertationen verschiedener disziplinärer Zuordnung der 1920er bis 1940er Jahre, die nach kritischer Prüfung wichtige Belege und Daten bieten können.[10] Zudem kann eine genaue Auswertung der reichhaltig überlieferten Verbandspublikationen wie Monatshefte und Zeitschriften[11] sowie der Überlieferung einzelner Interessenvertretungen, z. B. des 1910 gegründeten Vereins deutscher Seidenwebereien, die Lücken füllen.[12] Nur kleinere Bestände für den Ersten Weltkrieg und die Rohstoffbewirtschaftung bis in die frühen 1920er Jahre befinden sich im Bundesarchiv Berlin.[13] Problematisch ist insbesondere die archivalische Überlieferung der kleinen und mittelständischen Unternehmen, die nur in wenigen Fällen umfangreicheres Material hinterlassen haben.

Die exportabhängigen Teile der Textilbranche registrierten in ihren Geschäftsberichten, dass die internationalen Spannungen nach der Jahrhundertwende ursäch-

---

9 *Hopbach*, Unternehmer, 10 f.; *Wiegmann*, Bewirtschaftung, 133; vgl. *van de Kerkhof*, Von der Friedens- zur Kriegswirtschaft, insbesondere Kapitel V.
10 *Hans Rothschild*, Die süddeutsche Baumwollindustrie. Diss. Berlin 1922; *Friedrich Wolf*, Die deutsche Textilwirtschaft im Weltkrieg. Diss. phil. Erlangen 1930; *Hugo Riede*, Die Entwicklung der württembergischen Textilindustrie. Diss. Heidelberg 1937; Zur Samt- und Seidenliteratur der 1920er und 1930er ausführlich *Stefanie van de Kerkhof*, Deutsche Seide in Krieg und Krisen – Der Verein deutscher Seidenwebereien als ökonomischer Motor für Innovationen (1910–1960), in: Anke Blümm/Christiane Lange (Hrsg.), Bauhaus und Textilindustrie. München 2019, 156–187, 325–329.
11 *Industrie- und Handelskammer Krefeld* (Hrsg.), Statistik der Krefelder und der deutschen Samt- und Seidenindustrie sowie der Krefelder Veredelungsindustrie [verschiedene Jahrgänge]. Krefeld 1935–1950; Seide, Naturseide, Kunstseide: das Fachorgan der deutschen Seiden- und Kunstseiden-Industrie; Fachorgan des Vereins Deutscher Seidenwebereien; *Textilforschungsanstalt Krefeld* (Hrsg.), Monatshefte für Seide und Kunstseide, Zellwolle; Institut für Betriebs-Organisation der Samt- und Seiden-Industrie Krefeld; Mitteilungen des Institutes für Betriebsorganisation der Samt- und Seidenindustrie. Krefeld 1928 ff.; *Hans Biallas* (Hrsg.), Die Nationalsozialistischen Musterbetriebe 1937/38. Bayreuth 1938.
12 *Fritz Horst*, Die wirtschaftliche Entwicklung des Kreises Krefeld seit der Wiedervereinigung mit Preußen (1815). Düren 1929, 90–92; Rheinisch-Westfälisches Wirtschaftsarchiv, Bestand Verband der deutschen Seidenindustrie bzw. Verein deutscher Seidenwebereien, Nr. 338; Vgl. o. *Verf.*, 25 Jahre Verein deutscher Seidenwebereien, in: Monatshefte für Seide und Kunstseide 40, 1935, 273.
13 Dies gilt v. a. für die folgenden Akten des Reichswirtschaftsministeriums: Bundesarchiv Berlin R 3101/45 Textilwirtschaft 1919–1924, R 3101/6586–6589 Ersatzspinnstoffe 1920/21, R 3101/6590 Seide 1919–22, R 3101/6591 Kunstspinnstoffe und Stoffabfälle 1920–1922, R 3101/6592 Landesstellen für Textilwirtschaft 1918–1922.

lich für den schwindenden Auslandsabsatz waren. Beispiele wären hier die Kammgarnspinnerei Bietigheim oder die Württembergische Leinenindustrie Blaubeuren, deren Sorgen auch die Jahresberichte der württembergischen Gewerbeinspektoren 1913 teilten.[14] Eine der wichtigsten Interessenvertretungen der süddeutschen Textilindustrie, der Verein Süddeutscher Baumwollindustrieller, diskutierte im Mai 1914 auf seiner Generalversammlung intensiv über die versicherungsrechtlichen Fragen eines möglichen Kriegszustandes. Er hatte zuvor Erkundigungen angestellt, wie das Vertragsrecht in besetzten Gebieten anzuwenden sei. Wie viele andere Textilunternehmen ging die Reutlinger Ulrich Gminder GmbH noch einen Schritt weiter. Die gedruckten Geschäftsbedingungen enthielten seit 1913 eine Kriegsklausel, die Entschädigungszahlungen im Mobilmachungsfall bei Nichterfüllung von Verträgen vorsah.[15]

Im Kaiserreich fand ein massiver Ausbau von Heer und Flotte unter Beteiligung der deutschen Industrie statt, seit 1912 mit steigender Hektik und Intensität.[16] Hieran war auch der Textilsektor beteiligt, denn die Produktion von Uniformen und anderen textilen Ausrüstungsteilen wie Zelten wurde verstärkt. Seit 1908 schloss das stellvertretende Generalkommando des XIII. Armeekorps in Stuttgart eine Vielzahl von Verträgen mit der württembergischen Textilindustrie ab. Beispielsweise ist allein für die Paul Hartmann AG in Heidenheim vor 1914 die Existenz von mindestens 17 Mobilmachungsverträgen für Kriegsverbandsmaterial sowie für Nitritbaumwolle, die bei der Pulverherstellung benötigt wurde, belegt. Ähnliche Verträge im Falle der Mobilmachung hielten auch die Koch und Reichert Tuchfabrik Rohrdorf bei Nagold.[17] Unklar ist aber noch, ob die Textilunternehmen vor dem Krieg dem Beispiel anderer kriegswichtiger Unternehmen folgten und auf der Basis von Mobilmachungsverträgen schon Listen benötigter Arbeitskräfte erstellten und beim Württembergischen Kriegsministerium einreichten, ob sie Roh- und Betriebsstoffe bevorrateten und sich aktiv um kriegsrelevante Aufträge bemühten.[18] Die württembergischen Unternehmen wurden wie die preußische Industrie mindestens jährlich über den Stand der Vorbereitung befragt, und die kriegswichtigen Produzenten wurden aufgefordert, Rohstoffe in ausreichendem Maße zu bevorraten.[19] Allerdings gab es im föderalen Deutschen Reich keine übergreifende zentrale volkswirtschaftliche Steuerung von Mobilma-

---

14 *Hopbach*, Unternehmer, 16. Allgemein siehe *Lothar Burchardt*, Friedenswirtschaft und Kriegsvorsorge. Deutschlands wirtschaftliche Rüstungsbestrebungen vor 1914. Boppard 1968.
15 *Hopbach*, Unternehmer, 16 f.
16 *David G. Herrmann*, The Arming of Europe and the Making of the First World War. Princeton, N.J. 1996, 65 ff., 201 ff.; *Michael Geyer*, Deutsche Rüstungspolitik 1860–1980. Frankfurt am Main 1984, 52 ff.
17 *Hopbach*, Unternehmer, 12 f.
18 *Hopbach*, Unternehmer, 17–19.
19 *Hopbach*, Unternehmer, 13. Vgl. auch *van de Kerkhof*, Von der Friedens- zur Kriegswirtschaft, Kap. V; Bundesarchiv Berlin, Reichsministerium des Innern, R 1501/118528, Berichte industrieller Unternehmungen über ihre Lage im Falle einer Mobilmachung, Bd. 1: Januar 1913–Januar 1914.

chung und Kriegswirtschaft. Aber bei den „Unternehmen, die im weiteren Sinne im Rüstungs- beziehungsweise Ausrüstungsbereich tätig waren, [...] können wir von intensiven und vor allem auch eigenständigen Vorbereitungen sprechen", die auf eine eher kurze Kriegsdauer ausgerichtet waren.[20]

3.6.3 Von der Friedens- zur Kriegswirtschaft: Konversion, Produktion und Absatz

Seit Kriegsbeginn standen den Unternehmen im Königreich Württemberg im Wesentlichen drei Strategien offen: (1) Stilllegung bzw. Kurzarbeit und Produktionsabbau, (2) Umstellung auf die Kriegsproduktion oder (3) „Business as usual".[21] Die erste Strategie wählten neben württembergischen Metallbetrieben auch viele kleine und konsumnahe Textilhersteller. Sie konnten ihre Produktion nicht einfach auf den Kriegsbedarf an Uniformen oder Zelten umstellen, sahen im Krieg eine kurzfristige und vorübergehende Einschränkung. Gerade die kleineren Betriebe traf die Einziehung von Arbeitskräften oder Produktionsleitern hart, weil einzelne Produktionsabschnitte nicht mehr aufrechterhalten werden konnten. Sie litten auch stärker unter dem Auftragsrückgang, v. a. aus dem Ausland.[22]

Bei der zweiten Strategie konnten nur die Unternehmen, die mit Beginn des Krieges sehr schnell auf Rüstungsproduktion umstellen konnten, profitieren. Sie fertigten zumeist Güter, die in der Forschung als „dual-use products" benannt werden, d. h. sowohl für die zivile als auch die militärische Nutzung einsetzbar sind.[23] Hier gab es eine Reihe von Unternehmen, die den Krieg als eine Art Sonderkonjunktur oder sogar Boom betrachteten und ihre Produktion schnell darauf einstellten. Dies betraf einige „Konjunkturritter" wie die Wilhelm Bleyle KG, die zusätzliche Maschinen für die Uniformproduktion bestellte. Andere Unternehmen stellten Anträge auf Überstunden sowie Jugend- und Frauenarbeit. Für die Mehrzahl der württembergischen Unternehmen galt diese Strategie allerdings als unrentabel, weil sie die hohen Umstellungs- bzw. Umrüstungskosten fürchteten. Die Unternehmen, die mittels Umrüstung zum Teil kräftig in die erwartete Kriegskonjunktur investierten, nahmen daher auch mehr Aufträge von der Heeresverwaltung an, als sie realistisch erfüllen konnten.[24]

---

20 *Hopbach*, Unternehmer, 19 f.
21 Ausführlich dazu *Hopbach*, Unternehmer, 26–32. Vgl. zeitgenössisch *Hugo Glafey*, Krieg und Textilindustrie. Berlin 1915.
22 *Hopbach*, Unternehmer, 27 f. Vgl. *van de Kerkhof*, Deutsche Seide.
23 Vgl. *Norbert Zdrowomyslaw/Heinz-Jürgen Bontrup*, Die deutsche Rüstungsindustrie. Vom Kaiserreich bis zur Bundesrepublik. Ein Handbuch. Heilbronn 1988.
24 *Hopbach*, Unternehmer, 28–30.

Auf die dritte Strategie des „Business as usual" setzten vor allem die exportorientierten Unternehmen, die versuchten, ihre Ausfuhr an die verbündeten Mittelmächte umzuleiten oder Ausnahmegenehmigungen für das neutrale oder sogar das feindliche Ausland zu erhalten.[25] Als keine zivilen Aufträge mehr eingingen, nahmen Unternehmen wie die Württembergische Leinen-Industrie Blaubeuren auch Militäraufträge an. Grundsätzlich sahen die Unternehmen in Württemberg jedoch die Mobilmachung und den „Kriegsstoß" zunächst als vorübergehende Stockungskrise in der Erwartung eines kurzen Krieges an.[26]

Diese Befunde lassen sich grundsätzlich auf Deutschland in seiner Gesamtheit übertragen. Im ersten Kriegsjahr trafen vor allem die Einziehungen, die Wirtschaftsblockade der Alliierten, aber auch die Verkehrs- und Versandprobleme viele Unternehmen hart. Durch die massenhafte Nutzung der Eisenbahn für die Truppen- und Waffentransporte mussten sich auch die Unternehmen im Kohlebezug einschränken.[27] Vor allem diejenigen Unternehmen, die „Business as usual" verfolgten, erlebten ab dem zweiten Kriegsjahr, dass ihre Lieferungen in das neutrale und feindliche Ausland eingestellt werden mussten. Sie mussten also zu einem späteren Zeitpunkt ebenfalls Produktion und Absatz anpassen. Dies führte zu gelegentlicher Improvisation.[28]

Der Absatz einzelner Branchensegmente gestaltete sich sehr unterschiedlich, abhängig von Mode, Ernteausfall, Rohstoffpreisen und handels- bzw. zollpolitischen Maßnahmen.[29] Wie in anderen Industriezweigen bewirkte die kriegswirtschaftliche Umstellung wesentliche Veränderungen, z. B. schwand die Modeorientierung fast völlig. In der Krefelder Seiden- und Samtindustrie gingen die Exporte 1914 und 1915 durch die alliierte Wirtschaftsblockade stark zurück und beschränkten sich weitgehend auf die neutralen Länder.[30] Im Vergleich zur französischen und schweizerischen Konkurrenz war die deutsche Seidenindustrie allerdings weniger vom Schwinden der Exporte betroffen. Denn während Frankreich 70 bis 75 % seiner Produktion (ca. 450–500 Mio. Mark) und die Schweiz sogar 90 bis 95 % (von 150 Mio. Mark) exportierte, waren es im deutschen Fall nur rund 40 % (von 400–450 Mio. Mark im Jahr 1913).[31] Hier machte sich bemerkbar, dass die Exporte in die USA schon vor dem Krieg aufgrund der dortigen Schutzzölle zurückgegangen waren. Die drei Hauptproduzenten unterschieden sich auch hinsichtlich der Zusammensetzung ihrer Exporte,

---

25 Vgl. *Haberland*, Elf Jahre.
26 *Hopbach*, Unternehmer, 30–32.
27 *Hopbach*, Unternehmer, 32 f.
28 Detaillierte Darstellung der beteiligten Akteure und ihrer Intentionen im Grundlagenwerk von *Gerald D. Feldman*, Army, Industry and Labour. Princeton 1966 (deutsche Übersetzung: Berlin/Bonn 1985).
29 *Horst*, Die wirtschaftliche Entwicklung, 101.
30 Vgl. *Wiegmann*, Textilindustrie, 26–28.
31 *Hans van der Upwich*, Die Geschichte und die Entwicklung der Rheinischen Samt- und Seidenindustrie. Krefeld [1922], zugl. Diss. Köln 1920; *Hartmann*, Entwicklung, 21.

was den technischen Entwicklungsstand der Branche gut dokumentiert: Exportierten die Schweiz und Frankreich 1913 noch 65 bzw. 36 % naturseidene Stoffe, hatten sich die deutschen Unternehmen schon so weit auf die neuen Mischgewebe und die Kunstfaserproduktion umgestellt, dass nur noch 10 % Naturseide und 90 % halbseidene Stoffe und Bänder in das Ausland, v. a. nach Großbritannien und seine Kolonien, abgesetzt wurden.[32]

Die Inlandsnachfrage blieb dagegen in den ersten beiden Kriegsjahren noch recht hoch, erst 1916 verschärfte sich die Absatzlage durch staatliche Eingriffe. Dies betraf neben der rheinischen Seidenindustrie die westfälischen Baumwoll- und Leinenbetriebe ebenso wie die Mönchengladbacher Baumwoll- und Halbwollindustrie.[33] Doch Anfang 1915 wurde der anfangs noch weiter laufende Import englischer und französischer Seidenstoffe über die neutralen Staaten verboten und zeitgleich brach die Einfuhr von Baumwolle und Wolle so stark ein, dass die Produzenten und Konsumenten verstärkt zu Seide und Samt griffen und damit den Seidenabsatz in der zweiten Kriegshälfte wieder ankurbelten. Daher wurden für Baumwolle und Seide seit 1917 strikte Ausfuhrverbote erlassen, einzig Samt konnte noch in geringeren Mengen exportiert werden. Die inländische Nachfrage nach allen Textilien wuchs in der zweiten Kriegshälfte – auch für Seide und Samt als ehemalige Mode- und Luxusstoffe – immer stärker und konnte kaum mehr befriedigt werden. Sichtbar wird der Mangel an Textilien und Bekleidung auch daran, dass immer mehr Unternehmen auf Ersatzstoffproduktion z. B. aus Pflanzenfasern wie Nesseln und Schilf oder auf Papiergarn umstellten.[34] Verschärft wurde die Lage noch durch die wachsende Ausrichtung der Unternehmen auf die lukrativen Heeresaufträge.[35]

Insgesamt dauerte die Umstellungsphase vom Kriegsbeginn bis 1917 an. Mit dem Hindenburg-Programm wurden die Unternehmen Ende 1916 schließlich stärker auf die Kriegsproduktion umgestellt und ein letztmögliches Zwangsmittel für die Wirtschaft angewendet: die Schließung von Betrieben, die nicht als kriegswichtig galten. Ausgeschaltet wurde dabei die Produktion für den privaten Bedarf, sodass bei Kriegsende nur noch 20 % der Beschäftigten in rein zivil genutzten Sparten arbeiteten. Daher entstanden große Probleme beim Konsum: Textilmangel und der schlechte Zustand der Kleidung wurden seit der zweiten Kriegshälfte zu einem Massenphänomen.

---

[32] *van der Upwich*, Die Geschichte und die Entwicklung.
[33] *Wiegmann*, Bewirtschaftung, 134 f.; *van de Kerkhof*, Deutsche Seide. 156 ff.
[34] Vgl. *Wiegmann*, Textilindustrie.
[35] *Horst*, Die wirtschaftliche Entwicklung, 104 f.

Abb. 1: Plakat „Sammelt Brennessel. Bester Ersatz für Baumwolle", Berlin, ca. 1916/1918 (BArch, Plak 001-010-017).

3.6.4 Ressourcenmangel und Substitution: Krieg als Akzelerator von Innovation

In der Rohstoffwirtschaft waren die Textilunternehmen stark abhängig von ausländischen Zufuhren: Baumwolle kam hauptsächlich aus den USA, Jute aus Indien, Flachs aus Russland, und Rohseide aus Italien.[36] Die Wirtschaftsblockade traf die Textilindustrie vor allem im Baumwollsektor, allerdings weniger hart als andere Branchen. Zum einen hatten die Unternehmen große Baumwollvorräte angelegt, zum anderen wurde bis Mitte 1915 die Baumwolleinfuhr aus den USA nur kurzfristig am Kriegsanfang unterbrochen. Außerdem wurden Spinnstoffe und Garne, die erbeutet worden waren, schon 1914 an Unternehmen durch die neu gegründete Baumwoll- und Baumwollgarnabrechnungsstelle verteilt. Vergleichbar spät war auch die Leinenindustrie von der Blockade betroffen. Hier gab es ebenfalls große Vorräte; zusammen mit den in Belgien erbeuteten Flachsbeständen reichten sie aus, um die Produktion bis 1916 aufrechtzuerhalten. Vor größere Probleme sahen sich dagegen die Jute- und die Seidenindustrie gestellt: Erstere konnte schon 1914 keine Rohstoffe mehr aus England einführen, letztere war im Absatz durch die fehlende Nachfrage nach Luxusartikeln eingeschränkt. Für die Rohstoffversorgung der kriegswichtigen Wollindustrie beschlagnahmten die Behörden schon im Oktober 1914 die gesamte Schafschur.[37]

Eine strengere Bewirtschaftung und Rationierung erfolgte in der Textilbranche später als in der Schwerindustrie und im Nahrungsmittelbereich. Am 1. Juli 1915 erging das erste Webverbot, das die Produktion auf Heeresaufträge einschränkte. Gleichzeitig wurde der „Kriegsausschuß der Deutschen Baumwoll-Industrie" als wichtigste Kriegsorganisation der Baumwollbranche gegründet. Im August 1915 wurden dann die Spinnereisparte im Allgemeinen sowie die Leinenindustrie stärker reglementiert, Anfang 1916 folgten strenge Höchstpreisregelungen und weitere einschränkende Bestimmungen wie die Reglementierung der Flachsverarbeitung.[38]

Insgesamt ist festzustellen, dass in den einzelnen Segmenten der Textilbranche während des Krieges deutliche Unterschiede in der Entwicklung von Produktion, Absatz und Gewinn festzustellen sind. Dabei war „die Rohstoffversorgung die entscheidende Determinante der Produktion". Den Bewirtschaftungsmaßnahmen wird dagegen kein so entscheidender Einfluss zugesprochen:

> Auch die sukzessive Entstehung des Bewirtschaftungsapparates zeigt, daß restriktive oder planerische Maßnahmen immer nur dort ergriffen wurden, wo der Rohstoffmangel Eingriffe unumgänglich machte. Bewirtschaftung bedeutete noch keine aktive Ausrichtung der Wirtschaft auf vorgegebene Ziele. Sie war reaktives Krisenmanagement und wurde nur dort aufgebaut, wo

---

[36] Vgl. auch Abschnitt 5.1.2 in diesem Band.
[37] *Wiegmann*, Textilindustrie, 27, 29 f. Vgl. Abschnitt 2.1.2 in diesem Band.
[38] *Wiegmann*, Textilindustrie, 30 f. Vgl. *Werner F. Bruck*, Geschichte des Kriegsausschusses der deutschen Baumwollindustrie. Berlin 1920.

eine marktwirtschaftliche Regelung nicht mehr zum Zuge kommen konnte. Eine umfassende Planung staatlicher Eingriffe gab es zu dieser Zeit nicht.[39]

Im Textilbereich, vor allem der Spinnstoffindustrie, existierte etwa ein Drittel aller privatrechtlich organisierten Kriegsgesellschaften und -ausschüsse. Daneben gab es eine unüberschaubare Vielzahl von Stellen, die ein dichteres Netz als in der Schwerindustrie bildeten.[40] Dass sie wie andere Kriegsgesellschaften „recht effizient" arbeiteten,[41] wird für die Baumwoll- und Halbwollindustrie in Mönchengladbach stark bezweifelt, weil große Umstellungsprobleme dies verhindert hätten.[42]

In der Seidenbranche setzten das Preußische Kriegsministerium und die Kriegsrohstoffabteilung (KRA) erst spät auf Regulierungsmaßnahmen zur Steuerung des Seidenbezugs und -absatzes, denn die Branche war schon hochgradig konzentriert und kartelliert. Seit 1. August 1915 waren Stoffabfälle und Kunstwolle, darunter auch Seidenabfälle, von einer Sektion der KRA statistisch erfasst und verteilt worden. Von dieser Sektion wurde am 9. Juli 1917 die Sektion W.S. für Bewirtschaftung von Seide und Kunstseide unter der Leitung des Fabrikanten Schniewindt aus Wuppertal abgezweigt. Angegliedert war die Seidenbedarfsprüfungsstelle, deren Leitung der durch seine Verbandstätigkeit einflussreiche Krefelder Fabrikant Lange gemeinsam mit der Seidenverwertungs-GmbH verantwortete.[43] Diese Gesellschaft hatte ihren Sitz in Berlin, beschäftigte 214 Personen und wurde mit 200 000 Mark Stammkapital gegründet. Mit der erhöhten Nachfrage des Hindenburg-Programms sollte sie in steigendem Umfang Seide und Seidenabfälle bewirtschaften. Die Stelle ersetzte die zuvor in der Kriegswollbedarfs-AG existierende Abteilung. Gesellschafter der Seidenverwertungs GmbH waren acht Seidenweber, ein Seidenhändler, zwei Nähseidenfabrikanten und ein Ausrüster. Ihre Aufgaben bestanden in der „Beschaffung und Bewirtschaftung von Natur- und Kunstseide und Kunstfaser; Vergebung der Webgarnaufträge; Vermittlung der Aufträge auf alle aus Seiden-Spinnstoffen oder -Garnen ganz oder teilweise hergestellten Gegenständen für die Beschaffungsstellen". Angegliedert war eine Abschätzungskommission für Beitreibungs- und Beutegarne.[44] Hermann war als Leiter der Seidenbedarfsprüfstelle und der Seidenverwertungs-GmbH somit sowohl für Bezug und Absatz von Seide im Deutschen Reich

---

39 *Wiegmann*, Textilindustrie, 27–33.
40 *Otto Goebel*, Kriegsbewirtschaftung der Spinnstoffe. (Die deutsche Kriegswirtschaft im Bereich der Heeresverwaltung 1914–1918, Bd. 3.) Berlin/Boston 2016, 111, 279. Vgl. *Stefanie van de Kerkhof*, Public-Private Partnership im Ersten Weltkrieg, in: Hartmut Berghoff u. a. (Hrsg.), Wirtschaft im Zeitalter der Extreme. Im Gedenken an Gerald D. Feldman. (Schriftenreihe zur Zeitschrift für Unternehmensgeschichte, Bd. 20.) München 2010, 106–133.
41 *Hans-Peter Ullmann*, Das Deutsche Kaiserreich 1871–1918. Frankfurt am Main 1995, 237.
42 *Wiegmann*, Bewirtschaftung, 138 ff.
43 *Goebel*, Kriegsbewirtschaftung, 285, 289.
44 Bundesarchiv Berlin, R 8775; *Goebel*, Kriegsbewirtschaftung, 304 f.

leitend tätig. Er erhielt noch zusätzliche Funktionen als Leiter der Sektion für die Bewirtschaftung von Spinnpapieren und Papiergarn seit 30. Juli 1918.[45]

Die Ersatzstoffindustrien erlangten für die Textilbranche während des Krieges eine große Bedeutung. Die neu entwickelten Kunstseiden, Papiergarne und Nesselstoffe hatten hohe Relevanz, insbesondere aufgrund der bislang wenig erforschten Faserstoffentwicklung und der im Krieg eingesetzten natürlichen Substitute wie Hanf und Flachs.[46] Ein Beleg dafür ist beispielsweise, dass bis Dezember 1916 fast 90 % aller deutschen Spinnereien auf eine zellstoffbasierte Produktion umstellten.[47] Dieser Trend hin zur Kunstfaser- oder Ersatzstoffproduktion setzte sich auch in der Seidenbranche durch. Am Ende des Ersten Weltkriegs wurden nur noch geringe Mengen Naturseide für die Produktion genutzt, d. h. die Kunstseide überwog deutlich. Dies demonstriert die Dimensionen dieser neuen Substitutionswirtschaft eindrücklich.[48] Sie hatte auch eine langfristige Wirkung sowohl in der Textilforschung als auch im Konsum. Zum Beispiel führte die Herstellung von Papierstoffen nicht nur zu veränderten Produktionsabläufen, sondern stellte die Unternehmen auch vor kaum lösbare Qualitätsanforderungen. Papierersatzstoffe scheinen dabei vor allem für den zivilen Bedarf abgesetzt worden zu sein, denn die minderwertige Ware fand mit ihrer mangelnden Akzeptanz und demoralisierenden Wirkung in Berichten und Zeitungsartikeln noch lange Erwähnung. Die mangelhafte Qualität und Eignung der Papierstoffe wurden auch unter den nationalsozialistischen Erfordernissen des Vierjahresplans eingehend diskutiert.[49]

Als gesicherter Befund kann gelten, dass die Juteindustrie im Gegensatz zur Leinen- und Baumwollindustrie zu den frühen Nutzern der Papiergarne zählte. Ursächlich war dafür, dass die Unternehmen dieser Sparte Stilllegungen wegen Rohstoffmangels zu entgehen suchten. Anfang 1917 begann die Bewirtschaftung von Papierprodukten, die durch eine Höchstpreisverordnung zudem eng reglementiert wurde. Erst 1918 wurden aufgrund hoher Nachfrage kriegswichtige Aufträge nur noch an Höchstleistungsbetriebe vergeben. Ausnahmen wurden den Produzenten von Textilien auf Papierbasis ebenfalls zugestanden, sodass Papiertextilien noch bis 1918 für den zivilen Bedarf produziert wurden. Die Hersteller genossen eine Bevorzugung durch die Behörden, die seit Herbst 1916 schrittweise Marktzutrittsbarrieren installierten und neuen Unternehmen ab Sommer 1917 endgültig keinen Markteintritt mehr gestatteten. Privatrechtliche Zusammenschlüsse der größten papierproduzierenden Textilunternehmer verstärkten die Tendenz zur Abschottung und Konzentration, z. B. die im November 1916 gegründete Vermittlungs- und Auskunftstelle

---

45 *Goebel*, Kriegsbewirtschaftung.
46 *Günther Luxbacher*, Roh- und Werkstoffe für die Autarkie. Textilforschung in der Kaiser-Wilhelm-Gesellschaft. Berlin 2004.
47 *Wiegmann*, Textilindustrie, 58 ff.
48 Ausführlich: *van de Kerkhof*, Deutsche Seide.
49 Vgl. *Dietmar Petzina*, Autarkiepolitik im Dritten Reich. Der nationalsozialistische Vierjahresplan. Stuttgart 1968.

für Papiergarn beim Verband Rheinisch-Westfälischer Baumwollspinner und die darauf im Mai 1917 entstandene Rheinisch-Westfälische Papiergarngesellschaft, die Deutsche Textilit GmbH der Juteindustrie oder die Deutsche Papiergarngesellschaft der Leinenindustrie. Diese Ersatzstoffgesellschaften scheinen weitreichende Funktionen gehabt zu haben, denn sie organisierten Rohstoffkäufe und forcierten den Absatz. Zudem erfuhren sie verschiedentlich „Vorwürfe der Bereicherung oder unlauterer Methoden", was auf ihre marktbeherrschende Position hindeuten könnte. Für diese Annahme spricht auch, dass der Wettbewerb partiell durch diese Selbstorganisation der Unternehmen ausgeschaltet wurde, weil sie von den Behörden bei der Zuteilung von Rohstoffen oder der Vergabe von Aufträgen häufig bevorzugt wurden.[50] Größeren Einfluss scheinen neben Papiergarnen nur noch Nessel- und Strohfaserprodukte erlangt zu haben, bei deren Gewinnung und Sammlung auch die Bevölkerung bis hin zu Schulkindern eingespannt wurde (siehe auch Abb. 1).[51]

3.6.5 Strukturwandel: Standardisierung, Rationalisierung und Konzentration

Der durch die Kriegswirtschaft hervorgerufene strukturelle Wandel der Textilbranche spielte bislang nur in regionalen Studien eine Rolle.[52] Es gibt daher keine genaue Datenbasis, wie stark die deutschen Textilunternehmen durch die mangelhafte Ressourcenausstattung von Zufuhren ihrer Lieferanten in den USA, Indien, Russland, Italien und Frankreich abhingen.[53] Eine strengere Bewirtschaftung und Rationierung erfolgte in der Textilbranche erst ab Sommer 1915.[54] Vorher konnten z. B. die Samt- und Seidenwebereien bis zum Ende der Neutralität Italiens und der Kriegserklärung gegen die Mittelmächte noch weitgehend ungestört produzieren. Denn Rohseide und Baumwolle wurden zunächst aus dem europäischen Süden noch uneingeschränkt geliefert.[55] Staatliche Maßnahmen, die in die Märkte eingreifen sollten, setzten eher auf Anreize als auf Druck und Zwangsmittel. Um die Fertigung von Uniformen auf Baumwollbasis für das Heer sicherzustellen, entschied sich

---

50 *Stefanie van de Kerkhof*, Von der Friedens- zur Kriegswirtschaft. Erträge und Desiderate einer Wirtschafts- und Sozialgeschichte des Ersten Weltkriegs, in: Els Herrebout (Hrsg.), Annalen / Internationale Archivsymposien in Ede (NL) (2010) und Lüttich (B) (2011). (Miscellanea archivistica, Bd. 204.) Brüssel 2012, 227–247.
51 *Wiegmann*, Textilindustrie, 58–68.
52 *Hermann Schäfer*, Regionale Wirtschaftspolitik in der Kriegswirtschaft. Staat, Industrie und Verbände während des Ersten Weltkrieges in Baden. Stuttgart 1983; *Hopbach*, Unternehmer; *Wiegmann*, Textilindustrie.
53 Vgl. Abschnitt 5.1.2 in diesem Band.
54 Vgl. *Wiegmann*, Textilindustrie, 27, 29 f.
55 *Horst*, Die wirtschaftliche Entwicklung, 94 f. Vgl. Abschnitt 5.1.4 in diesem Band.

die Regierung für ein Verbot der Herstellung von nicht kriegswichtigen Bedarfsartikeln der Textilindustrie, das am 1. September 1915 auf dem Verordnungswege erlassen wurde. Im folgenden Jahr verstärkten sich aufgrund drängenderer Rohstoff- und Valutaknappheit die Maßnahmen zu direktem Zwang: Ein Einfuhrverbot für alle Seidenwaren wurde im Februar 1916 erlassen, im April folgte die Beschlagnahme aller im Inland hergestellten Baumwollgarne und die Festsetzung von Höchstpreisen für Garne aller Art. Die Unternehmen setzten daher verstärkt auf Textilersatzstoffe, v. a. Kunstseide begann 1916 mit ihrem bis in die 1960er Jahre anhaltenden Siegeszug.[56]

Hatten für den Heeresbedarf anfänglich nur Abfallseiden (Bourette) zur Herstellung von Kartuschbeuteln und Zündertuchen (d. h. Läppchen für die Zünder) sowie für das Stopfen von Matratzen bei der Marine eine Rolle gespielt, so stiegen die angeforderten Mengen mit dem Hindenburg-Programm zur forcierten Rüstung massiv um z. B. das Zehnfache bei Zündertuchen an. Der Bourettebedarf stieg insgesamt um das Dreifache. Damit wurde auch ihr ziviler Konsum eingestellt. Für die Luftwaffe wurden in dieser Zeit noch reine Seidenstoffe hergestellt, um sie mit Feldballons, Fallschirmseide und Arbeitsschutzkleidung beliefern zu können. Zivile Konsumenten konnten in den letzten beiden Kriegsjahren Seide fast nur noch in Form von Nähseidengarnen beziehen.[57] An der Kartusch- oder Pulverbeutelproduktion waren in großem Maße auch Betriebe in Krefeld und dem Umland beteiligt.[58]

Seit etwa 1917 wurde die Samt- und Seidenindustrie von der Kriegsbewirtschaftung verstärkt erfasst. Dies betraf u. a. Preis-, sowie Ein- und Ausfuhrbeschränkungen, bisweilen gab es auch Beschlagnahmungen von Garnen und Stilllegungen von Betrieben. Die Papiergarnverarbeitung war aber nach der Importsperre für Rohstoffe allgemein gestattet.[59] Erst die staatlichen Maßnahmen des Jahres 1917 hatten „katastrophale Wirkungen" auf die Krefelder Samt- und Seidenindustrie: Erst wurde im Juni das allgemeine italienische Ausfuhrverbot für Rohseide in Ausführung der im Vorjahr gefassten Beschlüsse der Pariser Wirtschaftskonferenz durchgesetzt. Dies brachte alle Einfuhren über neutrale Staaten in das Deutsche Reich zum Erliegen. Dann folgten im Juli 1917 das Verbot zum Export aller Samt- und Seidenprodukte und die Beschlagnahme sämtlicher Seidengarne für Kriegszwecke. Zuvor war schon für Krefeld ein „Hilfsausschuß für Einfuhrbewilligung von Rohseiden" geschaffen worden, um die lokalen Produzenten bei den Behörden zu unterstützen. Denn der

---

56 *Horst*, Die wirtschaftliche Entwicklung, 94–96.
57 *Goebel*, Kriegsbewirtschaftung, 94–96.
58 Stadtarchiv Krefeld Nr. 80/10/28 Kopie eines Artikels aus „Wir im Werk" Nr. 18, Mai 1937, 297–299.
59 *Josef Kersten*, Entwicklung und Eigenart des industriellen Standorts Krefeld-Uerdingen. Krefeld 1935, zugl. Diss. Göttingen 1935, 49 f.; vgl. *Stefanie van de Kerkhof*, Krieg als Unternehmenskrise? Wahrnehmung und Verhalten schwerindustrieller Unternehmer und Manager im Ersten Weltkrieg und in der Nachkriegszeit, in: Jahrbuch für Wirtschaftsgeschichte 2006/2, 31–61; *van de Kerkhof*, Kriegswirtschaft, 107–137.

Staat erhielt mit seinem durch das Hindenburg-Programm ausgeweiteten Heeresbedarf ein Nachfragemonopol. Er legte Produktionsmengen von Seiden- und Textilersatzstoffen, wie Kunstseide und Papierstoffen, fest. Nun sollten staatliche Planung, Bewirtschaftung und Arbeitskräftegewinnung „nicht mehr nur den Mangel verwalten, sondern die Erhöhung der Kriegsproduktion und die effektive Ausnutzung der Ressourcen gewährleisten".[60] Die Auswirkungen trafen die Textilindustrie ähnlich stark wie andere Branchen. Es wurden „Höchstleistungsbetriebe" geschaffen, denen höhere Produktionsmengen zugewiesen wurden. Die Produktion wurde zu diesem Zweck stärker standardisiert und auf wenige größere Betriebe konzentriert, in denen Rationalisierungsmaßnahmen eingeleitet wurden. Dagegen wurden kleinere Betriebe stillgelegt und ihre Arbeitskräfte umverteilt. In diesem Prozess arbeiteten die industriellen Fachkommissionen, die die Entscheidungen eigenständig vorbereiteten, eng zusammen mit dem Kriegsamt des Preußischen Kriegsministeriums und dem „Ständigen Ausschuss für Zusammenlegung" von Betrieben (SAZ).[61] Die Unternehmen sollten nur in Ausnahmefällen durch staatliche Zwangssyndizierung zur Stilllegung gezwungen werden, weil die gesetzgeberischen Möglichkeiten eng begrenzt waren. Staatliche Bewirtschaftungsmaßnahmen wurden eher indirekt über Zuweisungen von Arbeitskräften und Brennstoffen durchgeführt als über formale Stilllegungsbescheide.[62] Dies galt auch für Produktionsumstellungen von Textil- auf Waffenproduktion, die z. B. in der Textilindustrie des Bergischen Landes durchaus gängige Praxis war.[63] Die Beschlagnahme aller ausländischen Baumwollgarne 1918 war ein letzter Schritt am Ende des Krieges, der die Lage der westfälischen Baumwollindustrie wie der rheinischen Samtindustrie verschlechterte.[64]

Die Rohstoffversorgung bestimmte den Rhythmus der Stilllegungen: „Auch der drastische Zusammenlegungsprozeß in der Baumwollindustrie erklärt sich aus den Notwendigkeiten der Rohstoffverknappung und nicht aus dem Willen der Behörden zu durchgreifenden Maßnahmen."[65] Die vertikal gegliederten Großunternehmen, d. h. die Spinnwebereien, profitierten von der Konzentration, wofür vor allem ihre niedrigeren Transportkosten ausschlaggebend waren. Die Verkehrslage und die Brennstoffversorgung spielten auch bei der regionalen Verteilung von Heeresaufträgen eine wichtige Rolle, die aber durch Quotenregelungen unterlaufen werden konnte. Es wird angenommen, dass aus sozialen Gründen von den Behörden entgegen den proklamierten Intentionen innerhalb der Regionen stärker Aufträge

---

60 *Wiegmann*, Textilindustrie, 33.
61 Vgl. *Peter Wulf*, Die Vorstellungen der deutschen Industrie zur Neuordnung der Wirtschaft nach dem Ersten Weltkrieg, in: Zeitschrift für Unternehmensgeschichte 32, 1987, 22–42. Zum SAZ vgl. die Abschnitte 2.1.6 und 3.7.4 in diesem Band.
62 *Wiegmann*, Textilindustrie, 33–36.
63 *Volkmar Wittmütz*, Der Erste Weltkrieg in Barmen: Waffen statt Textilien, in: Geschichte im Wuppertal 25, 2016, 16–26.
64 *Wiegmann*, Textilindustrie, 33 ff.; *Horst*, Die wirtschaftliche Entwicklung, 94–96.
65 *Wiegmann*, Textilindustrie, 38–40, Zitat 40.

gestreut wurden, als es produktionstechnisch und kostenmäßig effizient gewesen wäre. Es gelang staatlicherseits nicht, planmäßige Zielvorgaben der Bewirtschaftung durchzusetzen.[66] Entscheidende Ursachen dafür werden in der unternehmerischen Interessenpolitik gesehen, die schon im Vorfeld die staatlichen Ziele unterlief. Eine stärkere verbandsmäßige Organisation der Branchensparten war dafür ebenso verantwortlich wie die Kriegsausschüsse als Organe wirtschaftlicher Selbstverwaltung in der Bewirtschaftung. Unternehmen konnten dabei eigene Ziele effektiv durchsetzen, weil sie „gegenüber den staatlichen bzw. militärischen Stellen wie der Kriegs-Rohstoff-Abteilung oder den Beschaffungsstellen aufgrund ihrer Fachkompetenz eine gute Position" einnehmen konnten. Partiell überließen die staatlichen Stellen den Unternehmen sogar wegen fehlender Sachkenntnis die Entscheidungskompetenz, wie die Konzentration der Seidenproduktion auf wenige Betriebe belegt.[67] Der mit der Bewirtschaftung und dem Hindenburg-Programm verbundene Strukturwandel der Textilindustrie wurde also vom Staat induziert, aber von einigen Marktteilnehmern federführend ausgestaltet.[68] Die Konzentrationsbewegung setzte sich bald auch in der nachgelagerten Veredelungsindustrie mit einer großen Zahl an Färbereien, Appreturanstalten, Textildruckereien, Pressereien und anderen Hilfsbetrieben fort.[69] Es gibt Hinweise darauf, dass die verbliebenen Betriebe der verschiedenen Sparten überhöhte Profite erzielen konnten. Der Reichstag versuchte daher die Frage, inwiefern Staat und Volkswirtschaft durch „Kriegsgewinnlerei" geschädigt wurden, von einem parlamentarischen Untersuchungsausschuss klären zu lassen. Dies war der Beginn der parlamentarischen Rüstungskontrolle in Deutschland.[70]

3.6.6 Informelle Netzwerke und Organisation der Textilbranche

Vor dem Ersten Weltkrieg war die Textilbranche verbandsmäßig im Gegensatz zur Eisen- und Stahlindustrie in vielen kleineren Einzelverbänden organisiert und be-

---

66 *Wiegmann*, Textilindustrie, 40–42. Zum allgemeinen regionalen Strukturwandel auch *Schäfer*, Regionale Wirtschaftspolitik.
67 *Wiegmann*, Textilindustrie, 42–47, Zitat 46.
68 Dies galt auch für die westfälische Baumwollindustrie, *Wiegmann*, Textilindustrie, 27–36, 40–42, 52–57.
69 *Horst*, Die wirtschaftliche Entwicklung, 93 f.
70 *Wolfram Wette*, Reichstag und „Kriegsgewinnlerei". Die Anfänge parlamentarischer Rüstungskontrolle in Deutschland, in: *Reiner Steinweg* (Red.), Lehren aus der Geschichte? Historische Friedensforschung. (Friedensanalysen, Bd. 23.) Frankfurt am Main 1990, 117–159. Vgl. *Rudolf Fuchs*, Die Kriegsgewinne der verschiedenen Wirtschaftszweige in den einzelnen Staaten anhand statistischer Daten dargestellt. Zürich 1918.

saß keine reichsweit einflussreiche Spitzenverbände. Ursächlich dafür waren u. a. die regionale Fragmentierung und sektorale Segmentierung, aber auch die klein- und mittelständische Branchenstruktur.[71] Auf Reichsebene schlossen sich die Textilunternehmen meist dem Bund der Industriellen an, der exportorientierte Ziele offensiv vertrat.[72] Die kleineren Regionalverbände waren in den konjunkturellen Krisen des Kaiserreichs entstanden und schlossen sich bis zum Kriegsbeginn zu Interessenverbänden und Kartellen der Einzelsparten zusammen, wie der Verein deutscher Seidenwebereien (1910) zeigte. Ähnlich wie bei anderen wirtschaftlichen Interessenverbänden war die Hauptaufgabe dieses Dachverbands der Seidensparte, die Interessen der Mitgliedsunternehmen in Zoll- und Gewerbegesetzgebung zu vertreten und Forderungen der organisierten Arbeiterschaft abzuwehren.[73] Zumeist entwickelten sie sich zu organisierten Konditions-, Preis- oder Produktions-Kartellen, um Konkurrenz und Produktionsvolumen durch Absprachen besser zu regulieren. Damit gelang es ihnen auch, die Auswirkungen der konjunkturellen Krisen wie Schwankungen in der Auslastung der Webstühle abzumildern.[74]

Veränderte sich in den Kartellen und Produzentenverbänden bei Kriegsbeginn nur wenig, schlossen sich die Seidenhändler, die sich in ihrer Existenz bedroht sahen, seit der Kriegsmitte stärker zusammen und gründeten die Vereinigung der Rohseidenhändler und Vertreter von Elberfeld-Barmen (1916), die Rohseidenvereinigung Krefeld und den Verband sächsisch-thüringischer Rohseidenhändler (1917). Die Tendenz zum Spitzenverband kulminierte 1917 in der Gründung des Verbands des deutschen Rohseidenhandels Berlin. Im Ergebnis war am Kriegsende die gesamte deutsche Seidenbranche kartelliert.[75]

Innerindustrielle Konflikte, die vor allem entlang der regionalen und segmentalen Konfliktlinien entstanden, konnten bisweilen von den staatlichen Instanzen genutzt werden, um eigene Ziele zu erreichen. In der Regel hielt sich der Staat aber aus den Differenzen innerhalb der unternehmerischen Interessenvertretung heraus. Die Verbände hatten somit eine zentrale Stellung innerhalb der Bewirtschaftung erlangt und konnten mit ihrer starken Position divergierende staatliche Ziele effektiv

---

71 *Wiegmann*, Textilindustrie, 26–28.
72 *Hans-Peter Ullmann*, Der Bund der Industriellen. Organisation, Einfluß und Politik klein- und mittelbetrieblicher Industrieller im Deutschen Kaiserreich 1895–1914. (Kritische Studien zur Geschichtswissenschaft, Bd. 21.) Göttingen 1976; *Hans-Peter Ullmann*, Staatliche Exportförderung und private Exportinitiative. Probleme des Staatsinterventionismus im Deutschen Kaiserreich am Beispiel der staatlichen Außenhandelsförderung, 1880–1919, in: Vierteljahrschrift für Sozial- und Wirtschaftsgeschichte 65, 1978, 157–216; *Hans-Peter Ullmann*, Interessenverbände in Deutschland. Frankfurt am Main 1988; *Fritz Berg* (Hrsg.), Der Weg zum industriellen Spitzenverband. Darmstadt 1956, 21 ff.
73 Zur Geschichte ausführlich *van de Kerkhof*, Deutsche Seide; *Horst*, Die wirtschaftliche Entwicklung, 91 f.; Rheinisch-Westfälisches Wirtschaftsarchiv, Bestand 338.
74 *Hartmann*, Entwicklung, 20.
75 *Goebel*, Kriegsbewirtschaftung, 111 f.

unterlaufen.⁷⁶ In der westfälischen Baumwollindustrie konnte sogar durch die unternehmerische Selbststeuerung der kriegswirtschaftlichen Produktion im Rahmen des Kriegsausschusses der deutschen Baumwollindustrie „eine hohe Effizienz in der Bewirtschaftung erreicht" werden. Dabei besaßen die Unternehmer und die industriellen Fachorganisationen im Zweifelsfall die Entscheidungskompetenz, während die Kriegsamtsstellen und das Hilfsdienstgesetz nur eine stark eingeschränkte ökonomische Wirkung z. B. bei der Ressourcenverteilung und auf den lokalen Arbeitsmärkten entfalten konnten.⁷⁷

Insgesamt entwickelte die Politik der Textilverbände mit dem Kriegsbeginn nicht so deutlich aggressive expansionistische Züge wie die Schwerindustrie, obgleich die Kriegsmentalität, das Kriegsbild und die Beteiligung an Kriegsverbrechen bislang nur rudimentär untersucht worden ist. Die exportorientierten württembergischen Unternehmer tendierten generell dazu, in England den Hauptfeind zu sehen. Dies galt auch für das Reutlinger Textilunternehmen Gminder, der Deutschland in einem Vernichtungskampf mit England im Welthandel sah.⁷⁸ Doch insgesamt kann wohl für die Branche „von einem euphorischen Engagement für die nationale Sache [...] nicht prinzipiell gesprochen werden".⁷⁹ Zwar nutzten Markenartikelhersteller wie Bleyle die Flottenrüstung als Werbestrategie für den Absatz von Matrosenanzügen und maritim wirkender Bekleidung, doch verstärkten sich diese Phänomene nicht während des Krieges.⁸⁰ Die Verbände der Textilindustrie bildeten im Gegensatz zur deutschen Schwerindustrie keine annexionistische Phalanx innerhalb der deutschen Gesellschaft.⁸¹ Aber auch in den Reihen der Textilindustriellen und ihrer Manager ließen sich bislang keine expliziten Kriegsgegner ausmachen. Außerdem scheint die westdeutsche Textilbranche an der wirtschaftlichen Ausbeutung der besetzten Gebiete in Belgien und Nordfrankreich durchaus beteiligt gewesen zu sein, obgleich ihre Rolle noch nicht genauer untersucht wurde.⁸²

---

76 *Wiegmann*, Textilindustrie, 47–51; *Hopbach*, Unternehmer, 132 ff.
77 *Wiegmann*, Textilindustrie, 52–57, Zitat 57.
78 *Hopbach*, Unternehmer, 21, 24 f.
79 *Hopbach*, Unternehmer, 31.
80 *Katrin Wittmann*, Firmenerfolg durch Vermarktung von Nationalbewußtsein? Werbestrategie des Markenartiklers Bleyle vor und im Ersten Weltkrieg, in: Gerhard Hirschfeld u. a. (Hrsg.), Kriegserfahrung. Zur Sozial- und Mentalitätsgeschichte des Ersten Weltkriegs. Essen 1997, 302–322.
81 Vgl. allgemein *Stefanie van de Kerkhof*, Grenzüberschreitungen als wirtschaftliche Chance? Expansionsstrategien der deutschen Schwerindustrie bis zum Ende des Ersten Weltkriegs, in: Bärbel Kuhn/Astrid Windus (Hrsg.), Der Erste Weltkrieg im Geschichtsunterricht. Grenzen – Grenzüberschreitungen – Medialisierung von Grenzen. (Historica et Didactica, Bd. 7.) St. Ingbert 2014, 61–71; *Stefanie van de Kerkhof*, Transnationale Kooperation oder national motivierte Expansion? Die schwerindustriellen Interessenverbände bis zur Teilung Oberschlesiens, in: Lutz Budraß u. a. (Hrsg.), Industrialisierung und Nationalisierung. Fallstudien zur Geschichte des oberschlesischen Industriereviers im 19. und 20. Jahrhundert. (Veröffentlichungen zur Kultur und Geschichte im östlichen Europa, Bd. 40.) Essen 2013, 147–180. Vgl. Abschnitt 3.2.5 in diesem Band.
82 Vgl. die Hinweise in *Goebel*, Kriegsbewirtschaftung, 11. Zum Stellenwert bei der Bildung von Kriegsgesellschaften siehe Abschnitt 2.1.2 in diesem Band.

3.6.7 Industrielle Beziehungen in der Kriegszeit

Spezifisch für die Textilbranche ist, dass strukturelle und konjunkturelle Schwankungen in einigen Segmenten wie der Seiden- und Samtindustrie generell durch flexible Arbeitsverträge ausgeglichen wurden. Im Jahr 1913 waren nur 8,5 % der Samtarbeiter und 16 % der Stoffarbeiter am Niederrhein fest beschäftigt. Insbesondere in der Stoffindustrie waren überwiegend Frauen beschäftigt, vor dem Ersten Weltkrieg ca. 60–70 % der Belegschaften. Die hohe Frauenquote erklärt auch, warum in der Krefelder Samt- und Seidenbranche während des Krieges kein Arbeitskräftemangel eintrat.[83]

Nach Kriegsbeginn wurden wie in anderen Regionen zunächst viele nicht einberufene Textilarbeiter, Weber und Appreteure arbeitslos und aufgrund mangelnder Qualifikationen nur mühsam in andere Branchen vermittelt.[84] Neben den Arbeitsämtern engagierte sich auch der Arbeitgeberverband der Rheinischen Seidenindustrie, der v. a. die Krefelder Stoff- und Veredelungsindustrie und nur wenige andere rheinische Betriebe umfasste. Er regelte auch während des Krieges als „Repräsentant der gesamten Seidenindustrie in der Stadt Krefeld selbst und des größten Teils der sich in der Umgebung befindlichen Fabriken" die Arbeitsverhältnisse.[85] Am Kriegsende und in der Demobilmachungsphase der frühen 1920er Jahre wurden Frauen weiterhin als flexibles Arbeitskräftereservoir angesehen, die je nach Zeitpunkt der Heimkehr der Soldaten von den angestammten Arbeitskräften ersetzt werden konnten.[86]

Am Beispiel von Württemberg lässt sich die zögerliche Einführung von Tarifverträgen gut demonstrieren. In der württembergischen Textilindustrie existierte im Ersten Weltkrieg zuerst nur ein einziger Haustarifvertrag für 100 Beschäftigte. Die Zahl erhöhte sich bis 1919 auf sechs Abkommen für knapp 3000 Beschäftigte in 313 Betrieben. Daran wird deutlich, dass die Textilindustriellen in weitaus geringerem Maße Tarifverträge mit ihren Beschäftigten abschlossen als die Schwer- und Metallindustrie.[87] Im Gegenteil lehnten sie 1915 noch vehement ab, paritätisch besetzte Kriegsausschüsse nach dem Vorbild des Kriegsausschusses der Metallbetriebe Groß-Berlins einzurichten.[88] Es herrschte ein paternalistischer Herr-im-Hause-Standpunkt der Unternehmer vor, denn die Unternehmerpersönlichkeit genoss in

---

83 *Horst*, Die wirtschaftliche Entwicklung, 116.
84 Bericht über die Verwaltung und den Stand der Gemeindeangelegenheiten der Stadt Crefeld für das Rechnungsjahr 1914. Crefeld 1915, 39 und 101 f.
85 *Horst*, Die wirtschaftliche Entwicklung, 92.
86 Vgl. *Richard Bessel*, „Eine nicht allzu große Beunruhigung des Arbeitsmarktes". Frauenarbeit und Demobilmachung in Deutschland nach dem Ersten Weltkrieg, in: Geschichte und Gesellschaft 9, 1983, 211–229.
87 *Hopbach*, Unternehmer, 68–77. Vgl. *Axel Schnorbus*, Arbeit und Sozialordnung in Bayern vor dem Ersten Weltkrieg (1890–1914). München 1969, 67 f., 176 f.
88 *Hopbach*, Unternehmer, 77 ff.

den noch häufig eigentümergeführten mittelständischen Familienunternehmen ein sehr hohes Ansehen. Dies war ein signifikanter Unterschied zwischen dem groß- und schwerindustriell geprägtem Verein Deutscher Arbeitgeberverbände und der württembergischen Fertigwarenindustrie.[89] Er bietet neben der Zersplitterung der organisierten Arbeiterschaft eine mögliche Erklärung für die vergleichsweise spät erfolgte Einführung von partizipativen Elementen der Mitbestimmung.[90]

Bislang ebenfalls nur wenig erforscht ist die Frage, welche sozialen Unterstützungsleistungen die Textilunternehmen ihren Beschäftigten im Krieg und in der frühen Nachkriegszeit zukommen ließen. Es wird z. B. von einer Färberei und Bleicherei in Uhingen berichtet, deren Arbeitskräfte mit Kriegsbeginn wegen Teuerung und kurzfristiger Arbeitslosigkeit Geldbeträge für die Familien ausgezahlt bekamen. Bei der Ulrich Gminder GmbH war schon vor dem Krieg mit der Siedlung „Gmindersdorf" der betriebliche Wohnungsbau initiiert worden, was sich nach 1914 fortsetzte. Insgesamt waren solche Formen der Sozialpolitik aber rein freiwilliger Art und bezogen sich meist nur auf den eigenen Betrieb.[91] Vielfach versuchten die Unternehmen auch mit betrieblichen Sozialleistungen, die schlimmsten Konsequenzen der Betriebsstillegungen in der süd- wie westdeutschen Baumwollindustrie auszugleichen und damit langfristig ihre gut qualifizierten Stammbelegschaften an sich zu binden.[92] Die Textilunternehmen in Württemberg zahlten an Familien von Ausmarschierten auch Unterstützung, z. B. die Mechanische Tricotweberei Mattes und Lutz AG in Besigheim 1915, oder unterstützten mit Patenschaften die Kinder kriegsgefallener Werksangehöriger, wie die Gminder GmbH. Die Unterstützungsleistungen erreichten bei diesem mittelständischen Unternehmen 1917 insgesamt die Millionengrenze, was mit den hohen Umsätzen durch Heeresaufträge finanzierbar war und steuerliche Vorteile brachte. Erklärte Ziele waren darüber hinaus die Standortpolitik und die „Vermeidung von Fluktuationen". Andererseits wurde z. B. bei Bleyle im Mai 1915 der seit zwei Jahren eingeführte Betriebsurlaub mit dem Hinweis auf die kriegsbedingte Arbeitszeitverkürzung wieder gestrichen. Dies zeigt, dass solche Sozialleistungen freiwilliger Art und weitgehend von betrieblichen Interessen bestimmt waren.[93]

---

89 *Hopbach*, Unternehmer, 93.
90 *Hans-Joachim Bieber*, Die Gewerkschaften in Krieg und Revolution. Arbeiterbewegung, Industrie, Staat und Militär in Deutschland 1914–1920, 2 Bde. Hamburg 1981; *Horst Thum*, Wirtschaftsdemokratie und Mitbestimmung. Von den Anfängen 1916 bis zum Mitbestimmungsgesetz 1976. Köln 1991.
91 *Hopbach*, Unternehmer, 97 ff.
92 *Hopbach*, Unternehmer, 101. Vgl. *Richard Bessel*, State and Society in Germany in the Aftermath of the First World War, in: William R. Lee/Eve Rosenhaft (Hrsg.), The State and Social Change in Germany 1880–1980. Oxford u. a. 1997, 203; *Wiegmann*, Textilindustrie, 29 ff.
93 *Hopbach*, Unternehmer, 98–104.

3.6.8 Demobilisierung und Konversion von Kriegs- in Friedenswirtschaft

Das Kriegsende im November 1918 brachte zunächst nur eine Besserung beim Rohstoffbezug aus dem Ausland, allerdings je nach Region für die Textilbranche in unterschiedlichem Maße. Im bis 1926 besetzten Rheinland verteuerten sich die Rohstoffe stark, wohingegen die Absatzentwicklung auch aufgrund weiterhin bestehender Grenz- und Verkehrseinschränkungen bis zur Mitte der 1920er Jahre noch schwach blieb. Die Krefelder Seidenindustrie war hier gegenüber der Wuppertaler Konkurrenz noch im Vorteil, denn sie erhielt früher Exportgenehmigungen nach Westeuropa. Aber in den Jahren 1919 und 1920 schwanden die staatlichen Bewirtschaftungsmaßnahmen und die kriegswirtschaftlichen Organisationen nur langsam. Daher konnten in der Krefelder Seiden- und Samtindustrie nur 25 bis 35 % der Belegschaft im Vergleich zu 1913 beschäftigt werden. Nur die Hälfte der vor dem Ersten Weltkrieg installierten Webstühle war im Jahr 1921 in Betrieb. Die Inflation mit gestiegenen Preisen für Rohstoffe und höheren Löhnen, teils nach der Revolution schwer erkämpft, hatte bei gleichzeitiger Absatzschwäche negative Auswirkungen auf die Geschäftstätigkeit der Textilunternehmen.[94]

Obwohl für die linksrheinische Textilregion am Niederrhein sogleich nach dem Kriegsende die Rohseideneinfuhr und die Textilausfuhr frei gegeben wurde, blieben insbesondere die Nachfrage nach Seide und Samt und die Absatzbedingungen vom gesellschaftlichen Umbruch der Nachkriegszeit geprägt. War die Krefelder Samt- und Seidenindustrie in der Vorkriegszeit eher auf Luxusartikel spezialisiert, so änderte sich dies mit dem Mangel und der Armut der Nachkriegszeit. Sie wurde von einer „Luxusindustrie" zu einer „ausgeprägten Versorgungsindustrie". Wolle, Kunstseide und andere Kunstfasern, die mit der Ersatzfaserproduktion im Krieg einen rasanten Aufschwung genommen hatten, ergänzten nun in der Seidenbranche die drei traditionell eingesetzten Rohstoffe Rohseide, Baumwolle und Schappe. Hatte die Kunstseide 1909 am Beginn ihrer statistischen Erfassung noch den bescheidenen Produktionsumfang von 8660 kg, so stieg der Wert bis 1913 auf 235 000 kg und war seit 1919 deutlich größer als die verarbeitete Rohseidenmenge.[95]

Durch den Krieg erstarkte in der Seiden- und Samtbranche nicht nur die europäische Konkurrenz v. a. Frankreich und Italien, die nicht so starke Kriegsschäden wie die deutsche Textilindustrie verzeichneten. Mit der Verhängung hoher Schutzzölle sorgte sie zudem für eine Marktabschottung und beendete die führende Position der hochwertigen rheinischen Seidenprodukte auf dem Weltmarkt.[96] Beschleunigend

---

[94] *Horst*, Die wirtschaftliche Entwicklung, 96.
[95] *Horst*, Die wirtschaftliche Entwicklung, 96, 105; vgl. zur Umstellung auf Massenmärkte in der Nachfrage auch *Hartmann*, Entwicklung, 25.
[96] *Horst*, Die wirtschaftliche Entwicklung, 96 f., 105 f.; vgl. die dort angegebene Quelle: „Aus den Berichten über die Verwaltung der Stadt Krefeld".

wirkte hier auch der Aufstieg der US-amerikanischen Konkurrenz im Ersten Weltkrieg, die zudem noch vorwiegend in naturseidenen Qualitäten produzierte (Verhältnis Naturseide zu Kunstseide 3,5 zu 1, in Deutschland dagegen 1 zu 2 im Jahr 1927). Zwischen 1914 und 1918 steigerte sich die Zahl der Samt- und Seidenwebstühle in den USA von 73 000 auf 87 000 und bei steigenden Seidenpreisen verdreifachte sich der Umsatz (von 137 auf 391 Mio. Dollar).[97]

Dies zeigt deutlich, welche Anstrengungen die Umstellung auf die Friedenswirtschaft mit sich brachte. Der Trend zur Konzentration verstärkte sich in der Zwischenkriegszeit auch in der Textilindustrie. Beispielsweise schlossen sich einige große Seidenproduzenten im Zuge der allgemeinen Rationalisierungswelle ab 1919 zu einer kleinen Interessengemeinschaft und 1920 zur Vereinigte Seidenwebereien AG (Verseidag) mit sechs Unternehmen in Krefeld und Betrieben vor allem in den umliegenden Gemeinden zusammen. Ziel war es, den Schwierigkeiten der allgemeinen Wirtschaftslage wie der Absatz- und Währungsschwäche nach dem Ersten Weltkrieg besser zu begegnen.[98] Dem schon im Krieg eingeschlagenen Pfad zur Erweiterung der Kunstfaser-Kapazitäten vor allem von Zellwolle und Kunstseide folgten in den 1920er Jahren viele Branchenunternehmen. Auch der allgemeine Trend zur Spezialisierung hielt in der Zeit nach dem Ersten Weltkrieg an.[99] Kunstfasern erlangten einen immer größeren Stellenwert sowohl für den privaten Konsum als auch für industrielle Nachfrager.[100] Somit begründete sich im Krieg eine Pfadabhängigkeit, die weiter fortwirkte. Die ersten Jahre der Weimarer Republik waren in der Textilbranche durch eine starke Absatzschwäche geprägt, für die die Preissteigerungen, Währungsschwäche und Barrieren durch Besetzung und den anhaltenden russisch-polnischen Krieg ursächlich waren. Zunehmende europäische Konkurrenz von französischen und italienischen Produzenten sowie von US-amerikanischen Herstellern verschärften diese Situation anhaltend. Konzentration, Rationalisierung und Innovationsstrategien, um die Qualitätsvorteile wahren zu können, waren daher die wesentlichen Strategien, die die deutsche Textilindustrie in der Zwischenkriegszeit verfolgte.

Auswahlbibliographie

Balder, Uwe, Spinnstoffwirtschaft im Ersten Weltkrieg. Zum Hintergrund der Studie Otto Goebels, in: Marcel Boldorf/Rainer Haus (Hrsg.), Die Ökonomie des Ersten Weltkriegs im Lichte der zeitgenössischen Kritik. (Die deutsche Kriegswirtschaft im Bereich der Heeresverwaltung 1914–1918, Bd. 4.) Berlin/Boston 2016, 222–245.

---

97 *Hartmann*, Entwicklung, 23.
98 Stadtarchiv Krefeld Nr. 80/10/159 Aufbau und Entwicklung (= Daten zur Geschichte der Verseidag ab 1919), Krefeld, 11. März 1952 (Typoskript, Kopie). Ausführlich in *van de Kerkhof*, Deutsche Seide.
99 *Kersten*, Entwicklung und Eigenart, 51.
100 Siehe *van de Kerkhof*, Deutsche Seide. Vgl. *Ulrich Marsch*, Zwischen Wissenschaft und Wirtschaft. Industrieforschung in Deutschland und Großbritannien 1880–1936. Paderborn u. a. 2000.

Bruck, Werner F., Geschichte des Kriegsausschusses der deutschen Baumwollindustrie. Berlin 1920.
Glafey, Hugo, Krieg und Textilindustrie. Berlin 1915.
Goebel, Otto, Deutsche Rohstoffwirtschaft im Weltkrieg. Stuttgart u. a. 1930.
Goebel, Otto, Kriegsbewirtschaftung der Spinnstoffe. (Die deutsche Kriegswirtschaft im Bereich der Heeresverwaltung 1914–1918, Bd. 3.) Neudruck Berlin/Boston 2016.
Hartmann, Josef, Die Entwicklung der Seidenweberei zur Industrie. Hrsg. aus Anlaß des 200jährigen Jubiläums der Frowein & Co. KGaA Wuppertal-Elberfeld. Wuppertal 1963.
Hopbach, Achim, Unternehmer im Ersten Weltkrieg. Einstellungen und Verhalten württembergischer Unternehmer im „Großen Krieg". Leinfelden-Echterdingen 1998.
Horst, Fritz, Die wirtschaftliche Entwicklung des Kreises Krefeld seit der Wiedervereinigung mit Preußen (1815). Düren 1929.
Kerkhof, Stefanie van de, Von der Friedens- zur Kriegswirtschaft. Unternehmensstrategien der deutschen Eisen- und Stahlindustrie vom Kaiserreich bis zum Ende des Ersten Weltkrieges. (Bochumer Schriften zur Unternehmens- und Industriegeschichte, Bd. 15.) Essen 2006.
Kerkhof, Stefanie van de, Public-Private Partnership im Ersten Weltkrieg, in: Hartmut Berghoff/ Jürgen Kocka/Dieter Ziegler (Hrsg.), Wirtschaft im Zeitalter der Extreme. Im Gedenken an Gerald D. Feldman. (Schriftenreihe zur Zeitschrift für Unternehmensgeschichte, Bd. 20.) München 2010, 106–133.
Kerkhof, Stefanie van de, Deutsche Seide in Krieg und Krisen – Der Verein deutscher Seidenwebereien als ökonomischer Motor für Innovationen (1910–1960), in: Anke Blümm/ Christiane Lange (Hrsg.), Bauhaus und Textilindustrie. München 2019, 156–187, 325–329.
Kersten, Josef, Entwicklung und Eigenart des industriellen Standorts Krefeld-Uerdingen. Krefeld 1935.
Luxbacher, Günther, Roh- und Werkstoffe für die Autarkie. Textilforschung in der Kaiser-Wilhelm-Gesellschaft. Berlin 2004.
Riede, Hugo, Die Entwicklung der württembergischen Textilindustrie. Diss. Heidelberg 1937.
Rothschild, Hans, Die süddeutsche Baumwollindustrie. Diss. Berlin 1922.
Schäfer, Hermann, Regionale Wirtschaftspolitik in der Kriegswirtschaft. Staat, Industrie und Verbände während des Ersten Weltkrieges in Baden. Stuttgart 1983.
Spoerer, Mark, C&A. Ein Familienunternehmen in Deutschland, den Niederlanden und Großbritannien. München 2016.
Thum, Horst, Wirtschaftsdemokratie und Mitbestimmung. Von den Anfängen 1916 bis zum Mitbestimmungsgesetz 1976. Köln 1991.
Upwich, Hans van der, Die Geschichte und die Entwicklung der Rheinischen Samt- und Seidenindustrie. Krefeld o. J. [1922], zugl. Diss. Köln 1920.
Wiegmann, Karlheinz, Textilindustrie und Staat in Westfalen 1914–1933. (VSWG Beihefte, Bd. 107.) Stuttgart 1993.
Wiegmann, Karlheinz, Die Bewirtschaftung in der Textilindustrie im Ersten Weltkrieg am Beispiel Mönchengladbachs und der westfälischen Unternehmen, in: Rheinische Vierteljahrsblätter 82, 2018, 131–159.
Wittmann, Katrin, Firmenerfolg durch Vermarktung von Nationalbewußtsein? Werbestrategie des Markenartiklers Bleyle vor und im Ersten Weltkrieg, in: Gerhard Hirschfeld u. a. (Hrsg.), Kriegserfahrung. Zur Sozial- und Mentalitätsgeschichte des Ersten Weltkriegs. Essen 1997, 302–322.
Wittmütz, Volkmar, Der Erste Weltkrieg in Barmen: Waffen statt Textilien, in: Geschichte im Wuppertal 25, 2016, 16–26.
Wolf, Friedrich, Die deutsche Textilwirtschaft im Weltkrieg. Diss. phil. Erlangen 1930.

Roman Köster
3.7 Konsumgüterindustrien

3.7.1 Einleitung

In Deutschland war ab dem Frühjahr 1915 beinahe alles knapp: Seien es Nähfaden, Glühstrümpfe, Seife, Kleidung, Keramik oder was auch immer. Der wichtigste Grund dafür lag darin, dass der Aufbau kriegswirtschaftlicher Strukturen die sukzessive Verschiebung von Rohstoffen, Maschinen und Arbeitskräften in die „kriegswichtigen" Industrien zur Folge hatte. Branchen hingegen, die aus Sicht der Kriegswirtschaft verzichtbare Waren herstellten, waren mit einem zunehmenden Mangel an Ressourcen konfrontiert. Dementsprechend musste besonders die Konsumgüterindustrie während des Ersten Weltkrieges mit einer weitreichenden Einschränkung des Zugangs zu Rohstoffen und Arbeitskräften umgehen. Das äußerte sich zunächst in Einberufungen zum Militär und Preisregulierungen. Ab 1916 wurde eine stärker zentral organisierte Bewirtschaftung von Rohstoffen eingeführt, während im Rahmen des Hindenburg-Programms seit 1917 auch zunehmend konkret über die zwangsweise Zusammenlegung bzw. Stilllegung von Betrieben nachgedacht bzw. diese auch umgesetzt wurde.

Das wesentliche Argument von staatlicher Seite lautete dabei, dass die betreffenden Branchen wie die Brau-, Glühstrumpf-, Margarine-, Tapeten-, Filztuch-, Spielwaren-, Porzellan-, Zucker- oder Seifenindustrie keinen unmittelbaren Zweck für die Kriegsanstrengungen besaßen. Welche Branche allerdings tatsächlich wie kriegswichtig war, stellte von Beginn des Krieges an einen großen Streitpunkt dar: August Skalweits Urteil über Bier beispielsweise, dies sei ein Produkt gewesen, für das „kriegswirtschaftliche Erfordernisse unmöglich vorliegen konnten",[1] wurde angesichts der Auswirkungen des dünn eingebrauten Kriegsbieres nicht allein von den Vertretern der Brauindustrie vehement widersprochen. Vielmehr befürchtete man tatsächlich eine negative Auswirkung auf die Stimmung in der Bevölkerung und für Bayern wurden nicht zuletzt aus diesem Grund höhere Malzkontingente bewilligt als für das übrige Reich.[2]

Das war aber nur ein Beispiel unter vielen: Der Verband der Süßwarenproduzenten Minden-Ravensberg machte 1917 sehr deutlich, dass auch seine Produkte von grundlegender Bedeutung für die Kriegsanstrengungen waren: „Waren es in den warmen Jahreszeiten die Erfrischungsbonbons, welche unseren braven Kämpfern geholfen haben, die vielfachen Strapazen zu ertragen, so sind es für die kommenden Monate die Hustenbonbons, welche schon jetzt aus dem Felde stark gefragt

---

[1] *August Skalweit*, Die deutsche Kriegsernährungswirtschaft. Stuttgart 1927, 77.
[2] Westfälisches Wirtschaftsarchiv Dortmund (WWA), K 1, Nr. 646, Schreiben der Handelskammer Bochum an die Handelskammer Dortmund am 10. Oktober 1918.

werden. Wir können tausende von Dankschreiben beibringen, welche beweisen, dass die Bonbons zu jeder Jahreszeit bei unseren Truppen geradezu <u>unentbehrlich</u> sind, und allein diese Tatsache macht eine erhöhte Zuckerzuteilung an unsere Industrie durchaus notwendig."[3]

Auch wenn solche Beispiele eher skurril anmuten mögen, so zeigen sie doch, dass es insbesondere ab 1917 in den nicht-kriegswichtigen Branchen zu starken Verteilungskämpfen kam. Hier trafen die Ansprüche von Inhabern, die ihr Unternehmen erhalten wollte, Branchenvertretern, welche auch die Position ihrer Branche in der Nachkriegszeit im Blick hatten, und die Ansprüche der Kriegswirtschaft aufeinander. Zugleich stand im Hintergrund die Frage der „Stimmung" in der Bevölkerung, die auf bestimmte Konsumgüter nicht verzichten wollte, auch wenn diese nicht im strengen Sinne überlebenswichtig waren. Die Hofwachswarenfabrik Josef Gautsch aus München wurde nicht zuletzt deswegen als kriegswichtig eingestuft, weil sie Kirchenöle und Messkerzen herstellte, also für die geistig-seelischen Bedürfnisse der Gesellschaft während des Krieges unverzichtbar erschien.[4] Solche Bedürfnisse resultierten nicht zuletzt in einem dynamischen Schleichhandel, auf dem Konsumgüter gehandelt wurden, die offiziell nicht oder in keiner befriedigenden Qualität zu bekommen waren.

Im Folgenden sollen am Beispiel von vier Branchen (der Brau-, Porzellan-, Seifen- und Zuckerindustrie) die Entwicklung der Konsumgüterindustrie während des Ersten Weltkriegs exemplarisch rekonstruiert werden. Ausgangspunkt ist dabei zunächst die Darstellung der Rohstoffbewirtschaftung, bevor sich der Artikel den Anpassungsstrategien in den jeweiligen Branchen zuwendet. Anschließend geht es um die staatlichen Maßnahmen, die im Rahmen des Hindenburg-Programms ergriffen wurden, um die Konsumgüterproduktion einzuschränken bzw. der Rohstoffversorgung anzupassen. Der letzte Abschnitt schließlich stellt die sukzessive Aufhebung der kriegswirtschaftlichen Maßnahmen ab dem Herbst 1918 dar.

3.7.2 Konsumgüter im Bewirtschaftungssystem

In der Anfangsphase des Krieges war von einer Knappheit an Konsumgütern zunächst wenig zu spüren. Im August und September 1914 kam es sogar zu einem kurzfristigen Überangebot an bestimmten Konsumgütern, das aus dem bereits am 31. Juli 1914 erlassenen Exportstopp für deutsche Waren resultierte. Besonders Kon-

---

3 Bundesarchiv Berlin (BArch), R 8843/47, Verein der Zuckerwarenfabrikanten von Minden-Ravensberg und Lippe-Detmold an den Präsidenten des Kriegsernährungsamtes am 8. Oktober 1916 (Hervorhebung im Original).
4 BArch, R 3101/8061, Protokoll Mitgliederversammlung des Verbands deutscher Kerzengießereien vom 3. November 1917.

sumgüterbranchen mit hohem Exportanteil, wie beispielsweise die Zuckerindustrie, besaßen beträchtliche Lagerbestände, die sie auch aufgrund der Furcht vor Preisverfällen möglichst nicht auf den einheimischen Markt bringen wollten. Das blieb jedoch eine vergleichsweise kurzfristige Erscheinung: Spätestens im Frühjahr 1915, als sich die ursprünglichen Hoffnungen auf einen kurzen Krieg zerschlagen hatten, waren diese Lagerbestände aufgebraucht und die Bewirtschaftung, die zunächst vor allem unmittelbar kriegswichtige Rohstoffe betroffen hatte, wurde auf immer mehr Materialien und Rohstoffe ausgeweitet.[5]

Für die Konsumgüterindustrien bestand ein zentraler Aspekt darin, dass die meisten ihrer Rohstoffe aus der agrarischen Produktion stammten. Das galt für die Zuckerindustrie, welche vorrangig einheimische Zuckerrüben verarbeitete, genauso wie etwa für die Seifenindustrie, die auf Fette und Öle angewiesen war, die sich damals nur zu einem sehr unzureichenden Teil synthetisch herstellen ließen. Die Brauindustrie benötigte (im Gegensatz zur Futtergerste) hochwertige Braugerste. Die Porzellanindustrie schließlich verwendete als wesentlichen Rohstoff Kaolin (Porzellanerde), das vorrangig in der Oberpfalz und in Böhmen abgebaut wurde. Darüber hinaus wurden aber auch Arbeitskräfte und Brennstoffe, in erster Linie Kohle, benötigt, an denen während des Krieges ebenfalls ein wachsender Mangel bestand.

Die agrarischen Rohmaterialien waren vor 1914 oftmals aus Eigenproduktion gewonnen worden. Die heimische Zuckerrübenproduktion war die Grundlage der Zuckerexportwirtschaft, wobei der Anbau allerdings sehr arbeits- und düngeintensiv war. Der Mangel an Düngemitteln war ein Grund für die sinkenden Ernteerträge, wobei allerdings auch neue Prioritäten der Agrarpolitik mit hineinspielten: Die Reduzierung der Anbaufläche macht deutlich, dass vermehrt Pflanzen und Getreide mit höherer Bedeutung für die Volksernährung angebaut werden sollten.[6] Der Mangel an Arbeitskräften sowie die ineffiziente Bewirtschaftung landwirtschaftlicher Erzeugnisse kamen hinzu. Aus vergleichbaren Gründen ging auch die Gerstenernte während des Krieges deutlich zurück.

Teile der agrarischen Rohstoffe waren vor dem Krieg allerdings importiert worden, wobei insbesondere Russland und Frankreich wichtige Handelspartner darstellten. Dieser Handel fiel mit dem Ausbruch des Ersten Weltkrieges vollständig weg. Die alliierte Blockade zwang die Konsumgüterindustrien dazu, zunehmend auf neutrale Drittländer auszuweichen bzw. die Handelsverbindungen zu den Verbündeten zu intensivieren. Dieser Handel war allerdings zum einen daran gebunden, dass man im Gegenzug mit Gütern handeln konnte, die für die jeweiligen Länder interessant waren. Zum anderen wurde die Blockade insbesondere mit dem Kriegs-

---

5 *Skalweit*, Kriegsernährungswirtschaft, 5–25.
6 *Friedrich Aereboe*, Der Einfluss des Krieges auf die landwirtschaftliche Produktion in Deutschland. Stuttgart 1927, 40–44, 99–110.

Tab. 1: Zuckerrübenproduktion und Zuckerernte (1914–1919).

Betriebsjahr	Zahl der Zuckerfabriken	Rübenanbaufläche	Rübenverarbeitung [dz]	Zuckererzeugung Rohwert [dz]
1914/15	333	546 736	159 645 179	25 101 016
1915/16	319	364 532	96 521 076	15 153 164
1916/17	316	400 341	95 707 770	15 579 297
1917/18	312	384 571	92 299 388	15 410 615
1918/19	307	366 505	87 090 105	13 277 142
1919/20	260	258 009	47 962 481	7 018 958

Quelle: *Hermann Baum*, Die deutsche Zuckerindustrie in der Übergangswirtschaft. Jena 1929, 11.

Tab. 2: Gerstenernte während des Krieges 1913–1918.

Jahr	Ernteertrag [1000 t]	Anbaufläche [1000 ha]
1913	3673	1654
1914	3138	1582
1915	2484	1620
1916	2797	1524
1917	1865	1461
1918	1850	1365

Quelle: *Walther G. Hoffmann*, Das Wachstum der deutschen Wirtschaft seit der Mitte des 19. Jahrhunderts. Berlin 1965, 272, 274, 286.

eintritt der USA im Frühjahr 1917 noch einmal erkennbar verschärft, so dass insbesondere der Handel mit neutralen Drittländern immer schwieriger wurde. So ließ etwa der im Frühjahr 1915 eingerichtete „Kriegsausschuss für Kaffee, Tee und deren Ersatzmittel" im Juni 1918 verlauten, dass der Import von Kaffee und Tee aufgrund der verschärften Blockade praktisch nicht mehr möglich sei.[7]

Ein Bereich, in dem bereits früh eine besonders gravierende Knappheit bestand, waren Fette und Öle, die für eine ganze Reihe von Produkten und Anwendungen benötigt wurden, beispielsweise für Margarine und Seife, in der Lederverarbeitung und Textilindustrie, zur Lack- und Firnisherstellung sowie als Schmiermittel.[8] Neben sinkenden Ernteerträgen an öltragenden Früchten sowie geringeren Erträgen, die daraus resultierten, dass die Tiere während des Krieges deutlich magerer geschlachtet wurden, wurde die Fettlücke während des Krieges auch durch die millionenfache Schlachtung von Schweinen seit dem Mai 1915 verschärft. Hier handelt es

---

[7] BArch, R 8817/5, Protokoll Verwaltungsratssitzung des Kriegsausschusses für Kaffee, Tee und deren Ersatzmittel vom 21. Juni 1918.
[8] *Martha Ewald*, Die pflanzlichen und tierischen Öle und Fette. Berlin 1918, 4.

sich vielleicht um das bekannteste Beispiel für eine agrarpolitische Fehlsteuerung während des Ersten Weltkrieges.[9] Nur in wenigen Fällen gelang es, natürliche Rohstoffe durch künstlich hergestellte zu substituieren, wie das etwa bei der Kerzenherstellung und der Ersetzung von Stearin durch Paraffin der Fall war. Versuche, neue Öl- und Fettquellen zu erschließen, stellten bestenfalls einen Tropfen auf den heißen Stein dar.[10]

Dementsprechend wurde der „Kriegsausschuss für pflanzliche und tierische Öle und Fette" bereits zu einem frühen Zeitpunkt, nämlich im Januar 1915 in Berlin gegründet. Butter und Schweineschmalz fielen zunächst noch nicht in seine Zuständigkeit, weil sie separat bewirtschaftet wurden. Im November desselben Jahres wurde die gesamte Produktion an Ölen und Fetten (Rapsöl, Sesamöl, Stearin, Waltran usw.), die in den Zuständigkeitsbereich des Kriegsausschusses fielen, beschlagnahmt. Anschließend sollten diese Bestände durch den Kriegsausschuss an die berechtigten Firmen zugewiesen werden. Im Frühjahr 1916 wurde diese Maßnahme auf Abfallfette ausgeweitet und die Einfuhr zentralisiert, d h. der Zentraleinkaufsgesellschaft als Aufgabe zugewiesen.[11]

Im Fall der Brauindustrie wurde bereits während der ersten Hälfte des Jahres 1915 eine Kontingentierung des Braumalzes eingeführt, die während des Krieges sukzessive verschärft wurde und ab dem Herbst 1917 nur noch zehn Prozent des Durchschnittsverbrauchs im Geschäftsjahr 1912/13 betrug. Die tatsächlichen Lieferungen lagen dabei insbesondere in der Endphase des Krieges noch deutlich darunter. Ende Juli 1915 wurde die Gerstenverwertungsgesellschaft gegründet, die Gerste bzw. Gerstenmalz zentral einkaufen und an die Brauereien verteilen sollte. Dabei handelte es sich um den ungewöhnlichen Fall einer privatwirtschaftlichen Gesellschaft, welche die Aufgaben einer Kriegsgesellschaft übernahm. Der Deutsche Brauer-Bund stellte das Personal und zahlreiche Brauereien zeichneten das Grundkapital.[12] Diese Konstruktion bestand jedoch noch nicht einmal ein Jahr: Im Juni 1916 wurden die Aufgaben des Gersteneinkaufs und der -verteilung an die Reichsgerstenstelle übertragen, einer Unterabteilung der Reichsgetreidestelle. Im Herbst 1917 wurde die Reichsgerstenstelle dann aufgelöst und ihre Funktion von der Reichsgetreidestellte übernommen.[13]

Bei der Zuckerindustrie kam es bereits im Oktober 1914 zur Festsetzung staatlicher Höchstpreise, wobei es zunächst noch um die Beseitigung und adäquate Vertei-

---

9 *Anne Roehrkohl*, Hungerblockade und Heimatfront. Die kommunale Lebensmittelversorgung in Westfalen während des Ersten Weltkriegs. Stuttgart 1991, 33 ff.
10 *Ewald*, Die pflanzlichen und tierischen Öle und Fette, 40–45.
11 *Ewald*, Die pflanzlichen und tierischen Öle und Fette, 12. Vgl. zur Zentraleinkaufsgesellschaft Abschnitt 5.1.4 in diesem Band.
12 WWA, F 166, Nr. 494, Übersicht über die Beteiligungen der Dortmunder Actien-Brauerei vom 30. September 1916.
13 *Erich Borkenhagen*, 100 Jahre Deutscher Brauer-Bund e.V. 1871–1971. Bonn 1971, 81 f.

Tab. 3: Malzkontingentierung während des Ersten Weltkrieges 1915–1917.

Verordnung	Festgesetztes Kontingent (gemessen am Durchschnittsverbrauch 1913)	Tatsächliche Belieferung
20.2.1915	60	60
31.1.1916	48	30–35
16.12.1916	25	15
20.11.1917	10	5

Quellen: *Rudolf Caspary*, Die Wirkungen des Krieges auf die deutsche Brauindustrie. Stuttgart 1927, 94; *Ohne Verfasser*, Die Sorge des Tages, in: Tageszeitung für Brauerei vom 29. März 1916, 295.

lung der durch das Exportverbot vom 31. Juli 1914 angesammelten Bestände ging.[14] Als Reaktion darauf, dass während des Krieges die Anbaufläche für Zuckerrüben um etwa ein Drittel zurückging und immer größere Teile der Ernte als Viehfutter verwendet wurden, kam es zu weiteren Preisverordnungen und der Einrichtung der Reichszuckerstelle im Dezember 1915, die zunächst den Zuckerverbrauch in weiterverarbeitenden Betrieben wie die Herstellung von Süßigkeiten oder Schokolade regulierte. Ab dem April 1916 schließlich übernahm die Reichszuckerstelle die Bewirtschaftung der Zuckerrüben und seit September des Jahres auch die der vorhandenen Rohzuckerbestände.[15]

Dabei stand diese Kriegsgesellschaft nicht zuletzt deshalb vor einer schwierigen Aufgabe, weil der Bedarf an Zucker während des Krieges zunahm: Er wurde für die Herstellung aller möglichen Ersatzstoffe (wie Kunsthonig oder Marmelade) verwendet, die wiederum den Fettmangel kompensieren sollten.[16] Zucker, der vor dem Krieg einen deutlichen Exportüberschuss erzielt hatte, wurde sogar zusätzlich aus den Niederlanden eingeführt.[17] Die erneute Zulassung des Saccharins, das im Jahr 1902 auf Druck der Zuckerindustrie verboten worden war, geschah schrittweise seit dem April 1916.[18] Da die für die Herstellung künstlicher Süßstoffe verwendeten Rohmaterialien auch für die Munitionsherstellung verwendet wurden, musste die Produktion beschränkt werden.[19] Auf diese Lage versuchte die Reichszuckerstelle mit verschiedenen Maßnahmen zu antworten: Es kam zu einer sukzessive verschärften Kontingentierung des Zuckers, aber auch zu Eingriffen in die Gestaltung der Verpackung und Preisbestimmungen. Im Unterschied zu den meisten anderen

---

14 BArch, R 8843/33, Überblick über die Bewirtschaftung des Zuckers, August 1916. Zur agrarischen Erzeugung siehe auch Abschnitt 3.9.2 in diesem Band.
15 *Robert Follenius/Karl Fetzmann*, Der Zucker im Kriege. Berlin 1917, 37 ff.
16 *Follenius/Fetzmann*, Zucker im Kriege, 84.
17 BArch, R 8843/33, Schreiben Präsident des Kriegsernährungsamtes an die Reichszuckerstelle am 5. Dezember 1916.
18 *Christoph Maria Merki*, Zucker gegen Saccharin. Zur Geschichte der künstlichen Süßstoffe, Frankfurt am Main 1993, 242 f.
19 BArch, R 8843/47, Bekanntmachung der Reichszuckerstelle am 11. Juni 1917.

Preisbestimmungen, wo es um die Festsetzung von Höchstpreisen ging, wurden hier während der Jahre 1915 und 1916 teilweise sogar recht hohe Mindestpreise festgesetzt, um einen verstärkten Anreiz zum Anbau von Zuckerrüben zu schaffen.[20]

Doch selbst wenn keine Knappheit an den zentralen Rohstoffen für die Produktion bestand, hatte die Kriegswirtschaft massive Rückwirkungen auf die Konsumgüterbranchen. Dafür ist die Porzellanindustrie ein gutes Beispiel, für die Kaolin zumeist in ausreichendem Maße zur Verfügung stand, die aber massiv unter dem Mangel an Arbeitskräften und Energieträgern zu leiden hatte. Auf der einen Seite gab es dabei während des Krieges eine durchgehende Nachfrage nach Porzellan: für elektronische Anwendungen als Isolationsmaterial und als Ersatz für Gefäße und Töpfe aus Metall.[21] Aufgrund des hohen Energieaufwands der Produktion kam es insbesondere im Rahmen des Hindenburg-Programms ab dem Frühjahr 1917 zu immer größeren Einschränkungen, die sich am Ende in ihren praktischen Konsequenzen von einer Rohstoffkontingentierung kaum noch unterschieden.

3.7.3 Anpassung und Reaktion der betroffenen Branchen

Neben dem Mangel an Rohstoffen bestand eine wesentliche Einschränkung während des Krieges vor allem in der wachsenden Knappheit an Arbeitskräften. Der wichtigste Grund dafür war naheliegender Weise die Einberufungen zum Militär. Daneben gab es jedoch auch einen starken Sog von den Konsumgüter- in die Rüstungsindustrien, weil diese tendenziell höhere Löhne zahlten.[22] Klein- und Kleinstbetriebe standen vielfach vor existentiellen Problemen, besonders wenn der Firmeninhaber einberufen worden war. Das hatte zur Folge, dass viele solcher Firmen während des Krieges praktisch nur noch auf dem Papier existierten, aber nicht mehr produzierten.

Der Arbeitskräftemangel wurde durch die stärkere Rekrutierung von Frauen sowie von älteren Beschäftigten zu kompensieren versucht.[23] Handlungsspielräume hingen dabei aber nicht zuletzt von der Beschäftigungsstruktur ab: In einer Branche wie der Brauwirtschaft, die hauptsächlich Männer beschäftigte, war die Substitution

---

20 BArch, R 3101/12295, Eingabe Reichsverband der deutschen Süßwaren-Großhändler an das Reichsministerium für Ernährung und Landwirtschaft vom 9. Juni 1921.
21 *Hans-Joachim Kindermann*, Der Konjunkturverlauf in der Porzellanindustrie von 1871 bis 1932. Greifswald 1934, 123.
22 *Gunther Mai*, Kriegswirtschaft und Arbeiterbewegung in Württemberg 1914–1918. Stuttgart 1983, 108–110.
23 *Mai*, Kriegswirtschaft und Arbeiterbewegung, 105–118; *Stefan Bajohr*, Die Hälfte der Fabrik. Geschichte der Frauenarbeit in Deutschland 1914–1945. Marburg 1979.

durch Arbeiterinnen schwerer möglich als etwa in der Textilindustrie, die traditionell einen hohen Frauenanteil hatte. Mit zunehmendem Rohstoffmangel kehrte sich dieses Problem ab dem Jahr 1916 jedoch teilweise sogar um: In vielen Konsumgüterbranchen wurden insbesondere Arbeiterinnen freigesetzt.[24]

Eine wichtige Anpassungsstrategie an die Rohstoffknappheit und den Mangel an Arbeitskräften bestand in einer Verringerung der Produktqualität. Qualitätsverschlechterungen und die Umstellung auf Ersatzprodukte waren an der Tagesordnung und prägten nachhaltig die Wahrnehmung der Kriegsjahre. Besonders augenfällig war das bei Bier, dessen durchschnittlicher Stammwürzegehalt von über 13 Prozent auf unter vier Prozent am Ende des Krieges absank:[25] Im Jahr 1918 tranken die Deutschen außerhalb Bayerns und des Heeres (wo der Stammwürzegehalt etwas höher lag) sog. Einfachbier mit weniger als einem Prozent Alkohol. Bei der geringen eingebrauten Malzmenge wurde zudem im Brauprozess kaum noch Kohlensäure entwickelt, die von außen zugeführt werden musste, um wenigstens den Schein eines genießbaren Getränks aufrecht zu erhalten. Bei der Seifenherstellung sah es ähnlich aus: Ab April 1916 durften nur noch stark gestreckte Seifen und Seifenpulver hergestellt werden.[26] Die im Sommer 1917 eingeführte Kriegsausschuss-Seife erfüllte teilweise kaum noch eine erkennbare Waschfunktion.[27] Zahlreiche Öle und Fette wurden zu ersetzen versucht, wobei das allerdings fast nur bei der teilweisen Ersetzung von Stearin durch Paraffin bei der Kerzenwachsherstellung erfolgreich funktionierte. In den meisten anderen Fällen kam es, wenn eine Substitution überhaupt möglich war, zu deutlichen Qualitätseinbußen.[28]

Es war eine Folge der staatlichen Bewirtschaftung der Rohstoffe, dass sich rasch ein schwunghafter Handel mit Rohstoffkontingenten entwickelte. Es war Firmen in vielen Fällen möglich, die staatlich zugewiesenen Rohstoffe gegen ein Entgelt an eine andere Firma zu überschreiben. Das war besonders ausgeprägt in der Brauindustrie der Fall, wo mit Beginn der Rohstoffkontingentierung sofort ein Handel mit diesen Kontingenten einsetzte.[29] Eine Variation davon stellte das sog. Lohnbrauen dar: Dabei ließ eine Brauerei ihr Rohstoffkontingent von einer anderen Firma verarbeiten, übernahm dann aber den Vertrieb in eigener Regie. Dahinter stand die Hoffnung, auf diese Weise die eigene Marke erhalten zu können. Während des Jahres 1915 hatte dieser Handel bereits ein solches Ausmaß angenommen, dass der Gesetzgeber sich zum Eingreifen genötigt sah: Anfang 1916 wurden Kontingents-

---

24 *Ute Daniel*, Arbeiterfrauen in der Kriegsgesellschaft: Beruf, Familie und Politik im Ersten Weltkrieg. Göttingen 1989, 68–72.
25 WWA, F 166, Statistiken Dortmunder Actien-Brauerei, 64.
26 BArch, R 3101/8074, Frankfurter Zeitung, Artikel „Die Zwangsgesellschaft in der Seifenindustrie" vom 6. 9. 1917.
27 BArch, R 3101/8074, Schreiben der Seifen-Herstellungs- und Vertriebs-Gesellschaft an den Kriegsausschuss für pflanzliche und tierische Öle und Fette GmbH vom 31. 7. 1917.
28 *Ewald*, Die pflanzlichen und tierischen Öle und Fette, 24.
29 *Rudolf Caspary*, Die Wirkungen des Krieges auf die deutsche Brauindustrie. Stuttgart 1927, 32.

Abb. 1: Kriegswirtschaft, Seifenherstellung, 1917 (BArch, Bild 183-R42178).

übertragungen genehmigungspflichtig. Außerdem hatte die das Kontingent übernehmende Brauerei sicherzustellen, dass die bisherige Kundschaft der abgebenden Brauerei weiter beliefert wurde.[30]

Das ist aber nur ein Beispiel dafür, dass die Reaktionen der Marktteilnehmer auf die kriegswirtschaftlichen Maßnahmen eine zunehmende Regulierung provozierten. Das stellte einen dynamischen Faktor hin zu einer immer stärker auf Zwang und Zentralisierung beruhenden Kriegswirtschaft dar. Ein anderes Beispiel sind die Versuche von Firmen der Konsumgüterindustrien, sich durch bestehende persönliche Kontakte zusätzliche Rohstoffe aus dem (befreundeten) Ausland zu besorgen. Dem wurde jedoch spätestens mit der Zentralisierung des Einkaufs durch die im Dezember 1914 gegründete Zentral-Einkaufsgesellschaft, die den Außenhandel zunehmend monopolisierte, ein Riegel vorgeschoben. Zudem wurde bestimmt, dass im Ausland freihändig zugekaufte Rohstoffe auf die jeweiligen Kontingente angerechnet wurden. Das hatte zur Folge, dass höchstens noch das Qualitäts-, nicht mehr jedoch das Mengenproblem auf diese Weise gelöst werden konnte. Hinter dieser Reglementierung stand nicht zuletzt die Befürchtung, der freihändige Import zu hohen Preisen könne den Außenwert der Mark gefährden.[31]

---

30 *Bruno Moldt*, Zwangswirtschaftliche Tendenzen im deutschen Braugewerbe. Würzburg 1927, 56.
31 *Regina Roth*, Staat und Wirtschaft im Ersten Weltkrieg. Kriegsgesellschaften als kriegswirtschaftliche Steuerungsinstrumente. Berlin 1997, 163–165.

Der Handel mit Rohstoffkontingenten ist insofern charakteristisch, weil er einen brancheninternen Versuch markiert, mit den Einschränkungen der Kriegswirtschaft zurecht zu kommen. Besonders deutlich wird das daran, dass die Interessensvertreter der jeweiligen Branchen in den Jahren 1915 und 1916 zentrale Posten in den Kriegsgesellschaften besetzten. Ein zentrales Argument dafür war ihre überlegene Kenntnis der Branche einhergehend damit, dass bei dem enormen Personalbedarf der kriegswirtschaftlichen Organisationen ein dramatischer Mangel an Fachleuten existierte. Es wurde aber in vielen Fällen festgestellt, dass diese Selbstorganisation dazu führte, dass die kriegswirtschaftlichen Anstrengungen zugunsten der Vorteilsnahme für die jeweilige Branche unterlaufen wurden.[32] Zudem entstanden auf diese Weise auch brancheninterne Konflikte, weil immer wieder der Verdacht der Klientelwirtschaft im Raum stand: Hatten die kriegswirtschaftlichen Umstellungen und Einschränkungen ohnehin den Effekt, größere Industriebetriebe zu bevorteilen, so waren es in vielen Fällen die Besitzer oder Geschäftsführer führender Unternehmen, die die Fachverbände dominierten und aus diesem Grund zumindest einen Informationsvorsprung vor den anderen besaßen. Beispielsweise waren sie frühzeitig über neue Kontingentierungsmaßnahmen oder Kürzung der Kohlenzuteilungen informiert. Insgesamt zeigen die Anpassungsstrategien der Konsumgüterbranchen während des Krieges, dass Groß- und Mittelbetriebe deutlich bessere Chancen als Klein- und Kleinstbetriebe hatten, mit den kriegswirtschaftlichen Einschränkungen zurecht zu kommen. Das lag nicht nur an den produktionstechnischen Kapazitäten, sondern auch an den besseren Zugängen zu Rohstoffen und die Möglichkeit, auf Branchenebene die eigenen Interessen besser vertreten zu können.

Insgesamt kam es aus Sicht der Konsumgüterindustrien bereits in den Jahren 1915 und 1916 zur Durchsetzung einer zunehmend straffen kriegswirtschaftlichen Organisation. Die Maßnahmen, die im Zuge der Durchführung des Hindenburg-Programms und des Vaterländischen Hilfsdienstgesetzes ergriffen wurden, stellten aus Sicht der Konsumgüterbranchen darum weniger eine Neuausrichtung der kriegswirtschaftlichen Organisation dar, als eine Verschärfung bereits bestehender Regelungen. Dabei war die organisatorische Straffung der Rohstoffbewirtschaftung allerdings nicht nur eine Reaktion auf die zunehmende Knappheit: Vielmehr hatte sich gezeigt, dass die kriegswirtschaftlichen Maßnahmen und Verordnungen bei gleichzeitiger Beibehaltung prinzipiell freier Marktverhältnisse immer wieder zu ungewünschten Wirkungen und Reaktionen der Marktteilnehmer führten, die zu administrativen Maßnahmen nötigten. Die Fachverbände, die insbesondere während der ersten Jahre des Krieges noch eine zentrale Rolle in der Rohstoffbewirtschaftung gespielt hatten, wurden dabei zunehmend enger an die staatliche Verwaltung gebunden. Das führte, wie weiter unten noch dargestellt werden soll, gerade in der Spätphase des Krieges immer wieder zu Konflikten.

---

32 BArch, R 3101/6107, Schreiben Porzellanfabrik Fraureuth AG an den Staatssekretär des Reichswirtschaftsamtes vom 20. 3. 1918.

3.7.4 Still- und Zusammenlegungen in den Konsumgüterbranchen

Im Rahmen der Diskussionen rund um das Hindenburg-Programm im August und September 1916 war die Bevorzugung der Großbetriebe im Rahmen der Kriegswirtschaft Konsens zwischen Politikern, Militärs und Industriellen. Walther Rathenau und andere Industrielle äußerten auf der Geheimkonferenz vom 16. September 1916 die Meinung, dass nationale Belange den sozialen vorausgehen müssten. Die kriegswirtschaftlichen Anstrengungen müssten Schiffbruch erleiden, wenn die knappen Arbeitskräfte und Maschinen auf tausende von kleinen Firmen verteilt würden. Das schloss keineswegs allein die Rüstungsbetriebe, sondern die deutsche Industrie generell ein.[33]

Im Dezember 1916 bildete sich im gerade erst im Vormonat eingerichteten preußischen Kriegsamt ein „Ständiger Ausschuss für die Zusammenlegung von Betrieben" (SAZ). Dieser diskutierte die Möglichkeiten der zwangsweisen Zusammenlegung von Produktionsbetrieben unter dem Gesichtspunkt der Einsparung von Rohstoffen und Arbeitskräften, aber nicht zuletzt auch der Effizienzsteigerung.[34] Die Stellung des Kriegsamtes erfuhr dabei eine erhebliche Machtausweitung, als ihm Ende Februar 1917 die Reichskommissare für Kohle sowie Energie und Gas unterstellt wurden: Angesichts der zunehmenden Knappheit an Kohlen sowie den dramatischen Engpässen im Transportwesen wurde der Reichskohlenkommissar jetzt zum eigentlichen „Stilllegungskommissar" der deutschen Konsumgüterindustrien.[35]

Das war besonders ab dem Juli 1917 der Fall, als der Leiter des preußischen Kriegsamtes Wilhelm Groener angesichts des Misserfolgs des Hindenburg-Programms eine noch stärkere „Konzentration der Kräfte" und die Aussortierung unwirtschaftlicher Betriebe verlangte.[36] Ab dem Spätsommer zwang der Reichskohlenkommissar durch die Kürzung der Kohlenkontingente zahlreiche Betriebe aus den Konsumgüterindustrien zur Stilllegung. So führte etwa die Reduzierung der Kohlenlieferungen im November 1917 zu vielen Schließungen in der Porzellanindustrie. Erschwerend kam dabei hinzu, dass sich aufgrund der gesunkenen Auslastung der Produktionsanlagen der benötigte Kohlenverbrauch im Vergleich zur Produktionsmenge teilweise deutlich erhöht hatte.[37]

---

33 *Gerald D. Feldman*, Armee, Industrie und Arbeiterschaft in Deutschland 1914 bis 1918. Berlin 1985, 147.
34 *Feldman*, Armee, Industrie und Arbeiterschaft, 223–229; *Gabriela Sperl*, Wirtschaft und Staat in Bayern 1914–1924. Berlin 1996, 79 f. Vgl. zum SAZ auch Abschnitt 2.1.6 in diesem Band.
35 *Eva-Maria Roelevink*, Organisierte Intransparenz. Das Kohlensyndikat und der niederländische Markt, 1915–1932. München 2015, 106 f.; *Kai Rawe*, „… wir werden sie schon zur Arbeit bringen!" Ausländerbeschäftigung und Zwangsarbeit im Ruhrbergbau während des Ersten Weltkrieges. Essen 2005, 52 f.
36 Sperl, Wirtschaft und Staat in Bayern, 101.
37 *Roman Köster*, Die Konzentrationsbewegung in der Dortmunder Brauindustrie 1914–1924. Das Beispiel der Dortmunder-Actienbrauerei. Essen 2003, 47.

Direkte Maßnahmen zur zwangsweisen Stilllegung von Betrieben von Seiten des SAZ wurden seit dem März 1917 ergriffen. Ein erstes Ziel stellte dabei die Schuhindustrie dar, die nach Ansicht des Ausschusses ein großes Rationalisierungspotential besaß. Nach offiziellen Angaben wurde die Zahl der Betriebe, die Schuhe herstellten, bis zum Sommer 1918 von ca. 1400 auf etwa 300 gesenkt.[38] Im Juni 1917 wurde die Zwangssyndizierung der deutschen Seifenindustrie beschlossen. Letztere hatte besonders unter dem Rohstoffmangel zu leiden, weil sie nahezu ausschließlich auf natürliche Öle und Fette angewiesen war.[39] Im Herbst 1917 wurde die Zahl der Margarinefabriken auf 24 begrenzt und die der Kerzengießereien um ein Drittel reduziert. Der Vorsitzende der Berliner Handelskammer teilte im März 1918 mit, dass in seinem Kammerbezirk von 78 000 Handwerksbetrieben 25 000 stillgelegt seien.[40] Doch trotz solcher Resultate erwies sich die Tätigkeit des Stilllegungsausschusses als nur begrenzt wirkungsvoll. In den meisten Fällen wurden nur die Resultate bestätigt, zu denen die Rohstoffbewirtschaftung und der Mangel an Arbeitskräften bereits geführt hatten.[41]

In ihrer Radikalität sticht allerdings besonders die Zwangssyndizierung der Seifenindustrie unter der Bezeichnung „Seifen-Herstellungs- und Vertriebsgesellschaft" heraus, die im Juni 1917 gegründet wurde. Diese fasste sämtliche Firmen der Branche zusammen, legte unrentable Betriebe still und kontingentierte die übrig gebliebenen. Darüber hinaus schrieb die Gesellschaft auch die Zusammensetzung der als „Kriegsausschuss-Seife" (oder KA-Seife) bezeichneten Waschstücke vor und verfügte den Vertrieb in einer neutralen Einheitsverpackung zu einem Einheitspreis. Das Gesellschafterverzeichnis der Seifen-Herstellungs- und Vertriebs-Gesellschaft vom August 1917 zeigt, dass zu diesem Zeitpunkt nur noch etwa jeder zehnte Betrieb, der vor dem Krieg Seife hergestellt hatte, produzierte.[42]

Es ist wenig überraschend, dass eine so drastische Maßnahme branchenintern zu Konflikten führte. Insbesondere die Maßnahmen zur Stilllegung und Zusammenlegung wurden harsch kritisiert, etwa, weil die zusammengelegten Betriebe nicht gut zueinander passten.[43] Allerdings wurde das Zwangssyndikat von der Seifen-

---

38 *Arthur Starke*, Gewerbliche Zwangsverbände und Stilllegungen. Berlin 1918, 15.
39 BArch, R 3101/8074, Bekanntmachung Herzogliches Staatsministerium, Abteilung des Innern am 25. 7. 1917.
40 BArch, R 3101/8071, Entwurf einer Bekanntmachung betreffend die Herstellung von Margarine und Kunstspeisefett; BArch, R 3101/8061, Eingabe der Chemischen Fabrik Heraldia Hilgen an das Reichswirtschaftsamt im November 1917; *Starke*, Gewerbliche Zwangsverbände und Stilllegungen, 15.
41 *Feldman*, Armee, Industrie und Arbeiterschaft, 229; BArch, R 3101/8026, Schreiben Handelskammer für den Kreis Mannheim an das Reichswirtschaftsamt vom 2. 3. 1918.
42 BArch, R 3101/8074, Gesellschafterverzeichnis der Seifen-Herstellungs- und Vertriebs-Gesellschaft vom 3. 8. 1917.
43 So beschwerte sich beispielsweise der Seifenfabrikant Otto Müller im November 1917, dass teilweise Sparkern-, Schmierseifen- und Feinseifenfabriken „zusammengezwängt" worden sein, die zwar offiziell alles Seifenfabriken, aber „von ihrem Aufbau völlig verschieden" seien, vgl. BArch,

industrie selbst als Möglichkeit propagiert, kleinere und mittlere Betriebe zu schützen. Es wurde argumentiert, dass angesichts der durch die Regierungsmaßnahmen zunehmend erschwerten Rohstoffbeschaffung die freie Verarbeitungsmöglichkeit der vorhandenen Rohstoffe lediglich dazu geführt hätte, dass die kapitalkräftigen Firmen sich aufgrund ihrer finanziellen Überlegenheit sämtliche verfügbare Vorräte gesichert und dadurch automatisch die übrigen Firmen stillgelegt hätten.[44]

Zugleich führte diese Einschränkung, die vor allem durch den dramatischen Mangel an Fetten und Ölen bedingt war, rasch zu einem intensiven Schleichhandel. So wunderten sich offizielle Vertreter der Seifenindustrie im Herbst 1917, woher das große Angebot von in der Regel fetthaltigeren Seifen (oftmals mit gefälschtem ausländischen Prägestempel) herkam.[45] Die Herstellungs- und Vertriebs-Gesellschaft beobachtete im August 1917, dass das Seifenangebot im Markt „lawinenförmig" anschwellen würde: „Wenn es sich bei der im Markt vorhandenen Ware auch keineswegs immer um qualitativ einwandfreie Ware handelt, so ist doch durchweg ‚Schleichhandelsware' fettreicher wie die K.A.-Produkte, die durch die geringen Fettzuweisungen nur mit einem geringen Fettgehalt ausgestattet werden können."[46] Hier zeigt sich deutlich, wie die kriegswirtschaftlichen Einschränkungen der Konsumgüterproduktion einen florierenden Schwarzmarkt hervorbrachten. Die Anbieter waren dabei offensichtlich in der Lage, sich die knappen Rohstoffe unter der Hand zu besorgen.

Eine anders gelagerte Reaktion auf die kriegswirtschaftlichen Einschränkungen lässt sich für den Fall der Porzellanindustrie beobachten. Wie bereits erwähnt, war der Kaolinbezug während des Krieges nicht der entscheidende Engpass, sondern die Kohlenversorgung. Der vom Reichskohlenkommissar zunächst verfolgte Weg, die Kohlenzuteilungen der Betriebe mehr oder weniger gleichmäßig zu kürzen, hatte zu deutlichen Produktivitätseinbußen geführt.[47] Im August 1917 wurde dann vom Verband Deutscher Porzellanfabriken (VDP) eine Kommission eingesetzt, die den Reichskohlenkommissar beraten sollte, welche Firmen Kohlenzuweisungen erhalten sollten und welche nicht. Zugleich wurde jedoch ein „Verband zur Entschädigung stillliegender Porzellanfabriken" geschaffen, dessen Zweck darin bestand, dass die noch produzierenden Firmen durch eine Umlage die stillgelegten entschädigen sollten.[48]

Da sich diese Kommission aus dem Vorstand des VDP und damit hauptsächlich aus Vertretern von größeren Unternehmen wie Rosenthal oder Hutschenreuther zu-

---

R 3101/8075, Schreiben Otto Müller an die Seifen-Herstellungs- und Vertriebs-Gesellschaft vom 24. 11. 1917.
44 *Erwin R. Kuhn*, Die jüngste Entwicklung der deutschen Seifenindustrie. Barmen 1922, 27.
45 BArch, R 8776/34, Bekanntmachung Seifen-Herstellungs- und Vertriebsgesellschaft an das Kriegsamt vom 31. 8. 1917.
46 BArch, R 8776/34, Bekanntmachung Seifen-Herstellungs- und Vertriebsgesellschaft an das Kriegsamt vom 31. 8. 1917.
47 BArch, R 3101/21298, Schreiben des Kriegsamtes, Kriegsministerium, an das Reichsamt des Innern vom 2. 10. 1917.
48 BArch, R 3101/6107, Schreiben Porzellanfabrik Fraureuth AG an den Staatssekretär des Reichswirtschaftsamtes vom 20. 3. 1918.

sammensetzte, entstand schnell der Verdacht, dass die durch den Krieg ohnehin deutlich verstärkte Konzentrationsbewegung von Seiten der Großunternehmen noch weiter gefördert werden sollte, dass diese also in Verbindung mit den staatlichen Stellen die Ausschaltung der Konkurrenz und die Dominanz großer Aktiengesellschaften festschreiben wollten.[49] Die Konzentrationsbewegung, die tatsächlich in erster Linie ein Resultat der Knappheit an Rohstoffen und Arbeitskräften war, wurde so zumindest teilweise dem strategischen Handeln der Branchenvertreter zugerechnet. Möglicherweise hatte es darum einen kompensatorischen Charakter, wenn viele Interessensvertretungen von Konsumgüterbranchen während des Krieges und danach eine ausgeprägte „Kleinbetriebsideologie" vertraten.[50]

Von staatlichen Stilllegungsmaßnahmen weniger stark betroffen waren hingegen die Firmen der Brau- und der Zuckerindustrie. Das hing vor allem damit zusammen, dass die hier intensiv gepflegte Praxis der Kontingentsübertragung bereits zu einer stark ausgeprägten Konzentrationsbewegung geführt hatte. Aktienbrauereien wie die Dortmunder Union oder Schultheiss übernahmen während und nach dem Krieg zahlreiche andere Brauereien, die durch den Krieg geschwächt waren.[51] Auch in der Zuckerindustrie kam es während und nach dem Krieg zu zahlreichen Zusammenlegungen und einer „Konzernbildung".[52] Auch hier wurden Stilllegungen geplant, um die Freisetzung von Arbeitskräften, Maschinen und Metallen zu erreichen.[53] Die Verhältnisse in der Branche hatten die Notwendigkeit einer Zwangskartellierung jedoch allem Anschein nach überholt.[54]

Die Ziele der Stilllegungspolitik formulierte ein zeitgenössischer Autor folgendermaßen:

> So entsteht unter der Arbeit des Zwangsverbandes die Einheit des Erzeugnisses oder die Festhaltung weniger Typen. Die Mengen, Maße und Größen werden vereinheitlicht. Der Fabrikname wird ausgeschaltet, Reklame, Reisetätigkeit fallen weg. Es tritt eine einheitliche Preisfestsetzung ein, die den Abnehmern auferlegt wird. Gleiches gilt von den Lieferungsbedingungen, der Zahlweise, dem Versand.[55]

---

49 BArch, R 3101/6107, Schreiben Porzellanfabrik Fraureuth AG an den Staatssekretär des Reichswirtschaftsamtes vom 20. 3. 1918.
50 *Rudolf Dührssen*, Die Syndizierung im Braugewerbe, in: Tageszeitung für Brauerei Nr. 137 vom 13. 6. 1920.
51 Erich Borkenhagen, 125 Jahre Schultheiss-Brauerei: die Geschichte des Schultheiss-Bieres in Berlin von 1842 bis 1967. Berlin 1967, 44 ff.
52 *Manfred Pohl*, Die Geschichte der Südzucker A 1926–2001. München 2001, 89–105.
53 WWA, K1, Nr. 170, Abschrift der Eingabe der Handelskammer Bochum an das Kriegsamt Berlin vom 27. 9. 1917.
54 Im Fall der Zuckerindustrie kam allerdings noch hinzu, dass aufgrund des Interessengegensatzes zwischen der Roh- und der Verbrauchszuckerseite ein Kriegskartell nicht zustande kam, vgl. Verein der Deutschen Zuckerindustrie, Denkschrift zum 75-jährigen Bestehen des Vereins der Deutschen Zucker-Industrie. Berlin 1925, 384.
55 *Starke*, Gewerbliche Zwangsverbände und Stilllegungen, 26.

Abb. 2: Brauereifahrerin in Berlin, 1916 (BArch, Bild 183-R28458).

Dabei wurde durchaus gesehen, dass das nur unter erheblichen Eingriffen in die Branchenautonomie möglich war, die aber zugunsten der kriegswirtschaftlichen Ziele suspendiert wurde.

Trotzdem wurde der kriegswirtschaftliche Apparat in den letzten beiden Kriegsjahren von den wenigsten Beobachtern als besonders effizient wahrgenommen. Vielmehr herrschte der Eindruck eines Kompetenzwirrwarrs, einer Benachteiligung kleinerer Firmen und einer unangemessenen Zentralisierung vor, was diejenigen Firmen bevorteilte, die durch die Branchenvertreter näher an den Entscheidungsstellen in Berlin waren. Es war ein immer wieder angeführter Kritikpunkt, dass sich ein Großteil der am Ende des Krieges über 160 Kriegsgesellschaften in Berlin konzentrierte. Beklagt wurde gerade in den Einzelstaaten, dass die Kriegswirtschaft zu einer Zentralisierung der Entscheidungsprozesse geführt habe, die es im Rahmen der „Übergangswirtschaft" rückgängig zu machen gelte.[56]

3.7.5 Nachkriegszeit und Abbau der Zwangsbewirtschaftung

Die Planung der wirtschaftlichen Nachkriegsverhältnisse – zeitgenössisch allgemein unter dem Schlagwort der „Übergangswirtschaft" verhandelt, spielte bereits in der Endphase des Krieges eine große Rolle.[57] Wichtig war dabei nicht nur die Frage des organisatorischen Übergangs von der Kriegs- zur Friedenswirtschaft, sondern auch die Frage, wie sich die internationale Wettbewerbslage und die Wiedereingliederung Deutschlands in den Weltmarkt gestalten würden. Bei den Vertretern der Konsumgüterindustrien stand dabei vor allem die Sorge im Vordergrund, dass die jeweiligen Branchen ihre Wettbewerbsposition, die sie vor 1914 besessen hatten, nicht wiedererlangen würden: sei es aufgrund der feindlichen Haltung der Kriegsgegner oder weil diese mittlerweile Ersatzproduktionen aufgebaut hatten.[58]

Trotzdem knüpften die Vertreter der Konsumgüterindustrien an das Kriegsende mitunter große Erwartungen. So schrieb etwa der Verband der Porzellan-Industriellen von Oberfranken und der Oberpfalz Ende November in einem Schreiben an den Reichskanzler, dass gerade die „kriegsunwichtigen Industrien" jetzt viel wichtiger als die Rüstungsbetriebe seien, denn deren Produkte würden jetzt nicht mehr benö-

---

56 *Trumpler*, Zentralisation der Kriegs- und Übergangswirtschaft in Berlin, in: IHK Frankfurt (Hrsg.), Südwestdeutschland in der Übergangswirtschaft, Frankfurt am Main 1918, 12–17.
57 Zum Beispiel *Georg Bernhard*, Übergangswirtschaft. Berlin 1918. Vgl. dazu Abschnitt 2.1.5 in diesem Band.
58 *Bruno Heinemann/Johann Neumann*, Die feindlichen Grenzgebiete in ihrer Bedeutung für das deutsche Wirtschaftsleben. Berlin 1916, 8.

tigt. Hingegen seien gerade Branchen wie die Porzellanindustrie für die Wiedereingliederung der Soldaten in das zivile Leben von entscheidender Bedeutung.[59]

Auf dem Gebiet der Konsumgüterproduktion erwies sich die Gestaltung der „Übergangswirtschaft" allerdings als sehr kompliziert. Der Abbau der Zwangsbewirtschaftung erfolgte erst nach und nach und je nach Rohstofflage und Branchenstruktur unterschiedlich. Während etwa der Kriegsausschuss für Kaffee, Tee und deren Ersatzmittel bereits im April 1919 (zusammen mit der alliierten Blockade) aufgelöst wurde, zog sich die Abschaffung der Reichszuckerstelle noch bis zum August 1921 hin. Das war nicht zuletzt eine Reaktion darauf, dass sich die Versorgungslage keineswegs mit dem Kriegsende besserte, sondern sich insbesondere während des Jahres 1919 noch verschlechterte. Das war besonders drastisch bei der Zuckerversorgung der Fall, die in den Jahren 1919/20 aufgrund des frühen Winters sowie Arbeitskräfte- und Kohlenmangels ihren absoluten Tiefpunkt erlebte.[60] Selbst nach Aufhebung der Zwangswirtschaft am 31. August 1921 übernahm eine von der Branche selbstverwaltete „Zuckerwirtschaftsstelle" die Verteilung und Preisgestaltung des Zuckers, bevor die Industrie 1931 sogar zwangsweise zur „Wirtschaftlichen Vereinigung der Deutschen Zuckerindustrie" zusammengeschlossen wurde, deren vorrangige Aufgabe in der Rohstoffkontingentierung bestand.[61]

Im Falle der Brauindustrie blieb die Malzkontingentierung durch die Reichsgetreidestelle bis zum August 1921 in Kraft, wurde jedoch in der Zwischenzeit sukzessive gelockert. Zugleich wurde sie durch eine Mengenkontingentierung ergänzt, welche die Produktion der Brauereien begrenzte. Damit sollte vor allem verhindert werden, dass die Großbrauereien durch den Krieg freigewordene Marktpotenziale ungehindert ausnutzen konnten.[62]

Im Fall der Seifenproduktion bestand die Herstellungs- und Vertriebs-Gesellschaft weiterhin und wurde schließlich erst im Juni 1921 aufgelöst.[63] Bis dahin hatte die Branche massive Probleme zu bewältigen. Dazu gehörte zunächst insbesondere im Westen Deutschlands die Konkurrenz durch ausländische Seife, die durchgehend eine deutlich bessere Qualität hatte. Der fortgesetzte Kohlenmangel, der auch die Porzellanindustrie stark in Mitleidenschaft zog,[64] betraf hingegen vor allem die Betriebe, die am weitesten von den Kohlegewinnungsstätten entfernt lagen, also vorrangig die Seifenfabriken Nord- und Süddeutschlands. Erst die langsame Zunahme der Fett- und Ölversorgung führte ab 1920 zu einer verbesserten Seifenqualität,

---

59 BArch, R 3101/6097, Schreiben Verband der Porzellan-Industriellen von Oberfranken und der Oberpfalz an den Reichskanzler vom 18. 11. 1918.
60 *Merki*, Zucker gegen Saccharin, 240 f.
61 *Baum*, Zuckerindustrie, 15 f.; *Karl Sewering*, Zuckerindustrie und Zuckerhandel in Deutschland. Stuttgart 1933, 19.
62 *Köster*, Konzentrationsbewegung, 61 f.
63 *Kuhn*, Die jüngste Entwicklung der deutschen Seifenindustrie, 72.
64 *Kindermann*, Konjunkturverlauf in der Porzellanindustrie, 125.

die schließlich auch die Lage insbesondere gegenüber der französischen Konkurrenz verbesserte.[65]

Erst im Sommer 1921 lässt sich für die Konsumgüterbranchen eine durchgehende Rückkehr zu freien Marktverhältnissen konstatieren. Das war aber nur ein Grund dafür, dass sich die bereits während des Krieges zu beobachtende Konzentrationsbewegung nach dem Krieg weiter fortsetzte und teilweise sogar noch beschleunigte. Sie nahm jetzt indes einen anderen Charakter an: War es während des Krieges vor allem um eine Kriegsrationalisierung gegangen, also das Ziel, Güter mit möglichst sparsamen Mitteleinsatz herzustellen, so ging es nun vermehrt darum, verlorengegangene Marktpositionen zurückzugewinnen und Größenvorteile auszuspielen. Was bereits während des Krieges ein emotional diskutiertes Thema war, nämlich die prekäre Lage der kleinen Firmen, wurde jetzt im Grunde noch dramatischer.

Eine besondere Rolle spielten dabei insbesondere Aktiengesellschaften, deren Mehrheitseigner die Fusionen über Kapitalerhöhungen finanzierten und sich dabei sehr häufig des Instrumentariums der Vorzugsaktien (die also ein erhöhtes Stimmrecht garantierten) bedienten, um gleichzeitig die Kontrolle über ihr Unternehmen zu behalten. Sie profitierten dabei auch davon, dass angesichts der unsicheren Nachkriegsverhältnisse viele mittelständische Unternehmen das Risiko scheuten und einem Zusammenschluss darum nicht abgeneigt waren.[66] Die Zahl der Aktiengesellschaften nahm dabei etwa in der vergleichsweise kleinen Porzellanindustrie von 32 im Jahr 1914 auf 48 im Jahr 1924 zu.[67] In der deutlich größeren Brauindustrie nahm sie hingegen von 473 (1915) auf 300 (1925) ab, wobei die verbliebenen Aktiengesellschaften deutlich kapitalkräftiger waren, als das vor dem Krieg der Fall war.[68]

Daneben gab es auch noch häufig den Zusammenschluss verschiedener Firmen entweder zu Interessens- oder zu Produktionsgemeinschaften, die zwar nicht in Form der Interessensgemeinschaft organisiert waren, aber trotzdem eine bessere Ausnutzung vorhandener Produktionsanlagen zum Ziel hatten.[69] So schlossen sich beispielsweise die mitteldeutschen Rohzuckerfabriken zu Beginn der 1920er Jahre zu verschiedenen „Gruppen" zusammen, um eine bessere Ausnutzung der Raffineriekapazitäten zu gewährleisten.[70] Das erwies sich allerdings als Vorstufe einer fortschreitenden Konzernbildung der „Vereinigten mitteldeutsche Rohzuckerfabrikanten" in den nächsten Jahren, während es beispielsweise in Süddeutschland 1926 zur

---

65 *Kuhn*, Die jüngste Entwicklung der deutschen Seifenindustrie, 55–61.
66 *Köster*, Konzentrationsbewegung, 86 f.
67 *Kindermann*, Konjunkturverlauf in der Porzellanindustrie, 163.
68 *Borkenhagen*, Der Deutsche Brauer-Bund, 194; *Caspary*, Wirkungen des Krieges, 103; *Rudolf Funke*, Konzentration und Expansion des deutschen Braugewerbes 1907–1927, in: Tageszeitung für Brauerei, Nr. 238 vom 9. 10. 1928.
69 Vgl. *Jost Statthalter*, Interessensgemeinschaften. Ein Beitrag zur Konzentrationsbewegung in Handel und Industrie. Essen 1922.
70 *Baum*, Zuckerindustrie, 23.

Tab. 4: Deutsche Betriebe in der Zuckerindustrie 1913/14, 1921/22–1927/28.

Geschäftsjahr	Zahl der Betriebe	Durchschnittliche Verarbeitung einer Fabrik [dz]
1913/14	341	496 774
1921/22	263	286 184
1922/23	263	353 856
1923/24	263	275 099
1924/25	261	374 180
1925/26	261	392 650
1926/27	253	421 301
1927/28	250	425 965

Quelle: *Hermann Baum*, Die deutsche Zuckerindustrie in der Übergangswirtschaft. Jena 1929, 35.

Gründung der Südzucker AG als Zusammenschluss verschiedener regionaler Zuckerproduzenten kam.[71]

Zugleich zeigt sich, dass viele Branchen durch den Einfluss des Krieges nachhaltig beschädigt worden waren. Die Zuckerindustrie beispielsweise konnte trotz einer ausgeprägten Konzentrationsbewegung die durchschnittlichen Fabrikkapazitäten der Vorkriegszeit in den 1920er Jahren nicht mehr erreichen, zumal der Zuckerverbrauch der Bevölkerung deutlich hinter anderen westeuropäischen Ländern und den USA zurückgefallen war.[72] Im Fall der Porzellanindustrie war die Befürchtung, dass andere Länder eigene Produktionskapazitäten aufbauen würden und die Marktposition der deutschen Porzellanindustrie dadurch geschwächt werden würde, offensichtlich berechtigt. Das war insbesondere in Japan und den Vereinigten Staaten der Fall. Die USA waren einer ihrer wichtigsten Exportmärkte, verfolgten aber ab 1922 mit dem Fordney-McCumber-Tarif eine stark protektionistische Industriepolitik.[73]

Positiver gestaltete sich das Bild hingegen im Fall der Brauindustrie. Hier hatte der Weltkrieg dazu geführt, dass viele bereits vor dem Krieg kaum rentable Brauereien vom Markt verschwanden. Auch wenn insbesondere der Deutsche Brauer-Bund zumindest nach außen hin gegen eine übertriebene Konkurrenz argumentierte und die Förderung der Kleinbetriebe anmahnte, so stieg die Produktivität der Branche bis zum Ende der Inflation deutlich an. Konzentration und Rationalisierung hatten insgesamt die Wettbewerbsfähigkeit der Brauindustrie also deutlich erhöht.[74]

---

71 *Pohl*, Geschichte der Südzucker AG, 108 f.; *Baum*, Zuckerindustrie, 25.
72 *Hans Stromeyer*, Warum hat die deutsche Zuckerindustrie nach dem Kriege nicht mehr die Bedeutung wie vor dem Kriege? Berlin 1927, 40–44.
73 *Georg Wilhelm Becker*, Die Wettbewerbslage der oberpfälzisch-oberfränkischen Porzellanindustrie. München 1929, 30 f.
74 *Köster*, Konzentrationsbewegung, 101–103.

3.7.6 Fazit

Insgesamt lässt sich festhalten, dass der Erste Weltkrieg die Konsumgüterindustrien als nicht-kriegswichtige Branchen stark in Mitleidenschaft zog. Durch eine Verknappung von Rohstoffen und Arbeitskräften sowie eine sukzessive verschärfte Bewirtschaftung der Rohstoffe musste eine Vielzahl an Firmen bereits in den ersten beiden Jahren den Betrieb einstellen. Zudem verschlechterte sich die Qualität der angebotenen Konsumgüter teilweise drastisch, wie das bei den hier behandelten Branchen insbesondere bei Bier und Seife der Fall war. Wo es möglich war, wurde versucht, Ersatzprodukte herzustellen, die aber in den wenigsten Fällen eine befriedigende Alternative darstellten. Es ist wenig verwunderlich, dass die Ersatzstoffwirtschaft im kollektiven Gedächtnis der Bevölkerung als unangenehme Begleiterscheinung des Krieges verblieben ist.[75]

Die im Rahmen des Hindenburg-Programms und angesichts einer zunehmend dramatischen Transport- und Kohlenkrise ergriffenen Maßnahmen führten dann zu weiteren drastischen Einschränkungen für die Konsumgüterproduktion. In der Seifenindustrie kam es als einem Extremfall im Sommer 1917 zu einer Zwangskartellierung der gesamten Branche. Die Porzellanindustrie versuchte mittels der Gründung eines „Verbandes zur Entschädigung stilliegender Porzellanfabriken" ihre eigene Stilllegung mehr oder weniger sozialverträglich zu organisieren. In anderen Fällen kam es jedoch zu keiner Einigung bzw. die Gründung eines Zwangssyndikats war überhaupt nicht notwendig, weil Rohstoff- und Arbeitskräftemangel bereits zu den kriegswirtschaftlich erwünschten Resultaten geführt hatten. Unterstützt wurde das insbesondere in der Brau- und Zuckerindustrie noch durch die Existenz großer Aktiengesellschaften, die zahlreiche kleinere und mittlere Firmen übernahmen.

Die Debatten um die Schlagworte Übergangswirtschaft, Kriegssozialismus und Sozialisierung, die nach dem Krieg die Debatten um die künftige Wirtschaftsordnung des Deutschen Reiches bestimmten, konnten sich in vielerlei Hinsicht überzeugender auf das Schicksal der Konsumgüterindustrien beziehen als auf das vieler kriegswichtiger Branchen: Hier war es zu einer drastisch verstärkten Konzentrationsbewegung gekommen. Vielerorts waren individuelle Marken ausgeschaltet und durch Einheitsverpackungen ersetzt worden. Preise waren festgesetzt, Produktionsprozesse teilweise vorgeschrieben. Allein sahen die Branchenvertreter selbst darin in den allerwenigsten Fällen eine begrüßenswerte Entwicklung. Die meisten wünschten sich eine Rückkehr zu den Vorkriegsverhältnissen und hatten große Sorge um ihre internationale Marktposition, die sie mit guten Gründen durch den Krieg stark gefährdet sahen.

Es sollte allerdings noch bis zum Beginn der 1920er Jahre dauern, bis einigermaßen freie Marktverhältnisse für die Konsumgüterindustrien wieder hergestellt wa-

---

75 *Uwe Spiekermann*, Künstliche Kost. Ernährung in Deutschland, 1840 bis heute. Göttingen 2018, 275–282.

ren. Bei Gerste, Zucker und vielen anderen Rohmaterialien wurde die Zwangswirtschaft erst im August 1921 aufgehoben – zu einem Zeitpunkt, als die fortschreitende Inflation bereits dabei war, neue, gravierende „Anomalitäten" im Wirtschaftsleben zu erzeugen. Die aus diesen Umständen resultierende verstärkte Konzentrationsbewegung schwächte sich im Grunde erst 1924 ab. Erst zu diesem Zeitpunkt lässt sich für die Konsumgüterindustrien wieder von einigermaßen normalen Verhältnissen sprechen.

Auswahlbibliographie

Aereboe, Friedrich, Der Einfluss des Krieges auf die landwirtschaftliche Produktion in Deutschland. Stuttgart 1927.
Baum, Hermann, Die deutsche Zuckerindustrie in der Übergangswirtschaft. Jena 1929.
Becker, Georg Wilhelm, Die Wettbewerbslage der oberpfälzisch-oberfränkischen Porzellanindustrie. München 1929.
Borkenhagen, Erich, 100 Jahre Deutscher Brauer-Bund e.V. 1871–1971. Bonn 1971.
Borkenhagen, Erich, 125 Jahre Schultheiss-Brauerei: die Geschichte des Schultheiss-Bieres in Berlin von 1842 bis 1967. Berlin 1967.
Caspary, Rudolf, Die Wirkungen des Krieges auf die deutsche Brauindustrie. Stuttgart 1927.
Ewald, Martha, Die pflanzlichen und tierischen Öle und Fette. Berlin 1918.
Follenius, Robert/Fetzmann, Karl, Der Zucker im Kriege. Berlin 1917.
Kindermann, Hans-Joachim, Der Konjunkturverlauf in der Porzellanindustrie von 1871 bis 1932. Greifswald 1934.
Köster, Roman, Die Konzentrationsbewegung in der Dortmunder Brauindustrie 1914–1924. Das Beispiel der Dortmunder-Actienbrauerei. Essen 2003.
Kuhn, Erwin R., Die jüngste Entwicklung der deutschen Seifenindustrie. Barmen 1922.
Merki, Christoph Maria, Zucker gegen Saccharin. Zur Geschichte der künstlichen Süßstoffe. Frankfurt am Main 1993.
Moldt, Bruno, Zwangswirtschaftliche Tendenzen im deutschen Braugewerbe. Würzburg 1927.
Pohl, Manfred, Die Geschichte der Südzucker A 1926–2001. München 2001.
Roehrkohl, Anne, Hungerblockade und Heimatfront. Die kommunale Lebensmittelversorgung in Westfalen während des Ersten Weltkriegs. Stuttgart 1991.
Sewering, Karl, Zuckerindustrie und Zuckerhandel in Deutschland. Stuttgart 1933.
Skalweit, August, Die deutsche Kriegsernährungswirtschaft. Stuttgart 1927.
Sperl, Gabriela, Wirtschaft und Staat in Bayern 1914–1924. Berlin 1996.
Spiekermann, Uwe, Künstliche Kost. Ernährung in Deutschland, 1840 bis heute. Göttingen 2018.
Starke, Arthur, Gewerbliche Zwangsverbände und Stilllegungen. Berlin 1918.
Statthalter, Jost, Interessensgemeinschaften. Ein Beitrag zur Konzentrationsbewegung in Handel und Industrie. Essen 1922.
Stromeyer, Hans, Warum hat die deutsche Zuckerindustrie nach dem Kriege nicht mehr die Bedeutung wie vor dem Kriege? Berlin 1927.

Boris Gehlen
3.8 Energiewirtschaft

3.8.1 Einleitung

Die Energiewirtschaft ist ein Kind des Ersten Weltkriegs – nicht ökonomisch, aber begrifflich: Gustav Brecht, ein mit Energiefragen befasster Beamter im neugegründeten Reichswirtschaftsamt, schrieb sich selbst zu, ihn erstmals in die ordnungspolitischen Diskussionen um die Gemeinwirtschaft eingeführt zu haben.[1] Zum Rechtsbegriff avancierte er im März 1919 durch das Sozialisierungsgesetz, das für „die Ausnutzung von Steinkohle, Braunkohle, Preßkohle, Koks, Wasserkräften und sonstigen natürlichen Energiequellen und von der aus ihnen stammenden Energie (Energiewirtschaft)" Folgegesetze ankündigte.[2] Das Energiewirtschaftsgesetz von 1935 definierte seinen Gegenstand dann explizit als „Elektrizitäts- und Gasversorgung".[3]

Damit ist die Energiewirtschaft normativ eindeutig zu bestimmen. Doch ökonomisch ist sie kaum von der Produktion von Primärenergie, d. h. vor allem vom Kohlenbergbau, abzugrenzen. Vielmehr waren Montanunternehmen stets ein maßgeblicher Akteur der deutschen Energiewirtschaft, weil sie Teile der energiewirtschaftlichen Wertschöpfungskette integriert hatten. Energiewirtschaftliche Wertschöpfung findet auf drei Ebenen statt: der Produktion in Kraftwerken, der (Fern-)Übertragung in Netzen und der (lokalen) Distribution an die Konsumenten. Während die Produktion theoretisch in Wettbewerbsmärkten organisiert werden kann, sind Übertragung und Vertrieb netzgebunden und tendieren daher zum natürlichen Monopol. Dieses Marktversagen rechtfertigt ökonomisch eine Staatsintervention. Historisch impliziert dies vor allem, dass die Energiewirtschaft von den Anfängen an Gegenstand politischer Aushandlungsprozesse war.[4]

In historischer Perspektive kommt der Elektrizitäts- eine größere Bedeutung zu als der Gaswirtschaft. Zwar war Gas die ältere Energiequelle, wurde aber vor allem

---

[1] *Gustav Brecht*, Erinnerungen, München o. J. [1964], 31. Brecht wechselte 1925 in die Privatwirtschaft und leitete die Rheinische AG für Braunkohlenbergbau und Brikettfabrikation (Rheinbraun) und deren Tochter Rheinisches Elektrizitätswerk im Braunkohlenrevier AG (REW) bis 1945. Dies mag bereits andeuten, wie sehr Energiewirtschaft an der Schnittstelle von Privatwirtschaft und Staat zu verorten war.
[2] § 4, Sozialisierungsgesetz, 23. 3. 1919, in: Reichsgesetzblatt 1919, 341 f.
[3] § 1, Gesetz zur Förderung der Energiewirtschaft (Energiewirtschaftsgesetz), 13. 12. 1935, in: Reichsgesetzblatt 1935, 1451–1456.
[4] Vgl. statt vieler systematisch in historischer Perspektive *Jochen Streb/Sabine Streb*, Der verspätete Aufstieg des „Regulierungsstaats" in Deutschland: Das Beispiel der Elektrizitätsversorgung, in: *Gert Kollmer-von Oheimb-Loup/Jochen Streb* (Hrsg.), Regulierung: Wettbewerbsfördernd oder wettbewerbshemmend? (Stuttgarter historische Studien zur Landes- und Wirtschaftsgeschichte, Bd. 17.) Ostfildern 2012, 17 f.

für Beleuchtung und Wärme, d. h. besonders auch in Privathaushalten, genutzt, während die elektrische Energie (Kraftstrom) mit Recht als Basis einer zweiten industriellen Revolution ab den 1890er Jahren gesehen wird. Auch regulatorisch war die Gas- nur die „kleine Schwester" der Elektrizitätswirtschaft, von der sie sich ökonomisch im Wesentlichen dadurch unterscheidet, dass Gas anders als Elektrizität in einem nennenswerten Umfang gespeichert werden kann. Dadurch kann Nachfrageschwankungen besser begegnet werden, und die Produktionskapazitäten müssen sich anders als beim Strom nicht an der Spitzenlast ausrichten. Schließlich wirkte sich auch der Erste Weltkrieg deutlich stärker auf die Struktur der Elektrizitäts- als auf jene der Gaswirtschaft aus, deren volkswirtschaftliche „Blütezeit" erst mit dem nachhaltigen Aufschwung der Ferngasversorgung in den 1920er Jahren begann. Auch deshalb steht im Folgenden die Elektrizitätswirtschaft im Fokus der Ausführungen.[5]

Der Erste Weltkrieg war energiewirtschaftlich und energiepolitisch keine Zäsur im engeren Sinne, wohl aber ein pfadprägender Katalysator: Er veränderte die Produktionsorganisation rascher und nachhaltiger, als selbst sachkundige Zeitgenossen erwartet hatten. So begründete der Kölner Braunkohlenindustrielle Paul Silverberg Mitte 1916 den künftigen Ausbau der Elektrizitätsproduktion des Unternehmens vor allem mit dem Marktwandel: „Die bemerkenswerteste, nicht vorübergehende Erscheinung, die der Krieg gezeitigt hat, wird aber dauernd die sein und bleiben, dass die Erzeugung und industrielle Ausnutzung großer Kraftmengen, in einem Umfange, an den wir in der Friedenszeit nie gedacht haben, unsere ganze industrielle Arbeit für die Zukunft beherrschen wird."[6]

Einen Monat zuvor hatte der Ingenieur Georg Klingenberg, der im Vorstand der AEG für den Kraftwerksbau zuständig war und zugleich eine Führungsposition in der Kriegsrohstoffabteilung innehatte, einen nach ihm benannten Plan veröffentlicht, die Elektrizitätsversorgung künftig über (wenige) Großkraftwerke und Hochspannungsleitungen zu organisieren, Skaleneffekte zu realisieren und mittelfristig die dezentrale durch eine zentrale Stromversorgung zu ersetzen.[7] Der von Klingenberg geplante Bau des Großkraftwerks Zschornewitz im mitteldeutschen Braunkohlenrevier – das Kraftwerk wurde Ende 1915 fertiggestellt – stand gleichsam am Beginn eines energiepolitischen Paradigmas, das auch das Denken über die Ökonomie insgesamt veränderte: Die Gemeinwirtschaftslehre basierte zwar keineswegs aus-

---

[5] *Rainer Karlsch*, Vom Licht zur Wärme. Geschichte der ostdeutschen Gaswirtschaft 1855–2008. Berlin 2008; *Dietmar Bleidick*, Die Ruhrgas 1926 bis 2013. Aufstieg und Ende eines Marktführers. (Schriftenreihe zur Zeitschrift für Unternehmensgeschichte, Bd. 30.) Berlin/Boston 2018.
[6] RWE-Power, Abt. PFM-IB Zentralarchiv 210/101, Paul Silverberg, Die Weiterentwicklung der Rheinischen Aktiengesellschaft für Braunkohlenbergbau und Brikettfabrikation. Memorandum, 12. 7. 1916.
[7] *Norbert Gilson*, Konzepte von Elektrizitätsversorgung und Elektrizitätswirtschaft. Die Entstehung eines neuen Fachgebietes der Technikwissenschaften zwischen 1880 und 1945. Stuttgart 1994, 106 ff.

schließlich auf energiepolitischen Erfahrungen, sondern bildete eine Vielzahl teils privatwirtschaftlicher, teils sozialistischer Vorstellungen ab, doch im Kern ging es den meisten Verfechtern darum, unter staatlicher Aufsicht (oder Lenkung) privates Gewinnstreben mit Gemeinwohlbelangen (flächendeckende, günstige Versorgung) in Einklang zu bringen.[8]

Es ist gewiss kein Zufall, dass Silverberg, Klingenberg und andere ihre strategischen Überlegungen 1916 intensivierten, als das Hindenburg-Programm dazu aufrief, sämtliche ökonomischen Ressourcen zu mobilisieren und effizienter zu produzieren: Es gab kaum eine andere Branche, deren Struktur sich durch den Ersten Weltkrieg so umfassend veränderte wie die Energiewirtschaft – zumal in langfristiger Perspektive. Das grundsätzliche Muster ist vergleichsweise einfach als Übergang von einer dezentralen zu einer zentralen Stromversorgung zu beschreiben, mit dem eine Kostendegression einherging. Diesem Wandel lagen gleichwohl friktionsreiche und vielschichtige Entwicklungen zugrunde.

Die dezentrale Struktur der Energiewirtschaft bis 1914 spiegelt sich in Literatur und statistischen Erhebungen wider.[9] Für die Zeit vor dem Ersten Weltkrieg (und für die Zeit während des Ersten Weltkriegs) liegen keine systematischen Daten auf nationaler Ebene vor, sondern bestenfalls für die Bundesstaaten.[10] Die lange Zeit

---

8 Vgl. zu den unterschiedlichen Ansätzen *Eckhard Biechele*, Der Kampf um die Gemeinwirtschaftskonzeption des Reichswirtschaftsministeriums im Jahre 1919. Eine Studie zur Wirtschaftspolitik unter Reichswirtschaftsminister Rudolf Wissel in der Frühphase der Weimarer Republik. Diss. Berlin 1971, 94–99.
9 Einführend *Hugo Ott* (Hrsg.), Bibliographie zur Geschichte der Energiewirtschaft in Deutschland eine Übersicht der seit dem 18. Jahrhundert zur Energieerzeugung und -verwendung erschienenen Literatur. (Quellen und Forschungen zur historischen Statistik von Deutschland, Bd. 3.) St. Katharinen 1987; umfassende Literaturrezeption bei *Bernhard Stier*, Staat und Strom. Die politische Steuerung des Elektrizitätssystems in Deutschland 1890–1950. Ubstadt-Weiher 1999; international-vergleichend *William J. Hausman/Peter Hertner/Mira Wilkins*, Global Electrification. Multinational Enterprise and International Finance in the History of Light and Power 1878–2007. Cambridge u. a. 2008. Jüngere historische Monographien, die sich übergreifend mit Energiewirtschaft beschäftigen, nehmen vor allem die Zeit nach dem Ersten Weltkrieg in den Blick: *John-Wesley Löwen*, Die dezentrale Stromwirtschaft. Industrie, Kommunen und Staat in der westdeutschen Elektrizitätswirtschaft 1927–1957. (Jahrbuch für Wirtschaftsgeschichte, Beiheft 19.) Berlin/Boston 2015; *Peter Döring*, Ruhrbergbau und Elektrizitätswirtschaft. Die Auseinandersetzung zwischen dem Ruhrbergbau und der öffentlichen Elektrizitätswirtschaft um die Steinkohlenverstromung von 1925 bis 1951. Essen 2012; *Robert Möllenberg*, Die ökonomischen Folgen unterschiedlicher Marktmacht und vertikaler Integration. Eine historische Fallstudie der Elektrizitätswirtschaft von Baden und Württemberg in der Zwischenkriegszeit (1918–1933). (Stuttgarter historische Studien zur Landes- und Wirtschaftsgeschichte, Bd. 20.) Ostfildern 2013.
10 Vgl. *Hugo Ott* (Hrsg.), Statistik der öffentlichen Elektrizitätsversorgung Deutschlands 1890–1913. (Quellen und Forschungen zur historischen Statistik von Deutschland, Bd. 1.) St. Katharinen 1986; *Jörg Baten*, Regionale Wirtschaftsentwicklung, öffentliche Elektrizitätswirtschaft und Erster Weltkrieg in Baden und Württemberg. Ein quantitativ-graphischer Vergleich, in: Historical Social Research 16, 1991, 74 ff.

vornehmlich im Zuge von Urbanisierung und Kommunalisierung behandelte Gaswirtschaft,[11] wird erst in jüngerer Zeit unternehmenshistorisch in den Blick genommen.[12] Der Erste Weltkrieg wird zwar in vielen Studien mitbehandelt (und dient entweder als Ausgangs- oder als Endpunkt), aber häufig als Episode abgetan. Dies liegt nicht zuletzt an rechtlichen Entwicklungen, die trotz einiger Ansätze vor 1914 dem Deutschen Reich erst nach dem Ersten Weltkrieg umfassende Gestaltungskompetenz zuwiesen.[13] Neben den rechtlichen Rahmenbedingungen sind besonders technische Konzeptionen und einzelne Unternehmen eingehender untersucht worden – in systemischer, unternehmenshistorischer und in biographischer Perspektive.

3.8.2 Die Energiewirtschaft bis zum Vorabend des Krieges

Steinkohle war als wichtigster Primärenergieträger der Industrialisierung auch der maßgebliche Rohstoff der frühen Gas- und Elektrizitätswirtschaft. Seit Mitte des 19. Jahrhunderts nutzten immer mehr Städte Gas vor allem für die Beleuchtung des urbanen Raums. Sie schlossen langfristige Konzessionsverträge mit privaten Anbietern – allen voran mit der britischen Imperial Continental Gas Association. Das bedeutendste deutsche Unternehmen war die 1855 gegründete Deutsche-Continental-Gas-Gesellschaft in Dessau. Im Verlauf des 19. Jahrhunderts errichteten die Städte, als sie ihre Leistungsverwaltung ausbauten, öffentliche Gasanstalten oder übernahmen private Betriebe. Im Zuge der Kommunalisierung stieg die Bedeutung der öffentlichen Gasproduktion daher deutlich an: 1868 war etwa ein Drittel der Gaswerke in öffentlichem Eigentum, 1908 waren es bereits zwei Drittel.[14]

Unabhängig von der Eigentümerstruktur war die Gaswirtschaft vornehmlich ein dezentrales System. Das Gas wurde in der Nähe des Abnahmegebiets hergestellt und durch lokale Leitungsnetze an die Verbraucher geleitet. Erst die Einführung nahtloser Stahlrohre ermöglichte einen wirtschaftlichen Transport hochkomprimierten Gases über längere Strecken. Ein flächendeckendes Ferngasnetz entstand

---

11 *Hans-Dieter Brunckhorst*, Kommunalisierung im 19. Jahrhundert dargestellt am Beispiel der Gaswirtschaft in Deutschland. München 1978; vgl. *Gerold Ambrosius*, Der Staat als Unternehmer. Öffentliche Wirtschaft und Kapitalismus seit dem 19. Jahrhundert. Göttingen 1984, 38 ff.
12 *Karlsch*, Licht; *Bleidick*, Ruhrgas. Vgl. sozialhistorisch und unter Einbezug der Elektrizität vor allem *Karl Ditt*, Zweite Industrialisierung und Konsum. Energieversorgung, Haushaltstechnik und Massenkultur am Beispiel nordenglischer und westfälischer Städte 1880–1939, (Forschungen zur Regionalgeschichte, Bd. 65.) Paderborn u. a. 2011.
13 *Jan O. C. Kehrberg*, Die Entwicklung des Elektrizitätsrechts in Deutschland. Der Weg zum Energiewirtschaftsgesetz von 1935. (Rechtshistorische Reihe, Bd. 157.) Frankfurt am Main 1997.
14 *Karlsch*, Licht, 40.

vor dem Ersten Weltkrieg jedoch nicht, da die wirtschaftlichen Risiken und die Kosten für den Netzausbau hemmend wirkten und die bestehenden Gasversorgungsunternehmen die neuen technischen Möglichkeiten zunächst vornehmlich dazu nutzten, ihr bestehendes Versorgungsnetz auszuweiten, etwa in Hamburg und Berlin. Eine überregionale, vernetzte Gaswirtschaft entstand erst, als August Thyssen und Hugo Stinnes ihre Erfahrungen mit der Verbundwirtschaft vom gemeinsamen Energiekonzern, dem Rheinisch-Westfälischen Elektrizitätswerk (RWE), auf die Gaswirtschaft übertrugen. Sie verkauften günstiges „Überschussgas", das in den Kokereien der Montankonzerne anfiel und im eigenen Produktionsprozess keine Verwendung mehr fand, zunächst an umliegende Kommunen. Nach dem Ende der Kooperation mit Stinnes 1907, gelang es dem Wasserwerk Thyssen & Cie. GmbH, einem Vorläuferunternehmen der Thyssen'schen Gas- und Werke GmbH (Thyssengas), mit der Stadt Barmen im Jahr 1910 einen Vertrag über die Gasversorgung auf der Basis von Kokereigas abzuschließen. Mit über 50 km entstand die damals längste Ferngasleitung in Europa – nicht selten als die eigentliche Geburtsstunde der deutschen Ferngasversorgung bezeichnet.[15]

Obwohl Thyssengas die Kosten für Finanzierung, Bau und Wartung der Leitungen auf den eigenen Verkaufspreis aufschlug, d. h. faktisch Barmen den Leitungsbau bezahlte, lag der Endpreis noch deutlich unter den Selbstkosten des kommunalen Gaswerks. Selbst eine Modernisierung oder ein Neubau des Barmer Gaswerks hätten nicht die erforderlichen Effizienzsteigerungen gebracht, um mit den Preisen von Thyssengas konkurrieren zu können, wohl aber hätten die Baukosten den Kommunaletat belastet.[16] Damit bewogen die Kostenvorteile der Ferngasversorgung bereits vor dem Ersten Weltkrieg Kommunen dazu, auf eine eigene Gasversorgung zu verzichten. Allerdings war dies vorerst noch die Ausnahme: Um 1900 produzierten knapp 900 Gaswerke 1,2 Milliarden, 1913 etwa 1700 Werke knapp 2,8 Milliarden Kubikmeter Gas. Ferngas hatte daran einen Anteil von etwa 8 % (1912), im Ruhrgebiet waren es immerhin bereits 15 %.[17]

Seit den 1880er Jahren erhielt Gas mit Petroleum und Elektrizität energiewirtschaftliche Konkurrenz. Gas diente anfangs vor allem der Beleuchtung, erst seit der Jahrhundertwende (und als Reaktion auf die elektrische Beleuchtung) kamen weitere Nutzungsmöglichkeiten hinzu, so vor allem als Energie für Herd, Warmwasseraufbereitung und Heizung. Deshalb diente vor dem Ersten Weltkrieg etwa die Hälfte des Gasabsatzes der Versorgung von Privathaushalten, in den Städten stärker als auf dem Land. In ländlichen Gebieten blieb die Kohle mangels Anschlusses an die

---

15 *Michael A. Kanther*, Franz Lenze, in: Internetportal Rheinische Geschichte, abgerufen unter: http://www.rheinische-geschichte.lvr.de/Persoenlichkeiten/franz-lenze/DE-2086/lido/57c93f6e0e27 62.27748222 (abgerufen am 10. 1. 2020); *Karl Borchardt*, Die neue Zeit und die Zukunft der deutschen Gaswerke. Berlin 1919, 13 f.
16 *o. V.*, Eine Großstadt wird mit Ferngas versorgt. Thyssengas in Wuppertal 1910–1960, o. O., o. J. [1960], 21.
17 *Karlsch*, Licht, 46; *Borchardt*, Die neue Zeit, 11, *Bleidick*, Ruhrgas, 28.

Abb. 1: Gaskassiererinnen, ca. 1915 (BArch, B 145 Bild-P052983).

Versorgungsnetze maßgeblich. In privaten Haushalten war Elektrizität vorerst keine Konkurrenz. Die Strompreise für die private Nutzung wurden politisch hochgehalten, während die Tarife für gewerbliche Kunden deutlich darunterlagen. Selbst in einer Großstadt wie Berlin verfügten deshalb 1914 nur 5,5 % aller Haushalte über einen Stromanschluss.[18]

Zwar entwickelte sich die Elektrizitätswirtschaft rasant – 1888 gab es erst 16 Elektrizitätswerke für die öffentliche Versorgung, 1911 über 2500[19] – doch waren die Probleme lange dieselben wie in der Gaswirtschaft. Ein hohes Investitionsrisiko und unzureichende Übertragungstechnik ließen eine dezentrale Elektrizitätsversorgung entstehen, innerhalb derer die Werke privaten oder öffentlichen Eignern gehörten oder gemeinsam – gemischtwirtschaftlich – betrieben wurden. Wie in der Gaswirtschaft hatte die Steinkohle auch bei Elektrizitätsproduktion den größten Primärträgeranteil, aber anders als beim Gas war Kohleverstromung bereits früh zu einer strategischen Option für die Montanindustriellen geworden – und erneut stand das 1898 gegründete RWE am Beginn der entstehenden Verbundwirtschaft. Es wollte durch Großkraftwerke Skaleneffekte erzielen, sukzessive das Absatzgebiet auf Kosten städtischer oder kleinerer privatwirtschaftlicher Werke ausweiten und so

---

18 *Ditt*, Zweite Industrialisierung, 433–436, 443.
19 *Ambrosius*, Staat als Unternehmer, 45.

eine mindestens regionale Monopolstellung anstreben. Die Kommunen gaben ihre eigene Produktion auf, beteiligten sich aber im Gegenzug am Kapital der RWE AG und profitierten so durch günstigere Bezugspreise und die Aussicht auf Dividendeneinnahmen. Seit 1910 war die RWE AG auf einem guten Weg, zum beherrschenden Großelektrizitätsunternehmen an Rhein und Ruhr zu werden, ehe ein kleinerer Konkurrent aufgrund einer günstigeren Kostenstruktur den Bieterwettbewerb um die Stromversorgung Kölns gewann: Die Rheinbraun produzierte anders als das RWE Elektrizität ausschließlich auf Basis der Braunkohle, beschränkte sich auf ein kleineres Versorgungsgebiet und vermied eine kostenintensive Versorgung des ländlichen Raums. Damit verstärkten sich zwei Entwicklungen wechselseitig. Die steigende Nachfrage nach Elektrizität beförderte die Konzentration, Maschinisierung und Rationalisierung des Braunkohlenbergbaus, die wiederum die Rationalisierung der Elektrizitätswirtschaft stimulierte. Nicht von ungefähr entstanden in allen drei großen Braunkohlenrevieren – Mitteldeutschland, Lausitz, Rheinland – Großkraftwerke in unmittelbarer Nähe von Tagebauen.[20]

Am Vorabend des Ersten Weltkriegs ergab sich somit eine eigentümliche Situation, in der das bisherige Elektrizitätssystem vor einer umfassenden Reorganisation stand, weil technische, strukturpolitische, volkswirtschaftliche und betriebswirtschaftliche Rationalitäten dies nahelegten: Technisch hatte sich bei führenden Ingenieuren das Leitbild der zentralen Großkraftwirtschaft ausgebildet, das erhebliche Effizienzvorteile versprach. Strukturpolitisch sahen alle (größeren) Bundesstaaten in einer gezielten Elektrizitätspolitik eine Möglichkeit, die regionale Wirtschaft zu entwickeln und periphere Landstriche zu erschließen. Volkswirtschaftlich konnte eine abgestimmte Energiepolitik (durch das Reich) die Energiekosten senken, um derart im globalen Standortwettbewerb Vorteile zu erzielen; überdies hatten Knowhow-Transfers und transnationale Kapitalverflechtungen auch eine außen- und sicherheitspolitische Komponente.[21] Betriebswirtschaftlich interessierten sich – neben der Aussicht auf Kostensenkung – Unternehmen aus mehreren Branchen für einen koordinierten Ausbau der Energiewirtschaft: Der Kohlenbergbau – Stein- wie Braunkohle – konnte über die vertikale Integration der Kraft- und Wärmewirtschaft diversifizieren, die chemische und die metallverarbeitende Industrie konnten neue, elektrizitätsbasierte Verfahren implementieren, die elektrotechnische Industrie einerseits Generatoren und Kraftwerke errichten, andererseits ihre (technologische)

---

20 Vgl. *Boris Gehlen*, Der Erste Weltkrieg als „Durchbruchkrise"? Zur Rationalisierung des deutschen Braunkohlenbergbaus im ersten Drittel des 20. Jahrhunderts, in: Stefanie van de Kerkhof/ Florian Triebel (Hrsg.), 100 Jahre Hindenburgprogramm (erscheint voraussichtlich 2020).
21 Vgl. zu diesem Punkt vor allem *Hausman/Hertner/Wilkins*, Global Electrification, 91–105, 122. Vgl. bereits *Leslie Hannah*, Public Policy and the Advent of Large-Scale Technology: The Case of Electricity Supply in the U.S.A., Germany and Britain, in: Norbert Horn/Jürgen Kocka (Hrsg.), Recht und Entwicklung der Großunternehmen im 19. und frühen 20. Jahrhundert. Wirtschafts-, sozial- und rechtshistorische Untersuchungen zur Industrialisierung in Deutschland, Frankreich, England und den USA. (Kritische Studien zur Geschichtswissenschaft, Bd. 40.) Göttingen 1979, 577–589.

Marktposition auch global festigen. Nicht zuletzt profitierten die Großbanken über ihre Kapitalbeteiligungen an den Montan-, Chemie-, Metall- und Elektrounternehmen.

3.8.3 Wechselwirkungen zwischen Energiewirtschaft und anderen Branchen

Günstige Energie war seit jeher ein Standortfaktor und damit auch kriegswichtig. Seit den 1890er Jahren veränderten sich aber die räumlichen Dimensionen. Die Nähe zur Energiequelle verlor grundsätzlich an Bedeutung, nachdem sich in kurzer Abfolge – häufig ausgehend von den USA – Transformatoren-, Turbinen- und Übertragungstechnik erheblich verbesserten. Die Impressionen, wie sie etwa der RWE-Ingenieur Bernhard Goldenberg zu Beginn des 20. Jahrhundert in den Vereinigten Staaten gesammelt hatte, waren Vorbild und Ansporn zugleich.[22] Mit dem Übergang zum Drehstrom konnten höhere Stromspannungen erzeugt und Energie damit über längere Strecken transportiert werden. 1911 ging die erste 100 Kilovolt-Hochspannungsleitung zwischen dem brandenburgischen Lauchhammer und dem sächsischen Riesa ans Netz, eine bereits 1914 geplante Leitung vom Goldenberg-Werk des RWE nach Neuss wurde infolge des Hindenburg-Programms schließlich realisiert. Baden, Sachsen, Bayern und das Reich forcierten ebenfalls im Ersten Weltkrieg – auf unterschiedliche Weise – ihre Planungen zum Aufbau von Hochspannungsnetzen und Großkraftwerken, deren Entwicklung Hand in Hand ging. 1913 existierten in Deutschland lediglich 50 km Hochspannungsnetz, 1920 bereits 1020 km.[23]

Der Beginn des Ersten Weltkriegs verzögerte die ambitionierten Ausbauprogramme allerdings zunächst. Zum ersten reduzierte sich anfangs die Stromnachfrage, während die Nachfrage nach Ferngas kurzfristig sogar aus militärischen Gründen anstieg. Die Oberste Heeresleitung favorisierte Gas, weil bei seiner Erzeugung Nebenprodukte anfielen, die für die Sprengstoffherstellung genutzt werden konnten.[24] Zum zweiten bewirtschaftete der Staat umgehend nach Kriegsbeginn Kupfer – mithin das Metall, aus dem sich die effizientesten Stromleitungen herstellen ließen. Die Bewirtschaftung behinderte nicht nur den künftigen Leitungsbau, sondern in

---

22 *Helmut Maier*, Bernhard Goldenberg (1873–1917), in: Wolfhard Weber (Hrsg.), Ingenieure im Ruhrgebiet. Münster 1999, 152–159.
23 *Gilson*, Konzepte, 141–146, 339; vgl. *Edmund N. Todd*, Technology and Interest Group Politics. Electrification of the Ruhr, 1886–1930. Diss. Pennsylvania 1984.
24 *Hans Pohl*, Vom Stadtwerk zum Elektrizitätsgroßunternehmen. Gründung, Aufbau und Ausbau der „Rheinisch-Westfälischen Elektrizitätswerk AG" (RWE) 1898–1918. (Zeitschrift für Unternehmensgeschichte, Beiheft 73.) Stuttgart 1992, 43. Unter anderem fielen bei der Gasproduktion auch Ammoniakerzeugnisse ab. *Borchardt*, Die neue Zeit, 17.

einigen Regionen führte der Kupfermangel sogar dazu, dass bestehende Leitungen wieder abgebaut wurden.[25]

Die Netzbetreiber wichen zunächst auf weniger effiziente Eisenleitungen aus, die hohe Übertragungsverluste mit sich brachten. Deshalb verfolgten die Betreiber im weiteren Verlauf eine Substitutionsstrategie mit Aluminium, das für die Stromübertragung ähnlich geeignet war wie Kupfer. Seine Produktion war allerdings aufwendig und energieintensiv. Daraus ergab sich ein wechselseitiger Effizienzzusammenhang: Günstige Stromübertragung erforderte Aluminium, günstige Aluminiumproduktion erforderte günstigen Strom. Daher wurden vor allem im weiteren Verlauf des Kriegs mit staatlicher Unterstützung Aluminiumwerke in der Nähe braunkohlebasierter Elektrizitätsproduktion errichtet. Die energieintensive wirtschaftliche Verwertung elektrometallurgischer, elektrochemischer (Karbid, Stickstoff, Salpeter) und elektrolytischer Verfahren (Aluminium, Magnesium) sowie nicht zuletzt der Ammoniaksynthese (Haber-Bosch-Verfahren) ließen auch letzte Zweifel an der kriegswirtschaftlichen Bedeutung günstiger Energie schwinden.[26]

Das RWE beteiligte sich entsprechend am Aufbau designierter Großabnehmer von Strom. Die Wildermann-Werke produzierten für Kriegszwecke Alkaliprodukte, Wasserstoff und Chlor, eine 1915 errichtete Fabrik stellte Calciumkarbid her, welches das für die Stahlherstellung notwendige, aber nicht mehr beziehbare Mangan substituierte. Die Herstellung des ebenfalls kriegswichtigen Ferrosiliciums wurde ebenso wie der Aufbau der Erftwerk AG (Aluminium) vom Staat subventioniert.[27] Auch die Rheinbraun bzw. ihre Tochtergesellschaft, das Rheinische Elektrizitätswerk im Braunkohlenrevier AG (REW), schloss Lieferverträge mit elektrochemischen Werken und Aluminiumproduzenten. Die zuständige Kriegsrohstoffgesellschaft, die Kriegsmetall AG, errichtete in Horrem (westlich von Köln) eine Aluminiumhütte in unmittelbarer Nähe zum Rheinbraun-Kraftwerk Fortuna. In Rummelsburg bei Berlin und im mitteldeutschen Bitterfeld entstanden ebenfalls neue Aluminiumwerke; auch hier war die Nähe zur braunkohlenbasierten Stromproduktion maßgeblicher Standortfaktor.[28] Entsprechend verschob sich z. B. beim REW die Nachfragestruk-

---

25 *Werner Kleider*, Die Entwicklung der Energieversorgung in Württembergisch-Franken 1862–1919. (Beiträge zur südwestdeutschen Wirtschafts- und Sozialgeschichte, Bd. 4.) St. Katharinen 1987, S. 129. *Philipp von Hugo*, Der Aufbruch in ein „elektrisches Zeitalter": Elektroindustrie und Elektrizitätswirtschaft im Deutschen Kaiserreich 1880 bis 1918, in: Manfred Ragati/Harald Wixforth (Hrsg.), Wirtschaft und Energie im Wandel der Zeit. Die Geschichte der Elektrizitätsversorgung in Ostwestfalen und Schaumburg-Lippe. Köln/Weimar/Wien 1999, 47. Zur Metallknappheit siehe das Kapitel 2.2 in diesem Band.
26 *Maier*, Goldenberg, 178 ff.; Vgl. *Manfred Rasch*, Kohlechemie im Revier. Zur Geschichte der Ruhrchemie AG 1927–1966. Münster 2018, 5–31. Programmatisch: *Albrecht Czimatis*, Energiewirtschaft als Grundlage der Kriegswirtschaft. Hamburg 1936.
27 *Pohl*, Stadtwerk, 44 f.; *Wilhelm von Sternburg*, Das RWE im Kaiserreich 1898–1918, in: Dieter Schweer/Wolf Thieme (Hrsg.), RWE – ein Konzern wird transparent. Wiesbaden 1998, 40.
28 Ausführlich zum Aufbau von Aluminiumhütten in Kraftwerksnähe *Peter Josef Belli*, Das Lautawerk der Vereinigte Aluminium-Werke AG (VAW) von 1917 bis 1948. Ein Rüstungsbetrieb in regiona-

Tab. 1: Stromabgabe des RWE nach industriellen Abnehmergruppen 1914–1916 [kWh].

Abnehmer	1914	1916	Steigerung 1914–1916
Sprengstofffabriken	9,4	51,9	452,1 %
Chemische Fabriken	12,1	25,2	108,3 %
Press- und Walzwerke	36,4	48,8	34,1 %
Stahlwerke	8,0	29,2	265,0 %
Waggonfabriken	0,2	2,6	1200,0 %
Sonstige	0,6	1,3	116,7 %
Industrie gesamt	66,7	159,0	138,4 %

Quelle: *Pohl*, Stadtwerk, 44.

tur. Noch 1915, vor der Errichtung des Aluminiumwerks in Horrem, lieferte es nur 0,7 % seines Stroms an industrielle Abnehmer, 1917 waren es 52,3 %.[29]

Selbst in einer mittelständisch geprägten Stadt wie München, die keine gezielte Industrialisierungspolitik verfolgte, nahm die Zahl großindustrieller Rüstungsbetriebe zu. Dies zeigen auch dort die Strukturverschiebungen der Stromabnahme. Während die städtischen Elektrizitätswerke München 1918 insgesamt knapp 35 % mehr Strom abgaben als 1914, stieg die Abnahme industrieller Großabnehmer um 112 %. Vor allem seit 1917 war die Stromabgabe zunehmend auf die rüstungswirtschaftlichen Bedürfnisse eines neu errichteten Werks von Krupp, des Flugmotorenherstellers BMW und eines Kriegsmetallwerks von Siemens & Halske ausgerichtet. Die energieintensiven Neuansiedlungen bzw. Neugründungen bestanden auch nach Kriegsende fort, wenn auch mit anderen Funktionen.[30]

Die industrielle Abnahme war im Gegensatz zur kommunalen Nachfrage für die Stromproduzenten vorteilhaft. Wenn es dunkel wurde, stieg die Nachfrage in den Städten deutlich an. Da sich die Kapazitätsberechnungen in der Stromwirtschaft an dieser Spitzenlast ausrichteten, wurden die Kapazitäten die meiste Zeit des Tages nicht genutzt. Industrielle Abnehmer hingegen versprachen eine weitgehend verstetigte Nachfrage.[31] Nicht zuletzt deshalb waren Steigerungsraten der industriellen Abnahme von Kraftstrom im Ersten Weltkrieg besonders eindrucksvoll, wie in Tabelle 1 zu sehen.

Während das RWE sich an einigen kriegswichtigen Unternehmen beteiligte und sich vorwärts integrierte, d. h. in nachgelagerte Branchen, zeigte sich auch das ge-

---

len, nationalen, internationalen und politischen Kontexten (zugleich ein Beitrag zur Industriegeschichte der Niederlausitz). Münster 2012, 41–45.
29 *Albert Pass*, Das Rheinische Elektrizitätswerk und die Elektrizitätswirtschaft der Stadt Köln. Eine wirtschaftsgeschichtliche Abhandlung. Köln 1930, 17.
30 *Johannes Bähr/Paul Erker*, NetzWerke. Die Geschichte der Stadtwerke München. München/ Berlin/Zürich 2017, 85 f.; eigene Berechnungen.
31 *Boris Gehlen*, Paul Silverberg (1876 bis 1959). Ein Unternehmer. (VSWG, Beiheft 194.) Stuttgart 2007, 102.

genteilige Bild einer Rückwärtsintegration. Energieintensive Unternehmen der Metallproduktion oder Elektrochemie gliederten sich eine eigene Stromproduktion an. Im Rheinland erwarben vor und im Ersten Weltkrieg etwa die Rheinischen Stahlwerke, die Vereinigten Stahlwerke van der Zypen und Wissener Eisenhütten, Felten & Guilleaume und Bayer Braunkohlenfelder.[32] In Mitteldeutschland errichtete, neben anderen, die Chemische Fabrik Griesheim-Elektron (CFGE), ein führendes Unternehmen der deutschen Elektrochemie, in der Nähe von Bitterfeld ein Kraftwerk auf Braunkohlenbasis. Das Kraftwerk der CFGE verfügte vor dem Ersten Weltkrieg über eine Kapazität von 8000 kW. Bis 1915 vervierfachte und bis 1918 versiebenfachte sie sich. Das war auch notwendig: Die Aluminiumherstellung erforderte 1917 10 500 kW pro Monat, die Produktion von Chlorat und Perchlorat sogar 15 300 kW, Phosphor 6500 kW und Magnesium 5500 kW, d. h. alleine die vier energieintensivsten Betriebe benötigten Kraftwerkskapazitäten von knapp 38 000 kW. Die Strommenge, die 1918 alleine dieses Werk bereitstellte, entsprach ungefähr 14 % der 1913 in *allen* öffentlichen Werken produzierten Elektrizität.[33]

Die industrielle Eigenerzeugung von Kraftstrom war allerdings bereits vor dem Ersten Weltkrieg bedeutend gewesen: Etwa drei Viertel aller Kraftwerke befanden sich im Eigentum von Industrieunternehmen, die nicht selten auch die einzigen Abnehmer waren. Von Ausnahmen wie dem RWE abgesehen, spielten sie daher kaum eine Rolle für die öffentliche Stromversorgung und wurden deshalb von der Forschung lange ignoriert. Sie gerieten erst in den Blick, als sie in den 1920er Jahren mit der öffentlichen Versorgung konkurrierten und zu einem politischen Problem avancierten.[34] Wegen der statistischen Probleme der dezentralen Energiewirtschaft können keine verlässlichen Aussagen darüber getroffen werden, ob der Erste Weltkrieg die Errichtung dieser Eigenanlagen sogar noch weiter förderte. Die anekdotische Evidenz legt eine solche Sichtweise durchaus nahe, denn die ungemein beachtliche Steigerung der Elektrizitätsproduktion im Deutschen Reich verlief offenkundig asymmetrisch: Die privatwirtschaftliche Stromproduktion für (groß-)industrielle Zwecke wuchs weit rascher als die öffentliche Versorgung.[35]

Während z. B. das RWE und Griesheim-Elektron beim Aufbau und Ausbau ihrer Kapazitäten vom Staat unterstützt wurden, weil sie kriegswichtig waren, klagten

---

[32] Exemplarisch *Gottfried Plumpe*, Die IG-Farbenindustrie-AG 1904–1945. Wirtschaft, Technik und Politik. Berlin 1990, 165–168.
[33] *Dirk Hackenholz*, Die elektrochemischen Werke in Bitterfeld 1914–1945. Ein Standort der IG Farbenindustrie AG. (Forschungen zur Neuesten Geschichte, Bd. 3.) Münster 2004, 102–105. Öffentliche Produktion 1913 nach *Stier*, Staat und Strom, 15.
[34] *Löwen*, Stromwirtschaft, 4 f.; *Alexander Faridi*, Eigenstromerzeugung oder Fremdstrombezug? Stromlieferungen und Stromlieferungsverträge zwischen deutscher Großindustrie und öffentlichen Energieversorgungsunternehmen in den 1920er und 1930er Jahren, in: Technikgeschichte 70, 2003, 3–22.
[35] So konstatiert *Baten*, Elektrizitätswirtschaft, 82, z. B. einen Bias in der Stromversorgung, der die Großindustrie begünstigte, während die mittelständischen Unternehmen in Baden und Württemberg unter zunehmenden Versorgungsengpässen litten.

zahlreiche (öffentliche) Elektrizitätswerke in strukturschwächeren Gebieten darüber, dass sie aufgrund des Rohstoffmangels ihre Kapazitäten nicht ausweiten konnten, obwohl die Stromnachfrage deutlich anstieg. Weil zudem Petroleum kaum mehr importiert werden konnte und Steinkohle immer knapper wurde, standen auch alternative Leucht- und Heizquellen nicht mehr hinreichend zur Verfügung. Die örtlichen Versorger in der Peripherie mussten im Verlauf des Weltkriegs immer häufiger Elektrizität fremdbeziehen und gaben die Mehrkosten an die Verbraucher weiter, was betriebswirtschaftlich sinnvoll, in verteilungspolitischer Hinsicht aber ein fragwürdiges Signal war.[36]

In der Gaswirtschaft führte der Kohlenmangel ebenfalls spätestens ab 1916/17 zu Versorgungsengpässen und Preissteigerungen. Transportschwierigkeiten kamen hinzu.[37] In München mussten beispielsweise wegen der Kohlennot die Gaslaternen ausgestellt werden.[38] Auch in der bayerischen Pfalz wurde die Gasbeleuchtung 1915 eingeschränkt und 1917 vollständig aufgegeben, nachdem selbst das größte regionale Gaskraftwerk in Ludwigshafen zeitweise seinen Betrieb einstellen musste, weil Kohlen fehlten. Da die Kohleversorgung von Elektrizitätswerken Priorität genoss, trug die Kohlenknappheit (auch) dazu bei, dass die Gasversorgung zunehmend an Ansehen verlor.[39]

3.8.4 Strukturveränderungen in der Energiewirtschaft und Aufstieg der Braunkohlenverstromung

Der Kohlenmangel war ein Mangel an Steinkohlen sowie an bestimmten Kohlensorten, die für die Vergasung geeignet waren. Der Mangel wirkte sich gravierend aus, obwohl Steinkohle und andere Primärenergieträger insgesamt durch den Weltkrieg sogar an Bedeutung für die Energiewirtschaft verloren. Beim Erdöl bzw. Petroleum, das bis dahin zu einem Großteil importiert worden war, sorgten die eingeschränkten Importmöglichkeiten seit Kriegsbeginn für einen Bedeutungsverlust. Freilich beschränkte sich die Verwendung von Erdölprodukten ohnehin meist auf die Beleuchtung. Vor allem im ländlichen Raum war Petroleum das maßgebliche Leuchtmittel, weil strukturschwache Regionen nur selten und nur unzureichend an die Strom-

---

36 Exemplarisch *Ingo Köhler*, „... zur Lieferung des Stromes bis zur letzten Lampe": Vorgeschichte, Gründung und Anfänge der Elektrizitätswerk Minden-Ravensberg GmbH, in: Ragati/Wixforth (Hrsg.), Wirtschaft und Energie, 90–94; *Kleider*, Entwicklung, 127 ff.
37 *Karlsch*, Licht, 48; *Borchardt*, Die neue Zeit, 19; *Karl-Heinz Rothenberger*, Geschichte der pfälzischen Gasindustrie. Landau 1996, 63.
38 *Bähr/Erker*, Stadtwerke München, 84 ff.
39 *Rothenberger*, Gasindustrie, 63.

und Gasnetze angeschlossen waren: Im strukturschwachen Niederbayern hatten 1914 nur 2,9 % aller Ortschaften Zugang zu elektrischer Energie; ein Stromnetz im engeren Sinne existierte nicht und die Versorgungssicherheit war kaum gegeben.[40]

In der Pfalz betrug vor dem Ersten Weltkrieg die energetische Versorgungsquote nur etwa 40 %, d. h. die Mehrheit privater Haushalte verfügte weder über einen Strom- noch über einen Gasanschluss.[41] Selbst im vorgeblich gut erschlossenen Württembergisch-Franken, wo drei Viertel aller Gemeinden ans Stromnetz angeschlossen waren, verfügte nur ein Zehntel der Gewerbebetriebe über Zugang zur Elektrizität. Pferdekraft und Petroleum für Beleuchtungszwecke waren daher noch kurz vor dem Ersten Weltkrieg die dominierenden Energiequellen.[42] Die Erdölknappheit betraf daher vornehmlich den ländlichen Raum. Petroleumlampen konnten aber vergleichsweise leicht durch Gasbeleuchtung – der bayerische Staat forcierte in der Pfalz deshalb den Aufbau der Gasversorgung – oder elektrisches Licht ersetzt werden, sodass die geringeren Bezugsmöglichkeiten von Erdöl strategisch und energiewirtschaftlich nicht ins Gewicht fielen. Dies war beim Hauptenergieträger, der Steinkohle, anders. Zwar waren reichlich Vorkommen vorhanden, doch die Förderung hielt mit der steigenden Nachfrage nicht stand, sodass im Verlauf des Kriegs die Kohlenknappheit zu einem substantiellen Problem der Kriegswirtschaft wurde.[43]

Die Gaswirtschaft ruhte nahezu ausschließlich auf der Steinkohle. Weil bei der Gasproduktion Stein- nicht durch Braunkohle substituiert werden konnte, war das Rationalisierungspotential bei weitem nicht so groß wie in der Elektrizitätswirtschaft. Trotz umfangreicher Forschungen ließ sich kein effizientes Verfahren zur Braunkohlevergasung entwickeln.[44] Dennoch war die Braunkohle ein „Gewinner" der Kriegswirtschaft, auch wenn sie den Steinkohlenmangel nicht vollständig beheben konnte. Der Bedeutungsgewinn der Braunkohle lag vor allem an der Elektrizitätsproduktion, für die (in den 1920er Jahren) im rheinischen Revier bereits 60 % der Förderung verwendet wurden; in Mitteldeutschland waren es 30 % und in der Lausitz knapp 25 %.[45] Entsprechend stieg auch der Anteil von Braunkohle an der Stromproduktion von etwa 20 % (1913) auf gut 36 % (1920) an, wie in Tabelle 2 zu sehen.

---

40 *Toni Siegert*, Elektrizität in Ostbayern. Niederbayern von den Anfängen bis 1945. Die dezentrale Stromversorgung. (Bergbau- und Industriemuseum Ostbayern, Bd. 9.) 2. Aufl. Theuern 1989, 11 f.
41 *Rothenberger*, Gasindustrie, 60.
42 *Kleider*, Entwicklung, 151.
43 *Dieter Ziegler*, Kriegswirtschaft, Kriegsfolgenbewältigung, Kriegsvorbereitung. Der deutsche Bergbau im dauernden Ausnahmezustand (1914–1945), in: Dieter Ziegler (Hrsg.), Geschichte des deutschen Bergbaus, Bd. 4: Rohstoffgewinnung im Strukturwandel. Der deutsche Bergbau im 20. Jahrhundert. Münster 2013, 15–182. Vgl. auch das Kapitel 3.1 in diesem Band.
44 *Otto Dellweg*, Die deutsche Gasversorgung unter besonderer Berücksichtigung der zentralorganisierten Ferngasversorgung auf der Kohlenbasis. Diss. Köln 1934, 18 f.
45 *Alfred Adomzent*, Die Konzentration im deutschen Braunkohlenbergbau. Königsberg 1933, 47.

Tab. 2: Rohstoffgrundlage der in öffentlichen Elektrizitätswerken vorhandenen Maschinenleistung 1913–1920.

Rohstoff	1913	1916	1920
Steinkohle	72,70 %	61,45 %	56,00 %
Braunkohle	20,15 %	32,10 %	36,30 %
Torf	0,25 %	0,20 %	0,30 %
Öl	0,90 %	1,00 %	1,00 %
Wasser	6,00 %	5,25 %	6,40 %

Quelle: *Gilson*, Konzepte, 339. Die industrielle Eigenerzeugung ist hier nicht berücksichtigt. Da aber im Ersten Weltkrieg Eigenanlagen vornehmlich auf Braunkohlenbasis neu errichtet wurden, dürfte der Strukturwandel bei der Primärenergie noch deutlicher gewesen sein, als in diesen Zahlen zum Ausdruck kommt.

Für diesen Substitutionsprozess gab es mehrere Gründe: Erstens löste die Zentralisierung bzw. die Errichtung von Kraftwerken „auf der Braunkohle" das Transportproblem. Aufgrund ihres niedrigen Heizwerts, der nur etwa ein Drittel des Heizwerts von Steinkohle betrug, war rohe Braunkohle nicht rentabel zu transportieren, sondern musste entweder vor Ort brikettiert oder aber verstromt werden, um vermarktet werden zu können. Da die Verstromung von Braunkohle, zweitens, weit höhere Stückgewinne versprach als ihre Brikettierung – bei der Rheinbraun lagen sie um mindestens 60 % höher[46] – war der betriebswirtschaftliche Anreiz hoch, Braunkohle für die Elektrizitätsproduktion zu verwenden. Drittens verfügte der Braunkohlenbergbau über erhebliche Kostenvorteile gegenüber dem Steinkohlenabbau, weil er besonders im rheinischen und im Lausitzer Revier im maschinisierten Tagebau und nicht im arbeitsintensiveren Tiefbau fördern konnte. Auch im mitteldeutschen Braunkohlenrevier, das aus geologischen Gründen schwierigere Abbauverhältnisse aufwies, stellten schließlich immer mehr Unternehmen auf Tagebau um. Besonders eindrücklich zeigte sich diese Wirkung des Ersten Weltkriegs bei den A. Riebeck'schen Montanwerken, bei denen der Anteil des kostenintensiven Tiefbaus von etwa 80 % (1913) auf 40 % (1919) zurückging.

Die Kostenvorteile des Tagebaus – die Lohnstückkosten lagen 1913 mindestens 30 % niedriger als im Tiefbau[47] – nahmen im weiteren Zeitverlauf noch zu und konnten, viertens, die Nachteile beim Brennwert so kompensieren, dass Braunkohlekraftwerke schließlich über die günstigsten Stückkosten aller Kraftwerkstypen verfügten.[48] Nicht zuletzt deshalb reklamierte die Rheinbraun in den 1920er Jahren für

---

46 *Silverberg*, Memorandum.
47 Eigene Berechnungen nach Ausschuß zur Untersuchung der Erzeugungs- und Absatzbedingungen der deutschen Wirtschaft, Die deutsche Kohlenwirtschaft. Verhandlungen des Unterausschusses für Gewerbe: Industrie, Handel und Handwerk (III. Unterausschuss). Berlin 1929, 130 f.
48 *Gilson*, Konzepte, 359.

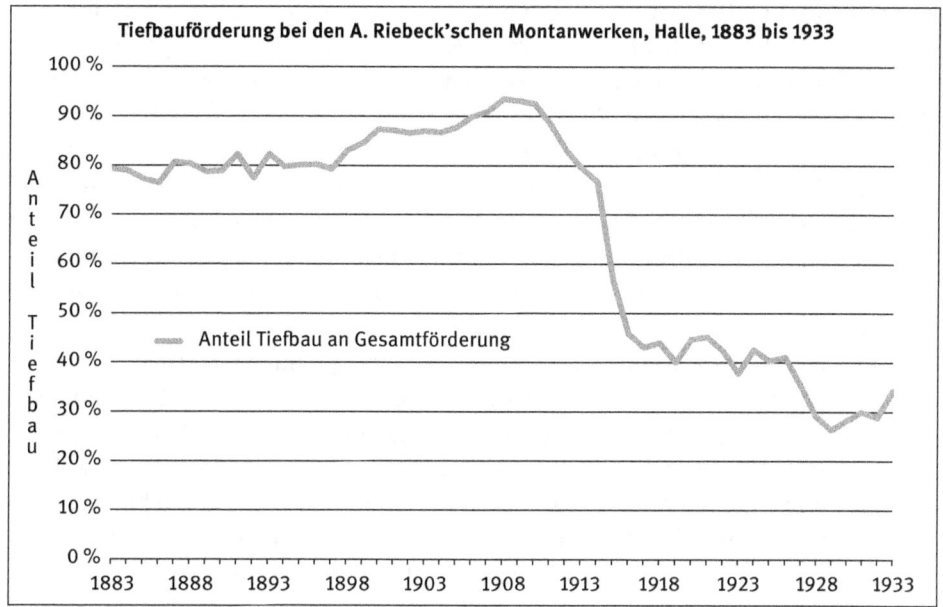

Abb. 2: Tiefbauförderung bei den A. Riebeck'schen Montanwerken, Halle, 1883 bis 1933.
Quelle: *Paul Franke*, A. Riebeck'sche Montanwerke. Die Geschichte einer mitteldeutschen Bergwerksgesellschaft. München 1933, 200f.

sich, ihrem damaligen Hauptabnehmer, der Stadt Köln, den „billigsten Strompreis der Welt" bieten zu können.[49] Fünftens schließlich waren die neuen Braunkohlenkraftwerke allesamt als Großkraftwerke konzipiert, die Skaleneffekte realisierten. Mit der Strukturverschiebung von Steinkohle zur Braunkohle und von der dezentralen zur zentralen Stromproduktion ging somit erkennbar auch eine volkswirtschaftliche Rationalisierung einher. Beispielsweise erzeugte die 1914 vom RWE auf der rheinischen Braunkohle errichtete Vorgebirgszentrale, das spätere Goldenberg-Werk, 1917/18 so viel Strom wie alle öffentlichen Elektrizitätswerke zehn Jahre zuvor insgesamt produziert hatten.[50]

3.8.5 Zielkonflikte der Energiewirtschaftspolitik

Die Zentralisierung erhöhte die Bedeutung der *privatwirtschaftlichen* Energieproduktion für die *öffentliche* Stromversorgung erheblich. Während zuvor Kommunen

---

[49] *Boris Gehlen*, Für Köln und „den billigsten Strompreis der Welt": Konrad Adenauer und die rheinische Elektrizitätswirtschaft 1932/33, in: Geschichte im Westen 20, 2005, 136–154.
[50] *Pohl*, Stadtwerk, 39–46, *Wolfgang Zängl*, Deutschlands Strom. Die Politik der Elektrifizierung von 1866 bis heute. Frankfurt am Main 1989, 81, 89; *Maier*, Goldenberg, 170–174.

Kohle bezogen hatten, bezogen sie nun Strom, d. h. ein maßgeblicher Teil der energiewirtschaftlichen Wertschöpfungskette war aus öffentlichen in private Hände übergangen, jedenfalls in industriell verdichteten Teilen des Reichs. Dies wiederum implizierte, dass Gemeinwohlbelange nicht mehr über kommunale Unternehmen sichergestellt werden konnten, sondern hierfür musste der Staat andere Wege finden. In diesem Zusammenhang entspann sich zu Beginn des 20. Jahrhunderts auch eine nationalökonomische Diskussion, die aber, aufbauend auf den Erfahrungen mit den anderen Netzwirtschaften im Deutschen Reich, eher konkrete wirtschaftspolitische Maßnahmen empfahl, als an einer theoretischen Weiterentwicklung der Energieökonomik interessiert war.[51]

Ein hellsichtiger, wenngleich keineswegs uneigennütziger Beitrag stammte 1908 aus der Feder von Hjalmar Schacht,[52] der zeitgleich für die Dresdner Bank eine RWE-Obligation vermarktete.[53] Er diskutierte ökonomische, soziale und politische Aspekte der Elektrizitätswirtschaft und ging von der naheliegenden Prämisse aus, dass eine effiziente Energieproduktion die Energiekosten von Unternehmen verringerte und deren Produktivität erhöhte, d. h. zur volkswirtschaftlichen Rationalisierung beitragen könne. Er redete einer gemischtwirtschaftlichen Struktur – und damit auch RWE-Interessen – das Wort und kritisierte das bestehende System, d. h. insbesondere die dezentrale, meist kommunale Elektrizitäts- und Gasproduktion durch häufig öffentliche Unternehmen. Das volkswirtschaftliche Rationalisierungspotential der Energiewirtschaft konnte mithin vor allem dann ausgeschöpft werden, wenn einheitliche Vorstellungen über die Struktur und Zielsetzungen der Energiepolitik bestanden sowie öffentliche und private Interessen aufeinander abgestimmt wurden. Das war allerdings leichter zu fordern als umzusetzen.

Die politische Behandlung der Elektrizität lässt sich in zwei Teilbereiche gliedern: Elektrifizierungs- und Elektrizitätspolitik, d. h. in eine strukturpolitische und eine regulatorische Komponente, die nicht strikt voneinander zu trennen sind. Strukturpolitisch war offensichtlich, dass eine hinreichende Energieversorgung der Schlüssel zum ökonomischen Erfolg war. Daher forcierten besonders die kohlenfernen südlichen Bundesstaaten Baden, Württemberg und Bayern bereits vor 1914 die Elektrifizierung und teils den Auf- und Ausbau leistungsstarker Großkraftwerke. Baden hatte 1912 beschlossen, im Schwarzwald ein großes Pumpspeicherkraft zu projektieren, das Murgwerk. Mit dem Bau von Talsperre und Kraftwerk wurde 1914 begonnen. Das Kriegsrohstoffamt behandelte das Murgwerk zwar bevorzugt, doch ging es erst gegen Kriegsende ans Netz. Trotz politischer Förderung gelang es daher in Baden nicht, die Kapazitäten so auszubauen, dass sie mit der immensen Nachfra-

---

51 Vgl. *Stier*, Staat und Strom, 57–72.
52 *Hjalmar Schacht*, Elektrizitätswirtschaft, in: Preußische Jahrbücher 134, 1908, 84–114.
53 Vgl. *Gerald D. Feldman*, Hugo Stinnes. Biographie eines Industriellen 1870–1924. München 1998, 251.

Abb. 3: Nürnberg, Großkraftwerk Franken, eröffnet 1913 (Siemens Historical Institute, EB IV 2134_300).

ge etwa der Lonza-Werke in Waldshut (Stickstoff) hätten mithalten können. Als die Kohle 1917 knapp wurde, standen teils sogar badische Munitionsfabriken still.[54]

Anders als in Baden hatte Württemberg vor 1914 keine Großkraftwerke projektiert, sondern eine dezentrale Energieversorgung verfochten, die vor allem im ländlichen Raum durch kommunale Zweckverbände organisiert wurde. Eine staatliche Aufsicht sollte gewährleisten, dass Strom günstig produziert und flächendeckend verteilt wurde, während fiskalische Erwägungen nur eine untergeordnete Rolle spielten. Diese Strategie war besonders der Versorgungsdichte zuträglich: 1913 waren immerhin zwei Drittel der württembergischen Gemeinden an die Stromversorgung angeschlossen, in Baden bis dahin nur ein Drittel, in Niederbayern, wie erwähnt, noch nicht einmal drei Prozent.[55]

In Bayern entwickelte sich die Stromversorgung zunächst ähnlich wie in Württemberg ohne staatliche Eingriffe als dezentrales System lokaler, meist privater

---

54 *Stier*, Staat und Strom, 111 ff.
55 *Bernhard Stier*, Württembergs energiepolitischer Sonderweg. Kommunale Stromselbsthilfe und staatliche Elektrizitätspolitik, in: Zeitschrift für Württembergische Landesgeschichte 54, 1995, 241 f. Vgl. *Siegert*, Elektrizität, 11.

Stromversorger. 1909 existierten gut 2200 Kraftwerke in Bayern, von denen nur fünf Prozent in kommunalem Eigentum waren. Das agrarische Bayern verfügte freilich über eine weit geringere Versorgungsdichte als das strukturstärkere Württemberg. Aus sozial- und strukturpolitischen Erwägungen griff der bayerische Staat daher zwar spät, dafür aber umso nachhaltiger in die Elektrifizierung des Landes ein, die unter anderem über die Erschließung von Wasserkräften erreicht werden sollte. Grundlage war ein 1912 vorgelegter Plan Oskar von Millers. In der Folge konzessionierte Bayern (befristete) Gebietsmonopole, um Anreize für eine flächendeckende Versorgung zu setzen. Hierin unterschied sich die nachholende, bayerische Elektrifizierungspolitik von jener anderer Staaten. Sie garantierte zwar den Bestand lokaler Versorger, schränkte aber eine Neugründung kleinerer Einheiten fortan ein und förderte stattdessen die Entstehung von privatrechtlichen Überlandzentralen. Die relative energiepolitische Rückständigkeit Bayerns ermöglichte letztlich eine vergleichsweise planmäßige Elektrifizierung, die überdies für den deutschen Fall vor allem durch die Gebietsmonopole regulatorisch wegweisend war.[56]

Dagegen verfolgte Württemberg einen „energiepolitischen Sonderweg" (Stier), dessen Schwächen sich während des Ersten Weltkriegs immer deutlicher zeigten: Erstens fehlte ein leistungsfähiges Netz, innerhalb dessen Nachfragespitzen hätten ausgeglichen werden können. Dadurch mussten die lokalen Kraftwerke jeweils hohe Kapazitäten vorhalten, um die Spitzenlast zu gewährleisten. Dies war nicht sonderlich effizient, weil so – auf ganz Württemberg bezogen – Überkapazitäten entstanden. Zweitens verfügte Württemberg über einen vergleichsweise hohen Anteil von Wasserkraft an der Stromproduktion, vor allem in den ländlichen Gebieten. Ihre Leistungsfähigkeit hing aber von den Witterungsverhältnissen und den Wasserständen ab. In verdichteten, industrialisierten Räumen wurden die Kraftwerke hingegen zumeist mit Steinkohle betrieben. Als die Kohle im Kriegsverlauf knapper wurde, zeigte sich das Dilemma des württembergischen Energiesystems deutlich: Wegen fehlender Primärenergie produzierten die Kraftwerke in strukturstarken Regionen mit kriegswichtiger Industrie zu wenig, die ländlichen Wasserkraftwerke hingegen aufgrund guter Witterung zu viel Strom. Er konnte aber aufgrund der fehlenden Vernetzung nicht genutzt werden, um die entstandenen Versorgungslücken zu schließen.[57]

Daher wurden schließlich ab 1916 auch in Württemberg unter dem Eindruck der Energiekrise Zentralisierungskonzepte diskutiert. Allerdings warnten die württembergischen Experten davor, die badische und bayerische Konzeption zu adaptieren und Großkraftwerke zu errichten. Stattdessen sollte die dezentrale Produktion grundsätzlich aufrechterhalten, aber nach einheitlichen Maßstäben gesteuert wer-

---

56 *Christian Werner*, Die Politik der Elektrifizierung in Bayern und ihre unternehmensstrategische Umsetzung am Beispiel der Bayerischen-Elektrizitäts-Lieferungs-Gesellschaft AG im zentralen Untersuchungszeitraum von 1914 bis 1954. Köln 2011, 22–64.
57 *Robert Möllenberg*, Wettbewerbsprobleme in der Elektrizitätswirtschaft in Württemberg zwischen 1918 und 1933, in: *Kollmer-von Oheimb-Loup/Streb*, Regulierung, 60 f.

den. Im Mittelpunkt stand dabei das defizitäre Stromnetz, nicht die Produktion. Zwar war auch daran gedacht, die Produktionskapazitäten auszuweiten, doch die eigentliche Effizienzsteigerung ergab sich aus einer besseren Verteilung. Interne Berechnungen legten nahe, dass mittelfristig eine um 50 % erhöhte Kraftwerkskapazität ausreiche, um den dreifachen Energiebedarf zu decken, sofern ein einheitliches Netz entstand. Die angedachte „Landessammelschiene" sollte das maßgebliche Problem der württembergischen Energieversorgung beheben und die dezentralen Elektrizitätsproduzenten miteinander vernetzen. Dies bedingte allerdings eine Abkehr vom dezentral-genossenschaftlichen Energiekonsens hin zu einer stärkeren Steuerung durch den (württembergischen) Staat. Der Staat war bestrebt, sämtliche Elektrizitätsakteure samt ihrer konfligierenden Interessen einzubinden und lehnte Verstaatlichungen ab. Stattdessen sollte eine Genossenschaft öffentlichen Rechts das Netz und etwaige neue Kraftwerke errichten. Angesichts der sich zuspitzenden Energiekrise dachte dann auch Württemberg seit 1916 über den Bau öffentlicher Großkraftwerke nach. Es blieb allerdings bei programmatischen Absichtserklärungen, die konzeptionell weit über ein mögliches Kriegsende hinausgingen. In den letzten beiden Kriegsjahren konzentrierte sich die württembergische Politik darauf, den Energiemangel durch provisorische und pragmatische Maßnahmen zu beheben. Zudem wurden die württembergischen Debatten allmählich von den Überlegungen des Reichs zur Neuordnung der Elektrizitätswirtschaft überlagert, die eine landeseigene Regelung obsolet gemacht hätten.[58]

Die dilatorische Behandlung elektrizitätspolitischer Fragen gegen Kriegsende rührte vornehmlich aus den vielschichtigen Problemlagen zwischen Regulierung und Strukturpolitik, zwischen Zentrum und Peripherie, zwischen Staat und Privatwirtschaft, zwischen Reich und Ländern, zwischen Gemeinwohl und Gewinn.[59] Sie zeigte sich auch und besonders im größten Flächenstaat Preußen, der die Elektrifizierung bis kurz vor dem Ersten Weltkrieg den Marktkräften überlassen hatte und sich daher mit zwei typischen Problemen konfrontiert sah, die sich nur politisch lösen ließen: Erstens das regulatorische Problem privater Monopole und zweitens das strukturpolitische Problem regionaler Entwicklungsdivergenzen, die sich durch infrastrukturelle Unterversorgung noch zu verschärfen drohten. Das Monopolproblem war aus den anderen Netzwirtschaften wie Eisenbahn und Telegraphie wohlbekannt und wurde gerade daher eher dilatorisch (und vornehmlich rhetorisch) angegangen. Denn privates Kapital blieb zum Auf- und Ausbau neuer Kapazitäten und Netze eine maßgebliche Ressource. Gleichwohl taugte besonders die Entwicklung des RWE als Mahnung vor übergroßer Marktmacht und legitimierte zusehends auch in Preußen die Staatsintervention. Politisch dringlicher war die Strukturpolitik, für die die 1913 beschlossene Elektrifizierung des Wesergebiets wegweisend wurde, weil sie erstmals planmäßig, auf öffentlich-rechtlicher Grundlage und auf öffentlicher

---

58 *Stier*, Sonderweg, 233–249; *Stier*, Staat und Strom, 166–177.
59 So schon *Ambrosius*, Staat als Unternehmer, 52 f.

Abb. 4: Kohlekraftwerk Tiefstack der Hamburgischen Electrizitätswerke, 1917 eröffnet (Siemens Historical Institute, EB IV 2141_300).

Produktionsbasis die energiewirtschaftliche Erschließung einer Region projektierte. Mit dem Wegerecht, das eine staatliche Genehmigung zum Bau von Stromtrassen und -leitungen bedingte, besaßen sowohl die Bundesstaaten als auch die Kommunen seit jeher ein zentrales Instrument, politische Ziele in der Elektrizitätspolitik durchzusetzen. Preußen nutzte es fortan systematisch, um eine eigenständige Elektrizitätspolitik durchzuführen. Zunächst wählte es den Weg unternehmerischer Staatstätigkeit, nicht den einer gesetzlichen Neuordnung oder gar den der Verstaatlichung. Preußens staatsunternehmerischer Weg nahm allerdings keineswegs künftige Entscheidungen über die Marktordnung in der Energiewirtschaft vorweg. Der Erste Weltkrieg beschleunigte letztlich beides: die Elektrifizierungspläne und die ordnungspolitischen Debatten. Angesichts der zunehmenden Kohle- und Energieknappheit drängte die preußische Regierung vor allem seit 1917 darauf, die seit 1913 initiierte regionale Erschließungspolitik zu einer landesweiten Erschließungspolitik auszubauen und damit dem Staat endgültig die Führungsrolle in der – gemeinwohlorientierten – Elektrizitätspolitik zuzuweisen.[60] Doch damit nicht genug: „Die Fra-

---

60 *Bernhard Stier*, Staat und Strom. Elektrifizierung in Preußen zwischen Staatswirtschaft und Strukturpolitik 1910–1940, in: Karl-Heinrich Kaufhold/Bernd Sösemann (Hrsg.), Wirtschaft, Wissen-

ge, wie der akuten Knappheit zu begegnen sei, führte zwangsläufig zu Überlegungen über die Struktur der Elektrizitätswirtschaft nach dem Krieg."[61]

Dies galt aber nicht nur für Preußen und die anderen Bundesstaaten, sondern zunehmend auch für das Reich, das vor dem Ersten Weltkrieg vornehmlich ein fiskalisches (und kein ordnungspolitisches) Interesse an der Energiewirtschaft gehabt hatte: Das strukturell unterfinanzierte Reich suchte nach Möglichkeiten, die eigene Finanzkraft zu erhöhen, um nicht weiter als „Kostgänger" von den Bundesstaaten abhängig zu sein. Doch entsprechende Vorstöße – Einführung einer Steuer auf Gas- und Elektrizitätserzeugung im Zuge der Reichsfinanzreform 1908, Verstaatlichung („Starkstrom-Monopol") 1911 – scheiterten am vereinten Widerstand von Reichstag, Bundesrat sowie den Kommunen, die über den Deutschen Städtetag und die Vereinigung der deutschen Elektrizitätswerke, den Verband kommunaler Energieversorger, ihre (fiskalischen) Interessen einbrachten.[62]

Während des Kriegs erwarb das Reich dann die Elektrowerke AG, den Betreiber des Großkraftwerks Zschornewitz. In erster Linie wollte das Reich damit die kriegswichtige Stromversorgung sicherstellen, nachdem die bisherige Eigentümerin AEG durch die kriegsbedingten Kostensteigerungen den weiteren Ausbau nicht mehr rentabel gestalten konnte. Neben den kommunalen und landeseigenen Elektrizitätswerken trat damit allerdings auch das Reich im Ersten Weltkrieg als Elektrizitätsproduzent in den Markt ein, sodass fortan sämtliche Gebietskörperschaften als Produzenten in der Energiewirtschaft agierten und jeweils eigene politische Vorstellungen formulierten.[63]

Als Idee wirkte vor allem das Reichselektrizitätsmonopol in den Ersten Weltkrieg hinein. Walther Rathenau hatte sie aufgegriffen und in einer 1913 veröffentlichten, weithin rezipierten Denkschrift mit Substanz gefüllt. Neben allen taktischen Überlegungen, die sich nicht zuletzt aus den Interessen der AEG ergaben, lag der Denkschrift vor allem Rathenaus Überzeugung zu Grunde, die effizienteste Energieversorgung sei durch eine planmäßige und zentrale Steuerung eines mit weitreichenden Kompetenzen ausgestalteten Monopolunternehmens im Reichseigentum zu erreichen. Da eine effiziente Energieversorgung letztlich dem gesamten Reich nutzte (bzw. nutzen sollte) und mithin das Gemeinwohl förderte, sollten partikulare Interessen zugunsten des großen Ganzen zurücktreten.[64]

Inhaltlich war dem kaum zu widersprechen, zeigte sich doch gerade im Ersten Weltkrieg und in der Energiewirtschaft, dass sich staatliche Planung, großtechni-

---

schaft und Bildung in Preußen. Zur Wirtschafts- und Sozialgeschichte. (VSWG, Beiheft 148.) Stuttgart 1998, 120–124.
61 *Stier*, Staat und Strom, 247.
62 Vgl. für die Normierungsbemühungen vor dem Ersten Weltkrieg *Kehrberg*, Entwicklung, 18–63; vgl. *Stier*, Staat und Strom, 357–366.
63 *Stier*, Staat und Strom, 373 ff.
64 BArch Berlin R 3101/1791, Bl. 4–22, Walther Rathenau, Denkschrift betr. ein Reichs-Elektrizitäts-Monopol, 13. 11. 1913.

sche Konzeptionen, privates Gewinnstreben und flächendeckende Versorgung – cum grano salis – vereinbaren ließen und offensichtliche Erfolge erzielten. Dies wurde vor allem an der Ausweitung der Stromkapazitäten, der steigenden Leistungsfähigkeit von Kraftwerken und der Stromübertragung deutlich. Doch mit dem Eintritt des Reichs als Produzent war die politische Gemengelage noch unübersichtlicher geworden als zuvor. Heterogene Produktionsstruktur, eigentums- und vertragsrechtliche Vielfalt sowie divergierende Konzepte auf Ebene der Bundesstaaten erschwerten eine einheitliche Willensbildung: Große privatwirtschaftliche Unternehmen wie die RWE AG existieren neben kleinen Stadtwerken und größeren Zusammenschlüssen kommunaler Anbieter, hier vor allem die RWE-Gegengründung Elektrizitätswerke Westfalen AG.[65]

Nicht nur eigentumsrechtlich glich die Elektrizitätsproduktion einem Flickenteppich, sondern die unterschiedlichen Elektrizitätssysteme der Bundesstaaten sowie die eigene Strategie des Reichs erhöhten die Zahl möglicher Veto-Spieler zusätzlich.[66] Eine rechtlich klar umrissene Marktordnung existierte nicht und an eine flächendeckende Sozialisierung dachten selbst Verfechter einer starken elektrizitätspolitischen Rolle des Staates (noch) nicht. Dennoch blieben letztlich nur zwei Wege, die Energiewirtschaft künftig zu regulieren: entweder radikal durch Verstaatlichung oder evolutorisch, d. h. durch Aushandlungsprozesse und Interessenabwägung.

3.8.6 Von der Energie- zur Gemeinwirtschaft?

Während des Ersten Weltkriegs verwoben sich die Vorstellungen über die künftige Ordnung der Elektrizitätswirtschaft mit jenen über die künftige Wirtschafts- und Gesellschaftsordnung institutionell, personell und ideell zusehends. Ausgangspunkt war die Schaffung der Kriegsrohstoffabteilung (KRA) nach den Ideen Walther Rathenaus im August 1914.[67] Rathenau übernahm gemeinsam mit Oberst Walter Oehme die Leitung und besetzte die übrigen Spitzenpositionen mit Experten aus der AEG, darunter mit Georg Klingenberg den bekanntesten Verfechter eines großtechnischen Elektrizitätssystems und mit dem Ingenieur Wichard von Moellendorff einen der geistigen Urheber der KRA. Anders als vor allem Carl Friedrich von

---

65 Seit 1928 existierte mit den Vereinigten Gaswerke Westfalen das gaswirtschaftliche Pendant zum Elektrizitätsverbund der westfälischen Kommunen. *Dellweg*, Gasversorgung, 64 f.
66 Vgl. systematisch *Boris Gehlen*, Between Regulation and Nationalization: The Influence of Interest Groups on Railways, Telecommunications, and Electricity Industry Legislation in Germany, 1871–1935, in: Günther Schulz/Mathias Schmoeckel/William Hausman (Hrsg.), Regulation between Legal Norms and Economic Reality. Intentions, Effects, and Adaptation: The German and American Experiences. (Rechtsordnung und Wirtschaftsgeschichte, Bd. 8.) Tübingen 2014, 155–179.
67 Vgl. den Abschnitt 2.1.2 in diesem Band.

Siemens, Vertreter des größten AEG-Konkurrenten, befürchtet hatte, war die KRA aber nicht der verlängerter Arm der AEG, sondern agierte im nationalökonomischen Interesse.[68]

Dies entsprach den Grundüberzeugungen Rathenaus, Klingenbergs und von Moellendorfs, die in einer planmäßigen politischen Steuerung, die struktur-, sozial- und verteilungspolitische Erfordernisse mit privaten Gewinninteressen bestenfalls im Wege der Selbstverwaltung zu vereinbaren suchte, das ordnungs- und gesellschaftspolitische Zukunftsmodell schlechthin erblickten. Das Aufkommen der Gemeinwirtschaftsidee im Ersten Weltkrieg kann nicht ohne die energiepolitischen Debatten jener Zeit erklärt werden. Die Grundidee, ökonomische Freiheiten in den Dienst eines übergeordneten Gemeinwohls zu stellen, war nicht neu, sondern der Staatssozialismus und der Staatsinterventionismus des Kaiserreichs wiesen in dieselbe Richtung.[69] Der Reiz der Gemeinwirtschaft lag vor allem darin, dass sie sich anders als etwa der Staatssozialismus eigentumsrechtlich nicht festlegte, Privateigentum zuließ, aber öffentliches Eigentum auch nicht ausschloss. Bezeichnenderweise war aufgrund derselben Prämissen die preußische Elektrizitätspolitik seit 1917 über sämtliche politische Parteien, inklusive der Sozialdemokratie, hinweg anschlussfähig gewesen.[70]

Nachdem Walther Rathenau aus seiner Position in der KRA ausgeschieden war, propagierte er die Gemeinwirtschaft seit 1916 in mehreren wirkmächtigen Schriften.[71] Etwa zur selben Zeit vollzog sich auch ein verwaltungsgeschichtlicher Strukturbruch, weil in mehreren Schritten, darunter die Einrichtung des Reichskommissariats für Übergangswirtschaft, seit 1917 durch Ausgründung eines Reichswirtschaftsamts aus dem Ministerium des Innern eine eigene zivile Wirtschaftsverwaltung auf Reichsebene entstand. Die konzeptionellen Grundlagen hierfür gingen vor allem auf Denkschriften Wichard von Moellendorfs zurück, die zwar nicht unumstritten waren, die Idee der Gemeinwirtschaft aber lebendig hielten. Sie konnte nicht zuletzt dazu dienen, dem entstehenden Reichswirtschaftsministerium in der Behördenkonkurrenz ein eigenes Profil zu geben. Gerade, weil es anschlussfähig war, verfing es auch bei es auch bei August Müller und Rudolf Wissel, den sozialdemokratischen Staatssekretären bzw. Reichswirtschaftsministern im revolutionären Übergang von Kaiserreich zur Weimarer Republik.[72]

---

68 *Christian Schölzel*, Walther Rathenau. Eine Biographie. Paderborn 2006, 176 f., 180.
69 Vgl. grundlegend *Gerold Ambrosius*, Zur Geschichte des Begriffs und der Theorie des Staatskapitalismus und des staatsmonopolistischen Kapitalismus. Tübingen 1981.
70 *Stier*, Elektrifizierung in Preußen, 127 f.
71 Vgl. *Schölzel*, Rathenau, 198–212.
72 Vgl. *Stefan Fisch*, Wirtschaftliche Zentralstellen in Deutschland bis zur Gründung eines eigenständigen Reichswirtschaftsamts 1917; *Stefan Fisch*, Strukturwandel von Reichswirtschaftsamt und Reichswirtschaftsministerium im Übergang zur Weimarer Republik, in: Carl-Ludwig Holtfrerich (Hrsg.), Das Reichwirtschaftsministerium der Weimarer Republik und seine Vorläufer. Strukturen, Akteure, Handlungsfelder. (Wirtschaftspolitik in Deutschland 1917–1990, Bd. 1.) Berlin/Boston 2016, 27–95, 96–145.

Die Revolution selbst änderte bekanntlich die Wirtschaftsordnung nicht grundlegend, doch die Sozialisierung von Schlüsselindustrien, darunter die Energiewirtschaft, war 1918/19 eine durchaus realistische Option. Sowohl das Sozialisierungsgesetz als auch die Weimarer Reichsverfassung ermächtigten das Reich grundsätzlich, Privatunternehmen zugunsten des Gemeinwohls zu verstaatlichen oder aber andere Regulierungsformen zu implementieren. Die Zentralisierung der Kompetenzen ging aber mit erkennbaren Kompromissformeln einher, die auf das ordnungspolitische Dilemma der frühen Weimarer Republik hindeuten: Sie wollte sich zwar eine gemeinwirtschaftliche Gestalt geben, doch die konkrete Ausgestaltung blieb im Ungefähren, weil sich sozialistische und liberale Gemeinwirtschaftskonzeptionen unterschieden und weil es den Unternehmern um Hugo Stinnes gelang, in den aufwendigen Sozialisierungsverhandlungen Zeit zu gewinnen und im Ergebnis den Status quo aufrecht zu erhalten. Daher lag das ökonomische Ergebnis der energiepolitischen Neuordnungsdebatten nach 1918 vornehmlich darin, den Konzentrationsprozess weiter vorangetrieben zu haben.[73]

Mithin war das Ende des Ersten Weltkriegs keine energiepolitische Zäsur. Die Lösung grundsätzlicher Fragen wurde vertagt, der Konflikt zwischen privater und öffentlicher Energieproduktion nahm im weiteren Verlauf (vor allem in Preußen) zu und zeigte sich spätestens seit Gründung der Ruhrgas AG 1928 auch im Gasmarkt deutlich. Erst unter den veränderten Vorzeichen nach 1933, d. h. letztlich erneut unter kriegswirtschaftlichen Vorzeichen, schuf das Energiewirtschaftsgesetz von 1935 eine Marktordnung, die Hjalmar Schacht in ihren Grundzügen bereits 1908 skizziert hatte und die er nun als Reichswirtschaftsminister politisch verantwortete. Sie schrieb freilich im Wesentlichen das Bestehende fort und sicherte die entstandenen Gebietsmonopole ab, gleich ob die Produktion durch kommunale, staatliche, private oder gemischtwirtschaftliche Energieunternehmen erfolgte. Der Gedanke einer staatlich gelenkten Großkraftwirtschaft, wie er im Ersten Weltkrieg an Kontur gewonnen hatte, war damit für die nächsten 60 Jahre normatives Grundgerüst der deutschen Energiewirtschaft.

Auswahlbibliographie

Gerold Ambrosius, Der Staat als Unternehmer. Öffentliche Wirtschaft und Kapitalismus seit dem 19. Jahrhundert. Göttingen 1984.

Johannes Bähr/Paul Erker, NetzWerke. Die Geschichte der Stadtwerke München. München/Berlin/Zürich 2017.

Jörg Baten, Regionale Wirtschaftsentwicklung, öffentliche Elektrizitätswirtschaft und Erster Weltkrieg in Baden und Württemberg. Ein quantitativ-graphischer Vergleich, in: Historical Social Research 16, 1991, S. 69–112.

---

[73] *Peter Wulf*, Die Auseinandersetzungen um die Sozialisierung der Kohle in Deutschland 1920/21, in: Vierteljahrshefte für Zeitgeschichte 25, 1977, 46–98.

Dietmar Bleidick, Die Ruhrgas 1926 bis 2013. Aufstieg und Ende eines Marktführers. (Schriftenreihe zur Zeitschrift für Unternehmensgeschichte, Bd. 30.) Berlin/Boston 2018.
Hans-Dieter Brunckhorst, Kommunalisierung im 19. Jahrhundert dargestellt am Beispiel der Gaswirtschaft in Deutschland. München 1978.
Karl Ditt, Zweite Industrialisierung und Konsum. Energieversorgung, Haushaltstechnik und Massenkultur am Beispiel nordenglischer und westfälischer Städte 1880–1939. (Forschungen zur Regionalgeschichte, Bd. 65.) Paderborn u. a. 2011.
Boris Gehlen, Between Regulation and Nationalization: The Influence of Interest Groups on Railways, Telecommunications, and Electricity Industry Legislation in Germany, 1871–1935, in: Günther Schulz/Mathias Schmoeckel/William Hausman (Hrsg.), Regulation between Legal Norms and Economic Reality. Intentions, Effects, and Adaptation: The German and American Experiences. (Rechtsordnung und Wirtschaftsgeschichte, Bd. 8.) Tübingen 2014, 155–179.
Boris Gehlen, Paul Silverberg (1876 bis 1959). Ein Unternehmer. (VSWG Beihefte, Bd. 194.) Stuttgart 2007.
Norbert Gilson, Konzepte von Elektrizitätsversorgung und Elektrizitätswirtschaft. Die Entstehung eines neuen Fachgebietes der Technikwissenschaften zwischen 1880 und 1945. Stuttgart 1994.
Dirk Hackenholz, Die elektrochemischen Werke in Bitterfeld 1914–1945. Ein Standort der IG Farbenindustrie AG. (Forschungen zur Neuesten Geschichte, Bd. 3.) Münster 2004.
William J. Hausman/Peter Hertner/Mira Wilkins, Global Electrification. Multinational Enterprise and International Finance in the History of Light and Power 1878–2007. Cambridge u. a. 2008.
Rainer Karlsch, Vom Licht zur Wärme. Geschichte der ostdeutschen Gaswirtschaft 1855–2008. Berlin 2008.
Jan O. C. Kehrberg, Die Entwicklung des Elektrizitätsrechts in Deutschland. Der Weg zum Energiewirtschaftsgesetz von 1935. (Rechtshistorische Reihe, Bd. 157.) Frankfurt am Main 1997.
Werner Kleider, Die Entwicklung der Energieversorgung in Württembergisch-Franken 1862–1919. (Beiträge zur südwestdeutschen Wirtschafts- und Sozialgeschichte, Bd. 4.) St. Katharinen 1987.
Robert Möllenberg, Die ökonomischen Folgen unterschiedlicher Marktmacht und vertikaler Integration. Eine historische Fallstudie der Elektrizitätswirtschaft von Baden und Württemberg in der Zwischenkriegszeit (1918–1933). (Stuttgarter historische Studien zur Landes- und Wirtschaftsgeschichte, Bd. 20.) Ostfildern 2013.
Hugo Ott (Hrsg.), Statistik der öffentlichen Elektrizitätsversorgung Deutschlands 1890–1913. (Quellen und Forschungen zur historischen Statistik von Deutschland, Bd. 1.) St. Katharinen 1986.
Hugo Ott (Hrsg.), Bibliographie zur Geschichte der Energiewirtschaft in Deutschland eine Übersicht der seit dem 18. Jahrhundert zur Energieerzeugung und -verwendung erschienenen Literatur. (Quellen und Forschungen zur historischen Statistik von Deutschland, Bd. 3.) St. Katharinen 1987.
Hans Pohl, Vom Stadtwerk zum Elektrizitätsgroßunternehmen. Gründung, Aufbau und Ausbau der „Rheinisch-Westfälischen Elektrizitätswerk AG" (RWE) 1898–1918. (Zeitschrift für Unternehmensgeschichte, Beiheft 73.) Stuttgart 1992.
Manfred Ragati/Harald Wixforth (Hrsg.), Wirtschaft und Energie im Wandel der Zeit. Die Geschichte der Elektrizitätsversorgung in Ostwestfalen und Schaumburg-Lippe. Köln/Weimar/Wien 1999.
Karl-Heinz Rothenberger, Geschichte der pfälzischen Gasindustrie. Landau 1996.
Toni Siegert, Elektrizität in Ostbayern. Niederbayern von den Anfängen bis 1945. Die dezentrale Stromversorgung (Bergbau- und Industriemuseum Ostbayern, Bd. 9.) 2. Aufl. Theuern 1989.

Bernhard Stier, Staat und Strom. Die politische Steuerung des Elektrizitätssystems in Deutschland 1890–1950. Ubstadt-Weiher 1999.

Christian Werner, Die Politik der Elektrifizierung in Bayern und ihre unternehmensstrategische Umsetzung am Beispiel der Bayerischen-Elektrizitäts-Lieferungs-Gesellschaft AG im zentralen Untersuchungszeitraum von 1914 bis 1954. Köln 2011.

Peter Wulf, Die Auseinandersetzungen um die Sozialisierung der Kohle in Deutschland 1920/21, in: Vierteljahrshefte für Zeitgeschichte 25, 1977, S. 46–98.

Wolfgang Zängl, Deutschlands Strom. Die Politik der Elektrifizierung von 1866 bis heute. Frankfurt am Main 1989.

Dieter Ziegler, Kriegswirtschaft, Kriegsfolgenbewältigung, Kriegsvorbereitung. Der deutsche Bergbau im dauernden Ausnahmezustand (1914–1945), in: Dieter Ziegler (Hrsg.), Geschichte des deutschen Bergbaus, Bd. 4: Rohstoffgewinnung im Strukturwandel. Der deutsche Bergbau im 20. Jahrhundert. Münster 2013, 15–182.

Uwe Müller
3.9 Landwirtschaft und Agrarpolitik
3.9.1 Einleitung

Als sich nach der Schlacht an der Marne ein langwieriger Stellungskrieg abzeichnete, wurde die Fähigkeit zur optimalen Nutzung der Ressourcen zu einem für den Ausgang des Krieges erstrangigen Faktor. Die Sicherung der Ernährung von Armee und Zivilbevölkerung sollte hierbei einen besonders hohen Stellenwert erlangen. Bald richtete sich die britische Handelsblockade gegen die deutsche Bevölkerung. Militärstrategische Entscheidungen Deutschlands, wie die Eroberung Rumäniens im Herbst 1916 und die Besetzung der Ukraine im Jahre 1918, die beide die Position der deutschen Truppen an der Westfront schwächten, waren maßgeblich von „ernährungswirtschaftlichen Imperativen" bestimmt.[1] Hunger war neben den zahlreichen Kriegsopfern der wichtigste Grund für die um sich greifende Kriegsmüdigkeit und die Protestbewegungen an der „Heimatfront."[2]

Die materiellen Ursachen für die Mangelernährung bestanden in dem sich insbesondere bei den städtischen Mittelschichten verschlechternden Verhältnis zwischen den Einkommen und den Lebenshaltungskosten,[3] aber auch in der schlichten Knappheit an Lebensmitteln. Dies wirft eine ganze Reihe von Fragen auf: Inwieweit war die deutsche Landwirtschaft vor dem Krieg in der Lage, die Ernährung der Bevölkerung zu gewährleisten, und wie war sie auf einen Krieg vorbereitet? Welchen Einfluss hatte der Kriegszustand auf die agrarische Produktion? Welches waren die wichtigsten Ziele und Instrumente der Agrar- und Ernährungspolitik, und inwiefern beeinflusste die Politik die Produktion agrarischer Güter? Welche Auswirkungen hatten der Krieg sowie die Agrar- und Ernährungspolitik im Krieg auf die Lage der Landbevölkerung und die Situation des primären Sektors in der Nachkriegszeit?

Es lassen sich drei Perioden und Schwerpunkte agrarhistorischer Forschungen zum Ersten Weltkrieg unterscheiden. Erstens erfolgten in den 1920er Jahren im Rahmen des von der Carnegie-Stiftung für internationalen Frieden initiierten Projektes „Wirtschafts- und Sozialgeschichte des Weltkriegs" Untersuchungen über die landwirtschaftliche Produktion sowie über die Kriegsernährungswirtschaft in Deutschland.[4] Diese Arbeiten lieferten wichtige empirische Daten, die bis heute von der

---
1 *Herfried Münkler*, Der Große Krieg. Die Welt 1914–1918. Bonn 2014, 582.
2 *Anne Roerkohl*, Hungerblockade und Heimatfront. Die kommunale Lebensmittelversorgung in Westfalen während des Ersten Weltkrieges. Stuttgart 1991; *Hans-Ulrich Wehler*, Deutsche Gesellschaftsgeschichte, Bd. 4: Vom Beginn des Ersten Weltkrieges bis zur Gründung der beiden deutschen Staaten 1914–1949. Bonn 2009, 69–73, 81–86.
3 Vgl. den Beitrag 4.3 in diesem Band.
4 *Friedrich Aereboe*, Der Einfluss des Krieges auf die landwirtschaftliche Produktion in Deutschland. Stuttgart 1927; *August Skalweit*, Die deutsche Kriegsernährungswirtschaft. Stuttgart/Berlin/Leipzig 1927.

Forschung genutzt werden. Sie müssen allerdings quellenkritisch betrachtet werden, denn die Politik und das Verhalten einzelner Gruppen und Experten im Weltkrieg waren in den 1920er Jahren noch ein wichtiger Gegenstand der politischen Auseinandersetzungen.[5] Beides gilt grundsätzlich ebenfalls für in den 1920er und 1930er Jahren entstandene Qualifikationsschriften, die häufig sehr aufschlussreiches Material präsentierten, gleichzeitig aber auch einem praktischen Interesse an den Problemen einer Kriegswirtschaft entsprangen.[6]

Zwischen den späten 1960er und frühen 1980er Jahren war der Wandel der Wirtschaftsordnung im Ersten Weltkrieg ein wichtiger Teil der Debatten über den „staatsmonopolistischen" und den „organisierten Kapitalismus". Die Landwirtschaft ließ sich nur schwer in diese Theorien einfügen und spielte in den grundlegenden Werken eher eine Nebenrolle.[7] Allerdings haben die politökonomischen Ansätze eine Reihe von Studien inspiriert, die sich mit den landwirtschaftlichen Interessenverbänden beschäftigten und auch deren Agieren im Ersten Weltkrieg in den Blick nahmen.[8] Am Ende der Debatte wurde klar, dass die Bauern – anders als zunächst angenommen – nicht völlig von den Großgrundbesitzern dominiert wurden, sondern auch eigenständig agierten.[9] Insofern ergab sich ein fließender Übergang zu den seit den 1990er Jahren dominierenden Studien zur Alltags-, Kultur- und Mentalitätsgeschichte im Ersten Weltkrieg. Diese behandelten meist einzelne Regionen, zumeist Städte, seltener auch ländliche Räume. Die Ernährungsfrage wurde folglich vorrangig vom Standpunkt der Konsumenten und weniger aus der Sicht der Agrarproduzenten dargestellt.[10]

---

5 So war Friedrich Aereboe ein hoch angesehener Professor der Agrarökonomie, aber auch Beiträger der von Paul Eltzbacher im Dezember 1914 herausgegebenen Denkschrift „Die deutsche Volksernährung und der englische Aushungerungsplan" (Berlin 1914), in der unter anderem behauptet wird, dass sich Deutschland „ganz aus eigenen Mitteln" ernähren könne, wenn man den Viehbestand reduzieren würde, um die dann nicht verfütterten Kalorien der menschlichen Ernährung zuzuführen. Die Denkschrift lieferte die wissenschaftliche Begründung für den „Schweinemord", der dann im Frühjahr 1915 auch durchgeführt wurde.
6 Vgl. exemplarisch *Liesel Harms*, Untersuchungen über die Frage der öffentlichen Lebensmittelversorgung Deutschlands während des Weltkrieges 1914–1918. Eine systematische Analyse auf dem Gebiete der Kriegswirtschaft. Diss. Kiel 1925; *Hans Feierabend*, Die volkswirtschaftlichen Bedingungen und die Entwicklung des Fleischverbrauchs in Deutschland seit Beginn des Weltkrieges. Dessau 1927; *Gisela Gündell*, Die Organisation der deutschen Ernährungswirtschaft im Kriege. Leipzig 1939.
7 Vgl. *Jürgen Kocka*, Klassengesellschaft im Krieg. Deutsche Sozialgeschichte 1914–1918. Göttingen 1973, 97–103; *Gerald D. Feldman*, Armee, Industrie und Arbeiterschaft in Deutschland 1914 bis 1918. Bonn u. a. 1985, 57–66.
8 *Martin Schumacher*, Land und Politik. Eine Untersuchung über politische Parteien und agrarische Interessen 1914–1923. Düsseldorf 1978; *Jens Flemming*, Landwirtschaftliche Interessen und Demokratie. Ländliche Gesellschaft, Agrarverbände und Staat 1890–1925. Bonn 1978.
9 *Robert G. Moeller*, German Peasants and Agrarian Politics, 1914–1924. The Rhineland and Westphalia. Chapel Hill 1986.
10 Vgl. exemplarisch *Roerkohl*, Hungerblockade; *Hans-Ulrich Ludewig*, Das Herzogtum Braunschweig im Ersten Weltkrieg. Wirtschaft–Gesellschaft–Staat. Braunschweig 1984; *Reinhard Oberschelp*, Stahl und Steckrüben. Beiträge und Quellen zur Geschichte Niedersachsens im Ersten Weltkrieg (1914–

Gerd Hardach ging in seinem fast fünfzig Jahre alten, aber bis heute unentbehrlichen Buch über die Weltwirtschaft während des Ersten Weltkrieges nur relativ knapp auf agrarische Fragen ein, Friedrich-Wilhelm Henning in seinem Handbuch der deutschen Wirtschafts- und Sozialgeschichte etwas ausführlicher.[11] Der in jüngster Zeit festzustellende Prozess der Wiederentdeckung des Krieges durch die deutsche wirtschaftshistorische Forschung hat die Landwirtschaft noch nicht erreicht. Speziellere Arbeiten haben die internationale Dimension des Problems betont oder den Schwerpunkt auf die Vorgeschichte und die Rationierungspolitik gelegt.[12] Daten zur Entwicklung der agrarischen Produktion lieferte neben den erwähnten Publikationen aus den 1920er Jahren vor allem ein Beitrag von Rudolf Berthold.[13]

3.9.2 Landwirtschaft zwischen Autarkie und globaler Verflechtung

Bereits am 4. August 1914 ermächtigte der Reichstag den Bundesrat zu „wirtschaftlichen Maßnahmen" und noch am gleichen Tag beschloss dieser ein Gesetz, das es den Landesbehörden ermöglichte, Höchstpreise für Gegenstände des täglichen Bedarfs, insbesondere Lebensmittel, aber auch Futtermittel festzulegen.[14] Diese Maßnahmen waren aber nicht das Ergebnis einer ernährungspolitischen Konzeption. Außer dem genannten, tatsächlich bereits in der Schublade liegenden Gesetzentwurf, mit dem man Panikkäufen und Wucherpreisen entgegenwirken wollte, gab es keine wesentlichen agrar- bzw. ernährungspolitischen Vorbereitungen auf den Krieg.

1918), Bd. 1. Hannover 1993. Vgl. auch *Jochen Oltmer*, Bäuerliche Ökonomie und Arbeitskräftepolitik im Ersten Weltkrieg. Beschäftigungsstruktur, Arbeitsverhältnisse und Rekrutierung von Ersatzarbeitskräften in der Landwirtschaft des Emslandes 1914–1918. Sögel 1995; *Benjamin Ziemann*, Front und Heimat. Ländliche Kriegserfahrungen im südlichen Bayern 1914–1923. Essen 1997; *Antje Strahl*, Das Großherzogtum Mecklenburg-Schwerin im Ersten Weltkrieg – Von der Friedens- zur Kriegswirtschaft. Schwerin 2015.
11 *Gerd Hardach*, Der Erste Weltkrieg 1914–1918. (Geschichte der Weltwirtschaft im 20. Jahrhundert, Bd. 2.) München 1973, 119–133; *Friedrich-Wilhelm Henning*, Deutsche Wirtschafts- und Sozialgeschichte im 19. Jahrhundert. Paderborn 2003, 103–131.
12 *Avner Offer*, The First World War. An Agrarian Interpretation. Oxford 1989; *Arnulf Huegel*, Kriegsernährungswirtschaft Deutschlands während des Ersten und Zweiten Weltkriegs im Vergleich. Konstanz 2003
13 *Aereboe*, Einfluss; *Skalweit*, Kriegsernährungswirtschaft; *Rudolf Berthold*, Zur Entwicklung der deutschen Agrarproduktion und der Ernährungswirtschaft zwischen 1907 und 1925, in: Jahrbuch für Wirtschaftsgeschichte, 1974/4, 83–111.
14 Vgl. den Abschnitt 4.3.3 in diesem Band.

Dabei schienen die Möglichkeiten für Eingriffe des Staates in die Landwirtschaft durchaus günstig, denn bereits mehrere Jahrzehnte vor dem Krieg hatte das Deutsche Reich eine agrarprotektionistische Außenhandelspolitik eingeleitet (1879) und nach einer Phase moderater Zölle in den 1890er Jahren mit dem Bülowtarif von 1903 den Protektionismus erneut verstärkt. Sowohl bei der „ordnungspolitischen Wende" von 1879 als auch in der Industrie- versus Agrarstaatsdebatte der Jahrhundertwende hatte das Argument der (Getreide-) Autarkie im Kriegsfall eine zentrale Rolle gespielt.[15] Dies war allerdings ein von den Agrariern „vorgeschobenes Argument", denn Zölle allein bewirkten keine Autarkie, weil „entscheidende Rahmenbedingungen für die Produktion aus heimischen Ressourcen" nicht geschaffen wurden.[16] Trotz oder eher wegen des Agrarprotektionismus erzielte die deutsche Landwirtschaft zwischen 1880 und 1913 ein außergewöhnlich hohes Wachstum der Hektarerträge und gehörte zu den produktivsten Agrarsektoren Europas.[17] Das von dynamischem Bevölkerungswachstum gekennzeichnete und zum stärksten Industrieland Europas aufgestiegene Deutsche Reich erwirtschaftete in einigen Bereichen der Agrarwirtschaft Überschüsse und war weltweit einer der größten Exporteure von Rübenzucker und seit 1908 auch wieder von Roggen.[18]

Die im Krieg auftretenden Probleme bei der Ernährung der Bevölkerung waren also nicht darauf zurückzuführen, dass die deutsche Landwirtschaft bei Kriegsausbruch unproduktiv oder gar rückständig gewesen wäre.[19] Allerdings hatten der Rübenzucker- und der Roggenexport bis 1914 von staatlichen Subventionen profitiert, wie etwa den Getreideeinfuhrscheinen, die nach Kriegsausbruch sofort wegfielen.[20] Vor allem aber basierte das hohe Produktivitätsniveau der deutschen Landwirtschaft nur zum Teil auf dem Zollschutz. Gleichzeitig nutzten die Agrarier auch Vorteile globaler Verflechtung und innereuropäischer Arbeitsteilung. So wäre die Steigerung

---

15 *Manfred Günther Plachetka*, Die Getreide-Autarkiepolitik Bismarcks und seiner Nachfolger im Reichskanzleramt (Darstellung und Auswirkungen insbesondere während des ersten Weltkrieges). Diss. Bonn 1969.
16 *Henning*, Deutsche Wirtschafts- und Sozialgeschichte, 118.
17 *Berthold*, Agrarproduktion, 89 f.; *Oliver Grant*, „Few better farmers in Europe"? Productivity, Change, and Modernization in East-Elbian Agriculture 1870–1913, in: Geoff Eley/James Retallack (Hrsg.), Wilhelminism and its Legacies. German Modernities and the Meaning of Reform, 1890–1930. New York/Oxford 2003, 51–59; *Huegel*, Kriegsernährungswirtschaft, 31–41; *Gunter Mahlerwein*, Grundzüge der Agrargeschichte, Bd 3: Die Moderne (1880–2010). Köln u. a. 2016, 150 f.
18 *Aereboe*, Einfluss, 12–15; *Martin Steinkühler*, Agrar- oder Industriestaat: Die Auseinandersetzungen um die Getreidehandels- und Zollpolitik des Deutschen Reiches 1879–1914, Frankfurt am Main u. a. 1992, 90, 182, 265, 373; *Rita Aldenhoff*, Agriculture, in: Roger Chickering (Hrsg.), Imperial Germany. a Historiographical Companion. Westport (Conn.)/London 1996, 34–36.
19 *Albrecht Ritschl*, The Pity of Peace. Germany's Economy at War, 1914–1918 and Beyond, in: Stephen Broadberry/Mark Harrison (Hrsg.), The Economics of World War I. Cambridge 2005, 45, irrt, wenn er behauptet: „Germany's incomplete war effort had its causes in the backwardness of Germany's large agricultural sector."
20 *Steinkühler*, Agrar- oder Industriestaat, 175–184.

Tab. 1: Belieferung der Landwirtschaft mit Düngemitteln in Reinnährstoffen [pro Jahr in 1000 t].

Jahr	Phosphorsäure	Stickstoff	Kali
1913/14	630	210	536
1915/16	425	73	520
1917/18	325	92	834
1919/20	138	159	608

Quelle: *Rudolf Berthold*, Zur Entwicklung der deutschen Agrarproduktion und der Ernährungswirtschaft zwischen 1907 und 1925, in: Jahrbuch für Wirtschaftsgeschichte, 1974/4, 91.

der Hektarerträge ohne die Vervielfachung des Einsatzes von mineralischem Dünger nicht möglich gewesen.[21] Voraussetzung dafür war der Import von stickstoffsäurehaltigen Düngemitteln aus Lateinamerika, vor allem Guano aus Chile, sowie von phosphorsäurehaltigen Düngemitteln, die aus Rückständen bei der Eisenerzgewinnung hergestellt wurden und ebenfalls zu einem überwiegenden Teil importiert werden mussten. Diese Lieferungen endeten 1914 aufgrund der britischen Seeblockade schlagartig, sodass der Bedarf an mineralischem Dünger nicht mehr annährend gedeckt werden konnte. Zwar produzierte die BASF ab 1913 auf der Grundlage des Haber-Bosch-Verfahrens synthetische Nitrate. Diese wurden aber im Krieg zunächst vor allem zur Sprengstoffherstellung verwendet, sodass sich die Stickstoffversorgung der Landwirtschaft erst mit dem Ausbau entsprechender Produktionskapazitäten ab 1916 auf niedrigem Niveau stabilisierte (vgl. Tabelle 1).[22]

Eine relativ große Außenhandelsabhängigkeit existierte auch bei Futtermitteln. Zwischen 1911 und 1913 importierte Deutschland jährlich 3,1 Mio. Tonnen Futtergerste, 1,4 Mio. Tonnen Kleie sowie weitere Kraftfuttermittel, wie Ölkuchen und -mehl, Hafer sowie diverse Verarbeitungsrückstände. Dies entsprach etwa einem Drittel des Gesamtverbrauchs, bei der teilweise schon industriell betriebenen Schweinehaltung war es sogar die Hälfte. Die Gerste wurde fast komplett, die anderen Futtermittel überwiegend aus Russland importiert.[23] Dies entsprang einer durchaus rationalen Kalkulation der deutschen Viehzüchter, die die extensive Futtermittelproduktion externalisiert hatten und sich auf Veredelungsproduktion konzentrierten. Mit Kriegsausbruch wurde der deutsch-russische Handel sofort eingestellt. Lieferungen aus neutralen Ländern waren nur schwer zu bekommen, denn auch diese waren, wie

---

21 Der Verbrauch von künstlichem Dünger stieg von 1890 bis 1913 auf das Fünffache. Vgl. *Friedrich-Wilhelm Semmler*, Die deutsche Landwirtschaft während des Krieges und ihre zukünftigen Arbeitsziele nach Friedensschluß. Breslau 1917, 168; *Mahlerwein*, Agrargeschichte, 104–106.
22 *Sandro Fehr*, Die „Stickstofffrage" in der deutschen Kriegswirtschaft des Ersten Weltkriegs und die Rolle der neutralen Schweiz. Nordhausen 2009.
23 *Offer*, The First World War, 63; *Berthold*, Agrarproduktion, 95 f.; *Henning*, Deutsche Wirtschafts- und Sozialgeschichte, 103 f., 118.

zum Beispiel Dänemark, Vieh- bzw. Fleischproduzenten und in der Regel Nettoimporteure von Futtermitteln.

Schließlich muss berücksichtigt werden, dass die deutsche Landwirtschaft in den Jahrzehnten vor dem Ersten Weltkrieg auch immer mehr Arbeit „importiert" hat. Insbesondere die ostelbischen Gutswirtschaften, aber auch die mitteldeutschen Rübenproduzenten waren auf ausländische Landarbeiter angewiesen. Im Jahre 1914 waren ca. 500 000 ausländische Arbeitskräfte in der deutschen Landwirtschaft beschäftigt. Dabei handelte es sich überwiegend um Polen aus dem zum Russischen Reich gehörenden Königreich Polen oder dem österreichischen Galizien, die als Saisonarbeiter bis zu zehn Monate pro Jahr im Deutschen Reich arbeiteten.[24]

3.9.3 Fehlende ernährungs- und agrarpolitische Kriegsvorbereitungen

Die Abhängigkeit der deutschen Landwirtschaft von ausländischen Zulieferungen und Arbeitskräften war den Experten, vor allem Volkswirten, Agrarökonomen und Statistikern, grundsätzlich bekannt. Ihre Relevanz für die Sicherstellung der Volksernährung im Kriegsfall war jedoch umstritten. Dies lag zunächst daran, dass man zwar das Ausmaß der Importe und Arbeitskräftewanderungen aufgrund der Zollerhebungen und des 1909 eingeführten Legitimationszwanges für ausländische Arbeitskräfte noch relativ genau ermitteln konnte, die inländische Produktion jedoch systematisch um 10 bis 15 % überschätzt wurde, worauf der Statistiker und Nationalökonom Karl Ballod bereits 1906 hingewiesen hatte.[25] Die Statistiken des Reiches und der Bundesstaaten zur Agrarproduktion basierten nämlich auf Meldungen von Ortsvorstehern, die selbst meist zu den erfolgreicheren Landwirten gehörten und folglich Erträge eher optimistisch schätzten sowie auch unabhängig davon allzu negative Berichte vermieden, um keine unerwünschten Nachfragen hervorzurufen. Neben Ballod haben auch Georg Fröhlich und Arthur Dix in Publikationen und Gutachten für das Reichsamt des Innern darauf hingewiesen, dass es im Kriegsfall nicht nur Engpässe bei mineralischem Dünger und Futtermitteln geben würde, sondern auch beim Brotgetreide der Anteil der Selbstversorgung auf ca. 80 % sinken werde.[26] Der Roggenüberschuss könne das Defizit bei den Weizenerträgen nicht ausgleichen und würde zudem im Falle drastisch sinkender Futtermittelimporte auch für die tierische Ernährung gebraucht. Die Experten forderten eine Verbesserung

---

24 *Ulrich Herbert*, Geschichte der Ausländerpolitik in Deutschland. Saisonarbeiter, Zwangsarbeiter, Gastarbeiter, Flüchtlinge. Bonn 2003, 14–26, 91–93.
25 *Huegel*, Kriegsernährungswirtschaft, 47–66.
26 *Georg Fröhlich*, Deutsche Volksernährung im Kriege, in: Jahrbuch für Gesetzgebung, Verwaltung und Volkswirtschaft im deutschen Reich 36, 1912, 575–594.

der Statistik, um die Produktion und die vorhandenen Vorräte genauer erfassen zu können, und vor allem den Aufbau von Kriegsmagazinen.[27] Geradezu prophetisch war die Warnung Ballods:

> Es nützt nichts, jährlich eineinviertel Milliarde für Militärzwecke auszugeben, wenn man bei eintretendem Nahrungsmangel gezwungen ist, einen nachteiligen Frieden zu schließen, wenn vielleicht Heer und Flotte intakt geblieben sind.[28]

Auch im Preußischen Kriegsministerium machten sich Zweifel an der Möglichkeit einer Getreideautarkie breit und man dachte über die Errichtung einer zentralen Getreideverteilungsstelle nach, ohne jedoch dieses Vorhaben energisch voranzutreiben.[29] In der 1911 durch den Staatssekretär des Innern, Clemens von Delbrück, eingesetzten Ständigen Mobilmachungskommission sind die genannten Vorschläge zwar mehrfach erörtert worden, aber erst im Mai 1914 wurde der Beschluss gefasst, eine Getreidereserve von 2 Mio. Tonnen anzukaufen. Die entsprechenden Zuständigkeiten blieben aber ungeklärt und so scheiterte die rechtzeitige Umsetzung des Beschlusses am Widerstand der einflussreichen ostelbischen Großgrundbesitzer, die Exporteinschränkungen oder gar -verbote ablehnten, sowie an Reichsschatzsekretär Hermann Kühn, der sich noch Anfang Juli 1914 weigerte, finanzielle Mittel zum Ankauf von Getreide zur Verfügung zu stellen. Erst in den ersten Kriegstagen, Anfang August 1914 erwarb das Reich in den Niederlanden und Belgien eine relativ geringe Menge von Brotgetreide zur Magazinierung.[30]

Das Ausbleiben agrar- bzw. ernährungspolitischer Vorbereitungen auf einen zukünftigen Krieg resultierte zum einen daraus, dass die meisten Vertreter der Landwirtschaftsverbände und die Mehrheit der Politiker auf Reichsebene wie auch in Preußen aus den seit den 1890er Jahren realisierten Steigerungen der Agrarproduktion, die 1913 in einer Rekordernte gipfelten, die Schlussfolgerung zogen, die deutsche Landwirtschaft könne die Bevölkerung ausreichend ernähren. Man ging davon aus, dass sich das Defizit in der Brotgetreideversorgung ausgleichen ließ, da sich Deutschland im Bereich von Kartoffeln, Fleisch und Zucker selbst versorgen konnte und man im Kriegsfall landwirtschaftliches Nebengewerbe, wie etwa Brennereien, einschränken würde.[31]

---

27 *Gündell*, Organisation, 7–9. *Lothar Burchardt*, Friedenswirtschaft und Kriegsvorsorge. Deutschlands wirtschaftliche Rüstungsbestrebungen vor 1914. Boppard am Rhein 1968, 155–161.
28 *Karl Ballod*, Die Nahrungsmittelfrage für Deutschland im Kriegsfalle, in: Verwaltung und Statistik, August 1913, 229.
29 *Burchardt*, Friedenswirtschaft, 161–168.
30 *Huegel*, Kriegsernährungswirtschaft, 47–72, 80–85; *Henning*, Deutsche Wirtschafts- und Sozialgeschichte, 54–59; *Fritz Klein* u. a., Deutschland im Ersten Weltkrieg, Bd. 1: Vorbereitung, Entfesselung und Verlauf des Krieges bis Ende 1914. Leipzig 2004, 98–101.
31 *Offer*, The First World War, 45. Vgl. auch *Harms*, Lebensmittelversorgung, 18; *Burchardt*, Friedenswirtschaft, 159; *Roerkohl*, Hungerblockade, 17.

Wirkungsmächtiger als agrarökonomische Fehlkalkulationen waren allerdings politische Einwände gegen eine agrar- und ernährungspolitische Kriegsvorbereitung sowie militärstrategische Überlegungen. Delbrück selbst sah zwar die Gefahr einer Unterversorgung mit Nahrungsmitteln, hatte aber prinzipielle Bedenken gegen einen präventiven wirtschaftspolitischen Dirigismus. Fragen der Volksernährung gehörten traditionell zur Wohlfahrtspflege, für die eventuell die Kommunen, aber keinesfalls ein Bundesstaat oder das Reich zuständig waren.[32] Außerdem sollte bei potenziellen Kriegsgegnern nicht der Eindruck erweckt werden, dass Deutschland einen Krieg vorbereitet. Vor diesem Hintergrund setzten letztlich alle wichtigen Akteure auf die Blitzkriegsstrategie des Schlieffen-Plans. Viele dachten, dass der dadurch zu erringende rasche Sieg eine (land-)wirtschaftliche Kriegsvorbereitung ohnehin überflüssig machte. Andere waren mit Blick auf die generelle wirtschaftliche Unterlegenheit der Mittelmächte im Allgemeinen und bei der Ressourcenausstattung im Besonderen der Auffassung, dass Deutschland ohnehin keinen längeren Krieg würde führen können. In beiden Fällen erschien eine vorsorgende Agrar- und Ernährungspolitik unnötig.[33] Beide Seiten irrten und es sollte sich bald zeigen, dass die Einwirkungen des Krieges auf die Agrarproduktion viel gravierender waren als man es zuvor auch nur erahnen konnte.

3.9.4 Entwicklung der Agrarproduktion

Als der Krieg Anfang August 1914 ausbrach, konnte die eher durchschnittliche Getreideernte – auch durch den Einsatz von Schülern und Studenten – noch beinahe vollständig eingebracht werden. Außerdem verfügte der Getreidehandel über Vorräte aus der Rekordernte des Jahres 1913. Die im September 1914 vorgenommenen ersten Eingriffe in den Nahrungsmittelmarkt durch die Verordnung von Höchstpreisen für Brotgetreide in einigen Regionen hatten also keinen realwirtschaftlichen Hintergrund, sondern reagierten auf Panik und Hamsterkäufe sowie Wucherei.[34] Die Hackfruchternten im Herbst 1914 fielen dagegen bereits unterdurchschnittlich aus, was sowohl am ungewöhnlich trockenen Sommerwetter als auch an den Auswirkungen der Krieges gelegen hat. Generell sank die Agrarproduktion gegenüber 1913 um ca. zehn Prozent.[35]

---

32 *Offer*, The First World War, 45.
33 *Gerd Hardach*, Einleitung, in: Marcel Boldorf/Rainer Haus (Hrsg.) Die Ökonomie des Ersten Weltkrieges im Lichte der zeitgenössischen Kritik. (Die Deutsche Kriegswirtschaft im Bereich der Heeresverwaltung 1914–1918. Bd. 4.) Berlin/Boston 2016, 4 f.
34 Vgl. *Roerkohl*, Hungerblockade, 27, sowie den Abschnitt 4.3.3 in diesem Band.
35 Das letzte Vorkriegsjahr 1913 wird in fast allen Publikationen als Referenz genutzt, obwohl es sowohl in Bezug auf die Industrie- als auch auf die Agrarproduktion keinen „Normalfall" darstellte.

Tab. 2: Index der Produktion von Industrie und Landwirtschaft sowie von wichtigen Agrargütern 1913–1918 (1913 = 100).

Jahr	Industrie	Landwirtschaft	Getreide	Kartoffeln
1913	100	100	100	100
1914	83	89	88	85
1915	67	85	71	100
1916	64	65	72	46
1917	62	60	49	65
1918	57	60	57	46

Quelle: *Albrecht Ritschl*, The Pity of Peace. Germany's Economy at War, 1914–1918 and Beyond, in: Stephen Broadberry/Mark Harrison (Hrsg.), The Economics of World War I. Cambridge 2005, 46, 49; *Friedrich-Wilhelm Henning*, Deutsche Wirtschafts- und Sozialgeschichte im 19. Jahrhundert. Paderborn 2003, 129.

Tab. 3: Ernteerträge der wichtigsten Anbaukulturen [in Mio. Tonnen].

Jahr	Roggen	Weizen	Sommergerste	Kartoffeln	Hafer
1913	12,2	4,7	3,7	54,1	9,7
1914	10,4	4	3,2	45,6	9,2
1915	9,2	3,9	2,5	54	6
1916	8,9	3,1	2,8	25,1	7
1917	7	2,3	1,9	34,9	3,7
1918	8	2,5	2,1	29,5	4,7

Quellen: *Hans Feierabend*, Die volkswirtschaftlichen Bedingungen und die Entwicklung des Fleischverbrauchs in Deutschland seit Beginn des Weltkrieges. Dessau 1927, 60; *Joachim Petzold u. a.*, Deutschland im Ersten Weltkrieg, Bd. 3: November 1917 bis November 1918. Leipzig 2004, 251.

Wie Tabelle 2 illustriert, erlebte die landwirtschaftliche Produktion einen mindestens ebenso massiven Rückgang wie die Industrieproduktion. Auffallend ist das starke Absinken von 1915 zu 1916, das durch den Anstieg der Importe einzelner Agrargüter nicht kompensiert werden konnte und somit für die im so genannten Kohlrübenwinter 1916/17 auftretenden Ernährungsengpässe mitverantwortlich war.[36]

Eine genauere Betrachtung der Produktionszahlen für die wichtigsten pflanzlichen Agrarprodukte wie in Tabelle 3 zeigt, dass sich diese bei allgemein negativer Tendenz teilweise sehr unterschiedlich, mitunter auch gegenläufig entwickelten.

Vgl. zu den daraus erwachsenen methodischen Problemen *Marcel Boldorf*, Wirtschaftliche Organisation und Ordnungspolitik im Ersten Weltkrieg, in: Boldorf/Haus, Die Ökonomie des Ersten Weltkriegs, 155.
36 *Jörn Leonhard*, Die Büchse der Pandora. Geschichte des Ersten Weltkriegs. Bonn 2014, 734–736. Zu den Agrarimporten vgl. Abschnitt 5.1.7 in diesem Band.

Tab. 4: Anbaufläche und Hektarerträge wichtiger Anbaukulturen 1913–1918.

Jahr	Brotgetreide		Futtergetreide		Kartoffel		Zuckerrübe	
	Anbaufläche 1000 ha	Ernteertrag t/ha	Anbaufläche 1000 ha	Ernteertrag t/ha	Anbaufläche 1000 ha	Ernteertrag t/ha	Anbaufläche 1000 ha	Ernteertrag t/ha
1913	8660	2	6092	2,2	3412	16	593	2,9
1914	8564	1,7	5970	2,4	3386	13	547	2,7
1915	7770	1,5	5860	1,8	3572	15	365	2,4
1916	7988	1,6	5716	1,9	2798	9	400	2,2
1917	7340	1,5	5728	1,1	2547	14	385	2,2
1918	7565	1,4	5458	1,4	2728	11	367	2,2

Quellen: *Liesel Harms*, Untersuchungen über die Frage der öffentlichen Lebensmittelversorgung Deutschlands während des Weltkrieges 1914–1918. Eine systematische Analyse auf dem Gebiete der Kriegswirtschaft. Diss. Kiel 1925, 16 f.; *Friedrich-Wilhelm Henning*, Deutsche Wirtschafts- und Sozialgeschichte im 19. Jahrhundert. Paderborn 2003, 129; *Friedrich Aereboe*, Der Einfluss des Krieges auf die landwirtschaftliche Produktion in Deutschland. Stuttgart 1927, 31.

Dafür waren im Wesentlichen drei Arten von Einflussfaktoren verantwortlich:

a) die natürlichen Gegebenheiten, die sich mitunter gegenteilig auf die Erträge von Getreide einerseits und Hackfrüchten andererseits ausgewirkt haben. So war 1916 der Rückgang der Ernteerträge bei Kartoffeln um 60 % gegenüber dem Vorjahr maßgeblich auf einen massenhaften Pilzbefall, die so genannte Kraut- und Knollenfäule, zurückzuführen.[37]

b) der Einfluss ernährungspolitischer Maßnahmen, die mit ihren Höchstpreisverordnungen, Verfütterungsverboten, (angedrohten) Beschlagnahmen, d. h. Staatskäufe zu festgesetzten Preisen, entsprechende Ausweichreaktionen der Landwirte hervorbrachten, wodurch der Anbau bestimmter Pflanzen zu Gunsten anderer eingestellt wurde,[38] sowie

c) die Auswirkungen des Kriegszustandes auf die Möglichkeiten landwirtschaftlicher Produktion, die alle Anbaukulturen relativ gleichmäßig betrafen. Diese bestanden vor allem im Mangel an Arbeitskräften und Zugtieren sowie am Ausfall des Imports grundlegender Input-Faktoren, wie Mineraldünger und Futtermittel.

Der letztgenannte Faktor war zweifellos am stärksten verantwortlich für den in der modernen deutschen Agrargeschichte einmaligen Rückgang der Produktion. Dafür spricht der Umstand, dass sowohl der Umfang der angebauten Flächen als auch die sich in den Hektarerträgen niederschlagende Bodenproduktivität zurückgegangen sind (vgl. Tabelle 4).

---

37 *Roerkohl*, Hungerblockade, 29.
38 Vgl. den Abschnitt 3.9.6 in diesem Kapitel und 4.3.3 in diesem Band.

Insgesamt stellte die „Menschenökonomie", also das Problem des rationalen Einsatzes der Arbeitskraft im Konflikt zwischen Heeres- und Wirtschaftsbedarf, das schwerwiegendste Problem der Kriegswirtschaft dar.[39] Das galt für die Landwirtschaft in besonderem Maße, denn trotz der im innereuropäischen Vergleich relativ hohen Produktivität des deutschen Agrarsektors spielte hier der Einsatz des Produktionsfaktors Arbeit nach wie vor eine wesentlich größere Rolle als in der deutlich kapitalintensiver wirtschaftenden Industrie.[40] Hinzu kam, dass die Landbevölkerung stärker von der Mobilmachung betroffen war als die städtische Industriearbeiterschaft. Männer vom Lande wurden wegen ihres besseren Gesundheitszustandes, aber auch aus politischen Gründen überdurchschnittlich häufig zum Heeresdienst herangezogen. Industriearbeiter arbeiteten dagegen mitunter in als kriegswichtig eingestuften Betrieben und wurden daher leichter zurückgestellt.[41]

Seit 1916 fehlten der Landwirtschaft etwa zwei Drittel der ihr vor dem Krieg zur Verfügung stehenden männlichen Arbeitskräfte, also ca. 3,3 Mio. Bauern und Gesinde, Gutsverwalter und Landarbeiter. Trotz der vermehrten Beschäftigung von Frauen und Jugendlichen aus den Städten, Kriegsgefangenen und ausländischen Zwangsarbeitern sank der Arbeitseinsatz in der Landwirtschaft um ca. 30%. Das Problem bestand dabei nicht nur in der sinkenden absoluten Zahl der Arbeitskräfte, sondern auch im Verlust an für die Führung von landwirtschaftlichen Betrieben notwendigen Fähigkeiten und Erfahrungen, die bei den meisten Frauen und ehemaligen Stadtbewohnern nur in geringerem Maße vorhanden waren.[42] Besonders betroffen waren daher kleinere Betriebe, in denen die Möglichkeiten der Mitarbeit von Familienangehörigen schon vor dem Krieg ausgeschöpft gewesen waren und denen nun „die Erfahrung und vor allem die Arbeitskraft des Bauern" fehlte.[43]

Der Ackerbau litt außerdem unter dem Mangel an Zugtieren, der unzureichenden Versorgung mit tierischem und mineralischem Dünger sowie dem Verschleiß der Maschinen, die nur selten repariert und faktisch nie ersetzt werden konnten. Bereits bei Kriegsbeginn musste der überwiegende Teil der Pferde an das Heer abgegeben werden. Der Mangel an stickstoff- und phosphorhaltigem Dünger konnte durch die vermehrte Nutzung von Kalidünger nur teilweise ausgeglichen werden (siehe Tabelle 1). Erschwerend kam hinzu, dass auch das Aufkommen an natürlichem Dünger mit dem Abbau der Schlachtviehbestände stark zurückging, wie Tabelle 5 zeigt.

---

39 *Boldorf*, Wirtschaftliche Organisation, 156–158. Vgl. das Kapitel 4.1 in diesem Band.
40 *Mahlerwein*, Agrargeschichte, 70–74, 121–124.
41 *Schumacher*, Land, 34; *Oltmer*, Bäuerliche Ökonomie, 20–29; *Gunther Mai*, Kriegswirtschaft und Arbeiterbewegung in Württemberg 1914–1918. Stuttgart 1997, 44.
42 *Aereboe*, Einfluss, 32–40; *Schumacher*, Land, 34f.; *Offer*, The First World War, 62f.; *Oltmer*, Bäuerliche Ökonomie, 32f., 103–155, 433.
43 *Mai*, Kriegswirtschaft, 43. Vgl. auch *Robert G. Moeller*, Dimensions of Social Conflict in the Great War. The View from the German Countryside, in: Central European History 14, 1981, 161f.

Tab. 5: Entwicklung der Viehbestände 1913–1918 [in Mio., jeweils am 1. Dezember].

Jahr	Schweine	Rinder	Schafe	Ziegen
1913	25,7	21,0	5,5	3,5
1914	25,3	21,8	5,5	3,5
1915	17,3	20,3	5,1	3,4
1916	17	20,9	5	.
1917	11	20,1	5	4,3
1918	10,9	18,6	5	5,1

Quelle: *Hans Feierabend*, Die volkswirtschaftlichen Bedingungen und die Entwicklung des Fleischverbrauchs in Deutschland seit Beginn des Weltkrieges. Dessau 1927, 24, 53, 57, 67, 75.

Das wahre Ausmaß der Konsequenzen des Rückganges der Viehbestände für die mittelfristige Fleischversorgung wird erst dann deutlich, wenn man berücksichtigt, dass sich innerhalb weniger Jahre auch das durchschnittliche Schlachtgewicht der Tiere halbierte. In der Folge sank der Fleischkonsum der deutschen Bevölkerung auf weniger als ein Viertel des Vorkriegsniveaus.[44]

Der im Vergleich zum Schweinebestand geringere Rückgang des Rindviehbestandes sowie die in einigen Regionen sogar zunehmende Zahl von Schafen und Ziegen sind deutliche Indikatoren für eine Extensivierung der Produktionsweise. In Württemberg beispielsweise ging der Umfang des Ackerlandes zurück, während Weiden und Wiesen zunahmen. Hackfruchtanbau war aufgrund des Mangels an Arbeitskräften und Dünger nicht mehr möglich, sodass die Bauern auf den Anbau von Futterpflanzen und Weidewirtschaft umstellten, was in der Logik der kriegsorientierten Ernährungswirtschaft geradezu kontraproduktiv war, weil hierdurch die pro landwirtschaftlicher Nutzfläche produzierte Kalorienmenge abnahm.[45]

3.9.5 Folgen der Ernährungs- und Agrarpolitik für die Landwirtschaft

Die eingangs beschriebenen Defizite der agrar- und ernährungspolitischen Kriegsvorbereitung waren nicht nur materieller, sondern auch konzeptioneller Art. Dies hatte Konsequenzen für das zeitliche Vorgehen, schlug sich in den entscheidenden Motiven für staatliche Eingriffe nieder und beeinflusste auch die Wahl der Bereiche und Instrumente. Die punktuellen und zeitlich unkoordinierten Eingriffe in den Agrarmarkt riefen Reaktionen der Produzenten und teilweise auch der Verbraucher

---

44 *Aereboe*, Einfluss, 84–99; *Berthold*, Agrarproduktion, 89–103; *Henning*, Deutsche Wirtschafts- und Sozialgeschichte, 112 f.; *Roerkohl*, Hungerblockade, 27–36.
45 *Mai*, Kriegswirtschaft, 47.

hervor, worauf sich der Staat genötigt sah, mit erneuten, weitergehenden Maßnahmen zu reagieren. Es lag also der klassische Fall einer Interventionsspirale vor, wie sie durch Ludwig von Mises in den späten 1920er Jahren erstmals beschrieben wurde.[46] Auf die sich verstärkende Knappheit der Lebensmittel reagierten die Behörden mit der Rationierung des Konsums durch Ausgabe von Lebensmittelkarten sowie der Streckung von Nahrungsmitteln durch Beimischung von Ersatzstoffen. Damit kam es zu direkten Eingriffen in die Produktion, die allerdings durchweg negativer Art waren, wie Verfütterungsverbote und Zwangsschlachtungen.[47]

Aus dem Fehlen eines Gesamtkonzepts, der Hoffnung auf einen kurzen Krieg und grundsätzlichen Bedenken gegen zu starke staatliche Interventionen in die Privatwirtschaft resultierte eine Politik von Ad-Hoc-Maßnahmen, die immer nur einzelne Teile des Nahrungsmittelkonsums oder der Agrarproduktion betrafen. Vor allem bis 1916 waren sie oft auch nur von regional begrenzter Wirksamkeit. Dies entsprach der Dezentralität von Produktion und Konsumtion von Lebensmitteln, war aber auch ein Ergebnis des föderalen Charakters des Deutschen Reiches, das über keinen eigenen Verwaltungsapparat verfügte. Anders als etwa bei der Rohstoffbewirtschaftung konnte man auch nicht auf privatwirtschaftliche Erfahrungen und Institutionen der Marktsteuerung zurückgreifen.[48]

Ein wesentliches Ziel der Agrar- und Ernährungspolitik war die Sicherstellung der Lebensmittelversorgung des Heeres, die allerdings durch militärische Stellen, vor allem die im August 1914 gegründete Zentralstelle zur Beschaffung der Heeresverpflegung erfolgte, und somit dem Einfluss von Reichs- und Landespolitikern weitgehend entzogen war. Dahinter rangierte die Befriedigung zumindest der elementarsten Bedürfnisse der Bevölkerung, zumal schon früh die soziale und schließlich auch politische Sprengkraft der Ernährungsfrage deutlich wurde. Folglich fokussierte die Politik ganz überwiegend auf die Distribution und Konsumtion von Lebensmitteln, indem sie versuchte, deren Ankauf zu kontrollieren, die entsprechenden Preise zu regulieren und schließlich den Verbrauch der immer knapper werdenden Güter durch Rationierung zu steuern.

Die Konzentration auf die Regulierung der Preise und die damit verbundene Vernachlässigung einer positiven Produktionspolitik wurden bereits von einigen zeitgenössischen Politikern und Landwirten kritisiert.[49] Dieses Vorgehen hatte allerdings aus Sicht der Regierung mindestens zwei – freilich nur kurzfristig wirksame – Vorteile. Höchstpreisverordnungen konnten im Vergleich zu Eingriffen in die Produktion relativ leicht eingeführt und rasch umgesetzt werden. Sie demonstrierten

---

46 *Ludwig von Mises*, Kritik des Interventionismus. Untersuchungen zur Wirtschaftspolitik und Wirtschaftsideologie der Gegenwart. Jena 1976 (Erstausgabe 1929), 9–15.
47 *Aereboe*, Einfluss, 47–65; *Offer*, The First World War, 26–31; *Klein*, Deutschland, 328 f.; *Hartmut Berghoff*, Rationierung, in: Gerhard Hirschfeld/Gerd Krumeich/Irina Renz (Hrsg.), Enzyklopädie Erster Weltkrieg, Paderborn 2003, 787-789.
48 *Boldorf*, Wirtschaftliche Organisation, 145–151.
49 *Semmler*, Die deutsche Landwirtschaft; *Schumacher*, Land, 51, 62–69, 72–74.

außerdem den immer unzufriedener werdenden Konsumenten an der „Heimatfront" eine sofortige Handlungsbereitschaft. Gleichzeitig verschärfte sich jedoch der bereits in der Vorkriegszeit bestehende Konflikt zwischen Produzenten und Konsumenten von Lebensmitteln.[50]

Unmittelbare, positive staatliche Eingriffe in die Produktion fanden dagegen fast gar nicht statt, obwohl Preußen und andere Bundesstaaten ihre Agrarsektoren in der Vorkriegszeit durch die Förderung von Genossenschaften, des Agrarkredits und der landwirtschaftlichen Bildung durchaus unterstützt hatten, also entsprechende Erfahrungen vorlagen.[51] Das lag auch daran, dass die Agrarier in Friedenszeiten gern Subventionen entgegengenommen hatten, jedoch unter Kriegsbedingungen versuchten, Eingriffe in ihre Betriebsführung zu verhindern. Zumeist waren sie damit auch erfolgreich.[52] Letztlich beeinflusste die Konzentration der Politik auf die Regulierung von Distribution und Konsumtion die Produktion mittelbar durchaus, allerdings meist nicht in der politisch gewünschten Weise.[53]

Die 1914 getroffene Entscheidung, als vormals wichtiger Zuckerexporteur den Zuckerrübenanbau einzuschränken und einen Teil der dafür genutzten Flächen anderen Anbaukulturen zur Verfügung zu stellen, erschien zunächst durchaus sinnvoll. Allerdings wurde die Anbaufläche gleich um ein Drittel reduziert und auch die Hektarerträge gingen zurück, denn der sehr arbeitsintensive Hackfruchtanbau litt besonders stark unter dem Mangel an Landarbeitern. Gleichzeitig stieg der Konsum von Zucker als Substitut für andere knappe Lebensmittel, so dass schon 1915 der Bedarf nicht mehr gedeckt werden konnte. Versuche, die Zuckerproduktion wieder zu steigern, scheiterten am Arbeitskräftemangel sowie 1917/18 auch an Transportengpässen und dem Kohlemangel. Das 1915 erlassene Verfütterungsverbot für Zuckerrüben, die 1916 gegründete Reichszuckerstelle sowie die unter den Erwartungen gebliebenen Lieferungen aus der besetzten Ukraine konnten die Knappheit an einem Gut, bei dem es in Deutschland zuvor einen großen Überschuss gegeben hatte, nicht beseitigen.[54] Im Falle des Zuckers wird besonders deutlich, dass Produktionsrückgänge in der Landwirtschaft nicht allein ein Ergebnis im Krieg herrschender ungünstiger Rahmenbedingungen waren. Hier traf der Staat bei seinen Eingriffen auch Fehlentscheidungen.

Der erste, unmittelbar mit Kriegsbeginn erfolgende staatliche Eingriff in die Landwirtschaft betraf die Außenhandelspolitik. Hier wurden die bisher geltenden

---

50 *Belinda Davis*, Food and Nutrition (Germany), in: Ute Daniel u. a. (Hrsg.), 1914–1918-online. International Encyclopedia of the First World War, Berlin 2014-10-08. DOI: 10.15463/ie1418.10034.
51 *Uwe Müller*, Der deutsche Agrarismus in der Zeit des Kaiserreiches vor dem Hintergrund ostmitteleuropäischer Agrarbewegungen, in: Eduard Kubů/Torsten Lorenz/Uwe Müller/Jiří Šouša (Hrsg.) Agrarismus und Agrareliten in Ostmitteleuropa, Berlin/Prag 2013, 448–457; *Mahlerwein*, Agrargeschichte, 142 f.
52 *Roerkohl*, Hungerblockade, 58–64.
53 Zu den Maßnahmen der Konsumtionspolitik vgl. auch den Abschnitt 4.3.4 in diesem Band.
54 *Aereboe*, Einfluss, 30–32; *Hardach*, Der Erste Weltkrieg, 124.

Prinzipien auf den Kopf gestellt, indem sämtliche Importzölle abgeschafft und dafür Exportverbote erlassen wurden.[55] Gleichzeitig gab es Bemühungen, die Organisation der Importe von Lebens- und Futtermitteln zu monopolisieren und davon ausgehend auch die Binnenmärkte zunehmend zu kontrollieren.

Da Brotgetreide sowohl hinsichtlich der Selbstversorgung als auch in Bezug auf den Stellenwert in der Ernährung als neuralgischer Punkt galt, wurde im November 1914 die Kriegsgetreidegesellschaft gegründet. Dabei handelte es sich um eine GmbH, an der 10 Bundesstaaten, 49 Großstädte sowie 13 industrielle Großunternehmen beteiligt waren.[56] Das gemischtwirtschaftliche Unternehmen trat als Kunde bzw. Konkurrent im Rahmen des privatwirtschaftlichen Getreidehandels auf, war dabei jedoch wenig erfolgreich. Beschlagnahmeaktionen riefen den Widerstand der Landwirte hervor, ohne den Mangel wirksam bekämpfen zu können. Als im Juni 1915 die Reichsgetreidestelle gegründet wurde, ging die Kriegsgetreidegesellschaft darin auf, indem sie die Geschäftsabteilung bildete. Wichtiger war allerdings die Verwaltungsabteilung, die für die innerdeutsche Verteilung von Getreide verantwortlich zeichnete. Die Landwirte wurden verpflichtet, ihre Getreidebestände anzugeben. Diese wurden dann zu festgesetzten Preisen angekauft, von den Überschuss- in die Bedarfsgebiete transportiert und dort mit Hilfe eines Rationierungssystems an die Konsumenten verkauft. Entscheidend für die Optimierung der regionalen Getreidedistribution waren die Kommunalverbände, nach deren Angaben Liefermöglichkeiten und Konsumtionsbedarfe ermittelt wurden und die sich dann um die Einhaltung der Lieferquoten zu kümmern hatten.[57]

Nach dem Vorbild der Reichsgetreidestelle wurde im Juli 1915 die Reichfuttermittelstelle gegründet, die ebenfalls die Aufgaben einer privatwirtschaftlichen Gesellschaft übernahm. Dabei handelte es sich um die ursprünglich vom Reichsverband der deutschen Landwirtschaftlichen Genossenschaften und der Deutsche Landwirtschaftsgesellschaft ins Leben gerufene Bezugsvereinigung der deutschen Landwirte, die bereits seit 1897 den zentralen Ankauf von Düngemitteln, wie etwa Thomasmehl, und seit Kriegsbeginn von Kraftfuttermitteln organisiert hatte.[58]

Die im Oktober 1915 gegründete Reichskartoffelstelle ging zunächst anders vor als die für Getreide und Futtermittel zuständigen Behörden. Sie agierte nur in Ausnahmefällen mit Beschlagnahmungen, sondern kaufte in der Regel auf freien Märk-

---

55 *Hans-Peter Ullmann*, Kriegswirtschaft, in: Hirschfeld/Krumeich/Renz, Enzyklopädie Erster Weltkrieg, 221. Dies bedeutete jedoch nicht, dass es fortan gar keine Nahrungsmittelexporte mehr gab. So musste Deutschland Nahrungsmittel nach Österreich, später sogar nach Bulgarien und in die Türkei liefern, weil die Verbündeten drohten, den Krieg sonst nicht weiterführen zu können, vgl. *Henning*, Deutsche Wirtschafts- und Sozialgeschichte, 120 f.
56 Vgl. zu den Hintergründen *Feldman*, Armee, 96 f.
57 *Momme Rohlack*, Kriegsgesellschaften (1914–1918). Arten, Rechtsformen und Funktionen in der Kriegswirtschaft des Ersten Weltkrieges. Frankfurt am Main 2011, 99–136.
58 Die Aufgaben der Reichsfuttermittelstelle wurden Ende 1917 weitgehend an die Reichsgetreidestelle übertragen, vgl. *Gündell*, Organisation, 13–16.

ten. Im Laufe des ersten Halbjahres 1916 ging man aber auch bei Kartoffeln dazu über, den einzelnen Kommunalverbänden Bedarfsanteile und Lieferungsquoten zuzuteilen. Erst 1916 entstanden in Preußen Viehhandelsverbände sowie die Reichsfleischstelle. Beide Maßnahmen dienten aber nur der Monopolisierung des Handels und der Regulierung der Preise. Eine darüber hinaus gehende „Zwangswirtschaft" mit Abgabequoten und Beschlagnahmungen erschien bei einem leicht verderblichen Gut wie Fleisch nicht umsetzbar. Auch im Bereich des Zuckers verzichtete die im April 1916 gegründete Reichszuckerstelle auf Beschlagnahmungen und setzte dafür Lieferverpflichtungen für bestimmte Fabriken durch. In diesem Fall erlaubte es die überschaubare Zahl von Zuckerfabriken, mit möglichst minimalen Eingriffen in die Produktionssphäre eine relativ starke zentrale Kontrolle über die Verteilung und damit den Konsum des Zuckers zu erlangen.[59]

Bei der Ausgestaltung der kriegswirtschaftlichen Lenkungsinstitutionen lassen sich also einige Lernprozesse beobachten. Allerdings wurde deren Wirksamkeit dadurch eingeschränkt, dass das Reich immer auf Informationen und Exekutivgewalt der Länder und Kommunalverbände angewiesen blieb und mit diesen, aber auch mit der Heeresverwaltung und schließlich auch mit einigen großen Industrieunternehmen um die Kontrolle über knappe Lebensmittel konkurrierte.[60] Ein weiteres Problem bestand darin, dass aufgrund des Widerstandes von Teilen der Landwirtschaft und föderalistischer Sonderinteressen, die bis zu „Exportverboten" von Lebensmitteln durch einzelne Bundesstaaten reichten, die Belieferung der Großstädte und Industriegebiete aus den agrarischen Überschussregionen nur schlecht funktionierte.[61]

Die aus dem Mangel an kohärenten Konzepten entstandene Politik der Ad-Hoc-Maßnahmen bzw. die Interventionsspirale führten zur Herausbildung einer Polykratie, also eines unkoordinierten Nebeneinanders verschiedener staatlicher oder auch unter staatlichem Einfluss stehender Regulierungsinstitutionen. Dabei handelte es sich um Kriegsgesellschaften, die meist als GmbH organisiert waren, und Reichsstellen, die wie Behörden funktionierten. Hinzu kamen noch die Beschaffungsstellen des Militärs sowie kommunale Behörden.[62] Im Jahre 1917 gab es 125 auf dem Gebiet der Kriegsernährungswirtschaft tätige Einrichtungen.[63]

---

59 *Gündell*, Organisation, 17–25.
60 *Wehler*, Deutsche Gesellschaftsgeschichte, Bd. 4, 59 f.; *Leonhard*, Büchse der Pandora, 373, 377.
61 Vgl. dazu v. a. *Roerkohl*, Hungerblockade, 57–64, 317, die allerdings etwas einseitig aus der Perspektive der westfälischen Stadtbewohner argumentiert.
62 *Wehler*, Deutsche Gesellschaftsgeschichte, Bd. 4, 63; *Leonhard*, Büchse der Pandora, 370; *Huegel*, Kriegsernährungswirtschaft, 178 f. Vgl. auch *Gustavo Corni*, Ernährung, in: Hirschfeld/Krumeich/Renz, Enzyklopädie Erster Weltkrieg, 461 f.; *Wolfgang J. Mommsen*, Deutschland, in: Hirschfeld/Krumeich/Renz, Enzyklopädie Erster Weltkrieg, 23 f.
63 *Willibald Gutsche* u. a., Deutschland im Ersten Weltkrieg, Bd. 2: Januar 1915 bis Oktober 1917. Leipzig 2004, 388.

Abb. 1: Ostpreußische Bauern bringen ihr Vieh in Sicherheit, 1914 (BArch, Bild 183-R34974).

Die Einführung von Höchstgrenzen für bestimmte Endverbraucherpreise bildete zumindest bis 1916 den „Dreh- und Angelpunkt der Nahrungsmittelbewirtschaftung".[64] Durch die Festsetzung der jeweiligen Höchstpreise sollte einerseits einer möglichst großen Zahl städtischer Konsumenten ermöglicht werden, Grundnahrungsmittel zu erwerben. Andererseits musste das Preisniveau auch hoch genug sein, um den Landwirten Anreize zur Produktion zu senden und den Verbrauch knapper Güter zu verringern. Dieser Spagat ist nur selten gelungen. Die Festlegung von Höchstpreisen hat in der Regel dazu geführt, dass betroffene Produkte in deutlich geringeren Mengen oder nur noch auf dem Schwarzmarkt zu überhöhten Preisen angeboten wurden. Die mit der Durchsetzung von Höchstpreisverordnungen verbundene Logik machte daher den Einsatz restriktiver Maßnahmen unausweichlich. Rationierung und Beschlagnahmungen waren allerdings mit hohen Transaktionskosten verbunden und provozierten ihrerseits sehr kostenintensive Reaktionen der Produzenten und Konsumenten (Schwarzmarkt).[65]

---

64 *Huegel*, Kriegsernährungswirtschaft, 108.
65 *Offer*, The First World War, 57 f., 64. Vgl. auch *Martin H. Geyer*, Schwarzmarkt (zeitgenössisch Schleichhandel), in: Hirschfeld/Krumeich/Renz, Enzyklopädie Erster Weltkrieg, 1001 f.

Diese Effekte traten bereits nach der ersten Verordnung über reichsweite Höchstpreise auf, die im Oktober 1914 für Brotgetreide erlassen wurde.[66] In der Folge erschien den Landwirten der Verkauf von Brotgetreide zu festgelegten Höchstpreisen weniger attraktiv als dessen Verfütterung an das Vieh, da Fleischpreise keiner Regulierung unterlagen. Darauf reagierten die Behörden zunächst mit einem – allerdings schwer durchsetzbaren – Verfütterungsverbot für Brotgetreide. Diese Maßnahme zielte vor allem auf die Schweinehaltung. Bei Schweinefleisch war Deutschland vor dem Krieg trotz des deutlich wachsenden Konsums Selbstversorger gewesen. Angesichts des Rückgangs der Futtermittelimporte wollten die Behörden im Dezember 1914 die vorhandenen Bestände erfassen. Aus Angst vor einer Beschlagnahme von Futtermitteln gaben die Bauern zumeist geringere Bestände an, als sie tatsächlich besaßen. Dies löste wiederum bei den Behörden und agrarwissenschaftlichen „Experten" Befürchtungen aus, die Landwirte könnten das für die menschliche Ernährung benötigte Getreide oder auch Kartoffeln an die Schweine verfüttern. Daher verordnete der Bundesrat am 25. Januar 1915 eine Pflicht der Kommunen zur Anlage von Vorräten an Dauerfleischwaren, die zu einer drastischen Verringerung des Schweinebestandes führen sollte. In deren Folge sind im Frühjahr 1915 ca. fünf Millionen Schweine und damit ca. 2 bis 2,5 Mio. mehr als sonst in dieser Jahreszeit üblich geschlachtet worden. Aufgrund fehlender Lagerungskapazitäten verdarb ein Teil des Fleisches.[67]

Diese oft als „Schweinemord" bezeichnete Aktion stellt nicht nur ein besonders drastisches Beispiel für die auch sonst typischen Ad-hoc-Maßnahmen dar, mit denen jeweils auf einzelne Knappheiten und Teuerungen reagiert wurde. Sie verdeutlicht auch die unterschiedlichen Handlungslogiken der verschiedenen Akteure und die geringe Zieladäquatheit der getroffenen Maßnahmen. Der Getreidebestand erhöhte sich in der Folge nicht, während es vorübergehend einen Überschuss an Kartoffeln gab. Außerdem stürzten die Fleischpreise aufgrund des kurzzeitigen Überangebots ab, um anschließend wegen der dezimierten Bestände wieder deutlich zu steigen, so dass schließlich im Oktober 1915 auch für Schweinefleisch Höchstpreise eingeführt wurden. Dies bewirkte eine zusätzliche Verknappung des Angebotes an Schweinefleisch und ein wachsendes Angebot an Rindfleisch, das (noch) keinen Preisregulierungen unterlag und angesichts der allgemeinen Knappheit teuer verkauft werden konnte. Jede Verkleinerung des freien Marktes steigerte also das auf diesem herrschende Preisniveau.[68]

Welche verheerenden Folgen die gegensätzlichen Interessen und Handlungslogiken der Akteure sowie unzureichende Informationen haben können, lässt sich nicht

---

66 *Huegel*, Kriegsernährungswirtschaft, 106–108; *Henning*, Deutsche Wirtschafts- und Sozialgeschichte, 106.
67 *Aereboe*, Einfluss, 49–52; *Henning*, Deutsche Wirtschafts- und Sozialgeschichte, 107–110; *Moeller*, Dimensions, 147–149; *Roerkohl*, Hungerblockade, 33. Die quantitativen Angaben über das Ausmaß der Zwangsschlachtungen variieren.
68 *Schumacher*, Land, 37 f.; *Leonhard*, Büchse der Pandora, 378 f.

nur am Beispiel des „Schweinemordes" aufzeigen. So reagierten Bauern in Ostfriesland auf das Verbot der Verfütterung von Getreide völlig rational, indem sie nicht etwa ihren Viehbestand reduzierten, der ja ihr wichtigstes Kapital darstellte, sondern eine Ausweitung der Weiden vornahmen.[69] Im diametralen Gegensatz zu den Zielen des staatlichen Eingriffs diente in der Folge die Pflanzenproduktion gerade nicht direkt der menschlichen Ernährung, sondern der Aufrechterhaltung der Viehwirtschaft. Dies stellte aus ernährungswissenschaftlicher Sicht keine optimale Flächennutzung dar, erschien aber den friesischen Landwirten viel weniger riskoreich als eine Umstellung auf intensiven Ackerbau, für den ihnen im Übrigen bei Reduzierung des Viehbestandes auch die natürliche Düngung gefehlt hätte. Auch insgesamt nahm der Umfang der bestellten Ackerflächen zugunsten des Grünlandes ab.[70]

Die Reaktionen der Landwirte auf die Preisregulierungen, also das Ausweichen auf den Schwarzmarkt und die Produktion von Lebensmitteln, die noch keiner Regulierung unterworfen waren, gelangten zur Kenntnis der staatlichen Behörden. Sie wurden auch in der Presse häufig stark kritisiert. Nach den ersten Hungerkrawallen im Winter 1915/16 forderten nicht mehr nur Sozialdemokraten, sondern auch das Zentrum, einige liberale Politiker und vor allem auch Militärs die Gründung einer Zentralbehörde zur Erfassung, Verwertung und Verteilung aller im Reich greifbaren Lebensmittel, Rohstoffe und Vorräte. Viele präferierten die Installation eines „Ernährungsdiktators" und die Unterstellung der Behörde unter die Oberste Heeresleistung.[71]

Im Mai 1916 wurde das Kriegsernährungsamt gegründet. Hier sollten alle in der Zuständigkeit des Reichsamtes des Innern befindlichen Angelegenheiten der Ernährungspolitik konzentriert werden. Es ging also um eine Koordination der Tätigkeit der Reichsstellen sowie der Preispolitik. Präsident der dann doch zivilen, direkt dem Reichskanzler unterstellten Behörde wurde Adolf von Batocki, zuvor Oberpräsident von Ostpreußen und Wunschkandidat der Konservativen und Agrarier. Er bemühte sich trotz dieses Hintergrundes sowohl um die Berücksichtigung von Konsumenteninteressen als auch um eine stärkere Produktionsförderung, scheiterte aber letztlich am Widerstand der Interessengruppen und Bundesstaaten, insbesondere am preußischen Landwirtschaftsministerium. Batocki war vom Status eines „Diktators" weit entfernt. Er musste seine Entscheidungen mit mehreren Beiräten abstimmen und verfügte über keine Exekutive. Dies änderte sich auch unter seinem Nachfolger, dem ehemaligen Oberpräsidenten von Posen und Pommern, Wilhelm von Waldow, der im August 1917 die Leitung des Kriegsernährungsamtes übernahm, nicht grundsätzlich. Zwar wurde die Behörde nun den anderen Reichsämtern gleichgestellt und erlangte durch die faktische Fusion mit dem Preußischen Staatskommissariat für

---

69 *Oltmer*, Bäuerliche Ökonomie, 127–155.
70 *Roerkohl*, Hungerblockade, 29
71 *Feldman*, Armee, 100–105; *Schumacher*, Land, 37–45. Es kursierte auch der Begriff des „Lebensmitteldiktators".

Volksernährung Zugriff auf die Verwaltung, sodass die Bewirtschaftung der Lebensmittel etwas effektiver erfolgte.[72] Es gelang jedoch weder eine Ankurbelung der Produktion noch eine annähernd vollständige Erfassung und Verteilung der knappen Vorräte. Der Schleichhandel konnte nicht unterbunden werden, sondern nahm gegen Kriegsende noch zu.[73]

Nach dem Hindenburg-Programm vom August und dem Gesetz über den Vaterländischen Hilfsdienst vom Dezember 1916 galt zwar auch die Landwirtschaft als „kriegswichtig".[74] Die Möglichkeit der Dienstverpflichtung aller arbeitsfähigen Männer zwischen 17 und 60 Jahren führte jedoch der Landwirtschaft kaum neue Arbeitskräfte zu. Die Rüstungsindustrie lockte weiterhin Landarbeiter mit ihren höheren Löhnen und zunehmend auch mit besseren Lebensmittelrationen. Letztlich bildete der massive Beschäftigungsrückgang im Agrarsektor die Grundlage für die relative Konstanz der Beschäftigtenzahlen im Industriesektor.[75]

Gleichzeitig gab es zahlreiche Versuche des Staates, den Verlust an landwirtschaftlichen Arbeitskräften zu kompensieren. Die in diesem Zusammenhang ergriffenen Maßnahmen stellten die wohl wichtigste staatliche Aktivität dar, die nicht auf die Distribution und Konsumtion agrarischer Güter, sondern auf deren Produktion gerichtet war.

Im ersten Kriegsjahr konnte der Arbeitskräftemangel häufig noch im Rahmen der ländlichen Gemeinden einigermaßen kompensiert werden. Dies erfolgte durch Mehrarbeit der Frauen, den Einsatz von Kindern und Jugendlichen, die Weiterbeschäftigung von sonst nur für bestimmte Zeiträume „eingestelltem" Gesinde sowie auch durch Nachbarschaftshilfe.[76] In Preußen, wo der überwiegende Teil der ausländischen Saisonarbeiter beschäftigt war und wo man aus nationalitätenpolitischen Gründen streng darauf geachtet hatte, dass die polnischen Landarbeiter spätestens am 1. Dezember jeden Jahres das Land verließen, wurde der Rückkehrzwang nicht nur ausgesetzt, sondern eine Rückkehr ins Russische Reich verboten. Die Gutsbesitzer wurden aufgefordert, ihren ausländischen Arbeitern ausnahmsweise einen Arbeitsvertrag für den Winter sowie auch gleich für 1915 anzubieten. Diese Regelung galt zunächst auch für Arbeiter aus Galizien, das zwar zur verbündeten Habsburgermonarchie gehörte, jedoch im Herbst 1914 zu großen Teilen durch russi-

---

72 So die Einschätzung bei *Reinhold Zilch*, Kriegsernährungsamt, in: Hirschfeld/Krumeich/Renz, Enzyklopädie Erster Weltkrieg, 639, der aber auch betont, dass das Kriegsernährungsamt „insgesamt und auf Dauer den Mangel nicht zu beheben" im Stande war.
73 *Schumacher*, Land, 39–62; *Roerkohl*, Hungerblockade, 90–94; *Corni*, Ernährung, 461 f.; *Gutsche*, Deutschland, 387 f.; *Wehler*, Deutsche Gesellschaftsgeschichte, Bd. 4, 62 f.
74 *Gunther Mai*, Hilfsdienstgesetz, in: Hirschfeld/Krumeich/Renz, Enzyklopädie Erster Weltkrieg, 553 f.
75 *Boldorf*, Wirtschaftliche Organisation, 157; vgl. auch *Huegel*, Kriegsernährungswirtschaft, 5, 198–200.
76 *Oltmer*, Bäuerliche Ökonomie, 157–172.

Abb. 2: Im dritten Kriegsjahr ernten die Frauen den Roggen mit der Sichel, 1917 (BArch, Bild 183-H26640).

sche Truppen besetzt worden war. Das Rückkehrverbot sicherte den großen Gütern Ost- und Mitteldeutschlands ca. 400 000 Arbeitskräfte.[77]

Seit 1915 rekrutierte Deutschland in den besetzten Gebieten weitere Arbeitskräfte für die Landwirtschaft. Die Zahlen erreichten Anfang 1918 mit insgesamt 700 000 ausländischen Landarbeitern ihren Höhepunkt.[78] Außerdem wurde ca. die Hälfte der arbeitsfähigen Kriegsgefangenen in der Landwirtschaft beschäftigt. Dies waren 1916 735 000 von 1,5 Millionen Gefangenen, wobei weitere 40 000 für gemeinnützige Arbeiten eingesetzt wurden, die häufig ebenfalls auf dem Lande stattfanden. 1918 gab es sogar bis zu einer Million Kriegsgefangene, die in der Landwirtschaft beschäftigt waren.[79]

Allerdings mangelte es den Kriegsgefangenen sowie den anderen ausländischen Arbeitern, die überwiegend und zunehmend Zwangsarbeiter waren, zumeist

---

[77] *Christian Westerhoff*, Zwangsarbeit im Ersten Weltkrieg. Deutsche Arbeitskräftepolitik im besetzten Polen und Litauen 1914–1918. Paderborn 2012, 40–48; Herbert, Ausländerpolitik, 91–93. Vgl. auch Kriegsarbeiten der Landwirtschaftskammer für die Provinz Pommern von Kriegsbeginn bis zur Jahreswende. Stettin 1914, 20–23.
[78] *Westerhoff*, Zwangsarbeit; *Herbert*, Ausländerpolitik, 94–108.
[79] *Oltmer*, Bäuerliche Ökonomie, 40, 279–284; *Herbert*, Ausländerpolitik, 86–91.

an der Motivation zur Beteiligung an der propagierten „Ernährungsschlacht", zumal sie selbst nur niedrigste Lebensmittelrationen erhielten. Dies galt insbesondere für die russischen Soldaten, die mehr als die Hälfte aller Kriegsgefangenen ausmachten. Außerdem entsprach der Einsatz der Kriegsgefangenen nicht immer den Dringlichkeiten des Bedarfs. Kollektive Einsätze bei der Kultivierung von Mooren waren relativ einfach zu organisieren. Das Problem der Landwirtschaft bestand jedoch nicht in einem Defizit an landwirtschaftlicher Nutzfläche, sondern in einem Mangel an Arbeitskräften zur Bearbeitung der vorhandenen Nutzflächen. Sicherheitsbedenken sprachen auch gegen die dezentrale Unterbringung von Kriegsgefangenen auf Bauernhöfen, obwohl genau dort deren Arbeitskraft am dringendsten gebraucht wurde.[80]

Letztlich ließ sich das Problem der Arbeitskräfteknappheit nur in Zusammenarbeit mit dem Militär bekämpfen. Seit dem Frühjahr 1915 konnten aus der Landwirtschaft stammende Soldaten zu Saat- und Erntezeiten beurlaubt werden. Dauer und Häufigkeit der Beurlaubung hingen vor allem von der Größe des Betriebes ab. Betriebsleiter und Aufsichtspersonal von größeren Gütern wurden länger freigestellt, in einigen Fällen sogar aus der Armee entlassen, wenn dies für die Fortführung des Agrarbetriebes notwendig erschien. Die Inhaber kleinbäuerlicher Betriebe sind also auch hier benachteiligt worden.[81] Sie waren die Verlierer im „Konflikt um die Verwendung der Arbeiter", der den ganzen Krieg durchzog.[82]

Mit der Installierung von Kriegswirtschaftsämtern auf Ebene der Provinzen durch das Kriegsamt im Januar 1917 trat eine gewisse Verbesserung der Situation ein, da das Militär nun auch direkt in die Sicherstellung der Agrarproduktion einbezogen wurde. Nachdem offenkundig geworden war, dass auch das Kriegsernährungsamt mit seiner Verteilungspolitik den Hunger im Kohlrübenwinter nicht verhindern konnte, hatten einige Militärs mit General Hindenburg an der Spitze ein Eingreifen der Armee gefordert, um die „Ernährung unserer Kriegsindustriearbeiter sicherzustellen". Den Leitern des Kriegsernährungsamtes und des Kriegsamtes, Batocki und General Groener, gelang es, eine sinnvolle Arbeitsteilung zu vereinbaren, indem die ebenfalls für die „Volksernährung" zuständigen Kriegswirtschaftsämter bei der Beschaffung von Arbeitskräften, Arbeitspferden und landwirtschaftlichen Betriebsmitteln mitwirkten, was in der Praxis mit einer Zurückstellung oder Beurlaubung von Truppen zu erreichen war. Für Ankauf und Verteilung der Agrarprodukte blieb das Kriegsernährungsamt zuständig.[83]

Neben den Versuchen, die Arbeitskräfteknappheit zu überwinden, gab es weitere auf die Steigerung, Stabilisierung oder Wiederaufnahme der Produktion abzielende Maßnahmen, deren Wirkungen jedoch gering blieben oder nur im lokalen

---

80 *Oberschelp*, Stahl und Steckrüben, 48–54.
81 *Mai*, Kriegswirtschaft, 44.
82 *Boldorf*, Wirtschaftliche Organisation, 145.
83 *Feldman*, Armee, 230–235 (Zitat: 230).

Rahmen bemerkbar waren. Dabei handelte es sich zum Beispiel um die Verordnung zur Bildung von Genossenschaften zur Bodenverbesserung vom 28. Oktober 1914, die Verordnung zur Nutzung von Grundstücken, die vom Eigentümer nicht genutzt wurden, vom 31. März 1915, die eine Übertragung an den Kommunalverband ermöglichte, verschiedene Aufrufe, nährstoffreichere Pflanzen anzubauen, sowie kommunale Bemühungen zur Förderung der Kleintierzucht.[84] Letztlich war die staatliche Produktionspolitik nicht nur gegenüber der Konsumtionspolitik nachrangig, sondern auch ihrerseits eine „Kette von momentanen Notmaßnahmen und Notbehelfen."[85]

3.9.6 Ausblick

Die Knappheit an Arbeitskräften und der Einbruch der Importe von für die Landwirtschaft wichtigen Inputs, insbesondere Dünger und Futtermittel, führten den Rückgang der landwirtschaftlichen Produktion herbei. Der Fall der Importe wurde dabei durch die Kriegsgegnerschaft früherer Handelspartner, die immer besser funktionierenden britischen Blockademaßnahmen, aber auch durch eigene Defizite, wie Transportengpässe und vor allem die abnehmende Fähigkeit der deutschen Wirtschaft, potenziellen Handelspartnern in den angrenzenden neutralen Staaten Devisen oder zumindest Tauschwaren (meist Kohle) für ihre Lebensmittellieferungen zu bieten, verursacht.[86] Der Rückgang der Boden- und Arbeitsproduktivität resultierte aus dem Einsatz unausgebildeter bzw. unmotivierter Arbeitskräfte, dem Mangel an Dünger und Zugtieren sowie aus dem beinahe völligen Verzicht auf Investitionen.

Der in der jüngeren Geschichte Mitteleuropas einzigartige Rückgang der Agrarproduktion[87] zerstörte den freien Markt für Nahrungsmittel. In den letzten beiden Kriegsjahren sind mehr als 30 % der Lebensmittel über den Schwarzmarkt gehandelt worden. Nach neueren Schätzungen sind in Deutschland während des Ersten Weltkrieges zwischen 500 000 und 800 000 Menschen an Krankheiten gestorben, die infolge mangelhafter Ernährung auftraten oder deren Verlauf aufgrund mangelhafter Ernährung lebensgefährlich geworden war.[88] Es war offensichtlich, dass die

---

84 *Harms*, Lebensmittelversorgung, 25–29.
85 *Aereboe*, Einfluss, 103; *Roerkohl*, Hungerblockade, 33.
86 Vgl. dazu Abschnitt 5.1.5 in diesem Band.
87 Dieser dramatische Rückgang und auch die Folgen für die Ernährungslage sind allenfalls vergleichbar mit der Hungerkrise der 1840er Jahre, die allerdings im Vergleich zur Situation im Ersten Weltkrieg regional beschränkt war, vgl. *Hans H. Bass*, Hungerkrisen in Preußen während der ersten Hälfte des 19. Jahrhunderts. St. Katharinen 1991.
88 *Offer*, The First World War, 31–38, 45–61; *Oltmer*, Bäuerliche Ökonomie, 1; *Henning*, Deutsche Wirtschafts- und Sozialgeschichte, 131; *Gustavo Corni*, Hunger, in: Hirschfeld/Krumeich/Renz, Enzyklopädie Erster Weltkrieg, 566; *Leonhard*, Büchse der Pandora, 518.

staatliche Ernährungspolitik mit ihren zahlreichen Notmaßnahmen weder die Hungerjahre 1915/16 noch den Kohlrübenwinter 1916/17 verhindern konnte.[89] In den Augen der Bevölkerung versagte der Staat also mehrfach. Er konnte die Ernährung nicht sicherstellen, seine Regeln nicht durchsetzen und die Verschärfung der sozialen Ungleichheit und der aus deren Wahrnehmung resultierenden politischen Konflikte, vor allem auch zwischen Stadt und Land, nicht verhindern.[90]

Dies führte zu einer massiven Delegitimierung des Staates mit entsprechenden Folgen für die Beendigung des Krieges, den Ausbruch der Revolution und die politische Instabilität der Nachkriegsordnung.[91] Für ein Resümee aus wirtschafts- und sozialhistorischer Perspektive ergeben sich in diesem Zusammenhang vor allem zwei Fragen: erstens nach der Bewertung der Ernährungs- und Agrarpolitik sowie zweitens nach den längerfristigen Auswirkungen des Krieges auf die Landwirtschaft und die soziale Lage der Landbevölkerung.

Die Mängel und Fehler in der Vorbereitung, Konzeption und Durchführung der Ernährungs- und Agrarpolitik, die durch das spezifische politische System, etwa die institutionelle Schwäche des Reiches und die Konflikte zwischen den Bundesstaaten, verstärkt wurden, sind in der deutschen Forschung breit diskutiert und auch in diesem Beitrag dargestellt worden. Dennoch gab es wahrscheinlich keine Alternative zu einer Zentralisierung und Bewirtschaftung der wichtigsten Lebensmittel.[92] Offen ist freilich, ob diese Politik an „eklatanten innen- und wirtschaftspolitischen Fehlentscheidungen und ausgeprägten Gruppeninteressen" der Landwirte gescheitert ist,[93] oder ob kein System der Regulierung in der Lage gewesen wäre, den Produktionsrückgang aufzuhalten.[94] Letztlich hat der Protektionismus der Vorkriegszeit zwar keine Autarkie bewirken können, aber doch eine relative hohe Produktivität ermöglicht, sodass Deutschland trotz Blockade vier Jahre lang Krieg führen konnte.[95] Tatsächlich liegt die Bedeutung der interventionistischen Wirtschaftspolitik folglich weniger in einem Einfluss auf die Wirtschaftsentwicklung oder gar den Kriegsausgang, sondern mehr in der Umgestaltung der Wirtschaftsordnung, die in die Nachkriegszeit

---

89 *Schumacher*, Land, 74.
90 *Kocka*, Klassengesellschaft, 40–49; *Roger Chickering*, Imperial Germany and the Great War, 1914–1918. 2. Aufl. Cambridge 2004, 138–144; *Wehler*, Deutsche Gesellschaftsgeschichte, Bd. 4, 61; *Leonhard*, Büchse der Pandora, 517–519.
91 Vgl. *Jörn Leonhard*, Der überforderte Frieden. Versailles und die Welt 1918–1923. München 2018.
92 *Roerkohl*, Hungerblockade, 17.
93 *Roerkohl*, Hungerblockade, 317.
94 *Moeller*, Dimensions, 152, stellt fest: „No system of regulation and price controls could have compensated for the absolute declines in agricultural production caused by reduction in supplies of agricultural labor, fertilizers, and feeds." Dazu passt die Einschätzung, dass der „Kriegssozialismus" die Erwartungen zwar nicht erfüllt, aber verhältnismäßig lange eine Ernährungskatastrophe verhindert habe, vgl. *Schumacher*, Land, 69.
95 *Gerald D. Feldman*, The Great Disorder. Politics, Economics and Society in the German Inflation, 1914–1924. Oxford/New York 1997, 57.

hineinwirkte.⁹⁶ Die Erfahrungen der Lebensmittelkrise im Ersten Weltkrieg haben die Strategien und das Handeln der Nationalsozialisten vor und im Zweiten Weltkrieg maßgeblich beeinflusst.

Die Landwirtschaft wird häufig neben der zivilen Industrie „zu den Verlierern der Kriegswirtschaft" gezählt.⁹⁷ Dieses Urteil trifft grosso modo zu, dennoch lohnt eine differenziertere Betrachtung, zumal Studien über die Ernährungslage in den Städten gern den Landwirten „die Verantwortung für die Katastrophe" geben.⁹⁸ Wenn man eine Bilanz der Auswirkungen des Krieges auf die Landbevölkerung zieht, muss man zunächst auf die nicht unerhebliche Tatsache hinweisen, dass diese Zugang zu Nahrungsmitteln hatte, also in der Regel nicht hungerte sowie von hohen Festpreisen für Nahrungsmittel und von der Möglichkeit des Verkaufs ihrer Produkte auf dem Schwarzmarkt profitierte.⁹⁹ Selbst der Bund der Landwirte musste zugeben, „daß der eine oder andere Landwirt sehr viel zu verdienen scheint".¹⁰⁰ Tatsächlich haben nicht nur größere Betriebe ihre Ertragslage verbessern können, wie eine Studie zu Württemberg zeigt. Dort dominierten kleine und mittlere Betriebe, die ihre Reinerträge pro Hektar steigern konnten. Die Landwirte waren in der Lage, ihre Schulden abzubauen. Die Einlagen der ländlichen Kreditgenossenschaften stiegen deutlich an. Die Kriegskonjunktur brachte also einer nicht kleinen Zahl von landwirtschaftlichen Betrieben Gewinne.¹⁰¹

Allerdings handelte es sich hier nur um einen kurzfristigen Effekt. Abgesehen davon, dass die Kreditgenossenschaften das Geld ihrer Mitglieder meist in Kriegsanleihen anlegten, sanken die Erträge nach dem Krieg deutlich. Die zunehmenden Spareinlagen und die sinkende Verschuldung waren auch eine Folge des durch den Krieg verursachen Investitionsstaus:

> Raubbau an Boden und Saatgut, Bestandsverminderung bzw. -verschlechterung bei Maschinen, Ausrüstungsgegenständen und Vieh trugen zweifellos zu einem Liquiditätsüberhang bei, solange Ersatzbeschaffungen oder ertragsfördernde Investitionen (Kunstdünger u. ä.) unmöglich waren.¹⁰²

Die Gewinne in bar wirkten – auch wegen der gestauten Inflation – nur kurzfristig, der Wertverlust bei Arbeitsmaschinen und Betriebsmittel wog mittelfristig deutlich schwerer.¹⁰³ Im Alltag litt die Landbevölkerung zwar nicht unter Hunger, aber unter

---

96 Beispielsweise blieb die Getreidezwangswirtschaft noch bis 1924 in Kraft, vgl. *Gündell*, Organisation, 13.
97 *Ullmann*, Kriegswirtschaft, 225; vgl. auch *Oliver Janz*, 14 – Der Große Krieg. Bonn 2013, 234.
98 *Roerkohl*, Hungerblockade, 317.
99 *Feldman*, Disorder, 78.
100 *Otto von Kiesenwetter*, Fünfundzwanzig Jahre wirtschaftspolitischen Kampfes. Geschichtliche Darstellung des Bundes der Landwirte. Berlin 1918, 199.
101 *Schumacher*, Land, 75; *Mai*, Kriegswirtschaft, 48–50.
102 *Schumacher*, Land, 50.
103 *Feldman*, Disorder, 78.

übermäßiger Arbeit, dem Mangel an Dienstboten, Dünger und Treibstoff sowie einer Überschwemmung des Landes mit Bettlern und Hamsterern.[104] Die kleineren Bauernwirtschaften waren vom Arbeitskräfte- und Futtermittelmangel sowie der Beschlagnahme eines Pferdes oder einer Kuh oft besonders stark betroffen.[105] Es sollte mehrere Jahre dauern, bis sich die Landwirtschaft vom Verschleiß der Böden und Anlagen sowie dem Verlust an Vieh und Saatgut wieder einigermaßen erholte.

Zu den langfristigen Wirkungen des Weltkriegs gehörte auch die tiefe Enttäuschung der einstmals ganz überwiegend loyalen Landbevölkerung vom Kaiser, ja vom Staat selbst. Bis 1914 hatten die großen und kleinen Landwirte auf den Staat gesetzt, der sie vor der überseeischen Konkurrenz, der Industrie und dem Finanzkapitalismus schützen sollte. Als der Staat im Krieg versuchte, die vollständige Marktkontrolle zu übernehmen, versagte er. Gleichzeitig gingen den Landwirten die Eingriffe nun deutlich zu weit. Die ablehnende Haltung gegenüber dem Staat wurde auch auf das neue politische System übertragen, das von den städtischen Bürgern und den aufgestiegenen Industriearbeitern dominiert schien. Schon während des Krieges hatten sich die Agrarproduzenten gegenüber den Konsumenten, insbesondere den Industriearbeitern, benachteiligt gefühlt. Schließlich hatte man die Preise für ihre Produkte reguliert, jedoch nicht für ihre Produktionsmittel. Sie mussten sich nach zahlreichen Vorschriften richten und mussten Durchsuchungen über sich ergehen lassen, deren Intensität und Frequenz von Jahr zu Jahr stieg:[106] „German agriculture appeared a winner, but it was constantly on the defensive and considered itself to be a loser relative to industrial sector."[107]

Auswahlbibliographie

Aerobe, Friedrich, Der Einfluss des Krieges auf die landwirtschaftliche Produktion in Deutschland. Stuttgart 1927.
Berthold, Rudolf, Zur Entwicklung der deutschen Agrarproduktion und der Ernährungswissenschaft zwischen 1907 und 1925, in: Jahrbuch für Wirtschaftsgeschichte, 1974/4, 83–111.
Burchardt, Lothar, Friedenswirtschaft und Kriegsvorsorge. Deutschlands wirtschaftliche Rüstungsbestrebungen vor 1914. Boppard am Rhein 1968.
Davis, Belinda, Food and Nutrition (Germany), in: Ute Daniel u. a. (Hrsg.), 1914–1918-online. International Encyclopaedia of the First World War. Berlin 2014-10-08. DOI: 10.15463/ie1418.10034.
Feierabend, Hans, Die volkswirtschaftlichen Bedingungen und die Entwicklung des Fleischverbrauchs in Deutschland seit Beginn des Weltkrieges. Dessau 1927.

---

104 *Oltmer*, Bäuerliche Ökonomie, 104.
105 *Moeller*, Dimensions, 159–165.
106 *Schumacher*, Land, 63; *Feldman*, Armee, 372; *Moeller*, Dimensions, 155–159; *Roerkohl*, Hungerblockade, 36.
107 *Feldman*, Disorder, 78.

Feldman, Gerald D., Armee, Industrie und Arbeiterschaft in Deutschland 1914 bis 1918. Bonn 1985.
Feldman, Gerald D., The Great Disorder. Politics, Economics and Society in the German Inflation, 1914–1924. Oxford/New York 1997.
Gündell, Gisela, Die Organisation der deutschen Ernährungswissenschaft im Kriege. Leipzig 1939.
Gutsche, Willibald u. a., Deutschland im Ersten Weltkrieg, Bd. 2: Januar 1915 bis Oktober 1917. Leipzig 2004.
Hardach, Gerd, Der Erste Weltkrieg 1914–1918. (Geschichte der Weltwirtschaft im 20. Jahrhundert, Bd. 2.) München 1973.
Harms, Liesel, Untersuchungen über die Frage der öffentlichen Lebensmittelversorgung Deutschlands während des Weltkriegs 1914–1918. Eine systematische Analyse auf dem Gebiete der Kriegswirtschaft. Diss. Kiel 1925.
Huegel, Arnulf, Kriegsernährungswirtschaft Deutschlands während des Ersten und Zweiten Weltkriegs im Vergleich, Konstanz 2003.
Klein, Fritz, Deutschland im Ersten Weltkrieg, Bd. 1: Vorbereitung, Entfesselung und Verlauf des Krieges bis Ende 1914. Leipzig 2004.
Moeller, Robert G., Dimensions of Social Conflict in the Great War. The View from the German Countryside, in: Central European History 14, 1981. 142–168.
Moeller, Robert G., German Peasants and Agrarian Politics, 1914–1924. The Rhineland and Westphalia. Chapel Hill 1986.
Müller, Uwe, Der deutsche Agrarismus in der Zeit des Kaiserreiches vor dem Hintergrund ostmitteleuropäischer Agrarbewegungen, in: Eduard Kubů/Torsten Lorenz/Uwe Müller/Jiří Šouša (Hrsg.), Agrarismus und Agrareliten in Ostmitteleuropa. Berlin/Prag 2013, 419–469.
Oberschelp, Reinhard, Stahl und Steckrüben. Beiträge und Quellen zur Geschichte Niedersachsens im Ersten Weltkrieg (1914–1918), Bd. 1. Hannover 1993.
Offer, Avner, The First World War. An Agrarian Interpretation. Oxford 1989.
Oltmer, Jochen, Bäuerliche und Arbeitskräftepolitik im Ersten Weltkrieg. Beschäftigungsstruktur, Arbeitsverhältnisse und Rekrutierung von Ersatzarbeitskräften in der Landwirtschaft des Emslandes 1914–1918. Sögel 1995.
Ritschl, Albrecht, The Pity of Peace. Germanys Economy at War, 1914–1918 and Beyond, in: Stephen Broadberry/Mark Harrison (Hrsg.), The Economics of World War I. Cambridge 2005, 41–73.
Roerkohl, Anne, Hungerblockade und Heimatfront. Die kommunale Lebensmittelversorgung in Westfalen während des Ersten Weltkrieges. Stuttgart 1991.
Schumacher, Martin, Land und Politik. Eine Untersuchung über politische Parteien und agrarische Interessen 1914–1923. Düsseldorf 1978.
Skalweit, August, Die deutsche Kriegsernährungswirtschaft. Stuttgart/Berlin/Leipzig 1927.
Ziemann, Benjamin, Front und Heimat. Ländliche Kriegserfahrung im südlichen Bayern 1914–1923. Essen 1997.

Carsten Burhop
3.10 Bankensektor

3.10.1 Einleitung

Im 19. Jahrhundert etablierte sich ein Mehrsäulensystem im deutschen Bankwesen, dessen einzelne Pfeiler in unterschiedlichem Ausmaß im Verlauf des Ersten Weltkriegs destabilisiert worden sind. Die fundamentale Krise, in die das Bankwesen nach Kriegsende geraten sollte, zeichnete sich allerdings erst ab 1917 ab, während die Kriegsausbruchskrise, die im folgenden Abschnitt behandelt wird, gut gemeistert wurde. Auch die Jahre 1915 und 1916 zeichneten sich, unter Berücksichtigung des schwierigen Marktumfelds, durch eine geordnete Entwicklung aus. Insgesamt wuchs das Kreditvolumen des Bankensektors zwischen 1913 und 1918 rascher als das nominale Volkseinkommen. Allerdings verschoben sich die Geschäftsrelationen im Kriegsverlauf in zwei Dimensionen. Erstens verlagerte sich das Geschäft von den Sparkassen, Genossenschafts- und Hypothekenbanken zur Reichsbank. Zweitens verschob sich die Kreditvergabe von der gewerblichen Wirtschaft zur Staatsfinanzierung. Die Aktienkreditbanken und die Privatbanken, die sich vor allem der Finanzierung der gewerblichen Wirtschaft und dem Börsengeschäft widmeten, mussten sich in der überliquiden Kriegswirtschaft bei gleichzeitig relativ verhaltenem Börsengeschäft neue Geschäftsfelder erschließen. Ähnliches galt für die Volks- und Raiffeisenbanken, die traditionell das städtische (Klein-)Gewerbe und die Landwirtschaft finanzierten. Die vornehmlich im urbanen Raum tätigen Sparkassen weiteten angesichts wachsender Spareinlagen vor allem die Kreditvergabe an die öffentliche Hand aus. Ein weitgehender Baustopp und die Schließung des Wertpapiermarktes für Pfandbriefe stellten das Geschäftsmodell der Hypothekenbanken vor neue Herausforderungen. Stark wachsend war einzig das Geschäft der Reichsbank, die sich vor allem im Bereich der Kriegsfinanzierung stark engagierte. Im vierten und fünften Teil dieses Aufsatzes werden die quantitativen und qualitativen Dimensionen des Wandels beschrieben. Abschnitt drei widmet sich der besonderen Funktion der Reichsbank.

Die quantitativen Dimensionen des Wandels sind spätestens seit der 1976 publizierten Festschrift der Bundesbank wohlbekannt. Wenn man jedoch tiefer in die Literatur zur Geschichte des Bankwesens eintaucht, dann beobachtet man zwei Tendenzen. Erstens wird dem Ersten Weltkrieg relativ wenig Aufmerksamkeit zuteil – vor allem im Vergleich mit dem Zweiten Weltkrieg. Zweitens wird der Erste Weltkrieg häufig als Vorgeschichte der Hyperinflation behandelt. Anhand der dreibändigen, Anfang der 1980er Jahre vom Institut für bankhistorische Forschung publizierten „Deutsche Bankengeschichte" kann dies illustriert werden: Hier wird der Erste Weltkrieg gemeinsam mit der Hyperinflation abgehandelt und der engeren Bankengeschichte, d. h. unter Ausschluss der Kriegsfinanzierung, werden lediglich neun Seiten gewidmet.[1] Die seitdem publizierten Standardwerke zur Geschichte einzelner Großbanken und ihrer Niederlassungen enthalten durchaus nennenswertes Material, das freilich bislang noch nicht systematisch zusammengetragen worden ist.[2]

3.10.2 Die Kriegsausbruchskrise

Als am 31. Juli 1914 die Verhängung des Kriegszustandes durch den Kaiser an der Frankfurter Börse bekannt wurde, verbreitete sich unter den Börsenbesuchern Begeisterung und die Nationalhymne wurde spontan auf dem Parkett angestimmt. Die Reaktionen an der Berliner Börse waren gefasster – dort blieb es fast gespenstisch ruhig, nennenswertes Geschäft fand nicht statt.[3] Weniger begeistert oder ruhig waren demgegenüber viele Sparer, die an die Bankschalter stürmten und Bargeld verlangten. Das Reichsbankdirektorium ließ daraufhin verlauten, dass Reichsbanknoten bereits seit dem 1. Januar 1910 gesetzliches Zahlungsmittel seien und von jedermann zum vollen Nennwert angenommen werden müssten; es bestehe also keine Notwendigkeit, Goldmünzen bei den Banken zu verlangen. Diese Tatsache wurde auch auf einer Sitzung rheinischer Bankiers in Köln betont. Zudem sprachen sich die Bankiers gegenseitig Mut zu und betonten, dass man bisher allen Liquiditätswünschen der Kundschaft habe entsprechen können.[4]

In der Rückschau kann man feststellen, dass ein überwältigender Ansturm auf die Banken bei Kriegsausbruch ausblieb. Sowohl in Berlin als auch in der Provinz stiegen die Auszahlungen an die Kundschaft zwar vorübergehend deutlich an, aber das Geld floss relativ schnell wieder zurück auf die Konten.[5] Der genaue Umfang des Ansturms auf Banken und Sparkassen lässt sich bis heute nicht genau beziffern. Schätzungen zufolge haben die Geschäftsbanken in jenen Tagen vermutlich 10 bis 20% ihrer Einlagen, die Sparkassen ein bis eineinhalb Prozent ihrer Sparguthaben verloren.[6] Von den Geschäftsbanken ließ lediglich die Discontogesellschaft verlauten, dass ihr Kassenbestand zwischen Mitte Juli und Mitte August um 12% gefallen

---

1 *Karl-Erich Born*, Vom Beginn des Ersten Weltkriegs bis zum Ende der Weimarer Republik (1914–1933), in: Institut für bankhistorische Forschung (Hrsg.), Deutsche Bankengeschichte, Bd. 3. Frankfurt am Main 1983, 15–146.
2 *Wilfried Lampe*, Der Bankbetrieb in Krieg und Inflation. Deutsche Großbanken in den Jahren 1914 bis 1923. Stuttgart 2012, liefert Ansätze einer Synthese. Allerdings ist die Arbeit weitestgehend deskriptiv-quantitativ ausgerichtet und geht in dieser Hinsicht kaum über den Erkenntnisstand der zeitgenössischen Literatur hinaus.
3 Berliner Börsenzeitung, Abendausgabe vom 31. 7. 1914, 4.
4 Berliner Börsenzeitung, Morgenausgabe vom 1. 8. 1914, 9.
5 *Born*, Beginn, 30–31.
6 *Rudolf Stucken*, Deutsche Geld- und Kreditpolitik 1914–1953, 2. Aufl. Tübingen 1953, 15.

3.10 Bankensektor — 373

Abb. 1: Mühlendamm, um ihr erspartes Geld besorgte Bürger vor der Sparkasse stehend, nach dem Attentat in Sarajevo, Juli 1914 (BArch, Bild 103-353-006. Berlin).

war, bevor er wieder zunahm.[7] Bei den rheinischen Sparkassen setzte am 25. Juli ein kleiner Ansturm ein, der seinen Höhepunkt am 31. Juli und 1. August erreichte, aber zwei Tage später bereits beendet war.[8] Allerdings wurden die Auszahlungssummen teilweise begrenzt: in Köln und Düsseldorf z. B. auf zunächst 1000 Mark, wenig später sogar auf 300 Mark je Sparer.[9] Regional lag der Schwerpunkt der Panik aber nicht im Rheinland, sondern in Ostpreußen und Westfalen. Rasch lagen aber auch dort wieder die Einzahlungen über den Auszahlungen.[10] Unterstützung erfuhr das Bankwesen von der Reichsbank, die Liquidität zwar unbegrenzt, aber bei steigenden Zinsen, zur Verfügung stellte. Am 31. Juli 1914 hob sie ihre Leitzinssätze, den Diskont- und den Lombardsatz, die seit dem 5. Februar 1914 bei vier bzw. fünf Prozent standen, um einen Prozentpunkt, am 1. August um einen weiteren Prozentpunkt an. Am 23. Dezember 1914 reduzierte sie ihre Leitzinsen um jeweils einen Prozentpunkt auf fünf (Diskontsatz) bzw. sechs (Lombardsatz) Prozent. Auf diesem Stand blieben die Zinsen bis Kriegsende. Letztlich beendeten drei Faktoren den Ansturm auf die Bankschalter: die solide Liquiditätslage der deutschen Banken, die

---

7 *Walter Hoffmann*, Die Berliner Depositenbanken während des Weltkriegs – Teil 1, in: Jahrbücher für Nationalökonomie und Statistik 115, 1920, 29.
8 *Walter Hoffmann*, Zur Entwicklung der deutschen Sparkassen während des Weltkriegs, in: Jahrbücher für Nationalökonomie und Statistik 111, 1918, 303.
9 *Hans Pohl*, Die rheinischen Sparkassen. Stuttgart 2001, 117.
10 *Hoffmann*, Sparkassen, 303.

Unterstützung der Reichsbank und der rasche Vormarsch deutscher Truppen.[11] Eine große Panik blieb aus, so Hans Pohl, weil die Menschen ein schnelles und siegreiches Kriegsende erwarteten.[12]

Die vielschichtige finanzielle Kriegsvorbereitung trug ebenfalls zur Stabilität des deutschen Banksystems bei Kriegsausbruch bei. Die Reichsbank hatte bereits 1906 die Vollmacht erhalten, Banknoten mit Nennwerten von nur 20 bzw. 50 Mark in den Verkehr zu bringen, um die Verwendung von Goldmünzen, die im Wert von fünf, zehn und 20 Mark umliefen, im Zahlungsverkehr zu reduzieren.[13] Eine weitere Förderung des Papiergelds im Vergleich zu Goldmünzen wurde in der Novelle des Bankgesetzes von 1909 vorgenommen: Sie erklärte Banknoten mit Wirkung vom 1. Januar 1910 zu gesetzlichen Zahlungsmitteln.[14] Nach der Marokkokrise von 1911 begann die Reichsbank ihren Goldbestand systematisch aufzustocken, um im Fall der Fälle Spielraum für die Emission von Banknoten zu haben. Außerdem wirkte sie auf die Großbanken ein, ihre Verbindlichkeiten im Ausland zu reduzieren. Bereits ein Jahr später hatten sich die deutschen Bankschulden im Ausland deutlich verringert und den Verbindlichkeiten standen, so Karl Helfferich von der Deutschen Bank, erhebliche Forderungen gegenüber.[15]

Die neue Goldpolitik der Reichsbank wirkte rasch. Bis Ende 1910 hatte der Goldbestand stets weniger als 800 Millionen Mark betragen; nun wurde er bis Ende Juli 1914 auf 1.253 Millionen Mark erhöht. Darüber hinaus konnte die Reichsbank auf den Reichskriegsschatz hoffen, der zwischen Juli 1913 und Kriegsbeginn von 120 auf 205 Millionen Mark erhöht worden war.[16] Den Anstoß für die Erhöhung hatte 1909 Jakob Riesser, der damalige Präsident des Centralverbandes des deutschen Bank- und Bankiergewerbes, gegeben. Er forderte eine Verdoppelung des Kriegsschatzes, um die Mobilmachungskosten leichter abdecken zu können. Tatsächlich beschloss der Reichstag 1913 die Erhöhung des Schatzes von 120 auf 240 Millionen Mark binnen zwei Jahren.[17] Am 2. August wurde auf Anweisung des Reichskanzlers der Reichskriegsschatz an die Reichsbank übertragen.[18] Sie konnte nun, dem Prinzip der bis Mai 1921 gültigen Drittdeckung der Banknoten folgend, auf dieser Basis Papiergeld im Nennwert von 615 Millionen Mark emittieren.[19] Dies war durchaus dringlich, denn alleine die Heeresverwaltung benötigte in den ersten sechs Kriegs-

---

[11] *Hoffmann*, Depositenbanken, Teil 1, 27–28.
[12] *Pohl*, Sparkassen, 117.
[13] Gesetz betreffend die Ausgabe von Reichsbanknoten zu 20 und zu 50 Mark vom 20. 2. 1906, in: Reichsgesetzblatt (RGBl.) 1906, 318; *Stucken*, Kreditpolitik, 14.
[14] Novelle zum Bankgesetz vom 1. 6. 1909, RGBl. 1909, 515.
[15] *Stucken*, Kreditpolitik, 15.
[16] *Stucken*, Kreditpolitik, 13 f.
[17] *Born*, Beginn, 19.
[18] *Hermann Bente*, Die deutsche Währungspolitik von 1914 bis 1924, in: Weltwirtschaftliches Archiv 23, 1926, 118.
[19] *Stucken*, Kreditpolitik, 19.

tagen rund 750 Millionen Mark.[20] Nach Kriegsausbruch setzte die Reichsbank ihre Goldgewinnungspolitik fort, u. a. mit Appellen an den Patriotismus der Bevölkerung. Dies scheint gewirkt zu haben, denn der Goldbestand der Reichsbank, der in der ersten Augusthälfte um 100 Millionen Mark geschrumpft war, wuchs danach rasch an und überstieg Ende 1914 die Marke von zwei Milliarden Mark.[21] Im Kriegsverlauf stieg er weiter an: Zunächst durch den Rückfluss von Goldmünzen, dann durch den Ankauf von Schmuck und anderen Goldgegenständen und zuletzt durch Gold aus den russischen Reparationszahlungen.[22] Am Kriegsende belief sich der Goldbestand der Reichsbank auf rund 2,55 Milliarden Mark.[23]

Neben diesen materiellen Entscheidungen der Vorkriegszeit standen immaterielle Vorarbeiten, denn, so der nationalliberale Wirtschaftspublizist Arthur Dix, „[n]ächst der militärischen war die finanzielle Mobilmachung bis in die letzten Einzelheiten am sorgsamsten vorbereitet. [...] [D]ie Reichsbank und das Reichsschatzamt hatten die Arbeiten eines finanziellen Generalstabs übernommen und auf sorgfältigste durchgeführt."[24] Die am 4. August 1914 erlassenen Währungs- und Finanzgesetze waren bereits vor dem Krieg vorbereitet worden. Zentrales Ziel dieser Gesetze war der Erhalt der Goldreserven der Reichsbank. Daher wurde nicht nur die Goldeinlösungspflicht von Banknoten aufgehoben, sondern es wurden generell alle Goldklauseln – d. h. Vereinbarungen, dass Zahlungen in Gold erfolgen müssen – für unwirksam erklärt. Im Reichstag wurden die Gesetze im Schnellverfahren an einem Tag durchgeboxt und einstimmig verabschiedet.[25] Diese Gesetze ermöglichten die Inanspruchnahme der Reichsbank für die Kriegsfinanzierung.

Erstens hob das „Gesetz, betreffend die Reichskassenscheine und die Banknoten" die Verpflichtung der Reichsbank auf, ihre Banknoten in Gold einzulösen, und die Reichskassenscheine wurden zu gesetzlichen Zahlungsmitteln erklärt.[26] Bisher waren nur öffentliche Kassen zu ihrer Annahme verpflichtet gewesen. Da sie vor allem in kleinen Stückelungen ausgegeben wurden, ersetzten sie Münzen im Zahlungsverkehr. Quantitativ waren sie jedoch unbedeutend. Ihr Umlauf steigerte sich im Kriegsverlauf lediglich von 120 auf 356 Millionen Mark.[27] Zweitens stellte das „Gesetz, betreffend Änderungen des Bankgesetzes" Reichsschatzanweisungen und Reichsschatzwechsel den reichsbankfähigen Handelswechseln gleich, d. h. sie konnten fortan als Sekundärdeckung für zwei Drittel des Banknotenumlaufs ver-

---

20 *Bente*, Währungspolitik, 119.
21 *Stucken*, Kreditpolitik, 19 f.
22 *Bente*, Währungspolitik, 126.
23 *Stucken*, Kreditpolitik, 30. Geschäftsbericht der Reichsbank für 1918, 35.
24 *Arthur Dix*, Die wirtschaftliche Mobilmachung Deutschlands 1914, in: Jahrbücher für Nationalökonomie und Statistik 104, 1915, 15.
25 *Bente*, Währungspolitik, 117–118, 120. Vgl. zur Kriegsfinanzierung auch Kapitel 2.3 in diesem Band.
26 Gesetz, betreffend die Reichskassenscheine und die Banknoten, RGBl. 1914, 347.
27 *Born*, Beginn, 25.

wendet werden.[28] Außerdem hob dieses Gesetz die fünfprozentige Notensteuer, die von der Reichsbank abgeführt werden musste, wenn die Banknotenausgabe einen bestimmten Wert überschritt, auf.[29] Drittens hob das „Gesetz, betreffend die Änderung des Münzgesetzes" die Goldauszahlungspflicht bei Einlieferung von Scheidemünzen und Banknoten auf.[30] Viertens, und für den weiteren Kriegsverlauf wohl am wichtigsten, war das „Gesetz, betreffend die Darlehenskassen".[31] Mit diesem Gesetz wurden Darlehenskassen, die bereits während der Kriege von 1866 und 1870/71 vorübergehend und in ähnlicher Form errichtet worden waren, wiederbelebt. Ziel der Darlehenskassen war die Verlagerung des Lombardgeschäfts von der Reichsbank zu ihnen, d. h. dort erhielt man gegen Verpfändung von Waren oder Wertpapieren Kredit. Die gewährten Kredite wurden nun nicht in Form von Giroguthaben, Banknoten oder Münzen, sondern in Form von Darlehenskassenscheinen ausgezahlt. Da diese „real" durch Waren oder Wertpapiere fundiert waren, durfte die Reichsbank Darlehenskassenscheine wie Gold behandeln und als Primärdeckung für Banknoten heranziehen. Wenn Darlehenskassenscheine bei der Reichsbank in Banknoten eingetauscht wurden, dann konnte die Zentralbank, dem Prinzip der Dritteldeckung folgend, für den eingelieferten Nennwert an Darlehenskassenscheinen Banknoten im dreifachen Nennwert ausgeben. Damit wurde das Tor zur unbegrenzten Geldmengenexpansion geöffnet. Außerdem wurde die Liquidität von Waren- und Wertpapierbesitzern kurzfristig erhöht. Schließlich konnten die vor allem in kleinen Nennwerten von 1, 2 und 5 Mark ausgegebenen Darlehenskassenscheine Münzen im Zahlungsverkehr ersetzen. Da die Darlehenskassen in den Filialen der Reichsbank angesiedelt waren und da ihre Leitung aus dem Vorstand der örtlichen Reichsbankfiliale, einem Vertreter des Reichsschatzamtes und Vertretern des regionalen Gewerbes bestand, konnten Interessen der Kriegs- und Gewerbefinanzierung leicht berücksichtigt werden. Rasch zeigte sich, dass die Darlehenskassen nicht von der gewerblichen Wirtschaft in Anspruch genommen worden sind, sondern dass dort zunächst vor allem Kriegsanleihen lombardiert worden sind. Eine Zusammenstellung der Kreditvergabe von 30 Darlehenskassen per Ende Oktober 1914 zeigt beispielsweise, dass rund zwei Drittel der Kredite auf Basis von Kriegsanleihen vergeben worden sind.[32]

---

28 *Bente*, Währungspolitik, 119.
29 RGBl. 1914, 327.
30 RGBl. 1914, 326.
31 RGBl. 1914, 340.
32 *Oskar Stillich*, Darlehenskassen und Kriegskreditbanken, in: Jahrbücher für Nationalökonomie und Statistik 104, 1915, 238–239, 242–244. Zur Propaganda bezüglich der Kriegsanleihen vgl. Abschnitt 2.3.4 in diesem Band.

3.10.3 Geldemission der Reichsbank

Die Reichsbank war zentral für die Aufrechterhaltung der Liquidität während der Kriegsausbruchskrise, und sie gewann sowohl im Depositen- wie auch im Kreditgeschäft im Kriegsverlauf an Bedeutung. Dies kann detailliert an den in Tabelle 1 enthaltenen Bilanzziffern der Reichsbank gezeigt werden. Zwischen Ende 1913 und Ende 1918 hat sich die Bilanzsumme der Reichsbank in etwa verfünffacht. In den Jahren 1914 bis 1916 wuchs sie jährlich um jeweils ein Viertel, 1917 um ein Drittel und 1918 schließlich um mehr als 75 %. Zumindest bis 1916 kann man von einer relativ normalen Entwicklung in Krisenzeiten sprechen: Zwischen Ende 1913 und Ende 1916 verdoppelte sich die Bilanzsumme der Reichsbank – ebenso wie ein Jahrhundert später unter anderen Umständen diejenige der Europäischen Zentralbank zwischen 2013 und 2016.

Gesetzlich war die Reichsbank gemäß §12 des Bankgesetzes dazu verpflichtet, den Geldumlauf zu regeln, den Zahlungsausgleich zu erleichtern und für die Nutzbarmachung von Kapital zu sorgen. Daher transformierte sie regelmäßig Handelswechsel in Banknoten und transferierte Gelder im bankeigenen Girosystem. Begrenzt wurde sie bei diesen Aktivitäten vor allem durch die Drittdeckung der Banknoten durch Gold. Trotz der oben beschriebenen gesetzlichen Erleichterungen, blieb diese Drittdeckung im Krieg grundsätzlich erhalten; allerdings konnten nun auch Darlehenskassenscheine zur Deckung herangezogen werden.

Das wohl wichtigste Geschäft der Reichsbank war die Banknotenemission. Der Banknotenumlauf hat sich im Krieg von Jahr zu Jahr erhöht. Im Kriegsverlauf ergibt sich jedoch ein differenziertes Bild. Während der Kriegsausbruchskrise erhöhte sich

Tab. 1: Bilanzziffern der Reichsbank 1913–1918 [in Mio. Mark, laufende Preise].

	1913	1914	1915	1916	1917	1918
Banknotenumlauf	2594	5046	6918	8055	11 468	22 188
Einlagen	793	1757	2359	4564	8050	13 280
davon: öffentliche Einleger	181	n.a.	n.a.	n.a.	n.a.	2917
Gold in Barren und Münzen	1170	2093	2445	2521	2407	2262
Darlehenskassenscheine	0	871	1255	415	1305	5263
Wechsel	1491	1198	585	739	388	259
Schatzwechsel und Schatzanweisungen	0	2738	5218	8871	14 208	27 157
Bilanzsumme	8160	10 578	12 515	16 540	22 183	40 373
Deckung der Banknoten durch Gold	45 %	41 %	35 %	31 %	21 %	10 %

Quelle: *Deutsche Bundesbank* (Hrsg.), Deutsches Geld- und Bankwesen in Zahlen. Frankfurt am Main 1976, 36 f.

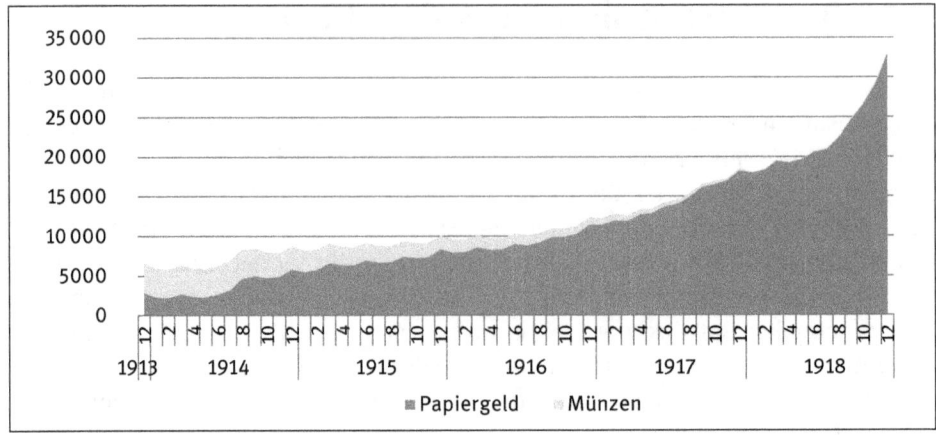

Abb. 2: Geldumlauf in Millionen Mark, 1913–1918. Quelle: *Carl-Ludwig Holtfrerich*, Die deutsche Inflation 1914 bis 1923. Berlin 1980, 50 f.

der Banknotenumlauf deutlich, so dass er Ende 1914 doppelt so hoch war wie Ende 1913. Danach flachte sich die Entwicklung ab. 1915 legte er um 40 % zu, 1916 um lediglich 15 % und 1917 wieder um 40 %. Dramatisch war das Jahr 1918, in dem sich der Banknotenumlauf erneut verdoppelte. Trotz der erheblichen Banknotenemission konnte die Reichsbank bis November 1916 die Dritteldeckung der Banknoten durch Gold aufrechterhalten. Dies gelang, weil sie bereits vor dem Krieg einen ansehnlichen und nicht ausgenutzten Goldbestand angehäuft hatte und diesen nach Kriegsbeginn durch „Entgoldung" des Zahlungsverkehrs (siehe Abbildung 1) ausbauen konnte. So wuchsen die Goldreserven der Reichsbank von rund 1,25 Milliarden Mark bei Kriegsausbruch auf 2,5 Milliarden Mark am Jahresende 1916. Selbst zwei Jahre später belief sich der Goldschatz der Reichsbank noch auf 2,26 Milliarden Mark. Nun stand diesem Goldbestand aber eine Banknotenemission in Höhe von 18,6 Milliarden Mark gegenüber. Zur Dritteldeckung mussten daher neben Gold auch Darlehenskassenscheine im Nennwert von 4,01 Milliarden Mark herangezogen werden.[33]

Besonders förderte die Reichsbank den bargeldlosen Zahlungsverkehr in Form des Scheck- und Abrechnungsverkehrs, weil sie für Giroguthaben keine Golddeckung halten musste.[34] Die Giroguthaben steigerten sich daher im Kriegsverlauf deutlich schneller als der Banknotenumlauf. Nachdem sich die Unterdeckung der Banknotenemission durch Goldbestände verfestigt hatte, forcierte die Reichsbank im Sommer 1917 nochmals ihre Förderung des bargeldlosen Zahlungsverkehrs. Letzter Höhepunkt der Maßnahmen war die Errichtung einer Zentralstelle zur Förderung des bargeldlosen Zahlungsverkehrs mit 572 Ortsgruppen im Mai 1918.[35] Die Nutzbar-

---

33 *Born*, Beginn, 27.
34 *Born*, Beginn, 28.
35 *Bente*, Währungspolitik, 130.

Tab. 2: Bestände der Darlehenskasse 1914–1918.

	1914	1915	1916	1917	1918
Darlehensbestand (in Mio. Mark)	1317	2347	3408	7689	15 625
davon: für Kriegsanleihen	922	1268	1090	1005	855
Darlehenskassenscheine im freien Verkehr (in Mio. Mark)	446	972	2873	6265	10 109

Quelle: *Deutsche Bundesbank* (Hrsg.), Deutsches Geld- und Bankwesen in Zahlen. Frankfurt am Main 1976, 38.

machung von Kapital verlagerte sich derweil zunehmend von der Privatwirtschaft auf die öffentlichen Haushalte. Der Bestand an Handelswechseln im Portfolio der Reichsbank ging bereits im Jahre 1914 von 1,5 auf 1,2 Milliarden zurück. Im weiteren Kriegsverlauf wurde die Milliardenmarke regelmäßig unterschritten und Ende 1918 finanzierte die Reichsbank das Umlaufvermögen der Wirtschaft nur noch mit 259 Millionen Mark. Währenddessen nahm die Staatsfinanzierung stetig zu. Ende 1918 hatte die Reichbank mehr als 27 Milliarden Mark in Schatzwechsel und Schatzanweisungen investiert.

In den Filialen der Reichsbank waren zu Kriegsbeginn Darlehenskassen eröffnet worden. Wichtige Kennzahlen ihrer Tätigkeit enthält Tabelle 2. Zunächst wurde das Geschäft der Darlehenskassen ziffernmäßig begrenzt, indem man die Ausgabe der Darlehenskassenscheine auf 1,5 Milliarden Mark limitierte.[36] Bereits am 11. November 1914 wurde dieser Betrag auf drei Milliarden Mark verdoppelt. Erreicht wurde dieses Kreditvolumen allerdings erst Anfang 1916. Anschließend wurde der Höchstbetrag in rascher Folge bis auf 16 Milliarden Mark im Juli 1918 erhöht.[37]

Unmittelbar nach Kriegsausbruch gab es eine relativ starke Inanspruchnahme der Darlehenskassen, die bis Ende 1914 rund 1,3 Milliarden Mark Kredite vergaben. 1915 und 1916 wuchs ihr Geschäftsumfang relativ gleichmäßig und gemächlich um rund eine Milliarde Mark jährlich. 1917 und 1918 beschleunigte sich das Geschäft, und der Darlehensbestand wuchs um 3,3 bzw. acht Milliarden Mark. Anfangs verwendete man für einen großen Teil der Darlehen Kriegsanleihen als Sicherheit. 1914 wurden 70 % der Darlehen gegen Kriegsanleihen vergeben. Dieser Anteil ging stetig zurück auf nur noch ein Drittel im Jahr 1916 bzw. rund fünf Prozent 1918.[38] Anfangs waren Geschäftsbanken, Industrie und Handel die wichtigsten Geschäftspartner der Darlehenskassen. Dies änderte sich jedoch, denn 1917 wurden bereits 75 %, 1918 sogar 85 % der Darlehenskassenkredite an Bundesstaaten und Kommunalverbände vergeben.[39] Banken waren Ende 1914 mit rund 45 % der Darlehen die wichtigsten

---

36 *Bente*, Währungspolitik, 120.
37 *Bente*, Währungspolitik, 125.
38 *Bente*, Währungspolitik, 143.
39 *Born*, Beginn, 26.

Kreditnehmer. Mit Anteilen von knapp unter 30 % blieben sie 1915 und 1916 an der Spitze. Dann gab es einen Rückgang auf 8 % bzw. 2 %. Die gewerbliche Wirtschaft nahm die Darlehenskassenkredite immer weniger in Anspruch. Ihr Anteil sank von 23 % im Jahre 1914 auf 16 % im Jahre 1916 und auf unter 3 % 1918. Bemerkenswert ist zudem, dass ein beachtlicher Teil der Darlehenskassenscheine nicht bei der Reichsbank in Banknoten umgetauscht, sondern als Zahlungsmittel im Umlauf blieb, so dass Gold- und Scheidemünzen dem Zahlungsverkehr entzogen werden konnten.

Nachdem die Reichsbank die Geschäftsbanken in den Wochen um den Kriegsausbruch mit ausreichend Liquidität versorgt hatte ohne selbst illiquide zu werden, konnte sie sich alsbald einer wichtigen neuen Aufgabe zuwenden: dem Absatz von Kriegsanleihen. Traditionell wurden Reichsanleihen durch ein unter Führung der Reichsbank stehendes Konsortium von zuletzt 29 Aktien- und Privatbanken vertrieben.[40] Das Emissionsvolumen der Kriegsanleihen überstieg den üblichen Emissionsumfang jedoch erheblich, so dass man von diesem etablierten Weg abweichen musste. Das Volumen der ersten Kriegsanleihe entsprach nämlich dem Nennwert aller bei Kriegsausbruch im Umlauf befindlichen Reichsanleihen. Beispielsweise hatte die Reichsanleihe von 1913 einen Nennwert von lediglich 100 Millionen Mark – kein Vergleich zur ersten Kriegsanleihe mit einem Nennwert von fünf Milliarden.[41]

Die neun zwischen Herbst 1914 und Herbst 1918 im Sechsmonatstakt emittierten Kriegsanleihen hatten insgesamt einen Nennwert von 99,265 Milliarden Mark (siehe Tabelle 3). Da die Emission regelmäßig leicht unter pari erfolgte, lukrierte die Reichsregierung lediglich 96,929 Milliarden Mark aus ihrer Ausgabe.[42] Banken und Sparkassen waren zentral für die Vermittlung der Kriegsanleihen im anlagesuchenden Publikum zuständig. Für die ersten acht Kriegsanleihen, die zwischen Herbst 1914 und Frühjahr 1918 emittiert wurden, hat Hans Köppe die Verteilung auf die Kapitalsammelstellen zusammengestellt. Von den insgesamt rund 87,2 Milliarden Mark Kriegsanleihen wurden 58 % bei Banken und Bankiers, 24 % bei Sparkassen, 7 % bei Kreditgenossenschaften, 6 % bei der Reichsbank und 1 % bei Postanstalten gezeichnet. Den restlichen Anteil in Höhe von 3 % nahmen Lebensversicherungsgesellschaften ins Portfolio bzw. reichten ihn an Versicherungskunden weiter. Der Vermittlungsanteil der Reichsbank, der Banken und Bankiers sank im Zeitverlauf von zusammen 76 % bei der ersten Anleihe auf 61 % bei der Achten. Demgegenüber nahm der Anteil der Sparkassen und der Kreditgenossenschaften – die sich ebenso wie die Postanstalten an der Zeichnung der ersten Anleihe noch nicht beteiligen durften – von 20 auf 36 % zu.[43]

---

40 *Morten Reitmayer*, Aus dem Zentrum in die Nische. Privatbanken und die Unterbringung deutscher Staatsanleihen 1867 bis 1914, in: Bankhistorisches Archiv 25, 1999, 97.
41 *Reitmayer*, Zentrum, 95; *Walter Klebba*, Börse und Effektenhandel im Kriege unter besonderer Berücksichtigung der Berliner Börse. Berlin 1920, 141.
42 *Born*, Beginn, 23.
43 *Hans Köppe*, Die Kriegsanleihen der europäischen Großmächte, in: Jahrbücher für Nationalökonomie und Statistik 113, 1919, 389.

Tab. 3: Zeichnungen der ersten acht Kriegsanleihen 1914–1918.

	1. Anleihe Sep. 1914	2. Anleihe Mrz. 1915	3. Anleihe Sep. 1915	4. Anleihe Mrz. 1916	5. Anleihe Sep. 1916	6. Anleihe Mrz. 1917	7. Anleihe Sep. 1917	8. Anleihe Mrz. 1918
Summe (in Mio. Mark)	4460	9602	12948	11722	11633	14199	13636	16323
Verteilung auf die Säulen der Finanzwirtschaft								
Reichsbank	11 %	6 %	5 %	4 %	6 %	5 %	6 %	5 %
Banken und Bankiers	65 %	62 %	61 %	58 %	57 %	58 %	56 %	56 %
Sparkassen	20 %	22 %	24 %	25 %	24 %	25 %	26 %	26 %
Lebensversicherungsgesellschaften	5 %	4 %	3 %	3 %	3 %	3 %	3 %	3 %
Kreditgenossenschaften	0 %	5 %	6 %	8 %	8 %	8 %	9 %	10 %
Postanstalten	0 %	1 %	1 %	2 %	1 %	1 %	1 %	1 %

Quelle: *Hans Köppe*, Die Kriegsanleihen der europäischen Großmächte, in: Jahrbücher für Nationalökonomie und Statistik 113, 1919, 389.

Die Nachfrage nach Kriegsanleihen blieb lange Zeit recht hoch. Zeichnerlisten der Frankfurter Filiale der Deutschen Bank belegen beispielsweise, dass bis zur im Frühjahr 1918 aufgelegten achten Anleihe das Publikumsinteresse groß war. Im Herbst 1918 gewannen die Pessimisten jedoch klar die Oberhand und die Zahl der Zeichner brach bei der neunten Kriegsanleihe deutlich ein.[44] In der Summe wichtiger für den Absatz der Kriegsanleihen als die Berliner Großbanken und ihre Niederlassungen waren jedoch die Sparkassen. Sie vermittelten 20 bis 25 % der Kriegsanleihen und sie investierten zunehmend selbst in diese Anlageform, weil auch ihr Kreditgeschäft zunehmend darniederlag. Am Kriegsende besaßen alleine die preußischen Sparkassen Kriegsanleihen im Nennwert von 8,5 Milliarden Mark. Demgegenüber hielten sich die großen Berliner Aktienkreditbanken bedeckt. Dies hängt sicherlich auch mit den unterschiedlichen Geschäftsmodellen von Sparkassen und Aktienkreditbanken zusammen. Bei den Sparkassen wurden nahezu ausschließlich Spareinlagen mit längerer Kündigungsfrist angelegt, so dass der Liquiditätsbedarf überschaubar blieb. Bei den Aktienkreditbanken waren die meisten Kundengelder demgegenüber recht kurzfristig angelegt. Daher investierten die großen Aktienkreditbanken stärker in liquide Schatzanweisungen und Reichsschatzwechsel.[45]

Während des Betrachtungszeitraums versuchte die Reichsbank, den Kurs der Kriegsanleihen zu stützen. Im Krieg erwarb sie Kriegsanleihen stets zum Kurs von 97,80 %, wenn der Verkäufer ein Nicht-Bankier war. Von Banken wurden die Anleihen sogar zum Kurs von 98 % angekauft. Bereits 1917 kündigte die Reichsbank an, dass sie gemeinsam mit den Darlehenskassen ein Stützungskonsortium mit einer Laufzeit von vier bis fünf Jahre nach Kriegsende einrichten wolle.[46] Nach Kriegsende nahm der Verkaufsdruck bei Kriegsanleihen jedoch so stark zu, dass die Reichsbank den avisierten Ankauf nicht leisten konnte. Der Marktpreis stand daher bis zu zehn Prozentpunkte unter dem annoncierten Ankaufskurs der Reichsbank, obwohl die Reichsbank diesen ab dem 18. November 1918 in mehreren Schritten bis zum 26. Mai 1919 auf 80,10 % reduzierte. Am 11. Juli 1919 stellte sie den Ankauf, den sie bis dahin durch die Begebung von Schatzwechseln finanziert hatte, schließlich ein.[47]

3.10.4 Geschäftstendenzen und gesamtwirtschaftliche Bedeutung

Im Verlauf des Ersten Weltkrieg stieg, wie die in Tabelle 4 enthaltenen Daten zeigen, das Einlagen- und das Kreditvolumen des Bankensektors in nominalen Werten

---

44 Historische Gesellschaft der Deutschen Bank (Hrsg.), Die Deutsche Bank in Frankfurt am Main. München 2005, 71.
45 *Born*, Beginn, 29 f.
46 *Klebba*, Börse, 145.
47 Im Juli 1919 wurde dann unter Führung der Reichsbank die Reichanleihe AG mit einem Kapital von 400 Millionen Mark gegründet. Diese durfte Anleihen bis zum Nominalwert von vier Milliarden

durchweg von Jahr zu Jahr. Zwischen Ende 1913 und Ende 1918 wuchs die Einlagensumme um rund 55 Milliarden Mark, die Kreditsumme um circa 58 Milliarden Mark. Sowohl bei den Einlagen, als auch – und hier noch stärker – bei den Krediten verbuchte die Reichsbank den größten Zuwachs. Noch Ende 1913 entfielen nur zwei Prozent der Einlagen und vier Prozent der Kredite auf die Reichsbank, Ende 1918 waren es 15 bzw. 25 %. Blendet man dieses Wachstum aus, dann zeigt sich, dass die Dynamik außerhalb der Notenbank deutlich weniger ausgeprägt war. Hier erhöhten sich die Einlagen um 42 Milliarden Mark, die Kredite um 33 Milliarden Mark. Diese Zahlen sind außerordentlich bemerkenswert, weil sie einen schleichenden Funktionsverlust der Geschäftsbanken indizieren. 1913 überstiegen die Kredite die Einlagen noch um 16 Milliarden Mark, 1918 nur noch um sechs Milliarden Mark. Die Transformation von Einlagen in Darlehen und die Auswahl der idealen Kreditnehmer wurde immer weniger wahrgenommen. Auch zwischen den Säulen der Kreditwirtschaft, die auf dem Fundament der Reichsbank standen und die Wirtschaft stützten, gab es signifikante Verschiebungen. Auf der Einlagenseite sieht man einen relativen Aufstieg der Aktienkreditbanken und einen sehr deutlichen Abstieg der Sparkassen. Auf der Darlehensseite konnten nur die Aktienkreditbanken ihr relatives Gewicht aufrechterhalten. Sparkassen, Genossenschaftsbanken und vor allem Hypothekenbanken verloren deutlich an Bedeutung.

Wenn man das nominale Kreditvolumen des Bankensektors durch das nominale Inlandsprodukt dividiert, dann erhält man ein Maß für die gesamtwirtschaftliche Bedeutung des Bankensektors (siehe Tabelle 5).[48] Auf dieser Basis kann festgestellt werden, dass das Kreditvolumen des Bankensektors in jedem Kriegsjahr schneller wuchs als das Inlandsprodukt – die Prozentwerte werden von Jahr zu Jahr größer. Relativ deutlich sieht man die finanzielle Mobilmachung zu Beginn des Krieges und die überhitzte Ausdehnung des Finanzsektors im letzten Kriegsjahr. In den Jahren 1915 bis 1917 zeigt die Reihe demgegenüber eine relativ gleichmäßige Expansion des Bankensektors im Vergleich zur Gesamtwirtschaft. Bemerkenswert ist auch der große Beitrag der Reichsbank zu dieser Entwicklung. In den Jahren 1915 bis 1917 war der Wachstumsbeitrag der Reichsbank größer als derjenige aller anderen Banken und Sparkassen. Das Kreditvolumen der Banken und Sparkassen zeigt nur während der Kriegsausbruchskrise und im letzten Kriegsjahr eine außergewöhnliche Aufwärtsentwicklung.

Mark zur Kurspflege aufnehmen. Die aufgenommenen Anleihen sollten dann bei den Darlehenskassen lombardiert und die Darlehenskassenscheine zur Deckung der Banknotenausgaben herangezogen werden, vgl. *Klebba*, Börse, 146, 148.

48 Ich verwende den von Albrecht Ritschl ermittelten Index des realen Nettoinlandsprodukts und die von Guntram Wolff und mir erstellte Kompromissschätzung des Nettoinlandsproduktes in Milliarden Mark im Jahre 1913, um das reale Nettoinlandsprodukt in Milliarden Mark während der Jahre 1913 bis 1918 in konstanten Preisen des Jahres 1913 zu ermitteln. Durch Multiplikation mit dem für 1913 auf den Wert 100 normierten Großhandelspreisindex wird sodann die Entwicklung des Nettoinlandsprodukts in laufenden Preisen während der Jahre 1913 bis 1918 errechnet.

Tab. 4: Die Entwicklung des Bankensektors 1913–1918.

	1913	1914	1915	1916	1917	1918
Summe der Einlagen (in Mio. Mark)	37 365	39 358	43 010	51 294	69 650	92 083
Summe der Kredite (in Mio. Mark)	54 900	56 690	61 411	70 118	86 992	112 977
Anteil an den Einlagen						
Reichsbank & andere Notenbanken	2 %	5 %	6 %	9 %	12 %	15 %
Aktienkreditbanken	26 %	25 %	27 %	30 %	33 %	33 %
Hypothekenbanken	2 %	2 %	2 %	2 %	2 %	2 %
Sparkassen	53 %	52 %	47 %	42 %	36 %	35 %
Genossenschaften	16 %	16 %	17 %	16 %	15 %	15 %
Postscheckämter	1 %	1 %	1 %	1 %	1 %	1 %
Anteil an den Krediten						
Reichsbank & andere Notenbanken	4 %	7 %	10 %	14 %	17 %	25 %
Aktienkreditbanken	27 %	24 %	24 %	26 %	29 %	28 %
Hypothekenbanken	25 %	25 %	23 %	20 %	16 %	13 %
Sparkassen (alle Aktiva)	36 %	37 %	36 %	34 %	33 %	31 %
Genossenschaften	8 %	7 %	7 %	6 %	5 %	3 %

Quelle: *Deutsche Bundesbank* (Hrsg.), Deutsches Geld- und Bankwesen in Zahlen. Frankfurt am Main 1976, 16 f.

Aggregierte Daten des Kredit- und Einlagenvolumens verdecken die deutlichen Verschiebungen in den Bankbilanzen, die bereits während des Krieges bemerkt wurden. 1917 publizierte Willi Prion, Professor an der Handelshochschule Berlin, eine Studie, in der er auf Basis der Bilanzen der 16 größten Kreditbanken ebendies dokumentierte. Er führte die Veränderungen zuallererst auf die Kapitalflüssigkeit der Kriegswirtschaft zurück, die kaum Kredite benötigte, aber erhebliche liquide Mittel bei den Banken deponierte. Das Depositengeschäft expandierte daher ständig und mit zunehmender Geschwindigkeit. 1914 wuchs der Depositenbestand nur um 620 Millionen Mark, 1915 und 1916 beschleunigte sich die Entwicklung deutlich: Der Depositenbestand wuchs 1915 von 6,6 auf 8,4 Milliarden Mark, 1916 weiter auf 11,1 Milliarden Mark.[49] Umso bemerkenswerter ist das strukturelle Wachstum der Depositenbestände, wenn man berücksichtigt, dass umfangreiche Gelder bei den Banken nur vorübergehend angelegt wurden, bis eine dauerhafte Anlage in Kriegsanleihen erfolgte.[50]

---

[49] *Willi Prion*, Die deutschen Kreditbanken im Kriege und nachher. Stuttgart 1917, 42 f.
[50] *Prion*, Kreditbanken, 44–47.

Tab. 5: Die gesamtwirtschaftliche Bedeutung des Bankensektors 1913–1918.

	1913	1914	1915	1916	1917	1918
Index reales Nettoinlandsprodukt (in Preisen von 1913)	100	90	81,1	75,8	73,5	71
Reales Nettoinlandsprodukt in Mrd. M (in Preisen von 1913)	53,7	48,3	43,6	40,7	39,5	38,1
Index der Großhandelspreise	100	102	116	132	157	143
Nominales Nettoinlandsprodukt in Mrd. M	53,7	49,3	50,5	53,7	62,0	54,5
Kreditvolumen des Bankensektors in Mrd. M	54,9	56,7	61,4	70,1	87,0	113,0
Kreditvolumen in Prozent Nettoinlandsprodukt	102 %	115 %	122 %	131 %	140 %	207 %
Kreditvolumen des Bankensektors (ohne Reichsbank)	52,7	52,5	55,4	60,2	72,1	85,1
Kreditvolumen in Prozent Nettoinlandsprodukt (ohne Reichsbank)	98 %	107 %	110 %	112 %	116 %	156 %

Quellen: *Albrecht Ritschl*, The Pity of Peace, in: Stephen Broadberry (Hrsg.), The Economics of World War I, Oxford 2005, 44, 64; *Carsten Burhop/Guntram B. Wolff*, A Compromise Estimate of German Net National Product, 1851–1913, and its Implication for Growth and Business Cycles, in: Journal of Economic History 65, 2005, 652.

Den Depositenzufluss konnten die Banken im traditionellen Geschäft aus drei Gründen nicht nutzen. Erstens entfielen Kredite für das Börsengeschäft und den Außenhandel weitgehend. Dies ist allerdings aus den Bilanzziffern der 16 Großbanken nicht ersichtlich. Zwischen Ende Juni 1914 und Ende 1916 erhöhten sich beispielsweise die Report- und Lombarddarlehen um 80 % auf rund 1,8 Milliarden Mark. Dahinter standen nun allerdings Vorschüsse auf Kriegsanleihen und Lombarddarlehen an Kommunen und Verbände, die dafür ihre eigenen Effekten als Sicherheit hinterlegten. Das originäre Börsenkreditgeschäft wurde demgegenüber rasch abgebaut.[51] Zweitens stieg die Güternachfrage durch den Staat drastisch an. Da der Staat die Waren zeitnah bezahlte, musste das Umlaufvermögen der Unternehmen nicht mehr durch Wechselkredite finanziert werden. Auch dies lässt sich nicht unmittelbar aus den Bilanzen ersehen. Bei den 16 Großbanken haben sich die bilanzierten Wechselkredite von 2,3 Milliarden Mark per Ende Juni 1914 auf 4,8 Milliarden Mark zum Jahresende 1916 mehr als verdoppelt. Allerdings berichten alle Banken in ihren Geschäftsberichten, dass Diskontierungen von kaufmännischen Wechseln deutlich zurückgegangen sind. Ausgeglichen wurde dies durch die Verbuchung von unverzinslichen Schatzanweisungen, Reichsschatzwechseln und sogenannten Kommunalwechseln unter dieser Bilanzposition. Prion schätzt, dass Ende 1916 nur noch ein

---

51 *Prion*, Kreditbanken, 69–71.

Viertel der Wechselkredite auf Handelswechsel entfiel.[52] In den Jahren 1917 und 1918 hat sich der Wechselbestand nochmals stark erhöht. Beobachter schätzten, dass mindestens 75 % der bilanzierten Wechsel Staatspapiere waren.[53] Drittens ging die Investitionsneigung und damit die Nachfrage nach Investitionskrediten zurück.[54]

Der einzige Ausweg aus der Depositenschwemme war die Kriegsfinanzierung. Die Banken investierten die ihnen reichlich zufließenden Gelder in fünf neue Kriegsaktivgeschäfte: Sie kauften Reichsschatzanweisungen, gewährten Darlehen an Kommunen und öffentliche Körperschaften, räumten Vorschüsse auf den Erwerb von Kriegsanleihen ein, erwarben selbst Kriegsanleihen und bewilligten Kredite an Kriegsgesellschaften und Produzenten von Rüstungsgütern. Bis Ende 1916 sollen laut Prion die 16 größten Kreditbanken rund 7,2 Milliarden Mark in diese Kriegsgeschäfte investiert haben. Besonders wichtig waren der Erwerb von Reichsschatzanweisungen (2,5 Milliarden Mark), Darlehen an Kommunen (2,4 Milliarden Mark) und die Gewährung von Vorschüssen für den Erwerb von Kriegsanleihen (1,1 Milliarden Mark), besonders unwichtig der Erwerb von Kriegsanleihen durch die Banken (200 Millionen Mark).[55]

Insgesamt verdeutlichen die neuen Geschäfte und deren Umfang, dass es zu einer bis dahin einzigartigen Verbindung von Banken und Staat kam, die während des Krieges aber durchaus gelobt wurde. Es handele sich, so Prion, um „eine hervorragende Leistung, die für immer ein Ruhmesblatt in der Geschichte der deutschen Finanztechnik bleiben wird." Gerade die umfangreiche Anlage von Geldern in Reichsschatzwechseln würde begrüßt, weil diese eine kurze Laufzeit hätten, zwischenzeitlich bei der Reichsbank oder der Darlehenskasse liquidiert werden könnten und eine Zinsmarge von ein bis drei Prozent ermöglichten. Die zweitbeste Möglichkeit, die Kriegsfinanzierung zu unterstützen, wurde im Erwerb von verzinslichen Schatzanweisungen des Reiches gesehen. Diese hätten allerdings eine längere Laufzeit von zwei bis vier Jahren und wären erst kurz vor Ablauf bei der Reichsbank diskontierbar. Ihre Liquidität würde daher nur eingeschränkt durch die Darlehenskassen gesichert.[56] Anfang 1917 wiesen die Großbanken aber verstärkt darauf hin, dass die große Geldflüssigkeit „allmählich als Plage empfunden" würde und dass es zunehmend schwieriger wäre, eine geeignete Anlage für das Geld zu finden.[57] Da die Großbanken nur durch die großzügige Kreditpolitik der Reichsbank die Kriegsausbruchkrise unbeschadet überstanden hatten, sahen zeitgenössische Beobachter durchaus eine moralische Verpflichtung der Banken, dem Staat in Zeiten großer

---

52 *Prion*, Kreditbanken, 80–81.
53 *Walter Hoffmann*, Die Berliner Depositenbanken während des Weltkriegs – Teil 2, in: Jahrbücher für Nationalökonomie und Statistik 115, 1920, 108.
54 *Prion*, Kreditbanken, 41.
55 *Prion*, Kreditbanken, 84 f.
56 *Prion*, Kreditbanken, 88–94.
57 *Prion*, Kreditbanken, 102.

Finanznot beizustehen. Im Gegenzug müsse das Reich die Vollwertigkeit seiner Schuldtitel unbedingt erhalten, um das für den Wiederaufbau der Wirtschaft zwingend notwendige Bankwesen zu erhalten. Davon gingen die Banken durchweg aus, denn das Risiko der Staatsinsolvenz wurde bei der Bilanzgestaltung ignoriert – sie bilanzierten alle Titel zum vollen Nennwert.[58]

Wenn man die mögliche Staatsinsolvenz berücksichtigt hätte, dann wären die Ertragsziffern deutlich schlechter ausgefallen. Unter Annahme stabiler Staatsfinanzen hat die Rentabilität der Banken unter dem Kriegsgeschäft kaum gelitten, weil die bei der Kriegsfinanzierung entstehende positive Zinsmarge in Verbindung mit der deutlichen Ausweitung des Geschäfts den Rückgang der Provisionserträge infolge des weggefallenen Börsengeschäfts ausgleichen konnte.[59] Dementsprechend litten die Aktionäre der Großbanken kaum. Zwar haben 1914 alle Großbanken die Dividenden gesenkt und die Nationalbank für Deutschland strich sie sogar ganz, aber nach und nach erreichten die Banken wieder die Höhe der 1913 gezahlten Dividenden: die Deutsche Bank 1915, die Discontogesellschaft, Dresdner Bank, Commerz- und Discontobank sowie die Mitteldeutsche Creditbank folgten 1916. 1917 lag die Durchschnittsdividende über dem Wert von 1913. Erst für das Geschäftsjahr 1918 gab es bei fast allen Banken eine Dividendensenkung, und man fiel im Schnitt wieder unter das Niveau von 1913.[60]

3.10.5 Strukturveränderungen im Bankensektor

Unmittelbar nach Kriegsausbruch änderte sich die Personalstruktur der Banken grundlegend, weil ein signifikanter Teil des nahezu ausschließlich männlichen Personals zum Kriegsdienst einberufen worden war. Im Kriegsverlauf dürften – so schätzt Prion – die Kreditbanken rund zwei Drittel des Personals durch Einberufung verloren haben. Glücklicherweise konnten, weil das komplexe Gründungs-, Emissions- und Außenhandelsfinanzierungsgeschäft während des Krieges zum Erliegen kam und weil die Kreditwürdigkeit von Heereslieferanten kaum geprüft werden musste, viele Tätigkeiten durch ungelerntes, vornehmlich weibliches Hilfspersonal erledigt werden.[61]

Anfang August 1914 beschäftigte beispielsweise die Commerz- und Discontobank 1664 Mitarbeiter, von denen nach und nach 1108 zum Militär eingezogen worden sind. Nach dem Krieg konnte man nicht einfach zum Vorkriegsstand zurückkehren, weil 257 Mitarbeiter der Bank im Krieg gefallen waren.[62] Mit Kriegsausbruch

---

58 *Hoffmann*, Depositenbanken, Teil 2, 109.
59 *Prion*, Kreditbanken, 9–11.
60 *Hoffmann*, Depositenbanken, Teil 2, 118.
61 *Prion*, Kreditbanken, 54, 98.
62 *Detlef Krause*, Die Commerz- und Disconto-Bank 1870–1920/23: Bankgeschichte als Systemgeschichte. Stuttgart 2004, 279.

1914 sah sich auch die Lübecker Commerzbank dem Problem ausgesetzt, dass die Hälfte der Mitarbeiter zum Kriegsdienst eingezogen worden ist. Ein qualifizierter Ersatz konnte freilich nicht gefunden werden, so dass die Kassenstunden systematisch reduziert werden mussten.[63] Die kriegsbedingte Personalknappheit eröffnete Frauen neue Erwerbschancen. In der Filiale Leipzig der Deutsche Bank stieg z. B. die Anzahl weiblicher Beschäftigter im Kriegsverlauf von 31 auf 110 und sie konnten auch Tätigkeiten jenseits von Schreib- und Telefondiensten ausüben. Allerdings sollte ihre Beschäftigung nur vorübergehend erfolgen. Nach dem Krieg war die Rückkehr der männlichen Mitarbeiter an ihre Arbeitsplätze vorgesehen.[64]

Bei den Aktienkreditbanken kam mit Kriegsausbruch der Mitte der 1890er Jahre begonnene Konzentrationsprozess zunächst zum Stillstand. Gestoppt wurde er hier ebenfalls vor allem durch die Einberufung zahlreicher Mitarbeiter zum Kriegsdienst. Auch die Jahre 1915/16 waren durch Personalmangel gekennzeichnet, so dass lediglich ein paar kleinere Provinzbanken in die Großbanken integriert worden sind. Erst 1917 kam es zu einer grundlegenden Wende. In diesem Jahr übernahm die Deutsche Bank den Schlesischen Bankverein in Breslau und die Norddeutsche Creditanstalt in Königsberg. Die Discontogesellschaft zog mit der Übernahme der Königsberger Vereinsbank unmittelbar nach.[65] Die Wiederbelebung des Konzentrationsprozesses führt Prion zuvorderst auf – allerdings nicht näher ausgeführte – steuerliche Aspekte und erst nachrangig auf die Expansionslust im Osten zurück. Diese erschien notwendig, weil für die Nachkriegszeit eine stärkere Fokussierung auf das Inlandsgeschäft angesichts des befürchteten Wirtschaftskrieges gegen Deutschland notwendig erschien.[66] Ob dieser Zug nach Osten nachhaltig zur Geschäftsentwicklung beitragen würde, bezweifelten bereits die Zeitgenossen, weil die großen Industriekreditbanken dort auf eine landwirtschaftlich geprägte Wirtschaft treffen würden. Man vermutete daher auch politische Gründe hinter Ostinvestments.[67]

Während Deutsche Bank und Discontogesellschaft nach Osten expandierten, trat die Dresdner Bank, deren Kooperation mit dem Schaaffhausen'schen Bankverein aus Köln kurz vor Kriegsausbruch durch die Übernahme des letzteren durch die Discontogesellschaft beendet worden war, den Weg nach Westen an, indem sie die Rheinisch-Westfälische Discontogesellschaft in Aachen und die Märkische Bank in Bochum übernahm. Damit war das regionale Gleichgewicht der drei größten Banken mehr oder weniger wiederhergestellt. Bemerkenswert ist auch, dass die Nationalbank für Deutschland, die bisher nur in Berlin vertreten war, 1917 ihre erste Filiale eröffnete – und zwar in Brüssel.[68] Auch die Commerz- und Discontobank sowie die

---

63 Historische Gesellschaft der Deutschen Bank (Hrsg.), Die Deutsche Bank in Lübeck. München 2006, 39 f.
64 *Manfred Pohl/Angelika Raab-Rebentisch*, Die Deutsche Bank in Leipzig. München 2001, 51.
65 *Hoffmann*, Depositenbanken, Teil 1, 19–23.
66 *Prion*, Kreditbanken, 59 f.
67 *Hoffmann*, Depositenbanken, Teil 1, 24.
68 *Hoffmann*, Depositenbanken, Teil 1, 23 f.

Mitteldeutsche Creditbank beteiligten sich ab 1917/18 durch Übernahme verschiedener Privatbanken am Konzentrationsprozess.[69] Die Commerz- und Disconto-Bank übernahm 1917 kleinere Privatbankhäuser in Stettin und Cottbus, 1918 folgten Privatbanken in Lübeck, Guben, Nürnberg und Gelsenkirchen. Kurz vor Kriegsende, im September 1918, kam es noch zu zwei größeren Geschäften. Mit dem Bankverein Gelsenkirchen und der Mühlheimer Bank wurde die Übernahme in Form eines Aktientausches vereinbart.[70]

Für die Sparkassen war der Erste Weltkrieg transformativ, weil sie sich im Kriegsverlauf sehr stark in Richtung Universalbank entwickelten. Kennzeichen dieser Entwicklung sind die seit 1908 mögliche, nun aber verstärkte Teilnahme am bargeldlosen Zahlungsverkehr und die Intensivierung des Wertpapiergeschäfts. Der bargeldlose Zahlungsverkehr war zwar seit dem Scheckgesetz von 1908 prinzipiell auch für die Sparkassen möglich, vor dem Krieg aber noch nicht flächendeckend ausgebaut. Selbst in der wirtschaftlich entwickelten Rheinprovinz nahmen beispielsweise 1913 erst 61 von 263 Sparkassen am Giroverkehr teil. Der Wegfall des Scheckstempels am 1. Oktober 1916 und die im August 1917 geschaffene Möglichkeit, relativ große Beträge auch auf den Girokonten der Sparkassen zu unterhalten, förderte die Verbreitung des bargeldlosen Zahlungsverkehrs.[71] Forciert wurde er auch durch die Gründung von Girozentralen. Zu diesem Zweck wurde beispielsweise 1917 die Bayerische Girozentrale gegründet. Diese Zentralinstitute erleichterten freilich auch die Zuleitung von an der Sparkassenbasis eingehenden Spareinlagen in den Finanzierungskreislauf der Kriegswirtschaft.[72]

Die kriegsbedingte Liquiditätswelle brach auch über die Sparkassen herein. Der Einlagenbestand erhöhte sich im Kriegsverlauf sowohl durch Einzahlungen als auch durch nicht abgehobene Zinsen, reduziert wurde er durch den Kauf von Kriegsanleihen seitens der Sparer.[73] In den traditionellen Geschäften konnten die Sparkassen diese Geldmassen nicht mehr anlegen. Das Hypothekenkreditgeschäft stagnierte, und das Kommunalkreditgeschäft legte nur unzureichend zu. Ein Ausweg lag im Kauf von Kriegsanleihen, der im Kriegsverlauf tendenziell zunahm, wohingegen die Vermittlung von Kriegsanleihen an die Kundschaft zurückging. Im Krieg kam es somit zu einer deutlichen Ausweitung des Wertpapiergeschäfts der Sparkassen. Allerdings muss darauf hingewiesen werden, dass sie bereits in der Vorkriegszeit in diesem Geschäftsfeld aktiv gewesen sind. Erstens haben sie nämlich Wertpapiere für eigene Rechnung gekauft. Zweitens konnten sie, zumindest in Preußen, seit 1909 auch im Kundenauftrag mündelsichere Wertpapiere kaufen, wenn sie an den Scheckverkehr

---

69 *Born*, Beginn, 31f.
70 *Krause*, Commerz- und Disconto-Bank, 295–297.
71 *Pohl*, Sparkassen, 116, 119, 123.
72 *Albert Fischer*, Münchens Finanzinstitute in Kriegs- und Krisenzeiten, in: Hans Pohl (Hrsg.), Geschichte des Finanzplatzes München. München 2007, 166f.
73 *Hoffmann*, Sparkassen, 304.

angeschlossen waren. Der Vertrieb von Kriegsanleihen und die im März 1915 von der preußischen Regierung erteilte Erlaubnis, offene Depots für Kriegsanleihen einzurichten, kurbelten das Wertpapiergeschäft der Sparkassen nochmal an.[74] Besonders bemerkenswert ist die Tatsache, dass durch die Sparkassen auch Klein- und Kleinstsparer für den Kauf von Kriegsanleihen gewonnen werden konnten. Schätzungen zufolge entfielen 60 bis 70 % der Sparkassenzeichnung auf Beträge bis 1000 Mark. Seit Anfang 1917 konnten sogar Beträge ab einer Mark von den im Felde stehenden Soldaten in Kriegsanleihesparkarten investiert werden, sodass in diesem Falle der Mindestzeichnungsbetrag von sonst 100 Mark nicht erfüllt werden musste.[75]

Für die Privatbankiers bedeutete der Krieg zunächst eine Verlangsamung ihres langfristig doch unaufhaltsamen Niedergangs. Dies resultierte einerseits aus der oben geschilderten Zurückhaltung der Großbanken im Feld der Fusionen und Übernahmen, andererseits aus der Schließung der Wertpapierbörsen und der Zurückhaltung der Großbanken am informellen, außerbörslichen Wertpapierhandel teilzunehmen. Die Privatbankiers übten diese Zurückhaltung nicht und konnten so im Effektenfreiverkehr große Gewinne erzielen. Die Beteiligung der Großbanken daran ab Februar 1915 konnte die Privatbanken nur unwesentlich schwächen. Ganz im Gegenteil nutzen sie die neuen, aus dem Effektenhandel entstehenden Geschäftsbeziehungen auch auf anderen Geschäftsfeldern. Allerdings wurden auch die Privatbankiers durch den generellen Rückgang des gewerblichen Kreditgeschäfts stark getroffen. Die Rüstungsaufträge führten in der Kriegsindustrie zu so hohen Gewinnen, dass die hier aktiven Firmen Investitionen aus Eigenmitteln finanzieren konnten und Kredite daher nicht benötigten. Bei nicht in der Kriegsindustrie tätigen Firmen lagen ohnehin Kapazitäten brach, so dass hier nicht an Investitionskredit gedacht wurde. Betriebsmittelkredite waren zudem weder bei der Kriegs- noch bei der Friedensindustrie von Nöten, weil Handel und Gewerbe in der überliquiden Kriegswirtschaft zur Barzahlung übergingen. Daher litt auch das Wechselkreditgeschäft. Ein weiteres Sorgenkind war der Devisenhandel. Dieser wurde nach Kriegsbeginn zunächst untersagt und erst 1916 wieder zugelassen. Nun stand er allerdings unter Aufsicht der Reichsbank und lediglich einem ausgewählten Teilnehmerkreis offen. Abgesehen von einigen großen Privatbankiers aus Berlin, Hamburg und Frankfurt blieb das Geschäft generell verschlossen. Gleichwohl verbesserte sich jedoch die Stellung der Privatbankiers, insbesondere jener mit aktivem Börsengeschäft, im Ersten Weltkrieg.[76]

---

74 *Pohl*, Sparkassen, 117, 120–122.
75 *Hoffmann*, Sparkassen, 309 f.
76 *Keith Ulrich*, Aufstieg und Fall der Privatbankiers. Frankfurt am Main 1998, 33–36.

3.10.6 Aktivitäten an der Börse

An der Berliner Börse stieg die Nervosität im Sommer 1914 langsam an. Im Juni zeichnete sie sich durch weitgehende Geschäftslosigkeit aus, im Juli stellten die Banken ihre Marktinterventionen vorübergehend nahezu ein und nahmen sie Ende Juli im geringen Umfang zeitweise wieder auf. Auch der Berliner Börsenvorstand setzte Maßnahmen zur Stabilisierung des Marktes um: Am 27. Juli beschloss er, dass die Ultimoliquidation am Terminmarkt nicht am 29. Juli, sondern bereits auf Basis der Kurse vom 25. Juli durchgeführt werden sollte. Außerdem wurde beschlossen, dass entgegen der Gepflogenheiten sich abzeichnende größere Kursveränderungen nicht mehr an den Tafeln der Kursmakler vor Feststellung des amtlichen Kurses angezeigt werden sollten. Wertpapiere, bei denen nur noch stark reduzierte Angebotskurse vorlagen, sollten zudem im Kurszettel nicht mit einem Kurs, sondern mit einem Strich ausgewiesen werden. Dies hatte zur Folge, dass nur noch für 1000 Effekten ein Kurs, für 1500 Effekten demgegenüber ein Strich publiziert wurde. Am 29. Juli stellte dann die Berliner Börse den Terminhandel ein, aber der Kassahandel fand am 29. und auch am 30. Juli statt. Am 31. Juli öffnete zwar der Börsensaal, aber amtliche Kurse wurden nicht mehr festgestellt. Diese Regelung wurde anschließend tageweise verlängert, bis der Börsenvorstand am 5. August erklärte, dass amtliche Kurse bis auf weiteres nicht festgestellt, die Börsenräume aber täglich von 12 bis 14 Uhr geöffnet würden.[77] Um die Liquidität des Privatpublikums in dieser kritischen Phase nicht zu gefährden, verzichteten die Berliner Großbanken auf Nachschüsse im Termingeschäft, sofern der Kurswert oberhalb des Kreditbetrags lag.[78] Zudem beschloss der Börsenvorstand, dass offene Termingeschäfte größtenteils automatisch verlängert und nur langsam abgebaut werden mussten.[79]

Die Reichsbehörden griffen erst später ins Geschehen ein. Am 19. November 1914 verbot der Bundesrat den Handel mit deutschen Reichsanleihen, die keinen deutschen Effektenstempel trugen. Dabei handelte es sich um Papiere, die ursprünglich im Ausland verkauft worden waren, nun von dort zurückflossen und den Goldbestand der Reichsbank gefährdeten.[80] Eine weitere Maßnahme folgte am 25. Februar 1915. Der Bundesrat untersagte die öffentliche Bekanntgabe von Kursen und Kursveränderungen, um zu verhindern, dass die Öffentlichkeit Kenntnis von den Vorgängen an der Börse erhielt. Dies betraf nicht nur die Publikation von Kurslisten in Tageszeitungen, sondern auch die Weitergabe von Kurszetteln durch die Banken an ihre Kunden.[81] Außerdem war es unzulässig, in der Provinz ansässige Banken und Bankiers mit Kursinformationen zu versorgen. Selbst nachdem der amt-

---

77 *Klebba*, Börse, 2–6.
78 *Klebba*, Börse, 9.
79 *Klebba*, Börse, 18.
80 *Klebba*, Börse, 7.
81 *Klebba*, Börse, 35.

liche Handel am 3. Dezember 1917 teilweise wieder aufgenommen wurde, blieb die Publikation von Kurszetteln verboten.[82]

Trotz all dieser Restriktionen fand wohl nur an wenigen Tagen Anfang August 1914 überhaupt kein Wertpapierhandel in Berlin statt. Danach etablierte sich ein freier Verkehr zwischen Maklern und Banken, der vor allem über das Telefon abgewickelt wurde, weil die Börsenräume zwar nach wie vor täglich geöffnet waren, der Handel dort aber am 9. September 1914 vom Börsenvorstand untersagt wurde. Nicht nur das Medium, sondern auch die Akteure hatten sich verändert, weil sich die Großbanken zunächst nicht am freien Effektenhandel beteiligten.[83] Trotz dieser Einschränkungen gab es auch im Krieg einen lebhaften Effektenhandel in Berlin, wie man anhand der Verbuchungen bei der Bank des Berliner Kassenvereins nachweisen kann. In der Vorkriegszeit schwankten die Monatsumsätze zwischen 1,5 und 2,2 Milliarden Mark. Auf diesem Niveau lag der Umsatz auch noch im Juli 1914, bevor er im August auf nur noch 300 Millionen Mark drastisch zurückging. Danach ging es langsam, aber relativ stetig aufwärts. Im Dezember 1914 belief sich der Umsatz auf immerhin 642 Millionen Mark. Der Jahresumsatz 1915 betrug 10,3 Milliarden Mark. 1916 wurden 16,6 Milliarden Mark erreicht, 1917 sogar 21,3 Milliarden Mark und 1918 schließlich 26,1 Milliarden Mark. Seit dem Frühjahr 1916 wurden also an der Berliner Börse Umsätze getätigt, deren nominaler Umfang demjenigen der Vorkriegszeit nicht nachstand. Dies war natürlich auch ein Ausdruck der Liquiditätsschwemme. Große Umsätze und steigende Kurse wurden vor allem bei Rüstungswerten verzeichnet. Die Kurse der Bankaktien blieben bis Ende 1917 relativ stabil; erst 1918 setzte ein Abschwung ein.[84]

Mit dem Ende des amtlichen Börsenhandels endete auch die Zulassung neuer Wertpapiere zum Börsenhandel – auch um den Absatz der Kriegsanleihen zu erleichtern. Seit Oktober 1917 konnten, unter deutlichen Restriktionen der Zulassungsstelle und nach Genehmigung durch die Reichsbank, Aktien aus Kapitalerhöhungen bereits börsennotierter Gesellschaften am Markt eingeführt werden. Neue Aktiengesellschaften konnten zwar bis November 1917 ohne Konzession gegründet, ihre Aktien aber nicht an der Börse eingeführt werden.[85]

Am 3. Dezember 1917 wurde der amtliche Handel an der Berliner Börse wiederaufgenommen. Dies war seit Sommer 1916 von Banken, Bankiersvereinigungen und der Berliner Kaufmannschaft gefordert worden und die Idee wurde nun, den militärischen Erfolg im Osten vor Augen, von der Regierung aufgegriffen. Zunächst wurden nur für Aktien, die bereits vor dem Krieg amtlich notiert worden waren, amtli-

---

82 *Klebba*, Börse, 38 f.
83 *Klebba*, Börse, 28–30.
84 *Klebba*, Börse, 70–75. Die Jahresschlusskurse 1913, 1916, 1917 und 1918 waren wie folgt: Deutsche Bank: 248 – 244 – 263,25 – 205; Dresdner Bank: 150,90 – 151 – 172,60 – 140,37; Discontogesellschaft: 186 – 182 – 204,80 – 165.
85 *Klebba*, Börse, 99.

che Kurse im Kassahandel festgestellt.[86] Am ersten Handelstag sanken die Kurse wesentlich, aber bereits am 4. Dezember stabilisierte sich das Geschäft.[87] Erst mit der Nachricht des bulgarischen Friedensvertrags setzte am 27. September 1918 ein Kursverfall ein, der sich ab dem 4. Oktober beschleunigte. Das breite Publikum erfuhr davon aber nichts, weil die Publikation von Kurszetteln über das Kriegsende hinaus bis zum 10. August 1919 untersagt blieb.[88]

3.10.7 Schluss

Da sich erst im zweiten Halbjahr 1918 die deutsche Kriegsniederlage eindeutig abzeichnete, begann praktisch erst mit Kriegsende die Planung für die Nachkriegszeit. Für die Deutsche Bank stand die zukünftige Gestaltung des Auslands- und Außenhandelsgeschäfts im Mittelpunkt der Überlegungen, wohingegen der inländischen Wirtschaftsentwicklung und der Lage der Staatsfinanzen eine nachgeordnete Bedeutung beigemessen wurde.[89] Tatsächlich konnten nach Kriegsende Staatspapiere bei der Reichsbank liquidiert werden, so dass genügend Mittel für die Kreditvergabe an die gewerbliche Wirtschaft bereitstanden. Auch die Gewinnentwicklung war durchaus positiv und ab 1920 expandierten die Großbanken, indem sie andere Bankhäuser übernahmen oder neue Niederlassungen eröffneten.[90] Diese scheinbar positive Entwicklung während der unmittelbaren Nachkriegszeit deckt sich mit der Einschätzung zeitgenössischer Fachleute. Bereits kurz nach Kriegsende stellte Walter Hoffmann optimistisch fest, dass die Kriegsverluste der Banken nicht sehr hoch gewesen sein dürften.[91] Wenige Jahre später fiel das Urteil anders aus. Nun wurde anhand des Kursverfalls der Mark gegenüber dem Dollar illustriert, dass bereits bei Kriegsende eine Rückkehr zur normalen Vorkriegsentwicklung unmöglich gewesen wäre.[92] Nun erkannte man die Instabilität von Wechselkurs und Staatsfinanzen. In Verbindung mit der relativ niedrigen Eigenkapitalausstattung der Banken konnte daraus eine Finanzkrise resultieren. Schätzungen zufolge hatten die sieben Großbanken bei Kriegsende rund 15 Milliarden Mark an den Staat verliehen; dem standen Eigenmittel in Höhe von circa 1,75 Milliarden Mark gegenüber.[93] Bereits relativ moderate Minderungen des staatlichen Kredits konnten die Großbanken in den

---

86 *Klebba*, Börse, 106 f.
87 *Klebba*, Börse, 111 f.
88 *Klebba*, Börse, 123 f., 134.
89 *Gerald D. Feldman*, Die Deutsche Bank vom Ersten Weltkrieg bis zu Weltwirtschaftskrise 1914–1933, in: Lothar Gall u. a. (Hrsg.), Die Deutsche Bank 1870–1995. München 1995, 169–175.
90 *Lampe*, Bankbetrieb, 332–337.
91 *Hoffmann*, Depositenbanken, Teil 2, 128.
92 *Bente*, Währung, 132.
93 *Hoffmann*, Depositenbanken, Teil 2, 117.

Bankrott führen. Die Lage der Sparkassen war noch weit dramatischer, weil diese einen größeren Teil ihrer Aktiva in den Staatskredit investiert hatten und weil bei ihnen die Eigenkapitalausstattung traditionell geringer war. Inflation und Hyperinflation unterdrückten jedoch die Finanzkrise, so dass das wahre Ausmaß der finanziellen Verluste erst nach der Währungsstabilisierung in den Goldmarkeröffnungsbilanzen zu Tage trat.

Literaturverzeichnis

Bente, Hermann, Die deutsche Währungspolitik von 1914 bis 1924, in: Weltwirtschaftliches Archiv 23, 1926, 117–191.
Born, Karl Erich, Vom Beginn des Ersten Weltkrieges bis zum Ende der Weimarer Republik (1914–1933), in: Institut für bankhistorische Forschung, Deutsche Bankengeschichte, Bd. 3. Frankfurt am Main 1983, 15–146.
Dix, Arthur, Die wirtschaftliche Mobilmachung Deutschlands 1914, in: Jahrbücher für Nationalökonomie und Statistik 104, 1915, 12–51.
Feldman, Gerald D., Die Deutsche Bank vom Ersten Weltkrieg bis zu Weltwirtschaftskrise 1914–1933, in: Lothar Gall u. a., Die Deutsche Bank 1870–1995. München 1995, 137–314.
Fischer, Albert, Münchens Finanzinstitute in Kriegs- und Krisenzeiten, in: Hans Pohl (Hrsg.), Geschichte des Finanzplatzes München. München 2007, 141–184.
Historische Gesellschaft der Deutschen Bank (Hrsg.), Die Deutsche Bank in Frankfurt am Main. München 2005.
Historische Gesellschaft der Deutschen Bank (Hrsg.), Die Deutsche Bank in Lübeck. München 2006.
Hoffmann, Walter, Die Berliner Depositenbanken während des Weltkriegs – Teil 1, in: Jahrbücher für Nationalökonomie und Statistik 115, 1920, 18–33.
Hoffmann, Walter, Die Berliner Depositenbanken während des Weltkriegs – Teil 2, in: Jahrbücher für Nationalökonomie und Statistik 115, 1920, 97–128.
Hoffmann, Walter, Zur Entwicklung der deutschen Sparkassen während des Weltkriegs, in: Jahrbücher für Nationalökonomie und Statistik 111, 1918, 303–317.
Keith, Ulrich, Aufstieg und Fall der Privatbankiers. Frankfurt am Main 1998.
Klebba, Walter, Börse und Effektenhandel im Kriege unter besonderer Berücksichtigung der Berliner Börse. Berlin 1920.
Köppe, Hans, Die Kriegsanleihen der europäischen Großmächte, in: Jahrbücher für Nationalökonomie und Statistik, Bd. 113, 1919, 385–426.
Krause, Detlef, Die Commerz- und Disconto-Bank 1870–1920/23: Bankgeschichte als Systemgeschichte. Stuttgart 2004.
Lampe, Wilfried, Der Bankbetrieb in Krieg und Inflation. Deutsche Großbanken in den Jahren 1914 bis 1923. Stuttgart 2012.
Pohl, Hans, Die rheinischen Sparkassen. Stuttgart 2001.
Pohl, Manfred/Raab-Rebentisch, Angelika, Die Deutsche Bank in Leipzig. München 2001.
Prion, Willi, Die deutschen Kreditbanken im Kriege und nachher. Stuttgart 1917.
Reitmayer, Morten, Aus dem Zentrum in die Nische. Privatbanken und die Unterbringung deutscher Staatsanleihen 1867 bis 1914, in: Bankhistorisches Archiv 25, 1999, 71–100.
Stillich, Oskar, Darlehenskassen und Kriegskreditbanken, in: Jahrbücher für Nationalökonomie und Statistik 104, 1915, 238–250.
Stucken, Rudolf, Deutsche Geld- und Kreditpolitik 1914–1953. Tübingen 1953.

4 Arbeitsmarkt und Verteilungspolitik

Stephanie Tilly
4.1 Industrieller Arbeitsmarkt
4.1.1 Einleitung

Der Erste Weltkrieg gilt als eine Transformationsphase im frühen 20. Jahrhundert, die die Rolle des Staates in der Wirtschaft in einschneidender Weise veränderte. Mit der massenhaften Mobilisierung von industriell gefertigtem Kriegsgerät trat die im Vorfeld unterschätzte ökonomische Dimension der Kriegführung bald in voller Wucht zutage und machte auch das Arbeitsmarktgeschehen zu einem wichtigen Aktionsfeld. Im Zeichen einer Kriegführung auf industrieller Basis wuchs die Ressource Arbeitskraft in den kriegführenden Ländern zu einer strategischen Größe heran. Zeitgenössisch wurde der kriegswirtschaftliche Arbeitskräftebedarf und die damit verbundene Engpasslogik unter dem Stichwort der „Menschenökonomie" diskutiert.[1] Dieser Begriff stellte auf die Begrenztheit dieses für Heer und Industrie zentralen Inputs ab und umfasste zugleich die staatlichen Bemühungen, die Verteilung von Arbeitskräften für ihren kriegsbezogenen Einsatz zu regulieren.[2]

Vieles spricht mithin dafür, sich der Geschichte des industriellen Arbeitsmarktes im Ersten Weltkrieg zuzuwenden. Aus der Arbeitsmarktperspektive gewinnen charakteristische Problemlagen und Interessenkonflikte an Kontur, die die Kriegswirtschaft prägten. Die kriegsbedingten Veränderungen der Arbeitsmarktstrukturen besaßen zum Teil transitorischen Charakter, dennoch wurden in den Kriegsjahren auch Entwicklungen präfiguriert, die langfristig formgebend wirkten.

Neuere Forschungsberichte bilanzieren, dass wirtschaftshistorische Fragestellungen im jüngeren Schrifttum vergleichsweise zurückhaltend vertreten sind.[3] Sie monieren, dass auch „der Arbeiter" seit einiger Zeit von der Agenda der Weltkriegs-

---

1 Dieser Begriff, der vor allem in der sozialbiologistischen Entwicklungstheorie um den österreichischen Soziologen Rudolf Goldscheid geprägt wurde, war in der Heeresverwaltung gängig. Siehe u. a. *Eckart Reidegeld*, Krieg und staatliche Sozialpolitik, in: Leviathan 17, 1989, 490. Vgl. auch *Gunther Mai*, Arbeiterschaft in Deutschland 1914–1918, Studien zu Arbeitskampf und Arbeitsmarkt im Ersten Weltkrieg. Düsseldorf 1985, 9; *Richard Sichler/Joachim Tiburtius*, Die Arbeiterfrage, eine Kernfrage des Weltkriegs. Berlin 1925.
2 *Oscar Wingen*, Das Problem des vaterländischen Hilfsdienstes in kriegführenden und neutralen Ländern, in: Weltwirtschaftliches Archiv 12, 1918, 415.
3 *Dieter Ziegler*, Die Kriegswirtschaft im Ersten Weltkrieg – Trends der Forschung, in: Jahrbuch für Wirtschaftsgeschichte 56, 2015/2, 313–323; *Werner Plumpe*, Die Logik des modernen Krieges und die Unternehmen: Überlegungen zum Ersten Weltkrieg, in: Jahrbuch für Wirtschaftsgeschichte 56, 2015/2, 325–357; *Harald Wixforth*, Instrumente der Kriegswirtschaft oder der wirtschaftlichen Selbsthilfe – Die Kriegskreditbanken 1914–1918, in: Jahrbuch für Wirtschaftsgeschichte 56, 2015/2, 389–419; *Gerd Hardach*, Einleitung, in: Marcel Boldorf/Rainer Haus (Hrsg.), Die Ökonomie des Ersten Weltkriegs im Lichte der zeitgenössischen Kritik. (Die deutsche Kriegswirtschaft im Bereich der Heeresverwaltung 1914–1918, Bd. 4.) Berlin/Boston 2016, 1–12.

https://doi.org/10.1515/9783110556148-016

geschichtsschreibung verschwunden sei.⁴ Tatsächlich waren es besonders Forschungsarbeiten der 1970er und 1980er Jahre, die sich mit der Mobilisierung der Arbeitskräfte im Rahmen der Kriegswirtschaft auseinandersetzten.⁵ Mit der Frage nach den Verteilungswirkungen des Krieges, den Arbeitsbedingungen und der Versorgungslage der Arbeitnehmer, nach Konflikten und Arbeitsausständen, nach den organisierten Interessen und ihrer relativen Verhandlungsmacht rückten dabei verschiedene arbeitsmarktbezogene Aspekte in den Fokus. Dazu gehörten auch sozialgeschichtliche Studien über Frauenarbeit im Krieg⁶ sowie über die Aushandlungsprozesse im Spannungsfeld von Militär, organisierter Arbeiterschaft und Staat, die den arbeitsmarktpolitischen Weichenstellungen während des Krieges vorangingen.⁷

Diese Bandbreite veranschaulicht, dass das kriegsindustrielle Arbeitsmarktgeschehen durchaus verschiedene soziale und ökonomische Prozesse zusammenfügt. Als systematische Untersuchungsfolie fungierte das Konzept des Arbeitsmarktes jedoch vor allem bei Studien, die sich nicht nur mit den Kriegsjahren, sondern mit längeren Zeiträumen vor und nach dem Weltkrieg auseinandersetzten – und sich dementsprechend stärker auf bündelnde Entwicklungslinien konzentrierten als auf die Eigendynamik der Kriegswirtschaft.⁸

---

4 *Antoine Prost*, Workers, in: Jay Winter (Hrsg.), The Cambridge History of the First World War, Bd. 2: The State. Cambridge 2014, 325. Für zusammenfassende Skizzen zur Arbeitergeschichte im Ersten Weltkrieg vgl. auch *Dick Geary*, Arbeiter, in: Gerhard Hirschfeld/Gerd Krumeich/Irina Renz (Hrsg.), Enzyklopädie Erster Weltkrieg, Paderborn 2. Aufl. 2014, 142–154; *Thomas Welskopp*, Labor (Germany), in: Ute Daniel/Peter Gatrell/Oliver Janz/Heather Jones/Jennifer Keene/Alan Kramer/Bill Nasson (Hrsg.), 1914–1918 online. International Encyclopedia of the First World War. Freie Universität Berlin, Berlin 2014-10-08. DOI: 10.15463/ie1418.10545 (abgerufen am 1. 12. 2019). Siehe auch mit internationaler Perspektive *Steven E. Rowe*, Labor, in: 1914–1918 online, DOI: 10.15463/ie1418.10399.
5 Nach wie vor maßgeblich sind die Studien von *Jürgen Kocka*, Klassengesellschaft im Krieg, Sozialgeschichte 1914–1918. 2. Aufl. Göttingen 1978 sowie die klassische Darstellung von *Gerald Feldman*, Armee, Industrie und Arbeiterschaft in Deutschland 1914–1918. Berlin/Bonn 1985.
6 *Ute Daniel*, Arbeiterfrauen in der Kriegsgesellschaft. Beruf, Familie und Politik im Ersten Weltkrieg. Göttingen 1989; *Stefan Bajohr*, Die Hälfte der Fabrik. Geschichte der Frauenarbeit in Deutschland 1914–1945. Marburg 1979; *Susanne Rouette*, Frauenarbeit, Geschlechterverhältnisse und staatliche Politik, in: Wolfgang Kruse (Hrsg.), Eine Welt von Feinden. Der Große Krieg 1914–1918. Frankfurt am Main 1997, 92–126; *Richard Bessel*, „Eine nicht allzu große Beunruhigung des Arbeitsmarktes." Frauenarbeit und Demobilmachung in Deutschland nach dem Ersten Weltkrieg, in: Geschichte und Gesellschaft 9, 1983, 211–229.
7 Vgl. *Feldman*, Armee; *Gerd Hardach*, Der Erste Weltkrieg. (Geschichte der Weltwirtschaft im 20. Jahrhundert, Bd. 2.) München 1973; *Gunther Mai*, Kriegswirtschaft und Arbeiterbewegung in Württemberg 1914–1918. Stuttgart 1983.
8 Vgl. *Toni Pierenkemper*, Beschäftigung und Arbeitsmarkt. Entstehung und Entwicklung der modernen Erwerbsgesellschaft in Deutschland 1800–2000. Stuttgart 2017; *Stephanie Tilly*, Arbeit – Macht – Markt. Industrieller Arbeitsmarkt 1900–1929. Deutschland und Italien im Vergleich. Berlin 2006; *Anselm Faust*, Arbeitsmarktpolitik im deutschen Kaiserreich. Arbeitsvermittlung, Arbeitsbeschaffung und Arbeitslosenunterstützung 1890–1918. Stuttgart 1986; *Karl-Christian Führer*, Arbeitslosigkeit und die Entstehung der Arbeitslosenversicherung in Deutschland 1902–1927. Berlin 1990;

Unlängst hat Harald Wixforth davor gewarnt, kriegswirtschaftliche Prozesse „als eine Art Vorstufe für die Störungen in den Wirtschaftssystemen der Nachkriegszeit" auszudeuten. Dieser Tendenz stellte er die Frage entgegen, ob sich nicht „mit der Verabschiedung des Hindenburg-Programms 1916 ein grundlegender ordnungspolitischer Wechsel in der Wirtschaftspolitik vollzog."[9] Aus der Arbeitsmarktperspektive bieten sich einige Anknüpfungspunkte, um diese Überlegung aufzugreifen. Schon zeitgenössisch wurde die These formuliert, dass die Umwandlung einer „Friedenswirtschaft" in eine „Kriegsproduktion" erst dann wirklich vollzogen sei, wenn „der letzte und größte Schritt" getan ist – gemeint war damit die forcierte Indienstnahme der Arbeit für die Kriegswirtschaft durch die Formulierung eines „moralischen oder gesetzlichen Arbeitszwanges".[10]

Damit stellt sich die Frage, ob sich im Laufe des Krieges der Ordnungszusammenhang „Arbeitsmarkt" so veränderte, dass er dem Grundtypus der Wirtschaftsordnung nicht mehr entsprach.[11] Dies wäre dann der Fall, wenn die arbeitsbezogenen kriegswirtschaftlichen Regulierungen den Marktmechanismus außer Kraft setzten. Der zitierte zeitgenössische Beobachter spezifizierte den grundlegenden Wandel folgendermaßen: „Der einzelne wird aufgefordert, sein wirtschaftliches Eigeninteresse gegenüber dem Gemeininteresse zurückzustellen, dort seine Arbeitskraft einzusetzen, wo die Gesellschaft ihrer bedarf, nicht, wo er sie am privatwirtschaftlich nützlichsten verwerten kann. Das ist ein so weitreichender Eingriff in das Selbstbestimmungsrecht des Individuums, daß nur das gigantische Ausmaß des Weltkriegs solche Forderung stellen darf."[12] Umgekehrt könnte man von einer grundsätzlichen Konformität zum marktwirtschaftlichen Prinzip ausgehen, wenn die Koordination der „Tauschakte" auf dem Arbeitsmarkt über die Signale des Markt-Preis-Mechanismus erfolgte, die nicht durch zentrale Lenkung ausgehebelt werden können.

Auf den ersten Blick betrachtet scheinen die Umschreibungen des Zeitgenossen auch für den deutschen kriegsindustriellen Arbeitsmarkt zuzutreffen. Gleichwohl bedarf es einer näheren Analyse der Vorgänge auf dem Arbeitsmarkt, um kriegsbedingte Veränderungen einzuordnen und zu bewerten, ob es sich um graduelle Veränderungen oder eine Erosion gewohnter Praktiken handelte. Somit sind aus der Fülle arbeitmarktbezogener Aspekte einige Kernfragen herauszugreifen. Wie hat sich der industrielle Arbeitsmarkt in Deutschland während des Krieges verändert? Welche Regulierungsansätze des Arbeitsmarktgeschehens gewannen im Laufe des Krieges an Kontur?

Hans-Walter Schmuhl, Arbeitsmarktpolitik und Arbeitsverwaltung in Deutschland 1871–2002 – Zwischen Fürsorge, Hoheit und Markt. Nürnberg 2003.
9 *Wixforth*, Instrumente, 391.
10 *Wingen*, Problem, 415.
11 Zum Einstieg vgl. Stichwort „Ordnungspolitik", Gablers Wirtschaftslexikon, 16. Aufl. Wiesbaden 2004.
12 *Wingen*, Problem, 415.

Im Folgenden wird der Versuch unternommen, sich dem Arbeitsmarktgeschehen während des Ersten Weltkrieges mit einem „Hubschrauberblick" anzunähern. Dabei fungiert der Begriff des „Arbeitsmarktes" als eine analytische Klammer für das Zusammentreffen von Angebot und Nachfrage nach „Arbeitskraft".[13] Die Angebotsseite konstituiert sich aus den wirtschaftlichen Akteuren, die ihr Arbeitspotenzial anbieten, also einen Arbeitsplatz haben oder einen solchen einnehmen möchten. Die Nachfrage besteht aus den vorhandenen Arbeitsplätzen.[14] Zugleich bezieht diese Perspektive auch Ansätze der wirtschaftspolitischen Steuerung arbeitsmarktbezogener Größen ein. Im Mittelpunkt steht der industrielle Arbeitsmarkt, der sich im Rahmen der „industrialisierten" Kriegführung besonders anspannte. Demgegenüber kann die folgende Darstellung die komplexe Frage nach der Entwicklung der industriellen Beziehungen und des industriellen Konflikts während der Kriegsjahre nur kursorisch streifen.

Die vorliegende Skizze beginnt mit einigen Hinweisen zu Quellen der Arbeitsmarktgeschichte, umreißt sodann die Grundlinien der Arbeitsmarktentwicklung in den Kriegsjahren, fasst markante Veränderungen des Arbeitsangebots zusammen und setzt sich anschließend mit Ansätzen zur Arbeitsmarktregulierung in der zweiten Kriegsphase auseinander.

4.1.2 Zeitgenössische Perspektive auf den Arbeitsmarkt

Vor 1914 gab es kaum Erfahrungen mit einer zielgerichteten Regulierung von Arbeitsmarktprozessen – bis zum Vorabend des Ersten Weltkriegs hatte sich „Arbeitsmarktpolitik" noch nicht als eigenständiges Politikfeld etabliert.[15] Dies änderte sich in der Zwischenkriegszeit. Nach 1918 schrieb man dem Arbeitsmarktgeschehen sogar verfassungspolitische Relevanz zu, wenngleich die in der spezifischen Konstellation der frühen Nachkriegszeit formulierten Zielvorstellungen bekanntlich mittelfristig noch nicht konsensfähig waren. Den Kriegsjahren (und den möglicherweise transformierenden Effekten kriegswirtschaftlicher Weichenstellungen) kommt mithin eine Scharnierposition zu. Gleichwohl kann sich die wirtschaftshistorische Annä-

---

13 Vgl. ausführlich zum Begriff des Arbeitsmarktes und theoretischen Bezügen *Tilly*, Arbeit, 18 ff.; *Stephanie Tilly*, Getauschte Arbeit. Das Konzept des Arbeitsmarktes in dogmenhistorischer Perspektive, in: Jahrbuch für Wirtschaftsgeschichte, 2009/2, 169–191.
14 *Toni Pierenkemper*, Historische Arbeitsmarktforschung. Vorüberlegungen zu einem Forschungsprogramm, in: Toni Pierenkemper/Richard Tilly (Hrsg.), Historische Arbeitsmarktforschung. Entstehung, Entwicklung und Probleme der Vermarktung von Arbeitskraft. Göttingen 1982, 11.
15 *Tilly*, Konzept, 169; *Peter Lewek*, Arbeitslosigkeit und Arbeitslosenversicherung in der Weimarer Republik 1918–1927. Stuttgart 1992; *Ludwig Preller*, Sozialpolitik in der Weimarer Republik. Stuttgart 1949, 85.

herung an das Arbeitsmarktgeschehen auch für Phasen vor 1918 auf die zeitgenössische Arbeitsmarktberichterstattung stützen, die bereits seit der Jahrhundertwende an Dichte hinzugewann. So war die von dem Nationalökonomen Ignaz Jastrow gegründete Zeitschrift „Der Arbeitsmarkt"[16] ein wichtiger Impuls für die Beobachtung und Analyse des Arbeitsmarktgeschehens. Diese Zeitschrift publizierte die offenen Stellen und Stellengesuche der öffentlichen oder gemeinnützigen Arbeitsvermittlungseinrichtungen, weshalb Jastrow als „Vater der modernen Arbeitsmarktstatistik" gilt.[17] Viele ordnende Begriffe, auf die die Arbeitsmarktanalyse auch in der Gegenwart noch zurückgreift, wurden in diesem Periodikum erstmals systematisch formuliert.[18] Die Untersuchung von Arbeitsmarktprozessen erschöpfte sich nicht in der Identifizierung von konstitutiven Bestandteilen des Marktes, sondern war mit einem sozialreformerischen Anspruch verbunden. Die Konzeptualisierung des Arbeitsmarktbegriffs in der ökonomischen Forschung und Kontroversen um eine aus Sicht bürgerlicher Sozialreformer gebotene Abfederung des Marktprozesses rund um den Faktor Arbeit gingen Hand in Hand.[19] Eine Vielzahl arbeitsmarktbezogener Informationen erfasste ebenfalls das vom Kaiserlich-Statistischen Amt herausgegebene, seit 1903 publizierte Reichs-Arbeitsblatt, das auch in den Kriegsjahren erschien und monatliche „Industrie-Berichte" veröffentlichte, die Informationen aus etwa 400 größeren Unternehmen und rund drei Dutzend Verbänden zusammenführten.[20] Über diese Daten hinaus lassen sich wesentliche Anhaltspunkte zum Arbeitsmarktgeschehen im Krieg aus zeitgenössischen Beschreibungen gewinnen – genannt seien an dieser Stelle retrospektive Erinnerungsschriften, die beteiligte Akteure in der Nachkriegszeit mit ganz unterschiedlichen Akzenten und Zielsetzungen publizierten, wissenschaftliche Studien, Lageberichte und Einschätzungen von Verwaltungsbeamten oder anderen Marktbeobachtern.[21] Aus dem vorliegenden Schrifttum ge-

---

16 Der Arbeitsmarkt: Monatsschrift des Verbandes Deutscher Arbeitsnachweise Bd. 1, 1897–Bd. 16, 1913, fortgesetzt als Der Arbeitsnachweis in Deutschland Bd. 1, 1913–Bd. 8, 1921.
17 Vgl. dazu *Schmuhl*, Arbeitsmarktpolitik, 38 f.
18 So z. B. Arbeitsmarkt, offene Stellen, Arbeitsuchende, Angebot und Nachfrage, vgl. *Schmuhl*, Arbeitsmarktpolitik, 39.
19 Vgl. *Tilly*, Konzept, 174 ff.; zum Verein für Socialpolitik *Dieter Lindenlaub*, Richtungskämpfe im Verein für Sozialpolitik. Wiesbaden 1967.
20 Reichs-Arbeitsblatt, Berlin Bd. 1, 1903–Bd. 18., 1920, fortgesetzt als N. F. Bd. 1, 1920/21–Bd. 7, 1927, fortgesetzt als Reichsarbeitsblatt. Siehe auch die 1920 veröffentliche Auswertung zur Arbeitsmarktentwicklung im Krieg, die nach Löhnen und Beschäftigungsumfang von Männern und Frauen in zwölf Gewerben von jeweils März bis September 1914–1918 fragte, vgl. Reichs-Arbeitsblatt 18, 1920, 63 ff.
21 Vgl. z. B. *Ernst von Wrisberg*, Heer und Heimat 1914–1918. Erinnerungen an die Kriegsjahre im Königlich Preußischen Kriegsministerium, Bd. 2. Leipzig 1921, 80 ff., 101 ff.; *Richard Sichler/Joachim Tiburtius*, Die Arbeiterfrage, eine Kernfrage des Weltkriegs. Berlin 1925; *Martin Sogemeier*, Die Entwicklung und Regelung des Arbeitsmarktes im rheinisch-westfälischen Industriegebiet im Kriege und in der Nachkriegszeit. Jena 1922; Robert Weyrauch, Waffen- und Munitionswesen. (Die Deutsche Kriegswirtschaft im Bereich der Heeresverwaltung 1914–1918, Bd. 1.) Berlin/Boston 2016; *Carl von Tyszka*, Der Arbeitsmarkt nach dem Kriege, in: Jahrbücher für Nationalökonomie und Statistik

winnen einige Grundlinien der Arbeitsmarktlage im Krieg an Kontur, deren Haupttendenzen im Folgenden kurz skizziert seien.

4.1.3 Der Arbeitsmarkt im Überblick (1914–1918)

Der Kriegsausbruch setzte den Arbeitsmarkt unter Schock. Die mit dem Kriegszustand verbundene wirtschaftliche Erschütterung brachte zunächst einen Stillstand des ökonomischen Geschehens und damit einen massiven Druck auf die Angebotsseite des Marktes. Der Beginn des Krieges im Sommer 1914 und das Ende der Kampfhandlungen im Herbst 1918 spiegelten sich auf dem Arbeitsmarkt in sprunghaft angestiegenen Arbeitslosenziffern wider. Die Arbeitslosenquote erreichte im nationalen Durchschnitt zuvor nie dagewesene Höchstwerte von 22,7 % im August 1914 – im Vergleich zu 2,7 % im letzten Monat vor Kriegsbeginn.[22] Die Gesamtzahlen überdecken erhebliche Unterschiede der Beschäftigungssituation in verschiedenen Industriebranchen, lag doch die Arbeitslosenquote des ersten Kriegsmonats beispielsweise in der Porzellan- und Glasindustrie bei über 50 %, im Maschinenbau und in der chemischen Industrie jedoch erheblich unter dem Gesamtdurchschnitt.[23] Diejenigen Industrien, die hauptsächlich für den Export produzierten oder Luxuswaren herstellten, erfuhren besonders starke Einbrüche. Analog zum wirtschaftsstrukturellen Profil konnten die Arbeitsmarktergebnisse auch gebietsweise deutlich variieren. In Köln erreichte die Arbeitslosenquote beispielsweise ein krisenhaftes Ausmaß von 34 %.[24] Darüber hinaus überlagert die globale Betrachtung auch geschlechtsspezifische Unterschiede im Arbeitsmarktgeschehen – darauf ist zurückzukommen.

Charakteristische Wendepunkte des Arbeitsmarktgeschehens während der Kriegsjahre lassen sich verdichtet anhand eines wichtigen Ausschnittes, des industriellen Arbeitsmarktes für männliche Arbeitskräfte im rheinisch-westfälischen Industriegebiet, nachvollziehen. Hier trat die Dynamik der kriegswirtschaftlichen Mobilisierung deutlich hervor. Die aus einer zeitgenössischen Arbeitsmarktstudie

---

111, 1918, 641–688; *Friedrich Syrup*, Die Arbeiterverschiebungen in der Industrie während des Krieges und ihre Bedeutung für die Demobilmachung, in: Jahrbücher für Nationalökonomie und Statistik 111, 1918, 713–732.

22 Vgl. für zeitgenössische Berichte u. a. *Emil Lederer*, Die Lage des Arbeitsmarktes und die Aktionen der Interessenverbände zu Beginn des Krieges, in: Archiv für Sozialwissenschaft und Sozialpolitik 40, 1915, 147–195; *Paul Umbreit*, 25 Jahre deutscher Gewerkschaftsbewegung 1890–1915. Berlin 1915, 142 f.

23 Siehe auch *Faust*, Arbeitsmarktpolitik, 195. Bei Kriegsbeginn war die Arbeitslosenquote mit 33 % im Holzarbeiterverband besonders hoch, die niedrigste Quote der Arbeiterorganisationen verzeichnete der Transportarbeiterverband mit rund 10 % im August 1914. Rasch zurück ging die Arbeitslosenquote im Metallarbeiterverband von 21,3 % im August 1914 auf 4,1 % vier Monate später, siehe *Tyszka*, Arbeitsmarkt, 651.

24 *Schmuhl*, Arbeitsmarktpolitik, 68.

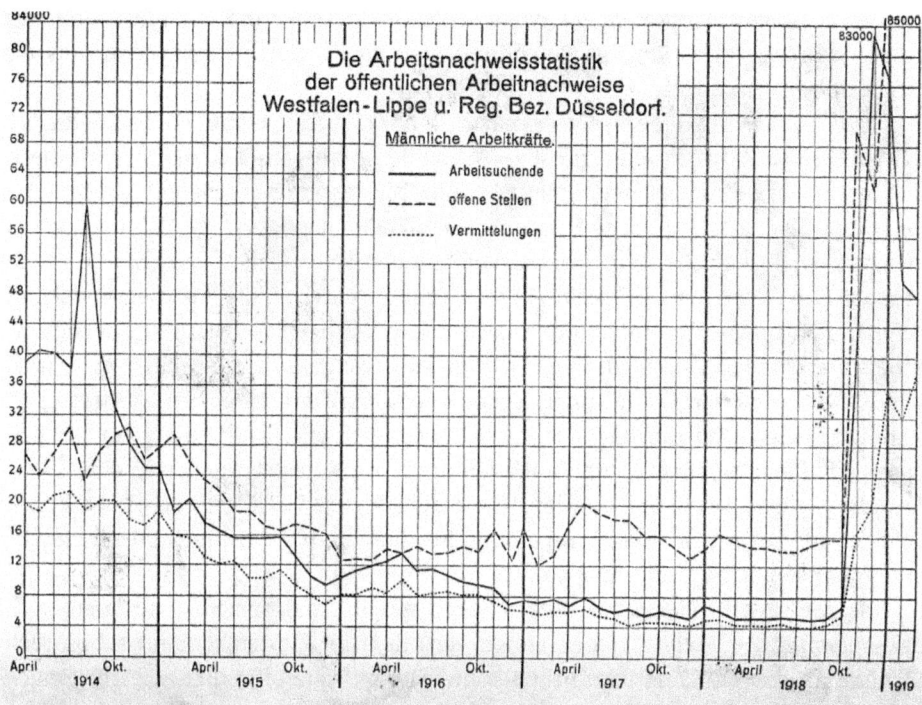

Abb. 1: Arbeitskräfteangebot in Westfalen-Lippe und Regierungsbezirk Düsseldorf (1914–1918). Quelle: *Sogemeier*, Entwicklung, 122.

entlehnte Grafik (siehe Abbildung 1) bildet die Arbeitsmarktkrisen zu Kriegsbeginn und Kriegsende ab.[25] Somit weist die Kurve, die sich aus der Zahl der mit einem Gesuch registrierten Arbeitslosen ergibt, eine schüsselähnliche Form auf, mit Hochpunkten am Beginn und Ende des Kurvenverlaufs. Die durchgezogene Linie sind die Arbeitssuchenden, die gestrichelten die offenen Stellen.

Den Umstand, dass im August 1914 mehr als zwei Millionen Männer zu den Waffen gerufen wurden, memorierten die Zeitgenossen späterhin als einen „Kriegsstoß" auf den Arbeitsmarkt.[26] In manchen Unternehmen war fast die halbe Belegschaft einberufen: So beliefen sich die Quoten der zum Militär eingezogenen Arbeitskräfte bei der Elektrotechnischen Fabrik Bosch auf 52 %, bei BASF auf 43 %.[27]

---

25 *Sogemeier*, Entwicklung, 122.
26 Bis 1915 waren schon über vier Millionen Männer eingezogen, vgl. *Friedrich-Wilhelm Henning*, Das industrialisierte Deutschland 1914–1992, 8. Aufl. Paderborn/München u. a. 1993, 34.
27 Für Bosch z. B. *Johannes Bähr*, Anfänge und Aufstieg des Unternehmens (1886–1932), in: Johannes Bähr/Paul Erker, Bosch. Geschichte eines Weltunternehmens. München 2013, 80; für BASF vgl. *Jeffrey Allan Johnson*, Die Macht der Synthese, in: Werner Abelshauser (Hrsg.), Die BASF. Eine Unternehmensgeschichte. München 2002, 169. Die Fried. Krupp AG listete Anfang des Jahres 1915 für Gussstahlfabrik und Außenwerke 17 457 „Arbeiter im Krieg" gegenüber 70 288 „Arbeitern im

Die Gewerkschaftsstatistik verzeichnete im Frühjahr 1915 rund 45 % der Mitglieder unter den Einberufenen.[28] Dazu gehörten viele qualifizierte Facharbeiter aus der Industrie.

Sowohl die Wirkungen der Mobilmachung auf den Arbeitsmarkt als auch die Mobilisierung von Arbeitskräften für die Kriegsproduktion waren Szenarien, für die es im Vorfeld keine strategischen Planungen gab. Wie zeitgenössische Beobachter, aber auch die wirtschaftshistorische Forschung herausarbeiteten, war die ökonomische Dimension der Kriegführung im Vorfeld vollkommen unterschätzt worden.[29] Im Spätsommer 1914 existierten noch keine Organisationsstrukturen, die auf kriegswirtschaftliche Aufgaben und Koordinationsbedarfe zugeschnitten waren. Dies gilt auch für Arbeitsmarktfragen.[30] „Für die Beschaffung des Sachgüterbedarfs einer Kriegswirtschaft", so monierten die im preußischen Kriegsministerium für Arbeiterfragen zuständigen Referenten rückblickend, „mochte das Kriegsleistungsgesetz eine brauchbare Grundlage darstellen, für die Gewinnung von Arbeitskräften war eine solche Grundlage nicht geschaffen worden."[31] Da die Akteure zunächst von einem kurzen Feldzug ausgingen, setzte die Anpassung an die veränderten Rahmenbedingungen mit einer gewissen Verzögerung ein.[32]

Bis zum Beginn des Krieges hatten sich nur in Ansätzen Strukturen einer Arbeitsverwaltung etabliert. Neben einem vor allem in Süddeutschland schon recht dichten, aber noch kaum überörtlich koordinierten Netz öffentlicher „Arbeitsnachweise", wie die Einrichtungen zur Vermittlung von Arbeit zeitgenössisch hießen, war – neben gewerblichen Stellenagenturen – eine Vielzahl von Vermittlungsbüros aktiv, die von Arbeitgeber- oder Arbeitnehmerorganisationen oder karitativen Einrichtungen betrieben wurden. Mit der im August 1914 errichteten „Reichszentrale für den Arbeitsnachweis" gab es nun den Versuch, die heterogene Struktur zu bündeln und die Marktübersicht zu verbessern, was jedoch nur partiell gelang und den Ausgleich regionaler Ungleichgewichte nicht gewährleisten konnte.[33]

Mit dem Beginn des Kriegszustandes ging gemäß dem Gesetz über den Belagerungszustand die Exekutivgewalt an das Kriegsministerium bzw. an die Befehlshaber der Streitkräfte über, die in ihrem jeweiligen Zuständigkeitsbereich ein „stell-

---

Dienst", vgl. *Klaus Tenfelde*, Krupp in Krieg und Krisen. Unternehmensgeschichte der Fried. Krupp AG 1914 bis 1924/25, in: Lothar Gall (Hrsg.), Krupp im 20. Jahrhundert. Berlin 2002, 57. Die Gesamtzahl aller Beschäftigten belief sich am 1.1.1915 auf 80 050.

28 *Christian Döring*, Die Bevölkerungsbewegung im Weltkrieg. Bd. 1: Deutschland. Kopenhagen 1919, 14, 19.
29 Vgl. dazu *Plumpe*, Logik, 336.
30 *Sichler/Tiburtius*, Arbeiterfrage, 5–7.
31 *Sichler/Tiburtius*, Arbeiterfrage, 7.
32 Vgl. dazu *Tyszka*, Arbeitsmarkt, 643.
33 Vgl. zum Arbeitsnachweiswesen im Krieg *Faust*, Arbeitsmarktpolitik, 211. Für eine Zusammenfassung vgl. *Tilly*, Arbeit, 73–75, 126 f. Siehe auch *Sogemeier*, Entwicklung, 60; Reichs-Arbeitsblatt 12, 1914, 691.

vertretendes Generalkommando" innehatten.³⁴ Da die Generalkommandeure nur gegenüber dem Kaiser rechenschaftspflichtig waren, barg diese Position entsprechende Verfügungsgewalt und erhebliche Handlungsspielräume. Zugleich wuchs ihre Verantwortlichkeit im Laufe des Krieges faktisch rasch über militärische Fragen hinaus, da ihre Kernaufgabe – die Versorgung des Armeekorps mit Heeresmaterial und Soldaten – eng mit Fragen der Kriegsproduktion verbunden war und damit auch Arbeitsmarktbelange berührte. Das preußische Kriegsministerium konnte den kommandierenden Generalen Empfehlungen, aber keine Weisungen erteilen, so dass der ungleichen Praxis der vielen Bezirksgewalten zunächst kaum eine bündelnde Instanz entgegenwirkte. Die Kriegsarbeitsmarktpolitik im Korpsbezirk stand unter dem Einfluss der militärischen Befehlshaber.³⁵

Vor Ort führte die Umstellung auf den Kriegszustand, kurzfristig betrachtet, zu einer Chaotisierung wirtschaftlicher Abläufe. In einigen Unternehmen oder Kommunen wurden hastige Anpassungen vorgenommen, z. B. Investitionsstopps verhängt oder Produktionsbeschränkungen verordnet. Die Transformationskrise lässt sich als das Phänomen beschreiben, dass die Friedenswirtschaft stockte, bevor die Kriegsindustrie anzog und Nachfragesog entfalten konnte. Auf dem Arbeitsmarkt kamen die Friktionen der Konversion als Massenarbeitslosigkeit zum Ausdruck. Sinkende Nominal- und Reallöhne signalisierten den Angebotsüberhang und die damit einhergehenden krisenhaften Verwerfungen auf den Arbeitsmärkten.³⁶ In dieser frühen Phase verwiesen die Arbeitsmarktergebnisse darauf, dass der Effekt „Schrumpfung der Arbeitskräfte durch Einberufungen" zwar rasch eine erhebliche Dimension erreichte, die Umstellungseffekte diese jedoch zunächst überlagerten.

Nach einigen Monaten konnte die Umstellungskrise als überwunden gelten. Seit der Jahreswende 1914/15 mehrten sich deutliche Anzeichen einer Konjunkturbelebung. Nach und nach hob die Geschäftätigkeit vor allem der kriegswirtschaftsaffinen Gewerbe und Industrien an und erschloss sich noch vorhandene Reserven des Arbeitsmarktes. Wie der Kurvenverlauf in der Abbildung zeigt, glichen sich zum Jahresbeginn 1915 in dem betrachteten Marktsegment Angebot und Nachfrage nach Arbeitskräften aneinander an, bis etwa ab Frühjahr 1915 die industriellen Arbeitsmärkte leergefegt waren. Im Reichsdurchschnitt war die Arbeitslosenziffer auf etwa 2,5 % abgesackt.³⁷ Zu diesem Zeitpunkt hatte die Zahl der Arbeitssuchenden im

---

34 Vgl. zum verfassungspolitischen Rahmen *Feldman*, Armee, 41; *Wolfgang Kruse*, Gesellschaftspolitische Systementwicklung, in: Wolfgang Kruse (Hrsg.), Eine Welt von Feinden. Der große Krieg 1914–1918. Frankfurt am Main 1997, 56; *Ernst Rudolf Huber*, Deutsche Verfassungsgeschichte 1851–1918. Stuttgart 1964, 24, 42; *Gunther Mai*, Das Ende des Kaiserreichs. Politik und Kriegführung im Ersten Weltkrieg. München 1987, 36.
35 Vgl. *Ute Daniel*, Fiktionen – Friktionen – Fakten. Frauenlohnarbeit im Ersten Weltkrieg, in: Wolfgang Michalka (Hrsg.), Der Erste Weltkrieg. Wirkung, Wahrnehmung, Analyse. München/Zürich 1994, 536.
36 Die Reallöhne gingen um 10 bis 20 % zurück, vgl. *Kocka*, Klassengesellschaft, 18.
37 Dies war ungefähr die Quote in der zweiten Hälfte des Jahres 1915, vgl. *Tyszka*, Arbeitsmarkt, 651.

Rheinisch-Westfälischen Industriegebiet schon so stark abgenommen, dass sich das Kräfteverhältnis von Angebot und Nachfrage umkehrte und die Gesamtziffer der Stellengesuche geringer war als die der verfügbaren Stellen. Diese Situation der Arbeitskräfteknappheit dauerte bis zum Jahr 1918 an, als mit dem Ende der Kampfhandlungen die Situation wieder kippte und die Arbeitslosigkeit sprunghaft anstieg.

Die Arbeitsmarktkrise zu Kriegsbeginn hatte eine Transformationsphase, ein „Matching-Problem" ausgedrückt, das ohne regulierende Eingriffe in die Marktlogik verschwand. Dafür spricht nicht nur die arbeitsmarktpolitische Trägheit des Reichs im Zeichen der hohen Arbeitslosigkeit zu Kriegsbeginn.[38] Auch die Arbeitskräftebewegung zwischen den Industriegruppen signalisiert, dass der Arbeitsmarkt seine Koordinationsfunktion ausübte. Wie Jürgen Kocka in seiner klassischen Analyse darstellte, wanderten im Laufe des Krieges die Arbeitskräfte aus den nicht kriegswichtigen Bereichen ab und erhöhten die Beschäftigtenzahlen in der Kriegsindustrie.[39] Während Branchen wie der Maschinenbau, die metallverarbeitende und die chemische Industrie gegenüber dem Beschäftigungsstand von 1913 eine Zunahme von 44 % verzeichneten, machte sich in für den Militärbedarf nicht unmittelbar relevanten Industriezweigen wie der Textilbranche oder auch der Nahrungsmittelindustrie ein Rückgang von insgesamt rund 40 % bemerkbar.[40] Diese Bewegung ist auf den Anreiz der Löhne in der Rüstungsindustrie zurückzuführen. Die Nachfrage nach Arbeitskräften hängt von der Grenzproduktivität der Arbeit ab; die Produktivität in der Kriegsindustrie spiegelte die gestiegene Nachfrage nach Rüstungsgütern wider. In den „kriegswichtigen" Industrien stiegen die Löhne während der Kriegsjahre aufgrund der starken Nachfrage nach Arbeitskräften wesentlich mehr als in den „kriegsunwichtigen" Branchen, was ein Indiz dafür darstellt, dass der klassische Marktmechanismus funktionierte.[41] Kennzeichnend für die verzerrenden Wirkungen des Kriegsbooms war seine Begrenztheit auf wenige einschlägige Bereiche. Der Stillstand in den Betrieben, die sich nicht an das Kriegsgeschäft anpassen konnten, bildete das untrennbare Gegenstück der Rüstungskonjunktur.[42]

Bei Kriegsende kehrten sich die Verhältnisse schlagartig um: Mit dem Einstellen der Kampfhandlungen schnellte die Arbeitslosenziffer wieder in die Höhe, die Nachfrage nach Arbeitskräften sackte ab. Das Kriegsende war ein erneuter „Schock" für

---

38 *Faust*, Arbeitsmarktpolitik, 239 und passim. Siehe auch Reichs-Arbeitsblatt 12, 1914, 690 f., 699 ff.; Reichs-Arbeitsblatt 13, 1915, 50 ff. Zu dem appellativen Charakter der Reichspolitik in Sachen Arbeitsmarkt vgl. z. B. Reichs-Arbeitsblatt 12, 1914, 668, 700.
39 *Kocka*, Klassengesellschaft, 13. Zur Kriegsindustrie zählen Metallverarbeitung, Maschinenbau, Elektroindustrie, Chemie, Petroleum, Ölindustrie; zur Friedensindustrie: zivile Bedarfe, Nahrungsmittel- und Textil, Vervielfältigungsindustrie; als Zwischenindustrie gelten Bergbau, Baugewerbe, Steine und Erden, Holz, Papier, Leder.
40 *Kocka*, Klassengesellschaft, 13. Für eine detaillierte Diskussion vgl. auch *Tyszka*, Arbeitsmarkt, 643–647.
41 Zu den Löhnen in unterschiedlichen Industriezweigen vgl. *Tilly*, Arbeit, 193–198.
42 Vgl. auch *Tyszka*, Arbeitsmarkt, 648.

den Arbeitsmarkt, und im Zuge der Demobilmachung wiederholte sich ein krisenhafter Adaptionsprozess. Schon während des Krieges hatte man die Arbeitsmarktwirkungen des Demobilisierungsprozesses diskutiert, gleichwohl konnten die dazu formulierten Ideen die erhebliche „Chaotisierung" des Arbeitsmarktgefüges seit Herbst 1918 nicht auffangen.[43]

4.1.4 Veränderungen des Arbeitsangebots

Durch die Kriegssituation veränderte sich die Struktur der Personengruppen, die auf dem industriellen Arbeitsmarkt in Erscheinung traten, im Hinblick auf die Geschlechterverteilung, die Herkunft und die Qualifikationsprofile. Zwei Aspekte seien an dieser Stelle herausgegriffen: die weibliche Erwerbstätigkeit sowie die ausländischen Arbeitskräfte.

Im Spannungsfeld von forcierter Rüstungsproduktion und massenhaften Einberufungen männlicher Arbeitskräfte erhielt die Erwerbstätigkeit von Frauen in der Kriegsindustrie zentrale Bedeutung. Zwar hat die sozialhistorische Forschung zeitgenössische Interpretationen einer „beispiellosen Zunahme" weiblicher Lohnarbeit, vor allem bislang nicht erwerbstätiger Frauen, relativiert und in diesem Zusammenhang einen emanzipatorischen Effekt des Krieges negiert.[44] Gleichwohl stieg in einigen rüstungsrelevanten Branchen – wie beispielsweise im Maschinenbau, in der chemischen und in der metallverarbeitenden Industrie der Frauenanteil enorm. Die Zuwachsraten schwanken hier in einer Größenordnung zwischen 300 und 700 Prozent.[45] Im Laufe des Krieges hatte sich beispielsweise die Zahl der Arbeiterinnen in der Metallindustrie verfünffacht.[46] Auch bei einem schwerindustriellen Unternehmen wie Krupp, das bis dahin kaum Frauen in der Produktion beschäftigt hatte, stieg die Anzahl der weiblichen Beschäftigten seit Frühjahr 1915 rasch an: Allein in der Gussstahlfabrik arbeiteten im Sommer 1915 etwa 4000 Frauen, während die Zahl weiblicher Mitarbeiterinnen bis zum Kriegsende auf 26 000 wuchs. Damit war etwa ein Viertel der Kruppschen Arbeiterschaft, ein knappes Drittel der Angestellten weiblich.[47] Mithin aktivierten die Umstände der Kriegswirtschaft weibliche Erwerbs-

---

43 *Egbert Schwarz*, Vom Krieg zum Frieden. Demobilmachung in Zeiten des politischen und sozialen Umbruchs im Ruhrgebiet. Frankfurt am Main 1995.
44 *Daniel*, Arbeiterfrauen; *Daniel*, Fiktionen; *Ute Daniel*, Frauen, in: Enzyklopädie Erster Weltkrieg, 116–134; *Rouette*, Frauenarbeit. Für eine Zusammenfassung vgl. *Tilly*, Arbeit, 166–180.
45 *Daniel*, Fiktionen, 533; *Rouette*, Frauenarbeit, 103.
46 *Brigitte Kassel*, Frauen in einer Männerwelt. Frauenerwerbsarbeit in der Metallindustrie und ihre Interessenvertretung durch den Deutschen Metallarbeiterverband (1891–1933). Köln 1997, 48 ff.
47 *Tenfelde*, Krupp, 58 (Tabelle 1.4), 60. Bei Kriegsende arbeiteten vier Fünftel der weiblichen Belegschaft von Krupp in der Gussstahlfabrik, vgl. Historisches Archiv Krupp, Familienarchiv Hügel 4 E 10.1, 73.

tätigkeit in solchen Bereichen, die vor dem Krieg fast ausschließlich Männer beschäftigt hatten.[48] Der Umschichtungsprozess der weiblichen Arbeitskräfte vollzog sich zwischen den Sektoren Landwirtschaft, Dienstleistung und Industrie, aber auch innerhalb des industriellen Arbeitsmarktes – Kriegsarbeiterinnen waren zum Beispiel aus der kriegsbedingt stark kontrahierten Textilindustrie, aus Dienstbotenstellungen oder ländlichen Beschäftigungsverhältnissen abgewandert.[49]

Die Arbeitgeber betrachteten das rasche Vordringen der weiblichen Arbeitskräfte in Männerdomänen überwiegend als kriegsbedingtes Provisorium und als ein Übergangsphänomen. Die Kriegsarbeiterinnen gehörten zwar zu dem verfügbaren, situativ unentbehrlichen Arbeitskräftereservoir, sollten aber nach dem Krieg ihre Arbeitsplätze wieder räumen.[50]

Auch im Hinblick auf die räumliche Herkunft der Arbeitskräfte hatte sich seit Beginn des Kriegszustandes die Zusammensetzung des Arbeitsangebotes sichtbar verändert. Während vor Kriegsbeginn Arbeitskräfte aus Österreich-Ungarn, Italien und Russland in einigen Marktsegmenten eine große Bedeutung besaßen, reduzierte sich ihre Zahl nach Kriegsbeginn durch Entlassungen, Heimkehr und Einberufungen in die Heimatarmeen zunächst erheblich.[51] Mit dem Anspringen der Kriegskonjunktur im ersten Kriegsjahr und dem zunehmend an Kontur gewinnenden Arbeitskräfteengpass rückte die forcierte Mobilisierung ausländischer Arbeitskräfte ins Blickfeld kriegswirtschaftlicher Praxis. Diese radikalisierte sich im Zuge des Krieges und brachte ein System ziviler und militärischer Zwangsarbeit hervor. Für die Rekrutierung von zivilen Zwangsarbeitern für die deutsche Industrie besaßen die Okkupationsgebiete Belgien und Polen besondere Relevanz.[52] Nachdem die zunächst praktizierte Rekrutierungsstrategie der „freiwilligen Anwerbung" in Belgien nicht den Erwartungen entsprach, realisierte die 3. Oberste Heeresleitung im Interessenbündnis mit industriellen Kreisen ab Herbst 1916 gewaltsame Deportationen von über sechzigtausend belgischen Arbeitskräften, die in der deutschen Kriegswirtschaft beschäftigt werden sollten, sich aber bis zum Frühjahr 1917 mehrheitlich noch unter katastrophalen Bedingungen in Sammellagern aufhielten, weil die industriellen Arbeitsplätze noch gar nicht bereit standen.[53] Hinzu kamen weitere rund

---

48 Siehe auch die Darstellung in *Weyrauch*, Waffen- und Munitionswesen, 230 ff.
49 *Bessel*, Beunruhigung, 215.
50 Vgl. *Susanne Rouette*, Sozialpolitik als Geschlechterpolitik. Die Regulierung der Frauenarbeit nach dem Ersten Weltkrieg. Frankfurt am Main/New York 1993; siehe auch: Verordnung über die Freimachung von Arbeitsstellen während der Zeit der wirtschaftlichen Demobilmachung vom 28. 3. 1919, Reichsgesetzblatt 1919, 355 f.
51 *Friedrich Zunkel*, Die ausländischen Arbeiter in der deutschen Kriegswirtschaftspolitik des Ersten Weltkrieges, in: Gerhard Ritter (Hrsg.), Entstehung und Wandel der modernen Gesellschaft. Berlin 1970, 285.
52 Vgl. zur Literatur das Kapitel 4.2 in diesem Band.
53 *Zunkel*, Arbeiter, 300. Vgl. auch *Alan Kramer*, Deportationen, in: Enzyklopädie Erster Weltkrieg, 2. Aufl. Paderborn 2014, 434 f.

60 000 verschleppte Belgier, die Zwangsarbeit im französischen Etappengebiet leisteten. Nach massiven Protesten im In- und Ausland gegen diese menschenverachtende, völkerrechtswidrige Praxis ging man wieder zur „freiwilligen Anwerbung" über und rekrutierte auf diese Weise rund 100 000 belgische Arbeitskräfte. Auch im polnischen Besatzungsgebiet wurden Arbeitskräfte zwangsrekrutiert. Zu den seit 1915 mit Unterstützung der Deutschen Arbeiterzentrale forcierten Aktionen sogenannter „freiwilliger Anwerbung", die im Laufe des Jahres etwa 20 000 Arbeitskräfte in industrielle Beschäftigungsverhältnisse in Deutschland schleusten,[54] kam es ab Herbst 1916 auch hier zu Deportationen vor allem jüdischer Arbeitskräfte nach Deutschland.[55] Dass auch den Rekrutierungsmaßnahmen, die nicht auf die gewaltsame Verschleppung, sondern auf eine „freiwillige Anwerbung" polnischer Arbeitskräfte gesetzt hatten, ein Zwangscharakter innewohnte, kam u. a. in erheblichen rechtlichen Restriktionen des zu schließenden Arbeitsverhältnisses zum Ausdruck, die ein Heimkehrverbot sowie Beschränkungen von Freizügigkeit und freier Arbeitsplatzwahl vorsahen. Im Jahr 1917 erfasste die Deutsche Arbeiterzentrale über 300 000 ausländische Arbeitskräfte in der deutschen Industrie – eine Zahl, die als Untergrenze interpretiert werden muss, weil sie die Arbeitskräfte in Bayern, Hessen und Baden nicht erfasste.[56] In der Kruppschen Gussstahlfabrik arbeiteten am 1. November 1918 rund 8500 ausländische Arbeiter, was ungefähr acht Prozent der Belegschaft entsprach. Diese Gruppe differenzierte die Werksstatistik weiter aus in 3345 „aus feindlichen Staaten angeworbene" Männer, 3784 „aus neutralen Staaten angeworbene" männliche Arbeitskräfte, 500 Frauen und 464 Kriegs- und Zivilgefangene.[57]

Vor dem Hintergrund des Arbeitskräftemangels bildete die Ausnutzung der Arbeitskraft der Kriegsgefangenen eine zentrale Maxime im kriegswirtschaftlichen Kalkül.[58] Während des Krieges befanden sich etwa 2,5 Millionen Soldaten in deutscher Gefangenschaft, von denen ein großer Anteil zu verschiedenen Arbeiten in Landwirtschaft und Industrie herangezogen wurde, was gemäß den Bestimmungen der Haager Landkriegsordnung zulässig war. Seit 1915/16 wurden die Kriegsgefangenen systematisch nach ihrer „Arbeitsfähigkeit" klassifiziert und zu Arbeiten außerhalb

---

54 Betrachtet man auch die Arbeitskräfte für die Landwirtschaft, so waren es sehr viel mehr – um die 200 000 polnische Arbeitskräfte wurden bis Februar 1916 in Landwirtschaft und Industrie vermittelt. *Uta Hinz*, Zwangsarbeit, in: Enzyklopädie Erster Weltkrieg. 2. Aufl. Paderborn 2014, 980.
55 Grundlage bildete die „Verordnung zur Bekämpfung der Arbeitsscheu", mit der die OHL die „Gewinnung von 30 000 jüdischen Arbeitern" aus dem „Generalgouvernement Warschau" umzusetzen suchte; siehe *Erich Ludendorff*, Urkunden der Obersten Heeresleitung über ihre Tätigkeit 1916/18, Berlin 1920, 127–131.
56 *Daniel*, Arbeiterfrauen, 59 f.
57 Vgl. dafür *Tenfelde*, Krupp, 58 f.
58 *Hinz*, Zwangsarbeit, 979. Zur Kriegsgefangenenpolitik *Uta Hinz*, Gefangen im Großen Krieg. Kriegsgefangenschaft in Deutschland 1914–1921. Essen 2006.

der Gefangenenlager eingesetzt.[59] Nach Zustimmung der Arbeitsämter überwies die Heeresverwaltung gefangengesetzte Soldaten als Arbeitskräfte an die landwirtschaftlichen oder industriellen Betriebe.[60] Im Jahr 1918 stellten die Kriegsgefangenen im rheinisch-westfälischen Industriegebiet einen Anteil von neun Prozent der Arbeiterschaft – in Ziegeleien und Steinbrüchen – eine Branche mit Schwerstarbeit unter körperlich besonders belastenden Arbeitsbedingungen – betrug der Anteil an Kriegsgefangenen 47,5 % der männlichen Belegschaft.[61]

Bezogen auf die Produktionssphäre sind die Veränderungen des Arbeitskräfteangebots auch unter dem Stichwort der „Dequalifizierung" diskutiert worden. Nach Meinung vieler kriegsindustrieller Unternehmer eigneten sich die „neuen" Arbeitskräftegruppen des freien Arbeitsmarktes, wie z. B. Frauen und Jugendliche, nur bedingt als Ersatz der zum Kriegsdienst einberufenen Arbeitskräfte. Dazu mochten auch Vorurteile der Arbeitgeber über „spezifisch weibliches" Arbeitsvermögen oder geschlechtlich diskriminierende Annahmen der Arbeitgeber im Hinblick auf das Arbeitsmarktverhalten der Arbeiterinnen beigetragen haben. „Im allgemeinen ist die Frau als Arbeiterin weniger leicht zu behandeln als der Mann", so befand ein zeitgenössischer Beobachter der Waffen- und Munitionsindustrie, „[…] sie kündigt z. B. schon, wenn sie nicht neben ihrer Freundin arbeiten darf."[62] Manche Arbeitgeber beschäftigten aufgrund von Erwägungen zum Qualifikationsprofil und zur „Fabrikdisziplin" lieber Kriegsgefangene als Frauen, weil sie auf Facharbeiter hofften und die Kosten betrieblicher Reorganisationsmaßnahmen scheuten.[63] Die Substitution von Fachkräften durch andere, geringer qualifizierte Arbeiter – ein Vorgang, der als „Verdünnung" oder „Streckung" (*dilution*) bezeichnet wird – setzte eine fabrikinterne Anlernung der Arbeitskräfte und meist eine Zerlegung des Fertigungsprozesses in mehrere, leicht zu erlernende Tätigkeiten voraus, also tiefgreifende Veränderungen innerhalb der Arbeitsorganisation. Der Arbeitskräftemangel schuf Rationalisierungsdruck auf der Nachfrageseite des Arbeitsmarktes. Die Herstellung gleichförmiger Kriegsgüter legte zwar eine Umstellung zu standardisierten Produktionsprozessen nahe, gleichwohl entsprach es meist nicht dem Unternehmenskalkül, derartige Anpassungsprozesse zu forcieren und in moderne produktive Kapazitäten zu investieren, deren Auslastung langfristig ungewiss erschien.

---

[59] Zu Beginn waren die Kriegsgefangenen überwiegend innerhalb der Lager beschäftigt, in der zweiten Kriegshälfte waren mehr als 80 % der Kriegsgefangenen außerhalb – in Landwirtschaft und Industrie – tätig, *Hinz*, Zwangsarbeit, 979.
[60] *Sogemeier*, Entwicklung, 67.
[61] *Sogemeier*, Entwicklung, 48.
[62] *Weyrauch*, Waffen- und Munitionswesen, 232.
[63] Vgl. auch *Daniel*, Arbeiterfrauen, 58.

4.1.5 „Das neue System der Menschenökonomie" – Verwendungskonflikt um den Faktor Arbeit

Während es für Unternehmen in kriegswichtigen Produktionszweigen zunehmend schwieriger wurde, ihre Nachfrage nach Arbeitskräften auf dem freien Arbeitsmarkt zu decken, entwickelte sich zwischen Wirtschaft und Militär ein Interessenkonflikt um die Verwendung männlicher Arbeitskräfte im wehrfähigen Alter.[64] Aus der Perspektive kriegswirtschaftlicher Planungen gab es zwei zentrale Ziele, die gleichzeitig schwer zu erfüllen waren, denn der Personalbedarf der Streitkräfte konkurrierte mit dem Erfordernis, die Kriegsindustrie mit Arbeitskräften zu versorgen.

Gleichsam als Grunderfahrung der Kriegsjahre memorierte der Werkschronist von Krupp die Diskrepanz zwischen Bedarf und Angebot auf dem Arbeitsmarkt:

> Es half den Werkstätten wenig, wenn man ihnen statt der angeforderten Präzisionsarbeiter kaum ausgelernte Metall- und Revolverbankdreher schickte oder anstelle von Metalldrehern Porzellandreher, die auf diese Weise hofften, zunächst einmal aus der Garnison zu Krupp und dann bei erster Gelegenheit in ihre Heimat zu kommen. Die Auswahl nach Güte und Zeitfolge wurde wenig beachtet, es kamen Schlosser statt Fräser, es kamen auch kranke Leute, weil die Truppenkommandos sich weigerten, die gesunden abzugeben. [...] Es kamen auch Leute, für die nach langem Suchen endlich Ersatz gefunden war, nachträglich in hellen Haufen an und wollten beschäftigt werden; es kamen Trupps von Schlossern früher an als die Dreher, deren Arbeit vorherzugehen hatte und was der Hemmnisse mehr waren.[65]

Angesichts des Arbeitskräftemangels trat die Kriegsindustrie für die Forderung ein, Facharbeiter vom Heeresdienst zurückzustellen, um einen Arbeiterstamm im Werk zu halten, der als „unabkömmlich" gelten sollte. Die militärischen Beschaffungsstellen gerieten auf diese Art in die Zwickmühle der Interessen. Entscheidungen über eine Reklamierung von Einberufenen trafen die stellvertretenden Generalkommandos vor Ort. Gleichwohl war diese Angelegenheit für die stellvertretenden kommandierenden Generale im Armeekorpsbezirk völliges Neuland. Erst mit der industrialisierten Kriegführung rückte dieser Sachverhalt in ihren Erfahrungsbereich.

Schon Anfang 1915 gründete das preußische Kriegsministerium die „Abteilung für Zurückstellungswesen" (AZS) als eine Instanz, die dabei helfen sollte, die Bedarfe zwischen militärischen und wirtschaftlichen Interessen zu koordinieren und widerstreitende Interessenlagen gegebenenfalls ausgleichen zu können. Das Wirken und die sozialreformerischen Leitgedanken der Abteilung sind durch eine zeitgenössische Studie von Richard Sichler und Joachim Tiburtius dokumentiert, die die Abteilung aufbauten. Der Bericht der Praktiker ist aufschlussreich für die Behördenarbeit und veranschaulicht nicht nur grundlegende Probleme des Arbeitsmarktes unter dem Druck des Krieges, sondern erhellt auch die administrativen Stolperstei-

---

64 *Sichler/Tiburtius*, Arbeiterfrage, 43.
65 Historisches Archiv Krupp, FAH 4 E 10.1, 70, Kriegschronik von Wilhelm Berdrow.

ne bei dem Versuch, den kriegswirtschaftlichen Problemen entgegenzuwirken.[66] Nicht zuletzt erschwerten Kompetenzkonflikte innerhalb der Verwaltung zwischen zivilen und militärischen Kräften eine Koordinierung der Aktionen verschiedener Stellen. Zudem prangerten die Referenten eine Misswirtschaft im Beschaffungswesen an, die auf eklatanten organisatorischen Mängeln basierte und kriegswirtschaftliche Engpässe weiter verschärfte. Die letztlich unzureichende Gestaltungskraft der AZS dürfte zudem auch an dem beschränkenden Umstand gelegen haben, dass die AZS nur Empfehlungen aussprechen durfte und keine Weisungsbefugnis gegenüber den stellvertretenden Generalkommandos besaß.[67]

In gewisser Weise entsprach die Behandlung von Arbeitsmarktfragen der kriegswirtschaftlichen Struktur in Deutschland, die bis 1916 provisorische Züge trug. Als sich im Sommer 1916 in den Somme-Schlachten und im Kampf um Verdun die Überlegenheit der Kriegsgegner deutlich abzeichnete, war militärisch ein Wendepunkt erreicht. In dieser Situation berief Kaiser Wilhelm II. die Generale Ludendorff und Hindenburg zur Dritten Obersten Heeresleitung (OHL). Im Unterschied zu ihren Amtsvorgängern an der Spitze des Generalstabs beschränkte die 3. OHL, die mit Schwerindustriellen im Rheinisch-Westfälischen Industriegebiet vernetzt war, ihr Wirken nicht nur auf militärische Belange im engeren Sinne, sondern zeigte auch ein starkes Interesse an ökonomischen und wirtschaftspolitischen Weichenstellungen.

Das strategische Konzept, das die OHL für eine Wende der Kriegslage vortrug, setzte auf eine totale Anspannung aller produktiven Ressourcen. Im sogenannten Hindenburg-Programm formulierte die Heeresleitung – in Anlehnung an Ideen aus industriellen Kreisen – einen ambitionierten Plan für die kurzfristig zu erzielende Steigerung der militärischen Produktion. So sah das Programm unter anderem eine Verdoppelung der Munitionsproduktion und eine Verdreifachung der Produktion von Minenwerfern und Geschützen vor.[68]

Zugleich war den kriegswirtschaftlichen Strategen klar, dass für die Umsetzung dieser rüstungswirtschaftlichen Ziele die „Arbeiterfrage ausschlaggebend" sei.[69] Mithin ging es in den Positionsbestimmungen, die dem Führungswechsel im Heereskommando folgten, um Maßnahmen und Instrumente im Rahmen eines zu konkretisierenden Arbeitsmarktgesetzes.[70] Ursprünglich hatte die militärische Spitze eine Erweiterung des Kriegsleistungsgesetzes gefordert – orientiert wohl am Vorbild des österreichischen Kriegsleistungsgesetz von 1912, das eine militärische Kontrolle in der Waffen- und Munitionsfabrikation ermögliche – und sich in diesem Sinne für eine Ausdehnung der Wehrpflicht, eine Einschränkung der freien Arbeitsplatz-

---

66 *Sichler/Tiburtius*, Arbeiterfrage.
67 *Sichler/Tiburtius*, Arbeiterfrage.
68 *Feldman*, Armee, 133; siehe auch Schreiben Hindenburgs an den Kriegsminister am 31. August 1916, in: *Ludendorff*, Urkunden, 63 ff.
69 *Ludendorff*, Urkunden, 64.
70 *Mai*, Ende, 96 ff; *Feldman*, Armee, 196–206.

wahl und eine Arbeitspflicht, auch für Frauen, ausgesprochen.[71] In diesen Punkten ergaben sich große Übereinstimmungen zu den Positionen von Arbeitgebern der Schwerindustrie.[72] Gleichwohl lehnte der Reichskanzler einen allgemeinen Arbeitszwang ab und stimmte darin mit reformorientierten Kräften innerhalb des Preußischen Kriegsministeriums überein.[73]

Zur organisatorischen Umsetzung des Hindenburg-Programms wurde im November 1916 das Kriegsamt gegründet, das den kriegswirtschaftlichen Apparat straffen und rüstungswirtschaftliche Entscheidungsbereiche bündeln sollte. Die angestrebte zentrale Steuerung der Rüstungsindustrie konnte mit der neuen Verwaltungsstruktur jedoch nicht erreicht werden.[74] Zwar erfüllte die Reorganisation ein zentrales Postulat der bis dahin für Arbeiterfragen zuständigen Stelle, indem sie eine Abteilung mit breiteren Befugnissen schuf und arbeitsmarktbezogene Belange innerhalb der neuen Behörde im neuen Kriegsersatz- und Arbeitsdepartement zusammenführte. Angesichts der Besetzung der Führungspositionen mit Militärpersonen blieb die neue Stelle gleichwohl vom Erfahrungswissen der ersten Kriegsjahre abgeschnitten.[75]

Kurz nach Amtsantritt stellte der neue Kriegsamt-Chef General Wilhelm Groener den Entwurf für ein Arbeitsmarktgesetz vor, das als Grundlage für die weitere Arbeitskräftemobilisierung dienen sollte. Während Teile des Generalstabs eine parlamentarische Behandlung des geplanten Gesetzes ablehnten und die neuen Bestimmungen per Bundesratsverordnung auf Basis des Kriegsermächtigungsgesetzes, des Kriegsleistungsgesetzes oder der Gesetzgebung über den Belagerungszustand einführen wollten, traten OHL, Kriegsamt und Reichsregierung dafür ein, den Reichstag in die Verantwortung zu nehmen, so dass neben den Militärbehörden und Reichsregierung auch Parteien und Parlament an der Konzeption mitwirkten. Nach der Überarbeitung stellte die Gesetzesvorlage einen Kompromiss dar, der die Arbeitsmarktregulierung mit Zugeständnissen an gewerkschaftliche Forderungen im Sinne „gelenkter Freiwilligkeit" (Mai) abfederte. Nur wenige Wochen später, am 5. Dezember 1916, wurde das Gesetz über den Vaterländischen Hilfsdienst in dritter Lesung erlassen.[76] Es sah die allgemeine Dienstpflicht für Männer vom 17. bis zum

---

71 Weiterhin wurde die Schließung der Universitäten gefordert. Vgl. die Briefe Hindenburgs an das Kriegsministerium und an den Reichskanzler, in: *Sichler/Tiburtius*, Arbeiterfrage, 101–108. Zum Kriegsleistungsgesetz *Martin Geyer*, Kriegsleistungsgesetz, in: Enzyklopädie Erster Weltkrieg, 652 f.
72 Vgl. *Feldman*, Armee, 150. Siehe auch den fast wörtlichen Gleichklang von Vorschlägen Moellendorfs an die OHL und eines Schreibens der OHL an das Kriegsministerium, in: *Sichler/Tiburtius*, Arbeiterfrage, 101–104.
73 Vgl. Reichskanzler an Hindenburg, in: *Sichler/Tiburtius*, Arbeiterfrage, 119–126.
74 *Feldman*, Armee; *Regina Roth*, Staat und Wirtschaft im Ersten Weltkrieg. Berlin 1997; *Hardach*, Weltkrieg, 73 f. Vgl. Abschnitt 2.1.5 in diesem Band.
75 *Sichler/Tiburtius*, Arbeiterfrage, 40.
76 Reichsgesetzblatt 1916, 1333 ff. Vgl. auch *Ludwig Elster*, Das Gesetz über den vaterländischen Hilfsdienst, in: Jahrbücher für Nationalökonomie und Statistik, 107, 1916, 756–767; *Feldman*, Armee, 424–428; *Faust*, Arbeitsmarktpolitik, 215.

60. Lebensjahr in kriegswichtigen Betrieben vor. Da diese Pflicht nicht als Teil der Wehrpflicht formuliert worden war, blieb der zivile Status des Hilfsdienstpflichtigen erhalten. Um die Arbeitskräfte an die Arbeitsplätze in der Rüstungsindustrie zu binden, beschnitten die Gesetzesbestimmungen die verfassungsrechtlich garantierte Freizügigkeit und machten einen Arbeitsplatzwechsel vom Vorliegen eines Abkehrscheins abhängig – also einer Zustimmung des Arbeitgebers zum Arbeitsplatzwechsel, im Konfliktfall von der Genehmigung eines paritätisch besetzten Schlichtungsausschusses. In allen Betrieben mit mehr als 50 Beschäftigten wurden ständige Arbeiter- und Angestelltenausschüssen eingerichtet. Die Leitung des Hilfsdienstes lag beim Kriegsamt, das an der Spitze der neu entstehenden Organisation von Kriegsamtsstellen und Hilfsdienstmeldestellen stand. Feststellungs- und Einberufungsausschüsse konnten mit Hilfe der Arbeitsämter Beschäftigte aus als „nicht kriegswichtig" definierten Betrieben herausziehen und an kriegswichtige Arbeitsplätze überweisen.[77]

Eine Verbesserung der Arbeitsbedingungen, also auch eine Besserstellung im Hinblick auf die Entlohnung, bildete jedoch einen akzeptierten Grund, die Arbeitsstelle zu wechseln. Wie die Ausführungsbestimmungen explizierten, berechtigte dieser Umstand den Arbeitnehmer, einen Abkehrschein zu erhalten. Damit enthielten die neuen Regelungen einen Ansatzpunkt, den Marktmechanismus noch in Kraft zu belassen.[78]

Mit dem Hilfsdienstgesetz gab es ein neues arbeitsmarktpolitisches Instrument, das aufgrund seines Kompromisscharakters Elemente des Zwanges – wie die Einschränkungen des Rechts auf freie Arbeitsplatzwahl – mit gesellschaftspolitischen Zugeständnissen kombinierte. Ziele der Arbeiterschaft, die bereits seit langem auf der Agenda der Arbeitnehmerorganisationen standen, wurden partiell erfüllt, so die betriebliche Interessenvertretung und die Schlichtungsausschüsse. Der Vorsitzende der Metallarbeitergewerkschaft Alexander Schlicke wurde als „Vertreter der Arbeiterschaft" in das Kriegsamt berufen.[79] Dass die Regulierung die Gewerkschaften in die Durchführung des Hilfsdienstes einbezog, war faktisch eine Anerkennung der Gewerkschaften als Interessenvertretung der Arbeiterschaft. „Dieses Gesetz der Not", so bilanzierte der Nationalökonom Ludwig Elster, „stellt vorübergehend eine noch nie dagewesene vollständige Umwälzung unseres gesamten Wirtschaftslebens dar".[80] Im Folgenden seien die Impulse, die von den neuen Bestimmungen auf den Arbeitsmarkt im Krieg ausgingen, in den Blick genommen.

---

77 *Tilly*, Arbeit, 152; *Schmuhl*, Arbeitsverwaltung, 79.
78 Für eine ausführliche Diskussion der Lohnentwicklung im Krieg vgl. *Tilly*, Arbeit, 193–198.
79 *Michael Oberstadt*, Alexander Schlicke, in: Neue Deutsche Biographie 23, 2007, 80. Vgl. auch Correspondenzblatt 1916, 516.
80 *Elster*, Gesetz, 756.

4.1.6 Wirkungen des Hilfsdienstgesetzes auf den Arbeitsmarkt

Die Bedeutung des Hilfsdienstgesetzes ist in der Forschung unterschiedlich bewertet worden.[81] Verengt man die Frage auf die arbeitsmarktpolitische Wirksamkeit des Hilfsdienstgesetzes, so spricht vieles dafür, dass es kaum dazu beitrug, die kriegsbedingten Probleme des Arbeitsmarktes zu überwinden. Dies lässt sich anhand des Zielkatalogs der neuen Bestimmungen nachvollziehen.

Für das übergeordnete Ziel – die Gewinnung von Arbeitskräften für die kriegswichtige Industrie – enthielt das Gesetz mehrere Ansatzpunkte. Die Formulierung der Arbeitspflicht zielte darauf ab, unerschlossene Reserven des Arbeitsmarktes unter den nicht mehr oder noch nicht wehrpflichtigen Arbeitnehmern zu erschließen und Arbeitskräfte in die kriegswichtigen Produktionsbereiche zu lenken. Der Verwaltungsapparat des Hilfsdienstes sollte die Überführung von Arbeitskräften in die Kriegsindustrie organisatorisch erleichtern und eine bessere Marktübersicht schaffen. Eine zentrale Absicht des Gesetzes stellte schließlich die Einschränkung der zwischenbetrieblichen Fluktuation, also des Arbeitsplatzwechsels, dar.

Letztlich konnte keines der Ziele erfüllt werden. Für eine Arbeitsmarktregulierung zur Gewinnung von Rüstungsarbeitern waren die Rahmenbedingungen ungünstig. Zum Zeitpunkt der Verabschiedung des Gesetzes war die gewerkschaftliche Arbeitslosenquote bei den Männern bereits auf 0,7 % gesunken[82] – ein Wert, der in der modernen Arbeitsmarktberichterstattung Vollbeschäftigung signalisieren würde und als Indiz dafür gedeutet werden kann, dass der Arbeitsmarkt keine unerschlossenen Reserven mehr barg. Auch der „Andrang", mit dem das Reichsarbeitsblatt das Verhältnis von offenen Stellen und Gesuchen umschrieb und der als ein guter Indikator für eventuelle Mobilisierungsreserven des Arbeitsmarktes gelten kann, weist in die gleiche Richtung.[83] Schon vor der Verkündung des Hilfsdienstgesetzes kamen im Herbst 1916 auf 100 Stellenangebote nur noch 68 Gesuche.[84] Darüber hinaus zeigt die Entwicklung der Beschäftigung in den verschiedenen Industriezweigen, dass sowohl in der ersten Kriegshälfte als auch in der zweiten Kriegshälfte eine Wanderung von Arbeitskräften aus nicht kriegswichtigen in rüstungsrelevante Industriebereiche stattfand, diese aber im Zeitraum zwischen 1915 und 1916 weitaus dynamischer war als zwischen 1916 und 1917, so dass es nicht plausibel erscheint, die Lenkungswirkung des Hilfsdienstgesetzes als wesentliche Triebfeder dieser Arbeitskräftebewegung hervorzuheben.[85]

---

81 *Mai*, Ende, 99–103.
82 *Tyska*, Arbeitsmarkt; *Friedrich Dönhoff*, Das Arbeitsmarktproblem: mit besonderer Rücksicht auf die schweizerischen Verhältnisse in Kriegs- und Nachkriegszeit. Diss. Zürich 1921, 258.
83 Zu den Andrang-Zahlen 1916–1918 vgl. *Faust*, Arbeitsmarktpolitik, 284.
84 Statistisches Jahrbuch für das Deutsche Reich, 1920, 241.
85 *Tyska*, Arbeitsmarkt, 644 f.; Reichs-Arbeitsblatt 1920, 63 f.

Abb. 2: Feldpostkarte, Die Frau im Hilfsdienst, 1916/18 (Privatsammlung).

Zwar trug der Hilfsdienst, wie beabsichtigt, durchaus dazu bei, wehrpflichtige Rüstungsarbeiter für die Front freizumachen. Gleichwohl spielten Frauen für diesen Substituierungsprozess eine weitaus größere Rolle: Von den 80 720 wehrpflichtigen Arbeitern, die im März 1917 in verschiedenen Korpsbezirken für den Einsatz an der Front freigemacht werden konnten, waren Frauen für knapp zwei Drittel und Hilfsdienstpflichtige für weniger als ein Drittel verantwortlich.[86]

---

86 Die Zahlen schließen Bayern und Württemberg nicht ein, *Ursula von Gersdorff*, Frauen im Kriegsdienst 1914–1945. Stuttgart 1969, 162. Ähnlich auch die Daten der preußischen Korpsbezirke für Juli 1917, vgl. *Charlotte Lorenz*, Die gewerbliche Frauenarbeit während des Krieges. Stuttgart/Berlin/Leipzig 1928, 329.

Auch die organisatorische Umsetzung blieb, wie zeitgenössische Beobachtungen nahelegen, hinter den Zielsetzungen zurück. Der Referent der Kriegsamtstelle Münster, die für den rheinisch-westfälischen Industriebezirk zuständig war, bilanziert, dass

> [...] der Erfolg im Verhältnis zu dem großen aufgewandten Apparat außerordentlich gering war. Im ganzen Bezirk wurden im ersten Jahre 22 176 Aufforderungen erlassen, von denen [...] 11 442 zurückgezogen werden mussten. Nur 498 haben in den ihnen bezeichneten Betrieben die Arbeit aufgenommen und 5 393 in anderen nicht bestimmten Betrieben. Diese Ziffern mögen als ein Beleg dafür erscheinen, dass dieser ganze umfangreiche Apparat der Einberufungsausschüsse keinen entsprechenden Erfolg erzielte.[87]

Einer der Grundgedanken des Gesetzes bestand darin, die Fluktuation der Arbeitnehmer zwischen den Rüstungsunternehmen einzudämmen. Da hier das Grundrecht der Freizügigkeit betroffen war, hatte man über den institutionellen Mechanismus der Arbeitsplatzbindung besonders intensiv gestritten. In der Praxis konterkarierte das System der Abkehrscheine – das als Basiskompromiss die Verabschiedung des Gesetzes ermöglicht hatte – die Idee der Arbeitsplatzbindung, denn eine Lohnverbesserung galt als legitimer Grund, die Arbeitsstelle zu verlassen. Nach wie vor wurde von Unternehmensseite der Arbeitskräftemangel und eine hohe Frequenz von Arbeitsplatzwechseln moniert.[88] Der größte Rüstungskonzern, die Krupp-Werke in Essen, hatten „noch während des Hilfsdienstgesetzes (...) monatlich einen Ab- und Zugang von je 5000 bis 6000 Arbeitern."[89] Allerdings stellte sich die Arbeitermobilität in verschiedenen Industriezweigen wohl unterschiedlich dar.[90]

Das Büro für Arbeiterangelegenheiten bei Krupp registrierte für die Gussstahlfabrik im Juli 1917 das Ausscheiden von 1740 hilfsdienstpflichtigen Arbeitern. Davon wurden 327 an die Front berufen. Von den verbleibenden 1413 Personen kehrten 671, also beinahe die Hälfte, ohne Abkehrschein ab. Diese Arbeiter wurden in den Quellen als „kontraktbrüchig" etikettiert. Nur 20 der ausscheidenden Hilfsdienstpflichtigen hatten den Schlichtungsausschuss angerufen. Das entspricht einer Quote von 1,4 %.[91] Die Relation derjenigen, die ohne Abkehrschein abwanderten, schwankte zur Gesamtheit der ausscheidenden Hilfsdienstpflichtigen zwischen 50 und 60 %.[92]

Dieses Schlaglicht legt den Eindruck nahe, dass die mit dem Gesetz intendierte Arbeitsmarktregulierung in dieser Hinsicht nicht griff – sei es, weil sich die Betroffe-

---

[87] *Sogemeier*, Entwicklung, 73 f.
[88] „Kurze Niederschrift über eine Besprechung betreffend Arbeiterfragen", 4. 5. 1917, Vertreter des Kriegsamtes, Kriegsamtstelle Düsseldorf, des VdESI und Arbeiternordwest, Salzgitter-Konzernarchiv, P. 22528, Mappe 1.
[89] *Sogemeier*, Entwicklung, 34.
[90] Vgl. mit Diskussion *Tilly*, Arbeit, 156 f.
[91] *Tilly*, Arbeit, 157 mit Anm. 1.
[92] Historisches Archiv Krupp, WA 4/1395, darin interne Aktennotiz (ohne Datum und Unterschrift) mit Berechnungen zur Wirkung des Hilfsdienstgesetzes.

nen nicht um die Regelungen kümmerten, sei es, weil sie nicht unter die Regelungen fielen. Der kontinuierliche Zu- und Abgang hielt an – aber dazu gehörten auch Arbeitsplatzwechsel, die sich unberührt von den Regulierungsbestimmungen des Hilfsdienstgesetzes vollzogen.

Zudem ist anzunehmen, dass sich in der Praxis die ordnungsgemäße Handhabung des Abkehrscheins wohl umgehen ließ. Zeitgenössische Darstellungen thematisieren das Problem der „Hilfsdienstflucht".[93] Darüber hinaus klagte die Kriegsamtstelle Saarbrücken über Missbräuche des Abkehrscheines und monierte im Frühjahr 1918:

> Häufig verschaffen sich Arbeiter unter Umgehung der Bestimmungen des §9 des Gesetzes über den vaterländischen Hilfsdienst Arbeit, indem sie einen alten Abkehrschein vorweisen und behaupten, dass sie seit der Ausstellung dieses Abkehrscheines keine Arbeit mehr gehabt hätten. Das kommt daher, dass Arbeitgeber entgegen der Bestimmung [...] den Arbeitern bei der Einstellung den Abkehrschein nicht mehr abnehmen.[94]

Unzufriedenheit stiftete auch die als dysfunktional empfundene Organisation, die zur Durchführung des Hilfsdienstes entstanden war. Im Zuge des Reorganisationsprozesses wurden Hilfsdienstmeldestellen meist nicht völlig neu aufgebaut, sondern der öffentliche Arbeitsnachweis vor Ort übernahm diese Funktion – gab es vor Ort keine kommunale Einrichtung oder existierten mehrere geeignete Einrichtungen nebeneinander, so übertrug das Kriegsamt die Aufgabe der lokalen Behörde, die es für geeignet hielt.[95] Die rheinischen Handelskammern monierten in dem so entstehenden Apparat unklare Zuständigkeiten und beklagten, nicht an der Vermittlung von Arbeitskräften durch die Hilfsdienstmeldestellen beteiligt zu werden. Ihr Argument, als lokale Handelskammer eine gute Marktübersicht mitzubringen, mündete in eine Reforminitiative zur Veränderung der bestehenden Zuständigkeiten, die aber am Widerstand der Schwerindustrie im Ruhrgebiet scheiterte.[96]

---

93 *Sogemeier*, Entwicklung, 74. Siehe auch Soziale Praxis 26, 1917, 479, 483.
94 Rheinisch-Westfälisches Wirtschaftsarchiv (RWWA) Bestand IHK Koblenz, Abt. 3, Nr. 6, Fasz. 43, Schreiben Kriegsamtstelle Saarbrücken an Handelskammer Coblenz am 10. 6. 1918. Die Kriegsamtstelle Saarbrücken bat die Handelskammer Koblenz, die Unternehmen anzuhalten, den Abkehrschein abzunehmen – und auf die Gefängnisstrafe hinzuweisen, die verhängt werden kann, wenn man es nicht macht. Der Missbrauch des Abkehrscheins war durchaus verbreitet, vgl. Bundesarchiv (BArch), R 2398k, 313 f.
95 *Albert Thiemann*, Arbeitsmarkt und Arbeitsnachweis im rheinisch-westfälischen Industriegebiet. Diss. Köln 1925, 36.
96 Die Handelskammern der Rheinprovinz kritisierten den Umstand, dass Hilfsdienstmeldestellen eingerichtet wurden, um Arbeitskräfte zu vermitteln und den Ausgleich von Angebot und Nachfrage zu verbessern, ohne die Handelskammern einzubeziehen. Im Februar 1917 bereiteten die Handelskammern im Rheinland eine gemeinschaftliche Eingabe an das Kriegsamt vor mit einem dringenden Appell für eine Reorganisation. Diese Initiative blieb jedoch stecken, weil die Handelskammer Mülheim/Essen/Oberhausen bzw. der Vorsitzende Alfred Hugenberg hier kein Problem sahen. Vor dem Ersten Weltkrieg war die Beteiligung an der Arbeitsvermittlung ein klassisches Streitobjekt im Machtkampf der Arbeitsmarktakteure.

Abb. 3: Rüstungsindustrie in Deutschland, Einsatz der Frau. Einfüllen der Kugeln in Schrappnells, 1917 (BArch 183-S32123).

Im weiteren Kriegsverlauf versuchte die 3. OHL, eine Nachbesserung der bestehenden Gesetzgebung zu erreichen. Pointiert mag die Stoßrichtung dieser Initiativen in einem geheimen Schreiben Hindenburgs an die Reichskanzlei vom September 1917 zum Ausdruck kommen. Darin bat der Chef des Generalstabes um die „restlose Erfassung und Ausnutzung aller männlichen Kräfte" durch eine „Verbesserung des Hilfsdienstgesetzes".[97] Konkret meinte er damit eine Ausdehnung der Wehrpflicht und eine Militarisierung der Arbeitsverhältnisse. Die Forderung nach einer stärker mit Zwang operierenden Regelung speiste sich auch aus dem flüchtigen Blick auf die Praktiken in anderen Ländern. Ein *Besprechungsprotokoll betreffend Ersatzfragen* dokumentiert einen im Juni 1918 formulierten Standpunkt von Oberstleutnant Bauer: „Leute müssten erscheinen, wer nicht kommt, unterliegt militärischer Bestrafung".[98] Zudem solle man auch bei der Mobilisierung weiblicher Arbeitskräfte rigoroser vorgehen:

> Frauenarbeit: In England und Amerika sei man erheblich weitergegangen. Durch Ausbildung der Frauen in den Fabriken lasse sich noch vieles herausbringen. Gefahren für die Gesundheit dürften nicht überschätzt werden. Bittet auf diesem Wege weiterzugehen. Hilfsdienstpflicht

---

97 BArch, R 43/2398k, 11.
98 BArch, R 43/2398k, 316.

solle Mittel geben, Frauen restlos zu erfassen. Viele täten heute noch nichts, müssten gezwungen werden.[99]

Vor dem Hintergrund der Arbeitsmarktdaten betrachtet, kann dieses Argument nicht überzeugen, erscheint es gar unsinnig. Vielmehr legen die Kennziffern des Arbeitsmarktes eine hohe Mobilisierungsquote – auch weiblicher Arbeitskräfte – nahe. Die weibliche Arbeitslosenquote war gesunken, die Andrangziffern waren rückläufig.[100] Zu dem Zeitpunkt, als in militärischen Kreisen über eine Verschärfung der Arbeitskräftemobilisierung diskutiert wurde, barg auch der weibliche Arbeitsmarkt keine Reserven mehr. Vielmehr handelte sich um eine naive Vorstellung der militärischen Führung, mit einem rigorosen Vorgehen im Sinne von mehr Zwang und Regulierung noch mehr aus dem Arbeitsmarkt herauspressen zu können. Tatsächlich hätte eine Ausweitung der Dienstpflicht das Ergebnis nicht verändert. In den Debatten um das Hilfsdienstgesetz ging es einem Großteil seiner Kritiker in dieser Phase jedoch letztlich nicht um die Arbeitsmarktargumente, sondern darum, die im Gesetz enthaltenen gesellschaftspolitischen Zugeständnisse zu revidieren, die innerhalb des Generalstabs und der Schwerindustrie als „Pferdefuß" gesehen wurden.[101]

Sozialreformerische Kräfte im preußischen Kriegsministerium machten für die ihrer Ansicht nach „unselige Halbheit des Hilfsdienstgesetzes" die Grundvorstellung der kurzen Kriegsdauer mitverantwortlich: Während zu Kriegsbeginn die Annahme eines kurzen Krieges systematische Planungen verhindert habe, sei gegen Kriegsende die Überzeugung präsent gewesen, dass es „,dazu doch schon zu spät sei', weil der Krieg nicht mehr lange dauern werde."[102] Dennoch schenkten die verantwortlichen Stellen der Kriegswirtschaftsadministration den mit dem Ende des Kriegszustandes zu erwartenden Arbeitsmarktproblemen vergleichsweise wenig Aufmerksamkeit; mit einer größeren Arbeitslosigkeit rechnete man zunächst nicht.[103] Die Arbeitsverwaltung gewann gleichwohl im letzten Kriegsjahr an Kontur. Im Oktober 1917 übernahm das neu konstituierte Reichswirtschaftsamt – das erste eigenständige Wirtschaftsressort auf Reichsebene – vom Reichsamt des Inneren die Zuständigkeit auch für Arbeitsmarktfragen. In der Gemengelage der rivalisierenden kriegswirtschaftlichen Behördenstrukturen erfolgten jedoch keine entscheidenden arbeitsmarktpolitischen Weichenstellungen. „Die Reichsleitung stand dem Ende des Krieges", so resümiert Hans-Walter Schmuhl in seiner Geschichte der Arbeitsverwaltung, „arbeitsmarktpolitisch genauso unvorbereitet gegenüber wie seinem Beginn."[104] Als

---

99 BArch, R 43/2398k, 316.
100 Zu den Andrang-Zahlen 1916–1918 vgl. *Faust*, Arbeitsmarktpolitik, 284.
101 So eine Führungskraft der Düsseldorfer Eisen- und Röhrenwalzwerke über eine Kriegsamtssitzung im Oktober 1917, siehe *Tilly*, Arbeit, 156.
102 *Sichler/Tiburtius*, Arbeiterfrage, 46.
103 *Tilly*, Arbeit, 211; *Sichler/Tiburtius*, Arbeiterfrage, 40.
104 *Schmuhl*, Arbeitsmarktpolitik, 81. Zum Reichswirtschaftsamt vgl. Abschnitt 2.1.5 in diesem Band.

Prinz Max von Baden im Oktober 1918 mit dem Reichsarbeitsamt die oberste Arbeitsbehörde schuf und damit einer langjährigen Forderung von Gewerkschaften und Sozialdemokratie entsprach, zeichnete sich schon die Auflösung des alten Kaiserreichs ab.

4.1.7 Schlussbetrachtung

Fasst man die oben dargelegten Überlegungen zum Arbeitsmarktgeschehen während des Krieges noch einmal zusammen, wird deutlich, dass der Arbeitsmarkt grundlegende kriegswirtschaftliche Probleme widerspiegelte. Zeitgenössische Mitarbeiter der zuständigen Stellen beklagten die mangelnde Vorbereitung der arbeitsmarktpolitischen Mobilisierung, prangerten halbherzige und widersprüchliche Regelungen an und wiesen auf Kompetenzkonflikte militärischer und ziviler Stellen sowie überlappende Zuständigkeiten der arbeitsmarktrelevanten Instanzen hin. Zugleich wurde der Staat angesichts der strategischen Bedeutung von Arbeitsmarktfragen als Akteur im Arbeitsmarktgeschehen präsenter. Unter den Bedingungen der Kriegswirtschaft weiteten sich auch die Strukturen der öffentlichen Arbeitsverwaltung, wenngleich zaghaft, aus. Der überregionale Informationsaustausch von Vermittlungseinrichtungen in öffentlicher Trägerschaft und die Arbeitslosenstatistik hatten in der kriegswirtschaftlichen Praxis in Ansätzen an Bedeutung gewonnen. Auch die städtischen Arbeitsämter erfuhren durch die Übernahme der neuen Aufgaben eine Aufwertung und brachten bereits die Verbindung der Tätigkeitsbereiche Arbeitsvermittlung, Arbeitsbeschaffung und Arbeitslosenfürsorge unter einem Dach, womit sich elementare Bereiche des Leistungsspektrums einer modernen Arbeitsverwaltung abzeichneten.[105]

Gleichwohl erfolgte erst vergleichsweise spät der steuernde Regulierungsversuch durch das Hilfsdienstgesetz, der die genannten Probleme nur partiell abbaute. Vieles spricht dafür, seine arbeitsmarktpolitische Wirksamkeit in Frage zu stellen. Dies hatte aber nicht so sehr etwas mit dem Kompromisscharakter des Gesetzes und den darin enthaltenen Konzessionen zu tun, sondern mit dem Umstand, dass sich bestimmte Parameter der den Markt konstituierenden Größen auch durch eine Regulierung nur bis zu einem gewissen Grad verändern lassen. So ist zu bezweifeln, dass eine andere, stärker mit Zwang operierende Regelung die Engpässe auf dem Arbeitsmarkt besser behoben hätte, obwohl das in zeitgenössischer Sicht zum Teil so interpretiert wurde.

Der Koordinierungsmechanismus des Arbeitsmarktes blieb auch in der zweiten, stärker regulierten Kriegsphase grundsätzlich wirksam, weil der Lohnanreiz funktionierte. In einem entscheidenden Punkt war das Gesetz mithin konform zum Markt-

---

105 *Faust*, Arbeitsmarktpolitik; *Schmuhl*, Arbeitsverwaltung, 79 f.

mechanismus. Zu einer Militarisierung der Arbeitsmarktverhältnisse, die von Teilen des Generalstabs durchaus angestrebt worden ist, kam es nicht. Die Arbeitsmarktregulierung während der Kriegsjahre hat den Ordnungszusammenhang „Arbeitsmarkt" nicht so verändert, dass es seinen marktwirtschaftlichen Rahmen aufgelöst hätte. Die eingangs angesprochene Überlegung zu einem grundlegenden ordnungspolitischen Wechsel trifft somit in dieser Hinsicht nicht zu. Gleichwohl deuteten sich mit den paritätischen Schlichtungsausschüssen und den Arbeiterausschüssen in den Betrieben institutionelle Wandlungen an, die sehr wohl eine langfristig wirkungsmächtige ordnungspolitische Weichenstellung für die Beziehungen der Marktakteure darstellten. Damit war das Hilfsdienstgesetz durchaus mehr als ein erfolgloser Versuch der Arbeitsmarktsteuerung nach kriegswirtschaftlichen Prioritäten. Es war insofern bedeutsam, als es wichtige Entwicklungsschritte bei der Entwicklung der Industriellen Beziehungen präfiguriert hatte.

Auswahlbibliographie

Bajohr, Stefan, Die Hälfte der Fabrik. Geschichte der Frauenarbeit in Deutschland 1914–1945. Marburg 1979.
Bessel, Richard, „Eine nicht allzu große Beunruhigung des Arbeitsmarktes." Frauenarbeit und Demobilmachung in Deutschland nach dem Ersten Weltkrieg, in: Geschichte und Gesellschaft 9, 1983, 211–229.
Daniel, Ute, Arbeiterfrauen in der Kriegsgesellschaft. Beruf, Familie und Politik im Ersten Weltkrieg. Göttingen 1989.
Elster, Ludwig, Das Gesetz über den vaterländischen Hilfsdienst, in: Jahrbücher für Nationalökonomie und Statistik, 107, 1916, 756–767.
Faust, Anselm, Arbeitsmarktpolitik im deutschen Kaiserreich. Arbeitsvermittlung, Arbeitsbeschaffung und Arbeitslosenunterstützung 1890–1918. Stuttgart 1986.
Führer, Karl-Christian, Arbeitslosigkeit und die Entstehung der Arbeitslosenversicherung in Deutschland 1902–1927. Berlin 1990.
Gersdorff, Ursula von, Frauen im Kriegsdienst 1914–1945. Stuttgart 1969.
Kassel, Brigitte, Frauen in einer Männerwelt. Frauenerwerbsarbeit in der Metallindustrie und ihre Interessenvertretung durch den Deutschen Metallarbeiterverband (1891–1933). Köln 1997.
Kocka, Jürgen, Klassengesellschaft im Krieg, Sozialgeschichte 1914–1918. 2. Aufl. Göttingen 1978.
Lederer, Emil, Die Lage des Arbeitsmarktes und die Aktionen der Interessenverbände zu Beginn des Krieges, in: Archiv für Sozialwissenschaft und Sozialpolitik 40, 1915, 147–195.
Lorenz, Charlotte, Die gewerbliche Frauenarbeit während des Krieges. Stuttgart/Berlin/Leipzig 1928.
Mai, Gunther (Hrsg.), Arbeiterschaft in Deutschland 1914–1918. Studien zu Arbeitskampf und Arbeitsmarkt im Ersten Weltkrieg. Düsseldorf 1985.
Mai, Gunther, Kriegswirtschaft und Arbeiterbewegung in Württemberg 1914–1918. Stuttgart 1983.
Prost, Antoine, Workers, in: Jay Winter (Hrsg.), The Cambridge History of the First World War, Bd. 2: The State. Cambridge 2014, 325–357.
Reidegeld, Eckart, Krieg und staatliche Sozialpolitik, in: Leviathan 17, 1989, 479–526.
Rouette, Susanne, Sozialpolitik als Geschlechterpolitik. Die Regulierung der Frauenarbeit nach dem Ersten Weltkrieg. Frankfurt am Main/New York 1993.

Schmuhl, Hans-Walter, Arbeitsmarktpolitik und Arbeitsverwaltung in Deutschland 1871–2002 – Zwischen Fürsorge, Hoheit und Markt. Nürnberg 2003.

Sichler, Richard/Joachim Tiburtius, Die Arbeiterfrage, eine Kernfrage des Weltkriegs. Berlin 1925.

Sogemeier, Martin, Die Entwicklung und Regelung des Arbeitsmarktes im rheinisch-westfälischen Industriegebiet im Kriege und in der Nachkriegszeit. Jena 1922.

Syrup, Friedrich, Die Arbeiterverschiebungen in der Industrie während des Krieges und ihre Bedeutung für die Demobilmachung, in: Jahrbücher für Nationalökonomie und Statistik 111, 1918, 713–732.

Thiemann, Albert, Arbeitsmarkt und Arbeitsnachweis im rheinisch-westfälischen Industriegebiet. Diss. Köln 1925.

Tilly, Stephanie, Arbeit – Macht – Markt. Industrieller Arbeitsmarkt 1900–1929. Deutschland und Italien im Vergleich. Berlin 2006.

Tilly, Stephanie, Getauschte Arbeit. Das Konzept des Arbeitsmarktes in dogmenhistorischer Perspektive, in: Jahrbuch für Wirtschaftsgeschichte, 2009/2, 169–191.

Wingen, Oscar, Das Problem des vaterländischen Hilfsdienstes in kriegführenden und neutralen Ländern, in: Weltwirtschaftliches Archiv 12, 1918, 415–450.

Jens Thiel und Christian Westerhoff
4.2 Zwangsarbeit

4.2.1 Einleitung

Gewöhnlich wird Zwangsarbeit mit dem Zweiten Weltkrieg in Verbindung gebracht, sie war jedoch nicht auf diesen Krieg beschränkt. Die Beschäftigung ausländischer Arbeitskräfte war bereits in den Jahren 1914 bis 1918 zunehmend von Zwang geprägt. Die *International Labour Organization* definierte Zwangsarbeit 1930 als: „Jede Art von Arbeit oder Dienstleistung, die von einer Person unter Androhung irgendwelcher Strafe verlangt wird und für die sie sich nicht freiwillig zur Verfügung gestellt hat."[1] Die meisten wissenschaftlichen Studien zum Thema beziehen sich auf diese Definition, wenngleich nicht davon ausgegangen wird, dass immer klar zwischen freier Arbeit und Zwangsarbeit unterschieden werden kann; vielmehr gibt es viele Grauzonen. Zwangsarbeit kann unterschiedliche Formen annehmen und für die Betroffenen ganz unterschiedliche Konsequenzen haben.

Die Zeit der Weltkriege sticht in der Geschichte der Zwangsarbeit besonders hervor. Dies sollte jedoch nicht darüber hinwegtäuschen, dass Zwangsarbeit eine lange Geschichte hat und über Generationen hinweg das Leben vieler Menschen bestimmte. Ohne ins Detail gehen zu können,[2] sei hier nur auf einige wichtige Kernelemente der langen Geschichte der Zwangsarbeit verwiesen: Zwangsarbeit und Arbeitszwang waren seit langem Teil des Strafrechts und der politischen Verfolgung. Im Zuge von utilitaristischen Konzepten im Zeitalter der Aufklärung und in der Industrialisierung gewann die Zwangsarbeit zusätzlich an Bedeutung. In dem Maße, wie der Stellenwert der Arbeit wuchs, wurde Nichtarbeit zunehmend sanktioniert und unterbunden. Insbesondere Angehörige der Unterschichten, die keine geregelte Arbeit hatten, wurden als „arbeitsscheu" stigmatisiert und zur Arbeit verpflichtet. Oft gingen erzieherische Maßnahmen mit wirtschaftlichen Zielen einher. Dies wird besonders deutlich in den Kolonien, wo die „Erziehung zur Arbeit" einen festen Bestandteil nicht nur des deutschen Kolonialregimes bildete.[3] Auch während des Ersten Weltkriegs waren wirtschaftliche und erzieherische Aspekte der Zwangsarbeit eng miteinander verknüpft.

Völkerrechtlich verbindliche Abmachungen zu Zwangsarbeit und Deportation blieben vor 1914 vage. Gleichwohl gab es mehr oder weniger verbindliche Vorstel-

---
[1] Übereinkommen über Zwangs- und Pflichtarbeit der Mitglieder der Internationalen Arbeitsorganisation (ILO) vom 29. Juni 1930 (Art. 2, Abs. 1), abgedruckt in: *Bruno Simma/Ulrich Fastenrath* (Hrsg.), Menschenrechte – ihr internationaler Schutz, 3. Aufl. München 1992, 122–132.
[2] Als Überblick siehe *Elisabeth Herrmann-Otto* (Hrsg.), Unfreie Arbeits- und Lebensverhältnisse von der Antike bis zur Gegenwart. Eine Einführung. Hildesheim 2005.
[3] *Sebastian Conrad*, Globalisierung und Nation im Deutschen Kaiserreich. München 2006, 109–117.

lungen und Festlegungen, was erlaubt war und was nicht. Die Haager Landkriegsordnung von 1899/1907, die für den Ersten Weltkrieg völkerrechtlich verbindliche Bestimmungen vorgab, enthielt kein explizites Verbot der Zwangsarbeit. Im Gegenteil: Unter bestimmten Bedingungen waren Dienstverpflichtungen oder Zwangsarbeit zulässig. Ein ausdrückliches Verbot bestand lediglich hinsichtlich der Heranziehung der Zivilbevölkerung in den besetzten Gebieten zum Heeresdienst, ferner für Arbeiten im direkten militärischen Interesse der Besatzer. Die Zwangsarbeit von Kriegsgefangenen hingegen war völkerrechtlich nicht nur zulässig, sondern unumstritten. Auf sie soll daher im Folgenden nicht näher eingegangen werden. In engen Grenzen erlaubt waren auch so genannte Notstandsarbeiten der Zivilbevölkerung, Arbeiten also, die unmittelbar dem Gemeinwohl dienen sollten.[4]

Die Bestimmungen der Haager Landkriegsordnung ließen also viel Spielraum für Interpretationen und boten ausländischen Arbeitskräften und der Bevölkerung besetzter Gebiete wenig Schutz vor Übergriffen. Zum Missbrauch lud auch die militärische Kultur des deutschen Heeres ein. Diese war von der Vorstellung geprägt, dass eine erfolgreiche Kriegführung vor allem auf Kriegsnotwendigkeiten Rücksicht nehmen müsse und daher möglichst wenig durch völkerrechtliche Bestimmungen limitiert werden dürfe.[5]

Seit dem Einsetzen der Hochkonjunkturphase in den 1890er Jahren herrschte im Deutschen Reich ein ausgeprägter Arbeitskräftemangel. Als Reaktion auf diese „Leutenot" kamen jedes Jahr mehrere Hunderttausend ausländische Arbeitskräfte nach Deutschland, um dort in der Landwirtschaft oder in der Industrie zu arbeiten. Sie stammten vorwiegend aus den polnischen Gebieten, die teils zum zarischen Russland, teils zur österreichisch-ungarischen Monarchie gehörten. Hinzu kamen, allerdings in deutlich geringerer Zahl, Arbeitskräfte aus Italien, den Niederlanden und Belgien sowie aus Skandinavien. Während die russisch-polnischen Arbeiterinnen und Arbeiter vorwiegend als Saisonarbeitskräfte in der Landwirtschaft eingesetzt wurden, arbeiteten die in Italien sowie West- und Nordeuropa Angeworbenen bzw. die aus diesen Ländern Zugewanderten meist in der Industrie, im Bergbau oder im Baugewerbe, zu einem geringen Teil auch in der Gastronomie oder in der Hauswirtschaft. Mit 1,2 Millionen Zuwanderern war das Deutsche Reich am Vorabend des Ersten Weltkrieges weltweit das zweitgrößte Aufnahmeland ausländischer Arbeitskräfte nach den USA.

Die aus dem Zarenreich und aus der Donaumonarchie stammenden polnischen Arbeitskräfte wurden von den preußischen Behörden massiv diskriminiert. Da es

---

4 Die entsprechenden Bestimmungen waren in den Artikeln 42, 49, 51 und 52 der Haager Landkriegsordnung festgelegt. Siehe Abkommen, betreffend die Gesetze und Gebräuche des Landkriegs, 18. Dezember 1907, in: Reichsgesetzblatt 1910, 107–151.
5 Siehe *Isabel V. Hull*, Absolute Destruction. Military Culture and the Practices of War in Imperial Germany. Ithaca 2005, 119–130; *Alan Kramer*, Dynamic of Destruction. Culture and Mass Killing in the First World War. Oxford 2009.

ihnen untersagt war, eigenständig den Arbeitsplatz zu wechseln, waren sie den Arbeitgebern weitgehend ausgeliefert. Ein rigides Kontrollregime sorgte zudem dafür, dass die Arbeiter das Land jedes Jahr nach der Ernte wieder verließen und erst im Frühjahr zur Feldbestellung zurückkehrten. Auf diese Weise sollte erreicht werden, dass sie sich nicht dauerhaft im Land niederließen und die polnische Minderheit im Reich nicht weiter anwuchs.[6]

4.2.2 Auswirkungen des Kriegsbeginns 1914 auf den Arbeitsmarkt

Die deutsche Regierung und die militärische Führung Deutschlands rechneten 1914 mit einem kurzen Waffengang. Stattdessen kam es zu einem vier Jahre dauernden mörderischen Krieg bisher nicht bekannten Ausmaßes, der einen immensen Bedarf an Arbeitskräften mit sich brachte. In Deutschland wurden 1914 bis 1918 mehr als 13 Millionen Männer zum Heeresdienst einberufen. Das heißt, ungefähr 80 Prozent aller erwachsenen Männer standen dem Arbeitsmarkt zeitweilig nicht zur Verfügung.[7] Der Bedarf an Arbeitskräften wurde zu einer „Kernfrage des Weltkrieges".[8]

Die Mobilisierung von Frauen[9] und Jugendlichen allein reichte nicht aus, um diese Lücke zu füllen. Diese inländischen Ersatzarbeitskräfte wurden insbesondere im Rahmen des 1916 verabschiedeten Hilfsdienstgesetzes verstärkt für die deutsche Kriegswirtschaft eingesetzt, denn der Arbeitskräftebedarf stieg mit dem Hindenburg-Programm noch einmal erheblich an. Zwangselemente spielten dabei eine erhebliche Rolle, auch wenn weitergehende Forderungen der Heeresleitung nach einem allgemeinen Arbeitszwang am Widerstand der Gewerkschaften, der Reichsleitung und des Reichstages scheiterten.[10] Nur in den besetzten Gebieten konnte die Heeresleitung entsprechende Pläne weitgehend durch- und umsetzen.

---

6 Siehe hierzu *Klaus J. Bade*, „Preußengänger" und „Abwehrpolitik". Ausländerbeschäftigung, Ausländerpolitik und Ausländerkontrolle auf dem Arbeitsmarkt in Preußen vor dem Ersten Weltkrieg, in: Archiv für Sozialgeschichte 24, 1984, 91–162.
7 *Jochen Oltmer*, Zwangsmigration und Zwangsarbeit. Ausländische Arbeitskräfte und bäuerliche Ökonomie im Deutschland des Ersten Weltkriegs, in: Tel Aviver Jahrbuch für deutsche Geschichte 27, 1998, 138 f.
8 Schon zeitgenössisch *Richard Sichler/Joachim Tiburtius*, Die Arbeiterfrage, eine Kernfrage des Weltkrieges. Ein Beitrag zur Erklärung des Kriegsausganges. Berlin 1925. Vgl. auch Kapitel 4.1 in diesem Band.
9 Zur Frauenarbeit in Deutschland während des Ersten Weltkriegs siehe *Ute Daniel*, Arbeiterfrauen in der Kriegsgesellschaft. Beruf, Familie und Politik im Ersten Weltkrieg. Göttingen 1989.
10 Zum Hilfsdienstgesetz und den Diskussionen um die Einführung des Arbeitszwangs und der „totalen Mobilisierung" von Kriegswirtschaft und Arbeitsverwaltung in Deutschland siehe *Hans-Joachim Bieber*, Gewerkschaften in Krieg und Revolution. Arbeiterbewegung, Industrie, Staat und Militär in Deutschland 1914–1920, Bd. 1. Hamburg 1981, 296–383; *Gunther Mai*, Kriegswirtschaft und Arbeiterbewegung in Württemberg 1914–1918. Stuttgart 1983, v. a. 167–217; *Robert B. Armeson*, Total

Auch die bald nach Kriegsbeginn in großem Umfang genutzte Arbeitskraft der Kriegsgefangenen konnte das Problem nicht lösen, weil ihre Zahl (in Deutschland immerhin ca. 1,5 Millionen) nicht ausreichte. Aufgrund völkerrechtlicher Bestimmungen und der notwendigen Überwachung konnten sie, auch wenn Zwangsarbeit generell zulässig war, zudem nur zu bestimmten Arbeiten herangezogen werden.[11] Darüber hinaus kehrten manche ausländischen Arbeitskräfte nach Kriegsbeginn in ihre Heimat zurück. Gerade in Deutschland, wo 1914 besonders viele ausländische Arbeitskräfte tätig waren, stellte dies ein großes Problem dar. Im Gegensatz zu Großbritannien und Frankreich konnte das Deutsche Reich aufgrund der alliierten Seeblockade auch nicht auf koloniale Arbeitskräfte zurückgreifen, um der „Leutenot" zu begegnen. Die Folge dieser angespannten Situation im Deutschen Reich war die schrittweise Etablierung eines Zwangsarbeitssystems, das neben den Kriegsgefangenen bald auch zivile Arbeitskräfte aus den besetzten Gebieten umfassen sollte.[12]

4.2.3 Polnische Zivil- und Zwangsarbeiter

In Reaktion auf den erhöhten Arbeitskräftebedarf entschied die preußische Regierung im Herbst 1914, sämtlichen Arbeitskräften aus dem Russischen Reich, das nun feindliches Ausland war, die Heimreise zu untersagen. Die Regierungen der anderen deutschen Staaten folgten dem preußischen Beispiel. Alle Arbeitskräfte aus dem Russischen Reich waren von nun an bis zum Kriegsende an ihren Arbeitsplatz in Deutschland gebunden. Die Arbeitskräfte aus Russland wurden somit zu Zwangsarbeitern, wobei der Zwangscharakter dadurch abgemildert wurde, dass die Arbeitskräfte nicht in Lagern leben mussten.[13]

Warfare and Compulsory Labor. A Study of the Military-Industrial Complex in Germany During World War I. Den Haag 1964; *Gerald D. Feldman*, Armee, Industrie und Arbeiterschaft in Deutschland 1914 bis 1918. Berlin/Bonn 1985, v. a. 133–206; *David Meskill*, Optimizing the German Workforce. Labor Administration from Bismarck to the Economic Miracle. New York 2010, 67–92.

11 Zur Kriegsgefangenenbeschäftigung siehe *Uta Hinz*, Gefangen im Großen Krieg. Kriegsgefangenschaft in Deutschland 1914–1921. Essen 2006, 248–318; *Jochen Oltmer* (Hrsg.), Kriegsgefangene im Europa des Ersten Weltkrieges. Paderborn 2006, 67–96; *Heather Jones*, Violence against prisoners of war in the First World War. Britain, France and Germany, 1914–1920. Cambridge 2011, 121–252.

12 *Jens Thiel*, Kriegswirtschaftliche Interventionen. Die Etablierung von Zwangsarbeitsregimen im Ersten Weltkrieg, in: Jochen Oltmer (Hrsg.), Handbuch Staat und Migration in Deutschland seit dem 17. Jahrhundert. Berlin/Boston 2016, 385–416; mit exemplarischen Blick auf den Zwangsarbeitseinsatz in der Landwirtschaft *Jochen Oltmer*, Bäuerliche Ökonomie und Arbeitskräftepolitik im Ersten Weltkrieg. Beschäftigungsstruktur, Arbeitsverhältnisse und Ersatzarbeitskräfte in der Landwirtschaft des Emslandes 1914–1918. Sögel 1995.

13 *Lothar Elsner*, Die ausländischen Arbeiter in der Landwirtschaft der östlichen und mittleren Gebiete des Deutschen Reiches während des Ersten Weltkrieges. Ein Beitrag zur Geschichte der preußisch-deutschen Politik. Diss. phil. Rostock 1961, 21–23.

Durch das Verbot, ihren Arbeitsort und ihren Arbeitsplatz zu verlassen, waren sie nun aber ihren Arbeitgebern stärker als in der Vorkriegszeit ausgeliefert. Die jahrelange Trennung von der Familie machte den Arbeitern zu schaffen, zumal Heimaturlaub nur sehr begrenzt gewährt wurde, weil die Arbeitgeber und die Behörden fürchteten, dass die Arbeiter anschließend nicht an ihren Arbeitsplatz zurückkehren würden.[14] Mangelnde Alternativen sowie fehlende Landes- und Sprachkenntnisse könnten Gründe dafür gewesen sein, dass die Mehrheit der Arbeiter nicht die Flucht ergriff und bis Kriegsende auf ihren Arbeitsplätzen verharrte.

Waren polnische Arbeiter aus Russland und Österreich-Ungarn vor 1914 vorrangig in der Landwirtschaft tätig, fanden sie nun auch vermehrt in der Industrie und im Bergbau Beschäftigung. Neben den geänderten Zulassungsbedingungen trug hierzu auch bei, dass im Sekundärsektor höhere Löhne gezahlt wurden als im Primärsektor.[15] Eine detailliere Erforschung der Beschäftigung in Bergbau und Industrie erfolgte bislang nur für den Ruhrbergbau.[16]

Zunehmend rückten auch diejenigen russischen Territorien in den Blick, die deutsche Truppen 1914/15 besetzten: Im Sommer 1915 nahmen die Heere Deutschlands und Österreich-Ungarns Russisch-Polen, Litauen, sowie Teile Lettlands und Weißrusslands ein. In der nördlichen Hälfte Russisch-Polens wurde eine deutsche Zivilverwaltung unter Generalgouverneur Hans Hartwig von Beseler eingerichtet, das Generalgouvernement Warschau.[17]

Im Gegensatz zu Polen wurde in den besetzten Gebieten des Baltikums und Nordost-Polens eine reine Militärverwaltung eingerichtet, die dem Oberbefehlshaber Ost unterstand (bis 1916 Paul von Hindenburg, danach Prinz Leopold von Bayern) und deswegen einfach als „Ober Ost" bezeichnet wurde. Hier leitete Erich Ludendorff die Verwaltung und herrschte mit Hindenburg nahezu uneingeschränkt, d. h. ohne administrative, parlamentarische und öffentliche Kontrolle aus dem Reich.[18]

---

14 *Friedrich Zunkel*, Die ausländischen Arbeiter in der deutschen Kriegswirtschaftspolitik des Ersten Weltkrieges, in: Gerhard A. Ritter (Hrsg.), Entstehung und Wandel der modernen Gesellschaft. Festschrift für Hans Rosenberg zum 65. Geburtstag. Berlin 1970, 307.
15 *Zunkel*, Die ausländischen Arbeiter, 290 f.
16 *Kai Rawe*, „... wir werden sie schon zur Arbeit bringen!" Ausländerbeschäftigung und Zwangsarbeit im Ruhrkohlenbergbau während des Ersten Weltkrieges. Essen 2005. Zur Beschäftigung in einzelnen Branchen und Betrieben der Industrie liegen bisher nur sehr vereinzelt Informationen vor. Siehe z. B. *Johannes Marcour*, Arbeiterbeschaffung und Arbeiterauslese bei der Firma Krupp. Diss. jur. Münster 1925, 62–67.
17 Zum Generalgouvernement Warschau siehe zuletzt *Stephan Lehnstaedt*, Imperiale Polenpolitik in den Weltkriegen. Eine vergleichende Studie zu den Mittelmächten und zu NS-Deutschland. Osnabrück 2017; *Jesse Kauffman*, Elusive Alliance. The German Occupation of Poland in World War I. Cambridge, Mass. 2015; *Arkadiusz Stempin*, Das vergessene Generalgouvernement. Die Deutsche Besatzungspolitik in Kongresspolen 1914–1918, Paderborn 2020. Vgl. zusammenfassend den Beitrag 5.4 in diesem Band.
18 Zu Ober Ost siehe *Vejas G. Liulevicius*, Kriegsland im Osten. Eroberung, Kolonialisierung und Militärherrschaft im Ersten Weltkrieg. Hamburg 2002; *Abba Strazhas*, Deutsche Ostpolitik im Ersten Weltkrieg. Der Fall Ober Ost 1915–1917. Wiesbaden 1993, sowie die Abschnitt 5.4.2 und 5.4.5 in diesem Band.

Die deutschen Besatzungsverwaltungen verfolgten in beiden Gebieten unterschiedliche wirtschaftspolitische Ziele. In Russisch-Polen setzte nach Beginn des Krieges und der deutschen Besatzung ein Niedergang von Industrie, Handwerk und Handel ein. Arbeitslosigkeit und Hunger breiteten sich aus. Hiervon war in besonderer Weise die jüdische Bevölkerung betroffen, die überwiegend in Handwerk und Handel tätig war.[19]

Die deutsche Zivilverwaltung des Generalgouvernements reagierte auf diese Situation mit dem Versuch, möglichst viele Arbeitskräfte zur Arbeit nach Deutschland anzuwerben. Das Gebiet wurde mit einem Netz von Anwerbebüros überzogen, die größtenteils von der Deutschen Arbeiterzentrale betrieben wurden, einer halbstaatlichen Institution, die bereits vor 1914 im Bereich der Rekrutierung ausländischer Arbeitskräfte tätig gewesen war. Die Anwerbung von Arbeitskräften gestaltete sich zunächst durchaus erfolgreich. Zusätzlich zu den rund 300 000 Arbeitskräften, die sich bereits in Deutschland aufhielten, wurden bis März 1916 weitere 100 000 bis 120 000 Arbeitskräfte angeworben und dies, obwohl die Arbeitskräfte, einmal in Deutschland angekommen, ihren Arbeitsplatz bis Kriegsende nicht mehr verlassen durften.[20]

Auch wenn die deutschen Behörden und die Deutsche Arbeitszentrale versuchten, den Zwangscharakter der Arbeit in Deutschland zu verschleiern, dürfte dem Großteil der Bevölkerung in den besetzten Gebieten die tatsächlichen Arbeitsbedingungen bald bekannt gewesen sein. Ein wesentlicher Grund für die erfolgreiche Anwerbung im Generalgouvernement Warschau lag darin, dass der dortigen Bevölkerung angesichts der wirtschaftlichen Krise vielfach die Alternativen zur Arbeitsaufnahme in Deutschland fehlten. Die deutsche Zivilverwaltung nutzte die Notlage der Bevölkerung nicht nur gezielt aus, um die Anwerbung zu fördern. Sie verstärkte den wirtschaftlichen Druck sogar noch, indem sie Betriebe stilllegte und verhinderte, dass die Arbeitslosen ausreichende Unterstützungsleistungen erhielten.[21]

Im Vergleich zum Generalgouvernement war das Verwaltungsgebiet Ober Ost wesentlich stärker agrarisch geprägt. Das Land war wesentlich dünner besiedelt, eine Industrie existierte nur ansatzweise. Zwar erlebten auch hier Handwerk und Handel in den Jahren 1914/15 einen starken Einbruch. Arbeitslosigkeit breitete sich jedoch nur in den wenigen größeren Städten wie Wilna oder Białystok aus.

Eine Arbeitsaufnahme in Deutschland spielte für Ober Ost auch deswegen eine weit geringere Rolle als im Generalgouvernement, weil die regierende Militärverwal-

---

19 Siehe z. B. *Frank M. Schuster*, Zwischen allen Fronten. Osteuropäische Juden während des Ersten Weltkrieges (1914–1919). Köln 2004, 308–313.
20 *Lothar Elsner*, Die polnischen Arbeiter in der deutschen Landwirtschaft während des ersten Weltkrieges. Rostock 1975, 21–23, 105.
21 *Zosa Szajkowski*, East European Jewish Workers in Germany during World War I, in: Saul Liebermann (Hrsg.), Salo Wittmayer Baron. Jubilee Volume on the Occasion of his 80th Birthday. Jerusalem 1974, 894.

Abb. 1: Anwerbeplakat für landwirtschaftliche Arbeitskräfte, Bialystok, 1917. Quelle: Bibliothek für Zeitgeschichte in der Württembergischen Landesbibliothek, PL 2.13/52.

tung die einheimischen Arbeitskräfte lieber zur Ausbeutung der umfangreichen land- und forstwirtschaftlichen Ressourcen nutzen wollte, die dem Heer und der Bevölkerung im Reich zugutekommen sollten. Außerdem waren die Militärbehörden bestrebt, die Infrastruktur instand zu setzen und auszubauen, wofür ebenfalls eine große Zahl von Arbeitskräften vor Ort benötigt wurden. In der Folge beschäftigte die Militärverwaltung Zehntausende Arbeitskräfte im Straßen- und Eisenbahnbau sowie in der Land- und Forstwirtschaft von Ober Ost, während die Anwerbung ins Deutsche Reich nur einen geringen Umfang erreichte.[22]

Weil Arbeitskräfte auf dem freien Arbeitsmarkt vielfach nicht ausreichend verfügbar waren, ging die Militärverwaltung schon früh dazu über, Arbeitskräfte nicht auf freiwilliger Basis anzuwerben, sondern sie zwangsweise zu verpflichten. Zu diesem Verhalten trug auch die Gewohnheit des kaiserlichen Militärs bei, Arbeiten einfach anzuordnen, sowie die geringe Achtung der Besatzer gegenüber der einheimischen Bevölkerung, der vorgeworfen wurde, „arbeitsscheu", rückständig, unselbstständig und schmutzig zu sein.[23]

---

22 *Christian Westerhoff*, Zwangsarbeit im Ersten Weltkrieg. Deutsche Arbeitskräftepolitik im besetzten Polen und Litauen 1914–1918. Paderborn 2012, 121–128.
23 *Liulevicius*, Kriegsland, 45–71.

Vielerorts wurden z. B. Bauern verpflichtet, auf benachbarten, verlassenen Gütern die Felder zu bestellen oder bei Straßenbauarbeiten zu helfen. Im Laufe der Zeit nahmen solche Pflichtdienste immer mehr zu, so dass sie für viele Bauern zu einer erheblichen Belastung wurden. Abgemildert wurden sie lediglich dadurch, dass die Arbeitskräfte in der Regel abends wieder nach Hause zurückkehren konnten. Auf diese Weise konnten sie sich weiterhin selbst versorgen und mussten nicht in Lagern leben.[24]

Als Reaktion auf die für die Mittelmächte in militärischer und wirtschaftlicher Hinsicht immer problematischer werdende Lage wechselten Hindenburg und Ludendorff Ende August 1916 von der Leitung der Militärverwaltung in Ober Ost an die Spitze der Obersten Heeresleitung. In den beiden folgenden Jahren nutzten sie diese zentrale Position sowie ihre breite Verehrung, die sie als Sieger von Tannenberg und vermeintliche Retter des Vaterlandes in weiten Kreisen von Politik, Wirtschaft und Bevölkerung genossen, um die Politik im deutschen Machtbereich wesentlich zu bestimmen.[25]

Als Hindenburg und Ludendorff ihre neue Aufgabe antraten, waren sie der festen Überzeugung, dass der Krieg nur noch durch eine Konzentration sämtlicher Kräfte zu gewinnen sei. Andere Aspekte wie humanitäre und völkerrechtliche Erwägungen hatten ihrer Meinung nach zurückzustehen.[26] Für die Arbeitskräftepolitik bedeutete dies, Arbeitskräfte notfalls mit Zwang zu rekrutieren und zu beschäftigen, wenn die freie Anwerbung keine ausreichenden Erfolge zeitigte. Solche Ideen eines „totalen Krieges",[27] wie sie im Nachhinein genannt wurden, hatte die von Ludendorff geleitete Militärverwaltung in Ober Ost bereits ein Jahr lang erprobt. Schon bald nach Übernahme der Obersten Heeresleitung unternahmen Hindenburg und Ludendorff erste Schritte zu einer Neuausrichtung der Arbeitskräftepolitik im deutschen Machtbereich. Flankierend zum Vaterländischen Hilfsdienst sollten in den besetzten Gebieten Arbeitskräfte durch Zwangsrekrutierungen und Zwangsarbeit in den Dienst der deutschen Kriegswirtschaft gestellt werden, nachdem dies durch freie Anwerbungen nicht in ausreichendem Maße gelungen war.[28]

Die geforderten Zwangsrekrutierungen wurden in den besetzten Gebieten schon bald eingeleitet, wenn auch mit unterschiedlicher Intensität. Am 13. September und erneut am 3. Oktober 1916 forderte Ludendorff die Generalgouverneure von War-

---

24 *Westerhoff*, Zwangsarbeit, 143–178.
25 Siehe z. B. *Wolfram Pyta*, Hindenburg. Herrschaft zwischen Hohenzollern und Hitler. München 2007, 41–295, insbesondere 205–225.
26 *Johannes Bell* (Hrsg.), Das Werk des Untersuchungsausschusses der Verfassungsgebenden Deutschen Nationalversammlung und des Deutschen Reichstages, Reihe 3: Völkerrecht im Weltkrieg, Bd. 1. Berlin 1927, 339.
27 *Erich Ludendorff*, Der totale Krieg. München 1935.
28 Geheimes Staatsarchiv Preußischer Kulturbesitz (GStA), Rep. 120, BB VII, Nr. 3 f., Bd. 5, Bl. 183–201, bes. Bl. 188, 200, Protokoll der Verhandlungen im Kaisersaal des Königlich Preußischen Kriegsministeriums am 16. 9. 1916.

schau und Belgien auf, einen Arbeitszwang in den besetzten Gebieten einzuführen. Der von ihm vorgelegte Vorschlag einer entsprechenden Verordnung warf den Arbeitslosen im besetzten Gebiet „Arbeitsscheu" vor. Arbeitslose sollten zur Aufnahme einer Arbeit verpflichtet und den deutschen Behörden erlaubt werden, die Bevölkerung der besetzten Gebiete zwangsweise zu Arbeiten auch außerhalb ihres Wohnortes heranzuziehen.[29]

Der Warschauer Generalgouverneur Hans von Beseler erließ daraufhin am 4. Oktober 1916 eine „Verordnung zur Bekämpfung der Arbeitsscheu",[30] die dem Entwurf Ludendorffs stark ähnelte. In der Folgezeit wurden im Generalgouvernement Zwangsrekrutierungen durchgeführt. Dabei wurden die Begriffe „arbeitsscheu" und „arbeitslos" bald sehr willkürlich ausgelegt. Da die deutschen Behörden der Arbeitslosen vielerorts nicht habhaft werden konnten, arteten die Zwangsrekrutierungen häufig in wilde Razzien aus, bei denen sämtliche ärmlich aussehenden Personen oder auch wahllos Passanten aufgegriffen wurden.[31]

Die meisten Zwangsrekrutierten wurden allerdings nur für kurze Zeit bei örtlichen Arbeiten eingesetzt. Lediglich im Großraum Łódź wurden ca. 5000 Personen zwangsrekrutiert, welche die Behörden in weiter entfernte Gegenden deportierten und längerfristig zwangsweise beschäftigten. Hierbei handelte es sich ganz überwiegend um jüdische Männer, die in Sammellager gebracht wurden. In diesen Lagern wurden die Betroffenen Vertretern der Deutschen Arbeitszentrale vorgeführt, die sie aufforderten, freiwillig eine Arbeit in Deutschland aufzunehmen. Waren die Arbeitskräfte dazu nicht bereit, wurden sie zur Zwangsarbeit in so genannte Zivilarbeiterbataillone überführt, die in Ober Ost stationiert waren. Diese Bataillone sollten die Möglichkeit schaffen, Arbeitskräfte dauerhaft außerhalb ihres Wohnortes dort einzusetzen, wo sie gebraucht wurden. Ihr Einsatz erfolgte beim Straßenbau und beim Einbringen der Ernte, aber insbesondere beim Eisenbahnbau und der Forstwirtschaft. In die Bataillone wurden ausschließlich Männer überstellt – wahrscheinlich, weil die Behörden Frauen die harte Arbeit weitab der Wohnorte nicht zumuten wollten und Männer als traditionelle Familienernährer im Fokus der Kampagne zur „Bekämpfung der Arbeitsscheu" standen. Eine Überführung der Zwangsarbeiter nach Deutschland erfolgte nicht.[32]

Im Generalgouvernement Warschau wurden die Zwangsrekrutierungen schon im Dezember 1916 eingestellt. Den Ausschlag hierfür gab neben den Eingaben deutsch-

---

29 Bundesarchiv (BArch) Berlin, R 3001, Nr. 7764, Generalquartiermeister, Verordnung betreffend die Einschränkung der öffentlichen Unterstützungslasten und die Beseitigung allgemeiner Notstände, 3. 10. 1916.
30 Bundesarchiv-Militärarchiv (BArch-MA) Freiburg, PHD 23, Nr. 17, Verordnung über die Bekämpfung der Arbeitsscheu, in: Verordnungsblatt für das Generalgouvernement Warschau, Nr. 47, 7. 10. 1916, 1, Nr. 150.
31 *M. Motas/I. Motasowa*, Zagadnienie wywozu siły roboczej z Królestwa Polskiego do Niemiec w okresie pierwszej wojny światowej, in: Teki Archiwalne 4, 1955, 11, 22–25, 35–37.
32 *Westerhoff*, Zwangsarbeit, 202–210.

Abb. 2: „Civilgefangene Holzarbeiter" in Swenzjani, 75 km nordöstlich von Wilna, Litauen. Quelle: Bibliothek für Zeitgeschichte in der Württembergischen Landesbibliothek, Fotosammlung Erster Weltkrieg, IAH47, Bild 387.

jüdischer Organisationen und den negativen Auswirkungen auf die freiwillige Anwerbung nach Deutschland insbesondere der Umstand, dass sich die Zwangsrekrutierungen negativ auf die Ausrufung eines polnischen Staates und auf die Aufstellung einer polnischen Armee unter deutsch-österreichischer Führung auswirkten.[33] Darüber hinaus mussten die Behörden erkennen, dass es ihnen an Mitteln zur Durchsetzung einer konsequenten Zwangspolitik fehlte; vielfach gelang es ihnen nicht, der Personen habhaft zu werden, die zwangsrekrutiert werden sollten.[34]

Die deutsche Zivilverwaltung im Generalgouvernement setzte daher bald wieder verstärkt auf die freie Anwerbung von Arbeitskräften nach Deutschland, die auch während der Zwangsrekrutierungen nicht unterbrochen worden war. Mit Hilfe der wirtschaftlichen Not, der Drohung vor erneuten Zwangsmaßnahmen und dem Versprechen auf die Gewährung von Urlaub und verbesserte Arbeitsbedingungen ver-

---

33 GStA Rep. 84a, Nr. 6210, Halbjahresbericht des Verwaltungschefs bei dem Generalgouvernement Warschau für die Zeit 1. 4. bis 30. 9. 1917.
34 *Jochen Oltmer*, Migration und Politik in der Weimarer Republik. Göttingen 2005, 326.

suchte sie, die Anwerbung voranzutreiben.³⁵ Auch forcierte sie die Anwerbung jüdischer Arbeitskräfte, die bisher mehr schlecht als recht funktioniert hatte.³⁶

Für Ober Ost wurde am 20. Oktober 1916 ein an Ludendorffs Vorstellungen angelehnter Arbeitszwang eingeführt. Im Anschluss hieran fanden dort auch zahlreiche Zwangsrekrutierungen statt. Diese beschränkten sich nicht auf eine bestimmte Region oder Bevölkerungsgruppe, sondern erfassten das gesamte Verwaltungsgebiet und alle Teile der Bevölkerung. Mindestens 10 000 Personen wurden für ZAB rekrutiert, noch wesentlich mehr Personen für kurzzeitig eingesetzte Arbeiterkolonnen. Allerdings war auch in Ober Ost die jüdische Bevölkerung überproportional von Zwangsarbeit betroffen.³⁷

In den Zivilarbeiterbataillonen waren die Arbeitskräfte mit sehr harten Lebens- und Arbeitsbedingungen konfrontiert. Sie hatten bei äußerst geringem Lohn neun Stunden am Tag Schwerstarbeit zu verrichten. Verpflegung, Kleidung, Unterkünfte und medizinische Versorgung waren äußerst mangelhaft. Als Folge dieser Zustände und der wahllosen Razzien, bei denen auch Alte und Kranke rekrutiert wurden, grassierten in den Bataillonen viele Krankheiten; die Sterblichkeitsrate war sehr hoch. Auch wurde von zahlreichen Misshandlungen berichtet.³⁸ Aus diesem Grund waren die Arbeitsleistungen gering und standen in keinem Verhältnis zu den Kosten und dem Aufwand für die Bewachung und Versorgung der Zwangsarbeiter. Das Verlassen der Lager war verboten, eine Entlassung nur vorgesehen, wenn Arbeitskräfte arbeitsunfähig waren oder sich als freie Arbeiter anwerben ließen.³⁹ Zahlreiche Zwangsarbeiter flüchteten aus den ZAB; andere fügten sich sogar selbst Verletzungen zu, um entlassen zu werden.⁴⁰

In Ober Ost hielt die Militärverwaltung trotz der geringen Arbeitsleistung und Kritik bis Kriegsende an Zwangsrekrutierungen und Zwangsarbeit fest. Die Militärverwaltung wollte sich von niemandem vorschreiben lassen, wie sie mit der ihrer Meinung nach unmündigen Bevölkerung umzugehen habe. Sie konnte sich zudem nicht vorstellen, ihre Pläne zur Erschließung und Ausbeutung des Landes ohne Zwangsarbeit umzusetzen. Die Proteste gegen die Zwangsmaßnahmen in den beset-

---

35 *Ulrich Herbert*, Geschichte der Ausländerpolitik in Deutschland. Saisonarbeiter, Zwangsarbeiter, Gastarbeiter, Flüchtling. Bonn 2003, 95–98; *Zunkel*, Die ausländischen Arbeiter, 302–310.
36 Zur Anwerbung jüdischer Arbeitskräfte im Generalgouvernement Warschau siehe z. B. *Ludger Heid*, Maloche – nicht Mildtätigkeit. Ostjüdische Arbeiter in Deutschland 1914–1923. Hildesheim 1995; *Oltmer*, Migration, 221–238.
37 *Westerhoff*, Zwangsarbeit, 218 f., 223.
38 *Mieczysław Hertz*, Łódź w czasie wielkiej wojny. Lodz 1933, 194–197; *Julius Berger*, Ostjüdische Arbeiter im Kriege, in: Volk und Land 1, 1919, H. 27, 835.
39 BArch, R. 3001, Nr. 7764, Generalquartiermeister, Dienstanweisung für die Aufstellung und Verwendung von Zivil-Arbeiter-Bataillonen (Z.A.B.), 3. 10. 1916, *Hertz*, Łódź, 194 f.
40 *Petras Klimas*, Der Werdegang des Litauischen Staates von 1915 bis zur Bildung der provisorischen Regierung im November 1918. Berlin 1919, 75, 78–81; *Szajkowski*, Jewish Workers, 902–904; *Strazhas*, Ostpolitik, 39, 41, 50, 208.

zen Gebieten Osteuropas fielen außerdem wesentlich geringer aus als im Falle der Deportationen belgischer Arbeitskräfte. Dies erleichterte es der Militärverwaltung in Ober Ost, an den Zwangsrekrutierungen und der Zwangsarbeit festzuhalten.

4.2.4 Belgische Zivil- und Zwangsarbeiter

Nach der militärischen Besetzung Belgiens im August 1914 begann das Deutsche Reich relativ zügig mit dem Aufbau von Verwaltungsstrukturen in dem besetzten Land. Am 2. September 1914 wurde das Generalgouvernement Belgien proklamiert. Das Generalgouvernement, an dessen Spitze ein deutscher Generalgouverneur stand, umfasste jedoch nicht das gesamte Gebiet Belgiens. Die unmittelbar an die Westfront grenzenden Gebiete, also Ost- und Westflandern sowie einige kleinere Landesteile, bildeten das so genannte Operations- und Etappengebiet, zu dem auch einige nordfranzösische Territorien gehörten. Während im Generalgouvernement der Generalgouverneur für die Zivil- und Militärverwaltung zuständig war, übte im Operations- und Etappengebiet die deutsche Militärführung, also die OHL und die zuständigen Armeeoberkommandos mit ihren untergeordneten Dienststellen, die Staatsgewalt aus.[41] Diese leiteten die Verwaltung und waren auch für die wirtschafts- und sozialpolitischen Probleme ihres Gebietes, einschließlich der Arbeiterfrage, zuständig.

Mit der Besetzung Belgiens besaß die deutsche Kriegswirtschaft für die gesamte Dauer des Krieges die Möglichkeit zum Zugriff auf die wirtschaftlichen Ressourcen des Landes. In der Wirtschafts- und Sozialpolitik konkurrierten dabei verschiedene Konzepte. Bis zum Herbst 1916 setzte sich zunächst eine eher an rationellen Erfordernissen orientierte Wirtschaftspolitik durch, die auf eine „wirtschaftliche Durchdringung" des Landes mit deutschem Kapital und eher indirekten Einfluss setzte. Ab Herbst 1916 verschoben sich jedoch die Koordinaten der Wirtschaftspolitik im Generalgouvernement in Richtung einer immer schonungsloseren Ausbeutung aller im Lande verfügbaren Ressourcen. Im Zusammenhang mit den völlig übersteigerten Anforderungen des Hindenburg-Programms sank die Hemmschwelle deutlich, und es verschwanden nach und nach auch die letzten Rücksichten gegenüber Belgien und seiner Zivilbevölkerung. Bis zum Ende des Krieges 1918 erlebte die ohnehin nur noch partiell funktionierende belgische Wirtschaft nochmals einen dramatischen Einbruch. Mit Ausnahme des Bergbaus kamen viele Industriezweige völlig zum Er-

---

41 Zu Besatzung und Besatzungspolitik im besetzten Belgien siehe *Sophie De Schaepdrijver*, La Belgique et la Première Guerre mondiale. Bern u. a. 2004; zu den Zuständigkeiten zudem *Jens Thiel*, „Menschenbassin Belgien". Anwerbung, Deportation und Zwangsarbeit im Ersten Weltkrieg. Essen 2007; *Christoph Roolf*, Anliegen, Entstehungskontexte und Thesen zu einer Geschichte der deutschen Besatzungspolitik in Belgien im Ersten Weltkrieg (1914–1918), in: Sebastian Bischoff u. a. (Hrsg.), Belgica – terra incognita? Resultate und Perspektiven der Historischen Belgienforschung. Münster/New York 2016, 88–96. Zum Frontverlauf vgl. die Karte im Abschnitt 5.3.2 in diesem Band.

liegen; vor allem in der zweiten Kriegshälfte wurden auch Industrieanlagen und Maschinen, soweit sie nicht zerstört worden waren, demontiert und nach Deutschland verbracht.[42]

Eine der wichtigsten kriegswirtschaftlichen Ressourcen des Landes stellten die belgischen Arbeitskräfte dar. Sofort nach der Besetzung des Landes waren kriegsbedingt etwa 500 000 Belgier arbeitslos geworden, was zu einer dramatischen Notsituation führte.[43] Abhilfe schufen hier belgische und amerikanische Hilfswerke, die die Grundversorgung der Zivilbevölkerung sicherstellten. Trotz der hohen Arbeitslosigkeit blieben allerdings die Anwerbeversuche, die seit Ende 1914 vom Deutschen Industrie-Buerau (DIB) in Belgien (DIB) unternommen wurden, hinter den zunächst hoch gesteckten Erwartungen zurück. Bis zum Herbst 1916 fanden sich lediglich knapp 20 000 Belgier bereit, für einen begrenzten Zeitraum in Deutschland zu arbeiten. Da das DIB eine Gründung der Nordwestlichen Gruppe des Vereins Deutscher Eisen- und Stahlindustrieller war, wurden die angeworbenen belgischen Arbeiter fast ausschließlich in den Betrieben des rheinisch-westfälischen Industriegebietes eingesetzt.[44]

Während die deutsche Zivilverwaltung und die Reichsleitung generell auf einen vergleichsweise moderaten Kurs in der Arbeiterfrage setzten, verschärfte die militärische Führung, d. h. preußisches Kriegsministerium und OHL, sowie einige deutsche Industrielle im Laufe des Jahres 1916 ihren Druck, um wesentlich mehr Arbeitskräfte als bisher aus Belgien zu rekrutieren. Zwar gab es schon 1915 erste Erlasse des Generalgouverneurs Moritz von Bissing gegen die vermeintliche Arbeitsscheu, die im Falle der Verweigerung einer Arbeitsaufnahme Zwangsmaßnahmen vorsah. Diese Verordnungen blieben aber zunächst noch in einem begrenzten Rahmen. Die Übernahme der OHL durch Hindenburg und Ludendorff führte seit Herbst 1916 auch in Belgien zu einer Radikalisierung in der Arbeiterfrage.[45] Nach langen Verhandlungen fiel schließlich die Entscheidung: Die Heeresleitung und das preußische Kriegsministerium sowie einflussreiche Industrielle vornehmlich aus dem rheinisch-westfälischen Industriegebiet wie Hugo Stinnes, Carl Duisberg, Alfred Hugenberg und

---

42 Zur Wirtschaftspolitik im besetzten Belgien neben *Thiel*, „Menschenbassin Belgien", 40–46; *Brigitte Hatke*, Hugo Stinnes und die drei deutsch-belgischen Gesellschaften von 1916. Stuttgart 1990.
43 Siehe dazu *Tammy M. Proctor*, Missing in Action. Belgian Civilians and the First World War, in: Belgisch tijdschrift voor nieuwste geschiedenis/Revue belge d'histoire contemporaine 35, 2005, 547–572; *Giselle Nath*, Brood willen we hebben. Honger, sociale politiek en protest tijdens de Eerste Wereldoorlog in België. Antwerpen 2013.
44 *Thiel*, „Menschenbassin Belgien", 68–74.
45 *Thiel*, „Menschenbassin Belgien", 74–88, 103–109; *Jens Thiel*, Belgische Arbeitskräfte für die deutsche Wirtschaft. Arbeitsmarktpolitische Optionen und Interessen zwischen Kaiserreich und Weimarer Republik, in: Dittmar Dahlmann/Margrit Schulte Beerbühl (Hrsg.), Perspektiven in der Fremde? Arbeitsmarkt und Migration von der Frühen Neuzeit bis in die Gegenwart. Essen 2011, 199–213; *Jens Thiel*, Zwangsarbeit als kriegswirtschaftliche Option. Interessenkongruenzen und Interessenkonflikte zwischen Militär, Politik und Wirtschaft im Ersten Weltkrieg, in: Kerstin von Lingen/Klaus Gestwa (Hrsg.), Zwangsarbeit als Kriegsressource in Europa und Asien. Paderborn 2014, 127–142.

Abb. 3: Belgische Deportierte, Munsterlager (Lüneburger Heide), Postkarte, um 1916. Quelle: Bibliothek für Zeitgeschichte in der Württembergischen Landesbibliothek, Postkartensammlung.

Paul Reusch, aber auch Walther Rathenau, setzten sich mit ihrer Forderung gegen Widerstände der Reichsleitung und der deutschen Zivilverwaltung des Generalgouvernements durch, dass die Lösung des akuten Arbeitskräfteproblems in Deutschland in der Deportation von etwa 500 000 belgischen Arbeitslosen zur Zwangsarbeit liege. Demonstrativ forderte beispielsweise der Chemieindustrielle Carl Duisberg, Chef der Bayer AG in Leverkusen, im September im preußischen Kriegsministerium: „Öffnen Sie das große Menschenbassin Belgien!"[46]

Ab 26. Oktober 1916 erfolgten daraufhin im Generalgouvernement Belgien die ersten Deportationen zur Zwangsarbeit nach Deutschland. Wegen des oft willkürlichen Vorgehens der örtlichen Befehlshaber kam es bei der Auswahl und beim Transport der Deportierten zu zahlreichen brutalen Übergriffen. Die zur Deportation bestimmten Personen wurden in entsprechenden Kontrollversammlungen selektiert, unter militärischer Bewachung festgehalten und mit der Eisenbahn – das hieß meist in ungeheizten „Viehwaggons" – ins Reichsgebiet abtransportiert. Insgesamt wurden im Zeitraum vom 26. Oktober 1916 bis zum 10. Februar 1917 etwa 60 000 Belgier zur Zwangsarbeit nach Deutschland deportiert.[47]

---

[46] GStA, Rep. 120, BB VII, Nr. 3 f., Bd. 5, Bl. 183–201, Protokoll der Verhandlungen im Kaisersaal des Königlich Preußischen Kriegsministeriums am 16. September 1916. Zur Rolle von Duisberg, Rathenau und Stinnes siehe Thiel, „Menschenbassin Belgien", 109–122.

[47] Thiel, „Menschenbassin Belgien", 140–147.

Die Deportierten wurden nach strapaziösem Transport zunächst in Sammellagern untergebracht, die bereits bestehenden Kriegsgefangenenlagern angegliedert waren. Die zur Aufnahme der belgischen Deportierten bestimmten Lager mussten innerhalb kürzester Zeit für die Aufnahme der Deportierten vorbereitet werden. Die Verhältnisse waren entsprechend chaotisch. Die militärischen Verantwortlichen gingen anfangs davon aus, dass die Belgier nicht länger als einige Tage in den Lagern verbringen würden. Sie sollten von dort so schnell wie möglich zu den für sie bestimmten Arbeitsstätten gebracht werden, wo entsprechender Wohnraum zur Verfügung stehen würde. Davon konnte jedoch keine Rede sein. Viele der deportierten Belgier verblieben während der gesamten Dauer ihres unfreiwilligen Aufenthaltes in Deutschland in den Lagern. Hier herrschten Hunger, Krankheit sowie schlechte sanitäre und hygienische Verhältnisse. Die Sterblichkeit war entsprechend hoch.[48] Die Zahl der in den deutschen Zwangsarbeiterlagern gestorbenen belgischen Arbeiter betrug nach deutschen Schätzungen etwa 1250,[49] nach belgischen mehr als 1300.[50]

Die äußerst schlechten Lebensbedingungen in den Lagern waren jedoch nicht nur das Ergebnis der unzureichenden Vorbereitungen und der allgemein schlechten Versorgungslage im Herbst und Winter 1916/17. Es hatte durchaus Methode, Gewalt gegen die Deportierten zu tolerieren und ausdrücklich zur Leistungssteigerung zu empfehlen. In den Grundsätzen des preußischen Kriegsministeriums vom Dezember 1916 zur Behandlung der so genannten belgischen Abschüblinge hieß es:

> Der Aufenthalt der Leute in der Verteilungsstelle muss so eingerichtet werden, dass möglichst jeder zum Abschluß eines Arbeitsvertrages bewogen wird. [...] Durch straffe Zucht und nachdrückliche Heranziehung zu den inneren notwendigen Arbeiten auf der Verteilungsstelle muss die Vorbedingung dafür geschaffen werden, dass die Belgier jede Gelegenheit zu gut bezahlter Arbeit außerhalb der Verteilungsstelle als eine erwünschte Verbesserung ihrer Lage begrüßen.[51]

Sobald die deportierten belgischen Zwangsarbeiter ein Arbeitsvertragsverhältnis eingingen, galten sie als freiwillige Zivilarbeiter.[52] Damit fielen sie nicht mehr unter

---

[48] Zur Einordnung und zum Vergleich siehe *Mark Spoerer*, The Mortality of Allied Prisoners of War and Belgian Civilian Deportees in Germany Custody during World War I. A Reappraisal of the Effects of Forced Labour, in: Population Studies 60, 2006, 121–136.
[49] *Bell*, Werk, 375.
[50] *Fernand Passelecq*, Déportation et travail forcé des ouvriers et de la population civile de la Belgique occupée (1916–1918). Paris/New Haven 1928, 398 f.
[51] Grundsätze über Heranziehung arbeitsscheuer Belgier zu Arbeiten in Deutschland. Erlass des Preußischen Kriegsministeriums, Kriegsamt, Geheim, 15. 11. 1916, abgedruckt in: *Bell*, Werk, 243.
[52] Landesarchiv (LA) Merseburg, Rep. C 50, LRA Bitterfeld II, Nr. 161 d, Bl. 341, Nachtrag zu dem vom stellvertretenden Generalkommando IV. A.K.II b Gef./II b Fabrikabt. Nr. 89/XI unter dem 28. Dezember 1916 herausgegebenen Richtlinien über die Heranziehung belgischer Zivilarbeiter zu Arbeiten in Deutschland, 18. 1. 1917.

die speziellen *Grundsätze über die Heranziehung arbeitsscheuer Belgier*, sondern unterlagen den allgemeinen Melde- und Überwachungsvorschriften für „feindliche Ausländer", die etwa mit Blick auf Freizügigkeit und Bewegungsfreiheit vergleichsweise großzügiger ausfielen.

Die Bereitschaft der belgischen Deportierten, unter diesen Umständen freiwillig Arbeit in der deutschen Kriegswirtschaft aufzunehmen, war dennoch relativ gering. Nur etwas mehr als 13 000 Belgier, also weniger als ein Viertel der Deportierten, entschloss sich dazu, einen Arbeitsvertrag abzuschließen.[53] Die übrigen Deportierten blieben bis zu ihrer Rückkehr in den „Verteilungsstellen" genannten Lagern und ihren Nebenstellen, wo sie im Rahmen von Arbeitskommandos inner- oder außerhalb des Lagers zu verschiedenen Arbeiten gezwungen wurden.[54] Besonders berüchtigt waren dabei die so genannten Übergangsarbeiten, meist weitab der ursprünglichen Stammlager. In diesen Außenlagern waren die Arbeits- und Lebensverhältnisse noch bedrückender als in den Stammlagern. Die Zustände in den Lagern führten zu Verbitterung und Hass, nicht selten aber auch zum passiven Widerstand der belgischen Arbeiter.[55] Spätestens im Januar 1917, also nur etwa drei Monate nach Beginn der Deportationen, war allen Verantwortlichen klar, dass die Zwangsmaßnahmen ihr eigentliches Ziel verfehlten. Der akute Arbeitskräftemangel in der deutschen Kriegswirtschaft konnte mit belgischen Zwangsarbeitern nicht behoben werden.

Aber auch international sah sich das Deutsche Reich mit einer breiten Welle des Widerspruchs konfrontiert. Die Deportationen lösten nicht nur in Belgien selbst und bei den Alliierten, sondern auch in den neutralen Ländern, insbesondere in den USA, teils heftige Proteste aus. Nachdem sich auch die deutsche Zivilverwaltung im Generalgouvernement, der Reichskanzler, die zuständigen zivilen Reichsämter, Kirchenvertreter und einige Reichstagsabgeordnete wiederholt für die Einstellung der Deportationen eingesetzt hatten, beendete ein kaiserlicher Erlass schließlich am 14. März 1917 die Deportationen aus dem Generalgouvernement. Es sollte aber noch bis Mai 1917 dauern, bis auch für die nach Deutschland verbrachten Belgier die Zwangsarbeit endete. Die noch in den Lagern befindlichen 20–25 000 belgischen Zwangsarbeiter durften in ihre Heimat zurückkehren.[56]

Neben den etwa 60 000 Belgiern, die aus dem Generalgouvernement Belgien zur Zwangsarbeit nach Deutschland verbracht wurden, deportierte die deutsche Militärverwaltung eine ungefähr genauso große Gruppe von Belgiern und Nordfranzosen in das so genannte Operations- und Etappengebiet an der Westfront, wo die

---

53 Landesarchiv (LA) Merseburg, Rep. C 50, LRA Bitterfeld II, Nr. 161 d, Bl. 317.
54 Landesarchiv (LA) Merseburg, Rep. C 50, LRA Bitterfeld II, Nr. 161 d, Bl. 317. Das Kriegsamt gab die Zahl der zu „Übergangsarbeiten" eingesetzten Deportierten mit 8379 an (Stand vom 20. Januar 1917).
55 Thiel, „Menschenbassin Belgien", 148–156. Exemplarisch für die Lebensbedingungen Werner Neuhaus (Hrsg.), Belgische Zwangsarbeiter im Kriegsgefangenenlager Meschede im Ersten Weltkrieg. Texte und Dokumente zum Wirken des katholischen Lagerseelsorgers Ferdinand Wagener, Paderborn u. a. 2020.
56 Thiel, „Menschenbassin Belgien", 156–162.

Abb. 4: Luftansicht des Kriegsgefangenenlagers Meschede mit der „Arbeitsverteilungsstelle", dem Lager für belgische Deportierte, Postkarte, Ende 1916. Quelle: Privatsammlung.

Deportationen schon Anfang Oktober 1916, also fast einen Monat früher als im Generalgouvernement, begonnen hatten.[57]

Die im Operations- und Etappengebiet zwangsrekrutierten Arbeiter wurden wie an der Ostfront zu Zivilarbeiterbataillonen zusammengefasst. Zwischen Oktober 1916 und Frühjahr 1918 wurden insgesamt etwa 25 dieser Bataillone in den besetzten belgischen und nordfranzösischen Gebieten aufgestellt. Einige wurden der Militäreisenbahndirektion zur Verfügung gestellt, andere kamen beim Ausbau der wichtigen Stellungen „Siegfried" und „Michel" zum Einsatz. Um die Jahreswende 1916/17 waren bereits über 41 000 Belgier und Nordfranzosen zwangsweise für die Zivilarbeiterbataillone verpflichtet.[58]

Die Arbeits- und Lebensbedingungen der Arbeiter in den Lagern der ZAB an der Westfront waren ähnlich schlimm wie in denjenigen an der Ostfront.[59] Vor allem in den ersten Monaten, also im extrem harten Winter 1916/17, prägten miserable Unter-

---

57 Thiel, „Menschenbassin Belgien", 123–132.
58 Siehe *Commission d'Enquête sur les violations des règles du droit des gens, des lois et des coutumes de la guerre*, Rapports et documents d'Enquête, Bd. 2: Rapports sur les déportations des ouvriers belges et sur les traitements infligés aux prisonniers de guerre et aux prisonniers civils belges. Brüssel/Lüttich 1923, 24 f.; *Passelecq*, Déportation, 398.
59 *Jens Thiel/Christian Westerhoff*, Deutsche Zwangsarbeiterlager im Ersten Weltkrieg. Entstehung – Funktion – Lagerregimes, in: Christoph Jahr/Jens Thiel (Hrsg.), Lager vor Auschwitz. Gewalt und Integration im 20. Jahrhundert. Berlin 2013, 117–139.

künfte, fehlende warme Kleidung, mangelhafte hygienische und ärztliche Versorgung den Arbeits- und Lebensalltag der Zwangsarbeiter.[60] Die Sterblichkeitsrate in den Lagern lag sehr hoch.[61] Während die Reichsentschädigungskommission 1921 die Zahl der in den Zivilarbeiterbataillonen ums Leben gekommenen belgischen Arbeiter auf 1056 bezifferte, ging die belgische Seite nach Kriegsende von knapp 1300 Tote aus.[62]

Die Zwangsarbeit im Operations- und Etappengebiet dauerte trotz belgischer und internationaler, aber auch vereinzelt deutscher Proteste bis Kriegsende an.[63] Auch die zwangsweise Heranziehung der Zivilbevölkerung zu militärischen Infrastrukturarbeiten, die als Notstandsarbeiten deklarierten wurden, ging weiter. In den letzten Monaten des Krieges verschärfte sich die Situation sogar noch einmal. In Folge des deutschen Rückzugs und der dafür notwendigen Infrastruktur- und Transportarbeiten stieg der Arbeitskräftebedarf der Heeresleitung wieder stärker an. Nicht nur die Arbeiterbevölkerung, sondern auch andere Bevölkerungsgruppen bis in die bürgerlichen Mittel- und Oberschichten, wurden nun mit offenen Zwangsmitteln zur Zwangsarbeit, insbesondere beim Militäreisenbahn- und Stellungsbau, eingesetzt.[64] Die zwangsweise Heranziehung von Zivilisten zum militärischen Stellungsbau wurde auf internationalen Druck hin erst im September 1918 wieder eingeschränkt, aber erst in den letzten Kriegstagen offiziell untersagt.[65]

Im Generalgouvernement Belgien hatten Deportation und Zwangsarbeit im Herbst/Winter 1916/17 dazu geführt, dass die Zahl der mehr oder weniger freiwillig erfolgten Anwerbungen durch das Deutsche Industriebüro ab Herbst 1916 sprunghaft angestiegen war. Mitte 1918 befanden sich etwa 130 000 angeworbene belgische Zivilarbeiter – also keine Zwangsarbeiter im eigentlichen Sinne – in Deutschland.[66]

---

60 *Commission d'Enquête*, Rapports, Anlage 18, 49 ff.
61 Bericht des Rates von Flandern über die Reise in die Lager der Deportierten vom 4. bis 6. Oktober 1916, abgedruckt in: *Ligue Nationale pour l'Unité Belge* (Hrsg.), Les Archives du Conseil de Flandre (Raad van Vlaanderen). Documents pour servir à l'histoire de la Guerre en Belgique. Brüssel 1928, 330–332.
62 *Ligue Nationale pour l'Unité Belge*, Les Archives du Conseil, 50, 54; *Passelecq*, Déportation, 398 f., 469. Neuere, noch nicht abgeschlossene Forschungen von Donald Buyze in Belgien lassen den Schluss zu, dass die Zahl der Toten höher lag.
63 Politisches Archiv des Auswärtigen Amtes, R 22151, Bl. 288 ff., Oskar von der Lancken-Wakenitz an Kurt von Lersner am 17. 7. 1917.
64 Siehe z. B. GStA PK, I. HA, Rep. 87 B, Nr. 16350, Bl. 5, Verwaltungsbericht des Verwaltungschefs für Flandern für das Halbjahr August 1917 bis Januar 1918 (Alexander Schaible), 31. 1. 1918.
65 *Thiel*, „Menschenbassin Belgien", 129 f. Allerdings finden sich noch für Ende Oktober 1918 Hinweise auf einzelne Zwangsrekrutierungen belgischer Zivilisten zum Zwangsarbeitseinsatz im Operations- und Etappengebiet, siehe etwa *Hugo Vanden Abeele*, Oorlogsdagboek van eenen gemeentesecretaris of Oorlogskronijk der Gemneete Sint-Martens-Lathem aan Bosch en Leie, 1914–1919. Gent 1924, 131 f.
66 *Thiel*, „Menschenbassin Belgien", 239–259.

Ein wichtiger, aber nicht der einzige Grund für die deutlich gestiegene Zahl von Freiwilligen war die weit verbreitete Angst vor neuen Deportationen. Auch die systematische Behinderung und gezielte Stilllegung großer Teile der belgischen Industrie zwang viele Arbeiter zu diesem Schritt. Eine nicht zu unterschätzende Rolle für die Anwerbungen spielten aber auch die Vergünstigungen, die die belgischen Arbeiter und ihre Not leidenden Familien bekamen, wenn sie sich anwerben ließen. Sie erhielten Prämien und Handgelder für die Anwerbung und ihre in Belgien verbliebenen Familien materielle Unterstützung in Form von Brennstoffen, finanziellen Zuwendungen oder kostenloser ärztlicher Betreuung. Ähnlich wie schon vor Herbst 1914 kamen die nun angeworbenen belgischen Zivilarbeiter, ähnlich wie die deportierten Zwangsarbeiter, überwiegend in den Unternehmen des rheinisch-westfälischen Industriegebietes zum Einsatz. Allerdings hatte das immer noch allein für die Anwerbung zuständige DIB nun die Auflage erhalten, auch das übrige Reichsgebiet mit Arbeitskräften aus Belgien zu versorgen. Deren Bedarfsmeldungen und die Weiterverteilung auf die einzelnen Betriebe übernahmen die für die Arbeitskräftefrage insgesamt zuständigen, im November 1916 neu gebildeten Kriegsamts- bzw. Kriegsamtsnebenstellen der Kriegsministerien in Preußen, Bayern, Württemberg und Sachsen. Generell ist davon auszugehen, dass das Gros der deportierten und angeworbenen belgischen Zivilarbeiter in der Großindustrie, im Baugewerbe und im Bergbau eingesetzt wurde. Nach Branchen und Sektoren oder Unternehmen aufgeschlüsselte oder gar systematische Untersuchungen für die gesamte deutsche Kriegswirtschaft fehlen jedoch mit Ausnahme des Ruhrkohlenbergbaus bislang.[67]

Die Beschäftigung der angeworbenen belgischen Arbeiter in Deutschland hörte sofort mit Kriegsende 1918 auf. Auch die Reste der noch bestehenden Zivilarbeiterbataillone im belgischen und nordfranzösischen Operations- und Etappengebiet wurden nun endgültig aufgelöst. Die dortigen belgischen Zwangsarbeiter konnten noch im November 1918 in ihre Heimat zurückkehren.[68]

---

[67] Erste Ergebnisse siehe *Thiel*, „Menschenbassin Belgien", 109–122, 152, 163–168, 247–259 sowie für den Ruhrkohlenbergbau umfassend *Rawe*, „... wir werden sie schon zur Arbeit bringen!" sowie zusammenfassend zur ökonomischen Problematik auch *Christian Böse/Dieter Ziegler*, Die Ruhrkohle in der kriegswirtschaftlichen Regulierung, 1914–1918, in: Jahrbuch für Wirtschaftsgeschichte 56, 2015/2, 421–449. Für einzelne Unternehmen zudem etwa *Klaus-Dieter Walter Pomiluek*, Heinrich Wilhelm Beukenberg. Ein Montanindustrieller in seiner Zeit. Diss. phil. Düsseldorf 2002, 207–217 (für die Phoenix AG); *Christian Marx*, Paul Reusch und die Gutehoffnungshütte. Leitung eines deutschen Großunternehmens, Göttingen 2013, 94–100 (für die GHH); *Werner Plumpe*, Carl Duisberg. 1861–1935. Anatomie eines Industriellen. München 2016, 505–510 (für die Bayer AG); *Marcour*, Arbeiterbeschaffung, 55–62 (für Krupp).
[68] *Thiel*, „Menschenbassin Belgien", 130, 291 f.

4.2.5 Fazit und Ausblick

Zusammenfassend ist festzuhalten, dass Zwangsarbeit keineswegs eine Erfindung der Nationalsozialisten war, sondern bereits im Ersten Weltkrieg im deutschen Machtbereich existierte. Sie hatte jedoch einen wesentlich geringeren Umfang als im Zweiten Weltkrieg, als acht bis neun Millionen zivile Zwangsarbeiter in der deutschen Kriegswirtschaft arbeiten mussten. Die zwangsweise Rekrutierung und Beschäftigung ausländischer Arbeitskräfte trugen zwar dazu bei, dass der Erste Weltkrieg zumindest partiell zu einem „Totalen Krieg" wurde. Im Vergleich zum Zweiten Weltkrieg waren die Zwangsarbeitsregime des Ersten Weltkriegs aber weniger brutal und entbehrten jeglicher Vernichtungsintention. Während die Zwangsarbeit von Kriegsgefangenen mit gewissen Auflagen von der Haager Landkriegsordnung sanktioniert war, gab es für die Zwangsarbeit von Zivilisten keine klaren völkerrechtlichen Regelungen. Die eher vagen Bestimmungen der Haager Landkriegsordnung wurden von den deutschen Behörden genutzt, um die Ausbeutung ausländischer Arbeitskräfte zu legitimieren.

Während des Ersten Weltkrieges existierten verschiedene Formen freier und erzwungener Arbeit nebeneinander; zum Teil gingen sie auch ineinander über. So wurde den Arbeitskräften aus Russland, die freiwillig nach Deutschland gekommen waren, nach ihrer Ankunft am Arbeitsplatz untersagt, diesen für die Dauer des Krieges wieder zu verlassen. In den Generalgouvernements Belgien und Warschau wurde zunächst versucht, Arbeitskräfte auf freiwilliger Basis anzuwerben. Zwangsarbeit trat insbesondere dort auf den Plan, wo Behörden und Arbeitgeber glaubten, ihre kriegswirtschaftlichen Ziele nicht auf freiwilliger Basis erreichen zu können und deshalb bereit waren, sämtliche völkerrechtlichen und ethischen Bedenken beiseite zu schieben. Dies war vor allen in besetzten Territorien der Fall, in denen das Militär herrschte, also im Operations- und Etappengebiet an der Westfront sowie in Ober Ost. Hier waren auch die Lebensbedingungen der Zwangsarbeiter am schlechtesten.

Als Hindenburg und Ludendorff im August 1916 von Ober Ost an die Spitze der Dritten Obersten Heeresleitung gelangten, versuchten sie, diese militärisch geprägten Vorstellungen mittels des Hindenburg-Programms im Reich und Zwangsrekrutierungen in den besetzten Gebieten auf den gesamten deutschen Machtbereich auszudehnen. In der Folge setzte insbesondere in Belgien eine massive Deportation von Zwangsarbeitern ein. Da im Ersten im Gegensatz zum Zweiten Weltkrieg noch Kontrollmechanismen wirkten, wurden die Deportationen in Belgien und in Polen wieder eingestellt, als Kritik laut wurde und sich die Zwangsarbeit als ineffektiv erwies. Im Gegensatz dazu blieb die Zwangsarbeit in den militärisch verwalteten Gebieten an der West- und Ostfront bis Kriegsende bestehen.

Die Deportation belgischer Arbeitskräfte wurden nach 1918 zum Gegenstand vehementer politischer, juristischer und journalistischer Auseinandersetzungen. Im Versailler Vertrag wurden die Deportationen zu Kriegsverbrechen erklärt. Belgische

Gerichte versuchten, die Verantwortlichen zur Rechenschaft zu ziehen.[69] Im Gegensatz dazu waren die Zwangsrekrutierungen und die Zwangsarbeit in Nordfrankreich, im Generalgouvernement Warschau und in Ober Ost nach dem Krieg kaum noch Gegenstand öffentlicher Diskurse.

In Deutschland wurde die während des Ersten Weltkriegs praktizierte Zwangsarbeit nach 1918 von vielen Beteiligten sowie von den zuständigen Ministerien in Deutschland als Misserfolg bewertet – jedoch nur in ökonomischer, nicht in moralischer Hinsicht. Während die mangelnde Effizienz der Zwangsrekrutierungen und der Zwangsarbeit klar benannt wurden, galten sie weder als Bruch des Völkerrechts noch als moralische Verfehlung. Den wenigen Kritikern wurde vorgeworfen, den deutschen Interessen zu schaden und den Alliierten in die Hände zu spielen.[70]

Insbesondere die Militärs waren schon während des Krieges nicht müde geworden, die Zwangsmaßnahmen als Kriegsnotwendigkeiten zu rechtfertigen. Diese Verteidigung der Zwangsmaßnahmen gewann nach der deutschen Niederlage noch erheblich an Bedeutung, als die Alliierten Reparationen und eine Auslieferung der Verantwortlichen forderten. Die deutsche Strategie war insofern erfolgreich, als es der Regierung gelang, Reparationsforderungen aus Polen abzublocken und eine Auslieferung und Verurteilung sämtlicher Verantwortlichen abzuwenden.[71]

Außerdem setzte sich im Militär und in politisch rechten Kreisen die Meinung durch, dass das deutsche Vorgehen während des Ersten Weltkrieges nicht zu brutal, sondern im Gegenteil zu rücksichtsvoll gewesen sei. Namhafte Interpretatoren, insbesondere Ludendorff, zogen aus den Erfahrungen des verlorenen Krieges die „Lehre", dass eine Mobilisierung sämtlicher Arbeitskräfte in einem zukünftigen, „Totalen Krieg" besser organisiert und mit weniger Rücksicht durchgeführt werden müsse. Insbesondere einer Ausbeutung zukünftiger Besatzungsgebiete in Osteuropa wurde eine hohe Bedeutung zugemessen. Basierend auf den Erfahrungen aus dem Ersten Weltkrieg verfestigte sich in diesen Kreisen die Meinung, dass gegenüber der osteuropäischen Bevölkerung hart durchgegriffen werden müsse – und könne, weil die Weltöffentlichkeit sich weitaus mehr für Ereignisse in Westeuropa interessiere.[72]

---

69 *Thiel*, „Menschenbassin Belgien", 296–302.
70 Zum Umgang mit Deportation und Zwangsarbeit in der Weimarer Republik siehe *Thiel*, „Menschenbassin Belgien", 291–319.
71 *Gerd Hankel*, Die Leipziger Prozesse. Deutsche Kriegsverbrechen und ihre strafrechtliche Verfolgung nach dem Ersten Weltkrieg. Hamburg 2003, 380–393; *Thiel*, „Menschenbassin Belgien", 293, 302 f., 317 f.
72 *Erich Ludendorff*, Meine Kriegserinnerungen 1914–1918. Berlin 1919, 275, 531; *Erich Ludendorff*, Kriegführung und Politik. Berlin 1922, 157–158; *Ludendorff*, Der totale Krieg, 46. Zur Verbreitung des skizzieren Ideenguts siehe z. B. *Markus Pöhlmann*, Von Versailles nach Armageddon. Totalisierungserfahrung und Kriegserwartung in deutschen Militärzeitschriften, in: Stig Förster (Hrsg.), An der Schwelle zum Totalen Krieg. Die militärische Debatte über den Krieg der Zukunft 1919–1939. Paderborn 2002, 346–351, 372–378; *Kim Christian Priemel*, Lernversagen. Der Erste Weltkrieg und die nationalsozialistische Wirtschaftspolitik, in: Gerd Krumeich (Hrsg.), Nationalsozialismus und Erster Weltkrieg. Essen 2010, 303–309.

Ludendorffs „Lehren" aus dem Ersten Weltkrieg wurden, wenn auch nicht in Reinform, insbesondere von den Nationalsozialisten begierig aufgenommen. Nach 1933 und verstärkt nach 1939 wurden viele Ideen Ludendorffs Regierungspolitik, insbesondere die Mobilisierung aller Ressourcen für den Krieg. Diese totale Mobilisierung fand jedoch zunächst eher auf die deutsche Bevölkerung als auf ausländische Arbeitskräfte Anwendung. Während für Deutsche bereits 1939 praktisch eine Arbeitspflicht bestand, war die Anwerbung und Beschäftigung ausländischer Arbeitskräfte zu diesem Zeitpunkt noch vergleichsweise wenig von Zwang und Kontrolle geprägt.

Auch nach Beginn des Zweiten Weltkrieges kann nicht von einem geplanten und systematischen Aufbau eines Zwangsarbeitssystems für ausländische Arbeitskräfte gesprochen werden. Zwar gingen die deutschen Behörden bei der Rekrutierung von Arbeitskräften in Polen jetzt gezielter und effektiver vor. In Belgien achteten die deutschen Militärbehörden zudem anfangs darauf, bei der Arbeitskräfterekrutierung nicht die gleichen Fehler wie im Ersten Weltkrieg zu begehen. Im Laufe des Krieges, mit zunehmendem Arbeitskräftemangel und auf Druck seitens der zuständigen Reichsbehörde, ging man jedoch von einer vergleichsweise moderaten Anwerbungspolitik nach und nach zu einer restriktiven Zwangsrekrutierung über.[73] Der Weg zu einem großflächig angelegten Zwangsarbeitssystem war durch zahlreiche Rückschläge und Widersprüche gekennzeichnet.[74] So fielen z. B. Hunderttausende sowjetische Kriegsgefangene als Arbeitskräfte aus, weil sie zunächst so stark vernachlässigt wurden, dass eine Vielzahl von ihnen verhungerte oder zu entkräftet war, um arbeiten zu können.[75]

Die nationalsozialistische Ideologie führte zudem dazu, dass die Besatzungsherrschaft in Osteuropa wesentlich rassistischere und brutalere Züge annahm. Den größten Bruch zum Ersten Weltkrieg stellt aber der Holocaust an den osteuropäischen Juden dar. 1914 bis 1918 wurden Juden zwar diskriminiert und ausgebeutet, aber nicht ermordet. Der Völkermord veränderte die deutsche Arbeitskräftepolitik substantiell. Er ermöglichte die totale Ausbeutung der ostjüdischen Arbeitskräfte. Mit äußerst hohen Todesraten, völlig unzureichender Versorgung und Arbeit bis zur völligen Erschöpfung wurden die Juden „less than slaves".[76] Eine solche Behandlung von Arbeitskräften gab es während des Ersten Weltkrieges nicht.

---

73 *Thiel*, „Menschenbassin Belgien", 319–328; *Elisabeth Harvey*, Arbeitsverwaltung und Arbeitskräfterekrutierung im besetzten Europa. Belgien und das Generalgouvernement, in: Alexander Nützenadel (Hrsg.), Das Reichsarbeitsministerium im Nationalsozialismus. Verwaltung – Politik – Verbrechen. Göttingen 2017, 348–386.
74 Zur Zwangsarbeit während des Zweiten Weltkrieges siehe *Ulrich Herbert*, Fremdarbeiter. Politik und Praxis des „Ausländereinsatzes" in der Kriegswirtschaft des Dritten Reiches. Berlin 1985; *Mark Spoerer*, Zwangsarbeit unterm Hakenkreuz. Ausländische Zivilarbeiter, Kriegsgefangene und Häftlinge im Deutschen Reich und im besetzten Europa 1939–1945. Stuttgart/München 2001.
75 *Christian Streit*, Keine Kameraden. Die Wehrmacht und die sowjetischen Kriegsgefangenen 1941–1945. Stuttgart 1978.
76 *Mark Spoerer/Jochen Fleischhacker*, Forced Laborers in Nazi Germany. Categories, Numbers, Survivors, in: Journal of Interdisciplinary History 33, 2002, 169–204.

Die Frage des Erfahrungstransfers zwischen beiden Weltkriegen ist hiermit jedoch noch nicht hinreichend beantwortet. Die größere Effizienz bei der Rekrutierung von Arbeitskräften sowie Äußerungen wichtiger Akteure weisen darauf hin, dass aus der Arbeitskräftepolitik während des Ersten Weltkrieges durchaus Schlüsse gezogen wurden. Ulrich Herbert spricht in diesem Zusammenhang von einem Lernprozess.[77] Die geringen personellen Kontinuitäten und die zahlreichen Ungereimtheiten der nationalsozialistischen Zwangsarbeitspolitik lassen jedoch darauf schließen, dass der Erste Weltkrieg eher einen abstrakten Erfahrungshintergrund und einen Präzedenzfall als eine Blaupause oder eine konkrete Handlungsanweisung bildete.[78]

Auswahlbibliographie

Bade, Klaus J., „Preußengänger" und „Abwehrpolitik". Ausländerbeschäftigung, Ausländerpolitik und Ausländerkontrolle auf dem Arbeitsmarkt in Preußen vor dem Ersten Weltkrieg, in: Archiv für Sozialgeschichte 24, 1984, 91–162.
Commission d'Enquête sur les violations des règles du droit des gens, des lois et des coutumes de la guerre, Rapports et documents d'Enquête. Bd. 2: Rapports sur les déportations des ouvriers belges et sur les traitements infligés aux prisonniers de guerre et aux prisonniers civils belges. Bruxelles/Liège 1923.
Elsner, Lothar, Die ausländischen Arbeiter in der Landwirtschaft der östlichen und mittleren Gebiete des Deutschen Reiches während des Ersten Weltkrieges. Ein Beitrag zur Geschichte der preußisch-deutschen Politik. Diss. phil. Rostock 1961.
Elsner, Lothar, Ausländerbeschäftigung und Zwangsarbeitspolitik in Deutschland während des Ersten Weltkriegs, in: Klaus J. Bade (Hrsg.), Auswanderer – Wanderarbeiter – Gastarbeiter. Bevölkerung, Arbeitsmarkt und Wanderung in Deutschland seit Mitte des 19. Jahrhunderts, Bd. 2. Ostfildern 1984, 527–557.
Griffante, Andrea, A New Master and a New Serfdom. Understanding the Compulsory Labour Experience of Lithuanians during the German Occupation, 1915–1918, in: Res Balticae 12, 2013, 145–159.
Heid, Ludger, Maloche – nicht Mildtätigkeit. Ostjüdische Arbeiter in Deutschland 1914–1923. Hildesheim 1995.
Herbert, Ulrich, Geschichte der Ausländerpolitik in Deutschland. Saisonarbeiter, Zwangsarbeiter, Gastarbeiter, Flüchtlinge. Bonn 2003.
Meskill, David, Optimizing the German Workforce. Labor Administration from Bismarck to the Economic Miracle. New York 2010.

---

77 *Ulrich Herbert*, Zwangsarbeit als Lernprozeß. Zur Beschäftigung ausländischer Arbeiter in der westdeutschen Industrie im Ersten Weltkrieg, in: Archiv für Sozialgeschichte 24, 1984, 285–304.
78 *Westerhoff*, Zwangsarbeit, 344 f.; *Christian Westerhoff*, Zwangsarbeit in zwei Weltkriegen, in: Ernst Piper (Hrsg.), Das Zeitalter der Weltkriege. Deutschland und Europa 1914 bis 1945. Köln 2014, 136–147; *Jens Thiel*, Kriegswirtschaftliche Interventionen. Die Etablierung von Zwangsarbeitsregimen im Ersten Weltkrieg, in: Jochen Oltmer (Hrsg.), Handbuch Staat und Migration in Deutschland seit dem 17. Jahrhundert. Berlin 2016, 412–416.

Oltmer, Jochen, Bäuerliche Ökonomie und Arbeitskräftepolitik im Ersten Weltkrieg. Beschäftigungsstruktur, Arbeitsverhältnisse und Ersatzarbeitskräfte in der Landwirtschaft des Emslandes 1914–1918. Sögel 1995.
Oltmer, Jochen, Migration und Politik in der Weimarer Republik. Göttingen 2005.
Passelecq, Fernand, Déportation et travail force des ouvriers et de la population civile de la Belgique occupée, 1916–1918. Paris/New Haven 1928.
Rawe, Kai, „… wir werden sie schon zur Arbeit bringen!" Ausländerbeschäftigung und Zwangsarbeit im Ruhrkohlenbergbau während des Ersten Weltkrieges. Essen 2005.
Thiel, Jens, „Menschenbassin Belgien." Anwerbung, Deportation und Zwangsarbeit im Ersten Weltkrieg. Essen 2007.
Thiel, Jens, Kriegswirtschaftliche Interventionen. Die Etablierung von Zwangsarbeitsregimen im Ersten Weltkrieg, in: Jochen Oltmer (Hrsg.), Handbuch Staat und Migration in Deutschland seit dem 17. Jahrhundert. Berlin/Boston 2016, 385–416.
Thiel, Jens/Westerhoff, Christian, Forced Labour, in: Ute Daniel u. a. (Hrsg.), 1914–1918-online. International Encyclopedia of the First World War, vgl. https://encyclopedia.1914-1918-online.net/article/forced_labour (abgerufen am 10. 4. 2020).
Spoerer, Mark, The Mortality of Allied Prisoners of War and Belgian Civilian Deportees in Germany Custody during World War I. A Reappraisal of the Effects of Forced Labour, in: Population Studies 60, 2006, 121–136.
Spoerer, Mark, Zwangsarbeitsregimes im Vergleich. Deutschland und Japan im Ersten und Zweiten Weltkrieg, in: Hans-Christian Seidel/Klaus Tenfelde (Hrsg.), Zwangsarbeit im Europa des 20. Jahrhunderts. Bewältigung und vergleichende Aspekte. Essen 2007, 187–226.
Westerhoff, Christian, Zwangsarbeit im Ersten Weltkrieg. Deutsche Arbeitskräftepolitik im besetzten Polen und Litauen 1914–1918. Paderborn 2012.
Westerhoff, Christian, Zwangsarbeit in zwei Weltkriegen, in: Ernst Piper (Hrsg.), Das Zeitalter der Weltkriege. Deutschland und Europa 1914 bis 1945. Köln 2014, 136–147.
Zunkel, Friedrich, Die ausländischen Arbeiter in der deutschen Kriegswirtschaftspolitik des Ersten Weltkrieges, in: Gerhard A. Ritter (Hrsg.), Entstehung und Wandel der modernen Gesellschaft. Festschrift für Hans Rosenberg zum 65. Geburtstag. Berlin 1970, 280–311.

André Steiner
4.3 Einkommen und Lebenshaltungskosten

4.3.1 Einleitung

Zur Untersuchung der Frage, wie sich der Lebensstandard der breiten Masse der deutschen Bevölkerung während des Ersten Weltkriegs entwickelte, wird im Folgenden ermittelt, wie sich die diesen bestimmenden Einkommen und Lebenshaltungskosten veränderten. Das sich aus diesen beiden Faktoren ergebende Realeinkommen kann allerdings den Lebensstandard nicht vollständig abbilden und ist immer ein wenig problematisch. In Kriegszeiten mit zugleich starker Inflation erweist es sich aber als besonders fragwürdig und das nicht nur, weil sich die Unsicherheiten solcher Zeiten nicht in den Indikatoren widerspiegeln.[1] Vielmehr ist auch das Warenangebot in den Blick zu nehmen, das mit dem erzielten Einkommen erworben werden konnte. Entsprechend wird im Folgenden auf die Entwicklung dieser drei Komponenten – Einkommen, Lebenshaltungskosten sowie Warenangebot – und die auf sie wirkenden Faktoren eingegangen, um abschließend ein Resümee zu ziehen.

Die vorliegende Forschung zu diesen Problemen bietet kaum ein zusammenhängendes Bild. Wie für die Zeit des Ersten Weltkriegs insgesamt gilt auch für den hier behandelten Gegenstand, dass er bereits in der Zwischenkriegszeit verschiedentlich in der Literatur bearbeitet wurde, in der aber auch ein gewisser Rechtfertigungscharakter nicht zu übersehen ist. In unserem Kontext ist insbesondere auf die Arbeit von August Skalweit zur Kriegsernährungswirtschaft sowie auf die von Waldemar Zimmermann zu den Einkommensverhältnissen zu verweisen.[2] In der Zeit nach dem Zweiten Weltkrieg kamen zunächst wenig neue Arbeiten hinzu. Anzuführen sind vor allem die bis heute gültigen Standardwerke zur Wirtschaftsgeschichte des Ersten Weltkriegs von Gerd Hardach[3], zur Sozialgeschichte dieser Zeit von Jürgen Kocka[4] und zur Geschichte der deutschen Inflation von Gerald Feldman.[5] Daten von unterschiedlicher Qualität zur Lohn- und Einkommensentwicklung

---

[1] Vgl. *Jonathan Manning*, Wages and Purchasing Power, in: Jay Winter/Jean-Louis Robert (Hrsg.), Capital Cities at War. Paris, London, Berlin 1914–1919. Cambridge u. a. 1997, 255.
[2] *August Skalweit*, Die deutsche Kriegsernährungswirtschaft. Stuttgart 1927; *Waldemar Zimmermann*, Die Veränderungen der Einkommens- und Lebensverhältnisse der deutschen Arbeiter durch den Krieg, in: Rudolf Meerwarth/Adolf Günther/Waldemar Zimmermann, Die Einwirkung des Krieges auf Bevölkerungsbewegung, Einkommen und Lebenshaltung in Deutschland. Stuttgart 1932, 281–474.
[3] *Gerd Hardach*, Der Erste Weltkrieg. (Geschichte der Weltwirtschaft, Bd. 2.) München 1973.
[4] *Jürgen Kocka*, Klassengesellschaft im Krieg. Deutsche Sozialgeschichte 1914–1918. 2. Aufl. Frankfurt am Main 1978.
[5] *Gerald D. Feldman*, The Great Disorder. Politics, Economics and Society in the German Inflation, 1914–1924. New York/Oxford 1993.

wurden von Jürgen Kuczynski, Gerhard Bry und zuletzt von Rüdiger Hohls zusammengetragen, worauf weiter unten ausführlicher einzugehen ist.[6] Bry erörtert auch die in der Literatur vorliegenden Angaben zu den Lebenshaltungskosten. Armin Triebel hat die Konsummuster, wie sie sich in zeitgenössischen Quellen darstellten, neu analysiert.[7] Zwar nur schlaglichtartiges, aber reichhaltiges Material zu den Veränderungen im Lebensstandard und den ihn beeinflussenden Faktoren liefern regionale und lokale Studien, wie die von Martin Geyer zu München,[8] von Roger Chickering zu Freiburg,[9] von Belinda J. Davis zu Berlin[10] sowie die von Anne Roerkohl zu Westfalen, die auch die verschiedenen Lenkungsmaßnahmen detailliert herausarbeitet.[11] Eine interessante Ergänzung bilden die neueren Arbeiten zur Entwicklung des biologischen Lebensstandards im Ersten Weltkrieg von Matthias Blum.[12]

Der Krieg spielte für die hier zu betrachtenden Entwicklungen die alles überwölbende Rolle: Schließlich hatte nun die Nachfrage der „Kriegsmaschinerie" (Feldman) Priorität und begrenzte somit die Möglichkeiten, die private Nachfrage quantitativ und qualitativ zu befriedigen. Schon das auf diese Weise limitierte Angebot musste für Preissteigerungen sorgen. Zudem wurde das Gleichgewicht zwischen Angebot und Nachfrage durch die in Folge der Kriegshandlungen zerrissenen internationalen Handelsverflechtungen erheblich gestört. Dazu kam noch die Kriegsfinanzierung über die Notenpresse, die die nachfragegetriebene Inflation anheizte. Die Preise für lebensnotwendige Güter stiegen und die Kaufkraft verringerte sich. Preiskontrollen konnten diese Entwicklung dämpfen, verringerten aber wiederum das Angebot. Außerdem beschränkte die Kriegswirtschaft die Produktion durch den Abzug von Arbeitskräften und mangelnde Investitionen. In der Konsequenz fehlten

---

6 *Jürgen Kuczynski*, Die Geschichte der Lage der Arbeiter unter dem Kapitalismus. Bd. 4: Darstellung der Lage der Arbeiter in Deutschland von 1900 bis 1917/18. Berlin 1967; *Gerhard Bry*, Wages in Germany 1871–1945. Princeton 1960; *Rüdiger Hohls*, Arbeit und Verdienst. Entwicklung und Struktur der Arbeitseinkommen im Deutschen Reich und in der Bundesrepublik (1885–1985). Diss. Berlin 1992.
7 *Armin Triebel*, Variations in Patterns of Consumption in Germany in the Period of the First World War, in: Richard Wall/Jay Winter (Hrsg.), The Upheaval of War. Family, Work and Welfare in Europe, 1914–1918. Cambridge 1988, 159–195.
8 *Martin H. Geyer*, Verkehrte Welt. Revolution, Inflation und Moderne. München 1914–1924. Göttingen 1998.
9 *Roger Chickering*, The Great War and Urban Life in Germany: Freiburg, 1914–1918. Cambridge 2007.
10 *Belinda J. Davis*, Home Fires Burning. Food, Politics, and Everyday Life in World War I Berlin. Chapel Hill/London 2000.
11 *Anne Roerkohl*, Hungerblockade und Heimatfront. Die kommunale Lebensmittelversorgung in Westfalen während des Ersten Weltkrieges. Stuttgart 1991.
12 *Matthias Blum*, Der deutsche Lebensstandard während des Ersten Weltkrieges in historischer Perspektive: Welche Rolle spielten Konsumentenpräferenzen? In: Vierteljahrschrift für Sozial und Wirtschaftsgeschichte 100, 2013, 273–291; *Matthias Blum*, War, Food Rationing, and Socioeconomic Inequality in Germany during the First World War, in: Economic History Review 66, 2013, 1063–1083.

Güter, um die Nachfrage zu befriedigen. Die Versuche, diese Probleme – sei es auf der Angebots- oder der Nachfrageseite, selbst bei den Preisen – durch staatliche Lenkung zu entschärfen, sorgten wiederum für neue Lücken.[13]

Dabei hatte sich der Lebensstandard der Arbeiter in den Jahrzehnten vor dem Krieg in Deutschland erheblich verbessert: Die Löhne der Arbeiter im Gewerbe waren deutlich gestiegen, wobei aber starke Unterschiede in der absoluten Höhe bestehen blieben.[14] Sie nahmen so schnell zu, dass trotz wachsender Lebenshaltungskosten der durchschnittliche Jahresverdienst eines Industriearbeiters auch real gestiegen war. Jedoch blieben die Arbeiterfamilien weiter erheblichen existentiellen Risiken ausgesetzt.[15] An diesem in der Vorkriegszeit erreichten Stand wurde dann während des Krieges der Lebensstandard gemessen. Allerdings hatte das Deutsche Reich auch für die Versorgung mit Nahrungsmitteln, als dem wichtigsten Bestandteil des lebensnotwendigen Bedarfs, keinerlei Vorsorge für den Kriegsfall getroffen. Bis in die erste Kriegszeit hinein hielt sich die Vorstellung, Deutschland könne aus eigener Kraft die Ernährung sicherstellen.[16]

Allerdings zeigte schon die Mobilisierungskrise im August 1914, dass diese Überzeugung schnell erschüttert werden konnte. Die plötzliche Mobilisierung blockierte die Verkehrswege, insbesondere die Eisenbahnen, durch Militärtransporte, wodurch die Versorgung mit Lebensmitteln und Rohstoffen stockte. Zugleich stieg die Arbeitslosigkeit zunächst an, weil vielerorts die Produktion umgestellt, unterbrochen oder gar eingestellt werden musste. Vor diesem Hintergrund soll zunächst der Frage nachgegangen werden, wie sich die Einkommen veränderten.

4.3.2 Entwicklung der Einkommen

Eine Darstellung zu dieser Frage steht vor der Schwierigkeit, dass erst nach dem Ersten Weltkrieg eine amtliche Lohnstatistik aufgebaut wurde. Zwar führte das Kaiserliche Statistische Amt während des Krieges erste eigenständige Lohnsummenerhebungen durch, die aber wegen der kleinen zugrunde gelegten Stichprobe wenig repräsentativ waren.[17] Auf diese im Reichsarbeitsblatt veröffentlichten Angaben stützte sich Jürgen Kuczynski bei seinen Berechnungen für die durchschnittlichen Bruttogeldlöhne in der Zeit des Ersten Weltkriegs, wobei er versuchte, deren Mängel mit einer nicht näher erläuterten Methode auszugleichen.[18] Die Daten von Gerhard Bry beziehen sich für den hier interessierenden Zeitraum auf die Wocheneinkom-

---

13 *Feldman*, Great Disorder, 52 f.
14 *Zimmermann*, Veränderungen, 303 ff.
15 *Kocka*, Klassengesellschaft, 23 f.
16 Zu den Details siehe die Abschnitte 3.9.3 und 5.1.7 in diesem Band.
17 Vgl. *Hohls*, Arbeit, 31.
18 *Kuczynski*, Geschichte, Bd. 4, 328 f.

Tab. 1: Entwicklung der nominalen Jahreslöhne in Deutschland 1914–1918 (1913 = 100).

Jahr	Kuczynski	Bry	Hohls	
	Arbeiter Industrie	Arbeiter Industrie	Erwerbstätige Industrie	Erwerbstätige alle Branchen
1914	98,5	100	96,6	107,1
1915	110,5	110	104,6	114,9
1916	129,3	130	118,8	129,7
1917	172,9	160	156,1	169,9
1918	219,5	200	194,9	219,5

Berechnet nach: *Kuczynski*, Geschichte, Bd. 4, 326, 329; *Bry*, Wages, 330; *Hohls*, Arbeit, 89. Da sich die Angaben für die Kriegsjahre bei Kuczynski nur auf die Industrie beziehen, wurde im Unterschied zu der Zusammenstellung bei Hohls auch für das Jahr 1913 nur die Industrieangabe herangezogen. Zudem musste für das Jahr 1914 in der Kuczynski-Reihe ein Wert geschätzt werden, weil Kuczynski lediglich jeweils eine Angabe für das 1. Halbjahr und den September macht.

men der Ruhrbergarbeiter, wobei er explizit unterstellt, dass diese für die Entwicklung in der Industrie insgesamt repräsentativ seien.[19] Rüdiger Hohls stützt seine Berechnungen auf die Beitragsstatistiken der gewerblichen Berufsgenossenschaften und hat damit bei allen weiter bestehenden Problemen eine deutlich breitere Basis für seine Angaben.[20]

Ein Vergleich der verschiedenen Lohnreihen zeigt aber Ähnlichkeiten: Die Arbeiterlöhne in der Industrie stagnierten während der einsetzenden Mobilisierung zu Kriegsbeginn und den ersten Kriegsmonaten. In den folgenden Monaten bis Mitte 1916 nahmen sie im Allgemeinen zu, und von da an bis zum Ende des Krieges beschleunigten sich die Lohnsteigerungen, um schließlich etwa das Doppelte des Vorkriegsniveaus zu erreichen. Die Reihen weisen jedoch auch Unterschiede auf: So fällt die Entwicklung bei Hohls für die Nominallöhne der Industriebeschäftigten niedriger als bei den anderen Autoren aus. Dafür weisen seine Ergebnisse darauf hin, dass sich die Löhne der Erwerbstätigen aller Branchen insgesamt schneller als die in der Industrie entwickelten. Das war auf die exorbitanten Verdienststeigerungen im Tiefbau (233,1 %), der Post (ohne Angabe) und der Eisenbahn (234,0 %) zurückzuführen, die alle von erheblicher Bedeutung für das Militär waren.[21]

Nach der Überwindung der Mobilisierungskrise stiegen die nominellen Einkommen bis Mitte 1916 im Allgemeinen, weil die Kriegsproduktion immer schneller wuchs, damit die Arbeitskraftreserven abgebaut wurden und auch die Preise zunah-

---

19 *Bry*, Wages, 330.
20 Die ausführliche Diskussion siehe in: *Hohls*, Arbeit, 61–86.
21 Das ergibt sich aus den Durchschnittsverdiensten nach Wirtschaftszweigen, berechnet nach: *Hohls*, Arbeit, 519–526.

men. Die Inflation und der wachsende Arbeitskräftemangel angesichts des Hindenburg-Programms beschleunigten ab Mitte 1916 die Lohnzuwächse. Ab Sommer 1917 verstärkte sich die Preis-Lohn-Spirale noch einmal, weil Kostenkalküle immer weniger zum Tragen kamen. Die Arbeiter in den kriegswichtigen Industrien spielten zunehmend ihre Marktmacht aus und forderten höhere Löhne, was sie mit dem Nahrungsmittelmangel, den gestiegenen Lebenshaltungskosten und den zunehmend öffentlich wahrgenommenen gewachsenen Unternehmensprofiten begründeten. Diese Forderungen wurden 1917/18 mehr und mehr mit Streiks unterstrichen. Angesichts des zunehmenden Arbeitskräftemangels und der Erfordernisse der Rüstungsproduktion neigten die Unternehmer und der Staat dazu nachzugeben. Schließlich konnten die Arbeitgeber die höheren Kosten ohnehin auf die Preise aufschlagen und sie wollten ebenso wie die Regierung den sozialen Frieden bewahren, um auf jeden Fall die Produktion aufrecht zu erhalten. Allerdings versuchten die Unternehmen, die Grundlöhne beizubehalten und die Erhöhungen mit Teuerungszuschlägen umzusetzen, in der Hoffnung diese nach Kriegsende bei fallenden Preisen wieder streichen zu können. Damit stiegen also die Nominallöhne weiter.[22]

Zugleich zeigten sich verschiedene Differenzierungs- und Homogenisierungsprozesse. Vor allem wuchsen zunächst die Unterschiede zwischen den Branchen je nach ihrer Wichtigkeit vor allem für die Rüstung. Nach Angaben des Statistischen Reichsamtes aus 370 Unternehmen, die durch andere regionale und städtische Untersuchungen gestützt werden,[23] verdoppelten sich die Nominalverdienste der Arbeiter zwischen März 1914 und September 1918 durchschnittlich. Dagegen verdreifachten sie sich in der Elektroindustrie sogar, aber in der Nahrungsmittelindustrie stiegen sie nur auf das Anderthalbfache. Bry gruppierte die Branchen nach Kriegs-, Zwischenprodukt- und Friedensindustrien und wies für die Nominallöhne männlicher Arbeiter im benannten Zeitraum eine Erhöhung jeweils auf das 2,5-, 2- und 1,8-fache aus. Die Arbeiterinnen konnten ihre Einkommen noch stärker steigern: Sie wuchsen im Durchschnitt auf das 2,4-fache, aber beispielsweise in der Metallverarbeitung auf das 3,2-fache, dagegen in der Leder- und Gummiindustrie nur auf das 1,7-fache. Auch in den benannten Branchengruppen fielen bei ebenso bestehenden Differenzen die Zuwächse deutlich höher als bei den männlichen Arbeitern aus. Von Kriegsbeginn bis 1916/17 nahmen die Einkommensunterschiede zwischen den Branchen zu, während sich im letzten Kriegsjahr dieser Trend umzudrehen begann, weil aus sozialen und politischen Gründen auch den schlechter verdienenden Arbeitern mehr gegeben werden musste. Zudem waren nun die sogenannten Friedensindustrien ebenso von der Arbeitskräfteknappheit betroffen.[24] Berücksichtigt man

---

22 *Bry*, Wages, 201 f.; *Feldman*, Great Disorder, 69, 80 f.
23 *Bry*, Wages, 197 ff.; *Kocka*, Klassengesellschaft, 29.
24 Alle Angaben nach: *Bry*, Wages, 200. Die Durchschnitte sind ungewichtet, was kritikwürdig ist, weil sich während des Krieges das Gewicht der Rüstungsindustrien stark erhöhte und damit die Einkommensentwicklung insgesamt unterschätzt wird. Bry, dem das Problem bewusst war, versuchte unter Heranziehung der Lohnsummen und der verausgabten Mannarbeitsstunden einen ge-

zudem noch Regionen und Gemeindegrößen werden die Unterschiede noch größer: Ein hochspezialisierter Maschineneinrichter in einem Berliner Rüstungsbetrieb verdiente 1918 mit 25 Mark je Tag mehr als vor dem Krieg, während der Hilfsarbeiter in einer kleinstädtischen Weberei unter Umständen nur 3,50 Mark am Tag bekam. Diese regionalen Disparitäten ebenso wie die zwischen Klein- und Großstädten wurden aber teils durch den besseren Zugang zu Nahrungsmitteln in kleineren Gemeinden oder ländlichen Gebieten ausgeglichen und im Laufe des Krieges wurde dieser Zugang oft wichtiger als der eigentliche Lohn. Deshalb gewährten große Rüstungsbetriebe ihren Beschäftigten Naturalleistungen, die ebenso wie bestimmte Zuschläge nicht in die offizielle Lohnstatistik eingingen, was wiederum deren Aussagewert beschränkt.[25]

Jedoch war auch eine Angleichung verschiedener Löhne zu beobachten.[26] Wie bereits gesehen, stiegen die Frauenlöhne schneller als die der Männer. Dies war in erster Linie der Lage auf dem Arbeitsmarkt geschuldet, bei der die Unternehmen in wachsendem Maße auf die Beschäftigung von Frauen angewiesen waren, die in höher qualifizierte und besser bezahlte, bis dahin Männern vorbehaltene Tätigkeiten aufrückten. Vor allem in der zweiten Kriegshälfte verringerten sich so die geschlechterbezogenen Verdienstunterschiede ebenso wie die Alters- und Qualifikationsdifferenzen. Die Löhne jugendlicher und erwachsener Arbeitskräfte näherten sich an. Auch die Unterschiede zwischen Gelernten und Ungelernten reduzierten sich, außer bei besonders gefragten Facharbeitern in der Rüstungsproduktion, deren Einkommen äußerst stark gewachsen waren. Zudem wurden angesichts der steigenden Lebenshaltungskosten bei sehr niedrigen Löhnen tendenziell darauf geachtet, dass diese nicht unter das Existenzminimum sanken und daher pauschale Zuschläge entsprechend der Bedürftigkeit gezahlt.[27]

Jedoch spielte auch, darauf hat Jürgen Kocka verwiesen, die Zahl der einer Erwerbstätigkeit nachgehenden Familienmitglieder eine Rolle für den Lebensstandard des Haushalts. Die diesbezüglichen Effekte im Zusammenhang mit der zunehmenden Frauen- und Kinderarbeit lassen sich allerdings nicht hinreichend statistisch erfassen. Allerdings machte es ebenso einen erheblichen Unterschied, ob es sich um eine von der Einberufung verschonte Facharbeiterfamilie mit zusätzlich verdie-

---

wichteten Durchschnitt zu berechnen. Diese Kennziffern sind aber dafür nur hilfsweise geeignet, deshalb erscheinen die Ergebnisse ebenfalls nicht unproblematisch. Da aber der ungewichtete Durchschnitt (zufällig?) den oben angegebenen Indizes für die Lohnentwicklung in der Industrie in etwa entspricht, wird er hier als erster Anhaltspunkte trotzdem herangezogen. Die Branchenverdienststatistiken bei Hohls beruhen für die Industrie überwiegend auf den Beitragsstatistiken der gewerblichen Berufsgenossenschaften und bestätigen im Wesentlichen die Untersuchungsergebnisse von Bry. Zu den Angaben im Einzelnen und ihrer Kritik siehe: *Hohls*, Arbeit, 61–86.
25 *Kocka*, Klassengesellschaft, 31. Siehe auch *Bry*, Wages, 202; *Feldman*, Great Disorder, 81.
26 Siehe auch Abschnitt 4.1.3 in diesem Band.
27 *Kocka*, Klassengesellschaft, 31; *Feldman*, Great Disorder, 81.

nender Frau und eventuell Kindern oder um eine Familie mit dem Militärdienst leistenden Mann und der Frau in Teilzeit- und Hilfstätigkeit handelte.[28]

Bei Angestellten und Beamten stellte sich die Entwicklung der Einkommen allerdings etwas anders dar: Bei aller Unsicherheit der Daten kann gesagt werden, dass sie sich relativ zu der der Fabrikarbeiter während des Krieges verschlechterte. Diese Tendenz der Angleichung hatte bereits vor dem Krieg begonnen und setzte sich nun beschleunigt fort. Der vorübergehende Produktionseinbruch und die Arbeitslosigkeit bei Kriegsausbruch nutzten einige Arbeitgeber, um auch unter Bruch von Verträgen das Gehalt der Angestellten drastisch zu reduzieren. Selbst in der einsetzenden Kriegskonjunktur konnten die Angestellten bis Ende 1915 diesen Verlust noch nicht einmal bei ihren Nominalgehältern ausgleichen, obwohl die Lebenshaltungskosten inzwischen beträchtlich höher lagen. In der zweiten Kriegshälfte gewährten die Arbeitgeber Kinder- und Teuerungszulagen nach weiteren sozialen Aspekten, und erst damit übertrafen die Nominalverdienste der meisten Angestellten wieder das Vorkriegsniveau. Solche Zulagen waren flexibler, weil sie nach Kriegsende oder bei zurückgehenden Erträgen leichter als Gehaltserhöhungen rückgängig zu machen waren. Trotzdem blieben die Angestelltengehälter weit hinter den Lebenshaltungskosten und ebenso hinter den Arbeiterlöhnen zurück, was auf die meisten Branchen zutraf. In der Folge glichen sich die Gehälter von Arbeitern und Angestellten ebenso wie die der verschiedenen Angestelltengruppen untereinander während des Krieges an.[29]

Bei den Beamtengehältern war ebenfalls ein Homogenisierungsprozess zu beobachten. In den ersten Kriegsjahren blieben die Nominalgehälter konstant und erst 1917 begannen sie zu steigen, wobei sie bis dahin hinter der Entwicklung der Lebenshaltungskosten zurückgeblieben waren. Am meisten profitierten dann die unteren Besoldungsgruppen, wenngleich auch diese nicht wesentlich besser dastanden als die Arbeiter in den Friedensindustrien. Deshalb fürchteten viele Beamten, ins Proletariat abzusinken. Zudem bestand die Gefahr wachsender Korruption, weil sich die Beamten so über Wasser halten wollten.[30] Die Gehälter entwickelten sich wohl deshalb besonders ungünstig, weil Angestellte und Beamte über weniger schlagkräftige Organisationen verfügten und von ihnen weniger Widerstand erwartet wurde. Außerdem waren Unternehmer eher bereit, die Zahl der Angestellten als die der Arbeiter zu reduzieren, und schließlich war für letztere die Nachfragesituation besser. Entsprechend konnten bei den Angestellten Vergünstigungen einfacher abgebaut werden.[31]

---

[28] *Kocka*, Klassengesellschaft, 34 f.
[29] *Kocka*, Klassengesellschaft, 98 ff.; *Feldman*, Great Disorder, 84 f.
[30] *Feldman*, Great Disorder, 84 f.
[31] *Kocka*, Klassengesellschaft, 103 f.

4.3.3 Entwicklung der Lebenshaltungskosten

Auf den im Allgemeinen unerwarteten Ausbruch des Krieges reagierte die Bevölkerung so wie in anderen solchen Fällen auch: Sie kaufte in großem Umfang Lebensmittel auf. Diese Panikkäufe nutzten die Einzelhändler teils dazu, die Preise zu erhöhen bzw. Waren in Erwartung weiter steigender Preise zurückzuhalten. In der Folge erhöhten sich diese schnell und erheblich: Beispielsweise verteuerte sich das Pfund Weizenmehl in Berlin von einem Tag auf den anderen von 25 auf 40 Pfennig, also um 60 %.[32] Diese „Preishausse der Panik"[33] veranlasste den Bundesrat am 4. August 1914 eines der für den Fall der Mobilmachung bereits vorbereiteten Gesetze in Kraft zu setzen: das „Gesetz betreffend Höchstpreise". Danach konnte für die Dauer des Krieges für Gegenstände des täglichen Bedarfs, insbesondere Lebensmittel, aber auch Futtermittel u. a. von den Landesbehörden oder den von ihnen beauftragten, nachgeordneten Instanzen Höchstpreise für den Einzelhandel, aber nicht für den Großhandel angeordnet werden. Es sollten aber nur solche Preissteigerungen bekämpft werden, „die nicht in der Natur der Verhältnisse begründet" und auf unlautere und spekulative Machenschaften zurückzuführen seien. Bei Zuwiderhandlungen – sei es als Weigerung, zu den Höchstpreisen zu verkaufen, sei es als Überschreitung der Höchstpreise – wurden harte Strafen angedroht. Mit diesem Schritt beschränkte man sich noch darauf, „die lokalen Folgen der Angstnachfrage, von Wucher und Zurückhaltung" zu bekämpfen. Einen darüber hinausgehenden „gewaltsamen Eingriff in die natürliche, auf das Verhältnis von Angebot und Nachfrage zurückgehende Preisbildung lehnte man", wie es zeitgenössisch hieß, „noch entschieden ab".[34] Daraufhin erließen viele Kommunen Höchstpreise für Lebensmittel und da das Angebot anfangs prinzipiell noch ausreichend war, konnten so die Preise wieder zurückgeführt bzw. auf dem höheren Niveau stabilisiert werden. Im Monatsdurchschnitt stieg aber z. B. der Brotpreis in Berlin allein im August 1914 um 11,0 % gegenüber dem Vormonat.[35] Neben den nach wie vor gut gefüllten Lagern war es den Erfolgsmeldungen von der Front, der Normalisierung bei den zwischenzeitlich infolge der Mobilisierung überbeanspruchten Eisenbahnen und der guten Ernte 1914 zuzuschreiben, dass sich die Marktsituation und damit die Preisentwicklung zunächst entspannte.[36]

Im Frühherbst 1914 ging jedoch das Angebot zurück und ließ die Preise auf Höhen steigen, die eine politische Reaktion herausforderten. Brot war das erste, was

---

32 *Skalweit*, Kriegsernährungswirtschaft, 115.
33 *Goetz Briefs*, Kriegswirtschaftslehre und Kriegswirtschaftspolitik, in: Ludwig Elster/Adolf Weber/Friedrich Wieser (Hrsg.), Handwörterbuch der Staatswissenschaften. Bd. 5. 4. Aufl. Jena 1923, 1005.
34 *Skalweit*, Kriegsernährungswirtschaft, 116 f.
35 *Hans Guradze*, Die Brotpreise in Berlin im ersten Kriegsjahre 1914, in: Jahrbücher für Nationalökonomie und Statistik 104, 1915, 522.
36 *Skalweit*, Kriegsernährungswirtschaft, 117 f. Am Beispiel Freiburgs: *Chickering*, Great War, 162.

wirklich knapp wurde, und das blieb zumindest in den Städten auch den ganzen Krieg über so.[37] Eine wesentliche Ursache dafür war, dass Deutschland prinzipiell von Importen abhing und mit Kriegsausbruch der Außenhandel unterbrochen wurde.[38] Zudem kaufte auch das Heer große Mengen an Getreide, Fleisch und anderen Produkten direkt bei den landwirtschaftlichen Produzenten zu hohen Preisen auf.[39] Deshalb leerten sich die anfangs noch vollen Lager und die Preise stiegen. Da sich in der Augustkrise die Höchstpreise anscheinend gut bewährt hatten, erschienen sie auch später immer wieder als probates Mittel, um die Lage zu entspannen.[40] Jedoch war den kommunalen Verantwortlichen anfangs der dahinter stehende Zielkonflikt nicht bewusst: Einerseits sollten die festgesetzten Preise den Preisanstieg begrenzen und die Kaufkraft der Verbraucher stärken; andererseits mussten sie aber den Produzenten einen Anreiz für die Erzeugung und Ablieferung bieten, um die Versorgung sicherzustellen. So konnten Höchstpreise den Mangel mehr vergrößern, als sie die Inflation eindämmten. Bei nicht ausreichend vorhandenen Lebensmitteln mussten sie immer wieder nach oben angepasst werden und legitimierten tendenziell die steigenden Marktpreise. Zugleich stellten sie faktisch eher Minimumpreise und nicht Maximalpreise dar, weil die Händler sie im Einvernehmen mit den Konsumenten ignorierten. Zwar kontrollierte die Polizei die Einhaltung der Preisfestsetzungen und verhängte empfindliche Strafen. In Freiburg wurden Bauern und Lebensmittelhändler innerhalb weniger Wochen zur größten Gruppe von Angeklagten in den lokalen Gerichten. Aber zugleich waren die Kontrollmöglichkeiten beschränkt, so dass sie auch leicht umgangen werden konnten.[41]

Außerdem unterschieden sich die Höchstpreise durch die lokalen Preissetzungskompetenzen von Ort zu Ort. In der Folge brachte der Großhandel die Waren zu den Kommunen mit den höchsten Preisen, so dass sich anderenorts das Angebot verknappte oder verschwand. Deshalb erhielt der Bundesrat schließlich Ende Oktober 1914 das Recht, reichseinheitliche Höchstpreise festzulegen. Vor diesem Schritt war die Regierung zunächst zurückgeschreckt, weil ihr das offenbar als eine neue Qualität des Staatseingriffs erschien.[42] Gerd Hardach hat vermutet, dass dieses Argument in den Hintergrund trat, als die Alliierten anfingen, den Preisanstieg als Erfolg der britischen Blockade zu bewerten.[43] Zu den ersten erlassenen reichseinheitlichen Höchstpreisen gehörten die für Roggen und Weizen, die letztlich auch die Brotpreise bestimmten.[44]

---

37 Vgl. u. a. *Davis*, Home Fires Burning, 24.
38 Vgl. Kapitel 5.1 in diesem Band.
39 *Skalweit*, Kriegsernährungswirtschaft, 118. Regional siehe *Chickering*, Great War, 162.
40 *Skalweit*, Kriegsernährungswirtschaft, 117.
41 *Chickering*, Great War, 163 f.
42 *Skalweit*, Kriegsernährungswirtschaft, 118 f.
43 *Hardach*, Weltkrieg, 127.
44 Bekanntmachung über Höchstpreise, 28. 10. 1914, in: Reichsgesetzblatt 1914, Nr. 94, 458.

Die staatliche Administration von Höchstpreisen barg verschiedene Schwierigkeiten: Wenn die Preise zum Schutz der Masse der Bevölkerung niedrig festgelegt wurden, verringerte sich für die Verbraucher trotz der Knappheit der Anreiz zur Sparsamkeit. Zudem veranlassten die Höchstpreise für Getreide beispielsweise die Bauern dazu, Anbauflächen in Weideland umzuwandeln, Getreide illegal zu verkaufen, als Futtermittel zu verwenden oder in Erwartung noch höherer Höchstpreise zurückzuhalten. Zwar war schon kurz nach Kriegsbeginn die Verfütterung von Brotgetreide, später dann auch von Kartoffeln und Zuckerrüben verboten worden.[45] Jedoch konnte damit dieser Versuch der Landwirte, den Einbruch bei importierten Futtermitteln zu kompensieren, nicht vollständig unterbunden werden. Dies und die Verschiebung des privaten Verbrauchs hin zu Brot, weil Hülsenfrüchte, Reis und andere Nährmittel immer weniger zur Verfügung standen, wurden bereits zeitgenössisch als wesentliche Gründe identifiziert, dass aus der Preisadministration auch der Zwang zur Mengenlenkung erwuchs.[46] Schließlich wollte der Staat mit der Preisadministration und der Mengenlenkung die soziale Existenz seiner Bürger garantieren, was ein neues Phänomen war, aus dem eine ganze Reihe von Fragen der Angemessenheit resultierte.[47]

Die Höchstpreispolitik für agrarische Produkte war zwar im Herbst 1914 von den Agrarproduzenten selbst gefordert worden, aber im Frühjahr 1915 wurde ihnen auf Grund der wachsenden Differenzen zwischen den von ihnen vorgeschlagenen und den tatsächlich eingeführten Preisen klar, dass diese inzwischen mehr dem Konsumenten- als dem Produzentenschutz dienten.[48] Den verschiedenen Regelungen versuchten die Landwirte wiederum auf vielfältige Weise auszuweichen, was mehr und mehr Kontrollen hervorrief. Es entstand ein Teufelskreis, der dazu führte, dass immer mehr Bereiche der Landwirtschaft unter staatliche Kontrolle gerieten und marktwirtschaftliche Mechanismen außer Kraft gesetzt wurden.[49] Diese Regulierung band auch auf der lokalen Ebene beträchtliche Kräfte, wobei der Einkauf der erforderlichen Lebensmittel meist durch öffentliche Stellen – auch mehrerer Kommunen gemeinsam, um die Preise drücken zu können – und der Verkauf bevorzugt über die privaten Lebensmittelhändler erfolgte.[50] Wenn auch überwiegend, wurden davon nicht nur Nahrungsmittel erfasst. Eine Auflistung der Gegenstände, für welche Preisbindungen, insbesondere Höchstpreise, seit Kriegsbeginn bis zum Ende März 1917 festgesetzt wurden, enthielt 778 Gegenstände (von Abdeckereifett

---

45 *Hardach*, Weltkrieg, 126.
46 *Ernst Wagemann*, Die Lebensmittelteuerung und ihre Gesetzmäßigkeiten, in: Schmollers Jahrbuch für Gesetzgebung, Verwaltung und Volkswirtschaft im Deutschen Reiche 43, 1919, 143.
47 *Geyer*, Verkehrte Welt, 41.
48 *Feldman*, Great Disorder, 57.
49 Vgl. den Abschnitt 3.9.5 in diesem Band.
50 Siehe für Freiburg: *Chickering*, Great War, 166 ff.

bis Zwiebeln) mit den entsprechenden gesetzlichen Regelungen auf 142 eng bedruckten Seiten.[51]

Die Einzelhandelspreise wurden durch den Gemeinderat festgesetzt und von Preisprüfungsstellen kontrolliert, die in allen Städten mit mehr als 10 000 Einwohnern einzurichten und in denen Produzenten, Konsumenten, Händler und die Kommunen vertreten waren. Dazu gab es noch einen entsprechenden Überbau mit der Zuständigkeit für die Kreise, Provinzen, Länder und mit einer Zentrale in Berlin. Allerdings wurden die Preisprüfungsstellen kaum wirksam, ihre Beschlüsse erschienen den Beteiligten als belanglos. Sie dienten, so die Zeitgenossen, vor allem „der allgemeinen Unzufriedenheit als Ventil".[52] Diese Administration schuf aber auf Grund ihres vornehmlich dezentralen Charakters mehr Probleme als sie löste. Dezentrale und isolierte Höchstpreise stellten, nach dem Urteil von Gerald Feldman, „einen primitiven Ansatz für ein komplexes Problem" dar, was die Sache noch verschlimmerte, insbesondere da man sich an mittelalterlichen Vorstellungen vom „gerechten" Preis orientierte.[53] Zudem konnte diesen Festlegungen auf verschiedenste Weise ausgewichen werden: Entweder verschwanden die Güter auf den schwarzen Markt, tauchten in den Läden als „ausländische Ware" auf oder wurden neu verpackt bzw. leicht bearbeitet und dann zu höheren Preisen angeboten. Auch zusätzliche Regulierungsmaßnahmen, wie beispielsweise die Preisauszeichnungspflicht und der Ausschluss von Kettenhandel, um weitere Mittelspersonen, die den Preis erhöhten, zu vermeiden, konnten dem Preisauftrieb nicht wirksam begegnen. Letztlich waren die Regulierungsversuche Ausdruck der und Reaktion auf die wachsenden Spannungen zwischen Konsumenten und Handel bzw. zwischen Stadt und Land. Nicht zuletzt führte diese Form der Regulierung zu Verbrauchsverschiebungen, die wiederum den Preisauftrieb befeuerten. So konnten gerade die schlechter bezahlten Arbeiter nur noch Nahrungsmittel von schlechterer Qualität kaufen, deren Preise dann durch die besonders starke Nachfrage auch am schnellsten stiegen.[54]

Die Lebensmittelpreise nahmen mit einer kurzen Unterbrechung bis in das Frühjahr 1916 rasant zu. Danach konnte ihre Entwicklung deutlich gedämpft werden. Gegenüber dem Niveau von 1913 stiegen der Lebenshaltungskostenindex bis zum Kriegsende im November 1918 auf 337 % und der Index der Nahrungsmittelpreise im Einzelhandel auf 243 %.[55] Die Preissteigerung für Lebensmittel blieb also hin-

---

51 Höchstpreise. Alphabetisches Verzeichnis der Gegenstände, für welche Preisbindungen irgendwelcher Art, insbesondere Höchstpreise, seit Kriegsbeginn vorgeschrieben und im Reichs-Gesetzblatt oder im Zentralblatt für das Deutsche Reich veröffentlicht worden sind. Bearbeitet in der Volkswirtschaftlichen Abteilung des Kriegsernährungsamts. Berlin 1917.
52 *Skalweit*, Kriegsernährungswirtschaft, 130 f.
53 *Feldman*, Great Disorder, 58.
54 *Feldman*, Great Disorder, 82.
55 *Statistisches Reichsamt*, Zahlen zur Geldentwertung in Deutschland 1914 bis 1923. (Wirtschaft und Statistik, Sonderheft 1.) Berlin 1925, 34.

ter dem Lebenshaltungskostenindex zurück, was den Schwerpunkt der Preisadministration verdeutlicht. Allerdings war der Preiszuwachs auch regional und lokal stark unterschiedlich. Beispielsweise nahmen die Kleinhandelspreise für Weizenmehl zwischen 1914 und 1919 in Berlin um 60,5 % und in Nürnberg sogar um 214,0 % zu.[56] Die von den Gemeinden festgesetzten Höchstpreise für rationiertes Roggenbrot stiegen zwischen Juli 1914 und Juli 1919 in Berlin um 93,3 %, in Hamburg um 160,0 %, in Köln um 65,8 %, in München um 80,6 %, in Stuttgart um 92,3 %, in Dresden um 125,0 %, in Breslau um 143,5 % und in Königsberg um 100,0 %.[57] Dabei sind noch nicht einmal die im explodierenden Schleichhandel geforderten Preise berücksichtigt: In Berlin musste dort im Mai 1918 für Brot etwa das Fünffache der amtlichen Höchstpreise bezahlt werden.[58] Im Allgemeinen stiegen die Preise auf dem schwarzen Markt bis zum Zehnfachen der Friedenspreise. Da der legale Konsum begrenzt war, verfügten manche Haushalte über genügend Geld, um die hohen Preise für zusätzliche Nahrungsmittel zu bezahlen.[59] Jedoch wurden nach und nach die verschiedenen sozialen Gruppen nicht nur infolge der steigenden Preise aus dem Schwarzmarkt gedrängt, sondern auch wegen seines Wandels zum grauen Markt, auf dem die Verfügbarkeit attraktiver Tauschgüter zählte.[60]

Aus den angegebenen Zahlen ist auch ersichtlich, dass die Preissteigerungen für andere Güter und Leistungen des Bedarfs der privaten Haushalte noch deutlich höher ausgefallen sein mussten. Beispielsweise wurde von Oktober 1915 bis Oktober 1918 Wollstoff und Baumwollstoff für Frauenbekleidung um 1712 % bzw. 1403 % sowie die gleichen Stoffe für Männerbekleidung um 794 bzw. 886 % teurer. Die Preise für Schuhe stiegen um 200 %. Dabei berücksichtigen diese Angaben noch nicht einmal die Qualitätsverschlechterungen.[61] Gerade in diesem Bedarfsbereich war die Inflation so stark, dass der Chef des Generalstabs des Feldheeres im Juni 1918 an den Reichskanzler berichtete: Die Stimmung unter den Industriearbeitern sei „weniger durch die Lebensmittelsorge beherrscht als durch die ins Ungeheure gestiegenen Preise für Bekleidung". Diese „ungeheure Preissteigerung" gehe „über alle Höchst-

---

56 Berechnet nach: Statistisches Jahrbuch des Deutschen Reiches 1920, 131.
57 Berechnet nach: *Hans von Scheel/Heinrich Silbergleit*, Brotpreise, in: Ludwig Elster/Adolf Weber/Friedrich Wieser (Hrsg.), Handwörterbuch der Staatswissenschaften. Bd. 3. 4. Aufl. Jena 1926, 31.
58 *Wagemann*, Lebensmittelteuerung, 154; Hans Guradze, Die Brotpreise in Berlin im fünften Kriegsjahre 1918, in: Jahrbücher für Nationalökonomie und Statistik 112, 1919, 188. Zu den Praktiken in Freiburg und München siehe: *Chickering*, Great War, 240–249; *Geyer*, Verkehrte Welt, 42 f.
59 *Hardach*, Weltkrieg, 131; Gerd Hardach, Die finanzielle Mobilmachung in Deutschland 1914–1918, in: Jahrbuch für Wirtschaftsgeschichte 2015/2, 378.
60 *Gunther Mai*, „Wenn der Mensch Hunger hat, hört alles auf." Wirtschaftliche und soziale Ausgangsbedingungen der Weimarer Republik (1914–1924), in: Werner Abelshauser (Hrsg.), Die Weimarer Republik als Wohlfahrtsstaat. Zum Verhältnis von Wirtschafts und Sozialpolitik in der Industriegesellschaft. Stuttgart 1987, 54 f.
61 Teils neu berechnet nach: *Zimmermann*, Veränderungen, 422.

preisfestsetzungen willkürlich hinweg".[62] Darüber hinaus waren insbesondere die Familien von Einberufenen oder Arbeitslosen von Anfang an nicht in der Lage, die Mietkosten zu tragen. Daraus erwuchsen Auseinandersetzungen um Unterstützungszahlungen und Miethöhen.[63] Die Wohnsituation verschlechterte sich vor allem in den Industriezentren seit 1916 stetig, weil auf Grund von Materialengpässen, Arbeitskräftemangel, stark steigenden Preisen, aber auch von Restriktionen kaum noch gebaut werden konnte, zugleich aber die Bevölkerung wuchs und vor allem die Zentren der Rüstungsindustrie beträchtliche Zuwanderung erlebten.[64] Dort stiegen in der Konsequenz erwartungsgemäß die Mieten, woraufhin – ähnlich wie zu Kriegsbeginn bei den Lebensmitteln – Mietkontrollen und Räumungsbeschränkungen für die Hausbesitzer durch die lokalen und regionalen Militärbehörden eingeführt wurden, die aber kaum wirksam waren, was auch für den Versuch des Bundesrates vom September 1918 galt, Ordnung in die im Wildwuchs entstandenen Regelungen zu bringen.[65] Auch in diesen Bereichen gab es diverse Möglichkeiten, die Regulierung zu umzugehen. Außerhalb der Zentren der Rüstungsindustrie scheinen aber die relativ entspannte Wohnungsmarktlage und die Forderungen der Kommunen an die Hausbesitzer, bei den Mieten entsprechend sozialer Erfordernissen Abschläge zu gewähren, dafür Preiserhöhungen wirksam verhindert zu haben.[66]

Die Preisentwicklung insgesamt drückt sich im Lebenshaltungskostenindex aus. Allerdings ist sein Aussagewert für die Kriegszeit stärker begrenzt als ohnehin, da ihm per definitionem ein in Quantität und Qualität konstant gehaltener Warenkorb zugrunde liegt. Von dieser Bedingung war aber der tatsächliche Verbrauch der Haushalte gerade während des Krieges weit entfernt. Bestimmte Produkte waren nicht oder nur in geringeren Mengen bzw. schlechteren Qualitäten zu bekommen; dafür wurden Ersatzprodukte angeboten. Zudem nahmen die Unsicherheiten für die Haushalte zu, die sich ebenfalls nicht in diesen statistischen Kennziffern erfassen lassen.[67] Dazu kommt noch, dass für die hier betrachtete Zeit unterschiedliche Daten vorliegen, die von Bry vergleichend betrachtet wurden, wobei er zu dem Ergebnis kam, dass der Index des Statistischen Reichsamtes von den verfügbaren die Entwicklung am besten abbilde, auf den auch im Folgenden zurückgegriffen wird.[68]

---

62 Zitiert nach: *Kuczynski*, Geschichte, Bd. 4, 354 f.
63 *Dieter Baudis*, „Vom Schweinemord zum Kohlrübenwinter". Streiflichter zur Entwicklung der Lebensverhältnisse in Berlin im Ersten Weltkrieg (August 1914 bis Frühjahr 1917), in: Jahrbuch für Wirtschaftsgeschichte. Sonderband 1986: Zur Wirtschafts und Sozialgeschichte Berlins vom 17. Jahrhundert bis zur Gegenwart. Berlin 1986, 133.
64 *Karl Christian Führer*, Mieter, Hausbesitzer, Staat und Wohnungsmarkt. Wohnungsmangel und Wohnungszwangswirtschaft in Deutschland 1914–1960. Stuttgart 1995, 28 ff.
65 *Feldman*, Great Disorder, 83; *Führer*, Mieter, 47 ff.
66 *Führer*, Mieter, 117–129.
67 *Manning*, Wages, 257, 282.
68 *Bry*, Wages, 208 f. Die Jahresangaben für den Lebenshaltungskostenindex der Kriegszeit errechnete Bry aus den Angaben des Statistischen Reichsamtes für die Nominal- und Reallöhne, vgl. *Bry*, Wages, 440–445; vgl. auch *Statistisches Reichsamt*, Zahlen, 40.

Tab. 2: Index der Nahrungsmittelpreise und der Lebenshaltungskosten 1914–1918 (1913 = 100).

Jahr	Nahrungsmittelpreise	Lebenshaltungskosten
1914	101	103
1915	143	129
1916	198	170
1917	213	253
1918	229	313

Quelle: *Bry*, Wages, 440–445.

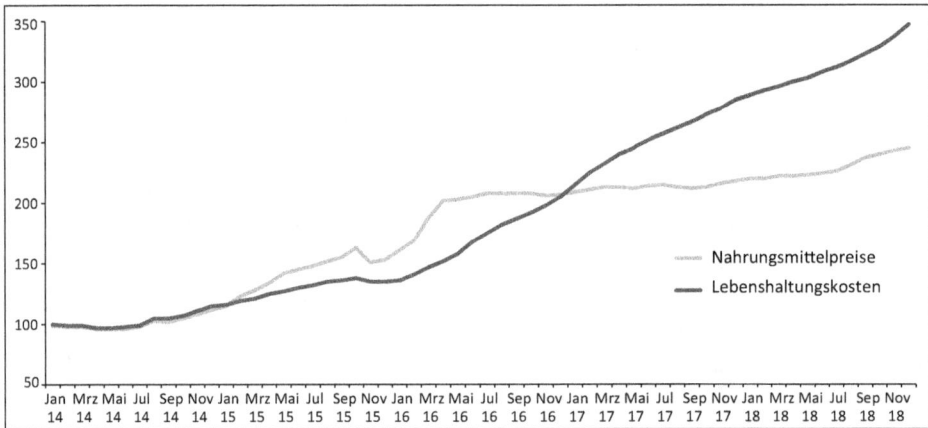

Abb. 1: Monatlicher Index der Nahrungsmittelpreise und der Lebenshaltungskosten Januar 1914–Dezember 1918 (1913 = 100)

Aus der Entwicklung der Nominaleinkommen und des Lebenshaltungskostenindex resultiert wiederum der Reallohn, der sich für die Fabrikarbeiter im Durchschnitt während des Krieges um mindestens 35 % und damit deutlich verschlechterte.

Im zeitlichen Ablauf gingen die Realeinkommen in der Mobilisierungskrise 1914 um 10 bis 20 % zurück, dann stabilisierten sie sich tendenziell bis zum Frühjahr 1916, um danach bis zum Frühjahr 1917 weiter zu sinken und sich dann mit Beginn des Hindenburg-Programms bei 25 bis 35 % unter dem Vorkriegsniveau zu stabilisieren.[69] Von diesem Trend wichen die Einkommen von Arbeiterinnen in den Kriegsindustrien am stärksten ab, die zwischen Herbst 1914 und Frühjahr 1916 – als die Einkommen aller anderen Gruppen zurückgingen – zunahmen, und sie hatten am Ende des Krieges mit 88 % das höchste Realeinkommen gemessen am Vorkriegsniveau. Den niedrigsten Stand hatten demgegenüber die Arbeiter in den Friedensindustrien. Im Einzelnen sanken die durchschnittlichen realen Tagesverdienste der Arbeiter zwischen 1914 und 1918 in den Kriegsindustrien um nahezu 23 %, in der Zwischengruppe um knapp 36 % und in den zivilen Industrien um 44,5 %. Die Arbeiterinnen waren

---

[69] Dies beruht auf den monatlichen Angaben für den Preisindex: *Bry*, Wages, 210.

Tab. 3: Entwicklung der Reallöhne 1914–1918 (1913 = 100).

Jahr	Kuczynski	Bry	Hohls	
	Arbeiter Industrie	Arbeiter Industrie	Erwerbstätige Industrie	Erwerbstätige alle Branchen
1914	95,6	97,1	93,8	104,0
1915	85,7	85,3	81,1	89,1
1916	76,1	76,5	69,9	76,3
1917	68,4	63,2	61,7	67,2
1918	70,1	63,9	62,3	70,1

Berechnet nach Tabelle 1 und 2. Vgl. auch *Albrecht Ritschl*, The Pity of Peace: Germany's War Economy, 1914–1918 and Beyond, in: Stephen Broadberry/Mark Harrison (Hrsg.), The Economics of World War I. Cambridge 2005, 54. Ritschl gibt eine Reallohnreihe an, für die er sich auf Mitchell beruft, siehe *Brian R. Mitchell*, European Historical Statistics, 1750–1975. 5. Aufl. London 1981, 195, 199, 779, 784. Mitchell übernahm aber wiederum die Angaben von Bry, weshalb Ritschls Angaben denen von Bry umbasiert auf 1914 entsprechen.

Tab. 4: Index der Realmonatsgehälter verheirateter Reichsbeamter 1914–1918 (1913 = 100).

Jahr	Höhere Beamte	Mittlere Beamte	Untere Beamte
1914	97,2	97,2	97,2
1915	77,3	77,3	77,3
1916	58,9	58,9	58,9
1917	42,9	48,6	53,6
1918	46,8	55,0	69,6

Quelle: *Statistisches Reichsamt*, Zahlen, 43.

auf Grund der höheren Zuwächse ihrer Nominaleinkommen etwas bessergestellt. Sie mussten Rückgänge der Realverdienste von 12 % in den Kriegsindustrien, 29 % in der Zwischengruppe sowie 38 % in den Friedensindustrien hinnehmen. Abgesehen von einzelnen „Großverdienern" unter den Rüstungsarbeitern gingen für die Masse der Arbeiter und Arbeiterinnen die Realverdienste – anders als davor – während des Krieges zurück, was sich schließlich in der Nachkriegsinflation fortsetzen sollte.[70] Jedoch berücksichtigen diese Werte nur unzureichend die verlängerten Arbeitszeiten und gestiegene Arbeitsintensität. Bei Einschluss dieser Tendenzen würden die Rückgänge noch größer ausfallen.

Wie bei der Entwicklung der Nominaleinkommen bereits gesehen, waren aber Angestellte und Beamte von dem Absinken des Lebensstandards noch stärker betroffen. Gerade die höheren Beamten hatten in der zweiten Kriegshälfte besonders hohe Verluste zu tragen, wohingegen untere Beamte relativ etwas bessergestellt wurden, so dass sich auch diese Gruppen einander anglichen.

---

70 Berechnet nach: *Bry*, Wages, 211. Siehe auch: *Kocka*, Klassengesellschaft, 32 ff.

Jedoch bilden alle diese Realeinkommensstatistiken nicht die Verschlechterung in der Versorgung mit lebensnotwendigen Gütern und Leistungen und daraus resultierende Verbrauchsverschiebungen ab, auf die im Folgenden einzugehen ist.

4.3.4 Entwicklung der Versorgung und des Verbrauchs

Ab 1916 war es offensichtlich, dass Deutschland unter einem starken Nahrungsmittelmangel litt. Wie bereits gesehen, war es stark auf landwirtschaftliche Importe angewiesen, die nun aber ausfielen, weil es gegen die bisherigen Lieferländer – an erster Stelle Russland, später dann die USA und weitere Länder – Krieg führte und diese schon aus diesem Grund nicht mehr lieferten. Insofern war die immer wieder angeführte britische Blockade, darauf wies Alan Kramer kürzlich hin, nicht von der zentralen Bedeutung, wenngleich sie zusätzliche Importe verhinderte.[71] Vielmehr waren für den Mangel an Nahrungsmitteln endogene Faktoren verantwortlich: Zum einen führte die Kriegsernährungswirtschaft zu Fehlsteuerungen, indem die Höchstpreispolitik unzureichende Anreize und Investitionen in der Landwirtschaft nach sich zog, was ab 1915 deren Produktivität merklich reduzierte. Zugleich störten die Höchstpreise die agrarische Produktionsstruktur und verschlechterten schließlich die Qualität. Auf Grund des Kriegsbedarfs fehlten zum anderen in der Landwirtschaft Arbeitskräfte und Zugvieh, Düngemittel und Agrartechnik. Dazu kam noch der Kohleengpass bei Transport und Verarbeitung der Nahrungsmittel.[72]

Aus der Preisadministration entstand, wie bereits angeführt, der Zwang zur Mengenlenkung. Das Verfütterungsverbot war ein Schritt in diese Richtung, der durch weitere ergänzt wurde: Getreide sollte stärker ausgemahlen, dem Weizenbrot Roggenmehl und dem Roggenbrot Kartoffelmehl beigemischt werden, um so das Brotgetreide zu strecken. Das damit gebackene K-Brot (Kriegs bzw. Kartoffel-Brot) hatte eine deutlich schlechtere Qualität. Aber auch diese Schritte reichten nicht aus.[73] Den Druck aus der Bevölkerung aufnehmend, forderte die Presse schon im Spätherbst 1914 von der Regierung, energische Maßnahmen einzuleiten, um das Brotproblem zu lösen.[74] So wurde im November 1914 die Kriegsgetreidegesellschaft gegründet, aus der dann später eine zentrale Instanz, die Reichsgetreidestelle, hervorging, die Getreide aufkaufen und Vorräte bilden sollte. Im Januar 1915 wurde

---

71 *Alan Kramer*, Blockade and Economic Warfare, in: Jay Winter (Hrsg.), The Cambridge History of the First World War. Bd. 2: The State. Cambridge u. a. 2014, 475, 489.
72 Vgl. u. a. *Feldman*, Great Disorder, 58, 66. Siehe auch Abschnitt 3.9.5 in diesem Band.
73 *Briefs*, Kriegswirtschaftslehre, 1005 f. Vgl. auch *Chickering*, Great War, 170; *Geyer*, Verkehrte Welt, 41.
74 *Davis*, Home Fires Burning, 30.

Abb. 1: Berlin Brotkarte, 1915 (BArch Bild 183-R33833).

die Brotkarte eingeführt und die Reichsgetreidestelle bis hin zu den Kommunalverbänden hatten die Verteilung bis auf die Ebene der Kommunen sicherzustellen. Seitdem war Getreide vollständig zwangsbewirtschaftet.[75] Das war aber nur das erste Produkt, das von einer Zwangswirtschaft erfasst wurde, die keinem festgelegten Konzept folgte, sondern mit Ad-hoc-Maßnahmen auf akute Notlagen und Sachzwänge reagierte.[76]

Mit diesen Maßnahmen reagierte man nicht zuletzt auch auf erste Proteste der Bevölkerung. Bereits Anfang 1915 kam es wegen unzureichendem Angebot und vor allem wegen steigender Preise in den Lebensmittelläden – wie ein Berliner Polizeikommissar festhielt – zu „mehr als bisher zu unliebsamen Auftritten". Vor allem Frauen, für die die Defizite als erste spürbar waren, protestierten. Zunächst konnte mit den in sich widersprüchlichen Maßnahmen zumindest teilweise die Situation beruhigt werden, aber sie reichten nicht aus, um die Ernährungslage tatsächlich zu verbessern. Deshalb kam es ab Ende 1915 in den Schlangen vor den Lebensmittelge-

---

75 Ulrich Teichmann, Die Politik der Agrarpreisstützung. Marktbeeinflussung als Teil des Agrarinterventionismus in Deutschland. Köln-Deutz 1955, 252 f.
76 Vgl. Roerkohl, Hungerblockade, 318. Roerkohl spricht von „Planwirtschaft", was wohl aber angesichts der später gemachten Erfahrungen zu weit geht.

schäften immer häufiger zu Ausschreitungen, bei denen Schaufensterscheiben und Auslagen zerschlagen wurden.[77]

Von 1915 an war ein landwirtschaftliches Produkt nach dem anderen von Mangel betroffen, und die staatlichen Regulierungsmaßnahmen wurden entsprechend ausgebaut. Die Reichsregierung erließ weiter Höchstpreise und gründete Kriegsgesellschaften, an denen private und öffentliche Körperschaften beteiligt waren. Mit Verweis auf die Interessen von Handel und Landwirtschaft sollte das Zwangssystem bei anderen Lebensmitteln aber nicht so weit gehen wie beim Getreidesektor. Diese Schritte sollten zumindest auf dem Papier die erforderliche Versorgung mit Nahrungsmitteln und eine gerechte Verteilung sicherstellen. Dabei war zuerst auf lokale Ressourcen und, wenn diese nicht ausreichten, auf ergänzende Lieferungen aus zentralen Quellen zurückzugreifen. Jedoch verfügten die Kommunen nicht über die politischen Mittel, um angesichts der zunehmenden Schwierigkeiten die Versorgung zu steuern sowie Schleichhandel und Teuerung wirksam entgegenzutreten. Erst nachdem sich katastrophale Engpässe abzeichneten, baute die Reichsregierung die Zwangslenkung 1916 zögernd aus.[78] Sie wurde auch davon getrieben, dass die Bevölkerung – wiederum vor allem die Frauen – ab 1916 angesichts der Lebensmittelsituation die Beendigung des Krieges und einen „Brotfrieden" forderte und in den Fabriken gestreikt wurde.[79]

Im Mai 1916 gründete man schließlich das Kriegsernährungsamt, das die verschiedenen Lenkungsmaßnahmen in ihrer Rückwirkung auf Produktion und Angebot neu ordnen sollte. Das konnte aber nur teilweise gelingen.[80] Das entscheidende Hindernis für den Aufbau eines reichseinheitlichen Versorgungssystems lag vor allem in der nahezu uneingeschränkten Verwaltungshoheit der Länder. Infolgedessen hatten die Reichsbehörden Schwierigkeiten, kurzfristig erforderliche Maßnahmen bis zu den unteren Ebenen durchzusetzen. Dies wurde zwar 1917 durch die Zusammenlegung von Kriegsernährungsamt und Preußischem Staatskommissariat für Volksernährung etwas gebessert, aber nicht gelöst. Auch die landwirtschaftlichen Produzenten widersetzten sich im Schulterschluss mit den Instanzen der jeweiligen Territorien einem innerstaatlichen Ausgleich zwischen Überschuss und Bedarfsgebieten, weshalb die regionalen Unterschiede in der Versorgung außerordentlich groß blieben. Letztlich verhinderte, so Anne Roerkohl, nur „die intensive Arbeit der Ernährungsbehörden auf regionaler und kommunaler Ebene [...] eine größere Versorgungskatastrophe". Dazu kam aber die uneingeschränkte Machtbefugnis der

---

[77] *Belinda J. Davis*, Heimatfront, Ernährung, Politik und Frauenalltag im Ersten Weltkrieg, in: Karen Hagemann (Hrsg.), Heimat-Front: Militär und Geschlechterverhältnisse im Zeitalter der Weltkriege. Frankfurt am Main 2002, 131–134.
[78] *Chickering*, Great War, 169 f.; *Roerkohl*, Hungerblockade, 318 f.
[79] *Davis*, Heimatfront, 136 f. Vgl. beispielsweise auch: Bericht der Leipziger Polizei an die Berliner Polizei vom 16. Mai 1916, in: Wolfdieter Bihl (Hrsg.), Deutsche Quellen zur Geschichte des Ersten Weltkriegs, Darmstadt 1991, 189.
[80] *Hardach*, Weltkrieg, 126 f.

Abb. 2: Berlin, Schlangestehen nach Lebensmitteln, 1917 (BArch Bild 183-N0703-343).

Militärbehörden, die ein besonderes Interesse an der bevorzugten Versorgung der Rüstungsarbeiter hatten und damit Maßnahmen zur Versorgung der Bevölkerung allgemein konterkarierten. Erstere wurden in den großen Rüstungsunternehmen seit Mitte 1916 direkt mit kostenlosen, verbilligten oder (nur) zugänglich gemachten Lebensmitteln zumindest teilweise versorgt.[81] Zugleich entzogen sich die landwirtschaftlichen Produzenten mehr und mehr der Lenkung, indem sie ihre Erzeugnisse zunehmend auf dem Schwarzmarkt anboten, was das Angebot und damit die offiziellen Rationen weiter verringerte. Deshalb gewannen wiederum Schleichhandel und Schwarzmarkt an Bedeutung.[82]

Nachdem es Deutschland bis 1916 noch gelungen war, die britische Blockade teilweise zu umgehen, indem es mehr aus den neutralen Nachbarländern, wie den Niederlanden und Dänemark, importierte, wurde die Blockade danach durch die Alliierten noch einmal deutlich intensiviert, was die Importe an Nahrungsmitteln weiter erheblich reduzierte.[83] Als 1916 eine Missernte dazu führte, dass Kartoffeln zunehmend knapp waren und zudem noch das Schienennetz militärisch überbe-

---

81 *Roerkohl*, Hungerblockade, 317 ff.
82 *Hardach*, Weltkrieg, 126 f.
83 *Skalweit*, Kriegsernährungswirtschaft, 23 f. Daran anschließend auch *Ritschl*, Pity of Peace, 58 f.

ansprucht wurde, führte das im Winter 1916/17 zum zeitweiligen Zusammenbruch der Versorgung der Bevölkerung. Brot und Kartoffeln als die Hauptnahrungsmittel mussten häufig durch Steckrüben ersetzt werden. Als im Frühjahr 1917 die Brotrationen weiter gesenkt wurden, löste das die bis dahin größten Streiks während des Krieges aus, an denen sich hunderttausend Arbeiter aus der Rüstungsindustrie beteiligten.[84] Ein amerikanischer Zeitungskorrespondent berichtete in diesem Steckrübenwinter 1916/17: „Das tägliche Brot war nun ein Luxusgut."[85] Dabei verhinderten der militärische Sieg der Mittelmächte über Rumänien im Herbst 1916 und der Zugriff auf die dortigen Ressourcen eine noch größere Katastrophe. Deutschland war zu diesem Zeitpunkt – laut Herfried Münkler – am Rande des wirtschaftlichen Zusammenbruchs und ohne die Ressourcen aus Osteuropa war der Krieg nahrungswirtschaftlich nicht mehr weiter durchzustehen. Allein die rumänischen Lieferungen an Nahrungs- und Futtermitteln beliefen sich auf 6% der deutschen Getreideernte 1916.[86]

Die letzten beiden Kriegsjahre waren von einer schweren Ernährungskrise gekennzeichnet: Die Landwirtschaft war ausgezehrt; es fehlten immer mehr Arbeitskräfte, aber auch Transportkapazitäten, was Lebensmittellieferungen für die Kommunen unvorhersehbar machte. Die Verteilungsbehörden mussten zunehmend improvisieren. Letztlich konnten für die Verbraucher auch die Rationen nicht bereitgestellt werden, so dass diese faktisch theoretische Zusagen auf Nahrungsmittel darstellten, was wiederum der Moral schadete. Als die Behörden fürchteten, dass die Arbeitsfähigkeit der Arbeiter beeinträchtigt werde, führten sie Sonderrationen für Schwer- und Schwerstarbeiter ein, wobei die Zahl der Berechtigten mehr und mehr aufgebläht wurde, sich aber der Umfang der zusätzlichen Leistungen verringerte.[87]

In dem Rationierungs- und Reglementierungssystem ging man mehr und mehr von dem egalitären Zuteilungsprinzip, das im Geist des Burgfriedens initiiert worden war, ab und bewertete die einzelnen Verbraucher nach ihrem Stellenwert für die Kriegswirtschaft. Aber auch der sich eher selbstversorgenden Landbevölkerung mussten höhere Versorgungsanteile zugestanden werden. Die Preissteigerungen sorgten jedoch dafür, dass sich die wenigen nichtrationierten Lebensmittel sowie im Schleichhandel zu erwerbende Güter nur noch wohlhabende, besserverdienende oder anderweitig von der Kriegswirtschaft profitierende Schichten leisten konnten, was wiederum zu neuen sozialen Gegensätzen führte. Gerade die Ungleichverteilung begünstigte die gesellschaftlichen Spannungen mehr als der Mangel an sich.

---

[84] *Hardach*, Weltkrieg, 129f.; *Herfried Münkler*, Der Große Krieg. Die Welt 1914 bis 1918. Berlin 2013, 588.
[85] Zitiert nach: *C. Paul Vincent*, The Politics of Hunger. The Allied Blockade of Germany, 1915–1919. Athens/London 1985, 45.
[86] *Münkler*, Krieg, 581f.
[87] Vgl. zu alledem am Beispiel Freiburg: *Chickering*, Great War, 217–225.

Insbesondere bei den Frauen wuchs ab 1917 die Empörung gegen die Verletzung des Gleichheitsgrundsatzes.[88]

Die Ungleichbehandlungen lösten ab 1916 zunehmend die Solidarität zwischen den verschiedenen gesellschaftlichen Gruppen auf: Die Spannungen zwischen Landbevölkerung und Stadtbewohnern nahmen zu, weil die Versuche, das Nahrungsmittelangebot zu lenken, die Ressentiments bei den Bauern gegenüber den Konsumenten steigerten. Aber auch Konflikte zwischen den Arbeitern traten vermehrt auf, wenn sich diese bei der Rationenzuteilung nicht als Schwerarbeiter eingestuft sahen. Zukunftssorgen und die Angst vor der Teuerung erfassten immer weitere Kreise der Bevölkerung, bis in den Mittelstand und höhere Schichten, was die sozialen Spannungen vertiefte. Mehr und mehr Unmut richtete sich schließlich gegen das Lenkungssystem. Am meisten standen aber die Einzelhändler unter Druck, weil sie direkt mit den Verbrauchern in Berührung kamen. Nicht nur der Ton wurde zunehmend rauer, sondern Ärger und Wut über Versorgungsmängel und hohe Preise wurden auch immer mehr mit Gewalt Ausdruck verliehen. Die Einzelhändler fühlten sich besonders benachteiligt, weil beispielsweise Beamte und Arbeiter an den Anstieg der Lebenshaltungskosten gebundene Zuschläge erhielten und ihnen dagegen Preisaufschläge verweigert wurden. Zudem erhielten die Industrie, Handwerker und Bauern Gewinnanreize, damit sie mehr produzierten, während bei den Einzelhändlern die Vorkriegsgewinne nicht überschritten werden sollten. Nicht zuletzt sahen sie sich durch die Versorgung über die Unternehmen und Städte und die an Verbrauchergenossenschaften gegebenen Vorteile in ihrer Existenz bedroht.[89]

Vertreter der Konsumenten reagierten darauf, indem sie bereits im Dezember 1914 auf Initiative christlich orientierter sozialpolitischer Kreise eine überregionale Verbraucherorganisation – „Kriegsausschuss für Konsumenteninteressen" – bildeten, mit der sie der massiven Interessenvertretung der Landwirtschaft und des Handels entgegentreten wollten. Es schlossen sich etwa 70 Verbände verschiedenster Art – Gewerkschaften, Beamten- und Angestelltenvereinigungen bis hin zu Frauenvereinen – zusammen, die sich gegen ihre Übervorteilung wehren und auf der kommunalen Ebene an der Überwachung und Durchführung der Rationierung beteiligen wollten. Auf der reichsweiten und politischen Ebene blieben sie aber, zudem im Vergleich zu ihren Antipoden aus Landwirtschaft und Handel, eher wirkungslos.[90]

Mehr Effekt versprach, dass die Verbraucher gerade in den von der Knappheit der Lebensmittel besonders betroffenen Städten und Industriezentren vielfach Formen der lokalen Selbstwirtschaft entwickelten, um die Engpässe zu überwinden. Auch die Kommunen setzten auf die Selbsthilfe ihrer Bewohner: Die Zahl der Schrebergärten und der Umfang der privaten Kleintierhaltung nahmen deutlich zu. Damit

---

88 *Roerkohl*, Hungerblockade, 320; *Claudius Torp*, Wachstum, Sicherheit, Moral. Politische Legitimationen des Konsums im 20. Jahrhundert. Göttingen 2012, 41f.
89 *Feldman*, Great Disorder, 61–65, 75, 77.
90 *Roerkohl*, Hungerblockade, 319f.

wurden nicht nur die Rationen ergänzt, sondern auch traditionelle Konsummuster fortgesetzt.[91] Mit dieser Form der Selbstversorgung kehrten Teile der Bevölkerung wieder zu einer partiellen Subsistenzwirtschaft zurück, die sich bereits seit geraumer Zeit auf dem Rückzug befand, wenngleich sie bis Anfang des 20. Jahrhunderts keineswegs verschwunden war.[92]

Neben den bereits angeführten öffentlichen Protesten, wie Straßenkundgebungen, Hungerkrawallen und Streiks, widersetzten sich die Verbraucher aber auch stumm, indem sie sich beispielsweise am Schleichhandel beteiligten. Bis zum Steckrübenwinter 1916/17 hatten die Schwarzmärkte „bei der großen Masse des Volkes immer noch etwas Anrüchiges" und kamen erst danach „allgemeiner in Übung", wie es in einer zeitgenössischen Bilanz hieß.[93] Ende 1917 gaben die staatlichen Instanzen die Schlacht gegen den Schwarzmarkt nahezu verloren und fragten sich teils, ob dieser Kampf überhaupt sinnvoll sei. Das zeigte sich auf einem Treffen der Preisüberwachungsstellen in Dresden im Dezember 1917, von dem Gerald Feldman ausführlich berichtet:[94] Danach war der Anteil des Nahrungsmittelangebots, der in die Schwarzmärkte und den Schleichhandel floss, inzwischen so groß, dass das gesamte Versorgungssystem zu kollabieren drohte. Ein großer Teil der Bevölkerung betrachtete es nicht mehr als falsch, die Regeln des Systems zu verletzen. Das Ausmaß und die Komplexität der schwarzen und grauen Transaktionen stiegen laut der Preisprüfungsstellen im Verlaufe des Jahres 1917 stark an. War es vorher der Stadtbewohner, der aufs Land fuhr, um bei den Bauern Lebensmittel zu erwerben, schmuggelten jetzt die Landwirte Butter, Eier oder Schinken in die Stadt, um Schuhe und Kleidung, Zucker und Brennstoff zu bekommen. Große, kaum zu kontrollierende Schwarzmärkte entstanden: Zum einen hatten Großunternehmen die Praxis intensiviert, ihre Beschäftigten mit Schwarzmarktprodukten zu versorgen, um sie zu ernähren und zugleich zu pazifizieren, weshalb jeder Versuch, das zu unterbinden, als gefährlich betrachtet wurde. Zum anderen waren die städtischen Behörden nicht nur bereit, die schwarzen Märkte im Interesse der Versorgung der eigenen Bevölkerung zu tolerieren, sondern eigenhändig auf diesen Märkten zu kaufen und dabei auch die selbst gesetzten Höchstpreise zu überschreiten. Sie rechtfertigten das mit der Konkurrenz durch die Industrieunternehmen. Teils sprachen sich die Preisprüfungsbehörden sogar dafür aus, die „Schleichversorgung" zu legalisieren. Dass man sich schließlich nicht entschloss, sich diesen Realitäten zu fügen, und anstatt dessen die Regulierung weiter vorantreiben wollte, lag vor allem daran, dass das Angebot als zu knapp erachtet wurde, um den Markt freizugeben. Zudem hätte es die

---

91 Zusammenfassend: *Roerkohl*, Hungerblockade, 317.
92 Vgl. dazu: *André Steiner*, Überlegungen zur Monetarisierung des Konsums in Deutschland im 19. Jahrhundert am Beispiel der Kleidung, in: Vierteljahrschrift für Sozial und Wirtschaftsgeschichte 86, 1999, 477–503.
93 *Zimmermann*, Veränderungen, 415.
94 Alles nachfolgende nach: *Feldman*, Great Disorder, 73 ff.

Tab. 5: Gewichtsmengen der Lebensmittelrationen in Relation zum Vorkriegs-Pro-Kopf-Verbrauch (1912/13) in Prozent.

	1916/17	1917/18	1. 7.–28. 12. 1918
Fleisch	31,2	19,8	11,8
Fisch	51,0	.	4,7
Eier	18,3	12,5	13,3
Schmalz	13,9	10,5	6,7
Butter	22,0	21,3	28,1
Käse	2,5	3,8	14,8
Zucker	48,5	55,7–66,7	82,1
Kartoffeln	70,8	94,2	94,3
Pflanzliche Fette	39,0	40,5	16,6

Quelle: *Zimmermann*, Veränderungen, 457.

Öffentlichkeit nicht toleriert, den Kriegsprofiteuren und organisierten Schwarzmarkthändlern freie Hand zu geben. Gleichwohl blieb der Kampf der staatlichen Instanzen gegen den Schleichhandel bis zum Kriegsschluss vollkommen unzureichend.

Die den Einzelnen offiziell zustehenden Lebensmittelrationen deckten in der zweiten Kriegshälfte bei leichter Arbeit etwa 60 bis 70 % und bei mittlerer Arbeit etwa 48 bis 55 % des Kalorienbedarfs eines Erwachsenen und nahmen in der Folgezeit tendenziell ab.[95]

Von dem behördlich festgelegten Mindestsatz beispielsweise an fleischlichen Kalorien konnten für die Bevölkerung 1916 gerade mal 6,2 %, 1917 dann zwar 15,3 %, aber 1918 gar nur 3,3 % bereitgestellt werden.[96] Alles in allem war mit den offiziellen Rationen der Bedarf einer Familie nicht zu decken. Im Jahr 1918 musste amtlich eingestanden werden, dass nicht rationierte Lebensmittel vom Markt verschwunden waren und dass die Hälfte der in einer Haushaltsbudgeterfassung teilnehmenden Familien Lebensmittel auf dem schwarzen Markt erwarben – zu Preisen und in Mengen, die höher als offiziell autorisiert lagen.[97]

Während sich der pro Kopf für Nahrung auszugebende Betrag zwischen 1916 und 1918 deutlich erhöhte, verschlechterte sich – das kann trotz aller Defizite der vorliegenden Daten gesagt werden – die Zusammensetzung der Nahrung im Vergleich zur Vorkriegszeit: Der Fleischverbrauch sank bis 1918 um 40 % gegenüber der Vorkriegszeit und der Kartoffelverbrauch nahm auf 300 % zu.[98] Vor allem ein

---

95 *Zimmermann*, Veränderungen, 458.
96 *Triebel*, Variations, 160.
97 *Triebel*, Variations, 167 f.
98 *Triebel*, Variations, 169. Die Formulierungen sind dort gegenüber der von Triebel herangezogenen Tabelle unpräzise. Zugleich verweist er aber darauf, dass bei anderen Statistiken noch drastischere Veränderungen ausgewiesen werden.

Mangel an tierischem Eiweiß und tierischen Fetten sowie ein hoher Anteil an pflanzlicher Nahrung waren kennzeichnend. Neben Kartoffeln wurden Rüben ein Hauptbestandteil der Nahrung. Die Ernährung näherte sich wieder den Standards der vorindustriellen Zeit an. Der Mangel an Fett und Proteinen untergrub die Gesundheit der Bevölkerung. Unterernährung und Krankheiten nahmen zu.[99] Zudem konnte das Mindestangebot nur noch mit „Ersatzlebensmitteln" gesichert werden, von denen im März 1918 11 000 auf dem Markt waren.[100]

Aber auch in den anderen Bereichen des privaten Verbrauchs konnte der Bedarf nicht gedeckt werden. Die Nachfrage des Heeres nach Uniformen und anderer Bekleidung sowie Leder verknappte das zivile Angebot. Auf Grund des Lebensmittelmangels wurde wiederum die Produktion pflanzlicher und tierischer Rohstoffe für Textilien (Flachs, Hanf, Wolle) eingeschränkt. Zudem fehlten die Importe von Baumwolle. Deshalb wurden in den Städten Altkleider gesammelt, was vor allem in den ersten Kriegsjahren noch erfolgreich war. Ab 1916 ging man dazu über, auch Textilien reichsweit zu bewirtschaften. Es wurde eine Reichsbekleidungsstelle in Berlin geschaffen, die Textilvorräte aufkaufen und den Verbrauchern über Großhandelsorganisationen und kommunalen Zweigstellen zuteilen sollte. Das kam nicht allein den Armen, sondern auch Munitionsarbeitern oder direkt dem Heer zugute. Trotzdem war im letzten Kriegsjahr insbesondere Bekleidung knapp und von schlechter Qualität. Ähnlich wie bei Schuhen und Leder wurden Ersatzstoffe genutzt. Aber auch an weiteren Konsumgütern mangelte es: Mit der Metallmobilmachung wurden den Haushalten verschiedene Metallgegenstände entzogen. Darüber hinaus bekamen sie Kohle nur in vollkommen unzureichenden Mengen zugeteilt.[101]

Was die Veränderungen in den schichtenspezifischen Konsummustern anbelangt, ergibt sich ein ambivalentes Bild: Bereits zeitgenössisch wurde darauf verwiesen, dass in einzelnen Bereichen wirtschaftlich ausgleichende und damit soziale Effekte auszumachen gewesen seien, wenn beispielsweise das Zusammenspiel von Rationierung und Höchstpreisen dazu führte, dass der Fleischverbrauch in den weniger verdienenden Schichten anstieg und bei den mehr verdienenden eher sank.[102] Armin Triebel hat dagegen übergreifend an Hand der Daten für Haushalte mit zwei Eltern und zwei Kindern in mittlerer Einkommenslage die Entwicklung im gesamten Kriegsverlauf analysiert. Danach blieben bis 1916 die Konsumdifferenzen zwischen den verschiedenen Schichten im Vergleich zu dem Muster der Vorkriegszeit stabil. In den folgenden Jahren zeigten sich unterschiedliche Trends, die vor allem auf die Verfügbarkeit der entsprechenden Güter und die Kaufkraft der verschiedenen Schichten in den Städten zurückzuführen waren. So blieben die sozialen Unter-

---

99 *Bry*, Wages, 212 f.; *Kocka*, Klassengesellschaft, 35; *Roerkohl*, Hungerblockade, 320 f.
100 *Hardach*, Weltkrieg, 131.
101 *Zimmermann*, Veränderungen, 421–425; *Bry*, Wages, 212 f.; *Vincent*, Politics of Hunger, 130; *Chickering*, Great War, 188 ff. Zur Metallmobilmachung vgl. Kapitel 2.2 in diesem Band.
102 *Feldman*, Great Disorder, 64 f.

schiede bei den Ausgaben für Bekleidung und Schuhe gering. Doch der Konsum teurer Butter bildete im Unterschied zu den billigen Fetten ein Unterscheidungsmerkmal zwischen den Ober- und Unterschichten. Alles in allem zeigte aber das Verbrauchsverhalten auch während des Krieges eine bemerkenswerte Persistenz der klassen- und schichtenspezifischen Muster.[103]

Die vorliegenden Analysen zum biologischen Lebensstandard, gemessen an den Körpergrößen, demonstrieren wiederum, dass dieser zum einen während des Krieges insgesamt stetig zurückging, nachdem er zuvor seit dem Anfang des 20. Jahrhunderts kontinuierlich gestiegen war.[104] Zum anderen liegen aber auch anthropometrische Belege dafür vor, dass die Mittel- und vor allem Oberschichten während des Krieges weniger an Körpergröße einbüßten als Vertreter der unteren sozialen Schichten.[105] Danach waren die Kriegslasten also unterschiedlich verteilt und die Ungleichheit nahm während des Krieges zu, was von verschiedenen Autoren damit erklärt wird, dass die Mittel- und Oberschichten eher Zugang zum Schleichhandel und zu den Schwarzmärkten hatten, der den unteren Schichten auf Grund mangelnder Kaufkraft meist verwehrt blieb.[106] Jedoch gibt es noch einen weiteren Indikator für die drastische Verschlechterung der Lebensbedingungen: Nicht nur die unmittelbaren Kriegshandlungen führten dazu, dass eine große Zahl an Menschen ihr Leben verloren, sondern es starben auch viele in Folge von Unterernährung, Verarmung und Krankheiten. Deutsche, aus naheliegenden Gründen etwas übertriebene Schätzungen gingen unmittelbar nach dem Krieg von 700 000 bis 800 000 zusätzlichen zivilen Toten durch den Krieg aus. Jay Winter schätzte diese Zahl in einer Neuberechnung konservativ, wie er betont, auf 450 000 bis unter 500 000, was aber immer noch einen nicht zu vernachlässigenden Verlust darstellte.[107]

4.3.5 Resümee

Die Lebenslage der breiten Masse der Bevölkerung wurde entscheidend durch das Angebot an Nahrungsmitteln und anderen Konsumgütern bestimmt. Dessen gravierende Defizite wurden durch gegenüber der Vorkriegszeit deutlich gesunkene Importe, aber noch mehr durch die einbrechende Agrarerzeugung infolge wirtschaftspolitischer Eingriffe sowie durch Produktionseinschnitte in den Konsumgüterindustrien verursacht. Letztere mussten hinter den primär kriegsrelevanten Branchen zurück-

---

103 *Triebel*, Variations, 175, 178–181.
104 *Blum*, Lebensstandard, 285.
105 *Blum*, War.
106 *Roerkohl*, Hungerblockade; *Blum*, War.
107 *Jay Winter*, Surviving the War: Life Expectation, Illness, and Mortality Rates in Paris, London, and Berlin, 1914–1919, in: Jay Winter/Jean-Louis Robert (Hrsg.), Capital Cities at War. Paris, London, Berlin 1914–1919. Cambridge u. a. 1997, 517 f. (Fn 34).

stehen. Ernst Wagemann machte bereits zeitgenössisch drei Phasen der Versorgung aus: In der Zeit bis Anfang 1915 waren „leichte, kaum fühlbare Einschränkungen auf gewissen Gebieten des Konsums" und „Vorratsansammlungen" der privaten Haushalte zu beobachten. Zugleich wurde der Verbrauch schon in gewissem Maße auf billigere Nahrungsmittel umgestellt. Der Handel blieb aber „noch fast vollständig" frei. Im folgenden Zeitabschnitt bis Mitte 1916 verschlechterte sich die Lebenshaltung fortschreitend qualitativ, während der Verbrauch auch quantitativ sank. Jedoch reichten die Vorräte zur Bedarfsdeckung insgesamt noch aus. Zwar war das Lenkungssystem schon „ziemlich tief" in die Lebensmittelversorgung „eingedrungen", aber es ließ sich noch deutlich eine freie Preisbildung erkennen. In der dritten Periode ab Mitte 1916 dominierte die öffentliche Bewirtschaftung, in der nur durch Höchstpreise, Beschlagnahme, strenge Rationierung und harte Einschränkungen ein Mindestmaß des Verbrauchs gesichert werden konnte.[108]

Vor diesem Hintergrund ist es nicht nur auf Grund diverser statistischer Probleme schwierig, die Veränderung des Lebensstandards nachzuzeichnen, aber bestimmte Tendenzen sind zumindest für die städtische Bevölkerung klar: Insgesamt waren die Realeinkommen aller Gruppen am Ende des Krieges niedriger als an seinem Beginn. Die Vorkriegsentwicklung, in der in allen Klassen der Verbrauch von Fleisch, Fett, Butter, Eiern und Milch stieg und der von Brot und vor allem Kartoffeln relativ sank sowie in den Mittelschichten die Ausgaben für kulturelle Zwecke angestiegen waren, kehrte sich spätestens seit dem Frühjahr 1916 um. Nun stiegen in allen Schichten die Anteile für Nahrungsmittel an den Haushaltsausgaben wieder und damit mussten die Mittelschichten auch ihre kulturellen Aktivitäten einschränken. Zudem erhöhten sich in allen Schichten die Ausgaben für pflanzliche zu Lasten fleischlicher Produkte.[109] Dabei standen der Angleichung des Lebensstandards von gelernten und ungelernten Arbeitern neue Unterschiede zwischen den Beschäftigten von Rüstungs- und zivilen Industrien, zwischen großen und kleinen Städten sowie zwischen großen und kleinen Familien gegenüber.

Insgesamt fühlten sich in der deutschen Gesellschaft verschiedene Gruppen und Personen in der Kriegswirtschaft benachteiligt, was eine brisante Hypothek für die Nachkriegszeit mit gefährlichen und zerstörerischen politischen Konsequenzen darstellte, auch wenn diese schwer zu analysieren und zu bewerten sind.[110] Letztlich untergruben der sinkende Lebensstandard und die unzureichende Versorgung, die zivilen Opfer, aber auch die Hungerproteste die Legitimität des Kaiserreichs und trugen ihren Teil zu dessen Untergang und dem Kriegsende bei.

---

108 *Wagemann*, Lebensmittelteuerung, 140 f.
109 Zu letzterem: *Feldman*, Great Disorder, 64. Siehe die Details in der zeitgenössischen Analyse: *Carl von Tyszka*, Die Veränderungen in der Lebenshaltung städtischer Familien im Kriege, in: Archiv für Sozialwissenschaft und Sozialpolitik 43, 1917, 841–876.
110 *Feldman*, Great Disorder, 77.

Auswahlbibliographie

Blum, Matthias, Der deutsche Lebensstandard während des Ersten Weltkrieges in historischer Perspektive: Welche Rolle spielten Konsumentenpräferenzen? In: Vierteljahrschrift für Sozial- und Wirtschaftsgeschichte 100, 2013, 273–291.

Blum, Matthias, War, Food Rationing, and Socioeconomic Inequality in Germany During the First World War, in: Economic History Review 22, 2013, 1063–1083.

Briefs, Goetz, Kriegswirtschaftslehre und Kriegswirtschaftspolitik, in: Ludwig Elster/Adolf Weber/ Friedrich Wieser (Hrsg.), Handwörterbuch der Staatswissenschaften. Bd. 5. 4. Aufl. Jena 1923, 984–1022.

Bry, Gerhard, Wages in Germany 1871–1945. Princeton 1960.

Chickering, Roger, The Great War and Urban Life in Germany: Freiburg, 1914–1918. Cambridge 2007.

Davis, Belinda J., Home Fires Burning. Food, Politics, and Everyday Life in World War I Berlin. Chapel Hill/London 2000.

Davis, Belinda J., Heimatfront, Ernährung, Politik und Frauenalltag im Ersten Weltkrieg, in: Karen Hagemann (Hrsg.), Heimat-Front: Militär und Geschlechterverhältnisse im Zeitalter der Weltkriege. Frankfurt am Main 2002, 128–149.

Führer, Karl Christian, Mieter, Hausbesitzer, Staat und Wohnungsmarkt. Wohnungsmangel und Wohnungszwangswirtschaft in Deutschland 1914–1960. Stuttgart 1995.

Geyer, Martin H., Verkehrte Welt. Revolution, Inflation und Moderne. München 1914–1924. Göttingen 1998.

Hohls, Rüdiger, Arbeit und Verdienst. Entwicklung und Struktur der Arbeitseinkommen im Deutschen Reich und in der Bundesrepublik (1885–1985). Diss. Berlin 1992.

Kocka, Jürgen, Klassengesellschaft im Krieg. Deutsche Sozialgeschichte 1914–1918. 2. Aufl. Frankfurt am Main 1978.

Kuczynski, Jürgen, Die Geschichte der Arbeiter unter dem Kapitalismus. Bd. 4: Darstellung der Lage der Arbeiter in Deutschland von 1900 bis 1917/18. Berlin 1967.

Mai, Gunther, „Wenn der Mensch Hunger hat, hört alles auf." Wirtschaftliche und soziale Ausgangsbedingungen der Weimarer Republik (1914–1924), in: Werner Abelshauser (Hrsg.), Die Weimarer Republik als Wohlfahrtsstaat. Zum Verhältnis von Wirtschafts- und Sozialpolitik in der Industriegesellschaft. Stuttgart 1987, 33–62.

Roerkohl, Anne, Hungerblockade und Heimatfront. Die kommunale Lebensmittelversorgung in Westfalen während des Ersten Weltkrieges. Stuttgart 1991.

von Scheel, Hans/Silbergleit, Heinrich, Brotpreise, in: Ludwig Elster/Adolf Weber/Friedrich Weiser (Hrsg.), Handwörterbuch der Staatswissenschaften. Bd. 3. 4. Aufl. Jena 1926, 28–33.

Skalweit, August, Die deutsche Kriegsernährungswirtschaft. Stuttgart 1927.

Steiner, André, Überlegungen zur Monetarisierung des Konsums in Deutschland im 19. Jahrhundert am Beispiel der Kleidung, in: Vierteljahrsschrift für Sozial- und Wirtschaftsgeschichte 86, 1999, 477–503.

Torp, Claudius, Wachstum, Sicherheit, Moral. Politische Legitimationen des Konsums im 20. Jahrhundert. Göttingen 2012.

Triebel, Armin, Variations in Patterns of Consumption in Germany in the Period of the First World War, in: Richard Wall/Jay Winter (Hrsg.), The Upheaval of War. Family, Work and Welfare in Europe, 1914–1918. Cambridge 1988, 159–195.

von Tyszka, Carl, Die Veränderungen in der Lebenshaltung städtischer Familien im Kriege, in: Archiv für Sozialwissenschaften und Sozialpolitik 43, 1917, 841–876.

Vincent, C. Paul, The Politics of Hunger. The Allied Blockade of Germany, 1915–1919. Athens/ London 1985.

Wagemann, Ernst, Die Lebensmittelteuerung und ihre Gesetzmäßigkeiten, in: Schmollers Jahrbuch für Gesetzgebung, Verwaltung und Volkswirtschaft im Deutschen Reiche 43, 1919, 121–143.

Winter, Jay/Robert, Jean-Louis (Hrsg.), Capital Cities at War. Paris, London, Berlin 1914–1919. Cambridge u. a. 1997.

Zimmermann, Waldemar, Die Veränderungen der Einkommens- und Lebensverhältnisse der deutschen Arbeiter durch den Krieg, in: Rudolf Meerwarth/Adolf Günther/Waldemar Zimmermann, Die Einwirkung des Krieges auf Bevölkerungsbewegung, Einkommen und Lebenshaltung in Deutschland. Stuttgart 1932, 281–474.

5 Außen- und Besatzungswirtschaft

Marcel Boldorf
5.1 Außenhandel und Blockade

5.1.1 Einleitung

Am Vorabend des Ersten Weltkriegs blickte Deutschland auf eine Phase wirtschaftlicher Prosperität zurück. Seit Mitte des 19. Jahrhunderts wuchs das Sozialprodukt relativ kontinuierlich. Das Wachstum basierte maßgeblich auf industriellen Leitsektoren wie der Elektro- und Chemieindustrie, in denen die deutsche Wirtschaft weltweit führend war, aber auch auf älteren Industrien, beispielsweise Eisen und Stahl. Die deutsche Wirtschaft war international vernetzt und partizipierte am intraindustriellen Handel, d. h. dem Austausch gleichartiger Güter, vornehmlich gewerblicher Herkunft, zwischen den führenden Industriestaaten. Für das wilhelminische Deutschland konnte man noch nicht von einem exportgeleiteten Wachstum sprechen. Gleichwohl verzeichnete man eine Exportkonjunktur, die die reale Exportquote von 12 % um 1900 auf fast 20 % am Vorabend des Ersten Weltkriegs wachsen ließ. Somit vermochte der Außenhandel das Maß des Aufschwungs zu beeinflussen, denn die zunehmende politische Isolierung wirkte sich wirtschaftlich kaum aus.[1]

In der Weltwirtschaft war Großbritannien führend, auch wenn diese Position nicht mehr unangefochten war. Im Zeitraum des Ersten Weltkriegs war noch unklar, welches Land ihm als wichtigste Handelsmacht folgen könnte.[2] Deutschland verfügte nicht über die gleiche Stellung im Welthandel: Das britische Handelsvolumen mit anderen Erdteilen war bedeutender, das Pfund hatte als Weltleitwährung ein höheres Gewicht, und der Finanzplatz London dominierte wegen Großbritanniens Stellung als weltweiter Gläubiger. Obgleich Deutschland keine vergleichbaren globalen Handels- und Finanzbeziehungen unterhielt, war sein Außenhandelsvolumen kaum kleiner als das britische. Wie Tabelle 1 zeigt, konzentrierte sich der deutsche Außenhandel auf die europäischen Länder und wurde besonders intensiv mit den Nachbarstaaten betrieben. Verbindungen nach Übersee waren allerdings punktuell bedeutend, denn sie umfassten die Zulieferung strategischer Rohstoffe wie Salpeter aus Chile oder Baumwolle aus Amerika und Asien. Andere wichtige Güter stammten aus europäischen Importen wie zum Beispiel das schwedische Eisenerz, das für die Schwerindustrie an der Ruhr von essenzieller Bedeutung war. Neben den deutschen Nordseehäfen war Rotterdam der wichtigste Ort für Deutschlands Teilhabe am Seehandel, der Umschlagplatz wurde auch als „Depot der Deutschen" bezeichnet.[3]

---

1 *Volker Hentschel*, Zahlen und Anmerkungen zum deutschen Außenhandel zwischen dem Ersten Weltkrieg und der Weltwirtschaftskrise, in: Zeitschrift für Unternehmensgeschichte 31, 1986, 95.
2 *Gerd Hardach*, Der Erste Weltkrieg. (Geschichte der Weltwirtschaft, Bd. 2.) München 1973, 11.
3 *Marc Frey*, Der Erste Weltkrieg und die Niederlande. Ein neutrales Land im politischen und wirtschaftlichen Kalkül der Kriegsgegner. Berlin 1998, 112.

Tab. 1: Weltwirtschaftliche Verflechtung der Großmächte 1913 [in Prozent].

	Exporte nach			Importe aus		
	Europa	Nordamerika	anderen Kontinenten	Europa	Nordamerika	anderen Kontinenten
Großbritannien	35	10	55	44	24	32
Deutschland	75	8	23	54	17	29
USA	60	17	23	48	8	44
Frankreich	70	7	23	53	11	36

Quelle: *Gerd Hardach*, Der Erste Weltkrieg. München 1973, 13.

Das folgende Kapitel stellt den deutschen Außenhandel im Ersten Weltkrieg sowie die ihn begleitende Politik vor. Eine einschlägige Monographie zu dieser Thematik existiert bislang nicht. Lediglich eine ältere Gesamtdarstellung zur Wirtschaft im Krieg von Gerd Hardach behandelt den Außenhandel ausführlich.[4] Studien zu den neutralen Nachbarstaaten Deutschlands, insbesondere den Niederlanden und der Schweiz, sind gewinnbringend einzubeziehen.[5] Regina Roths Buch streift den Außenhandel unter einem ordnungspolitischen Blickwinkel.[6] Auf Englisch liegt eine breite Literatur zur Blockadepolitik vor, die teils älteren Datums und sehr detailreich ist, z. B. das Kompendium von Archibald C. Bell,[7] teils übergreifende Darstellungen[8] sowie neuere Zusammenfassungen umfasst.[9]

Der deutsche Außenhandel ist auch Gegenstand quantitativ ausgerichteter wirtschaftshistorischer Forschungen. In Langzeitbetrachtungen werden immer wieder die Zahlenreihen von Mitchell als erste zitiert.[10] Zwei Dissertationen haben die serielle Betrachtungsweise verfeinert und den Wandel der Außenhandelsstruktur herausgearbeitet.[11] Auch zwei Kompendien zur deutschen Wirtschaftsgeschichte mit

---

4 *Hardach*, Der Erste Weltkrieg.
5 *Frey*, Erste Weltkrieg und die Niederlande; grundlegend für die Schweiz *Heinz Ochsenbein*, Die verlorene Wirtschaftsfreiheit 1914–1918. Methoden ausländischer Wirtschaftskontrollen über die Schweiz. Bern 1971, sowie die Literatur im Kapitel 5.2 in diesem Band.
6 *Regina Roth*, Staat und Wirtschaft im Ersten Weltkrieg. (Schriften zur Wirtschafts- und Sozialgeschichte, Bd. 51.) Berlin 1997.
7 *Archibald C. Bell*, A History of the Blockade of Germany and of the Countries Associated with her in the Great War. Austria-Hungary, Bulgaria, and Turkey, 1914–1918. London 1937, Neudruck 1961.
8 *Charles P. Vincent*, The Politics of Hunger. The Allied Blockade of Germany, 1915–1919. Athens (Ohio) 1985; *Eric W. Osborne*, Britain's Economic Blockade of Germany, 1914–1919. London 2004.
9 *Alan Kramer*, Blockade and Economic Warfare, in: Jay Winter (Hrsg.), The Cambridge History of the First World War, Bd. 2: The State. Cambridge 2014, 460–489.
10 *Brian R. Mitchell*, International Historical Statistics: Europe 1750–2005, 6. Aufl. Basingstoke 2007, 625, 663 f.
11 *Bernd Höpfner*, Der deutsche Außenhandel 1900–1945, Änderungen in der Waren- und Regionalstruktur. Frankfurt am Main 1993; *Robert Jasper*, Die regionalen Strukturwandlungen des deutschen Außenhandels von 1880 bis 1938. Diss. rer. pol. Kassel 1996.

langen statistischen Reihen enthalten Übersichten zum deutschen Außenhandel.[12] All diesen statistischen Bänden ist gemeinsam, dass sie die Periode des Ersten Weltkriegs ausklammern. Für das Jahr 1913 liegt die letztmals publizierte offizielle Außenhandelsstatistik des Kaiserlichen Statistischen Reichsamts vor. Während des Krieges erfolgte aus Geheimhaltungsgründen keine Veröffentlichung mehr.[13] Für die Zeit nach dem Waffenstillstand wurde vorgebracht, dass die Inflation, die territorialen Umbrüche und „politische Wirren" wie die Besetzung des Ruhrgebietes eine Publikation erschwert hätten, sodass erst 1925 wieder offizielle Import- und Exportwerte für das Deutsche Reich veröffentlicht wurden. Indes kann man auch hier Verschleierungsgründe vermuten, denn die Bemessung der deutschen Reparationsleistung beruhte auf der Zahlungsbilanz, die maßgeblich in die Handelsbilanz einging.[14] Den Mangel an verfügbaren Daten nahmen die meisten außenwirtschaftlichen Analysen zum Anlass, die Phase des Ersten Weltkriegs – trotz ihres unbestrittenen Umbruchcharakters – aus ihren Betrachtungen auszuklammern. Die wichtigsten Publikationen, die zur Schließung der statistischen Lücke beitrugen, erschienen in den 1920er Jahren.[15] An einer umfassenden Rekonstruktion des deutschen Außenhandels im Ersten Weltkrieg auf archivalischer Basis fehlt es bislang. Mittels der Teilstatistiken in den vorhandenen publizierten Quellen kann die Umbruchphase des Ersten Weltkriegs mit der ihr eigenen Außenhandelslogik erfasst werden.

5.1.2 Strukturbruch Krieg

Für die Regionalstruktur des deutschen Außenhandels war die Konzentration auf die europäischen Länder, insbesondere die Nachbarstaaten, kennzeichnend. 1912[16] stammten 55,8 % der Einfuhren aus europäischen Ländern, davon wiederum fast die Hälfte aus Westeuropa, nämlich aus Großbritannien 7,8 %, Frankreich 5,1 %, Belgien 3,6 %, Niederlande 3,2 % und der Schweiz 1,9 %. Mit den beiden wichtigsten dieser Länder befand sich Deutschland ab August 1914 im Kriegszustand, Belgien besetzte das deutsche Heer unter Missachtung seiner Neutralität, während die

---

12 *Walther Hoffmann*, Das Wachstum der deutschen Wirtschaft seit der Mitte des 19. Jahrhunderts. Berlin 1965; *Markus Lampe/Nikolaus Wolf*, Binnen- und Außenhandel, in: Thomas Rahlf (Hrsg.), Zeitreihen zur Historischen Statistik. Bonn 2015, 276–291.
13 *Frey*, Erste Weltkrieg und die Niederlande, 152.
14 *Höpfner*, Außenhandel, 9 f.
15 *Heinrich Kleine-Natrop*, Devisenpolitik (Valutapolitik) in Deutschland vor dem Kriege und in der Kriegs- und Nachkriegszeit. Berlin 1922; *August Skalweit*, Die deutsche Kriegsernährungswirtschaft. Stuttgart u. a. 1927.
16 Hier wird *Höpfner*, Außenhandel, 29 gefolgt, dessen Statistiken im Jahr 1912 ansetzen, weil es mehr als das Haussejahr 1913 die Normalität des Vorkriegsaußenhandels widerspiegele.

Schweiz und die Niederlande neutral blieben und im Krieg zu begehrten Handelspartnern avancierten. Deutschlands wichtigster europäischer Zulieferer mit einem Importanteil von 14,2 % war allerdings Russland, das gleichfalls zu den Kriegsgegnern gehörte. Von den Bündnispartnern fielen 1912 die Einfuhren Österreich-Ungarns (7,7 %), jedoch kaum diejenigen der Türkei (0,7 %) oder Bulgariens (0,2 %) ins Gewicht. Unter den nordischen Ländern, die Neutralität bewahrten, waren vor allem Schweden (2,0 %) und Dänemark (1,9 %) hervorzuheben.[17] Von den übrigen Erdteilen waren noch die Importe aus Amerika bedeutend, die 27,8 % der Gesamteinfuhren ausmachten und zu mehr als der Hälfte aus den USA stammten. Mit 14,7 % waren die USA im Jahr 1912 sogar der wichtigste Zulieferstaat Deutschlands. Die anderen Kontinente – Asien (9,3 %), Afrika (4,4 %) und Australien (2,8 %) – spielten für den deutschen Import eine geringe Rolle.

In Bezug auf die Kriegsführung ist vor allem Deutschlands Abhängigkeit von Rohstoffeinfuhren hervorzuheben, wie die Warenstruktur der deutschen Importe zeigt: Sie bestanden 1912 zu 44,5 % aus Rohstoffen, zu 29,8 % aus Nahrungsmitteln, zu 15,2 % aus Halbfertigwaren und zu 10,5 % aus Fertigwaren.[18] Die fünf wertmäßig bedeutendsten Rohstoffgruppen in diesem Jahr waren Rohbaumwolle (580 Millionen Mark), Rohschafwolle (406 Mio.), Kupfer (313 Mio.), Häute (251 Mio.) und Eisenerze (201 Mio.).[19] Für den Import dieser Rohstoffe waren Kontakte nach Übersee wichtig, so stammte beispielsweise der deutsche Kupferimport zu 87,8 % aus den USA. Gleiches galt für Chile mit seinen wichtigen Salpeterexporten an das Deutsche Reich, die 1912 einen Wert von 180 Mio. Mark erreichten. Lediglich Eisenerz stammte als kriegsstrategischer Rohstoff überwiegend aus europäischen Ländern, vor allem aus Spanien (Einfuhrwert 1912: 72,7 Mio. Mark), Schweden (71,7 Mio.) und Frankreich (17,5 Mio.).[20] Manche Handelsverbindungen mit den neutralen Ländern konnten aufrechterhalten werden, insbesondere die Zulieferung des hochwertigen schwedischen Erzes, weil die deutsche Flotte die militärische Kontrolle über die Ostsee herstellte. Die französischen Erzvorkommen motivierten wiederum unternehmerische Expansionsabsichten während des Krieges.[21]

In der Warengruppe „Spinnstoffe" wird die Abhängigkeit der deutschen Wirtschaft von Importen, die vorwiegend aus Übersee stammten, besonders deutlich.[22] Die vor dem Krieg jährlich verbrauchte Rohbaumwolle (390 Millionen kg im Durchschnitt der drei Vorkriegsjahre) stammte zu 75 % aus den USA und zu 20 % aus

---
17 *Kaiserliches Statistisches Amt* (Hrsg.), Statistisches Jahrbuch für das Deutsche Reich 1914, 253 f. Vgl. auch mit leichten Abweichungen: *Jasper*, Die regionalen Strukturwandlungen, 326–330.
18 *Höpfner*, Außenhandel, 62, 99, 127, 146.
19 Statistisches Jahrbuch 1914, 251.
20 Statistisches Jahrbuch 1914, 201, vgl. auch *Jasper*, Die regionalen Strukturwandlungen, 352, 354.
21 Vgl. Abschnitt 3.2.5 in diesem Band.
22 Zum Folgenden vgl. *Otto Goebel*, Kriegsbewirtschaftung der Spinnstoffe (Die deutsche Kriegswirtschaft im Bereich der Heeresverwaltung 1914–1918, Bd. 3.) Neudruck Berlin/Boston 2016, 5 f.

englischen Kolonien wie Indien und Ägypten. Rohwolle (95 Millionen Kilogramm) kam zu 55 % aus englischen Kolonien und zu 30 % aus Südamerika, Jute (147 Millionen kg) zu 98 % aus englischen Kolonien. Andere Spinnrohstoffe stammten aus Europa, darunter Flachs (Jahresverbrauch 66 Millionen kg) zu 80 % aus Russland sowie Hanf (Jahresverbrauch insgesamt 87 Millionen kg) aus Europa zu 55 % aus Russland und zu 30 % aus Italien. Es kam der sog. Überseehanf hinzu, der zu 40 % aus Mexiko und zu 30 % aus den englischen Kolonien stammte. Schließlich kamen 60 % von 4,8 Millionen Kilogramm durchschnittlich pro Jahr verbrauchter Seide aus Italien. Die einzigen Spinnstoffe, die in nennenswertem Umfang inländisch erzeugt wurden, waren Wolle und Flachs. Mit dieser Wolle konnten die deutschen Textilproduzenten aber nur 7 % und mit Flachs bis zu 10 % ihres Jahresverbrauchs decken.[23]

Eine weitere wichtige Warengruppe in der deutschen Importstatistik waren die Nahrungsmittel. Die bedeutendsten Einfuhrgüter 1912 waren Gerste für 444 Millionen Mark (aus den USA, Argentinien und Russland), Weizen für 396 Mio. (aus Österreich, Indien, Russland und Rumänien), Kaffee für 253 Mio. (überwiegend aus Brasilien) und Eier für 193 Mio.[24] Nur Kaffee kann bei diesen Haupteinfuhrgruppen als entbehrliches Genussmittel betrachtet werden. Ob es gelang, die übrigen Nahrungsmitteleinfuhren während des Kriegs aufrechtzuerhalten bzw. zu kompensieren, ist die zentrale Frage, wenn man die Frage der „Aushungerung" Deutschlands durch die alliierte Blockade erörtern will.[25] In diesem Kontext muss berücksichtigt werden, dass Deutschland bei agrarischen Produkten vor dem Krieg auch Exporteur war. 1912 bestanden knapp 9 % der deutschen Ausfuhr aus Nahrungsmitteln, hier waren Zucker (130,5 Mio. Mark) und Roggen (125,5 Mio. Mark) wertmäßig die wichtigsten Güter.[26]

Um die Handelsbilanz ausgeglichen zu gestalten und Devisen zu erwirtschaften, bilden Exporte ein notwendiges Korrelat für Importe. Die deutsche Ausfuhr war noch stärker auf Europa ausgerichtet, denn sie ging 1912 zu rund drei Vierteln in ein Land dieses Kontinents.[27] Die Exporte nach Westeuropa summierten sich auf 6,7 Milliarden Mark, lagen somit im Gesamtwert höher als die Importe. Großbritannien (13 %) erwarb – auch weltweit – den höchsten Anteil deutscher Exportgüter, es folgten Frankreich (7,7 %), die Niederlande (6,8 %), die Schweiz (5,8 %) und Belgien (5,5 %). Im europäischen Maßstab waren vor allem noch Österreich-Ungarn (11,6 % der Exporte) und Russland (7,6 %) von Bedeutung. Das wichtigste außereuropäische Käuferland deutscher Exporte waren die USA (7,8 %).

Die Warenstruktur des Exports unterschied sich markant von derjenigen des Imports. Wie gesehen, waren Nahrungsmittel mit 8,9 % des Gesamtexportwerts von un-

---

23 Zum Niederschlag in der deutschen Textilindustrie vgl. Kapitel 3.6 in diesem Band.
24 Statistisches Jahrbuch 1914, 251.
25 Auf diese Diskussion geht Abschnitt 5.1.7 in diesem Kapitel ein.
26 *Höpfner*, Außenhandel, 89; Statistisches Jahrbuch 1914, 252.
27 Statistisches Jahrbuch 1914, 253 f.

Tab. 2: Außenhandelsbilanz des Deutschen Reichs 1913–1918.

	Außenhandel in laufenden Preisen [Mrd. Mark]			Außenhandel in konstanten Preisen [Mrd. Goldmark]		
	Export	Import	Saldo	Export	Import	Saldo
1913	10,1	10,8	–0,7	10,1	10,8	–0,7
1914	7,4	8,5	–1,1	7,5	8,5	–1,0
(Aug.-Dez.)	(1,4)	(2,1)	(–0,7)	(1,5)	(2,1)	(–0,6)
1915	3,1	7,1	–4,0	2,5	5,9	–3,4
1916	3,8	8,4	–4,6	2,9	6,4	–3,5
1917	3,5	7,1	–3,6	2,0	4,2	–2,2
1918	4,7	7,1	–2,4	2,8	4,2	–1,4

Quelle: *Hardach*, Der Erste Weltkrieg, 42, basierend auf *Kleine-Natrop*, Devisenpolitik, 11; vgl. auch *Ritschl*, Pity of Peace, 50; *Frey*, Erste Weltkrieg und die Niederlande, 169.

tergeordneter Bedeutung. Die höchsten Wertanteile an der Ausfuhr hielten die Fertigwaren mit 63 %, es folgten Rohstoffe mit 16 % und Halbfertigwaren mit 12,1 %.[28] Die proportional wichtigsten Warengruppen bildeten Eisenwaren mit 1175,9 Mio. Mark (13,1 %), Textilwaren mit 984,2 Mio. (11,0 %), Maschinen mit 681,6 Mio. (7,6 %) und Steinkohle mit 600,7 Mio. (6,7 %).[29] Sowohl der hohe Stellenwert der Fertigwaren als auch die Hauptdestinationen lassen bereits darauf schließen, dass die deutschen Exporte im Krieg noch stärkere Einbrüche als die Importe erleben mussten. Allerdings sollte im Krieg manchen Gütern wie Eisen oder Rohstoffen wie Steinkohle eine wichtige Funktion als Tauschware mit den verbündeten und den neutralen Staaten zufallen. Insofern schuf der Wegfall traditioneller Abnehmer in dieser Hinsicht neue Spielräume.

Eingedenk dieser Betrachtungen zur Regional- und Warenstruktur präsentierte sich die Außenhandelsstatistik während der Kriegsjahre. Der Exportwert brach erheblich ein, was durch die Handelsbeschränkungen im Wirtschaftskrieg und die Wirkungen der Kampfhandlungen zu erklären war. Der Wegfall eines bedeutenden Teils des Handelsvolumens beruhte darauf, dass der Direkthandel mit Frankreich, England oder Russland und auch mit den afrikanischen und asiatischen Kolonien dieser Staaten entfiel. Die deutschen Importe bewegten sich auf 40 bis 60 Prozent des Vorkriegsniveaus, aber die Exporte gingen stärker auf 20 bis 30 Prozent zurück. Während durch die Konzentration auf die Rüstung kaum mehr Rohstoffe und Arbeitskräfte für die Exportproduktion zur Verfügung standen, entwickelte die Kriegs-

---

28 *Höpfner*, Außenhandel, 89, 120, 140, 150.
29 Eigene Berechnung auf Grundlage des Statistischen Jahrbuchs 1914, 252. Zu „Eisenwaren" zählten unter anderem Roh- und Stabeisen, Eisenbleche, Schienen, Draht, Röhren etc.; „Textilwaren" umfassten nur Baumwoll-, Woll-, Seidenwaren sowie Kleider und Putzwaren (d. h. keine Garne und kein Rohmaterial); zu „Maschinen" zählten auch „elektrische Maschinen", zu „Steinkohle" auch Koks und Presskohle.

wirtschaft eine vermehrte Nachfrage nach kriegsrelevanten Inputs, die teilweise über Importe erhältlich waren. Somit war ein Importsog zu verzeichnen: Man könnte den Krieg auch – vor allem im Rüstungssektor – als Investitionsprogramm interpretieren, das ausländische Ressourcen anzog.[30] Wie Tabelle 2 zeigt, lief im Krieg ein beträchtliches Handelssaldo auf, weil keine Exporte in gleichem Umfang getätigt werden konnten. Der für Deutschland zu verzeichnende Importüberschuss lag ein Vielfaches über demjenigen der alliierten Kriegsgegner.

5.1.3 Alliierte Handelsblockade und der Stellenwert der Neutralen

Von Frankreich heißt es, dass es den Wirtschaftskrieg gegen die Mittelmächte in entschlossener Weise vorantrieb: „Bei der Erarbeitung immer neuer und weitgehender Kontrollmechanismen war Paris die treibende Kraft."[31] Diese Einschätzung entsprang allerdings der kontinentalen Perspektive der Schweiz. Insgesamt entwickelte sich die alliierte Vorstellung einer vollständigen Handelsblockade stärker unter der Federführung Großbritanniens. Die britische Weltmachtpolitik war traditionell auf die Beherrschung der Weltmeere ausgerichtet und zielte auf die Errichtung eines „System[s] maritimer, politischer und wirtschaftlicher Kontrolle über große Teile der Welt".[32] Die schrittweise Vollendung der Seeblockade war für die deutsche Außenwirtschaft der entscheidende Aspekt des Wirtschaftskrieges.

In den ersten Kriegsmonaten endeten einige von deutscher Seite eher unfreiwillig geführte Seeschlachten mit Verlusten und änderten nichts an der britischen Vormachtstellung in der Nordsee. Mit dem Erhalt des Patts sicherte sich Großbritannien eine vorteilhafte Position im beginnenden Wirtschaftskrieg: Für die Kontrolle der nordwesteuropäischen Küsten reichte eine überschaubare Zahl von Schiffen aus, während andere Teile der britischen Flotte in der Fernkontrolle eingesetzt werden konnten.[33] Leichte englische Kriegsschiffe gingen überall auf der Welt gegen die Handelsflotte der Mittelmächte vor. Binnen weniger Wochen waren von den rund 1500 deutschen Frachtschiffen 245 beschlagnahmt, 1059 in neutralen Häfen festgesetzt und 221 auf den Verkehr in der Ostsee beschränkt. Die Handelsschiffe Deutschlands und seiner Verbündeten verschwanden von den Weltmeeren. Diese physische Unterbindung des Handels wurde durch die britische Entscheidung unterstützt,

---

30 *Albrecht Ritschl*, The Pity of Peace: Germany's Economy at War, 1914–1918 and Beyond, in: Stephen Broadberry/Mark Harrison (Hrsg.), The Economics of World War I. Cambridge 2005, 51; vgl. zu dieser Deutung auch bereits *Kleine-Natrop*, Devisenpolitik, 10.
31 *Ochsenbein*, Die verlorene Wirtschaftsfreiheit, 316.
32 *Frey*, Erste Weltkrieg und die Niederlande, 110.
33 *Hardach*, Der Erste Weltkrieg, 21 f.

Deutschlands Telegraphenverbindungen zum Rest der Welt zu kappen, sodass Warengeschäfte mit überseeischen Partnern kaum mehr zu arrangieren waren.[34]

Sodann richteten sich die britischen Bemühungen im Wirtschaftskrieg auf die neutralen Staaten. Besonders gut erforscht ist die politische und diplomatische Einflussnahme auf die Niederlande, den für Deutschland wichtigsten Handelspartner im indirekten Außenhandel bzw. Reexporthandel.[35] Es war das deutsche Ziel, die Handelsfreiheit, die die Rheinschifffahrtsakte seit dem 19. Jahrhundert garantierte, aufrecht zu erhalten. Kerninhalt der Akte war die Zusage der Niederlande, den rheinaufwärts gelegenen Staaten die ungehinderte Durchfuhr von Gütern, insbesondere im Transit aus dem Rotterdamer Freihafen, zu gewähren. Die niederländische Regierung geriet seit Beginn des Konflikts unter britischen Druck, diesen Transitverkehr einzuschränken. Bereits am 3. August 1914 reagierte sie darauf mit dem Erlass eines allgemeinen Exportverbots für Getreide sowie der Aufhebung der Rheinschifffahrtsakte. Auf deutschen Protest gab ein niederländischer Ministerratsbeschluss vom 18. August 1914 den Transit wieder frei. Am 22. August gestattete die Regierung die Lieferung einer größeren Menge Getreides nach Deutschland. Der Zwischenfall sorgte für Verstimmungen in den britisch-niederländischen Beziehungen, sodass die Briten militärisch reagierten und gegen Schiffe mit Bestimmung Niederlande vorgingen. Über den Monat August 1914 hinweg zwang die britische Marine 52 Frachter, in britischen Häfen anzulegen. Sie blieben festgesetzt, bis die Frage geprüft war, ob die Güter tatsächlich für den niederländischen Markt bestimmt waren. Der Zwangsaufenthalt verursachte beträchtliche Transaktionskosten für Hafennutzung und Lagerung.[36] Die britische Regierung führte Verhandlungen mit der niederländischen Regierung, um die *Order in Council* durchzusetzen, d. h. das am 20. August 1914 erlassene britische Verbot zur Lieferung von Konterbande an die Mittelmächte. Als absolute Konterbande (*absolute contraband*) wurden Waffen, Sprengstoffe und andere Rüstungsgüter bezeichnet; als relative Konterbande (*conditional contraband*) Nahrungsmittel und Treibstoffe, die für militärische Zwecke bestimmt waren.[37] Zu diesem Zeitpunkt bestand nicht die Absicht, die deutsche Zivilbevölkerung durch die Blockade zu treffen. Indes wurden die Bestimmungen zur Unterbindung der Wiederausfuhr von Nahrungsmitteln und Rohstoffen seitens der neutralen Staaten bald restriktiv ausgelegt.[38] Dem britischen Drängen auf Verhinderung der Reexporte stellte sich das Beharren des niederländischen Staats auf seine Neutralität entgegen.[39] In ähnlicher Weise reagierten die Regierungen anderer neutraler Länder, insbesondere der Schweiz.

---

34 *Kramer*, Blockade and Economic Warfare, 465; vgl. detaillierte Angaben zur Handelsflotte im Statistischen Jahrbuch 1915, 163; davon abweichend *Vincent*, Politics of Hunger, 36.
35 *Hardach*, Der Erste Weltkrieg, 22.
36 *Frey*, Erste Weltkrieg und die Niederlande, 113 f.
37 *Kramer*, Blockade and Economic Warfare, 466.
38 *Bell*, History of the Blockade, 40–50; vgl. auch *Vincent*, Politics of Hunger, 38–41.
39 *Frey*, Erste Weltkrieg und die Niederlande, 114 f.

Um auf den britischen Druck zu reagieren, gründete das niederländische Außen- und Wirtschaftsministerium am 17. September 1914 die *Commissie voor den Nederlandschen Handel*. Diese Verhandlungsstelle war mit Vertretern der wichtigsten Banken, Handelsfirmen und Reedereien besetzt. Im Ergebnis verpflichteten sich die niederländischen Schiffslinien, keine für die Mittelmächte bestimmten Nahrungsmittel zu befördern; diese Verzichtserklärung wurde dann auf Metalle, Erze und Gummi erweitert.[40] Beispielsweise nahm die wichtige Holland-Amerika-Linie nur noch Güter an Bord, für die der französische bzw. britische Konsul in New York beglaubigt hatte, dass sie zum Verbrauch in den Niederlanden bestimmt seien.[41]

Gleichwohl erhielt die britische Marine die penible Kontrolle der niederländischen Frachtschiffe aufrecht, die wegen der Verminung des Ärmelkanals einen schmalen Streifen entlang der britischen Küste zur Durchfahrt nutzten. Um den Briten weitere Garantien zu bieten, wollte man die Überprüfung auf niederländischer Seite durch die Gründung der *Nederlandsche Overzee Trustmaatschappij* (NOT) am 23. November 1914 verstetigen. Die Anteile an dieser Aktiengesellschaft hielten führende niederländische Handelshäuser, Banken und Reedereien. Als private Organisation setzte die NOT – unter Kontrolle der Regierung – die Arbeit der *Commissie* fort.[42] Sie trug Sorge, dass auf niederländischen Schiffen keine für die Mittelmächte bestimmten Waren transportiert wurden. Daneben erstreckte sich ihre Überwachung auf die inländischen Handelsfirmen und Produzenten, damit sie keine Rohstoffe und Waren reexportierten.

Jedes in den Niederlanden registrierte Unternehmen konnte sich gegen eine geringe Vermittlungsgebühr an die NOT wenden, um Importware zu erwerben. Der Empfänger musste sich allerdings verpflichteten, nicht als Reexporteur zu handeln und seinem Antrag ein Formular zur Einholung einer französischen oder britischen Genehmigung beigeben. Bei Schmälerung des traditionell bedeutenden Transithandels sollte die NOT den für die Niederlande wichtigen Versorgungshandel garantieren. Im Gegenzug versprach die britische Marine eine Erleichterung ihrer Kontrollen. Allerdings gab es immer wieder Zwischenfälle, denn die umfassende Überprüfung der nach den Niederlanden verschifften Waren bereitete Schwierigkeiten. Neben fehlenden Möglichkeiten lag dies nicht zuletzt an der Haltung großer niederländischer Handelshäuser, die traditionell im Deutschlandgeschäft verankert waren. Sie waren teils anti-britisch eingestellt, weigerten sich, die Handelsbeschränkungen hinzunehmen und setzten die Wiederausfuhr nach Osten verschleiert fort.[43] Über die Grenze kamen zudem zahlreiche deutsche Einkäufer, die von den niederländischen Behörden und der NOT kaum zu überwachen waren.

---

40 *Hardach*, Der Erste Weltkrieg, 23.
41 *Frey*, Erste Weltkrieg und die Niederlande, 116.
42 *Frey*, Erste Weltkrieg und die Niederlande, 119.
43 *Frey*, Erste Weltkrieg und die Niederlande, 119.

Selbst in der britischen Regierung machte sich eine Fraktion für den Erhalt der alten Freihandelsidee stark, auf der Großbritanniens Stellung als Welthandelsmacht traditionell beruhte. Unterstützung fanden diese Kreise bei den großen Exporteuren in den USA, die auf die Fortsetzung der Lieferung von Kupfer nach Europa oder auf die Versorgung der importabhängigen Neutralen wie die Schweiz, Dänemark und Schweden mit Getreide pochten. Wie die Handelsbilanzen zeigten, wuchsen die amerikanischen Exporte an die Neutralen in dem Maße, wie diejenigen nach Deutschland zurückgingen.[44] Dies spiegelte den bedeutenden Reexport teils veredelter Rohstoffe an die Mittelmächte wider. Die Ernährungswirtschaft war unmittelbar betroffen, denn das amerikanische Getreide diente teilweise als Futter in der dänischen oder der niederländischen Viehwirtschaft.

Während man die erste Kriegsphase als beschränkte Blockade bezeichnet, leitete die britische *Order in Council* vom 11. März 1915 die Phase der unbeschränkten Blockade ein.[45] Sie basierte auf der Erklärung der britischen Regierung, alles dafür zu tun, dass keine Güter von und nach Deutschland gelangten. Zum einen entsprang die Verschärfung der Blockade der Einsicht in deren Löchrigkeit, zum anderen hinterließ die harte Gangart der Kriegsführung, vor allem der deutsche Einsatz von U-Booten im Seekrieg seit Februar 1915, eine Wirkung auf die britische öffentliche Meinung und das Regierungshandeln. London setzte eine Kombination militärischer und diplomatischer Mittel ein, um eine Umlenkung der niederländischen Exporte, vor allem des Agrarsektors, zu den Alliierten zu erreichen. Erneut wurden Handelsschiffe beschlagnahmt, um die NOT und die niederländische Regierung an den Verhandlungstisch zu bringen. Dabei blieb das eigene Vorgehen inkohärent: Das britische *Board of Trade* trat noch länger für das Prinzip des Freihandels ein und erklärte, dass die Niederlande als neutrales Land über ihren Handelsverkehr selbst bestimmen dürften. Erst als im Februar 1916 die britische Regierung ein Blockadeministerium schuf, konnten die Ressortstreitigkeiten eingedämmt werden. Mit Hilfe neuer Statistik- und Nachrichtenabteilungen versuchte man, das Handelsvolumen der Neutralen besser zu erfassen und die Unterbindung der Konterbande zu verbessern.

Großbritannien sicherte sich vertraglich beträchtliche Anteile des niederländischen Exports auf Kosten der Ausfuhren nach Deutschland. Der niederländischen Regierung wurde mit dem *Agricultural Agreement* vom 16. Juni 1916 die Unterzeichnung eines Handelsabkommens auferlegt, das die nach Großbritannien zu liefernden Mengen an Agrargütern festlegte. Eine eigens gegründete Einkaufsgesellschaft, die *British Purchasing Agency*, zahlte den niederländischen Exporteuren höhere Preise, als sie selbst beim innerbritischen Verkauf erzielen konnte. Das *Board of*

---

44 *Kramer*, Blockade and Economic Warfare, 467–469; *Florian Weber*, Die amerikanische Verheissung. Schweizer Aussenpolitik im Wirtschaftskrieg 1917/18 (Die Schweiz im Ersten Weltkrieg, Bd. 1.) Zürich 2016, 65.
45 *Kramer*, Blockade and Economic Warfare, 465.

Trade wandte dagegen ein, es sei unstatthaft, britische Steuergelder für den Aufkauf von Produkten aufzuwenden, die anderswo günstiger zu erwerben waren. Dieses Argument entbehrte einer Grundlage, denn nach Maurice Hankey, dem Sekretär des *Commitee of Imperial Defence*, waren die jährlich für die niederländischen Importe zu veranschlagenden Mehraufwendungen gerade einmal so hoch wie die Kosten von zwei Kriegstagen. Im Gegenzug verpflichtete sich die niederländische Regierung im *Agricultural Agreement*, die Exporte nach einem Schlüssel zu verteilen, der Großbritannien in etwa die Hälfte der Agrarexporte zusicherte. Dies führte zu einer Beeinträchtigung des niederländischen Versorgungssystems, weil ein erheblicher Teil der Einnahmen aus Deutschland fehlte, die bislang für inländische Subventionen eingesetzt worden waren. Auch die vor vollendete Tatsachen gestellten niederländischen Agrarverbände waren mit dem Vertrag unzufrieden. Als das *Agricultural Agreement* unterlaufen wurde, setzte die britische Marine wieder niederländische Frachter sowie die Fischereiflotte fest. Es folgte ein zusätzliches Abkommen zur Fischerei, das eine Reduktion der Fischexporte nach Deutschland auf ein Fünftel des gesamten Fangs bestimmte.[46]

Deutschland reagierte auf die Transporte nach Großbritannien mit der Versenkung von Schiffen, die Ware an die *British Purchasing Agency* lieferten. Diese Bedrohung führte wiederum zum Unwillen niederländischer Erzeuger, Agrarprodukte an die Briten zu liefern, weil sie bei Verlust keinen 100-prozentigen Finanzausgleich erhielten. Einen lukrativen und sicheren Export versprach ihnen weiterhin die Orientierung nach Deutschland. Schließlich wurde das niederländisch-britische Vertragswerk immer differenzierter ausgearbeitet und in ein Quotensystem überführt, das die niederländischen Exporte auf Höchstwerte begrenzte, die im Verhältnis zu den Ausfuhren nach Großbritannien ausgedrückt wurden (zum Beispiel die Hälfte der Schweinefleischproduktion oder ein Drittel der erzeugten Butter). Nach zweieinhalb Jahren Krieg gelang es der britischen Regierung, ein komplexes Regulierungssystem festzuzurren, das das Selbstbestimmungsrecht der niederländischen Unternehmer erheblich einschränkte.[47]

Auf vergleichbare Weise versuchten die Briten, im Namen der Alliierten mit den anderen neutralen Staaten Rationierungsabkommen abzuschließen. Mit der Schweiz gelang der Abschluss eines solchen Vertrages auf Grund der engen Verzahnung mit der deutschen Wirtschaft lange Zeit nicht. Auf alliierten Druck erklärte im Dezember 1914 der Schweizer Bundesrat, ohne eine vertragliche Bindung einzugehen, dass Konterbande im Land verbleiben solle.[48] Insbesondere den deutschsprachigen Unternehmerkreisen war an einer positiven Gestaltung der Außenhandelsbeziehungen mit dem Deutschen Reich gelegen. Entsprechend zogen sich die eidgenössischen Verhandlungen mit den Alliierten länger hin. Es wurde eine Liste frei zu exportieren-

---

46 Vgl. *Frey*, Erste Weltkrieg und die Niederlande, 173–178.
47 *Frey*, Erste Weltkrieg und die Niederlande, 179–181.
48 *Ochsenbein*, Die verlorene Wirtschaftsfreiheit, 213 f.

der Industriewaren erstellt, deren Gesamtgewicht eine Obergrenze von 850 Tonnen nicht übersteigen durfte. Jedoch blieb die Benutzung von Konterbandemetallen wie etwa Kupfer, Zink, Zinn, Blei und Nickel bei der Herstellung der Fertigwaren gestattet.[49] In Reaktion auf die Gewährung dieser weitreichenden Exportfreiheit nach Deutschland richteten die Alliierten im Oktober 1915 eine Überwachungsstelle ein, die privatrechtlich organisierte *Société suisse de surveillance économique*. Sie sollte verhindern, dass von der Entente gelieferte Waren über Schweizer Firmen zu den Mittelmächten gelangten.[50]

Durch ein Abkommen im November 1915 garantierte die britische Regierung Dänemark Importe zum Eigenverbrauch sowie zum Reexport nach Schweden und Norwegen. Fertigwarenexporte an die Mittelmächte blieben unberührt, sofern die Kosten der für ihre Herstellung benötigten importierten Vorprodukte nicht mehr als 20 % des Ausfuhrwertes betrugen. Bis Februar 1916 wurden Rationierungskontingente für den Import von 75 Artikeln festgelegt. Futtermittel für das Vieh waren allerdings nicht betroffen, was für die dänische exportorientierte Fleisch- und Fettproduktion von größter Wichtigkeit war.[51]

Die alliierten Erfolge beim Abschluss vertraglicher Bindungen mit den anderen nordischen Ländern waren mäßig. In Norwegen diente nicht die Regierung als Ansprechpartner, sondern eine Reihe von Wirtschaftsverbänden, die im Importbereich aktiv waren. Mit ihnen wurden Vereinbarungen über Kontingentierung in manchen Wirtschaftszweigen abgeschlossen; sie betrafen zum Beispiel ab August 1915 die Baumwolle und ab Dezember 1915 die Rationierung von Petroleum. Außerdem schloss Großbritannien zwischen Mai und November 1915 mit norwegischen Reedereien Treuhandabkommen nach niederländischem Vorbild ab.[52] Manchmal stoppte das britische Militär die Transporte schlichtweg, weil die Menge der norwegischen Importe als zu hoch erschien.[53]

Mit Schweden gestaltete sich der Versuch von Verhandlungen noch schwieriger, denn dort dominierte eine traditionsorientierte Führungsschicht, die mit den Mittelmächten sympathisierte.[54] Die Wahrung der Neutralität wurde in dem Land zum Politikum. Die schwedische Regierung stellte sich sogar dem britischen Ansinnen entgegen, wie in Norwegen Abkommen mit einzelnen Verbänden zu schließen. Großbritannien musste bei seinem Vorgehen Vorsicht walten lassen, denn Schweden diente als Transitland zum verbündeten Russland. Zeitweise hegte man die Befürchtung, dass es auf Seiten der Mittelmächte in den Krieg eintreten könnte. Einem Vertragsentwurf vom August 1915, der vor allem die schwedische Importsituation

---

49 *Hardach*, Der Erste Weltkrieg, 29.
50 Vgl. Abschnitt 5.2.3 in diesem Band sowie *Ochsenbein*, Die verlorene Wirtschaftsfreiheit, 210–246.
51 *Hardach*, Der Erste Weltkrieg, 30.
52 *Bell*, History of the Blockade, 412.
53 *Hardach*, Der Erste Weltkrieg, 31.
54 Vgl. ausführlich *Bell*, History of the Blockade, 327–343.

verbessern sollte, versagte die britische Seite die Zustimmung, weil die Gefahr eines schwedischen Kriegseintritts auf Seiten der Mittelmächte gebannt schien. Ein vorbereitetes Rationierungsabkommen, das den mit den anderen neutralen Staaten abgeschlossenen Verträgen entsprach, scheiterte danach auf schwedischer Seite.[55]

Die intensiv betriebenen britischen diplomatischen Bemühungen führten zum Abschluss eines Netzes von Handelsverträgen und anderen Absprachen, die sich auf die Exportstruktur der Neutralen niederschlug. Als beispielsweise Baumwolle im August 1915 zur absoluten Konterbande erklärt wurde, setzten die Briten binnen Monatsfrist Sperrabkommen mit den Niederlanden und den drei nordischen Ländern durch.[56] Die britische Regierung hielt den diplomatischen und militärischen Druck aufrecht, um die Umlenkung eines großen Teils der Agrarexporte der Neutralen nach Großbritannien durchsetzen.[57] Entscheidend war dabei der Entschluss zur Subventionierung eigener Importe, um die Agrarexporteure der neutralen Länder trotz der deutschen Hochpreispolitik zur Lieferung auf die britischen Inseln zu bewegen.

5.1.4 Diplomatische Bemühungen um eine Aktivierung des Imports

Bei Kriegsausbruch begriff die Reichsregierung schnell, dass sich Handelsausfälle als unweigerliche Folge des Kriegszustands einstellen mussten. Sie stellte die bis dato betriebene Agrarzollpolitik „auf den Kopf".[58] Das im Kaiserreich aufgebaute Importzollsystem wurde mit einem Schlag abgeschafft, um den ungehinderten Zustrom benötigter Güter, d. h. von Nahrungsmitteln, aber auch industriellen Rohstoffen, zu ermöglichen.[59] Die Diplomatie bemühte sich, die Handelsbeziehungen mit den Vereinigten Staaten von Amerika aufrechtzuerhalten, weil Deutschland im Transatlantikhandel insbesondere Baumwolle, Petroleum und Kupfer, aber auch Weizen und Futtermittel bezog.[60] Der ehemalige Staatssekretär des Reichskolonialamtes Bernhard Dernburg und der Geheime Oberregierungsrat Heinrich Albert, ein Berater der Hamburg-Amerika-Linie HAPAG, reisten nach Amerika. Sie hatten den

---

55 *Hardach*, Der Erste Weltkrieg, 31f.
56 Vgl. *Bell*, History of the Blockade, 309–320, 412. Für die Schweiz: *Ochsenbein*, Die verlorene Wirtschaftsfreiheit, 142–145.
57 *Bell*, History of the Blockade, 473.
58 Siehe Abschnitt 3.9.5 in diesem Band.
59 *Hans-Peter Ullmann*, Kriegswirtschaft, in: Gerhard Hirschfeld/Gerd Krumeich/Irina Renz (Hrsg.), Enzyklopädie Erster Weltkrieg, 2. Aufl. Paderborn 2014, 221. Zu den Einfuhrerleichterungen: *Günther Haberland*, Elf Jahre staatlicher Regelung der Ein- und Ausfuhr. Eine systematische Darstellung der deutschen Außenhandelsregulung in den Jahren 1914–1925. Phil. Diss. Erlangen 1927, 18–21.
60 *Frey*, Erste Weltkrieg und die Niederlande, 137.

Auftrag, Reichsschatzanweisungen im Wert von 25 Millionen Dollar einzusetzen, um die Lieferung größerer Mengen an Lebensmitteln und Getreide nach Deutschland zu erwirken. Falls die Geschäftsabschlüsse gelängen, wollte man weitere Aufträge in Höhe von 150 Millionen Dollar folgen lassen. Das Gesamtvolumen entsprach ungefähr dem Monatswert der USA-Importe vor dem Krieg. Ein anderer Versuch, die deutschen Interessen im Überseehandel zu wahren, reichte bis in die Tage vor Kriegsbeginn zurück. Am 30. Juli 1914 schloss der deutsche Konsul in Rotterdam mit dem niederländischen Reeder und Handelsmagnaten Kröller einen Vertrag über die Lieferung von 100 000 Tonnen amerikanischem Getreide.[61] Der Erhalt der Geschäftsbeziehung mit dem Großhändler und Unternehmer schien dem Deutschen Reich den Anschluss an die Weltmärkte zu sichern, denn Kröller unterhielt Handelsniederlassungen in Argentinien, Indonesien und den USA sowie Eisenerzminen und Stahlwerke in Schweden.[62]

Die deutschen Ad-hoc-Missionen, die auf den Abschluss längerfristiger Handelsvereinbarungen und -verträge zielten, scheiterten in vielen Punkten. Daran war nicht etwa die amerikanische Regierung schuld, die am 28. Dezember 1914 sogar offiziell Protest gegen die britische Beeinträchtigung des Seehandels erhob.[63] Die Briten ließen, der Kriegsräson folgend, die Durchführung von Lieferungen wie den mit Kröller arrangierten Getreidetransporten nicht zu. Der amerikanische Druck sorgte dafür, dass deutsche Handelskontakte nach Übersee noch für einen gewissen Zeitraum erhalten blieben. Bis zur Kriegserklärung Italiens im Mai 1915 bewegten sich beispielsweise die Ankünfte von amerikanischer Baumwolle über Mittelmeerhäfen annähernd auf der Höhe der Friedenszeit. Die deutsche Diplomatie hoffte auf den Abschluss eines Milliardenabschlusses über Baumwolllieferungen und glaubte sogar, auf diesem Weg die Vereinigten Staaten am siegreichen Ausgang des Krieges für Deutschland interessieren zu können.[64] Aber diese Hoffnungen scheiterten an der Konsequenz, mit der die Briten den Wirtschaftskrieg, auch unter diplomatischer Flankierung, gegen Deutschland führten. Unter der zunehmenden britisch-amerikanischen Annäherung litt auch der deutsche Export über den Atlantik. Als Reaktion auf die Waffenlieferungen der USA an die Kriegsgegner verhängte die Reichsregierung ein Exportverbot für Kali, was sie als angemessene Antwort ansah.[65]

In Europa richtete sich das deutsche Hauptaugenmerk auf die verbliebenen traditionellen Handelspartner. Dank der geographischen Nähe entwickelten sich mit ihnen mannigfaltige Formen des Austauschs, die zunächst nicht in ein reglementierendes Korsett eingezwängt waren. Gemeinsame Grenzen, enge Kontakte und Verflechtungen sowie die weitgehende Kontrolle der Ostsee durch die deutsche Marine

---

61 *Frey*, Erste Weltkrieg und die Niederlande, 138.
62 *Frey*, Erste Weltkrieg und die Niederlande, 40.
63 *Bell*, History of the Blockade, 138.
64 *Goebel*, Kriegsbewirtschaftung der Spinnstoffe, 16.
65 Siehe Abschnitt 3.1.6 in diesem Band.

Abb. 1: Dockung bei Blohm & Voss 1914; Transatlantikliner „Vaterland"; 1917 in New York beschlagnahmt (BArch Bild 137-022366).

beförderten diesen Austausch. Der deutsche Kriegsaußenhandel mit den neutralen Nachbarstaaten unterschied sich von demjenigen der Alliierten in einem entscheidenden Punkt: Während die Handelspolitik der Briten und ihrer Verbündeten auf die Einschränkung der Exporte der Neutralen an die Mittelmächte zielte, d. h. auf Minimalisierung des Außenhandels, setzte Deutschland im Austausch mit der

Schweiz oder den Niederlanden auf möglichst hohe Handelsumsätze, die beiden Seiten zum Vorteil gereichen konnten.[66]

In der ersten Kriegshälfte bildeten sich in Deutschland Einkaufsgesellschaften, deren Hauptaufgaben die Aktivierung des Imports und dessen Durchführung waren. Unter maßgeblicher Beteiligung der HAPAG und des Reichsamts des Inneren gründete sich im August 1914 der so genannte Reichseinkauf mit den Zielen des Lebensmittelerwerbs im Ausland und der Anlegung von Vorräten im Inland.[67] Die Organisation verlegte ihren Sitz im Dezember 1914 von Hamburg nach Berlin und wurde nach einer Umstrukturierung in Zentrale Einkaufsgesellschaft (ZEG) umbenannt. Dies ging mit dem Wunsch einer stärkeren Zentralisierung einher, um durch Errichtung eines Importmonopols zu verhindern, dass sich die zahlreichen öffentlichen und privaten Einkaufsstellen Konkurrenz machten und dadurch die Einfuhrpreise in die Höhe trieben.[68] Die Führungspositionen besetzten Reichsbeamte, denn das Eigenkapital von 45 Millionen Mark stammte zu zwei Dritteln aus Reichsmitteln. Weitere zehn Millionen Mark steuerten Preußen und 2,8 Millionen andere Bundesstaaten bei, während Privatunternehmen der Lebensmittelbranche nur 2,2 Millionen Mark einlegten.[69] Ab Januar 1915 nahm sich die ZEG auch der Verteilung der bevorrateten Waren an. Seit April 1915 oblag ihr die statistische Erfassung verschiedener Kolonialprodukte, darunter Reis, sowie deren Beschlagnahme und Verteilung. Bald organisierte sie auch den Import von Fisch und Meeresfrüchten, und im Laufe des Jahres 1915 kamen noch Zucker und Hülsenfrüchte hinzu. Vielfach geriet die Gesellschaft in öffentliche Kritik, weil ihre Verteilungspolitik Großhändler bevorzugte. Erst mit der Einrichtung des Kriegsernährungsamtes im Mai 1916 endete die Verteilungstätigkeit, und die ZEG konzentrierte sich wieder ausschließlich auf die Wareneinfuhr.[70]

Zum Ausbau des Importmonopols gründete die ZEG im Ausland Gesellschaften oder übernahm diese. Sie setzte eigene Transportzüge wie die Carmenzüge nach Rumänien ein, unterhielt eine Dampferflottille auf der Donau und legte große Lager, Umlade- und Umschlagsplätze an. Während der Reichskauf 1914 im ersten Halbjahr 119 Mio. Mark umgesetzt hatte, erzielte die ZEG 1915 einen Importwert von 1,1 Milliarden Mark; 1916 stieg er auf 1,9 Milliarden und betrug 1917 noch 1,69 Milliarden.[71] Bis zum Ausbruch des Kriegs mit Rumänien bildete der Warenverkehr mit Südost-

---

66 Vgl. *Ochsenbein*, Die verlorene Wirtschaftsfreiheit, 270.
67 *Frey*, Erste Weltkrieg und die Niederlande, 158.
68 *Burhop*, Wirtschaftsgeschichte des Kaiserreichs, 201. *Goetz Briefs*, Kriegswirtschaftslehre und Kriegswirtschaftspolitik, in: Ludwig Elster (Hrsg.), Handwörterbuch der Staatswissenschaften, Bd. 5, 4. Aufl. Jena 1923, 1010.
69 *Harald Wixforth*, Die Gründung und Finanzierung von Kriegsgesellschaften während des Ersten Weltkriegs, in: Hartmut Berghoff/Jürgen Kocka/Dieter Ziegler (Hrsg.), Wirtschaft im Zeitalter der Extreme. Beiträge zur Unternehmensgeschichte Österreichs und Deutschlands. Im Gedenken an Gerald D. Feldman, München 2010, 91f.
70 *Frey*, Erste Weltkrieg und die Niederlande, 159.
71 *Briefs*, Kriegswirtschaftslehre, 1011.

europa einen Schwerpunkt.[72] Ende 1916, auf dem Höhepunkt ihrer Tätigkeit, schied die ZEG aus diesem Handel aus und verlegte den Schwerpunkt ihrer Tätigkeit auf die neutralen Länder. Auch besetzte Länder wie Belgien gehörten zu ihrem Wirkungsfeld; dort organisierte sie den Erwerb von Lebensmitteln, aber auch von Rohstoffen und Chemikalien.[73]

In den Niederlanden organisierte die ZEG den Kauf von Nahrungsmitteln. Zu diesem Zweck bildete sich im Sommer 1915 eine Tochterfirma, die *Algemeene Import & Export Maatschappij* (Algimex).[74] Die Einkäufe dieser Gesellschaft standen unter besonderer Beobachtung der niederländischen Regierung. Gleichwohl willigte der niederländische Minister für Landwirtschaft, Industrie und Handel Folkert Posthuma in die Einsetzung eines deutschen Staatsbürgers an der Spitze der Algimex ein. Die Gesellschaft hatte ihren Sitz an prominenter Stelle, direkt gegenüber der niederländischen Regierung in Den Haag.

Die Bestrebungen der ZEG zur Errichtung eines Außenhandelsmonopols beschränkten sich auf den Import gewisser Nahrungsmittelkategorien, denn für die Einfuhr industriell-gewerblicher Rohstoffe zeichneten die Kriegsrohstoffgesellschaften verantwortlich.[75] Als erstes Produkt fiel Butter unter die Bestimmungen des monopolisierten Einkaufs. Die ZEG setzte im Dezember 1915 eine Senkung des Buttereinkaufspreises von 3 Gulden im Oktober auf 2,20 Gulden durch.[76] Im Laufe des Jahres 1916 erwirkte sie die Aufnahme weiterer Nahrungsmittel wie Fleisch, Margarine und Heringe in den zentralisierten Import. Im Herbst 1916 errichtete die deutsche Regierung unter dem Druck der verschärften Blockade eine zentrale Stelle, die Deutsche Handelsstelle im Haag, die als Dachorganisation für alle in den Niederlanden tätigen deutschen Einkäufer diente. Die deutsche Strategie, den niederländischen Markt durch ein Oligopson zu beherrschen, wurde durch die Partikularinteressen der zahlreichen Einkäufer durchkreuzt. Zu viele Händler waren in den Niederlanden aktiv, darunter zwar die Einkäufer der ZEG, aber auch des preußischen Kriegsministeriums, westfälischer Militärstellen und Abgesandte deutscher Kommunen. Zudem konnten sich militärische Einzeleinkäufer auf den Vorrang ihrer Mission berufen, sodass die Monopolisierung auch am Gegensatz ziviler und militärischer Stellen scheiterte.

Bei der Besetzung der belgischen Gebiete bildete sich ad hoc eine Kriegswollbedarf AG zur Sicherstellung der beschlagnahmten Wolle.[77] Seit diesem Auftakt gehörte die Verteilung beschlagnahmter und erbeuteter Rohstoffe und Waren zu den vorrangigen Aufgaben der Kriegsgesellschaften. Im Prozess ihrer Ausdifferenzierung

---

72 *Gheorghe Ionescu-Sisesti*, L'agriculture de la Roumanie pendant la guerre. Paris 1929, 28.
73 *Wixforth*, Gründung und Finanzierung, 94.
74 *Frey*, Erste Weltkrieg und die Niederlande, 160.
75 *Briefs*, Kriegswirtschaftslehre, 1010.
76 *Frey*, Erste Weltkrieg und die Niederlande, 161.
77 Siehe Abschnitt 2.1.2 in diesem Band.

wurde die Außenhandelsfunktion ausgelagert, wie das Beispiel der am 23. August 1915 gegründeten Baumwollimport GmbH zeigte. Sie entstand an der Bremer Baumwollbörse, einer gemeinsam von den deutschen Baumwollspinnern gegründeten und verwalteten Institution. Finanziert wurde die Gesellschaft von einer Hamburger sowie vier Bremer Banken. Als die Möglichkeiten zur Einfuhr von Baumwolle stark zurückgingen, wandelte sie sich am 19. November 1917 in die Spinnstoffeinfuhr GmbH um. In ihrem Aufsichtsrat waren alle Zweige der Spinnindustrie vertreten. Gegen Kriegsende reduzierten sich ihre Aufgaben auf die Organisation der Einfuhr von Spinnpapier aus den nordischen Ländern.[78]

Wie gesehen, entfalteten die Einkaufsgesellschaften auch Aktivitäten auf dem Territorium der besetzten Gebiete. Eine besondere Stellung nahm die Wareneinfuhr GmbH in Posen ein, die ihre Aktivitäten auf das polnische Generalgouvernement und Ober Ost ausdehnte. Ab Mai 1915 führte sie ein Zwangsregime zur Ausnutzung dieser Gebiete ein.[79] Der freie Getreidehandel wurde untersagt und die bäuerliche Produktion rationiert. Die deutsche Armee beließ den Bauern einen halben Zentner Getreide pro Kopf zur Überbrückung der Zeit bis zur nächsten Ernte und beschlagnahmte die überschüssigen Mengen. Nach Bezahlung zu festgesetzten Preisen verbrachte die Wareneinfuhr GmbH das Getreide und andere Güter in industriell-urbane Gebiete, z. B. Lodz, exportierte aber auch ins Reich, vor allem an die militärischen Beschaffungsstellen. Sie strebte nach Etablierung eines Monopols für die Aufkäufe in den besetzten Gebieten des Ostens, stützte ihre weitläufigen Geschäfte aber auf eine große Zahl von Agenten und Ankäufern, die auf eigene Rechnung handelten.[80] Nach den militärischen Erfolgen gegen Rumänien übernahm sie die Abwicklung der Abtransporte aus dem Südosten Europas.[81]

Die deutsche Handelspolitik blieb während des Krieges grundsätzlich auf Importförderung ausgelegt. Nur wenige Regelungen wichen von diesem Prinzip ab: Am 12. Februar 1915 untersagte die Reichsregierung die Wareneinfuhr aus den Staaten der Kriegsgegner, die quantitativ längst keine Rolle mehr spielte. Im selben Atemzug wurde eine Einfuhrverbotsliste aufgestellt, die Produkte wie Hummer, Schaumweine oder Filme umfasste. Ein Jahr später, im Februar 1916, wurde die „Liste entbehrlicher Gegenstände" erheblich erweitert. Eine durchgängige Kontrolle erfolgte erst ab Januar 1917, als die Importe von der Genehmigung des Reichskommissars für Einfuhr- und Ausfuhrbewilligung abhängig wurden. Diese Maßnahmen stoppten den Importsog nicht, stellte aber einen Versuch dar, den durch den Importüberschuss verursachten Valutaverfall der Mark zu bremsen.[82]

---

[78] *Goebel*, Kriegsbewirtschaftung der Spinnstoffe, 309.
[79] *Martin Bemmann*, „... kann von einer schonenden Behandlung keine Rede sein." Zur forst- und landwirtschaftlichen Ausnutzung des Generalgouvernements Warschau durch die deutsche Besatzungsmacht, 1915–1918, in: Jahrbücher für Geschichte Osteuropas 55, 2007, 14 f.
[80] *Goebel*, Kriegsbewirtschaftung der Spinnstoffe, 48.
[81] *Briefs*, Kriegswirtschaftslehre, 1011.
[82] *Kleine-Natrop*, Devisenpolitik, 12. *Theodor Plaut*, Einfuhrverbote, in: Ludwig Elster (Hrsg.), Handwörterbuch der Staatswissenschaften, Bd. 3, 4. Aufl. Jena 1926, 361.

5.1.5 Kreditbemühungen und Exportrestriktionen

Im Kriegsverlauf wurde die Finanzierung der Importe für deutsche Einkäufer immer mehr zum Problem, weil sich das Handelsdefizit gegenüber den neutralen Staaten zusehends vergrößerte.[83] Schon in der zweiten Jahreshälfte 1914 verkaufte die Deutsche Reichsbank aus ihren Beständen Edelmetalle in Höhe von 68 Millionen Mark an die *Nederlandse Bank*.[84] 1915 ließ sie weitere 79 Millionen Mark folgen. Diese Edelmetallverkäufe glichen die negativen Salden nur teilweise aus. Immer mehr ungedeckte Papiermark zirkulierten in den Niederlanden, sodass die deutsche Währung gegenüber dem Gulden starke Kursverluste erlitt. Die Verluste durch den ungünstigen Wechselkurs gaben die Einkaufsstellen an ihre deutsche Kundschaft weiter, was den Preisauftrieb für importierte Güter verstärkte. Die ZEG und ihre Tochtergesellschaft Algimex sowie andere deutschen Stellen und Firmen bemühten sich um Guldenkredite bei niederländischen Banken, allen voran der *Rotterdamse Bank*, die sie teilweise auch erhielten. Unterstützt wurde ihr Werben durch ein deutsches Privatbankenkonsortium aus Deutscher Bank, Dresdner Bank, Disconto-Gesellschaft und Warburg, das dank bilateraler Verbindungen weitere Kredite einwerben konnte. Wegen der daraus resultierenden guten finanziellen Ausstattung gelang es der ZEG, ihre Vormachtstellung auf dem niederländischen Markt auszubauen. Die hier dargestellte Vorgehensweise galt auch für die übrigen neutralen Länder, z. B. Schweden. Im Laufe des Kriegs transferierte die Reichsregierung rund 200 Millionen Mark nach Skandinavien. Neben der Kreditaufnahme stellten Wertpapier- und Goldverkäufe für deutsche Stellen Möglichkeiten dar, an Devisen zu gelangen.[85]

Im Laufe des Krieges verengte sich der deutsche Kreditrahmen angesichts der anhaltend ungünstigen *terms of trade* zusehends. Die Reichsregierung ordnete im Januar 1916 eine Zentralisierung der Außenhandelsfinanzierung an.[86] Der Devisentausch durfte nur noch durch 24 ausgewählte Banken abgewickelt werden. Die im Exportgeschäft erworbenen ausländischen Zahlungsmittel waren an die Reichsbank abzuführen, die sodann die staatlichen Einkaufsgesellschaften mit Devisen ausstattete. Zudem setzte die Reichsbank die für die Berliner Börse geltenden Wechselkurse administrativ fest. Im Rahmen der Devisenbewirtschaftung wurden die großen Exporteure angehalten, Rechnungen für ausländische Kunden nur noch in Fremdwährung auszustellen. Die Stahlindustrie des Ruhrgebiets, das Kalisyndikat und die

---

[83] Zur finanzpolitischen Problematik vgl. auch Abschnitt 2.3.6 in diesem Band.
[84] *Frey*, Erste Weltkrieg und die Niederlande, 164.
[85] *Gerd Hardach*, Die finanzielle Mobilmachung in Deutschland 1914–1918, in: Jahrbuch für Wirtschaftsgeschichte 2015/2, 381.
[86] Deutsches Reichsgesetzblatt 1916, 49 f. Bekanntmachung über den Handel mit ausländischen Zahlungsmitteln vom 20. Januar 1916; vgl. auch *Lotte Frankfurther*, Die deutsche Außenhandelskontrolle mit besonderer Berücksichtigung der Preiskontrolle, Diss. rer. pol. Freiburg im Breisgau 1926, 64.

Kohlenausfuhrstelle West kamen diesem Wunsch umgehend nach.[87] Die Restriktionen der Devisenverordnung bremsten die für Deutschland ungünstige Entwicklung der Wechselkurse, sodass die Agrarimporte in der ersten Jahreshälfte 1916 noch einmal Höchstwerte erreichten (vgl. die Tabellen 8 und 9).

Vor dem Kriegseintritt der USA ließen sich deutsche Wertpapiere noch auf dem amerikanischen Markt absetzen, was für einen zusätzlichen Devisenzustrom sorgte. Im Jahr 1916 war auf diesem Wege – auch mit Hilfe von Banken in den europäischen neutralen Ländern – noch eine Dollarsumme zu mobilisieren, deren Gegenwert rund einer Milliarde Goldmark entsprach.[88] Auch diese Mittel wurden überwiegend zur Finanzierung von Agrarimporten aus den neutralen Ländern eingesetzt. Gleichwohl blieb das zentrale Problem des starken Außenhandelsdefizits bestehen. In der zweiten Jahreshälfte 1916 nahmen die Möglichkeiten zur Kreditaufnahme rapide ab, und die Devisensituation verschlechterte sich zusehends. Als *ultima ratio* koppelte das Reich die deutschen Rohstoffexporte an die Gewährung von Devisenkrediten. Im Fall der von deutscher Kohle abhängigen Schweiz verknüpfte die Reichsregierung die Unterzeichnung eines Handelsvertrages im September 1916 mit der Gewährung eines Valutakredits in Höhe von 50 Millionen Franken. Deutschland sicherte im Gegenzug zu, die Mittel für den Einkauf von Vieh und Käse in der Schweiz zu verwenden.[89] Wie erwähnt, ergriff das Reich 1917 relativ spät Vorkehrungen, um mittels eines Reichskommissars auf die Importlage administrativ einzuwirken.

Selbstredend entfielen im Krieg die langjährigen und wichtigen Außenhandelspartner, vor allem Großbritannien, Frankreich und das Russische Reich, auch als Adressaten für den Absatz deutscher Waren. Zudem waren auch keine Exporte an ihre Kolonien mehr möglich, wie überhaupt der Überseeexport unter den Bedingungen der Seeblockade noch schwieriger als der Import zu organisieren war.[90] Deshalb rückten die europäischen Neutralen, allen voran die Niederlande und die Schweiz, auch als Empfänger von Exporten stärker in den Vordergrund. Ausfuhren in die USA waren in den beiden ersten Kriegsjahren noch möglich und wurden in reduziertem Umfang beispielsweise über die Seehandelsgesellschaften neutraler Staaten wie den Niederlanden abgewickelt.[91] Der festzustellende starke Abfall des deutschen Exports erklärte sich auch durch die kriegsbedingt allgemein zurückgehende Nachfrage, die zu einem Rückgang des intraindustriellen Handels, d. h. des Exports von Fertigwaren, führte. Stattdessen rückte für Deutschland die Rohstoff- und Halbwarenausfuhr stärker auf die Agenda.

Eine Vielzahl großer deutscher Unternehmen zeigte trotz Ausbruch des Kriegs ein Interesse am ungestörten Fortgang des Außenhandels. Insbesondere die moder-

---

87 *Frey*, Erste Weltkrieg und die Niederlande, 166 f.
88 *Frey*, Erste Weltkrieg und die Niederlande, 168.
89 *Kurt Höweler*, Der Geld- und Kapitalmarkt der Schweiz. Berlin 1927, 50.
90 Vgl. *Frey*, Erste Weltkrieg und die Niederlande, 145.
91 *Frey*, Erste Weltkrieg und die Niederlande, 146 f.

nen, innovativen Industriezweige partizipierten seit Jahren in lukrativer Weise am Welthandel. Der Krieg störte ihr Exportgeschäft und bedeutete ein hohes Risiko: Im Falle einer Niederlage war zu erwarten, dass die Kriegsgegner alles Erdenkliche in die Wege leiten würden, um die ungeliebte deutsche Konkurrenz von den internationalen Märkten zu verdrängen.[92] Diese Einschätzung galt für Industrien wie die Chemie, die auf dem Weltmarkt verkauften, aber auch die Textilindustrie, die nicht nur als Rohstoffimporteur, sondern auch als Exporteur von Baumwoll- und Wollwaren stark auf den Außenhandel orientiert war.[93]

Der Kohleexport in die Niederlande basierte auf fest etablierten Handelsbeziehungen und entwickelte sich im Krieg zur „Goldader".[94] Der Hauptgrund für sein Aufblühen war die Beschränkung der Gewinne auf dem Binnenmarkt durch die reglementierende Preispolitik. Das Rheinisch-Westfälische-Kohlesyndikat, einer der Hauptexporteure, fasste am 24. November 1915 den Syndikatsbeschluss, aus dem Niederlandehandel das Bestmögliche herauszuholen. Die starke Abhängigkeit der Niederlande von Steinkohleimporten und die kriegsbedingte Knappheit ließen den dortigen Kohleverkaufspreis stark ansteigen. Das RWKS veranschlagte so hohe Ausfuhrpreise wie möglich und versuchte gleichzeitig durch strikte Geheimhaltung, seinen Absatz der Kontrolle der Reichsregierung zu entziehen. Selbst nach Einsetzung des Reichskohlekommissars blieben der Kohlehandel und -transport in der Hand des Syndikats; der Regierungsbeauftragte vermochte keine radikalen Änderungen herbeizuführen.[95] In vergleichbarer Weise war die Schweiz als weiteres neutrales Land in hohem Maße auf Deutschlands Hauptexportgut angewiesen.

In ähnlicher Weise nutzten die Eisen- und Stahlindustriellen die Chancen, die ihnen der Krieg eröffnete. Auch sie hatten vor allem den Erhalt ihrer strategischen außenwirtschaftlichen Position im Blick. Zu Beginn des Krieges wussten sie den Erlass von Ausfuhrbeschränkungen in die neutralen Länder zu verhindern. Sie erklärten, dass ihre Kartellvereinigungen dafür Sorge trügen, dass die Verkäufe nicht in die Hände der Kriegsgegner fielen. Die in Aussicht gestellte Kontrolle über die Verwendung der Eisen- und Stahlexporte im Ausland erwies sich als Illusion. Als Großbritannien 1916 seine Stahlexporte stark einschränkte, um die eigene Rüstungsproduktion zu steigern, erhöhte sich die Nachfrage der neutralen Länder nach deutschem Stahl. Deutsches Eisen gelangte über die Schweiz sogar nach Frankreich und Italien. Für einige Stahlindustrielle heißt es, dass sie über das ganze Jahr 1916 hin-

---

92 *Werner Plumpe*, Die Logik des modernen Krieges und die Unternehmen: Überlegungen zum Ersten Weltkrieg, in: Jahrbuch für Wirtschaftsgeschichte 2015/2, 333.
93 *Gottfried Plumpe*, Chemische Industrie und Hilfsdienstgesetz am Beispiel der Farbenwerke, vorm. Bayer & Co., in: Gunter Mai (Hrsg.), Arbeiterschaft 1914–1918 in Deutschland. Studien zu Arbeitskampf und Arbeitsmarkt im Ersten Weltkrieg. Düsseldorf 1985, 185; *Goebel*, Kriegsbewirtschaftung der Spinnstoffe, 12 f.
94 *Eva-Maria Roelevink*, Organisierte Intransparenz. Das Kohlesyndikat und der Niederländische Markt 1915–1932. München 2015, 102.
95 *Roelevink*, Organisierte Intransparenz, 103, 110.

weg den Außenhandel gegenüber dem Binnenabsatz vorzogen.[96] Das Kriegsministerium forderte vehement eine schärfere Kontrolle über die Ausfuhr von Eisen und Stahl. Das zeitgenössisch stark kritisierte Unternehmerverhalten gehörte zu den Auslösern der kriegswirtschaftlichen Umorientierung im Sommer 1916.

Die auf die Kriegsführung orientierte Reichsregierung verfolgte andere Ziele als die gewinnorientierten Industriellen. Ihre größte Sorge war, dass keine in Deutschland produzierten Güter und Waren zu den Kriegsgegnern gelangten. Schon kurz vor Kriegsausbruch, am 31. Juli 1914, erließ sie acht Verordnungen über Ausfuhrverbote für Tiere und tierische Erzeugnisse; Verpflegungs-, Streu- und Futtermittel; Kraftfahrzeuge sowie Teile davon und Rohöl; Kriegsbedarfsartikel insbesondere Waffen, Munition und Pulver; Eisenbahnmaterial aller Art sowie Telegrafen- und Fernsprechgerät; Rohstoffe, die zur Herstellung von Kriegsbedarf dienen können; Verbands- und Arzneimittel; Tauben.[97] Institutionalisiert wurde die Überwachung seit Ende 1914 durch die Einrichtung von Zentralstellen für Außenhandelsbewilligung. Diese waren nach Industriegruppen eingeteilt und unterstanden dem Reichsamt des Inneren beziehungsweise dessen Wirtschaftsabteilung.[98] In der ersten Phase ihrer Existenz wurden sie als „Selbstverwaltungskörper der in Frage kommenden Industriegruppen"[99] beschrieben, die „von Interessenverbänden geleitet"[100] seien. Ihre Leiter waren in der Regel die Vorsitzenden der jeweiligen Industrieverbände. Im Laufe der Zeit übernahmen sie für 31 außenhandelsrelevante Industriezweige die fachliche Prüfung aller eingereichten Exportanträge.[101] Im schwerindustriellen Bereich entstanden mehrere derartige Stellen: Auf Vorschlag des Vereins Deutscher Eisenhüttenleute wurde im November 1914 eine Zentralstelle für Eisen- und Stahlerzeugnisse beim Verein Deutscher Eisen- und Stahlindustrieller in Berlin eingerichtet. Es folgten unter Anlehnung an die Wirtschaftsverbände die Gründungen weiterer Stellen, etwa für Stabeisen, schmiedeeiserne Röhren und Walzdraht in Düsseldorf, für Roheisen und Grobbleche in Essen und für Maschinenindustrie und Gießereien in Berlin.[102] Wie die oben dargestellten Resultate zeigen, folgte ihre Praxis meist den Gewinninteressen der Industriellen. Ihre disparate Existenz und sich kreuzende Zuständigkeiten ließen von Seiten des Militärs und des Kriegsministe-

---

96 *Feldman*, Die sozialen und politischen Grundlagen, 21; *Gerald Feldman*, Army, Industry and Labor in Germany 1914–1916. Princeton 1966, 157.
97 *Haberland*, Elf Jahre, 7.
98 *Frankfurther*, Deutsche Außenhandelskontrolle, 51; *Hans Neisser*, Ausfuhrzölle, Ausfuhrverbote, Ausfuhrregelung, in: Ludwig Elster (Hrsg.), Handwörterbuch der Staatswissenschaften, Bd. 2, 4. Aufl. Jena 1924, 31.
99 *Alfred Stellwaag*, Die deutsche Eisenwirtschaft während des Krieges [1922] (Die deutsche Wirtschaft im Bereich der Heeresverwaltung, Bd. 2.) Neudruck Berlin/Boston 2016, 110.
100 *Roth*, Staat und Wirtschaft, 354.
101 *Wilhelm Dieckmann*, Die Behördenorganisation in der deutschen Kriegswirtschaft 1914–1918. Hamburg 1937, 12.
102 *Stellwaag*, Die deutsche Eisenwirtschaft, 31.

riums den Wunsch nach einer Koordination bzw. Zentralisierung entstehen, damit der Heeresbedarf angemessen berücksichtigt werde.

Die Reichsregierung folgte am 11. Februar 1916 den Forderungen des Militärs und setzte einen Reichskommissar für die Ein- und Ausfuhrbewilligung ein.[103] Er war der erste im Krieg eingesetzte Kommissar für Sonderaufgaben; personell nahm der Leiter des Statistischen Kaiserlichen Amtes die Funktion wahr. Das übergeordnete Reichsamt des Inneren machte den Weg für die geforderte Zentralstelle frei, obgleich es sich weiterhin die Aufsicht über den Außenhandel vorbehielt.[104] Die Kompetenzen des Reichskommissars betrafen prioritär die Exportkontrolle. Im Zuge der Ausgestaltung des Hindenburg-Programms wurde der absolute Vorrang der Militär- und Inlandsversorgung vor der Ausfuhr festgelegt. Die Überwachungskompetenz für den kriegswichtigen Bereich nahm das neue Kriegsamt wahr, das über eine eigene Abteilung für Aus- und Einfuhr verfügte. Sie hatte die Führung in allen Außenhandelsfragen, sofern sie militärische Erfordernisse betrafen.[105] Seit August 1916 organisierte das Kriegsamt alle Besprechungen über die Reglementierung der Ausfuhr. Seine Preisfestsetzungskompetenz wurde gestärkt; zum Beispiel setzte die zuständige Abteilung die Ausfuhrpreise für Eisen und Stahl fest.[106] Die Antragsvorprüfung neu geschaffener Organe wie der Rohstahlausgleichsstelle sollte ab Oktober 1916 für die Sicherung der Priorität des „unmittelbaren Kriegsbedarfs" sorgen.[107] Da es an einem Kontrollapparat fehlte, mussten sich die Industriellen durch eidesstattliche Erklärungen bei „Vertrauensstellen für Eisenlieferungen" verpflichten, ihre Produktion im amtlich verfügten Sinn zu veräußern.[108] Mit solchen Prüfungen trug die Rohstahlausgleichsstelle dafür Sorge, dass der Exportbewilligung keine kriegswirtschaftlichen Interessen entgegenstanden. Der Reichskommissar unterstand dem Reichswirtschaftsamt seit seiner Einrichtung im August 1917.

Im Sinne der strategischen Kriegsführung war der Export auch für die Refinanzierung der Importe notwendig, denn über Verkäufe ins Ausland ließen sich Devisen einnehmen und somit der Einkauf von Nahrungsmitteln, Rohstoffen und Kriegsmaterial im Ausland bezahlen. Das bedeutendste deutsche Massenexportgut war die Steinkohle. Kriegstaktisch war ihre Ausfuhr nicht unbedingt erwünscht, weil der inländische Bedarf sehr hoch war. Im Zuge des Hindenburg-Programms schaltete sich die Reichsregierung stärker in die Kontrolle der Außenwirtschaft ein. Sie versuchte, die Steinkohle in bilaterale Kompensationsgeschäfte mit den Neutralen einzubeziehen. Im Kontakt mit der Schweiz setzte sie den Kohleexport sogar als direktes Druckmittel ein. Angesichts der wahrnehmbaren Ausfuhr rüstungsrelevanter

---

103 *Roth*, Staat und Wirtschaft, 354; *Frankfurther*, Deutsche Außenhandelskontrolle, 51; *Haberland*, Elf Jahre, 28–30; vgl. auch *Goebel*, Kriegsbewirtschaftung der Spinnstoffe, 281, 338 f.
104 *Roth*, Staat und Wirtschaft, 45.
105 *Dieckmann*, Behördenorganisation, 51, 53.
106 *Roth*, Staat und Wirtschaft, 45.
107 *Stellwaag*, Die deutsche Eisenwirtschaft, 70, 101.
108 *Stellwaag*, Die deutsche Eisenwirtschaft, 269.

Güter an die Ententemächte erstellte die deutsche Reichsregierung eine schwarze Liste, die die Kohlelieferung an Schweizer Firmen sperrte.[109] Da auf dem Schweizer Binnenmarkt Kohle weiterhin erhältlich blieb, hatte das Reich im Oktober 1915 für oberrheinische Firmen ein Verbot des Brikettexports verhängt. Ein Junktim wurde formuliert: Die Wiederaufnahme der Lieferung wurde von der Einrichtung einer deutschen Zentralstelle in der Schweiz abhängig gemacht, die die Verwendung der gelieferten Kohle überwachen sollte. Durch den äußeren Druck des Wirtschaftskrieges wurden die Handelsbeziehungen komplizierter: Berlin hielt Handelswaren manchmal vier bis sechs Wochen zurück, weil Unsicherheiten bezüglich ihrer Lizenzierung bestanden.[110] Der deutsch-schweizerische Handelsvertrag vom 2. September 1916 sah den gegenseitigen Austausch auf Kompensationsbasis vor, d. h. der Schweiz wurden gewisse Kohlekontingente eingeräumt. Der nach Möglichkeit überwachte Kohleexport diente Deutschland als Druckmittel, um den Fortgang Schweizer Lieferungen durchzusetzen.

Der Außenhandel mit den gleichfalls stark von deutscher Steinkohle abhängigen Niederlanden gestaltete sich seit der Kriegsmitte vergleichbar. Seit Oktober 1916 reduzierte die OHL den Steinkohleexport um rund die Hälfte und schränkte die Eisen-, Stahl- und Salzlieferungen ein. Ihr Ziel war die Aufweichung des von den Niederlanden mit Großbritannien abgeschlossenen Agrarabkommens. Da die deutsche Seite höhere Kompensationsforderungen stellte, als nach der niederländisch-britischen Übereinkunft möglich waren, kam es zum Abschluss eines „Provisoriums" mit Nebenabsprachen. Deutschland erklärte sich zur Lieferung von monatlich 220 000 Tonnen Kohle bereit, was hinter den niederländischen Erwartungen zurückblieb. Im Gegenzug verpflichteten sich die Niederlande zur Reservierung eines Viertels ihrer Milch-, drei Viertel der Butter-, zwei Drittel der Käse- und die Hälfte der Fleisch- und Wurstexporte für Deutschland. Die Überwachung erfolgte durch die Deutsche Handelsstelle im Haag. Im Zuge der allgemeinen Ressourcenverknappung gehorchte der Außenhandel immer mehr den Regeln bilateraler Abkommen mit Kompensationscharakter.[111]

Der Kriegswirtschaft wohnte eine Neigung zur Autarkie inne, denn der Rückgang der Exporte führte dazu, dass ein großer Teil dieser Waren nun im Inland verbraucht werden konnte. Der kriegsbedingte Rückgang des Konsumgüterverbrauchs entsprach ebenfalls der kriegs- und rüstungswirtschaftlichen Logik. Industriezweige, denen es an Absatzmöglichkeiten im Export mangelte, verfügten über Kapazitäten, die in der Rüstungsproduktion eingesetzt werden konnten. Ein Beispiel im Kleinen waren die Exportausfälle der Korb-, Puppen- und Spielwarenhausindustrie Sachsen-Coburgs, Sachsen-Meiningens und Bayerns. Diese Industriezweige konnten ihre Erzeugnisse wegen der eingestellten Ausfuhr nach Großbritannien

---

109 *Ochsenbein*, Die verlorene Wirtschaftsfreiheit, 248.
110 *Ochsenbein*, Die verlorene Wirtschaftsfreiheit, 268.
111 *Frey*, Erste Weltkrieg und die Niederlande, 189–191.

und anderen Ländern nicht mehr absetzen, sodass 150 Holzbearbeitungswerkstätten und 500 Korbfabriken leicht für die Anforderungen des militärischen Beschaffungswesens mobilisiert werden konnten.[112]

5.1.6 Deutsche Reaktion auf den Bruch im Außenhandel 1916/17

Im Winter 1916/17 geriet Deutschland nach einer halbjährigen Laufzeit des Hindenburg-Programms in eine Wirtschaftskrise, die vom Transportsektor ausging, eine Kohleknappheit auslöste und letztlich in einer Ernährungskrise kulminierte. Durch die Überhitzung der Kriegswirtschaft stiegen die Rüstungskosten beständig und führten zu einer allgemeinen Knappheit an Finanzmitteln. Sie setzte das Deutsche Reich außer Stande, die bisher betriebene Hochpreispolitik zur Anziehung der Importe fortzusetzen. Die angeworfene Notenpresse blähte die Geldmenge auf und beschleunigte den Kaufkraftverlust der Mark im internationalen Zahlungsverkehr. Nachdem in der ersten Jahreshälfte 1916 noch größere Kreditaufnahmen in ausländischen Währungen gelungen waren, schränkten sich die Möglichkeiten hierzu immer mehr ein. Die Exporte verblieben auf niedrigem Niveau, sodass auf diesem Weg keine Deviseneinnahmen mehr zu erzielen waren. Insgesamt ging die Fähigkeit zur Mobilisierung von Devisen zur Importfinanzierung zurück.[113]

Hinzu kamen die Effekte des seit zwei Jahren weltweit geführten Wirtschaftskrieges. Die Militarisierung der Volkswirtschaften betraf nicht nur die kriegführenden Länder, sondern auch die Neutralen. Die Reglementierung hatte sich in verschiedenen Phasen und auf mehreren Ebenen entwickelt; sie erstreckte sich auf Bewirtschaftung, Rationierung, Kontingentierung sowie Ein- und Ausfuhrverbote.[114] Die von den Alliierten verhängten direkten und indirekten Kontrollmethoden schränkten den Außenhandel in vielen Bereichen ein. Ihr etabliertes System von Verträgen wirkte auf die Mittelmächte zurück, die ihrerseits die außenwirtschaftlichen Kontakte mit den Neutralen durch Handelsverträge absichern mussten. Als weitere Folge stellte sich eine zunehmende Bürokratisierung der Außenhandelsgeschäfte ein, die sich im Aufbau von Kontrollinstitutionen in allen beteiligten Staaten, auch den neutralen, niederschlug. Die für 1916 erwähnten Schwierigkeiten im Außenhandel führten zur Entwicklung einer Pendeldiplomatie, um die bestehenden Handelsverbindungen zu sichern.

---

112 *Robert Weyrauch*, Waffen- und Munitionswesen. (Die deutsche Kriegswirtschaft im Bereich der Heeresverwaltung 1914–1918, Bd. 1.) Neudruck Berlin/Boston 2016, 82.
113 Vgl. ausführlich *Hardach*, Die finanzielle Mobilmachung, 379–382.
114 Vgl. *Ochsenbein*, Die verlorene Wirtschaftsfreiheit, 313 f.

Tab. 3: Außenhandelsindex des Deutschen Reichs 1913–1918 [1913 = 100, konstante Preise].

	Importwert	Exportwert
1913	100	100
1914	79	74
1915	55	25
1916	59	29
1917	39	20
1918	39	28

Quellen: *Hardach*, Der Erste Weltkrieg, 42 („Goldmarkindex", d. h. konstante Preise). Zu den zugrunde liegenden Zahlenwerten und Quellen vgl. Tabelle 2 in diesem Kapitel.

Trotz der vielfältigen Hemmnisse erreichte der allgemeine Index des deutschen Außenhandels 1916 bei den Importen einen Wert von 59 % der Friedenszeit, was auf die hohen Einfuhrwerte in der ersten Jahreshälfte zurückzuführen war. Die Tabelle 3 zeigt, dass auch 1917 und 1918 noch fast 40 % der Vorkriegseinfuhren realisiert werden konnten. Wesentlich niedriger lagen die Exportergebnisse, die bereits 1915 auf ein Viertel des Wertes der Friedenszeit gefallen waren.

Zum Verständnis der in Tabelle 3 aggregierten Werte kann die Handelsstatistik in einigen Segmenten näher untersucht werden. Der Handel mit den Bündnispartnern war aus deutscher Sicht wenig vorteilhaft. Am besten lässt sich das in der bis 1916 fortgeführten Statistik zum Österreichhandel erkennen. Im letzten Friedensjahr 1913 betrug der Wert der deutschen Exporte nach Österreich 1,367 Milliarden Kronen (1,157 Mrd. Mark), der Wert der Importe 1,211 Milliarden Kronen (1,025 Mrd. Mark).[115] In der Folge stiegen die deutschen Exporte stark an, während die Importe aus Österreich zurückgingen. 1916 stellten die Ausfuhren nach Österreich in Höhe von rund zwei Milliarden Mark (in laufenden Preisen) mehr als die Hälfte des deutschen Exportgesamtwerts dar. Der im Krieg sich einstellende Handelsbilanzüberschuss erlaubte es dem Deutschen Reich kaum mehr, Lücken der inländischen Versorgung durch Lieferungen aus dem verbündeten Nachbarland zu kompensieren. Die deutsche Regierung vergab sogar Kredite, um Österreich die Finanzierung von Importen aus neutralen Staaten zu ermöglichen.[116] Die Bilanz des Österreichhandels, die Tabelle 4 als Index vorlegt, lässt die geringe Bedeutung der Exporte zur Refinanzierung der Importe erkennen.

Die Wende im deutschen Außenhandel um die Jahresmitte 1916 tritt deutlich hervor, wenn man die monatlich vorliegende Statistik der deutschen Importe aus den Niederlanden betrachtet. Ab diesem Zeitpunkt fielen die Importwerte kontinu-

---

115 Umgerechnet nach dem Wechselkurs von 1913, vgl. Statistisches Jahrbuch 1914, 295.
116 Siehe Abschnitt 2.3.6 in diesem Band.

Tab. 4: Deutschlands Außenhandel mit Österreich 1913–1916 [1913 = 100].

	1913	1914	1915	1916	1917	1918
Exporte	100	87	121	174	–	–
Importe	100	83	81	95	–	–

Quelle: *Brian R. Mitchell*, International Historical Statistics: Europe 1750–2005. 6. Aufl. Basingstoke 2007, 625.

Tab. 5: Wertindex der deutschen Importe aus den Niederlanden [Januar 1916 = 100].

	Jan	Feb	März	Apr	Mai	Juni	Juli	Aug	Sep	Okt	Nov	Dez
1916	100	104	107	69	147	121	111	109	92	62	71	41
1917	60	68	41	68	68	67	61	47	28	24	54	33

Quelle: *Frey*, Erste Weltkrieg und die Niederlande, 296.

ierlich. Zur gleichen Zeit gingen auch die Schweizer Exporte an die Mittelmächte deutlich zurück.[117]

Der in Tabelle 5 zu sehende Rückgang der niederländischen Exporte nach Deutschland spiegelt die relativen Erfolge der britischen Handelspolitik und -diplomatie, vor allem das britisch-niederländische Handelsabkommen, wider. Als die niederländischen Exporte nach Deutschland zurückgingen, stiegen im Gegenzug die Exporte nach Großbritannien. Hierzu komplementär sind die Angaben zu den zurückgehenden Einfuhren der ZEG aus den Niederlanden, z. B. fiel der Fleischimport von 3596 Tonnen im Mai 1916 auf 1411 Tonnen im September 1916. Im Gegenzug stieg der Fischimport von 400 Tonnen im Mai auf 11 214 Tonnen im September, sodass er die Ausfälle überkompensierte.[118] Der Versuch einer umfassenden Bilanz der Nahrungsmittelsituation im Deutschen Reich findet sich im letzten Abschnitt dieses Kapitels.

Ein radikaler Bruch im Außenhandel trat auch 1917 nicht ein, denn immer wieder konnten Lücken in Vertragswerken gefunden und Kompensationsgeschäfte arrangiert werden. Der Rückgang der Exporte nach Deutschland fiel nicht so deutlich aus, wie von den Alliierten erhofft. Einen weiteren Einschnitt bedeutete indessen die Verschärfung des deutschen Seekriegs, die die USA zu einer Revision ihrer Handelspolitik veranlasste. Die deutsche militärische Entscheidung für den uneingeschränkten U-Boot-Krieg richtete sich vornehmlich gegen die zivile Schifffahrt auf dem Atlantik, d. h. sie betraf auch die Frachtschiffe unter Flagge der neutralen Staa-

---

[117] *Roman Rossfeld/Tobias Straumann*, Zwischen den Fronten oder an allen Fronten? Eine Einführung, in: Roman Rossfeld/Tobias Straumann (Hrsg.): Der vergessene Wirtschaftskrieg. Schweizer Unternehmen im Ersten Weltkrieg. Zürich 2008, 27.
[118] *Frey*, Erste Weltkrieg und die Niederlande, 187.

ten. Infolge der deutschen Attacken zur See verließen nur noch wenige amerikanische Handelsschiffe die Häfen, was eine drastische Reduktion des transatlantischen Exportvolumens nach sich zog. Die Zahl der Schiffe, die zwischen Februar und April 1917 die Häfen der deutschen Nachbarländer Niederlande, Dänemark, Norwegen und Schweden anlief, fiel auf weniger als ein Drittel der Zahl im Frühjahr 1915.[119]

Der uneingeschränkte U-Boot-Krieg forderte den Kriegseintritt der USA heraus, der am 6. April 1917 erfolgte. Fortan beteiligten sich die USA an der Blockade, nachdem sie zuvor noch als Garant der Versorgungsinteressen der Neutralen aufgetreten waren. Der *American Export Prohibition Act* vom 16. Juni 1917 verfügte ein Handelsembargo mit dem Ziel, die Neutralen zu zwingen, ihre Reexporte an die Mittelmächte zu unterlassen.[120] In Abstimmung mit den Briten folgten ein Ausfuhrverbot für Textilien sowie eine starke Verminderung der Lieferungen im Nahrungsmittelbereich. Die Beschneidung des Transatlantikhandels verringerte die Einfuhren der Neutralen aus Übersee so drastisch, dass selbst die ausgehandelten Kontingente nicht mehr erreicht wurden.[121] Obgleich beispielsweise die Niederlande vor Kriegseintritt der USA aus Angst vor dem Embargo noch größere Vorräte an Getreide angekauft hatten, entfielen ihre Spielräume für den Reexport schlagartig.[122] Der deutsche Handel mit den Niederlanden konnte kurzzeitig im Rahmen der getroffenen Vereinbarungen fortgeführt werden, ging aber ab August 1917 – wie in Tabelle 5 zu sehen – merklich zurück.[123] Allein die Schweiz wurde von der amerikanischen Handelssperre ausgenommen, weil sie für die französische Rüstungsindustrie einen nennenswerten Stellenwert besaß. Im Gegenteil konnte die Eidgenossenschaft dank ihrer verstärkten Hinwendung zu den USA sogar eine erhebliche Steigerung ihrer transatlantischen Importe erzielen, die freilich nur sehr eingeschränkt nach Deutschland reexportiert werden konnten.[124]

Im Dezember 1917 erlaubten die Alliierten einige als „Weihnachtsgeschenke" bezeichnete Lieferungen an die Neutralen, vor allem, um zu verhindern, dass diese Länder wirtschaftliche Unterstützung bei den Mittelmächten suchten. Eine partielle Erneuerung der Handelsabkommen ließen die USA erst ab dem Frühjahr 1918 zu; Vertragsabschlüsse erfolgten mit Norwegen im April, mit Schweden im Mai und mit Dänemark im September 1918.[125] Mit den Niederlanden schloss man keinen neuen Vertrag, sondern ließ nur sporadische Lieferungen zu. Mitunter kam es, wie des

---

119 *Hardach*, Der Erste Weltkrieg, 36.
120 *Bell*, History of the Blockade, 622.
121 Carsten Burhop, Wirtschaftsgeschichte des Kaiserreichs 1871–1918. Göttingen 2011, 197; *Hardach*, Der Erste Weltkrieg, 36–38.
122 *Weber*, Die amerikanische Verheissung, 65.
123 *Frey*, Erste Weltkrieg und die Niederlande, 295.
124 *Hardach*, Der Erste Weltkrieg, 38; sowie die Grundthese von *Weber*, Die amerikanische Verheissung.
125 *Hardach*, Der Erste Weltkrieg, 39.

Öfteren während des Krieges, zur Festsetzung niederländischer Seeschiffe in britischen und amerikanischen Häfen.[126]

Im Juni 1916 tagte in Paris eine interalliierte Wirtschaftskonferenz. Die wesentlichen dort getroffenen Entscheidungen betrafen die Verschärfung des Wirtschaftskrieges und die Diskriminierung Deutschlands im internationalen Handel über das Kriegsende hinaus.[127] Flankiert wurden diese Konferenzergebnisse von den Erfolgen der britischen Diplomatie bei der Verringerung der Reexporte der Neutralen. Die Wirtschaftsordnungen aller am Krieg beteiligten Länder, auch der Neutralen, unterlagen immer stärkeren Reglementierungen. Angesichts der britischen Vertragsdiplomatie spielten bilaterale Abkommen und Staatsverträge, besonders in Bezug auf die Neutralen, in den Außenhandelsverhältnissen eine immer größere Rolle. Das Deutsche Reich reagierte auf die drohende Verengung seiner Spielräume und den Wegfall von Importmöglichkeiten mit einer „Handelsexpansion".[128]

Diese Entscheidung, die teils auf überoptimistischen Kriegserwartungen, teils auf einer Trotzreaktion der politischen und militärischen Führung basierte, schloss sich dem Hindenburg-Programm mit seinen umfassenden Vorkehrungen zur Wirtschaftslenkung an. Das Ziel der OHL war die Einbeziehung des Außenhandels in die ordnungspolitische Umgestaltung, die sich mit der gleichzeitigen Installierung des Kriegsamtes vollzog. Es wurde ein absoluter Vorrang der Inlandsversorgung angeordnet.[129] Die im Kriegsamt errichtete Abteilung für Außenhandel bemühte sich um die Erfassung der gehandelten Warenströme und der Stärkung der Kontrolle darüber, um die Güter- und Ressourcenlenkung in den militärischen Bereich einschließlich der Rüstungsindustrie zu verbessern.

Trotz des bürokratischen Ausbaus im Inneren war an eine vollständige Zentralisierung des Außenhandels nicht zu denken. Über die Reichsgrenzen hinaus wurde die Aktivierung des Außenhandels mit diplomatischen Mitteln angestrebt. Deutschland unterhielt seit dem 19. Jahrhundert Gesandtschaften im Ausland, denen meist handelspolitische Abteilungen mit Handelsattachés angeschlossen waren. Auf dieser Basis hatte die Reichsregierung seit Kriegsbeginn die Beziehungen mit den verbündeten Ländern mittels direkter Kontakte ausgebaut. Die Kriegsrohstoffabteilung (KRA) hatte Bevollmächtigte entsandt, die eng mit den jeweils zuständigen Staatsbehörden der Bündnispartner zusammenarbeiteten: Österreich-Ungarn und Deutschland unterhielten gegenseitig Bevollmächtigte in den Kriegsministerien. In der österreichischen Hauptstadt gab es die Deutsche Kriegsrohstoffabteilung Wien, in Budapest eine ihr

---

126 *Bell*, History of the Blockade, 650.
127 Zum Kontext der Pariser Konferenz vgl. *Heide-Irene Schmidt*, Wirtschaftliche Kriegsziele Englands und interalliierte Kooperation, in: Militärgeschichtliche Mitteilungen 29, 1981, 37–54.
128 Vgl. *Carl-Ludwig Holtfrerich*, Aus dem Alltag des Reichswirtschaftsministeriums während der Großen Inflation 1919–1923/24, in: Carl-Ludwig Holtfrerich (Hrsg.), Das Reichswirtschaftsministerium der Weimarer Republik und seine Vorläufer. Strukturen, Akteure, Handlungsfelder. (Wirtschaftspolitik in Deutschland, Bd. 1.) Berlin/Boston 2016, 313.
129 *Roth*, Staat und Wirtschaft, 45.

unterstellte Rohstoffübernahmekommission; beiden Organen gehörten delegierte Offiziere und Sachverständige an. Nach Bulgarien war ein Bevollmächtigter der KRA entsandt, und in der Türkei existierte eine deutsche Zentrale für Kriegsbedarf, die mit der Deutsch-Orientalischen Handelsgesellschaft zusammenarbeitete.[130]

Die eingeleitete diplomatische Offensive zielte auf eine Erhöhung der Personalausstattung der Auslandsvertretungen in den neutralen Staaten. Für die Delegierung von Fachpersonal in die fraglichen Länder zeichnete das ordnungspolitisch immer stärker dominierende preußische Kriegsamt verantwortlich. Für die Niederlande wurde die Deutsche Handelsstelle im Haag und ihr Wirken im Nahrungsmittelsektor bereits erwähnt. Sie konnte als „Hauptvertretung der deutschen Einkaufsgesellschaften"[131] gelten und unterstand ab August 1917 dem neu gebildeten Reichswirtschaftsministerium. In Schweden war ein Vertreter der Aus- und Einfuhrabteilung des Kriegsministeriums als Legionsrat bei der Stockholmer Gesandtschaft ansässig. Er kümmerte sich um die Anbahnung bilateraler Handelsabkommen, während die Handelsgeschäfte von einem Beschaffungsoffizier der Marine, der zugleich Textilbeauftragter war, durchgeführt wurden.

Am stärksten wurden die personellen Kapazitäten in der Schweiz ausgebaut, deren handelspolitische Bedeutung in der zweiten Hälfte des Krieges zunahm. Sie erfüllte nicht nur weiterhin ihre Rolle als Rohstoff- und Nahrungsmittellieferant, sondern exportierte auch rüstungsrelevante Güter und Halbwaren, jedoch an beide kriegführenden Parteien. Dies hatte in den Augen der Heeresleitung eine besondere Überwachung erfordert, die die seit Juni 1915 bestehende Treuhandstelle Zürich wahrnahm.[132] Im Herbst 1916 wurde der Handelsabteilung der Berner Gesandtschaft eine „militärische Handelsabteilung" beigeordnet. Ihre Aufgabe lag in der Durchführung der grundlegenden Abkommen. Daneben leistete sie eine Koordination zwischen Schweizer Stellen, dem Auswärtigen Amt und der Wirtschaftsabteilung des Reichsamts des Inneren.[133] Unter Leitung des Geheimrats Louis Revené, eines Berliner Eisen- und Stahlhändlers, stellte die Handelsabteilung der Gesandtschaft auch Kontakte zu Schweizer Fabrikanten her.[134] Das Chemiereferat der militärischen Abteilung unter Karl Röhle unterstützte beispielsweise die Importbestrebungen der Kriegschemikalien AG.[135] Andere Referate arbeiteten der Kriegswirtschafts AG zu, einer bereits im Januar 1915 gegründeten Kriegsgesellschaft zur Erfassung und Nutzbarmachung von Waren aus den besetzten Gebieten, die nun ihr Tätigkeitsfeld auf

---

130 *Goebel*, Kriegsbewirtschaftung der Spinnstoffe, 334.
131 *Frey*, Erste Weltkrieg und die Niederlande, 188; vgl. auch *Goebel*, Kriegsbewirtschaftung der Spinnstoffe, 336.
132 Vgl. zum Folgenden auch den Abschnitt 5.2.5 in diesem Band.
133 *Goebel*, Kriegsbewirtschaftung der Spinnstoffe, 335; vgl. auch Bundesarchiv Berlin (BArch) R 8729 und BArch R 8744 (verschiedene Aktenbände). Im Schriftverkehr mit der Berner Gesandtschaft taucht ab Herbst 1916 die Bezeichnung „militärische Handelsabteilung" als Adressat auf.
134 *Weber*, Die amerikanische Verheissung, 126.
135 BArch R 8729/337. Schriftverkehr [1916/1917]

die Sicherung der Importe aus den neutralen Ländern erweiterte. Als Kriegsgesellschaft bildete sich, unter Mitwirkung der AEG und Walther Rathenaus, im November 1916 die Metallum AG zum Zweck der Beschaffung von Kriegsmaterial in der Schweiz, die nach einer Monopolisierung der Rüstungseinkäufe strebte. Die Gesamtzahl der für deutsche Behörden in der Schweiz tätigen Mitarbeiter wuchs bis Kriegsende auf über 2000 an.[136]

Die forciert betriebene Bürokratisierung sorgte auf deutscher Seite für die Gewissheit, alle Vorkehrungen für die bestmögliche Organisation der bilateralisierten Handelsbeziehungen getroffen zu haben. Am 27. Februar 1917 vermeldete Staatssekretär Karl Helfferich der Obersten Heeresleitung, dass der Außenhandel zentralisiert, gut geregelt und lückenlos überwacht sei.[137] Seit dem Vormonat schalte sich der Reichskommissar für Ein- und Ausfuhren vermehrt in die Bewilligungspraxis ein. Um Devisen einzusparen, sollte vom Import von Produkten abgesehen werden, die kriegswirtschaftlich nicht als notwendig galten. Die Überzeugung, mittels des Kontrollsystems den Außenhandel überwachen zu können, mag ihren Teil dazu beigetragen haben, dass sich die Oberste Heeresleitung für eine Verschärfung der Kriegsführung entschloss. Die stark vom Militär beeinflusste Strategie der bürokratischen Kontrolle setzte sich – auch notgedrungen – bis Kriegsende fest. Im Frühjahr 1918 baute man die Treuhand Zürich in gleicher Weise wie die *Société suisse de surveillance économique* personell aus und benannte sie in „Schweizerische Treuhandstelle für Überwachung des Warenverkehrs" mit dem Ziel um, die Verwendung der deutschen Exporte im südlichen Nachbarland effizienter zu überwachen.

Die Schweiz lieferte nicht nur industrielle Fertigwaren, sondern auch Munitionsbestandteile und übernahm die Veredelung gelieferter Rohstoffe in Halbfertigwaren für Rüstungszwecke. Auch wenn der Hauptteil der Schweizer Rüstungsexporte an die Alliierten ging, arbeiteten zeitweise rund 360 Unternehmen mit 35 000 Arbeitern für die deutsche Kriegswirtschaft.[138] Insbesondere in der zweiten Kriegshälfte scheiterte jedoch manches Geschäft am chronisch werdenden deutschen Devisenmangel; dennoch leistete die Schweizer Industrie bis Kriegsende einen bedeutenden Beitrag zum Erhalt der Leistungsfähigkeit der deutschen Rüstungswirtschaft. Im Rahmen des deutsch-schweizerischen Handelsabkommens vom 2. September 1916 erfolgten Kompensationsgeschäfte, die die Lieferung der für die Schweiz unentbehrlichen deutschen Steinkohle an die Gewährung von Krediten und die Fortsetzung der Exporte von Nahrungsmitteln, Rohstoffen und Halbfertigwaren, insbesondere den Munitionsbestandteilen, koppelten. Allerdings konnten die im Handelsabkommen vorgesehenen deutschen Kohlelieferungen in Höhe von 253 000 Tonnen bis Ende 1916 lediglich zu 74 % bis 86 %, die Eisen- und Stahllieferungen von 19 000 Tonnen nur zu 37 % bis 61 % realisiert werden. Vielfach wurden diese Exporte aus militärischen

---

136 *Weber*, Die amerikanische Verheissung, 33.
137 *Frey*, Erste Weltkrieg und die Niederlande, 295.
138 *Weber*, Die amerikanische Verheissung, 126.

Gründen zurückgehalten.[139] Zur Verteilung dieser Lieferungen auf die Schweizer Unternehmen dienten die im Oktober 1916 nach deutschem Vorbild gegründete Eisenzentrale sowie die 1917 errichtete Basler Kohlezentrale, die Deutschland auch Kredite gewährte.[140] Beide Organisationen waren allerdings mehr damit befasst, den Mangel zu verwalten, als Verteilungsgerechtigkeit herzustellen.

Auch am Beispiel der Niederlande lässt sich die verminderte Fähigkeit zur Finanzierung der Importüberschüsse durch Exporte aufzeigen. Unter dem Eindruck der allgemeinen Krise und der verstärkten Kontrolle fiel der deutsche Stahlexport, der im zweiten Halbjahr 1916 noch durchschnittlich 35 000 Tonnen pro Monat erreichte, 1917 auf unter 10 000 Tonnen monatlich. Nur der Steinkohleexport verblieb auf einer ansehnlichen Höhe von monatlich 350 000 Tonnen und überstieg die britische Exportmenge erheblich. Probleme der Refinanzierung ergaben sich daraus, dass die Mark gegenüber dem Gulden stark an Wert verlor. Die Exporte in die Niederlande wurden durch die deutsche Gesandtschaft im Haag kontrolliert, die seit Februar 1917 schwarze Listen erstellte, um an die Alliierten liefernde Unternehmen vom Empfang deutscher Güter auszuschließen.[141]

5.1.7 Legende der „Aushungerung"

Die Legende der „Aushungerung" war bereits a priori geboren, als von britischer Seite noch keine derartige politische Absicht vorlag. Seit Dezember 1914 waren zwar Effekte der Blockade spürbar, doch war sie so löchrig, dass keine Nahrungsmittelengpässe auftraten. Eine Denkschrift, die der Jurist Paul Eltzbacher in diesem Monat veröffentlichte, trug den Titel „Die deutsche Volksernährung und der englische Aushungerungsplan".[142] Sie stellte Gedankenspiele über Deutschlands Möglichkeiten zu einer autarken Ernährungspolitik an. Die von der deutschen Führung formulierte Kriegslegende, dass man Opfer eines „Aushungerungskriegs" sei, wurde fortan zum festen Bestandteil der Kriegspropaganda. Die Broschüre Heinrich von Bülows „Deutschlands Aushungerung?", die 1917 in hoher Auflage verkauft wurde, ordnete die alliierte Blockade in eine längere Geschichte des britischen Imperialismus ein. England plane gegenüber den Mittelmächten eine „Vernichtungspolitik" mit der „grauenhaftesten Rücksichtslosigkeit".[143] Nach dem Krieg verfestigte sich die An-

---

139 *Ochsenbein*, Die verlorene Wirtschaftsfreiheit, 270 f.; *Gerald D. Feldman*, The Great Disorder. Politics, Economics and Society in the German Inflation, 1914–1924. Oxford/New York 1993, 44.
140 Zur Gründung und Tätigkeit der „Zentralstelle für den Bezug von Stahl und Eisen aus Deutschland", vgl. *Ochsenbein*, Die verlorene Wirtschaftsfreiheit, 272; *Weber*, Die amerikanische Verheissung, 92.
141 Vgl. *Frey*, Erste Weltkrieg und die Niederlande, 294–296.
142 *Paul Eltzbacher* (Hrsg.), Die deutsche Volksernährung und der englische Aushungerungsplan. Braunschweig 1914.
143 *Heinrich von Bülow*, Deutschlands Aushungerung? Dresden 1917, 4 f.

Abb. 2: Laubheuernte, Schüler in Röpsen (bei Gera) auf dem Heimmarsch, 1918 (BArch Bild 183-R41503).

sicht, Deutschland sei durch die Blockade „ausgehungert" und dadurch schließlich zum Friedensschluss „gezwungen" worden. Sie wurde damit zu einem tragenden Element der „Dolchstoßlegende". Die durch die Kriegspropaganda aufgebaute Mär des „Aushungerungskriegs" sollte durch Berechnungen verifiziert werden, wie viele Todesfälle der Blockadepolitik geschuldet seien.[144] Die Legende wurde nach Ausbruch des Zweiten Weltkriegs reaktiviert, z. B. in einer Denkschrift von Max Sering im Oktober 1939.[145]

Obwohl diese Meistererzählung in der Literatur vielfach rezipiert wurde, erscheinen Zweifel an ihr angebracht. Mehrere Darstellungen gehen davon aus, dass Deutschland bei Brotgetreide „nahezu Selbstversorger" war; Gerd Hardach begründet eine Selbstversorgungsquote von 90 %.[146] Tabelle 6 stellt Deutschlands Getreideaußenhandel zu Friedenszeiten der inländischen Produktion gegenüber.

---

144 *Hardach*, Der Erste Weltkrieg, 39 f.
145 *Rainer Haus*, Die Ergebnisse der Wissenschaftlichen Kommission beim Preußischen Kriegsministerium im Spannungsfeld divergierender Interessen. Eine hundertjährige Editionsgeschichte, in: Marcel Boldorf/Rainer Haus (Hrsg.), Die Ökonomie des Ersten Weltkriegs im Lichte der zeitgenössischen Kritik. (Die Deutsche Kriegswirtschaft im Bereich der Heeresverwaltung 1914–1918, Bd. 4.) Berlin/Boston 2016, 130.
146 *Hardach*, Der Erste Weltkrieg, 120; *Hans Jaeger*, Geschichte der Wirtschaftsordnung in Deutschland. Frankfurt am Main 1988, 136.

Tab. 6: Deutschlands Außenhandel und Produktion wichtiger Getreidearten. Monatsdurchschnitte 1912 und 1913.

	Import [t]		Export [t]		Außenhandelssaldo im Monatsschnitt [t]		Inländische Monatsproduktion [t]	
	1912	1913	1912	1913	1912	1913	1912	1913
Roggen	26 310	29 379	66 443	77 872	− 40 133	− 48 493	966 524	1 018 533
Weizen	191 452	212 163	26 883	44 862	+ 164 569	+ 167 301	363 385	387 996
Gerste	229 744	257 256	96	509	+ 229 648	+ 256 747	290 165	306 105
Hafer	55 495	42 085	32 101	55 138	+ 23 394	− 13 053	710 015	809 497
Mais	95 198	76 555	3	1	− 95 195	− 76 554	−	−
Reis	8 371	13 620	2	1	− 8 369	− 13 619	−	−

Quelle: Statistisches Jahrbuch für das Deutsche Reich 1914, 43, 182 f.

Die Produktion von Roggen dominierte den deutschen Vorkriegsgetreideanbau, wobei sich die Produktion auf Preußen und den Norden Deutschlands konzentrierte.[147] Weizen wurde in geringeren Mengen angebaut mit Schwerpunkten in den preußischen Provinzen Sachsen und Schlesien. Wenn die Forschung Zweifel an Deutschlands Fähigkeit zur Selbstversorgung äußerte, lag dies zumeist an den hohen Weizenimporten.[148] 1912/13 stand für den deutschen Inlandsverbrauch ein monatlicher Außenhandelsüberschuss von rund 164 bzw. 167 Tausend Tonnen Weizen zur Verfügung. Dem stand ein kleineres Außenhandelsdefizit an Roggen gegenüber, das sich während des Krieges abbauen ließ. Diese Roggenmengen standen somit für den inländischen Konsum bzw. für den Kompensationshandel mit den neutralen Staaten zur Verfügung.[149] Die importierte Gerste von durchschnittlich 230 bis 257 Tausend Tonnen pro Monat wurde zu großen Teilen als Viehfutter verwandt. Die kriegsbedingten Ausfälle führen beim Vieh viel schneller als beim Menschen zu Ernährungsdefiziten. Ein Indikator hierfür war das im Krieg rasch sinkende Schlachtgewicht der Nutztiere.

Wegen Düngermangels und des Abzugs von Arbeitskräften aus der Landwirtschaft waren im Krieg erhebliche Rückgänge der inländischen Getreideproduktion zu verzeichnen. Legt man für die Brotgetreide Roggen und Weizen einen Rückgang von 30 % für 1916 und 50 % für 1917 gegenüber der Vorkriegserzeugung zugrunde,[150] errechnen sich für beiden Getreidearten zusammengenommen Monatsschnit-

---

147 Vgl. zu den folgenden Betrachtungen auch Abschnitt 3.9.4 in diesem Band.
148 *Rita Aldenhoff-Hübinger*, Agrarpolitik und Protektionismus. Deutschland und Frankreich im Vergleich 1879–1914. Göttingen 2002, 174 f.
149 Die deutsche Roggenausfuhren 1912 und 1913 gingen zu 66 % bzw. 55 % in die neutralen Staaten Dänemark, Niederlande, Norwegen, Schweden und Schweiz, vgl. Statistisches Jahrbuch 1914, 182.
150 *Ritschl*, Pity of Peace, 49.

Tab. 7: Deutsche Brotgetreideeinfuhren 1916–1918.

Monatsdurch-schnitte [t]	I. Quartal	II. Quartal	III. Quartal	IV. Quartal	Monatsschnitt über das Jahr
1916	26 715	33 052	15 710	4773	20 063
1917	3553	1338	5627	1838	3089
1918	1368	609	7556	6999	4133

Quelle: *Skalweit*, Kriegsernährungswirtschaft, 235.

te von 984 570 t für 1916 und 703 265 t für 1917. Das Rückgrat der Ernährung bildeten weiterhin die Kartoffeln, die im Außenhandel allerdings keine Rolle spielten. Die Vorkriegsproduktion von gut 50 Millionen Tonnen konnte bis 1915 in etwa gehalten werden, doch 1916 war ein starker Einbruch zu verzeichnen, der zu den Ursachen des Hungerwinters am Ende dieses Jahres gehörte. Diesen Ausfällen der heimischen Agrarproduktion standen durch die Blockade und den Wirtschaftskrieg verursachte Importrückgänge gegenüber, wie die Tabelle 7 zeigt.

Um die Ernteausfälle an Brotgetreide zu kompensieren, hätte der Import gesteigert werden müssen, was in der Kriegssituation kaum möglich war. Im Monatsdurchschnitt betrug 1916 die deutsche Brotgetreideeinfuhr 20 063 t – bei einem klaren Rückgang im zweiten gegenüber dem ersten Halbjahr – und 1917 nur noch 3089 t. Diese Mengen erreichten lediglich 8,3 % (1916) bzw. 1,3 % (1917) der für 1913 errechneten monatlichen Durchschnittseinfuhren vor dem Krieg.

In Mengen ausdrückt, trat bereits im ersten Halbjahr 1916 ein Ausfall von rund 89 000 t Brotgetreide pro Monat gegenüber dem Importüberschuss von 1913 auf (vgl. Tabelle 6). Dem stand allerdings ein monatlicher Rückgang der heimischen Produktion an Brotgetreide von 422 000 t gegenüber, d. h. mehr als die vierfache Menge des Importausfalls. Daraus lässt sich folgern, dass die Effekte der Blockade und des verschärften Wirtschaftskriegs zu etwa 17 % für den Ausfall an Brotgetreide verantwortlich waren. Führt man dieselbe Rechnung für die Folgezeit durch, errechnet sich ein Anteil des Imports am gesamten Brotgetreideausfall von 20 % für das zweite Halbjahr 1916 sowie von 14 % für 1917.

Schwer abzuschätzen sind die zusätzlichen Getreideeinfuhren nach den militärischen Erfolgen im Osten und Südosten Europas. Die aus Rumänien, einem der wichtigen deutschen Vorkriegslieferanten, importierten Mengen wurden in der Literatur mit „Millionen Tonnen"[151] überschätzt. Tatsächlich belief sich nach den Statistiken des wirtschaftlichen Generalstabs der rumänischen Armee die zwischen Dezember 1916 und Oktober 1918 nach Deutschland gelieferte Gesamtmenge Weizen

---

151 *Weber*, Die amerikanische Verheissung, 45; *Herfried Münkler*, Der große Krieg. Die Welt 1914 bis 1918. Berlin 2013, 447.

auf 483 000 t, d. h. ungefähr 21 000 t monatlich.[152] Für Rumänien kamen Lieferungen an die Besatzungsarmee und -verwaltung hinzu, die als Kriegsbeute nicht in der Außenhandelsstatistik auftauchten. Und auch die vertraglichen Zusagen im Zuge des Friedensschlusses von Brest-Litowsk führten nicht zu einer nennenswerten Verbesserung der Versorgungslage der deutschen Zivilbevölkerung. Die Versuche, aus der Ukraine Getreidelieferungen zu pressen, verliefen relativ ergebnislos.[153]

Die Importe von Nahrungsmitteln tierischer Herkunft sind auf der Basis zweier komplementärer Statistiken durchgehend dokumentiert. Auch bei Fleisch, der wichtigsten dieser Importwaren, geht die Forschung von einer deutschen Selbstversorgungsquote um 90 % für die Vorkriegszeit aus.[154] Die Schlachterträge gingen kriegsbedingt zurück, sodass die Importe auch hier eine wichtige Rolle spielen konnten. Eine erste Statistik, die im Auswärtigen Amt angefertigt wurde (vgl. Tabelle 8), erfasst den Bezug von Lebensmitteln tierischer Herkunft aus den neutralen Staaten bis Juni 1916.

Tabelle 8 dokumentiert die Wichtigkeit der neutralen Staaten für die anhaltend gute Versorgung Deutschlands mit tierischen Produkten. Dänemark war bereits vor dem Ersten Weltkrieg Deutschlands wichtigster Lieferant von Rindfleisch (41,3 % der Gesamteinfuhr 1913) und von lebend gelieferten Rindern (62,3 %). Die Niederlande steigerten die Kriegsausfuhr in diesen Kategorien so stark, dass die beiden Länder 1915 und im ersten Halbjahr 1916 wesentlich mehr lieferten, als die gesamte deutsche Rindfleischeinfuhr 1913 betrug. Dasselbe galt für die Lieferungen von Schweinefleisch: Hier mussten die ausbleibenden russischen Exporte kompensiert werden, doch bereits 1915 erreichten Dänemark, die Niederlande und auch Schweden Lieferwerte, von denen jeder einzelne über dem des monatlichen Gesamtimports von 1913 lag. Auch die befürchtete Fettlücke währte nicht lange, denn die Kriegseinfuhren aus den neutralen Nachbarstaaten lagen, wie etwa bei Käse, höher als der gesamte Vorkriegsimport. Selbst bei Fisch und gesalzenen Heringen ließen sich die Vorkriegsimporte 1915 und vor allem im ersten Halbjahr 1916 deutlich übertreffen.

Von den Nahrungsmitteln, die in der Tabelle 8 erfasst sind, importierte Deutschland bis zur Jahresmitte 1916 größere Mengen als in der Friedenszeit. Dank der Importe hielt sich der Bestand an Rindern über den Krieg hinweg auf der Höhe der Vorkriegsjahre. Lediglich die von Tabelle 8 nicht erfasste Lieferung von lebenden Schweinen aus Russland ließ sich durch Einfuhren aus neutralen Staaten nicht kompensieren, sodass der Bestand an Schweinen – auch bedingt durch Massenschlachtungen – merklich zurückging.[155]

---

152 *Ionesco-Sisesti*, L'agriculture de la Roumanie, 59. Ferner wurden im genannten Zeitraum durchschnittlich 9766 t Mais pro Monat nach Deutschland geliefert.
153 Vgl. Abschnitt 5.4.5 in diesem Band.
154 *Hardach*, Der Erste Weltkrieg, 120.
155 Vgl. Kapitel 3.9 (Tabelle 5) in diesem Band.

Tab. 8: Deutsche Importe von Lebensmitteln tierischer Herkunft aus neutralen Staaten 1913–1916.

Monatsdurchschnitte	1913	1914	1915	1916 (bis Juni)
Rinder [Stück] – Gesamtmonatseinfuhr 1913: 21 014				
Niederlande	471	7038	955	5647
Dänemark	13 083	16 114	22 083	32 768
Rindfleisch [Tonnen, t] – Gesamtmonatseinfuhr 1913: 2523				
Niederlande	778	415	1155	2596
Dänemark	1041	1404	1579	2373
Schweden	130	166	405	282
Schweinefleisch [t] – Gesamtmonatseinfuhr 1913: 1807				
Niederlande	742	506	3517	3556
Dänemark	437	539	3210	1904
Schweden	90	144	2096	2086
Fette (Butter, Schmalz) [t] – Gesamtmonatseinfuhr 1913: 4520				
Niederlande	1538	1539	2474	1660
Dänemark	180	322	2097	2489
Schweden	33	100	677	1065
Käse [t] – Gesamtmonatseinfuhr 1913: 2189				
Niederlande	1410	1746	4227	6387
Dänemark	6	24	273	270
Schweiz	533	667	783	767
Fisch [t] – Gesamtmonatseinfuhr 1913: 15 454				
Dänemark	2409	2246	4264	7842
Schweden	2506	3059	3178	4029
Norwegen	3409	3290	3856	4390
Salzheringe [Fässer] – Gesamtmonatseinfuhr 1913: 108 177				
Niederlande	58 761	67 584	77 789	28 897
Schweden	954	7459	10 842	19 035
Norwegen	19 630	41 353	124 124	170 738

Quelle: *Frey*, Erste Weltkrieg und die Niederlande, 154 f. Werte für die durchschnittlichen Gesamtmonatseinfuhren 1913 errechnet nach: Statistisches Jahrbuch 1914, 191–193.

Das Bild verändert sich nur unwesentlich, wenn man die zweite Statistik, die August Skalweit 1927 vorlegte, in die Betrachtung einbezieht. Die darauf beruhende Tabelle 9 erfasst die deutschen Gesamtimporte in verschiedenen Nahrungsmittelkategorien.

Die monatlichen Durchschnittseinfuhrmengen in Tabelle 9 belegen, dass sich der deutsche Nahrungsmittelimport einiger Güter selbst in der zweiten Kriegshälfte behaupten konnte. Wie bereits Tabelle 8 zeigte, führte das Deutsche Reich bis zum

Tab. 9: Deutsche Nahrungsmittelimporte 1916–1918.

Monatsdurchschnitte pro Quartal [t]	1916				1917				1918			
	I/16	II/16	I/18	IV/16	I/17	II/17	III/17	IV/17	I/18	II/18	III/18	Okt–Nov/18
Brotgetreide	26 715	33 052	1368	4773	3553	1338	5627	1838	1368	609	7556	6999
Rinder [Stück]	48 976	33 301	12 356	24 549	18 617	18 902	13 814	27 463	12 356	7023	15 645	12 787
Fleisch	12 983	5439	213	2649	3763	2330	980	316	213	275	334	149
Fette (v. a. Butter)	13 898	8475	1600	6218	4854	5545	2582	2085	1600	1426	1639	489
Käse	8081	6930	1695	3317	3523	3639	3276	2310	1695	822	1430	1027
Fisch	21 352	17 542	1521	12 761	5215	8616	4391	3441	1521	3035	1748	1601
Fisch, gesalzen und getrocknet	14 753	21 235	7643	13 702	5236	8184	5940	4856	7643	5554	3558	2258

Quelle: *Skalweit*, Kriegsernährungswirtschaft, 235–239. Wie in Tabelle 8 handelt es sich um die Berechnung von Einfuhrmengen, die auf monatliche Durchschnitte umgerechnet wurden.

dritten Quartal 1916 monatlich im Durchschnitt mehr lebendige Rinder und frisches Fleisch ein als vor dem Krieg. Auch die importierten Monatsmengen an Fisch lagen bis Ende 1916, an Fett bis zum zweiten Quartal 1917 und an Käse bis Ende 1917 auf einem höheren Niveau als die durchschnittlichen Monatseinfuhren des Jahres 1913. Offensichtlich gelang bei den Nahrungsmitteln tierischer Herkunft die Kompensation der Produktionsausfälle unter Nutzung der Lieferkapazitäten der Neutralen erstaunlich lang.

Die angestellten Betrachtungen belegen, dass die Engpässe im Ernährungsbereich, insbesondere der Hungerwinter 1916/17, nicht vorrangig durch die Blockade, sondern durch die Überforderung der Wirtschaft durch den Krieg hervorgerufen wurden. Gleichwohl spielte die Blockade eine Rolle, insbesondere weil sie die Zufuhr von Dünger verhinderte. Aber auch bei diesem Engpass muss berücksichtigt werden, dass Stoffe wie Salpeter viel stärker als in Friedenszeiten einer militärischen Nutzung zugeführt wurden. Insgesamt wird man zu einem differenzierten Urteil kommen müssen, doch kann man auf keinen Fall von „Aushungerung durch die Alliierten" sprechen und auch das Bild der „belagerten Festung"[156] führt in die Irre.

5.1.8 Fazit und Ausblick

Bei Kriegsbeginn nahm sich die deutsche Reichsregierung mittels einer aktiven Handelspolitik der wegen Importausfällen rasch eintretenden Engpässe an. Die Strategie zur Importfinanzierung zeichnete sich durch eine Hochpreispolitik auf der Basis von Staatssubventionen aus. Diese Methode stieß ab der Kriegsmitte, als sich die Haushaltslage wegen der wachsenden Kriegskosten stetig verschlechterte, an ihre Grenzen. Die Finanzierung kam ins Stocken, denn die Exporte verblieben auf niedrigem Niveau und alternative Finanzierungswege, etwa durch Wertpapier- und Goldverkäufe, standen immer weniger offen. Dennoch erreichte der deutsche Importwert 1917 und 1918 mit 39% des Vorkriegswertes noch ein beachtliches Niveau (vgl. Tabelle 3).

Der Aufbau eines Kontroll- und Lenkungsapparates zog wie in anderen Bereichen der Wirtschaftsordnung umfassende Regulierungen nach sich. Der Importförderung stand eine scharfe Exportkontrolle gegenüber, die auf das Territorium neutraler Nachbarländer ausgedehnt wurde. Deutschland setzte seine strategischen Rohstoffe ein, insbesondere Steinkohle, um die Nahrungsmittel- und Rohstoffzulieferungen aufrecht zu erhalten. Mitunter gelang es auf diesem Wege, Druck auszuüben und noch vereinzelt Kredite in den neutralen Nachbarstaaten zu mobilisieren. Im Verlauf des Krieges verstärkte sich die Bürokratisierung des Außenhandels eben-

---

156 *Walther Rathenau*, Deutschlands Rohstoffversorgung. Berlin 1916, 8.

so wie seine Militarisierung. Die Ansiedlung der verantwortlichen obersten Stelle im Kriegsamt erlaubte der OHL einen besseren Zugriff auf die Importe. Die Gründung von Außenhandelsgesellschaften privilegierte die militärische gegenüber der zivilen Nachfrage.

Das Ende des Ersten Weltkriegs führte nicht zur Aufgabe der alliierten Handelsblockade. Unter britischer Führung wurde sie bis Juli 1919 fortgesetzt, sodass auch die deutsche Seite das kriegswirtschaftliche System der Ein- und Ausfuhrkontrolle aufrecht erhielt.[157] Verschiedene Bestimmungen des Versailler Vertrages erlaubten es nicht mehr, eine eigenständige Handelspolitik zu betreiben.[158] Die Alliierten führten eine einseitige Meistbegünstigung ein, die Deutschland nicht zuteilwurde, und setzten den seit der Pariser Konferenz 1916 beschrittenen Weg der ökonomischen Isolation fort. Solche diskriminierenden Bestimmungen versuchte die Reichsregierung durch den Abschluss bilateraler Handelsverträge zu umgehen, wie zum Beispiel im Handelsabkommen vom 6. Mai 1921 mit der Sowjetunion, die sich in einer vergleichbaren isolierten Lage befand. Im Zuge der Währungsstabilisierung Ende 1923 erfolgte schrittweise eine Liberalisierung. Erst am 10. Januar 1925 erlangte Deutschland wieder seine volle handelspolitische Souveränität. Gleichwohl blieben die Handelskontakte durch den weltweit vorherrschenden Protektionismus stark eingeschränkt.[159]

Auswahlbibliographie

Ambrosius, Gerold, Staat und Wirtschaft im 20. Jahrhundert. (Enzyklopädie Deutscher Geschichte, Bd. 7.) München 1990.
Bell, Archibald C., A History of the Blockade of Germany and of the Countries Associated with her in the Great War. Austria-Hungary, Bulgaria, and Turkey, 1914–1918. London 1937, Neudruck 1961.
Bülow, Heinrich von, Deutschlands Aushungerung? Dresden 1917.
Cox, Mary Elisabeth, Hunger Games: or how the Allied Blockade in the First World War deprived German Children of Nutrition, and Allied Food Aid subsequently saved them, in: Economic History Review 68, 2015, 600–631.
Eltzbacher, Paul, Die deutsche Volksernährung und der englische Aushungerungsplan. Braunschweig 1914.
Frey, Marc, Der Erste Weltkrieg und die Niederlande. Ein neutrales Land im politischen und wirtschaftlichen Kalkül der Kriegsgegner. Berlin 1998.
Haberland, Günther, Elf Jahre staatlicher Regelung der Ein- und Ausfuhr. Eine systematische Darstellung der deutschen Außenhandelsregelung in den Jahren 1914–1925. Phil. Diss. Erlangen 1927.

---

157 *Holtfrerich*, Alltag des Reichswirtschaftsministeriums, 303–306.
158 Vgl. Der Friedensvertrag von Versailles, Berlin 1919, Artikel 264–270.
159 *Gerold Ambrosius*, Staat und Wirtschaft im 20. Jahrhundert. (Enzyklopädie Deutscher Geschichte, Bd. 7.) München 1990, 28.

Hardach, Gerd, Der Erste Weltkrieg. (Geschichte der Weltwirtschaft, Bd. 2.) München 1973.
Hentschel, Volker, Zahlen und Anmerkungen zum deutschen Außenhandel zwischen dem Ersten Weltkrieg und der Weltwirtschaftskrise, in: Zeitschrift für Unternehmensgeschichte 31, 1986, 95–116.
Höpfner, Bernd, Der deutsche Außenhandel 1900–1945, Änderungen in der Waren- und Regionalstruktur. Frankfurt am Main 1993.
Jasper, Robert, Die regionalen Strukturwandlungen des deutschen Außenhandels von 1880 bis 1938, Diss. rer. pol. Kassel 1996.
Kleine-Natrop, Heinrich, Devisenpolitik (Valutapolitik) in Deutschland vor dem Kriege und in der Kriegs- und Nachkriegszeit. Berlin 1922.
Kramer, Alan, Blockade and Economic Warfare, in: Jay Winter (Hrsg.), The Cambridge History of the First World War, Bd. 2: The State. Cambridge 2014, 460–489.
Ochsenbein, Heinz, Die verlorene Wirtschaftsfreiheit 1914–1918. Methoden ausländischer Wirtschaftskontrollen über die Schweiz. Bern 1971.
Osborne, Eric W., Britain's Economic Blockade of Germany, 1914–1919. London 2004.
Ritschl, Albrecht, The Pity of Peace: Germany's Economy at War, 1914–1918 and Beyond, in: Stephen Broadberry/Mark Harrison (Hrsg.), The Economics of World War I. Cambridge 2005, 41–76.
Roth, Regina, Staat und Wirtschaft im Ersten Weltkrieg. (Schriften zur Wirtschafts- und Sozialgeschichte, Bd. 51.) Berlin 1997.
Vincent, Charles P., The Politics of Hunger. The Allied Blockade of Germany, 1915–1919. Athens (Ohio) 1985.
Weber, Florian, Die amerikanische Verheissung. Schweizer Aussenpolitik im Wirtschaftskrieg 1917/18. (Die Schweiz im Ersten Weltkrieg, Bd. 1.) Zürich 2016.

Roman Rossfeld
5.2 Die Rolle der Neutralen – das Beispiel der Schweiz

5.2.1 Einführung

Der Erste Weltkrieg war nicht nur ein mit aller Härte geführter Stellungskrieg, der Millionen von Soldaten das Leben kostete, sondern auch ein immer brutaler geführter Wirtschaftskrieg. Die kriegführenden Länder benötigten enorme Mengen an Waffen und Munition, und um die „Materialschlachten" durchstehen zu können, wurden die Kontrolle und optimale Nutzung der wirtschaftlichen Ressourcen zentral. Die Schweiz war schon vor dem Ersten Weltkrieg eines der am stärksten industrialisierten Länder der Welt, verfügte über eine starke Exportindustrie und war wirtschaftlich mit den kriegführenden Ländern eng verflochten. Pleasant A. Stovall, seit 1913 amerikanischer Gesandter in Bern, beschrieb die Schweiz nach dem Krieg als „the most dependent country in the world".[1] Als einziges neutrales Land ohne direkten Meereszugang und durch die Abhängigkeit von Nahrungsmittel- und Rohstoffimporten beider Kriegsparteien erwies sich die Neutralität der Schweiz rasch auch als eine wirtschaftliche Notwendigkeit. Zugleich eröffnete sie neue Marktchancen. Die Schweizer Wirtschaft profitierte in den Kriegsjahren nicht nur von der hohen Nachfrage nach Gütern, sondern auch von den in verschiedenen Branchen spürbaren „Konkurrenzferien",[2] dem Ausfall ausländischer Konkurrenten auf den internationalen Märkten. Während ein Krieg für viele Unternehmen in den kriegführenden Ländern schon deshalb nachteilig war, weil er häufig „gegen die eigene Kundschaft"[3] geführt werden musste, hielt die Neue Zürcher Zeitung (NZZ) mit Blick auf die Neutralität der Schweiz bereits im Februar 1915 fest: „Den einen Vorteil der Neutralität, mit niemand verfeindet zu sein, sollte die schweizerische Industrie ausnützen können."[4] Während andere, zunächst neutrale Länder wie Italien (1915), Portugal und Rumänien (1916) oder die USA (1917) in den Krieg eintraten, konnte die Schweiz ihre Neutralität während des gesamten Krieges bewahren.[5]

---

[1] *Pleasant A. Stovall*, The Neutrality of Switzerland, in: The Georgia Historical Quarterly 6, 1922, 198.
[2] *Traugott Geering*, Handel und Industrie der Schweiz unter dem Einfluss des Weltkriegs (Monographien zur Darstellung der schweizerischen Kriegswirtschaft, Bd. 3.) Basel 1928, 62.
[3] *Werner Plumpe*, Die Logik des modernen Krieges und die Unternehmen: Überlegungen zum Ersten Weltkrieg, in: Jahrbuch für Wirtschaftsgeschichte 2015/2, 332.
[4] Der Krieg und die schweizerische Industrie, NZZ, Nr. 184, 16. 2. 1915. Vgl. dazu auch *Pierre Luciri*, Le Prix de la Neutralité. La diplomatie secrète de la Suisse en 1914–1915 avec des documents d'archives inédits. Genève 1976, 281 f.
[5] Zu den Bedingungen der Beibehaltung der Neutralität in verschiedenen Ländern im Ersten Weltkrieg vgl. *Samuël Kruizinga*, Neutrality, in: Jay Winter u. a. (Hrsg.), The Cambridge History of the

Zur Wirtschafts- und Unternehmensgeschichte der Schweiz im Ersten Weltkrieg liegen inzwischen eine ganze Reihe von Arbeiten vor, die insgesamt einen guten Einblick in die (kriegs)wirtschaftliche Organisation, die Methoden ausländischer Wirtschaftskontrollen, den Geschäftsgang verschiedener Unternehmen und Branchen oder die schweizerische Außenpolitik im Wirtschaftskrieg ermöglichen. Namentlich erwähnt seien hier nur die umfangreiche, bis heute wichtige Arbeit von Traugott Geering aus den Nachkriegsjahren,[6] die seit den 1960er Jahren erschienenen Arbeiten von Willi Gautschi, Heinz Ochsenbein, Hans-Beat Kunz und Hanspeter Schmid[7] sowie die im Rahmen des „Centenaire" entstandenen Studien von Roman Rossfeld, Tobias Straumann und Florian Weber.[8] Am Beispiel der Außenwirtschaftspolitik, der Folgen des Wirtschaftskrieges, der wachsenden Teuerung und der seit 1917 immer deutlicheren Hinwendung zu den USA gibt der folgende Beitrag einen Überblick über die Entwicklung der Schweizer Wirtschaft im Ersten Weltkrieg. Er fragt danach, wie sich Kriegswirtschaft und Wirtschaftskrieg auf einen neutralen, stark exportorientierten Kleinstaat im Totalen Krieg ausgewirkt haben, wie der rasch wachsende Export von Kriegsmaterial völkerrechtlich geregelt war, und was für eine Bedeutung die Neutralität des Landes für seine wirtschaftliche Entwicklung hatte.

5.2.2 Außenwirtschaftsbeziehungen, Kriegsgewinne und Wirtschaftsneutralität

Im November 1917 beschrieb der Vorsteher des Departements des Inneren, Bundesrat Felix Calonder, die wirtschaftliche Situation des Landes wie folgt: „Unsere Lage wird in der Hauptsache dadurch charakterisiert, dass unsere wirtschaftliche Existenz ebensosehr von der Zufuhr von Kohle, Eisen usw. aus den Zentralmächten, wie von der überseeischen Zufuhr von Nahrungsmitteln und Rohstoffen aus den Ländern der Entente abhängt. Und da der Wirtschaftskrieg zwischen den feindlichen Mächtegruppen [...] immer schärfer und rücksichtsloser geführt wird, so läuft die

---

First World War. Cambridge 2014, 557, 573–575; *Johan den Hertog/Samuël Kruizinga* (Hrsg.), Caught in the Middle. Neutrals, Neutrality and the First World War. Amsterdam 2011.

6 *Geering*, Handel und Industrie der Schweiz.
7 *Willi Gautschi*, Der Landesstreik 1918, 4. Auflage. Zürich 2018 [EA. 1968]; *Heinz Ochsenbein*, Die verlorene Wirtschaftsfreiheit 1914–1918. Methoden ausländischer Wirtschaftskontrollen über die Schweiz. Bern 1971; *Hans-Beat Kunz*, Weltrevolution und Völkerbund. Die schweizerische Aussenpolitik unter dem Eindruck der bolschewistischen Bedrohung 1918–1923. Bern 1981; *Hanspeter Schmid*, Wirtschaft, Staat und Macht. Die Politik der schweizerischen Exportindustrie im Zeichen von Staats- und Wirtschaftskrise (1918–1929). Zürich 1983.
8 *Roman Rossfeld/Tobias Straumann* (Hrsg.), Der vergessene Wirtschaftskrieg. Schweizer Unternehmen im Ersten Weltkrieg, Zürich 2008; *Florian Weber*, Die amerikanische Verheissung. Schweizer Aussenpolitik im Wirtschaftskrieg 1917/18 (Die Schweiz im Ersten Weltkrieg, Bd. 1.) Zürich 2016.

kleine, neutrale Schweiz Gefahr, zwischen den kämpfenden Riesen wirtschaftlich zerdrückt zu werden."[9] Stammten über 95 % der Kohle und rund zwei Drittel des Imports von Eisen und Stahl während den Kriegsjahren aus Deutschland, stiegen die USA nach dem Ausfall der osteuropäischen Einfuhren schon in der ersten Kriegshälfte zum wichtigsten Getreidelieferanten der Schweiz auf. Seit dem Kriegseintritt Italiens im Mai 1915 war die Schweiz von kriegführenden Ländern ganz umschlossen, und die Kontrolle der wirtschaftlichen Aktivitäten wurde im Verlauf des Kriegs immer umfangreicher und restriktiver.[10]

Nach dem Kriegsausbruch stand die Schweizer Wirtschaft zunächst weitgehend still, weil die Einfuhr blockiert war und bedeutende Teile des männlichen Personals mobilisiert wurden. Zugleich musste der Außenhandel auf eine neue Grundlage gestellt werden. Bereits zu Kriegsbeginn waren die bis dahin gültigen Handelsverträge als Grundlage des schweizerischen Außenhandels durch die sogenannte Kriegsklausel „ausser Wirkung getreten".[11] Die Handelsverträge mit den kriegführenden Staaten mussten in den folgenden Jahren in einer Art Pendeldiplomatie – und immer kürzer werdenden Zeitabständen – mehrfach neu ausgehandelt werden.[12] Schon am 18. September 1914 hatte der Bundesrat außerdem umfangreiche Exportverbote für die Versorgung der Bevölkerung erlassen, die in der Folge – hauptsächlich für die Kontrolle und nicht die Unterbindung der Ausfuhren – immer weiter ausgedehnt wurden. Die Exporte erfolgten in den Kriegsjahren zunehmend über Ausfuhrbewilligungen, die es dem Bund erlaubten, den Export gemäß den jeweils gültigen Abkommen zu kontrollieren und über Kompensationsgeschäfte und Kreditabkommen diejenigen Produkte zu erhalten, die man dringend benötigte.

Trotz diesen Schwierigkeiten und dem damit verbundenen, zunehmenden bürokratischen Aufwand setzte nach dem Schock des Kriegsbeginns schon im Frühling 1915 eine eigentliche Kriegskonjunktur ein. War es zu Beginn des Krieges zunächst zu einer Massenabwanderung von Zehntausenden dienstpflichtiger ausländischer Ar-

---

9 Die allgemeine Lage des Landes. Rede von Bundesrat Calonder am schweizerischen freisinnigdemokratischen Parteitag vom 24. November 1917 in Bern. Bern 1918, 9.
10 Zur italienischen Neutralität und ihrer Bedeutung für die Schweiz und den Wirtschaftsbeziehungen zwischen Deutschland und Italien vgl. *Edgar R. Rosen*, Italiens Neutralität und Intervention 1915 im Lichte der schweizerischen Gesandtschaftsberichte aus Rom, in: Schweizerische Zeitschrift für Geschichte 23, 1973, 290–312; *Luciano Segreto*, Aspekte der Wirtschaftsbeziehungen zwischen Italien und Deutschland in der Periode der italienischen Neutralität (1914–15), in: Jahrbuch für Wirtschaftsgeschichte 1987/1, 107–143. Zur Einbettung ins deutsche Außenhandelsregime vgl. Kapitel 5.1 in diesem Band.
11 *Juda Pentmann*, Die wirtschaftspolitischen Normen des auswärtigen Warenverkehrs der Schweiz während des Krieges, in: Zeitschrift für schweizerische Statistik und Volkswirtschaft 55, 1919, 201.
12 Zu den verschiedenen Wirtschaftsabkommen (insbesondere mit Deutschland) vgl. *Pentmann*, Die wirtschaftspolitischen Normen, 215–219; *Gustav A. Frey*, Die Rohstoffversorgung der Schweiz während des Krieges, besonders in der Textil- und Metallindustrie. Bern 1921, 28–33; *Jacob Ruchti*, Geschichte der Schweiz während des Weltkrieges 1914–1919: Politisch, wirtschaftlich und kulturell. Bern 1928–1930, Bd. 2, 71–148 und 169–171.

beitskräfte in ihre Heimatländer gekommen, ging die Zahl der in der Schweiz Mobilisierten (nicht zuletzt auf Drängen der Industrie) schon bis Ende 1914 um mehr als die Hälfte zurück.[13] Für Traugott Geering, Sekretär der Basler Handelskammer, tat sich nun „ein unabsehbar grosses und reiches Feld geschäftlicher Erfolge"[14] vor der Schweizer Wirtschaft auf. Das Fabrikgesetz war schon zu Beginn des Kriegs insbesondere in Bezug auf die Arbeitsdauer, die Schicht-, Nacht- und Sonntagsarbeit sowie die Beschäftigung von jugendlichen Arbeitskräften stark gelockert worden.[15] Die Exporte nahmen 1915 und 1916 in realen Preisen und Mengen deutlich zu, und 1916 wies die Handelsbilanz – die traditionell immer deutlich im Minus war – einen kleinen Überschuss auf.

Ohne hier auf Unterschiede zwischen einzelnen Unternehmen und Branchen eingehen zu können – und unabhängig von den Schwierigkeiten bei der Beurteilung von nominalen oder realen, unternehmensinternen oder publizierten Zahlen – kann gesagt werden, dass die international tätigen Banken und Versicherungen ihre Stellung im Ersten Weltkrieg markant ausbauen konnten.[16] Die für die kriegführenden Länder wichtigen Exportindustrien konnten zumeist hohe Gewinne erzielen und zum Teil auch hohe Reserven für die Nachkriegsjahre bilden.[17] Verbunden mit dem guten Geschäftsgang war eine „Hochflut"[18] von Unternehmensgründungen. Im Juli 1916 berichtete die NZZ über die „geradezu beängstigende Erscheinung" der sogenannten „Kriegsgründungen" – Aktiengesellschaften mit einem „wenige zehntausende Franken betragenden Aktienkapital" –, die „wie Pilze nach einem Niederschlage" aus dem Boden schießen würden und oft „ausländischen Ursprungs" sei-

---

13 Zur Migration (von Arbeitskräften) vgl. *Anja Huber*, Fremdsein im Krieg. Die Schweiz als Ausgangs- und Zielort von Migration, 1914–1918 (Die Schweiz im Ersten Weltkrieg, Bd. 2.) Zürich 2018, 63–109; *Patrick Kury*, Der Erste Weltkrieg als Wendepunkt in der Ausländerpolitik. Von der Freizügigkeit zur Kontrolle und Abwehr, in: Roman Rossfeld/Thomas Buomberger/Patrick Kury (Hrsg.), 14/18: Die Schweiz und der Grosse Krieg. Baden 2014, 290–313.
14 *Geering*, Handel und Industrie, 5.
15 Vgl. dazu Kreisschreiben des Bundesrates an sämtliche Kantonsregierungen betreffend die zeitweilige Zulassung von Ausnahmen zum Fabrikgesetz vom 11. August 1914 sowie Bundesratsbeschluss betreffend die Bewilligung ausnahmsweiser Organisation der Arbeit in Fabriken vom 16. November 1915 in: *Fritz Baer*, Die schweizerischen Kriegsverordnungen. Sammlung der sämtlichen wichtigen, durch die Kriegsverhältnisse veranlassten Verordnungen und Beschlüsse der Bundesbehörden seit Kriegsausbruch. 4 Bände. Zürich 1916–1919, Bd. 1, 241–244.
16 Zum (nicht nur im Krieg) schwierigen Umgang mit Geschäftszahlen vgl. *Roman Rossfeld/Tobias Straumann*, Zwischen den Fronten oder an allen Fronten? Eine Einführung, in: Rossfeld, Der vergessene Wirtschaftskrieg, 50 f.
17 Zum Geschäftsgang unterschiedlicher Branchen und Unternehmen im Krieg vgl. *Rossfeld*, Der vergessene Wirtschaftskrieg; *Christof Dejung*, Welthandelshaus und „Swiss Firm". Die Firma Gebrüder Volkart während des Ersten Weltkrieges, in: Valentin Groebner/Sébastien Guex/Jakob Tanner (Hrsg.), Kriegswirtschaft und Wirtschaftskriege. Zürich 2008, 117–133; *Christof Dejung/Andreas Zangger*, British Wartime Protectionism and Swiss Trading Firms in Asia during the First World War, in: Past & Present 207, 2010, 181–213.
18 *Geering*, Handel und Industrie, 67.

en.[19] Die „grössere Zahl" dieser Gründungen geschah in spekulativer Absicht, und der Kampf „gegen die zunehmende Verwilderung der Verhältnisse"[20] erwies sich trotz mehreren Bundesratsbeschlüssen als schwierig.

Die durchschnittlichen Dividenden von über 200 industriellen Aktiengesellschaften (ohne Handel, Banken und Versicherungen) erhöhten sich von 6 % bis 8 % in den Vorkriegsjahren bis auf 11,75 % 1918.[21] Seit 1917 folgte „eine Kapitalerhöhung der anderen", die nicht selten „unter der Hand, ohne öffentliche Subskription"[22] und mit Hilfe zurückgestellter Gewinne vorgenommen wurden. Zur Abschöpfung der seit 1915 teilweise hohen, gegenüber den Vorkriegsjahren überdurchschnittlichen Gewinne in der Industrie wurde im Herbst 1916 eine „Kriegsgewinnsteuer" eingeführt. Ähnliche Steuern waren zu diesem Zeitpunkt schon in einer Reihe ausländischer Staaten (darunter auch Deutschland) erlassen worden, und steuerbar wurden damit alle Kriegsgewinne, die seit dem 1. Januar 1915 erzielt worden waren.[23] Abgezogen werden konnten vom Bund genau definierte „Zuwendungen für Wohlfahrtszwecke",[24] die bis zum Ende des Kriegs eine Höhe von 242 Millionen Franken erreichten. Insgesamt brachte die Kriegsgewinnsteuer (ohne die Zuwendungen für Wohlfahrtszwecke) Bund und Kantonen rund 760 Millionen Franken ein, wovon 555 Millionen für die Begleichung der Kosten der Mobilisation und 110 Millionen für die Arbeitslosenfürsorge verwendet wurden.

Dennoch müssen die im Krieg erwirtschafteten Gewinne differenziert betrachtet werden. Einerseits konnten Schweizer Unternehmen im Gegensatz zu den kriegführenden Ländern von der Abwesenheit ausländischer Konkurrenten auf den internationalen Märkten profitieren. Andererseits stellte der Krieg für nicht kriegswichtige Industrien und die Binnenwirtschaft eine große wirtschaftliche Herausforderung dar. Neben der Bauwirtschaft und der (Ostschweizer) Stickereiindustrie wurde insbesondere die „Hotelindustrie" mit zu Kriegsbeginn rund 3500 Betrieben und 168 000 Betten durch das „fast gänzliche Ausbleiben des Fremdenstromes [...]

---

19 NZZ, Nr. 1127, 14. 7. 1916. Vgl. dazu auch den Beitrag „Firmen-Missbräuche" in NZZ, Nr. 1464, 15. September 1916; *Fritz Fick*, Die verschleierte und schieberhafte Gründung von Aktiengesellschaften (Schweizer Zeitfragen, Bd. 57.) Zürich 1922.
20 Berichte der schweizerischen Fabrikinspektoren über ihre Amtstätigkeit in den Jahren 1916 und 1917. Aarau 1918, 51 f. und 109 f.
21 Statistisches Jahrbuch der Schweiz 28, 1919, 76 und 29, 1920, 86. Die vom Eidgenössischen Statistischen Amt seit 1917 regelmäßig veröffentlichte Dividendenstatistik erfasste allerdings nur einen kleinen Teil der industriellen Aktiengesellschaften. Vgl. dazu ausführlicher *Rossfeld*, Zwischen den Fronten, 52.
22 *Henri Stucki*, Rückschau über Handel und Industrie der Schweiz 1914–1918. Herausgegeben vom Schweizerischen Bankverein. Basel 1919, 60 f.
23 Vgl. dazu *Hugo Koch*, Darstellung und Kritik der schweizerischen Kriegsgewinnsteuer. Zürich 1922; Bundesratsbeschluss betreffend die eidgenössische Kriegsgewinnsteuer vom 18. September 1916, in: Baer, Die schweizerischen Kriegsverordnungen, Bd. 2, 159–175.
24 Vgl. dazu Eidgenössische Kriegsgewinnsteuer. Verfügung des eidgenössischen Finanzdepartementes vom 3. Juli 1918, in: Baer, Die schweizerischen Kriegsverordnungen, Bd. 4, 346 f.

nahezu ihres ganzen Umsatzes beraubt".[25] Die Unterbringung von – über alle Kriegsjahre verteilt – mehr als 67 000 Internierten brachte seit 1916 zwar eine spürbare Erleichterung, war aber kein Ersatz für die ausbleibenden Gäste. Zum Verlust der Wirtschaftsfreiheit kam im Verlauf des Kriegs ein zunehmender Verlust der Planungssicherheit hinzu, der die Kalkulation wirtschaftlicher Aktivitäten immer schwieriger werden ließ. Rohstofflieferungen trafen verspätet ein oder blieben ganz aus, die Bürokratie nahm zu, und für die großen exportorientierten Unternehmen waren die eingegangenen Risiken – je nach Kriegsverlauf – häufig ebenso hoch wie die erzielten Kriegsgewinne. Der rasche Ausbau von Produktionskapazitäten konnte nach dem Krieg zu Überkapazitäten, hohen Kosten und Verlusten führen. Die Umstellung auf die Friedenswirtschaft dauerte mehrere Jahre, der Abbau der Notverordnungen des Bundes erfolgte nur langsam und schrittweise, und die Nachkriegskrise von 1921 bis 1923 hinterließ in den Unternehmen zum Teil ebenfalls tiefe Spuren.

Die Neutralität des Landes erwies sich für die wirtschaftliche Entwicklung als Chance und Schwierigkeit zugleich. Alfred Sarasin, Mitgründer und späterer Präsident der Schweizerischen Bankiervereinigung, hatte zur engen Verbindung wirtschaftlicher Interessen mit der schweizerischen Neutralitätspolitik bereits 1915 festgehalten: „Unsere Neutralität ist nicht nur unser Recht, sie ist auch unser höchstes Interesse. Unsere Industrie muss freie Bahnen finden in aller Herren Länder, wenn sie bestehen soll."[26] Als „Hyänen des Wirtschaftskrieges",[27] die sich am Leid der kriegführenden Länder bereicherten, waren die Neutralen aber nicht überall gern gesehen. Der Schweizer Schriftsteller und spätere Literatur-Nobelpreisträger Carl Spitteler hatte in seiner Zürcher Rede „Unser Schweizer Standpunkt" bereits Mitte Dezember 1914 betont, im Krieg empfinde „kein Angehöriger einer kriegführenden Nation eine neutrale Gesinnung als berechtigt".[28] Wenig später warnte der Zürcher Jurist Fritz Fick vor einer „Aasgeier-Neutralität", die aus wirtschaftlichen Überlegungen darauf spekulierte, dass Deutschland und Frankreich „gleichmässig verbluten"[29] würden. Die „Eigeninteressen einzelner Wirtschaftsakteure" konnten außerdem dem „Gesamtinteresse des Landes" zuwider laufen.[30] Eingriffe in die

---

25 NZZ, Nr. 733, 12. 6. 1915. Zur Ostschweizer Stickereiindustrie vgl. *Eric Häusler/Caspar Meili*, Swiss Embroidery. Erfolg und Krise der Schweizer Stickerei-Industrie 1865–1929, in: Historischer Verein des Kantons St. Gallen (Hrsg.), 155. Neujahrsblatt des Historischen Vereins des Kantons St. Gallen. St. Gallen 2015, 7–101; *Stephan Heuscher*, Der Verband Schweizerischer Schiffli-Lohnstickereien: Strukturkrise und kollektives Handeln in der Ostschweizer Stickerei-Industrie, 1908–1928. Lizentiatsarbeit der Universität Zürich. Zürich 1993.
26 *Alfred Sarasin*, Staatliche und persönliche Neutralität, in: Carl Albrecht Bernoulli u. a. (Hrsg.), Wir Schweizer, unsere Neutralität und der Krieg. Eine nationale Kundgebung. Zürich 1915, 133–139.
27 *Koch*, Darstellung und Kritik, 135.
28 *Carl Spitteler*, Unser Schweizer Standpunkt, in: Carl Spitteler, Gesammelte Werke, Bd. 8. Zürich 1947, 586.
29 *Fritz Fick*, Ist die schweizerische Neutralität Tugend oder Laster? Zürich 1915, 7.
30 *Georg Kreis*, Insel der unsicheren Geborgenheit. Die Schweiz in den Kriegsjahren 1914–1918. Zürich 2013, 80.

wirtschaftliche Handlungsfreiheit waren durch die ausgesprochen wirtschaftsliberale Tradition des Landes aber verpönt; und die Umsetzung einer wirtschaftlichen Neutralität erwies sich auch auf Grund gewachsener, zwischen den einzelnen Ländern unterschiedlicher Wirtschaftsbeziehungen und zum Teil Jahrzehnte alter Unternehmensstrukturen als schwierig. Beschränkungen der wirtschaftlichen Handlungsfreiheit kamen deshalb weniger *von innen*, der nationalen Politik, als vielmehr *von aussen*, den kriegführenden Ländern, die immer stärker in die wirtschaftlichen Aktivitäten der neutralen Länder eingriffen.

5.2.3 „Politics of Hunger", ausländische Wirtschaftskontrollen und Verschärfung des Wirtschaftskriegs seit 1916

Insbesondere die Entente versuchte mit einer im Verlauf des Kriegs mehrfach verschärften – und völkerrechtlich umstrittenen – Blockadepolitik, der sogenannten „Politics of Hunger",[31] den deutschen Außenhandel so gut wie möglich auszuschalten und übte auch zunehmend Druck auf die neutralen Länder aus. Die Eingriffe in die wirtschaftliche Handlungsfreiheit der Schweiz waren massiv und standen immer wieder im Widerspruch zu vertraglichen Normen. Bereits der zweite Neutralitätsbericht vom Februar 1916 hatte betont, dass die Überwachungsorganisationen beider Kriegsparteien „völlig ausser dem verfassungsmässigen und gesetzlichen Rahmen"[32] stehen würden und lediglich durch das Vollmachtenregime des Bundesrats zu begründen seien.[33] Nicht nur, dass „alle Länder die Konterbandelisten stets verlängerten, die Ausfuhrverbote stets erweiterten und an die Lieferung gewisser Dinge die Bedingung der Abgabe von Waren aus der Schweiz knüpften",[34] wie Bundesrat Schulthess schon im Frühling 1915 beklagt hatte. Seit dem Sommer 1915 wurde der Warenverkehr der Schweiz mit den kriegführenden

---

31 Vgl. dazu mit Blick auf Frankreich und Großbritannien *Nicholas A. Lambert*, Planning Armageddon: British Economic Warfare and the First World War. Cambridge 2012; *Georges-Henri Soutou*, L'or et le sang: Les buts de guerre économiques de la Première Guerre mondiale. Paris 1989; *John F. Godfrey*, Capitalism at War. Industrial Policy and Bureaucracy in France 1914–1918. Leamington Spa 1987; *Charles Paul Vincent*, The Politics of Hunger. The Allied Blockade of Germany, 1915–1919. London 1985.
32 *Ochsenbein*, Die verlorene Wirtschaftsfreiheit, 326.
33 Zum Vollmachtenregime vgl. ausführlicher *Oliver Schneider*, Die Schweiz im Ausnahmezustand. Expansion und Grenzen von Staatlichkeit im Vollmachtenregime des Ersten Weltkrieges, 1914–1919 (Die Schweiz im Ersten Weltkrieg, Bd. 5.) Zürich 2019.
34 Rede von Bundesrat E. Schulthess vor einer Volksversammlung in der Burgvogteihalle in Basel am 2. Juni 1915, in: Kriegszeit-Reden schweizerischer Bundesräte. Zürich 1915, 56.

Ländern auch von Überwachungsgesellschaften beider Kriegsparteien kontrolliert.[35] Deutschland hatte bereits im Juni 1915 die „Treuhandstelle" in Zürich errichtet, um zu verhindern, dass deutsche Waren über Schweizer Firmen an die Entente gelangten. Der Handel mit Deutschland erfolgte danach zunehmend in Form von Kompensationsgeschäften, dem Austausch dringend benötigter Produkte, auf die das Land angewiesen war. Abgewickelt wurden diese Geschäfte über das von 1915 bis 1917 bestehende „Kompensationsbüro", das vom einflussreichen freisinnigen und deutschfreundlichen St. Galler Nationalrat und Industriellen Ernst Schmidheiny (1871–1935) geleitet wurde, der sich während den Kriegsjahren vor allem um die handelspolitischen Probleme mit den Zentralstaaten kümmerte.[36] Angesichts der alliierten Blockadepolitik spielte der Außenhandel mit den neutralen Staaten eine wichtige Rolle für das deutsche Kaiserreich. Mit Hilfe dieser „Luftröhre", wie die deutschen Militärs es nannten, „sollte die deutsche Kriegswirtschaft trotz der alliierten Blockadepolitik atmen können".[37] Die Bedeutung der Schweiz für die deutsche Außenwirtschaftspolitik zeigt sich auch darin, dass Deutschland über den „bestdotierten Gesandtschaftsapparat aller ausländischen Mächte" verfügte und neben der Gesandtschaft in Bern „mehrere Konsulate und Aussenstellen" in allen wichtigen Schweizer Städten betrieb. Unter der Leitung von Gisbert von Romberg wuchs die deutsche Gesandtschaft während des Krieges auf „unglaubliche 2600 Personen" an.[38]

Wesentlich umfangreicher als die Kontrollmaßnahmen der Mittelmächte waren aber die Kontrollen der Entente, für die im November 1915 die „Société Suisse de Surveillance Economique" (S.S.S.) mit Sitz in Bern gegründet wurde. Ähnlich wie die Einrichtung der „Netherlands Oversea Trust Company" (NOT) in den neutralen Niederlanden im November 1914 diente auch die S.S.S. zur Überwachung des Warenverkehrs und der Durchsetzung der alliierten Blockadepolitik gegenüber den Mittelmächten.[39] Zur Durchführung der Aufgaben der S.S.S. – im Volksmund bald mit „Souraineté Suisse Suspendue" übersetzt – wurden neben dem Hauptsitz in

---

35 Vgl. dazu *Ochsenbein*, Die verlorene Wirtschaftsfreiheit, 201–246 und *Max Obrecht*, Die kriegswirtschaftlichen Überwachungsgesellschaften S.S.S. und S.T.S. und insbesondere ihre Syndikate. Bern 1920.
36 Vgl. dazu *Jakob Tanner*, Geschichte der Schweiz im 20. Jahrhundert. München 2015, 141; *Ochsenbein*, Die verlorene Wirtschaftsfreiheit, 182–195.
37 *Weber*, Verheissung, 39.
38 *Weber*, Verheissung, 33 und 172.
39 Zu den Niederlanden vgl. *Samuël Kruizinga*, NOT Neutrality. The Dutch Government, the Netherlands Oversea Trust Company, and the Entente Blockade of Germany, 1914–1918, in: Hertog, Caught in the Middle, 85–104; *Samuël Kruizinga*, Government by Committee. Dutch Economic Neutrality and the First World War, in: James E. Kitchen u. a. (Hrsg.), Other Combatants, other Fronts. Competing Histories of the First World War. Newcastle 2011, 99–124; *Maartje Abbenhuis*, The Art of Staying Neutral: The Netherlands in the First World War, 1914–1918. Amsterdam 2006; *Marc Frey*, Der Erste Weltkrieg und die Niederlande. Ein neutrales Land im politischen und wirtschaftlichen Kalkül der Kriegsgegner. Berlin 1998.

Abb. 1: „Unter der Ententepresse": Anfang Oktober 1916 kommentierte der (deutschfreundliche) „Nebelspalter" die Verschärfung des Wirtschaftskrieges nach der interalliierten Wirtschaftskonferenz in Paris drastisch (Zentralbibliothek Zürich. Nebelspalter vom 7. Oktober 1916).

Abb. 2: Mitte Januar 1917 sah sich die Lausanner Satirezeitschrift „L'Arbalète" zu einer Replik auf die Karikatur aus dem Nebelspalter veranlasst. (vgl. Abb. 1). Aus Sicht der Westschweiz wurde der Druck auf die Schweizer Wirtschaft seit 1916 nicht durch die Entente, sondern das wilhelminische Kaiserreich erhöht (Schweizerische Nationalbibliothek Bern. L'Arbalète, Ausgabe vom 15. Januar 1917).

Bern Büros in Paris, London, Rom und Washington geschaffen. Dazu kamen zahlreiche Zwangssyndikate, die ein Einfuhrmonopol für die Rohstoffe in der Schweiz besaßen und denen die S.S.S. die Waren zur Weiterleitung an die einzelnen Fabriken überließ. Bis zum November 1916 entstanden insgesamt 51 Syndikate verschiedenster Branchen, die der S.S.S. garantierten, dass die Importe ihrer Mitglieder für den Verbrauch im Inland und nicht den Reexport an die Mittelmächte verwendet wurden.[40] Mitte 1918 beschäftigte die S.S.S. allein in Bern 420 Angestellte; in fünf Seehäfen und an sieben Grenzübergängen kamen weitere 77 Personen dazu. In den Jahren 1915–1919 bearbeitete die S.S.S. über 270 000 Import- und 530 000 Exportgesuche und führte mehr als 7100 Kontrollen durch.[41] Als Druckmittel für die Einhaltung der Vor-

---

40 Für eine Übersicht zu den von der S.S.S. seit November 1915 anerkannten Syndikate und ihrem Geschäftssitz vgl. Schweizerisches Wirtschaftsarchiv (SWA), H+I, C 685 sowie *Obrecht*, Überwachungsgesellschaften, 56–88.
41 Société Suisse de Surveillance Economique 1915–1919: Tableau de son activité, Bern 1920, 16, 117.

schriften dienten neben der Verweigerung von Import- oder Exportgenehmigungen auch Bußen, schwarze Listen oder die Sequestrierung von Tochtergesellschaften im Ausland.[42]

Nach der interalliierten Wirtschaftskonferenz in Paris im Juni 1916, dem neuen Handelsabkommen zwischen der Schweiz und Deutschland vom September 1916 und dem Kriegseintritt der USA im April 1917 wurde der wirtschaftliche Druck auf die Schweiz weiter erhöht.[43] Soutou spricht mit Blick auf die Wirtschaftskonferenz in Paris von einer – über den Krieg hinaus angelegten – „politique de discrimination permanente contre le Reich".[44] Mit dem Kriegseintritt der USA wurde die Blockadepolitik gegenüber Deutschland weiter verschärft; und die Alliierten waren nun der stärkste Wirtschaftsblock auf den globalen Warenmärkten. Um die Materialschlachten weiterhin durchstehen zu können, mobilisierte Deutschland mit dem Hindenburg-Programm sämtliche wirtschaftlichen Ressourcen für den Krieg. Auf den Handelsvertrag mit Deutschland vom zweiten September 1916 folgten weitere, immer restriktivere Handelsverträge, in denen sich die Schweiz – als Gegenleistung für die Lieferung von Kohle und Eisen – zum Export von Nahrungsmitteln und der Vergabe von Krediten (zur Stützung der Reichsmark) verpflichtete.[45] Seit der zweiten Hälfte des Jahres 1916 begannen die Importe von Kohle und Eisen aus Deutschland abzunehmen, während die Preise dramatisch anstiegen; und seit 1917 sanken auch die für die Schweiz zentralen Getreide- und Rohstoffimporte aus den USA. Der immer härter geführte Wirtschaftskrieg führte jetzt auch in der Schweiz zu ersten Versorgungsschwierigkeiten. Bis 1916 hatten die Lebensmittel- und Rohstoffimporte auf rund drei Viertel der Vorkriegsmenge gehalten werden können; 1918 konnte die Schweiz aber nur noch ein Drittel der Vorkriegsmenge an Lebensmitteln einführen, und bei den Rohstoffen (insbesondere Kohle und Eisen) war es noch rund die Hälfte.

---

42 Zu den schwarzen Listen vgl. *Ochsenbein*, Die verlorene Wirtschaftsfreiheit, 252–256 und 306–312; *Thomas A. Bailey*, The United States and the Blacklist during the Great War, in: Journal of Modern History 6, 1934, 14–35.
43 Vgl. dazu *Ochsenbein*, Die verlorene Wirtschaftsfreiheit, 247–312.
44 *Soutou*, L'or et le sang, 304. Zur interalliierten Wirtschaftskonferenz in Paris vgl. ausführlicher *Soutou*, L'or et le sang, 261–305.
45 Zur Vergabe von Krediten an beide kriegführenden Parteien in der Höhe von rund 400 Millionen Franken und der Bedeutung des Außenhandels für die deutsche Kriegswirtschaft vgl. *Weber*, Verheissung, 92 f.; *Gerd Hardach*, Die finanzielle Mobilmachung in Deutschland 1914–1918, in: Jahrbuch für Wirtschaftsgeschichte 2015/2, 379–382; *Luciano Ruggia*, Les relations financières de la Suisse pendant la Première Guerre mondiale, in: Youssef Cassis/Jakob Tanner (Hrsg.), Banken und Kredit in der Schweiz (1850–1930). Zürich 1993, 77–95.

5.2.4 Begehrte Güter: Kriegsmaterialexporte und Fabrikation von Munitionsbestandteilen

Kriegsmaterial wurde in den kriegführenden Ländern rasch zu einem zentralen, in großen Mengen benötigten Rohstoff des Krieges, dessen Nachfrage entweder durch den Ausbau eigener Rüstungsindustrien oder den Import aus neutralen, nicht in den Krieg verstrickten Ländern gedeckt wurde. Die „Ausfuhr von Waffen, Munition und Kriegsmaterial in die angrenzenden kriegführenden Staaten"[46] hatte der Bundesrat zwar schon am vierten August 1914 verboten. Nicht verboten war aber der Export von Munitionsbestandteilen, der in der Folge rasch einsetzte.[47] Da die Schweiz nicht (oder nur in unbedeutenden Mengen) über eigene Rohstoffe verfügte, wurden Kriegsmateriallieferungen hauptsächlich als *Veredelungsverkehr* zwischen der Schweiz und den kriegführenden Ländern abgewickelt. Die Auftraggeber stellten nicht nur die Rohstoffe, sondern zum Teil auch die benötigten Maschinen zur Verfügung, gingen im Verlauf des Kriegs aber zu immer schärferen Kontrollen über, um sicherzustellen, dass die gelieferten Materialien nicht für Exporte an den Kriegsgegner genutzt wurden. Den Zoll passierten diese Lieferungen „als Messingstücke, Guss, schmiedeiserne Röhren, Schrauben, kurz unter allen möglichen harmlosen Benennungen".[48] Bereits im September 1915 stellte das Politische Departement mit erfrischender Offenheit fest, „die in großem Umfang in der Schweiz erstellten Munitionsbestandteile" würden „unbeanstandet nach den verschiedenen Staaten" exportiert und die Ausfuhr von „Messingfabrikaten" nach Deutschland werde nur „aus praktischen Gründen" – zur Umgehung des Ausfuhrverbotes – nicht als Munition deklariert.[49]

Völkerrechtlich war die Lieferung von Kriegsmaterial durch *private* Unternehmen grundsätzlich erlaubt. Der Armeestab hatte bereits am 22. September 1914 die Ansicht vertreten, „dass Lieferungen der Privatindustrie an kriegführende Länder völkerrechtlich keiner Einschränkung unterliegen".[50] Die Haager Konvention von 1907 hatte *staatliche* Kriegsmateriallieferungen aus neutralen Staaten zwar verboten. Ausgehend von wirtschaftsliberalen Überlegungen war ein neutraler Staat aber

---

46 Verordnung betreffend Handhabung der Neutralität der Schweiz vom 4. August 1914, zit. nach *Hans Rudolf Kurz*, Dokumente der Grenzbesetzung 1914–1918. Zürich 1970, 31.
47 Zu den Kriegsmaterialexporten von Schweizer Unternehmen im Ersten Weltkrieg vgl. ausführlicher *Roman Rossfeld* „Abgedrehte Kupferwaren": Kriegsmaterialexporte der schweizerischen Uhren-, Metall- und Maschinenindustrie im Ersten Weltkrieg, in: Jahrbuch für Wirtschaftsgeschichte 2015/2, 515–551.
48 Schweizerisches Bundesarchiv Bern (BAR), E 1004.1, Protokoll über die Verhandlungen des schweizerischen Bundesrates, 22. Sitzung, Freitag, 5. März 1915, Nr. 519.
49 BAR, E 1004.1, Protokoll über die Verhandlungen des schweizerischen Bundesrates, 87. Sitzung, Freitag, 17. 9. 1915, Nr. 2165.
50 BAR, E6351B#1000/1040#11644*, Schreiben der Handelsabteilung des Politischen Departementes an die Schweizerische Oberzolldirektion, 26. 2. 1915.

„nicht verpflichtet, die [...] Ausfuhr oder Durchfuhr von Waffen, Munition und überhaupt von allem, was für ein Heer oder eine Flotte nützlich sein" konnte, zu verhindern.[51] Staatliche Verbote privater Kriegsmateriallieferungen standen neutralen Staaten zwar offen, waren auf die Kriegführenden aber „gleichmäßig anzuwenden".[52] Formell sollten alle Kriegsparteien „die selben Lieferungs- und Bezugschancen" besitzen; der „Grundsatz der Unparteilichkeit" bedeutete allerdings keine „materielle Gleichstellungspflicht", die schon auf Grund bestehender Wirtschaftsbeziehungen und wirtschaftsgeographischer Pfadabhängigkeiten kaum durchsetzbar gewesen wäre. Nur der Staat war „zur Parität gegenüber den Kriegführenden verpflichtet", sodass es privaten Unternehmen – ohne staatliche Verbote – grundsätzlich freigestellt war, an wen und wie viel Kriegsmaterial sie exportieren wollten.

Basierend auf dieser Rechtslage erfolgte die Herstellung von Munition sowohl in traditionsreichen Unternehmen wie Zénith (in Le Locle), oder Piccard-Pictet & Cie. (in Genf) als auch in kleineren, gewerblichen Betrieben.[53] Besonders schwerwiegend war in den kriegführenden Ländern der Mangel an Zeit- beziehungsweise Präzisionszündern für Schrapnell-Granaten, deren Herstellung technisch anspruchsvoll war und für deren Produktion die hauptsächlich in der Westschweiz angesiedelte Uhrenindustrie besonders gut geeignet war. Mitte Juli 1915 meldete Theophil Sprecher von Bernegg, der Generalstabschef der Armee, an das Politische Departement: „Ich habe durch den Generalsekretär der Neuenburger-Handels-Kammer erfahren, dass die Munitionsfabrikation für Frankreich eine immer größere Ausdehnung gewinnt. Auch für andere Staaten des Vierverbandes setzen die Lieferungen jetzt ein. In Chaux-de-Fonds sind mehrere Ingenieure der Creusotwerke ständig eingerichtet, um die Lieferungen zu kontrollieren und den Abtransport zu regulieren. In Tavannes arbeitet die Tavannes-Watch Comp. ebenfalls ausschließlich für Frankreich. Sie soll in der letzten Zeit wiederholt durch französische Generale inspiziert worden sein. Auch soll der Unterstaatssekretär des Kriegsministeriums [für Artillerie und Munition], Thomas, kürzlich dort gewesen sein."[54]

Eine Woche später bezeichnete Ulrich Wille die Produktion von Kriegsmaterial für Frankreich und England in einem Schreiben an Bundesrat Hoffmann als „sehr beträchtlich".[55] Schon ein kurzer Blick auf die Exportzahlen macht deutlich, dass es

---

51 Artikel 6 und 7 des XIII. Haager Abkommens betreffend die Rechte und Pflichten der Neutralen im Falle eines Seekrieges, zit. nach *Daniel Dürst*, Schweizerische Neutralität und Kriegsmaterialausfuhr. Zürich 1983, 70–73.
52 Artikel 9 des V. Haager Abkommens betreffend die Rechte und Pflichten der neutralen Mächte und Personen im Falle eines Landkrieges, zit. nach *Dürst*, Schweizerische Neutralität, 70.
53 Zur Rolle von Zénith und der Tavannes Watch Co. vgl. *Christine Gagnebin-Diacon*, La fabrique et le village: La Tavannes Watch Co (1890–1918). Porrentruy 2006; *Patricia Hostettler*, Fabrication de guerre ou la manne des munitions. Le cas de la fabrique de montres Zénith, 1914–1918, in: Musée neuchâtelois 3, 1991, 111–128.
54 BAR, E 2001, A 100/45, Nr. 758, Bern, 13. 7. 1915, Chef des Generalstabes der Armee, Sprecher, an das Politische Departement.
55 Brief von Ulrich Wille an Arthur Hoffmann vom 20. 7. 1915, zit. nach *Kurz*, Dokumente, 109.

sich dabei um große, für die kriegführenden Länder relevante Lieferungen handelte; und im Gegensatz zur Ausfuhr von zivilen Gütern – wo der Höhepunkt der Kriegskonjunktur bereits 1916 erreicht war – dauerte der Export von kriegswichtigen Gütern bis 1918 an.[56] Mit der Verschärfung des Wirtschaftskrieges nach der interalliierten Wirtschaftskonferenz in Paris im Juni 1916 kann insbesondere das Jahr 1917 als eigentliches Rekordjahr bezeichnet werden. Im Februar 1917 hielt der Bundesrat fest, dass „nach und nach ein grosser Teil der schweizerischen Maschinenindustrie zur eigentlichen Kriegsindustrie" geworden sei und „gegenwärtig von beiden Gruppen gewaltige Aufträge in der Schweiz untergebracht"[57] würden. Während sich die Exportmengen bei den eisernen Schmiedewaren vervierfachten und bei den Werkzeugmaschinen versiebenfachten, stiegen sie bei den Kupferwaren um mehr als das Zwölffache. Die Westschweizer Historikerin Christine Gagnebin-Diacon spricht mit Blick auf die Uhrenindustrie von einem „véritable fièvre des affaires durant la guerre".[58] Die Aufnahme der Munitionsfabrikation führte zu einer „Verdoppelung ihres Produktionsumfanges",[59] und im Rekordjahr 1917 wurden schließlich mehr „Kupferwaren" als Uhren exportiert. Mit Blick auf die Beschäftigtenzahlen in der Uhren-, Metall- und Maschinenindustrie hielt der Bundesrat im Februar 1917 fest: „Waren schon bisher mindestens 30 000 schweizerische Arbeiter in der Munitionsfabrikation tätig, so ist diese Zahl jedenfalls gegenwärtig noch wesentlich gestiegen."[60]

Betrachtet man die Verteilung der Exporte nach einzelnen Ländern, gingen gemäß einer „Schätzung des Armee-Kriegs-Kommissärs" schon im Sommer 1915 „ungefähr 4/5 der jetzt in der Schweiz fabrizierten Munition nach Frankreich".[61] Diese einseitige Verteilung der Exporte blieb auch in den folgenden Jahren bestehen; und spätestens seit dem zweiten Kriegsjahr waren auch Lieferungen einzelner Unternehmen an beide kriegführenden Parteien angesichts strenger Kontrollen der Ein- und Ausfuhren (zumindest offiziell) nicht mehr möglich. In der Westschweizer Uhrenindustrie waren die einseitigen Lieferungen aber auch Ausdruck offener Sympathien für die Entente. In Genf konnte der amerikanische Konsul Lewis W. Haskell im November 1917 nur ein einziges Unternehmen nennen, das Munition für die Mittelmächte produzierte. In einem Schreiben über die Munitionsfabrikation im Kanton Genf hielt er gegenüber dem amerikanischen Außenminister zudem fest: „I am reliably informed that contracts for the Central Powers have been refused by certain

---

56 *Geering*, Handel und Industrie, 48 f. und 575 f.
57 BAR, E 1004.1, Protokoll über die Verhandlungen des schweizerischen Bundesrates, 20. Sitzung, 20. 2. 1917, Nr. 410.
58 *Gagnebin-Diacon*, La fabrique et le village, 45.
59 *Geering*, Handel und Industrie, 577 f.
60 BAR, E 1004.1, Protokoll über die Verhandlungen des schweizerischen Bundesrates, 20. Sitzung, 20. 2. 1917, Nr. 410.
61 BAR, E2001, A 100/45, Nr. 758, Bern, 13. 7. 1915, Chef des Generalstabes der Armee, Sprecher, an das Politische Departement.

manufacturers. A section foreman [...] in one of the factories told me that six hundred out of the eight hundred employed at his factory would walk out if that factory manufactured for the Central Powers."[62]

Bereits im Oktober 1915 hatte das Politische Departement in einem streng vertraulichen Schreiben zur „persönlichen Orientierung" des schweizerischen Gesandten in Wien festgehalten, „die Lieferungen von Kriegsmaterial" hätten sich „in letzter Zeit [...] wesentlich zu Gunsten der Entente verschoben". Das Departement führte diese Entwicklung aber nicht auf unterschiedliche Sympathien für die kriegführenden Länder beziehungsweise eine Ungleichbehandlung der Kriegsgegner zurück, sondern auf die Blockadepolitik der Entente und „den Mangel an gewissen Rohstoffen (Kupfer, Nickel) bei den Zentralmächten".[63] Eine Verletzung der Neutralität durch einseitige Munitionslieferungen war aus Schweizer Sicht deshalb nicht gegeben. Für den angesichts der Verhältnisse inzwischen in Erklärungsnot geratenen Gesandten fügte man – fast schon entschuldigend – noch bei: „Kriegsmaterialbestellungen auch von Seiten der Zentralmächte, namentlich von Oesterreich-Ungarn, wären unserer Industrie gewiss erwünscht."[64]

5.2.5 Umstrittene Güter: Kritik an (einseitigen) Lieferungen von Kriegsmaterial

Deutschland reagierte auf die einseitige Lieferung von Kriegsmaterial an die Entente mit verschiedenen Maßnahmen. Die Vorschriften und Kontrollen für die Verwendung von Rohstoffen, den Veredelungsverkehr und die Abwicklung von Kompensationsgeschäften wurden im Verlauf des Krieges immer restriktiver. Bis zum November 1915 hatte Deutschland schon 53 Unternehmen, die Munition, Waffen oder Sprengstoffe für die Entente produzierten, von der Belieferung mit Kohle ausgeschlossen.[65] Ende Dezember 1915 entstand die „Zentralstelle für die Kohlenversorgung der Schweiz", und die Verwendung deutscher Kohle wurde nun so eingeschränkt, dass sich „die Kriegsmateriallieferanten der Entente bei ihren Auftraggebern mit Kohle eindecken

---

62 National Archives at College Park (NACP), RG 59, General Records of the State Department, 1910–1929, Internal Affairs Switzerland, microfilm 1457, roll 8, Schreiben von Lewis W. Haskell, an den Secretary of State [Robert Lansing] in Washington, 24. 11. 1917.
63 BAR, E2200.53-02#1000/1755#12*, Munitionslieferung von Schweizer Firmen für die Kriegsführenden, Schreiben des Politischen Departementes an die Schweizerische Gesandtschaft in Wien, 12. 10. 1915.
64 BAR, E2200.53-02#1000/1755#12*, Munitionslieferung von Schweizer Firmen für die Kriegsführenden, Schreiben des Politischen Departementes an die Schweizerische Gesandtschaft in Wien, 12. 10. 1915.
65 Vgl. dazu Ochsenbein, Die verlorene Wirtschaftsfreiheit, 194, 208.

mussten".[66] Zwischen Februar und Juni 1916 wurde die Zahl der Firmen auf der deutschen „Sperrliste" mehr als verdoppelt und stieg von 122 auf 255 gesperrte Unternehmen. Mit dem neuen Handelsabkommen zwischen der Schweiz und Deutschland vom zweiten September 1916 wurde der Begriff „Kriegsmaterial" auf „Drehbänke, Fräsen, Hobel, Schleif- und Bohrmaschinen, Scheren, Pressen und Stanzen"[67] erweitert, für deren Herstellung jetzt keine Rohstoffe (oder Maschinen) aus den Mittelmächten mehr verwendet werden durften. Zur Umsetzung dieser Bestimmungen wurde im Oktober 1916 die „Schweizerische Zentralstelle für den Bezug von Stahl und Eisen aus Deutschland" gegründet, die für die Verteilung des Eisens auf Basis der Vorkriegsbezüge und die Kontrolle seiner Verwendung in den Unternehmen zuständig war.[68] Im November 1916 wurde auf Initiative von Walther Rathenau, Aufsichtsratsvorsitzender der AEG und vormaliger Chef der Kriegsrohstoffabteilung des preußischen Kriegsministeriums, schließlich die Metallum AG mit Sitz in Bern gegründet. Nach den Statuten war das im Hotel Metropole in Bern untergebrachte Unternehmen zum „Zweck der Fabrikation und des Handels auf dem Gebiete der metallurgischen Technik"[69] gegründet worden. Nach Einschätzung des Bundes war die Metallum AG jedoch „die Vertreterin der deutschen Regierung für die Lieferung von Rohmaterialien für Kriegsmaterial und den Bezug von solchem".[70] Seit Dezember 1916 gingen „kontinuierliche Sendungen von roh vorgearbeiteten Zündkörpern aus Zinklegierung, Zündladungskapseln aus Stahl und Verschlusskappen aus Stahl" an die Metallum AG in Bern, die in Schweizer Werkstätten wie Schindler & Co. (in Luzern), Gebrüder Wyss (in Solothurn) oder Kummler & Matter (in Aarau) „durch Abdrehen und Ausbohren"[71] fertig bearbeitet wurden. Die Oberzolldirektion und die Schweizerischen Bundesbahnen sprachen bereits im Dezember 1916 von „vielen Millionen von Stücken" und „ganzen Wagenladungen".[72] Wie die Entente versuchte jetzt auch Deutschland, Schweizer

---

66 *Hans Rudolf Ehrbar*, Schweizerische Militärpolitik im Ersten Weltkrieg. Die militärischen Beziehungen zu Frankreich vor dem Hintergrund der schweizerischen Aussen- und Wirtschaftspolitik 1914–1918. Bern 1976, 142. Zur Zentralstelle für Kohlenversorgung und den deutschen Sperrlisten vgl. auch *Ochsenbein*, Die verlorene Wirtschaftsfreiheit, 248–252; *Gagnebin-Diacon*, La fabrique et le village, 46 f.
67 *Ochsenbein*, Die verlorene Wirtschaftsfreiheit, 272.
68 Vgl. dazu *Ochsenbein*, Die verlorene Wirtschaftsfreiheit, 271–273. Im Herbst 1917 wurde die Zentralstelle für den Bezug von Stahl und Eisen aus Deutschland aufgelöst und unter dem Namen Schweizerische Eisenzentrale als Sektion der Abteilung für industrielle Kriegswirtschaft neu gegründet.
69 BAR, E6300B#1000/1034#142*, Statuten der Metallum Aktiengesellschaft in Bern vom November 1916.
70 BAR, E6300B#1000/1034#142*, Schreiben des Schweizerischen Volkswirtschaftsdepartementes an das Schweizerische Finanzdepartement, 15. 10. 1917.
71 BAR, E6351B#1000/1040#11644*, Schreiben der Schweizerischen Oberzolldirektion an das Zollamt Schaffhausen, 4. 12. 1916.
72 BAR, E6351B#1000/1040#11644*, Schreiben der Schweizerischen Oberzolldirektion an das Zollamt Schaffhausen, 4. 12. 1916; BAR, E6351B#1000/1040#11644*, Schreiben der Generaldirektion der Schweizerischen Bundesbahnen an die Oberzolldirektion, 23. 12. 1916.

Unternehmen aktiv für die Produktion von Kriegsmaterial zu gewinnen. In einem neuen Handelsabkommen zwischen der Schweiz und Deutschland vom 20. August 1917 wurde schließlich eine „Vereinheitlichung und genaue Regelung der Ausfuhr von Kriegsmaterial nach beiden kriegführenden Blöcken"[73] vorgenommen. Für die verwendeten Rohstoffe, Halbfabrikate oder Fertigfabrikate musste nun ein „Materialnachweis"[74] (anhand von Zollquittungen oder Frachtbriefen) erbracht werden. Die Unternehmen waren aber bereits seit dem Herbst 1916 von Schweizer Fachexperten kontrolliert worden und mussten nun (oft widerwillig) detailliert Auskunft über die Herstellung ihrer Produkte geben.

Innerhalb der Schweiz wurde die Kritik an den Munitionslieferungen erst seit 1917 lauter, als die Ausfuhren ihren Höhepunkt erreichten.[75] Völkerrechtlich war die Ausfuhr von Kriegsmaterial zwar legal; versteht man die Neutralität aber als „Option gegen den Krieg" und „ethisch überlegene Haltung",[76] die bereits in den Kriegsjahren auch mit den humanitären Leistungen des Landes verbunden wurde, waren diese Lieferungen immer schwieriger zu begründen. Der Ende 1915 nach Genf geflüchtete flämische Maler Frans Masereel, Mitbegründer der pazifistischen Monatsschrift „Les tablettes", kritisierte die Munitionslieferungen ebenso eindringlich wie die Westschweizer Satirezeitschrift „L'Arbalète", die im Dezember 1917 unter dem Titel „Des munitions!" mehrere Karikaturen und ein satirisches „Plaidoyer pour le fabricant de munitions" publizierte.[77] Kritisiert wurden hier nicht nur die hohen Kriegsgewinne der Fabrikanten, thematisiert wurde auch der Widerspruch zwischen den staatlich geduldeten Munitionslieferungen und der humanitären Tradition des Landes – hatte das Internationale Komitee vom Roten Kreuz im Herbst 1917 doch den einzigen im Verlauf des Kriegs vergebenen Friedensnobelpreis erhalten.[78] Mitte November 1917 riefen die Pazifisten Max Daetwyler und Max Rotter die Arbeiterschaft

---

73 *Ochsenbein*, Die verlorene Wirtschaftsfreiheit, 294. Vgl. dazu die vom Volkswirtschaftsdepartement erlassenen „Vorschriften betreffend die Ausfuhr von Kriegsmaterial" vom 20. August 1917. Zur weiteren Verschärfung der Bestimmungen durch den deutsch-schweizerischen Handelsvertrag vom Frühling 1918 vgl. *Karl Heinrich Pohl*, Adolf Müller. Geheimagent und Gesandter in Kaiserreich und Weimarer Republik. Köln 1995, 213–218.
74 BAR, E7350#1000/1104#244*, Vorschriften betreffend die Ausfuhr von Kriegsmaterial, 20. August 1917, 2–8.
75 Zur Kritik an den Munitionslieferungen vgl. ausführlicher *Roman Rossfeld*, „Schweigen ist Gold": Kriegsmaterialexporte der schweizerischen Uhren-, Metall- und Maschinenindustrie im Ersten Weltkrieg, in: Rudolf Jaun u. a. (Hrsg.), An der Front und hinter der Front. Der Erste Weltkrieg und seine Gefechtsfelder. Baden 2015, 303–309.
76 *André Holenstein*, Mitten in Europa. Verflechtung und Abgrenzung in der Schweizer Geschichte. Baden 2014, 252.
77 Vgl. dazu das Heft „Des munitions!", in: L'Arbalète. Journal Satirique suisse, Nr. 11, 1. 12. 1917.
78 Zur Bedeutung der humanitären Diplomatie vgl. ausführlicher *Cédric Cotter*, (S')aider pour survivre: Action humanitaire et neutralité suisse pendant la Première Guerre mondiale (La Suisse pendant la Première Guerre mondiale, Bd. 3.) Genf 2017.

schließlich zu einer Großdemonstration „gegen die Munitionserzeugung"[79] in Zürich auf, die zu schweren Ausschreitungen mit drei toten Arbeitern und einem „aus dem Hinterhalt" erschossenen Stadtpolizisten führten.[80]

Bereits Anfang 1917 waren die „Deutschschweizerischen Gesellschaften" von Basel, Bern, Glarus und Zürich mit einem Gesuch an den Bundesrat gelangt, „die Ausfuhr von Geschossen, Geschossteilen, Zündern und Zünderteilen aus der Schweiz zu verbieten". Begründet wurde das Gesuch damit, „dass durch die Lieferung von Munition an beide Kriegsführende Parteien ein Teil der schweizerischen Industrie, entgegen dem Willen weiter Kreise des Schweizervolkes, zur Verlängerung des Krieges beitrage".[81] Der Bundesrat lehnte dieses Gesuch jedoch ab, weil er sich mit seinen „Massnahmen betreffend Munitionsausfuhr" und seinen „Verständigungen mit den beiden Mächtegruppen auf völkerrechtlich unanfechtbarem Boden" befand und für ihn nicht einzusehen war, „warum allfällige Verbote auf Munitionslieferungen beschränkt werden sollten".[82] Wollte man die Lieferungen aus „humanen oder spezifisch christlichen Erwägungen beanstanden", war für ihn „völlig unbegreiflich, warum dann die Lieferung von Werkzeugmaschinen, die notorisch für die Herstellung von Munition Verwendung finden, nicht auch verboten werden müsste [...], warum Tausende von Lastautomobilen für die Kriegführenden fabriziert werden können, warum nicht ohne weiteres die Aluminiumindustrie, die fast ausschließlich für Kriegszwecke arbeitet, die Karbidwerke und die elektrochemische Industrie, deren Produkte zum grössten Teil bei der Sprengstoffbereitung verwendet werden, stillgelegt werden sollten [...]. Dann wären aber nicht 30 000 oder 50 000, sondern Hunderttausende von Arbeitern brotlos." Um das „drohende Gespenst einer allgemeinen Arbeitslosigkeit abzuwehren",[83] entschied man sich deshalb, lieber nichts zu verbieten, statt auf den Begriff „Kriegsmaterial" näher einzugehen. Zugleich machte der Bundesrat mit dieser Aufzählung aber auch deutlich, wie tief die Schweizer Wirtschaft in Kriegsmateriallieferungen verstrickt war – und der Bundesrat sich dieser Tatsache auch bewusst war.

---

[79] Volksrecht, Nr. 269, 16. 11. 1917. Vgl. dazu ausführlicher *Bruno Thurnherr*, Die Ordnungsdiensteinsatz der Armee anlässlich der Zürcher Unruhen im November 1917. Bern 1978; *Max Rotter*, Erlebnisse eines politischen Gefangenen in der Polizeikaserne Zürich. Ein Protest gegen die Gerichtsbarkeit von heute. Zürich 1919.
[80] Vgl. dazu NZZ, Nr. 2175 und 2182, 19. 11. 1917.
[81] BAR, E 1004.1, Protokoll über die Verhandlungen des schweizerischen Bundesrates, 20. Sitzung, 20. 2. 1917, Nr. 410. Eingabe der Deutsch-schweizerischen Gesellschaften betreffend die Ausfuhr von Munition.
[82] BAR, E 1004.1, Protokoll über die Verhandlungen des schweizerischen Bundesrates, 20. Sitzung, 20. 2. 1917, Nr. 410.
[83] BAR, E 1004.1, Protokoll über die Verhandlungen des schweizerischen Bundesrates, 20. Sitzung, 20. 2. 1917, Nr. 410. Zur Bedeutung der schweizerischen Aluminiumindustrie im Ersten Weltkrieg vgl. auch *Cornelia Rauh-Kühne*, Schweizer Aluminium für Hitlers Krieg? Zur Geschichte der Alusuisse 1918–1950. München 2009, 21–37.

Abb. 3: Anfang Dezember 1917 widmete die Satirezeitschrift „L'Arbalète" der Munitionsfabrikation eine ganze Nummer. Die umfangreichen Lieferungen von Munitionsbestandteilen wurden hier den Aktivitäten des Roten Kreuzes und der humanitären Tradition des Landes gegenübergestellt (Schweizerische Nationalbibliothek Bern. L'Arbalète, Ausgabe vom 1. Dezember 1917).

5.2.6 „Vom sozialen Schamgefühl": Teuerungsdemonstrationen, Kriegsgewinne und Landesstreik

Der immer härter geführte Wirtschaftskrieg und die sinkenden Rohstoff- und Lebensmittelimporte wurden spätestens seit 1916/17 auch in der breiten Bevölkerung spürbar. Neben höheren Nahrungsmittelpreisen belasteten auch steigende Mieten, Heizungs- und Bekleidungskosten das Budget der Arbeiter und Angestellten massiv.[84] Organisiert von sozialdemokratischen Arbeiterinnenvereinen kam es seit dem Sommer 1916 in verschiedenen Städten zu Protesten und Marktdemonstrationen gegen den wachsenden Hunger und die Teuerung. Der allgemeine Preisindex hatte sich bis 1918 rund verdoppelt, und im Juni desselben Jahres zählte man 692 000 sogenannt notstandsberechtigte Personen, die zum Bezug verbilligter Nahrungsmittel und Bedarfsgegenstände (wie Petrol, Holz oder Kohle) berechtigt waren. Parallel zur wachsenden Teuerung und den stagnierenden oder real sogar sinkenden Einkommen in der Arbeiterschaft stieg in der Bevölkerung der Unmut über die Kriegsgewinnler, Schieber, Wucherer und Spekulanten. Mit der zunehmenden Dauer des Kriegs stellte sich auch in der Schweiz die Frage, wie die (hauptsächlich finanziellen) Lasten des Kriegs verteilt werden sollten.[85]

Nach den Bundesratsbeschlüssen vom vierten April und 29. Mai 1917 zur Abgabe von Brot und Milch an Bedürftige zu herabgesetzten Preisen,[86] stellte die sozialdemokratische „Berner Tagwacht" im August 1917 unter dem Titel „Dieweil wir hungern" fest, die Gewinne der Unternehmen seien „unerhört". In den letzten Jahren habe sich „ein System der Verschleierung" herausgebildet, dessen Ziel es sei, der Öffentlichkeit „die schamlosen Wuchergewinne"[87] vorzuenthalten. Für den promovierten Ökonomen und Aargauer SP-Nationalrat Arthur Schmid (1889–1958) zeigte sich gerade im Krieg, „dass das Vaterland der Reichen Reichtum heisst".[88] Zugleich erwies sich das Vorgehen gegen den Kettenhandel, die Schmuggler, Schieber oder

---

[84] Zur Bekleidung vgl. *Roman Wild*, Volksschuhe und Volkstücher zu Volkspreisen. Zur Bewirtschaftung lederner und textiler Bedarfsartikel im Ersten Weltkrieg in der Schweiz, in: Schweizerische Zeitschrift für Geschichte 63, 2013, 428–452.
[85] Zur Nahrungsmittelversorgung und den Teuerungsprotesten im Ersten Weltkrieg vgl. ausführlicher *Peter Moser*, Mehr als eine Übergangszeit: Die Neuordnung der Ernährungsfrage während des Ersten Weltkriegs, in: Rossfeld, 14/18, 172–199; *Maria Meier*, Die Lebensmittelversorgung im Krieg und ihre Bedeutung für den Landesstreik. Das Beispiel Basel, in: Roman Rossfeld/Christian Koller/Brigitte Studer (Hrsg.), Der Landesstreik. Die Schweiz im November 1918. Baden 2018, 34–60.
[86] Vgl. dazu Bundesratsbeschluss betreffend die Abgabe von Konsummilch zu herabgesetztem Preise, 4. 4. 1917; Bundesratsbeschluss betreffend die Abgabe von Brot zu herabgesetzten Preisen, 29. 5. 1917. Freundlicher Hinweis von Maria Meier, Luzern.
[87] Berner Tagwacht, 6. 8. 1917.
[88] *Arthur Schmid*, Der Patriotismus der Besitzenden. Bern 1919.

Spekulanten angesichts der wechselnden Verhältnisse und oft nur „schwer durchleuchtbaren Vorgänge"⁸⁹ als schwierig. Die kantonale Strafgesetzgebung aus der Vorkriegszeit war unzureichend, und auch die vom Bundesrat bereits am 10. August 1914 (hauptsächlich gegen den Wucher mit Nahrungsmitteln) erlassene Verordnung sowie ein ergänzender Beschluss vom 18. April 1916 erwiesen sich in der Praxis als ungenügend. Das Bußenmaximum war tief, und die Produzenten waren von dieser Verordnung explizit ausgenommen.⁹⁰

Nach und nach verschlechterten sich die Stimmungslage und die Beurteilung des Verhaltens der Unternehmen selbst in traditionell bürgerlichen Medien. Ende April 1918 publizierte der Schriftsteller Karl Frey (1880–1942) unter dem Pseudonym Konrad Falke einen viel beachteten Artikel in der NZZ, in dem er die hohen Kriegsgewinne zahlreicher Unternehmen scharf kritisierte. Unter dem Titel „Vom sozialen Schamgefühl" forderte der Sohn von Julius Frey (1855–1925), Verwaltungsratspräsident der Schweizerischen Kreditanstalt von 1911–1925, die Unternehmer dazu auf, mehr Solidarität mit der Arbeiterschaft zu üben und hielt mit eindringlichen Worten fest: „Alles wird beständig teurer. [...] Aber schlimmer als alle tatsächliche Teuerung wirkt jene rücksichtslose industrielle Gewinnsucht, die weiss, dass im Trüben gut fischen ist und dass man heute den Krieg für alles verantwortlich machen kann [...]. Es ist nicht mehr zu früh, dass in den Herren Aktionären das soziale Schamgefühl erwache und ihnen verbiete, immer einzig und allein an ihre persönliche Bereicherung zu denken [...]. Auch ohne dass man den einseitigen und kurzsichtigen Standpunkt der Antimilitaristen teilt, muss man es angesichts der herrschenden Zustände einigermassen begreifen, wenn ganze Volksschichten sich zu fragen anfangen: Wozu den Körper des Staates nach aussen verteidigen, wenn gleichzeitig in seinen Eingeweiden ein Fieber wütet, das uns von innen her dem Untergang zutreibt? [...] Kommt die Erneuerung nicht durch Einsicht von innen [...], so kommt sie durch Gewalt von unten. [...] ein fortwährend steigender Kriegsgewinn einzelner bei fortwährend steigender Not der Allgemeinheit ist einfach abscheulich!"⁹¹ Der Text von Falke beschrieb bereits im Frühling 1918 mit erstaunlicher Präzision die Stimmungslage, die wenige Monate später, im November 1918, zum Schweizerischen Landesstreik, der schwersten sozialen und innenpolitischen Krise seit der Gründung des Bundesstaates von 1848, führen sollte.⁹²

---

89 *Emil Landolt-Cotti*, Wirkungen des Krieges auf den Handel in der Schweiz und Sozialwuchergesetzgebung. Zürich 1917, V.
90 Vgl. dazu *Landolt-Cotti*, Wirkungen; *Kurt Michel*, Das schweizerische Kriegswucherstrafrecht. Bern 1920.
91 *Konrad Falke* (alias Karl Frey), Vom sozialen Schamgefühl, NZZ, Nr. 558, Sonntag, 28. 4. 1918. Hervorhebungen im Original.
92 Zum Landesstreik vgl. ausführlicher *Rossfeld*, Der Landesstreik, sowie das immer noch wichtige Standardwerk von *Gautschi*, Der Landesstreik 1918.

5.2.7 Renationalisierung, „Swiss Mission" und Überfremdungsdiskurs

Die im Krieg gemachten Erfahrungen prägten die Schweizer Wirtschaft in den folgenden Jahrzehnten nachhaltig: Das Verhältnis zum Ausland und „die Abwehr der Überfremdungsgefahr"[93] wurden nun zu zentralen Themen in der öffentlichen Diskussion. Bereits während dem Krieg war es zu einer Renationalisierung von Unternehmensführungen (durch den Rücktritt ausländischer Direktoren und Verwaltungsräte) gekommen, und schon im August 1916 waren mit einem Bundesratsbeschluss sogenannte Ursprungszeugnisse[94] eingeführt worden, um die neutrale Herkunft exportierter Waren belegen und ihre Ausfuhr erleichtern zu können. Ende 1917 wurde vom „Vorort", der Leitung des Schweizerischen Handels- und Industrie-Vereins (SHIV), schließlich eine Kommission eingesetzt, um „verschiedene Massregeln gegen die wirtschaftliche Überfremdung"[95] des Landes zu diskutieren. Gemeint war damit nicht nur die „steigende wirtschaftliche Abhängigkeit vom Ausland" und hier insbesondere von Deutschland, sondern auch die Gründung ausländischer Unternehmen beziehungsweise „Tarngesellschaften" in der Schweiz und ihre Bestrebungen mit Hilfe einer „Verschleierungspolitik [...] unter neutraler Flagge auf dem Weltmarkt auftreten zu können".[96] Die Reintegration der deutschen Wirtschaft in den Weltmarkt sollte nach dem Krieg auch über die Schweiz erfolgen; sei es durch „kommerzielle Mimikry", die Verwendung des Schweizer Namens für deutsche Produkte, oder die in den Kriegsjahren zahlreich erfolgten „Kleingründungen".[97] Arthur Steinmann, Verbandssekretär des einflussreichen, seit 1906 bestehenden Verbandes der Arbeitgeber der Textilindustrie, sprach bei Kriegsende von einer „Ausschiffung der Schweizer Wirtschaft im eigenen Lande".[98] Veranstaltungen wie die 1917 erstmals durchgeführte „Schweizer Mustermesse" in

---

93 *Erich Wigger*, Krieg und Krise in der politischen Kommunikation: vom Burgfrieden zum Bürgerblock in der Schweiz, 1910–1922. Zürich 1997, 157.
94 Vgl. dazu Bundesratsbeschluss betreffend Ursprungszeugnisse vom 25. 8. 1916 in Baer, Bd. 2, 147–149; Bundesratsbeschluss über Ursprungsausweise vom 30. 8. 1918 in Baer, Bd. 4, 332–344. Zum Rücktritt deutscher Verwaltungsräte aus Schweizer Unternehmen vgl. *Martin Lüpold*, Der Ausbau der „Festung Schweiz". Aktienrecht und Corporate Governance in der Schweiz, 1881–1961. Zürich 2008, 208–216.
95 XI. Bericht des Bundesrates an die Bundesversammlung über die von ihm auf Grund des Bundesbeschlusses vom 3. 8. 1914 getroffenen Massnahmen (vom 2. 12. 1918), 70.
96 Vgl. dazu „Wirtschaftliche Überfremdung und Abwehrmassnahmen" in NZZ, Nr. 534, 23. 4. 1918; „Auslandstimmen über die wirtschaftliche Überfremdung der Schweiz" in NZZ, Nr. 1221, 16. 9. 1918. Zu den Maßnahmen gegen die Überfremdung vgl. auch *Tanner*, Geschichte der Schweiz, 168 f.
97 *Paul Gygax*, Wirtschaftliche Überfremdung, in: Schweizerisches Finanz-Jahrbuch, 20, 1918, 193, 198.
98 *Arthur Steinmann*, Zur wirtschaftlichen Überfremdung der Schweiz, 3. Auflage. Zürich 1919 [EA. Oktober 1918], 8.

Basel oder die ebenfalls 1917 gegründete „Schweizer Woche" sollten den Absatz einheimischer Produkte nun stärken. Nach dem Krieg wurde die Bekämpfung der „Überfremdung" auch vom 1921 gegründeten, rechtsnationalen „Volksbund für die Unabhängigkeit der Schweiz" weitergeführt. Die umstrittene Revision des schweizerischen Aktien- und Obligationenrechts, das die Unternehmen vor dem Einfluss von außenstehenden Aktionären zunehmend schützte, nahm allerdings mehrere Jahre in Anspruch, sodass die neuen Regelungen erst 1936 beziehungsweise 1937 in Kraft traten.[99]

Der Überfremdungsdiskurs – beziehungsweise die Zurückdrängung des deutschen Einflusses aus der Schweizer Wirtschaft – korrespondierte mit einer seit 1917 immer deutlicheren (wirtschafts)politischen Neuorientierung. Der Niedergang des deutschen Kaiserreiches und der Aufstieg der USA zur „zentralen Ordnungsmacht im Ersten Weltkrieg"[100] spiegelte sich in der zweiten Kriegshälfte auch in der Schweizer Außenwirtschaftspolitik. Nach dem Kriegseintritt der USA war der Winterthurer Industrielle Hans Sulzer vom Bundesrat bereits im Sommer 1917 zum neuen Schweizer Gesandten in Washington ernannt worden. Zusammen mit weiteren einflussreichen Industriellen sollte er sich im Rahmen einer vom Bundesrat entsandten „Swiss Mission" nicht nur um eine Verbesserung des Images der Schweiz, sondern auch um eine bessere Versorgung des Landes mit Getreide bemühen. Zum Leiter der Delegation war der freisinnige Nationalrat und Textilunternehmer John Syz, Präsident der Zürcher Handelskammer und des bereits erwähnten Verbandes der Arbeitgeber der Textilindustrie, ernannt worden.[101] Anfang Dezember 1917 gelang es nach langwierigen Verhandlungen ein neues schweizerisch-amerikanisches Wirtschaftsabkommen auszuhandeln, das – im Gegenzug für weitere Einschränkungen der Exporte nach Deutschland – insbesondere die dringend benötigten Getreidelieferungen in die Schweiz im letzten Kriegsjahr sicherstellte.

Wenige Monate zuvor hatte sich die pragmatische Neuausrichtung der Schweizer Außenpolitik auch in der Wahl von Gustave Ador (1845–1928) in den Bundesrat gezeigt.[102] Nach dem (erzwungenen) Rücktritt des als deutschfreundlich bekannten Ostschweizer Bundesrates Arthur Hoffmann wurde mit dem Genfer Liberalen Ador im Juni 1917 ein explizit der Entente nahestehender Politiker in die Landesregierung

---

[99] Zur Entwicklung einer Insider-orientierten Corporate Governance für die Überfremdungsabwehr und -prävention seit dem Ersten Weltkrieg vgl. *Lüpold*, Ausbau der „Festung Schweiz", 217–270. Zum Überfremdungsdiskurs über die Wirtschaft hinaus vgl. *Patrick Kury*, Über Fremde reden. Überfremdungsdiskurs und Ausgrenzung in der Schweiz 1900–1945. Zürich 2003, 89–168; *Gérald Arlettaz/Silvia Arlettaz*, La Première Guerre mondiale et l'émergence d'une politique migratoire interventionniste, in: Paul Bairoch/Martin Körner (Hrsg.), Die Schweiz in der Weltwirtschaft (15.–20. Jh.). Zürich 1990, 319–338.
[100] *Weber*, Verheissung, 19.
[101] Zur „Swiss Mission" und der Neuausrichtung der Schweizer Wirtschaft im Ersten Weltkrieg vgl. *Weber*, Verheissung, 65–104, 181–185.
[102] Zur Richtungswahl von Ador in den Bundesrat vgl. *Weber*, Verheissung, 59–65.

gewählt. Ador war seit 1910 nicht nur Präsident des Internationalen Komitees vom Roten Kreuz, sondern setzte sich während seiner Amtszeit auch stark dafür ein, dass Genf nach dem Krieg zum Hauptsitz des neu gegründeten Völkerbundes wurde.[103] Während die Entente die Wahl von Ador begrüßte, setzte in der deutschen Presse eine Kampagne ein, in der „die Neutralität der Schweiz in Frage gestellt wurde".[104] Zugleich korrespondierte die gegen Kriegsende immer deutlicher werdende Annäherung an die USA mit einem scharfen Antikommunismus, der das Land noch für Jahrzehnte prägen sollte.[105] Als Nachfolger von Ador wurde im Dezember 1919 kein Sozialdemokrat, sondern mit dem katholisch-konservativen Freiburger Nationalrat Jean-Marie Musy (1876–1952) ein langjähriger Verwaltungsrat der Schweizerischen Nationalbank und bekennender Antikommunist in den Bundesrat gewählt. Wie die Wahl des Entente-freundlichen Ador war auch diejenige von Musy eine Richtungswahl, die nach dem Krieg wesentlich zu einem bürgerlichen Schulterschluss und einer scharfen politischen Polarisierung in den 1920er Jahren beitrug.

5.2.8 Fazit

Auch für die Schweiz gilt, was Marc Frey für die neutralen Länder im Ersten Weltkrieg generell festgestellt hat: „Neutral foreign policy meant first and foremost foreign economic policy."[106] Guten Geschäften und zum Teil hohen Kriegsgewinnen – insbesondere in den exportorientierten und kriegswirtschaftlich wichtigen Branchen – standen im Verlauf des Krieges eine wachsende Teuerung und zunehmende Eingriffe in die wirtschaftliche Handlungsfreiheit des Landes gegenüber. Der Verlust der Wirtschaftsfreiheit stand in einem scharfen Kontrast zur ausgesprochen wirtschaftsliberalen Tradition des Landes und machte die große Abhängigkeit und Verletzlichkeit der schweizerischen Volkswirtschaft rasch deutlich. Dass neben „humanitären Gründen" auch „Nützlichkeitserwägungen" eine Rolle spielten, wenn man die neutrale Schweiz in den Kriegsjahren nicht „verhungern" ließ, hat Edgar Bonjour bereits in den 1960er Jahren deutlich formuliert: „Die Aufrechterhaltung der eidgenössischen Neutralität schien nicht nur aus militärisch-politi-

---

103 Zum ausgesprochen umstrittenen Beitritt der Schweiz zum Völkerbund nach dem Ersten Weltkrieg vgl. *Carlo Moos*, Ja zum Völkerbund – Nein zur Uno. Die Volksabstimmungen von 1920 und 1986 in der Schweiz. Zürich 2001.
104 Vgl. dazu „Der Bund", 16. 10. 1917, zit. nach *Dieter Riesenberger*, Deutsche Emigration und Schweizer Neutralität im Ersten Weltkrieg, in: Schweizerische Zeitschrift für Geschichte 38, 1988, 143.
105 Zum Antikommunismus vgl. *Michel Caillat*, L'Entente internationale anticommuniste de Théodore Aubert. Organisation interne, réseaux et action d'une internationale antimarxiste 1924–1950. Lausanne 2016; *Michel Caillat* u. a. (Hrsg.), Histoire(s) de l'anticommunisme en Suisse. Zürich 2009.
106 *Marc Frey*, The Neutrals and World War One, in: Forsvarsstudier/Defense Studies 3/2000 (Norwegian Institute for Defense Studies, Oslo, Research Papers), 5.

schen Gründen, zur Verkürzung der Kampflinien, zur Internierung kranker Kriegsgefangener, zur Erlangung von Nachrichten über den Gegner, zur Anbahnung von Vermittlungs- und Friedensgesprächen, empfehlenswert." Die Schweiz war auch „ein industriell-wirtschaftlich leistungsfähiges Gebiet dicht am Rande des Kriegsschauplatzes".[107] Beide kriegführenden Parteien versuchten zwar, Lieferungen an den Kriegsgegner zu unterbinden, waren aber auch an einer wirtschaftlichen Zusammenarbeit mit der Schweiz interessiert und wollten verhindern, dass das Land an der Seite des Gegners in den Krieg eintrat. Für die Schweiz bestand deshalb immer ein Verhandlungsspielraum gegenüber beiden Seiten, der sich mit dem Kriegsverlauf aber veränderte. Die flexible Anpassung an ständig wechselnde Verhältnisse beziehungsweise „constant renegotiation" war auch für die Schweiz „the essence of First World War neutrality".[108] 1919 hielt der Zentralverband Schweizerischer Arbeitgeber-Organisationen zur Entwicklung der Schweizer Wirtschaft im Ersten Weltkrieg rückblickend fest: „Man darf der Schweizer Industrie das Zeugnis ausstellen, daß sie sich der Kriegswirtschaft sehr bald und vorzüglich anzupassen vermochte. [...] In den Jahren 1915–1917 erfreute sich der Großteil unserer Industrie eines geradezu glänzenden Geschäftsganges."[109] Bereits während dem Krieg kam es zu einer (auch von außen erzwungenen) Renationalisierung der Unternehmensleitungen, der in den Nachkriegsjahren verschiedene Maßnahmen gegen die wirtschaftliche „Überfremdung" folgten. Die Unternehmen reagierten auf die Erfahrungen im Krieg mit der Gründung von Holdinggesellschaften und der Errichtung von ausländischen Tochtergesellschaften, dem „Export von Fabriken".[110] Das wirtschaftspolitisch pragmatische Verhalten und die seit 1917 – auch durch die Wahl von Gustave Ador in den Bundesrat – deutliche Annäherung der Schweiz an die Entente kommentierte der ehemalige Streikführer im Landesstreik und spätere SP-Nationalrat, Friedrich Schneider (1886–1966), nach dem Krieg trocken: „Unsere herrschende Klasse hat sich in der ersten Hälfte des Krieges rückhaltlos den Deutschen als den Stärkeren angeschlossen. Jetzt steht sie ebenso fest zu der Entente, weil diese sich als mächtigerer Schutzpatron der kapitalistischen Ordnung erweist."[111]

---

107 *Edgar Bonjour*, Geschichte der schweizerischen Neutralität. Vier Jahrhunderte eidgenössischer Aussenpolitik, Bd. 2. Basel 1970, 233.
108 *Kruizinga*, Neutrality, 575.
109 SWA, Berufsverbände D60, Zentralverband schweizerischer Arbeitgeber-Organisationen, Bericht des Zentralvorstandes an die Mitglieder über das Jahr 1919. Zürich 1920, 37.
110 Vgl. dazu *Dieter Fahrni*, Die Nachkriegskrise von 1920–1923 in der Schweiz und ihre Bekämpfung. Unveröffentlichte Lizentiatsarbeit der Universität Basel, Basel 1977; *Schmid*, Wirtschaft, Staat und Macht.
111 *Friedrich Schneider*, Der Landesstreik in der Schweiz (11. bis 14. November 1918). Seine Vorbedingungen, der Verlauf und seine Lehren. Basel 1918, 46.

Auswahlbibliographie

Caillat, Michel, L'Entente internationale anticommuniste de Théodore Aubert. Organisation interne, réseaux et action d'une internationale antimarxiste 1924–1950. Lausanne 2016.

Caillat, Michel u. a. (Hrsg.), Histoire(s) de l'anticommunisme en Suisse. Zürich 2009.

Cotter, Cédric, (S')aider pour survivre: Action humanitaire et neutralité suisse pendant la Première Guerre mondiale (La Suisse pendant la Première Guerre mondiale, Bd. 3.) Genf 2017.

Dejung, Christof/Andreas Zangger, British Wartime Protectionism and Swiss Trading Firms in Asia during the First World War, in: Past & Present 207, 2010, 181–213.

Gautschi, Willi, Der Landesstreik 1918, 4. Aufl. Zürich 2018 [Erstausgabe 1968].

Geering, Traugott, Handel und Industrie der Schweiz unter dem Einfluss des Weltkriegs (Monographien zur Darstellung der schweizerischen Kriegswirtschaft, Bd. 3.) Basel 1928.

Huber, Anja, Fremdsein im Krieg. Die Schweiz als Ausgangs- und Zielort von Migration, 1914–1918 (Die Schweiz im Ersten Weltkrieg, Bd. 2.) Zürich 2018.

Kreis, Georg, Insel der unsicheren Geborgenheit. Die Schweiz in den Kriegsjahren 1914–1918. Zürich 2013.

Kruizinga, Samuël, Neutrality, in: Jay Winter u. a. (Hrsg.), The Cambridge History of the First World War. Cambridge 2014, 542–575.

Kunz, Hans-Beat, Weltrevolution und Völkerbund. Die schweizerische Aussenpolitik unter dem Eindruck der bolschewistischen Bedrohung 1918–1923. Bern 1981.

Kury, Patrick, Über Fremde reden. Überfremdungsdiskurs und Ausgrenzung in der Schweiz 1900–1945. Zürich 2003.

Lüpold, Martin, Der Ausbau der „Festung Schweiz". Aktienrecht und Corporate Governance in der Schweiz, 1881–1961. Zürich 2008.

Meier, Maria, Die Lebensmittelversorgung im Krieg und ihre Bedeutung für den Landesstreik. Das Beispiel Basel, in: Roman Rossfeld/Christian Koller/Brigitte Studer (Hrsg.), Der Landesstreik. Die Schweiz im November 1918. Baden 2018, 34–60.

Moos, Carlo, Ja zum Völkerbund – Nein zur Uno. Die Volksabstimmungen von 1920 und 1986 in der Schweiz. Zürich 2001.

Moser, Peter, Mehr als eine Übergangszeit: Die Neuordnung der Ernährungsfrage während des Ersten Weltkriegs, in: Roman Rossfeld/Thomas Buomberger/Patrick Kury (Hrsg.), 14/18: Die Schweiz und der Grosse Krieg. Baden 2014, 172–199.

Ochsenbein, Heinz, Die verlorene Wirtschaftsfreiheit 1914–1918. Methoden ausländischer Wirtschaftskontrollen über die Schweiz. Bern 1971.

Plumpe, Werner, Die Logik des modernen Krieges und die Unternehmen: Überlegungen zum Ersten Weltkrieg, in: Jahrbuch für Wirtschaftsgeschichte 2015/2, 325–357.

Rossfeld, Roman/Christian Koller/Brigitte Studer (Hrsg.), Der Landesstreik. Die Schweiz im November 1918. Baden 2018.

Rossfeld, Roman, „Abgedrehte Kupferwaren": Kriegsmaterialexporte der schweizerischen Uhren-, Metall- und Maschinenindustrie im Ersten Weltkrieg, in: Jahrbuch für Wirtschaftsgeschichte 2015/2, 515–551.

Rossfeld, Roman, „Schweigen ist Gold": Kriegsmaterialexporte der schweizerischen Uhren-, Metall- und Maschinenindustrie im Ersten Weltkrieg, in: Rudolf Jaun u. a. (Hrsg.), An der Front und hinter der Front. Der Erste Weltkrieg und seine Gefechtsfelder. Baden 2015, 292–313.

Rossfeld, Roman/Thomas Buomberger/Patrick Kury (Hrsg.), 14/18: Die Schweiz und der Grosse Krieg. Baden 2014.

Rossfeld, Roman/Tobias Straumann (Hrsg.), Der vergessene Wirtschaftskrieg. Schweizer Unternehmen im Ersten Weltkrieg. Zürich 2008.

Schmid, Hanspeter, Wirtschaft, Staat und Macht. Die Politik der schweizerischen Exportindustrie im Zeichen von Staats- und Wirtschaftskrise (1918–1929). Zürich 1983.

Schneider, Oliver, Die Schweiz im Ausnahmezustand. Expansion und Grenzen von Staatlichkeit im Vollmachtenregime des Ersten Weltkrieges, 1914–1919 (Die Schweiz im Ersten Weltkrieg, Bd. 5.) Zürich 2019.

Tanner, Jakob, Geschichte der Schweiz im 20. Jahrhundert. München 2015.

Weber, Florian, Die amerikanische Verheissung. Schweizer Aussenpolitik im Wirtschaftskrieg 1917/18 (Die Schweiz im Ersten Weltkrieg, Bd. 1.) Zürich 2016.

Wigger, Erich, Krieg und Krise in der politischen Kommunikation: vom Burgfrieden zum Bürgerblock in der Schweiz, 1910–1922. Zürich 1997.

Wild, Roman, Volksschuhe und Volkstücher zu Volkspreisen. Zur Bewirtschaftung lederner und textiler Bedarfsartikel im Ersten Weltkrieg in der Schweiz, in: Schweizerische Zeitschrift für Geschichte 63, 2013, 428–452.

Jean-François Eck
5.3 Besatzungswirtschaft in Nord- und Ostfrankreich

5.3.1 Einleitung

Die deutsche Wirtschaftsgeschichte im Ersten Weltkrieg bliebe unvollständig, ließe man die besetzten Gebiete des Westens und Ostens Europas außer Acht. Neben der Kriegszielfrage, die häufig ein Gegenstand von Kontroversen war, regte die Besatzungssituation eine Reihe weiterführender Forschungen an. Schwerpunktmäßig konzentrierte man sich auf die konkret verfolgten Zielsetzungen der Kriegsgegner, die Methoden der Herrschaft und die erzielten wirtschaftlichen Resultate. Dieses Kapitel untersucht die genannten Punkte für den Norden und Ostens Frankreichs, indem es eine Synthese der bisherigen Forschungsergebnisse vorlegt.

Bibliographische Recherchen lassen ein deutliches Ungleichgewicht erkennen: Vonseiten deutscher Historiker liegen nur wenige Studien vor, die sich den besetzten Gebieten Frankreichs auf einer sehr allgemeinen Ebene zuwenden.[1] Auch wenn sich die Forschungen auf verschiedene Länder verteilen, stammen sie doch hauptsächlich aus der Feder französischer Autoren. Die Arbeiten tragen sehr verschiedene Züge: Es gibt Einzelstudien zu Städten, Unternehmen oder Regionen, Sektoralanalysen zu einzelnen Wirtschaftsbranchen oder zu den Arbeitsbeziehungen. Manche der neueren Arbeiten wurzeln in der Mikrogeschichte und basieren auf einem zentralen Quellenbestand oder auf Zeitzeugenberichten, um mithilfe eines dichten Materials auf die Motive der Akteure zu schließen.[2] Daneben gibt es eine Reihe von Synthesen, die ohne spezifische Methode auskommen und eine umfassende Ereignisgeschichte der besetzten Gebiete vorlegen, ohne sich in Details zu verlieren.[3]

Die Diversität der Forschungen ist auf eine Reihe von Gründen zurückzuführen: die Aufnahme der Arbeit der Cargenie-Stiftung für internationalen Frieden wenige Jahre nach Kriegsende;[4] die Notwendigkeit, das finanzielle Ausmaß der Kriegslasten

---

1 Vgl. zur spärlichen Literatur: *Larissa Wegener*, Occupation during the War (Belgium and France), in: Ute Daniel u. a. (Hrsg.), 1914–1918-online. International Encyclopedia of the First World War. Berlin 2014. DOI: 10.15463/ie1418.10388.
2 *Annette Becker* (Hrsg.), Journaux de combattants et de civils du Nord dans la Grande Guerre. 2. Aufl. Villeneuve d'Ascq 2015; *Philippe Salson*, L'Aisne occupée. Les civils dans la Grande Guerre. Rennes 2015.
3 *Philippe Nivet*, La France occupée 1914–1918. Paris 2011.
4 Vgl. die einschlägigen Bände in der französischsprachigen Reihe der Carnegie-Stiftung: *Arthur Fontaine*, L'industrie française pendant la guerre. Paris 1925 (Engl.: The French Industry during the War. New Haven 1926); *Michel Augé-Laribé*, L'agriculture pendant la guerre. Paris 1926; *Pierre Boulin*, L'organisation du travail dans la région envahie de la France pendant l'occupation. Paris 1927;

Anmerkung: Aus dem Französischen übersetzt von Marcel Boldorf.

zu bestimmen;⁵ die Bewahrung der Kriegserinnerungen, insbesondere bei den Gedenkveranstaltungen anlässlich des hundertsten Jahrestages des Ersten Weltkriegs; das Anliegen wissenschaftlicher Gesellschaften, bisher unveröffentlichte Kriegserinnerungen zu publizieren.⁶ Die geringe Zahl deutscher Publikationen zu den besetzten Gebieten in Frankreich mag darauf zurückzuführen sein, dass die Besatzung nur eine relativ geringe Bedeutung im Hinblick auf den Kriegsausgang hatte. Die temporäre Nutzung der Gebiete vermochte weder die Engpässe der Außenhandelsblockade zu kompensieren, noch war sie für die weitere historische Entwicklung von dauerhafter Bedeutung. Das Ungleichgewicht steht in deutlichem Kontrast zu den Okkupationen des Zweiten Weltkriegs, denen auch von deutscher Seite eine wesentlich größere Aufmerksamkeit zuteilwurde. Die geringe Zahl wirtschaftshistorischer Arbeiten verweist auf ein allgemeines Desinteresse der jüngeren Historikergeneration an ökonomischen Entwicklungen.⁷

Wegen des Fehlens deutschsprachiger Literatur stützen sich die folgenden Ausführungen hauptsächlich auf französische Publikationen. Zunächst wird die Bedeutung der Besetzungen für die deutsche Kriegswirtschaft herausgearbeitet. Dann werden die Praktiken der Besatzungstruppen aufgezeigt, um die Gebiete für ihre Zwecke nutzbar zu machen. Abschließend widmet sich das Kapitel den Auswirkungen der Besatzung in der Nachkriegszeit.

5.3.2 Besatzung als Trumpf für die deutsche Kriegswirtschaft

Die deutsche Armee hielt von Herbst 1914 bis Frühjahr 1918, d. h. fast über die gesamte Dauer des Krieges, 3,7 % des französischen Territoriums – in den Grenzen von 1913 – besetzt. Somit ist Elsass-Lothringen ebenso wenig berücksichtigt wie einige Frontverlaufsänderungen, z. B. im Zuge der Operation Alberich während der Schlacht an der Aisne im März 1917, als die französische Armee den Höhenzug Chemin des Dames einnehmen konnte (vgl. die „Siegfriedstellung", Abb. 1, S. 552). Im besetzten Teil des Staatsgebietes lebten 8,2 % der französischen Gesamtbevölkerung. Zehn Departements waren von der Besatzung betroffen, wie Tabelle 1 zeigt, aber nur das Departement Ardennes war in seiner Gesamtheit ohne Unterbrechung

---

Paul Collinet/Paul Stahl, Le ravitaillement de la France occupée. Paris 1928; *Charles Gide*, Le bilan de la guerre pour la France. Paris 1931.

5 *Gaston Jèze*, Les dépenses de guerre de la France. Paris 1926; *Henri Truchy*, Les finances de la guerre de la France. Paris 1926.

6 Vgl. beispielsweise *Maurice Bauchand*, Vivre à Valenciennes et dans le Valenciennois au temps de la Grande Guerre et de la reconstruction. Valenciennes 2018.

7 Wirtschaftliche Aspekte bleiben beispielsweise unberücksichtigt in: *James Connolly/Emmanuel Debruyne/Elise Julien/Matthias Meirlaen* (Hrsg.), En territoire ennemi 1914–1949. Expériences d'occupation, transferts, héritages. Villeneuve d'Ascq 2018.

Tab. 1: Besetzte französische Departements: Fläche und Bevölkerung (1913).

Departement	Anteil an der Fläche Frankreichs [in %]	Anteil an der Bevölkerung Frankreichs [in %]	Besetzter Flächenanteil des Departements [in %]
Aisne	1,4	1,3	55
Ardennes	1,0	0,8	100
Marne	1,5	1,1	12
Meurthe-et-Moselle	1,0	1,4	25
Meuse	1,1	0,7	30
Nord	1,1	4,9	70
Oise	1,1	1,0	10
Pas-de-Calais	1,3	2,7	25
Somme	1,2	1,3	16
Vosges	1,1	1,1	5
Deutsches Besatzungsgebiet	11,8	16,3	3,7 (der Fläche Frankreichs)

Quelle: *Annuaire statistique de la France*, édition rétrospective. Paris 1961; *Nivet,* La France occupée.

besetzt. Aber auch die anderen Gebieten litten unter den Auswirkungen der Besatzung: Drei Viertel des Departments Nord, die Hälfte der Aisne sowie mehr als ein Viertel der Meuse, des Pas-de-Calais und der Meurthe-et-Moselle standen – zumindest zeitweilig – unter deutscher Verwaltung.

Der besetzte Grenzstreifen (vgl. Abb. 1) reichte von der Somme-Mündung in die Nordsee bis zu den Höhenzügen der Vogesen. Die Besiedlung dieses breiten Landstrichs war höchst heterogen: Großen Ballungsräumen wie der Region um Lille standen mittelgroße Städte wie Laon, Saint-Quentin und Valenciennes gegenüber. Kleine Orte besaßen häufig eine strategische Bedeutung, etwa die Gemeinde Saint-Mihiel mit ihren Straßen- und Eisenbahnbrücken über die Maas. Diesen Frontvorsprung behauptete die deutsche Armee ab September 1914 bis in die letzten Kriegswochen.

Die wirtschaftliche Prägung war ebenso unterschiedlich: Die Lössgebiete von Soissons und der Picardie, die reiche Getreide- und Zuckerrübenernten versprachen, hatten kaum Gemeinsamkeiten mit dem Grasland der Thiérache und des Avesnois oder den bewaldeten Hügeln der Argonne und der oberen Maas. Die Industriegebiete umfassten Bergbaureviere und metallurgisch geprägte Subregionen sowie einige Textilgebiete, die sich auf die Verarbeitung unterschiedlicher Fasern spezialisiert hatten. Aufgrund ihrer Diversität eröffneten die unterschiedlichen Gebiete dem Besatzer ein wirtschaftliches Potential, das bei einem friedensgleichen Einsatz der Ressourcen zu einem kriegsentscheidenden Vorteil hätte werden können.

Die besetzten Gebiete des französischen Nordens und Ostens bargen vor dem Krieg nicht nur einen entscheidenden Teil der französischen Energieressourcen und des industriellen Potentials, sondern lieferten auch beträchtliche Anteile der agrarischen Produktion.

Abb. 1: Westfront 1914–1918. Der Frontverlauf im Norden Frankreichs blieb von Ende 1914 bis Anfang 1918 trotz einiger schwerer Schlachten relativ unverändert.

Nach der Stabilisierung des Frontverlaufs gelangten einige der aufgeführten Gebiete wieder unter französische Kontrolle. Entfernt im Inland gelegene Industrieregionen, wie der Raum Paris oder Saint Etienne, steigerten ihre Produktion während des Krieges, sodass sich die in Tabelle 2 genannten Verhältniszahlen veränderten. Aber auch einige frontnahe Gebiete wie der äußerste Westen des Pas-de-Calais mit seinen Kohlevorkommen oder die Stahlindustrie südlich von Nancy mit ihrer Stahlherstellung verzeichneten hohe Produktionssteigerungen.[8] Jedoch war ein großer Teil der

---

[8] *Pascal Raggi*, Les usines sidérurgiques de la Lorraine française pendant la Grande Guerre, in: Jean-François Eck/Jean Heuclin (Hrsg.), Les bassins industriels des territoires occupés 1914–1918. Des opérations militaires à la reconstruction. Valenciennes 2016, 282.

Tab. 2: Anteil der besetzten Gebiete an der industriellen und agrarischen Produktion Frankreichs (1913).

Industrie- und Energiesektor	Erzeugung im besetzten Frankreich [in %]	Agrarsektor	Erzeugung im besetzten Frankreich [in %]
Kohle	75	Weizen	20
Elektrischer Strom	43	Hafer	25
Eisenerz	90	Kartoffeln	12
Gusseisen	81	Rübenzucker	75
Stahl	63		
Leinengarn und -gewebe	85		
Wollgarn und -gewebe	94		

Quellen: *Fontaine*, L'industrie; *Augé-Laribé*, L'agriculture; *Raoul Blanchard*, Les forces hydro-électriques pendant la guerre. Paris 1925; *Albert Aftalion*, L'industrie textile en France pendant la guerre. Paris 1925.

Abb. 2: Lens (Pas-de-Calais), zerstörtes Bergwerk, 1914/18 (BArch Bild 146-2008-0072).

Industrieanlagen nicht benutzbar, weil sie von den Deutschen besetzt waren oder die Frontlinie durch die Industriegebiete verlief. Beispielsweise blieben im bedeutenden Kohlenbergbaugebiet des Nord-Pas-de-Calais drei der wichtigsten Standorte – Lens, Liévin und Béthune – während fast des gesamten Krieges wie gelähmt.

Nur nachts, wenn das feindliche Artilleriefeuer stoppte, konnten die Bergleute in die Gruben einfahren. Auch die Fabriken, die einige Kilometer hinter der Frontlinie lagen, waren das Ziel von Flugzeug- und Kanonenangriffen. Im Agrarbereich waren die Einbußen am größten, wo die Gräben des Stellungskriegs oder verminte Landstriche eine Ernte unmöglich machten. In die Verlustrechnung müssen auch die Viehbestände einbezogen werden, die die deutschen Truppen requirierten, sowie die beschlagnahmten oder getöteten Pferde.

Obgleich all diese Gebietsbesetzungen zu Produktionseinbußen führten, waren die Ausfälle in der Kohleversorgung am gravierendsten. Die französische Vorkriegsproduktion von 41 Millionen Tonnen vermochte zwei Drittel des Inlandsbedarfs zu decken. Bis 1915 ging die Erzeugung auf 19 Millionen zurück, um bis 1918 wieder mühevoll auf 26 Millionen anzusteigen.[9] Kohle war nicht nur als Energiequelle von größter Bedeutung, sondern auch für das Beheizen der Häuser, den Betrieb der Eisenbahnen und vieler Dampfmaschinen bei der Herstellung von Zement, Briketts, Schmiedeeisen oder auch Bier. Kohle war in der Primärverhüttung unerlässlich; in der Chemieindustrie diente sie außerdem zur Herstellung von Ammoniak, Dünger, Teer, Ölen, Fetten und Farben. Schließlich gab es noch eine militärische Nachfrage bei der Herstellung von Sprengstoffen und Kampfgas. Für die Mehrzahl dieser Einsatzzwecke war die Kohle unersetzbar. Dass die deutsche Armee die wichtigsten französischen Kohlegruben besetzt hielt, verschaffte ihr einen entscheidenden strategischen Vorteil, denn sie konnte die Minen in Frontnähe nutzen und ersparte sich somit kostspielige Ferntransporte.[10]

Gleiches galt für eine Reihe anderer Rohstoffe. Bereits im Herbst 1914 gerieten die ertragreichen Eisenerzminen von Briey und Longwy im Norden des Departement Meurthe-et-Moselle unter deutsche Kontrolle. Auf französischer Seite wurde kontrovers diskutiert, ob man Briey bombardieren solle, um zu verhindern, dass die deutsche Seite die Erzvorkommen nutze.[11] Da diese Diskussionen zu keinem Ergebnis führten, verblieb das Erzrevier bis zum Kriegsende unter deutscher Kontrolle. Quantitativ am stärksten betroffen war die französische Roheisenherstellung, die durch den Verlust der Montanreviere im Norden und Osten des Landes 1915 auf knapp drei Prozent des Vorkriegswertes fiel.[12] Des Weiteren konnten die reichen Holzvorkommen der lothringischen Wälder nicht mehr für Bahnschwellen oder zum Ausbau der Bergwerke genutzt werden. Im Textilsektor standen die Fabriken still, weil importierte Rohstoffe, insbesondere Wolle, nicht zu erhalten waren. Die französischen

---

9 *Institut National de la Statistique et des Études Économiques (INSEE)*, Annuaire statistique de la France. Paris 1961, 123.
10 Vgl. zu Verteilungsfragen *Pierre Chancerel*, Le ravitaillement civil dans le Nord occupé: l'exemple du charbon, in: Eck/Heuclin, Les bassins industriels, 173–189.
11 Vgl. *Jean-Noël Jeanneney*, François de Wendel en République. L'argent et le pouvoir 1914–1940. 3. Aufl. Paris 2019; *Denis Woronoff*, François de Wendel. Paris 2001.
12 *Pierre-Cyrille Hautcœur*, Was the Great War a Watershed? The Economics of World War I in France, in: Stephen Broadberry/Mark Harrison (Hrsg.), The Economics of World War I. Cambridge 2005, 171.

Produktionskapazitäten waren durch die Gebietsverluste in vielerlei Hinsicht eingeschränkt, und es kamen umfangreiche Requisitionen des deutschen Heeres hinzu.[13]

Vor dem Krieg war die Wirtschaft der deutsch besetzten Gebiete fest in die innerfranzösische arbeitsteilige Produktion eingebunden. Dies bezog sich auf den technischen Austausch, die Unternehmensfinanzierung und die Arbeitskräftewanderung. Einige Unternehmen waren aufgrund ihrer Größe und langjährigen Traditionen von zentraler Bedeutung: Im Steinkohlenbergbau ist die 1757 gegründete Compagnie des Mines d'Anzin zu nennen, in der Eisen- und Stahlindustrie die Werke de Wendels, die seit 1871 dies- und jenseits der deutsch-französischen Grenze lagen; in der Wollfabrikation die Unternehmen Motte-Bossut, Masurel und die Kämmerei Amédée Prouvost; in der Chemieindustrie die Firma Kuhlmann, die 1826 in Loos bei Lille gegründet worden war. Andere Firmengründungen, die jüngeren Datums waren, nahmen bereits eine führende Stellung in ihrer Branche ein, so zum Beispiel im Val de Sambre die Elektrowerke Ateliers de constructions électriques du Nord et de l'Est, die 1898 in Jeumont von einem belgischen Industriellen aus Charleroi gegründet und sechs Jahre später von einem anderen Belgier, Edouard Empain, übernommen wurden.[14]

Verschiedene Industriezweige waren regional konzentriert. Die Hersteller von Haushaltsheizkörpern hatten ihre Standorte überwiegend in der Aisne und den Ardennen, zwischen Thiérache und Val de Meuse, in kleinen Städten mit metallurgischer Tradition wie Guise, Hirson, Revin und Monthermé.[15] In dem industriellen Distrikt mit etwa 80 Kilometer Radius unterhielten sie zahlreiche Geschäftsverbindungen. Rund um Maubeuge (Departement du Nord) gab es eine vergleichbare Ballung von Maschinenbauern. Zuckerfabriken konzentrierten sich auf Pas-de-Calais, die Somme und die Aisne. Die Heimweberei gab zahlreichen Menschen in der Umgebung von Amiens, Abbeville und Saint-Quentin Arbeit.[16]

Finanziell speisten sich die Unternehmen in diesen Industriebezirken durch Banken, die in den städtischen Zentren angesiedelt waren.[17] Unter den lokalen und

---

13 *Simon Vacheron*, L'industrie textile du Nord dans la tourmente de la guerre 1914–1918, in: Eck/Heuclin, Les bassins industriels, 216–219.
14 Vgl. für die Erinnerungsliteratur: *Loïc Dupont*, Jeumont, un parcours centenaire 1898–1998. Jeumont 1998.
15 Vgl. zu diesen Fabrikanten, besonders einer Firma in Guise (Aisne): *Jessica Dos Santos*, L'utopie en héritage. Le Familistère de Guise 1888–1968. Tours 2016.
16 Entsprechende Analysen für das 19. Jahrhundert besaßen auch noch am Vorabend des Ersten Weltkriegs Gültigkeit, vgl. *Didier Terrier*, Les deux âges de la proto-industrie. Les tisserands du Cambrésis et du Saint-Quentinois 1730–1880. Paris 1996.
17 Zur Niederlassung der zahlreichen Banken in Nord- und Ostfrankreich vgl. *Alain Plessis/Michel Lescure* (Hrsg.), Banques locales et banques régionales en France au XIXe siècle. Paris 1999; *Sabine Effosse*, Le Crédit du Nord, du Lion de Flandre à l'étoile: évolution d'une grande banque d'origine régionale dans la seconde moitié du XXe siècle, in: Études & Documents. Comité pour l'histoire économique et financière de la France 9, 1997, 471–500; *Hubert Bonin u. a.*, Histoire de banques. Crédit du Nord 1848–1998. Paris 1998.

regionalen Privatbanken sind im Departement Nord die Häuser Scalbert, Verley-Decroix, Devilder in Lille, Joire in Roubaix sowie Dupont in Valenciennes hervorzuheben. Für die Aisne ist Lécuyer in Saint-Quentin, für die Ardennen Lafontaine, Prévost und Co. in Sedan und für Meurthe-et-Moselle die Bank Thomas in Longwy zu nennen. Andere Banken unterhielten Geschäftskontakte in alle Ecken Frankreichs, darunter der Crédit du Nord, der seit 1871 seinen Sitz in Lille hatte. Der regionale Erfolg dieser Banken veranlasste die großen Pariser Kreditinstitute, Filialen in den nördlichen Grenzregionen zu eröffnen, zum Beispiel unterhielt die Societé Generale seit 1865 eine Zweigstelle in Lille. Die vorsichtiger agierende Bank Crédit Lyonnais ließ sich erst 1881 in Nordfrankreich nieder. Am Vorabend des Krieges waren die Gebiete an der französischen Nordgrenze durch eine überdurchschnittliche unternehmerische und industrielle Dynamik geprägt. Dem setzte der deutsche Einmarsch ein jähes Ende.

Vom ersten Tag der Invasion an waren die besetzen Gebiete vom Rest Frankreichs abgeschottet; ein Austausch wurde unmöglich. Selbst wenn die Unternehmen versuchten, die Korrespondenz über Drittländer abzuwickeln, ließ sich die Post kaum mehr zustellen. Da sich der Hauptsitz vieler Unternehmen in Paris befand, tagten dort weiterhin die Hauptversammlungen und die Verwaltungsräte, ohne Einfluss auf die lokalen Entscheidungen nehmen zu können. Ohne verlässliche Informationen über ihre Filialen waren die Unternehmensleitungen zur Improvisation gezwungen. Manche Fabrikanten verlagerten ihre Produktion an Standorte, die weit von der Front entfernt lagen. Schließlich stellte die deutsche Besatzungsarmee im Oktober 1916 alle Unternehmen unter Sequester, deren Anlagevermögen sich zu mindestens einem Drittel in feindlichem Besitz befand oder die von einem französischen Staatsangehörigen geleitet wurden. Von diesem Zeitpunkt an brachen die Kontakte zu den Stammbetrieben meist vollständig ab.

Selbst mit den Nachbarländern ließen sich die wirtschaftlichen Beziehungen nicht aufrechterhalten. Ab 1915 unterlagen Kohlelieferungen aus Belgien einer Genehmigungspflicht oder waren sogar verboten. Transporte aus Übersee blieben aus, insbesondere von strategisch wichtigen Produkten, und viele Bezugsquellen versiegten: Textilfasern wie die amerikanische Baumwolle, Wolle vom Rio de la Plata, bengalische Jute, baltischer Flachs, Nichteisen-Metalle wie Zink und Blei aus Asturien, Nitrate aus Chile, Hölzer aus Skandinavien oder Russland gelangten nicht mehr in die Region. Die ausländischen Arbeitskräfte, insbesondere aus Italien, die für die Stahl- und Bergbauproduktion des Pays-Haut wichtig waren, kehrten bald nach Kriegsausbruch in ihr Herkunftsland zurück. Das grenzüberschreitende Pendeln von Arbeitskräften aus Belgien hing von der Ausstellung von Passierscheinen ab.[18] Auch

---

18 *Pierre Tilly/Pascal Deloge*, Vers un aggiornamento de l'historiographie relative à l'économie belge sous l'occupation en 1914–1918. Études de cas dans le bassin de Mons-Borinage, in: Eck/Heuclin, Les bassins industriels, 136. Zur Migrationssituation allgemein: *Gérard Noiriel*, Longwy, immigrés et prolétaires 1880–1980. Paris 1984.

Abb. 3: Hautmont (Département Nord), deutsche Besatzung, 1914/1918 (BArch, Bild 115-2086).

die finanziellen Verbindungen litten unter dem Krieg. Im Besonderen galt dies für Unternehmen mit mehrheitlich belgischen Kapitaleignern, von denen mehrere im Tal der Sambre ansässig waren. Darunter gab es einige Unternehmen der eisenschaffenden Industrie, wie die Gießereien und Stahlwerke La Providence in Hautmont, aber auch kleinere Unternehmen wie Drehereien, Schrauben- und Maschinenproduzenten, von denen manche auf Eisenbahnausrüstung spezialisiert waren.

In den Betrieben verstärkte sich die deutsche Einflussnahme. Bereits vor 1914 standen einige Erzbergwerke in Meurthe-et-Moselle – wie Crusnes et Villerupt in der Nähe von Longwy oder Jarny et Valleroy in der Nähe von Briey – unter der Kontrolle von Saar- und Ruhrindustriellen.[19] Auch einige Stahlwerke und spezialisierte Fabriken gehörten deutschen Konzernen wie Röchling, Stumm, der Gelsenkirchener Bergwerks-AG oder Mannesmann.[20] In anderen Sektoren, vor allem in der chemischen Industrie, waren deutsche Kapitaleigner ebenfalls vertreten: Beispielsweise besaß die Bayer AG zwischen Lille und Roubaix in Flers-Breucq (heute ein Stadtteil

---

19 Diese Werke gehörten zur Fläche von rund 10 000 Hektar, die deutsche Industrielle als Eigentum oder Beteiligung im nicht-annektierten Lothringen besaßen, vgl. *Raymond Poidevin*, Les relations économiques et financières entre la France et l'Allemagne de 1898 à 1914. Paris 1969, 520–524.
20 Siehe Abschnitt 3.2.2 in diesem Band.

von Villeneuve d'Ascq) eine Farbenfabrik, deren Angebot auf die Bedürfnisse regionaler Textilunternehmen zugeschnitten war.[21]

Der Krieg schnitt die deutsch besetzten Gebiete von den internationalen Handelsbeziehungen ab. Manche Störungen waren indirekter Art, z. B. die Isolation des Hafens von Antwerpen. Vor dem Krieg diente er für viele nord- und ostfranzösische, aber auch deutsche Unternehmen als Hauptwarenumschlagsplatz. Betroffen waren ortsansässige Rüstungsfirmen, die Börse, die Banken, die Brokerhäuser und Zwischenhändler, die Verbindungen in alle Welt unterhielten, welche nun aber nicht mehr bestanden.[22] Die arbeitsteiligen Beziehungen fielen auf einen Schlag weg und es war schwierig, meist sogar unmöglich, sie im Kriegsverlauf zu reaktivieren.

5.3.3 Zwischen geregelter Ausnutzung und willkürlicher Plünderung

Die deutsche Organisation der Besatzungsherrschaft gestaltete sich je nach Teilregion sehr unterschiedlich. In der Regel standen die Territorien unter dem Befehl eines Militärbefehlshabers, dessen Weisungsbefugnis sich auf die militärische Nutzung der vorgefundenen Ressourcen vor Ort bezog. In jeder Armeeeinheit befehligte ein höherer Offizier die Versorgungsdienststelle und traf Entscheidungen über die konkret zu ergreifenden Maßnahmen. Je nach Kriegslage hingen diese Entscheidungen noch vom Großen Hauptquartier ab, das seinen Sitz in Charleville-Mézières hatte.[23] Zudem wurden Sonderbeauftragte für spezifische Aufgaben eingesetzt, z. B. der Kriegsbeauftragte des preußischen Kriegsministeriums. Seine Zuständigkeit bezog sich vor allem auf die Erschließung von Rohstoff- und Materialvorräten für die Besatzungsarmee. Für den Bergbau existierte in Valenciennes eine Abordnung des Kriegsministeriums, die Militärbergwerksdirektion. Sie beaufsichtigte die Nutzung des nordfranzösischen Kohlebeckens. In Metz existierte die Schutzverwaltung der Bergwerke und Hütten, von der lothringischen Bevölkerung auch die „Schutz" genannt. Sie beaufsichtigte den Erzbergbau der Minette-Minen und die Stahlwerke des Departement Meurthe-et-Moselle.[24] Das deutsche Militär stellte immer mehr Personal ein, sodass bis Kriegsende die Zahl der Bediensteten der Bergverwaltung auf 60 anwuchs. Diese Beschäftigten setzten sich größtenteils aus Betriebsleitern, leitenden Industrieangestellten oder Technikern zusammen, die bei ihrer Entsendung zu

---

21 *Patrick Kleedehn*, Die Rückkehr auf den Weltmarkt. Die Internationalisierung der Bayer AG Leverkusen nach dem Zweiten Weltkrieg bis zum Jahr 1961. Stuttgart 2007, 302 f.
22 *Marie-Thérèse Bitsch*, La Belgique entre la France et l'Allemagne 1905–1914. Paris 1994.
23 Vgl. zum Folgenden betr. die Organisation der Behörden im besetzten Frankreich: *Georges Gromaire*, L'occupation allemande en France (1914–1918). Paris 1925; *Boulin*, L'organisation du travail.
24 *Raggi*, Les usines sidérurgiques, 272 f.

Reserveoffizieren ernannt wurden. Manche unter ihnen waren durch Geschäftskontakte, die schon vor dem Krieg bestanden, mit den lokalen Gegebenheiten vertraut.

Ein weiterer komplexer Bereich war, nicht zuletzt wegen seiner weitreichenden Konsequenzen, die Neugestaltung der Verfügungsrechte in den Unternehmen der besetzten Gebiete. Obwohl das Prinzip der Treuhandschaft 1916 für alle Unternehmen mit Management oder Kapital aus feindlichen Ländern festgelegt worden war, konnte es nicht immer konsequent durchgesetzt werden. Im Bergbaugebiet Nord-Pas-de-Calais beließ die deutsche Besatzungsverwaltung die Bergwerkdirektoren in ihrer Funktion. Viele unter ihnen, wie Louis Champy in Anzin, ließen sich von der Überwachung nicht abhalten, die Aktionen der Besatzer zu missbilligen. Dagegen wurden die Minen und Stahlwerke der Meurthe-et-Moselle unter deutsche Direktverwaltung gestellt, sodass ihnen die Grundlage für ein eigenständiges Wirtschaften verloren ging. Diesem anderen Vorgehen im Vergleich mit Nord-Pas-de-Calais lag möglicherweise die Hoffnung zugrunde, die Erzgebiete von Briey und Longwy nach dem Krieg unter deutscher Kontrolle behalten zu können.[25]

Die militärische Bürokratie breitete sich wie ein dichtes Netz über das besetzte Gebiet aus. In fast jeder Gemeinde gab es eine Kommandantur, die vor Ort für statistische Erhebungen zuständig war. Die Datensammlung ermöglichte dem deutschen Oberkommando, 1916 eine umfangreiche Statistik vorzulegen, die auf der Auswertung von 4000 Unternehmen beruhte. Das Kompendium wurde zunächst auf Deutsch herausgegeben, aber nach dem Krieg ins Französische übersetzt.[26] Es lieferte ein umfangreiches Tabellen- und Kartenwerk, das ein deutsches Interesse an den verschiedenen Industriezweigen belegt und auf die Pläne für die Nachkriegszeit schließen lässt. An kritischen Notizen und Stereotypen fehlte es nicht, wie ein Beispiel über den Werkswohnungsbau im Steinkohlegebiet zeigt:

> Die Grubenbesitzer haben in ziemlich weitgehender Weise zu Kolonien vereinigte Arbeiterwohnhäuser geschaffen. Einfamilienhäuser überwiegen weitaus, zu jedem Häuschen gehört ein Garten. Die Häuser sind aber, abgesehen von den neueren, häßlich, schmucklos, räumlich bescheiden und können mit den schmucken Anlagen z. B. des Rheinlandes nicht wetteifern.[27]

Das statistische Werk sollte den deutschen Industriellen einen Eindruck vermitteln, welches industrielle Potential das besetzte Gebiet bot, um ihnen die Möglichkeit einer Übernahme der französischen Betriebe näherzubringen. Es sollte auch darstellen, auf welche Konkurrenz man in dem Gebiet stoßen konnte und welche Möglich-

---

25 *Jean-François Eck/Pascal Raggi*, Une première expérience d'occupation allemande des mines françaises: les charbonnages du Nord et les mines de fer de Lorraine pendant la Grande Guerre, in: Entreprises et histoire 62, 2011, 66–94.
26 *Generalquartiermeister* (Bearb.): Die Industrie im besetzten Frankreich. München 1916. Französische Übersetzung: L'industrie en France occupée, ouvrage établi par le Grand Quartier général allemand en 1916. Paris 1923.
27 *Generalquartiermeister*, Industrie im besetzten Frankreich, 13.

keiten sich für eine Ausweitung des Absatzes auf den französischen Markt boten. All dies scheint das Ergebnis einer Besatzungspraxis zu sein, die zwar nicht durchweg rational begründet, aber doch zumindest durch die Umstände gerechtfertigt zu sein schien. Dieses Urteil muss allerdings überdacht werden, wenn man sich anderen Bereichen, insbesondere der Ausbeutung der Arbeitskräfte, zuwendet.

Die Besatzer benötigten unbedingt Arbeitskräfte, um Schützengräben auszuheben und zu befestigen, den Zugverkehr aufrecht zu erhalten sowie um Munition oder Rüstungsgüter herzustellen. Dabei war die 1907 abgeschlossene Haager Konvention zu beachten, die jeglicher Besatzungsmacht untersagte, die Zivilbevölkerung besetzter Gebiete für die Kriegsführung heranzuziehen. Von Beginn des Krieges an fand die Konvention kaum Beachtung. Die industriellen Unternehmer übten Druck auf die Militärbehörden aus. Unter ihnen herrschte nahezu Einigkeit, dass der Zugriff auf die einheimischen Arbeitskräfte gewährleistet sein müsse. Auf einer Brüsseler Sitzung, die der Generalgouverneur in Belgien Moritz von Bissing im Juni 1915 einberief, verständigten sich die Vertreter der Schwerindustrie wie Röchling, Borsig oder Kirdorf darauf, dass Arbeitskräfte aus den belgischen und französischen besetzten Gebieten nach Deutschland verbracht werden müssten.[28]

Im französischen Besatzungsgebiet setzten die deutschen Militärbehörden in vielen Gemeinden zunächst auf das Prinzip der Freiwilligkeit und warben auf Plakaten oder über Anzeigen in der *Gazette des Ardennes,* dem wichtigsten Organ der Kollaborationspresse. Dann ging man zur Erpressung über, indem man den Ausreiseunwilligen androhte, ihnen die kommunalen Unterstützungsleistungen zu entziehen. Diese Maßnahmen zielten vor allem auf Arbeitslose, so genannte Müßiggänger sowie auf ältere und heranwachsende Personen, die keiner regelmäßigen Arbeit nachgingen. Schließlich kam es zu regelrechten Razzien in den Arbeitervierteln größerer Städte.

Der Arbeitskräftemangel wurde nach den Schlachten von Verdun und an der Somme immer virulenter, sodass das Oberkommando des Heeres unter Hindenburg und Ludendorff im Herbst 1916 den Übergang zu einer mit Zwangsmitteln durchsetzbaren Arbeitspflicht bekanntgab.[29] Viele Industrielle waren dieser Art von Arbeitsvermittlung gegenüber aufgeschlossen; so begrüßte zum Beispiel der Bayer AG-Generaldirektor Carl Duisberg, dass das große Reservoir der belgischen Arbeitskräfte endlich geöffnet werde.[30]

---

28 Analyse dieser Sitzung bei *Jean Heuclin*, Von Bissing: une évaluation économique de la Belgique occupée en juin 1915, in: Eck/Heuclin, Les bassins industriels, 109–130.
29 Vgl. zur Problematik und zur deutschsprachigen Forschung das Kapitel 4.2 in diesem Band; außerdem zur deutschen Arbeitskräftepolitik: *Marc Leleux*, Exploitation de la main d'œuvre et stratégies allemandes dans le Nord de la France et le Hainaut belge durant la Première Guerre mondiale, in: Eck/Heuclin, Les bassins industriels, 191–207.
30 *Jens Thiel*, Between Recruitment and Forced Labour. The Radicalization of German Labour Policy in Occupied Belgium and Northern France, in: Sophie de Schaepdrijver (Hrsg.), Military Occupations in First World War Europe. London/New York 2015, 39–50.

Die Verordnung des Großen Hauptquartiers vom 3. Oktober 1916, unterzeichnet von General von Sauberzweig, legte die Pflicht zur Arbeit für alle Personen im Alter von 16 bis 55 Jahren fest, insbesondere, wenn sie „aus Gründen des Glücksspiels, der Trunkenheit, des Müßiggangs, des Arbeitsmangels oder der Faulheit" unterstützungsbedürftig waren.[31] Dies formalisierte die vorher bereits geübte Praxis. Die so bekräftigte Arbeitspflicht betraf alle Personen im erwerbsfähigen Alter, einschließlich der Frauen, während das im Deutschen Reich verabschiedete Hilfsdienstgesetz vom 5. Dezember 1916 weibliche Arbeitskräfte auf parlamentarischen Druck ausnahm.[32]

Auf der Basis der Verordnung vom 3. Oktober 1916 wurden zahlreiche Frauen als Arbeitskräfte in der Landwirtschaft der Ardennen und der Picardie eingesetzt. Dagegen gab es lebhaften internationalen Protest, vonseiten der Kirche, aber auch von Politikern aus neutralen Staaten, zum Beispiel dem spanischen König Alfonso XIII. Von deutscher Seite wurden die Zwangspraktiken darauf teilweise zurückgenommen. Dennoch wurde Frauen mit Internierung in Lagern, die sich meist auf französischem Gebiet, manchmal auch in Deutschland befanden, gedroht. Männern bot man die Möglichkeit zur Unterzeichnung von Arbeitsverträgen an. Verweigerten sie dies, mussten sie eine roten Armbinde als Kennzeichen tragen und wurden in so genannte Zivilarbeiterbataillone überführt.[33] Dort trafen sie auf Angehörige des Widerstands, die sich der Informationsübermittlung an die Alliierten oder des Warenschmuggels in die Niederlande schuldig gemacht hatten. 62 000 französische und belgische Arbeiter wurden auf diese Art zwangsverpflichtet. Sie wurden in Lagern untergebracht und mussten schwere und gefährliche Arbeiten verrichten, häufig in der Nähe der Front. Die Unterschiede in der Behandlung von Zivilisten und Militär, von Freiwilligen- und Pflichtarbeitern, von Männern und Frauen, von Jungen und Alten verschwammen im Kriegsverlauf immer mehr.

Schließlich wies das deutsche Militär Kriegsgefangene systematisch in Arbeit ein. Für landwirtschaftliche Arbeiten aller Art verpflichtete man Franzosen, aber auch Belgier und Briten. In den Bergwerken griff man auf russische Gefangene zurück. Deren Zahl verzehnfachte sich im Pays-Haut zwischen Juni 1915 und Juli 1917 und machte schließlich 54 % der inhaftierten Arbeitskräfte aus. Ein noch schlimmeres Schicksal erlebten die nach Nordfrankreich verbrachten rumänischen Kriegsgefangenen ab 1916. Laut eines Zeitzeugenberichts waren sie zum Überleben auf die Unterstützung durch die französische Bevölkerung angewiesen, die meist vergeblich versuchte, ihnen Kartoffeln zukommen zu lassen.[34]

---

31 *Leleux*, Exploitation, 196.
32 Zur Durchführung des Hilfsdienstgesetzes vgl. Abschnitt 4.1.5 in diesem Band.
33 Zu den roten Armbinden, vgl. *Annette Becker*, Les cicatrices rouges, France et Belgique occupées. Paris 2010. Zu den Zivilarbeiterbataillonen siehe Abschnitt 4.2.4 in diesem Band.
34 Gemäß der Aussage eines Einwohners der Kleinstadt Senones bei Saint-Dié, der damals ungefähr zehn Jahre alt war, zitiert nach: *Philippe Nivet*, Les Vosges occupées pendant la première guerre mondiale, in: Isabelle Chave (Hrsg.), La Grande Guerre dans les Vosges: sources et état des lieux. Epinal 2009, 132.

Entsprechend schlecht entwickelte sich die Arbeitsproduktivität. In den Anzin-Minen brach sie zwischen 1915 und 1918 je nach Grube um 18 bis 30 % ein.[35] Vergleichbar war die Situation im Erzbergbaugebiet von Briey. Die dringlichen Probleme betrafen hier Qualifikationsmängel, Unterernährung und Erschöpfung. Die Arbeitsverpflichteten versuchten, der schlechten Behandlung und der Unfallgefahr zu entkommen, indem sie ihrer Arbeitsstelle fernblieben. 1917 stellten Schätzungen der deutschen Besatzungsbehörden fest, dass 52 % der im Bergbau eingesetzten Kriegsgefangenen zumindest teilweise nicht in der Lage waren, die ihnen übertragenen Arbeitspflichten zu erfüllen.

Das Vorgehen der Besatzer führte zu Protestbewegungen, obwohl eine Beteiligung daran mit einem hohen persönlichen Risiko verbunden war. 1915 traten Arbeiter in Lille, Roubaix und Halluin mehrere Wochen in den Streik, um gegen die erzwungene Herstellung von Sandsäcken für die deutschen Schützengräben zu protestieren. Drohungen vonseiten der Besatzungsbehörden sowie die Inhaftierung führender Textilindustrieller und Lokalpolitiker, von denen einige für einen Monat ins mecklenburgische Güstrow verschleppt wurden, reichten aus, um die Bewegung zusammenbrechen zu lassen.[36] 1917 fand ein weiterer Streik in der Bergwerksgesellschaft Thivencelle, nördlich von Valenciennes, statt. Doch diese nicht besonders starke Bewegung ließ sich eher auf die schlechte Ernährungslage als auf patriotische Motive zurückführen. Dennoch deutete auch dieses Aufbegehren auf die immer stärkere Belastung durch die praktizierte Ausbeutung hin.

Der Zugriff der Besatzungsarmee auf die Wirtschaft in den besetzten Gebieten Frankreichs bezog sich auf alle kriegswichtigen Produkte, die Festlegung ihrer Preise und die Regulierung ihres Verbrauchs sowie auf die Löhne und Arbeitsbedingungen. Die Reglementierungen bezogen sich auf kleinste Details wie die Stallhaltung der Pferde, die Kohle oder Erz aus den Gruben abtransportierten. Dennoch ließ sich nicht alles planen und die Notwendigkeit zur Improvisation blieb dringlich. Dieser Umstand kam den französischen Unternehmern zugute, denn sie nutzten ihre Möglichkeiten zu Verhandlungen mit der Besatzungsmacht. Nicht selten führte dieser Dialog zu Kompromissen und Auswegen, die die Forderungen des deutschen Militärs abmilderten. In diesem Sinne erfolgreich waren zum Beispiel einige Bergwerksdirektoren in Valenciennes, denen es mit Hilfe der lokalen deutschen Militärtreuhandbehörde gelang, Requisitionen und Zwangslieferungen abzuwenden. In der Forschung wird von „ambivalenter Koexistenz" (*coexistence ambiguë*)[37] gesprochen. Die Direktoren gerieten selten in den Verdacht, den Forderungen der Besatzer willfährig zu folgen, denn sie konnten ihre Handlungsspielräume bewahren. Sie nutzten die Annäherung an das deutsche Militär, mitunter mit Rückgriff auf bestehende

---

35 *Leleux*, Exploitation, 204.
36 *Vacheron*, L'industrie textile du Nord, 222.
37 *Odette Hardy-Hémery*, L'industrie houillère en zone occupée: d'une coexistence ambiguë au contrôle par l'occupant, in: Revue du Nord 80, 1998, 311–336.

Tab. 3: Beschlagnahmte Anteile der Kohleförderung der *Compagnie des mines d'Anzin* 1914–1918.

1914, August–Dezember	4,24 %
1915, 1. Halbjahr	13,89 %
1915, 2. Halbjahr	24,22 %
1916, 1. Halbjahr	29,33 %
1916, 2. Halbjahr	30,65 %
1917, 1. Halbjahr	33,83 %
1917, 2. Halbjahr	40,07 %
1918, 1. Halbjahr	48,65 %

Quelle: *Odette Hardy-Hémery*, Industries, patronat et ouvriers du Valenciennois pendant le premier XXe siècle. Paris 1985, 1196.

Geschäftskontakte nach Deutschland, um die schwerwiegendsten Forderungen der Besatzungsarmee abzuwehren.

Dennoch konnten sich manchmal selbst die großen Unternehmen gegen die Last steigender deutscher Anforderungen nicht zur Wehr setzen. Beispielsweise nahm bei der Compagnie des Mines d'Anzin die Menge der beschlagnahmten Kohle während des Krieges stetig zu. Wie Tabelle 3 zeigt, belief sich der abzuliefernde Anteil bis Anfang 1916 auf weniger als ein Viertel der Gesamtförderung. Bis 1918 umfasste die Pflichtablieferung an das deutsche Militär dann jedoch fast die Hälfte der Produktion. Dies zeigt das Ausmaß der Belastung von Unternehmen, denen es an Möglichkeiten fehlte, mit den Besatzern in Verhandlungen über eine rücksichtsvollere Behandlung zu treten.

Die Verwüstung der Anlagen erschien den Bewohnern der besetzten Gebiete lange Zeit als deutlicher Beweis für die zerstörerischen Absichten, die die Eindringlinge mit ihren militärischen Operationen verfolgten. Quellen wie Augenzeugenberichte, die amtlichen Erhebungen zu den Kriegsschäden, Pressefotos und detaillierte Beschreibungen enthüllten Details darüber. Das sich abzeichnende Bild war indes vielfältig: Ein Teil der Zerstörungen war eher unbeabsichtigter als beabsichtigter Art. Die Nutzung von Betriebsstätten für militärische Zwecke, ihre Umwandlung in Kasernen, Ställe oder Depots, in denen alle Arten von Sprengstoffen oder brennbaren Produkten gelagert wurden, führte zu Schäden oder gar Explosionen mit katastrophalen Folgen. Darüber hinaus war der Grund für manche Zerstörungen nicht offensichtlich: Warum sollte die deutsche Besatzungsarmee gewillt gewesen sein, die Produktionskapazitäten von Industriezweigen wie der Glasindustrie zu zerstören, wenn diese vor dem Krieg keine ernsthafte Konkurrenz darstellten?[38] In vielen

---

[38] Vgl. *Stéphane Palaude*, L'absence de destruction systématique des verreries de l'Avesnois-Thiérache par l'occupant allemand (1914–1918), in: Fédération des sociétés savantes du Nord de la France (Hrsg.), La vie quotidienne des civils et des soldats pendant la guerre 14–18. Avesnes-sur-Helpe 2014, 3–28.

Fällen waren eher die Kriegshandlungen selbst der Grund für die auftretenden Schäden und nicht der Zerstörungswille der Besatzer.

Auf jeden Fall ist unbestreitbar, dass die deutsche Armee zahlreiche Materialien oder Anlagen abtransportierte, vor allem Metalle oder Legierungen mit strategischer Bedeutung, an denen im Reich ein Engpass herrschte. Demontiert wurden beispielsweise Textilmaschinen, die überwiegend aus dem Elsass stammten. Ab Sommer 1916 wurden solche Transporte systematisch durch das Waffen- und Munitionsbeschaffungsamt (WUMBA) erfasst, das eine Aufstellung über die vorhandenen Anlagevermögen und den Wert der Maschinen erstellte. In Lothringen traf die Rohstoff- und Maschinenverteilungsstelle der Metzer Schutzverwaltung die Entscheidung, ob das sichergestellte Material nach Deutschland verschickt, vernichtet oder zur Stahlerzeugung verschrottet werden sollte. Ihre Bediensteten durchstreiften die Fabriken, Bergwerke und Werkstätten und nichts entging ihrer Aufmerksamkeit. Es wurden Schrottfirmen in Deutschland herangezogen, die unter Aufsicht der Berliner Eisenzentrale Abbruchverwertungskonsortien in Nordfrankreich und Belgien bildeten.[39] Schätzungen zufolge machten die Demontagen in den besetzten Gebiete des Westens, also Nordfrankreich und Belgien, gut 20 % der gesamten Schrottversorgung Deutschlands aus. Rund drei Millionen Tonnen wurden durch Sondermaßnahmen für die deutsche Kriegsführung nutzbar gemacht. Diese Gesamtmenge, von der ein größerer Teil gleich an der Front verblieb, entsprach in etwa dem Dreifachen einer durchschnittlichen Monatsproduktion der deutschen Eisenindustrie.[40]

Das Ergebnis dieser Ausbeutungspolitik, die in vergleichbarer Weise in Belgien betrieben wurde, war in Einzelfällen verheerend, wie einige Beispiele illustrieren können. Bei der Société du Familistère de Guise, die Haushaltsheizgeräte herstellte, ließen die Besatzer nur verkohlte Wände zurück.[41] Beim Waffenstillstand waren die gesamte Einrichtung, alle Vorräte und Werkzeuge verloren, sogar die Formen, die zum Eisenguss benötigt wurden. In den Kohlebergwerken in Nord-Pas-de-Calais sowie in den lothringischen Erzgruben ging der deutsche Rückzug in den letzten Kriegsmonaten mit der völligen Zerstörung der Anlagen einher: Schächte waren geflutet oder mit Wasser zugelaufen, Fördergerüste abgerissen und Fabrikanlagen zerstört. Die agrarischen Gebiete erlitten im Frühjahr 1917 während der Aktion „Alberich" mit einer Politik der verbrannten Erde ein ähnliches Schicksal: Pflüge und Weinberge wurden zerstört und sogar Obstbäume abgesägt. Diese Zerstörungen waren umso sinnloser, weil sie den Besatzungstruppen nicht nutzten, sondern im Gegenteil ihren Rückzug behinderten.

Die deutsche Besatzungsarmee besaß kein Gesamtkonzept für die wirtschaftliche Behandlung der besetzten Gebiete. Es wurde fortwährend improvisiert, wäh-

---

39 *Charles de Kerchove de Denterghem*, L'industrie belge pendant l'occupation allemande 1914–1918. [1927] Neudruck Valenciennes 2013, 194–198.
40 *Alfred Stellwaag*, Die deutsche Eisenwirtschaft während des Krieges. (Die deutsche Kriegswirtschaft im Bereich der Heeresverwaltung 1914–1918, Bd. 2.) Berlin/Boston 2016, 210–213.
41 *Dos Santos*, L'utopie en héritage, 167–169.

rend die Intensität des Krieges weit über das ursprünglich Absehbare hinausging. Der Besatzungspolitik fehlte es an Kohärenz, sowohl hinsichtlich der Ziele als auch der angewandten Mittel. Die Besatzer versuchten nur halbherzig, die Möglichkeiten zu nutzen, die sich aus den Ressourcen der besetzten Gebiete ergaben. Sie verfügten nicht über Pläne, das französische Gebiet mit Belgien unter ein gemeinsames Kommando zu stellen, sondern bauten hohe Hürden auf, die die Mobilität von Arbeitskräften und Kapital behinderten. Statt eines rationalen Managements wandte man punktuelle Zwangsmaßnahmen an. Dies kann als Ausdruck der Unsicherheit gelten, was mit den besetzten Gebieten im Falle eines Sieges geschehen sollte, gibt aber auch einen Hinweis auf die Kriegsführung der deutschen Heeresleitung. Über eine längere Phase der Besatzungsherrschaft fehlte es an einer Berücksichtigung der gesamtwirtschaftlichen Erfordernisse. Indes entsprachen all diese Versäumnisse in dieser Kriegsphase durchaus den im Reich anzutreffenden Verhältnissen. Dieses Ergebnis wirft die Fragen auf, wie diese Gebiete wieder in die französische Wirtschaft integriert wurden und ob die französischen Behörden den Wiederaufbau mit einer innovativen Politik bewältigen konnten.

5.3.4 Weichenstellungen nach Kriegsende

Die Not der Bevölkerung bei Kriegsende bezog sich zuallererst auf ihren körperlichen Zustand. Als Zeichen eines längeren Mangelleidens traten Symptome auf wie Gewichtsabnahme bei Erwachsenen, Rachitis bei Kindern, Wiederkehr von Erkrankungen wie Skorbut, Anfälligkeit für Epidemien, insbesondere die Spanische Grippe, und ein Anstieg der Typhus- und Tuberkulosefälle. Die unzureichende Versorgung mit Nahrungsmitteln war hierfür die Hauptursache. Dies belegte auch ein Schreiben des stellvertretenden Bürgermeisters von Lens, des unabhängigen Sozialisten Emile Basly, Ende des Sommers 1915 an den Präfekten des Departement Nord. Es drückte die Sorge aus um das

> [...] Schicksal unserer unglücklichen schaffenden Bevölkerung, deren Mittel aufgebraucht sind und die sie meist nicht durch Arbeit erneuern können, denn Leistungen erhalten nur die Familien der einberufenen Soldaten und kommunale Fürsorge nur die Familien der Evakuierten und Bedürftigen.[42]

Die Lage war so angespannt, dass sie die Besatzer trotz der Engpässe in Deutschland nicht weiter verschlimmern wollten. Sie begrüßten die Initiative des amerikanischen Ingenieurs und späteren Präsidenten Herbert Hoover, der im Herbst 1914 die Schaffung einer Hilfskommission, der *Commission for Relief in Belgium*, zur Versorgung der Bevölkerung mit Grundnahrungsmitteln vorgeschlagen hatte. Diese Orga-

---

42 Archives départementales du Nord, 9 R 402, Schreiben vom 23. August 1915.

nisation dehnte ihren Wirkungsbereich auf mehrere französische Regionen aus, auf Maubeuge im Norden, Givet und Fumay in den Ardennen und ab Mai 1915 auf den ganzen besetzten Teil Frankreichs.[43] Ihr Einsatz dämmte das Auftreten von Unruhen ein, die sich beispielsweise gegen Ladenbesitzer richteten, sowie Demonstrationen an Rathäusern oder sogar Angriffe auf die öffentliche Ordnung, wie sie im Vermandois um Saint-Quentin registriert wurden.[44] Trotz erheblicher Ressourcen sah sich die *Commission for Relief in Belgium* jedoch mehrfach mit kritischen Situationen konfrontiert. Im Sommer 1917 befürchtete einer ihrer Vertreter eine Hungersnot, falls es zu Verzögerungen bei der Lieferung von Hilfsgütern käme. Zur gleichen Zeit sprach Georges Ermant, Senator-Bürgermeister von Laon, ähnliche Warnungen aus.[45]

Ein weiteres Anzeichen für den Ernst der Lage war die Zwangsevakuierung aller Einwohner, die wegen ihres Alters oder ihrer Arbeitsunfähigkeit als überflüssige Esser angesehen wurden, vor allem Frauen, ältere Menschen und Kinder. Seit 1915 sorgte die deutsche Armee für ihren Abtransport ins unbesetzte Frankreich. Es fuhren Eisenbahnkonvois, die nach einem Transit durch die Schweiz nach Savoyen geleitet wurden, wo die französischen Behörden sie als *„rapatriés"*[46] („Heimkehrer") willkommen hießen, bevor sie auf das gesamte Staatsgebiet verteilt wurden. Quantitativ war das Ausmaß der Zwangsumsiedlung beeindruckend: Während der vier Kriegsjahre war fast eine halbe Million Menschen, denen es fast an Allem fehlte, betroffen. Es ist nicht verwunderlich, dass dadurch ein starker Bevölkerungsrückgang in den besetzten Gebieten, insbesondere in den Städten, festzustellen war (vgl. Tabelle 4). In Lille fiel die Einwohnerzahl im Frühjahr 1918 auf 60 % des Vorkriegsstandes.[47] Alle urbanen Agglomerationen waren betroffen, wenn auch in unterschiedlichem Ausmaß, je nach ihrer Nähe oder Entfernung von der Front.

Wahrscheinlich war die Erschöpfung der Bevölkerung stärker moralischer und psychologischer als gesundheitlicher und materieller Natur. Die Separation vom Rest Frankreichs dauerte vier Jahre.[48] Man litt unter der Unsicherheit der Lebensverhältnisse, war einem militärischen Gewaltregime unterworfen, ohne dass der Rest

---

43 *Clotilde Druelle-Korn*, Food for Democracy? Le ravitaillement de la France occupée (1914–1919): Herbert Hoover, le blocus, les Neutres et les Alliés. Brüssel 2018; zur Stadt Lille *Stéphane Lembré*, La guerre des bouches: ravitaillement et alimentation à Lille, 1914–1919. Villeneuve d'Ascq 2016.
44 *Salson*, L'Aisne occupée, 138–140.
45 *Philippe Nivet*, Vivre avec l'ennemi: les relations entre occupants et occupés en Picardie (1914–1918), in: Olivia Carpi/Philippe Nivet (Hrsg.), La Picardie occupée du Moyen Age au XXe siècle. Amiens 2005, 81–136.
46 Der Begriff aus den zeitgenössischen Verwaltungsberichten wurde am Ende des Algerienkrieges 1962 während des Exodus der französischstämmigen *Pieds-Noirs* wieder aufgegriffen.
47 Überblick zur Situation in Lille: *Robert Vandenbussche*, Lille et la guerre (1914–1918), in: Louis Trénard/Yves-Marie Hilaire (Hrsg.), Histoire de Lille, Bd. 4. Paris 1999, 179–203.
48 *Helen McPhail*, The Long Silence. Civilian Life under the German Occupation of Northern France 1914–1918. London 2001.

Tab. 4: Entwicklung der Einwohnerzahl in Städten des besetzten Nord- und Ostfrankreich 1911 und 1921.

	1911	1921	Differenz
Armentières	28 625	14 758	– 48,4 %
Arras	26 080	24 835	– 4,8 %
Briey	2 894	2 686	– 7,2 %
Charleville-Mézières	22 654	21 689	– 4,2 %
Lille	217 807	200 952	– 7,7 %
Longwy	11 144	9 033	– 18,9 %
Maubeuge	23 209	21 173	– 8,8 %
Pont-à-Mousson	14 009	8 891	– 36,5 %
Roubaix	122 723	113 265	– 7,7 %
Saint-Quentin	55 571	37 345	– 32,8 %
Tourcoing	82 644	78 600	– 4,9 %
Valenciennes	34 766	34 425	– 1,0 %

Quelle: *Statistique générale de la France*, Résultats statistiques du recensement général de la population effectué le 6 mars 1921, Bd. 1. Paris 1923, 89–103.

Frankreichs Genaueres über dieses Schicksal erfuhr. Für die übrigen Franzosen lebten die Menschen in den besetzten Gebieten auf einer Art Insel, die sie vor dem Kriegsgeschehen schützte. Darüber hinaus beobachteten viele Franzosen in anderen Landesteilen das erzwungene Zusammenleben mit den Deutschen mit Argwohn. Die Haltung der Bevölkerung in den besetzten Gebieten war dagegen eher ein „Arrangement mit den gegebenen Verhältnissen".[49] Ohne Realitäten wie die Annäherungen der französischen Zivilbevölkerung an das deutsche Militär oder die unehelichen Geburten der Besatzungszeit in Abrede zu stellen, rechtfertigen sie nicht den Spitznamen, der diesen Bevölkerungsgruppen nach Kriegsende gegeben wurde: „Boches du Nord".[50] Nach dem Krieg war es dringend notwendig, die nationale Gemeinschaft wieder herzustellen.

Im Krieg wurden den Bewohnern, Gemeinden und Unternehmen der besetzten Gebiete Abgaben auferlegt. Die schwerste finanzielle Last rührte aus den Kontributionen für Gemeinden, die diese nach der Einnahme durch deutsche Truppen zu entrichten hatten. Die Finanzmittel mussten kurzfristig aufgebracht werden, denn sonst drohten hohe Strafen, die in harter Währung, d. h. in Gold- bzw. Silbermünzen oder Banknoten der Banque de France, zu entrichten waren. Die Gemeinden, die gleichzeitig den Bedürftigen, den Ehefrauen der eingezogenen Männer, älteren Men-

---

[49] So der Schweizer Historiker Philippe Burrin, allerdings im Hinblick auf die Besatzungszeit zwischen 1940 und 1944, vgl. *Philippe Burrin*, La France à l'heure allemande. Paris 1995.
[50] „Boche" ist ein herablassender, meist diffamierend gemeinter Ausdruck für Deutsche; er wurde aufgenommen in den Buchtitel von *Philippe Nivet*, Les réfugiés français de la Grande Guerre. Les „Boches du Nord". Paris 2004.

schen und Flüchtlingen Unterstützungen zahlen mussten, befanden sich bald in einem Zustand der Zahlungsunfähigkeit. Um die notwendigen Summen aufzubringen, gaben sie Kommunalanleihen in weitaus größerem Umfang als z. B. im Deutsch-Französischen Krieg 1870/71 aus.

Die kommunalen Finanzengpässe führten zur Ausgabe von Währungen mit unklarem Status, die als Ersatz- oder Notstandswährungen bezeichnet wurden.[51] Anstelle der von den Besatzern gehorteten offiziellen Währung wurden sie zum einzig zirkulierenden Zahlungsmittel in den besetzten Gebieten erklärt. Die Pariser Zentralbank Banque de France duldete dies, obwohl sie die ungeregelte Geldausgabe als Bedrohung ihres Emissionsprivilegs ansah. Einige lokale Mandatsträger, wie Ernest Noël, Senator-Bürgermeister von Noyon, verurteilten die Ausgabe von Notgeld. Er bezeichnete es im Januar 1915 als Falschgeld, zu dessen Sicherung die überhastet emittierten Wertpapiere dienten, die in offiziellem Geld auf unbestimmte Zeit rückzahlbar blieben. Damit werde aber de facto auf die Zeit nach dem Kriegsende verwiesen, so seine Kritik.

Nichtsdestotrotz war das Notgeld für die täglichen Einkäufe der Bevölkerung überlebenswichtig. Die Geldausgabe erfolgte vorbehaltlich der Zustimmung der Vertreter der Zentralbehörden und der Präfekten, die von der deutschen Besatzungsverwaltung im Amt belassen worden waren. Nur manchmal entbanden sie die Besatzer kurzzeitig von ihren Amtsfunktionen oder erteilten ihnen ein Aufenthaltsverbot für die besetzten Gebiete, sodass die Unterpräfekten oder die Sekretäre der Präfekturen ihre Aufgaben wahrnahmen. Neben den großen und kleinen Kommunen, die sich oft zu Emissionskonsortien zusammenschlossen, gaben andere Organisationen Notwährungen aus: die Handelskammern, die Sparkassen, die Großunternehmen und die Bergbaubetriebe. Die neuen Emissionen wurden von der deutschen Besatzungsarmee zunächst gefördert und manchmal sogar gefordert. Für die besetzten französischen Gebiete lag 1917 eine Liste mit 67 Notwährungen vor; die Gesamtemission belief sich auf 1,65 Milliarden Francs, von denen allein 86 % in den beiden Departements Nord und Pas-de-Calais ausgegeben wurden.[52]

Die bedeutenden Geldemissionen setzten die Wirtschaft den Risiken der Inflation und der Desintegration aus. Der Preisauftrieb war angesichts des Ungleichgewichts zwischen der steigenden Geldmenge und dem Warenangebot unabwendbar. Die ebenso schädliche wirtschaftliche Desintegration war eine Folge der territorialen Fragmentierung, weil in verschiedenen Gebieten jeweils unterschiedliche Ersatzwährungen zirkulierten. Im Gegensatz zu den Anschuldigungen, denen sich die deut-

---

51 Vgl. zum Folgenden: *Jean-François Eck/Béatrice Touchelay*, Les „monnaies de nécessité" dans le Nord de la France occupé entre 1914 et 1918: les conditions d'un transfert de souveraineté, in: Olivier Feiertag/Michel Margairaz (Hrsg.), Les banques centrales pendant la Grande Guerre. Central banks in the Great War. Paris 2019, 189–206.
52 Archives Départementales du Nord, 9 R 399, Liste der Gemeinden, die zu Notgeldemissionen berechtigt sind.

schen Besatzer nach dem Krieg ausgesetzt sahen, arbeiteten sie nicht auf den Untergang der besetzten Gebiete hin,[53] sondern es lässt sich, zumindest ab Mai 1917, eine Änderung ihrer Haltung erkennen. Die deutschen Militärbehörden verspürten kein Interesse, die Wirtschaft der besetzten Regionen durch eine ruinöse Vermehrung der Notstandswährungen zu lähmen. Deshalb versuchten sie, die Geldemission zu begrenzen, indem sie sie von einer vorherigen Genehmigung abhängig machten. Kleinen Gemeinden erlegten sie eine Ausgabesperre auf. Der Neudruck von Noten wurde nur noch auf Wasserzeichenpapier mit einheitlichen Farben und Typen gestattet. In diesem Punkt setzten sich die Besatzer gegen die Bürgermeister wichtiger Gemeinden, darunter auch Lille, durch, die an der bisherigen Emissionspraxis festhalten wollten. Zumindest in diesem Bereich ist der deutschen Besatzungsmacht keine Misswirtschaft vorzuhalten.

Nach Kriegsende traten die französischen Behörden ein schweres Erbe an. Sie hatten das Problem zu lösen, wie die Einlösung des Notgeldes zu regeln sei. Die Rücknahme erforderte eine Reihe von Zugeständnissen. Die während des Krieges ausgegebenen Banknoten wurden gegen das gesetzliche Zahlungsmittel umgetauscht, nachdem die Staatskasse größere Transfers an die Banque de France geleistet hatte. Die Regierung versuchte zunächst, die Rückzahlungen auf bestimmte Haushaltsgrößen zu begrenzen und nur für einen kurzen Zeitraum zuzulassen. Da diese Einschränkungen jedoch in der öffentlichen Meinung Nordfrankreichs als unannehmbar angesehen wurden und eine sorgfältig organisierte Pressekampagne die Stimmung weiter anheizte, musste die Regierung das Prinzip der unbegrenzten Rückzahlung in bar oder in Schatzanweisungen akzeptieren. Die „Parias des Nordens"[54] konnten zufrieden sein. Wie sahen aber die Zukunftspläne aus, die gleichzeitig mit der Beseitigung der Kriegsfolgelasten entwickelt wurden? Wie ging man die Aufgaben des Wiederaufbaus an?

Im Gegensatz zu dem nach dem Krieg häufig verwendeten Begriff der identischen Rekonstruktion wurden in den ehemals besetzten Gebieten durchaus ehrgeizigere Pläne verfolgt. Ihnen gemeinsam war die Hoffnung auf einen modernisierenden Wiederaufbau. Wichtige Einsichten gewährt der gut erforschte Fall des Pas-de-Calais.[55] Dank des Grundsatzes der vollständigen Abgeltung von Kriegsschäden, den das französische Parlament 1914 auf Initiative des Abgeordneten aus Nancy und späteren Ministers Louis Marin billigte und im April 1919 durch das Kriegsopfergesetz (*Charte des sinistrés*) bestätigte, konnten die Kriegsgeschädigten unverzüglich mit den Wiederaufbauarbeiten beginnen. Die Kosten waren vom französischen

---

53 So der Tenor bei *Gromaire*, L'occupation allemande, der die „vorsätzliche Schwächung" (*exhaustion délibérée*) der Bevölkerung verurteilte.
54 Der Ausdruck „Parias" fand sich nach der Befreiung von Lille auf der Titelseite von *L'Echo du Nord* am 1. November 1917, was ein einwöchiges Verbot der Zeitung nach sich zog.
55 Eric Bussière/Patrice Marcilloux/Denis Varaschin (Hrsg.), La Grande Reconstruction. Reconstruire le Pas-de-Calais après la Grande Guerre. Dainville 2002.

Staat, der ja gemäß Artikel 231 des Versailler Vertrags deutscher Gläubiger war, zurück. Manchmal war die Dauer der Arbeiten sehr kurz, aber es gab auch größere und langwierigere Aufgaben. In den Bergwerken von Lens war es zum Beispiel notwendig, die Schächte zu entwässern und wieder zu sichern. Der Wiederaufbau unter Leitung des Generaldirektors Ernest Cuvelette dauerte bis 1927, was angesichts des Ausmaßes der Zerstörung eine bemerkenswerte Leistung darstellte.[56] Er führte zu einer Reihe qualitativer Verbesserungen. Die Kohleförderung wurde nach zuvor ausgearbeiteten Plänen modernisiert, indem man die Fördertürme mit Stahlbeton wiederaufbaute. Die Stollen wurden mit Strom beleuchtet und die Förderkörbe zur Personen- und Materialfahrt elektrisch betrieben. Presslufthämmer ersetzten die Pickel und Pferde die Lokomotiven. Für die Sprengungen wurde auf flüssigen Sauerstoff zurückgegriffen. Viele Unternehmen versuchten, ihre Produktion auszuweiten, indem sie zum Beispiel Kalziumkarbid produzierten, das durch die Kalzinierung von Kohle und Kalk entstand. Das erlaubte die Herstellung von Acetylen, das für das Schweißbrennen unerlässlich war, aber für die Straßenbeleuchtung oder den Betrieb der Lampen der Bergleute verwendet werden konnte.

Neben dem Bergbau machten auch andere Branchen deutliche Fortschritte. In der Stahlindustrie wurde der Bau des Pont-à-Vendin-Komplexes in der Nähe von Lens fortgesetzt, der bereits vor dem Krieg begonnen worden, nun aber völlig durch die Bombardierungen verwüstet war. Ergänzend wurden ein Bergwerk und ein Stahlwerk, unter Beteiligung der Mines de Lens und der Forges de Commentry-Fourchambault, erbaut. Die Metallurgie des französischen Nordens verfügte erstmals in ihrer Geschichte über ein integriertes Werk, das denen im Ruhrgebiet oder in den Vereinigten Staaten ähnlich war. In der chemischen Industrie entstanden mächtige Unternehmen wie Huiles, goudrons et dérivés, eine Tochtergesellschaft der Mines de Lens, die die Produktion von synthetischem Ammoniak aufnahm. Sie war ein Vorläufer von Ethylène Plastique, einem der wichtigen Chemieunternehmen nach dem Zweiten Weltkrieg. Allerdings waren bei diesem industriellen Wiederaufbau Branchen wie Automobilbau, Kunstfaserherstellung und Feinchemie nicht vertreten, sodass es Lücken im Produktionsgefüge gab, die auch in den folgenden Jahrzehnten nicht geschlossen werden konnten. Das ehemalige Kohlebecken mit seiner Monostruktur entwickelte sich aber zu einer stärker diversifizierten Region weiter, die Frankreich in eine gute Position für den wirtschaftlichen Aufbau nach dem Zweiten Weltkrieg brachte.

Der landwirtschaftliche Wiederaufbau im Pas-de-Calais gestaltete sich ebenfalls unter den Vorzeichen der Modernisierung.[57] Auf Departementebene wurde ein Amt

---

[56] Zur Rolle des Generaldirektors, vgl. *Vincent Bellanger*, Ernest Cuvelette, un ingénieur des Mines parmi d'autres? In: Denis Varaschin (Hrsg.), Travailler à la mine, une veine inépuisée. Arras 2003, 211–223; *Odette Hardy-Hémery*, La reconquête houillère à la Société des mines de Lens 1919–1927, in: Bussière/Marcilloux/Varaschin, La Grande Reconstruction, 257–274.
[57] *Hugh Clout*, After the Ruins. Restoring the Countryside of Northern France after the Great War. Exeter 1996.

eingerichtet, um auf die Produktionsbedingungen einzuwirken. Mechanisierung und Motorisierung schritten insbesondere beim Zuckerrübenanbau voran. In den wiederaufgebauten, nun elektrisch erhellten Dörfern trennte man die Wirtschaftsgebäude von den Wohnhäusern, was Komfort und Hygiene verbesserte. Ähnliche Fortschritte ließen sich in den anderen deutsch besetzten Departements beobachten, insbesondere der Aisne, der Meuse und den Ardennen. Auch wenn die Flurbereinigung nicht im gewünschten Maße voranschritt, erlebte das vormals besetzte Land in den 1920er Jahren einige zukunftsweisende Veränderungen.

Unter den vielen Kontakten, die die ehemals besetzten Gebiete mit anderen Teilen der Welt wiederherstellen mussten, ist der Fortgang der Beziehungen mit Deutschland besonders hervorzuheben. Nach dem Krieg erschien die Gewährung von Vergünstigungen bei der Beseitigung der Kriegsschäden, die die deutsche Besatzung hinterlassen hatte, als ein angemessener Ausgleich. Französische Unternehmen bemühten sich häufiger darum, deutsche Kapitaleinlagen zu günstigen Konditionen zu übernehmen. In Hagendingen (*Hagondange*) im Departement Moselle wurde das Thyssen-Stahlwerk von der eigens zu diesem Zweck gegründeten Union des consommateurs de produits métallurgiques et industriels übernommen, unter Beteiligung von Renault, Peugeot sowie Maschinenbauern wie L'Alsacienne de constructions mécaniques oder Fives-Lille. Dies trug dazu bei, dass die lothringische Eisen- und Stahlindustrie 1929 fast vier Fünftel der französischen Gesamtmenge produzierte.[58]

Die Verdrängung des deutschen Kapitals nährte die Utopie, aus Frankreich das führende Land der westeuropäischen Stahlindustrie zu machen.[59] Augenscheinlich konnte man auch Erfolge erzielen, denn 1930 bewegte sich die Höhe der französischen Stahlproduktion, unter Einschluss des Saargebiets, das man noch weitere fünf Jahre kontrollieren sollte, auf dem gleichen Niveau wie diejenige Deutschlands. Sie hatte sich seit 1913 verdoppelt, während die deutsche um ein Drittel gesunken war. Dieser Gleichstand war jedoch temporär, weil der jeweilige Output stark von der konjunkturellen Lage der beiden Länder abhing. Außerdem entwickelte sich die Stahlproduktion im Rahmen der Kontingentierung des Internationalen Stahlkartells, das die Produzenten Belgiens, Luxemburgs, Frankreichs und Deutschlands 1926 geschlossen hatten.[60] Wie auch in anderen Sektoren wurden im Stahlsektor die komplementären Beziehungen, die den marktkonformen Wettbewerb der Vorkriegszeit geprägt hatten, sukzessive beseitigt. Stattdessen entwickelte sich ein scharfer Wettbewerb zwischen großen Unternehmensgruppen, die ihre Anlagen bedingungslos

---

58 *Pascal Raggi*, La désindustrialisation de la Lorraine du fer. Paris 2019, 43.
59 Zu diesem „Traum von Macht", den einige französische Politiker nach dem Zweiten Weltkrieg wieder aufnahmen, vgl. *Martial Libera*, Un rêve de puissance. La France et le contrôle de l'économie allemande (1942–1949). Brüssel 2012.
60 Das Saargebiet, das festen Förderquoten unterlag, wurde durch die deutschen Produzenten vertreten. Zum Stahlkartell vgl. *Françoise Berger*, La France, l'Allemagne et l'acier (1932–1952). De la stratégie des cartels à l'élaboration de la CECA. Diss. Paris 2000.

ausbauten, um ihre Produktion zu maximieren. Die Risiken der Überproduktion traten kurz darauf in der Krise um 1930 deutlich zutage.

Den Wandel der Wirtschaftsbeziehungen mit Deutschland begleitete jedoch keine signifikante Änderung der mentalen Einstellung der Industriellen. Die Stahlbarone behielten ihre Skepsis gegenüber dem Nachbarland bei, zeigten zwar Interesse für seine technischen Errungenschaften, misstrauten aber seinen langfristigen wirtschaftlichen Zielsetzungen. Ein typischer Vertreter dieser Industriellen war François de Wendel.[61] Von der Warte seiner Unternehmen in Westfalen und im Raum Aachen, die er regelmäßig besuchte, beobachtete er die Fortschritte bei der Ausleuchtung der Bergwerke, der Schlagwetterprävention und der Verbesserung der Abbautechniken. In Anlehnung an die Ruhrindustrie ließ er große moderne Hochöfen und Walzwerke erbauen. Er bezog seine Informationen nicht allein aus Deutschland, sondern auch aus Großbritannien und den USA. Indessen änderte sich sein tiefer Anti-Germanismus in der Folge nicht, im Gegenteil, er war durch die Besatzung sogar noch verhärtet worden. De Wendel stand mit dieser Haltung keineswegs allein, vielmehr wurde sie von der Mehrzahl der Stahlindustriellen geteilt.

So rückte auch im Wirtschaftsbereich die Möglichkeit eines konstruktiven Dialogs zwischen Franzosen und Deutschen in weite Ferne, zumal die in Deutschland die öffentliche Kritik an der Besetzung der linken Rheinufers oder dem Einzug der französisch-belgischen Truppen ins Ruhrgebiet nicht verstummte. Diese Ereignisse wurden als kriegerische Eingriffe interpretiert.[62]

5.3.5 Schlussbetrachtung

Die Auswirkungen des Ersten Weltkriegs stellen sich aus deutscher und französischer Perspektive sehr unterschiedlich dar. Sicherlich leisteten die besetzten Gebiete vier Jahre lang einen Beitrag zur deutschen Kriegswirtschaft, der nicht selten auf der Ausbeutung und Ressourcenplünderung des eroberten Landes beruhte. Die Besatzer unternahmen keinen Versuch, ein zusammenhängendes Wirtschaftsgebiet zu schaffen, denn die militärische Führung entwickelte keine klaren Vorstellungen zu dessen Verwaltung. Den Mittelmächten gelang es trotz der Ausnutzung der besetzten Gebiete nicht, den Wirkungen der alliierten Blockade zu entkommen oder ihren wirtschaftlichen Zusammenbruch, der zu ihrer Kriegsniederlage führte, abzuwenden. Frankreich hingegen verzeichnete trotz der beträchtlichen Kriegsschäden und der Katastrophen, die seine Bevölkerung erlitt, durchaus positive Wirkungen. Einige Teile seiner Wirtschaft wurden modernisiert, was eine Trendwende herbei-

---

61 *Woronoff*, François de Wendel, 187–211.
62 *Jean-Jacques Becker/Gerd Krumeich*, La Grande Guerre. Une histoire franco-allemande. Paris 2008, 306.

führte; es gelang, sich der Wirtschaftsmacht Deutschland entgegenzustellen, die sich seit dem letzten Drittel des 19. Jahrhunderts so schnell entwickelt hatte.

Zugleich kann man die Besatzungswirtschaft auch unter dem Paradigma der Paradoxie bewerten, die das deutsch-französische Wirtschaftsverhältnis dauerhaft prägte. Obgleich sich eine Mehrheit führender Politiker kaum für die Wirtschaft interessierte, gelang es Frankreich, den Frieden im Rahmen einer neuen Ordnung und im Einklang mit seinen Interessen zu festigen. Im Gegensatz dazu erschien das besiegte Deutschland – trotz seiner vormaligen wirtschaftlichen Überlegenheit – unfähig zu sein, die schwierige Situation zu meistern. Dies führte zu psychologisch paradoxen Positionen: Die Besiegten weigerten sich hartnäckig, ihre Niederlage anzuerkennen, und erst nach der Machtübernahme Hitlers diente die Wirtschaft – jedoch unter dem Vorzeichen der erneuten Kriegsvorbereitung – wieder als politische Stütze. Die kriegsmüden Sieger dagegen glaubten, sich in der nach dem Krieg geschaffenen Situation ausruhen zu können, was eher ihren Illusionen als der Realität entsprach.

Auswahlbibliographie

Becker, Annette, Les cicatrices rouges, France et Belgique occupées. Paris 2010.
Boulin, Pierre, L'organisation du travail dans la région envahie de la France pendant l'occupation. Paris 1927.
Bussière, Eric/Marcilloux, Patrice/Varaschin, Denis (Hrsg.), La Grande Reconstruction. Reconstruire le Pas-de-Calais après la Grande Guerre. Dainville 2002.
Clout, Hugh, After the Ruins. Restoring the Countryside of Northern France after the Great War. Exeter 1996.
Collinet, Paul/Stahl, Paul, Le ravitaillement de la France occupée. Paris 1928.
Dos Santos, Jessica, L'utopie en héritage. Le Familistère de Guise 1888–1968. Tours 2016.
Druelle-Korn, Clotilde, Food for Democracy? Le ravitaillement de la France occupée (1914–1919): Herbert Hoover, le blocus, les Neutres et les Alliés. Brüssel 2018.
Eck, Jean-François/Heuclin, Jean (Hrsg.), Les bassins industriels des territoires occupés 1914–1918. Des opérations militaires à la reconstruction. Valenciennes 2016.
Eck, Jean-François/Raggi, Pascal, Une première expérience d'occupation allemande des mines françaises: les charbonnages du Nord et les mines de fer de Lorraine pendant la Grande Guerre, in: Entreprises et histoire 62, 2011, 66–94.
Fontaine, Arthur, L'industrie française pendant la guerre. Paris 1925. (Engl.: The French Industry during the War. New Haven 1926.)
Generalquartiermeister (Bearb.), Die Industrie im besetzten Frankreich. München 1916. (Frz.: L'industrie en France occupée, ouvrage établi par le Grand Quartier général allemand en 1916. Paris 1923.)
Gromaire, Georges, L'occupation allemande en France (1914–1918). Paris 1925.
Hautcœur, Pierre-Cyrille, Was the Great War a Watershed? The Economics of World War I in France, in: Stephen Broadberry/Mark Harrison (Hrsg.), The Economics of World War I. Cambridge 2005, 169–205.
Jeanneney, Jean-Noël, François de Wendel en République. L'argent et le pouvoir 1914–1940. 3. Aufl. Paris 2019.
Jèze, Gaston, Les dépenses de guerre de la France. Paris 1926.

Lembré, Stéphane, La guerre des bouches: ravitaillement et alimentation à Lille, 1914–1919. Villeneuve d'Ascq 2016.
McPhail, Helen, The Long Silence. Civilian Life under the German Occupation of Northern France 1914–1918. London 2001.
Nivet, Philippe, La France occupée 1914–1918. Paris 2011.
Nivet, Philippe, Les réfugiés français de la Grande Guerre. Les „Boches du Nord". Paris 2004.
Salson, Philippe, L'Aisne occupée. Les civils dans la Grande Guerre. Rennes 2015.
Truchy, Henri, Les finances de la guerre de la France. Paris 1926.
Wegener, Larissa, Occupation during the War (Belgium and France), in: Ute Daniel u. a. (Hrsg.), 1914–1918-online. International Encyclopedia of the First World War. Berlin 2014.

Stephan Lehnstaedt
5.4 Besatzungswirtschaft im Generalgouvernement Warschau und in Osteuropa

5.4.1 Einleitung

Seit der ebenso einflussreichen wie kontroversen Studie von Vejas Liulevicius über das Land Ober Ost,[1] jenes vom deutschen Heer durch Paul von Hindenburg und Erich Ludendorff verwaltete Territorium an der Ostsee, haben sich Historiker und Historikerinnen vor allem mit der Geistesgeschichte der Okkupation beschäftigt: Sie analysierten koloniale Perzeptionsmuster, antisemitische Denkweisen und Expansionsträume,[2] wobei häufig die Frage nach Kontinuitäten und Entwicklungen hin zur nationalsozialistischen Gewaltherrschaft im Zweiten Weltkrieg kam. Zugleich interessierte sich die Wissenschaft in den Ländern Ostmitteleuropas nach dem Fall des Eisernen Vorhangs hauptsächlich für die nationalen Wege zur Unabhängigkeit 1918,[3] was zuvor unter kommunistischer Herrschaft keine erwünschte Perspektive gewesen war.

Ein Blick auf die einzelnen Regionen des besetzten Osteuropa zeigt, dass das Generalgouvernement Warschau, eines von zwei Gebieten, in das die Mittelmächte das vormalige Russisch-Polen (auch: Kongress-Polen) geteilt hatten, am meisten Aufmerksamkeit erfuhr.[4] Zu Ober Ost erschienen nach Liulevicius' Buch keine neu-

---

[1] *Vejas Gabriel Liulevicius*, Kriegsland im Osten. Eroberung, Kolonisierung und Militärherrschaft im Ersten Weltkrieg. Hamburg 2002.
[2] Als Zusammenfassung: *Winson Chu/Jesse Curtis Kauffman/Michael Meng*, A Sonderweg through Eastern Europe? The Varieties of German Rule in Poland during the Two World Wars, in: German History 31, 2013, 318–344.
[3] Vgl. beispielsweise für Polen: *Janusz Pajewski*, Odbudowa państwa polskiego 1914–1918. Poznań 2005; *Jerzy Pająk*, O rząd i armię. Centralny Komitet Narodowy (1915–1917). Kielce 2003.
[4] *Jesse Curtis Kauffman*, Elusive Alliance. The German Occupation of Poland in World War. Cambridge 2015; *Marta Polsakiewicz*, Warschau im Ersten Weltkrieg. Deutsche Besatzungspolitik zwischen kultureller Autonomie und wirtschaftlicher Ausbeutung. (Studien zur Ostmitteleuropaforschung, Bd. 35.) Marburg 2015; *Arkadiusz Stempin*, Das vergessene Generalgouvernement. Die Deutsche Besatzungspolitik in Kongresspolen 1914–1918. Paderborn 2018. Eine vergleichende Perspektive unter expliziter Einbeziehung ökonomischer Fragen bei *Stephan Lehnstaedt*, Imperiale Polenpolitik in den Weltkriegen. Eine vergleichende Studie zu den Mittelmächten und zu NS-Deutschland. (Einzelveröffentlichungen des Deutschen Historischen Instituts Warschau, Bd. 36.) Osnabrück 2017. Ausschließlich zu wirtschaftlichen Fragen die ausgezeichnete Studie *Reinhold Zilch*, Okkupation und Währung im Ersten Weltkrieg. Die deutsche Besatzungspolitik in Belgien und Russisch-Polen 1914–1918. Goldbach 1994.

en Monographien, und auch zu Rumänien wurde wenig gearbeitet.[5] Besser sieht es für die 1917 eroberte Ukraine aus, für die insbesondere der Vergleich deutscher und österreichisch-ungarischer Herrschaftspraktiken erforscht wurde.[6] Die Fruchtbarkeit eines derartigen komparatistischen Vorgehens zeigt auch die wegweisende Studie von Christian Westerhoff zur Arbeitseinsatzpolitik in Ober Ost und im Generalgouvernement Warschau.[7]

Vor diesem Hintergrund werden im Folgenden einige Charakteristika der wirtschaftlichen Ausbeutung des deutsch besetzten Osteuropa im Ersten Weltkrieg gezeigt. Der Fokus liegt auf dem Generalgouvernement Warschau. Anhand dieses Beispiels sollen zunächst strukturelle Bedingungen, Gegebenheiten und Erwartungen analysiert werden, um anschließend Etappen der Besatzungsherrschaft zu skizzieren. Der dritte Abschnitt des Beitrags gilt den Grenzen des deutschen Vorgehens, das nicht zuletzt durch eine starke Konkurrenz zu Österreich-Ungarn bestimmt war. Der Bündnispartner kontrollierte mit dem Militärgeneralgouvernement Lublin ebenfalls einen Teil des früheren Russisch-Polens und agierte zugleich als Partner und Rivale der Deutschen. Zum Schluss wird die Perspektive auf andere besetzte Gebiete Osteuropas erweitert, um die Resultate der „Nutzbarmachung" unter Berücksichtigung von deren Folgen für die lokale Bevölkerung zu bilanzieren.

5.4.2 Das geteilte Polen: Bedingungen imperialer Okkupation

Mit dem Generalgouvernement Warschau kontrollierte Deutschland nach dem militärischen Erfolg der Mittelmächte gegen das Zarenreich vom Sommer 1915 den wirtschaftlich potentesten Teil des russischen Teils von Polen. Es umfasste eine Fläche von rund 61 250 Quadratkilometern bei 7,5 Millionen Menschen, womit die Deutschen zwei Drittel der Einwohner und drei Viertel des Territorium Russisch-Polens unter ihre Herrschaft gebracht hatten. Während das k.u.k. Militärgeneralgouverne-

---

5 *Lisa Mayerhofer*, Zwischen Freund und Feind. Deutsche Besatzung in Rumänien 1916–1918. München 2010.
6 *Wolfram Dornik u. a.* (Hrsg.), Die Ukraine zwischen Selbstbestimmung und Fremdherrschaft 1917–22. (Veröffentlichungen des Ludwig-Boltzmann-Instituts für Kriegsfolgen-Forschung, Sonderbd. 13.) Graz 2011; *Wolfram Dornik/Stefan Karner* (Hrsg.), Die Besatzung der Ukraine 1918. Historischer Kontext – Forschungsstand – wirtschaftliche und soziale Folgen. (Veröffentlichungen des Ludwig Boltzmann-Instituts für Kriegsfolgen-Forschung, Bd. 11.) Graz 2008; *Mark von Hagen*, War in an European Borderland. Occupations and Occupation Plans in Galicia and Ukraine 1914–1918. Washington 2007; *Frank Golczewski*, Deutsche und Ukrainer 1914–1939. Paderborn 2010.
7 *Christian Westerhoff*, Zwangsarbeit im Ersten Weltkrieg. Deutsche Arbeitskräftepolitik im besetzten Polen und Litauen 1914–1918. (Studien zur Historischen Migrationsforschung, Bd. 25.) Paderborn 2012. Vgl. den Abschnitt 4.2.3 in diesem Band.

ment Lublin eine vorwiegend agrarisch geprägte Gegend mit nur einem kleineren urbanen Gebiet um die namensgebende Hauptstadt vorwies, lagen in der deutschen Besatzungszone zwischen Weichsel und Pilica mit Warschau und Lodz die dritt- bzw. viertgrößte Stadt Russlands. Letztere war ein Zentrum der Textilindustrie und galt weithin als Manchester des Ostens; Warschaus Ökonomie war kleinteiliger und weniger auf eine Branche festgelegt. Die Arbeiterschaft machte dementsprechend einen substantiellen Teil der Bevölkerung aus, und der Industrialisierungsgrad des Gouvernements lag höher als beispielsweise der von Ostpreußen, Posen oder Galizien – wobei es dort etwa um Infrastruktur und Bildung besser bestellt war: In Kongresspolen lagen nur 120 von 426 Städten überhaupt an einer Eisenbahnstrecke, die Gesamtlänge aller Schienen betrug nur 3521 Kilometer.[8]

Warschau war das politische Herz des geteilten Polens. Die deutschen Behörden unter dem Generalgouverneur Hans von Beseler und seinem Verwaltungsleiter Wolfgang von Kries traten deshalb vom ersten Tag ihrer Herrschaft an mit den lokalen Eliten in Kontakt.[9] Und obwohl sie sich als technokratische Administratoren verstanden, deren einzige Aufgabe eine temporäre Verwaltung zum Vorteil Deutschlands und, wenngleich weniger wichtig, auch zum Wohle der Einheimischen sein sollte, mussten sie sich in einem hoch politisierten Umfeld zurechtfinden. Das lag zuvorderst an der ungelösten „polnischen Frage", also der Zukunft Polens unter den veränderten Bedingungen des Weltkriegs. Das seit 1795 unter Russland, Preußen und Österreich aufgeteilte Land hatte im 19. Jahrhundert einen Nationsbildungsprozess vergleichbar anderen europäischen Regionen erlebt, aber zugleich auch erfolglose Aufstände und Kämpfe für die eigene Freiheit. Mit dem Kriegsausbruch lebten die Träume von einer nationalen Wiedergeburt wieder auf, und auf allen Seiten engagierten sich Polen mit dem Ziel, nach dem Sieg ihrer jeweiligen Partner endlich einen eigenen Staat zu realisieren.[10]

Mit dem Versprechen einer Unabhängigkeit waren auch die Mittelmächte angetreten. Wie die anderen Kriegsparteien spielten sie auf der Klaviatur nationalistischer Versprechen, um so insbesondere das verfeindete russische Imperium von innen her zu revolutionieren. Im polnischen Fall war dem wenig Erfolg beschieden, die Polen erwiesen sich als loyal gegenüber ihren jeweiligen Kaisern, was als Zeichen für die politische und wirtschaftliche Integration der Teilungsgebiete gelten kann.[11] Allerdings stellte sich mit dem deutsch-österreichisch-ungarischen Sieg im

---

8 Österreichisches Staatsarchiv, Haus-, Hof- und Staatsarchiv, Nachlass Boschan/2. Wirtschaftsgeographie des k. und k. Verwaltungsgebietes von Polen unter Berücksichtigung des gesamten neuen Polen, von Hermann Leiter, November 1916. Siehe auch *Włodzimierz Borodziej*, Geschichte Polens im 20. Jahrhundert. München 2010, 17 f.
9 *Robert Spät*, Für eine gemeinsame deutsch-polnische Zukunft? Hans Hartwig von Beseler als Generalgouverneur in Polen 1915–1918, in: Zeitschrift für Ostmitteleuropa-Forschung 58, 2009, 497 f.
10 *Janusz Sibora*, Dyplomacja polska w I wojnie światowej. Warschau 2013.
11 *Piotr Szlanta*, Der Glaube an das bekannte Heute, der Glaube an das unsichere Morgen. Die Polen und der Beginn des Ersten Weltkriegs, in: Jahrbücher für die Geschichte Osteuropas 61, 2013, 425–427.

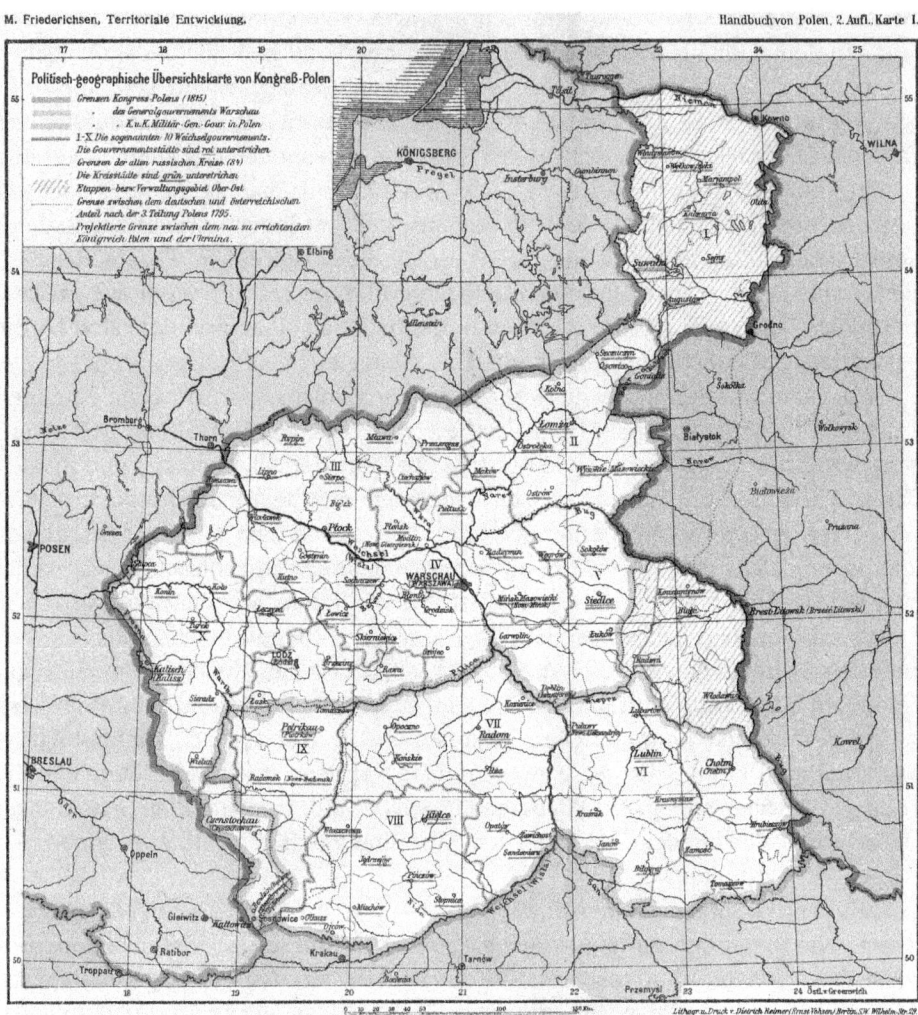

Abb. 1: Kartographische Darstellung der deutsch bzw. österreichisch-ungarisch besetzten Gebiete Generalgouvernement Warschau, Militärgeneralgouvernement Lublin sowie Ober Ost. Quelle: *Erich Wunderlich* (Hrsg.), Handbuch von Polen (Kongreß-Polen). Beiträge zu einer allgemeinen Landeskunde. 2. Aufl. Berlin 1918. Kartographische Darstellung der deutsch bzw. österreichisch-ungarisch besetzten Gebiete Generalgouvernement Warschau, Militärgeneralgouvernement Lublin sowie Ober Ost.

Sommer 1915 die Frage nach einer Zukunft Polens erneut, denn nun regierten Verbündete über den geographisch-historischen Kern des Landes. Und als die Mittelmächte sich als Befreier vom zaristischen Joch inszenierten,[12] kamen lautstarke Forderungen auf, das Versprechen eines Nationalstaates einzulösen. Zugleich mussten

---

12 *Lehnstaedt*, Imperiale Polenpolitik in den Weltkriegen, 121.

die beiden Partner untereinander klären, welche Form das künftige Polen haben sollte. Dies erwies sich als ein unlösbares Problem,[13] das dennoch ständig debattiert wurde. Aber weder für Deutschland noch für Österreich war es vorstellbar, bisherige eigene Territorien in einen neuen Staat einzubringen, während umgekehrt dessen Gründung in eben jenen Gebieten den Wunsch nach einer Vereinigung und damit erhebliches Unruhepotential bedeutet hätte.

Die andauernden Diskussionen über die politische Zukunft des Landes verhinderten längerfristige Lösungen, man regierte von einem Provisorium zum nächsten. Als solches muss auch das Königreich Polen gelten, das Deutschland und Österreich-Ungarn auf Vorschlag Hans von Beselers am 5. November 1916 proklamierten. Es war der Versuch, gewissermaßen einen gordischen Knoten zu zerschlagen: Aus dem Generalgouvernement Warschau und dem Militärgeneralgouvernement Lublin sollte ein neuer Staat entstehen – dessen genaue Landesgrenzen und Staatsform indes erst nach einem gewonnenen Krieg festzulegen wären. Das rief viele Hoffnungen auf Selbstständigkeit in der Bevölkerung hervor, führt aber schnell zu wachsendem Unmut, weil mit den weitreichenden Versprechungen nur wenige Zugeständnisse einhergingen.

Doch auf die Kooperation der Bevölkerung waren die Besatzer dringend angewiesen, wenn sie für ihren eigenen Bedarf wirtschaftliche Erzeugnisse in nennenswertem Maße ausführen wollten. Und tatsächlich sahen Beseler und Kries sowie die Berliner Behörden und Militärs darin den wichtigsten Sinn der Okkupation – der militärische Erfolg gegen Russland sollte in einen ökonomischen Vorteil münden. Wie später in Rumänien und der Ukraine träumten die neuen Herren von Kornkammern und von großen Exportmöglichkeiten, mit deren Hilfe sie die unterversorgte Heimat ernähren wollten.[14] Demgegenüber trat die industrielle Produktion deutlich in den Hintergrund.

Für diese Politik der „Nutzbarmachung" setzte Deutschland auf eine Zivilverwaltung, die sich ganz überwiegend aus abgeordneten Beamten aus dem Reich rekrutierte. Generalgouverneur Hans von Beseler war Militär und verstand nur dem Kaiser, nicht jedoch der Obersten Heeresleitung, und sein Verwaltungschef Wolfgang von Kries war sowohl ihm als auch dem Berliner Innenministerium rechenschaftspflichtig; die einzelnen Fachverwaltungen waren den jeweiligen Ministerien nachgeordnet. Eine reine Militärherrschaft gab es unter allen besetzten Gebieten nur in Ober Ost, wo Erich Ludendorff eine Administration nach dem Prinzip der Auftragstaktik etablierte: Der Vorgesetzte gab nur Ziele vor, über Mittel und Wege

---

13 *Damian Szymczak*, Między Habsburgami a Hohenzollernami. Rywalizacja niemiecko-austro-węgierska w okresie I wojny światowej a odbudowa państwa polskiego. Krakau 2009.
14 *Lehnstaedt*, Imperiale Polenpolitik in den Weltkriegen, 326–329. Exemplarisch für andere Gebiete: *David Hamlin*, „Dummes Geld". Money, Grain, and the Occupation of Romania in WWI, in: Central European History 42, 2009, 451–471; *Liulevicius*, Kriegsland im Osten, 93 f.; *Golczewski*, Deutsche und Ukrainer, 152–163.

konnten die Untergebenen selbst bestimmen. Das führte zu großer Willkür und war tatsächlich das genaue Gegenteil einer geregelten Bürokratie, wie sie in Polen, der Ukraine oder Rumänien existierte.

Zunächst einmal stellte sich aber die ganz praktische Herausforderung, wie denn eine Indienstnahme des Landes überhaupt gelingen könnte: Die Kriegszerstörungen waren enorm, worunter nicht zuletzt die ohnehin nicht stark ausgebaute Infrastruktur gelitten hatte. Zahlen liegen nur für das Militärgeneralgouvernement Lublin vor, dürften aber für das deutsche Besatzungsgebiet vergleichbar sein. Die k.u.k. Behörden gingen von fast einer Milliarde Rubeln an unmittelbaren und eineinhalb Milliarden an mittelbaren Schäden aus, die Gebäude, Felder und Vieh erlitten hatten; dazu kamen nochmals über 90 Millionen Kronen bei der Eisenbahn.[15] Ein kompletter Wiederaufbau war ferner in einer etwa sieben Kilometer breiten Zone erforderlich, die sich auf einer Länge von 100 Kilometern von der Weichsel bis zur Pilica von Nord nach Süd durchs Warschauer Generalgouvernement zog. Dort hatte der Stellungskrieg im ersten Kriegsjahr fast jedes Dorf, jedes Gehöft und jede Stadt zerstört. In Warschau ging man mit großem Engagement zu Werke und hatte bei Kriegsende, jenseits aller propagandistischen Überhöhung, tatsächlich wesentliche Erfolge erzielt. Umfangreiche Investitionen trugen zur Erschließung des Landes bei, wobei die neuen Anlagen ganz utilitaristisch auf den Abtransport ausgerichtet waren – und viel weniger auf Verbindungen innerhalb der besetzten Gebiete.[16]

5.4.3 Trial and Error: Phasen der Besatzungswirtschaft im Generalgouvernement Warschau

Unmittelbar nach der Eroberung Kongresspolens gab es keine Pläne für Besatzungspolitik. Dies entsprach der Beobachtung, dass keine Seite über ökonomische Konzeptionen für einen längeren Krieg verfügte, nicht einmal für die Binnenwirtschaft. Und auch die von verschiedenen Verbänden und Interessengruppen zur „polnischen Frage" veröffentlichten zahlreichen Druckschriften klammerten derartige Aspekte weitgehend aus.[17]

---

15 Archiwum Główne Akt Dawnych Warschau (künftig: AGAD), 312/1918. Summar der Kriegsschäden, Ende 1916. Der Wechselkurs Rubel zu Kronen schwankte in Bereich von 1 Rubel = 3–3,5 Kronen. 1 Krone = 0,50 Mark.
16 *Lehnstaedt*, Imperiale Polenpolitik in den Weltkriegen, 246–251.
17 *Richard F. Hamilton*, War Planning. Obvious Needs, not so Obvious Solutions, in: Richard F. Hamilton/Holger H. Herwig (Hrsg.), War Planning 1914. Cambridge 2010, 15 ff.; *Zbigniew Wilkiewicz*, Deutsche Flugschriften zur Polenfrage im Ersten Weltkrieg. Mainz 1980, 111–114.

Tab. 1: Gesamtzahlen zur Beschlagnahme (ohne Nahrungsmittel) im deutsch besetzten Polen 1914/1915.

	Menge
Baumwolle	20 000 t
Wolle	12 000 t
Flachs, Hanf, Jute	7700 t
Erze, Mineralien	164 000 t
Metalle	65 000 t
Öle und Fette	4000 t
Häute, Felle, Leder	1160 t
Gummi, Asbest, Papier	400 t
Werkzeugmaschinen	752 Stück
Elektrische Maschinen	950 Stück

Quelle: *Wolfgang von Kries*, Die wirtschaftliche Ausnutzung des Generalgouvernements Warschau, in: Preußische Jahrbücher 235, 1934, 246 f. Der Friedenswert der Textilrohstoffe ist mit 65,5 Millionen Mark beziffert.

Rein volkswirtschaftlich hatten die Mittelmächte wie die Entente 1914 zwei Wege, um ihre Ökonomie auf den Krieg auszurichten: Sie konnten die gesamte Produktion durch den Markt bestimmen lassen, indem sie Preisanreize setzten und die geforderten Summen für notwendige Güter bezahlten. Alternativ konnten sie mittels Rationierung Kontingente vorgeben, um die Verteilung der vorhandenen Ressourcen zu regulieren. In Deutschland setzte sich, nachdem man längere Zeit an einen kurzen Krieg geglaubt und deshalb Umstellungen herausgezögert hatte, in der Praxis eine Mischform durch. Erzwungene Eingriffe ließen sich dabei nicht immer vermeiden, wobei mit dem Hindenburg-Programm von 1916 eine Gewichtsverschiebung von der Landwirtschaft hin zu Arbeitern und Industrie stattfand, denen dann mehr Aufmerksamkeit galt.

Die Besatzungswirtschaft bot als weitere Option den exzessiven Einsatz von Zwang und Gewalt. Wie Tabelle 1 zeigt, kam es in Polen im Frühjahr 1915 zunächst zu Plünderungen und Requirierungen, die bis zum Sommer andauerten.

Zwar hatte sich der kurzzeitige Chef der Zivilverwaltung Hans von Brandenstein im Januar 1915 dafür stark gemacht, die Industrieproduktion in Kongresspolen für die eigenen Zwecke nutzbar zu machen. Doch wie später sein Nachfolger von Kries konnte er sich damit nicht gegen das Militär und die Kriegsrohstoffabteilung des Berliner Kriegsministeriums durchsetzen, die auf den Abtransport von Rohstoffen und der Demontage von Geräten bestanden. Das lag nicht zuletzt im Interesse der deutschen Industrie, die so Konkurrenz ausgeschaltet sah.[18]

---

18 *Werner Conze*, Polnische Nation und deutsche Politik im Ersten Weltkrieg. Ostmitteleuropa in Vergangenheit und Gegenwart, Bd. 4.) Köln 1958, 133 f.

Andererseits kam es bei Agrarerzeugnissen seit Anfang 1915 zu geregelten Ankäufen in größerem Maßstab. Die dafür verantwortlichen Kriegsgesellschaften waren ein Kind der ökonomischen Mobilisierung in Deutschland und standen im Kern dafür, dass marktwirtschaftliche Prinzipien nicht geändert werden sollten: sie bezahlten die erworbenen Produkte, die ihnen aber zum Aufkauf angeboten werden mussten. Und so kritisierte selbst Generalgouverneur von Beseler die niedrigen Preise seiner Rohstoffabteilung und bezeichnete deren Vorgehen als „sehr kurzsichtig" und als „Raubbau".[19]

Im Herbst 1915 setzte sich bei den Mittelmächten allmählich die Erkenntnis durch, dass Krieg und Besatzung noch länger dauern würden. Die bisher weitgehend rücksichtslose Ausbeutung Polens sollte durch ein zielgerichteteres Vorgehen ersetzt werden, das das Land dem eigenen Machtbereich dauerhaft – und über das Kriegsende hinaus – sichern sollte. Berlin und Wien waren nun auch an einem kontinuierlichen Ressourcenfluss interessiert. Eine gewisse Rücksichtnahme auf die Befindlichkeiten der polnischen Bevölkerung schien daher unumgänglich.[20] Die Deutschen führten verbindliche Normen ein, nach denen die Indienstnahme Polens erfolgen sollte. Dazu gehörte eine Rationierung der Lebensmittel für die Einwohner. Nicht bewährt hatte sich in den Augen der Okkupanten das bisherige Ankaufsystem der Kriegsgesellschaften, weil die gezahlten Preise so niedrig waren, dass die Produzenten ihre Erzeugnisse schlicht gar nicht verkaufen wollten, auf bessere Angebote warteten oder sie auf dem Schwarzmarkt anboten.

Die Besatzungsverwaltung des Generalgouvernements Warschau erließ deshalb noch vor Jahresende erste Vorschriften, die die Aufbringung von Lebensmitteln und anderen Ressourcen regulierten. Ihr zentraler Punkt war die Festlegung von Ablieferungspflichten bei festen Preisen. Präventiv gab es zudem Sicherungsbeschlagnahmen, bei denen ebenfalls feste Summen bezahlt wurden. Entschädigungslose Enteignungen oder Requisitionen, die vorher an der Tagesordnung gewesen waren, sollten nur noch Strafen darstellen. Die Umsetzung dieser Regelungen oblag bei Lebensmitteln direkt der Zivilverwaltung, bei Rohstoffen und Waren der zu diesem Zweck errichteten Kriegsrohstoffstelle Warschau. Während erstere Instanz Landesgesetze erließ, gab letztere militärische Befehle heraus, die der Militärstrafgerichtsbarkeit unterlagen.[21] Viel Rücksicht auf die Wünsche der lokalen Eliten nahmen diese Institutionen nicht: Die Versorgung von Heimat und Armee blieb viel zu wichtig, um hier Kompetenzen an polnische Stellen abzugeben. Und so kamen die Besatzer den Einheimischen vor allem auf Gebieten entgegen, die für sie selbst nicht zentral waren.

---

19 Bundesarchiv-Militärarchiv, N 30/53. Beseler an seine Frau, 22. 10. 1915.
20 *Szymczak*, Między Habsburgami a Hohenzollernami, 100.
21 Hierzu und zu den nächsten beiden Absätzen: *Lehnstaedt*, Imperiale Polenpolitik in den Weltkriegen, 170–183.

Die bestehenden Systeme funktionierten indes in Berliner Augen nicht zufriedenstellend und erforderten eine Nachjustierung. In Warschau entstand deshalb zum 1. Juli 1916 eine Landesgetreidegesellschaft, die an Stelle der bisherigen Wareneinfuhrgesellschaft trat und die Aufbringung der Ernte stärker mittels ökonomischer Anreize durchführen sollte. Das Hindenburg-Programm hatte für das besetzte Polen wenig Relevanz, während es bezeichnenderweise im österreichisch-ungarischen Militärgeneralgouvernement Lublin viel mehr Vorbildwirkung als im deutschen Generalgouvernement Warschau entfaltete.

Im Mai 1917 einigten sich die Mittelmächte darauf, das seit einem halben Jahr existierende Königreich Polen möglichst nach einheitlichen Grundsätzen zu verwalten und gewisse Kompetenzen an die einheimischen Organe abzugeben: In vielen Bereichen sollte nun eine einvernehmliche Lösung zwischen dem polnischen Staatsrat und den beiden Generalgouvernements gefunden werden. Doch die Besatzer waren nicht bereit, die Aufsicht über Zollwesen, Finanzen, Bergbau, Eisenbahn, das Straßen- und Schifffahrtswesen (immerhin mit Ausnahme der nicht militärisch genutzten Strecken), Post, Telegraph und Telefon, Polizei, Presse und insbesondere alle Fragen des Exports von Gütern und landwirtschaftlichen Erzeugnissen unter polnische Kontrolle zu stellen. Und so wurden für die Aufbringung der Lebensmittel zum 15. Juli 1917 die Polnische Getreidezentrale, die Polnische Landwirtschaftszentrale und die Polnische Futterzentrale geschaffen. Diese neuen Behörden hatten mit polnischer Leitung und einheimischem Personal den Aufkauf und die Bereitstellung von Nahrungsmitteln zu gewährleisten – doch die Oberaufsicht mittels eines Regierungskommissars verblieb in den Händen der Okkupanten. Vor Ort überwachten letztere weiterhin die Durchführung der Erfassung der Ernte und stellten sie notfalls mit Zwang sicher.

Spätestens Anfang 1918 war das Scheitern der polnischen Selbstverwaltung in den Augen der Besatzer offensichtlich: Die Lebensmittellieferungen erreichten nicht annähernd die geforderte Menge. Das lag nicht zuletzt daran, dass die polnischen Institutionen nicht die Preise zahlen konnten, die den Bauern auf dem Schwarzmarkt geboten wurden. Deshalb waren die Landwirtschaftszentralen äußerst unbeliebt, einerseits bei den Besatzern, weil sie wenig erfolgreich waren, andererseits bei den Einheimischen, weil sie als Erfüllungsgehilfen und „nützliche Idioten" der Mittelmächte wahrgenommen wurden.[22] Im Februar 1918 löste sich daher der als übergeordnete Instanz geschaffene polnische Landwirtschaftsrat selbst auf. Als konkreter Anlass firmierten die Friedensverhandlungen mit Russland in Brest-Litowsk, in denen Deutschland und Österreich-Ungarn der Ukraine Zusagen für das Cholmer Gebiet machten, das die Polen als ureigenes Territorium betrachteten.[23]

Die Mittelmächte überließen der Kiewer Rada diesen Teil Ostpolens, weil die ukrainische Regierung umfangreiche Versprechungen über Getreidelieferungen ge-

---

22 *Włodzimierz Suleja*, Tymczasowa Rada Stanu. Warschau 1998, 151.
23 *Klaus Kindler*, Die Cholmer Frage 1905–1918. Frankfurt am Main 1990, 304–311.

macht hatten – was Berlin und Wien angesichts des Hungers in der Heimat nur zu gerne glaubten. Es interessierte nicht, dass Generalgouverneur Beseler vor gravierenden Folgen für die Polenpolitik warnte und zu Recht eine desaströse Auswirkung auf die polnische Kooperation befürchtete. Aber aus Warschau und Lublin ließen sich letztlich nur wenige Nahrungsmittel exportieren, deutlich weniger zumindest, als man erhofft hatte. Und so galt nun die Ukraine als neues „gelobtes Land", wohingegen man auf Polen keine Rücksicht mehr nehmen wollte.[24]

Die Polen wollten unter diesen Bedingungen nicht mehr mit den Besatzern zusammenarbeiten. Es kam zu einer großen Krise, zum Rücktritt vieler bisher freundlich gesonnener Politiker und zu Streiks in den Industriebetrieben. Die beiden Generalgouvernements nahmen die Organisation der Nahrungsmittelwirtschaft deshalb wieder selbst in die Hand: Warschau und Lublin kehrten Anfang 1918 zu einer Mischform aus Zuckerbrot und Peitsche zurück, die ohne die Mithilfe der Bevölkerung auskommen sollte. Im Sommer 1918, angesichts der katastrophalen militärischen Lage im Westen und der immer desaströseren Versorgung der Heimat, verschärften die Besatzer ihr Regime nochmals, zumal die im Frühjahr ergriffenen Maßnahmen nichts fruchteten. Ab 1. Juli ließ beispielsweise das Generalgouvernement Warschau die Kartoffelernte komplett beschlagnahmen und erklärte alle bereits abgeschlossenen Verkäufe für ungültig. Kontingente galten nicht mehr individuell, sondern ausschließlich für die ganze Gemeinde, die dann solidarisch haftete. Die Strafen für einen nicht gelieferten Doppelzentner betrugen 80 Mark, und noch im Oktober 1918 erhielten die Kreischefs das Recht, bei besonders widerspenstigen Dörfern „auch schärfere Maßregeln" anzuwenden.[25]

Alle Beteiligten waren sich bewusst, dass dies einen großen Schaden für ihre Politik bedeutete, wie der Warschauer Verwaltungschef anmerkte: „Die deutsche Verwaltung hat pflichtgemäß auf diese Folgen aufmerksam gemacht, und als ihr erwidert wurde, dass die unabweisbaren Kriegsinteressen gegenüber den politisch ungünstigen Wirkungen ausschlaggebend seien, die Lieferungen pünktlich erfüllt."[26] Wirkliche Resultate konnten die Besatzer mit diesem erneuten Schwenk ihrer Politik nicht mehr erzielen, dafür kam das Kriegsende zu bald.

---

24 *Wolfram Dornik/Peter Lieb*, Die Ukrainepolitik der Mittelmächte während des Ersten Weltkrieges, in: Dornik u. a. (Hrsg.), Die Ukraine, 126 f.
25 *Lehnstaedt*, Imperiale Polenpolitik in den Weltkriegen, 343 f.
26 AGAD, 532/12, Bl. 68. Halbjahresbericht des Verwaltungschefs bei dem General-Gouvernement Warschau für die Zeit vom 1. April bis 30. September 1918. Ein ganz ähnlicher Tenor für Lublin in: AGAD, 312/1840. Protokoll der Landwirtschaftssitzung in Lublin am 16./17. 9. 1918.

5.4.4 Ökonomische und juristische Grenzen bei der Ausbeutung Polens

Das deutsche Vorgehen stand auch unmittelbar nach der Proklamation des Königreichs Polen im November 1916 im Widerspruch zu den gegenüber den Einheimischen gemachten Versprechungen. Aber die Besatzungspolitik im Generalgouvernement Warschau bewegte sich stets im Rahmen des von der Haager Landkriegsordnung vorgegebenen Spielraums, der durchaus weit gesteckt war. Die Okkupanten loteten bei ihrem Vorgehen allerdings die Grenzen der Landkriegsordnung aus und legten sie teilweise sehr weit zu ihren Gunsten aus, etwa wenn es um die Verwendung der eingenommenen Steuern ging. Erlaubt war deren Nutzung nur für die Zwecke des Landes, während die Besatzungskosten aus den heimatlichen Budgets gedeckt werden sollten. Um diese formalen Bedingungen zu erfüllen, waren Buchungstricks notwendig, sodass die offiziell verbotene Änderung der Steuersätze unterbleiben konnte. In den ersten Jahren der Besatzung wollten die Mittelmächte ganz bewusst die Regeln des Völkerrechts gegenüber der „befreiten" Bevölkerung einhalten. Verwaltungsleiter von Kries sprach sogar davon, dass man das Haager Abkommen vielleicht bei einer feindlich gesinnten Bevölkerung wie in Belgien überschreiten könne, aber dies in Polen nicht angehe.[27]

Die Relevanz des Völkerrechts sollte deshalb nicht unterschätzt werden: Die Mittelmächte waren durchaus willens, es als Referenz anzuerkennen und mindestens bemüht, ihr Handeln als dadurch gedeckt darzustellen. Darin lag nicht zuletzt die Bedeutung der Proklamation des Königreichs Polen. Formalrechtlich korrekt argumentierten die Besatzer, dass dieses nun ein eigener Staat und kein Teil des feindlichen Russlands mehr sei – entsprechend brauche die Landkriegsordnung nun keine Anwendung mehr zu finden. Und als Verbündete könnten in den beiden weiter existierenden Generalgouvernements – durchaus ein Widerspruch in sich – nun weitaus stärkere Eingriffe erfolgen. Es war eine dehnende, kreative Auslegung des Gesetzes, aber sie war notwendig, weil man das Regelwerk eben nicht einfach ignorierte.

Die Polen waren keine Feinde und mussten deshalb zumindest mit einem gewissen Respekt behandelt werden. Doch drastische Formen offiziellen Protests waren ihnen nicht erlaubt. Als in der Stadtverordnetenversammlung in Lodz Anfang 1918 die „verworfene doppelzüngige Politik der Zentralmächte" kritisiert wurde, verhängte die deutsche Besatzungsverwaltung eine Geldstrafe von 100 000 Mark und ließ zudem einzelne Abgeordnete verhaften und stellte sie vor ein Militärgericht.[28] Andererseits konnten selbst linke Parteien wie die Polska Partia Socjalistyczna (Pol-

---

27 *Szymczak*, Między Habsburgami a Hohenzollernami, 141 f.
28 Politisches Archiv des Auswärtigen Amts, R 21602, Bl. 144. Delegierter des AA beim GGW an AA, 27. 2. 1918.

nische Sozialistische Partei) oder die Socjaldemokracja Królestwa Polskiego i Litwy (Sozialdemokratie des Königreichs Polen und Litauen) und ihre jeweiligen Abspaltungen an den Wahlen teilnehmen – selbst wenn sie immer wieder in Flugblättern die Besatzer, deren Politik und die mit ihnen zusammenarbeitenden Organe kritisierten.[29]

Im besetzten Osteuropa waren sogar Streiks möglich und kamen häufig vor. In der Stadt Warschau traten beispielsweise Eisenbahnarbeiter, polnische Angehörige der Stadtverwaltung und der Theater, Angestellte in Krankenhäusern, Wasser- und Kanalarbeiter in den Ausstand und forderten bessere Einkommen und stabile Preise.[30] Die Zahl der Streiks nahm mit fortschreitender Kriegsdauer zu – alleine zwischen April und September 1918 kam es zu 36 derartigen Protesten. Lohnverhandlungen und Kompromisse waren vor allem in den kriegswichtigen Bergwerken im Südosten die Regel, wobei 1917/18 zusätzlich Lebensmittel geliefert und Kooperativen gegründet wurden.

Und so war die Okkupation keine Gewaltherrschaft. Misshandlungen der Einheimischen kamen nicht vor, und Willkür wurde durch eine Militärjustiz eingeschränkt, die tatsächlich Recht sprach. Auch deshalb gab es keinen gewaltsamen Widerstand gegen Deutsche oder Österreicher. Bei Überfällen auf Soldaten, die in den letzten beiden Kriegsjahren gelegentlich vorkamen, handelte es sich meist um schlichte Gewaltverbrechen angesichts einer nur wenig präsenten Staatsmacht – Polen und weit überproportional Juden waren dementsprechend deutlich häufiger Opfer solcher Taten als Okkupanten. Gelang es hier, die Täter ausfindig zu machen, drohten ihnen empfindliche Strafen, die gleichwohl nicht über das im Reich übliche Maß hinausgingen. Kollektivstrafen wandten die Gouvernements nicht an.[31]

Freilich: Requirierungen zu einem festgesetzten Preis stellten eine Zwangsmaßnahme dar, die notfalls unter Androhung von Waffengewalt durchgesetzt wurde. Aber es gab Möglichkeiten zur Verbesserung der Lebenssituation, wovon nicht zuletzt der blühende Schmuggel zwischen Warschau und Lublin zeugte, den die deutschen Besatzer nicht unterbinden wollten, denn in der Regel transportierten Polen Lebensmittel aus dem k.u.k.-Gebiet in ihr Territorium. Das entsprach dem Eigennutzdenken, das das Verhältnis der Mittelmächte charakterisierte. Von dieser Rivalität war nicht nur die Besatzungspolitik in Polen, sondern auch in Rumänien und der Ukraine gekennzeichnet.

Ursächlich dafür waren zunächst die ganz anders gelagerten geostrategischen Interessen in Ostmitteleuropa, aber auch die unterschiedliche Ausgangslage vor Ort: Das Militärgeneralgouvernement Lublin war ein agrarisches Überschussgebiet,

---

[29] *Elżbieta Stadtmüller*, Polskie nurty polityczne wobec Niemiec w latach 1871–1918. Wrocław 1994, 294–303.
[30] *Marjan Kurman*, Z wojny 1914–1921. Przeżycia, wrażenia i refleksje mieszkańca Warszawy. Warschau 1923, 294.
[31] *Lehnstaedt*, Imperiale Polenpolitik in den Weltkriegen, 227–233.

Tab. 2: Veränderung des Viehbestands auf dem Gebiet des Generalgouvernements Warschau 1907–1918.

	1907	1916	1918
Schweine	310 000	410 000	490 000
Rinder	1 362 000	1 000 000	1 100 000
Schafe	788 000	129 000	158 000
Pferde	638 000	466 000	.

Quelle: *Kries*, Die wirtschaftliche Ausnutzung des Generalgouvernements Warschau, 239.

sein Warschauer Pendant war hingegen mit seinem größeren Arbeiteranteil auf Zufuhren angewiesen. In Friedenszeiten hatte dieser Ausgleich auf regionaler Ebene problemlos funktioniert, im Krieg gab es Grenzen zwischen den Okkupationsgebieten. In Deutschland wie auch in Österreich herrschte der Wunsch vor, von der eigenen Zone ausschließlich selbst zu profitieren. Dafür war es entscheidend, gut mit den lokalen Eliten zusammenzuarbeiten, denn nur so ließen sich die Ressourcen effizient mobilisieren. Das wiederum zog Aushandlungsprozesse nach sich, die einen regelrechten Wettbewerb zwischen den beiden Besatzern um symbolische wie reale Ressourcen einleiteten: Wenn der eine von ihnen Zugeständnisse machte, etwa die Preise für Getreide erhöhte, musste der andere nachziehen, um argumentativ nicht ins Hintertreffen zu geraten. Als besonders problematisch erwiesen sich dabei wirtschaftliche Fragen, was aus der geschilderten, zwischen Zuckerbrot und Peitsche schwankenden Politik resultierte.[32]

Zu diesen Hindernissen bei der „Nutzbarmachung" traten strukturelle Probleme. Das Generalgouvernement war personell unterbesetzt und die Infrastruktur so schlecht, dass viele Lebensmittel auf dem Weg nach Deutschland verdarben. Wegen der Kriegszerstörungen, zahlreichen Einberufungen und Fluchten konnten umfangreiche Flächen nicht bestellt werden, die Requisition von Pferden erschwerte die Aufgabe zusätzlich. Andererseits unterblieben Maßnahmen wie der „Schweinemord" im Reich bzw. konzentrierten sich auf Schafe (vgl. Tabelle 2). Hinzu kam noch das Ankaufsystem mit polnischen Zwischenhändlern, das Korruption und Misswirtschaft förderte, unter den gegebenen Bedingungen aber alternativlos blieb.

Der hohe bürokratische Aufwand, den die Ernteorganisation mit sich brachte, schuf zusätzliche Probleme. Viele landwirtschaftliche Referenten in den Kreisen waren kaum in der Lage, die teilweise viele Kilometer entfernten Magazine zu besuchen und zu kontrollieren, zumal die schlechte Infrastruktur und die Verwaltungsarbeit zusätzliche Belastungen darstellten. Eine tatsächliche Kontrolle ließ sich so nicht gewährleisten. Damit stand die Warschauer Besatzungsverwaltung vor Herausforderungen, die ähnlich auch in der Heimat nicht zu bewältigen waren: Die Informationen über Anbau und Ernte von Millionen Bauern zu erlangen und zentral

---

[32] *Lehnstaedt*, Imperiale Polenpolitik in den Weltkriegen, 207 f.

zu koordinieren, stellte sich schlicht als undurchführbar heraus, so dass immer mehr Aufgaben an die regionalen Behörden abgetreten wurden. Diese erhielten damit beträchtliche Handlungsspielräume, aber die Methode sorgte auch für eine uneinheitliche Prozedur. Jedoch konnten Festpreise und Ablieferungspflichten ohne Überwachung auch in Deutschland und Österreich-Ungarn nicht durchgesetzt werden. In Polen galt das trotz einer komplexen Methode zur Preisfestsetzung, für die sich die Kreiskommandos sogar externer Spezialisten bedienten, noch in viel höherem Maße. Schwierigkeiten erwuchsen insbesondere aus Detailregelungen, die je nach Kreis verschieden ausfallen konnten.

5.4.5 Ambitionierte Ziele und die Wahl der Mittel: Resultate der „Nutzbarmachung" des besetzten Osteuropas

Die großen expansiven Herrschaften des 20. Jahrhunderts haben vor allem Rohstoffe, Märkte und Territorien zu erobern versucht, nicht jedoch Industriekapazität.[33] Diese allgemeine Beobachtung ließ sich auch auf den Ersten Weltkrieg übertragen. Doch verglichen mit der Ernte in den beiden Kaiserreichen selbst nahmen sich die Lieferungen aus Polen bescheiden aus: 37 Millionen Tonnen Getreide und Kartoffeln erzeugte Deutschland noch im letzten Kriegsjahr,[34] während das Generalgouvernement Warschau mit zusammen 530 000 Tonnen in drei Jahren nicht einmal 0,5 % der deutschen Jahresproduktion liefern konnte – weniger als drei Kilo für jeden Deutschen pro Jahr. Wenn das Generalgouvernement Lublin etwa 300 000 Tonnen Kartoffeln an Armee und Heimat abgab, stand dem eine Produktion von fast 5,3 Millionen Tonnen in Österreich-Ungarn 1918 gegenüber.[35] Mit knapp zwei Prozent pro Jahr lag der relative Beitrag höher als in Deutschland, blieb aber immer noch gering.

Für die Polen war das Vorgehen der Mittelmächte schlichtweg Ausplünderung. Die minimalen Erleichterungen für das Mutterland, die Deutschland und Österreich-Ungarn erreichten, bedeuteten für beide Generalgouvernements oftmals Hunger – und angesichts der keine Anreiz setzenden Preise und Ablieferungspflichten zudem eine Schädigung der Landwirte. Außerdem gingen im ganzen Land während des Kriegs Anbaufläche sowie Ernteerträge zurück,[36] was noch die Folgen der Besat-

---

[33] *Peter Liberman*, Does Conquest Pay? The Exploitation of Occupied Industrial Societies. Princeton 1996, 153 f.
[34] *Wolfgang J. Mommsen*, Bürgerstolz und Weltmachtstreben. Deutschland unter Wilhelm II. 1890 bis 1918. (Propyläen Geschichte Deutschlands, Bd. 7/2.) Berlin 1995, 683.
[35] *Felix Butschek*, Österreichische Wirtschaftsgeschichte. Von der Antike bis zur Gegenwart. Wien 2011, 171–174, 178.
[36] *Jerzy Holzer/Jan Molenda*, Polska w pierwszej wojnie światowej. Warschau 1973, 166 f., 170.

zungspolitik verschärfte. Das Generalgouvernement war sich der Härten, die es der Bevölkerung auferlegte, vollkommen bewusst und wies gegenüber Berlin immer wieder darauf hin. Dahinter stand die Hoffnung, aus politischer Rücksichtnahme eine Reduktion der Exportvorgaben erreichen zu können, weil „die Großstadtbevölkerung auf die Dauer eine Unterernährung wie im vorigen Jahr nicht aushalten kann [...] Es kann aber keinem Zweifel unterliegen, [...] dass das Land kaum in der Lage sein wird, auf die Dauer den großem Anforderungen gerecht zu werden, die die Versorgung der Okkupationsarmee und der Großstadtbevölkerung" stellen.[37]

Trotzdem wurden für die Städte weitere Kürzungen verfügt. Die tägliche Brotmenge gemäß der Lebensmittelkarten sank, bei zwischenzeitlichen Anhebungen, von 160 Gramm im Oktober 1915 auf 131 Gramm im Mai 1917; zur gleichen Zeit lag die Tagesration im Militärgeneralgouvernement Lublin mit 140 Gramm Mehl nicht wesentlich höher, während sie in Deutschland immerhin noch 237 Gramm betrug – und man vor dem Krieg in Warschau im Schnitt noch 720 Gramm Brot aß.[38] Wolfgang von Kries kommentierte: Diese Entwicklung „ist bei der ungenügenden Kartoffelversorgung für die Bevölkerung natürlich sehr hart und kann nur durch dringendste Notwendigkeit gerechtfertigt werden."[39]

Noch dramatischer traf es die Stadt Lodz, die in den ersten Monaten der deutschen Besatzung Ende 1914 völlig von der Nahrungsversorgung abgeschnitten war, weshalb sich die Bevölkerung aus dem Umland selbst verpflegen musste. Erst im Dezember 1914 gelangten 350 Tonnen Mehl in die Stadt, für die der Magistrat 100 000 Rubel bezahlte. Ein Rationierungssystem mittels Lebensmittelkarten gab es seit Juni 1915, und entsprechend waren die Preise bis dahin auf das 13-fache des Vorkriegsstands gestiegen, während zugleich die Flucht aus der Metropole dramatische Ausmaße annahm: von 630 000 bei Kriegsausbruch sank die Einwohnerzahl bereits 1915 auf 450 000 und sogar auf 342 000 im Jahr 1918.[40] Die Besatzungsverwaltung hatte dennoch im Frühjahr 1915 in Lodz sowie im Großraum Bendzin und Tschenstochau 1,25 Millionen Menschen zu versorgen. Sie zeigte sich von dieser Aufgabe weitgehend logistisch überfordert.[41] Mit der Einnahme Warschaus verschärfte sich das Problem, insbesondere weil der Eroberung kein entsprechender Zuwachs an landwirtschaftlicher Fläche gegenüberstand.

---

37 AGAD, 532/7, Bl. 25 f., 32. 5. (7.) Vierteljahrsbericht des Verwaltungschefs bei dem General-Gouvernement Warschau für die Zeit vom 1. Juli 1916 bis zum 30. September 1916.
38 *Marta Polsakiewicz*, Spezifika deutscher Besatzungspolitik in Warschau 1914–1916, in: Zeitschrift für Ostmitteleuropa-Forschung 58, 2009, 531. Die Angabe zu Lublin in: Archiwum Państwowe Lublin, 242 / 363, Bl. 78. Kreiskommando Lublin an Hauptsammelstelle Mühle Ehrlich, 29. 3. 1917.
39 AGAD, 532/8, Bl. 36 ff. 6. (8.) Vierteljahrsbericht des Verwaltungschefs bei dem General-Gouvernement Warschau für die Zeit vom 1. Oktober 1916 bis zum 31. Dezember 1916.
40 *Andreas Hofmann*, Reweaving the Urban Fabric. Multiethnicity and Occupation in Łódź, 1914–1918, in: Marcus Funck/Roger Chickering (Hrsg.), Endangered Cities. Military Power and Urban Societies in the Era of the World Wars. Boston/Leiden 2004, 84 f.
41 AGAD, 532/1, Bl. 27 f., 30–34. 1. Vierteljahrsbericht der Zivilverwaltung für Russisch-Polen für die Zeit vom 5. Januar bis 25. April 1915.

Abb. 2: Lodz, Generalgouvernement, jüdischer Markt, 1915 (BArch, Bild 183-R24285).

Schließlich waren sich die deutsche und die österreichisch-ungarische Wirtschaftspolitik in Kongresspolen relativ ähnlich. Beide Besatzungsmächte begannen mit willkürlichen Plünderungen und gründeten erst später eine Verwaltung für die Landwirtschaft. Da Wien und Berlin 1915 noch nicht über einen längeren Krieg nachdachten, waren ihre anfänglichen Bemühungen eher unsystematisch und auf die freiwillige Mitarbeit der der polnischen Eliten angewiesen. Als diese Zusammenarbeit scheiterte, kamen Zwangsmethoden zur Anwendung und es wurden vorab festgelegte Ablieferungsquoten eingeführt. Als dieses System scheiterte, betonten die Mittelmächte erneut die Zusammenarbeit mit der polnischen Regierung und schufen wirtschaftliche Anreize. Aber auch diese Herangehensweise brachte nicht die gewünschten Ergebnisse und führte zu gelegentlichen Verhandlungen mit den Bauern, die der Vorstellung direkter Herrschaft widersprachen. Deshalb begannen beide Besatzungsregime ab Herbst 1917 eine Zuckerbrot-und-Peitsche-Politik. Sie erklärten ihre Bereitschaft, ohne polnische bürokratische Mitwirkung direkt von Landwirten und Großgrundbesitzern zu kaufen, und drohten mit schweren Sanktionen im Falle eines obstruktiven Verhaltens.

Es ist schwer, die Exportstatistik der beiden Okkupationsregime zu vergleichen, weil sie unterschiedliche Berechnungsmethoden anwandten. Die deutsche Statistik erfasste allein die erfolgten Exporte ins Reich, während die Daten für Österreich-Ungarn Lieferungen für die Armee enthielten. Für Lublin waren das 299 000 Tonnen

Kartoffeln, etwa ein Viertel mehr als das Aufkommen in der Warschauer Region, sowie 141 000 Tonnen Getreide,[42] das die deutsche Verwaltung überhaupt nicht für den Export aus ihrem Generalgouvernement vorsahen.

Neben Lebensmitteln waren, in wesentlich geringerem Maße, nur die Kohlegruben im Dąbrowa-Becken von gewisser wirtschaftlicher Relevanz für die Okkupanten. Sie deckten 1915 immerhin fünf Prozent des Bedarfs der Doppelmonarchie ab. Im Jahr darauf fiel der Anteil auf 4,5 %, was aber auch an den gesteigerten Importen, vor allem aus Deutschland, lag.[43] Für Berlin hingegen hatten die Kohlefelder eine wesentlich geringere Bedeutung, weil sie gerade 1,5 % der Gesamtfördermenge des Reichs produzierten. Aus diesem Grund konnte es sich Deutschland sogar leisten, nur einen Teil der Kohle aus Dąbrowa in die Heimat zu verfrachten und gewisse Mengen an den Bündnispartner zu liefern. 1916 betrug die Förderung im Generalgouvernement Warschau mehr als 2,7 Millionen Tonnen (im Reichsgebiet 159 Millionen Tonnen), von denen lediglich 368 000 Tonnen nach Deutschland gingen (vgl. Abb. 3). Die wesentliche Bedeutung des Dąbrowa-Beckens lag vor allem darin, dass diese für Russland zentrale Quelle dem Kriegsgegner nicht mehr zur Verfügung stand. Dem Zarenreich gingen so 26 % der Kohleförderung und 8,5 % der Roheisenerzeugung verloren.[44]

Einen Grenzfall innerhalb der Landwirtschaft stellten die Forste dar, weil Berlin zwar die Ausbeutung forderte, aber die unmittelbaren Auswirkungen auf die Einwohner eher gering blieben. 1915 wussten die Mittelmächte zunächst nicht, wie viel Wald sie überhaupt erobert hatten, denn die russische Armee hatte bei ihrem Rückzug sämtliche Unterlagen ebenso wie das Fachpersonal mitgenommen. Deutschland ersetzte diese Männer durch preußische Forstbeamte und Privatförster, die die Landsturm-Reserveeinheiten freistellten. Grundsätzlich wollte Berlin dabei den „Grundsätzen einer pfleglichen Forstwirtschaft" folgen,[45] aber die erlaubten Ausnahmen für Heeresbedürfnisse, wie etwa Eisenbahn-, Wege- und Brückenbauten, Telegraphen- und Fernsprechleitungen, der Bau von Feldbefestigungen und Unterständen sowie der Brennholzbedarf für die Truppe deuteten schon an, dass ein nachhaltiges Wirtschaften nur teilweise möglich sein würde. Dazu kam der hohe Bedarf an Gruben- und Papierholz, so dass schnell „jede Rücksicht auf Nachhaltigkeit der Holznutzung ohne Bedenken geopfert" wurde (vgl. Tabelle 3).[46] Dabei hatten die Besatzer in ihre Kalkulation noch nicht einmal den Bedarf der Bevölkerung insbesondere an Brennholz einbezogen. Das Vorgehen war exzessiv, denn Warschau ließ über viermal so

---

42 *Arthur Hausner*, Die Polenpolitik der Mittelmächte und die österreichisch-ungarische Militärverwaltung in Polen während des Weltkrieges. Wien 1935, 370. Zu diesen Zahlen kamen 52 000 Rinder, 38 000 Schweine und 750 Tonnen Fette.
43 *Hausner*, Polenpolitik der Mittelmächte, 376.
44 *Ferdinand Friedensburg*, Kohle und Eisen im Weltkriege und in den Friedensschlüssen. München 1934, 8.
45 AGAD, 532/1, Bl. 12–14. 1. Vierteljahrsbericht der Zivilverwaltung für Russisch-Polen für die Zeit vom 5. Januar bis zum 25. April 1915.
46 Ebenda.

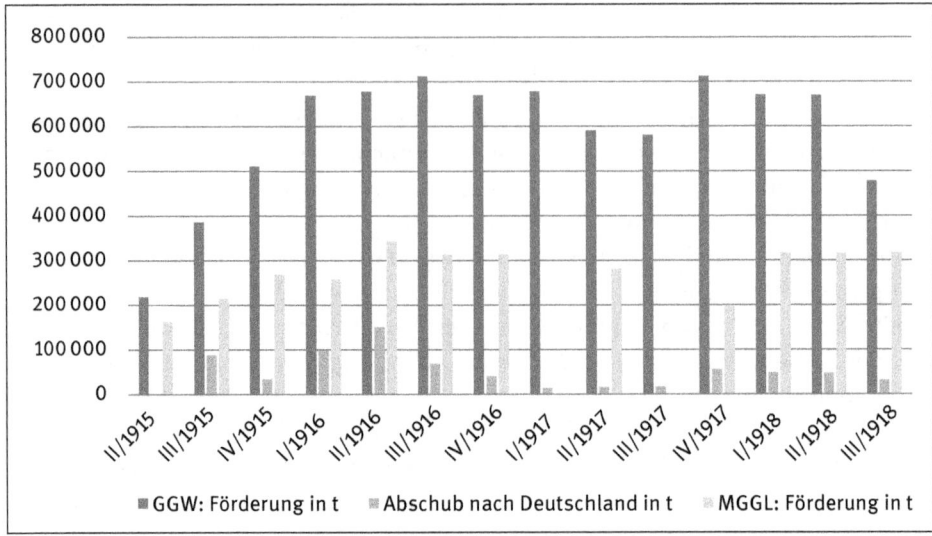

Abb. 3: Steinkohleförderung im Generalgouvernement Warschau (GGW) und Militärgeneralgouvernement Lublin (MGGL) sowie Abschub nach Deutschland, 1915–1918 (Werte bis August 1918). Quellen: AGAD, 532/1–12. Viertel- und Halbjahresberichte des Generalgouvernements Warschau; Österreichisches Staatsarchiv, Kriegsarchiv, AOK-Quartiermeister-Abteilung, Referenten-Faszikel / 2590. Übersicht über die bisherige wirtschaftliche Ausnutzung der okkupierten Gebiete von Polen, Serbien und Montenegro, AOK-Quartiermeisterabteilung, 22. 12. 1916. Die Angaben für das Militärgeneralgouvernement Lublin 1917/1918 nach verschiedenen Reporten in AGAD, 312. Nicht für alle Quartale liegen Informationen vor, für das Militärgeneralgouvernement Lublin 1918 nur die Gesamtzahl, die auf die Quartale umgerechnet wurde.

Tab. 3: Die Ausbeutung der Forste im Generalgouvernement Warschau 1915–1918.

	Nutzholz [Festmeter]	Brennholz [Festmeter]	Verkaufserlös [Mark]
Januar–Dezember 1915	479 509	181 815	5 409 833
Januar–März 1916	394 117	137 448	2 730 770
April–Juni 1916	418 183	141 337	3 123 799
Juli–September 1916	192 152	64 343	2 934 584
Oktober 1916–Februar 1917	731 924	190 245	6 042 267
März–August 1917	1 182 094	209 999	10 972 260
September 1917–Februar 1918	895 407	402 076	14 795 952
März–August 1918	1 339 059	293 633	27 130 901
Gesamt	5 632 445	1 620 896	73 140 366

Quelle: Zusammenstellung aus den einzelnen Viertel- und Halbjahresberichte des Generalgouvernements in: AGAD, Bestand 532.

viele Bäume pro Hektar fällen, als vor dem Krieg üblich gewesen war – und beinahe doppelt so viele wie in Deutschland. Tatsächlich lag die Nutzung damit über dem Ertrag des sich als besonders radikal und effizient gerierenden Ober Ost, wo allerdings die mangelhafte Infrastruktur den Abtransport merklich erschwerte.[47]

Die grundsätzliche Situation in Ober Ost unterschied sich wenig vom Generalgouvernement Warschau. Die Auswirkungen des Krieges und die Requisitionen hatten die Ernte erheblich reduziert, so dass beispielsweise die Bevölkerung in Grodno bis 1916 von Nahrungsmittelvorräten der Armee abhängig war. Zur gleichen Zeit wurden Waren aus den besetzten litauischen Gebieten exportiert. Anders als in Polen waren Ludendorff und Hindenburg jedoch überzeugt, dass sie die Wirtschaft lenken könnten, ohne mit lokalen Kräften zusammenzuarbeiten. Allein in Litauen stellte das Militär deshalb 594 Landgüter mit 344 100 Hektar unter seine Verwaltung. Die Landwirte waren gezwungen, ihre Ernte bei Androhung von Gewalt beinahe vollständig abzuliefern. Die Preise für die gelieferten Lebensmittel waren wesentlich nicht nur niedriger als in Deutschland, sondern sogar als im Warschauer Generalgouvernement.

Die vorgegebenen Requisitionsquoten variierten jedoch und dienten eher als Richtlinien. Selbst im Jahre 1918 gab es keine allgemein anerkannten schriftlichen Normen, und die örtlichen Kommandeure entschieden oft willkürlich über die zu requirierenden Mengen. Die einzige Ausnahme von dieser Regel bildete der Bezirk Białystok-Grodno, wo jeder Kreis nur eine einzige geringe Lieferung leisten musste. Dies bedeutete jedoch nicht, dass die Bevölkerung ausreichend versorgt wurde; die Essensrationierung in Ober Ost war knapp bemessen und die Versorgung unzureichend.[48] 1926 untersuchte der Reichstag Ludendorffs Vorgehen nachträglich und charakterisierte die Verwaltung im Generalgouvernement Warschau in kriegswirtschaftlicher Hinsicht als wesentlich effizienter und ertragreicher. Insbesondere kritisierten die Parlamentarier die dortigen überkomplexen bürokratischen Strukturen, die gerade deshalb dysfunktional gewesen seien, weil sie die Mitwirkung der autochthonen Bevölkerung ausschloss.[49]

Ein deutlich positiveres Bild entstand unmittelbar nach dem Krieg von der Besetzung Rumäniens. Ludendorff selbst behauptete, sie habe „uns allein, Österreich-Ungarn und Konstantinopel im Jahre 1917 über Wasser gehalten".[50] Und tatsächlich wurden in den ersten sechs Monaten nach der Invasion des Landes große Mengen von Lebensmitteln beschlagnahmt und fast eine Million Tonnen Getreide nach

---

47 *Martin Bemmann*, „... kann von einer schonenden Behandlung keine Rede sein". Zur forst- und landwirtschaftlichen Ausnutzung des Generalgouvernements Warschau durch die deutsche Besatzungsmacht, 1915–1918, in: Jahrbücher für die Geschichte Osteuropas 55, 2007, 13, 25.
48 *Gerd Linde*, Die deutsche Politik in Litauen im Ersten Weltkrieg. Wiesbaden 1965, 52–59; *Liulevicius*, Kriegsland im Osten, 89–97.
49 *Westerhoff*, Zwangsarbeit im Ersten Weltkrieg, 79.
50 *Erich Ludendorff*, Meine Kriegserinnerungen 1914–1918. Berlin 1919, 279.

Deutschland und in die Doppelmonarchie exportiert.[51] Die Besatzer teilten alles nach komplizierten Schemata auf, wobei Deutschland ein Drittel, Österreich-Ungarn etwa 45 % und die Türkei und Bulgarien den Rest erhielten. Neben den Exporten konnten außerdem die im Lande befindlichen Truppen mit Lebensmitteln versorgt werden. Auf lange Sicht sorgte das jedoch dafür, dass der Export einbrach. Schon im Januar 1918 waren die Vorräte so geplündert, dass selbst die Versorgung der im besetzten Gebiet stationierten Einheiten gefährdet schien.[52]

Weil Rumänien vor dem Krieg einen Nahrungsmittelüberschuss erwirtschaftete, litt das Land weniger Hunger als beispielsweise das Generalgouvernement Warschau. Es bestand das übliche Gefälle zwischen städtischen und ländlichen Gebieten, die die Besatzer durch ein komplexes Verteilungs- und Rationierungssystem zu kompensieren suchten. So übertrafen die offiziellen Rationen in Bukarest noch im letzten Kriegsjahr die in jeder anderen Stadt in den von den Mittelmächten gehaltenen Gebieten. Forderungen der Reichsverwaltung, aus diesem Grunde die Zulagen in Rumänien zu senken, lehnte die Besatzungsverwaltung ab, was eindrucksvoll deren Handlungsspielraum belegt. Trotz eines Mangels an Fleisch ging es Bukarest also relativ gut, und erst Ende 1918 entwickelte sich ein bedeutender Schwarzmarkt mit überhöhten Preisen. Rumänien ließ sich alles in allem mit nur minimalen Ablieferungszwängen regieren, weil man die Ernte mit Barzahlung ankaufte. Die Beschlagnahme beschränkte sich im Allgemeinen auf Maschinen und Industrierohstoffe.[53]

Während in Rumänien die Vorstellung einer kriegswirtschaftlich förderlichen Besatzung zumindest teilweise verwirklicht wurde, erwiesen sich die Erwartungen für die Ukraine als zu ehrgeizig. Vor dem Krieg war das Land ein großer Getreideexporteur, aber Kämpfe, Revolution und Bürgerkrieg hatten ihre Spuren hinterlassen, als die Mittelmächte das Land 1918 eroberten. Ukrainische Bauern waren nicht an einer Zusammenarbeit mit den neuen Machthabern interessiert, weil diese zu wenig bezahlten, um damit in nennenswertem Umfang Konsumgüter – die sowieso kaum vorhanden waren – kaufen zu können. Außerdem wurde schnell klar, dass Deutschland und Österreich-Ungarn erneut keinen einheitlichen Ansatz hatten: k.u.k. Einheiten requirierten die Ernte mit Gewalt, während die deutsche Armee zuerst über die Einführung eines bargeldlosen Tauschsystems nachdachte. Vor allem die innerukrainischen sozialen Konflikte zwischen Landbesitzern und Landlosen stellten sich als dringliches Problem heraus und gipfelten in der Frage, wie die vielen großen Güter verteilt und verwaltet werden sollten.[54] Die deutsche Ver-

---

51 Zur Abschätzung des Beitrags zur deutschen Versorgung vgl. Abschnitt 5.1.7 in diesem Band.
52 *Mayerhofer*, Zwischen Freund und Feind, 208 f.
53 *Mayerhofer*, Zwischen Freund und Feind, 165, 222–234.
54 *Włodzimierz Mędrzecki*, Niemiecka interwencja militarna na Ukraine w 1918 roku. Warschau 2000, 141–145; *Peter Borowsky*, Deutsche Ukrainepolitik 1918. Unter besonderer Berücksichtigung der Wirtschaftsfragen. (Historische Studien, Bd. 416.) Lübeck 1970, 85–90.

waltung ging pragmatisch vor und argumentierte, dass die Person, die ein Feld bewirtschaftete, Anspruch auf die Ernte haben solle. Österreich-Ungarn war jedoch unentschlossen und wollte keinen Streit mit den polnischen Aristokraten der Westukraine riskieren, mit denen es bis dahin erfolgreich kooperiert hatte.[55]

Aus diesen Gründen waren die Getreideexporte in die Heimatländer sehr begrenzt, und die im Friedensvertrag von Brest-Litowsk vereinbarten Mengen wurden nicht annähernd erreicht. Die Einrichtung eines effizienteren Erfassungssystems änderte daran nichts, denn es scheiterte daran, dass den Besatzungsmächten verlässliche Daten über das Potenzial der ukrainischen Landwirtschaft fehlten und sie daher in hohem Maße auf Informationen der ukrainischen Regierung angewiesen waren. Die Rada trat gegen die Plünderung des Landes durch die Besatzer ein und setzte ständig neue Lieferziele ohne die ernsthafte Absicht, sie zu erfüllen. Nichtsdestoweniger führte das neue Erfassungssystem zu einer schrittweisen Einstellung der k.u.k.-Requisitionen. Dennoch lässt sich in diesem Fall kaum von einer einheitlichen Politik sprechen, sondern eher von einem Konflikt und einer Rivalität zwischen den Mittelmächten. Wegen der zunehmenden Unzufriedenheit mit den Exportmengen und der Frustration über ihren Verbündeten übernahmen die deutsche Armee Mitte Mai 1918 die Kontrolle über die Getreidebeschlagnahme für das ganze Land und entschädigten die Doppelmonarchie für diesen Verlust mit einer Lebensmittellieferung direkt aus dem Reich.[56]

Im Großen und Ganzen zeitigten die Bemühungen der Mittelmächte um Nutzbarmachung des besetzten Gebietes auch in der Ukraine wenig Erfolge. Obwohl die Besatzungstruppen mit den lokalen Behörden kooperierten, konnte Getreide nur durch militärischen Druck oder durch Zahlung von weit höheren als den vereinbarten Preisen erworben werden. Selbst Änderungen am Ankaufsystem lieferten keine nennenswerten Ergebnisse. Diese Veränderungen wurden bereits während des Krieges als gescheitert angesehen. Die als „Kornkammer" bezeichnete Ukraine versorgte die Mittelmächte mit nur einem Zehntel der ursprünglich geplanten Menge, einschließlich Tierfutter und Hülsenfrüchten 102 000 Tonnen, eine vernachlässigenswerte Menge. Selbst wenn man die wirtschaftlichen Vereinbarungen vom September 1918 berücksichtigt, die die Versorgung über das Ende des Krieges hinaus sichern sollten, kamen bis zum 17. Dezember 1918 nur 129 310 Tonnen Getreide in Deutschland an.[57]

---

[55] *Wolfram Dornik/Peter Lieb*, Die wirtschaftliche Ausnutzung, in: Dornik u. a., Die Ukraine, 284–287.
[56] *Dornik/Lieb*, Die wirtschaftliche Ausnutzung, 293–297.
[57] *Dornik/Lieb*, Die wirtschaftliche Ausnutzung, 311 f.; *Golczewski*, Deutsche und Ukrainer 1914–1939, 323–326.

5.4.6 Zusammenfassung

Die Besatzungswirtschaft während des Ersten Weltkriegs in Osteuropa präsentierte sich uneinheitlich. Dieser Befund ist nicht so selbstverständlich, wie es auf den ersten Blick scheinen mag: Trotz unterschiedlicher örtlicher Bedingungen wurden in Berlin und Wien klare Parameter festgelegt, denn ein eigenständiges Handeln untergeordneter Organe wurde als Norm keinesfalls geduldet. Trotzdem gelang es den Verwaltungen in den besetzten Gebieten, unabhängig zu agieren. Vorhandene Richtlinien wurden in verschiedenen Regionen unterschiedlich umgesetzt. Während in Ober Ost nur das deutsche Heer entschied, war in Polen oder der Ukraine eine begrenzte Kooperation unter dem Vorwand der Gewährleistung einer formellen Unabhängigkeit die Regel. In allen Fällen nutzte ein pragmatisches Handeln die besetzten Gebiete effektiver aus als die Ausübung von reinem Zwang. Außerdem ist festzuhalten, dass die Gewalterfahrung der Zivilbevölkerung im Kontext politischer und wirtschaftlicher Maßnahmen keine Ähnlichkeit mit den Exzessen des Zweiten Weltkriegs aufwies.

Die zeitgenössischen Einschätzungen während und nach dem Krieg waren zu widersprüchlich, um daraus Schlussfolgerungen für eine optimale Besatzung ziehen zu können. Die reine Militäradministration der Doppelmonarchie, deren bürokratischer und zugleich selbstständiger Absolutismus etwa für den serbischen Fall konstatiert wurde,[58] war in Polen zumindest in der Eigenreflexion nicht besonders erfolgreich. Die Selbst- und Fremddeutungen der Mittelmächte stehen deshalb der jüngsten Einschätzungen eines brutalen und vor allem brutal erfolgreichen deutschen Militarismus entgegen:[59] Die in den Augen der Zeitgenossen freilich stark begrenzte Effektivität der Okkupation beruhte hauptsächlich auf einer starken Zivilverwaltung, wohingegen die allein herrschende österreichisch-ungarische Armee als weit weniger erfolgreich galt.

Die Politik in den okkupierten Gebieten lässt sich in allen Fällen als Trial-and-Error charakterisieren, was durchaus bemerkenswert ist, weil sie eben nicht gleichzeitig, sondern im zeitlichen Abstand erfolgte. Dennoch war ein Schwanken zwischen Zuckerbrot und Peitsche in Polen, Rumänien sowie der Ukraine zu beobachten, und zwar jeweils in enger Abhängigkeit vom österreichisch-ungarischen Vorgehen. Eine Ausnahme stellte allenfalls Ober Ost dar, aber gerade wegen der Auftragstaktik war die Herrschaft dort besonders inkonsistent. Schwankungen im Ablieferungszwang erwiesen sich so vor allem als ein Lernen aus Fehlern, bei dem die Peripherie als Handlungsträger deutlich flexibler und in ihren Reaktionen zurückhaltender und realistischer als die Regierungen und ihre Generalstäbe war.

---

58 *Jonathan E. Gumz*, The Resurrection and Collapse of Empire in Habsburg Serbia, 1914–1918. Cambridge 2009, 234 f.
59 Vgl. die Resultate bei: *Isabel V. Hull*, Absolute Destruction. Military Culture and the Practices of War in Imperial Germany. Ithaca, NY 2005.

Und weil sich keines der eroberten Gebiete dauerhaft als das „gelobte Land" erwies, auf das die Mittelmächte gehofft hatten, wollten die Besatzer vor Ort die Bevölkerung zwar nicht schonen, ihre Erwartungen aber zumindest anpassen. Doch im Krieg wäre das als unzulässige Nachgiebigkeit ausgelegt worden. So blieb es bei Provisorien und letztlich wenig befriedigenden Resultaten – auf dem Rücken der Bevölkerung in den okkupierten Territorien, deren anfängliche Sympathien für die Mittelmächte schnell schwanden. Die Besatzungswirtschaften waren deshalb im doppelten Sinne erfolglos: Sie leisteten wenig für die eigenen Kriegsanstrengungen und verprellten potentielle Verbündete, weil diese Zwang und Hunger ausgesetzt wurden.

Auswahlbibliographie

Bemmann, Martin, „... kann von einer schonenden Behandlung keine Rede sein". Zur forst- und landwirtschaftlichen Ausnutzung des Generalgouvernements Warschau durch die deutsche Besatzungsmacht, 1915–1918, in: Jahrbücher für die Geschichte Osteuropas 55, 2007, 1–33.

Borowsky, Peter, Deutsche Ukrainepolitik 1918. Unter besonderer Berücksichtigung der Wirtschaftsfragen. (Historische Studien, Bd. 416.) Lübeck 1970.

Dornik, Wolfram/ Karner, Stefan (Hrsg.), Die Besatzung der Ukraine 1918. Historischer Kontext – Forschungsstand – wirtschaftliche und soziale Folgen. (Veröffentlichungen des Ludwig-Boltzmann-Instituts für Kriegsfolgen-Forschung, Bd. 11.) Graz 2008.

Dornik, Wolfram u. a. (Hrsg.), Die Ukraine zwischen Selbstbestimmung und Fremdherrschaft 1917–22. (Veröffentlichungen des Ludwig-Boltzmann-Instituts für Kriegsfolgen-Forschung, Sonderbd. 13.) Graz 2011.

Eisfeld, Alfred/Hausmann, Guido/Neutatz, Dietmar (Hrsg.), Besetzt, interniert, deportiert. Der Erste Weltkrieg und die deutsche, jüdische, polnische und ukrainische Zivilbevölkerung im östlichen Europa. Essen 2013.

Gahlen, Gundula, Erfahrungshorizonte deutscher Kriegsteilnehmer im Rumänienfeldzug 1916/17, in: Bernhard Chiari/Gerhard P. Groß (Hrsg.), Am Rande Europas? Der Balkan – Raum und Bevölkerung als Wirkungsfelder militärischer Gewalt. (Beiträge zur Militärgeschichte, Bd. 68.) München 2009, 137–158.

Golczewski, Frank, Deutsche und Ukrainer 1914–1939. Paderborn 2010.

Groß, Gerhard P. (Hrsg.), Die vergessene Front. Der Osten 1914/15. Ereignis, Wirkung, Nachwirkung. Paderborn 2006.

Gumz, Jonathan E., The Resurrection and Collapse of Empire in Habsburg Serbia, 1914–1918. Cambridge 2009.

Hagen, Mark von, War in an European Borderland. Occupations and Occupation Plans in Galicia and Ukraine, 1914–1918. Washington 2007.

Hamilton, Richard F., War Planning. Obvious Needs, not so Obvious Solutions, in: Richard F. Hamilton/Holger H. Herwig (Hrsg.), War planning 1914. Cambridge 2010, 1–23.

Handelsman, Marceli (Hrsg.), La Pologne. Sa vie économique et sociale pendant la guerre. New Haven 1932.

Hofmann, Andreas, Die vergessene Okkupation. Lodz im Ersten Weltkrieg, in: Andrea Löw u. a. (Hrsg.), Deutsche, Juden, Polen. Geschichte einer wechselvollen Beziehung im 20. Jahrhundert. Festschrift für Hubert Schneider. Frankfurt am Main 2004, 59–77.

Kauffman, Jesse Curtis, Elusive Alliance. The German Occupation of Poland in World War I. Cambridge 2015.

Lehnstaedt, Stephan, Imperiale Polenpolitik in den Weltkriegen. Eine vergleichende Studie zu den Mittelmächten und zu NS-Deutschland. (Einzelveröffentlichungen des Deutschen Historischen Instituts Warschau, Bd. 36.) Osnabrück 2017.

Lehnstaedt, Stephan, Das Militärgeneralgouvernement Lublin. Die „Nutzbarmachung" Polens durch Österreich-Ungarn im Ersten Weltkrieg, in: Zeitschrift für Ostmitteleuropa-Forschung 61, 2012, 1–26.

Liulevicius, Vejas Gabriel, Kriegsland im Osten. Eroberung, Kolonisierung und Militärherrschaft im Ersten Weltkrieg. Hamburg 2002.

Mayerhofer, Lisa, Zwischen Freund und Feind. Deutsche Besatzung in Rumänien 1916–1918. München 2010.

Polsakiewicz, Marta, Warschau im Ersten Weltkrieg. Deutsche Besatzungspolitik zwischen kultureller Autonomie und wirtschaftlicher Ausbeutung. (Studien zur Ostmitteleuropaforschung, Bd. 35.) Marburg 2015.

Sachse, Carola (Hrsg.), „Mitteleuropa" und „Südosteuropa" als Planungsraum. Wirtschafts- und kulturpolitische Expertisen im Zeitalter der Weltkriege. Göttingen 2010.

Strazhas, Abba, Deutsche Ostpolitik im Ersten Weltkrieg. Der Fall Ober-Ost 1915–1917. (Veröffentlichungen des Osteuropa-Instituts München, Bd. 61.) Wiesbaden 1993.

Watson, Alexander, Ring of Steel. Germany and Austria-Hungary at War, 1914–1918. London 2015.

Zilch, Reinhold, Okkupation und Währung im Ersten Weltkrieg. Die deutsche Besatzungspolitik in Belgien und Russisch-Polen 1914–1918. Goldbach 1994.

6 Ausblick

Albrecht Ritschl
6.1 Wirtschaftliche Folgen des Ersten Weltkriegs

Deutschland trat 1914 in den Ersten Weltkrieg ein als prosperierende, rasch wachsende Volkswirtschaft und vermeintliche militärische Vormacht Kontinentaleuropas. Es kehrte heim aus dem Krieg als hungriges, verkleinertes, verarmtes und politisch bitter gespaltenes Land. Der Erste Weltkrieg stellte einen harschen Einschnitt dar, dessen Folgewirkungen noch bis ins späte 20. Jahrhundert zu spüren waren. Dennoch kamen mit diesem Bruch auch Modernisierungsprozesse in Gang, die ebenfalls bis heute nachwirken. Nachfolgend werden die wirtschaftlichen Auswirkungen des Ersten Weltkriegs nach Teilbereichen dargestellt. Abschnitt 1 betrachtet die Veränderungen an Gebiet, Bevölkerung und produktivem Anlagevermögen. Abschnitt 2 untersucht Produktion und Produktivität. Abschnitt 3 wendet sich den Löhnen, der Beschäftigung und den Unternehmensgewinnen zu. Abschnitt 4 behandelt die internen Finanzen Deutschlands. Abschnitt 5 wendet sich der Außenwirtschaft und den internationalen Finanzbeziehungen zu. Abschnitt 6 betrachtet die personelle Einkommensverteilung und die Vermögensungleichheit. Abschnitt 7 wirft abschließend einen Blick auf die *longue durée*, die Einordnung des Ersten Weltkriegs in die langfristige Entwicklung der deutschen Volkswirtschaft des 20. Jahrhunderts.

6.1.1 Gebiet, Bevölkerung, Ressourcenausstattung

Deutschlands Gebiet verkleinerte sich durch die Abtretungen nach dem Ersten Weltkrieg um etwa 13%.[1] Man hat zeitgenössisch den anteiligen Verlust im Niveau des Volkseinkommens auf 9% geschätzt.[2] Ähnlich wird die Verringerung des realen Kapitalstocks zu veranschlagen sein.[3] Anders als im Zweiten Weltkrieg gab es auf deutschem Gebiet keine nennenswerten Kriegszerstörungen, aber während des Krieges auch keine massive Investitionstätigkeit. Unterlassene Investitionen und übermäßige Ausnutzung führten zu verstärktem Kapitalverschleiß, sodass bei Kriegsende die

---

[1] *Statistisches Bundesamt* (Hrsg.), Bevölkerung und Wirtschaft 1872–1972. Stuttgart 1972, 90.
[2] Vgl. *Statistisches Reichsamt* (Hrsg.), Das Deutsche Volkseinkommen vor und nach dem Kriege. (Einzelschriften zur Statistik des Deutschen Reichs, Bd. 24.) Berlin 1932, 76.
[3] *Gerhard Gehrig*, Eine Zeitreihe für den Sachkapitalbestand und die Investitionen, in: Gerhard Gehrig (Hrsg.), Bestimmungsfaktoren der deutschen Produktion, in: Ifo-Studien 7, 1961, 72, gibt eine gebietsbedingte Reduktion von 7% an.

https://doi.org/10.1515/9783110556148-023

Ausrüstung mit Sachkapital auf dem verbliebenen Reichsgebiet etwas unter dem Vorkriegsstand lag.[4]

Im selben Rahmen wie die Gebietsabtretungen bewegte sich der damit verbundene Rückgang der Bevölkerung. Flucht und Vertreibung spielten anders als nach dem Zweiten Weltkrieg keine bedeutende Rolle. An Bevölkerungsverlusten hatte Deutschland etwa zwei Millionen Kriegstote zu verzeichnen, was einer Mortalität von etwa 15% der Militärpersonen entsprach.[5] Hinzu trat eine Übersterblichkeit der Zivilbevölkerung, bedingt durch Hunger und Krankheiten. Für die Kriegszeit hat man diese Verluste auf 0,4 bis 0,7 Millionen Tote beziffert. Zusätzlich wären noch die Verluste durch die Spanische Grippe einzurechnen, deren zweite Welle im Herbst 1918 auf Europa traf und in Deutschland nochmals etwas mehr als 0,3 Millionen Todesopfer forderte.[6]

Der Erste Weltkrieg führte also weder zu einem Investitions- noch zu einem Migrationsschub. Vor allem brachte er keine wesentlichen Verschiebungen in der Kapitalintensität, der Ausstattung mit Sachkapital pro Kopf der Bevölkerung, auf die es bei der Bewertung der wirtschaftlichen Ausgangsbedingungen für den Wiederaufbau eher ankommt als auf die Größe der Volkswirtschaft an sich. Ein starkes Absinken der Kapitalintensität hätte für die Nachkriegserholung eine mehrjährige Investitionskonjunktur vorausgesetzt; blieben diese Investitionen aus, war an eine Erholung kaum zu denken. Eine gewisse Verringerung wird man aufgrund der während des Krieges unterlassenen Investitionstätigkeit voraussetzen dürfen.[7] Anders als nach dem Zweiten Weltkrieg aber standen dramatische Wirkungen auf die Kapitalausstattung pro Kopf oder ihre Verwendbarkeit aufgrund von Kriegszerstörungen nicht im Vordergrund.[8]

6.1.2 Produktion und Kriegführung

Der Erste Weltkrieg bedeutete für Deutschland eine schwere, im Kriegsverlauf sich weiter zuspitzende Wirtschaftskrise. Bereits die Mobilisierung zu Kriegsbeginn führte

---

4 *Gehrig*, Sachkapitalbestand, 48, schätzt einen kriegsbedingten Rückgang der Investitionstätigkeit um etwa 40%. Nach *Walther Hoffmann* u. a., Das Wachstum der deutschen Wirtschaft seit der Mitte des 19. Jahrhunderts, Berlin 1965, 254, lag der gesamtwirtschaftliche Kapitalstock im Jahr 1924 um 11% unter dem Stand von 1913.
5 Hierzu mit internationalen Vergleichsangaben *Stephen Broadberry/Mark Harrison*, The Economics of World War I: An Overview, in: Stephen Broadberry/Mark Harrison (Hrsg.), The Economics of World War I. Cambridge 2005, 206–234.
6 Vgl. *Eckard Michels*, Die „Spanische Grippe" 1918/19. Verlauf, Folgen und Deutungen in Deutschland im Kontext des Ersten Weltkriegs, in: Vierteljahrshefte für Zeitgeschichte 58, 2010, 1–33.
7 Vgl. dazu am Beispiel der Eisenbahnen Abschnitt 2.4.3 in diesem Band.
8 Zu den Wirkungen örtlich konzentrierter Zerstörungen nach dem Zweiten Weltkrieg vgl. *Tamas Vonyo*, The Bombing of Germany. The Economic Geography of War-Induced Dislocation in German Industry, in: European Review of Economic History 16, 2012, 97–118.

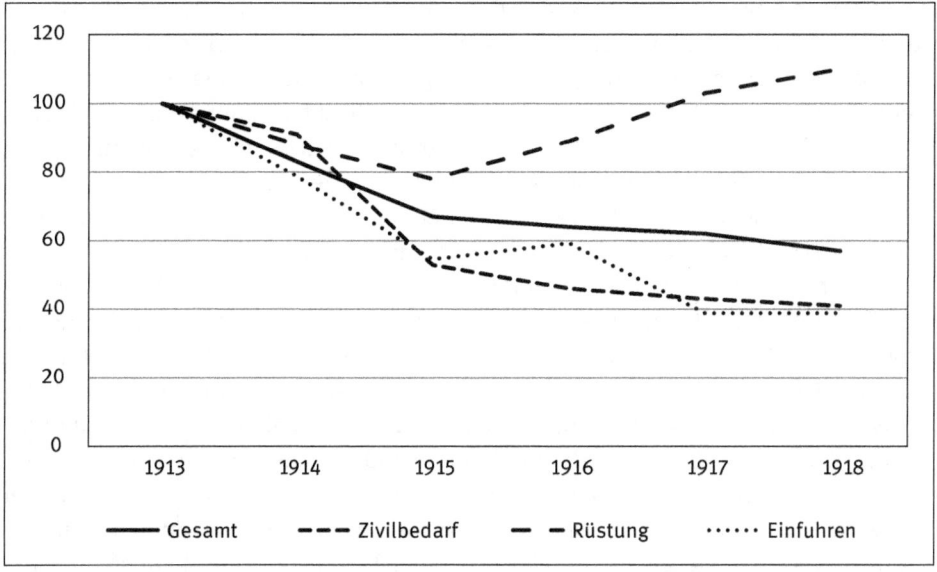

Abb. 1: Industrieproduktion und Importe während des Ersten Weltkriegs (Index 1913 = 100).
Quelle: Eigene Berechnungen nach *Ritschl*, Pity of Peace, 44–46.

zu deutlichen Einbrüchen in der Produktion und Beschäftigung bei einem gleichzeitigen Anstieg der Arbeitslosigkeit. Zum Teil war dies auf eine unbedachte Einberufungspolitik zurückzuführen. Getrieben von der Vorstellung eines raschen und kurzen Krieges, nahmen die Entscheidungen der politischen und militärischen Führung auf wirtschaftliche Fragen zunächst wenig Rücksicht. So wurden Lieferketten auseinandergerissen und Produktionszweige, die für die Kriegswirtschaft, aber auch die Versorgung wichtig waren, in ihrer Aktivität gelähmt. Um die Kriegsproduktion zu stabilisieren und wieder zu steigern, setzte alsbald eine improvisierte kriegswirtschaftliche Planung ein.[9] Nicht kriegswichtige Wirtschaftszweige wurden nach Arbeitskräften, Rohstoffen und Maschinen ausgekämmt, in ihrer Tätigkeit zunehmend eingeschränkt und oftmals ganz stillgelegt. Entsprechend stark nahm dort die Produktion ab. Schwer und nachhaltig wirkte sich die alliierte Blockade von Lebensmittel- und Rohstofflieferungen an Deutschland aus. Zwischen 1915 und 1918 sanken Deutschlands Importe und seine Produktion für den zivilen Bedarf im Gleichlauf. Aber auch die Industrieproduktion insgesamt wurde stark in Mitleidenschaft gezogen.[10]

---

[9] Vgl. den Abschnitt 2.1.2 in diesem Band.
[10] Zahlen und Quellenverweise hierzu und zum Folgenden bei *Albrecht Ritschl*, The Pity of Peace: Germany's War Economy, 1914–1918 and Beyond, in: Broadberry/Harrison, World War I, 41–76. Vgl. auch das Kapitel 5.1 in diesem Band.

Insgesamt hat man den Rückgang der Industrieproduktion während des Krieges auf etwa 40 % des Standes von 1913 geschätzt. Für die Gesamtwirtschaft unter Einschluss der anderen Sektoren ergibt sich ein geschätzter Rückgang von immer noch mehr als 25 %.[11] Deutschland stand mit diesen schlechten Ziffern nicht allein; ein ähnliches Bild ergibt sich für die Habsburgermonarchie und die kriegführenden Staaten Kontinentaleuropas insgesamt. Anders dagegen brachte der Krieg in den USA sowie in England trotz der Versuche einer deutschen Gegenblockade durch den U-Boot-Krieg einen bedeutenden Aufschwung der Produktion.[12]

Der Erste Weltkrieg mit seiner weltweiten Mobilisierung industrieller Ressourcen wandelte sich zunehmend in einen Wirtschafts- und Abnutzungskrieg. Nach dem Scheitern des deutschen Versuchs, mit dem Schlieffen-Plan einen Überrumpelungseffekt zu erzielen und ein rasches Kriegsende zu erzwingen, traten die Ungleichgewichte der wirtschaftlichen Kräfteverhältnisse zwischen Deutschland und den verbündeten Mittelmächten einerseits und den Alliierten andererseits umso deutlicher hervor, je länger der Krieg dauerte.[13] Seinen sichtbarsten militärischen Ausdruck fand dieser ungleiche Kampf mit dem Erscheinen US-amerikanischer Truppen auf den Schlachtfeldern im letzten Kriegsjahr, zeitgleich mit der beschleunigten Motorisierung des Krieges durch Massenproduktion britischer und französischer Kampfpanzer, denen die erschöpfte deutsche Industrie kein wirksames Gegenmittel entgegensetzen konnte. Als Ergebnis produzierte die Industrie in den USA und den Ländern des britischen Empire im letzten Kriegsjahr auf Hochtouren, während auf deutscher Seite von der Substanz gezehrt wurde, um die vordringlichsten Zweige der Kriegsproduktion am Laufen zu halten.

Bei einer Wiederingangsetzung der Produktion unter friedenswirtschaftlichen Bedingungen war insofern ein rasches Aufholwachstum von niedrigem Niveau aus zu erwarten, sobald die Engpässe aufgrund der kriegsbedingten Importbeschränkungen überwunden waren.[14] Seine Intensität musste weitgehend davon abhängen, ob ein reibungsloser Übergang zu friedenswirtschaftlichen Verhältnissen gelang.

---

11 Schätzungen hierzu im Vergleich bei *Ritschl*, Pity of Peace, 44–46 (Tabellen 2.1 und 2.2).
12 Vgl. *Stephen Broadberry/Peter Howlett*, The United Kingdom During World War I: Business as Usual?, in: Broadberry/Harrison, World War I, 206–234.
13 Hierzu mit zahlreichen Nachweisen *Broadberry/Harrison*, The Economics of World War I: An Overview, in: Broadberry/Harrison, World War I, 3–40.
14 Die Beseitigung von Produktionsengpässen ist als eine Hauptwirkung des Marshallplans nach dem Zweiten Weltkrieg betrachtet worden, vgl. *Knut Borchardt/Christoph Buchheim*, The Marshall Plan and Key Economic Sectors: A Microeconomic Perspective, in: Charles S. Maier/Gunter Bischof (Hrsg.), The Marshall Plan and Germany. Oxford 1991, 410–451. Ähnlich im europäischen Vergleich *Barry Eichengreen/Marc Uzan*, The Marshall Plan: Economic Effects and Implications for Eastern Europe and the USSR, in: Economic Policy 14, 1992, 14–75.

6.1.3 Produktivität, Beschäftigung, Löhne und Profite

Mit den Einbrüchen der Produktionsleistung sank auch die Wirtschaftsleistung pro Kopf. Weil der Großteil der produzierten Güter und Dienstleistungen für militärische Zwecke abgezweigt wurde, fiel das Warenangebot für die Versorgung der Bevölkerung auf ein Mindestniveau, bei Lebensmitteln und der Kohleversorgung insbesondere in den Städten oftmals unter das Existenzminimum. Der Geldlohn verlor seine Kaufkraft durch Rationierung und Mangelwirtschaft.[15] Dem standen Kriegsprofite in den Rüstungsindustrien gegenüber, die für Unmut sorgten und alsbald zu einem politischen Thema wurden. Diese Umverteilung innerhalb der Unternehmerschaft, weg von friedenswirtschaftlichen hin zu kriegswichtigen Sektoren, führte bei Letzteren zu einer verstärkten Vermögenszusammenballung.[16]

Der verschärfte Mangel an Arbeitskräften und Erzeugnissen aller Art brachte die Einführung einer allgemeinen Arbeitspflicht für Männer und die Aufhebung der freien Arbeitsplatzwahl zum Jahresende 1916. Diese Zwangsmaßnahme schuf Handhaben für eine allgemeine Arbeitskräftelenkung und Betriebsschließungen in nicht kriegswichtigen Produktionszweigen. Als Zugeständnis an die Arbeiterschaft wurden allerdings in den Betrieben Arbeiterausschüsse eingerichtet, die als Vorläufer der späteren Betriebsräte angesehen werden.[17] Ähnliche kriegswirtschaftlich begründete Zugeständnisse wurden zu gleicher Zeit auch in England und den USA gemacht. Am Ende des Weltkriegs stand allgemein in Europa als Folge der kriegsbedingt verringerten Repression gegenüber der Arbeiterbewegung die Begrenzung der Wochenarbeitszeit, die Anerkennung von Gewerkschaften und kollektiver Lohnverhandlung sowie die verbreitete Einführung des Frauenwahlrechts. Die tarifliche Lohnbildung brachte nach Kriegsende einen zunächst deutlichen Umverteilungseffekt zugunsten der Arbeiterschaft mit sich.[18] Überdies erschwerte sie Lohnkürzungen in Konjunkturkrisen, veränderte damit das Bild des Konjunkturverlaufs und griff in einer zunächst nicht verstandenen Weise tief in die Funktionsweise des internationalen Währungssystems ein. Zum ersten Mal zeigten sich diese Veränderungen in den scharfen Krisen der Übergangswirtschaft in den USA und in England nach Kriegsende, als der Versuch einer Nachkriegsdeflation zur Wiederherstellung der Goldparität der jeweiligen

---

15 Vgl. das Kapitel 4.3 in diesem Band.
16 *Carsten Burhop*, Wirtschaftsgeschichte des Kaiserreichs 1871–1918. Göttingen 2004, 191 ff.
17 Vgl. den Abschnitt 4.1.5 in diesem Band.
18 Zu einer langen Forschungsdiskussion zu diesem Gegenstand vgl. *Knut Borchardt*, A Decade of Debate About Bruening's Economic Policy, in: Jürgen von Kruedener (Hrsg.), Economic Crisis and Political Collapse. The Weimar Republic 1924–1933. Oxford 1990, 99–151. Einen deutsch-englischen Ländervergleich unternehmen *Stephen Broadberry/Albrecht Ritschl*, Real Wages, Productivity, and Unemployment in Britain and Germany During the 1920s, in: Explorations in Economic History 32, 1995, 327–349.

Währung in eine strukturelle Massenarbeitslosigkeit führte. Denn anders als in vergleichbaren historischen Fällen ging die allgemeine Preissenkung nicht mit einer Senkung der Lohnkosten einher, die eine Mehrbeschäftigung profitabel gemacht und allmählich den konjunkturellen Wiederaufschwung herbeigeführt hätte.[19] Deutschland blieb von dieser Erfahrung zunächst verschont, weil es den Weg der Inflation weiterging und eine Währungsstabilisierung bis 1923/24 ausblieb.[20]

6.1.4 Interne Finanzen

Die Finanzierung des Weltkriegs bedeutete für alle kriegführenden Parteien eine Belastung ihrer Steuersysteme weit über deren Tragfähigkeit hinaus. Zur Kriegsfinanzierung wurde daher zunächst weitgehend die Verschuldung herangezogen. Das war historisch nicht neu. England hatte seine großen Kriege des 18. Jahrhunderts und zunächst auch seine Teilnahme an den Napoleonischen Kriegen zu großen Teilen über Schulden finanziert. Während des jeweiligen Krieges war man zu einer Papierwährung übergegangen und hatte einen oft scharfen allgemeinen Preisanstieg in Kauf genommen, um nach dem Friedensschluss in einer mehrjährigen Anpassung die Rückkehr der Preise auf das Friedensniveau abzuwarten und danach die Währung neu an den Metallwert zu binden. Dieses Verfahren garantierte den Kreditgebern des Staates die Verzinsung und zuletzt Rückzahlung ihrer Kredite in vollem Goldwert, verzichtete also im Idealfall auf den Versuch, die Zeichner von Kriegsanleihen im Nachhinein an den Kosten der Kriegführung zu beteiligen. Es hatte zudem den Vorteil, die finanzielle Last für die Steuerpflichtigen zeitlich zu strecken und auf konfiskatorische Kriegssteuern zu verzichten, die im Zweifelsfall der Kriegsanstrengung entgegengewirkt hätten.[21]

Auch Deutschland finanzierte die Kriegsausgaben über Anleihen. Der bei Weitem größte Teil dieser Kredite wurde geräuschlos im Bankensystem untergebracht, ein anderer Teil mit einigem Propagandaaufwand den bessergestellten Teilen der Bevölkerung als Kriegsanleihe zur Zeichnung angeboten. Kaum mehr als ein Sechstel des staatlichen Verschuldung wurde von der Reichsbank direkt übernommen und durch Ausgabe von Banknoten finanziert.[22] Die Großhandelspreise stiegen bis

---

[19] Hierzu *Barry Eichengreen*, Golden Fetters. The Gold Standard and the Great Depression 1919–1939. Oxford 1992, 203 ff.
[20] Dieser Befund ist ein Hauptergebnis bei *Carl-Ludwig Holtfrerich*, Die Deutsche Inflation 1914–1923. Ursachen und Folgen in internationaler Perspektive. Berlin 1980.
[21] Ein einflussreicher Ländervergleich ist *Michael Bordo/Eugene White*, A Tale of Two Currencies: British and French Finance During the Napoleonic Wars, in: Journal of Economic History 51, 1991, 303–316. Vgl. auch *Pamfili Antipa/Christophe Chamley*, Monetary and Fiscal Policy in England During the French Wars (1793–1821). (Banque de France Working Papers, 627.) Paris 2017.
[22] Vgl. das Kapitel 2.1 in diesem Band.

1918 auf etwa das Anderthalbfache des letzten Vorkriegsstands, die Lebensmittelpreise dagegen wuchsen auf mehr als das Doppelte. Allerdings waren die Preise durch zahlreiche Kontrollen verzerrt: Bis Kriegsende stieg die Geldversorgung durch die Reichsbank auf das Sechsfache, wovon fast die Hälfte dem letzten Kriegsjahr geschuldet war. Im ersten Nachkriegsjahr schlug diese Erhöhung auf die Preise durch, die nun fast das Fünffache des Vorkriegsniveaus erreichten. Ein Hauptfaktor bei der Entstehung dieses Geldüberhangs mag der Einbruch der Produktion während des Krieges gewesen sein, der das Missverhältnis zwischen Gütermenge und Geldmenge weiter verschärfte. Allerdings zeigte sich auch in den westlichen kriegführenden Staaten ein erheblicher kriegsbedingter Preisauftrieb.[23]

Bei Kriegsende lag die deutsche Verschuldung bei etwa dem Vierfachen des Sozialprodukts, ein prohibitiv hoher Wert. Auch bei einer ungestörten Nachkriegserholung und baldigen Rückkehr zur Wirtschaftsleistung der Friedenszeit wäre die deutsche Volkswirtschaft allein zur Verzinsung einer solchen Schuld mit etwa acht bis zehn Prozent der jährlichen Wirtschaftsleistung belastet gewesen. Die Inflation bis 1918 und noch stärker in den beiden Folgejahren beseitigte diese Belastung, indem sie de facto die Anleihebesitzer enteignete. Finanziell war dies die Abwicklung des verloren gegangenen Krieges. Bis zu diesem Punkt kann die Inflationsbewegung während des Kriegs und der unmittelbaren Nachkriegszeit als notwendige Bereinigung der Kriegslasten interpretiert werden. Alternativen hätten sich allenfalls durch eine Währungsreform bei gleichzeitigem Kapitalschnitt geboten, eine Perspektive, die nicht umsonst in die Zeit nach dem Zweiten Weltkrieg und die Währungsreform von 1948 verweist, in der eben dieser Weg beschritten wurde.[24]

Als Kriegsfolge stiegen allerdings die staatlichen Ausgabenlasten dauerhaft an. Das hatte zum einen mit den direkten inneren Kriegs- und Versorgungslasten zu tun, zum anderen mit einer Neuausrichtung der Staatstätigkeit hin zu einer viel aktiveren Rolle bei der Sozial-, Wohnungs- und Bildungspolitik als in der Vorkriegszeit. Im Kaiserreich hatte die Steuerhoheit weitgehend bei den Bundesstaaten gelegen, dem Reich standen als eigene Einnahmen im Wesentlichen nur die Zölle zur Verfügung, eine Tradition, die noch auf den Zollverein von 1834 zurückging. Das Reich war zu seiner Finanzierung weitgehend auf Überweisungen durch die Länder angewiesen. Diese so genannten Matrikularbeiträge stellten einen Finanzausgleich von unten nach oben dar, das Reich wurde als „Kostgänger der Länder" bezeichnet.[25] Diese strukturelle Unterfinanzierung ist von Teilen der Forschung für den

---

23 Vgl. die internationalen Angaben bei *Rüdiger Dornbusch*, Lessons from the German Inflation Experience of the 1920s, in: Rüdiger Dornbusch/Stanley Fischer/John Bossons (Hrsg.), Macroeconomics and Finance: Essays in Honor of Franco Modigliani. Cambridge, Mass. 1987, 337–366.
24 Hierzu *Christoph Buchheim*, Die Währungsreform 1948 in Westdeutschland, in: Vierteljahrshefte für Zeitgeschichte 36, 1988, 189–231.
25 Zur Wandlung der Steuerverfassung im 19. Jahrhundert vgl. *Mark Spoerer*, Steuerlast, Steuerinzidenz und Steuerwettbewerb. Verteilungswirkungen der Besteuerung in Preußen und Württemberg. Berlin 2004.

starken Anstieg der Verschuldung während des Weltkriegs verantwortlich gemacht worden, sogar für Deutschlands Wahl des Kriegszeitpunkts 1914.[26] Wie bereits erwähnt, lag jedoch Deutschlands Schuldenfinanzierung des Kriegs nicht unbedingt außerhalb der Norm, das Problem lag in einem Absinken der wirtschaftlichen Gesamtleistung und damit des Steuerertrags, wenn man von dessen scheinbarer Aufblähung als Folge des Preisauftriebs absieht. Das aber war von der Verteilung der Steuerquellen zwischen Ländern und Reich unabhängig. Die so genannte Erzbergersche Steuerreform nach dem Krieg und mit ihr die Weimarer Reichsverfassung brachten demgegenüber eine Zentralisierung der Steuerhoheit und -erhebung auf das Reich. Die Anzahl der eigentlichen Reichssteuern wurde erheblich ausgeweitet und umfasste insbesondere die neue Umsatzsteuer sowie eine vereinheitlichte, stark progressive Einkommensteuer: Hatte vor dem Krieg der Spitzensatz der Einkommensteuer bei 4 % gelegen, so betrug er nun 60 %. Neu geschaffen wurde die Klasse der Reichsüberweisungssteuern, deren Einnahmen ganz oder teilweise den Ländern zustanden, die aber vom Reich erhoben und einheitlich der Höhe nach festgesetzt wurden. Die zuvor dominierenden Länder- und Gemeindesteuern spielten in diesem neuen System eine nurmehr untergeordnete Rolle. Fortan war nicht mehr das Reich Kostgänger der Länder, sondern umgekehrt waren die Länder finanziell abhängig vom Reich.[27] Für Deutschlands Finanzen sollte diese Umstülpung der Steuerverfassung mittelfristig weitreichende Folgen haben. Kurzfristig aber schien mit dem neuen System vor allem eins gesichert, die Erschließung ergiebiger Steuerquellen unter der Kontrolle und zugunsten der zentralstaatlichen Gewalt bei stark zurückgeschnittener Beteiligung der Länder.

Die Verhältnisse im europäischen Ausland lagen nicht fundamental anders. Eine – wenn auch nur zeitweise – Rückkehr zur Goldwährung bei voller Bedienung der Kriegsschulden gelang unter den vormals kriegführenden europäischen Nationen nur in Großbritannien. Frankreich, Belgien und Italien, ebenfalls stark mit Kriegsschulden und überdies mit dem Wiederaufbau kriegszerstörter Landesteile belastet, gaben den Versuch einer Rückkehr zur Vorkriegsparität ihrer Währungen gegenüber dem Gold auf und gingen zu unterschiedlichen Zeitpunkten bei stark verringerter Parität auf den Goldstandard zurück. In Belgien betrug die Entwertung bei der Wiederherstellung der Goldeinlösung im Jahr 1926 knapp 30 %. Frankreich erlebte in einem Klima starker innenpolitischer Konfrontation zwischen 1924 und 1926 eine zweite Inflationswelle, an deren Ende sich der Franc bei etwa 20 % seiner Vorkriegsparität einpendelte und zu diesem stark herabgedrückten Kurs 1928 erneut an das Gold angebunden wurde. Italien kehrte 1927 zum Goldstandard zurück,

---

[26] Prominent hierzu *Niall Ferguson*, The Pity of War. London 1998, 135 ff.
[27] Grundlegend die Darstellung bei *Hans Pagenkopf*, Der Finanzausgleich Im Bundesstaat. Stuttgart 1981; vgl. auch *Peter-Christian Witt*, Die Auswirkungen der Inflation auf die Finanzen des Deutschen Reiches 1924–1935, in: Gerald D. Feldman (Hrsg.), Die Nachwirkungen der Inflation auf die deutsche Geschichte 1924–1933. München 1985, 43–95.

ebenfalls weit unter der Vorkriegsparität. Diese Abwertungsländer wählten eine Strategie, die prinzipiell bei Kriegsende auch für Deutschland offenstand, ihre Währungen hinreichend stark abzuwerten, um die Kriegsschulden zu entwerten, und danach zu stabilisieren, um eine Hyperinflation zu vermeiden.[28] Österreich, Ungarn und Polen durchlebten wie Deutschland eine Hyperinflation, in allen Fällen erst nachdem die Geldentwertung ihren ökonomischen Zweck erfüllt hatte, die unbezahlbaren Kriegsschulden auf tragbare Beträge zu reduzieren.[29]

6.1.5 Außenwirtschaft und externe Finanzen

Dass Deutschland dem internationalen Trend zur Deflation und der damit einhergehenden wirtschaftlichen Nachkriegsdepression nicht folgte, sondern stattdessen den Weg in eine Hyperinflation einschlug, hat auf den ersten Blick mit einer ungenügenden Entwicklung der Steuereinnahmen zu tun. Das scheint paradox, hatte doch die Erzbergersche Steuerreform die Grundlagen für hohe Steuererträge gelegt.

Dazu kam es aber nicht. Nach anfänglich positiver Entwicklung brachen die Einnahmen, insbesondere der selbstveranlagten Einkommensteuer, ein und erholten sich bis zum Ende der Hyperinflation nicht mehr. Erzberger, einer der Unterzeichner des Waffenstillstandsabkommens von 1918 und wesentlicher Architekt der Steuerreform, wurde unter Drohungen und Beschimpfungen zum Rücktritt gezwungen und starb wenig später unter den Kugeln einer Todesschwadron ehemaliger Marineinfanteristen mit fortbestehenden Verbindungen zum Oberkommando der Marine. Missliebig gemacht hatte sich Erzberger nicht durch sein Steuersystem an sich. Was ihm die tödliche Feindschaft des nationalistischen Lagers eintrug, war die vorgesehene Verwendung der erhofften hohen Steuererträge zur Aufbringung der Reparationszahlungen in Erfüllung des Versailler Vertrages.

Der Friedensvertrag ließ die Reparationen der Höhe nach unbestimmt; gezahlt wurde zunächst nach provisorischen Festlegungen. Wurden manche Entnahmen als Sachlieferungen erhoben, so etwa die Ablieferung von Kohle, waren andere als Geldbeträge in Devisen zu überweisen. Für letztere erhob sich ein steuerliches Aufbringungsproblem. Diesem Problem sollte durch das neue, leistungsfähigere Steuersystem Abhilfe geschaffen werden. Zudem aber bargen umfangreiche Geldüberweisungen an das Ausland ein außenwirtschaftliches Transferproblem. Durch Exportüberschüsse sollten genügend auswärtige Zahlungsmittel beschafft werden, um den Reparationstransfer an das Ausland zu bewerkstelligen. Dabei war zum einen dem Risiko zu begegnen, dass sich durch diesen Transfer die Preise für deut-

---

28 Hierzu *Eichengreen*, Golden Fetters, 183 ff.
29 Den engen Zusammenhang dieser Inflationen mit der Finanzierung des jeweiligen Staatshaushalts betont *Thomas Sargent*, The End of Four Big Inflations, in: Robert Hall (Hrsg.), Inflation: Causes and Consequences. Chicago 1982, 41–98.

sche Exportwaren im Gegensatz zu denen für Importe zu stark veränderten. Zum anderen bestand das Risiko, dass ein Exportüberschuss gar nicht erst auftreten würde – jeder Versuch eines Geldtransfers auf das Reparationskonto würde über die internationalen Geld- und Kapitalmärkte einen gegenläufigen Zufluss von Kapital nach Deutschland in Gang setzen. Im Ergebnis würden die Reparationen auf Kredit geleistet und läge der realwirtschaftliche Transfer nahe bei null. Allerdings konnten Reparationen der heimischen Industrie Aufträge verschaffen und Beschäftigung bringen. Tatsächlich lief nach dem Ersten Weltkrieg die Kohleförderung an Ruhr und Saar auf hohem Niveau weiter, gefördert nicht zuletzt durch den Ablieferungszwang an das Ausland.

Demgegenüber waren auch in den Empfängerländern die Interessen an den deutschen Reparationen gespalten. Bald wurde der Ruf nach Schutzzöllen laut, damit die dortigen Industrien weniger stark von der deutschen Konkurrenz betroffen würden. Schutzzölle für die betroffenen Industrien der Empfängerländer wirkten wie eine Sondersteuer auf deutsche Reparationssachlieferungen, ohne aber auf die Reparationsleistungen angerechnet zu werden. Das gab der deutschen Seite einen Anreiz, durch Abwertung der eigenen Währung diese Zölle zu unterlaufen. Weiter verstärkt wurde dieser Anreiz durch den starken Rückgang des Preisniveaus in den europäischen Empfängerländern während der Rückkehr zum Goldstandard, der die Ausfuhr dorthin zusätzlich erschwerte.

Zusätzlich angeheizt wurde die äußere Entwertung der deutschen Papiermark durch spekulative Geschäfte mit kurzfristigen Reichsbankkrediten, etwa auf diskontierte Wechsel, die nach Fälligkeit in stark entwerteter Währung zurückgezahlt werden konnten. Die innere Entwertung der Mark dagegen beschleunigte sich durch die verzögerte Steuerzahlung unter Ausnützung von großzügigen Fristen bei der Selbstveranlagung der Einkommensteuer, wobei der politische Unwille der Finanzverwaltung, Steuern zugunsten der verhassten Reparationsgläubiger oder auch nur der verhassten Republik einzuziehen, eine zusätzliche Rolle gespielt haben mag.[30] Die Reichsregierung nahm zunehmend zur Finanzierung ihrer Budgetdefizite die Reichsbank in Anspruch, die sie durch eine rasch ins Uferlose steigende Ausgabe von Banknoten finanzierte.[31] Ab der zweiten Jahreshälfte 1920 setzte eine Hyperinflation ein, in der sich alle auf Mark lautenden Forderungen nunmehr vollständig entwerteten. Wer nicht rechtzeitig die Flucht in die Sachwerte angetreten hatte, sah sich dem völligen Wertverlust von Sparkonten, Lebensversicherungen und Staatspapieren gegenüber, den typischen Anlageformen der Beamten- und Angestelltenschaft, mit der Folge einer Anfälligkeit für politische Radikalisierung.

---

30 Dies ist die Hauptthese bei *Gerald D. Feldman*, The Great Disorder. Politics, Economics, and Society in the German Inflation, 1914–1924. Oxford/New York 1993, 344–384.
31 Zu dieser fiskalischen Interpretation der deutschen Hyperinflation vgl. vor allem *Steven Webb*, Hyperinflation and Stabilization in Weimar Germany. Oxford 1989.

Mit der Inflation ging zunächst eine wirtschaftliche Erholung einher. Mit dem zunehmend rasanten Kaufkraftschwund des Geldes konfrontiert, trachteten die Einkommensbezieher danach, möglichst rasch das erworbene Geld wieder auszugeben. Arbeitgeber stellten von der zuvor üblichen wöchentlichen auf tägliche Lohnzahlung um. In der Schlussphase der Hyperinflation wurde die Lohnzahlung in den Fabriken vom abendlichen Werkschluss auf die Mittagspause vorgezogen. Ein Nachfragedefizit konnte unter solchen Umständen kaum entstehen.

Eine Kehrseite dieser Selbstzerstörung des deutschen Finanzsystems war die erneute Verschärfung des Reparationskonflikts ab Ende 1922. Als Sanktion gegen Rückstände bei deutschen Sachlieferungen rückten im Januar 1923 französische und belgische Truppen ins Ruhrgebiet ein, um die Erfüllung der Lieferkontingente zu erzwingen und ein Faustpfand im Reparationskonflikt in die Hand zu bekommen. Als Reaktion rief die Reichsregierung zum passiven Widerstand durch Produktionsniederlegungen auf. Zur Unterstützung der Bevölkerung und zum Ausgleich der entstandenen finanziellen Ausfälle wurde die Notenpresse weiter beschleunigt. Allerdings fiel nun die Produktion, Deutschland geriet bei rasender Inflation in eine Rezession. Der Bedarf der Notenpresse führte zu Papiermangel, aber zur Vollbeschäftigung in den Druckereien und der Druckmaschinenindustrie. Zuletzt wurden Banknoten mit heraufgesetzten Wertangaben überstempelt und neu in den Umlauf gegeben. Am Ende brannte die Hyperinflation gleichsam von innen aus, als sie nicht mehr wie in der Anfangszeit die nötigen Ressourcen zur Deckung der staatlichen Haushaltsdefizite und des immens gesteigerten Subventionsbedarfs mobilisieren konnte.

Das Ende der Hyperinflation wurde erst durch eine Verständigung über ein zeitweiliges Aussetzen der Reparationen möglich. Von amerikanischer Seite wurde ein Stabilisierungskredit für Deutschland organisiert. Die Reichsbank wurde internationalisiert und engen Beschränkungen für den Kredit an den Staat unterworfen. Mit diesem Paket, dem Dawes-Plan vom 16. August 1924, gelang es, für einige Jahre Aufschub zu gewinnen. Allerdings blieb das Reparationsproblem ungelöst und seine zukünftige Lösung wurde weiter erschwert durch eine Welle ausländischer Kredite, die nun ins Land strömten und ebenfalls in der Zukunft zurückzuzahlen waren. Vorerst aber erlebte Deutschland in den Goldenen Zwanzigern der Jahre 1924 bis 1929 eine wirtschaftliche und politische Stabilisierung.

6.1.6 Einkommens- und Vermögensungleichheit

Die Jahre vor dem Ersten Weltkrieg hatten eine langsame, aber spürbare Verbesserung im Lebensstandard der breiten Bevölkerung mit sich gebracht. Hieran hatte die Hebung der Produktivität sowohl in der Industrie als auch in der Landwirtschaft ihren Anteil. Nicht außer Acht gelassen werden darf die Verbesserung der hygienischen Verhältnisse, einhergehend mit abnehmender Kindersterblichkeit und einer bereits trendmäßig fallenden Geburtenrate. Dennoch waren die Jahre vor 1914 eine Periode extremer Vermögens- und Einkommensungleichheit. Über die Änderungen während des Krieges sind nur spärliche Informationen verfügbar. Hohen Kriegsgewinnen in den Rüstungsindustrien standen scharfe Einschränkungen bis hin zu Betriebsstillegungen in anderen Wirtschaftszweigen gegenüber. Innerhalb der lohnbeziehenden Arbeiterschaft zeigte sich eine gewisse Tendenz zur Lohnkompression, einer verbesserten Entlohnung ungelernter Arbeiter gegenüber Facharbeitern.[32] Nicht ohne Weiteres bestätigen lässt sich die These einer Umverteilung von Löhnen zu Profiten während des Krieges. Während das für die Rüstungsindustrie gewiss zutraf, hat sich für die Industrie insgesamt die relative Einkommensposition der Arbeiterschaft während des Kriegs nicht grundlegend verändert.[33]

Bereits in den ersten Jahren nach dem Krieg wirkten sich die Regelungen der Erzbergerschen Steuerreform aus. Nun war der Anteil der Spitzeneinkommen an den Steuererträgen und an den Gesamteinkommen markant geringer als in der Vorkriegszeit. Die Enteignung der Geldvermögen durch die Hyperinflation spielte hierbei eine Rolle, ebenso aber die progressive Besteuerung von Einkommen und Vermögen.[34] Diese Einschränkung der Ungleichheit hat bis in die dreißiger Jahre Bestand gehabt. Erst in der Aufrüstung des Dritten Reichs gab es vorübergehend eine Rückkehr zu den Verhältnissen von vor dem Krieg, mit einer erheblichen Ausweitung von Spitzeneinkommen bei gleichzeitiger Stagnation in der Einkommensentwicklung der breiten Bevölkerung. Die Nachkriegszeit nach dem Zweiten Weltkrieg brachte eine ungefähre Wiederherstellung der Verhältnisse der Weimarer Zeit. Erst in den siebziger Jahren des 20. Jahrhunderts hat sich die Einkommensschichtung wieder zuungunsten der Bezieher niedriger Einkommen verschoben.

---

32 Vgl. *Gerhard Bry*, Wages in Germany, 1871–1945. Princeton 1960, 199.
33 Eine Umverteilung von Arbeit zum Kapital im Krieg vermutete *Jürgen Kocka*, Klassengesellschaft im Krieg. Deutsche Sozialgeschichte 1914–1918. 2. Aufl. Göttingen 1978, 25 ff. Kritisch hierzu die Berechnungen bei *Ritschl*, Pity of Peace, 54. Ähnlich die Ergebnisse bei *Jörg Baten/Rainer Schulz*, Making Profits in War-Time: German Industrial and Service Companies' Profits During World War I and Their Implications, in: Economic History Review 58, 2005, 34–56. Dem steht nicht entgegen, dass der Anteil von Spitzeneinkommen und -vermögen während des Krieges zugenommen haben mag – Letzteres betrifft die personelle Einkommensschichtung nach Einkommenshöhe, Ersteres die funktionale Verteilung nach Einkommensarten.
34 Hierzu die im Rahmen des Piketty-Projekts zur Entwicklung der Ungleichheit in der westlichen Welt entstandene Länderstudie von *Fabien Dell*, Top Incomes in Germany and Switzerland Over the Twentieth Century, in: Journal of the European Economic Association 3, 2005, 412–421. Eine umfangreiche Revision und Präzisierung der Ergebnisse bei *Charlotte Bartels*, Top Incomes in Germany, 1871–2014, in: Journal of Economic History 79, 2019, 669–707.

6.1.7 Der Erste Weltkrieg in langfristiger Sicht

Die wirtschaftlichen Folgen des Ersten Weltkrieges bieten ein zunächst uneinheitliches Bild.[35] Manche der geschilderten Störungen waren kurzfristiger Art und glichen sich nach der – allerdings verzögerten – Wiederkehr geordneter Verhältnisse wieder aus. Nahrungsmittelknappheit, die Unterversorgung mit Gütern des täglichen Bedarfs und industriellen Rohstoffen, aber auch die Ausschläge in Geburtenziffern und Mortalität waren vorübergehender Natur. In vielerlei Hinsicht schwenkte die deutsche Volkswirtschaft während der kurzen Erholungsperiode der späten zwanziger Jahre auf die Trends ein, die sich in der Vorkriegszeit herausgebildet hatten. In anderen Bereichen aber brachte der Erste Weltkrieg eine Abkehr von der historischen Kontinuität.[36]

Insgesamt blieb die wirtschaftliche Rekonstruktion nach dem Ersten Weltkrieg unvollständig und brüchig. Der beschriebenen ausgeprägten wirtschaftlichen Kriegsdepression folgte eine kurze, von Ruhrbesetzung und Hyperinflation unterbrochene Aufwärtsbewegung. Ein zweiter Wiederaufschwung in den ausgehenden zwanziger Jahren wurde durch die hereinbrechende Weltwirtschaftskrise von 1929 abgebrochen. Erst ein dritter Wiederaufschwung, die NS-Konjunktur der dreißiger Jahre, führte die deutsche Volkswirtschaft am Vorabend des Zweiten Weltkriegs zur Vollbeschäftigung zurück, kam aber im Krieg zum Stillstand. Zu keinem Zeitpunkt konnte die deutsche Volkswirtschaft zu den historischen Trends von Produktivität und Pro-Kopf-Einkommen aufschließen, welche durch die weitgehend harmonische Wirtschaftsentwicklung bis 1914 vorgezeichnet waren. Der Erste Weltkrieg setzte keine neue wirtschaftliche Dynamik in Gang, sondern stellte den Anbeginn einer langanhaltenden wirtschaftlichen Schwächeperiode dar, die erst in den siebziger Jahren des 20. Jahrhunderts vollständig überwunden wurde (Abb. 2).

Der Erste Weltkrieg stellte wirtschaftlich also für Deutschland einen schweren, traumatischen Einbruch dar. Andererseits aber war er kein Strukturbruch, der das von vielen Zeitgenossen erwartete krisenhafte Ende der kapitalistischen Entwicklung überhaupt brachte oder wenigstens doch die säkulare Stagnation, ein allmähliches Auslaufen der technischen und wirtschaftlichen Fortschrittsdynamik.[37] Stattdessen

---

35 Vgl. hierzu und zum Folgenden die Einleitung des Herausgebers, Abschnitt 1.1 in diesem Band.
36 Mehr hierzu bei *Albrecht Ritschl/Tobias Straumann*, Business Cycles and Economic Policy, 1914–1945, in: Stephen Broadberry/Kevin O'Rourke (Hrsg.), Cambridge Economic History of Modern Europe, Bd. 2: 1870–2000. Cambridge 2010, 156–180.
37 Zur zeitgenössischen Diskussion vgl. *Werner Abelshauser/Dietmar Petzina*, Krise und Rekonstruktion. Zur Interpretation der gesamtwirtschaftlichen Entwicklung im 20. Jahrhundert, in: Reinhard Spree/Wilhelm Schröder (Hrsg.), Historische Konjunkturforschung. Stuttgart 1980, 75–114. Das Konzept der säkularen Stagnation geht zurück auf *John Maynard Keynes*, Some Economic Consequences of a Declining Population, in: Eugenics Review 29, 1937, 13–17. Einen Überblick über die neuere Diskussion aus historischer Sicht bietet *Nicholas Crafts*, Is Secular Stagnation the Future for Europe? (University of Warwick CAGE Working Paper 225.) Warwick 2015.

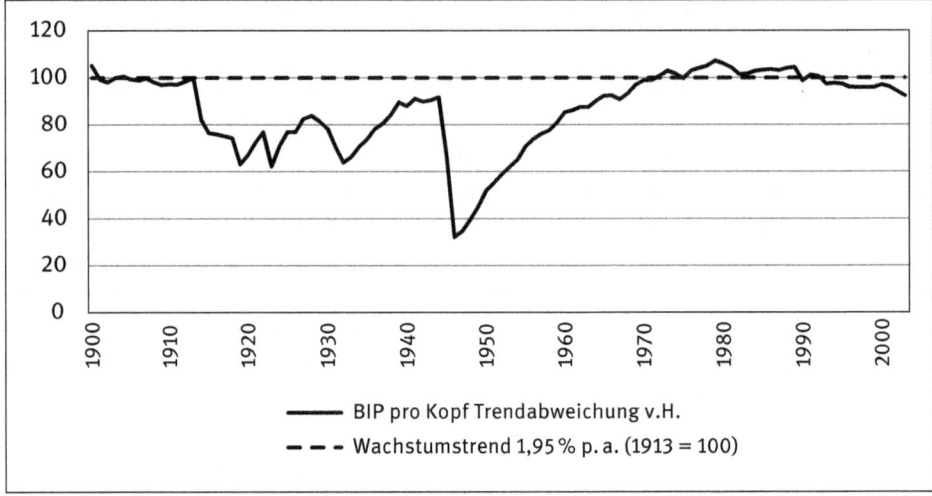

Abb. 2: Abweichung des Inlandsprodukts pro Kopf vom langfristigen Trend – Deutschland, wechselnder Gebietsstand – Quelle: Eigene Berechnungen nach den Angaben in *Ritschl/Straumann*, Business Cycles.

schloss in der Zeit nach dem Zweiten Weltkrieg das wirtschaftliche Wachstum zu den vorher unausgeschöpften Möglichkeiten wieder auf. Am Ende der Nachkriegskonjunktur schwenkte die Entwicklung, von vielen unerwartet, auf einen langsameren Pfad wieder ein, der sich als Fortsetzung des historischen, zuvor nicht realisierten Verlaufspfads ungestörter Entwicklung seit 1914 ergibt.[38]

Diese jahrzehntelange, erst mit Verzögerung beseitigte Wachstumsschwäche traf Deutschland nicht allein. Fasst man die Angaben für Westeuropa ohne Deutschland zusammen, so zeigt sich erneut, wie der Erste Weltkrieg am Anfang einer dreißigjährigen Abkehr von den Trends der Vorkriegszeit stand, die erst fünfzig Jahre später wieder ausgeglichen war. Unterschiede ergeben sich allenfalls im Detail. Anders als in Deutschland setzte in Westeuropa die wirtschaftliche Depression erst nach dem Ersten Weltkrieg ein. Entsprechend lässt sich auch kein Aufschwung in den unmittelbaren Nachkriegsjahren feststellen. Unter den größeren europäischen Ländern erholte

---

[38] Dieses Aufschließen zu einem historisch vorgegebenen Wachstumspfad wurde zuerst vorhergesagt von *Ferenc Jánossy*, Das Ende der Wirtschaftswunder. Erscheinung und Wesen der wirtschaftlichen Entwicklung. Frankfurt am Main 1969. Einflussreich dazu *Rolf Dumke*, Reassessing the Wirtschaftswunder: Reconstruction and Postwar Growth in the West German Economy in an International Context. (Oxford Bulletin of Economics and Statistics, Bd. 52.) Oxford 1990, 451–491. Kritisch dazu *Peter Temin*, The Golden Age of European Growth Reconsidered, in: European Review of Economic History 6, 2002, 3–22. Zur Antikritik vgl. *Barry Eichengreen/Albrecht Ritschl*, Understanding West German Growth in the 1950s, in: Cliometrica 3, 2009, 191–219, ähnlich auch *Tamas Vonyo*, Post-War Reconstruction and the Golden Age of Economic Growth, in: European Review of Economic History 12, 2008, 221–241.

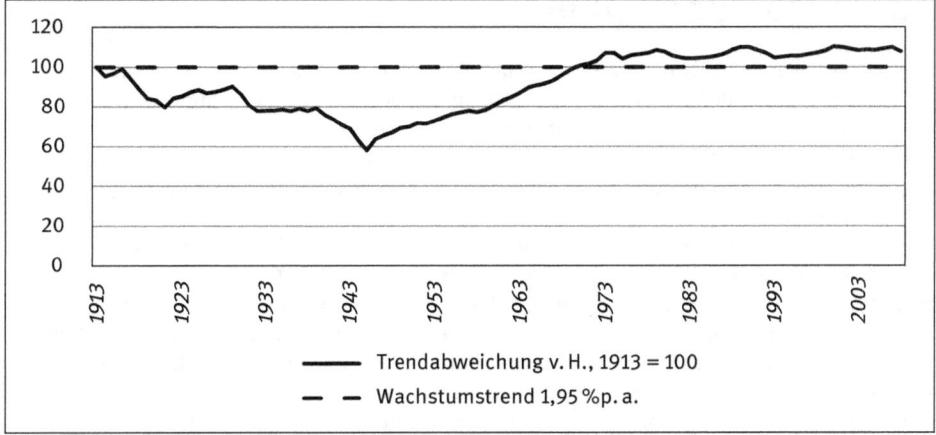

Abb. 3: Abweichung des Inlandsprodukts pro Kopf vom langfristigen Trend – Westeuropa ohne Deutschland – Quelle: Eigene Berechnungen nach den Angaben in Ritschl/Straumann, Business Cycles.

sich in der Zwischenkriegszeit nur Frankreich in den 1920er Jahren vollständig von den wirtschaftlichen Kriegsfolgen, um nach 1929 allerdings ebenso wie der Rest Europas in den Strudel der Weltwirtschaftskrise gerissen zu werden. Der Aufschwung der dreißiger Jahre fehlt im Durchschnitt Westeuropas völlig, wenngleich natürlich in einzelnen Ländern die Entwicklung uneinheitlich war. Und am Ende des zwanzigsten Jahrhunderts lagen die Zahlen für Westeuropa anders als diejenigen Deutschlands noch immer oberhalb des historischen Trends (Abb. 3).

Wiederum zeigt sich zu Beginn der siebziger Jahre des zwanzigsten Jahrhunderts ein abruptes Einschwenken auf den historisch vorgezeichneten Wachstumstrend, bis über die Wende zum 21. Jahrhundert hinaus ohne weitere Verlangsamung. Wie schon im deutschen Fall erweist sich das historische Niveau von 1913, fortgeschrieben mit einem Produktivitätswachstum knapp unterhalb von 2 % pro Jahr, als guter Prognosewert für die tatsächliche Entwicklung ab etwa 1970.

Der Erste Weltkrieg entfaltete damit Wirkungen, die noch fünfzig Jahre nach seinem Ende spürbar waren. Denn er stand am Beginn einer langanhaltende Wachstumsschwäche, die durch die Weltwirtschaftskrise der früheren dreißiger Jahre nur verschlimmert, aber nicht ausgelöst wurde. Die Folgen dieser Wachstumsschwäche wurden erst nach dem Zweiten Weltkrieg mit dem Wiederaufbau der fünfziger und sechziger Jahre vollständig überwunden.

Auswahlbibliographie

Abelshauser, Werner/Dietmar Petzina, Krise und Rekonstruktion. Zur Interpretation der gesamtwirtschaftlichen Entwicklung im 20. Jahrhundert, in: Reinhard Spree/Wilhelm Schröder (Hrsg.), Historische Konjunkturforschung. Stuttgart 1980, 75–114.
Borchardt, Knut, A Decade of Debate About Bruening's Economic Policy, in: Jürgen von Kruedener (Hrsg.), Economic Crisis and Political Collapse. The Weimar Republic 1924–1933. Oxford 1990, 99–151.
Bordo, Michael/Eugene White, A Tale of Two Currencies: British and French Finance During the Napoleonic Wars, in: Journal of Economic History 51, 1991, 303–316.
Broadberry, Stephen/Mark Harrison, (Hrsg.), The Economics of World War I. Cambridge 2005.
Broadberry, Stephen/Albrecht Ritschl, Real Wages, Productivity, and Unemployment in Britain and Germany During the 1920s, in: Explorations in Economic History 32, 1995, 327–349.
Bry, Gerhard, Wages in Germany, 1871–1945. Princeton 1960.
Buchheim, Christoph, Die Währungsreform 1948 in Westdeutschland, Vierteljahrshefte für Zeitgeschichte 36, 1988, 189–231.
Crafts, Nicholas, Is Secular Stagnation the Future for Europe? (University of Warwick CAGE Working Paper 225.) Warwick 2015.
Dell, Fabien, Top Incomes in Germany and Switzerland over the Twentieth Century, in: Journal of the European Economic Association 3, 2005, 412–421.
Dumke, Rolf, Reassessing the Wirtschaftswunder: Reconstruction and Postwar Growth in the West German Economy in an International Context. (Oxford Bulletin of Economics and Statistics, Bd. 52.) Oxford 1990, 451–491.
Eichengreen, Barry, Golden Fetters. The Gold Standard and the Great Depression 1919–1939. Oxford 1992.
Eichengreen, Barry/Albrecht Ritschl, Understanding West German Growth in the 1950s, in: Cliometrica 3, 2009, 191–219.
Feldman, Gerald D., The Great Disorder. Politics, Economics, and Society in the German Inflation, 1914–1924. Oxford/New York 1993.
Ferguson, Niall, The Pity of War, London, 1998.
Hoffmann, Walther u. a., Das Wachstum der deutschen Wirtschaft seit der Mitte des 19. Jahrhunderts. Berlin 1965.
Holtfrerich, Carl-Ludwig, Die deutsche Inflation 1914–1923. Ursachen und Folgen in internationaler Perspektive. Berlin 1980.
Jánossy, Ferenc, Das Ende der Wirtschaftswunder. Erscheinung und Wesen der wirtschaftlichen Entwicklung. Frankfurt am Main 1969.
Michels, Eckard, Die „Spanische Grippe" 1918/19. Verlauf, Folgen und Deutungen in Deutschland im Kontext des Ersten Weltkriegs, in: Vierteljahrshefte für Zeitgeschichte 58, 2010, 1–33.
Pagenkopf, Hans, Der Finanzausgleich im Bundesstaat. Stuttgart 1981.
Ritschl, Albrecht, The Pity of Peace: Germany's War Economy, 1914–1918 and Beyond, in: Broadberry/Harrison (Hrsg.), The Economics of World War I. Cambridge 2005, 41–76.
Ritschl, Albrecht/Tobias Straumann, Business Cycles and Economic Policy, 1914–1945, in: Stephen Broadberry/Kevin O'Rourke (Hrsg.), Cambridge Economic History of Modern Europe, Bd. 2: 1870–2000. Cambridge 2010, 156–180.
Sargent, Thomas, The End of Four Big Inflations, in: Robert Hall (Hrsg.), Inflation: Causes and Consequences. Chicago 1982, 41–98.
Temin, Peter, The Golden Age of European Growth Reconsidered, in: European Review of Economic History 6, 2002, 3–22.
Vonyo, Tamas, The Bombing of Germany. The Economic Geography of War-Induced Dislocation in German Industry, in: European Review of Economic History 16, 2012, 97–118.

Webb, Stephen, Hyperinflation and Stabilization in Weimar Germany. Oxford 1989.
Witt, Peter-Christian, Die Auswirkungen der Inflation auf die Finanzen des Deutschen Reiches 1924–1935, in: Gerald D. Feldman (Hrsg.), Die Nachwirkungen der Inflation auf die deutsche Geschichte 1924–1933. München 1985, 43–95.

Autoren und Herausgeber

Marcel Boldorf ist seit 2013 Professor für deutsche Geschichte und Kultur an der Université Lumière Lyon 2. Er promovierte 1996 an der Universität Mannheim mit einer Untersuchung zur Sozialfürsorge in der SBZ/DDR und habilitierte 2002 ebendort mit einer vergleichenden Arbeit zur (De-) Industrialisierung der Leinenregionen Schlesien und Nordirland. Von 2007 bis 2013 Projektmitarbeiter an der Ruhr-Universität Bochum zum Thema Wechsel der Wirtschaftseliten nach 1945. Seine Forschungsschwerpunkte liegen in der deutschen und französischen Wirtschafts- und Sozialgeschichte vom 18. bis 21. Jahrhundert. Wichtige Publikationen widmen sich der deutschen Sozialpolitik, der Industriellen Revolution, der zentralen Planwirtschaft der DDR sowie der Wirtschaftsgeschichte beider Weltkriege.

Lutz Budrass ist seit 1990 wissenschaftlicher Mitarbeiter für Sozial-, Wirtschafts- und Technikgeschichte am Historischen Institut der Ruhr-Universität Bochum. Promotion 1996 zur Flugzeugindustrie und Luftrüstung in Deutschland (1918–1945). Forschungsschwerpunkte sind Flugzeugbau, Luftfahrt und Rüstung im 20. Jahrhundert, Familienunternehmen, Geschichte des deutschen Maschinenbaus, Geschichte der Ernährungsphysiologie, Geschichte Oberschlesiens. Jüngst publizierte er eine Monographie zur Geschichte der Lufthansa.

Carsten Burhop ist seit Oktober 2016 Professor für Verfassungs-, Sozial- und Wirtschaftsgeschichte an der Rheinischen Friedrich-Wilhelms-Universität Bonn. Promoviert wurde er im 2002 über „Die Kreditbanken in der Gründerzeit", habilitiert 2005 auf der Basis mehrerer Veröffentlichungen zur Wirtschaftsgeschichte des Kaiserreichs. Seine Forschungsschwerpunkte liegen in der deutschen und britischen Wirtschafts- und Unternehmensgeschichte des 19. und 20. Jahrhunderts.

Jean-François Eck ist emeritierter Professor für Wirtschaftsgeschichte des 19. und 20. Jahrhunderts an der Universität Lille 3. Er promovierte 1981 zu einem lothringischen Parlamentarier der Dritten Republik am Institut d'études politiques Paris; die Habilitation erfolgte 2000 mit einer Arbeit zu den deutsch-französischen Wirtschaftsbeziehungen im 20. Jahrhundert an der Universität Paris 10-Nanterre. Forschungsschwerpunkte liegen im Bereich der deutsch-französischen Wirtschafts- und Unternehmensgeschichte sowie der Geschichte regionaler Wirtschaftsräume in Nord- und Westeuropa.

Boris Gehlen ist Privatdozent für Wirtschafts- und Sozialgeschichte an der Rheinischen Friedrich-Wilhelms-Universität Bonn und Wissenschaftlicher Mitarbeiter am Institut für Zeitgeschichte München-Berlin. Promotion 2005 über den Unternehmer Paul Silverberg, Habilitation 2014 zum Deutschen Handelstag und der Regulierung der deutschen Wirtschaft. Forschungsschwerpunkte: Unternehmer- und Unternehmensgeschichte, Banken-, Börsen- und Finanzmarktgeschichte, Geschichte der Wirtschaftsordnung, Regulierung und (Corporate) Governance. Weitere Publikationen zur Geschichte von Braunkohlenbergbau und Energiewirtschaft sowie zur Regulierung von Netzwirtschaften in Kaiserreich und Weimarer Republik.

Gerd Hardach war von 1972 bis 2006 Professor für Sozial- und Wirtschaftsgeschichte an der Universität Marburg. Studium der Sozial- und Wirtschaftswissenschaften an der Universität Münster, der École des hautes études en sciences sociales Paris und der Freien Universität Berlin. Diplom 1965, Promotion 1968. Assistent für Volkswirtschaftslehre an der Technischen Universität Berlin und der Universität Regensburg 1966 bis 1971. Gastprofessor an der Universität Tokio und an der Freien Universität Berlin. Sein aktuelles Forschungsinteresse bezieht sich auf die Wettbewerbspolitik in der Sozialen Marktwirtschaft. Weitere neuere Publikationen zur Finanz- und Industriegeschichte des Ersten Weltkrieges sowie grundlegende Darstellungen zur Geschichte dieses Krieges und zum Marshall-Plan als Wiederaufbauhilfe in Westdeutschland.

Stefanie van de Kerkhof ist seit 2016 Privatdozentin am Historischen Institut der Universität Mannheim und Leiterin eines Forschungsprojekts zur Industriegeschichte Krefelds in der Weimarer Zeit. Promotion 2004 in Köln über die Unternehmensstrategien der deutschen Schwerindustrie im Kaiserreich und im Ersten Weltkrieg, Habilitation 2016 in Mannheim über das Rüstungsmarketing im Kalten Krieg. Forschungen im Bereich der Unternehmens- und Industriegeschichte des 19. und 20. Jahrhunderts zur Regionalökonomie und Konsumkultur, besonders im Rheinland, zu Innovationen und Ersatzstoffwirtschaft im Ersten Weltkrieg, zur Rüstungswirtschaft im Kalten Krieg sowie zu „Female Entrepreneurship".

Christopher Kopper ist seit 2012 apl. Professor für Wirtschafts- und Sozialgeschichte an der Universität Bielefeld. Die Promotion erfolgte 1992 an der Ruhr-Universität Bochum über den Bankensektor im Nationalsozialismus, die Habilitation 2005 an der Universität Bielefeld über die Geschichte der Bundesbahn. Als Forschungsschwerpunkte zu nennen sind Banken- und Versicherungsgeschichte, Verkehrsgeschichte sowie die Geschichte des Nationalsozialismus und der Nachkriegszeit. Wichtige Buchpublikationen beschäftigen sich mit der Bankenpolitik im „Dritten Reich", Handel und Verkehr im 20. Jahrhundert, der Bahn im Wirtschaftswunder, Reichsbahn und Strafvollzug in der DDR sowie VW do Brasil in der brasilianischen Militärdiktatur.

Roman Köster ist seit Januar 2019 Vertreter der Professur für die Geschichte der Frühen Neuzeit an der Universität der Bundeswehr München. Er promovierte 2008 mit einer Studie zur Krise der Volkswirtschaftslehre in der Weimarer Republik und habilitierte 2015 mit einer Arbeit zur Geschichte der westdeutschen Abfallwirtschaft nach dem Zweiten Weltkrieg. Seine Forschungsschwerpunkte liegen in der Wirtschafts-, Technik- und Umweltgeschichte. Kürzlich publizierte er ein Lehrbuch zur Einführung in die Wirtschaftsgeschichte.

Stephan Lehnstaedt ist seit 2016 Professor für Holocaust-Studien am Touro College Berlin. 2008 Promotion in München, 2016 Habilitation in Chemnitz. Forschungsschwerpunkte sind die Geschichte der beiden Weltkriege, des Holocaust und die Wiedergutmachung nach dem Zweiten Weltkrieg sowie die Gewaltgeschichte Ostmitteleuropas im 20. Jahrhundert. Er veröffentlichte zur imperialen Polenpolitik der Mittelmächte und NS-Deutschlands in beiden Weltkriegen sowie zum Polnisch-Sowjetischen Krieg 1919–1921 als Markstein für die Entstehung des modernen Osteuropa.

Martin Lutz ist seit 2012 wissenschaftlicher Mitarbeiter am Lehrstuhl für Sozial- und Wirtschaftsgeschichte der Humboldt-Universität zu Berlin. Er wurde 2009 an der Universität Konstanz mit einer unternehmenshistorischen Dissertation über das Sowjetgeschäft von Siemens in der Zwischenkriegszeit promoviert. Seine zweite Monografie beschäftigt sich mit transnationaler Unternehmergeschichte und Globalisierung im 19. Jahrhundert am Beispiel des Unternehmens Siemens. Wichtige Forschungsaufenthalte waren an der RGGU Moskau, der Columbia University, New York sowie der University of California, Los Angeles. Seine Forschungsinteressen sind Unternehmensgeschichte, Globalisierungsgeschichte, Religionsökonomik und Institutionentheorie. Jüngere Publikationen setzen sich mit dem Verhältnis von Religion und Wirtschaft sowie der Unternehmensgeschichte von Siemens auseinander.

Christian Marx ist seit 2018 wissenschaftlicher Mitarbeiter am Institut für Zeitgeschichte München im Projekt „Von der Reichsbank zur Bundesbank". Er promovierte 2011 Promotion an der Universität Trier über die Leitungs- und Kontrollstrukturen der Gutehoffnungshütte vom Kaiserreich zur Bundesrepublik; 2011–2018 war wissenschaftlicher Mitarbeiter in der Forschungsgruppe „Nach dem Boom" an der Universität Trier. Seine Forschungsinteressen beziehen sich auf die Wirtschafts- und Sozialgeschichte des 19. und 20. Jahrhunderts, die europäische Zeitgeschichte seit 1945, die Unternehmer- und Unternehmensgeschichte und die Historische Netzwerkforschung. Weitere Publikationen liegen vor zum Unternehmer Paul Reusch, dem rheinischen Kapitalismus sowie der Frage nach der „Nationalität" von Unternehmen.

Uwe Müller ist seit 2011 wissenschaftlicher Mitarbeiter am Leibniz-Institut für Geschichte und Kultur des östlichen Europa in Leipzig. 1997 Promotion an der Berliner Humboldt-Universität zu Berlin mit einer Arbeit über den Chausseebau in der preußischen Provinz Sachsen und im Herzogtum Braunschweig von 1790 bis 1880. Seine Forschungsschwerpunkte liegen in der Wirtschaftsgeschichte des östlichen Europa im 19. und 20. Jahrhundert, insbesondere der Positionierung der osteuropäischen Wirtschaft in Globalisierungsprozessen, außerdem in der Verkehrs- und der Agrargeschichte. Weitere Publikationen zum deutschen Agrarismus in der Zeit des Kaiserreiches sowie zur Wirtschaftsgeschichte der DDR und des RGW.

Werner Plumpe ist seit 1999 Professor für Wirtschafts- und Sozialgeschichte an der Goethe-Universität in Frankfurt am Main. 1985 promovierte er an der Ruhr-Universität Bochum mit einer Arbeit zu Wirtschaftsverwaltung und industrieller Interessenpolitik im britischen Besatzungsgebiet nach dem Zweiten Weltkrieg; 1994 folgte an derselben Universität die Habilitation zum Thema der betrieblichen Mitbestimmung in der Weimarer Republik. Von 2008 bis 2012 war er Vorsitzender des Verbandes der Historiker und Historikerinnen Deutschlands; seit 2001 ist er Vorsitzender des Wissenschaftlichen Beirates der Gesellschaft für Unternehmensgeschichte. Jüngst legte er Publikationen zum Industriellen Carl Duisberg und zur Deutschen Bank vor und veröffentlichte zwei Überblickswerke zur Unternehmensgeschichte in Deutschland im 19. und 20. Jahrhundert sowie zum Kapitalismus als „Geschichte einer andauernden Revolution".

Albrecht Ritschl ist seit 2007 Professor für Wirtschaftsgeschichte an der London School of Economics. Promotion 1987 in München zur Preistheorie, Habilitation 1998 ebendort mit einer Studie zum Zusammenhang von Binnenkonjunktur, Auslandsverschuldung und Reparationsproblem in Deutschland zwischen 1924 und 1934. Seine Forschungsschwerpunkte liegen auf der deutschen Wirtschaftsgeschichte seit dem 19. Jahrhundert. Wichtige Publikationen sind erschienen zu Wirtschaftskrisen, Wirtschaftswachstum sowie zur Wirtschaftspolitik und -ordnung im Nationalsozialismus, der Bundesrepublik und der DDR.

Eva-Maria Roelevink ist seit 2017 Juniorprofessorin für Wirtschaftsgeschichte am Historischen Seminar der Johannes Gutenberg-Universität Mainz. Sie hat 2014 mit einer Arbeit zum Rheinisch-Westfälischen Kohlensyndikat an der Ruhr-Universität Bochum promoviert. Ihr gegenwärtiges Forschungsvorhaben befasst sich mit dem Mythos Krupp im 20. Jahrhundert. Ihre Forschungsschwerpunkte sind die europäische Wirtschafts- und Unternehmensgeschichte, insbesondere Kartell- und Montangeschichte seit dem 19. Jahrhundert sowie Geschichte der Public Relations und Öffentlichkeitsarbeit von Unternehmen. Wichtige Publikationen behandeln die Ausrichtung des RWKS auf den niederländischen Markt sowie die Rolle von Kartellen in der Wirtschaft der Weimarer Republik.

Roman Rossfeld ist seit 2016 Projektkoordinator des vom Schweizerischen Nationalfonds am Historischen Institut der Universität Bern geförderten Forschungsprojektes „Krieg und Krise: Kultur-, geschlechter- und emotionshistorische Perspektiven auf den schweizerischen Landesstreik vom November 1918". 2007 Promotion am Historischen Seminar der Universität Zürich mit einer unternehmenshistorischen Arbeit zur Geschichte der schweizerischen Schokoladenindustrie von 1860 bis 1920. Von 2004 bis 2012 wissenschaftlicher Assistent an den Universitäten Göttingen und Zürich sowie Gastwissenschaftler am Département d'histoire générale der Universität Genf (2013/14). Zahlreiche Publikationen zur Ernährungs- und Genussmittelgeschichte, der Wirtschafts-, Unternehmens- und Marketinggeschichte sowie der Wirtschafts- und Sozialgeschichte des Ersten Weltkrieges.

Jonas Scherner ist seit 2011 Professor für Moderne Europäische Wirtschaftsgeschichte an der Norwegian University of Science and Technology in Trondheim. 1998 Promotion in Mannheim mit einer Studie zur Wirtschaftsentwicklung in Polen und Spanien im 19. Jahrhundert; 2006 Habilitation in Mannheim mit einer Arbeit über Investitionen in die nationalsozialistische Autarkie- und Rüstungsindustrie und ihre staatliche Förderung. Derzeitiger Forschungsschwerpunkt sind die deutschen Kriegswirtschaften des Ersten und des Zweiten Weltkriegs, die Lerneffekte mit einem besonderen Schwerpunkt auf Rohstoffen.

André Steiner ist Projektleiter am Leibniz-Zentrum für Zeithistorische Forschung Potsdam und außerplanmäßiger Professor für Wirtschafts- und Sozialgeschichte an der Universität Potsdam. Promotion 1987 an der Humboldt-Universität zu Berlin mit einer Arbeit zur Geschichte der Automatisierung in der DDR; 1997 Habilitation in Mannheim mit einer Arbeit zu den DDR-Wirtschaftsreformen. Seine Forschungsschwerpunkte sind die Wirtschaftsgeschichte der Globalisierung sowie die Wirtschafts- und Sozialgeschichte Deutschlands im 20. Jahrhundert. Zu den wichtigsten Publikationen gehören eine Wirtschaftsgeschichte der DDR sowie ein Vergleich von Preispolitik und Lebensstandard im Nationalsozialismus, der DDR und der Bundesrepublik.

Jens Thiel ist zurzeit assoziierter Mitarbeiter am Lehrstuhl für Neueste Geschichte und Zeitgeschichte an der Humboldt-Universität zu Berlin. 2003 Promotion zu den Deportationen und zur Zwangsarbeit in Belgien im Ersten Weltkrieg. Seitdem Mitarbeit an verschiedenen Projekten zur Geschichte von Zwangsarbeit und Lagern, zum Ersten Weltkrieg, zur politischen Kulturgeschichte, zur Wissenschaftsgeschichte und zur Geschichte wissenschaftlicher Institutionen. Zahlreiche Publikationen zu diesen Feldern, unter anderem zu Lagern vor Auschwitz sowie zur Geschichte des deutschen Historikerverbandes.

Stephanie Tilly, Wirtschaftshistorikerin, seit 2017 Autorin u. a. für die Gesellschaft für Unternehmensgeschichte. 2004 Promotion an der Ruhr-Universität Bochum zur Geschichte der industriellen Arbeitsmärkte in Deutschland und Italien. Forschungsinteressen u. a. Geschichte der Automobilwirtschaft, Geschichte des ökonomischen Denkens, Wirtschafts- und Sozialgeschichte Italiens, bundesrepublikanische Wirtschaftsgeschichte und Arbeitsmarktgeschichte. Veröffentlichungen insbesondere zur Automobil-Zulieferindustrie nach 1945, zur Bankengeschichte und zur historischen Arbeitsmarktforschung.

Christian Westerhoff ist seit 2013 Leiter der Bibliothek für Zeitgeschichte in der Württembergischen Landesbibliothek. 2010 Promotion zum Thema „Zwangsarbeit im Ersten Weltkrieg. Rekrutierung und Beschäftigung osteuropäischer Arbeitskräfte in den von Deutschland besetzten Gebieten", 2011–2013 Koordinator des DFG-Projekts „1914–1918-Online. International Encyclopedia of the First World War". Forschungsinteressen und Publikationen zu verschiedenen Aspekten des Ersten Weltkriegs, vor allem zur deutschen Arbeitskräftepolitik im besetzten Polen und Litauen.

Dieter Ziegler ist seit 2003 Professor für Wirtschafts- und Unternehmensgeschichte an der Ruhr-Universität Bochum. Er promovierte 1988 am Europäischen Hochschulinstitut in Florenz (Italien) mit einer Arbeit über die Bank of England im 19. Jahrhundert und habilitierte 1995 an der Universität Bielefeld mit einer vergleichenden Studie über die Eisenbahnpolitik der deutschen Staaten während der Industrialisierung. Ziegler ist geschäftsführender Herausgeber des Jahrbuchs für Wirtschaftsgeschichte. Wichtige Publikationen widmen sich der deutschen und britischen Banken- und Währungsgeschichte, der Bergbaugeschichte und der Wirtschaftsgeschichte im „Dritten Reich".

Personen- und Unternehmensregister

A. Riebeck'sche Montanwerke 330 f.
Ador, Gustave 543 f., 545
AEG, Allgemeine Elektricitäts-Gesellschaft 27 f., 30–32, 59, 69, 227–248, 255 f., 261, 266, 318, 337–339, 509, 536
Aereboe, Friedrich 11, 344
Agfa, Actien-Gesellschaft für Anilin-Fabrication 201, 212
Albatros Flugzeugwerke 256, 261 f., 266
Albert, Heinrich 491
Argus Motoren Gesellschaft 255

Ballod, Karl 348 f.
BASF, Badische Anilin- und Sodafabrik 42, 44, 194, 196, 198, 201 f., 204, 206 f., 210, 212, 217, 222 f., 347, 403
Basse & Selve 261
Batocki, Adolf von 361, 364
Bayer, Farbenfabriken Bayer 44, 58, 194, 201 f., 204 f., 208, 210, 212, 217, 219, 223, 327, 438, 557, 560
Behring, Emil 202
Benz & Cie., Rheinische Automobil- und Motorenfabrik AG 252 f., 255 f., 258, 260, 263, 270
Bergmann-Elektricitäts-Werke 228
Berthold, Rudolf 345
Beseler, Hans von 429, 433, 577, 579, 582, 584
Bethmann Hollweg, Theobald von 61, 98, 180–182
Bismarck, Otto von 107, 182
Bissing, Moritz von 437, 560
Bleyle, Wilhelm Bleyle KG 277, 289, 291
BMW, Bayerische Motoren Werke 253, 265, 269 f., 326
Borsig 59, 560
Bosch, Carl 217–219, 223
Bosch, Robert; Bosch Elektrotechnische Fabrik 181, 403
Brandenstein, Hans von 581
Brecht, Gustav 317
Breitenbach, Paul 114 f.
Brunner & Mond 202, 214
Büssing AG 252, 258

Calonder, Felix 522
Caro, Nikodem 53
Castiglioni, Camillo 269 f.
Commerzbank 387–389

Daimler, Paul; Daimler-Motoren-Gesellschaft 252 f., 255 f., 258, 260, 263, 268–270
Delbrück, Clemens von 23, 180, 349 f.
Dernburg, Bernhard 256, 491
Deutsch, Felix 228, 237
Deutsche Bank 374, 382, 387 f., 393, 497
Deutsch-Luxemburgische Bergwerks- und Hütten-AG (Deutsch-Lux) 173, 188, 269
Dillinger Hütte 173, 176
Discontobank 387 f.
Dix, Arthur 9 f., 348, 375
Dornier, Claude 270
Dresdner Bank 332, 387 f., 497
Dupont 202, 213 f.
Duisberg, Carl 11, 195, 205, 208 f., 212, 216–220, 223, 437 f., 560

Ehrlich, Paul 202
Elektrizitätswerke Westfalen AG 338
Elektrowerke AG 337
Elster, Ludwig 414
Eltzbacher, Paul 344, 510
Erzberger, Matthias 608 f., 612

Falkenhayn, Erich von 28, 209
Feldman, Gerald D. 13–16, 160 f., 449 f., 459, 470
Fischer, Emil 53, 202
Flick, Friedrich 161, 187
Fokker, Anthony; Fokker Flugzeuge 261, 265, 269

Gelsenkirchener Bergwerks-AG 165, 173, 188, 557
Germaniawerft 168, 178
Gewerkschaft Deutscher Kaiser 176
Gminder, Ulrich; Gminder GmbH 276, 289, 291
Goebel, Otto 11, 36, 38, 59, 75
Goldenberg, Bernhard; Goldenberg-Werk 137 f., 324, 331
Göring, Hermann 265

Griesheim-Elektron 210, 212, 327
Groener, Wilhelm 13, 50, 61, 110, 114, 305, 364, 413
Gutehoffnungshütte (GHH) 160, 165, 167, 171, 174, 176, 178f., 184, 188

Haber, Ludwig F. 199, 210, 215
Hartmann, Paul Hartmann AG 276
Havenstein, Rudolf 92f.
Heinrich von Preußen 254
Helfferich, Karl 48, 93–95, 374, 509
Hilferding, Rudolf 15
Hindenburg, Paul von 48–50, 171, 364, 412, 419, 429, 432, 437, 444, 560, 575, 593
Hoechst AG 194, 201f., 210, 212
Hoesch 106, 167
Hoffmann, Arthur 533, 543
Hoffmann, Walter 393
Horten, Alfons 51, 174
Hugenberg, Alfred 181f., 418, 437

IG Farben, Interessengemeinschaft Farbenindustrie AG 194, 202, 207, 211–215, 218, 220, 222–224

Joly, August 267, 269
Josse, Emil 75
Junkers, Hugo; Junkers Flugzeugwerke 262, 265–267, 269f.

Kammerer, Otto 81f.
Kirdorf, Emil 181, 560
Klingenberg, Georg 32, 318f., 338f.
Klöckner 173
Knoll, Ludwig 202
Koeth, Joseph 36f., 50, 61
Köppe, Hans 380
Kries, Wolfgang von 577, 579, 581, 585, 589
Krupp, Fried. Krupp AG 31, 58, 160, 167–169, 176–178, 181, 184, 187f., 221, 234, 268f., 326, 403, 407, 409, 411, 417
Kübler, Wilhelm 53
Kühn, Hermann 349

Lange, Hermann, Fabrikant 282
Lenin 13, 244
Leopold, Prinz von Bayern 429
Leunawerk 57, 139
Liulevicius, Vejas 575
Ludendorff, Erich 10, 48, 171, 412, 429, 432, 437, 444f., 560, 575, 579, 593

MAN, Maschinenfabrik Augsburg-Nürnberg 258, 268
Mannesmann 160, 188, 557
Maybach, Wilhelm 260, 264f., 270
Miller, Oskar von 334
Mises, Ludwig von 355
Moellendorff, Wichard von 16, 28, 32, 46, 53, 55, 61, 169, 338
Möser, Kurt 253
Motorenfabrik Oberursel AG 260
Müller, August 339
Munk, Max 262
Musy, Jean-Marie 544

Oehme, Walter 28, 338
Opel, Adam; Opel AG 252f., 265, 270
Osram 243

Phoenix 165
Porten, Max von der 36, 71
Posadowsky-Wehner, Arthur von 254
Prandtl, Ludwig 262
Prion, Willi 384–388

Rapp-Motorenwerke GmbH 265
Rathenau, Emil 227, 230, 255
Rathenau, Walther 8, 27–32, 35f., 38, 62, 169, 228, 234, 236f., 305, 337–339, 438, 509, 536
Reusch, Paul 161, 179–183
Revené, Louis 508
Rheinische AG für Braunkohlenbergbau und Brikettfabrikation 317
Rheinmetall 160, 178
Riesser, Jakob 374
Röchling, Röchling-Konzern 160f., 165, 173, 180, 188, 557, 560
Rohrbach, Adolf 270
Romberg, Gisbert von 528
Rumpler, Edmund 255, 261
RWE; Rheinisch-Westfälisches Elektrizitätswerk 58, 137, 321–327, 331f., 335, 338

Sarasin, Alfred 526
Schaaffhausen'scher Bankverein 388
Schacht, Hjalmar 332, 340
Schlicke, Alexander 414
Schmidheiny, Ernst 528

Schneider, Friedrich 545
Schulthess, Edmund 527
Sering, Max 9–11, 38, 511
Siegert, Wilhelm 252, 264, 266
Siemens, Siemens & Halske, Siemens-Schuckertwerke 4, 59, 132, 227–238, 240–246, 256, 261, 267, 326, 339
Silverberg, Paul 318 f.
Skalweit, August 11, 295, 449, 515
Société des Moteurs Gnome et Rhône 260
Spitteler, Carl 526
Sprecher, Theophil 533
Stellwaag, Alfred 11, 159
Sthamer, Friedrich 55
Stinnes, Hugo 161, 173, 181, 269 f., 321, 340, 437
Stresemann, Gustav 13, 220, 242
Stumm-Konzern 165, 173, 557
Sulzer, Hans 543

Thyssen; Thyssen-Konzern 51, 160 f., 165, 167, 173, 176, 179–181, 321, 571
Tröger, Richard 31 f., 69

Vereinigte Seidenwebereien AG (Verseidag) 293
Voelcker, Heinrich 38
Völklinger Hütte 176

Waldow, Wilhelm von 361
Wendel, François de 555, 572
Wiedenfeld, Kurt 9, 12, 37 f.
Wilhelm II. von Preußen, Kaiser Wilhelm II. 254, 412
Wille, Ulrich 533
Willstätter, Rudolf 210
Wissel, Rudolf 339

Zeppelin, Ferdinand Graf von; Zeppelin-Konzern 255, 260, 270

Ortsregister

Aachen 29, 119, 126, 141, 182, 196, 265, 388, 572
Afrika 200, 256, 482, 484
Aisne 550 f., 555 f., 571
Amerika 127, 196, 201 f., 214, 219 f., 233, 239, 243, 292 f., 419, 437, 479 f., 482 f., 487 f., 491 f., 498, 506 f., 534, 543, 556, 565, 604, 611
Amiens 260, 555
Anhalt 148, 151
Anzin 559, 562
Ardennen 550 f., 555 f., 561, 566, 571,
Argentinien 483, 492
Asien 233, 279, 482, 484
Asturien 556
Atlantik 149, 492, 505
Australien 146, 482

Baden 106, 274, 319, 324, 327, 332–334, 409
Baltikum 120, 429, 556
Barmen 288, 321
Basel 510, 524, 538, 543, 202
Bayern 27, 70, 106, 126, 295, 302, 324, 329, 332–334, 409, 416, 443, 502
Belgien 29, 78, 80, 102, 110–112, 119, 121, 127, 133, 141, 146, 157, 162, 175, 179, 181–83, 185 f., 196, 208, 257, 281, 289, 349, 408, 426, 433, 436–444, 446, 481, 483, 495, 556, 560, 564 f., 571, 585, 608
Berlin 30, 43 f., 52, 54, 57, 59, 74, 76, 134, 138, 218, 227, 230, 236, 238, 274, 280, 282, 299, 306, 309 f., 321 f., 325, 372 f., 388, 390–392, 450, 454, 456, 459 f., 465, 467, 472, 494, 500
Bern 508, 521, 528, 530, 536, 538
Besigheim 291
Białystok 430, 593
Bietigheim 276
Bitterfeld 57, 138 f., 235, 325, 327
Blaubeuren 276, 278
Bochum 388
Bonn 126
Brandenburg 213, 324
Braunschweig 144, 148
Bremen 43, 496
Breslau 126, 388, 460
Brest-Litowsk 240, 247, 514, 583, 595

Briey 142 f., 174, 180, 182, 554, 557, 559, 562, 567
Brüssel 44, 52, 185, 388, 560
Bukarest 44, 52, 594
Bulgarien 102, 357, 393, 482, 508, 594

Charleroi 44, 180, 555
Charleville-Mézières 558, 567
Chile 146, 148, 174, 200, 206, 347, 479, 482, 556
China 220 f.
Cholm 583
Compiègne 157
Cottbus 389

Dąbrowa 591
Dalmatien 83
Dänemark 179, 348, 467, 482, 488, 490, 506, 512, 514 f.
Den Haag 495, 502, 508, 510
Dessau 138, 178, 262, 265, 320
Dortmund 117, 126, 130, 132
Dresden 27, 460, 470
Düsseldorf 178, 373, 403, 500

Elbe 107, 117
Elsass 106, 126, 148, 166, 179–183, 550, 564
England, s. Großbritannien
Essen 178, 184, 221, 417 f., 500,
Europa 3, 18, 60, 67, 127, 141, 146, 153, 157, 163, 179–182, 189 f., 196, 200 f., 203, 220 f., 233, 313, 321, 346, 353, 365, 445, 479 f., 481–483, 488, 492, 498, 602, 604 f., 608, 614 f.

Frankfurt am Main 216, 372, 382, 390
Frankreich 17, 49, 102, 106 f., 109–112, 118 f., 121, 127, 140–143, 146, 157, 163 f., 170, 174 f., 179 f., 181–183, 189, 196–199, 202, 205, 213–215, 218–220, 241, 251 f., 257, 259, 278 f., 284, 289, 292, 297, 409, 441, 445, 436, 480–485, 498 f., 526, 533 f., 549–573, 608, 615
Freiburg im Breisgau 450, 457, 460

Galizien 148, 348, 362, 577
Gelsenkirchen 389

Genf 533f., 537, 544,
Grodno 593
Großbritannien, England 79, 106, 109, 121, 127, 140, 146f., 157, 162–164, 168, 179, 182, 189, 196f., 200–206, 213–216, 218–221, 230, 241, 251f., 279, 419, 428, 479–481, 483–485, 488–491, 498f., 502, 505, 527, 572, 604–606, 608
Guben 389

Halberstadt 148
Halle an der Saale 38, 139, 331
Hamburg 55, 321, 336, 390, 460, 494, 496
Hannover 117, 144, 148
Hautmont 557
Havel 117
Heidenheim an der Brenz 276
Hessen 30, 105, 144, 166, 409

Indien 171, 205, 220, 281, 284, 483
Istrien 83
Italien 146, 185, 200, 202, 281, 284f., 292f., 408, 426, 483, 499, 521, 523, 556, 608

Japan 220, 313

Kassel 139
Koblenz 29, 109, 144, 418
Köln 29, 57f., 78, 182, 218, 318, 323, 325, 331, 372f., 388, 402, 460
Königsberg 388, 460
Krefeld 278, 282, 285, 288, 290, 292f.

Laon 551, 566
Lausitz 139, 323, 329f.
Leipzig 388
Lens 553, 565, 570
Lettland 120, 429
Leuna 206f., 212, 222
Leverkusen 203, 208, 216, 218, 438
Lille 551, 555–557, 562, 566f., 569
Litauen 119f., 429, 434, 586, 593
Lodz, Łódź 433, 496, 577, 585, 589f.
London 263, 479, 488, 530
Longwy 142f., 174, 180, 182, 554, 556f., 559, 567
Lothringen 106, 126, 128, 140–144, 160, 163–167, 172–175, 179–183, 550, 554, 557f., 564, 571
Lublin 576–580, 583f., 586, 588–590, 592

Ludwigshafen am Rhein 42, 44, 198, 207, 216, 218, 328
Lüttich, Liège 119, 180
Luxemburg 141, 143, 163–167, 173f., 180, 571

Maas 551
Magdeburg 117, 139, 148, 168, 178
Mannheim 255
Mansfeld 73, 146f.
Marne 105, 108, 111, 182, 343, 551
Maubeuge 555, 566f.
Merseburg 139, 206
Metz 52, 142, 174, 558, 564
Meurthe-et-Moselle (Departement) 179, 551, 554, 556–559
Mittelmeer 127, 492
Mönchengladbach, Mönchengladbacher 279, 282
München 27, 178, 265, 296, 326, 328, 450, 460

New York 243, 487, 493
Niederlande 127, 129, 131, 146, 179, 300, 349, 426, 467, 480–483, 486–489, 491, 494f., 497–499, 502, 504–506, 508, 510, 514f., 528, 561
Niederschlesien 126,
Nord (Departement) 551, 553, 555–557, 559, 564f., 568
Nordsee 60, 115, 117, 147, 181, 479, 485, 551
Normandie 174, 181
Norwegen 80, 206, 243, 490, 506, 512, 515
Nürnberg 4, 227, 231, 258, 267, 333, 389, 460

Ober Ost 429–433, 435f., 444f., 496, 575f., 578f., 593, 596
Oberhausen 135
Oberschlesien 126, 129, 140, 165, 167, 175, 189
Oberursel 260
Oder 107
Österreich 83, 102, 146, 163f., 179, 185, 200, 202, 242f., 270, 348, 357, 408, 412, 426, 429, 482f., 504f., 507, 576–579, 583, 587f., 590, 593–596, 609
Osteuropa 181f., 240, 436, 445f., 468, 523, 575f., 586, 588, 596
Ostfriesland 361
Ostpreußen 52, 110, 119, 359, 361, 373, 577
Ostsee 115, 118, 482, 485, 492, 575

Paris 106, 157, 257, 263, 285, 485, 507, 518, 529–531, 534, 552, 556, 568
Pas-de-Calais 551–553, 555, 559, 564, 568, 570
Peine 58, 143 f.
Pilica 577, 580
Polen 17, 119 f., 127, 185, 247, 293, 348, 408 f., 426, 429 f., 434, 444–446, 496, 575–590, 592 f., 595f, 609
Pommern 361
Posen 110, 361, 496, 577
Preußen 27 f., 30, 32, 34, 39, 48, 51 f., 58, 62, 68, 70, 103, 105, 107–109, 114, 116, 118, 126, 144, 148–151, 171, 206, 276, 282, 286, 305, 335–337, 339 f., 349, 356, 358, 361 f., 382, 389 f., 404 f., 411, 413, 416, 420, 426, 428, 437–439, 443, 466, 494 f., 508, 512, 536, 558, 577

Reutlingen 276, 289
Rhein 59, 106 f., 109, 117, 216, 323, 486, 572
Rheinland 136–139, 165–167, 173, 182 f., 189, 274, 279, 286, 290, 292, 323, 327, 329 f., 373, 389, 402, 406, 410, 412, 417 f., 437, 443, 559
Rio de la Plata 556
Rotterdam 479, 486, 492,
Roubaix 556 f., 562, 567
Ruhr, Ruhrgebiet 52, 61, 117, 126, 129, 131, 140 f., 165, 174, 176, 218, 321, 323, 343, 419, 429, 479, 481, 497, 570, 572, 593, 610 f.
Rumänien 17, 60, 102, 175, 468, 483, 494, 496, 513 f., 521, 561, 576, 579 f., 586, 594, 596,
Russisch-Polen, Kongresspolen, s. Polen
Russland, Russisch-Polen, Russisches Reich, Sowjetrussland 3, 102, 111, 115, 119, 133, 146, 163, 174, 179, 182, 189, 202 f., 205, 211, 221, 241, 243–245, 281, 284, 293, 297, 347 f., 362, 364, 375, 408, 426, 428–430, 444, 464, 482–484, 490, 498, 514, 556, 561, 575–577, 579, 583, 585, 591

Saar, Saargebiet 126, 128 f., 141, 160, 165–167, 173, 176, 189, 557, 571, 610
Saarbrücken 418
Sachsen 27, 70, 106, 109, 126, 165 f., 256, 288, 324, 443, 502, 512
Saint-Étienne 552
Saint-Quentin 259, 551, 555 f., 566 f.
Sambre 555, 557
Schweden 80, 131, 146, 174 f., 243, 479, 482, 488, 490–492, 497, 506, 508, 512, 514 f.,

Schweiz 80, 83 f., 127, 129, 131, 179, 202, 243, 258, 278 f., 480–483, 485 f., 488–490, 494, 498 f., 501 f., 505 f., 508–510, 515, 521–545, 566
Serbien 17, 81, 83, 175, 596
Skandinavien 127, 204, 242, 426, 497, 556
Somme 47, 49, 182, 412, 551, 555, 560
Spanien 146, 174, 482, 561
Stettin 389
Stuttgart 27, 78, 276, 460

Thüringen 109, 141, 148, 151, 288
Tourcoing 567
Türkei 17, 102, 238, 357, 424, 482, 508, 594

Uhingen 291
Ukraine 343, 356, 514, 576, 579 f., 583 f., 586, 594–596
Ungarn 83, 102, 163 f., 179, 185, 200, 202, 242 f., 408, 426, 429, 482 f., 507, 535, 576–579, 583, 588, 590, 593–596, 609
USA 67 f., 79 f., 127, 146, 149 f., 163 f., 175, 183, 190, 200–203, 205, 213–215, 239, 243, 245, 278, 281, 284, 293, 298, 313, 324, 426, 440, 464, 480, 482 f., 488, 492, 498, 505 f., 521–523, 531, 243 f., 572, 604 f.

Valenciennes 551, 556, 558, 562 f., 567
Verdun 112, 412, 560
Verviers 29
Villeneuve d'Ascq 558

Warschau, Generalgouvernement Warschau 44, 52, 409, 429 f., 433, 435, 444 f., 575–594
Washington 530, 543
Weichsel 119, 577, 580
Weimar 208
Weißrussland 429
Weser 107, 335
Westfalen 165–167, 173, 182 f., 189, 274, 279, 286, 289, 373, 402 f., 406, 410, 412, 417, 473, 443, 450, 572
Wien 507, 535, 582, 584, 590, 596
Wiesbaden 144
Wilna, Vilnius 120, 430, 434
Wuppertal 196, 282, 292
Württemberg 27, 34, 70, 106, 182, 274, 276 f., 289–291, 329, 332–335, 354, 367, 416, 443

Zürich 508 f., 528, 538

Sachregister

Aluminium 10, 34, 57, 71, 77, 82–85, 137 f., 148, 153, 235, 325, 327, 538
Angestellte 181, 184, 238, 407, 414, 455, 463, 530, 540, 586, 610
Anreiz, -setzung 36, 53, 55, 57, 63, 75, 100, 284, 301, 330, 334, 359, 406, 421, 457 f., 464, 469, 581, 583, 588, 590, 610
Arbeiterinnen 116, 238, 302, 407 f., 410, 426, 453, 462 f., 540
Arbeitgeber, -verband 244, 290 f., 404, 408, 410, 413 f., 418, 427, 429, 444, 453, 455, 542 f., 545, 611
Arbeitslosigkeit, -lose 6, 183, 185, 290 f., 402 f., 406, 415, 420 f., 430, 433, 437 f., 451, 455, 461, 525, 538, 560, 603
Arbeitszeit 233, 291, 463, 605
Armut, Bedürftigkeit 292, 454, 540, 561, 565, 567
Ausbeutung 13, 83, 148, 165, 175, 185, 289, 431, 435 f., 444–446, 560, 562, 572, 576, 582, 585, 591 f.
Ausfuhr s. Export
Ausgleichstelle, Rohstahl-, Kohle- 45, 51, 134, 172, 501
Autarkie 18, 140, 200, 204, 219, 223 f., 345 f., 349, 366, 502, 510

Bauern, Landwirte 344, 348, 352–357, 359–361, 366–368, 432, 457 f., 469 f., 583, 587 f., 590, 593 f.
Baumwolle 33, 37, 40, 42, 62, 148 f., 240, 274, 276, 279–286, 289, 291 f., 460, 472, 479, 482, 484, 490–492, 496, 499, 556, 581
Beamte 31, 55, 108, 184, 317, 401, 455, 463, 469, 494, 579, 591, 610
Bedürftigkeit s. Armut
Benzin s. Brennstoff
Bergarbeiter, Bergleute 73, 133, 144 f., 151, 554, 570
Beschaffungsstellen, -wesen 35, 44 f., 48, 50–52, 62, 70, 72, 114, 121, 158, 169, 172, 177, 186, 264 f., 282, 287, 358, 411 f., 496, 503, 508, 564
Beschlagnahme, Requisition 26–29, 33–35, 39–43, 45, 69, 71, 75 f., 78, 80, 102, 125, 134, 147 f., 153, 170, 205, 281, 285 f., 299, 352, 357–360, 368, 474, 485, 488, 493–496, 554 f., 562 f., 581 f., 584, 587, 593–595

Blei 67, 82, 85, 490, 556
Blockade, Handels-, See- 23, 27, 67 f., 73 f., 85, 101, 125, 205, 241 f., 246, 281, 297 f., 311, 343, 347, 365 f., 428, 457, 464, 467, 479, 483, 486, 488, 480, 495, 498, 506, 510 f., 513, 517 f., 527 f., 531, 535, 572, 603
Brennstoff, Treib-, Benzin 5, 52, 58, 69, 127, 132 f., 175 f., 212, 222, 286, 297, 368, 443, 470, 486
Brot, -versorgung 112, 348–350, 352, 357, 360, 456–458, 460, 464–466, 468, 474, 511–513, 516, 540, 589
Bundesrat (Deutsches Reich) 27, 150, 337, 345, 360, 391, 456 f.
Bundesrat (Schweiz) 489, 522 f., 527, 532–534, 538, 541, 543–545
Butter 299, 470 f., 473 f., 489, 495, 502, 515 f.

Darlehenskassen 90–92, 97–99, 101
Demobilmachung 274, 290, 292, 407
Deportation, -en 133, 408 f., 425, 433, 436, 438–444
Depositenbanken 377, 384–386
Devisen 10, 101 f., 242, 365, 390, 483, 497 f., 501, 503, 509, 609
Dirigismus s. Lenkung
Dünger, Düngemittel 149, 189, 200, 206 f., 219, 222, 235, 297, 347 f., 353 f., 357, 365, 368, 464, 517, 554

Eigentumsordnung, Privateigentum, Sozialisierung 36, 79, 106 f., 109, 120, 135, 142 f., 167, 187, 205, 314, 317, 320, 327, 334, 337–340
Einberufung 40, 60, 110 f., 116, 125, 136, 145, 151, 183, 190, 229, 233, 237–239, 290, 295, 301, 387 f., 403–405, 407 f., 410 f., 414, 417, 427, 454, 461, 565, 587, 603
Einfuhr s. Import
Einkommen, -sverteilung 11, 94, 98, 100, 113, 343, 449, 451–455, 462–464, 472, 474, 540, 586, 601, 608–613
Einzelhandel 456, 459, 469
Eisenproduktion, -herstellung 162 f., 167, 172 f., 175, 196
Eisenerz 140–145, 153 f., 160, 169, 175, 180, 182, 347, 479, 482, 492, 553 f.

Eisenzentrale GmbH 45, 51 f., 57 f., 143, 171 f., 510, 564
Elektrizität, Strom 32, 53 f., 58, 137–139, 227–231, 235 f., 317, 318 f., 322–339, 553, 570
Engpässe s. Mangel
Erdöl s. Öle (Industrie)
Ernährung, Kriegsernährungsamt 9, 43, 50, 112, 247, 297, 343–352, 354 f., 357–362, 364–367, 433, 449, 451, 464–466, 468, 470, 472, 488, 494, 510, 512 f., 517
Ernährungskrise s. Hungerkrise
Ersatzstoffe 57, 71, 81–84, 133, 147 f., 153, 171, 208, 239 f., 246, 274, 283–286, 300, 314, 355, 472
Erwerbstätigkeit 407, 452, 454, 463
Existenzminimum s. Lebensstandard
Exportbeschränkung, -verbot, Ausfuhr- 69, 150, 153, 205, 235, 279, 285, 300, 357 f., 486, 492, 499 f., 503, 506, 523, 527, 532
Exportwert, Ausfuhr- 481, 483 f., 490, 504

Feldzeugmeisterei 35, 50, 70, 170, 186
Fette, Öle (Speise-) 43, 298–300, 302, 306 f., 471–474, 490, 514–517, 581, 591
Fette, Öle (Industrie) 34, 43, 55, 133, 153, 297–299, 302, 306, 321, 328–330, 406, 490 f., 554, 581
Fleisch 348 f., 354, 358, 360, 457, 471 f., 474, 489 f., 495, 502, 505, 514–517, 594
Forstwirtschaft 431, 433, 496, 591 f.
Frauenarbeit 6, 116, 133, 136, 152, 183 f., 190, 238 f., 247, 268, 277, 290, 301 f., 353, 362 f., 388, 398, 407–410, 413, 416, 419 f., 427, 433, 454, 561
Friedensindustrie, -wirtschaft 28, 59, 69, 72, 116, 184, 211, 248, 269, 292 f., 310, 390, 405 f., 453, 455, 462 f., 526
Fürsorge 238, 421, 525, 565

Gaswirtschaft, Ferngas 53, 305, 317 f., 320–324, 328 f.
Geldmenge 99, 376, 503, 568, 607
Gemeinwirtschaft 55, 317, 338 f.
Generalstab 23, 48, 107–111, 114, 171, 375, 412 f., 419 f., 422, 460, 513, 533, 596
Genossenschaften, Kredit- 94, 99, 335, 356 f., 365, 367, 371, 380, 383 f., 469
Gerste 297–299, 315, 347, 351, 483, 512
Gewinne, Kriegs- 46, 49, 58, 63, 94, 98 f., 109, 113 f., 149, 158, 186–188, 190, 213, 268, 281, 287, 335, 367, 390, 393, 469, 499, 522, 524–526, 537, 540 f., 544, 612
Globalisierung 227, 242
Gold, -reserve, -standard 89–91, 99–102, 195, 372, 374–378, 380, 391, 484, 497 f., 504, 517, 567, 605 f., 608, 610
Großgrundbesitz 344, 349, 362, 590
Großhandel 34, 100, 383, 385, 456 f., 472, 492, 494, 606

Haager Landkriegsordnung, – Konvention 409, 426, 444, 532 f., 560, 585
Haber-Bosch-Verfahren 204, 325, 347
Handelsbilanz 481, 483 f., 488, 504, 524
Handelsblockade s. Blockade
Handelskammern 295, 306, 308, 418, 524, 543, 568
Handwerk, Handwerker 60, 116, 183, 198, 238, 261, 306, 430, 469
Haushalte (private) 76, 79 f., 97, 318, 321 f., 329, 454, 460 f., 471 f., 474, 555, 564, 569
Heeresaufträge, -bedarf, -lieferung 29, 38, 41, 55, 115, 171, 279, 281, 285 f., 291, 387, 501
Hilfsdienst, Gesetz über den vaterländischen 184, 289, 304, 362, 413–422, 427, 432, 561
Hilfsdienstmeldestelle 414, 418
Hindenburg-Programm 13, 38, 45, 49 f., 56 f., 60 f., 83, 114, 118, 134, 152, 171, 174, 176, 178, 184, 190, 234, 247, 279, 282, 285–287, 295 f., 301, 304 f., 314, 319, 324, 362, 399, 412 f., 427, 436, 444, 453, 462, 501, 503, 507, 531, 581, 583
Höchstpreise 27, 36, 43, 63, 281, 283, 285, 299, 301, 345, 350, 352, 355, 359 f., 456–460, 464, 466, 470, 472, 474
Humankapital, Know-how 7, 17, 30, 53, 323
Hunger, -krise, Ernährungs- 17, 61, 112, 118, 152, 197, 343 f., 364, 366 f., 430, 439, 446, 453, 464, 468, 483, 503, 510 f., 513, 527, 540, 566, 584, 588, 594, 597, 602
Hungerkrawall s. Protest

Importbeschränkung, -verbot 285, 496, 503, 604
Importförderung, Einfuhr- 496, 517
Importwert, Einfuhr- 481, 494, 504, 517
Improvisation 17, 26, 62, 169, 278, 468, 556, 562, 564, 603
Industriearbeiter 169, 183, 353, 364, 368, 451, 460

Industrielle 11, 13, 30, 32, 39, 48, 58 f., 62, 142, 158, 169, 179, 181–183, 185, 209, 211, 218, 237, 288, 305, 310, 437, 500 f., 528, 543, 555, 559 f., 572

Industrieproduktion 5, 47, 157, 173, 193, 227, 351, 579, 581, 603 f.

Inflation 24, 36, 89, 99–101, 103, 105, 119, 150, 157, 186, 190, 222, 292, 313, 315, 367, 371, 394, 449 f., 453, 457, 460, 463, 481, 568, 606–613

Informationsasymmetrie 47, 70

Infrastruktur 58 f., 108 f., 120, 203, 215, 227, 229 f., 335, 431, 442, 577, 580, 587, 593

Innovation 7 f., 105, 115 f., 198 f., 218, 222 f., 230, 239, 246, 254, 262, 265, 267–270, 281, 293, 499, 565

Institution, -en 5, 26 f., 33, 35–37, 70, 92, 109, 120, 141, 230, 239, 338, 355, 358, 366, 417, 422, 430, 496, 500, 503, 582 f.

Interessenpolitik, -verbände, Lobbyismus 16, 33, 35, 215, 236, 240, 247, 287 f., 344, 500

Investitionen 5, 43, 58 f., 61, 63, 100, 114 f., 119, 146, 170, 176 f., 187, 189, 216, 223, 229 f., 240–242, 246–248, 258, 268, 322, 365, 367, 386, 390, 405, 450, 464, 485, 580, 601 f.

Juden 409, 430, 433–435, 446, 586, 590

Kaffee 98, 298, 311, 483
Kali, -salz 125, 148–151, 153, 200, 347, 492
Kalorien, -menge 344, 354, 371
Kapitalismus, Finanzkapitalismus 13, 15 f., 344, 368
Kartell, Kartellierung 16, 46, 51 f., 129, 139, 145, 149 f., 167, 232, 243, 282, 288, 308, 314, 499, 571
Kartoffeln 43, 112, 148, 349, 351 f., 357 f., 360, 458, 464, 467 f., 471 f., 474, 513, 553, 561, 584, 588 f., 591
Käse 471, 498, 502, 514–517
Kaufkraft 24, 450, 457, 472 f., 503, 605, 611
Kautschuk 44, 204, 212, 222, 233, 239 f., 257 f.
Kleidung, Bekleidung 29, 50, 54, 203, 274, 279, 289, 295, 435, 442, 460, 470, 472 f., 484, 540
Know-how s. Humankapital
Kohlrübenwinter s. Steckrübenwinter
Kohlenmangel 311, 328 f., 356
Kohleausgleichstelle s. Ausgleichstelle

Kommunen 33, 89 f., 98 f., 103, 112, 229, 320 f., 323, 326, 331–333, 336 f., 350, 358, 360, 365, 385 f., 405, 418, 456–459, 461, 465 f., 468 f., 472, 495, 560, 565, 568

Konjunktur, Kriegs- 7 f., 109, 184, 230, 235, 239, 268, 277, 288, 290, 367, 405 f., 408, 426, 455, 479, 523, 534, 571, 602, 605 f., 613 f.

Konkurrenz s. Wettbewerb

Konsumenten, Verbraucher 36, 109, 132, 205, 274, 279, 285, 317, 320, 328, 344, 354, 356, 359, 361, 368, 457–459, 468 f., 470, 472

Konsumgüter, -industrien 24, 31 f., 43, 59, 100, 273, 295–297, 301–305, 307 f., 310–312, 314 f., 472 f., 502, 594

Kontingent, Kontingentierung 25, 35, 42–45, 47, 62, 91 f., 99, 150, 169, 299–306, 308, 311, 490, 502 f., 506, 571, 581, 584, 611

Korruption 455, 587

Krankheit, Kranke 411, 435, 439, 472 f., 545, 565, 602

Kreditgenossenschaft s. Genossenschaften

Kriegsamt 47, 50 f., 55, 57, 61, 134, 143, 171, 286, 289, 305, 364, 413 f., 417 f., 420, 440, 443, 501, 507 f., 518

Kriegsanleihen 92–98, 101, 103, 367, 376, 379–382, 384–386, 389 f., 392, 606

Kriegsausschuss der deutschen Industrie 63, 183 f.

Kriegsernährungsamt s. Ernährung

Kriegsgefangene 135–137, 144 f., 151 f., 158, 185, 190, 238 f., 426, 428, 439, 441, 444, 446, 545, 561 f.

Kriegsgesellschaften (Kriegsmetall AG, Kriegswollbedarf-AG, Kriegsgetreidegesellschaft etc.)

Kriegskonjunktur s. Konjunktur

Kriegsmetall AG 30 f., 35, 40, 69, 72, 75, 83, 147, 153, 172, 325

Kriegsministerium 9–11, 27 f., 36, 38, 45–51, 53, 58, 62, 68, 72, 77–79, 103, 105, 109, 114, 125, 168, 170 f., 184, 206, 276, 282, 286, 307, 349, 404 f., 411, 413, 420, 432, 437–439, 443, 495, 500, 507 f., 533, 536, 558, 581

Kriegsproduktion 134, 176, 178, 185, 229, 234, 237, 273, 277, 279, 286, 399, 404 f., 452, 603 f.

Kriegsrohstoffabteilung (KRA) 9, 28, 30–39, 41–43, 45–47, 50 f., 53–55, 57, 68–72, 75, 77, 81, 83 f., 143, 145, 147, 169 f., 174, 206, 234, 237, 282, 318, 338 f., 507 f., 536, 581

Kunstfasern, -seide 274 f., 279, 282 f., 285 f., 292 f., 570
Kupfer, -erz 10, 34 f., 57, 67, 69, 71, 73–77, 80–85, 114, 118, 125, 145–148, 153, 233, 235, 239, 324 f., 482, 488, 490 f.

Landwirte s. Bauern
Lebenshaltungskosten 343, 449–451, 453–456, 459–462, 469, 474
Lebensmittel s. Nahrungsmittel
Lebensstandard, Existenzminimum 18, 449–451, 454, 463, 473 f., 605, 611
Lenkung, Dirigismus 23, 25 f., 29 f., 32 f., 35–37, 39–41, 46, 48, 52–54, 59, 62 f., 101, 113, 115–118, 172, 206, 319, 350, 358, 399, 415, 450 f., 458, 464, 466 f., 469, 474, 507, 517, 605
Liquidität 92, 99, 367, 372 f., 376 f., 380, 382, 386, 389, 391 f.
Lobbyismus s. Interessenpolitik
Lohn, Löhne 238, 292, 301, 330, 362, 401, 405–407, 414, 417, 421, 429, 435, 449, 451–454, 461–463, 586, 601, 605 f., 611 f.
Luftfahrt 8, 252–255, 260–262, 264, 270

Mangelernährung s. Unterernährung
Marine 23, 35, 50, 62, 70, 86, 125, 134, 147, 168, 171, 176–178, 254, 273, 285, 486 f., 489, 492, 508, 609
Marokkokrise 23, 255, 374
Maschinenbau, -industrie 75, 81, 114, 157, 167 f., 176, 184, 189, 193, 203, 236, 252, 402, 406 f., 500, 534, 555, 571
Maschinengewehr 3 f., 50, 56 f., 107, 259
Massenfertigung, -produktion 4 f., 117, 239, 604
Meldestellen, Metall-, Kautschuk- 35 f., 40, 44 f., 71 f.
Menschenökonomie 48, 353, 397, 411
Mineralöl s. Öle (Industrie)
Minette, -region 140 f., 143, 165, 167, 172, 174, 179, 182, 189, 558
Mittelstand 60, 172, 267, 275, 288, 291, 312, 326 f., 469
Monopol 13, 15, 43, 46, 148, 171 f., 181, 203, 286, 303, 317, 323, 334 f., 337, 340, 344, 357 f., 494–496, 509, 530
Munitionskrise 47, 81, 173, 183, 190, 206

Neutralität 284, 481 f., 486, 490, 521–523, 526 f., 532, 535, 537, 544

Nickel 34, 67, 69, 71, 73, 75, 80, 82–84, 86, 490, 535
Notenpresse 450, 503, 611

Oberste Heeresleitung (OHL) 48–51, 61, 63, 113–115, 190, 209, 324, 408 f., 412 f., 419, 427, 432, 436 f., 442, 444, 502, 507–509, 518, 565, 579
Öle (Industrie) s. Fette
Öle (Speise-) s. Fette

Panzer 4, 154, 168, 217, 251, 259 f., 266 f., 604
Pariser Wirtschaftskonferenz 285, 507, 518, 529, 531, 534
Petroleum s. Öle (Industrie)
Pfadabhängigkeit 167, 196, 293, 533
Phosphor 195, 200, 205, 327, 347, 353
Post 99, 380 f., 384, 452, 556, 583
Preiskontrolle, -prüfung 100, 103, 115, 186, 450, 459, 470
Preisniveau 100, 359 f., 610
Privatbanken 371, 380, 389 f., 497, 556
Produktivität 7, 61, 73, 145, 157, 190, 197, 203, 252, 262, 307, 313, 332, 346, 352 f., 365 f., 406, 464, 562, 601, 605, 611, 613, 615
Protektionismus, Agrar- 18, 313, 346, 366, 518
Protest (sozialer), Hungerkrawall 64, 343, 361, 465, 470, 474, 540, 586

Rationalisierung 5, 7, 118, 120 f., 238 f., 246, 284, 286, 293, 306, 312 f., 323, 329, 331 f., 410
Rationierung 100, 102, 125, 281, 284, 345, 355, 357, 359, 467–472, 474, 489 f., 503, 581 f., 589, 593 f., 605
Realeinkommen s. Einkommen
Regulierung 5, 16, 25, 33 f., 38, 43 f., 52, 68, 113, 125, 130 f., 140, 145, 153, 234, 237, 282, 288, 295, 300, 303, 335, 338, 340, 355 f., 358, 360 f., 366, 368, 397, 399 f., 406, 413–415, 417 f., 420–422, 458 f., 461, 466, 470, 489, 517, 562, 581 f.
Reichsanleihen s. Staatsanleihen
Reichsbahn 105, 111, 116, 119, 121
Reichsbank 89–93, 95–103, 119, 371–386, 390–393, 497, 606 f., 610 f.
Reichsflugzeugwerke 269 f.
Reichsgetreidestelle 43, 299, 311, 357, 464 f.
Reichskanzler 59, 76, 98, 101, 134, 180–182, 241, 310 f., 346, 361, 374, 413, 419, 440, 460

Reichskohlenkommissar 52, 54, 118, 134 f., 153, 305, 307
Reichskommissariat für die Übergangswirtschaft 55, 339
Reichstag 27, 55, 79, 90 f., 95 f., 98, 109, 152, 268, 287, 337, 345, 374 f., 413, 427, 440, 593
Reichswirtschaftsamt, -ministerium 47, 55, 60, 304, 306–308, 317, 339 f., 420, 501, 508
Reparationen 18, 94 f., 101, 120 f., 215–219, 375, 445, 481, 609–611
Requisition s. Beschlagnahme
Rheinisch-Westfälisches Kohlen-Syndikat, Ruhrkohlensyndikat 52, 128–132, 134, 499
Roheisenverband 51, 170
Rohstahlausgleichstelle s. Ausgleichstelle
Rohstoffmangel 61, 125, 261, 274, 281, 283, 301 f., 306, 328
Rüstungsproduktion 3, 46 f., 56 f., 63, 68, 84 – 86, 101, 118, 146, 158, 167 f., 171 f., 176, 178, 186, 189 f., 209, 211 f., 229, 234, 246 f., 261, 277, 407

Saisonarbeiter 348, 362, 426
Salpeter 40, 195 f., 200, 206 f., 216, 235, 325, 479, 482, 517
Schleichhandel 101, 296, 307, 359, 362, 460, 466–468, 470 f., 473
Schiffe, Schifffahrt 78, 107, 116 f., 127, 133, 150, 158, 196, 217, 232, 234, 246, 485–489, 505–507, 583
Schlieffen-Plan 107, 350, 604
Schmuggel 80, 470, 540, 561, 586
Schwarzmarkt 307, 359, 361, 365, 367, 460, 467, 470 f., 473, 582 f., 594
Schwefel, -säure 39–41, 149, 195 f., 200 f., 204 f., 208, 216
Schweinemord 344, 360 f., 587
Seeblockade s. Blockade
Selbstversorgung 67, 200, 202, 348, 357, 360, 468, 470, 511 f., 514
Sozialisierung s. Eigentumsordnung
Sozialpolitik 291, 436, 469
Sparer, Spareinlagen 367, 371–373, 382, 389 f.
Sparkassen 92, 94–96, 99, 371–373, 380–384, 389 f., 394, 568
Staatsausgaben 5, 24, 57, 89, 91
Staatsverschuldung 15, 90 f., 93–95, 98, 101, 606 f.

Stahlerzeugung, -produktion 51, 57, 83, 163–167, 172–176, 178, 183, 187, 189 f., 325, 500, 552, 564, 571
Stahlwerke, Hütten- 38, 133, 136, 139, 154, 167, 173, 176, 188, 326 f., 492, 557–559
Ständiger Ausschuss für Zusammenlegung von Betrieben (SAZ) 59, 286, 305 f.
Steckrübenwinter, Kohl- 61, 112, 351, 364, 366, 468, 470
Steuern 89, 91, 93 f., 96–98, 101, 109, 187, 291, 337, 376, 388, 489, 525, 585, 606–610, 612
Stickstoff 39, 53, 57, 83, 137, 139, 153, 194, 200, 204, 206 f., 212 f., 217–219, 222 f., 235, 325, 333, 347, 353
Stilllegung 59 f., 152, 174 f., 277, 283, 285 f., 295, 305–308, 314, 430, 443, 538, 603
Streiks 453, 466, 468, 470, 540 f., 545, 562, 584, 586
Strom s. Elektrizität
Strukturbruch 5, 7, 24, 339, 481, 613
Strukturwandel 193, 221 f., 234, 246, 284, 287, 330, 402
Substitute, Substitution 8, 24, 68, 71, 81–85, 205, 208, 281, 283, 301 f., 325, 330, 356, 410
Subventionen 36, 57, 63, 83, 148, 223, 257, 325, 346, 356, 489, 491, 517, 611
Synthese (Verfahren) 194, 198, 204, 206 f., 212, 216–220, 222 f., 325

Technologie 3, 8, 57, 105, 121, 165, 199, 211, 214–216, 219 f., 222 f., 227, 240, 243, 248, 254, 262, 264, 323 f.
Telegraph 227, 230, 335, 486, 500, 583, 591
Telefon 227, 246, 388, 392, 583
Thomasroheisen, -verfahren 83, 140, 167, 173–175, 200, 357
Tiefbau 136, 144 f., 330 f., 452
Transatlantikhandel 491, 493, 506
Treibstoff s. Brennstoff

Übergangswirtschaft 26, 55, 298, 310 f., 314, 339, 605
Unter-, Mangelernährung 61, 73, 197, 343, 366, 468, 472 f., 503, 562, 589

Verbraucher s. Konsumenten
Verfügungsrechte 34 f., 42 f., 59, 142, 147, 559
Versailler Vertrag 3, 11, 217, 444, 518, 570, 609
Volkseinkommen 57, 95, 371

Waffen- und Munitionsbeschaffungsamt (Wumba) s. Beschaffungsstellen
Waffenstillstand 93, 100, 120, 157, 183, 216, 252, 481, 564, 609
Währung, -spolitik 89–91, 93, 99, 100–103, 375, 394, 497, 503, 518, 567 f., 606, 608–610
Wechselkurs 101–103, 393, 497 f., 504, 580
Weimarer Republik 8, 55, 103, 106, 188, 228, 241 f., 246, 293, 339 f.
Weizen 348, 351, 456 f., 460, 464, 483, 491, 512 f., 553
Welthandel, -markt 146, 148, 150, 175, 200 f., 204, 212, 217–219, 221, 242 f., 246 f., 289, 292, 310, 479, 488, 492, 499, 542
Wettbewerb, Konkurrenz 15, 55, 107, 114, 127, 169, 172, 187, 196, 198 f., 202, 205, 213–215, 220, 222 f., 235, 254 f., 278, 284, 288, 292 f., 308, 310–313, 317, 321–323, 368, 470, 494, 499, 559, 563, 571, 576, 581, 587, 610
Wirtschaftskrieg 3, 9 f., 89, 388, 484–486, 492. 502 f., 507, 513, 521 f., 526 f., 529, 531, 534
Wirtschaftsordnung 5, 8 f., 14 f., 25 f., 237, 314, 340, 344, 366, 399, 507, 517

Wirtschaftspolitik 5, 7, 11, 15 f., 61, 125, 171, 181, 240 f., 247, 331 f., 350, 366, 399 f., 412, 430, 436 f., 473, 522, 528, 543, 545, 590
Wohnung 291, 461, 559, 607
Wolfram 57, 67, 73, 82–84, 154
Wolle 29, 33 f., 274, 279, 292, 472, 483, 495, 554, 556, 581

Zahlungsverkehr 99 f., 374–376, 378, 380, 389, 503
Zentralisierung, Zentralstelle 35, 43 f., 51, 53, 63, 94, 169, 299, 303, 310, 330 f., 334, 340, 355, 366, 378, 494 f., 497, 500–502, 507, 509 f., 535 f., 610
Zink 67, 82–85, 148, 490, 536, 556
Zinn 67, 71, 73–75, 77, 80, 82, 84, 235, 490
Zivilarbeiterbataillone (ZAB) 433, 435, 441–443, 561
Zoll, Zölle 15, 98, 149, 203, 215, 278, 288, 292, 346, 348, 357, 532, 607, 610
Zucker 76, 295–300, 308, 311–315, 346, 349, 352, 356, 358, 470 f., 483, 494, 553, 555,
Zwangsarbeiter 185, 190, 363, 428, 433, 435 f., 439 f., 442–444
Zwangssyndizierung 60, 140, 153, 286, 306, 314, 530